中国年鉴精品工程
High Quality Project of China's YearBook

山西年鉴

SHANXI YEARBOOK

2017

山西省地方志办公室　编

方志出版社
Publishing House of Local Records

图书在版编目(CIP)数据

山西年鉴. 2017 /山西省地方志办公室编. — 北京:
方志出版社,2017.11
ISBN 978—7—5144—2724—0
Ⅰ.①山… Ⅱ.①山… Ⅲ.①山西—2017—年鉴
Ⅳ.①Z522.5
中国版本图书馆 CIP 数据核字(2017)第 295699 号

山西年鉴(2017)

编　　者: 山西省地方志办公室
责任编辑: 冯　松

出 版 人: 冀祥德
出 版 者: 方志出版社
地址　北京市朝阳区潘家园东里 9 号(国家方志馆 4 层)
邮编　100021
网址　http://www.fzph.org
发　　行: 方志出版社图书经销中心
电话　(010)67110500
经　　销: 各地新华书店
印　　刷: 山西省史志印刷厂

开　　本: 889×1194　1/16
印　　张: 46.5
字　　数: 1750 千字
版　　次: 2017 年 11 月第 1 版　2017 年 11 月第 1 次印刷
印　　数: 0001 ~ 3000 册

ISBN 978—7—5144—2724—0　　定价: 398.00 元

山西省地方志编纂委员会

山西省地方志编纂委员会办公室

《山西年鉴》编纂人员

办公电话：0351-5681320　5681326　5681327

办公地址：山西省太原市小店区平阳路49号　　邮　编：030012

山西省政区图

审图号：晋S(2017)033号

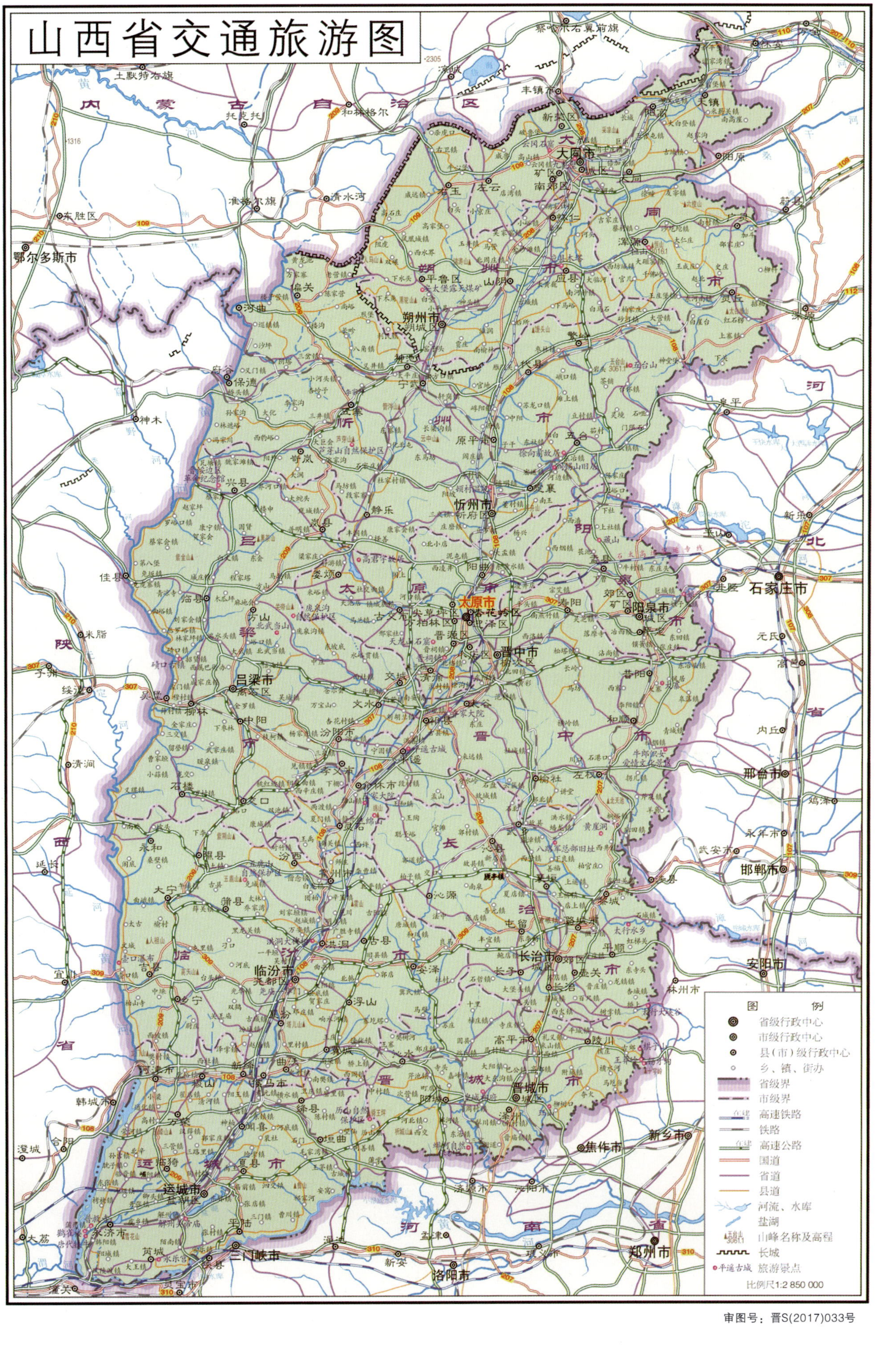

审图号：晋S(2017)033号

数字山西

综 合

地区生产总值	12966.2亿元
第一产业	784.8亿元
第二产业	4963.3亿元
第三产业	7218.1亿元
人均地区生产总值	35303元
最终消费	7454.7亿元
资本形成总额	9371.7亿元

人口

总户数	1304.35万户
常住人口	3681.64万人
男性	1885.96万人
女性	1785.03万人
出生人口	37.79万人
死亡人口	20.27万人

社会从业人员和劳动报酬

社会从业人员	1908.2万人
第一产业	670.5万人
第二产业	481.1万人
第三产业	756.6万人
非私营单位在岗职工平均工资	54975元
非私营单位从业人员工资劳动报酬总额	2303.3亿元

固定资产投资

全社会固定资产投资	14285.0亿元
第一产业	1870.4亿元
第二产业	4909.6亿元
第三产业	7505.0亿元
全社会竣工房屋面积	9348万平方米
#住宅	6266万平方米

对外经济贸易

海关进出口总额	166.4亿美元
出口总额	99 3亿美元
进口总额	67 1亿美元
实际利用外资额	34.3亿美元

能 源

一次能源产量	6.30亿吨标准煤
能源消费总量	19400.6万吨标准煤
煤炭消费量	30061万吨
全社会用电量	1797.2亿千瓦小时
电力外调量	802.1亿千瓦小时

物 价

居民消费价格总指数	101.1
城镇	101.1
农村	101.1
商品零售价格总指数	100.5
工业生产者购进价格指数	96.8
工业生产者出厂价格指数	98.1

人民生活

城镇居民人均可支配收入	27352.3元
城镇居民人均消费性支出	16992.8元
农村居民人均可支配收入	10082.5元
农村居民人均消费支出	8028.8元

农 业

农作物播种面积	3720.8万公顷
其中粮食	3241.4万公顷
粮食产量	1318.5万吨
油料产量	15.4万吨
肉类产量	84.4万吨

工 业

工业企业单位数	3548个
工业增加值	3948.9亿元
原煤产量	83044万吨
发电量	2510.5千瓦小时
生铁产量	3641.4万吨
粗钢产量	3936.1万吨
水泥产量	3851.5万吨

建筑业和房地产业

建筑业施工企业个数	2532个
建筑业竣工产值	1278.5亿元
建筑业总产值	3318.5亿元
建筑业企业房屋建筑竣工面积	3353万平方米
房地产开发投资	1597.4亿元
房地产竣工面积	2683.6万平方米

住宿 餐饮业和旅游

住宿、餐饮业营业额	80.6亿元
接待国内游客人数	4 4亿人次
接待过境过夜游客人数	63 0万人次
旅游总收入	4247.1亿元
旅游外汇收入	31738万美元

财政 金融和保险

一般公共预算收入	1557.0亿元
一般公共预算支出	3428.9亿元
住户存款	17128.9亿元
原保险保费收入	700.5亿元

交通运输 邮电通信业

铁路营业里程	5086千米
公路线路里程	14.09万千米
货物周转量	3438.5亿吨／千米
旅客周转量	380.0亿人／千米
市话年末数	354.2万户
农话年末数	90.4万户
移动电话户数	3337.3万户

批发和零售业

社会消费品零售总额	6480.5亿元
城镇社会消费品零售总额	5284 5亿元
乡村社会消费品零售总额	1196.0亿元

教育 科技

高等学校数	80所
高等学校在校学生数	75.6万人
研究生在校学生数	29299人
普通中专在校学生数	12.12万人
普通中学在校学生数	184.65万人
小学在校学生数	227.09万人
中等职业学校在校学生数	43.82万人
科学研究机构	161个

文化 体育 卫生 环保

文化馆数	119个
公共图书馆数	127个
体育场地数	26459个
医院数	1393个
废水排放总量	28513万吨

（山西省统计局）

发展迈向新征程

中国共产党山西省第十一次代表大会召开

2016年10月31日至11月4日，中国共产党山西省第十一次代表大会在太原召开。大会的主题是：高举中国特色社会主义伟大旗帜，深入贯彻习近平总书记系列重要讲话精神和治国理政新理念新思想新战略，忠诚担当，改革创新，凝心聚力，攻坚克难，为全面建成小康社会，不断塑造美好形象、逐步实现振兴崛起，开创我省各项事业发展新局面努力奋斗。

骆惠宁作题为《以习近平总书记系列重要讲话精神为指引，忠诚担当，攻坚克难，为全面建成小康社会而奋斗》的报告。

回顾了过去五年的发展成就。中国共产党山西省第十届委员会团结带领全省干部群众，全面贯彻落实党的十八大和十八届三中、四中、五中、六中全会精神，深入学习贯彻习总书记系列重要讲话精神，统筹推进“五位一体”总体布局，协调推进“四个全面”战略布局，不断推动党的理论和路线方针政策在山西贯彻落实。提出并实施“五句话”总体思路，推进“六权治本”，确立“一个指引、两手硬”重大思路和要求，力促弊革风清，力行发展为民，不断激发干事创业积极性，推动构建良好政治生态向着“巩固、深化、提高”方向迈进，推动经济发展朝着“稳步向好、转型升级、振兴崛起”方向迈进，全省保持了政治稳定、大局稳定，各项事业取得新进展新进步。

经济在克服困难中前行。适应经济发展新常态，统筹稳增长、调结构、增动力，在经济下行压力加大情况下，大幅推进煤炭减产量、坚决去产能，促进全国煤炭市场发生积极变化，实现全省经济稳步向好。城乡

区域发展协调性增强。科技进步综合指数上升。立体化交通体系加快形成，水利、电力等基础设施得到加强。城市建设迈上新台阶。

民生福祉持续增进。城乡居民收入稳步提高，220万贫困人口实现脱贫。教育事业协调推进，高校新区建成使用。社会保障体系不断完善。公共卫生服务体系逐步健全。平安山西建设深入推进，煤矿安全生产控制性指标居全国先进水平。

城乡人居环境不断改善。强化环境保护责任制，大气、水、土壤等污染防治扎实推进，节能降耗约束性指标全部完成。采空区、沉陷区、水土流失区修复治理力度加大。森林覆盖率明显提升。

民主法治建设进一步加强。完善地方性法规立改废机制，加强和改进人大监督工作，落实城乡按相同人口比例选举人大代表。巩固和发展最广泛的爱国统一战线，加强政协协商，健全协商民主制度。法治山西建设扎实推进。军民融合发展取得新成果。

文化强省建设迈出新步伐。推进社会主义核心价值体系建设，公共文化服务体系建设取得新进展，文化产业健康发展，优秀传统文化和红色文化得到弘扬，一批文艺精品在国内外产生广泛影响。宣传思想工作进一步加强。

改革开放深入推进。以经济体制改革为重点，统筹推进经济、政治、文化、社会、生态文明体制和党的建设制度改革。转型综改试验区建设不断推进，供给侧结构性改革成效初显。结束城乡二元户籍制度。主动对接"一带一路"等国家战略，成功举办中博会、能博会、太原论坛等会展和招商引资活动。

为今后五年的发展指明了方向：沿着习近平总书记系列重要讲话指引的方向，开辟治晋理政新境界；认真贯彻落实新发展理念，以深化转型综改试验区建设牵引经济转型升级；发展社会主义民主政治，建设法治山西；坚定文化自信，建设文化强省；坚持民生优先，加强社会建设和治理；推动绿色发展，建设美丽山西；全面推进党的建设新的伟大工程，为开创党在山西事业新局面提供根本保证。

2016年11月15日，中国共产党山西省第十一届委员会第一次全体会议在太原举行。全会选举产生了十一届省委常委和书记、副书记。骆惠宁（左六）当选为省委书记，楼阳生（右六）、黄晓薇（左五）当选为省委副书记，高建民（右五）、孙绍骋（左四）、王伟中（右四）、盛茂林（左三）、任建华（右三）、罗清宇（左二）、张吉福（右二）、王清宪（左一）、廉毅敏（右一）当选为省委常委

综改向纵深推进

2016年3月23日，山西省正式出台《山西省国家资源型经济转型综合配套改革试验实施方案（2016—2020年）》。统筹安排“十三五”转型综改试验区建设任务，部署80个重大改革、80个重大事项、200个重大项目、20个重大课题以及各市、省级试点县（市、区）、省级试点企业转型综改试验工作，标志着全省转型综改建设进入第二阶段，向纵深推进。

重大改革包括：推进供给侧结构性改革、科技创新体制机制改革、金融创新体制机制改革、财税管理制度改革、土地管理制度改革、资源节约和生态环境保护修复制度改革、城乡统筹体制机制改革、社会体制改革、行政管理和投资体制改革以及对外开放体制机制改革十个方面的内容。

2016年11月4日，山西转型综改示范区管委会成立筹委会，推进示范区建设，整合太原都市区内的太原高新技术开发区、太原经济技术开发区、太原武宿综合保税区、太原工业园区、晋中经济开发区、山西榆次工业园区以及山西科技创新城、山西大学城等园区，建立山西转型综改示范区，率先建立转型综改试验区起步区。

太重铁路工业园

太原武宿综合保税区

长风商务区

富士康（太原）科技工业园

唐槐产业园区

长治武乡分水岭互通

吕梁离石高速互通

太原晋祠高速互通

交通建设促发展

山西高速公路覆盖全省

山西省规划的“三纵十二横十二环”高速公路网纵贯南北、承东启西、覆盖全省、通达四邻，犹如天女织锦镶嵌在三晋大地上，与干线公路网、农村公路网共同构成现代化的公路基础设施网络。

2016年，山西高速公路在建规模达到496.5公里，通车里程达到5265公里。到2020年，高速公路总里程将达到7258公里，全部实现规划目标。全省所有县（市、区）全通高速公路，进入高速公路半小时覆盖范围。

纵横交错的公路网助推山西经济发展

大同市阳高县果类产业富农民

吕梁市岚县在脱贫攻坚战中，实现4万多贫困人口马铃薯产业全覆盖

特色产业助脱贫

2016年7月，山西省委、省政府出台《关于坚决打赢全省脱贫攻坚战的实施意见》，明确指出要按照脱贫攻坚新要求，通过产业扶持、技能扶持、资本扶持和不断改善贫困地区基本生产生活条件的“3+1”工作路径，全力推进、精准实施脱贫攻坚八大工程二十个专项行动，确保山西如期脱贫。

全省各贫困地区立足实际，挖掘潜力，用特色农业、光伏发电、乡村旅游等具有区域特色的产业项目，帮助贫困群众脱贫致富，共同奔向小康社会。

大同市大同县黄花产业已成为脱贫致富奔小康的支柱产业

吕梁市临县碛口镇西湾村发展乡村旅游项目

长治市平顺县通天峡景区景色怡人

大同市南郊区云冈——高山片区光伏电站

大同市左云县店湾——水窑片区光伏电站

山西省旅游发展大会主会场

旅游发展新气象

2016山西省旅游发展大会

2016年8月31日，由山西省人民政府主办，大同市人民政府承办的2016山西省旅游发展大会召开，来自海内外旅游业界嘉宾齐聚大同，领略文化名城风貌，共话旅游发展良策。“全省大联欢，让旅游快乐起来”的主题更是将山西人紧紧连在一起，共同点燃让山西文化旅游事业走得更好更远的激情。

山西省代省长楼阳生（右四）出席山西旅游发展大会并致辞

旅游专列开行开启山西旅游新模式

开幕式武术表演

开幕式文艺表演

2016中国 · 代县 · 雁门关国际骑游大会

2016年7月29日至30日，代县县委、县政府和国际自行车旅游协会联合举办“2016中国 · 代县 · 雁门关国际骑游大会”。大会主题“骑游中华第一关、逐鹿千年古驿道”。来自全球20多个国家和地区以及周边市县的1000多名职业、业余选手参加骑游竞技。58家中外媒体的100余名记者参与采访报道。国际自行车旅游协会将“国际骑游基地”的牌匾授予雁门关景区。

参赛选手你争我赶力争好成绩

歌唱表演

绛州鼓乐表演

德孝文化扬天下

2016年5月21日，“弘扬传统文化 践行核心价值”舜帝德孝文化实践活动启动仪式在山西运城舜帝德孝文化公园古柏广场举行。全国政协副主席卢展工，中宣部副部长王世明，省政协主席薛延忠，省委副书记楼阳生，省委常委、宣传部部长胡苏平出席启动仪式。各界人士和当地群众5000余人参加。

舜帝德孝文化实践活动由中国伦理学会、中国先秦史学会、省委宣传部、省文化厅和运城市委、市政府共同组织。活动内容包括“尧舜禹文化与当代社会核心价值”和“治国与齐家”文化研讨会，舜帝祭祀和解州关帝圣像巡城庙会，“古中国”文化小使者、“古中国”文化传播交流活动，德孝文化和农耕文化体验游等。旨在深入挖掘德孝文化中蕴含的思想精华和道德精髓，传承弘扬中华优秀传统文化，培育践行社会主义核心价值观，推动德孝文化的创造性转化和创新性发展，实现文化建设与经济发展、社会治理的良性互动、深度融合。

百名小学生朗读《舜帝谣》

序

国务院办公厅2015年8月印发的《全国地方志事业发展规划纲要(2015—2020年)》(以下简称《规划纲要》)要求,到2020年要做到地方综合年鉴一年一鉴,公开出版,实现省、市、县三级综合年鉴全覆盖。《规划纲要》还要求,坚持存真求实,正确处理质量与进度的关系,将精品意识贯穿于年鉴编纂出版工作全过程。2015年12月,中国地方志指导小组办公室启动中国年鉴精品工程,将其与先期实施的中国志书精品工程视为姊妹工程,一道作为加强地方志质量建设的重要抓手。

实施中国年鉴精品工程有助于推动中华优秀传统文化传承发展。近年来,在党中央、国务院的高度重视和关心支持下,全国地方志事业发展迎来最好的发展时期。年鉴编纂发端于欧洲,鸦片战争后被引入我国,在我国走过了100多年的发展历史。在长期的编纂中,年鉴在内容和形式上不断发展,逐渐演变成为适合反映中国国情、具有鲜明中国特色的一种文化载体,并在改革开放后出现了快速发展的局面。2006年5月,国务院《地方志工作条例》颁布施行,明确将地方综合年鉴纳入地方志工作范畴,年鉴工作走上了有法可依的轨道。《规划纲要》出台,为从依法编鉴转变到依法治鉴指明了方向。2016年12月,中国地方志指导小组印发《全国年鉴事业发展规划(2016—2020年)》,更进一步明确了到2020年全国年鉴事业的任务书、时间表、路线图。经过多年的发展,年鉴工作已经成为地方志工作的重要组成部分,成为中华民族优秀文化传统的有机组成部分,其存史、育人、资政作用日益彰显。实施中国年鉴精品工程,是年鉴工作者紧扣时代脉搏、坚持创新发展的一项重要举措,对于坚定文化自信,传承弘扬好中华优秀传统文化意义重大。

实施中国年鉴精品工程有助于为全面建成小康社会提供更多智力支持和历史借鉴。党的十八大作出全面建成小康社会的战略部署。党的十八届五中全会提出到2020年如期实现全面建成小康社会的目标要求。完成《规划纲要》确定的目标任务是年鉴工作者的神圣使命,更是年鉴工作者以自身力量为全面建成小康社会献上的厚礼。一方面,可以更好地利用年鉴这种年度资料性文献,及时记录各地区在全面建成小康社会伟大征程中每年取得的新成绩和新经验、出现的新情况和新问题、涌现的优秀人物和典型事迹等;另一方面,可以更好地积累地情、国情资料,为推动经济社会发展和深化改革提供智力支持,为推进国家治理体系和治理能力现代化提供历史借鉴。

实施中国年鉴精品工程有助于全面推进地方志事业转型升级。地方志不是单纯修志编鉴工作,而是全体方志人"修志问道,以启未来"的一项事业,这项事业包含着巨大的时代担当与使命追求。地方志工作要在"五大建设"总体布局和"四个全面"战略布局中发挥与其自身价值、功能相匹配的作用,就要因时而谋、乘势而上、顺势而为,全面推进地方志事业转型升级。转型升级,当下最重要的目标就是完成"两全"目标,包括"年鉴全覆盖"目标;长远的目标就是基本形成地方志编修体系、理论研究和学科建设体系、质量保障体系、资源开发利用体系、工作保障体系“五位一体”的地方志事业发展综合体系,包括“五位一体”的年鉴事业发展综合体系。中国年鉴精品工程是一项探索工程,也是一项创新工程,是推进地方志事业转型升级的重要内容。通过实施中国年鉴精品工程,不仅有助于确保年鉴质量,不断编纂出版具有鲜明时代特征、年度特点和地域特色的精品年鉴,也有助于推动年鉴工作适应经济社会发展形势和时代需要,不断改革创新,与时俱进。

多年来,在中国地方志指导小组办公室的指导和全国各级地方志工作机构的共同努力下,年鉴种类数量快速增长,年鉴成果粲然可观,为实施中国年鉴精品工程奠定了坚实的基础。实施中国年鉴精品工程,就是要在全国地方志系统起到示范作用,进一步培育精品意识,打造精品年鉴,以点带面,在提高年鉴质量方面探索出一条切实可行之路,使这项探索工程和创新工程能够积累经验,发挥引领作用。

“万山磅礴,必有主峰;龙衮九章,但挈一领。”实施中国年鉴精品工程,是筑牢地方志事业特别是年鉴事业发展根基之举,其意义与价值不言而喻。但编修出年鉴精品佳作,绝非朝夕之功,需要付出长期艰辛的努力。希望通过实施中国年鉴精品工程,能够进一步推进年鉴质量建设,使年鉴真正成为传承中华民族优秀传统文化的重要载体,成为展示中国国情、地情的重要窗口,成为“为当代提供资政辅治之参考、为后世留下堪存堪鉴之记述”的资源宝库,在全面建成小康社会过程中作出更大贡献。

是为序。

中国社会科学院副院长

中国地方志指导小组常务副组长 李培林

2016年12月

编纂说明

一、《山西年鉴》创始于1985年，是由山西省人民政府组织、山西省地方志办公室编纂的年度省级大型资料文献。

二、《山西年鉴》坚持以马克思列宁主义、毛泽东思想、邓小平理论、“三个代表”重要思想、科学发展观、习近平新时代中国特色社会主义思想为指导，坚持辩证唯物主义和历史唯物主义的立场、观点、方法，存真求实，全面、客观、系统地记载山西省自然、政治、经济、文化、社会等各个领域的基本情况，反映年度重要事项与发展变化。

三、《山西年鉴(2017)》记述时限除特载之外，为2016年1月1日至12月31日。

四、《山西年鉴(2017)》遵循年鉴通例分类编排、设条记述，全书分四个层次，即类目、分目、次分目、条目。共设37个类目，218个分目，109个次分目，2016个条目，收录图片和统计表288张。

五、《山西年鉴(2017)》框架在保持相对稳定的基础上，根据中国年鉴精品工程的规范要求和重要省情变化及时作了适当增加和调整。突出记载了山西成为全国监察制度改革试点、山西转型综改试验区深入推进、山西省旅游发展委员会成立等事项，既体现年度特色又利于资政存史。

六、《山西年鉴(2017)》稿件由山西省各级党、政、军机关和企事业单位提供。统计资料由山西省统计局提供。照片除署名外由山西画报社提供。

七、《山西年鉴(2017)》数据海量,来源多处,口径不一,难免同一事项的数据互有差异,凡此当以山西省统计局发布的数据为准。计量采用法定单位。必要时遵从习俗。

八、《山西年鉴(2017)》同时在山西地方志网(www.sxdfz.com)、山西年鉴网(www.sxnj.com.cn)提供免费在线阅读。

编　者

2017 年 10 月 28 日

目　录
Contents

机构设置和负责人名录

中国共产党山西省委员会

综　述

重要会议

巡　视

组　织

宣　传

统　战

台湾事务

机构编制

省直机关党的建设

党　校

离退休干部管理与服务

信　访

党　史

山西省人民代表大会

综　述

重要会议

立　法

监　督

代表工作

人事任免

山西省人民政府

综　述

重要会议

人事人才

脱贫攻坚

应急管理

外　事

侨　务

港澳事务

中国人民政治协商会议山西省委员会

综　述

重要会议

专题议政

群众团体

山西省总工会

中国共产主义青年团山西省委员会

山西省妇女联合会

山西省文学艺术联合会

山西省作家协会

山西省科学技术协会

山西省社会科学界联合会

山西省归国华侨联合会

山西台湾同胞联谊会

山西省残疾人联合会

人民防空

经济管理与监督

宏观经济管理

土地资源管理

国有资产管理

财　政

税　务

工商行政管理

质量技术监督

物价管理

审　计

统计管理

国家财政监督

国家审计监督

太原海关

农　业

综　述

水 利

综 述

水利工程建设

农村水利

防汛抗旱

水资源保护

引黄入晋

工 业

工业经济运行

重点工程建设

煤炭工业

银 行

保 险

交通运输

交通管理

公　路

内河航运

铁　路

民用航空

无线电　通信　邮政

无线电

通　信

邮　政

住房和城乡建设

城乡规划

城市建设

村镇建设

环境保护

环境质量监测

污染防治

节能减排

环保管理

教　育

教育管理

基础教育

职业教育和继续教育

高等教育

科学技术

科技管理

科技服务

文 化

事业发展

文学艺术

社科研究

新闻出版　广播影视

新闻出版

广播影视

版权管理与服务

卫生和计划生育

卫生管理

公共卫生

医政管理

中医药事业

卫生人才与科研

健康产业发展

卫生计生综合监督

计划生育

体　育

综　述

群众体育

竞技体育

青少年体育

体育设施

体育产业

社会生活

婚姻　家庭　殡葬

妇女　儿童

青　年

老年人

残疾人

劳动就业

收入与消费

城乡低保

社会保险

住房保障

社会救助

社会事务

拥军优抚

福利慈善

民族　宗教

人　物

革命烈士

先进人物

市县概览

太原市

大同市

阳泉市

长治市

晋城市

朔州市

晋中市

运城市

忻州市

临汾市

吕梁市

附　录

地方性法规选登

经济和社会发展统计资料

山西省2012年至2016年发展数据统计对比图

索　引

撰稿人名单

CONTENTS

以习近平总书记系列重要讲话精神为指引
忠诚担当 攻坚克难 为全面建成小康社会而奋斗

——在中国共产党山西省第十一次代表大会上的报告(摘要)

中共山西省委书记 骆惠宁

(2017年10月31日)

中国共产党山西省第十一次代表大会,是在全面建成小康社会决胜阶段召开的一次十分重要的会议。大会的主题是:高举中国特色社会主义伟大旗帜,深入贯彻习近平总书记系列重要讲话精神和治国理政新理念新思想新战略,忠诚担当,改革创新,凝心聚力,攻坚克难,为全面建成小康社会,不断塑造美好形象、逐步实现振兴崛起,开创我省各项事业发展新局面努力奋斗。

党的十八届六中全会,正式确立习近平总书记在党中央、在全党的核心地位,具有重大的里程碑意义。党的十八大以来,我们党在治国理政的道路上迈上了新征程、开创了新时代。重大成就的取得,从根本上讲,是有习近平总书记这一核心为我们掌舵。我们要牢固树立“四个意识”特别是核心意识、看齐意识,在思想上拥戴核心,在政治上维护核心,在行动上紧跟核心,坚决与以习近平同志为核心的党中央保持高度一致,坚决维护以习近平同志为核心的党中央权威,坚决贯彻落实党中央确定的路线方针政策。

过去五年工作和重要启示

省十次党代会以来的五年是很不寻常的五年。五年来特别是党的十八大以来,省委团结带领全省干部群众,全面贯彻落实党的十八大和十八届三中、四中、五中、六中全会精神,深入学习贯彻习总书记系列重要讲话精神,统筹推进“五位一体”总体布局,协调推进“四个全面”战略布局,不断推动党的理论和路线方针政策在山西贯彻落实。2014年9月,党中央对省委领导班子进行改组性质的重大调整。调整后的省委认真落实以习近平同志为核心的党中央对山西工作的重要指示,提出并实施“五句话”总体思路,推进“六权治本”,确立“一个指引、两手硬”重大思路和要求,力促弊革风清,力行发展为民,不断激发干事创业积极性,推动构建良好政治生态向着“巩固、深化、提高”方向迈进,推动经济发展朝着“稳步向好、转型升级、振兴崛起”方向迈进,全省保持了政治稳定、大局稳定,各项事业取得新进展新进步。

经济在克服困难中前行。民生福祉持续增进。城乡人居环境不断改善。民主法治建设进一步加强。文化强省建设迈出新步伐。改革开放深入推进。汲取系统性塌方式严重腐败沉痛教训,推动从严管党治党取得重大阶段性成效。在充分肯定成绩的同时，要清醒看到存在的问题和差距。对所有问题我们都要正视，并采取有力措施加以解决。

回首过去五年，成绩来之不易、教训极其沉痛、启示尤为深刻。全省各级党组织在关键时刻经住了考验，广大党员干部在重要关头经受了锻炼，对事关全局和长远的重大问题形成了高度共识。山西一段时间发生系统性塌方式严重腐败，政治生态出了问题，根本原因是省委没有履行党风廉政建设主体责任。在以习近平同志为核心的党中央坚强领导下，调整后的省委坚决扛起主体责任，坚持全面从严治党，党的建设呈现新气象。必须更好担当起管党治党责任，全面构建良好政治生态，内聚人心、外树形象，更有信心、更有激情、更有力量地把党的建设和党的事业全面推向前进。山西一段时间经济遭遇断崖式下滑，固然有国内外大环境的影响，但我省经济结构不合理是主要原因。全省上下经历了结构失衡、市场剧变带来的切肤之痛，对转型发展有了更深切认识，推进转型的紧迫感明显增强。当前煤炭市场有所回暖，无论煤价如何变化，决不能动摇转型的决心，必须彻底丢掉再现煤炭十年黄金期的幻想，紧紧抓住市场倒逼的历史机遇，坚定不移走上转型之路。实践证明，只要我们始终在思想上政治上行动上与以习近平同志为核心的党中央保持高度一致，坚定不移以习总书记系列重要讲话精神为指引，就能战胜前进道路上的一切风险挑战，不断夺取新胜利！

沿着习近平总书记系列重要讲话指引的方向，开辟治晋理政新境界

习总书记系列重要讲话开辟了马克思主义中国化新境界，是我们做好一切工作的根本遵循。要把学习成果转化为实践成效，丰富和发展治晋理政思路。深刻领会系列重要讲话关于治国理政的奋斗目标，在实现中国梦和全面建成小康社会中加快山西步伐；深刻领会系列重要讲话关于新发展理念的重大思想，在推动转型升级中走出山西路径；深刻领会系列重要讲话关于全面深化改革的战略部署，在新一轮改革开放中彰显山西气魄；深刻领会系列重要讲话关于全面从严治党的新要求，在全面构建良好政治生态中交上山西答卷；深刻领会系列重要讲话所贯穿的强烈历史使命感，在坚持和发展中国特色社会主义中体现山西担当。

全省要高举中国特色社会主义伟大旗帜，以马克思列宁主义、毛泽东思想、邓小平理论、“三个代表”重要思想、科学发展观为指导，深入贯彻习近平总书记系列重要讲话精神和治国理政新理念新思想新战略，统筹推进“五位一体”总体布局，协调推进“四个全面”战略布局，把握时代大势，回应实践要求，认真落实“一个指引、两手硬”重大思路和要求，统一思想行动，凝聚奋进力量，确保与全国同步全面建成小康社会，确保经济转型升级取得显著进展，确保良好政治生态全面有效构建，不断塑造美好形象、逐步实现振兴崛起。

通过全省的共同努力，要塑造和展示山西文化璀璨、人才辈出的人文形象，创新驱动、结构优化的转型形象，充满活力、合作包容的开放形象，表里山河、生态美好的壮丽形象，以廉为荣、艰苦创业的清明形象，人民幸福、社会和谐的安康形象。

通过全省的共同努力，今后五年，将我省打造成国内外有影响力的资源型经济转型综合配套改革试验区，现代装备制造、新材料、节能环保和信息产业基地，国家新型综合能源基地，世界煤基科技创新成果转化基地，中西部现代物流中心，富有特色和魅力的文化旅游强省，内陆地区对外开放高地，综合竞争力、人民生活水平和可持续发展能力明显提升；再经过一段时间的持续奋斗，使山西整体发展水平在我国中西部地区位次前移，在全国大局中发挥重要影响。

认真贯彻落实新发展理念，以深化转型综改试验区建设牵引经济转型升级

把供给侧结构性改革作为经济发展和经济工作的主线，把资源型经济转型综合配套改革试验区作为推动经济转型发展的抓手，以提高发展质量和效率为中心，全力推动我省经济发展的动力结构、产业结构、要素结构和增长方式发生重大转变。站在时代高度开创转型综改试验区建设新局面。用解放思想打开转型综改试验新天地，用先行先试擦亮转型综改试验这个金字招牌，营造活力充沛的转

型生态。破解资源型地区创新发展难题、结构性矛盾突出地区协调发展难题、生态脆弱地区绿色发展难题、内陆地区开放发展难题、欠发达地区共享发展难题,加快实现能源产业向绿色低碳转变、产业结构向多元化中高端转变、发展动能向创新驱动转变、发展形态向园区化循环化转变、城乡统筹向一体化转变、经济增长向平稳健康可持续转变。构建多元化中高端现代产业体系。实施战略性新兴产业培育、能源产业创新、传统优势产业提质、现代服务业发展、特色现代农业增效、"双创"孵化新产业新业态"六大工程",构建具有鲜明省情特点的支撑多元、布局合理、链条高端的现代产业体系。用创新驱动培育新的动力源泉。全面实施创新驱动发展战略,打通科技创新成果转化通道,完善创新服务体系,激活各类创新要素。把供给侧结构性改革作为转型升级的根本途径。把改造提升传统动能与培育新动能结合起来,增强我省供给体系对市场需求的适应能力。在全面推进经济领域各项改革的同时,下大决心推动重大改革破题。深化国企国资改革,增强发展动力;创新开发区体制机制,拓展转型载体;加快建设服务型政府,优化市场环境。提升城乡一体化发展水平。更加注重提高城镇规划建设水平,更加注重以人为核心推进新型城镇化,更加注重城乡基础设施建设,更加注重县域经济和农村改革发展,推进城乡融合发展,促进城乡共同繁荣。开创对内对外开放新局面。大力提高全社会特别是领导干部的开放意识、开放素质和开放能力。打造全方位、多领域对外开放格局,积极扩大与"一带一路"沿线国家和地区的经济合作和人文交流。倍加重视和支持民营经济发展。按照"亲""清"原则,打造新型政商关系。实施晋商晋才"回乡"创业创新工程。

发展社会主义民主政治,建设法治山西

保证和支持人民当家作主。支持人大及其常委会依法行使立法、监督、决定、任免等职权,支持人民政协围绕团结民主两大主题履行政治协商、民主监督、参政议政职能。完善基层民主制度。健全权力运行制约和监督体系。提高法治建设水平。健全立法起草、论证、协调、审议机制,深化行政执法体制改革,推动司法改革政策配套落实,深入开展法治宣传教育。壮大共同奋斗的力量。重视发挥民主党派、工商联和无党派人士积极作用,全面贯彻党的宗教工作基本方针,促进各民族交流交往交融。支持工会、共青团、妇联等人民团体深化改革,依法依章程开展工作。加强国防动员和后备力量建设,巩固军政军民团结。

坚定文化自信,建设文化强省

坚持中国特色社会主义文化发展道路,加快文化强省建设步伐。牢牢掌握意识形态工作领导权和话语权。落实意识形态工作主体责任。加强思想舆论阵地管理。完善互联网管理领导体制。实施哲学社会科学创新工程,从理论与实际结合上回答山西改革发展面临的重大问题、干部群众关心的热点问题。积极培育和践行社会主义核心价值观。广泛开展理想信念教育,以弘扬传统美德为抓手推进公民道德建设工程,以立德树人为重点加强改进思想政治工作。实施优秀传统文化传承工程和乡村文化记忆工程。传承红色基因,大力弘扬太行精神、吕梁精神、右玉精神等宝贵精神财富。极大丰富人民群众精神文化生活。开展深入生活、扎根人民主题实践活动,打造"文化晋军"。构建现代公共文化服务体系。深入开展文化惠民活动,引导文化资源向基层倾斜,让人民群众有更多文化获得感。着力推动文化改革创新发展。深化文化体制改革,完善文化经济政策,推动传统文化产业转型升级,创新文化业态,省属文化企业集团要带头建成在全国有影响有实力的文化企业。讲好山西故事,传播山西声音,展示山西形象。努力建设优秀传统文化传承转化区、革命文化保护弘扬区、社会主义先进文化创新发展区,为创造中华文化新辉煌作出更大贡献。

坚持民生优先,加强社会建设和治理

不断提高人民生活质量和水平,是我们一切工作的出发点和落脚点。把脱贫攻坚作为第一民生,坚决打赢脱贫攻坚战。坚决把精准方略落实到识贫、扶贫、脱贫各个环节,全力推进特色产业扶贫、易

地搬迁扶贫等八大帮扶工程及二十个专项行动。提高扶贫资金使用效率,严格落实脱贫攻坚责任制,加强督查巡查和脱贫成效考核。确保稳定实现232万贫困人口"两不愁、三保障",58个贫困县全部摘帽,与全省同步奔小康。千方百计增加城乡居民收入,努力扩大中等收入群体。以增加职工工资、促进农民增收、帮扶低收入群体为重点,构建工资性收入、财产性收入、经营性收入、转移性收入多渠道增收新格局。实行以增加知识价值为导向的分配政策。在全社会倡导辛勤劳动、诚实劳动、创造性劳动,通过劳动创造美好生活。以改革创新思路破解民生重点难点问题,提高基本公共服务均等化水平。深化教育领域综合改革,加大对贫困地区、薄弱学校教育投入和资源倾斜力度。深化医药卫生体制改革,打造"健康山西"。完善公共就业服务体系,促进以创业带动就业。深化社会保障制度改革,基本实现人人享有基础社会保障。深化住房保障制度改革,加大保障性安居工程建设力度。树立总体安全观,全力维护社会稳定。坚决维护国家安全和政治安全,高度重视经济安全,切实保障网络安全,扎实抓好公共安全。加强食品药品安全。推进平安山西建设,坚决防止重特大安全生产事故发生。创新社会治理体制,健全矛盾纠纷多元化解机制,守住全社会系统安全底线。

推动绿色发展,建设美丽山西

贯彻落实绿色发展理念。以生态文明理念统领经济社会发展全局全域,推动产业发展生态化和生态建设产业化,促进资源节约和环境友好。抓好生态环境建设重点工作。节约集约循环三管齐下,生态保护与修复治理统筹推进,严守资源消耗上限、环境质量底线、生态保护红线。加快建立循环型工业、农业、服务业体系,加强大气污染防治,强化土壤污染防治,启动新一轮退耕还林,加强永久性生态公益林保护。坚持节约优先、系统治理,努力破解"水瓶颈"。实施最严格的水资源管理。实施重点河流生态修复治理。加快实施一批大型水利工程。强化生态文明制度保障。用改革办法筑起"源头严防、过程严控、后果严惩"三道防线,构建产权清晰、多元参与、激励约束并重、系统完善的生态文明制度体系。认真落实党政领导干部生态环境损害责任追究制度。

全面推进党的建设新的伟大工程,为开创党在山西事业新局面提供根本保证

认真实施党的十八届六中全会作出的各项部署,切实履行好全面从严治党使命。坚持严肃认真的党内政治生活。把落实准则作为重要政治任务,以党章为根本遵循,以领导机关和领导干部为重点,坚持党的政治路线、思想路线、组织路线、群众路线,着力增强党内政治生活的政治性、时代性、原则性、战斗性。让准则精神融入党的建设各方面。充分发挥党的组织生活作为党内政治生活的重要内容和载体的作用,实现党内政治生活的制度化、规范化和程序化。打造干事创业的高素质干部队伍和充满活力的人才队伍。按照"好干部标准",把事业发展需要的好干部精心培养起来、及时发现出来、合理使用起来。加强党政正职、关键岗位干部的培养选拔。建立激励干部干事创业机制、改革创新合理容错机制和推进干部能上能下机制。强化"为官必为"意识,提高"为官会为"能力,追究"为官不为"责任,营造"为官愿为"环境。坚持党管人才原则,实施人才强省战略。深化人才发展体制机制改革,充分发挥市场在人才资源配置中的决定性作用。大力培养引进经济转型升级亟需的领军拔尖人才。锲而不舍加强作风建设。巩固党的群众路线教育实践活动、"三严三实"专题教育、"两学一做"学习教育成果,全面加强思想作风、工作作风、领导作风、干部生活作风建设。防范和查处各种隐形、变异的"四风"问题,把落实中央八项规定精神常态化、长效化。大力弘扬右玉精神,牢固树立正确政绩观。夯实党的事业发展的坚实根基。把加强"基层组织、基础工作、基本能力"建设作为战略举措抓紧抓实抓好。推动基层组织全面加强,构建重心下移、力量下沉、保障下倾的体制机制;推动基础工作全面进步,全面开展基础工作达标行动;推动基本能力全面提升,有针对性地提高通用知识和专业知识水平,提高把握政策、化解矛盾、处理复杂问题能力。坚定不移推进党风廉政建设和反腐败斗争。认真落实《中国共产党党内监督条例》,加强对权力运行的制约和监督。把"四种形态"作为一个整体统筹把握,切实运用好。发挥巡视利剑作用。强化派驻监督,加强市县巡察工作。着力构建不敢腐、不能腐、

政府工作报告（节选）

——在山西省第十二届人民代表大会第七次会议上

山西省省长 楼阳生

（2017年1月14日）

一、2016年工作回顾

2016年，是充满挑战的一年，也是孕育希望的一年。我们深入学习贯彻党的十八大、十八届三中、四中、五中、六中全会精神和习近平总书记系列重要讲话精神，在省委的坚强领导下，认真贯彻落实省第十一次党代会精神，按照"一个指引、两手硬"重大思路和要求，坚定不移推进供给侧结构性改革，坚定不移实施创新驱动、转型升级战略，统筹稳增长、促改革、调结构、惠民生、防风险等各项工作，在压力下砥砺前行、在困难中奋力开拓，全省经济实现了下半年好于上半年的目标。

预计全省地区生产总值增长4.5%左右，低于预期1.5个百分点；全社会固定资产投资增长1%左右，低于预期11个百分点；社会消费品零售总额增长7%左右，高于预期1.5个百分点；一般公共预算收入下降5.2%，好于下降7%的预期；城乡居民人均可支配收入分别增长6%左右、6%以上，实现预期目标；城镇新增就业46.46万人，城镇登记失业率3.52%，控制在预期4.2%以内；居民消费价格涨幅1.1%，控制在预期3%以内。约束性指标中，万元地区生产总值能耗下降幅度、二氧化碳排放量下降幅度、用水量下降幅度，二氧化硫、化学需氧量、氨氮、氮氧化物、烟尘、粉尘减排幅度，劣V类水体比例，农村贫困人口脱贫人数、城镇棚户区住房改造数量等指标均完成年度任务。设区市城市空气质量优良天数比例未完成年度任务，其中，大同、吕梁、忻州三市完成年度任务，阳泉、长治、晋中、太原、晋城、临汾、朔州、运城八市未完成年度任务。

综观2016年，全省经济仍未进入合理增长区间，增速已连续三年低位徘徊，但标志性、转折性、趋势性变化显著增加。地区生产总值一季度、上半年、前三季度、全年分别增长3%、3.4%、4%、4.5%左右，呈现逐季加快、逐步向好的态势。农业稳定发展，全年粮食总产量达131.85亿公斤，夺得历史第二丰收年。从9月份起，工业生产者出厂价格结束了连续54个月的下降趋势，扭转了与购进价格长达

不想腐的体制机制。坚决落实全面从严治党主体责任。党委书记要负好主责、首责、全责，班子成员自觉履行"一岗双责"，纪委认真履行监督执纪问责，建立横向到边纵向到底、以上率下层层落实的主体责任体系。加强对主体责任落实情况的监督检查。增强在党言党、在党爱党、在党忧党、在党为党的责任意识，深入思考、着力解决党的建设中面临的新情况新问题。尤其是要有效防止党员特别是领导干部走向违纪违法，有效防止领导班子弱化甚至丢弃主体责任，有效防止一个地区一个单位政治生态出问题，健全把纪律和规矩挺在前面的长效机制，健全用制度治党、管权、治吏的长效机制，健全始终保持管党治党严紧硬的长效机制，使全面从严治党成为常态。

山西历史悠久、文化灿烂、资源丰富、前景广阔，在各个时期都做出突出贡献。今天，中华民族伟大复兴的中国梦召唤着我们，振兴崛起的历史使命激励着我们。对伟大的党和祖国，我们要无限忠诚；对山西这片红色的土地，我们要深怀敬畏；对淳朴勤劳智慧的山西人民，我们要充满热爱；对党和人民的崇高事业，我们要无私奉献。山西人民从来就有不畏艰险、百折不挠、敢于胜利的决心和勇气。面对具有许多新的历史特点的伟大斗争，我们要坚持革命理想高于天，坚持奋斗目标不动摇，以铁一般信仰、铁一般信念、铁一般纪律、铁一般担当，积极应对各种困难和挑战，殚精竭虑办好山西的事情，满怀信心创造山西的美好未来！

66个月的倒挂状态；从10月份起，规模以上工业增加值累计增速结束了连续21个月的负增长，企业效益结束了连续16个月的累计净亏损。这些积极变化，有效改善了市场预期，支撑了经济企稳向好。

一年来，主要抓了以下工作：

（一）坚定推进煤炭钢铁去产能。认真落实“三去一降一补”重点任务，退出煤炭产能2325万吨，淘汰钢铁产能82万吨，率先实施煤炭减量化生产，全年压减煤炭产量1.43亿吨，占全国煤炭减量的40%左右，为促进工业止跌回升、企业扭亏为盈发挥了关键作用，为改善全国煤炭市场供求关系作出了重要贡献。

（二）倾力开辟转型综改主战场。破解转型综改空间布局、平台载体等瓶颈制约，推进开发区改革创新发展，按国土面积的2%左右谋划布局全省开发区建设。整合太原都市区的8个产业园区、科技园区和高校新区，成立山西转型综改示范区，打造开发区建设和转型综改的排头兵。

（三）积极培育经济新动能。抢抓新经济布局、区域竞争力重构机遇，加快布局数字经济、高端装备制造、新材料、新能源汽车等战略性新兴产业，实施云计算、轨道交通装备等一批转型新项目。推进文化旅游、金融、物流、会展等现代服务业发展。加快科技创新城建设，实施T800高端碳纤维、10兆瓦级锂电池储能技术等科技重大专项，引进中科院、浙江大学等科研团队，打造转型升级新引擎。

（四）扎实推进重点领域改革。开展同煤、焦煤等国企改革试点，推进电力体制改革综合试点，成功争取国土资源部委托我省实施煤层气矿业权审批登记。推进农村集体经营性建设用地入市、集体土地征收制度改革试点，开展集体资产股份权能改革试点，基本完成农村土地承包经营权确权。推广政府与社会资本合作（PPP）模式，设立煤炭供给侧改革基金。全面实施企业“五证合一”和个体工商户“两证整合”。

（五）努力构建开放合作新格局。实施“东融南承西联北拓”对外开放战略，主动对接京津冀，在科技人才、新兴产业、文化旅游、能源供应、现代农业等方面达成一批重大合作事项。与银行、保险、资产管理公司等金融机构实施战略合作，与华为、阿里巴巴、中铝等一批行业龙头企业开展项目合作。成功举办太原能源低碳发展论坛、民企助推转型创新发展大会等重大活动。

（六）千方百计扶持实体经济。开展万名干部入企服务和各类项目受理大起底，实施工业提质增效“20条”、降低实体经济企业成本“44条”，推动物流业降本增效，开展电力直接交易，落实铁路公路运费优惠政策，缓缴资源价款，有效降低企业成本。开展煤企京城路演，推动金融机构通过贷款重组、“债转股”、资产证券化试点等方式，帮助企业降杠杆、防风险、渡难关。

（七）夺取脱贫攻坚首战首胜。制定“十三五”脱贫攻坚规划，全面实施精准扶贫八大工程二十个专项行动，加大特色产业扶贫力度，提前启动新一轮退耕还林还草，10万贫困人口实施易地扶贫搬迁，57万贫困人口实现脱贫，1900个贫困村有序退出。

（八）持续改善民生和社会事业。积极做好高校毕业生、农村转移劳动力、城镇困难人员、退役军人等群体就业工作，安置煤炭钢铁去产能转岗职工3.16万人。提高城乡居民医保、低保标准和退休人员基本养老金。城乡居民大病保险实现全覆盖。完成城镇保障性安居工程建设和农村人居环境改善年度任务。义务教育“全面改薄”与均衡发展取得新进展。

（九）狠抓生态环保和安全生产。在全国率先对永久性公益林进行立法保护，扎实推进汾河流域综合治理，完成营造林400万亩。加强大气、水、土壤污染治理，淘汰黄标车及老旧车17.2万辆。各类生产安全事故起数和死亡人数分别下降2.46%、2.14%，煤矿百万吨死亡率下降32.9%。加强和创新社会治理，社会保持和谐稳定。

（十）着力改善发展环境。坚持依法行政，向省人大常委会提请审议地方性法规草案6件，制定政府规章5件，认真办理人大代表建议和政协提案。深化“放管服效”改革，继续取消、下放、清理规范一批行政审批和中介服务事项。省市县三级政务服务平台、省市两级公共资源交易平台基本建成并投入运行，行政审批“两集中、两到位”全面推行。建立“13710”工作制度。扎实开展“两学一做”学习教育，认真贯彻《关于新形势下党内政治生活的若干准则》和《中国共产党党内监督条例》，持续推进政府系统党风廉政建设和反腐败斗争，全面构建良好政治生态，政府自身建设得到进一步加强。

各位代表，我们清醒地认识到，全省经济虽然呈现低位企稳、稳步向好的态势，但仍没有走出困难时期，多年积累的“一煤独大”结构性矛盾、“一股独大”体制性矛盾、创新不足素质性矛盾远未从根本上解决，企稳向好的基础还不牢固，由此带来的一系列经济社会问题也是相互交织、错综复杂。特别是经济增长还缺乏大项目支撑、新要素新动能支撑和强有力的人才支撑，短期很难实现跳跃式增长；企业负债率偏高、区域性金融风险较大、财政收支不平衡、就业增收困难等问题仍然突出；城乡发展不平衡，脱贫攻坚难度大，民生社会事业欠账较多，补短板任务十分艰巨；安全生产隐患较多，社会管理粗放，维稳压力较大；资源环境约束加剧，大气、水、土壤污染问题突出，尤其是雾霾问题日益成为人民群众关注的焦点；发展环境不优，一些干部不愿为、不敢为、不会为，一些部门和地方服务意识不强、行政效率不高、工作落实不力，等等。解决这些矛盾和问题，唯有加快转型综改、创新驱动，舍此别无他途！

二、2017年工作安排

2017年是全面贯彻省第十一次党代会精神的起步之年，是供给侧结构性改革和转型综改的深化之年，也是山西走出经济困难局面的攻坚之年。政府工作的总体要求是，深入学习贯彻习近平总书记系列重要讲话精神和治国理政新理念新思想新战略，统筹推进“五位一体”总体布局，协调推进“四个全面”战略布局，认真贯彻省第十一次党代会和省委十一届二次全会暨经济工作会议总体部署，按照省委“一个指引、两手硬”重大思路和要求，坚持新发展理念，坚持稳中求进工作总基调，坚持深化供给侧结构性改革与深化转型综改试验区建设有机结合，坚持以提高发展质量和效益为中心，全面实施创新驱动、转型升级战略，全力促进经济稳步向好、民生不断改善和社会和谐稳定，为塑造美好形象、实现振兴崛起奠定更加坚实的基础，以优异成绩迎接党的十九大胜利召开。

主要预期指标是：地区生产总值增长5.5%左右，全社会固定资产投资增长目标根据新的统计口径设置，社会消费品零售总额增长7%左右，一般公共预算收入增速由负转平，城乡居民人均可支配收入分别增长6%左右和6%以上，居民消费价格涨幅控制在3%左右，城镇新增就业45万人，城镇登记失业率控制在4.2%以内。

约束性指标是：资源节约方面，万元地区生产总值能耗下降3.2%，万元地区生产总值二氧化碳排放量下降3.9%，万元地区生产总值用水量下降3%。环境质量方面，包括设区市细颗粒物（PM2.5）浓度下降比例，设区市城市空气质量优良天数比例，达到或好于Ⅲ类水体比例，劣Ⅴ类水体比例，二氧化硫、化学需氧量、氨氮、氮氧化物减排幅度，完成国家下达任务。民生改善方面，农村贫困人口脱贫66万人，城镇棚户区住房改造13万套。

2017年指标体系的设定，考虑了转型需要，突出了转型导向，体现了稳中求进。地区生产总值增速预期5.5%左右，旨在为转型和改革留出空间，夯实全面小康、振兴崛起的基础，同时也是一个需要“跳起来”才能“够得着”的目标。一般公共预算收入增速由负转平，主要考虑我省实体经济依然困难，财政增收因素不多，尽管是零增长，但增速要比去年提高5.2个百分点，是一个积极进取的目标。同时，要坚持“紧日子、保基本、调结构、保战略”，调整财政支出结构，发挥好财政资金“四两拨千斤”的作用。固定资产投资工作，要摆脱过分追求增速的惯性，更加注重优化投资结构、提高精准性有效性，把重点放在扩大产业投资、促进民间投资、补齐发展短板上。约束性指标既是转型的标尺，也是基本的民生要求，必须不折不扣完成。

今年，重点抓好以下工作：

（一）大力推进“三去一降一补”。

坚定去产能。重点抓好煤炭去产能，更好运用市场化、法治化方式，严格执行环保、能耗、质量、安全等相关法律法规和标准，推动企业兼并重组，推进产能交易，关闭退出煤炭产能2000万吨左右。多渠道做好职工分流安置工作。坚持淘汰落后产能与发展先进产能相结合，实施减量置换、减量重组、提高单产、减人增效，提升安全生产水平，提高先进产能占比，有序释放先进产能，促进煤炭市场供需关系继续改善。退出钢铁产能170万吨。

努力去库存。加大棚户区改造和城中村改造货币化安置力度，促进库存商品房改造为安置住房。鼓励库存较大的市、县为进城农业转移人口购房提供补贴，逐步推行先租后买。完善住房保障和供应体系，培育住房租赁市场，调整房地产市场结构，还原住房居住属性。力争商品房待售面积消化周期控制在10个月左右。支持企业搞好产销衔接，降低工业产成品库存。

稳步去杠杆。稳妥推进企业债务重组，支持企业市场化、法治化债转股，引导金融机构帮助企业置换债务。支持企业开展资源价格评估，重点开展煤炭企业清产核资。推进资产证券化试点。加大股权融资和应收账款融资。加强企业自身债务杠杆约束。建立企业债务重组和不良资产处置协调机制。

多措降成本。落实减税降费政策，进一步清理不合理收费，努力减轻企业税费负担。利用专项建设基金、应急周转保障资金、信用增进、再担保等方式，支持企业多渠道融取低成本资金。阶段性降低企业社保费、住房公积金缴存比例，合理降低企业人工成本。深化煤炭、电力、土地等领域改革，降低企业用能用地成本。完善物流配送网络，提高物流效率，降低企业物流成本。引导企业眼睛向内挖潜增效。

着力补短板。既补硬短板又补软短板，既补发展短板又补制度短板，着力加强人力资源、科技创新、生态环保、“岸、港、网”建设等薄弱环节。重中之重是加快补齐脱贫攻坚这个短板。坚持精准扶贫、精准脱贫，深入实施精准扶贫八大工程二十个专项行动。推进特色农业扶贫、光伏扶贫、旅游扶贫和电商扶贫，抓好新一轮退耕还林还草和干果经济林提质增效工程。采取政府购买、订单培训、定岗培训、“互联网+培训”等模式，抓好农村贫困劳动力技能培训。到村到户精准落实各项社会保障和社会救助政策措施。全面推进统筹整合财政资金试点工作。开展资产收益扶贫试点。完善财政风险补偿机制，落实小额信贷、扶贫再贷款和保险扶贫等政策，创新精准扶贫小额信贷模式，完善信贷服务体系。健全脱贫攻坚责任制，确保完成14个贫困县摘帽、2270个贫困村有序退出，完成12万贫困人口易地搬迁和3万人同步搬迁。省市县三级已层层立下“军令状”，必须做足“成色”，如期“交账”，在奔小康的路上决不落下一个贫困村、一个贫困户、一个贫困人口！

（二）大力支持做强实体经济。

着力发展新一代信息技术产业。紧跟5G时代，充分发挥我省气候冷凉、区位适中、电力充沛等优势，围绕基础建设、数据应用、产业开发“三维一体”，实施大数据战略，发展数字经济，建设智慧山西，推进智能制造。加强顶层设计和管理，组建大数据产业发展局，出台促进大数据发展政策措施。推进移动、联通、电信、华为、百度、浪潮、吕梁军民融合云计算等数据中心建设，争取国家部委和金融机构在我省布局大数据中心或灾备中心，筹划建设智慧山西云平台，打通信息孤岛，推动数据资源开放共享。构建大数据全产业链，做大做强云计算、物联网、移动互联网、可信计算机等产业；开展大数据招商引资，吸引上下游产业链项目落地我省。实施“互联网+”行动，在政府治理、公共服务和城市建设等领域广泛应用大数据，推动大数据与制造业、现代农业、服务业深度融合，以信息化促进新型工业化、新型城镇化和农业现代化。

加快发展装备制造业。围绕轨道交通装备、重型机械、能源装备、化工装备、电子信息装备、纺机装备等优势领域，着力提升自主研发和系统集成能力，推进制造业与互联网融合发展，加快向“山西智造”转变。创新军民产业融合机制，推进军民融合产业园和产业孵化基地建设。积极争取国家智能制造试点示范，筹划建设省级装备制造业创新中心，重点推进太重风电装备园区、富士康光机电及工业机器人、晋能光伏电池及组件等项目建设。

积极发展新兴潜力产业。依托新材料、新能源、新能源汽车、节能环保、生物医药等新兴潜力产业的既有基础，瞄准发展前沿，强化政策支持，加快占领行业高端，形成新的优势产业。做大做强新型金属材料、新型化工、新型无机非金属和前沿新材料，重点推进太钢350公里轮轴钢、T800高端碳纤维二期和中电科二所碳化硅半导体等项目建设。推动比亚迪新能源汽车二期、吉利新能源汽车、宇航新能源客车、临汾沃特玛新能源汽车产业园等项目建设，实现太原、晋中、晋城全区域新能源汽车充电设施全覆盖。发展风电、光伏发电和生物质能等新能源产业，推动太原西山国家新能源示范区及大同、长治、运城三个新能源示范城市建设，抓好汉能移动能源产业园建设。推进节能装备、环保设施、环保物联网、节能服务等领域重大项目建设。加快晋北原料药、晋中中成药、晋南新特药三大基地建设，筹建太原生物医药研究院和产业园。

改造提升传统产业。推进新型综合能源基地建设，抓好晋煤外运，扩大晋电外输，实施晋气外送，保障国家能源安全。加大传统产业技术改造，加快传统产业与新技术、新工艺、新模式相互嫁接，促进煤基产业和原材料产业绿色清洁高效循环发展。深化煤电联营，推动煤电材、煤焦化、煤焦钢一体化发展，推进中铝吕梁基地50万吨铝合金深加工、银光镁业500万只轮毂生产线等项目建设。发展差异化、高端化煤基化工产业，加快潞安180万吨煤制油等项目建设。深入开展消费品工业“增品种、提品质、创品牌”专项行动，推动食醋、白酒、乳制品、纺织、陶瓷、玻璃器皿、工艺品等产业提档升级。

做大做优建筑业。推动建筑企业整合重组，培育扶持专业资质企业，加快形成一批专业化大型企业集团。支持企业开拓省内外市场。打造省级建筑产业园区，提升钢结构、装配式混凝土和市政构件预制加工能力。支持企业建立全产业链生产体系，实现设计、构配件生产、施工、管理一体化发展。

(三)大力推进农业供给侧结构性改革。

优化农业产业布局。适应农产品消费升级需要，以增加农民收入、保障有效供给为主要目标，大力发展特色优势产业。稳粮优经扩饲，稳定小麦生产，调减籽粒玉米，做精杂粮、做优果菜、做强畜牧、做好药材。构建汾河平原、上党盆地、雁门关、太行山、吕梁山和城郊农业六大特色农业发展区域。切实抓好雁门关农牧交错带建设，以养定种、种草养畜，推进草畜一体化发展。

发展农业产业化经营。打造一批特色农产品生产基地，建设全国优质杂粮产地交易市场和中药材交易中心，扩大农产品精深加工规模，大力发展休闲农业、农村电子商务、乡村旅游等新产业新业态，拓展农业产业链价值链。实施龙头企业转型升级计划，培育一批种业型、加工型、流通型、服务型农业龙头企业。创新农村集体经济合作组织，通过合作使农民同经济组织及企业结成利益共同体，实现互利共赢。

增加绿色优质农产品供给。加快发展功能农业，面向中高端市场，推进药食同源产品开发，大力发展保健食品等高附加值产品。实施农业标准化战略，推进“三品一标”认证，农业生产标准化率力争提高到30%以上。抓好出口食品农产品质量安全示范区建设，打造运城农产品出口平台，带动全省农产品质量提升。

推进农业科技创新。打造山西“农谷”，组建山西功能食品研究院，建设现代农业创新高地和功能农业示范区。加强新型职业农民培育。实施农业科技创新行动计划，力争在特色优势农业发展、旱作节水农业、农业生态保护等方面取得一批重大科技成果。

强化农业基础支撑。优先保障财政支农支出，改革财政支农投入使用机制，整合出台新的强农惠农政策，重点支持农业基础建设、科技创新、结构调整、农民增收。完成高标准农田建设200万亩，新增高效节水灌溉面积60万亩。建立完善科技、金融、流通、人才、政策五位一体的服务体系，培育多种形式的农业经营性服务组织。推进特色现代农业提质增效，真正让农业成为充满希望的产业。

(四)大力发展服务业。

加快发展现代服务业。推进金融业创新发展。完善地方金融体系，做大做强金控集团，推动晋商银行启动上市，推进农信社改制，组建晋商人寿保险公司，推动组建民营银行。培育壮大天使基金、种子基金、创投基金和私募股权基金，支持战略性新兴产业和现代服务业发展。通过可转债、永续债、企业债、公司债、中期票据等融资工具，促进能源产业升级改造。健全金融中介体系，规范发展互联网金融。推进咨询服务业快速发展。制定支持咨询服务业发展的政策措施，加快发展以会计、法律、审计、评估、专利代理为重点的咨询服务业，拓展商务咨询服务领域，引入政府采购机制，积极推动重大决策、重大项目和工程技术等领域引入咨询服务。推进物流业智慧发展。围绕能源矿产品、农产品、大宗工业品、生活日用品等,大力发展智慧物流、多式联运、城乡快递、冷链物流,培育现代物流企业集团,建设重要物流设施,规划建设全省智慧物流云平台,推进太铁中鼎物流园等项目建设,加快构建立体式现代物流产业格局。推进会展业提速发展。加快完善会展设施,在太原规划建设大型会展中心,引入市场化办会机制,培育会展市场主体,延伸会展产业链。办好太原能源低碳发展论坛等重点展会,鼓励各部门各行业积极引进本领域重要展会。推进幸福产业提质升级。发展文化、教育、体育、健康、休闲、养老等幸福产业,规划建设融旅游、度假、养老、医疗于一体的健康养老产业集群。进一步扩大新兴消费。培育信息消费、智能家居、可穿戴设备等新兴消费,推动消费结构升级。引深"山西品牌行"系列活动。加强流通基础设施建设,抓好太原智慧物流配送示范城市建设,完善市场服务体系,整顿和规范市场秩序,营造良好的消费环境。

优化提升传统服务业。适应大众消费多样化、个性化、信息化需求,推动商贸、餐饮、住宿、家政等行业加快业态创新、管理创新和服务创新,促进线上线下互动发展。优化城乡商贸流通网络,发展现代经营方式。积极打造晋菜品牌,弘扬山西面食文化,培育一批跨区域餐饮连锁示范企业,发展大众餐饮、特色餐饮。推进住宿业连锁化、品牌化发展。健全城乡居民家庭服务体系,提高居民生活便利化水平。

特别要把文化旅游业加快培育成战略性支柱产业。着力破解体制机制障碍,上半年基本完成全省旅游景区体制机制改革,进一步理顺管理体制、经营机制和各类利益关系。以"旅游业+"为思路,把握"安、顺、诚、特、需、愉"六字要诀,包装一批项目、引进一批战略合作者、培育一批经营主体、搭建一批投融资平台、打造一批旅游景区和精品线路,做强寻根觅祖、古建宗教、晋商民俗、太行山水、红色经典等旅游品牌。积极发展全域旅游。建设文化旅游产业融合发展试验示范区。组建省级文化旅游投资平台,实施大项目建设、大企业运作。提升五台山、云冈石窟、平遥古城等重点景区品质。发展生态游、商务游、休闲游、旅游养老、会展旅游、体育旅游等新业态。办好重大旅游节庆活动。抓好旅游公路和旅游服务设施建设。努力实现由文化旅游资源大省向文化旅游强省的跨越,把山西建成国内一流、国际知名的旅游目的地。

(五)大力推进重点领域改革。

加快开发区体制机制改革。科学修编全省开发区总体发展规划,推进开发区整合、改制、扩区、调规。理顺开发区管理体制、运行机制和各类利益关系,建立专业化、市场化、国际化的管理运行机制,实行领导班子任期制、全员岗位聘任制和绩效工资制。按照应放尽放、能放尽放的原则,切实向开发区简政放权。重点抓好山西转型综改示范区体制机制创新,赋予示范区省级投资项目核准权限,开展企业投资项目承诺制试点。力争4月底前启动起步区建设,引进实施一批重大产业和科技项目,在产业转型、创新驱动、体制改革、投资环境等方面为全省作出示范。

深化国企国资改革。坚持国企国资改革方向,坚持市场化、法治化取向,推动国有企业瘦身健体、固本培元、提质增效、转型升级。推进国有企业功能界定与分类,积极发展混合所有制经济,完善现代法人治理结构,推进市场化选聘经营管理者,加快剥离企业办社会职能,妥善解决历史遗留问题。积极推进国有资本投资、运营公司改革试点。推动国资监管体制向管资本为主转变。制定出台国企国资改革方案,全面启动省属国有企业改革。

深化投融资体制改革。落实企业投资自主权,实行企业投资项目管理负面清单、权力清单、责任清单制度。对核准类项目,只保留选址意见、用地预审以及重特大项目环评审批。对备案类项目,不设置前置条件,除国家有特殊规定外,全部实行属地管理。创新企业投资项目管理,探索建立多评合一、多审合一、多图联审、联合验收等新模式,对技术审查类的审批试行先建后验模式。发挥好政府投资的引导和带动作用,建立完善PPP有效推进机制,设立促进经济转型新动能投资基金。加快市场化融资步伐,加大贷款协调力度,稳步提高存贷比,优化企业贷款结构,大幅增加信贷规模;加大直接融资力度,推进绿色债、双创债等创新债券品种融资;实施企业上市培育和上市企业、挂牌企业再融资行动;引导保险机构资金和资产公司投资入晋。全面开放投融资中介市场,完善中介服务机构退出和惩戒机制。

深化电力体制改革。推进输配电价改革。抓好股份制电力交易机构运营。加快推进转型综改示范区产业园区等增量配电业务试点。以吕梁铝循环产业园区为试点，探索局域电网运营新模式。扩大直供电规模和范围，提高自备电装机比重，有效降低企业用电成本，努力把我省电力优势转化为竞争优势和发展优势。

深化商事制度改革。继续大力削减工商登记前置审批事项，抓好“证照分离”改革试点。在全面实施“五证合一、一照一码”登记制度的基础上，将更多涉企证照与营业执照整合，积极探索“多证合一”登记模式。有序推进电子营业执照和全程电子化试点，开展简易注销改革。支持去产能分流人员自主创业，为其从事经营或注册企业开辟“绿色通道”，并依法给予税费减免、担保贷款等政策扶持。创新事中事后监管，完善企业信用信息公示系统，推动企业信息共享交换和互认互用。

深化农村产权制度改革。完善农村土地所有权、承包权、经营权分置机制，基本完成农村土地承包经营权确权登记颁证。完成农村集体经营性建设用地入市、集体土地征收、集体资产股份权能改革试点。推进农村土地经营权和住房财产权抵押贷款试点工作。大力推进水权水务、小型水利工程产权和农业综合水价改革。加快推进国有林场改革，继续深化集体林权制度改革。深入推进供销合作社综合改革。

（六）大力实施科技创新和人才强省战略。

扎实推进科技创新。落实国家创新驱动发展战略纲要，推进十大创新行动。建立完善科研经费管理、成果转化、资源共享、用地、人才等科技创新政策。围绕新一代信息技术、高端装备制造、新能源、新材料、节能环保、生物医药等新兴产业布局创新链，深入实施企业技术创新“百项重点项目计划”，推进科技重大专项和产业化示范项目。引导企业加大研发投入，支持企业与高校、科研院所深化合作，开展协同创新，推动企业成为技术创新主体。实施高新技术企业倍增计划。加强高层次创新团队建设，通过项目招标、人才招标、人才合作、共建重点实验室和研发中心等方式，引进一批领军型科技创新团队。开展科技成果转移转化试点，建立省级科技成果转化引导基金。加快科技创新城建设，打造新材料、新能源、信息技术、生物技术、煤基科技创新高地。建设基于互联网的创新平台，建成大型科学仪器和科技资源开放共享平台、科技成果转化和知识产权交易平台。建立首台（套）重大技术装备财政补助和保险补偿机制。深化科技体制改革，推进科研院所转制改制，赋予高校、科研院所经费预算调剂、经费分配使用、科研设备采购等方面更大的自主权。

实施一流的人才政策。全面对标发达地区人才政策，出台深化人才发展体制机制改革的实施意见，实施以增加知识价值为导向的分配政策。开展高层次人才年薪制、项目工资制、协议工资制、绩效工资制试点。取消机关事业单位控编进人卡和进人计划卡，全面落实用人主体自主权。构建全新的人才合理流动机制，打通政企、事企人才双向流动通道，顺向流动全部取消审批，横向流动单位自主办理，逆向流动实行科学调控。改革人才评价制度，取消附着在职称评聘上的非专业条件和限制性要求，实行评聘分离制度。用好本土人才，引进高端科技创新人才、高级经营管理人才和工匠型高技能人才，为他们解决好配偶就业、子女就读、住房保障等后顾之忧。

（七）大力提升开放型经济水平。

实施“东融南承西联北拓”战略。积极参与京津冀一体化，深度融入环渤海经济圈，在产业发展、招才引智、科技创新、基础设施、能源供应、文化旅游等方面开展全方位合作。差异化承接国际市场以及长三角、珠三角、港澳台地区产业梯度转移。制定参与“一带一路”建设三年滚动计划，实施“千企百展”行动，开展国际产能合作。落实中部崛起战略，深化与中原经济区、沿黄经济区合作，推进晋陕豫黄河金三角、蒙晋冀长城金三角区域合作，融入中蒙俄经济走廊。

加快推进基础设施内通外联。完善我省综合交通运输体系，优化提升“铁、公、机”，加快大张客专、太焦客专、原大客专、阳泉北至大寨城际铁路等重点项目建设，打通省际断头路，推进14个未连通高速公路出省口建设。完善骨干机场功能，发展临空经济。加快建设“岸、港、网”，支持太原铁路口岸建设，启动太原航空口岸“一站式作业”试点，加快推进大同航空口岸正式开放，实现运城航空口岸临时开放，推进五台山航空口岸临时开放。加快太原、大同、临汾无水港建设，完善提升太原武宿综合保税区、太重（天津）重件码头等物流港功能。加快网络基础设施建设，推动山西（阳泉）智能物联网应用基地试点建设，力争将太原增设为国家级互联网骨干直联点。

推动外贸转型升级。复制推广国家自贸区改革试点经验，在投资管理、服务业开放、海关监管、检验检疫等领域，进一步探索新体制、新模式。加快国际贸易“单一窗口”建设，推进投资贸易便利化。培育外贸综合服务企业和跨境贸易电子商务等新兴业态。制定重点出口产品支持政策，扩大山西产品出口规模。积极扩大进口，重点支持先进设备、先进技术进口。承接发达地区加工贸易转移。

高效精准招商引资。围绕产业链条、产业集群、产业目录，实施专业招商、以商招商、会展招商、网络招商、委托招商等，抓好熟地储备、标准化厂房等要素供给，加强跟踪服务，促进项目落地投产。推进招商引资体制机制改革，强化驻外办事处和各类商会在招商引资中的窗口和桥梁作用。改进和完善招商引资考核体系，加大签约项目开工率、资金到位率考核权重。启动实施“晋商晋才回乡创业创新”工程，鼓励和吸引晋商晋才在我省设立总部企业、研发中心、营销中心、结算中心，实现人才要素回流回乡、创新创业。我们期盼新一代晋商茁壮成长，呼唤晋商骄子回乡兴业，欢迎八方有志之士来山西投资发展。我们将全力创造良好的投资环境，携手共铸新晋商、新辉煌！

（八）大力推进大众创业万众创新。

多层次培育双创主体。引导国有大企业自主创新，充分发挥龙头企业双创主体的示范效应，辐射带动区域关联企业提升创新能力。孵化培育一批创新型中小微企业。扶持一批高成长性创新型“小巨人”企业，引导企业创造新需求、新市场、新业态。推进创新型企业梯次发展，推动“个转企、小升规、规改股、股上市”。

支持创建双创示范基地。推动新建基地型、旧企业闲置厂房改造型、城市楼宇型等小企业创业基地发展，实现各类创业者“拎包创业”。培育认定一批众创空间，力争省级以上众创空间达到150家以上。深化创业型城市创建工作，举办创业大赛、创客山西等活动，组织创业项目洽谈对接，提高创业成功率。

加强创业创新政策支持。放宽新产业新业态市场准入，探索包容创业创新、多元参与的审慎监管方式。对创业者购买创新服务、开展技术合作等给予扶持，支持发展分享经济。完善知识产权创造、保护和运用制度，促进知识产权的自由流通和交易。加强双创财政金融支持，省级中小企业发展专项资金向小微企业倾斜，为更多的初创期小微企业提供第一笔政府性扶持资金；发展各类创业投资引导基金，鼓励发展众创、众包、众扶、众筹服务，拓宽创业创新融资渠道；积极推广“助保贷”等融资模式，有效化解小微企业融资难。

全力支持民营经济发展。完善产权保护制度，依法保障非公有制企业与公有制企业享有平等的财产权。建立公平竞争审查制度，按照统一市场、公平竞争的标准，对涉及市场准入、产业发展、招商引资、政府采购、经营行为规范、资质标准等政策措施进行审查，有序清理废除对民营经济的歧视性规定，保障非公有制经济与公有制经济一样，平等使用生产要素、公平参与市场竞争、同等受到法律保护。推动基础设施、公共服务、金融、能源、通讯等领域向民间资本开放。鼓励民营资本参与国有企业改革。引导民营企业实施股份制改造。努力形成“龙头企业巨木参天、小巨人企业百木成林、小微企业漫山遍野”的产业生态。

（九）大力培育文化软实力。

挖掘文化宝藏。启动山西文化资源大调查。实施优秀传统文化传承工程和乡村文化记忆工程，抓好红色文化资源保护利用，推进晋中国家级文化生态保护实验区建设。实施“文明守望工程”，动员社会力量参与文物保护利用。推进文物密集区体制改革试点工作，筹备建设晋商博物馆，努力使文化记忆鲜活起来。做好修志编鉴工作，发挥资政育人作用。

提高文化普惠水平。健全省市县乡村五级公共文化服务设施，实施数字图书馆、电子阅览室、数字农家书屋等公共文化数字服务项目，推进基层综合性文化服务中心建设，让公共文化服务更加贴近群众。整合各类农村文化建设资金，提高使用效益。加大购买公共文化服务力度，继续开展好文化科技卫生“三下乡”、农村公益电影放映等文化惠民活动。推进全民阅读，建设书香社会。大力弘扬太行精神、吕梁精神、右玉精神，加强公民道德建设，选树山西好人、道德模范、文明家庭。推动移风易俗，树立文明乡风村风。

推进文化产业发展。开展全省文化产业统计普查。激发文化市场主体活力，壮大省属文化企业集团，支持中小微等各层次文化企业发展。整合资源，推动传统媒体与新兴媒体深度融合。发挥各类文化产业资金基金作用，加快文化与旅游、信息、科技、体育、金融等产业融合。积极发展文化创意、动漫游戏、数字出版等新业态，推进新闻出版广电数字内容产业基地、山西文化产业园、山西文化保税区等重大项目建设。探索建立省属国有文化资产三级管理体制，深化国有文化企业分类改革，构建有文化特色的现代企业制度，推进省属文化企业“双效”业绩考核。加快全省广播电视网络整合，完成首轮资产重组工作。办好第三届山西省文化产业博览交易会。

繁荣发展文化事业。发展新闻出版、广播影视、文学艺术事业，实施哲学社会科学创新工程，建设“文化晋军”。大力开展“深入生活、扎根人民”主题实践活动，推出一批富有中国气派、山西特色的精品力作。加强网络文化建设，净化网络环境。促进对外文化交流和贸易，推动山西优秀文化走出去，让三晋文化薪火相传、发扬光大！

（十）大力推进城乡一体化。

推动太原都市区提档升级。按照主体功能区定位，调整完善提升太原都市区规划，在太原开展“五规合一”试点，年底前在全省推开。推进太原都市区航空、铁路、高速公路和轨道交通建设，畅通人流、物流、信息流。加快晋中至太原城际铁路、太原地铁2号线建设，积极推进太原地铁3号线、1号线前期工作。着手规划建设以晋阳湖为中心的太原西山片区，打造山湖一体、河湖连通、古今交融、人文自然辉映的一流景区。支持太原做优做强、做特做名，在“五城联创”的基础上，着力建设创新城市、开放城市、品质城市、智慧城市、绿色城市、低碳城市、平安城市、幸福城市，加快提升省会城市的核心竞争力和知名度、美誉度。

优化城镇空间布局和功能。积极推进晋北、晋南、晋东南三大城镇群建设。推动区域中心城市发展，有序调整行政区划，扩大中心城区行政区域范围，逐步解决“一市一区”问题。继续实施“大县城战略”，推进产城融合，建设一批特色城镇。深入实施城市人居环境改善工程，加大老旧工业区改造力度，加强城市综合交通网络、地下综合管廊建设，提高城市水气热、通信、污水垃圾处理等设施保障能力。

推进美丽宜居乡村建设。改善农村人居环境，推动41个农村垃圾治理试点县和8个农村生活污水综合利用示范县建设，加大改气、改水、改厕力度。完成采煤沉陷区治理搬迁6.6万户，实施地质灾害治理搬迁4000户，开工改造城中村4.6万户，抓好400个省级美丽宜居示范创建村提档升级。特别要重视古村落保护，抓好108个重点传统村落保护及开发利用。

完善城乡一体化体制机制。加快推进规划编制、基础设施、公共服务、产业布局、制度安排“五个一体化”。探索实施城镇建设用地增加规模同吸纳农业转移人口落户数量挂钩机制。鼓励就近城镇化、梯度城镇化，出台财政支持政策，促进符合条件的农业转移人口有序落户城镇。合理安排市域县域城镇建设、农田保护、产业集聚、村落分布、生态涵养等空间布局，推动水电路气等基础设施城乡联网、共建共享，促进各种资源要素在城乡协调配置，推进教育、医疗、文化、社保等基本公共服务均衡配置。

（十一）大力推进生态文明建设。

加大环境污染治理力度。实施大气、水、土壤污染防治三大战役，努力改善环境质量。加大控煤、治污、管车、降尘力度，实施散煤综合治理，加快推进集中供热，提高清洁供暖比重，全面完成燃煤发电机组超低排放改造，完成国家下达的黄标车及老旧车淘汰任务。支持太原市率先实现清洁供暖全覆盖，彻底解决城区冬季原煤散烧问题。建立重污染天气预警应急响应和联动机制，实施设区市空气质量信息共享、污染排放联合控制、联动执法，有效防治雾霾天气。加快城镇污水处理设施提标改造，开展农村生活污水综合处理试点。完成土壤污染治理与修复规划。因地制宜推行垃圾分类，开工建设一批垃圾处理项目。推进畜禽养殖废弃物处理和资源化利用。深化以省城太原为重点的中心城市环境综合整治工作。深入开展环保督察，引深"铁腕治污"行动，依法严惩各类环境违法违规行为。

实施山水林田湖系统治理。深入推进林业"六大工程"，营造林400万亩。有效开发空中水，合理利用地表水，严控开采地下水，优化全域水资源配置。推进大小水网建设，加快完成万家寨引黄全能力配套工程，实现大水网隧洞骨干连通工程全部贯通，辛安泉供水和东山供水工程正式投运，小浪底和中部引黄工程试运行，县域小水网工程取得实质性进展。推进汾河、桑干河等重点流域生态修复治理，开展京津冀晋地下水修复试点，完成水土流失治理面积525万亩。

推进能源资源集约节约利用。全面推进工业、建筑、交通、公共机构等领域节能，推进重点行业能效对标。实施建设用地总量控制，把土地产出率作为重要准入门槛。加大工矿废弃地复垦利用力度，推进土地、矿产集约节约高效利用。推广绿色建筑、装配式建筑。推进朔州国家工业固废综合利用示范基地建设。

创新生态文明体制机制。健全自然资源资产产权制度，明确各类自然资源产权主体权利。完善国土空间开发保护制度，划定生态保护红线，探索建立多元化生态保护补偿机制，逐步增加对重点生态功能区转移支付。建立污染防控区域联动机制。健全环境治理和生态保护市场。制定生态文明建设目标评价考核办法。全面推行"河长制"。推进省以下环保机构监测监察执法垂直管理改革。实施固定污染源"一证式"排污许可证管理制度。

（十二）大力推进民生改善。

积极扩大就业。加快发展服务业等劳动密集型产业，扶持中小微企业和民营企业发展，开发更多就业岗位。推进高校毕业生就业创业促进计划，实施"三支一扶"、就业见习等基层服务项目，吸纳更多高校毕业生就业。统筹中央奖补资金、就业专项资金和失业保险基金使用，做好去产能职工安置工作。扎实开展就业援助专项行动，托底帮扶就业困难人员，确保零就业家庭动态清零。做好城镇失业人员、"4050"人群、退役军人等群体就业工作，转移农村劳动力33万人。实施职业培训全覆盖计划，提升劳动者就业创业能力和职业转换能力。

着力增加居民收入。适时适度调整全省最低工资标准，发布年度企业工资指导线。提高退休人员基本养老金标准，确保养老金按时足额发放。全面落实司法体制改革试点工资政策。围绕农民持续增收，推进农业提质增效，着力挖掘经营性收入增长潜力；扶持农民就业创业，努力增加就业岗位和创业机会，稳住工资性收入增长势头；深化农村赋权改革，释放财产性收入增长红利；健全农业支持保护政策，拓展转移性收入增长空间，让农民的钱袋子实实在在鼓起来。

全面加强社会保障。推动机关事业单位养老保险制度改革入轨运行。实现城乡居民基本医保制度并轨，推进基本医保异地结算和医保支付方式改革。在晋中市开展生育保险和基本医疗保险合并实施试点。提高城乡居民基本医保财政补助标准。提高城乡低保标准，推动脱贫线、低保线有效衔接。提高养老机构服务质量。实施残疾人精准康复服务行动。全面实施全民参保登记。

加快发展教育事业。实施第三期"学前教育行动计划"，推进普惠性民办幼儿园认定和扶持工作。在城镇新建住宅小区配套建设中小学幼儿园。统筹推进县域内城乡义务教育一体化发展，实施好义务教育"全面改薄"工作，启动实施农村中小学厕所"旱改水"工程，全省所有县（市、区）义务教育学校标准化建设通过省级抽查确认，再有20个县（市、区）通过国家义务教育均衡发展督导评估认定。统一城乡义务教育学生"两免一补"政策，实现教育经费随学生流动可携带。推动全省所有普通高中办学条件基本达标。推进职业教育产教融合，建立中职学校生均拨款制度。落实特殊教育提升计划。启动实施"1331"工程，促进高等教育振兴崛起。推进太原东山高校新区建设。做好山西中医药大学去筹工作，筹建山西艺术学院。加快发展民办教育。深化教育领域综合改革，推进招生考试制度改革。

推进健康山西建设。全面推开公立医院改革。落实政府办医责任,完善医院补偿机制,动态调整医疗服务价格。公立医院全部取消药品加成。加快建立分级诊疗制度,以基层首诊为导向,推进家庭医生签约服务,提升基层医疗卫生机构服务能力,推进县乡医疗卫生一体化。实施药品流通领域"两票制"改革,推进城乡药品配送一体化。落实社会办医与公立医院同等待遇,支持有条件的非公立医疗机构做大做强。提高基本公共卫生服务财政补助标准。启动健康城镇建设试点。推动中医药传承、创新、发展。完善全面两孩政策体系。推进全民健身和全民健康深度融合,做好第二届全国青运会筹备工作。

发展妇女儿童、老龄、慈善和红十字会等事业。加强气象、地震、人防、科普、档案、参事等工作。做好民族宗教、外事、侨务、港澳、对台等工作。支持国防建设,加强双拥工作。继续做好对口援疆工作。

今年,省政府将再办好六件民生实事:一是实施3.5万名残疾预防重点干预和残疾儿童抢救性康复项目,二是对36个贫困县建档立卡的农村妇女免费进行"两癌"检查,三是为全省城乡怀孕妇女提供免费产前筛查和诊断服务,四是新建600个农村老年人日间照料中心,五是实施6万名建档立卡农村贫困劳动力免费职业培训,六是免费送戏下乡1万场。

(十三)大力抓好安全稳定工作。

压实安全生产责任。坚持"党政同责、一岗双责、企业(单位)主责、失职追责",按照"三个必须"和谁主管谁负责的要求,压实各级政府领导责任和部门监管责任。依据工商注册企业名录,逐一落实生产经营单位的监管部门和监管责任人。严格落实企业主体责任,切实做到安全责任、管理、投入、培训和应急救援"五到位"。

推进依法治安。全面落实新修订的《山西省安全生产条例》。完善各级政府安全监管执法体制,重点充实市县两级安全生产监管执法人员,强化乡镇(街道)执法力量,完善开发区、工业园区、风景区等功能区的安全生产监管体制。进一步健全联合执法工作机制和安全生产"黑名单"制度,对违法违规行为零容忍、严查处。严格责任倒查制度,实行目标考核"一票否决"。

严查整治安全隐患。全面开展安全风险排查评估,完善人防、技防、物防等风险防控措施。在煤矿、非煤矿山、道路交通、危险化学品、油气管道、建筑施工、人员密集场所等行业领域开展安全生产隐患大排查大整治,加大对去产能企业、长期停工停产矿井和技改矿井的检查力度,及时消除各类事故隐患。对重大隐患实行挂牌督办、限期整改,整改无望的予以关闭,对非法生产经营建设行为坚决打击取缔。

提升安全生产基础保障水平。在重点领域强制推进安全生产标准化建设。开展反"三违"专项行动,强化企业生产一线、作业现场的安全生产管理。实施一批煤矿灾害治理、军工化工企业搬迁、公路防护工程等领域的重大安全治理项目。大型尾矿库全部安装在线监测系统,加快实现尾矿库安全在线监测全覆盖。

维护社会稳定大局。深化社区"网格化"管理,完善城乡社区、社会组织、社会工作联动机制。创新网上信访机制,完善社会稳定风险评估机制,有效调处化解过剩产能、征地拆迁等重点领域的矛盾纠纷,健全应急管理和防灾减灾体系。加强食品药品监管,加快建立重要产品追溯体系。加强社会信用体系建设,加大失信行为联合惩戒力度。创造良好金融生态环境,严厉打击恶意逃废金融债务和各类非法金融活动,着力维护金融安全,防止发生区域性、系统性金融风险。深化平安山西建设,狠抓社会治安综合治理,努力营造和谐稳定的社会环境。

三、加强政府自身建设

面对转型综改的繁重任务,各级政府必须坚持党的领导,强化宗旨意识,忠实履行职责,与中央要求"对表"、与发达地区对标、与国际通行惯例对接,加强人民政府、法治政府、效能政府、担当政府、廉洁政府建设,不断提升政府治理体系和治理能力现代化水平。

加强人民政府建设。我们的政府是人民的政府,人民是我们的衣食父母,全心全意为人民服务是我们的天职。各级政府要在法律规定范围内,全面推进行政决策、执行、管理、服务、结果公开,保障人民群众的知情权、参与权、表达权、监督权。认真执行人大及其常委会的决议决定,依法向人大及其常委会报告工作,主动接受人大法律监督、工作监督、政协民主监督和人民群众监督,加强与民主党派、工商联、无党派人士的联系,积极支持工会、共青团、妇联等群众团体开展工作。认真办理人大代表建议、政协提案、人民群众来信来访,做到件件有着落。坚持重大决策问计于民,在政府机关设立建议提案和民生服务专门机构,常态化征集承办人大代表政协委员建议意见,办理民生事务。畅通与群众沟通渠道,完善行政首长信箱运行机制。借助互联网、新媒体,开展问政和评议活动,走好网上群众路线。全体政府公务人员要牢记,我们永远是人民的公仆!

加强法治政府建设。强化法治思维和法治意识,全面推进依法行政。坚持科学决策、民主决策、依法决策,实行重大行政决策合法性审查机制、终身责任追究制及责任倒查机制。加强决策咨询工作和政府智库建设。在各级政府普遍设立政府法律顾问和公职律师。加强行政复议和应诉工作。加强经济领域立法。今年首先在省政府组成部门设立专门的内审机构,加强审计监督,强化对行政权力的监督和制约。深入推进相对集中行政许可权改革试点,在市场监管、卫生计生、文化旅游、商务流通、城乡建设、城市管理等六个领域全面推开综合行政执法体制改革。探索建立行政执法全过程记录、重大行政执法决定法制审查等制度。全面推开“双随机、一公开”。扎实开展“七五”普法,加强法律援助工作。我们要通过系统的法制建设,确保政府工作在法制的轨道上、在制度的框架内运行,确保政府每一项工作经得起法律的审查和历史的检验。

加强效能政府建设。深化“放管服效”改革,努力做到审批最少、流程最优、体制最顺、机制最活、效率最高、服务最好。再取消下放一批省级行政审批等事项,清理取消一批相关证照的年检和与之挂钩的政府指定培训。加快推进投资审批网上办理和并联审批。深化拓展延伸“13710”工作制度,今年6月底前在省市县乡四级政府全面建成电子督办平台,将重点工程项目、企业技改项目和招商引资项目纳入平台管理,推动政府各项工作见人见事、见根见果,抓细抓小、抓紧抓实。用好省市县企业咨询投诉举报新平台。推进“互联网+政务服务”,提升“两平台”服务功能,建设全省政务服务“一张网”,实现服务事项“一号申请、一窗受理、一网通办”。出台优化营商环境实施意见,开展优化投资营商环境专项行动。启动政府部门“大处(室)制”改革,开展政府绩效第三方评估。

加强担当政府建设。认真落实省委激励干部担当作为干事创业办法、支持干部改革创新合理容错办法,坚持“三个区分开来”,鼓励大胆作为,宽容合理失误,旗帜鲜明地保护那些作风正派、敢作敢为、锐意进取的干部。对工作主动作为、行动迅速、成效明显的,要予以褒奖。实行重点工作清单化管理,建立清晰明确可追溯的责任体系。健全重点工作督查机制,充实督查力量,强化督查职能,明确督查重点,盯住关键环节,督任务、督进度、督成效,确保各项工作任务全面及时高效落实。推进追责问责制度化、常态化,对不作为、慢作为、不落实、假落实行为,严肃追责问责。时代赋予了我们重任,也给了我们干事创业的机会,我们要义无反顾地把转型综改这一历史重任担当起来!

加强廉洁政府建设。认真贯彻党的十八届六中全会和中央纪委七次全会精神,按照省委“巩固、深化、提高”的六字方针,增强全面从严治党的系统性、创造性、实效性,继续在常和长、严和实、深和细上下功夫。履行好各级政府党组落实全面从严治党任务的主体责任,严格执行党内政治生活准则,深入推进政府系统党风廉政建设和反腐败斗争。今年在省政府组成部门设立党组(党委)办公室,切实加强政府系统党的建设。坚决把纪律和规矩挺在前面,健全“把权力关进制度笼子”的长效机制。对公共资金、国有资产、国有资源和领导干部履行经济责任实行审计全覆盖。推动落实中央八项规定和国务院“约法三章”常态化、长效化,牢固树立“过紧日子”思想,严控“三公”经费支出。坚决查处隐形变异“四风”问题,严肃整治推诿扯皮、吃拿卡要、数据造假等突出问题,抓好廉政教育和廉政文化建设,着力构建不敢腐、不能腐、不想腐的长效机制,努力建设政治生态的绿水青山!

大事记
A Chronical of Major Events

2016年山西省大事记

1月

1日

《山西省煤炭资源矿业权出让转让管理办法》正式实施。

1日起

山西省试行居民用电峰谷分时电价政策，峰段8:00–22:00；谷段22:00–次日8:00，峰段和谷段电价每千瓦时相差0.2元左右。

山西省为经济困难的高龄与失能老年人实施补贴制度，并提高百岁以上老年人补贴标准，每人每月补贴标准由200元提高到300元。

4日至5日

中共中央政治局常委、国务院总理李克强到太原钢铁集团、太原市小北关棚户区、晋商博物馆、山西焦煤西山煤电集团官地矿、清华科技园太原分园等地考察，强调山西要全面贯彻落实中央经济工作会议精神，以新的发展理念和良好的工作状态，攻坚克难，顶住压力促调整，在加快结构性改革中实现升级发展。

6日

省政府召开安委会第一次全体(扩大)会议，贯彻落实党中央、国务院决策部署，安排部署安全生产工作。省长、省政府安委会主任李小鹏主持并讲话。

山西省召开通过法定途径分类处理信访诉求工作电视电话会议，省委副书记楼阳生出席会议并讲话。

7日

山西省召开领导干部会议，传达贯彻中共中央政治局常委、国务院总理李克强考察山西重要讲话精神，对贯彻落实作出安排部署。

8日

中共山西省委书记王儒林主持召开省委常委会议，传达学习习近平总书记在中央政治局“三严三实”专题民主生活会上的重要讲话精神。

李小鹏主持召开省政府党组会议，学习中共中央政治局“三严三实”专题民主生活会作风和习近平总书记重要讲话精神，落实省委常委会要求，部署省政府党组“三严三实”专题教育和专题民主生活会工作。

在全国科学技术奖励大会上，山西省参与完成的6项科技成果获2015年度国家科学技术进步奖。其中，特等奖1项，二等奖5项。特等奖为中铁十二局集团有限公司、中铁三局集团有限公司、中铁十七局集团有限公司参与完成的“京沪高速铁路工程”项目。

9日

“国家级古籍修复技艺传习中心山西传习所”揭牌，并聘请国家图书馆古籍修复专家胡玉清为传习所导师。

11日

省委常委班子召开“三严三实”专题民主生活会，学习贯彻党的十八大、十八届三中、四中、五中全会精神，特别是习近平总书记在中央政治局“三严三实”专题民主生活会上的重要讲话精神，认真开展批评和自我批评。

11日至13日

十届全国人大常委会副委员长、中国关心下一代工作委员会主任顾秀莲到山西省阳泉、太原、晋中等地调研关心下一代工作。

12日

省政府党组召开“三严三实”专题民主生活会，认真对标中央政治局专题民主生活会，深刻剖析在践行“三严三实”、严守党的政治纪律和政治规矩、落实“两个责任”方面的突出问题和原因，严肃开展批评和自我批评。

全省企业职工“五小”竞赛优秀成果展在山西省展览馆举行。

14日

李小鹏主持召开省政府第108次常务会议，研究全面实施两孩政策、取消一批职业资格许可和认定事项等工作，原则通过《山西省人口和计划生育条例(修订草案)》。

15日

省委召开市委书记、工(党)委书记抓基层党建工作专项述职会议。

省委常委会召开会议，审议省纪委十届六次全会工作报告和会议筹备方案，研究讨论《山西省加强政党协商的实施意见》，听取《关于全省领导干部联系民营企业工作方案》的汇报，研究讨论李小鹏拟在省十二届人大五次会议上所作的《政府工作报告(送审稿)》和《山西省国民经济和社会发展第十三个五年规划纲要(草案)》，听取省十二届人大五次会议和省政协十一届四次会议筹备情况汇报。

全省经济和信息化工作会议召开。会议决定，2016年山西省将以调结构、促转型为目标，通过加大工业投资力度，加快企业技术改造步伐，找准短板、补好短板，从五个方面“补短板”，补齐产业链发展短板，补齐传统产业水平不高的短板，补齐新兴产业规模偏小的短板，补齐中小微企业发展不足的短板，补齐民营经济发展滞后的短板，增强工业发展后劲。

19日

全省春运工作电视电话会议召开。2016年春运工作从1月24日开始至3月3日结束。

国务院扶贫开发领导小组成员、国家卫计委副主任王培安率中央扶贫开发工作会议精神宣讲组第五组，到晋开展宣讲调研慰问活动。

19日至20日

省十二届人大常委会第二十四次会议在太原举行。会议表决通过关于修改《山西省安全生产条例》和《山西省煤炭管理条例》的决定、关于修改《山西省人口和计划生育条例》的决定、关于废止《山西省人民代表大会常务委员会关于成立五台山风景名胜区人民政府的决定》的决定，表决通过关于批准《太原市雷电灾害防御条例》《太原市人民代表大会常务委员会关于集中修改部分地方性法规的决定》《大同市人民代表大会常务委员会关于修改〈大同市气象设施和探测环境保护条例〉的决定》和《大同市人民防空工程建设和管理条例》的决定。会议表决通过省十二届人大常委会向省十二届人大五次会议所作的工作报告稿和关于代表资格的审查报告。

20日

省政府召开全省社会信用体系建设工作电视电话会议，安排部署全省社会信用体系建设工作，开通“信用山西”网站。

省政府在太谷县召开“冬季行动”旅游扶贫工作现场推进会。

21日

“山西省因公出国(境)网上申报管理系统”正式启动，山西省在全国率先实现该项业务网上申报、办理、监管“一条龙”服务。

2016年，山西省供销合作社农业产业化重点龙头企业10家单位公布，分别是吉县林源果业有限责任公司、山西山里红食品有限公司、长治市金鑫瓜果批发市场、晋城市果品冷库、太原市果品茶叶副食总公司、榆社县森生农业开发有限责任公司、祁县耀华果业专业合作社、垣曲县燕鑫薯业有限责任公司、山西五福农产品开发有限公司、汾阳市新合作核桃专业合作社。

22日

省委常委会召开会议，传达省部级主要领导干部学习贯彻十八届五中全会精神专题研讨班精神和全国组织部长会议、全国市县乡领导班子换届工作会议精神，研究山西省贯彻落实意见。

省政府召开国有林场改革电视电话会议，对全省国有林场改革进行动员部署。

23日

李小鹏会见由胡晓明率领的香港山西商会访问团一行。

25日

中国共产党山西省第十届纪律检查委员会第六次全体会议在太原召开。审议通过黄晓薇代表省纪委常委会所作的《尊崇党章，挺纪在前，坚定不移推进全面从严治党先走一步》工作报告。

李小鹏在省政府会见浪潮集团党委书记、董事长兼首席执行官孙丕恕一行。

临汾民航机场正式通航。

27日

太原高新技术开发区“双百”企业启动暨太原高新股权服务中心挂牌仪式。

27日至31日

省十二届人大五次会议在太原举行。会议表决通过《关于山西省人民政府工作报告的决议》《关于山西省国民经济和社会发展第十三个五年规划纲要的决议》《关于山西省2015年国民经济和社会发展计划执行情况与2016年国民经济和社会发展计划的决议》《关于山西省2015年全省和省本级预算执行情况与2016年全省和省本级预算的决议》《关于山西省人民代表大会常务委员会工作报告的决议》《关于山西省高级人民法院工作报告的决议》《关于山西省人民检察院工作报告的决议》。

28日

国家发展改革委、国家能源局正式批复《山西省电力体制改革综合试点实施方案》，同意山西省成为全国电力体制改革综合试点省之一。这是国家电网覆盖范围内第一个全省域电改综合试点。

“冠云杯·2015感动山西”十大人物颁奖典礼在太原举行。商临萍、唐立浩、李培斌、郭峰、刘波、杨占利田俊丽夫妇、赵艳、王亮明、王艾甫、李丽珠当选“2015感动山西”十大人物。山西女子乒乓球队、“沁河突围”团队获得“感动山西”特别奖。

30日

“对联中国——首届全国楹联高手电视大赛”决赛在太原举行。

31日

省委常委会召开会议，传达中央政法工作会议精神，研究山西省贯彻落实意见；研究讨论《中共山西省委关于认真做好市县乡领导班子换届工作的通知》《省政协2016年度协商工作计划》。

2月

1日

李小鹏主持召开省政府第110次常务会议，贯彻落实全省“两会”精神，细化分解2016年政府工作报告目标责任，听取2015年政府工作完成情况督查汇报，安排部署加强政府自身建设等工作。

山西省开展民营经济“待批项目大起底”活动。对民营经济的健康规范发展做基础性工作。

国家旅游局公布首批创建“国家全域旅游示范区”名单，晋中市、壶关县、平顺县、阳城县、右玉县等5县市成为首批国家全域旅游示范区。

1日至6月30日

全省开展环境污染矛盾纠纷大起底、大排查、大化解专项行动，集中处理一批涉及大气污染、水污染、噪声污染和固体废弃物污染等问题的环境违法案件，集中解决一批群众反映强烈的突出问题。

2日

山西省表彰92名优秀乡镇党委书记。

4日

省委全面深化改革领导小组召开第十八次会议，原则通过省委深改领导小组《2015年工作总结报告》和《2016年工作要点》。

中共中央组织部追授李培斌“全国优秀共产党员”称号。李培斌，男，汉族，山西省阳高县人，1965年出生，党的十八大代表，中华全国人民调解员协会常务理事。曾担任大同市阳高县信访服务中心主任。2015年10月15日去世。

16日

省政府召开山西省制造振兴领导小组会议，传达国家制造强国建设领导小组会议精神，研究讨论《中国制造2025山西行动纲要》。

17日至18日

省管主要领导干部专题研讨班在省委党校举行。

18日

由中国华融与山西省政府共同组建的华融晋商资产管理公司在山西太原正式揭牌，注册资本30亿元人民币，中国华融出资占比51%。

18日至19日

省委召开全省市县乡领导班子换届工作会议。

19日

省政府召开转型综改领导组（扩大）会议，专题审议《山西省转型综改试验2016–2020年实施方案》和《2016年行动计划》。

2016年全省科技工作会议在太原召开。

23日

省政府召开第111次常务会议，研究部署加强安全生产和2016年固定资产投资、重点工程建设、主要经济指标分解落实等工作。

山西省统计局山西省人口抽样调查办公室发布2015年山西省人口主要数据公报。

24日

山西省晋商消费金融股份有限公司正式开业，这是中国第14家获批牌照的消费金融公司，填补山西省消费金融业的空白。

25日至26日

全省医政中医工作会议在太原召开。

26日

省委全面深化改革领导小组召开第十九次会议，审议讨论《山西省国家资源型经济转型综合配套改革试验实施方案（2016–2020年）》《山西省国家资源型经济转型综合配套改革试验2016年行动计划》《省委全面深化改革领导小组审议的重大改革类文件报审办法（试行）》。会议原则通过三个文件。

全省特种设备安全工作电视电话会议召开。

全省金融工作座谈会召开。

27日

全省农村工作会议召开。会议总结“十二五”时期山西省“三农”工作，分析新常态下农业农村形势，安排部署2016年和“十三五”时期农业农村工作。

29日

全省“三农”重点项目投资推进电视电话会在太原召开。

3月

1日

太原铁路局开行夕发朝至的“晋南货运快线”列车。

3月1日是山西省在2014年晋济高速岩后隧道发生特别重大道路交通危化品燃爆事故后设立的警示教育日。

省政府召开“3·1”特大事故警示教育会暨3月份安全生产例会。

山西省首个知识产权运营服务平台——云度网正式上线，并免费向用户开放。

1日至2日

全省卫生计生综合监督工作暨专项整治活动培训会在太原召开。

4日

国家北斗导航位置服务数据中心（山西）分中心落户太原。

全省文化局长会议暨“乡村文化记忆工程”推进会在襄垣县召开。

8日

全省旅游厕所革命暨旅游项目建设现场推进会在平遥县召开。

11日

吕梁市第一条煤炭集运铁路专运线——兴县蔡家崖煤炭集运铁路专运线投入运营。

15日

山西省首条地铁——太原地铁2号线一期工程全线开工建设。

全球最大窄轨内燃机车下线，永济电机为其制造牵引系统。

17日

山西省召开传达贯彻全国人大政协“两会”精神会议，王儒林主持会议并提出贯彻落实意见。

19日

第三届山西科普惠农平价农资“319”行动在山西农业大学启动。山西省2016种植业大会、山西农业大学大学生农业创业项目对接会、山西省农资商会“335”服务战略启动。

21日

山西省首期农村“第一书记”省

级示范培训班在山西经济干部管理学院开班。2015年8月以来，全省共选派9395名农村"第一书记"到村任职，开展为期两年的驻村服务工作。

山西省政府办公厅印发《山西省粮食安全责任制考核办法》。

21日至23日

根据省委巡视工作领导小组的安排，省委各专项巡视组向2015年第四轮、第五轮被巡视单位党组织及其主要负责人进行巡视情况反馈。

23日

省政府召开专题会议，研究进一步促进工业稳定运行提质增效的若干措施。

省政府印发《山西省国家资源型经济转型综合配套改革试验实施方案(2016—2020年)》和《山西省国家资源型经济转型综合配套改革试验2016年行动计划》，对全省转型综改试验第二阶段任务做出统筹部署，对2016年全省转型综改试验任务做出具体安排。

山西省3家科技企业孵化器被确定为国家级科技企业孵化器。至此，山西省国家级科技企业孵化器数量达到10家。

25日

楼阳生主持召开山西省11个市"六权治本"情况汇报会。

李小鹏主持召开省政府第112次常务会议，贯彻落实习近平总书记关于加强生态文明建设的一系列重要批示精神，分析当前经济形势，研究部署安全生产等工作。

楼阳生在太原主持召开专题会议，就推动高平市"先走一步、富民强市"试点工作进行部署。

由凤凰卫视和凤凰网发起，联合海内外十余家知名华文媒体和机构共同主办的"世界因你而美丽——影响世界华人盛典"上，山西省科幻作家刘慈欣获"影响世界华人大奖"。

26日

全省电子发票正式运行。

世界关公文化产业多元发展研讨会在太原举行。

28日

省政府办公厅下发《关于解决无户口人员登记户口问题的通知》，努力实现户口和公民身份号码准确性、唯一性、权威性的目标。

28日至30日

省委14个专项巡视组分别进驻省委宣传部、省委统战部、省委政法委等50个党组织，采取"一托N"和"主管部门+一并巡视单位"的方式，开展为期3个月的专项巡视。

30日

省政府召开遏制煤矿重特大事故工作会议。

山西省2016年十项强农惠农富农政策正式出台，安排资金64亿元，从十个方面扶持"三农"。

31日

省委常委会召开会议，研究讨论中共山西省委贯彻落实《中共中央关于加强和改进新形势下党校工作的意见》的实施意见。

山西省承接产业转移（南京）推介对接会在南京举行。

山西省旅游局与武汉一路乐旅游签订战略合作协议，为山西省游客提供在行程中实时的景区智能导游、语音讲解及在线预订门票等服务。

大同采煤沉陷区光伏220千伏送出工程获山西省发改委核准。山西大同采煤沉陷区国家先进技术光伏示范基地是国家能源局启动的全国第一个100万千瓦光伏"领跑者"示范基地。

31日至4月1日

2016年全国皮划艇(静水)冠军赛在上海举行，山西运动员马亚男夺得女子500米单人划艇冠军，这是山西省在全国性水上项目比赛历史上取得的第一块金牌。

4月

1日

全省城市工作会议召开。

省卫生计生委和武警山西总队共同举行突发事件直升机陆空立体紧急医学救援联动合作框架协议签订仪式。

5日

省委召开民营企业家座谈会，学习习近平总书记在参加全国政协十二届四次会议的民建、工商联委员联组讨论时的重要讲话精神，就推进民营企业发展听取意见和建议。

6日

李小鹏主持召开省政府第113次常务会议，研究部署中国制造2025山西行动、省属国有企业加强党的领导和完善法人治理结构等工作。

山煤集团与美国磁飞机技术公司就共同成立磁动力露天及矿井提升设备研究中心签订合作开发意向协议。

7日

山西召开参与"一带一路"建设工作领导小组第一次全体扩大会议。

全省禁毒工作暨禁毒重点整治工作会议召开。

4时49分，忻州市原平（北纬38.87度，东经112.91度)发生4.1级地震，震源深度16公里。

山西省首例ABO血型不相容亲属活体肾移植手术，在山西省第二人民医院成功实施。

8日

省委常委会召开会议，传达中央"两学一做"学习教育工作座谈会精神，研究讨论山西省《关于在全体党员中开展"学党章党规、学系列讲话，做合格党员"学习教育实施方案》《省委常委班子和省委常委同志"两学一做"学习教育工作安排》；研究讨论《山西省贯彻落实〈党委(党组）意识形态工作责任制实施办法〉实施细则》。

省政府办公厅印发《山西省深化供销合作社综合改革2016年行动计划》。

12日至13日

省转型综改办组织有关专家组成专家组，以第三方评估方式，对承担2016年转型综改20项重大改革和40项重大事项任务涉及的25个省直各牵头部门编制的牵头任务细化工作方案逐项进行审查。

12日至14日

2016年全国古典式摔跤锦标赛在太原举行，山西获得团体总分第一名及四个级别的冠军。

13日

省政府在太原召开义务教育均衡发展推进会暨基础教育座谈会。

省政府召开安委会第二次全体会议，通报第一季度全省安全生产工作情况，安排部署下一阶段安全生产工作重点任务。

全省固定资产投资和重点工程调度会召开。

13日至14日

全国人大常委会副委员长、全国妇联主席沈跃跃就贯彻落实习近平总书记“注重家庭、注重家教、注重家风”要求到山西专题调研。

14日

李小鹏主持召开省政府第114次常务会议，学习贯彻国务院营改增专题座谈会和国务院常务会精神，研究部署煤炭供给侧结构性改革、行政审批制度改革、工业稳定运行提质增效以及开展城乡采暖煤改电试点、加强公共文化服务等工作。

15日

晋-京津冀产业协同发展推介对接会在天津举行。

《山西省大气污染防治2016年行动计划》出台。

15日至6月30日

在全省开展“清除隐患、严查违法、强化共治”为主题的预防重特大道路交通事故专项整治行动。

18日

全省2016年度目标责任考核工作会议在太原召开。

山西省召开“两学一做”学习教育视频会，对开展“两学一做”学习教育作出安排部署。

省委全面深化改革领导小组社会体制改革专项小组召开2016年第一次会议。

20日

省脱贫攻坚领导小组召开第一次全体会议。会议讨论通过了《山西省脱贫攻坚领导小组工作规划》《山西省脱贫攻坚领导小组2016年工作要点》等文件。

省政府召开全省工业经济运行专项调度会议暨城镇居民收入调度会议。

20日至11月底

全省开展社会治安风险隐患大排查大整治活动，重点围绕政治安全、矛盾纠纷、公共安全、内部安全等四类风险隐患开展排查整治。

21日

省委全面深化改革领导小组第二十次会议召开，审议讨论通过《山西省煤炭供给侧结构性改革实施意见》《山西省足球改革发展实施意见》《中共山西省委全面深化改革领导小组关于进一步加强和规范改革试点工作的实施意见》。

省委常委会召开会议，研究讨论《关于省属国有企业加强党的领导和完善法人治理结构的实施办法》。

李小鹏主持召开省政府第115次常务会，分析一季度经济形势，部署重点工作。

山西引进技术推介对接会在上海举行。

全国工商联副主席、传化集团董事长徐冠巨一行就传化物流太原“公路港”物流项目进行选址考察，并与太原市政府达成合作意向。

22日

省委召开议军会议，研究部署全省国防动员和后备力量建设重大问题。

“书香三晋·文化山西”全省全民阅读系列活动仪式在太原举行。

教育部正式公布2015年度“长江学者奖励计划”入选名单，太原理工大学黄维扬入选为讲座教授，山西大学殷杰入选为青年学者。

23日

《中国制造2025山西行动纲要》发布。

26日

省政府与交通银行在太原签署战略合作协议。

2016年全国中学生天文奥林匹克竞赛决赛在太原举行。

27日

省政府与中国银行《关于金融支持山西“十三五”经济发展的战略合作协议》签约。

全省粮经饲三元结构调整发展草牧业现场会在朔州召开。

省推进煤炭供给侧结构性改革工作领导小组召开会议，审议通过为山西省煤炭供给侧结构性改革实施意见配套的9项实施细则。

28日

山西省人民政府与清华大学签约《战略合作协议》。

29日

省委启动市县巡察工作。

山西省召开“五一”表彰大会，授予太重集团太原重工新能源装备有限公司等67家单位山西省五一劳动奖状，授予山西太钢不锈钢股份有限公司技术中心白晋钢等264名个人山西省五一劳动奖章，授予大同煤矿集团有限责任公司四台矿综采一队等101个集体山西省工人先锋号。

山西新兴产业项目推介对接会在深圳举行。

山西人游山西 “运城旅游号”列车首发。

4月至11月

山西省在全省范围内开展环境保护“铁腕斩污”专项行动，持续保持环境执法高压态势。

5月

1日

山西省开出第一张增值专用发票，标志着全面营改增试点在山西省落地。

1日至9月30日

山西省公安交警在全省部署开展为期5个月的道路交通安全大检查。

3日

省脱贫攻坚领导小组召开专题会议，审议《关于大力推进易地扶贫搬迁工程的指导意见》《山西省2016年易地扶贫搬迁实施计划》《山西省光伏扶贫工作指导意见》《关于建立“两包三到”精准帮扶联动机制的意见》《干部驻村精准帮扶工作联席会议制度》《省领导联系贫困县帮扶贫困村办法》等文件,对扎实深入推进脱贫攻坚重点工作任务进行研究部署。

山西省晋煤集团古书院矿采掘一队生产副队长李鹏飞获第20届“中国青年五四奖章”。

4日

李小鹏主持召开省政府第116次常务会议,研究部署深化行政审批制度改革和国企国资改革等工作。

5日

省转型综改领导组办公室组织召开全省转型综改工作推进会,对全省落实《行动计划》进行工作部署。

省政府召开全省食品安全工作电视电话会议暨省食安委2016年第一次全体会议。

9日

李培斌先进事迹报告会在太原举行。

国务院安委会安全生产巡查工作汇报会在太原召开。

9日至14日

全国政协副主席、国务院侨务办公室主任李海峰率领全国政协香港特别行政区全国政协委员考察团,围绕“扩大对外开放,促进山西经济结构转型升级”到山西进行调研考察。

10日

省政府召开第117次常务会议,研究部署加强环境保护等工作。

省推进煤炭供给侧结构性改革工作领导小组召开会议,审议并通过关于探索建立煤炭战略储备体系、关于推进煤炭绿色低碳消费、关于加大采煤沉陷区治理力度等14个山西省煤炭供给侧结构性改革实施意见配套的实施细则。

山西省中药材产业发展研讨、考察交流活动暨全国第二届中药材商品规格等级标准联盟成员会议在太原召开。

省民政厅、发改委、住建厅等部门联合下发《关于进一步完善社会力量投资建设非营利性养老机构有关问题的通知》,明确社会力量投资建设非营利性养老机构的路径。

11日

全省纪念“5·12”国际护士节暨医护岗位技能训练和竞赛活动颁奖大会在太原召开。

省政府召开全省夏季消防检查动员部署电视电话会议。

12日

省委常委会召开会议,传达全国政法队伍建设工作会议精神,研究山西省贯彻落实意见。

2016年全省防汛形势会商会召开,分析研判2016年防汛形势,进一步安排部署汛前各项防汛备汛准备工作。

中国安装协会“创精品机电工程研讨会暨现场观摩会”在太原召开。

国家卫生计生委、财政部、国务院医改办发布《关于确定第四批公立医院改革国家联系试点城市及有关工作的通知》,晋中市、长治市、阳泉市为第四批公立医院改革国家联系试点城市。至此,山西省已有5个市被纳入公立医院改革国家联系试点城市。

13日

太原市、晋中市获“全国人民防空先进城市”称号。

14日至15日

在2016年国际体操联合会蹦床世界杯上海站的比赛中,山西省董栋以总成绩60.775的高分获得男子网上个人冠军,张雒以74.500分的成绩获得男子单跳个人冠军。

15日

中国质量万里行诚信企业高峰论坛暨中国质量万里行产品溯源平台山西省运营中心新闻发布会在太原举行。

第七届全国大学生机械创新设计大赛山西赛区(2016)比赛在太原理工大学举行。

中国计算机学会青年计算机科技论坛(CCF YOCSEF)“互联网+与新经济”论坛太原举行。

全国妇联在北京举行2016全国“最美家庭”揭晓暨全国五好文明家庭表彰大会。山西省杨岇等25户家庭获全国“最美家庭”称号,门瑞霞等25户家庭获“全国五好文明家庭”称号,刘平贵家庭、刘聪玲家庭、滕芸家庭获“全国五好文明家庭标兵”称号。

15日至20日

第十一届中美工程技术研讨会煤化工产业升级转型专题组活动在太原、长治举办。

16日

全省固定资产投资和重点工程调度会召开,听取1月至4月份全省固定资产投资和十大重点领域投资及重点工程建设“六位一体”工作进展情况,安排下一阶段工作任务。

国家发展改革委发布《关于新建太原至焦作铁路可行性研究报告的批复》,同意建设太原至焦作铁路。

16日至6月16日

全省开展以优化服务促就业、创业帮扶圆梦想为主题的“就业服务进校园活动”。

18日

全省首批不动产权证书颁发。

山西省召开制定专项扶贫行动方案协调会。

《山西省“十三五”防震减灾规划》印发实施。

19日

山西省政府还贷高速公路通行费实行新“三减”优惠政策新闻通气会召开,自5月20日起启动实施新一轮为期1年的新“三减”货车通行费优惠政策。

山西省重点项目推介对接会在重庆召开。

山西省首家文化创意类挂牌企业唐是文化在京举行新三板挂牌仪式。实现山西文化产业在资本市场零的突破。

19日至20日

2016海峡两岸中华传统文化与现代化研讨会在介休市召开。全国人大常委会副委员长、民进中央主席严隽琪出席会议。

20日

省推进煤炭供给侧结构性改革工作领导小组召开会议，审议通过为山西省煤炭供给侧结构性改革实施意见配套的第三批7项实施细则。至此，共29个实施细则，与主文件《山西省煤炭供给侧结构性改革实施意见》共同构成山西省推进煤炭供给侧结构性改革的政策和措施体系。

王儒林、李小鹏、薛延忠在太原会见到运城市出席“弘扬传统文化践行核心价值”舜帝德孝文化实践活动启动仪式的全国政协副主席卢展工。

“华夏之根文明之旅”帝尧文化·旅游·经济研讨会在临汾召开。

20日至22日

2016年全国田径大奖赛（太原站）在山西体育中心开赛。

21日至23日

在中国首届考古学大会上，山西省考古所王益人及其丁村遗址群考古学研究获“旧石器考古成果奖(裴文中奖)”、“翼城大河口西周墓葬实验室考古”主持者谢尧亭等获考古资产保护奖（金尊奖）、“考古汇网站及其线下公众考古活动”获“公共考古奖(金镈奖)”提名奖。

22日

以“我的青春，我主唱”为主题的第十一届山西省大学生校园歌手大赛在山西农业大学落幕。

24日

全省脱贫攻坚推进大会在太原召开。

25日

民盟山西省十届五次全委（扩大)会议在太原举行。全国人大常委会副委员长、民盟中央主席张宝文出席会议并讲话。

王儒林、李小鹏在太原会见中国国电集团公司董事长乔保平一行，就推进双方产业合作深入交流。

省政府召开全省汛期地质灾害防治工作电视电话会议。

省政府召开城乡采暖“煤改电”工作领导小组第一次全体会议，安排部署加快推进山西省城乡采暖“煤改电”试点工作。

26日

省委全面深化改革领导小组召开第二十一次会议，审议讨论《山西省生态文明体制改革实施方案》《山西省环境保护督察实施方案(试行)》《山西省环境保护工作职责规定（试行)》《关于在全省开展环境保护大检查的通知》，安排部署下一步全省改革工作。

以“低碳减排、消除雾霾”为主题的2016年三晋环保行活动在太原启动。

27日

山西铁路史上首趟“Y”字头城际旅游列车从大同到太原开通。

“为明天—关爱儿童”山西省项目启动大会在太原召开。项目是由中华慈善总会与公益组织“全球联合之路”合作发起的全国性慈善援助项目。2015年底，山西省被确定为首批试点和重点支持省份。

27日至28日

第二届中国古村落保护发展大会在高平市良户村召开。

28日

第五届全国口译大赛（英语)西北大区赛在晋中学院举行。

29日

全国卫星测绘应用工作会议在太原召开。会议研讨全国卫星测绘的成就与应用，并开通资源三号卫星影像云服务平台。

在山西—浙商座谈对接会上，太原民营经济开发区和三力士股份有限公司就山西省量子保密通信网络建设项目达成合作协议。

29日至31日

省十二届人大常委会第二十六次会议在太原召开，会议表决通过《山西省各级人民代表大会常务委员会监督司法工作办法》《山西省人民代表大会常务委员会关于废止〈山西省乡镇企业条例〉的决定》《山西省人民代表大会常务委员会关于修改〈山西省人民代表大会常务委员会人事任免办法〉的决定》和《山西省各级人民代表大会常务委员会专题询问办法》，表决通过关于批准2016年省本级预算调整方案的决议、关于罢免个别省十二届人大代表职务的报告和人事任免名单。

30日

11时17分，中国在太原卫星发射中心用长征四号乙运载火箭成功将资源三号02星及搭载的2颗乌拉圭NewSat小卫星发射升空，3颗卫星顺利进入预定轨道。

31日

李小鹏在太原会见由美国西弗吉尼亚州务卿约瑟夫·凯斯·伯德特率领的代表团一行。

全省防汛抗旱工作电视电话会在太原召开。

31日

《山西省各级人民代表大会常务委员会专题询问办法》颁布实施。

6月

1日

省纪委召开各市纪委书记工作推进会，专题研究加强扶贫领域监督执纪问责工作。

山西省正式进入汛期，防汛工作进入实战状态。

2日

省委常委会召开会议，听取省公安厅关于打击地下赌博及打黑除恶工作汇报，研究部署下一步工作。

“三晋巾帼脱贫行动”电视电话推进会在太原召开。

3日

省政府召开全省承接加工贸易产业转移电视电话会议。

全省易地扶贫搬迁工作电视电话会在太原召开。

2016年山西省全民禁毒宣传月启动暨禁毒志愿服务队成立仪式活动在山西大学举行。

太长高速公路上发生一起致6人遇难交通事故。

山西省历史上第一所本科公安院校——山西警察学院成立。

《2015—2016 年山西旅游发展分析与预测》(山西旅游绿皮书)发布暨研讨会在太原举行。

4 日

2016 年公路货运行业发展论坛暨临汾互联网+物流创新发展峰会在临汾市举行。

5 日至 7 日

中共中央政治局委员、中央统战部部长孙春兰到山西调研。

7 日

李小鹏主持召开省政府第 120 次常务会议,研究通过山西省"十三五"服务业发展规划、综合交通运输体系规划、战略性新兴产业发展规划和进一步支持服务业发展的若干措施,安排部署深化权力清单制度改革和光伏扶贫等工作。

省政府召开省属国有企业改革推进会,研究部署省属国有企业深化改革试点和厂办大集体改革工作。

由太原理工大学等完成的"民用洁净焦炭生产关键技术及应用"技术成果经鉴定达到国际领先水平。

7 日至 8 日

山西省共有 339131 名考生参加高考,比 2015 年减少 3147 人。

8 日

山西省启动省级自然灾害应急救助三级响应。省财政厅、省民政厅下拨省级自然灾害生活救助资金 1400 万元,支持灾区开展救灾工作。

13 日

省政府召开民营企业助推山西转型创新发展大会招商引资专题会。

祁县洁源天然气公司 2 号加气站发生一面包车爆炸,3 人遇难。

14 日

2016 年全省无偿献血表彰暨世界献血者日宣传活动在太原举行。

全国第一个"民用清洁焦产学研基地"在山西亚鑫集团工业园区挂牌成立。

住房和城乡建设部等七部门联合发布通知,公布 2016 年列入中央财政支持范围的中国传统村落名单,阳曲县侯村乡青龙镇村等 27 个村落入选。全省已有 92 个传统村落被列入中国传统村落名录。

山西省正式启动"暖心关爱行动"——全省特困失能、半失能老年人资助项目。

15 日

省政府召开全省固定资产投资和重点工程调度会。

省政府召开全省 6 月份安全生产工作例会,通报"6·3"太长高速道路安全事故和"6·13"祁县加气站爆炸事故情况,安排部署安全生产工作。

16 日

太原至焦作高速铁路工程在高平市神农镇开工建设。

16 日起

全省开展为期百日的劳动用工和社会保险专项大检查。

16 日至 18 日

中共中央政治局委员、中央书记处书记、中宣部部长刘奇葆到山西调研,强调努力推动哲学社会科学繁荣发展。

17 日

矿业权审批制度改革全省推行,《矿业资源开发利用方案》《地质环境保护与治理恢复方案》《土地复垦方案》合并为《矿产资源开发利用、地质环境保护与治理恢复、土地复垦方案》,实行编制评审"三合一"。

《山西省新兴制造业 2016 年行动计划》出台,装备制造、新材料、节能环保、信息技术、食品、医药、轻工和纺织等八个新兴制造业确定行业发展目标。

18 日

《山西省"十三五"安全生产规划》出台。《规划》明确提出要开展九大主要任务、八项重点工程,进一步推动山西省安全生产管理水平不断提升。九大主要任务:一是强化安全生产科技支撑能力;二是全面提高安全生产监管监察能力;三是切实加强安全生产风险防控能力;四是合力提高重点行业领域、新兴产业安全治理能力;五是提高职业病危害防治能力;六是健全安全生产责任体系;七是建立健全安全生产法治体系;八是完善安全生产应急救援体系;九是巩固提升安全生产文化体系。八项重点工程:安全生产监管信息化建设工程;安全生产监管能力提升工程;安全科技支撑保障能力建设工程;重大事故隐患治理工程;公路安全防护工程;城市安全保障能力建设工程;应急救援体系建设工程;职业病危害防治工程。

20 日

省政府召开全省环境保护大检查电视电话动员会议。

由人民日报社主办的"2016 移动政务峰会"在北京举行。山西省荣获全国"移动问政十佳","忻州宣传"荣获"移动政务创新十佳"。

全省首张带有电子签章的增值税电子普通发票在阳泉市开出。

山西省 7 名科研人员入选第二批国家"万人计划"名单,其中,太原理工大学李文英、中北大学刘俊、山西太钢不锈钢股份有限公司刘承志、中国科学院山西煤炭化学研究所房倚天、中国科学院山西煤炭化学研究所樊卫斌入选"科技创新领军人才";山西智济电子科技有限公司安永琳、山西金土地生物科技有限公司郝秀海入选"科技创业领军人才"。

20 日至 22 日

全省 397978 名考生参加中考,比 2015 年减少 10274 人。

21 日

省委常委会召开会议,研究讨论《关于坚决打赢全省脱贫攻坚战的实施意见》《全省脱贫攻坚战工作方案》。

太原到俄罗斯莫斯科定期直飞航班开通。

22 日

省政府公布第五批省级文物保护单位,北齐童子寺遗址等 178 处保护单位上榜。

太原市、大同市确定为第一批国家级医养结合试点单位。

世界品牌实验室发布 2016 年《中国 500 最具价值品牌》排行榜,杏花村、太钢、东湖上榜，品牌总价值达到 308.13 亿元。

22 日至 23 日

山西省在俄罗斯莫斯科、圣彼得堡两地举办山西旅游推介会。

22 日至 24 日

全国人大常委会副委员长、民革中央主席万鄂湘到山西省，就加强基层法治建设进行专题调研。

23 日

省推进煤炭供给侧结构性改革工作领导小组召开会议，审议通过关于进一步加强煤炭资源税征收管理、关于煤炭企业职工带薪转岗教育培训和关于进一步加强煤炭生产经营建设投资等的实施细则。

全省农村精神文明建设工作经验交流会在汾阳市贾家庄村召开。

24 日

省政府召开全省深化医药卫生体制改革工作电视电话会议。

25 日

五台县至盂县高速公路全线正式通车。

26 日

第十届中国医师奖颁奖大会在京落下帷幕。山西省人民医院骨科常峰获“中国医师奖”。

27 日

山西省建档立卡精准扶贫太原现场推进会召开。

全省生态建设推进脱贫攻坚工作座谈会在阳曲县召开。

左权县、和顺县、灵石县、神池县、曲沃县、乡宁县、蒲县、侯马市 8 县(市)评为国土资源节约集约模范。

28 日

民营企业助推山西转型创新发展大会在太原举行。大会举行项目集中签约仪式，共签约项目 298 个，总投资 4152 亿元，其中 100 亿元以上项目 7 个。

29 日

省政务服务平台和省公共资源交易平台正式启动运行。

29 日至 30 日

山西省在清徐县开展地震专业救援队伍技能比武大赛。

30 日

全省领导干部会议召开。中共中央组织部副部长姜信治出席会议并宣布中央决定：骆惠宁任山西省委委员、常委、书记，王儒林不再担任山西省委书记、常委、委员职务。

省政府与中国中车集团公司在太原签署战略合作协议。

6 月底

省委 15 轮巡视结束，共巡视 348 个党组织，发现问题线索 9804 条，反馈问题 6157 个，完成整改 5828 个，提前 4 个月完成十届省委届内巡视全覆盖任务。

6 月份

全省开展安全生产月活动。包括八项活动：新闻媒体集中宣传报道、安全生产宣传咨询日活动、“守护生命”安全知识大赛、“三晋安全行”、安全文化作品网络展播、“安全在我身边”安全演讲比赛、安全发展主题宣讲和安全警示教育活动。

7 月

1 日

在庆祝中国共产党成立 95 周年大会上，山西省段爱平、沙万里 2 名优秀共产党员、崔晓满、张翠娥、李建芳 3 名优秀党务工作者、临汾市尧都区屯里镇党总支、长治清华机械厂党委、昔阳县大寨村党总支、太原市小店区环卫局党支部、山西省煤炭地质测绘院党委、运城市盐湖区雷家坡村党支部、汾阳市贾家庄村党支部、应县南河种镇党委等 8 个先进基层党组织受到党中央表彰。

省人大常委会召开会议，听取省财政厅关于 2015 年省本级财政决算和 2016 年上半年全省预算执行情况的汇报、省审计厅关于 2015 年省本级预算执行和其他财政收支的审计情况汇报。

中共山西省委对在工作中取得优异成绩的贺星龙等 100 名共产党员、于亚军等 100 名党务工作者、阳泉煤业(集团)股份有限公司一矿党委等 199 个基层党组织予以表彰，分别授予“全省优秀共产党员”“全省优秀党务工作者”“全省先进基层党组织”荣誉称号。

2 日

沁和能源集团中村煤业公司发生透水事故。次日，骆惠宁、李小鹏赶赴事故现场，指导抢险救援工作。

4 日

全省换届风气监督工作专题培训班举办。

5 日

李小鹏主持召开省政府第 123 次常务会议，研究部署承接煤层气矿业权审批、专利奖励、重大建设项目稽查等工作。

全省贫困县统筹整合财政涉农资金工作电视电话会议召开。

6 日

李小鹏在太原会见东北亚地区地方政府联合会秘书长金哉垣一行，双方就加强合作进行交流。

全省扶贫资金使用情况座谈会在晋城市召开。

7 日

省政府与国家电网公司在太原签署《共同推进山西小城镇(中心村)电网改造升级和“井井通电”工程合作协议》。

7 日至 9 日

骆惠宁到太原市就经济发展调研。强调要坚定不移推进供给侧结构性改革，强化创新驱动，加快转型升级，推动山西经济稳步向好，实现浴火重生，逐步振兴崛起。要抓住市场倒逼的历史机遇，把深化供给侧结构性改革和建设综改试验区紧密结合起来，走出一条资源型地区转型升级新路。

8 日

省召开地质灾害视频会议，对 2016 年的地质灾害防治进行再动员、再部署、再落实，切实加强次生灾害防治，做好群测群防和应对防范。

山西焦煤集团与山西联通公司在太原举行战略合作共建“能源云”

数据中心暨双创产业园签约仪式。

8日至10日

山西省经历一次较大范围降雨过程，吕梁、临汾、晋中、长治、晋城等地，出现大到暴雨、局部大暴雨天气。8日18时，省防汛指挥中心启动吕梁临汾两市防汛三级应急响应，国家防总派出工作组赶赴吕梁市指导工作。

10日

山西省第十一届精神文明建设“五个一工程”颁奖仪式举行。科幻小说《三体》、图书《少年的荣耀》、舞剧《粉墨春秋》、动画电影《终极大冒险》、电视剧《幸福生活万年长》、广播剧《种树人》等6部作品获特别奖。评选出晋剧《于成龙》等60部优秀作品。

11日

全省安全稳定风险隐患大排查大整治工作推进会在太原召开。

11日至16日

以国务院办公厅督查室督查专员傅卿德为组长的国务院办公厅回访督查组到山西，对山西省贯彻落实李克强总理考察重要指示进展情况，特别是钢铁和煤炭行业化解过剩产能、产业结构优化升级、棚户区改造情况进行回访督查。

12日

省环境保护督察领导小组召开会议，审议《山西省环境保护督察领导小组职责分工》《山西省环境保护督察进驻工作规程(暂行)》等文件，安排部署环境保护督察。

左权至黎城高速公路正式通车运营。

13日

省推进煤炭供给侧结构性改革工作领导小组召开会议。

“地球物理院士专家工作站”落户晋中。这是国内首个地球物理产学研科技创新平台。

全省“两客一危”企业交通安全源头风险隐患排查整治电视电话会议召开。

由省旅游局、省委外宣办主办，《香港商报》承办的“第二届著名作家看山西”采风活动在晋城启动。

14日

全省固定资产投资和重点工程调度会召开。

太钢300兆瓦发电机组1号机组烟气余热深度回收项目投产。

15日

省委召开学习贯彻习近平总书记“七一”重要讲话精神暨全省“两优一先”表彰大会，骆惠宁作主题讲话。

山西省召开省转型综改领导组暨经济体制和生态文明体制改革专项小组会议，审议通过《山西省转型综改工作考核办法(2016年度)》。

15日至16日

第一次全国年鉴工作会议在太原召开。

16日

被誉为“泥土哲学汗水精神”的昔阳县大寨村入选“2016百佳田园生活小镇榜”名单。

18日

山西省启动暴雨四级应急响应。

祁县张世跃被中国轻工业联合会授予“中国玻璃艺术大师”殊荣。

19日

省环保督察组分别在长治和晋城召开督察进驻动员会。这是山西省首次向各市派出环境保护督察组。

2016夏季全国煤炭交易会在中国(太原)煤炭交易中心启幕。

省国土资源厅为中联煤层气有限责任公司颁发“山西省沁水盆地柿庄南区块煤层气勘查许可证”。这是山西颁发的首张煤层气勘查许可证，标志着由国土资源部审批登记的部分煤层气矿业权正式移到省内实施审批。

19日至31日

在全国青少年射击锦标赛中，山西选手刘秀、徐静分获首届冲刺射击比赛女子组和男子组的金牌和银牌。

21日

李小鹏主持召开省政府第125次常务会议，研究部署山西省煤炭供给侧结构性改革、工业经济运行和固定资产投资等工作。

22日

骆惠宁主持召开省委常委会议，传达习近平总书记关于做好当前防汛抗洪抢险救灾工作的重要讲话，学习《中国共产党问责条例》，研究山西省贯彻落实意见。

全省产业和金融精准扶贫工作电视电话会议召开。

22日至8月31日

共青团山西省委、省青少年发展基金会等开展的“2016山西希望工程圆梦行动”，共筹集善款494.76万元，888名贫困大学新生每人获得5000元资助金。

23日

针对山西省严重暴雨洪涝灾情，国家减灾委、民政部紧急启动国家四级救灾应急响应，派出工作组赶赴灾区，查看灾情，协助和指导做好受灾群众基本生活救助工作。

骆惠宁到运城防汛一线考察调研防汛工作。

李小鹏到太原市、晋中市检查指导防汛工作。

24日

全省防汛工作视频会议召开，对下阶段防汛抗洪工作进行再动员、再安排、再部署，全力以赴抓好六项防汛重点。

山西省最大旧货交易市场——山西伟业旭兴旧货交易市场建成并投入使用。

2016年全国青少年无线电测向锦标赛在右玉县开赛。

26日

骆惠宁与47名新任县委书记进行集体谈话。

全省公安机关电视电话会议召开，就贯彻落实全国会议精神，加强全省公安机关执法规范化建设等进行安排部署。

26日至28日

省十二届人大常委会第二十七次会议在太原召开，会议表决通过《关于批准〈吕梁市人民代表大会及其常务委员会立法程序规定〉的决定》、关于批准2015年省本级财政决算的决议和人事免职名单。

27日

省政府召开深化省属国有企业改革工作领导小组会议，部署省属国企国资改革工作。

省脱贫攻坚领导小组召开专题会议，审议特色农业扶贫、旅游扶贫、农村低保扶贫、水利扶贫、教育扶贫、健康扶贫、科技扶贫、省属企业扶贫、电商扶贫、电力扶贫等12个全省脱贫攻坚专项行动方案和2016年行动计划。

省政府召开安全生产委员会第三次全体会议。

28日

省统计局与国家统计局山西调查总队联合召开新闻发布会，发布山西省上半年主要经济数据，全省地区生产总值5714亿元，同比增长3.4%，全省固定资产投资完成4658.1亿元，同比增长10.6%，全省农业生产形势良好，夏粮再获丰收。

29日

在全国双拥模范城（县）暨双拥模范单位和个人表彰大会上，太原市等11个市、县被命名为“全国双拥模范城（县）”，山西省战略物资道路运输保障忻州总队被表彰为“全国爱国拥军模范单位”，杜效敏、欧学联、牛何松3人被表彰为“全国双拥模范”。

山西省首家B2B商业模式的自建电商交易平台——易货郎网上批发商城正式上线。

第六批全国一村一品示范村镇入选名单公布，山西7个村镇入选：古交市邢家社乡龙子村（净苑蔬菜）、清徐县柳杜乡成子村（蔬菜）、左云县店湾镇范家寺村（西红柿、黄瓜）、长治县振兴新区振兴村（休闲农业）、盂县路家村镇庄只上村（核桃）、吉县东城乡柏东村（吉县苹果）、临猗县庙上乡张庄村（冬枣）。

31日

省武警总队召开宣布命令大会，李清涛任武警山西总队政委。

8月

1日

山西省党政军领导骆惠宁、李小鹏、薛延忠、楼阳生等参加“八一”军事日活动。

2日

阳泉煤业（集团）有限责任公司与省国新能源发展集团在太原举行战略合作框架协议签约仪式。

2日至3日

十届全国人大常委会副委员长、中国关心下一代工作委员会主任顾秀莲到晋参加全省“中华魂”主题教育活动20周年系列活动。

3日

省钢铁煤炭行业化解过剩产能实现脱困发展领导小组召开会议，进一步安排部署山西省化解煤炭钢铁行业过剩产能工作。

李小鹏在太原会见由美国加利福尼亚州财务长江俊辉率领的美国西部市长代表团一行。

省政府召开全省社会信用体系建设工作电视电话会议。

山西省首开从清徐站到越南安员站的国际联运货物列车。

4日

李小鹏主持召开省政府第126次常务会议，研究电力供给侧结构性改革、法治政府和知识产权强省建设等事项。

省政府召开山西旅游发展大会专题工作会。

山西省分子影像精准诊疗协同创新中心单位合作暨山西省首个“医学影像云平台”合作建设项目正式启动。

全国智慧物流配送示范单位工作会议在太原召开。太原被确定为全国智慧物流配送示范城市。

5日

骆惠宁主持召开省委常委会议，传达全国部分地区和部门“两学一做”学习教育工作座谈会、全国司法体制改革推进会精神，研究山西省贯彻落实意见。

山西银行业支持省属煤炭集团化解过剩产能加快转型升级推进会在太原召开。

山西省首个旅游“一站式”电商平台“拉我游”在太原正式上线。

8日至10日

骆惠宁到朔州、大同调研，落实省委常委会重大决策部署，加快推进煤炭供给侧结构性改革情况。

9日

李小鹏主持召开省政府第127次常务会议，研究通过山西省“十三五”科技创新和文化强省规划，安排部署加强文物保护等工作。

山西投贷联盟在太原成立，旨在探索“投贷联动”新模式，缓解省内科技创新企业和初创期企业融资之困。

10日

深化省属国有企业改革工作领导小组召开会议，研究部署省属国有企业功能界定与分类、建立人工效率评价体系等工作。会议原则通过省属国有企业功能界定与分类方案，要求将21户省属国有企业分别界定为商业类和公益类企业，分类推进改革，分类促进发展，分类实施监管，分类定责考核。

山西省消防部队超大城市综合体（大同战区）跨区域实战拉动演练在大同市举行。

11日

省产权交易中心与北京文化产权交易中心在太原签约，共建山西文化产权交易平台。

11日至12日

全国引进专家项目工作培训班在太原开班。开班仪式上，山西省与河北、江苏、陕西3省签订《加强引进国外智力工作深化区域合作共享专家资源备忘录》。

12日

大同至原平铁路客运专线开工建设。

省政府召开全面治理拖欠农民工工资问题电视电话会议。

山西省召开防汛紧急会议，对防汛工作做出安排部署。

13日

李小鹏在五台山会见以外交大臣丹曲·多吉为团长的不丹王国代表团。

芮城县荣膺“中国最美生态文化旅游名县”，山西（芮城）永乐宫书画艺术节荣获“中国特色文化旅游节庆奖”称号。

13日至14日

中国旅游摄影第九届全国摄影师代表大会在朔州市召开。

15日

中国共产党山西省第十届委员会第八次全体会议在太原召开。会议审议通过《中国共产党山西省第十届委员会第八次全体会议关于召开中国共产党山西省第十一次代表大会的决议》，审议通过有关换届文件和决定事项，原则批准《中共山西省委全会工作规则》。

全省市级经济发展推进会在太原召开。

山西省天津商会在太原举办中印贸易项目对接交流会，以“专业招商、精准对接、精细撮合”的方式进行招商，促进中印经济文化交流。

16日

省委召开党外人士经济形势通报会。

第三届“创青春”山西青年创新创业大赛晋级赛决赛在太原举办。

全省工会系统一年一度的“金秋助学”活动在省总工会启动，120名困难职工家庭子女收到每人5000元助学金。

省政府印发《山西省人民政府关于贯彻落实〈国务院关于进一步加强文物工作的指导意见〉的实施意见》，对县级人民政府提出落实文物保护有人有钱有规划、防火防盗防破坏的“三有三防”要求，并将落实文物保护“三有三防”工作纳入市级人民政府对各县政府目标责任考核体系。

17日

山西银监局召开以“三农”和金融扶贫等为主题的新闻发布会，山西省成首批金融扶贫实验示范区。

全省2016年度目标责任考核上半年督查调研培训会召开，省考核办派出5个督查调研组，分赴各市、省直有关单位开展督查调研。

18日

省人大常委会召开《中华人民共和国道路交通安全法》和《山西省实施〈中华人民共和国道路交通安全法〉办法》贯彻落实情况汇报会。

和顺县许村入选国家旅游局公布的第二批“中国乡村旅游创客示范基地”，是山西省首个获此称号的乡村。

19日

李小鹏主持召开省政府第128次常务会议，分析经济运行情况，研究部署煤炭去产能减产量经济保增长、固定资产投资、税收征管体制改革等工作。

19日至20日

山西省优质杂粮全产业链开发研讨会举行。

22日

太原至朝鲜平壤航线开通，平壤—太原包机执行首飞。

23日

李小鹏主持召开省政府第129次常务会议，研究部署旅游景区（景点）体制机制改革、全民健身和高速公路建设等工作。

“剑网2016”专项行动启动，省版权局、省互联网信息办公室、省通信管理局和省公安厅四部门联合开展打击网络侵权盗版行为。

山西省改善城市人居环境PPP投资引导基金清徐子基金设立暨清徐县政府与北京首创资本战略合作签约仪式在清徐县举行——山西省首批PPP投资引导子基金在清徐县落地。

24日

第五届中国创新创业大赛（山西赛区）决赛在忻州举行。

25日

山西省召开领导干部会议，传达全国卫生与健康大会精神，对贯彻落实工作作出安排。

山西4家民营企业上榜2016中国民营企业500强榜单。分别是山西潞宝集团、山西立恒钢铁集团股份有限公司、山西通达（集团）有限公司、山西通才工贸有限公司。6家民营企业上榜制造业500强榜单，分别是山西潞宝集团、山西立恒钢铁集团股份有限公司、山西通达（集团）有限公司、山西通才工贸有限公司、山西振东健康产业集团有限公司和山西阳光焦化集团股份有限公司。

农业部公示“2016中国美丽休闲乡村”名单，平定理家庄村入选特色民居村，长治振兴村和汾阳贾家庄村入选现代新村，和顺许村和天镇新平堡村入选历史古村。

古交西山煤电镇城底矿发生坠井事故，2名矿工遇难。

26日

山西省妇幼服务人才发展工程启动。

省脱贫攻坚领导小组召开专题会议，审议以工代赈、培训就业、交通、文化和信息、人居环境改善和林业生态建设等脱贫攻坚专项行动方案和2016年行动计划，以及财政扶贫投入增长、金融扶贫精准服务和资产收益扶贫等政策保障办法，对深入推进脱贫攻坚工作进行研究部署。

《山西省“十三五”综合交通运输体系规划》出台。

山西省5个行政村被授予“全国生态文化村”称号。分别是：大同市南郊区口泉乡杨家窑村、晋城市高平市良户村、晋城市沁水县土沃乡西文兴村、晋中市寿阳县平舒村、运城市解州镇常平村。

27日至30日

2016山西粮食（玉米小杂粮）产销衔接会“中国粮企山西行”活动举行。该次活动产销对接共签订购销协议54份，签约数量7.39亿公斤，其中，调出7.13亿公斤，调入0.26亿公斤。

29日

骆惠宁主持召开省委常委会议，听取2016年上半年省委巡视工作汇报，研究部署巡视工作，审议山西省健全落实社会治安综合治理领导责任制实施办法。

孝义市入围全国工业百强县（市）。

30日

省十二届人大常委会第二十八次会议在太原召开。会议接受李小鹏因工作变动辞去山西省省长职务的请求。决定任命楼阳生为山西省副省长,代理山西省省长。

省政府召开全省工业重大项目推进会议。

省交通厅与中国农业发展银行山西省分行签订《全面支持农村交通建设战略合作框架协议》,为山西省“十三五”期农村交通建设争取到400亿元信贷支持,首批落实100亿元建设农村旅游公路。

31日

2016山西省旅游发展大会在大同召开。

省政府召开加快推进采煤沉陷区综合治理搬迁安置电视电话会,通报上半年全省采煤沉陷区综合治理搬迁安置工作进展情况,安排部署下一阶段工作。

9月

1日

山西省发出首张“五证合一、一照一码”营业执照。

山西首次通过特高压线路实现晋电入鲁。

1日至2日

骆惠宁到革命老区武乡、襄垣、屯留、城区、平顺等地调研,并主持召开座谈会。

2日

楼阳生主持召开省政府第130次常务会议,研究部署重点工作督查、汾河流域生态修复治理、永久性生态公益林保护和安全生产等工作。

3日

第六届八路军文化旅游节开幕式在武乡县八路军太行纪念馆举行。

5日

省政府与苏宁控股集团在太原签订战略合作框架协议。

6日

中央编制委员会批复山西省旅游局更名为山西省旅游发展委员会。

中宣部、国家新闻出版广电总局、国家互联网信息办公室和中国记协组成的联合检查组,对中央新闻单位驻山西机构清理整顿、打击新闻敲诈和假新闻、反“三俗”报道以及治理报刊发行秩序等工作情况进行专项督查和调研。

省政府与中国铝业公司就加快推进山西省轻合金产业项目事宜举行工作会谈。

国务院安委会第二巡查组在太原召开山西省安全生产巡查情况反馈意见会。

全省转型综改经验交流会在灵丘县召开。

平遥古城入选“中国人文旅游示范基地”。

省交通运输厅与省路桥集团签订协议,以政府购买服务的方式推进农村旅游公路建设,总规模约4120公里,总投资约184亿元,项目服务期20年,以解决景区通行“最后一公里”问题。

6日至8日

共青团中央书记处第一书记秦宜智就定点扶贫及共青团工作到吕梁市石楼县、太原市考察调研。

7日至9日

2016年太原能源低碳发展论坛暨中国(太原)国际能源产业博览会在中国(太原)煤炭交易中心举行。同时举办科学家论坛、低碳城市论坛、企业家论坛、2016太原论坛低碳发展专家咨询委员会年会。8日,举行重大项目签约仪式,现场签约重大合作协议和项目14个。

8日

山西青年创业板在股权交易中心正式开板,成为全国第4个开展“青年创业板”建设的省份。山西“青创板”对青年创业企业实行“三免一奖”的扶持政策。

2016年上半年“山西好人”名单揭晓,评选出山西助人为乐好人、山西见义勇为好人、山西诚实守信好人、山西敬业奉献好人、山西孝老爱亲好人各5名。

9日

楼阳生主持召开省政府第131次常务会议,研究通过《山西省“十三五”环境保护规划》,部署加强档案管理、规范展会活动、促进煤层气产业发展和国家工作人员宪法宣誓等工作。

吉县至河津高速公路通车运营。

11日

山西省参加在广西南宁举办的第13届中国—东盟博览会、中国—东盟商务与投资峰会。

12日

全省万名干部入企服务工作动员暨培训会议在太原召开。本年度,山西省共选派干部14477名,入驻企业4580户,实现规模以上工业企业全覆盖,规模以下工业企业选重点,涉及工业、商业、农业、建筑业、交通业等多

2016年9月12日,山西省委、省人民政府在太原召开全省万名干部入企服务工作动员暨培训会议 (董晨阳供图)

领域。

13 日

全省大水网决战暨小水网启动工作推进会在太原召开。

14 日

骆惠宁主持召开省委常委会议，审议省委省政府关于贯彻落实中央《法治政府建设实施纲要(2015—2020年)》的实施方案。

骆惠宁在太原会见到山西访问的新西兰食品安全部长乔·古德修一行。

16 日

2016 太原国际马拉松赛开赛。

2016 首届国际当代名家版画展在山西美术馆开展。

17 日

山西省脱贫攻坚领导小组审议通过《山西省农村低保扶贫行动方案》和《山西省 2016 年农村低保扶贫行动计划》。

18 日

省委在太原召开全面构建良好政治生态推进会，明确全面构建良好政治生态的方针、目标和重点任务。

19 日

2016 年国家网络安全宣传周山西省重点活动启动。

2016 第 16 届中国平遥国际摄影大展启幕。

全省选调的 115 名新任乡镇党委书记示范培训班在汾阳市贾家庄村举办。

以“传承红色基因，赓续红色血脉”为主题的山西省第 16 个全民国防教育日宣传活动在太原举行。

国家质检总局公布 2016 年国家级出口食品农产品质量安全示范区名单，新增沁县、天镇县、右玉县 3 个国家级出口食品农产品质量安全示范区，其出口产品分别为沁州黄小米、杂粮、小香葱。至此，山西省已建成 16 个国家级出口食品农产品质量安全示范区。

山西省 2016 年水上交通应急搜救演练在长治市举行。

19 日至 22 日

骆惠宁分别到吕梁、忻州，就推进脱贫攻坚进行调研，并主持召开座谈会。

19 日至 23 日

全国人大常委会安全生产法执法检查组到山西省进行执法检查。

20 日

省政协举行对口协商会议，围绕“构建有利于大众创业万众创新的体制机制”议政建言。

20 日和 21 日

楼阳生到太原市调研开发区建设发展工作。

20 日至 24 日

全国政协常委、经济学家厉以宁率全国政协经济委员会调研组到山西省就推进供给侧改革，加快经济转型开展调研。

20 日至 25 日

山西省组团赴新疆参加第五届中国—亚欧博览会。

21 日

全省山洪灾害防治项目工作视频会议召开。山西省山洪灾害防治非工程措施项目建设基本完成，初步实现全省山洪灾害监测预警全覆盖。

“走进山西看发展”——第十一届全国网络媒体山西行采访活动在太原启动。

以“走丝绸之路，促合作共赢”为主题的山西(澳大利亚)投资推介说明会在墨尔本举行。

22 日

第四届中西部“一省一校”国家重点建设大学(Z14)联盟书记校长会议在山西大学举行。

23 日

楼阳生主持召开省政府第 132 次常务会议，部署山西省化解煤炭钢铁过剩产能、“三去一降一补”五大重点任务。

山西特色现代农业协作发展座谈会在北京举行。山西(运城·临汾·吕梁)特色农产品北京展销活动在北京开幕。

楼阳生主持召开省政府党组(扩大)会议，围绕“讲道德、有品行”“讲奉献、有作为”主题进行集中学习讨论，就贯彻落实省委全面构建良好政治生态推进会精神作部署。

23 日至 24 日

赵树理诞辰 110 周年座谈会在晋城市举办。

24 日

芮城县人民政府与中国华电福新能源股份有限公司山西分公司、中国电力国际有限公司等 7 家企业成功签约光伏领跑技术基地项目建设。芮城成为全国首家在县级层面实施的国家光伏领跑技术基地县。

第四届亚洲粉煤灰及脱硫石膏处理与利用技术国际交流大会在朔州开幕。

全省首座煤炭去产能关闭矿井——晋能集团赵屋煤业永久性关闭。晋能集团在全省率先完成煤炭去产能矿井关闭年度任务，产能减少 120 万吨。

26 日

全省文物工作会议在太原召开。

27 日

山西省第十二届人民代表大会常务委员会第二十九次会议听取《关于全省资源型经济转型综合配套改革试验区建设情况的报告》，省发改委、省转型综改办主任王赋汇报。

全省黄标车及老旧车淘汰工作推进电视电话会议召开。

第七届全国数控技能大赛山西赛区在长治开赛。

27 日到 28 日

由运城市蓝红杂交小麦研究中心承担的“F 型不育系选育及组合配制与示范”被列入“十三五”国家重点研发计划。该中心也成为全国唯一入选国家杂交小麦研究团队的民营科研单位。

28 日

晋商信用增进投资股份有限公司在太原挂牌运营，注册资本金达 40 亿元，此为中国第一家由省级政府推动成立的专业化债券信用增进机构。

省政府与中国银行间市场交易商协会举行工作会谈。

28日至10月9日

按照省委书记专题会议和巡视工作领导小组的意见，省委14个专项巡视组分别向十届省委第十五轮巡视的50个被巡视党组织和主要负责人进行巡视情况“双反馈”。

29日

骆惠宁主持召开省委常委会议，研究讨论《关于加强和改进党委办公厅(室)工作的若干意见》。

省政府首次举行宪法宣誓仪式，2016年以来省政府任命的29名国家工作人员依法进行宪法宣誓。

山西省有791个村被列入全国乡村旅游扶贫重点村。其中，太原市2个，大同市77个，阳泉市6个，长治市262个，晋城市39个，朔州市6个，晋中市89个，运城市28个，忻州市118个，临汾市72个，吕梁市92个。

30日

省十二届人大常委会第二十九次会议闭幕，会议表决通过《山西省通信设施建设与保护条例》《山西省实施〈中华人民共和国老年人权益保障法〉办法》和人事任免名单。新任命人员进行宪法宣誓。

省政府召开全体(扩大)会议，会议提出，要以创新驱动为第一战略，推动转型综改，攻坚改革深水区，实施好开放带动、大数据支撑、城乡一体化和人才强省等重大战略举措，奋力促进资源型经济创新驱动、转型升级。

太原市本级及城六区启动不动产统一登记，标志着山西省不动产统一登记全面“颁发新证、停发旧证”，全省进入不动产统一登记时代。

吕梁离石区高家沟高级军事会议旧址纪念馆建成开馆。这是山西省建成的第一个军事会议专题纪念馆。

清控创新基地(太原)入选第二批国家小微企业双创示范基地。

10月

8日

全省万名干部入企服务协调解决企业问题推进会召开，集中解决18项具有代表性的突出问题。

9日

全省造林绿化现场推进会在运城召开。

10日至11日

中国人民政协理论研究会2016年度理论研讨会在太原召开。全国政协副主席兼秘书长、理论研究会会长张庆黎出席会议并讲话。

11日

省纪委召开机关干部大会，宣布中央关于省纪委主要领导同志职务调整的决定。中央决定，黄晓薇任山西省委副书记，不再担任省纪委书记职务，任建华任山西省委委员、常委、省纪委书记。

山西省旅游志愿者总队成立暨“爱我大美山西、讲好山西故事”志愿者活动启动仪式在太原举行。

11日至13日

省人大常委会组织部分省人大代表到太原西山煤电、晋中太行林局等单位就省政府系统2016年度代表建议办理工作进行考察。13日，省政府有关部门主要负责同志听取反馈意见。

12日

山西省第九次社会科学研究优秀成果评奖揭晓，共计278项成果获奖，其中一等奖27项，二等奖69项，三等奖97项，优秀奖85项，另评出组织奖12项。

山西省2016年油气管道保护联合应急演练在榆次区瑞光热电扩建工地举行。

首届国内自行车公开赛在怀仁举办。

13日

全省广电网络资产重组工作推进会在太原召开。

山西省脱贫攻坚领导小组发出山西省全国扶贫日活动倡议书。

国家第三批PPP示范项目发布。山西省10个项目入选，总投资为70.21亿元。分别是：太原植物园一期工程PPP项目；天镇县县城集中供热工程PPP项目；晋中市榆次区龙湖街东延工程、锦纶路北段改造工程及迎宾街改造工程PPP项目；寿阳县市政道路、地下综合管廊及配套设施PPP项目；晋中市餐厨废弃物处理PPP项目；平陆县城区集中供热一期项目；原平市循环经济示范区供水厂项目；原平市循环经济示范区污水处理厂项目；临汾市涝洰河生态建设润州园政企合作(PPP)项目；汾河流域交城县磁窑河与瓦窑河生态修复治理PPP项目。

14日

山西省中小微企业创业创新转型升级高峰论坛在太原举办。

第一批中国特色小镇名单公布，阳城县润城镇、昔阳县大寨镇和汾阳市杏花村镇入选。

省委办公厅、省政府办公厅印发《山西省贫困退出实施办法》，明确贫困退出标准和程序，建立严格、规范、透明的贫困退出机制，确保2020年贫困人口、贫困村、贫困县如期有序退出。

省委办公厅、省政府办公厅下发《山西省脱贫攻坚督查巡查工作办法》。

14日至18日

以“致力转型发展路、共建美丽新农村”为主题的全国“三农”媒体山西行异地采访活动在山西省举办。

15日

第四届中国期刊质量与发展大会在太原举行。

全国肝胆病防治技术示范基地正式落户山西大医院消化科。

16日

在北京举行的全国脱贫攻坚奖表彰大会上，山西省申纪兰获全国脱贫攻坚奖“奋进奖”、王剑辉获全国脱贫攻坚奖“贡献奖”。

省委、省政府召开全省干部驻村精准帮扶推进视频会。

17日

省人大常委会与中国政法大学签署共建“人大监督司法创新研究基地”战略合作协议。

18日

省委召开常委会议,听取省政府党组关于第三季度全省经济形势报告,研究部署第四季度经济工作。会议提出进一步加快"转"的步伐,抓住市场倒逼的历史机遇,主动转型、全面转型、深度转型、创新转型。要进一步加大"改"的力度,针对制约山西省转型的体制机制障碍,全力推动深化转型综合配套改革。支持在太原建设综改示范区。

省政府与泰康保险集团在太原举行工作会谈并签署战略合作框架协议。

在第四届全国先进保安服务公司、先进保安员表彰大会上,晋中市张忠被评为"全国优秀保安员"。

19日

山西省召开冬春农田水利基本建设电视电话会。

全省社区戒毒社区康复工作推进会暨临汾禁毒经验现场会召开,全面部署推进社区戒毒社区康复"8·31"工程。

20日至21日

薛延忠率省政协专项视察监督组到太原市,就围绕省委省政府加快民营经济发展重大部署落实情况开展考察调研。

20日至22日

主题为"计算改变未来"2016中国计算机大会在太原举办。22日,2016中国计算机大会云计算促进现代农业发展高峰论坛暨山西农谷发展研究院揭牌仪式在太原举行。由新华三集团和山西百得科技开发股份有限公司联合开发建设的"华得"行业云平台正式启动。

21日

省政府召开项目受理大起底工作推进会议。

全省易地扶贫搬迁现场推进会在吕梁召开。

2016年"科学健身,全民健康"全国运动健身科学指导系列活动太原站启动。

2016年"中国美丽休闲乡村"发布。平定县理家庄村入选特色民居村,长治县振兴村、汾阳市贾家庄村入选现代新村,和顺县许村、天镇县新平堡村入选历史古村。

21日至24日

在2016世界机器人大赛—国际水中机器人大赛中,太原理工大学获得全局视觉2V2项目和ROSYS助老项目两项冠军及水中机器人创新创意项目一项亚军。

22日

在2016年全国男子举重冠军赛中,山西选手刘玉朋夺挺举亚军。

"2016首届云冈国际佛教雕塑艺术大展"在大同开展。

25日

李强等20位来自乡村希望小学的体育教师获山西省首届"幸福篮球希望工程园丁奖"。

25日至26日

以"创意文化与山西乡村旅游品位的提升"为主题的山西省首届乡村旅游文化研讨会在阳曲县召开。

26日

第二批国家公共文化服务体系示范区公布,朔州市入选。

朔州市图书馆馆长张猛获"2016年中国图书馆榜样人物"奖。

27日至31日

在第十七届中国工艺美术大师作品暨手工艺术精品博览会上,全国工艺美术行业"百花杯"奖揭晓,山西参评作品获5金8银12铜23优秀奖。

28日

省政协召开"城镇化进程中文化遗产保护利用"界别协商会。

2016中国(太原)工业互联网国际高峰论坛在太原举行,论坛以"融合、再造,互联网改变制造业"为主题,引导国内"互联网+制造业"转型升级。

山西公布8家省级科技企业孵化器单位,分别是:迎联智慧大健康产业科技孵化器、平定县金潭企业孵化基地、山西大万源科技孵化器、山西华顿—诺众创基地、太原高新区建投孵化器、北美N1文创科技企业孵化基地、中创国际、科创慧谷(太原)。

28日至30日

2016年山西省可移动文物保护修复项目结项验收及立项评审会在太原举行,19个可移动文物保护修复项目通过结项验收。

29日

中共山西省委十届九次全体会议在太原举行。讨论通过骆惠宁代表十届省委向省第十一次党代表大会所作的报告和省纪委工作报告。

中共山西省第十届纪律检查委员会召开第七次全会,审议并通过省纪委向省第十一次党代表大会提交的工作报告。

《山西省"十三五"工业和信息化发展规划》出台。

31日至11月4日

中国共产党山西省第十一次代表大会在太原召开。骆惠宁代表十届省委作《以习近平总书记系列重要讲话精神为指引 忠诚担当 攻坚克难 为全面建成小康社会而奋斗》报告。中国共产党山西省第十一次代表大会选举产生中国共产党山西省第十一届委员会、省纪律检查委员会,通过关于十届省委报告的决议和关于省纪委工作报告的决议。

截至10月底

全省农村公路建设累计完成投资64.3亿元,完成年计划的107%,超额完成年度投资计划。共开工建设农村旅游公路项目24个计203.7千米,完工104.3公里,完成投资5.26亿元。

11月

1日

全省13家单位获中国机械工业科技奖。其中,太原重工股份有限公司、太原科技大学2家单位获得一等奖;太重煤机有限公司等5家单位获得二等奖;山西惠丰特种汽车有限公司等6家单位获得三等奖。

2日

《山西省关于整合城乡居民基本医疗保险制度的实施意见》出台。

山西煤监局太原监察分局对山

西焦煤西山煤电镇城底煤矿“8·25”坠井事故瞒报情况展开调查。

朔州市平鲁区易顺煤业巷道发生透水事故，一名矿工遇难。

2日至4日

交城县庞泉沟队在全国农民健身秧歌大赛中，连获青年组规定套路一等奖和自选套路二等奖。

3日

据深交所《关于同意开通国信证券等会员单位深港通下港股通业务交易权限的通知》，大同证券有限责任公司成为首批获得深港通下港股通业务交易权限的24家券商之一，也是山西省内唯一首批获得该权限的证券公司。

4日

山西转型综改示范区管委会筹委会成立大会在太原举行，标志示范区建设进入实质性推进阶段。

2016中国“互联网+”创新大会暨2016中国“互联网+”创业创新大赛（西北+山西）赛区决赛在太原举行。

5日

中国共产党山西省第十一届委员会第一次全体会议在太原举行。骆惠宁主持会议。全会选举产生十一届省委常委和书记、副书记，通过省纪委十一届一次全会选举结果。骆惠宁当选省委书记，楼阳生、黄晓薇当选省委副书记，高建民、孙绍骋、王伟中、盛茂林、任建华、罗清宇、张吉福、王清宪、廉毅敏当选省委常委。

中国共产党山西省第十一届纪律检查委员会第一次全体会议在太原召开。全会以无记名投票的方式，选举产生新一届省纪律检查委员会书记、副书记和常务委员会委员，并经省委十一届一次全会通过。

中国（山西）医药产业创新升级高峰论坛暨山西省医药集团有限责任公司与美国三角生物医药有限责任公司肿瘤新药产业化合作项目签约仪式在太原举行。

首批全国健康城市试点市名单公布，侯马市入选。

6日

《中共山西省委关于繁荣发展社会主义文艺的实施意见》发布。

省委办公厅、省政府办公厅印发《山西省健全落实社会治安综合治理领导责任制实施办法》。

第二届“生态文明建设高峰论坛暨城市与景区、美丽乡村生态文明成果发布会”上，孝义市获“全国十佳生态文明城市”称号，平顺县跻身“全国十佳生态休闲旅游城市”行列。

7日

中共十一届山西省委召开第一次常委会议，研究制定《十一届省委常委会工作规则》《十一届省委书记专题会议工作规则》《十一届省委全会工作规则》，讨论《中共山西省委办公厅关于认真贯彻落实〈中共中央办公厅关于认真学习宣传党的十八届六中全会精神的通知〉的意见》和《中共山西省委关于认真学习宣传贯彻中国共产党山西省第十一次代表大会精神的通知》。

省政府召开安全生产工作例会，深刻汲取山西省2起瞒报、迟报煤矿事故教训，分析安全生产形势，对四季度安全生产工作作出安排部署。

山西煤监局朔州监察分局成立专门调查组，对朔州市平鲁区西易集团易顺煤矿“11·2”透水事故迟报情况展开调查。

云冈旅游区管理委员会获评全国旅游系统先进集体；山西溪域旅游开发有限公司董事长吕增军获评全国旅游系统劳动模范；忻州市雁门关风景区管理中心主任王凤岗获评全国旅游系统先进工作者。

中国银行山西省分行协助山西路桥建设集团有限公司完成2.5亿美元境外债券发行，票面利率4.85%，期限三年。这是山西省首笔境外债券，标志山西省境外直接融资突破零纪录。

8日

山西选手刘龙获得中国传统弓射箭赛男子个人冠军。

山西工业遗产保护与开发研究课题评审会在太原召开。

第四批中国传统村落名单公布，山西省150个村入围。其中，晋城38个，太原市1个，大同市6个，阳泉市7个，长治市16个，朔州市4个，晋中市33个，运城市4个，忻州市9个，临汾市11个，吕梁市21个。

阳泉郊区专职消防队获“全国119消防奖”。

9日

中央宣讲团在山西省举行党的十八届六中全会精神宣讲报告会。

全省整合城乡居民基本医疗保险制度工作电视电话会议召开。

10日

山西省投资集团有限公司与国开行签署开发性金融合作协议，合作规模预计200亿元。

阿里研究院发布2016年中国“电子商务百佳城市”榜单，太原入围电商百强城市。

10日至11日

2016中国传媒融合发展年会暨第三届中国报业新媒体大会在江苏省苏州市举行，《山西日报》位列省级以上党报30强，《山西日报》客户端获2016中国报业融合发展项目创新奖。

11日

楼阳生主持召开省政府第136次常务会议，听取万名干部入企服务工作情况汇报，安排部署加强食品安全、发展会展经济、建设山西“农谷”等工作，研究通过深化制造业与互联网融合发展的实施方案。

省委常委、统战部部长廉毅敏向统一战线有关方面代表人士传达中共十八届六中全会精神，通报省第十一次党代会精神。

13日

“山西云医院分级诊疗健康管理服务平台”启动。

15日

全国休闲农业和乡村旅游示范县（市、区）名单公布，太原市尖草坪区、曲沃县入选。

16日

山西省政府网站公布2015年度全省县域经济发展考核评价结果。该次考核对全省96个县（市）和23个市辖区，按照经济发展、经济结构、民生改善和资源环境4个方面进行综合评价，把全省县（市、区）分为A、B、C类县（市）和市辖区等4组，孝义市、太谷县、和顺县、太原市小店区分别居各组的第一名。

17日

省委、省政府召开全省脱贫攻坚干部帮扶工作视频会，围绕省第十一次党代会确定的脱贫攻坚目标任务，就加强帮扶力量、压实帮扶责任、完善帮扶机制、提升干部驻村精准帮扶工作满意度等工作作出进一步安排部署。

18日

山西煤化工"十三五"发展座谈会在太原召开，研究讨论政策走向和企业发展。

第二十五届山西新闻奖评选揭晓。有418件获奖，其中特别奖5件，一等奖85件，二等奖123件，三等奖205件。

21日

省政府召开土地矿产卫片执法监督检查工作警示约谈会，通报全省上一年度土地矿产卫片执法检查情况，对土地、矿产违法问题突出的长治、晋中2个市和吕梁市兴县等10个县进行警示约谈。

9时许，京昆高速平阳段太原方向65KM+500M处，发生多车先后相撞交通事故。截至晚21时，事故造成17人死亡，37人受伤，56辆车辆受损。

21日至2017年春节前

山西省人力资源和社会保障厅、发改委、住建厅等19个部门联合组织开展全省农民工工资支付情况专项检查。

22日

全国人大常委会预算工作委员会在太原市召开专题调研交流会。

省政府召开全省道路交通安全工作紧急视频会，传达落实国务院和省委、省政府及公安部领导同志关于京昆高速公路平阳段"11·21"交通事故的重要批示指示精神，通报事故情况，对做好冬季道路交通安全工作进行再动员、再部署。

长子县刘太兴获得由中国文物保护基金会主办的"薪火相传——传统村落守护者"十大杰出人物称号。

23日

省政府与中信银行举行工作会谈并签署战略合作框架协议。

全省军转安置工作电视电话会议在太原召开。

24日

山西省委、省政府办公厅就山西省旅游局更名为山西省旅游发展委员会正式发文，山西省旅游发展委员会正式成立。

境外合作园区及香港特区投资贸易推介会在太原举行。

24日至12月底

全省开展保障环境空气质量冬季严查行动。

25日

骆惠宁主持召开省委常委会议，审定《关于落实省第十一次党代会报告目标任务的责任分解方案》，听取省政府党组关于《关于开发区改革创新发展的若干意见》和《关于建设山西转型综改示范区的实施方案》的汇报，通过《十一届省委议事协调机构调整设置方案》。

国家义务教育发展基本均衡县（市、区）督导检查反馈会在太原召开。

全省煤矿安全文化建设工作座谈会召开，山西潞安环保能源开发股份有限公司常村煤矿等11家煤矿企业入选省级煤矿安全文化建设示范企业。

25日至12月31日

山西省开展培训就业扶贫对接服务月活动。活动以"服务进万家、技能促就业"为主题，实现"精准培训一批、信息储备一批、就业输出一批"目标。

26日

以"创新引领共同富裕"为主题的山西省第十七届大众科技论坛在太原举行。

2016中国最美村镇人文奖公布，朔城区神头镇吉庄村入选。

26日至27日

"首届全国创新方法赛总决赛"在山东省济南市举行。太重集团参赛项目"无主轴多齿箱紧凑型风力发电机组项目"获得大赛唯一金奖。

27日

省扶贫办和中国人寿山西省分公司签订战略合作协议。

28日

省十二届人大六次会议在太原举行。楼阳生当选为山西省省长，孙绍骋当选为山西省副省长。楼阳生、孙绍骋分别进行宪法宣誓。

29日

省脱贫攻坚领导小组召开开展社会保障四方面政策到村到户专项检查电视电话会。

山西省"12385"残疾人服务热线正式开通。

30日至12月3日

山西省工会第十三次代表大会在太原召开。田喜荣当选省总工会主席。

截至11月底

全省干线公路完成建养投资40.73亿元，完成建设里程477公里，分别是年度目标任务的116.4%、200%。

12月

1日

全省开发区改革创新发展会议在太原召开。

1日至3日

国务委员、公安部部长郭声琨到山西省调研。

2日

楼阳生主持召开省政府第138次常务会议，通过《山西省贯彻中医药发展规划纲要（2016–2030年）实施方案》《全民科学素质行动计划纲要实施方案（2016–2020年）》《"十三五"加快残疾人小康进程发展规划》。

2日至3日

山西省深化监察体制改革试点工作培训会在省委党校开班。

3日

省扶贫办与山西农业大学签订精准扶贫战略合作协议。

5日

全省农业产业精准扶贫政策项

目进村入户动员电视电话会召开，安排部署农业产业精准扶贫“一卡一库一培训”专项行动。

省政府召开全省深化综合行政执法体制改革电视电话会议，安排部署全省深化综合行政执法体制改革工作。

山西省有15人获“全国先进个体工商户”称号。分别是：苏振祥、郝曼刚、李鲜芳、连军明、王志斌、郭建宝、李继林、沙万里、李晓俊、王定海、高宏胜、姜向辉、张红琴、邵红旗、邢锦其。

6日

晋能科技入围“2016全球新能源企业500强”。

6日至8日

省十二届人大常委会第三十二次会议在太原举行。会议表决通过《山西省永久性生态公益林保护条例》《山西省安全生产条例》《山西省环境保护条例》，表决通过省政府、省法院、省检察院关于省十二届人大五次会议以来代表建议、批评和意见办理情况的报告。会议表决通过人事任免名单，决定任命王赋为山西省副省长，免去罗清宇的副省长职务。

7日

第三批国家新型城镇化综合试点地区名单公布，侯马市、交城县、古交市马兰镇、晋城市城区北石店镇入选。

全省“平安家庭”创建工作推进会在太原召开。

8日

中科院高福院士与山西省疾病预防控制中心在太原签署“建立院士工作站”协议。

中国建设银行、山西省国资委与山西焦煤集团在太原共同签署《焦煤集团市场化债转股合作框架协议》，决定成立总额250亿元的“山西焦煤集团降杠杆基金”和“山西焦煤集团促转型基金”，山西省首笔市场化“债转股”成功试水。

9日

全国安全生产监管监察系统先进事迹报告会在太原举行。

2016年12月8日，省国有资产管委会、中国建设银行、山西焦煤集团举行市场化债转股合作框架协议签约仪式 （麻林楠供图）

太重榆液与德国液压传动工程技术有限公司就高压柱塞泵核心技术及其产业化联合研发项目在晋中市签署合作协议。

10日

中国名村影响力课题组发布“2016中国名村影响力排行榜(300佳)”，昔阳县大寨村、阳城县皇城村、河津市龙门村、长治县振兴村、忻州市顿村、长治市常平村、长治市霍家沟村、长治市西沟村、临汾市韩村、孝义市西王屯村等10个村庄上榜。

11日

山西省摔跤运动员裴星茹在2016年世界摔跤锦标赛(非奥运级别)自由式60公斤级比赛中夺得金牌。

12日

国家开发银行山西分行在北京与省转型综改示范区管委会筹委会、省水利厅分别签订开发性金融合作协议，与太原市轨道交通发展有限公司签订贷款合同。

山西省有6个项目入围2016年全国农业文化遗产普查名录。分别是：稷山板栗栽培系统、临猗江石榴栽培系统、神池莜麦种植系统、壶关旱作梯田系统、平顺大红袍花椒栽培系统、沁县沁州黄小米种植系统。

15日

山西省“铁腕治污行动”电视电话会议召开。

亚宝药业股份有限公司和中铁三局集团有限公司被国家知识产权局认定为2016年度国家知识产权优势企业。至此，全省先后3批16家企业入选国家知识产权优势企业。

16日

山西省第三届科技·人才·创新论坛在太原举行。

17日

省脱贫攻坚领导小组召开全体会议，安排部署2016年脱贫攻坚巡查反馈意见整改工作和全省脱贫工作成效考核综合督查工作。

长治县振兴村入围“2016中国全面小康十大示范村镇”。

18日

2016“山西最美村干部”颁奖会在省城太原举行，程厚福、江利斌、杨林栋、王万保、白振兴、王芳、杨立新、张守山、郭兴峰、崔月来等10人被授予“山西最美村干部”称号。

山西首届农合组织发展论坛暨山西晋强农业专业合作社联合社成立大会在太原召开。

11时08分，太原市清徐县发生4.3级地震，震源深度5公里。

中国工程院院士卢秉恒与山西国控产业技术设计研究院在太原签

署院士工作站建站协议，山西省建立首个3D打印材料院士工作站。

19日

全省贫困村党组织书记抓党建促脱贫攻坚示范培训班在汾阳市贾家庄村举办。全省58个贫困县的116名贫困村党组织书记参加。

山西大学国学研究院与洪洞县赵城镇政府联合创办的“谁园书院”正式成立，这是山西省高校学术机构与基层政府联合创办的第一家现代书院。

20日

2013—2015年度“赵树理文学奖”评选揭晓，奖项分为13项，共有36部(篇、人)获奖。

全省首家金融云平台在长治市上线。

21日

省政府与中国信达资产管理公司在太原签署金融支持山西供给侧结构性改革战略合作协议。

22日

新绛、太谷、怀仁入选首批国家农产品质量安全县(市)。

长治市城区杨小亮家庭、太原市阳曲县白俊义家庭、吕梁市交口县刘俊兰家庭入选首批“全国幸福家庭”。

25日

山西省2016年度目标责任考核工作培训会召开，全省2016年度目标责任集中考核工作启动。

26日

太钢集团、同煤集团、阳煤集团与中国工商银行在京签订《债转股合作框架协议》。工商银行最大单“债转股”项目落地山西。“300亿债转股”助力国企减负再起航。

省扶贫办和中国人民财险保险股份有限公司山西省分公司签订保险扶贫战略合作协议。

山西地质博物馆和山西宁武万年冰洞国家地质公园成为第四批国土资源科普基地。

27日

骆惠宁主持召开省委常委会议，研究提出2017年经济社会发展目标任务、政策导向和主要措施；审议通过《中共山西省委群团工作改革方案》、省总工会共青团省委省妇联改革实施方案；传达学习十八届中央第十一轮巡视工作动员部署会议精神，研究讨论十一届省委第一轮巡视工作意见。

2016首届山西食品安全年会暨首届山西食品行业产销对接会在太原召开。

全省126家博物馆入选2015年度全国博物馆名录。其中一级博物馆有3家，二级博物馆有13家，三级博物馆有10家。

28日

省政府召开春运工作电视电话会议，贯彻落实全国春运电视电话会精神，安排部署山西省春运工作。

“‘汾酒杯’第三届感动百姓山西乡村十大爱心大使”颁奖典礼在太原举行。第三届十大爱心大使分别为：王文萍、焦国斌、俞翠萍、马玉禄、白恩会、常勇、张娟利、魏忠国、张国亮、李忠顺。

29日至31日

中国共产党山西省第十一届委员会第二次全体会议暨经济工作会议召开。会议由省委常委会主持。骆惠宁在讲话中总结2016年全省经济工作，分析全省面临的经济形势，提出2017年经济工作总体要求、主要目标和重大任务，对贯彻全国科技创新大会、全国卫生与健康大会、全国国有企业党的建设工作会议、全国高校思想政治工作会议精神作出部署，对做好2017年经济工作需要把握的重大问题提出要求。

30日

“厚重山西——山西省第一次全国可移动文物普查成果展”在山西博物院会展中心开展。

由省委宣传部、省文明办、省文化厅、省科技厅、省卫生计生委等12家单位共同组织的2017年全省文化科技卫生“三下乡”活动启动仪式暨集中示范活动在阳曲县举行。

山西大学、太原理工大学、山西农业大学入选全国首批深化创新创业教育改革示范高校。

潞安矿业(集团)有限责任公司、临汾市古县林业局、五台山国有林管理局、太行山国有林管理局坪松林场及吕梁市国有林管理局劾香林场等5家单位和张海军、乔前、杜世明、张忠泽等4人获中国林业产业突出贡献奖。

31日

全省发展和改革工作会议在太原召开。会议强调，全省发改系统要勇于担当，主动作为，攻坚克难，抓好“八个聚焦”，全力做好2017年发展改革各项工作。

截至12月底

全省法院全年共受理各类案件440209件，审执结386379件；省高院受理各类重大案件8834件，审结8010件。严惩国家工作人员职务犯罪，审结贪污贿赂、渎职犯罪案件1599件。

全省高速公路建设完成投资118亿元，新增高速公路202公里，全省高速公路通车里程达到5230公里，进一步优化“三纵十二横十二环”路网结构，完善内联外通主通道。

(师维孝　王瑞琛)

省 情 概 览

A General Introduction of Shanxi Province

自然地理

【位置　面积】 **位置**　山西省位于北纬34°34′—40°43′、东经110°14′—114°33′，属于内陆省份，在太行山与黄河北干流域峡谷之间，地处华北西部的黄土高原东翼，是首都北京的西部屏障。省境山环水绕，构成与邻省的天然分界。东隔太行山，与河北省毗邻；西、南跨黄河，与陕西、河南两省相望；北越长城，与内蒙古自治区接壤。在国家经济发展布局中，山西紧靠以北京、天津为中心的“环渤海经济圈”，位于由山西、河南、湖北、安徽、湖南、江西组成的“中部六省”的最北端。

面积　山西省域轮廓呈由东北斜向西南的平行四边形，南北长682千米，东西宽385千米，总面积15.68万平方千米，约占全国土地总面积的1.634%，在全国各省（区、市）中列第19位。　（张　峰）

【地质　地貌】 **地质**　山西省位于中朝准地台近中央部位，称山西断隆。北抵内蒙古地轴中部，南连秦岭褶皱系，西接鄂尔多斯台坳，东以太行山大断裂为界同华北地坳分开。山西断隆的中轴上，叠加有“S”形汾渭地堑系。山西境内地层发育较全，除上奥陶系上统、志留系、泥盆系、石炭系下统和中统缺失外，其余时代地层均有分布；尤其前寒武系和上古生界地层，在中国北方具有一定的代表性。山西境内岩浆岩类型多，分布较广泛，以侵入岩为主，特别是中生代侵入岩反映出多期次的特点，与许多内生矿产的形成有关，并有全国罕见的碱性岩类。

地貌　山西省地貌景观大体分为基岩山区、黄土高原山区、断陷盆地三大类型。主干山脉有：太行山、吕梁山、中条山、五台山、恒山、太岳山（霍山），多呈北东—南西向或近南北向展布。主要盆地由北向南依次为：阳高盆地、大同盆地、忻州盆地、太原盆地、临汾盆地、运城盆地、长治盆地。山地占全省总面积40%，丘陵占40.3%，平川和河谷面积仅占19.7%。全省北高南低，由东北向西南倾斜。省内最高点为五台山北台顶叶斗峰，海拔3058米；最低点在垣曲县西阳河与黄河汇流处，海拔180米；最大相对高差2878米。　（张　峰）

【气候】 2016年，山西省年降水量较常年偏多，为近10年最多，其中夏季降水明显偏多，且各地降水量时空分布不均，造成区域性、阶段性的洪涝和干旱灾害；各地年平均气温普遍偏高，全省均值为近10年第三高，12月气温为历史最高；年日照时数全省大部偏少。春季气温冷暖起伏变化大，造成部分地区出现寒潮和霜冻灾害。年内，山西省主要气象灾害及气候事件有暴雨、冰雹、寒潮、干旱等，其中暴雨、冰雹造成的影响较为严重。

降水　2016年降水量为近10年最多。2016年（1~12月）山西省年平均降水量为582毫米，较常年值（468.3毫米）偏多113.7毫米（偏多24.3%）。从历年降水量变化来看，2016年降水量为近10年最多。

气温　2016年平均气温偏高。2016年（1~12月），山西省年平均气温为10.6℃，较常年（9.8℃）偏高0.8℃，较2015年偏低0.1℃。从历年山西省气温变化来看，2016年平均气温为近10年第三高。

日照　2016年日照时数接近常年略偏少。2016年（1~12月），山西省平均日照时数为2321.0小时，较常年偏少126.8小时。　（杨　柳）

【土地资源】 截至2016年底，山西省耕地405.677539万公顷，合6085.1625万亩。其中，基本农田342.76万公顷，合5141.47万亩。就耕地类型划分，耕地包括水田、水浇地和旱地。其中，水田0.1284万公顷，合1.926万亩；水浇地106.58万公顷，合1598.7万亩；旱地298.969万公顷，合4484.5380万亩。园地40.6384万公顷，合609.576万亩。林地485.597618万公顷，合7283.5143万亩。草地407.5716万公顷，合6113.574万亩。城镇村及工矿用地88.937902万公顷，合1334.0685万亩。交通运输用地27.795041万公顷，合416.9256万亩。水域及水利设施用地28.746375万公顷，合431.1956万亩。其他土地

82.013411 万公顷，合 1230.2012 万亩。

（程广勇）

【矿产资源】 山西分布有丰富的矿产资源，是资源开发利用大省，在全国矿业经济中占有重要的地位。截至2016 年底，全省已发现矿种 120 种，其中有探明资源储量并上表的矿产62 种。与全国同类矿产相比，资源储量居全国第一位的矿产有煤层气、铝土矿、耐火粘土、镁矿、冶金用白云岩等 5 种。保有资源储量居全国前 10 位的主要矿产为煤、煤层气、铝土矿、铁矿、金红石等 28 种。

煤炭资源得天独厚，资源储量丰富，分布广泛，煤质优良，保有资源储量 2708.05 亿吨，占全国保有储量的16.95%，居全国第三位；煤层气资源十分丰富，沁水、西山、河东煤田为煤层气高产富集区，剩余经济可采储量2418.09 亿立方米，全国首屈一指，具有良好的发展前景；铝土矿资源保有资源储量 15.25 亿吨（矿石量），居全国第一，占全国保有资源储量的31.43%；铁矿类型多，资源储量丰富，分布广泛，保有资源储量 39.65 亿吨，居全国第七位；铜矿集中分布于山西省中条山区，保有资源储量 224.47 万吨（金属量）；金红石保有资源储量426.38 万吨（金红石 TiO_2），居全国第二位。煤、铝土矿等沉积矿产分布广泛，铁矿、铜矿等重要矿产分布相对集中，但是重要金属矿产贫矿多、富矿少，共伴生矿多、单一矿少。

（程广勇）

【水资源】 截至 2016 年底，山西省流域面积 50 平方千米以上的河流有902 条。其中，海河流域 384 条，黄河流域 518 条。

河流流域面积 10000 平方千米以上的河流有 7 条，按流域面积从大到小排列依次为黄河、永定河、汾河、滹沱河、漳河、卫河、沁河。其中，永定河、滹沱河、漳河、卫河属海河流域，余者属黄河流域。流域面积小于10000 平方千米、大于 5000 平方千米的河流有 5 条，依次为冶河、红河、涑水河、清漳河、御河，除涑水河属黄河流域外，其余均属海河流域。流域面积小于 5000 平方千米、大于 2000平方千米的河流有 21 条，依次为沙河、唐河、壶流河、昕水河、三川河、潇河、文峪河、南洋河、浊漳北源、丹河、朱家川河、绵河、昌源河、清水河、姚暹渠、黄水河、淇河、岚漪河、偏关河、浍河、浑河。其中，沙河、唐河、壶流河、南洋河、浊漳北源、绵河、清水河、黄水河、淇河、浑河属海河流域，其余均属黄河流域。流域面积小于 2000 平方千米、大于 1000 平方千米的河流有 20 条，依次为湫水河、乌马河、浊漳西源、县川河、清漳西源、蔚汾河、杨兴河、牧马河、十里河、恢河、屈产河、乌河、温河、岚河、漭河、洪安涧河、段纯河、白马河、磁窑河、杨家川。其中，浊漳西源、清漳西源、牧马河、十里河、恢河、乌河、温河属海河流域，其余均属黄河流域。流域面积小于1000 平方千米、大于 500 平方千米的河流有 50 条。流域面积小于 500 平方千米、大于 200 平方千米的河流有144 条。流域面积小于 200 平方千米、大于 100 平方千米的河流有 204 条。流域面积小于 100 平方千米、大于 50平方千米的河流有 451 条。

2016 年，交城县柏叶口水库一角 （李大斌供图）

山西省境内流域面积 50 平方千米以上的河流有 872 条（比前述的流域面积 50 平方千米以上的河流 902条少 30 条）。流域面积 10000 平方千米以上的河流有 6 条，按境内流域面积从大到小排列依次为黄河、汾河、永定河、滹沱河、漳河、沁河。其中，永定河、滹沱河、漳河属海河流域，余者属黄河流域。省境内流域面积小于10000 平方千米、大于 5000 平方千米的河流只有 1 条，即涑水河，属黄河流域。省境内流域面积小于 5000平方千米、大于 2000 平方千米的河流有 21 条，依次为冶河、昕水河、三川河、清漳河、潇河、文峪河、浊漳北源、丹河、朱家川河、御河、绵河、昌源河、南洋河、清水河、姚暹渠、黄水河、唐河、岚漪河、红河、浍河、浑河。其中，冶河、清漳河、浊漳北源、御河、绵河、南洋河、清水河、黄水河、唐河、浑河属海河流域，其余属黄河流域。省境内流域面积小于 2000 平方千米、大于 1000 平方千米的河流有 22 条，依次为湫水河、偏关河、乌马河、浊漳西源、卫河、县川河、清漳西源、蔚汾河、杨兴河、牧马河、恢河、沙河、壶流河、十里河、屈产河、乌河、温河、岚河、洪安涧河、段纯河、白马河、磁窑河。其中，浊漳西源、卫河、清漳西源、牧马河、恢河、沙河、壶流河、十里河、乌河、温河属海河流域，其余属黄河流域。省境内流域面积小于 1000 平方千米、大于 500 平方千米的河流有 43 条。省境内流域面积小于 500 平方千米、大于200 平方千米的河流有 135 条。省境内流域面积小于 200 平方千米、大于

100平方千米的河流有200条。省境内流域面积小于100平方千米、大于50平方千米的河流有444条。

按照行政区域来看，山西省各市域50平方千米及以上河流，忻州市最多达157条，太原市最少仅45条，其他市依次为：大同市106条、阳泉市35条、长治市104条、晋城市70条、朔州市85条、晋中市111条、运城市52条、临汾市129条、吕梁市129条；各县域50平方千米及以上河流，平鲁区最多为29条，大同市城区、矿区没有河流。

截至2016年底，山西省水面面积大于1平方千米的湖泊有6个，即晋阳湖、盐池、硝池、鸭子池、伍姓湖、圣天湖。 （梁述杰）

历史溯源

【人文山西】 山西省简称晋，是因为在春秋时期，山西的大部分地区为诸侯国晋国所有。战国初（公元前476年），韩、赵、魏三家分晋，史称“三晋”，今也用“三晋”称山西省。秦、汉、唐、宋几个朝代都曾在今山西境内置郡、道、路，称为“河东”，所以山西也有“河东”之称。明代在山西置行中书省，习称山西行省，这是山西省名的开始。又因山西在太行山之西，所以也称“山右”。太行与吕梁群山环绕，黄河半抱，汾水中流，共同孕育了山西文化。

考古表明：远古时代，山西南部是人类初曙的起源地，运城垣曲的世纪曙猿化石，把类人猿的出现时间向前推进1000万年。旧石器时代，运城芮城县西侯度遗址发现人类用火痕迹，又将中国人类用火历史向前推进100万年。除去考古遗存外，今日山西运城地区流传着上古时期黄帝、炎帝大战于阪泉之野的传说，炎黄文化自此开始融合发展。尧舜禹时代，“尧都平阳，舜都蒲坂，禹都安邑”构建中华文明的早期城邦时代。位于今临汾襄汾县的陶寺遗址被确认为尧都旧地，很可能就是最早的“中国”。公元前2070年，夏朝建立，国家文明首先在山西大地上出现。商代时，山西地区是商朝“邦畿千里”之地的重要区域，方国、部落遍布。

西周初年（前1031年），周成王姬诵分封同母弟叔虞于唐国，并将周王室子孙迁到唐地。唐叔虞死后，子姬燮（亦称姬燮父）继位，迁居到晋水之傍，故将国号改称“晋”，是为晋侯燮。春秋时期，晋国一时强盛，晋文公为一方霸主。春秋末期，异姓卿大夫崛起，韩、赵、魏三家分晋，史学界以此作为东周时期春秋与战国的分界点。战国时期，韩、赵、魏三国皆为七雄，各自占有山西部分地区。魏国李悝变法、赵国胡服骑射，引领战国时期的改革风潮，并涌现出荀子、韩非子等著名历史思想家，猗顿等著名商人。

秦汉时期，山西郡县封国并存。汉初，山西地区曾主要为汉文帝刘恒始封代国时的封地。同样自西汉开始，北方匈奴、乌桓、鲜卑等族部分部落逐渐渐内附，主要安置在山西地区，山西成为民族融合的重要区域。在魏晋南北朝时期，众多民族政权活跃在山西地区，鲜卑族北魏政权统一北方，在平城（今大同）立国98年，推进民族融合，奠定隋唐时期统一多民族国家的多元文化色彩。在北魏末年、东魏、北齐时期，晋阳被权臣、皇帝相继设为别都，遥控洛阳，权势大盛。太原天龙山石窟、忻州五台山等地佛教文化蓬勃发展。

隋唐时期，山西为抗击北方突厥势力的前线，也是唐朝龙兴之地。唐朝几位帝王数次扩建晋阳城，并相继封其为“北都”“北京”，与京都长安、东都洛阳并称“三都”“三京”，武则天、杨贵妃、诗人王维等历史人物成长于山西地区。五台山地区有中国现存最早的唐代佛寺建筑遗存。五代时期，山西成为沙陀族军阀割据之地。宋初，晋阳城遭到火焚水灌，化为焦土，太原城则被迁移至阳曲县唐明镇（今太原城所在地）。宋代山西地区为抗击北方政权的前线，晋北地区涌现出杨业、狄青、王彦等抗辽、抗夏、抗金英雄人物。太原城同样为北方地区重要经济、文化中心之一。

金国灭辽、北宋，统治山西地区，同样涌现出元好问等著名文人。应县木塔等金代历史建筑至今屹立山西大地。明代，山西地区为军事重镇，九边长城军镇独领山西、大同二镇，行“开中盐法”，商业繁华。晋南地区掀起大移民活动，洪洞大槐树下成为山西根祖文化的源地。清代，涌现出“天下第一廉吏”于成龙、“康熙帝师”陈廷敬等著名历史人物。明清晋商崛起600余年，祁县、太古、平遥地区成为有清一代中国金融业的核心区域，出现中国第一家票号，汇通天下，山西商贸生意遍布海内外，留有乔家大院、常家庄园等遗存。平遥古城为全国现存最为完好的清代古城之一。

民国初年，太原成为响应辛亥革命的重要省份，在阎锡山统治时期曾成为“模范省”。抗战时期，山西是抗战前线，太行、吕梁山区是重要的抗日根据地。中华人民共和国成立后，山西成为重要的能源基地，支持全国经济建设发展。当代，山西则展开国家资源型经济转型综合配套改革试验区建设，开始向新的历史阶段迈进。

（编辑部）

【建置沿革】 上古时期，尧、舜、禹建都晋南地域，相关历史记载中，尧都已被考古发掘证实。夏启始建国家，山西便处于夏朝的统治中心。商朝，山西地区有唐等20多个方国。西周分封唐叔虞，成为晋国立国之始。春秋时期，晋国都城最早在翼（今临汾翼城），之后迁到新田（今侯马）。战国初期，韩、赵、魏三家分晋，占有今山西南部区域。占据山西北部部分地区的代国、中山国则被魏、赵攻灭。战国后期，韩、赵、魏三国相继被秦国灭亡。秦国统一天下后，在山西地区建立河东、太原、雁门、代、上党5郡。

西汉与东汉时期，郡国并存。西汉时山西有6郡，东汉时则被并州、幽州、冀州等3州分割管辖，设有7郡。封国则相继有20多个。西汉中期设13州，以并州刺史部管辖以晋阳（今太原）为中心的今山西大部地区，并州成为太原的别称之一。曹魏时期，山西西南部有司州管辖平阳、河东2郡，并州管辖太原、雁门等6郡，西晋时略有变化。西晋末年，盘踞在平阳的匈奴部帅刘渊建立前赵(汉赵)政权。后赵、代、后燕等多个部族政权在山西地区相继建国，割据一方。在代北地区，鲜卑拓跋氏建代国，割据云中(今山西大同等地)，其政权是为南北朝时期北魏的前身。北魏政权在山西设有9州35郡，山西地区主要为东魏、北齐相继设州郡统治。

隋初取消郡，改设州，州设总管府。在山西设4州，最为重要的是并州总管府。隋代，并州已是全国性的大城市之一。大业初年(605)，总管府、州皆废，山西设14郡。唐初先行州(郡)县二级建制，后演变为道统州(府)、州(府)统县三级制。唐朝，山西大部地区属于河东道，辖2府19州110县。主要由河中节度使、河东节度使、泽潞节度使各自管辖部分区域。五代初期，山西中北部为军阀李克用占据。之后相继成为后唐、后晋、后汉的领土。五代后期，中北部为北汉所据，西南部为后周所据。

宋承唐制，实行道、州、县三级行政管理，宋太宗时，改为路、州、县三级。山西大部分地区属于河东路，治所在太原，辖3府、14州、8军，82县。西南部分地区属于永兴军路，辖1府1州10县。辽朝割据燕云十六州，其中包括有今山西大同地区，置西京道，辖1府3州15县。金国灭辽，继而灭北宋，山西被设置西京路、河东北路、河东南路管理，下设府、州、县三级。

元朝实行行省制，中央为中书省，山西为其一部分，下辖冀宁、晋宁、大同三路，其下再设州(府)县管辖。明初设府、州、县三级，山西为行中书省，下辖太原、平阳等5府，之后改设山西布政使司管辖，山西简称“山西行省”，下设6府3直隶州，山西北部另设山西行都司军管区。明清时期，太原设府城，晋阳旧地设太原县城。清承明制，重划府、州区划，山西省辖太原、平阳、汾州等9府，平定、忻州、代州等10直隶州，6散州，总共下辖85县。

中华民国成立后，山西为全国23省之一。民国2年(1913)改为省、县二级制，同年绥远地区脱离山西。山西省内设道、为省、道、县三级。山西分雁门、冀宁、河东三道，共辖105县。民国16年(1927)，撤销道一级行政区。抗日战争时期，山西地区被划分为7个行政区，各有所属县。民国26年(1937)，侵华日军占领太原，山西省政府短暂迁往晋南地区。民国27年(1938)，7个行政区曾被调整为9个，次年又调整为4个。民国29年(1940)，行政区又被分为18个，有些为虚设。抗日战争胜利后，全省105个县中，有36县为解放区。1949年，太原解放，全省行政辖区归于统一。

中华人民共和国成立初，山西设1市、7专区、92县、8市辖区、2工矿区。1952年底，调整为6专区、4地级市、103县、13市辖区、1镇。1958年，山西若干县市又有调整，从1960年至1966年，全省行政区划趋于稳定，分为5专区、4地级市、96县、10市辖区。1994年，行政区划为5地区、6地级市、14县级市、86县、18市辖区、1县辖区、519镇、1399乡、155街道办事处，合计11地(市)，118县(市、区)，1907乡(镇)。2003年，吕梁地区撤销行政公署，设立吕梁市。行政区划调整主要在撤乡并镇、撤县设区、设立县级市等方面开展工作。截至2016年底，山西省辖11个地级市，119个县(市、区)。（编辑部）

人口 语言

【人口抽样调查】 2016年，山西省按照国家统计局统一部署，完成2016年度山西省人口变动情况抽样调查工作。这次人口抽样调查，按照分层、整群、概率比例的抽样方法在全省11个市、119个县(市、区)抽取1214个乡(镇、街道)，3189个村(居)委会，3200个调查小区，调查登记82.61万人。调查标准时间为2016年11月1日零时。（省统计局）

【常住人口】 根据2016年度抽样调查，山西省人口出生率为10.29‰，比上年上升0.31个千分点；人口死亡率为5.52‰，比上年下降0.04个千分点；人口自然增长率为4.77‰，比上年上升0.35个千分点。据此推算，山西省2016年底常住人口为3681.64万人，比上年增加17.52万人，增长率为0.48%。

根据2016年度抽样调查推算，山西省常住人口中，居住在城镇的人口为2069.63万人，占常住人口的56.21%；居住在乡村的人口为1612.01万人，占常住人口的43.79%。

根据2016年山西省人口抽样调查推算，2016年，山西省共有家庭户1138.49万户，家庭户人口为3643.15万人，占常住人口的98.95%，平均每个家庭户人口为3.20人。（省统计局）

【人口分布】 根据2016年度抽样调查推算，山西省各市2016年底常住人口分布如下：太原市4344429人，大同市3421891人，阳泉市1403585人，长治市3435380人，晋城市2320858人，朔州市1768103人，晋中市3348738人，运城市5305178人，忻州市3155312人，临汾市4458048人，吕梁市3854871人。

（省统计局）

2016年山西省人口数及其构成统计表

指 标	年末数（万人）	比重（%）
全省常住人口	3682	100.00
其中：城镇	2070	56.21
乡村	1612	43.79
其中：男性	1886	51.23
女性	1796	48.77
其中：0~15岁(含不满16岁)	609	16.55
16~59岁(含不满60周岁)	2518	68.39
60周岁及以上	554	15.06
其中：65周岁及以上	349	9.49

【人口构成】 根据2016年山西省人口抽样调查推算,2016年,山西省常住人口中0岁至14岁人口为568.81万人,占常住人口的15.45%;15岁至64岁人口为2763.44万人,占常住人口的75.06%(其中:15岁至59岁人口为2558.37万人,占常住人口的69.49%);65岁及以上人口为349.39万人,占常住人口的9.49%。常住人口中,60岁及以上人口为554.46万人,占常住人口的15.06%。

根据2016年山西省人口抽样调查推算,2016年,山西省常住人口中,男性为1885.96万人,占常住人口的51.23%;女性为1795.68万人,占常住人口的48.77%,性别比(女=100)为105.03。 (省统计局)

【语言】 山西省是汉语方言比较复杂的省份之一。由于地理和历史等诸多原因,山西方言较多地保留古代汉语成分,在语音、词汇和语法方面都有重要特点。与其他北方方言相比,山西方言除晋南多数县市和北部广灵没有入声外,其余各区均有入声。山西方言的入声读音短促,韵母以喉塞音收尾。山西境内与毗邻省份有入声的方言被称为晋语。在词汇语法方面,有以下特点:一是有分音词、合音词和逆序词,二是有丰富的四字格俗语,三是有大量以"圪"为前缀构成的词语,四是保留许多古语词,五是名词、动词、形容词、量词的重叠形式非常丰富。按照《山西方言调查研究报告》的研究,根据入声有无及其他语音特点,山西方言可以分为六个区:

中区:以太原方言为代表,属晋语。语音特点是有入声,平声不分阴阳。分布在晋中一带,包括太原、清徐、晋中、太谷、文水、交城、祁县、平遥、孝义、古交、介休、寿阳、榆社、娄烦、灵石、盂县、阳曲、阳泉、平定、昔阳、和顺与左权等县(市、区)。

西区:以吕梁市离石区方言为代表,属晋语。语音特点是有入声,多数点阴平和上声调型相同,调值接近。分布在晋西一带,包括吕梁、汾阳、中阳、柳林、石楼、临县、方山、兴县、岚县、静乐、隰县、交口、永和、大宁、汾西与蒲县等县(市、区)。

东南区:以长治方言为代表,属晋语。语音特点是有入声,部分点去声分阴阳。分布在晋东南一带,包括长治、长治县、潞城、黎城、平顺、壶关、屯留、长子、沁源、沁县、武乡、襄垣、晋城、阳城、陵川与高平等县市。

北区:以忻州、大同方言为代表,属晋语。语音特点是有入声,入声不分阴阳。分布在太原以北地区,包括大同、大同县、阳高、天镇、怀仁、左云、右玉、应县、山阴、繁峙、忻州、定襄、原平、五台、代县、浑源、灵丘、朔州、平鲁、神池、宁武、五寨、岢岚、保德、偏关、河曲等县市。

东北区:仅有广灵县一个点,属冀鲁官话。语音特点是无入声,古入声次浊声母字今读去声。

南区:以临汾、运城方言为代表,属中原官话。语音特点是无入声,古入声次浊声母字今读阴平。分布在山西南部,包括运城、芮城、永济、平陆、临猗、万荣、河津、乡宁、吉县、夏县、闻喜、垣曲、稷山、新绛、绛县、临汾、霍州、古县、安泽、洪洞、浮山、翼城、侯马、曲沃、襄汾与沁水等县市。 (安志伟)

民族 宗教

【民族】 山西是少数民族散杂居省份,呈现大分散、小聚居特点。据2010年第六次全国人口普查数据,全省有53个少数民族(无保安族和珞巴族),9.355万人,约占全省总人口的0.27%。人数最多的是回族,5.97万人,约占全省少数民族总人口的63.8%;其次是满族,1.17万人,约占全省少数民族总人口的12.6%。全省119个县(市、区)均有少数民族居住,其中城市占69.3%,农村占30.7%。全省有42个少数民族聚居村、56个少数民族相对聚居街道、社区。每年平均有近3万少数民族流动人口在山西省务工经商和就学。 (茅立新)

【宗教】 截至2016年底,山西省有信教群众185万人,占全省总人口的5.1%。其中佛教86万人,道教8万人,伊斯兰教8万人,天主教24万人,基督教59万人。经认定备案的宗教教职人员6386人,依法批准的宗教活动场所2844处,全省各级宗教团体有211个。有7个省级爱国宗教团体,分别是:山西省佛教协会、山西省伊斯兰教协会、山西省道教协会、山西省天主教爱国会、山西省天主教教务委员会、山西省基督教"三自爱国运动委员会"、山西省基督教协会。全省119个县(市、区)都有宗教工作任务,信教人数在万人以上的县有63个,信教群众相对聚居村110个。 (茅立新)

行政区划

【概述】 至2016年底,山西省辖11个地级市,119个县(市、区)。其中,县级市11个,市辖区23个,县85个,镇564个,乡632个,街道200个。

(李春伟)

2016年山西省行政区划表

市　名	城　市			市辖区	县	镇	乡	街道	统　计
	合计	地级市	县级市						
	22	11	11	23	85	564	632	200	
太原市	小店区 娄烦县	迎泽区 古交市	杏花岭区	尖草坪区	万柏林区	晋源区	清徐县	阳曲县	1市6区3县21镇31乡52街道
大同市	城　区 浑源县	矿　区 左云县	南郊区 大同县	新荣区	阳高县	天镇县	广灵县	灵丘县	4区7县33镇66乡40街道
阳泉市	城　区	矿　区	郊　区	平定县	盂　县				3区2县20镇12乡12街道
长治市	城　区 长子县	郊　区 武乡县	长治县 沁　县	襄垣县 沁源县	屯留县 潞城市	平顺县	黎城县	壶关县	1市2区10县68镇64乡14街道
晋城市	城　区	沁水县	阳城县	陵川县	泽州县	高平市			1市1区4县48镇26乡10街道
朔州市	朔城区	平鲁区	山阴县	应　县	右玉县	怀仁县			2区4县19镇50乡4街道
晋中市	榆次区 平遥县	榆社县 灵石县	左权县 介休市	和顺县	昔阳县	寿阳县	太谷县	祁　县	1市1区9县59镇59乡17街道
运城市	盐湖区 夏　县	临猗县 平陆县	万荣县 芮城县	闻喜县 永济市	稷山县 河津市	新绛县	绛　县	垣曲县	2市1区10县81镇55乡13街道
忻州市	忻府区 五寨县	定襄县 岢岚县	五台县 河曲县	代　县 保德县	繁峙县 偏关县	宁武县 原平市	静乐县	神池县	1市1区12县59镇126乡6街道
临汾市	尧都区 吉　县 霍州市	曲沃县 乡宁县	翼城县 大宁县	襄汾县 隰　县	洪洞县 永和县	古　县 蒲　县	安泽县 汾西县	浮山县 侯马市	2市1区14县75镇76乡20街道
吕梁市	离石区 方山县	文水县 中阳县	交城县 交口县	兴　县 孝义市	临　县 汾阳市	柳林县	石楼县	岚　县	2市1区10县81镇67乡12街道

国民经济和社会发展

【概述】 2016年山西省生产总值12928.3亿元，按可比价格计算，比上年增长4.5%。其中，第一产业增加值784.6亿元，增长2.9%，占生产总值的比重6.1%；第二产业增加值4926.4亿元，增长1.5%，占生产总值的比重38.1%；第三产业增加值7217.4亿元，增长7.0%，占生产总值的比重55.8%。人均地区生产总值35199元，按2016年平均汇率计算为5299美元。

2016年，山西省一般公共预算收入1557.0亿元，比上年下降5.2%。税收收入1036.7亿元，下降1.9%。其中，国内增值税、营业税、企业所得税、个人所得税、资源税和城市维护建设税共计完成税收859.4亿元，下降2.3%。一般公共预算支出3441.7亿元，与上年基本持平。其中，教育、医疗卫生、社会保障和就业、住房保障、公共交通运输、节能环保、城乡社区事务等民生支出2837.8亿元，同口径增长5.0%。

全省居民消费价格比上年上涨1.1%，其中食品价格(不含烟酒)上涨3.3%。商品零售价格上涨0.5%。固定资产投资价格与上年持平。工业生产者出厂价格下降3.2%，其中：生产资料价格下降3.3%，生活资料价格下降1.0%。工业生产者购进价格下降1.9%。农业生产资料价格下降0.2%。

2016年山西省居民消费价格比上年涨幅统计表

指标	涨幅(%)
居民消费价格	1.1
食品烟酒	2.8
衣着	1.0
居住	−0.1
生活用品及服务	0.0
交通和通信	−1.7
教育文化和娱乐	1.3
医疗保健	2.4
其他用品及服务	1.2

全年全省城镇新增就业46.46万人。转移农村劳动力34.36万人。年末城镇登记失业率3.52%。（省统计局）

【农业】 2016年，山西省农作物种植面积3720.8千公顷，比上年减少46.9千公顷。其中，粮食种植面积3241.4千公顷，减少45.8千公顷；蔬菜种植面积257.0千公顷，增加0.2千公顷；油料种植面积114.7千公顷，减少6.5千公顷。在粮食种植面积中，玉米种植面积1624.8千公顷，减少52.1千公顷；小麦种植面积672.9千公顷，减少2.2千公顷。果园面积355.8千公顷，减少6.9千公顷。

2016年山西省主要农林产品产量及其增长速度统计表

产品名称	产量（万吨）	比上年增长(%)
粮食	1318.5	4.7
其中：玉米	888.9	3.0
小麦	273.4	0.7
谷子	42.7	20.6
豆类	36.9	20.8
薯类（折粮）	48.7	32.6
油料	15.4	0.9
蔬菜及食用菌	1294.5	−0.6
水果	840.8	−0.2
其中：瓜果类	86.9	−0.1
园林水果	753.9	−0.2
食用坚果	22.3	19.7
其中：核桃	21.8	20.5

全年全省粮食产量1318.5万吨，比上年增加58.9万吨，增产4.7%。其中，夏粮275.0万吨，增产0.8%；秋粮1043.5万吨，增产5.8%。

全年全省完成造林面积266.7千公顷，下降5.1%。

全年全省猪牛羊肉总产量70.9万吨，比上年下降3.0%。其中，猪肉产量57.5万吨，下降4.5%；牛肉产量5.9万吨，增长0.7%；羊肉产量7.4万吨，增长7.6%。年末生猪存栏449.7万头，生猪出栏748.9万头。牛奶产量95.1万吨，增长3.5%。禽蛋产量89.1万吨，增长2.1%。水产品产量5.2万吨，下降0.3%。

年末全省农业机械总动力1744.3万千瓦，比上年增长2.5%。机械耕地面积2715.7千公顷，下降0.8%；机械播种面积2606.3千公顷，下降1.5%；机械收获面积1829.0千公顷，增长0.2%。全年全省农机化经营总收入91.1亿元。

（省统计局）

【工业和建筑业】 2016年，山西省规模以上工业增加值增长1.1%。其中，战略性新兴产业占比12.6%，比上年提高1.2个百分点。

全年全省规模以上工业企业实现主营业务收入13957.0亿元，比上

2016年山西省规模以上工业增加值增长速度统计表

指标	比上年增长(%)
规模以上工业	1.1
其中：轻工业	6.5
重工业	0.6
其中：国有及国有控股企业	3.6
其中：集体企业	−7.2
股份制企业	0.1
外商及港澳台商投资企业	8.8
其中：煤炭工业	−3.1
煤层气工业	−0.3
焦炭工业	15.3
电力工业	1.3
冶金工业	5.6
化学工业	−3.7
建材工业	10.4
装备制造业	6.5
医药工业	7.3
食品工业	4.9

2016年山西省规模以上工业主要工业产品产量及其增长速度统计表

产品名称	单位	产量	比上年增长(%)
白酒	千升	103238.5	24.3
液体乳	万吨	56.0	22.0
纱	万吨	5.4	−4.0
布	万米	4175.9	−11.3
机制纸及纸板	万吨	41.7	20.8
原煤	万吨	81641.6	−14.4
焦炭	万吨	8186.0	2.2
硫酸(折100%)	万吨	53.6	0.4
化肥(折100%)	万吨	437.6	−1.5
合成洗涤剂	万吨	7.8	−10.2
水泥	万吨	3595.4	3.4
平板玻璃	万重量箱	1648.1	17.6
生铁	万吨	364.1	1.9
粗钢	万吨	3936.1	2.2
钢材	万吨	4279.0	−0.9
原铝	万吨	86.8	43.6
氧化铝	万吨	1414.1	10.8
卷烟	亿支	155.5	−4.9
发电量(全社会)	亿千瓦小时	2510.5	2.2
煤层气	亿立方米	43.2	5.3
移动通信手持机	万台	2693.4	32.1

2015年与2016年山西省规模以上工业企业利润总额对比统计表

指　标	2016年利润总额（亿元）	2015年利润总额（亿元）
规模以上工业	208.7	−58.4
其中：国有控股企业	57.8	−97.1
其中：集体企业	−2.1	−2.0
股份制企业	115.0	−162.6
外商及港澳台商投资企业	68.5	82.7

年下降3.7%。其中，医药工业实现主营业务收入177.1亿元，增长2.6%；煤炭工业实现5381.0亿元，下降6.9%；冶金工业实现2522.4亿元，下降8.3%；装备制造业实现1582.3亿元，增长6.1%；电力工业实现1417.9亿元，下降4.7%；焦炭工业实现909.5亿元，增长15.7%；化学工业实现614.4亿元，下降12.6%；食品工业实现668.6亿元，增长1.6%；建材工业实现346.4亿元，增长8.7%。

全年全省规模以上工业实现利税928.7亿元，比上年增长49.5%；实现利润208.7亿元，其中，国有控股企业实现利润57.8亿元。规模以上工业企业每百元主营业务收入中的成本84.64元，下降2.63元。

全年全省建筑业实现增加值895.6亿元，比上年增长5.2%。具有建筑业资质等级的总承包和专业承包建筑业企业实现利润102.5亿元，增长9.3%。

（省统计局）

【能源】 2016年，山西省一次能源生产折标准煤6.3亿吨，比上年下降13.1%；二次能源生产折标准煤4.7亿吨，下降13.2%。

全年向省外输送电力713.3亿千瓦小时，比上年下降1.0%。全年全省全社会用电总量1797.2亿千瓦小时。其中，第一产业用电38.5亿千瓦小时，占全社会用电量的比重2.1%；第二产业用电1410.3亿千瓦小时，占全社会用电量的比重78.5%，其中工业用电1391.1亿千瓦小时；第三产业用电178.0亿千瓦小时，占全社会用电量的比重9.9%；城乡居民生活用电170.4亿千瓦小时，占全社会用电量的比重9.5%。

（省统计局）

【固定资产投资】 2016年，山西省全社会固定资产投资14285.0亿元，比上年增长1.0%。其中，固定资产投资（不含跨省、农户）13859.4亿元，增长0.8%。

在固定资产投资（不含跨省、农户）中，基础设施投资完成2571.9亿元，比上年增长11.0%。在固定资产投资（不含跨省、农户）中，国有及国有控股投资4691.6亿元，下降9.4%；民间投资9024.1亿元，增长7.4%。

2016年山西省分行业固定资产投资（不含跨省、农户）及其增长速度统计表

行　业	投资额（亿元）	比上年增长(%)
总计	13859.4	0.8
农林牧渔业	1905.9	21.6
采矿业	1054.6	−025.3
制造业	2643.6	5.1
电力、热力、燃气及水生产和供应业	1264.0	−6.8
建筑业	13.4	37.8
批发和零售业	363.7	6.0
交通运输、仓储和邮政业	881.7	−0.8
住宿和餐饮业	73.3	−5.3
信息传输、软件和信息技术服务业	100.9	−3.5
金融业	9.2	105.2
房地产业	2723.5	−12.6
租赁和商务服务业	162.6	133.3
科学研究和技术服务业	104.6	36.0
水利、环境和公共设施管理业	1873.6	16.6
居民服务、修理和其他服务业	42.1	−8.9
教育	186.8	3.2
卫生、社会工作	166.8	32.9
文化、教育和娱乐业	192.8	−1.3
公共管理、社会保障和社会组织	96.9	97.9

2016年山西省房地产开发和销售情况统计表

指　标	单　位	绝对数	比上年增长(%)
投资完成额	亿元	1597.4	6.9
其中：住宅	亿元	1141.1	3.9
房屋施工面积	万平方米	17069.3	8.5
其中：住宅	万平方米	12222.3	6.7
房屋新开工面积	万平方米	3854.8	4.2
其中：住宅	万平方米	2654.3	1.1
房屋竣工面积	万平方米	2683.6	26.9
其中：住宅	万平方米	2042.2	27.7
商品房销售面积	万平方米	2061.1	29.4
其中：住宅	万平方米	1881.8	27.0
商品房待售面积	万平方米	1761.0	−3.0
其中：住宅	万平方米	1234.0	−4.0
待售住宅	亿元	1027.1	32.4
销售额住宅	亿元	900.8	28.3

分登记注册类型看，内资企业和个体经营投资13576.3亿元，比上年增长0.5%；外商及港澳台商企业投资283.1亿元，增长18.5%。

分产业看，第一产业投资1797.4亿元，比上年增长19.8%；第二产业投资4908.5亿元，下降5.7%；第三产业投资7153.4亿元，增长1.6%。

全省工业投资（含第三产业中开采辅助活动和金属制品、机械和设备修理业）4961.6亿元，比上年下降6.1%。其中，煤炭工业投资769.2亿元，下降26.6%，非煤产业投资4192.4亿元，下降1.0%；传统产业（煤炭、焦炭、冶金、电力）投资合计2016.2亿元，下降18.6%，非传统产业投资合计2945.4亿元，增长4.9%。

全年全省在建固定资产投资项目23317个。其中，亿元以上项目2713个，计划总投资19135.7亿元，完成投资5707.5亿元。

全年全省房地产开发投资1597.4亿元，比上年增长6.9%。其中，住宅投资1141.1亿元，增长3.9%；商业营业用房投资217.3亿元，增长26.9%。

（省统计局）

【国内贸易】 2016年，山西省社会消费品零售总额6480.5亿元，比上年增长7.4%。按经营地统计，城镇消费品零售额5284.5亿元，增长7.5%；乡村消费品零售额1196.0亿元，增长7.1%。按消费形态统计，商品零售额5904.5亿元，增长7.5%；餐饮收入额576.0亿元，增长6.9%。

全年全省限额以上单位消费品零售额2325.7亿元，比上年增长

2016年山西省社会消费品零售总额及其增长速度统计表

指　标	绝对数（亿元）	比上年增长(%)
社会消费品零售总额	6480.5	7.4
分地域：城镇	5284.5	7.5
其中：城区	3538.6	7.6
乡村	1196.0	7.1
分行业：批发业	323.1	8.2
零售业	5577.3	7.4
住宿业	70.3	6.9
餐饮业	509.8	7.0

2016年山西省限额以上批发零售业零售额及其增长速度统计表

指 标	绝对数（亿元）	比上年增长(%)
汽车类	710.3	2.7
石油及制品类	364.9	-10.2
金银珠宝类	34.9	-12.1
家用电器和音像器材类	108.7	-0.3
通信器材类	8.2	-13.1
粮油、食品类	229.4	8.9
饮料类	26.7	-1.0
烟酒类	70.1	-1.5
服装、鞋帽、针纺织品类	283.0	6.9
化妆品类	26.1	10.9
体育、娱乐用品类	5.6	5.9

1.1%。其中，限额以上批发零售业单位网上零售额28.7亿元，增长70.7%，占限额以上零售额比重1.2%。

（省统计局）

【对外经济】 2016年，山西省海关进出口总额1099.0亿元，比上年增长20.5%。其中，进口额443.6亿元，增长14.2%；出口额655.3亿元，增长25.2%。

全年出口煤炭1.3万吨，比上年下降94.5%；出口焦炭24.3万吨，下降65.6%；出口镁及其制品4.9万吨，下降15.3%；出口钢材142.2万吨，下降2.7%，其中不锈钢79.9万吨，增长10.4%。出口机电产品479.5亿元，增长44.3%；出口高新技术产品415.5亿元，增长68.3%。

全年进口铁矿砂879万吨，比上年下降34.3%，进口金额30.1亿元，下降35.3%；进口机电产品257.4亿元，增长30.6%。

2016年山西省海关进出口总额及其增长速度统计表

指 标	绝对数（亿美元）	比上年增长(%)
进出口总额	1099.0	20.5
出口额		
其中：一般贸易	175.7	-6.4
加工贸易	476.4	43.9
其中：机电产品	479.5	44.3
高新技术产品	415.5	68.3
其中：国有企业	121.8	-13.0
外商投资企业	430.0	56.0
进口额		
其中：一般贸易	162.1	-7.6
加工贸易	276.9	32.1
其中：机电产品	257.4	30.6
高新技术产品	216.7	47.8
其中：国有企业	132.0	16.1
外商投资企业	246.8	24.8

2016年与山西有贸易往来的主要国家进出口情况统计表

	出口额（万美元）	比上年增长(%)	进口额（万美元）	比上年增长(%)
印度	58533	33.6	395	-83.0
澳大利亚	14284	1.3	62345	-50.2
美国	197626	-2.6	9966	-51.1
巴西	9983	-60.6	35668	-44.2
日本	21926	-51.1	56897	14.3
韩国	47061	-9.3	70497	47.6
德国	25056	35.7	18930	-41.4
荷兰	77633	65.3	738	160.5

全年全省新设立外商直接投资企业30家；按全口径统计实际使用外商直接投资金额23.3亿美元，比上年下降18.7%。

全年全省对外经济合作新签合同额2.2亿美元，下降36.2%，完成营业额6.9亿美元，下降7.0%。

（省统计局）

【交通、邮电和旅游】 2016年，山西省公路线路里程142万千米，其中高速公路52625千米。民用航空航线187条。

年末全省民用汽车保有量530.6万辆（包括三轮汽车和低速货车4.2万辆），比上年末增长12.0%，其中私人汽车477.0万辆，增长13.8%。本年新注册汽车69.6万辆，增长14.7%。年末轿车保有量329.5万辆，增长13.6%，其中私人轿车311.5万辆，增长15.0%。

2016年山西省客货运输量及其增长速度统计表

指 标	单 位	绝对数	比上年增长(%)
旅客运输量	万人	27619.2	-10.6
其中：铁路	万人	7529.7	1.9
公路	万人	18701.9	-15.3
民航	万人	1245.4	14.4
旅客运输周转量	亿人千米	360.5	-5.1
其中：铁路	亿人千米	219.3	1.8
公路	亿人千米	141.1	-14.2
货物运输量	万吨	167081.1	3.3
其中：铁路	万吨	64861.0	-8.0
公路	万吨	102199.6	12.0
民航	万吨	5.5	8.8
货物运输周转量	亿吨千米	3565.5	3.7
其中：铁路	亿吨千米	2113.3	2.4
公路	亿吨千米	1425.1	5.6

全年全省完成邮电业务总量794.8亿元，比上年增长55.4%。其中，邮政业务总量56.9亿元，增长31.9%；电信业务总量737.9亿元，增长56.6%。年末移动电话用户3365.7万户，其中，3G移动电话用户374.2万户，4G移动电话用户1885.4万户。全省宽带接入用户747.2万户，增长3.2%。

全年全省商业住宿设施接待入境过夜游客63.0万人次，接待国内旅游者4.4亿人次，分别增长6.1%和23.1%；旅游外汇收入3.2亿美元，增长6.8%；国内旅游收入4228.0亿元，增长23.3%；旅游总收入4247.1亿元，增长23.2%。

（省统计局）

【金融】 2016年，山西省金融机构本外币各项存款余额30869.1亿元，比年初增加2227.7亿元，比年初增长7.8%。各项贷款余额20356.5亿元，比年初增加1781.7亿元，增长9.6%。

2016年年末山西省金融机构本外币存贷款及其增长速度统计表

指 标	年末数（亿元）	比年初增
各项存款余额	30869.1	7.8
其中：住户存款	17231.1	9.4
非金融企业存款	7843.7	9.3
各项贷款余额	20356.5	9.6
其中：短期贷款	7851.5	4.1
中长期贷款	10868.1	14.6

年末全省农村金融合作机构（农村信用社、农村合作银行、农村商业银行）人民币存款余额6330.3亿元，比年初增加680.0亿元，比年初增长12.0%；人民币贷款余额3727.2亿元，比年初增加106.3亿元，增长2.9%。

年末全省共有上市公司38家。全省辖区证券市场各类证券成交额35139.8亿元，下降37.4%。其中股票成交额22273.9亿元，下降52.6%；基金成交额723.4亿元，下降58.8%；债券成交额12142.5亿元，增长65.4%。年末投资者资金账户累计开户数313.4万户，增长29.7%。

全年全省保费收入700.6亿元，增长19.4%。其中，寿险业务保费收入455.3亿元，增长20.7%；健康险业务保费收入59.9亿元，增长46.6%；意外险业务保费收入11.2亿元，增长22.1%；财产险业务保费收入174.2亿元，增长9.2%。全年支付各类赔款及给付239.0亿元，增长21.3%。

（省统计局）

【教育和科学技术】 2016年，山西省共有幼儿园6708所，小学6043所，普通初中1850所，普通高中503所，中等职业教育学校544所，普通高等学校80所，成人高等学校11所。全省学前教育毛入园率88.2%，小学学龄儿童净入学率99.9%，高中阶段毛入学率93.9%，高等教育毛入学率43.1%。

2016年山西省各类教育发展情况统计表

指　标	招生	在校生	毕业生
研究生	1.0	2.9	0.9
普通本专科	22.3	74.0	19.1
成人本专科	3.6	14.5	6.3
中等职业教育	15.6	47.3	17.4
普通高中	24.8	79.4	28.4
初中	33.5	112.7	42.8
小学	37.7	227.0	34.1
特殊教育	0.2	0.9	0.1
学前教育	42.0	98.3	35.8

全年全省专利申请量20031件，增长34.0%。其中，发明专利申请量8208件，比上年增长44.5%。全省专利授权量10062件，增长2.0%。其中，发明专利授权量2411件，下降1.0%。全年新登记科技成果259项。获得国家科学技术奖5项。国家级企业技术中心26家，省级企业技术中心221家。按照国家高新技术企业认定办法，年末累计高新技术企业930家。

年末全省共有省、市、县产品质量监督检验和计量检定技术机构150个，国家检测中心3个。全年监督抽查7229家企业49类241种13904批次的产品和商品。全年完成强制检定计量器具140万台件。

全省有气象台站121个，开展电话天气自动答询的台站11个。全省气象系统开展人工影响天气业务的单位114个，防雹、增雨累计受益面积为全省域内，增雨量30亿立方米。全省有天气预报服务Intel网站1个，卫星云图接收站14个。

年末全省有专业综合地震台站10个，省级地震台网中心1个，省级数字测震地震台网1个。全年全省发生M3.0—M3.9级地震5次，最大震级M3.5级。全年发生M4.0—M4.9级地震3次，最大震级M4.4级。

（省统计局）

【文化、卫生和体育】 2016年，山西省共有群众艺术馆12个，文化馆131个，文化站1409个（其中，乡镇综合文化站1196个），农村文化活动场所2.8万个。专业艺术表演团体157个。公共图书馆126个。出版报纸60种（不含高校校报）18.8亿份，各类杂志201种、2379.2万册，各类图书4189种、9929万册。广播电视台114座，电视台2座，中短波转播发射台15座，调频转播发射台119座，一百瓦以上电视转播发射台145座。广播人口覆盖率98.6%，电视人口覆盖率99.4%，有线电视用户455.9万户。

年末全省共有卫生机构（含诊所、村卫生室）4.2万个，床位19.0万张。卫生防疫、防治机构133个，妇幼保健院（所、站）134个。全省卫生机构共有卫生技术人员22.6万人。卫生院卫生技术人员2.2万人，其中，农村乡镇卫生院卫生技术人员2.0万人。社区卫生服务中心（站）卫生技术人员1.1万人，防疫、防治卫生技术人员0.3万人，妇幼保健（所、站）卫生技术人员0.7万人。

年末全省有体育场101个，体育馆88个。全年山西省运动员在国内外重大比赛中获金、银、铜牌分别为31枚、51枚和64枚（包括非奥运项目比赛）。全年全省销售中国体育彩票23.3亿元，增长11.7%。（省统计局）

【人民生活和社会保障】 2016年，山西省城镇居民人均可支配收入27352元，比上年增长5.9%，城镇居民人均消费支出16993元，增长7.4%；农村居民人均可支配收入10082元，增长6.6%，农村居民人均消费支出8029元，增长8.2%。按全省居民五等份收入分组，城镇低收入组人均可支配收入10920元，增长6.1%；农村低收入组人均可支配收入3354元，增长8.7%。城镇居民家庭恩格尔系数（即居民家庭食品消费支出占家庭消费支出的比重）22.7%，农村居民家庭恩格尔系数28.3%。

年末全省参加城镇职工基本养老保险759.3万人，比上年末增加45.0万人；参加城乡居民基本养老保险1549.6万人，增加9.3万人；参加城镇基本医疗保险1211.1万人，增加7.4万人；参加失业保险415.2万人，增加3.9万人；参加工伤保险576.0万人，增加2.9万人；参加生育保险458.5万人，增加2.0万人。全省115个县（市、区）开展新型农村合作医疗，有2116.2万农民参加合作医疗。

全年得到城市最低生活保障救济人数53.1万人，全年共发放城市最低保障资金22.3亿元。15.1万人纳入农村五保供养。

年末全省城镇有各种社区服务设施5072个，其中综合性社区服务中心646个。各类收养性单位床位数56620张，收养人数30746人。国家抚恤、补助各类优抚对象17.9万人。全年销售福利彩票43.6亿元，筹集社会福利资金12.9亿元，接受社会捐赠款0.2亿元。

（省统计局）

【资源、环境和安全生产】 2016年，山西省大型水库蓄水量12亿立方米。

年末全省森林面积321万公顷，森林覆盖率20.5%。

按《环境空气质量指数（AQI）技术规定（试行）（HJ633—2012）》评价，11个地级城市环境空气达标天数范围在202—320天之间。

黄河、海河流域山西段共监测100个断面，达到Ⅲ类以上（包括Ⅰ、Ⅱ、Ⅲ类）水质标准的断面占48.0%，达到Ⅳ类水质标准的断面占20.0%，达到Ⅴ类水质标准的断面占4.0%，劣Ⅴ类水质标准的断面占28%。

全年全省各类自然灾害造成直接经济损失108.5亿元，增长6.2%；农作物受灾面积81.2万公顷，比上年减少42.9%，其中绝收面积7.6万公顷，减少74.6%。

全年全省共发生各类生产经营性事故2182起，下降2.5%；死亡1512人，下降2.1%。全年全省煤炭百万吨死亡率为0.053。

（省统计局）

机构设置和负责人名录

中国共产党山西省第十一届委员会

书　记　骆惠宁
副书记　楼阳生　黄晓薇(女)
常　委　高建民　孙绍骋　王伟中　盛茂林　任建华
　　　　罗清宇　张吉福　王清宪　廉毅敏
委　员　(按姓氏笔画为序)
　　　　马彦平　王　亚　王　成　王　宏　王　纯
　　　　王　赋　王一新　王立业　王立伟　王伟中
　　　　王宇燕　王安庞　王利波　王秀文　王建明
　　　　王清宪　王联辉　卢建明　白秀平　师　帅
　　　　朱先奇　任建中　任建华　向二牛　刘　杰
　　　　刘予强　刘志宏　刘志杰　刘润民　闫喜春
　　　　关建勋　江　涛　许大纯　孙大军　孙绍骋
　　　　孙海潮　李凤岐　李正印　李建刚　李俊明
　　　　李晓波　李福明　杨　司　吴俊清　张　葆(女)
　　　　张九萍(女)　张文栋　张吉福　张志川
　　　　张金旺　张建欣(女)　张瑞鹏　陈永奇
　　　　陈学东　陈振亮　武　涛　武宏文　罗清宇
　　　　岳普煜　郑连生　赵建平　赵雁峰　胡玉亭
　　　　胡苏平(女)　贺天才　骆惠宁　耿彦波
　　　　高建民　郭长青　郭迎光　郭保民　郭海刚
　　　　席小军　黄晓薇(女)　盛佃清　盛茂林
　　　　董一兵　楼阳生　廉毅敏　薛延忠　薛维栋
候补委员　(按得票多少为序,得票相等的按姓氏笔画为序)
　　　　吴海平　符惠明　汪　凡　张安顺　翟振新
　　　　霍红义　王　震　姜四清　阎俊生　翟　红
　　　　刘宏新　李中元　李晋平　王创民　郭　健
　　　　薛永辉
秘书长　罗清宇
常务副秘书长　张瑞鹏
副秘书长　李福明*　李体柱　冯　征　王　纯*
　　　　王利波　毛益民　宋　伟　储祥好

山西省第十二届人大常委会

主　任　王儒林
副主任　李政文*　牛仁亮　张建欣(女)　周　然
　　　　安焕晓*(女)　张茂才　田喜荣
　　　　高卫东
秘书长　李仁和
委　员　(按姓氏笔画为序)
　　　　于亚军(女)　王尚义　王娟玲(女)　王继伟
　　　　王满春*　牛三平　亢官文　邓永明　石金鸣
　　　　邢德川　任福耀*　刘　巩*　刘　美　孙大军
　　　　远勤山　杜永成　李平社　李东福　李亚明
　　　　李永林　李永宏*　李　洪　李思进　李高山
　　　　李福明　杨俊和　杨竞赛　何　涛　宋新柱
　　　　迟耀云*　张明亮*　张建国　张铁锁　张高宏
　　　　郑建国*　赵建平　赵建平　赵雁峰　侯晋川
　　　　姜新文*　姚芝楼*　秦作栋　秦良玉
　　　　袁升德　袁　进　高国顺*　高新文
　　　　郭　明　郭贵仁　郭勇义　郭新民　曹建军
　　　　梁丽萍(女)*　韩和平*　韩怡卓　谢　海
　　　　薛维梁　魏　武(女,回族)*
副秘书长　秦作栋　汤俊权　宋　伟*　刘　钢
　　　　周世经

山西省人民政府

省　长　李小鹏*　楼阳生
常务副省长　高建民
副省长　付建华*　张建欣*(女)　郭迎光　王一新
　　　　张复明　刘　杰　罗清宇*　孙绍骋　王　赋
秘书长　廉毅敏*　王　纯
副秘书长　白秀平*　闫晨曦　盛佃清*　郭　立
　　　　刘德政　刘　星　李秋柱　王　纯*
　　　　高建军　王文保　张金旺

政协第十一届山西省委员会

主　席　薛延忠
副主席　李雁红*　朱先奇　卫小春　刘滇生　王　宁
　　　　李悦娥(女)　张友君　张　璞　姜新文
秘书长　阎根生
常务委员　(按姓氏笔画为序)
　　　　于若洁　卫忠平　王　蕾(女)　王云亭*
　　　　王水成*　王兴旺　王丽峰(女)　王建国
　　　　王贵平　王艳梅(女)　王晓立　王爱萍(女)
　　　　王爱琴(女)　代全民　冯亚琴(女,蒙古族)
　　　　冯改朵(女)　冯建新　宁立新　边晋南
　　　　邢国明　成锡锋　师　帅　庄金洲　刘　正
　　　　刘文秀　刘本旺　刘占中　刘国庆　刘佰平
　　　　刘致远　安　华　许并社*　孙祥林　苏亚君
　　　　杜建荣　李　理　李中元　李书吉　李安平
　　　　李志强　李建民　李桂平(女)　李海瑕(女)
　　　　李福龙　李德志　杨社堂　杨忠华　杨临生
　　　　吴晓年　宋兴航　张　政　张　锦(女)
　　　　张广慧　张子玉　张亚平　张并生　张克强
　　　　张李锁　张建豪　张俊生　张根虎　张培富
　　　　张湘君(女)　张富刚　武　强　武金贵　武爱国

周明定　法　海　赵　明　赵恒寿　赵笑长*
郝　旭　郝建华(女)　侯秀娟(女)　姜利辉
姚宪华　姚锦城　秦作栋*　倪生唐　高　凡(女)
高　键　高文变(女)　高英武　郭海刚
海　信(满族)　菅二拴　梅志强　曹改莲(女)
曹惠斌　崔联会　闫润德　渠性轩　梁文海
梁志祥*　梁俊明　韩丽珍(女)　韩裕峰
程银锁　谢新宁　薛国利　薛靛民　霍转业
副秘书长　马　伟　张建豪*　蒋福新　赵胜利

中国共产党山西省第十一届纪律检查委员会

书　记　任建华
副书记　陈学东　郝　权　孟　萧
常　委　李吉山　何　青　高金喜　王帅红
王成禹　孙京民
委　员　(按姓氏笔画为序)
马　彪　王　珍　王帅红　王成禹　王建成
王晓鹏　王增信　牛榆生　朱晓东　任建华
刘英魁　刘冀民　那志茂　孙京民　李　政
李吉山　李江龙　李曾贵　杨　宏　吴纪平
吴跃平　何　青　宋文斌　张晓永　张晓玲(女)
张稳科　陈学东　范晋昌　周计伟　周培斌
孟　萧　赵建平　赵建华　郝　权　荣　彰
荣奋刚　相里岩　姚安政　党志峰　高向新
高金喜　郭英杰　康吉仁　董赤凡

民主党派　工商联

中国国民党革命委员会山西省委员会

主任委员　张友君
副主任委员　张复明　刘占中　杨俊和　孙建民
谢碧玲(女)　刘　美　辛　琰(女)
张湘君(女)　王　静(女)　杨林花(女)

中国民主同盟山西省委员会

主任委员　张　平*　王维平
副主任委员　亢官文　傅建荣　史海涌　梅志强
赵恒寿　王维平*　梁丽萍　李书吉
刘本旺

中国民主建国会山西省委员会

主任委员　王　宁
副主任委员　姚宪华　刘蓉华(女)　薛维梁
王庆荣　代全民

中国民主促进会山西省委员会

主任委员　卫小春
副主任委员　张　政　张建豪　成锡锋
高新文　陈维毅　任建国

中国农工民主党山西省委员会

主任委员　周　然
副主任委员　郭新志(女)　王爱萍(女)　张李锁
李思进　牛三平　武金贵　解　军

九三学社山西省委员会

主任委员　刘滇生
副主任委员　杨社堂　李青山　张文旺
闫义勇　张培富　张红健

山西省工商业联合会(山西省总商会)

主　席　李武章
党组书记、第一副主席　杨临生
副主席　樊秀清　郎宝山(满)　赵淑芊　梁　荣

群众团体

省总工会

主　席　田喜荣
副主席　郭新民*(常务)　王立业(常务)　辛旭光
王兴旺　韩丽珍(女)　王　荣*(女)　宋海兵

共青团山西省委员会

书　记　赵雁峰
副书记　安　华*　马皖东　刘　娟(女)

省妇女联合会

主　席　王维卿*(女)　张　葆(女)
副主席　李　菲(女)　韩丽珍*(女)　刘一平(女)
吴　波(女)

中国作家协会山西省分会

主　席　杜学文
副主席　杨占平　张锐锋
兼职副主席　哲　夫　吕　新　赵　瑜　蒋　韵
葛水平　王祥夫　潞　潞　李　杜
秦　溱　晋原平　李骏虎　刘慈欣(兼)

省科学技术协会

党组书记　杨伟民*　许富昌
主　席　侯晋川
副主席　杨伟民　王德贵　郝建新

省文学艺术界联合会

主　席　张根虎*
副主席　李太阳(常务)　石跃峰　和　悦

中国国际贸易促进会山西省分会(中国国际商会山西商会)

会　长　贾雪峰*　陈河才
副会长　焦惠生　李秀生　吴　伟

省残疾人联合会

理事长　李亚明
副理事长　郭新志*(女)　温万一　刘　晔

省社会科学界联合会

主　席　李高山

党组书记、常务副主席　王　蕾(女)

副主席　王志超

兼职副主席　李中元　李劲民　高建生　张卓玉

王李金　吴俊清　郭泽光　王尚义

省归国华侨联合会

党组书记　王立业*　王维卿

专职副主席　范安龙

兼职副主席　刘越泽(女)　王　帆(女)　方敬爱(女)

李　慧(女)　张三货　郭晋普　黄成胜

庄金洲　刘新民

省台湾同胞联谊会

党组书记　李朝亮

会　长　谢碧玲*

驻会副会长　周志文

省红十字会

党组书记、常务副会长　盛佃清*

专职副会长　白　冰(女)

山西省高级人民法院

院　长　左世忠

副院长　朱　明　刘冀民　吴秋霞(女)　张　炜

王文娅(女)

山西省人民检察院

检察长　杨　司

副检察长　崔国红　荣　彰　曹改莲(女)　严奴国

王国宏　胡克勤　秦文峰

山西省军区

司令员	冷杰松	少将
政治委员	郭志刚	少将
副司令员	于占唐	少将
	李　毅	少将
副政治委员	喻　军	少将
	苗爱民*	大校
司令部参谋长	吴国志	少校
政治部主任	傅永国	大校
后勤部部长	谢新宁	大校

武警山西总队

司令员	曾友成	少将
政治委员	刘振所*	少将
	李清涛	大校
副司令员	夏家亮*	大校
	王树海*	大校
	李汉中	大校
	陈玉东	大校
	刘全义	大校
副政治委员	邹天剑	大校
司令部参谋长	李善勇	大校
政治部主任	王殿元	大校
后勤部部长	穆瑞国	大校

省委工作部门和派出机构

省委组织部

部　长　盛茂林

常务副部长　孙大军

副部长　张　健*　白秀平　陈跃钢　张　葆*(女)

陈学东*　张晓峰　赵建华

省委宣传部

部　长　胡苏平*(女)　王清宪

常务副部长　李高山*　李福明

副部长　王　蕾*　刘英魁　杨茂林　董晓林

省委统战部

部　长　孙绍骋*　廉毅敏

常务副部长　郭海刚

副部长　杨临生　高　键*　张云泽

夏振贵*　刘国庆　王云龙

省委政法委员会

书　记　王建明*　黄晓薇(女)

常务副书记　边晋南*　闫喜春

副书记　薛永辉*　闫喜春*

省委政策研究室

主　任　李福明*　王利波

副主任　梁若皓　加年丰

省机构编制委员会办公室

主　任　刘传旺*　李建刚

副主任　郭晋明　韩　红(女)　张立煌

省直机关工委

书　记　王伟中*(兼)　罗清宇(兼)

常务副书记　杨增武*　王　宏

副书记　王　宏*　王建成

省直纪工委书记　王　宏*　郭宏魁

省委巡视组

组　长　曹燎原*　林玉平　张晓亚*

副组长　因新中*　王　琦*　刘香兰(女)　罗　民

孙兴武　董赤凡　吕海燕(女)

省委巡视组办公室
主　任　赵建平
副主任　闫志强　刘精英

省委部委管理机构

省委老干部局
局　长　陈跃钢*　赵建华
副局长　郑兰珍*　张晓光　岳卫东　王小丽(女)
省委、省政府信访局
局　长　李体柱
副局长　白秀平*(兼)　王进军*　张建平*　赵培明
　　　　薛建军　郝钦新　郭泽兵
防范和处理邪教问题领导小组办公室
主　任　冯　征
副主任　高国俊　武俊平*　李　波
省委台湾工作(省政府台湾事务)办公室
主　任　黄进明
副主任　梁淑娟(女)　刘可宏　徐爽志
省委机要局(省国家密码管理局)
局　长　任兔平
副局长　杨　忠　李东强　赵　威
省接待办公室
主　任　(缺)
省委保密委员会办公室(省国家保密局)
主　任(局　长)　张　华
副主任(副局长)　李全顺　刘炜东

省人大及其常委会工作机构

省人大法制委员会
主任委员　邓永明
副主任委员　高国顺*　王晓明　蔡汾湘
省人大内务司法委员会
主任委员　李永林
副主任委员　韩和平*　郭贵仁　杨增武　郭忠烈
　　　　　　邬敬文
省人大财政经济委员会
主任委员　赵建平
副主任委员　郑建国*(兼)　荣　彤
　　　　　　吴临芳(女)　李　渊
省人大常委会法制工作委员会
主　任　高国顺*
副主任　贾毓杰　王守义　张铁锁*　张世文　成　斌
　　　　张明亮*　梁　权*　王进喜　冯　睿　谭继海
省人大常委会教育科学文化卫生工作委员会
主　任　李　洪
副主任　姚芝楼*　袁升德　宋新柱*　武海顺
省人大常委会农村工作委员会
主　任　谢　海*
副主任　王杰敏　杨文章　曹晋芳*(女)　祁玉林
省人大常委会城乡建设环境保护工作委员会
主　任　李平社
副主任　郭勇义　李远程　常宝童*　乔锦瑞　高建平
省人大常委会人事代表工作委员会
主　任　张高宏
副主任　王铁选　杨竞赛　梁丽山*　牛社威　张国富
省人大常委会民族宗教侨务外事工作委员会
主　任　李东福
副主任　秦良玉　王尚义　何　涛　赵建平　吕　明
　　　　李　洪(女)
省人大常委会预算工作委员会
主　任　郑建国*
副主任　杨怀恩　王晓勇*　杨随亭　王玉明*　刘晓东
省人大常委会研究室
主　任　宋　伟*
副主任　张拯瑜　秦　钟　张晋仁
省人大常委会信访局
局　长　叶增强
副局长　吴明禄
省人大常委会代表资格审查委员会
主　任　李政文*　牛仁亮
副主任　李仁和　刘　巩*　张高宏　孙大军

省政府组成部门

省发展和改革委员会
主　任　王　赋
副主任　李永平　赵友亭　姜四清
　　　　程泽业　刘　锋　胡景善
省经济和信息化委员会
主　任　张华龙
副主任　申瑞涛(女)　朱　鹏*　冀明德*
　　　　陈官虎*　卢秋生　张占祥
省教育厅(省高校工委)
厅　长(书　记)　张文栋
副书记　张俊龙　张培良
副厅长　王　云　李青山*　任月忠
正厅长级督学　张卓玉
副厅长级督学　孙世新
省高校纪工委书记　王晓鹏
省科学技术厅
党组书记　张金旺*
厅　长　张金旺*

副厅长　秦作栋*　张新伟*　李　敏　牛青山　张克军

省公安厅

厅　长　刘　杰

副厅长　汪　凡(常务)　成振林*(常务)　边智慧
　　　　李喜春　段绪忠　张立刚

省监察厅

厅　长　冯改朵(女)

副厅长　何　青　王成禹

省民政厅

厅　长　薛维栋

副厅长　王卫东(女)　许富昌*　李太平　尹也刚

省司法厅

厅　长　崔国红*　薛永辉

副厅长　王化清　句轶旺　张玉良*

省财政厅

厅　长　武　涛

副厅长　胡双明*　高向新　黄　庙　常国华　武志远

省人力资源和社会保障厅

厅　长　张　健*　白秀平

副厅长　李建刚*　王建文　刘海芸(女)　姚　逊*
　　　　张其光*(挂职)　贺德孝

省国土资源厅

厅　长　许大纯

副厅长　王晓立　彭东晓　周际鹏　武耀文

省环境保护厅

厅　长　郭长青

副厅长　刘　军　王学东(女)　刘大山

省住房和城乡建设厅

厅　长　李栋梁

副厅长　郝耀平　郭燕平　李锦生　姚少峰

省交通运输厅

厅　长　李正印*

副厅长　唐　晋　戴　飞*　袁清茂
　　　　秦红保　李贵顺

省水利厅

厅　长　潘军峰

副厅长　解放庆*　王贵平　李　力　白小丹

省农业厅(省委农村工作领导小组办公室)

厅　长(主任)　关建勋

副厅长(副主任)　陈明昌　赵志杰　茹栋梅(女)
　　　　　　　　王进仁　吴志宏　张和平

省林业厅

厅　长　李永林*　任建中

副厅长　常光明　任建中*　张云龙　尹福建

省商务厅

厅　长　孙跃进

副厅长　张跃建*　张　文　刘　进*　王来平　李志胜

省文化厅

厅　长　张瑞鹏*　刘润民

副厅长　张　健　赵银邦*　郑中夏

省卫生和计划生育委员会

党组书记　王进喜*　李凤岐

主　任　卫小春

副主任　杨建勇　谢　红(女)　武　晋　刘中雨　冯立忠

省审计厅

厅　长　王　亚

副厅长　高爱平*　姚安政　南春林　张红谱(女)
　　　　李建国

省外事侨务办公室

主　任　张志川

副主任　武绍忠　田亦军　鞠　振　冉莉萍(女)

省煤炭工业厅

厅　长　向二牛

副厅长　杨茂林*　牛建明　武建森*　胡万升
　　　　王宇魁　苗还利

山西省旅游发展委员会(2016年11月21日正式成立)

主　任　盛佃清

副主任　操学诚　李　贵　王　琳

省政府直属特设机构

省政府国有资产监督管理委员会(国资委党委)

主　任(书记)　朱晓明

副书记　渠性轩*(常务)　曹慧昌(常务)
　　　　李天太　高建国*

副主任　曹慧昌*　马　进　宋世华　张宏永　刘　峰

省政府直属机构

省地方税务局

局　长　卢晓中

副局长　李晋峰*　刘建光　张澎湧　马爱锋

省工商行政管理局

局　长　董　岩

副局长　马联社*　王亦兵　吕惠兰(女)　武小勤

省质量技术监督局

局　长　常高才

副局长　张岐云　王国强　高　航　李志强

省新闻出版广电局(版权局)

局　长　齐　峰*　李海渊

副局长　田奇越　李和林　薛　荣　安　洋　吕芮宏

省体育局

局　长　苏亚君

副局长　杨凤楼*　李振生*　李世杰*　赵晓春

王　福

省统计局

局　长　翟振新

副局长　荆红社　卢永良　张晓东

省安全生产监督管理局

局　长　霍红义

副局长　牛建华　王天庆　杨振中

省旅游局*

局　长　冯建平

副局长　王文保　李　贵　王　琳

省宗教事务局（省民族宗教事务委员会）

局　长（主　任）　高　键*　刘国庆

副局长（副主任）　侯文禄　滕德刚　白　源（女，回族）

省文物局

局　长　王建武

副局长　刘正辉　宁立新

省粮食局

局　长　丁文禄

副局长　马　珩　吕苛青*（女）　薛愿兵　宋林根

省人民防空办公室

主　任　孙　群

副主任　刘　涛　张　铭　薄文杰

省政府金融工作办公室

主　任　郭保民

副主任　竟　晖

省政府法制办公室

主　任　王卫星

副主任　刘钢柱*　李云涛

省政府机关事务管理局

局　长　王克信

副局长　孙富忠*　牛柱珍　白世禄　任建华*

祁晓虎　李世军　高晋红

省政府部门管理机构

省物价局*

局　长　李永平

副局长　庞金龙　祁晓虎　王春庆

省投资促进局

局　长　焦育峰

副局长　张保民　胡明轩　武　亮

省国防科技工业办公室（省国防科技工业党委）

主　任（书　记）　朱　鹏*　冯志君

副书记　史国兵　李章贺

副主任　温国贵*　安　华　王树峰　齐建伟

省中小企业局

局　长　李东洪

副局长　王怀荣　武晨阳（女）　闫龙江　冯志山

省食品药品监督管理局

局　长　赵光国

副局长　贠亚明　刘蓉华（女）　刘建国

省监狱管理局

局　长　王　伟

副局长　高　奇　崔恩平　石玉泉

省扶贫开发办公室

主　任　刘志杰

副主任　张伟勤*　张晓红*（女）　张玉宏　张建成

省公安厅交管局（省交警总队）

局　长（总队长）　贾继武

副局长（副总队长）　张顺喜*　张亚云

郭丙福　武小彪

省政协工作机构

省政协调研室

主　任　马　伟

副主任　刘卓良*

省政协提案委员会

主　任　张克强

副主任　石扬令　王宇鸿　阎贵林　李卫东

省政协经济委员会

主　任　刘致远

副主任　巨宪华　毛金明　杨晋生　李　岩　刘新平

省政协人口资源环境委员会

主　任　菅二拴

副主任　杨　波　杨海贵　郭泽光　郭玉玺

省政协农村委员会

主　任　周明定

副主任　杜顺义　高　璋　张建忠　赵志理

省政协教科文卫体委员会

主　任　刘文秀

副主任　倪生唐　张富明　贾坚毅*　穆晓彤*

张明旺　张建全　李维靖

省政协社会法制委员会

主　任　王水成*　边晋南

副主任　张晓宪　杨有才　李忠康　成振林　韩培方

省政协民族和宗教委员会

主　任　李福龙

副主任　王秋生　李全贵　郑丽君

省政协文史和学习委员会

主　任　闫润德

副主任　陶功定　郝本廉　侯秀娟（女）

兰炎平　王丽梅

省政协港澳台侨和外事委员会

主　任　梁志祥*　马天荣

副主任　任月勤　王阳华*(女)

省直属事业单位

省委党校(山西行政学院)
校　长　楼阳生*　盛茂林
院　长　高建民
常务副校长(副院长)　王联辉
副校长(副院长)　刘明星　田忠宝　王浩学　薛勇民
山西广播电视台
台长、总编　郭　健
副台长　王树勋　张晋斌
副总编　张敬民　邢书良　李占鳌
山西日报报业集团
社　长　郭玉福
总编辑　丁伟跃
副社长　李蜀昌*　张　宁　冯爱民
副总编　焦玉强　任灵杰　张巨霖　张占鹰
省委党史办公室
主　任　于若洁
副主任　钟启元(女)　巨文辉
省政府发展研究中心
主　任　李劲民
副主任　王岳红(女)　王凤鸿　焦斌龙
省地方志办公室
党组书记　李茂盛*　张志仁
主　任　李茂盛
副主任　赵群虎　刘益龄
省公共资源交易中心(省政务服务中心)
主　任　庞金龙
副主任　王　沼　温国贵　王拥军
省供销合作社联合社
理事会主任　狄重阳
理事会副主任　王彤宇　李俊德　高建忠
省煤炭地质局
局　长　王学军
副局长　黄苓丽*(女)　张晓峰
省地质勘查局
局　长　翁金明
副局长　韩晋生　潘海燕(女)　马斅民
省农业科学院
院　长　刘惠民*　乔雄梧
副院长　聂安全　乔雄梧*　王娟玲(女)
省社会科学院
院　长　李中元
副院长　潘　云　杨茂林*

中国(太原)煤炭交易中心
主　任　曲剑午
副主任　高　伐　阎世春
省档案局(档案馆)
局(馆)长　阎默彧
副局(馆)长　王保国　邢利民　孔凡春
山西省省级政府采购中心
主　任　赵建新*　穆恩科
副主任　王跃进*　穆恩科*　申志纯　李雪燕
山西社会主义学院
院　长　刘滇生(兼)
副院长　成锡锋　李祥熙　胡晨光
煤炭工业太原设计研究院
院　长　徐忠和
副院长　耿建平　刘晓勇　赵　民
省城镇集体工业联合社
主　任　李荣钢
副主任　杨晋才　杨润梅(女)
省招生考试管理中心
主　任　马　骏
副主任　任应红　王双虎　曲建蓉*(女)
省公路局
局　长　惠高峰
副局长　张兴顺　赵玉生　许秀銮
省煤炭基本建设局
局　长　武建森*
副局长　王振海　温运峰
省测绘地理信息局
局　长　李德胜
副局长　孔令礼　裴彦明
省农业机械发展中心(省农机局)
局　长(主　任)　左义河
副局长(副主任)　姚建忠　王五明　张建中
中国煤炭博物馆
馆　长　李希海
副馆长　胡高伟　马召源
省民航机场集团公司(管理局)
总经理(局长)　郝孝义
副总经理(副局长)　赵庆斌　梁洪逵　张希亮
省投资咨询和发展规划院
院　长　赵新利
副院长　张立异　杨　勇　王　晋
山西博物院
院　长　石金鸣
禹门口水利工程管理局
局　长　武福玉
山西老年大学
专职副校长　杨文生

省交通运输执法局
局　长　曹居月
省高速公路管理局
局　长　尹新平
省道路运输管理局
局　长　杨吉平
省国有企业监事会
主　席　赵子传*　王克建　陆　东　弋小燕(女)
　　　　杨雨公　胡创业　温　波
省煤炭基金稽查总队(省财政厅煤炭基金稽查局)
总队长(局长)　裴克存
省委前进期刊总社
社　长　边新文
省属地方金融类企业监事会
主　席　张永胜
山西省人民医院
院　长　李荣山
山西医科大学第一医院
院　长　王斌全
山西医科大学第二医院
院　长　武　晋*　李　保
山西大医院
院　长　刘　强
省就业服务局
局　长　师跃进
省社会保险局
局　长　贺德孝*　孔宪江
省交通运输厅重点公路工程建设办公室
专职副主任　刘玉柱

中央部属单位

财政部驻山西财政监督专员办事处
监察专员　李元成
审计署驻太原特派员办事处
特派员　庄　军
中国人民银行太原中心支行
行　长　赵志华*　李文森
中国银行业监督管理委员会山西监管局
局　长　张安顺
中国保险业监督管理委员会山西监管局
局　长　王　毅*　朱金渭
中国证券监督管理委员会山西监管局
局　长　孙才仁
中国工商银行股份有限公司山西分行
行　长　周　玮*　陆　钦
中国农业银行山西省分行
行　长　杨继荣
中国银行山西分行
行　长　刘旭伟
中国建设银行股份有限公司山西省分行
行　长　尚朝辉
中国邮政储蓄银行山西省分行
行　长　孙江涛
山西省通信管理局
局　长　谢远生
山西省邮政公司
总经理　张宗梁
省气象局
局　长　柯怡明
省地震局
局　长　樊　琦*(女)　郭星全
省国家税务局
局　长　胡　军
省出入境检验检疫局
局　长　于　洋
山西省烟草专卖局(公司)
局　长(总经理)　宋政峰
太原铁路局
局　长　赵春雷
太原海关
关　长　吴海平
国家能源局山西监管办
专　员　张建平*　薛　浒
中国石化销售有限公司山西石油分公司
总经理　徐建春

驻外办事处

省政府驻北京办事处
主　任　陈晓东
省政府驻上海办事处
主　任　(缺)
省政府驻天津办事处
主　任　(缺)
省政府驻南京办事处
主　任　(缺)
省政府驻广州办事处
主　任　刘亚林
省政府驻沈阳办事处
主　任　(缺)

本科院校与高职高专院校

山西大学
校　长　贾锁堂

副校长　行　龙*　杨　军　高　策　殷　杰　韩勇鸿
程芳琴(女)　张天才

太原理工大学

校　长　黄庆学
副校长　郭敏泰*　许并社*　李晋平　梁丽萍*(女)
吕永康　戴晋明*　吴斗庆　树学峰　梁卫国
李　明

山西财经大学

校　长　刘维奇
副校长　张如山*　卢庆山　马培生　杨有振　杨俊青

山西医科大学

校　长　段志光
副校长　王宏伟　贺培凤*(女)　李思进　解　军
张　辉(女)

山西农业大学

校　长　赵春明
副校长　弓永华*　李宏全　邢国明　杨武德　赵水民

山西师范大学

校　长　卫建国
副校长　郝勇东　王　云　许小红(女)　车文朋

太原科技大学

校　长　左　良
副校长　柴跃生　李　忱*　李俊林　邓学成
刘翠荣(女)　谢　刚

中北大学

校　长　刘有智
副校长　薛　智*　曾建潮　白培康　熊继军　雷锋斌
赵贵哲　潘晋孝

山西中医学院(筹建山西中医药大学)

院　长　马存根*　李青山
副院长　张永德*　冀来喜　王晞星*　王新塘
闫敬来　郝慧琴(女)

长治医学院

院　长　郑建中
副院长　陈忠义　武有祯　宋晓亮　张芳萍(女)

太原师范学院

院　长　梁吉业
副院长　王川龙*　郭丕斌　王卫平(女)　齐利平*
赵　怡(女)

忻州师范学院

院　长　张虎芳
副院长　冯天仓*　郭丕斌*　张美富　董元兴
罗小兰(女)

山西大同大学

校　长　冯　锋
副校长　赵富玺*　张　策　寇福明　姚丽英　翟大彤

运城学院

院　长　姚纪欢
副院长　梁晋才　王卓民*　张凤琴*(女)　梁永平
李慎明　贺正云　黄解宇

长治学院

院　长　茹文明
副院长　李长江　赵巨涛　史晓东　李　强

晋中学院

院　长　张惠选*　孙西欢
副院长　柴　达　李长萍(女)

太原工业学院

院　长　霍世平
副院长　李国臣*　靳金贵　刘志明　张长青*
吴跃焕(女)　梁玉蓉(女)

吕梁学院

院　长　杨述平*
副院长　马向东　闫　明　高顺有　冀建峰

太原学院

院　长　张瑞君
副院长　邢金龙　徐秋琴(女)　曹艺鸣　荆在京
郑其芳

山西传媒学院

院　长　王建国
副院长　王新塘*　张永德　武升平　郭卫东
王红叶(女)

山西工程技术学院

院　长　卫英慧
副院长　宋　红(女)　王玉清　姜俊兵

山西能源学院

院　长　常建忠
副院长　李宏达　李桂平(女)

山西警察学院

院　长　张惠选
副院长　苏天照

山西广播电视大学

校　长　张耀斌*　李　忱
副校长　牛白琳　刘祁杰　姜　海

山西经济管理干部学院

院　长　丁怀民*　武东升
副院长　武东升*　秦长江*　李晋平　马　骥

山西工商学院

院　长　牛三平

山西应用科技学院

院　长　宋兴航
副院长　梁福有

山西省财政税务专科学校

校　长　赵丽生

山西职工医学院

院　长　于明江*　张　波

山西青年职业学院
院　长　李　伟*　李志权
山西省政法管理干部学院
院　长　李亚尼
山西建筑职业技术学院
院　长　成　宏
山西药科职业学院
院　长　张震云
山西交通职业技术学院
院　长　张文才
山西艺术职业学院
院　长　李　力*
山西林业职业技术学院
院　长　卢桂宾
山西水利职业技术学院
院　长　孙西欢*　闫顺茂
山西旅游职业学院
院　长　何乔锁
山西管理职业学院
院　长　岳　澎
山西体育职业学院
院　长　朱天燕
山西警官职业学院
院　长　许文海
山西国际商务职业学院
院　长　郝永新*　付　剑
山西戏剧职业学院
院　长　谢玉辉
山西煤炭职业技术学院
院　长　宋　军
山西医科大学汾阳学院
院　长　孟小平
山西工程职业技术学院
院　长　刘　勇*　秦华伟
山西职业技术学院
院　长　昝和平*　雷承峰
山西金融职业学院
院　长　崔满红
山西财贸职业技术学院
院　长　李晋平*　段文美(女)
山西机电职业技术学院
院　长　李向东
山西轻工职业技术学院
院　长　岳高社
吕梁教育学院
院　长　赵清明
长治市教育学院
院　长　焦建中
长治职业技术学院
院　长　卫崇文
晋城职业技术学院
院　长　成广海*
临汾职业技术学院
院　长　王　超
忻州职业技术学院
院　长　刘祁杰*　梁志文
晋中职业技术学院
院　长　刘月红(女)
晋中师范高等专科学校
院　长　张润喜
山西师范大学临汾学院
院　长　孔康民*
山西运城农业职业技术学院
院　长　闫顺茂*
运城幼儿师范高等专科学校
校　长　(缺)
运城师范高等专科学校
校　长　张汉语
运城护理职业学院
校　长　张红洲
太原旅游职业学院
院　长　马兆兴
太原城市职业技术学院
院　长　杨志家
朔州职业技术学院
院　长　王茂兴
阳泉师范高等专科学校
校　长　陈永昶
吕梁职业技术学院
校　长　刘俊珍
山西同文职业技术学院
院　长　武有伽

市、县(市、区)

太原市

市　委　书　记　吴政隆*　王伟中
副　　书　　记　耿彦波　王　成*　任在刚
市人大常委会主任　弓　跃
副　　主　　任　傅建荣　刘　剑(女)
王建勋　冯晋生　梁争平

李文清
市　　　　长　耿彦波　鹑
副　市　长　任在刚*　王立刚　王建生*
王爱琴(女)　魏　民　张齐山
马润生　刘
市政协主席　张贵元
副　主　席　任书文　张　政　王爱萍(女)
陈远新　张文旺　薛维梁　毛志鸣
冯　霞(女)　任晓峰

·小店区·
中共区委书记　车建华
区人大常委会主任　陈其武
区　　　　长　杨继承*
区政协主席　王　健*　李恩星

·迎泽区·
中共区委书记　刘文华*　冯原平
区人大常委会主任　阴国平*　侯富田
区　　　　长　冯原平*　李　慧
区政协主席　宋国庆*　张志勤

·杏花岭区·
中共区委书记　李　浓*(女)　张　磊
区人大常委会主任　程有录
区　　　　长　张　磊*　李文权
区政协主席　施国立

·尖草坪区·
中共区委书记　郭建发*　李贵增
区人大常委会主任　王国卿
区　　　　长　李贵增*　卢俊峰
区政协主席　张银喜*　王春龙

·万柏林区·
中共区委书记　王静恩*　常　青
区人大常委会主任　侯　安
区　　　　长　杨俊民
区政协主席　陈绍卿

·晋源区·
中共区委书记　王立刚*　杨继承
区人大常委会主任　张奇峰
区　　　　长　李永强(代)
区政协主席　董云飞

·清徐县·
中共县委书记　韩良会
县人大常委会主任　张启亮*　张晋涛
县　　　　长　王琳玉
县政协主席　张晋涛*　杨保恒

·阳曲县·
中共县委书记　刘晋萍(女)
县人大常委会主任　韩　勇
县　　　　长　刘晋萍*(女)　裴耀军
县政协主席　高保民

·娄烦县·
中共县委书记　薛东晓
县人大常委会主任　冯永奎
县　　　　长　李树忠
县政协主席　武润生

·古交市·
中共市委书记　常　青*　贾慕权
市人大常委会主任　闫亮娥(女)
市　　　　长　贾慕权*　翟永清
市政协主席　褚宇平*　程顺旺

大同市

中共市委书记　张吉福
副　书　记　马彦平　刘国庆*　高　键
市人大常委会主任　梁凤书
副　主　任　刘　美　张志伟*　杨人毅
曹世平　张翠萍(女)　冯境城
何永强
市　　　　长　马彦平
副　市　长　杨勤荣　王克建*　曹惠斌
刘振国　张　韬*　尚建军
尉连生
市政协主席　柴树彬
副　主　席　武保洲　刘俊雍*　陈昌辉
程廷龙　许进娥(女)　郭俊岗
张小立　杨硕平　王剑辉　赤建忠

·城　区·
中共区委书记　祁学峰*　张　韬
区人大常委会主任　马　力*　田培山
区　　　　长　董建中
区政协主席　崔建中*　赵世彪

·矿　区·
中共区委书记　刘勇军*　赵　宇
区人大常委会主任　王宝林*　马曙光
区　　　　长　刘勇军*　逯禾红
区政协主席　李　钢*　睢占文

·南郊区·
中共区委书记　薛明耀
区人大常委会主任　李　杰
区　　　　长　李广林*　任希杰
区政协主席　陈凤兰*　梁翼龙

·新荣区·
中共区委书记　董志刚*　邓志蓉(女)
区人大常委会主任　刘　俊*　乔　成
区　　　　长　解廷师*　李继忠
区政协主席　李　成*　胡永祥

·阳高县·
中共县委书记　冯晓雷
县人大常委会主任　张　江*　李晓红

县　　　　长　邢　斌*　丁国华
县政协主席　王秀清*　项征武

·天镇县·

中共县委书记　姚振华*　王建江
县人大常委会主任　刘世清
县　　　　长　刘川楠
县政协主席　原振武*　吕广权

·广灵县·

中共县委书记　郭占宝*　李润军
县人大常委会主任　李　满*　苑在雨
县　　　　长　王丽萍(女)
县政协主席　苑在雨*　刘宝贵

·灵丘县·

中共县委书记　张　强
县人大常委会主任　张　枢*　索根生
县　　　　长　罗永山
县政协主席　冀连成*　王瑞春

·浑源县·

中共县委书记　张清河
县人大常委会主任　王维平
县　　　　长　王继武
县政协主席　张振虎

·左云县·

中共县委书记　胡　勇
县人大常委会主任　王　璞*　刘志强
县　　　　长　王东升*　苏　智
县政协主席　张立波

·大同县·

中共县委书记　王凤瑞
县人大常委会主任　武　明*　杨近源
县　　　　长　周聚德
县政协主席　薛守清*　阎　军

阳泉市

中共市委书记　陈永奇
副　书　记　董一兵　王旭明
市人大常委会主任　刘高官
副　主　任　王振国　刘兆林　吴丽萍(女)
　　　　孙金明　吕昌政　刘志强
市　　　　长　董一兵
副　市　长　李利生*　郝培亮*　任衍钢
　　　　董仙桃(女)　赵　峰　郭少敏
市政协主席　郎爱国
副　主　席　曹凯民　许文珍　赵永红(女)
　　　　李天祥　任美福　李顺宽
　　　　赵平有

·城　区·

中共区委书记　张　晋
区人大常委会主任　李保存
区　　　　长　武　雪*(女)　王晓丽
区政协主席　杨柱英*　杨献斌

·矿　区·

中共区委书记　梁志勇
区人大常委会主任　侯彦军
区　　　　长　刘乙佑
区政协主席　王贵平

·郊　区·

中共区委书记　苏秀瑞*　王明厚
区人大常委会主任　王梦贺*　王如生
区　　　　长　韩加政*　武建功
区政协主席　王如生*　王振杰

·平定县·

中共县委书记　杨自明*　申　济
县人大常委会主任　李建恩*　郝建国
县　　　　长　任晓华*　韩加政
县政协主席　赵珍珠*　高锦孝

·盂　县·

中共县委书记　张玉斌*　李云峰
县人大常委会主任　武润珍
县　　　　长　杜平华*　孔禄泉
县政协主席　闫庶民

长治市

中共市委书记　马天荣*　席小军
副　书　记　席小军*　卢建明　郭康锋
市人大常委会主任　李年善
副　主　任　申纪兰(女)　张振芳　李进军
　　　　王进军　王辅刚　桂正平*
　　　　马四清　崔建泰
市　　　　长　席小军*　卢建明
副　市　长　许　霞*(女)　潘贤掌　王玉圣
　　　　王贵平*　陈鹏飞　景普秋
市政协主席　王云亭*　许　霞
副　主　席　秦跃晋　俞长生　赵　坚　关小平
　　　　郭建福　刘鹏飞

·城　区·

中共区委书记　孙刘琳*(女)　李国强
区人大常委会主任　杨黎峰
区　　　　长　李国强*　杨　隽
区政协主席　杨栖莺*(女)　宋福庭

·郊　区·

中共区委书记　潘贤掌*　金所军
区人大常委会主任　陈世和*　张耀华
区　　　　长　金所军*　张晋伟
区政协主席　崔子庆

·长治县·

中共县委书记　裴少飞
县人大常委会主任　崔惠斌*　张向东
县　　　　长　李文兵*　王现敏
县政协主席　杜玉岗*　魏俊英

·襄垣县·

中共县委书记　张志刚

县人大常委会主任 王守国* 崔玉彪
县 长 胡三虎
县 政 协 主 席 杨飞华* 侯慧萍(女)

·屯留县·
中 共 县 委 书 记 郭泽兵* 马先明
县人大常委会主任 倪建中* 冯贵兴
县 长 段树新* 崔卫华
县 政 协 主 席 赵旭光

·平顺县·
中 共 县 委 书 记 吴小华
县人大常委会主任 苏和平* 宋忠义
县 长 秦 军
县 政 协 主 席 赵小平* 王建中

·黎城县·
中 共 县 委 书 记 郜双庆
县人大常委会主任 杨和贵* 高玉飞
县 长 牛晨霞
县 政 协 主 席 刘永清

·壶关县·
中 共 县 委 书 记 李全心
县人大常委会主任 卫 明
县 长 崔江华
县 政 协 主 席 王明德

·长子县·
中 共 县 委 书 记 王 震
县人大常委会主任 花俊富* 王成枝
县 长 马先明* 赵永进
县 政 协 主 席 崔万英* 郭志新

·武乡县·
中 共 县 委 书 记 胡 坚
县人大常委会主任 袁俊山* 郝炳宏
县 长 阎新平
县 政 协 主 席 魏书文

·沁 县·
中 共 县 委 书 记 卢展明
县人大常委会主任 刘光清
县 长 王现敏* 张宏伟
县 政 协 主 席 王元英*(女) 郭建宇

·沁源县·
中 共 县 委 书 记 李丁夫
县人大常委会主任 赵海军* 王宏斌
县 长 连树斌
县 政 协 主 席 王宏斌* 马建峰

·潞城市·
中 共 市 委 书 记 唐立浩* 李文兵
市人大常委会主任 王新政* 孙彩虹
市 长 张 斌* 秦苏良
市 政 协 主 席 张书平* 琚海鹏

晋城市
中 共 市 委 书 记 张九萍(女)
副 书 记 刘润民* 武宏文 曾庆勇
市人大常委会主任 孟福贵* 范丽霞(女)
副 主 任 任建宏* 李章宏* 孔庆鹏
廖 军 李国继* 韩淑君*(女)
张斌胜 郭治琛 冯裕民
李翠叶(女)
市 长 刘润民* 武宏文
副 市 长 赵沂旸* 王维平* 茹栋梅*(女)
王斌权 梁丽萍(女) 冯志亮
张利锋 王宏微
市 政 协 主 席 师建平* 常国荣
副 主 席 陈建国 郭一峰 崔守安
武四海(女) 阴建正 郭向阳
马德和* 陈改玲*(女) 郭跃峰*

·城 区·
中 共 区 委 书 记 张利锋* 王学忠
区人大常委会主任 宋春生
区 长 王学忠* 王文全
区 政 协 主 席 刘秋海* 晋 昕(女)

·沁水县·
中 共 县 委 书 记 范兆森* 原光辉
县人大常委会主任 柴守瑛* 郭沁林
县 长 原光辉* 侯贵宝
县 政 协 主 席 张桂春

·阳城县·
中 共 县 委 书 记 王晋峰* 窦三马
县人大常委会主任 申永山* 张保国
县 长 窦三马* 史小林
县 政 协 主 席 张星社* 田龙善

·陵川县·
中 共 县 委 书 记 石云峰* 胡晓刚
县人大常委会主任 张江龙
县 长 胡晓刚* 任彩虹
县 政 协 主 席 郎在陵

·泽州县·
中 共 县 委 书 记 赵新年
县人大常委会主任 陈晋勇* 靳水生
县 长 高喜全
县 政 协 主 席 樊秋宝* 李正根

·高平市·
中 共 市 委 书 记 张玉宏* 范兆森
市人大常委会主任 张志刚
市 长 邹树琦
市 政 协 主 席 梁沁高* 李培安

朔州市
中 共 市 委 书 记 王安庞
副 书 记 李海渊* 刘志宏 郑 红(女)
市人大常委会主任 冯云龙

副主任 温日平 李玉兰（女） 白明 侯元 张丁成* 牛志忠* 王帆（女） 郭海鸿
市长 李海渊* 刘志宏
副市长 雷健坤*（女） 陈耳东 韩文让 侯新生* 王志刚 王智杰* 张天茂 田东
市政协主席 贾桂梓（女）
副主席 谭建国 闫美珍（女） 支立新* 赵景春 解志强 任平龙 刘守斌

·朔城区·

中共区委书记 张立新
区人大常委会主任 高富国* 李杰
区长 刘彪* 庞明明
区政协主席 史宝元

·平鲁区·

中共区委书记 吴晓斌
区人大常委会主任 焦文
区长 马占文
区政协主席 孟占* 贾志武

·山阴县·

中共县委书记 李旭清
县人大常委会主任 相成
县长 南志中
县政协主席 段国强

·应县·

中共县委书记 兰成国
县人大常委会主任 赵杰* 张玉儒
县长 边润文
县政协主席 宋天仁* 李有平

·右玉县·

中共县委书记 苏连根* 吴秀玲（女）
县人大常委会主任 李月明* 曹占贵
县长 苏斌如* 王志坚
县政协主席 李峰* 谭德宝

·怀仁县·

中共县委书记 齐海斌* 刘亮
县人大常委会主任 司永恒
县长 吴秀玲* 苏斌如
县政协主席 周志强* 朱玉罡

晋中市

中共市委书记 张璞* 胡玉亭
副书记 胡玉亭* 王成 刘志宏* 苗伟
市人大常委会主任 张文科* 冯建平
副主任 王纪萍（女） 尚金华* 杨建平* 陈定堂 张耀明 荣贵 陈水泉
市长 胡玉亭* 王成
副市长 畅志仁* 王盛章* 王建忠 任忠 辛琰（女） 王建林* 戎劲光 黄海涛 郝向明
市政协主席 张春生* 赵庆华
副主席 邓明 杨定旺 王书红 郑琪文* 秦太明* 李非忠* 陈定堂* 王继堂 张鲜苹（女） 鹿建平

·榆次区·

中共区委书记 贡琦* 张祖祁
区人大常委会主任 王永平* 李鹏飞
区长 张祖祁* 张鹏
区政协主席 张增翔* 王琳玉

·榆社县·

中共县委书记 梁潞阳* 张英杰
县人大常委会主任 赵向平* 刘艳萍
县长 贾尚明* 韩军
县政协主席 王建华

·左权县·

中共县委书记 王兵
县人大常委会主任 郑春华
县长 赵宏钟
县政协主席 高儒林

·和顺县·

中共县委书记 孙永胜
县人大常委会主任 宋有林* 韩祥书
县长 马海军
县政协主席 刘素英（女）

·昔阳县·

中共县委书记 丁雪钦* 王根元
县人大常委会主任 李显鸣
县长 王根元* 许利伟
县政协主席 王录文* 石立军

·寿阳县·

中共县委书记 郝鹏鸿
县人大常委会主任 侯成元
县长 史洁（女）
县政协主席 傅贵亨

·太谷县·

中共县委书记 郝向明* 王怀民
县人大常委会主任 游大庆
县长 武晓花*（女） 刘伟
县政协主席 弓俊林

·祁县·

中共县委书记 吴文胜
县人大常委会主任 卢建华
县长 张鹏* 冯耀黎
县政协主席 李郁明

·平遥县·
中共县委书记　卫明喜*　武晓花(女)
县人大常委会主任　杨登文*　雷新平
县　长　曹治胜*　石　勇
县政协主席　张文渊*　王金宝
·灵石县·
中共县委书记　段燕翔
县人大常委会主任　何发荣*　王世强
县　长　刘　旋
县政协主席　卫虎周
·介休市·
中共市委书记　王继堂*　丁雪钦
市人大常委会主任　赵　宇
市　长　王怀民*　张　驰
市政协主席　吴定元*　李维新

运城市
中共市委书记　王宇燕(女)
副书记　王清宪*　陈振亮　朱　鹏
市人大常委会主任　张建合*　安雅文
副主任　刘冠生*　王正风*　史海涌*
裴良杰*　杜自立　侯伟建
郭　宏　张守相　贾爱珍(女)
市　长　王清宪*　陈振亮
副市长　王殿民*　常建忠*　王俊飚*
王瑞宝　陈　杰　陈竹琴
郭尚礼　乔登州　卫再学
市政协主席　柴林山*　张润喜
副主席　赵玉明　王七庚　张学会
刘国义　翟冬鸿　张东婷(女)
薛靛民*　谢爱玲*(女)　闫义勇*
孙涛锁*
·盐湖区·
中共区委书记　王志峰*　王吉敏
区人大常委会主任　李　治*　郭一民
区　长　王吉敏*　李　哲
区政协主席　严惠琴*　常　正
·临猗县·
中共县委书记　赵惠民
县人大常委会主任　路香芳*　张建莉
县　长　李建刚*　李　明
县政协主席　孙正来*　张　猛
·万荣县·
中共县委书记　李尧林*　杜中伟
县人大常委会主任　王崇智*　刘政光
县　长　李永辉
县政协主席　孙典孝
·闻喜县·
中共县委书记　张汪尢
县人大常委会主任　张英生*　逯光耀
县　长　张建元*　黄亚平
县政协主席　王延平*　张武学
·稷山县·
中共县委书记　乔登州*　廉广锋
县人大常委会主任　郭崇学*　王　钊
县　长　吴　宣
县政协主席　高吉华*　赵富云
·新绛县·
中共县委书记　邓雁平*　张登庆*　李玉林
县人大常委会主任　李铁路
县　长　田艺彬*　谢　芳
县政协主席　卫保平
·绛　县·
中共县委书记　卫再学*　王宏伟
县人大常委会主任　韩廷海*　苏士杰
县　长　卫再学*　薛玉马
县政协主席　李服役
·垣曲县·
中共县委书记　史　凯*　杨彦康
县人大常委会主任　刘社院
县　长　杨彦康*　麻军泽
县政协主席　赵恒坚*　王小虎
·夏　县·
中共县委书记　张宏志
县人大常委会主任　黄保龙*　李永林
县　长　樊双全
县政协主席　王继瑞
·平陆县·
中共县委书记　郭　宏
县人大常委会主任　禹桂香*　张孝木
县　长　李　旸
县政协主席　赵旭光*　郭淑文
·芮城县·
中共县委书记　董旭光
县人大常委会主任　胡金虎*　姚广升
县　长　贾国平*　张建军
县政协主席　余妙珍*　杨　琳
·永济市·
中共市委书记　陈　杰*　徐志英
市人大常委会主任　杨文宁*　刘　明
市　长　廉广锋*　孙中全
市政协主席　袁宏轩*　张廷耀
·河津市·
中共市委书记　胡　宝
市人大常委会主任　崔会民*　胡凯旋
市　长　杜中伟*　赵建喜
市政协主席　王锡义*　李　琦

忻州市
中共市委书记　李俊明

副书记 郑连生 张晓峰*
市人大常委会主任 秦新年* 贾雪峰
副主任 李树东 魏广才 王继明 程兴利 贾玲香 王炳升* 张志哲* 罗荣华*
市长 郑连生
副市长 王士桦* 赵志坚 王月娥(女) 张建平* 武宪堂 裴峰 安书田 范建民
市政协主席 张明成* 刘钢柱
副主席 李永胜* 边升阳 王庆荣 高志伟 李效玲(女) 贾玉文* 杜永进* 张高栋* 曹爱民

·忻府区·
中共区委书记 张钰祥
区人大常委会主任 李晋华
区长 赵志伟* 崔向松
区政协主席 张家祥

·定襄县·
中共县委书记 张文斌
县人大常委会主任 张德星* 曲建成
县长 刘亮* 张生明
县政协主席 兰继升* 郭丽云

·五台县·
中共县委书记 王继明
县人大常委会主任 孙子清* 刘建坤
县长 武新亮
县政协主席 吕更美

·代县·
中共县委书记 田永清
县人大常委会主任 籍美田* 贾明亮
县长 郝江陵
县政协主席 程耀邦* 陈月峰

·繁峙县·
中共县委书记 范波涛* 孔保宝
县人大常委会主任 李慧英* 赵琦
县长 孔保宝* 崔峥岭
县政协主席 赵琦* 钟文秀

·宁武县·
中共县委书记 任宁虎
县人大常委会主任 陈润明* 马在岐
县长 王卓
县政协主席 李应成* 薛军良

·静乐县·
中共县委书记 李德新
县人大常委会主任 秦文明
县长 王昕
县政协主席 李永成

·神池县·
中共县委书记 曹爱民
县人大常委会主任 贺新平* 刘国强
县长 孟宏斌
县政协主席 刘国强* 李生旺

·五寨县·
中共县委书记 张春
县人大常委会主任 张志军* 靳海珍
县长 张宇光
县政协主席 李映明* 白效文

·岢岚县·
中共县委书记 王志东
县人大常委会主任 侯俊生* 贾玉春
县长 任川中* 侯俊生
县政协主席 曾桂花* 岳永福

·河曲县·
中共县委书记 边东圣
县人大常委会主任 李志伟* 田尚麒
县长 边东圣* 任鸿宾
县政协主席 李挨恒* 丁二明

·保德县·
中共县委书记 段新* 温建军
县人大常委会主任 张智前* 李迎熙
县长 郭新生* 韩斌
县政协主席 高定存* 马玉泉

·偏关县·
中共县委书记 王源
县人大常委会主任 李枝贵
县长 曲俊安
县政协主席 贾献忠* 乔建华

·原平市·
中共市委书记 薛根生* 杨述平
市人大常委会主任 闫前元* 尚茂生
市长 温建军* 马志强
市政协主席 尚茂生* 高秀亭

临汾市

中共市委书记 罗清宇* 岳普煜
副书记 岳普煜* 王文英* 刘予强 雷健坤(女)
市人大常委会主任 徐树荣* 乔建军
副主任 柴高潮* 王醒安* 原学义* 杨治平 王金珍(女) 张庚博 任天顺 王国平 冯建宁 张学伟
市长 岳普煜* 刘予强
副市长 赵建民* 李东洪* 陈忠辉 王振宇 杨治平* 马德荣 王兵(女) 闫建国 王延峰 陈纲*
市政协主席 乔成家* 陈小洪
副主席 陈玉士* 谢碧玲*(女)

杨安虎 杨益民
张成粱* 杨忠华 刘小才
程明温 梁清燕(女)

·尧都区·

中共区委书记 赵志坚* 陈纲
区人大常委会主任 任招振* 杨午生
区长 王震* 杨保春
区政协主席 许百龙

·曲沃县·

中共县委书记 朱晓东* 郭惠勇
县人大常委会主任 刘伟
县长 郭惠勇* 吴滨
县政协主席 薛经纬* 费向前

·翼城县·

中共县委书记 郭行杰* 杨春权
县人大常委会主任 李殿梁
县长 杨春权* 高永贤
县政协主席 李伦

·襄汾县·

中共县委书记 王国平* 刘浩
县人大常委会主任 张拽牛* 贾安民
县长 刘浩* 乔飞鸿
县政协主席 王建中* 张全管

·洪洞县·

中共县委书记 王黎明* 郑步电
县人大常委会主任 李世杰* 陈建华*(代) 张玉龙
县长 郑步电* 解高民
县政协主席 魏金顺* 程延平

·古县·

中共县委书记 郝献民
县人大常委会主任 辛普选* 张金虎
县长 李强* 刘舒华
县政协主席 李朱锁* 阴和平

·安泽县·

中共县委书记 任秀红*(女) 李强
县人大常委会主任 韩建辉
县长 毛跟云* 牛庆国
县政协主席 王孝恩* 高成锁

·浮山县·

中共县委书记 孙京民* 史全喜
县人大常委会主任 李凡
县长 梁秀娟* 廉海平
县政协主席 段玉明

·吉县·

中共县委书记 郝忠祥
县人大常委会主任 李晓民
县长 崔绍民
县政协主席 吴忠民* 李永芳

·乡宁县·

中共县委书记 杨安虎* 樊洪平
县人大常委会主任 张春龙
县长 樊洪平
县政协主席 张欢虎

·大宁县·

中共县委书记 刘奎生* 王金龙
县人大常委会主任 贺寅生* 张新平
县长 樊宇
县政协主席 姚如意* 杨对明

·隰县·

中共县委书记 李亚丽(女)
县人大常委会主任 贺崇伟* 任静(女)
县长 王晓斌*
县政协主席 张瑞燕* 薛小平

·永和县·

中共县委书记 加天山
县人大常委会主任 韩忠秀* 马连青
县长 范洋平
县政协主席 郭永平* 宋新亮

·蒲县·

中共县委书记 闫建国* 薛凤奎
县人大常委会主任 王安保* 陈金庄
县长 赵志慧
县政协主席 史虎喜* 席建国

·汾西县·

中共县委书记 任天顺
县人大常委会主任 樊国俊* 贾文魁
县长 张安文
县政协主席 郭炎林* 乔建平

·侯马市·

中共市委书记 李朝旗* 王煦杰
市人大常委会主任 尉合怀* 马兴民
市长 王煦杰* 段慧刚
市政协主席 陈毅林* 田怀宇

·霍州市·

中共市委书记 陈纲* 崔山原
市人大常委会主任 陈占平
市长 崔山原* 黄晓君(女)
市政协主席 薛泽惠

吕梁市

中共市委书记 高卫东* 王清宪* 李正印
副书记 王立伟 雷建国
市人大常委会主任 郝月生
副主任 孙晋军 梁来茂 卫成印
郭卫民 刘凯
市长 王立伟
副市长 张广勇 张敬平(女) 李俊平
李建国 杨巨才 王海东*
李安林 竟晖
市政协主席 朱锦平* 刘云晨
副主席 刘本旺* 刘继隆 白荣欣
闫广聪 薛爱平 李真

·离石区·

中共区委书记　常书铭

区人大常委会主任　乔拯民*　刘俊禄

区长　吕文平

区政协主席　冯晋平*　刘晓勤

·文水县·

中共县委书记　梁宝明

县人大常委会主任　张九聪

县长　王成军*　许晋文

县政协主席　胡学英*　闫启明

·交城县·

中共县委书记　刘应刚

县人大常委会主任　刘文海

县长　薛凤奎*　张潞萍

县政协主席　桑小平

·兴　县·

中共县委书记　梁志锋

县人大常委会主任　白鹏昊

县长　刘世庆

县政协主席　刘五娥*　史小军

·临　县·

中共县委书记　张建国

县人大常委会主任　闫金英*(女)　张建国

县长　李双会

县政协主席　薛全清

·柳林县·

中共县委书记　郝继平

县人大常委会主任　陈繁昌

县长　武跃飞*　刘惠民

县政协主席　王义平

·石楼县·

中共县委书记　油晓峰

县人大常委会主任　孙卫东

县长　陈　浩

县政协主席　郑连弟

·岚　县·

中共县委书记　高奇英(女)

县人大常委会主任　丁清泉*　尹永平

县长　乔　云*　刘大鹏

县政协主席　李拴珍*　刘瑞峰

·方山县·

中共县委书记　王锦锋

县人大常委会主任　贺新众

县长　田安平*　李溢涛

县政协主席　刘月顺

·中阳县·

中共县委书记　乔晓峰

县人大常委会主任　高升平*　张喜旺

县长　乔晓峰*　田安平

县政协主席　赵有军

·交口县·

中共县委书记　霍慧文

县人大常委会主任　王隰平

县长　乔劲松

县政协主席　朱和平

·孝义市·

中共市委书记　马文革

市人大常委会主任　李殿生

市长　王廷洪

市政协主席　王士礼

·汾阳市·

中共市委书记　李建国*　武跃飞

市人大常委会主任　马林巨

市长　吴晓东

市政协主席　姚翠萍

注：2016年12月31日前部门撤并、调离岗位人员在单位名称、人员姓名右上角标注*。

（省委组织部、省军区军志办、武警山西总队政治部及各市区县）

中国共产党山西省委员会

Shanxi Provincial Committee of the Communist Party of China

综　述

【概述】 2016年，中共山西省委贯彻落实党的十八大和十八届三中、四中、五中、六中全会精神，学习贯彻习近平总书记系列重要讲话精神和治国理政新理念新思想新战略，落实中央各项重大决策部署和习近平总书记对山西工作的指示精神，统筹推进“五位一体”总体布局，协调推进“四个全面”战略布局，忠诚担当，攻坚克难，确保中央大政方针得到执行。

山西省委提出并实施“一个指引、两手硬”思路和要求，推动学用系列重要讲话深入，坚持理论联系实际，在解决重大问题上取得新成效。推动全面从严治党向纵深发展，全面构建良好政治生态，向着实现“大治”目标迈进。推动经济稳步向好，扭转近几年下行态势，经济增长的质量和效益得到提升。省市县乡四级党委换届成功，省第十一次党代会揭开山西发展新的一页，山西全面构建良好政治生态的大环境已经形成，坚定走转型发展之路的大环境已经形成，党员干部奋发干事创业的大环境已经形成。

在10月底召开的山西省第十一次党代会上，省委书记骆惠宁在报告中指出，要牢固树立“四个意识”，在思想上拥戴核心，在政治上维护核心，在行动上紧跟核心，坚决与以习近平同志为核心的党中央保持高度一致，坚决维护以习近平同志为核心的党中央权威，坚决贯彻落实党中央确定的路线方针政策。在省委十一届一次全会、二次全会暨经济工作会议、全省“两会”、省委常委班子民主生活会等重要会议上，省委对坚定维护以习近平同志为核心的党中央权威作出部署，把维护核心、拥戴领袖作为坚定信念和职责使命。

（刘　斌　朱颖杰）

【习近平总书记系列重要讲话精神学习贯彻】 2016年，中共山西省委坚持把学好用好习总书记系列重要讲话作为看齐和忠诚的根本功课，带领各级党组织和广大党员干部在融会贯通中把握要义、在学以致用中解决问题、在全面覆盖中整体提升。想问题、作决策、抓工作，自觉与系列重要讲话对表看齐，把系列重要讲话作为改造主观世界、破解山西难题的“金钥匙”。

在6月30日全省领导干部大会上，骆惠宁提出，办好山西的事情，一定要以习总书记系列重要讲话精神为指引，牢牢把握正确方向。在学习贯彻习近平总书记七一重要讲话精神大会上，要求各级党员干部肩负起学习贯彻系列重要讲话的重大政治责任和历史担当，把学习成果转化为实践成效。10月中旬，省委在右玉县召开“学以致用，以用促学，把学习贯彻习近平总书记系列重要讲话精神引向深入”学习交流会，强调要准确把握科学体系、准确把握新理念新思想新战略、准确把握立场观点方法，紧密联系省情实际，从十个方面聚焦发力、破解难题：(1)深刻领会习总书记治国理政新理念新思想新战略，把中国特色社会主义在山西坚持和拓展好；(2)正确认识全面小康社会新的目标要求，确保与全国同步全面建成小康社会；(3)以新发展理念引领经济发展新常态，走出一条资源型省份实现创新驱动、转型发展的新路；(4)按照发展社会主义民主政治的要求，形成生动活泼、安定团结的政治局面；(5)增强文化自信，加快文化强省建设步伐；(6)恪守以人民为中心的发展思想，让广大群众有更多的获得感；(7)牢固树立绿水青山就是金山银山的理念，实现生态美和百姓富的有机统一；(8)落实全面深化改革的部署，为经济社会发展增添动力与活力；(9)自觉坚持全面依法治国方略，推动形成良好的法治环境；(10)深入贯彻从严管党治党方针，全面构建良好政治生态。这十个方面成为各级领导干部学用系列重要讲话的着力点，促进习近平总书记系列重要讲话精神在山西落地生根。

山西省第十一次党代会报告把习总书记系列重要讲话精神作为贯穿全篇的灵魂和主线，围绕以习总书记系列重要讲话精神为指引，在实现中国梦和全面建成小康社会中加快“山西步伐”，在推进转型升级中走出“山西路径”，在新一轮改革开放中彰显“山西气魄”，在全面构建良好政治生态中交上“山西答卷”,在坚持和发展中国特色社会主义中体现“山西担当”,进行重点论述和部署。党代会报告既反映山西省学习贯彻系列重要讲话取得的成果,又对学习贯彻系列重要讲话作出新动员提出新要求,形成解决山西重大问题、开辟山西发展新路的工作方略,统一全省党员干部群众思想,带动全省学习贯彻系列重要讲话达到新高度。

中共山西省委常委班子学习贯彻习总书记在中央政治局民主生活会上的重要讲话和中央《通报》精神,对照《准则》《条例》,对表立标,召开高质量的民主生活会。常委同志对照总书记强调的“15个关键词”,逐条谈体会、找不足、明方向,剖析问题之严为多年来少有。

全省各地各部门各单位把党委(党组)中心组作为学习龙头,开展“两学一做”学习教育,注重联系十八大以来党和国家事业取得的巨大成就,联系山西发生的巨大变化引深学习,使全省人民在实际生活中感受到讲话的真理力量。(刘　斌　朱颖杰)

【社会主义民主政治发展】 2016年,中共山西省委坚持和完善人民代表大会制度,支持人大及其常委会依法履行职能。召开省十二届人大六次会议,补选省长、副省长。坚持和完善中国共产党领导的多党合作和政治协商制度,完善协商形式、提高协商实效,出台《关于加强人民政协民主监督的意见》。贯彻落实中央统战工作会议精神和统一战线工作条例,推动政党协商制度化、规范化,重大决策部署和重要人事安排与党外人士通报协商。加强非公有制经济领域统战工作,省市县三级领导干部和省直部门领导结对帮扶5000多户民营企业,打造“亲”“清”新型政商关系。召开全省宗教工作会议,提出加强新形势下宗教工作的具体意见,抓好宗教工作领域重点问题的解决,五台山佛教事务管理加强,景区环境整治推进。落实中央民族工作会议精神,推进民族团结进步创建活动。做好援疆工作,完成中央下达的年度任务。制订群团工作改革方案。加快法治山西建设,推开司法体制改革。健全基层群众自治机制,完善基层民主管理制度。加强国防动员和后备力量建设,促进军民融合深度发展。

(刘　斌　朱颖杰)

【意识形态工作引导】 2016年,中共山西省委以学习贯彻系列重要讲话精神为牵引,拓展马克思主义理论研究和宣传教育,建立重大思想理论文章撰写联席会议机制和重大题材新闻报道联席会议机制,在省级主流媒体开设《理论周刊》《理论天天学》等专版专栏,加大宣传普及力度,推动中国特色社会主义理论体系最新成果进机关、进企业、进农村、进社区、进学校。实施哲学社会科学创新工程,加快建设具有山西特色的哲学社会科学学科体系、学术体系、话语体系。建立意识形态领域情况分析研判机制,出台《党委(党组)意识形态工作责任制实施细则》,细化各级党委(党组)主体责任,做好社会热点和突发事件的宣传引导,回应社会关切,传播主流声音,加强意识形态工作引导力管控力。突出抓好互联网建设和管理,推进网络生态综合治理,净化网络空间,互联网移动端的原创和传播能力提升。举办文化旅游招商活动,开展对外宣传,展示山西新形象。加强社会主义核心价值观建设,深化群众性精神文明创建活动,组织开展纪念建党95周年和长征胜利80周年宣传教育。制订《“十三五”文化强省规划》,出台《关于繁荣发展社会主义文艺的实施意见》,推进文化事业和文化产业繁荣发展,推出一批文艺精品。(刘　斌　朱颖杰)

【经济转型升级引领】 2016年,中共山西省委落实新发展理念和中央经济工作会议部署,加强对经济工作的领导,研究解决经济工作中的重大问题。7月省委指出,经济问题如果长时间处理不好,就会转化为社会问题、政治问题,要全面贯彻党的基本路线,改变经济严重困难局面,提出下半年好于上半年、为明年好转奠定基础的目标要求。省委召开市级经济发展推进会,强调全面贯彻新发展理念,适应和引领经济新常态。坚持以提高发展质量和效益为中心,培育壮大新动能,改造提升传统动能,加大创新驱动、转型升级力度。扶持实体经济,出台促进工业提质增效、降低企业成本的政策措施。改善发展环境,激发民营企业和民营企业家的创造活力,引进战略投资和转型项目。从9月起,在全省开展“万名干部入企服务”“民营企业待办项目大起底”等活动,全省1.4万名干部入驻4580户企业,宣传有关政策,帮助企业解决问题8800多个。对接“一带一路”建设、京津冀协同发展等国家重大战略,开展系统定向招商,全年进出口总值增长19%,首次突破千亿大关。全省GDP增长4.5%,比上年加快1.4个百分点;城乡居民人均可支配收入分别增长5.9%、6.6%。全省经济发生一些标志性、转折性、趋势性变化。

中共山西省委把供给侧结构性改革作为山西转型发展的必由之路、重大机遇和治本良方,与深化国家资源型经济转型综合配套改革试验区建设结合起来抓,以煤炭减产量、去产能为重点,取得进展。省委主要领导同志深入重点产煤市调研,主持召开两次去产能推进会。全年压减煤炭产量1.4亿吨,占全国39.1%;退出煤炭落后产能2325万吨,居全国首位。促进全国煤炭供求关系改善,结束全省煤炭行业连续26个月亏损局面,全省煤炭先进产能占比由10%提升到16.9%。钢铁去产能任务完成。煤炭钢铁行业分流安置职工31586人。通过去库存,全省商品房库存消化周期较2015年底缩短3.4个月;通过去杠杆,化解企业债务风险,低成本债权市场融资同比多增611.73亿元,高成本表外融资同比少增649.34亿元;通过降成本,全年减轻企业负担496亿元。把补短板与培育发展动能结合起来,围绕重大基础设施、产业转型、城镇化、民生社会事业等领域谋划实施一批重大项目。年内扭转全省PPI连续54个月下行局面，促进发展条件改善和供给质量提高。

中共山西省委以深化转型综改试验区建设牵引经济转型升级。省第十一次党代会对深化转型综改试验区建设专门作出部署，强调用解放思想打开转型综改试验新天地，用先行先试擦亮转型综改试验这个金字招牌，用新发展理念和啃硬骨头的精神破解发展难题，推动能源产业向绿色低碳转变、产业结构向多元化中高端转变、发展动能向创新驱动转变、发展形态向园区化循环化转变、城乡统筹向一体化转变、经济增长向平稳健康可持续转变。着眼创新驱动、转型升级，实施战略性新兴产业培育、能源产业创新、传统优势产业提质、现代服务业发展、特色现代农业增效、“双创”孵化新产业新业态“六大工程”，明确转型综改主攻方向。召开全省开发区改革创新发展会议进行部署，制订《关于开发区改革创新发展的若干意见》，加快全省开发区整合、改制、扩区、调规，推行任期制、绩效制、聘用制“三制”改革，整合太原、晋中两市8个园区组建山西转型综改示范区，打造排头兵，推动开发区二次创新创业。省委全会对贯彻全国科技创新大会精神作出部署，实施创新驱动发展战略，围绕产业转型方向部署科技创新链。省委提出要打造一流人才政策，制订《关于深化人才发展体制机制改革的实施意见》，吸引更多创新人才向转型综改试验集聚。

（刘　斌　朱颖杰）

【良好政治生态构建】 2016年，中共山西省委坚决扛起全面从严治党主体责任。省委于9月召开全面构建良好政治生态推进会，确立“巩固、深化、提高”6字方针，提出5方面目标，即广大党员干部的理想信念更加坚定，党员标准牢固树立，忠诚干净担当成为思想自觉和行动自觉；全面从严治党的制度体系趋于完备，相关配套政策法规逐步健全，让制度真正成为治党、管权、治吏的硬约束；管党治党责任层层落实，进一步实现由“宽松软”走向“严紧硬”，由不敢腐走向不能腐、不想腐；广大干部从系统性塌方式严重腐败造成的阴影中彻底走出来，焕发出崭新的精气神，想作为、敢作为、善作为，整体素质和干事创业能力明显提升；党风政风社会风气根本好转，良好政治生态全面形成，党的建设和党领导的事业全面进步，山西美好形象得以确立。

十八届六中全会召开后，省委传达学习习近平总书记在全会上的重要讲话精神，制订下发学习宣传贯彻意见，成立宣讲团分赴基层宣讲，新一届省委第一次中心组学习即专题学习《准则》和《条例》，在全省兴起学习宣传贯彻全会精神热潮。十一届省委带头严肃党内政治生活，完善常委会议、书记专题会议、省委全会工作规则，精简议事协调机构53%。省委把贯彻六中全会精神与贯彻中央纪委七次全会精神结合起来，要求全省各级党组织和领导干部增强思想政治自觉，警惕那种觉得现在管得太严、管得太死，让党的纪律“松绑”的论调，警惕那种认为反腐败压倒性态势已经形成，应该“减减压、松口气、歇歇脚”的心理，警惕一些地方和部门对主体责任没有真正扛在肩上的现象。对标六中全会精神，以贯彻执行《准则》和《条例》为抓手，围绕加强思想教育、严明纪律、抓好选人用人、提高组织生活质量、推动党风政风好转、加强反腐败斗争、落实管党治党责任等作出具体部署，形成全面从严治党、构建良好政治生态的新格局，推动山西走向“大治”。

持续推进正风反腐，驰而不息反“四风”。2016年，共查处违反中央八项规定精神问题1710起，处理2424人，其中厅级24人、处级206人。把“四种形态”作为一个整体统筹把握、科学运用，各级纪检监察机关实践运用“四种形态”共涉及37951人，其中谈话函询12728人、轻处分和组织处理21405人，分别占33.5%、56.4%。运用好党的政策，全省共有5927人主动向纪检监察机关交代本人违纪违法问题。全省纪检监察机关共立案15983件，处分16762人，其中厅局级干部70人、县处级干部753人。贯彻十八届中央第十一轮巡视工作动员部署会议精神，省委换届后立即部署开展十一届省委首轮巡视和对市县的巡察工作。全省政治生态改观。纪检监察机关受理信访举报量，上年以来连续8个季度总体呈下降趋势，2016年第四季度信访举报量比上年第一季度下降70.4%；中央纪委收到涉及山西省的检举控告量在上年排全国第1位，2016年退至第10位，正风反腐取得重大阶段性成效。

推进“两学一做”学习教育，加强基层组织和党员队伍建设。中共山西省委常委在“四讲四有”专题研讨、讲专题党课、参加主题党日活动等9个方面发挥带头示范作用。全省累计举办2960期培训班，培训基层党务骨干20余万人次。聚焦解决基层党建突出问题，查找到失联党员76022名，排查清理“五类人员”17460名，整改未按期换届基层党组织12977个，85867个党支部完成党费自查自改。对2644个软弱涣散农村基层党组织进行整顿。实施集体经济“破零”工程，全省有集体经济收入的村提高28.1%。推进“两个覆盖”专项行动，全省非公企业和社会组织党组织覆盖率提升。省委全会对加强国有企业党建工作和高校思想政治工作作出部署，对市委书记抓基层党建工作情况进行述职测评。

中共山西省委把抓好监察体制改革试点作为牢固树立“四个意识”、向习近平总书记看齐的实际行动，领会中央的战略意图和改革的精髓要义，重大问题及时向中央深化监察体制改革领导小组及办公室请示汇报，在省委常委会、省委全会上对试点工作进行部署，按照中央绘制的蓝图抓好“施工”。省委明确省市县三级党委书记为第一责任人，骆惠宁担任省试点工作小组组长，一直把工作抓在手上。举办省市县三级书记试点工作培训班，组织学习培训，增强工作主动性。确立转隶开局、平稳过渡、逐步深化的思路，省级先行，市县压茬推进。1月18日，省十二届人大七次会议全票选举产生省监察委员会主任，省人大常委会第35次会议全票通过对副主任、委员的任命，省监察委员会完成组建。1月19日，省监察委员会挂牌运行并召开第一次干部大会。截至2016年3月底，市县试点工作完成组建。改革试点启动以来，涉改单位思想认识到位、参与改革，各方面工作平稳有序。深化改革实践，探索纪检监察机关内部运行机制，形成衔接有序、监督有力、制衡有效的工作机制；探索国家监察与巡视监督、派驻监督有效结合的具体办法，形成监督合力，提升监察效能；探索纪法协调衔接机制，提升反腐败工作制度化、规范化和法制化水平；探索坚持双重领导体制，健全党委统一领导监察工作机制，把制度优势转化为治理效能，为制订国家监察法和改革在全国推开提供实践经验。

（刘　斌　朱颖杰）

【省市县乡四级换届统筹推进】 2016年，中共山西省市县乡四级组织换届，营造干事创业良好氛围。省委把换届作为树立鲜明导向、激发干事创业积极性的重要契机，把党的领导贯穿换届工作全过程，坚持“好干部标准”，先立规矩后选人，把好选人用人的政治关、作风关、能力关、廉洁关，坚持不廉洁的干部不能用、不作为的干部也不能用，一大批优秀干部走上领导岗位，营造风清气正的选人用人环境。把贫困县党政正职不脱贫不调整、不摘帽不调离作为一条严肃的政治纪律和组织纪律，确保中央精神落实到位。对换届中违规违纪问题实行“零容忍”，防止“带病提拔”。换届后，各级领导班子年龄、经历、学历、专业等方面结构得到优化，市党政班子中47岁以下干部占比由换届前的10.7%提高到21.2%，全日制本科学历干部由换届前的48.3%提高到74.7%，市县两级领导班子中有下一级党政正职经历的干部占到38.6%，乡镇领导班子中具有两年以上乡镇工作经历的干部占到90.5%，共选拔2095名“三类人员”（乡镇事业编制人员、优秀村干部、大学生村干部）进入乡镇领导班子。

中共山西省委按照中央部署，在中央组织部直接指导下，做好省党代会各项工作。10月31日至11月4日召开山西省第十一次党代会，通过骆惠宁作的题为《以习近平总书记系列重要讲话精神为指引，忠诚担当，攻坚克难，为全面建成小康社会而奋斗》的报告，选举产生十一届省委、省纪委，实现讲出好报告、选出好班子、开出好会风、塑造好形象。党代会报告系统回答过去五年怎么看、未来往哪个方向发展等重大问题，得到全省上下认同。

激发干部干事创业积极性，坚持严管与厚爱相统一，强化“为官必为”意识，增强“为官会为”能力，追究“为官不为”责任，营造“为官愿为”环境。出台激励干部担当作为干事创业、支持干部改革创新合理容错“两个办法”，明确6个方面绩效考评表彰和15种容错情形，为敢于担当的干部担当，对敢于负责的干部负责。从严加强干部日常监督管理，持续加大函询、诫勉力度，执行个人有关事项报告制度。推进干部能上能下，调整不适宜担任现职领导干部98名，营造能者上、庸者下、劣者汰的良好氛围，把严肃党内政治生活体现到调动广大党员干部积极性、推动事业发展上。面对困难和挑战，弘扬太行精神、吕梁精神、右玉精神等革命精神和时代精神，继承红色基因，激发党员干部群众迎难而上、敢于胜利的磅礴力量和内生动力。（刘　斌　朱颖杰）

【深化改革取得新进展】 2016年，中共山西省委提出，山西发展相对落后，但改革决不能滞后，强调要以改革来破解发展难题，在改革开放中转观念、增本领、树新风、立形象，依靠攻城拔寨的改革闯出发展路子。按照中央全面深化改革的部署，统筹抓好经济、政治、文化、社会、生态文明建设和党的建设等领域改革。省委常委会研究重大改革事项，省委深改领导小组召开9次会议，传达习近平总书记在中央深改组会上的重要讲话精神，审议18项改革议题，出台16个改革类制度性文件，涉及转型综改、煤炭电力、生态环保、司法执法、群团工作等领域改革。对冬季清洁取暖、普遍推行垃圾分类制度、畜禽养殖废弃物处理和资源化、提高养老院服务质量、规范住房租赁市场和抑制房地产泡沫、加强食品安全监管等改革和工作作出部署，让人民群众有更多改革获得感。推进政府职能转变，抓好国企、财税、金融、社保等关键性改革，比如，针对山西国有企业资产负债率高、股权高度集中，企业治理不规范、机构臃肿、负担沉重，布局不合理、专业化不强，行政色彩突出等问题，省委主要领导带头开展调研，贯彻落实党中央、国务院关于深化国有企业改革的指导思想和基本原则，提出市场化取向、竞争力目标、专业化重组、股份制改造、现代化管理、科学化监管的思路，对深化国资国企改革作出部署，在优化国资布局结构、加快股权多元化步伐、促进产融结合、减轻企业办社会负担、完善现代企业制度和以管资本为主的监管机制等方面实施重大举措。为提高干部推动改革的能力和水平，省委部署自上而下搞清楚中央重要改革事项落实情况、搞清楚全国同类改革的先进经验、搞清楚山西当下推动各项改革的着力点。对推出的重要改革举措，分析哪些操作性比较强、落实效果比较明显，哪些过于原则、不便于操作、收效不大，哪些与群众切身利益关系密切的改革举措接地气不够、群众获得感不强，统筹安排新提出的改革事项、需要修订完善的改革方案和需要督办落实的改革任务，强化全省改革氛围和态势。将省委改革办与省转型综改办合并重组，优化充实省级层面的改革工作机构。（刘　斌　朱颖杰）

【脱贫攻坚】 2016年，中共山西省委把脱贫攻坚作为第一民生，将精准方略贯穿全过程，推进特色产业、易地搬迁、生态补偿等八大帮扶工程20个专项行动。省委、省政府集体约谈4个市和36个国家贫困县党政一把手，实行党政一把手责任“双签”，省市县乡四级书记进驻贫困村，新增派1950名第一书记到贫困村任职，包村干部、第一书记和扶贫工作队2万多人奋战在脱贫攻坚第一线。在省委全会上对58个贫困县县委书记脱贫攻坚工作责任制落实情况进行述职测评。严格考核评估，抓好专项督查，强化大数据信息核查、调整充实帮扶队伍、开展业务培训、完善帮扶联动机制等举措，确保把精准方略落到实处。财政资金统筹整合实现贫困县全覆盖。全年实现57万贫困人口脱贫，1900个贫困村退出，贫困地区农民人均可支配收入同比增长13.7%，高于全省7.2个百分点，完成年度减贫目标。

（刘　斌　朱颖杰）

【民生改善】 坚持民生优先，在财政收入负增长情况下，民生支出不降低，民生支出占一般公共预算支出的82.5%。实现城乡居民收入增幅高于GDP增幅、农村居民收入增幅高于城镇居民收入增幅。坚持教育优先发展，加快推进教育基本公共服务均等化。应对经济下行带来的就业压力，实施大学生就业促进计划和创业引领计划，推进农民工返乡创业和就业困难人员帮扶，城镇新增就业46.46万人，城镇登记失业率3.52%。覆盖城乡的社会保障体系建成，综合参保率95%以上。城镇保障性安居工程完成年度目标任务，采煤沉陷区综合治理工作推进。落实“大健康”理念，在省委全会上对贯彻全国卫生与健康大会精神作出部署，建立起覆盖城乡的医疗卫生服务体系，城乡居民大病保险实现全覆盖。（刘　斌　朱颖杰）

【生态文明建设】 2016年，中共山西省委树立“绿水青山就是金山银山”理念，把生态文明融入经济社会发展全过程。制订《山西省生态文明体制改革实施方案》。在全国率先对永久性公益林进行立法保护，加强森林资源管理。加快国土绿化步伐，全年造林26.73万公顷。完善“大水网”启动县域小水网工程，以汾河流域为重点的河流生态修复工作启动。狠抓节能降耗，加快焦化、电力、钢铁企业提标改造，发展节能环保产业，强化工业固废综合利用，全省万元GDP能耗超额完成下降3.2%的年度任务。城乡采暖“煤改电”试点推进。加强大气、水、土壤污染治理，抓住“控煤、治污、管车、降尘”四个关键环节，改善大气环境。加强工业污水治理，狠抓农村生活污水和饮用水水源保护。推进农用耕地土壤污染修复试点示范工作。强化环境保护“党政同责、一岗双责”，制订《山西省环境保护工作职责规定》。实施“铁腕治污行动”，打击各类环境违法行为。（刘　斌　朱颖杰）

【社会安全稳定综合管理】 2016年，中共山西省委牢固树立总体安全观，做好保稳定、护安全、促和谐工作，围绕坚决防止重大安全生产事故发生，坚决防止大规模群体性事件的发生，坚决防止重大安全隐患的积累和突发，狠抓工作措施落实。围绕G20峰会和党的十八届六中全会等重大活动和敏感节点，加强情报信息搜集研判，强化不稳定因素排查化解和处置，维护政治安全。推进平安山西建设，落实社会治安综合治理领导责任，健全完善社会治安防控体系建设，开展打黑除恶，全年破获各类刑事案件47991起，抓获犯罪嫌疑人27826人，加大打击力度，人民群众的安全感和满意度提升。开展食药、环保、安全生产等领域打击违法犯罪专项行动。开展社会稳定风险隐患大排查大整治活动，排查矛盾纠纷16.2万件，化解率达96.2%；抓好安全生产，推动全省落实安全生产党政同责“五级五覆盖”，安全生产形势好转，全年各类生产事故起数、死亡人数分别下降3.28%、3.3%；煤矿百万吨死亡率下降32.9%。

（刘　斌　朱颖杰）

重要会议

【全省市县乡领导班子换届工作会议】 2016年2月18日至19日，省委召开全省市县乡领导班子换届工作会议，学习贯彻习近平总书记重要讲话精神，贯彻落实全国组织部长会议和市县乡领导班子换届工作会议精神，研究部署山西省换届工作。会议强调，坚持把加强党的领导贯穿全过程，确保换届平稳有序推进。一、总揽全局。各级党委切实落实主体责任，党委书记认真履行第一责任人的责任，对本地换届工作负全责、负总责。二、严格把关。严把选人用人标准关，坚持党管干部原则，认真贯彻好干部20字标准，按照“三严三实”要求，从政治上、作风上、能力上、廉洁上把好选人用人标准关。严把代表委员产生关，在推荐、提名、考察、协商等各个环节履行好把关责任，严格政治标准，严格身份认定，广泛听取意见。严把“两会”选举关，精心组织大会选举。三、搞好统筹。统筹好时间顺序，按照先乡后县再市自下而上，同级党委在前的顺序要求，倒排时序、压茬推进；统筹好人事安排，站在事业发展和领导班子长远建设需要的高度来选干部、配班子，拓宽各类优秀人才进入党政干部队伍的路子，统筹用好各类干部优质资源；统筹好代表委员结构，优化整体结构，提高参政议政水平。（刘　斌　朱颖杰）

【全省农村工作会议】 2016年2月27日，山西省农村工作会议在太原召开。会议总结“十二五”时期山西省“三农”工作，分析新常态下农业农村形势，安排部署2016年和“十三五”时期农业农村工作。会议讨论《省委、省政府贯彻落实中央一号文件的实施方案》和《山西省“十三五”农业农村发展规划（讨论稿）》。

“十二五”时期，山西省“三农”工作总体呈现比较稳定的发展态势。今后全省“三农工作”以保证粮食安全为前提，推进农业供给侧结构性改革；以培育壮大新型农业经营主体为重点，加大组织创新；以农村产权制度改革为重点，激发农村发展活力；以“六个精准”“五个一批”为重点，推进脱贫攻坚首战首胜；以发展壮大乡村旅游为重点，培育壮大农村服务业；以发展农村电商为重点，推进

"互联网+三农"；以资源整合和体制机制创新为重点，推进农业科技创新；以优化金融服务为重点，推进"三农"进军资本市场；以提高培训质量为重点，加大组织农民转移输出力度；以"一树二统三治四建五改"为重点，提高新农村建设水平；以生态修复和水利工程建设为重点，努力建设美丽山西；以防灾防疫防火防祸为重点，建立预测预报预案预警安全防范体系。

（刘　斌　朱颖杰）

【全省城市工作会议】 2016年4月1日，山西省城市工作会议在太原举行。会议学习贯彻中央城市工作会议精神特别是习近平总书记重要讲话精神，分析山西省城市工作面临的形势和任务，对进一步做好城市工作作出安排部署。王儒林指出要结合山西实际，努力走出一条富有活力、和谐宜居、各具特色的现代城市发展之路。一是坚持科学布局，进一步用新发展理念完善山西省城镇体系。二是坚持规划先行，进一步打牢城市长远发展的坚实基础。三是坚持建设为基，进一步增强城市综合承载能力。四是坚持管理为要，进一步创新城市治理方式。李小鹏指出，要以改善城市人居环境为中心，进一步转变城市发展方式，优化城市空间布局，改善城市生态环境，创新城市管理体制，走出一条顺应城市发展规律、具有山西特色的现代化城市发展道路。一是着力提升城市规划水平。二是进一步完善城市基础设施。三是切实加强城市基本公共服务。四是突出城市产业支撑。五是改善城市生态环境。六是改革城市管理体制。

（刘　斌　朱颖杰）

【青年创业创新创优推进大会】 2016年5月4日，山西省纪念五四运动97周年暨青年创业创新创优推进大会在太原召开。大会对首届"山西省杰出青年创业奖"、第十六届"山西青年五四奖章"获得者和第九届"山西青年五四奖状"获得集体进行表彰，5名获奖代表作大会发言。楼阳生强调，大力促进创新创业创优，是全省各级团组织落实省委"五句话"总要求，围绕中心任务，竭诚服务青年成长成才的有效途径，是广大团员青年释放青春能量、展示青春风采的广阔平台。全省广大团员青年要积极参加创业创新创优行动，激发创新潜力、创业激情、创优冲劲，以一流业绩建功"十三五"。各级团组织要加强服务引导，为青年创新创业创优创造良好条件。各级党委要进一步加强和改进对共青团和青年工作的领导，努力为广大青年的身心健康、学习成才、事业发展营造良好氛围、创造良好条件，发挥好团组织和广大青年在实现弊革风清、促进富民强省、全面建成小康社会征程中的生力军作用。会后，省领导参观清华青创孵化器，与青年创业团队进行亲切交流。

（刘　斌　朱颖杰）

【全省脱贫攻坚推进大会】 2016年5月24日，山西省脱贫攻坚推进大会在太原召开。王儒林强调十个方面的问题。一要坚持以脱贫攻坚统揽经济社会发展全局。二要把脱贫攻坚与生态文明建设紧密结合起来。三要狠抓植树造林，实现荒山增绿农民增收。四要根治水土流失，兴水富民。五要突出发展产业，带动农民脱贫增收。六要扎实推进易地扶贫搬迁，积极稳妥实施村庄撤并。七要全力保障民生，确保政府兜底。八要统筹整合财政资金，用好用活金融资金。九要切实加强监督执纪问责，坚决实现廉洁扶贫。十要真抓实干，马上就办，坚决打赢脱贫攻坚战。

李小鹏要求，坚决完成2016年脱贫50万人的任务，确保"十三五"期间58个贫困县全部脱贫摘帽、现有232万贫困人口全部脱贫，确保山西省与全国同步、农村特别是贫困地区与全省同步全面建成小康社会。

（刘　斌　朱颖杰）

2016年7月15日，学习贯彻习近平总书记"七一"重要讲话暨山西省"两优一先"表彰大会在太原召开

（刘　斌　朱颖杰供图）

【学习贯彻习近平总书记"七一"重要讲话精神暨全省"两优一先"表彰大会】 2016年7月15日，学习贯彻习近平总书记"七一"重要讲话精神暨全省"两优一先"表彰大会在太原举行。省委书记骆惠宁结合山西实际，就学习贯彻习总书记"七一"重要讲话、系列重要讲话提出明确要求，要在深刻领会党的光辉历程和伟大历史贡献中增强清醒自信，在深刻领会近代以来我国社会发展的规律性认识中坚定前进方向，在深刻领会我们党所肩负的时代使命中永葆奋斗精神，进一步坚定"四个自信"，不断增强"四个意识"，自觉同以习近平同志为总书记的党中央保持高度一致。省委副书记、省长李小鹏主持会议。省委副书记楼阳生宣读《中共山西省委

关于表彰全省优秀共产党员、优秀党务工作者、先进基层党组织的决定》。来自全省各行各业、在工作中取得优异成绩的100名共产党员、100名党务工作者和199个基层党组织，分别被授予“全省优秀共产党员”“全省优秀党务工作者”“全省先进基层党组织”称号。（刘 斌 朱颖杰）

【省委十届八次全体会议】 2016年8月15日，省委十届八次全体会议在太原召开。会议审议通过《中国共产党山西省第十届委员会第八次全体会议关于召开中国共产党山西省第十一次代表大会的决议》，审议通过有关换届文件和决定事项，原则批准《中共山西省委全会工作规则》。会议强调要充分认识开好省第十一次党代会的重大意义，统筹做好各项筹备工作，以此为契机，把各方面干事创业的热情激发出来，以担当精神、改革勇气、务实作风，推动山西省党的事业和党的建设取得新成绩。全会决定，拟于2016年10月召开中国共产党山西省第十一次代表大会。（刘 斌 朱颖杰）

【全省宗教工作会议】 2016年9月30日，山西省宗教工作会议在太原召开。会议贯彻全国宗教工作会议和《中共中央国务院关于加强和改进新形势下宗教工作的意见》精神，分析形势，研究问题，部署工作。会议指出，深刻领会中国特色社会主义宗教理论，始终坚持宗教的中国化方向，坚决抵御境外利用宗教进行渗透。用社会主义核心价值观来引领宗教界人士和信教群众，支持各宗教深入挖掘教义教规中有利于社会和谐、时代进步、健康文明的内容，对教义教规作出符合发展潮流、符合中华优秀传统文化的阐释。高度重视互联网宗教问题，加大网上引导力度，积极宣传党的宗教政策和法律法规，传播正能量。会议强调，着力提高宗教工作法治化水平，构建积极健康的宗教关系。用法律规范政府管理宗教事务的行为，用法律调节涉及宗教的各种社会关系，保护信教群众的合法权益，不断提升依法处理宗教事务的能力。深化法治宣传教育，引导教职人员牢固树立国家意识、法律意识、公民意识。善于用群众工作的思路和办法开展工作，重在交心、重在平常，切实增强联系服务宗教界人士和信教群众的效果。（刘 斌 朱颖杰）

【省委十届九次全体会议】 2016年10月29日，省委十届九次全体会议在太原举行。全会审议省第十一次党代表大会报告稿，并表决一致通过。会议认为，报告稿全面贯彻习总书记系列重要讲话精神和治国理政新理念新思想新战略，充分体现省委治晋理政的新思路，体现省委强烈的政治责任和历史担当，揭示山西时代方位和阶段性特征，是一个求真务实、承前启后、进取创新的报告。全会讨论省纪委工作报告，认为报告符合中央和省委对党风廉政建设和反腐败斗争的部署和要求。（刘 斌 朱颖杰）

【中国共产党山西省第十一次代表大会】 2016年10月31日至11月4日，中国共产党山西省第十一次代表大会在太原召开。大会的主题是：高举中国特色社会主义伟大旗帜，深入贯彻习近平总书记系列重要讲话精神和治国理政新理念新思想新战略，忠诚担当，改革创新，凝心聚力，攻坚克难，为全面建成小康社会，不断塑造美好形象、逐步实现振兴崛起，开创山西省各项事业发展新局面努力奋斗。骆惠宁代表十届省委向大会作题为《以习近平总书记系列重要讲话精神为指引，忠诚担当，攻坚克难，为全面建成小康社会而奋斗》的报告。大会选举产生中国共产党山西省第十一届委员会、省纪律检查委员会，通过关于十届省委报告的决议和关于省纪委工作报告的决议。

（刘 斌 朱颖杰）

【省委十一届一次全体会议】 2016年11月5日，省委十一届一次全体会议在太原举行。全会选举产生十一届省委常委和书记、副书记，通过省纪委十一届一次全会选举结果。骆惠宁当选为省委书记，楼阳生、黄晓薇当选为省委副书记，高建民、孙绍骋、王伟中、盛茂林、任建华、罗清宇、张吉福、王清宪、廉毅敏当选为省委常委。省纪委十一届一次全会选举任建华为省纪委书记。（刘 斌 朱颖杰）

【省委十一届二次全体会议暨经济工作会议】 2016年12月29日至31日，省委十一届二次全体会议暨经济工作会议在太原召开。省委书记骆惠宁在讲话中总结2016年全省经济工

2016年12月29日至31日，中共山西省委十一届二次全体会议暨经济工作会议在太原召开 （刘 斌 朱颖杰供图）

作，分析山西省面临的经济形势，提出2017年经济工作总体要求、主要目标和重大任务，对贯彻全国科技创新大会、全国卫生与健康大会、全国国有企业党的建设工作会议、全国高校思想政治工作会议精神进行部署，对做好2017年工作需要把握的重大问题提出要求。省委副书记、省长楼阳生对2017年经济工作作出具体部署。

会议审议通过《十一届省委全会工作规则》。会议期间，市委书记、工（党）委书记和贫困县县委书记就重要工作责任制落实情况进行述职。

（刘　斌　朱颖杰）

【全省开发区改革创新发展会议】 2016年12月1日，省委省政府召开全省开发区改革创新发展会议。会议强调，要以改革创新的勇气和智慧推进开发区建设。用全新的理念视野谋划定位，用全新的思路办法破解难题，用全新的体制机制增强活力，对开发区进行二次全面创新创业。会议指出，深化转型综改，必须切实践行“五大发展”新理念，深入贯彻落实省第十一次党代会决策部署，把开发区改革创新发展作为战略突破口，开辟主战场，打造大平台。科学把握发展方向、目标定位、路径抓手，高起点谋划布局开发区改革创新发展。立足创新驱动、转型升级，坚定不移推进开发区建设由资源依赖向创新驱动转变，由“小散低”向规模、集中、中高端转变，由同质竞争向差异化发展转变，由招商引资向选商引智转变，由重视硬环境向软硬环境并重转变，由政府主导向市场主导转变。集中在开发区布局转型升级“六大工程”重大项目，真正把开发区建设成为新兴产业的集聚区、先行先试的试验田、对外开放的桥头堡、创新驱动的主引擎、绿色发展的先行区和全面小康的加速器。抓紧落实整合改制扩区调规等关键举措，推行“三化三制”改革，加快建立专业化、市场化、国际化的开发区管理运行机制和领导班子任期制、全员岗位聘任制和绩效工资制等制度。保持战略定力，扎扎实实地抓几年、干几年，加快实现开发区空间布局科学合理、营商环境明显优化、体制机制创新取得重大突破、创新力竞争力带动力显著增强。力争到2020年，开发区创造的增加值占到全省地区生产总值的25%以上，在现有基础上翻一番；再经过5年，占到全省的50%以上，成为全省经济的重要增长极和主引擎。

会议要求，以涵盖太原、晋中两市的太原都市区为依托，加快建设山西转型综改示范区，努力在产业转型、创新驱动、体制改革、绿色发展、投资环境等方面，为全省转型综改作示范、立标杆，发挥好示范区在全省开发区改革创新发展中的排头兵作用。

（刘　斌　朱颖杰）

巡　视

【概述】 2016年，山西省委巡视办贯彻中央巡视工作方针，落实《巡视工作条例》，按照省委提出的“一个指引、两手硬”重大思路和要求，推动巡视工作向纵深发展，在推动全面从严治党、构建良好政治生态、不断塑造美好形象、逐步实现振兴崛起的过程中发挥“尖兵”和“利剑”作用。习近平、刘云山、王岐山、赵乐际、赵洪祝等中央领导多次对山西省巡视工作予以批示肯定。山西省巡视发现的国企干部不按规定标准缴纳党费问题成为全国“两学一做”的规定动作。省委巡视办在中央巡视工作会议上介绍经验，中巡办《巡视参考》先后3次全文刊登“山西省深化政治巡视25条”等做法。《人民日报》、中央电视台、中央广播电台，以及《中国纪检监察报》等中央主流媒体对山西省巡视工作多次报道。省劳动竞赛委员会授予省委巡视机构“五一劳动奖状”，对11名巡视干部予以记功表彰。（杨　帆）

【主体责任履行】 2016年，山西省委定期召开常委会研究巡视工作，省委书记专题会听取十届省委第十三、十四、十五轮专项巡视情况汇报，提出明确处置意见和工作要求。王岐山对山西省书记专题会听取巡视情况报告的做法给予肯定。省委书记骆惠宁到任不久即优先安排听取巡视情况汇报，明确指出，要紧紧围绕省委提出的“一个指引、两手硬”重大思路和要求，不断深化政治巡视，逐步完善巡视巡察工作网络格局，不断净化政治生态，厚植党执政的政治基础。省委巡视工作领导小组把巡视工作作为精品工程，先后召开10次领导小组会议，学习研究贯彻中央和省委新精神新要求，听取巡视情况汇报，动员部署巡视工作。省委常委、省纪委书记任建华到巡视机构看望巡视干部并进行交流，提出巡视工作要讲政策、讲策略、讲效果，压紧夯实“两个责任”的明确要求。（杨　帆）

【政治巡视】 2016年，山西省委巡视办将“两四一聚三紧”和“四个着力”要求予以细化，制定出台《省委深化政治巡视25条》和《政治巡视共性问题了解及巡视报告撰写指导（参考）》，细化30个方面的检查内容，深化政治巡视实践，受到省委和中央巡视办的肯定。贯彻落实十八届六中全会、省十一次党代会精神和“两准则”“四条例”，结合山西实际，研究制定《进一步深化政治巡视的指导意见》（35条），将中央精神、省委要求、党章党规党纪相关规定进行归纳整合，增强操作性，加强自查自纠、即知即改工作。针对巡视中发现不按规定缴纳党费的问题，督促省国资委监管的22家企业补缴党费8930.7万元，督促省直工委补缴欠交党费3770余万元。

（杨　帆）

【巡视全覆盖】 2016年，山西省委巡视办完成十届省委巡视全覆盖工作。组织14个巡视组巡视省委宣传部、统战部、政法委等50个党组织。十届省委第十三、十四、十五轮专项巡视中，发现许多党员干部的问题线索。至十届省委第十五轮专项巡视，全面完成对省管11个市119个县（市、区）、81个省直单位、52个事业单位、19个国有骨干企业、66个高校五大板块共348个党组织的巡视，实现巡视监督无

遗漏、无死角、无盲区。（杨 帆）

【市县巡察】 2016年4月，山西省委巡视办制订出台《关于建立市县巡察制度的意见》，在选取晋城、临汾2市及所辖县区和全省11个县先行试点的基础上，省委巡视领导小组分别于4月和6月召开市县巡察工作试点会、推进会。各市县巡察机构全部成立，市县巡察办共500人，分别平均6人、3.7人，市县两级组建382个巡察组，2102人，平均每组5.5人，全省建立市县巡察“一长两员三库”354个、8634人。各市县普遍出台《关于建立巡察制度的意见》《“一长两员三库”管理办法》等制度规范。11个市及57个县完成首轮巡察，382个巡察组巡察933个党组织。市县巡察覆盖36个县、290个乡镇、93个村、508个市直县直单位，发现一批党的领导弱化、党的建设缺失、全面从严治党不力方面的问题。通过边巡边改，一批违纪党员干部受到惩处，一批侵害群众切身利益的问题得到整改，唤醒基层党员干部在党言党、爱党护党的政治意识，推动各级党组织失责必问、问责必严，厚植党执政的政治基础。

（杨 帆）

【整改“回头看”】 2016年4月，山西省委巡视办按领导小组要求，组织对272个党组织开展整改“回头看”，督促被巡视党组织“主体责任”和省领导“捆绑责任”落实到位，确保做到巡视整改“事事有回音、件件有着落”。“回头看”期间，74%的被巡视党组织成立由主要负责人挂帅的工作机构，主要负责人亲自研究解决重点难点问题，批示4678次，平均批示18次以上。各省委常委、副省长就分管部门巡视整改作出批示178次，平均达11次，推动整改落地见效。省委巡视组反馈问题5478个，总体整改完成率达95.5%。通过巡视整改，被巡视党组织依规依纪处理相关问题线索，开展各类专项治理4457次，实施各类改革措施3059项。（杨 帆）

【重点村整改】 2016年6月，山西省委巡视办按领导小组要求，专门派出2个小组了解上年巡察过的18个重点村整改情况。省委巡视组对18个村反馈问题126项，整改116项，完成92%。通过立行立改、全面整改，挽回经济损失1420.96万元，处理问题干部104人，移交司法机关34人，修订各种制度396项，为群众办实事、办好事233件。《中国纪检监察》专门介绍山西省的做法。（杨 帆）

【整改督办机制】 2016年，山西省委巡视办研究制定《关于加强巡视督办推动“件件有着落、事事有回音”的意见》，建立健全“五账挂号”、问题线索办理情况反馈、整改情况了解督促、落实整改责任考核评价4项督办机制，提高成果运用的科学化、规范化水平。强化问题线索分类移交。全年向省纪委移交问题线索234件；向省委组织部移交问题线索39件；向政法部门移交问题线索6件，为执纪审查、职务犯罪侦查提供重要线索。向省委组织部回复干部选任意见47批701人次，为省委选人用人、换届工作提供重要参考。（杨 帆）

【巡视工作基础建设】 2016年，山西省委巡视办构建大数据平台、打造巡视数据化铁笼。完成1850卷275500页巡视档案的系统归档、电子录入工作，十届省委届内全覆盖巡视档案全部实现规范化、电子化管理。成立由省委巡视办、省审计厅、省财政厅3个部门有关人员组成的联网采集电子数据工作小组，启动联网采集电子数据项目，联网采集省财政厅部门预算管理、转移支付资金管理和监控、政府采购管理、专项资金管理等18个业务系统数据，为深化巡视工作提供自动监测、预警分析和人工核查等大数据支持。完成办公场所搬迁，基础设施改善。（杨 帆）

组 织

【党组织基本情况】 截至2016年底，山西省中国共产党党员总数达243.6万名，比上年增加2万名，增幅为0.83%；党的基层组织总数达12.7万个，比上年增长1044个，增幅为0.83%。2016年，全省发展党员4.49万名，与上年基本持平。在生产、工作一线发展党员2.76万名，占发展党员总数61.47%。发展35岁及以下青年党员3.46万名，占发展党员总数77.06%。发展具有大专及以上学历党员2.16万名，占发展党员总数48.11%。发展女党员1.8万名，占发展党员总数40.09%。

截至2016年底，全省有女党员54.9万名，占党员总数22.5%，所占比例较上年提高0.6个百分点。大专以上学历党员100.3万名，占党员总数41.2%，所占比例较上年提高1.6个百分点。从职业分布上看，农牧渔民党员79.3万名，占党员总数32.6%；企事业单位管理人员、专业技术人员和工人党员82.1万名，占党员总数33.7%；党政机关党员21.2万名，占党员总数8.7%；学生党员2.8万名，占党员总数1.1%；离退休人员党员44.8万名，占党员总数18.4%；其他职业人员党员13.4万名，占党员总数5.5%。

截至2016年底，全省共建立非公企业党组织1.3万个，覆盖非公企业4.08万个；建立社会组织党组织1983个，覆盖社会组织3261个。

（李宏翔）

【“两学一做”学习教育】 2016年，山西省委组织部贯彻中央和省委安排部署，按照“全覆盖、常态化、重创新、求实效”要求，在“学”为基础、“做”为关键上狠下工夫，推进学习教育在全省12.7万个基层党组织、243.6万名党员中同步开展。

突出领导带头。省委常委会集体审议《实施方案》，定期研究推进情况。省委常委同志坚持“九个带头”，以上率下，树标立规。省委书记骆惠宁专题听取全省学习教育情况汇报，作出“五个坚持”重要指示。11月8日，新一届省委中心组召开学习会，把《关于新形势下党内政治生活的若干准则》作为第一次学习内容，集体交流学习体会。全省各级党组织和党员领导干部以高度的政治自觉投身学习教育，形成上行下效、整体联动效应。

突出真学实学。全省各级党组织和广大党员把习近平总书记系列重要讲话作为各项工作的指针，在真学、深学、实学上下工夫。累计举办2960期培训班，培训基层党务骨干20余万人次。各级党组织围绕“四讲四有”普遍开展专题研讨。围绕“六个如何”“八个进一步”，以“学习贯彻系列讲话，解决若干突出问题”为主题，开展学习交流。10月15日，省委在右玉召开“学以致用，以用促学，把学习贯彻习总书记系列重要讲话精神引向深入”学习交流会，重温习总书记关于“右玉精神”的重要指示并进行现场观摩。

突出解决问题。各级党组织树立鲜明的问题导向，聚焦基层党建突出问题，补齐基层党建“短板”。查找到失联党员76022名，纳入组织管理65502名；排查清理“五类人员”17460名，处分处理16194名，占93%；排查未按期换届基层党组织12977个，整改10231个，占79%；全省85867个党支部完成党费自查自改，占支部总数的75%。

突出典型引领。以纪念建党95周年为契机，对全省100名优秀共产党员、100名优秀党务工作者和199个先进基层党组织表彰。宣传李培斌先进事迹，发挥典型引领示范作用。

突出严督实导。坚持常态化督查和随机调研相结合，组成督查调研组对学习教育推进情况开展督查调研，定期了解各地各单位推进情况。各地各部门对学习教育进行回顾检视，发现问题列出清单，抓好整改。

突出成效转化。坚决贯彻十届省委第219次常委会议精神和全省市级经济发展推进会精神，组织开展万名干部入企服务工作，选派14477名党员干部深入4580家企业一线，为企业排忧解难，各级入企服务小组摸查企业反映问题8812个，解决和承诺办结问题8278个，问题解决率达93.94%。

（李宏翔）

【干部选任管理】 2016年，山西省委组织部落实好干部标准，发挥党组织领导和把关作用，按制度规矩办事，防止“带病提拔”。截至2016年底，省委常委会研究任免干部1076人次，其中提拔重用450人。完成省市县乡四级领导班子换届，涉及5416个班子近2万名干部，实现“绘出好蓝图、选出好干部、配出好班子、换出好面貌”目标。

坚持和加强党的领导。各级党委重视换届工作，全面落实从严治党要求，发挥党委统揽全局、协调各方的作用，履行主体责任。省委多次召开常委会议，专题研究部署换届工作，骆惠宁专题听取换届工作情况汇报，组织召开常委会议研究换届事宜，与新任县委书记进行集体谈话。省委常委、组织部部长盛茂林就换届工作先后赴11个市、48个县调研。各级党委发挥领导核心作用，党委书记均担任换届工作领导小组组长。

围绕事业发展优化领导班子配备。各级组织部门开展分析研判，开展谈心谈话，酝酿人事安排初步方案，确保选优配强各级领导班子。全省提拔重用一批优秀县委书记和优秀乡镇党委书记，围绕脱贫攻坚为沿黄贫困地区选配一批熟悉农业、水利、林业的专业干部，统筹掌握使用一批“长江学者”“百千万人才工程”干部，注重从省直、高校等单位为地方选配优秀干部，选派44名科技挂职副县长和19名金融挂职副县长。换届后各级领导班子经历、学历、专业等方面结构优化。市县两级领导班子中有下一级党政正职经历的干部占38.6%，乡镇领导班子具有2年以上乡镇工作经历的干部占90.5%。

防止干部“带病提拔”。严把代表委员入口关，落实中央明确的十种不得提名为代表委员情形，建立代表委员推荐提名人选联审制度，总体上把握“三看”，即看有没有问题、看有没有代表性、看履职能力如何。开展“六查”，落实中央“凡提四必”要求，全省共查核干部档案2.9万人次，征求有关部门意见2.4万人次，查核个人有关事项报告2.2万人次，有449人被取消选拔或提名资格。改进推荐考察，突出党组织的领导把关作用，推行先个别谈话推荐后会议推荐的方式，防止简单以票取人。

推进干部能上能下。贯彻中央《规定》和山西省《实施细则》，结合换届进行探索。对符合继续提名年龄条件，但群众口碑不好、工作不在状态或确属人岗不适的干部坚决调整，营造能者上、庸者下的干事创业氛围。换届中调整不适宜担任现职领导干

2016年5月25日，省委常委、组织部部长盛茂林（左四）到太重集团公司就贯彻落实全省“两学一做”学习教育工作推进会精神进行调研　（李宏翔供图）

部98名。其中，厅级干部9名，县委书记13名，其他处级干部20名，科级干部56名。

严格纪律严肃风气严厉查处。全省上下把换届纪律和规矩挺在前面，各级组织部门开展"一片一书"等换届纪律专题学习。全省共组建922个督查组，对各地执行换届纪律情况进行监督检查。开展突出问题专项整治，全省共整改消化超职数配备干部9530名，完成整改消化任务的99.35%，新超职数配备干部现象遏制。吸取辽宁省拉票贿选案教训，对换届中违规违纪问题实行"零容忍"。全年共查核选人用人案件356件。其中，诫勉21人，组织处理45人，给予党政纪处分4人。

从严干部日常监督管理。加大函询、诫勉力度，在用好"四种形态"的第一种形态上下工夫，发挥函询和诫勉的作用，截至2016年底，省委组织部共提醒14人，函询309人，诫勉34人。执行个人有关事项报告制度，全省共受理个人有关事项抽查核实委托1.7万余人，780名干部因不如实报告或隐瞒不报被给予组织处理或党政纪处分。强化经济责任审计监督作用，对12名审计对象提出处理建议。严格因私出国（境）管理监督，对40名违规持有因私出国（境）证件的省管干部进行函询和纠正，对6名未经审批出国（境）的省管干部给予诫勉。

调动干部干事创业积极性。贯彻省委全面构建良好政治生态推进会精神，制订出台《山西省激励干部担当作为干事创业办法（试行）》《山西省支持干部改革创新合理容错办法（试行）》，支持干部干事创业，鼓励干部担当作为，激励干部奋发有为。

（李宏翔）

【干部教育培训】 2016年，山西省委组织部深化干部教育培训改革，提升干部教育培训质量，为推动全省改革发展和干部健康成长提供动力。

推进习近平总书记系列重要讲话精神学习培训。把"两学一做"学习教育内容列为各级党校、行政学院和干部教育培训机构的必学内容，开展学习习近平总书记系列重要讲话精神和党章、党规党纪、党的优良传统、党风廉政建设等教育培训。

开展新理念新思想教育培训。举办省管主要领导干部专题研讨班，组织436名省管主要领导干部进行集中培训和深入研讨，确保中央决策部署在山西落地生根。狠抓换届后新任职领导干部专业能力提升，突出"一把手"这个关键，对县乡主要领导和高校班子成员普遍进行任职培训，对市县两级政府副职进行集中培训，培训干部1400多人。

创新形式开展精准培训。围绕推进金融振兴，分3期对1500名机关、企业处级和中层干部集中培训。抓好网络学习培训，依托山西干部在线学院，对市县两级3600多名领导干部进行专业知识网络培训。加大组织调训力度，点名调训各级领导干部700多人；全省共举办专题研修班次302个，培训各级各类干部21629人；联合42个省直厅局举办91期培训班次，培训干部10450人；全年共完成"送教下乡"444场，培训基层干部12万多人。

加强主渠道主阵地建设。制定出台《关于进一步加强全省党性教育基地建设的实施意见》，重点支持右玉、武乡、大寨3个省级基地建设。贯彻全国、全省党校工作会议精神，研究制定《关于推进县级党校办学体制改革的指导意见》，创新县级党校办学体制。

（李宏翔）

【人才队伍建设】 2016年，山西省委组织部加强人才队伍建设，为实现富民强省提供人才支撑。

创新人才发展体制机制。贯彻落实中央《关于深化人才发展体制机制改革的意见》，研究制定山西省《实施意见》，在落实用人主体自主权、改革事业单位编制和人事管理模式、健全人才培养机制、创优科研环境、高层次人才引进服务保障、职称制度改革、创新人才流动政策等方面提出改革举措。

调整完善重大人才政策。开展《山西省中长期人才发展规划纲要（2010—2020）》中期评估工作。出台《关于调整山西省引进海外高层次人才"百人计划"相关政策的通知》和《山西省引进支持海外高层次人才创业创新团队暂行办法》，完善政策体系。

统筹推进人才队伍建设。推荐申报国家"千人计划"12人，10人入选专家评审阶段。推荐申报国家"万人计划"青年拔尖人才项目13人，全部入选专家评审阶段。组织开展山西省第九批"百人计划"申报评审工作和山西省第四批青年拔尖人才评选工作。2016年，新增享受国务院特殊津贴专家55人、省级学术技术带头人151名、新兴产业领军人才51名、三晋技术能手55名、社会工作专业人才983名。 （李宏翔）

【基层组织建设强化】 2016年，山西省委组织部抓好基层党组织建设，夯实从严治党、富民强省的组织基础和工作基础。

压实抓基层党建的主体责任。发挥省委党建工作领导小组及其办公室的职能作用，抓好全省党建工作重点任务落实。抓好《中国共产党地方委员会工作条例》《中国共产党党组工作条例（试行）》的贯彻落实。做好市县乡党委书记抓基层党建工作述职评议考核，形成书记抓、抓书记的党建工作格局。

围绕打赢脱贫攻坚战，强化农村基层党组织建设。以乡镇换届为契机，选优配强领导班子，新提任乡镇党委书记404名、乡镇长605名，共选拔2095名"三类人员"（乡镇事业编制人员、优秀村干部、大学生村干部）进入乡镇领导班子。加强贫困地区基层党组织建设，新配备及调整贫困村党组织书记343人，增派320名省直单位优秀干部担任农村第一书记，第一书记总数达9393名，选聘442名大学生村干部到贫困村任职。实施集体经济"破零"工程，全省有集体经济收入的村共16672个，较上年增加7861个，提高28.1个百分点。整顿软弱涣散党组织，按倒切10%左右的比例在全省确定2644个软弱涣散农村基层党组织集中整顿。强化基层基础保障，为64736名正常离任、累计任职9年以上且年满60周岁的村党组织书记发放生活补贴共计2700余万元；下拨省管党费238.7万元，为部分年满65周岁、曾担任过村党组织书记且生活特别困难的老党员发放生活补助。贯彻省委《关于实施“一带三创”全面加强农村基层党组织建设的意见》，以“一带三创”为抓手，构建省市县乡村“五级联动”抓基层党建工作责任体系。

加强薄弱环节和新兴领域党建工作。推进“两个覆盖”专项行动，全省非公企业和社会组织党组织覆盖率分别达45.7%和24.4%。印发《进一步加强全省城市社区活动场所和公益性服务设施建设的若干意见》，配套出台《扶持补助办法》，加强社区基础保障，提升社区党组织服务群众能力。贯彻落实全国国有企业党的建设工作会议精神，推进国有企业党建工作。完成部分高校党委换届工作，实施高校教师党支部书记“双带头人”培育工程，加强机关党建工作，统筹推进其他领域党建工作。

加强党员队伍建设。制定《山西省“十三五”期间发展党员工作规划》，执行从严发展党员“5+1”工作制度，全省基层全年发展党员43658人。对基层党组织书记、“两新”组织党员、新党员、流动党员和党员教育管理队伍等五类重点对象，开展教育培训。全年下拨基层建设党费2491.6万元，组织开展走访慰问生活困难党员、老党员和老干部活动。（李宏翔）

【党建制度完善】 2016年，山西省委组织部按照“坚持问题导向、突出主干制度、重在务实管用、着力抓好执行”思路，贯彻落实省委党建制度改革专项小组决策部署。

统筹安排，明确任务。统筹结合中央和省委全面深化改革领导小组《2016年工作要点》和山西省党建工作实际，制定《党的建设制度改革专项小组2016年工作计划》，确定13项具体任务，明确各项任务的牵头单位、责任人、预计完成时间。

强化领导，协调推进。召开2次省委党的建设制度改革专项小组会议，传达中央和省委有关改革的新精神新要求、讨论审议各项改革制度、研究确定推进改革任务落实的措施。把握时间节点，全面推进改革任务落实，50项改革制度出台38项，在全省各级推进实施。

开展督察，督促落实。就《全面贯彻好干部标准树立正确用人导向从严管理干部的决定》落实情况重点督察。结合“两学一做”学习教育、换届风气督查等工作，对干部、基层党建、人才工作等3个方面9项改革制度，对省委关于做好干部工作的6个重要文件的落实情况督察，形成《关于开展党的建设制度改革专项督察的情况报告》。通过加强督促检查，传导压力，推动改革举措精准落地。

（李宏翔）

宣　传

【概述】 2016年，山西省宣传思想文化战线学习贯彻习近平总书记系列重要讲话精神和中央、省委重大决策部署，围绕中心、服务大局，抓住“两个巩固”根本任务，忠诚担当、履职尽责；围绕省第十一次党代会等重大会议精神，精心策划组织，整合各类媒体，突出鲜明导向，强化传播创新，准确传递省委声音；围绕省委治晋理政总方略总要求总目标，展示省委“一个指引、两手硬”重大思路和要求，形成持续报道山西的强大正面舆论热度和良好的社会反响；围绕加强社会主义核心价值观建设，开展“图说我们的价值观”“我们的节日”等系列主题宣传活动；围绕推进文化改革发展，出台山西省“十三五”文化强省规划以及支持文化企业改革发展、提高公共文化服务水平等一批政策性文件；围绕塑造山西对外形象，开展对外宣传，突出风光山西、人文山西、转型山西、品牌山西等主题，举办和组织重大对外活动宣传，传播山西声音，展示山西形象。（王　正）

【思想理论建设】 2016年，山西省委宣传部发挥党委中心组理论学习示范带动作用，承办省委在右玉召开的“学以致用，以用促学，把学习贯彻习近平总书记系列重要讲话精神引向深入”学习交流会；建立重大思想理论文章撰写联席会议机制，围绕宣传阐释省委治晋理政重大理论和现实问题，在省级主流媒体开办理论学习专题专栏，组织力量在中央主要媒体发表一批重头理论文章；集中开展党的十八届六中全会和省第十一次党代会精神宣讲活动；出台《党委（党组）意识形态工作责任制实施细则》，建立并实施意识形态领域情况分析研判机制。推进网络生态综合治理，净化网络空间，加强涉晋网络舆情管控。全年向中央网信办举报政治类有害信息37万余条，举报数量、质量均居全国前三，受到中宣部、中央网信办肯定。

（王　正）

【舆论引导】 2016年，山西省委宣传部围绕省委治晋理政总方略总要求总目标，创新性建立并发挥重大题材新闻报道联席会议机制的作用，把能够体现“山西步伐”“山西路径”“山西气魄”“山西答卷”“山西担当”的中心工作作为选题方向，组织动员中央和省内主要新闻媒体集中发力、上下呼应。围绕供给侧结构性改革、煤炭去产能、脱贫攻坚、从严治党、生态环境治理、乡镇换届等工作，11月以来，中央主要新闻媒体刊播涉及山西省的正面报道200多篇。（王　正）

【社会主义核心价值观建设】 2016年，山西省委宣传部开展“图说我们的价值观”“我们的节日”等系列主题宣传活动，引深核心价值观宣传教育。规范大众传媒及社会媒介公益广告刊播工作。制订《关于加强爱国主义教育示范基地工作的意见》，实施红色及抗战遗存本体保护和内容展示工程，开展纪念建党95周年和长征胜利80周年宣传教育，弘扬爱国主义精神。加大道德模范、先进典型的选树宣传力度，组织开展第六届山西道德模范评选表彰宣传活动、“山西好人”推选活动，李培斌入选全国“时代楷模”，24人入选“中国好人榜”。组织召开全省农村精神文明建设经验交流会，选树一批美丽乡村建设典型。开展志愿服务活动，参加第三届中国青年志愿服务项目大赛暨2016年志愿服务交流会，获1个金奖、12个银奖。 （王 正）

【文艺创作】 2016年，山西省委宣传部出台《中共山西省委关于繁荣发展社会主义文艺的实施意见》，制订《2016—2017年全省文艺业务骨干和管理干部培训工作规划》，下发《关于全省性文艺评奖制度改革的意见》，先后投入3500余万元，扶持文学、戏剧、影视等门类86部重点作品的创作。开展山西省第十一届精神文明建设“五个一工程”优秀作品评选表彰工作，表彰近三年涌现出的66部优秀作品、10个先进单位。晋剧《于成龙》入选国家舞台艺术精品工程，和音乐剧《火花》共同入围第十一届中国艺术节重点剧目。话剧《生命如歌》获第五届全国少数民族文艺会演金奖。戏剧电影《山村母亲》获第25届中国金鸡百花奖电影节优秀新片奖。电视剧《黄河在咆哮》获中国广播影视大奖和第三十届电视剧“飞天奖”优秀电视剧提名。推出纪念中国共产党成立95周年主题晚会《颂歌献给党》，组织晋剧《红高粱》、舞剧《吕梁英雄传》等近20台优秀剧目赴基层慰问演出100余场，创排纪念长征胜利80周年主题音乐会《长征组歌》，组织新创作的10余部舞台艺术精品赴各市巡演，赴省城37所高校开展“戏曲精品进校园”活动，丰富基层群众的文化生活。 （王 正）

【文化体制改革】 2016年，山西省委宣传部出台山西省“十三五”文化强省规划以及支持文化企业改革发展、提高公共文化服务水平等政策性文件。完成165个贫困村的综合文化服务中心示范工程建设，提前完成广播电视直播卫星户户通工程，完成全省可移动文物普查。运城宇达、太原唐是、睿信传媒3家文化企业在“新三板”挂牌。全省文化产业增加值同比增长12.1%，高于全国增速1.1个百分点。 （王 正）

【对外宣传】 2016年，山西省委宣传部开展对外宣传，突出风光山西、人文山西、转型山西、品牌山西等主题，举办“洋眼”看山西、知名作家看山西、中国民航带您看山西等“看山西”系列文化宣传推广活动，成功举办海峡两岸神农炎帝文化、尧帝文化、舜帝文化、云冈文化旅游招商系列活动和第11届网络媒体山西行活动以及第16届平遥国际摄影大展、第27届关公文化旅游节、第6届武乡八路军文化旅游节等重大文化活动，组织参加第12届深圳文博会、第11届北京文博会等国家级文化产业博览交易会，做好山西品牌中华行、丝路行、山西旅发大会等重大对外活动宣传，传播山西声音，展示山西形象。 （王 正）

【互联网建设管理】 2016年，山西省委宣传部加强网上正面宣传，组织“全国网络媒体山西行”活动，在网上全面宣传省委省政府调整产业结构、推进转型发展方面取得的成效，展现山西厚重的历史文化资源，塑造山西省褪去“煤炭印象”、加快文化旅游产业发展的新形象，达到“1+1>2”的效果。创新网络评论工作，逐步建立完善网评员分组协作、网评任务轮值、网评结果报表等工作机制，推动形成网上统一战线。规范属地新闻网站基础管理，加强对中央重点新闻网站驻晋频道（分站）、全省新闻网站（含省属重点新闻网站驻各市频道）、国内知名商业网站驻晋频道前置审批。净化属地网络环境，关闭违法违规网站17个，封堵假冒的大专院校官方网站1个，勒令整改违规的社会网站1个，约谈违规网站1个，向有关部门移交违法违规网站线索2个。 （王 正）

统 战

【思想政治引领工程】 2016年，山西省委统战部加强组织领导。山西省委成立以省委书记骆惠宁为组长的统一战线工作领导小组，全省11个市也全部成立以市委书记为组长的统战工作领导小组。实现省、市、县三级统战部长由同级党委常委担任全覆盖。下发《在全省各级党组织中设置统战委员的通知》，明确要求全省各级党组织设立专职或兼职统战委员。落实党政领导干部与党外代表人士联谊交友制度，17名省领导与33名党外代表人士联谊交友。召开有关会议，推动重点工作贯彻落实。牵头筹备召开全省宗教工作会议，研究制定贯彻落实全国政协主席俞正声到晋调研重要指示精神21条实施意见以及贯彻落实全国宗教工作会议的25条具体举措。俞正声、孙春兰对此作出批示，要求中央统战部《统战工作》刊登并印发全国。加大督查力度，推动各项工作落实。配合中央统战工作领导小组对山西省进行督查，省委统战工作领导小组组成7个督查组，对各市和有关部门进行督查，形成《督查报告》，按程序上报省委。起草并以省委名义向中央报送《中共山西省委关于中央统战工作领导小组反馈意见的整改情况报告》，完成中央统一战线工作领导小组反馈意见整改落实。

2016年，山西省委统战部通过举办学习讲堂、知识讲座、专题报告会等形式，组织统一战线广大成员深入学习贯彻习近平总书记系列重要讲话精神，学习中共十八大及十八届三中、四中、五中、六中全会和省第十一次党代会、全省经济工作会议等重要会议精神。组织“民主党派学习讲堂”5次，听课人数700余人。开展“坚持和发展中国特色社会主义学习实践”活动，加强思想建设，增进政治共识。在非公有制经济人士中开展“四信”（对中国特色社会主义的信念、对党和政府的信任、对企业发展的信心、

2016年11月29日，省委常委、统战部部长廉毅敏（左二）走访民主党派（侯国柱供图）

对社会的信誉）教育活动。在全省党外代表人士中组织推动开展“双学一跟”（学习讲话、学习作风、跟党奋进）活动，全省各级举办“双学一跟”培训班、专题讲座、报告会、知识竞赛、演讲比赛等主题实践活动300余场次，参加活动的党外代表人士达3.5万余人次。中央统战部《统战工作》全文转发山西省开展“双学一跟”做法。（侯国柱）

【政党协商加强】 2016年，山西省委统战部加强政党协商。协助省委制定下发《关于加强政党协商的实施意见》及年度政党协商计划。协助省政府制定《关于在政府工作中加强与民主党派工商联和无党派人士联系的意见》。召开党外人士协商座谈会10次。完成省市级民主党派换届。制定《关于协助各民主党派做好市级组织换届工作的意见》《关于协助省级民主党派做好换届工作的意见》等指导性文件，协助各民主党派形成省市级换届工作座谈会纪要，以及省级组织民主推荐座谈会纪要和省级组织届末述职、民主评议座谈会纪要。6次赴中央统战部、民主党派中央沟通情况、交换意见、三方协商，完成6个省级民主党派届末述职和民主评议、民主推荐工作。加大党外干部安排使用力度。选配1名党外干部担任高校领导班子正职、4名担任副职，42名党外干部担任乡镇（街道）行政正职。11个市除1名政协副主席外，119个县（市、区）除2名政协副主席外，其余全部落实同级职务的党外干部享受同等待遇的规定。支持党外人士参政议政、民主监督。支持各民主党派、工商联、无党派人士开展专题调研，形成调研成果154件，提出建言献策课题300余篇，支持民主党派成员履行监督职能，向有关部门推荐30名党外代表人士担任特约人员。山西社会主义学院主体建筑基本封顶，配套工程稳步推进。（侯国柱）

【民营经济服务支持】 2016年，山西省委统战部按照省委“一个指引、两手硬”重大思路和要求，坚持围绕中心服务大局，推动民营经济突破发展。创新开展民营企业“待批项目大起底”，改善民间投资环境。帮助民营企业加快完善和办理相关项目手续，解决“卡壳”项目。梳理待批项目2745件，办结1956项，促进全省民间投资快速增长。上半年全省民间投资完成2880.3亿元，同比增长14%，增速快于全国11.2个百分点，受到国务院民间投资督查组的高度评价，7月25日国家发改委将此纳入《各地促进民间投资典型经验和做法》印发全国。推动领导干部联系民营企业，为民营企业排忧解难。制定出台《全省领导干部联系民营企业工作方案》，省市县三级领导干部和省直部门领导结对帮扶5000余家民营企业。省领导带头走访所联系的民营企业，围绕“亲”“清”二字，同企业家交朋友，为企业排忧解困。开展“民企入晋”相关工作，搭建转型创新平台。以承办全国工商联常委会为契机，召开民营企业助推山西转型创新发展大会，开展全国工商联常委企业全覆盖走访活动，在省外举办10场招商推介活动，会议签约808个新兴产业项目，投资意向近9700亿元，吸引更多民营企业关注山西、投资山西。完善“政银企”合作机制，破解融资难题。协调金融机构累计向769家信用良好的民营企业发放989笔无抵押、无担保贷款6.78亿元。协调省财政厅建立50亿元民营企业创新转型基金，向基金主管部门推荐170个重点民营项目。完善金融支持重点民营企业筛选认定管理机制，与金融部门共同推出66家民营企业作为金融机构第二批重点扶持对象。会同国土、住建部门，从源头解决民营企业无土地房产抵押难题，为861家民营企业办理土地手续和房产证书，盘活“冬眠”资源。建立考核督查机制，推动政策措施落实。将民营经济增加值等3个主要指标和推进民营经济发展工作纳入全省年度目标责任考核体系，调动各级各部门推进民营经济发展的积极性；邀请相关部门组成调研检查组，对各地贯彻落实全省民营经济发展推进大会精神情况进行专项检查，推动民营经济政策措施的贯彻落实。参与脱贫攻坚，在精准扶贫中实现共赢。引导民营企业参与“千企帮千村—精准到户”扶贫行动和山西光彩事业“中阳行”等行动，1555家民营企业和商会与1642个建档立卡贫困村建立结对帮扶，带动4.8357万户10.5146万贫困人口摆脱贫困，捐资助困助学助残4200多万元，解决就业3万多人。其中，“中阳行”招商引资项目62个，投资 52.26 亿元，捐款捐物 2666.88 万元。省职教社开展温暖工程去产能待岗职工技能培训，帮助 200 余名职工实现再就业。（侯国柱）

【宗教工作】 2016 年，山西省委统战部贯彻全国宗教工作会议精神。召开全省宗教工作会议，起草《关于加强和改进新形势下宗教工作的实施意见》，制订 6 个方面 22 条具体工作措施。完善省宗教工作领导小组，完善县乡村三级宗教工作网络和两级责任制。加大培训力度，推动宗教教职人员素质能力提升。制订《山西省宗教教职人员三年培训工作规划方案》，计划用 3 年时间对全省 6386 名宗教教职人员轮训一遍。与省委组织部、省委党校、省宗教局联合举办全省宗教工作专题培训班，对 150 名换届后的市县宗教工作分管领导、宗教部门主要负责人进行集中培训；举办全省宗教教职人员培训班，对 150 余名代表人士进行培训；举办天主教、基督教教徒聚居村"两委"主干培训班。加强维稳工作力度，推动解决宗教领域重点难点问题。（侯国柱）

【少数民族扶贫调研】 开展少数民族聚居村扶贫和少数民族流动人口工作。对少数民族聚居村进行精准扶贫，到户到人。对全省流动少数民族人口进行调研，提高少数民族流动人口服务管理水平。参加全国少数民族文艺会演，获剧目金奖和最佳编剧奖。（侯国柱）

【港澳台及海外统战】 2016 年，山西省委统战部加强港澳台及海外统战工作，以根祖文化、晋商文化、关公文化等为纽带，邀请接待中国香港、澳门、台湾地区和荷兰等地的 10 个团组近 200 人次到晋参访。开展"晋港青年汇·山西机遇行"香港青年学生山西实习活动，为来自香港 15 所高校的 30 名青年学生提供实习岗位。举办第十九届台湾教师"山西古文化之旅"和第十三届"2016 年台湾青年千人夏令营山西分营"等参访活动。在香港举办山西投资推介会，协助香港山西商会筹办"山西节"活动。申请中华海联会专项资金 150 万元，在阳曲县、神池县、壶关县建设 30 所海联卫生室。（侯国柱）

【党外知识分子工作】 2016 年，山西省委统战部加强党外知识分子工作研究和部署。开展调查研究，形成《高校统战工作调研报告》，中央统战部《调研参考》全文刊登；召开全省高校统战工作会议，起草《关于加强高校统战工作的实施意见》，拟以省委文件下发；开展归国留学人员"报国创业活动"，举办"百城同台"海归人才招聘会，支持归国留学人员创业创新。成立山西省新的社会阶层人士联谊会，聘请 6 名法律界人士担任统一战线法律顾问，探索建立新的社会阶层联谊联席会议制度，加强与律师、新媒体从业人员、网络意见人士的联系。（侯国柱）

台湾事务

【晋台经济交流合作】 2016 年，山西省新增台资企业两家，新增投资额 1.22 亿美元。全省对台贸易进出口总额 10.84 亿美元，同比增长 11.3%，其中，进口 6.33 亿美元，同比增长 25.7%；出口 4.5 亿美元，同比减少 4.1%。推动晋台双向经贸交流。在台举办第五届晋台经贸交流合作恳谈会；指导国土厅、大同市、晋城市、晋城富晋精密工业有限公司等 17 个团组 74 人次赴台进行经贸交流考察，推进山西老陈醋集团入岛项目建设；邀请接待"台湾新同盟会山西人文经贸交流团"，台商何祖芬一行经贸考察团，台商谢天添一行黎霍高速公路项目考察团和全国台企联副会长、太原市台资企业协会会长曾新慧一行忻州温泉养生项目考察团等到晋考察交流；推动晋台旅游经济合作，邀请台南市旅游商业同业公会一行 40 人到晋参访交流，促成台湾颐禾园有机农场与乡宁县云丘山旅游开发有限公司开展旅游项目合作。开展台商、台企走访服务工作，协调解决项目推进、项目审批、政策落实和台商子女就学等相关问题，保障台商合法权益；受理台商投诉事项 4 件，2 件协调处理结案，2 件开展协调处理。（吕继常）

【晋台文化交流】 2016 年，晋台双向交流 64 项 1771 人次，其中台胞到晋交流 9 项 1500 余人次。晋台教育和青少年交流加强。"东莞台商子弟学校毕业山西行""2016 海峡两岸小学生同根共祖、播种希望、携手成长夏令营"等交流活动在晋举办，晋台两地教育和青少年交流成效明显。"台湾南鲲鯓代天府文化交流参访""台湾·忻州两岸情摄影家作品联展""大同台湾美食节""第十一届海峡两岸台北旅展"等活动在晋台两地举办，晋台各界交流渠道拓宽。（吕继常）

【对台宣传工作】 2016 年，山西省台湾事务办公室强化对台宣传工作。"纵横山西网"等网站完成改版上线运行，与华夏经纬网、中国台湾网合作开展涉台网络专题报道，加大涉台活动和地方文化、经济、社会新闻报道力度，全省网站主要指标位居全国前列。全年共接待 6 个团组、16 家岛内媒体的 43 人次记者到晋采访，深化晋台新闻交流成效。完成"山西魅力市县"10 个专题和"大陆新发现"专题制作宣传工作和岛内刊播工作；完成《两岸一家亲楹联集》出版发行工作，提升山西在台影响。开展涉台干部培训班、涉台教育进社区、涉台知识讲座等舆论引导和涉台教育活动。深化晋台经贸文化交流，打造"华夏文明看山西"交流品牌，组织考察恳谈，推动项目签约落地。加强涉台事务管理，指导开展群众性涉台教育，依法维护台胞权益。（吕继常）

【涉台事务管理服务】 2016 年，山西省台湾事务办公室做好涉台突发事件应急处置和管理工作，处置 4 起涉台突发事件。全年无重大涉台突发事件。贯彻国台办授权开展应邀赴台审

2016年7月21日至28日，“华夏文明看山西——台湾大学生三晋行”在晋举办交流活动 （吕继常供图）

批工作要求，落实《山西省应邀赴台交流审批管理办法》，做好台胞到晋和山西居民赴台管理服务工作。全年山西省公民赴台人数10.3万人次，其中，应邀赴台交流901人次，赴台探亲等其他因私事项334人次，赴台旅游10.18万人次。做好台胞捐赠管理和台胞台属服务工作。全年接受台胞捐赠共20项137.29万元人民币；接受并妥善处理台胞台属来信来访、晋台双向寻亲、台胞考生身份认证等相关事项300余件。 （吕继常）

【华夏文明看山西——台湾大学生三晋行】 2016年7月21日至28日，“华夏文明看山西——台湾大学生三晋行”交流活动在晋举办，台湾大学生参访团一行20人到晋，分别与太原理工大学、山西师范大学师生联谊互动，参观晋祠、山西博物院、尧庙等历史文化古迹，走访太原青创园。 （吕继常）

【情系老区——旺满三晋捐赠活动】 2016年2月2日，山西省台湾事务办公室和旺旺集团太原分公司在长治市沁县郜家渠村举办“情系老区——旺满三晋”捐赠活动，赠送价值15.96万元的旺旺食品，省委台办领导分别到贫困群众家中走访慰问。 （吕继常）

【台湾新同盟会参访团到晋交流】 2016年4月24日至30日，台湾新同盟会山西人文经贸参访团一行37人到晋参访交流，考察参观山西大学、侯马市经济技术开发区、孝义市经济技术开发区和汾酒集团、东湖醋园，举办“山西省情和经济发展专题讲座”和“晋台经贸交流合作座谈会”。 （吕继常）

【海峡两岸神农炎帝文化交流系列活动】 2016年5月13日至15日，“海峡两岸神农炎帝文化交流系列活动”在晋城市、高平市举办。中共中央台办、国务院台办副主任龙明彪，中共山西省委书记王儒林，副书记楼阳生等出席相关活动；台湾新党主席郁慕明、台湾中华民族团结协会理事长夏瀛洲、全国台企联荣誉会长丁鲲华及台湾各炎帝宫庙负责人、炎帝信众等1171位台胞到晋参加活动。 （吕继常）

【高雄里长山西行活动】 2016年8月6日至14日，“高雄里长山西行”交流活动在晋举办。高雄市里长和基层民众一行36人到晋参加活动。参访团走进太原、临汾、运城、吕梁等地基层社区和农村，与社区主任、村委会主任交流座谈，实地考察新农村建设风貌，走访中华历史文化古迹，目睹大陆经济社会发展新成就，增进彼此了解和感情。 （吕继常）

【名城古都——大同之旅交流活动】 2016年7月6日至11日，第六届海峡两岸中小学校长及中学生“名城古都——大同之旅”交流活动在大同举办。来自台湾台南市、台北市、台中市等地的33名中小学校长及中学生代表来晋参加活动，与大同市部分中小学校长及优秀教师代表进行座谈交

2016年5月13日至15日，海峡两岸神农炎帝文化交流系列活动在高平市举办 （吕继常供图）

流，参访大同市博物馆、平型关大捷纪念馆等，深化晋台教育交流成果，形成新的交流合作意向。（吕继常）

【台湾记者三晋行——山西酒文化专题采访活动】 2016年8月21日至26日，“台湾记者三晋行——山西酒文化专题采访活动”在晋举办，《台湾旺报》《中国时报》、中天电视台、高雄市新闻记者公会和中国台湾网等媒体和单位的16位负责人和记者到晋参加。到山西汾酒集团、汾阳王酒厂、山西老传统酒业有限公司、汾酒博物馆采访参观。（吕继常）

【台湾媒体山西根祖、民俗文化采访】 2016年9月18日至24日，“台湾媒体山西根祖、民俗文化”交流采访活动在晋举办，《工商时报》、东森电视台和华夏经纬网等两岸媒体的19位负责人和记者参加活动，两岸媒体深入运城、临汾等地，对解州关帝庙、舜帝陵、丁村文化遗址、大槐树移民旧址等根祖民俗文化遗址考察采访。（吕继常）

【第五届晋台经贸交流合作恳谈会】 2016年10月13日至11月17日，第五届晋台经贸交流合作恳谈会在台举办。山西国新能源集团、临汾市政府和寿阳县政府分别组团赴台参加活动。活动以“创新合作、转型发展”为主题。活动签署《尧王台农业产业基地建设合作协议》《临汾农民技术培训基地建设合作协议》等19项合作协议。（吕继常）

机构编制

【行政审批制度改革】 2016年，山西省机构编制委员会办公室（省编办）推进简政放权、放管结合、优化服务、提升效率。精简行政审批等事项。分三批落实国务院取消涉及山西省的行政审批事项199项。分两批落实国务院清理规范涉及山西省的105项行政审批中介服务事项。围绕减轻企业负担、促进“双创”，再取消和下放省级行政职权事项40项。各市承接国务院和省政府取消下放行政审批等事项，精简本级行政审批等事项。强化事中事后监管。依据省政府办公厅文件印发《关于深化行政审批制度改革加强事中事后监管的意见》，配合相关部门梳理进驻省政务服务大厅的46个部门866项审批事项。开展“双随机、一公开”相关工作，制定公布省直43个部门597项随机抽查事项清单，各市随机抽查事项清单陆续编制公布，推广“两集中、两到位”做法，加强对审批过程和行为监督约束，形成一口进出、全程监督的“制度加科技”权力运行监督约束机制。优化审批政务服务。制订出台《加快推进省政府部门行政许可标准化建设工作方案》。加强对灵石县相对集中行政许可权改革试点指导，探索推进集中审批、分类监管和服务、综合执法等政府治理新模式。对49个部门(单位)232项行政审批中介服务事项进行清理和规范，保留17个部门(单位)47项行政审批中介服务事项，80%事项被“砍掉”。各级政府部门公布本级行政审批中介服务事项清单。深化权责清单工作。截至2016年4月底，全省省、市、县三级政府部门权责清单全部编制并公布运行，提前完成中央安排部署的任务。将权责清单向乡村延伸，建立乡村权责清单。依据省政府文件印发《山西省政府部门权责清单动态管理办法》《山西省政府部门行政职权运行监督管理办法》，编制省直9个依法承担行政职能事业单位的权力清单。各市制定出台权责清单动态管理办法和运行监督办法，对权责清单进行调整。全面推进“两清单、两张图、两办法”权责清单工作受到省政府领导充分肯定。在国务院第三次大督查中，山西省规范行政审批行为、深化行政审批制度改革的做法，作为典型经验被国务院督查组推荐向全国推广。（王小琴）

【行政体制改革】 2016年，山西省编办推进行政体制改革。开发区体制机制改革。以推动开发区(园区)体制改革为突破，破解阻碍转型综改试验区建设的体制机制障碍，研究起草并经省委常委会议审议通过《关于组建山西转型综合改革示范区管委会的框架意见》。2016年度山西省首次转型综改目标考核中，山西省编办服务综改成效显著，被推荐为4个优秀单位之一。综合执法体制改革。以省委、省政府文件印发《关于深化综合行政执法体制改革的指导意见》，提出在十个领域省、市、县统筹推进改革，为全国首创，得到中央编办肯定。对省一级行政执法队伍进行调查摸底，推进省直行政执法队伍清理工作。晋城、忻州选择商务流通领域，晋中选择商务粮食和交通运输领域，吕梁孝义选择公共卫生和交通运输领域推进综合执法试点，为全省改革探索路子，积累经验。出台城市管理和商务流通领域综合执法体制改革指导意见，指导市县推进改革。（王小琴）

【重点领域和关键环节体制改革】 2016年，推进旅游管理体制改革，将山西省旅游局调整为省旅游发展委员会，由省政府直属机构调整为省政府组成部门，强化统筹协调职能，多数市也相应作调整。以五台山的管理体制改革为突破口，改革探索景区管理体制；围绕优化政务服务环境，结合深化行政审批制度改革，组建省政务改革和管理办公室、省公共资源交易中心（省政务服务中心）；围绕构建良好政治生态，完成省纪委派驻机构全覆盖涉及的机构编制工作，建立市县党委巡察工作机构；配合相关部门推动体制机制改革，完成第一批司法体制改革工作中机构编制上划省级统一管理工作；配合推进群团改革，审核省级工青妇等群团改革方案涉及的机构编制事项，大幅精减机构编制，调整完善职能配置，实行编制“减上补下”。协同相关单位推进网络安全、能源管理、安全生产、教育、医疗卫生等领域的体制机制改革。开展政府部门大处室制改革、小县机构改革的研究探索。各市围绕本级党委、政府中心工作，调整理顺体制机制。

（王小琴）

【事业单位改革】 2016年，山西省编办坚持政事分开、事企分开、管办分离原则，以社会功能为依据，继续推进事业单位改革。完成省直国有林管理局（场）改革，规范省直林局机构设置、省直森林公安队伍人员编制，省直林局事业编制总额由7504名精简到5404名，林场机构精减83个。提出省交通运输厅、省煤炭工业厅所属事业单位改革方案。选择运城市和垣曲县开展承担行政职能事业单位改革试点，研究制订试点方案。谋划生产经营类事业单位改革，初步拟定《关于山西省从事生产经营类活动事业单位改革的工作方案》。配合做好培训疗养机构改革，提出改革中涉及事业单位机构编制调整意见。推进事业单位法人治理结构试点工作。

（王小琴）

【机构编制管理】 2016年，山西省编办推动机构编制管理创新。控编减编工作方面，细化控编减编标准，加强工作指导，对2016年机关事业单位招录用编工作进行审核，进行源头控制。对全省11个市、17个县（市、区）控编减编工作进行实地督查，通过国务院第三次大督查验收。截至2016年底，与2012年同口径相比，山西省事业编制减少46531名（含消化2013年1—4月新增事业编制），精减比例为4.12%，实有人员减少55388名。研究制订《关于进一步加强省直事业单位机构编制管理有关事项的通知》，规范事业单位机构编制管理，对高校领导职数进行规范。提升机构编制实名制管理水平，简化办事程序、完善基础数据。以高平市为试点，探索盘活机构编制资源，研究有效解决促进学前教育事业发展的政策措施，解决基层学前教育编制紧缺、队伍建设和办学规模等问题。机构编制法治化建设方面，建立健全法治建设领导小组，出台学法用法制度，加强法治培训力度。对《山西省机构编制管理规定》提出初步修订意见。事业单位登记管理方面，推进统一社会信用代码制度建设，为全省24897个事业单位免费换发新版《事业单位法人证书》，换证率达97%。为全省4799个符合赋码条件的机关、群团发放《统一社会信用代码证书》。对24703家事业单位法人的年度报告向社会进行公示。通过书面审查、实地核查等形式，加强事业单位法人事中事后监管。机构编制管理信息化方面，机构编制实名制管理系统投入运行，实现三级联网。完成政务和公益专用中文域名注册、党政机关网站开办审核和资格复核工作。截至2016年12月27日，全省域名注册总量为34288个，域名覆盖率达90.16%，受到中央编办通报表彰。

（王小琴）

省直机关党的建设

【“两学一做”学习教育】 2016年，山西省直工委督导省直机关各级党组织和广大党员坚持问题导向、创新形式载体、落实学习内容、狠抓问题整改，学以致用、用以促学，把学习贯彻习近平总书记系列重要讲话精神不断引向深入。坚持以党组（党委）中心组和处级以上干部为重点，以《习近平总书记系列重要讲话读本》《习近平总书记重要讲话文章选编》为基本教材，采取集中学习与个人自学、专题研讨与辅导讲座相结合等形式，组织省直机关党员干部读原著学原文悟原理。2016年印发6期《中心组学习动态》，2册《中心组理论学习成果汇编》，交流经验、展示成果，带动基层党组织和党员干部加强政治理论学习。开展“党章党规宣讲”，发挥“文源讲坛”“晋·道大讲堂”等学习品牌效应，邀请省内外专家学者为省直机关党员干部作辅导报告100余场次。编写《新编机关党建实务300问》一书发放省直机关党组织，组织省直机关8万多名党员干部开展“做合格党员”演讲比赛和党章党规知识竞赛，开展省直机关第五届读书月活动。注重总结推广学习教育中的先进典型，编辑印发《省直机关“两学一做”学习教育典型案例》，供各单位学习借鉴，向省委学习教育协调小组推荐15个典型案例。发挥省直党校主阵地、主渠道作用，把党的十八大和十八届三中、四中、五中、六中全会精神和习近平总书记系列重要讲话精神，以及省第十一次党代会精神列入培训内容，先后组织6期处级干部进修班和中青年干部培训班、14期新党员和入党积极分子培训班，共培训各类党员3951人。加强舆论引导和思想政治工作，落实思想政治工作定期分析报告制度，开展机关干部思想状况调研，全年共召开三次省直机关舆情形势分析会，分析研判机关干部的思想动态，形成书面材料上报省委。通过《山西机关党建网》《党的生活》《省直文明网》《山西画报·省直文明创建版》等载体，弘扬主旋律、传播正能量。

（阎鹏飞）

【基层组织建设规范】 2016年，山西省直工委围绕“失联党员排查、党费收缴管理使用、党组织换届”等基层党建七项重点任务，按照《机关基层组织工作条例》和省委《实施意见》，结合“两学一做”学习教育，2016年指导和督促25个省直单位完成基层组织换届选举和届中调整，配齐配强机关“两委”书记，推动机关党支部书记由处室负责人担任，“支部建在处室、处长一岗双责”工作机制得到落实。总结推广“党支部工作法”，开展机关党支部工作典型经验征集活动，遴选36个省直单位典型经验汇编成册印发各单位。以《党支部工作记录本》的形式建立支部工作台账，统一印发到8000多个基层党支部。开展规范党费收缴使用管理专项整治，各单位补交2008年4月以来因各种原因欠交的党费2700余万元，党员党性观念和党费管理水平都得到提高。通过党员组织关系集中排查，找回1323名失联党员，发现1180名口袋党员，按照组织程序进行相应处理。

2016年6月印发活动方案以来，省直各单位结合自身实际，按照“六星支部”的18条具体标准和目标任务，把主题实践活动与“两学一做”学习教育、“党员先锋行”活动、服务型党组织建设结合起来，与中心任务结合起来，涌现一批抓党建、促发展的优秀基层党组织，基层组织创造力、凝聚力和战斗力进一步增强，党建工作与中心工作"两张皮"的问题得到解决。（阎鹏飞）

【党务干部培训】 2016年，山西省直工委抓好"三会一课"等组织生活制度落实，各级领导干部带头讲党课、带头参加所在支部组织生活会，形成以上率下的良好局面。以机关党建理论和党建业务为主要内容，4月起组织省直部门300余名机关党委书记、专职副书记和机关纪委书记进行党务干部培训。突出支部书记这个关键环节，安排省直机关党校举办10期党支部书记轮训班，培训1895名骨干力量，提高支部书记履行"一岗双责"的能力。（阎鹏飞）

【党风廉洁建设】 2016年，山西省直工委组织省直机关党员干部学习十八届六中全会精神，学习《准则》和《条例》，学习省委的贯彻意见，对广大党员进行全面从严治党的再动员再部署。把纪律和规矩挺在前面，5月出台《关于落实"两个责任"，实施"六定"制度的通知》，在省直机关推行定期报告、定期分析、定期约谈、定期督查、定期检查、定期研判制度，确保"两个责任"落实到位。执行中央八项规定，持之以恒纠正"四风"，紧盯春节、中秋等重要时间节点，先后派出12个督查组对省直机关进行明察暗访和专项检查，发现问题线索39条，及时进行督促整改，向省纪委报告监督检查情况。探索实践"四种形态"，注重日常监督，坚持抓早抓小，2016年，省直纪工委共受理各单位机关纪委上报的案件77件（次），处理违纪党员干部57人。其中，约谈、函询8人，警告、严重警告党内轻处分28人。（阎鹏飞）

【"六型机关"建设】 2016年，在省直机关开展学习型、廉洁型、服务型、创新型、法治型、效能型机关建设活动，省直机关把"六型机关"建设作为服务大局的重要抓手，融入本部门中心工作，与转型综改试验区建设、重点工程项目、行政效能建设、脱贫攻坚等重点领域改革和重大工作任务紧密结合，引领省直机关转作风、强服务、提效率，做到党建工作与部门中心工作目标同向、安排同步、工作同力、效果翻倍。总结推广好的经验和做法，12月6日召开省直机关推进"六型机关"建设经验交流会，6个单位的机关党委书记交流发言。（阎鹏飞）

【党建责任制落实】 2016年，省直机关落实党建工作责任制。（1）落实主体责任。组织省直机关各级党组织贯彻落实新修订的《省直机关党的工作责任制的规定》，推动省直机关成立党建工作领导小组，加强对机关党建工作的统一领导，建立部门党组、机关党委、机关纪委、机关党支部的责任清单，督导各级党组织层层落实述职评议考核工作机制。12月召开省直机关党组织书记述职评议会议，对现场和书面述职的机关党委书记进行点评测评，通过以考促建，推动书记抓、抓书记，倒逼各级党组织主要负责人履行抓党建的主体责任，层层传导压力，确保全面从严治党向基层延伸。（2）加强文明单位创建考核。按照新修订的文明单位创建管理规定和考核指标内容，通过提高文明单位创建的准入门槛，强化创建的责任意识和标准意识，坚持把日常工作、平时创建、动态管理作为考核的重点，采取张贴公示、与被考核单位签订双向廉洁承诺书等办法，强化对考核工作的监督，提高考核的公正性。2016年，命名省直文明单位302个、省直文明单位标兵409个，撤销2个单位的荣誉称号，降低13个单位的荣誉等级，黄牌警告10个单位，通报批评2个单位，暂停资格处理9个单位，发挥文明单位考核在推动省直机关党建工作中的"指挥棒"和"风向标"作用。（3）完善党的工作责任制考核。根据省委要求，开展调研，适时掌握和动态跟踪省委、省政府重大工作部署推进落实情况。组织制定省直机关党的工作责任制考核方案和考核指标赋分标准，按照实事求是、客观公正的原则，对参加全省统一考核的省直92个责任部门进行考评打分，将考核结果与省直机关评先选优、文明单位评比等挂钩，推动省直机关党建工作责任落实到位。（阎鹏飞）

党校

【概述】 2016年，中共山西省委党校、山西行政学院（简称校院）落实全国全省党校工作会议精神和省委《实施意见》，各项工作取得成绩。完成教学培训、科研咨询、机关党建、巡视整改、教育整顿、干部队伍、学员管理、行政后勤、学历教育、法治校院、精准扶贫等工作，为提高山西省干部队伍素质、实现"一个指引，两手硬"重大思路和要求、服务全省政治经济社会发展作出贡献。

2016年，中共山西省委党校校院完成省委交办的重点培训任务两期，培训864人。举办14期主体班次，培训学员786人。对外培训部、理论进修部开展各类联合、委托专题培训90余期，培训8000余人，专题研修涉及20多个类别。承接两期新疆建设兵团、3期辽宁省委党校培训班次。全年选派50多名教师送教下乡230余场，培训各级干部党员5万余人次。

2016年，中共山西省委党校完成并上报《决策建议报告》14期，受到省委省政府领导批示。其中，受到省委书记、省长批示的有10篇次，其他副省级领导批示31人次，有两项建议成果被有关部门采纳，成为具体工作行动部署，为贯彻落实省委"一个指引、两手硬"重大思路和要求发挥较好的决策咨询作用。承担省领导交办的课题3项。

2016年，中共山西省委党校在教学安排上突出主业主课，确保主体班中党的理论教育、党性教育不低于总课时的70%，推动习近平总书记系列重要讲话精神、党的十八届六中全会精神、省第十一次党代会精神进课堂、进教材、进学员头脑。教学内容中加强党的理论创新成果研究，新增教学专题占到主体班教学的1/5。创新培训方式，互动式、案例式、体验式教学成为常态，组织主体班学员赴党性教育基地和反腐倡廉警示教育基地开展延伸培训，并由针对性地在主体班次举办33期“学员论坛”，外请报告举办30余场，组织“硕博论坛”6期。领导干部上讲台制度落实，省领导骆惠宁、楼阳生、黄晓薇、高建民、盛茂林、廉毅敏、王一新等在校院授课。完善教材和学科体系建设规划，编写《党中央治国理政新理念新思想新战略专题研究》《新时期党性教育读本》《公务员忠诚干净担当读本》《理论教育教学大纲》《党性教育教学大纲》等教材教辅读本，制订《2016—2020年学科建设规划》。加强制度建设，修订《关于进一步规范外出讲学严肃课堂纪律的意见》，出台《精品讲义、精品课程、精品教材等三个奖项的评选办法》《推进校院教学、科研、咨询深度融合工作安排意见》等规章制度。（孟国丽）

【全省党校工作会议召开】 2016年4月22日，山西省党校工作会议在中共山西省委党校召开，《中共山西省委关于加强和改进新形势下党校工作的实施意见》正式颁布实施。会后，校院通过制订《贯彻落实省委〈实施意见〉任务分解建议方案》，提出8方面、60项任务，召开全省党校系统常务副校长座谈会，举办全省党校系统贯彻落实党校工作会议精神专题培训班、市县党校骨干教师培训班，对党校系统“十三五”规划草案征求意见，分赴各地对地方党校贯彻落实督促指导等方式做好贯彻落实工作。与省委组织部、省人社厅、省编办等部门对接联系，推进“三个探索”、党性教育基地建设、县级党校办学体制改革等工作。（孟国丽）

【学员管理】 2016年，中共山西省委党校细化“1+9”学员管理制度体系，执行外出考察规定，强化入学教育，重新编印《学员手册》，签订《廉洁自律承诺书》。成立学风督查督导组，实施纪律检查通报制度。组织学员到党性教育和反腐倡廉警示教育基地现场教学，强化遵守校规校纪情况考核考察，为组织人事部门提供选人用人第一手资料。加强班主任队伍建设，增强责任意识和问责意识。

（孟国丽）

【研究成果】 2016年，中共山西省委党校获准立项3项国家社科基金项目，连续十五年获得国家级课题立项。获准立项两项全国党校系统重点调研课题、16项省社科规划课题、5项省软科学课题和5项省社科联重点课题，精选立项21项院级课题，完成全省党校行政学院系统66项课题合作立项研究工作，课题申报取得新进展。全年以校院理论研究中心名义在《人民日报》《山西日报》《前进》等报刊共发表10篇文章。教研人员全年撰写论文200多篇。其中，在国家级一类重点报刊发表18篇，二类发表9篇；在《山西日报》《前进》发表26篇；《新华文摘》全文转载1篇。在山西省第九次社会科学研究优秀成果评选中，共有10项成果获奖。在省社科联2015年度“百部（篇）工程”评奖活动中，获二等奖两项、三等奖3项。主办全省党校行政学院系统纪念建党95周年理论研讨会。（孟国丽）

离退休干部管理与服务

【概述】 截至2016年底，山西省有离退休干部489987人（不含中直单位）。其中，离休干部19043人；退休干部470944人。离休干部平均年龄88岁。全省离退休干部党员258726人。其中，离休干部党员14924人；退休干部党员243802人。全省设立离退休干部党委、党工委、党总支558个，单建离退休干部党支部5480个。全省共有老干部活动中心（室）2776个，总建筑面积626487平方米，1000平方米以上的活动中心（室）128个；老干部工作部门管理的老年大学共307所，在校学员10余万人。

（马召钰）

【离退休干部组织培训】 2016年，山西省离退休干部管理局组织开展全国老干部工作先进集体和先进工作者评选表彰工作。经过自下而上、严格程序、层层遴选，太原市委老干部局等3个先进集体，山西大学尹奇等9名先进个人受到中组部、人力资源社会保障部表彰，其中尹奇被授予“全国优秀老干部工作者”称号。

2016年，山西省委老干部局举办全省老干部局处长培训班，开展“不忘初心、传承作风、强基固本、永葆奋斗精神”传帮带活动，组织工作

2016年4月22日，全省党校工作会议在中共山西省委党校召开（孟国丽供图）

人员分赴北京大学、浙江大学参加自主选学培训。全省举办老干部工作人员各类培训190余次。选派工作骨干参加定点扶贫工作和万名干部入企服务活动。收集整理1978年以来老干部工作政策文件340份，汇总编辑《老干部工作政策选编》。

9月25日至27日，举办全省离退休干部党支部书记示范培训班，各市县和省直单位部分离退休干部党支部书记及党建骨干，各市委老干部局分管政治待遇工作的副局长、政治待遇科科长，共计140余人参加培训。 （马召钰）

【离退休干部工作改进】 2016年，山西省各级老干部工作部门学习贯彻《关于进一步加强和改进离退休干部工作的意见》（中办发〔2016〕3号，简称中办发3号文件）、全国老干部工作“双先”表彰大会精神。省委、省政府对中办发3号文件给予重视，7名省领导分别作出批示和指示，省委书记骆惠宁在省第十一次党代会上强调“要认真贯彻中央政策要求，全面做好离退休干部工作”，省委常委、组织部部长盛茂林主持召开部务会专题研究贯彻落实意见。将老干部工作纳入各市和省直单位2016年度目标责任考核指标体系，列入省委党建工作领导小组2016年工作要点。省委进一步健全老干部工作领导小组。各市和省直单位结合实际贯彻中办发3号文件精神，进一步把老干部工作摆上位置，纳入总体布局，加强督查考核，落实中央政策规定和省委要求。

层层组织学习，深入推进文件贯彻落实。先后召开全省老干部局长学习贯彻中办发3号文件精神座谈会和省直单位老干部处长分片座谈会，邀请中组部老干部局领导到太原作中办发3号文件精神专题解读。对市县贯彻落实中办发3号文件精神情况进行督查调研。指导各级老干部工作部门采取专题辅导、座谈讨论、培训学习等多种形式，利用QQ群、微信平台等网络途径，广泛宣传，学习讨论，把握老干部工作的新任务新要求。省委老干部局组织力量起草山西省贯彻落实中办发3号文件的实施意见稿。各级组织部门、老干部工作部门着眼解决实际问题，研究制定贯彻3号文件的具体措施，取得初步成效。 （马召钰）

2016年5月18日，纪念中国共产党建党95周年暨红军长征胜利80周年慰问老同志演出在太原举行 （马召钰供图）

【离退休干部“正能量”传递活动】 2016年，山西省老干部局召开全省离退休干部为党和人民事业增添正能量活动推进会。开展“点亮正能量——山西省老干部为党的事业增添正能量群英像”宣传活动。配合中组部老干部局开展离退休干部“我看从严治党新气象”专题调研工作。建立月报告制度，逐月汇总市县和省直单位开展正能量活动的做法经验，在省委老干部局“三刊一网”刊登宣传。指导市县两级设计339个活动载体，引深正能量活动。多措并举开展网上正能量活动，举办全省第二期离退休干部网宣员骨干培训班，开通山西离退休干部网宣员微信群。在全省老干部中开展以“讲述励志故事，传递耆年力量”为主题的网上宣讲活动，从各地选送的作品中选出80件优秀作品进行集中录制展播。 （马召钰）

【离退休干部服务管理细化】 2016年，山西省委老干部局印发《关于完善省直单位离休干部医疗保障管理的通知》（厅字〔2016〕6号）。省委老干部局、省财政厅、省人社厅、省卫计委等部门联合召开视频会议，部署启动省直单位处以下离休干部医药费单独统筹工作。驻并省直单位1100余名处级以下离休干部单独统筹工作基本入轨。在全省经济下行、财政资金紧张的严峻形势下，各地各部门确保离休干部医药费、生活补贴、护理费和抚恤金的落实。举办2016山西第十届老年健康产业博览会。贯彻《关于推进利用社区资源做好离退休干部服务工作的意见》精神，整合社会服务资源和社区资源，做好离退休干部服务管理工作。 （马召钰）

【离退休干部的关怀扶助】 2016年春节、重阳节期间，山西省领导走访慰问省级老同志及遗偶。在山西电视台、《山西日报》等媒体播发《省委省政府致全省离退休干部的慰问信》。按照中央有关文件精神，对分布在全省7个市12个省直单位的20名老红军、8名老红军的遗偶及家属进行走访慰问，发放慰问金和纪念章。采取上门走访慰问和委托老同志原单位代为慰问两种形式，对安置在外省

（市）的99名离休干部进行慰问。省财政拨出专项资金，集中为省直单位离休干部住宅过道和卫生间安装扶手。省委老干部局春节和重阳节前对87名有特殊困难的老干部进行帮扶救助，发放救助金41.2万元。市县两级党委政府帮扶特困离退休干部5300多名，发放帮扶资金922.9万元。

省财政对国有改制、破产和困难企业落实离休干部医药费和统筹外生活补贴给予支持，年内落实省直困难企事业单位离休干部统筹外生活补贴2360万元，解决省直厅局所属驻并外困难企事业单位离休干部医药费465万元。新增加2个困难企业13名离休干部统筹外生活补贴纳入省财政负担。省发改委对贫困县老年大学建设给予专项补助。各市县新建成老干部活动中心6个、老年大学4个，改扩建老干部活动中心18个，投入资金4029万元。山西老年大学成功申报"全国示范老年大学"。

（马召钰）

【离退休干部精神文化服务】 2016年5月18日，由山西省委老干部局主办、山西省晋剧院承办的纪念建党95周年暨红军长征胜利80周年慰问老同志演出活动在青年宫演艺中心举行。省直机关离退休老干部等1000多人到场观看演出。

5月23日，由省委老干部局主办、山西老年大学艺术团排演的助力"两学一做"正能量活动"风景这边独好"——老干部诗歌合唱交响音乐会在山西大剧院正式演出，260余名老年学员参演。1600余名离退休干部观看演出。7月28日，组织山西老年大学艺术团赴阳泉市开展"风景这边独好——省城离退休干部'八一'慰问演出"活动。

5月28日，以"凝聚正能量、永远跟党走"为主题的山西省直老干部趣味运动会在太原举办。郭裕怀、赵劲夫、吴慧琴等省级老领导，省委老干部工作领导组成员单位负责人、部分省直厅局和高校领导出席。68个省直单位的1500余名离退休老同志参加开幕式。趣味运动会设置金砖接力等3个集体项目，飞盘射门等7个个人项目，为离休干部设置快乐碰碰球等2个项目。趣味运动会为期两天，在山西大学、太原理工大学、山西医科大学、山西财经大学、太原工业学院5个赛区举办。

9月10日至13日，2016山西第十届老年健康产业博览会暨省城第七届老年文体艺术节（简称老年博览会和文体艺术节）在太原中国煤炭博物馆举办。省委常委、组织部部长盛茂林，省级老领导，全国老龄办党组成员、中国老年杂志社社长李耀东，水利部老干部局局长凌先有和有关单位负责人应邀出席开幕式。

10月10日，由省委老干部局组织创作的大型音诗话舞台剧《初心》在山西大剧院上演，省领导、省直离退休老同志1700余人观看演出。

全省各市县老干部局局长，部分省直单位离退休人员管理处处长，省委老干部局局领导班子成员、局机关各处室和局直单位负责人共230余人参加培训。中组部老干部局副巡视员赵胜利为培训班作专题辅导。

11月9日，全省离退休干部"讲述励志故事 传递耆年力量"网上宣讲活动正式开始现场录制。通过创新活动载体，引导老同志利用网络宣讲励志故事，在全国尚属首次。这次活动以山西省委老干部局官网为主阵地，以视频录播方式，用以身示教的形式，通过网络平台展播老同志们亲身经历的励志故事，向广大网民传播耆年硕德的精神力量。（马召钰）

2016年9月10日至13日，山西第十届老年健康产业博览会暨省城第七届老年文体艺术节在太原举办（马召钰供图）

信　访

【信访秩序持续好转】 2016年，山西省信访形势平稳可控，形成"一呈现三下降四提升"的良好局面。"一呈现"，即省、市、县三级信访总量呈现2:3:5的"正金字塔"结构，信访下行趋势明显。"三下降"，即进京正常上访、进京非正常上访、省委省政府门前上访实现"三下降"，信访秩序持续好转。"四提升"，即"事要解决"成效、服务大局能力、从严治党水平和干部队伍素质提升。（杨卫兵）

【"一交办三治理"督导检查】 2016年4月7日，省联席会议办公室召开"信访积案大交办暨重复信访事项、重点领域信访突出问题、信访秩序专项治理"督导工作会议，对开展"一交办三治理"督促检查工作进行安排部署。省委副秘书长、省信访局局长李体柱主持会议。省信访局副局长张建

2016 年 11 月 25 日，省委常委、副书记黄晓薇（右二）在山西省信访局调研

（刘 斌 朱颖杰供图）

平作工作安排。省委政法委、省高院、省检察院、省公安厅等 11 个省直厅局组成的 7 个督导组的全体成员参加会议。

7 月 22 日，省联席会议办公室召开“信访积案大交办暨重复信访事项、重点领域信访突出问题、信访秩序专项治理”督导工作汇报会议。会议贯彻落实省委书记骆惠宁重要讲话精神和全省安全稳定风险隐患大排查大整治工作推进会精神，对“一交办三治理”督导工作、法定途径分类处理信访投诉请求和 G20 峰会期间信访工作进行再动员、再部署、再推进。省委副秘书长、省信访局局长李体柱出席并讲话，7 个督导组和各市信访局分别就“一交办三治理”工作进展情况作汇报。（杨卫兵）

【“阳光信访、责任信访、法治信访”三落实】 2016 年，山西省信访局落实“阳光信访、责任信访、法治信访”三项工作任务。阳光信访做到“一深两通三创新”，即深化信访信息系统的推广应用，开通省、市、县三级手机信访 APP 和微信信访公众号，创新网上信访受理办理、“清网行动”“开门办信访”。责任信访突出“三抓”，抓体系完善，落实中办、国办《信访工作责任制实施办法》，修订《山西省责任追究实施细则》；抓压力传导，改进督查通报方式；抓逐级走访落地，以“三无县（市、区）”创建为抓手，推动领导干部接访下访，完善联合接访、干部陪访、信访代理机制，压实属地和基层责任。法治信访建立完善“三项机制”，建立律师参与信访工作机制，完善依法分类处理信访投诉请求工作机制和信访违法行为依法处置机制。围绕大局履职，发挥信访工作职能作用。完善“日动态、周提醒、旬研判、月通报、季点评、年考核”机制，加强对来信来访反映问题的综合分析研判，开展信访矛盾隐患大排查大化解，精准开展扶贫攻坚，完成党的十八届六中全会、G20 峰会、全国全省“两会”等重要时期和关键节点的信访工作任务。（杨卫兵）

【法定途径分类处理信访】 2016 年 1 月 6 日，山西省委、省政府召开通过法定途径分类处理信访投诉请求电视电话会议。通报 34 个省直厅局通过法定途径分类处理信访投诉请求工作开展情况，总结交流山西省通过法定途径分类处理信访投诉请求试点工作经验，安排部署全省相关工作。省委副书记楼阳生出席并讲话，省委副秘书长、省信访局局长李体柱主持会议，并通报法定途径分类处理信访投诉请求工作情况。省直主要厅局领导、负责人参加会议。（杨卫兵）

【“信访秩序专项治理”活动】 2016 年 3 月 29 日，全省召开“信访积案大交办暨重复信访事项、重点领域信访突出问题、信访秩序三个专项治理”动员会议。副省长、省公安厅厅长刘杰出席会议并讲话。省委副秘书长、省信访局局长李体柱主持会议。省市县三级联席会议召集人、各级联席会议成员单位和驻地重点企业分管领导和信访处室负责人参加会议。

（杨卫兵）

【李培斌精神传承】 2016 年 5 月 17 日，山西省信访局号召全省各级信访干部向李培斌学习。李培斌，中共十八大代表、大同市阳高县信访服务中心主任，在妥善处理群体性信访案件期间因劳累过度不幸殉职。李培斌同志是新时期信访干部的优秀代表，是“两学一做”学习教育的典型，是广大信访干部学习的好榜样。殉职后，司法部追授其为“全国司法行政系统一级英雄模范”。信访系统要求学习他对党绝对忠诚，自觉担负为党分忧、为民解难光荣使命的政治品格；学习他坚持以人民为中心，人民利益至上的公仆情怀；学习他推动和谐、维护稳定的担当精神；学习他勤于任事、积极作为，主动上手的靠前工作作风；学习他淡泊名利、严于律己的道德情操。（杨卫兵）

【信访工作专题研讨班】 2016 年 12 月 14 日至 16 日，省委组织部、省信访局在山西经济管理干部学院举办全省信访工作专题研讨班，主要就中央领导关于信访工作重要批示指示、信访工作职能定位、信访制度改革、信访舆情引导，以及依法分类处理、复查复核办法、信访工作责任实施办法等政策法规进行专题学习研讨。14 日下午，省委副书记、省委政法委书记黄晓薇主持研讨班开班并讲话。副省长、省公安厅厅长刘杰出席开班式。（杨卫兵）

党　史

【概述】 2016年，中共山西省委党史办公室完成14项课题、3项宣传活动谋划和落实当前和今后一个时期的党史工作，组织起草制订《2016—2020年山西党史工作规划》，系统推进党史工作。

山西省2016年度有10项研究成果获得全国党史部门党史优秀成果奖。其中《中国共产党山西历史(1949-1978)》(第二卷)获特别奖，《山西抗战历史贡献》获一等奖，《齐云在太行》《毛泽东与山西抗战特殊局面的开创》《山西红色文化的形成脉络和内涵价值》《中共山西年鉴(2015版)》获二等奖，《中国共产党平定县历史(1926-2000)》《山西：敌后抗战的战略支点》《任弼时与山西解放战争时期的土改运动》《晋中抗战记忆》电视系列纪录片获三等奖。

(杨子晋)

【党史资政】 2016年，中共山西省委党史办公室承担省委部署的屯留抗大一分校旧址布展提纲的撰写工作；"卓绝的岁月——中共中央西北局林家坪镇南圪坨村旧址史迹陈列"提纲审阅、修改工作；"习仲勋在吕梁"、晋绥边区革命纪念馆(蔡家崖)"晋陕联防保卫党中央"的布展提纲、布展内容等工作。协调联系参与省政府在京组织的《山西省"十三五"时期红色文化传承保护与开发规划》论证会，提交该规划中的专项子规划《山西红色文化史料征集整理编纂与研究利用规划》。

(杨子晋)

【党史课题研究】 2016年，中共山西省委党史办公室推进中央党史研究室和省委安排部署的课题任务——"华国锋年谱(山西部分)"和"华国锋在山西"的资料征集和编写工作，字数分别增加到40万字和20万字左右。11月，中央党史研究室华国锋传记和年谱课题组到山西省专门召开课题研讨会议。完成《抗日战争时期中国人口伤亡和财产损失调研丛书》山西B卷本书稿的阳泉、吕梁、晋城、临汾市卷统编、审定工作。编写出版《中国共产党山西历史大事记(1924—2016)》(简本)，15万字。参与完成中央党史研究室主持、中共甘肃省委党史研究室牵头的《图说长征·大会师》卷的编写工作，为该书提供1936年红军东征的有关历史资料，包括概述、大事记和80余张图片。

(杨子晋)

【专题资料征编】 2016年，中共山西省委党史办公室在专题研究、专题史料征编方面，加强对中国特色社会主义时间段历史研究，即时跟进历史、记载历史，完成"改革开放实录(山西部分)"系列专题研究任务，研究撰写《改革开放以来山西水利事业发展回顾》《农村联产承包责任制在山西的实践》《改革开放以来山西交通的发展与回顾》《改革开放以来山西电力工业发展回顾》4个专题共计8万余字，上报送审。编写完成《2015年山西党史大事记》送审稿和《2016年山西党史大事记》初稿。推进"党和国家领导人视察山西""老同志回忆改革开放新时期山西的发展（口述史）"、社会主义建设时期山西的发展有关专题史料和口述史编写。编撰出版《卫恒文集》，总计89万字。

(杨子晋)

【党史宣传教育】 2016年，中共山西省委党史办公室围绕纪念红军东征80周年、红军长征胜利80周年、中国共产党成立95周年党史重大事件活动进行宣传教育工作。1月至4月为纪念红军东征80周年，山西党史微信公众号推出"红军东征——影响中国革命进程的战略行动"主题宣传，发表和转载文章29篇、图片38张；5月至9月推出"奋斗的足迹 辉煌的历程——纪念中国共产党成立95周年"主题宣传，发表和转载文章106篇、图片151张、视频14个；10月至12月推出"不忘初心 继续前进——纪念中国工农红军长征胜利80周年"主题宣传，发表和转载文章50篇、图片79张。与八路军研究会、省委宣传部协作拍摄电视连续剧《黄崖洞》，12月在黎城县谷堆坪村开机。协助省委宣传部、省广播电视台联合摄制6集红色教育纪录片《火种》。下属单位党史书刊开发发行中心组织编写出版《中共山西历史》青少年读本。

办好党史期刊和党史年鉴，《党史文汇》扩大党史宣传覆盖面。2016年围绕红军长征胜利80周年、红军东征胜利80周年、中国共产党成立95周年这三大主题，在刊物上设置专栏，组织精品文章，安排和推进这些重大纪念活动。全年完成《党史文汇》编辑发行12期。编辑出版《中共山西年鉴(2016版)》。

(杨子晋)

山西省人民代表大会

The People's Congress of Shanxi Province

综　述

【省人大常委会职责履行】 2016年，山西省人民代表大会常务委员会(简称省人大常委会)召开常委会会议10次，制定、修改、废止地方性法规11件(次)，听取审议“一府两院”专项工作报告19项，开展专题询问1次、满意度测评1次，完成省十二届人大五次会议确定的各项任务，为推进山西省经济发展和社会和谐稳定，发挥地方国家权力机关应有的职能作用。

(秦　钟　王　磊　郭　强)

【“一府两院”工作报告听取和审议】 2016年，山西省人民代表大会及其常务委员会听取和审议省政府及其部门、省高级人民法院、省人民检察院的工作报告，主要有：《关于2015年度环境状况和环境保护目标完成情况的报告》《关于全省法院实施量刑规范化工作的报告》《关于全省检察机关依法开展预防职务犯罪工作情况的报告》《关于全省高等教育改革发展工作情况的报告》《关于2016年上半年全省国民经济和社会发展计划执行情况的报告》《关于2015年省本级财政决算和2016年上半年全省预算执行情况的报告》《关于2015年度省本级预算执行和其他财政收支的审计工作报告》《关于全省供给侧结构性改革推进情况的报告》《关于全省资源型经济转型综合配套改革试验区建设情况的报告》《关于全省科技创新工作情况的报告》《关于全省脱贫攻坚工作情况的报告》《关于全省农村医疗卫生工作情况的报告》《省人民政府关于省十二届人大五次会议以来代表建议、批评和意见办理情况的报告》《省高级人民法院关于省十二届人大五次会议以来代表建议、批评和意见办理情况的报告》《省人民检察院关于省十二届人大五次会议以来代表建议、批评和意见办理情况的报告》《关于全省“六五”普法规划和决议执行情况的报告》《关于2015年度省本级预算执行审计查出问题的整改工作报告》《关于全省质量技术监督工作情况的报告》《关于全省开发区改革创新发展情况的报告》。

(秦　钟　王　磊　郭　强)

重要会议

【山西省第十二届人民代表大会会议】 2016年，山西省人民代表大会举行两次全体代表大会会议。

第五次会议。 2016年1月27日至31日在太原举行。

大会议程共八项：(1)听取和审议山西省省长李小鹏关于政府工作的报告；(2)审查和批准山西省国民经济和社会发展第十三个五年规划纲要；(3)审查和批准省人民政府关于山西省2015年国民经济和社会发展计划执行情况与2016年国民经济和社会发展计划(草案)的报告；批准山西省2016年国民经济和社会发展计划；(4)审查和批准省人民政府关于山西省2015年全省和省本级预算执行情况与2016年全省和省本级预算（草案)的报告，批准山西省2016年省本级预算；(5)听取和审议山西省人民代表大会常务委员会副主任李政文关于山西省人民代表大会常务委员会工作的报告；(6)听取和审议山西省高级人民法院院长左世忠关于山西省高级人民法院工作的报告；(7)听取和审议山西省人民检察院检察长杨司关于山西省人民检察院工作的报告；(8)选举及其他事项。

大会共收到代表提出的议事原案23件。经议案审查委员会审查并报大会主席团决定，立为19件议案，交由省人大及其常委会有关机构办理。收到建议、批评和意见及议案转建议共895件。其中，17件交由省人大常委会办理，832件交由省政府系统办理，11件交由省高级人民法院办理，3件交由省人民检察院办理，32件交由党群部门办理。

大会表决通过关于政府工作报告的决议、关于山西省国民经济和社会发展第十三个五年规划纲要的决议、关于山西省2015年国民经济和社会发展计划执行情况与2016年国民经济和社会发展计划的决议、关于山西省2015年全省和省本级预算执行情况与2016年全省和省本级预算的决议、关于省人大常委会工作报告的决议、关于省高级人民法院工作报告的决议、关于省人民检察院工作报告的决议。

大会决定接受李政文、安焕晓辞去山西省第十二届人民代表大会常务委员会副主任职务的请求，接受王满春、任福耀、刘巩、李永宏、张明亮、郑建国、姜新文、姚芝楼、高国顺、韩和平辞去山西省第十二届人民代表大会常务委员会委员职务的请求，接受张建欣辞去山西省副省长职务的请求。

大会补选张建欣、高卫东为山西省人民代表大会常务委员会副主任，补选孙大军、李永林、李亚明、秦作栋为山西省人民代表大会常务委员会委员，任命李永林为山西省第十二届人民代表大会内务司法委员会主任委员。主席团组织新当选人员进行宪法宣誓。这是山西省首次在人代会期间组织宪法宣誓仪式。

第六次会议。2016 年 11 月 28 日在太原举行。

大会补选楼阳生为山西省省长，孙绍骋为副省长。

（秦　钟　王　磊　郭　强）

【山西省十二届人大常委会会议】 2016 年，山西省人大常委会共举行 10 次常委会会议。

第二十四次会议。1 月 19 日至 20 日在太原举行。

会议议程：(1)审议省人大常委会主任会议关于提请审议关于修改《山西省安全生产条例》和《山西省煤炭管理条例》的决定(草案)；(2)审议省人民政府关于提请审议《山西省人口和计划生育条例修正案(草案)》的议案；(3)审议省人民政府关于提请废止《关于成立五台山风景名胜区人民政府的决定》的议案；(4)审议和批准《太原市雷电灾害防御条例》；(5)审议和批准《太原市人民代表大会常务委员会关于集中修改部分地方性法规的决定》；(6)审议和批准《大同市人民代表大会常务委员会关于修改〈大同市气象设施和探测环境保护条例〉的决定》；(7)审议和批准《大同市人民防空工程建设和管理条例》；(8)听取关于山西省第十二届人民代表大会第五次会议筹备情况的报告；(9)审议山西省第十二届人民代表大会常务委员会向山西省第十二届人民代表大会第五次会议所作的工作报告稿；(10)审议山西省第十二届人民代表大会第五次会议议程(草案)；(11)审议山西省第十二届人民代表大会第五次会议主席团和秘书长名单(草案)；(12)审议山西省第十二届人民代表大会第五次会议议案审查委员会组成人员名单（草案)；(13)审议山西省第十二届人民代表大会第五次会议列席人员名单（草案)；(14)审议关于代表出缺情况和补选代表的代表资格的审查报告；(15)人事任免及其他事项。

会议表决通过关于修改《山西省安全生产条例》和《山西省煤炭管理条例》的决定、关于修改《山西省人口和计划生育条例》的决定，表决通过关于废止《关于成立五台山风景名胜区人民政府的决定》的决定，表决通过关于批准《太原市雷电灾害防御条例》《太原市人民代表大会常务委员会关于集中修改部分地方性法规的决定》《大同市人民代表大会常务委员会关于修改〈大同市气象设施和探测环境保护条例〉的决定》《大同市人民防空工程建设和管理条例》的决定，表决通过省十二届人大常委会向省十二届人大五次会议所作的工作报告稿，表决通过关于代表出缺情况和补选代表的代表资格的审查报告，确认 5 名代表资格终止、19 名补选代表的代表资格，撤销魏武的省人大常委会委员职务，省十二届人民代表大会实有代表 543 名，出缺 9 名；表决通过省十二届人大五次会议议程、主席团和秘书长名单、议案审查委员会组成人员名单、列席人员名单，表决通过人事任免名单。省人大常委会副主任李政文向通过任命的人员颁发任命书，新任命人员集体进行宪法宣誓。这是山西省首次在省人大常委会会议期间组织宪法宣誓仪式。

第二十五次会议。2016 年 3 月 30 日在太原举行。

会议议程：(1)审议《山西省人民代表大会常务委员会关于县级人民代表大会常务委员会组成人员名额的决定(草案)》；(2)审议和批准《太原市人民代表大会常务委员会关于集中修改〈太原市老年人权益保障办法〉等五部地方性法规的决定》；(3)审议和批准《太原市养老机构条例》；(4)审议和批准《太原市城市地下管网条例》；(5)审议和批准《运城市关圣文化建筑群保护条例》；(6)审议关于调整山西省第十二届人民代表大会常务委员会代表资格审查委员会组成人员的议案；(7)人事任免及其他事项。

会议表决通过《山西省人民代表大会常务委员会关于县级人民代表大会常务委员会组成人员名额的决定》；表决通过关于批准《太原市人民代表大会常务委员会关于集中修改〈太原市老年人权益保障办法〉等五部地方性法规的决定》《太原市养老机构条例》《太原市城市地下管网条例》《运城市关圣文化建筑群保护条例》的决定；表决通过人事任免名单。副省长罗清宇进行宪法宣誓。

第二十六次会议。5 月 29 日至 31 日在太原举行。

会议议程：(1)审议《山西省通信设施建设与保护条例（草案)》；(2)审议《山西省各级人民代表大会常务委员会监督司法工作办法（草案)》；(3)审议《山西省人民代表大会常务委员会关于废止〈山西省乡镇企业条例〉的决定(草案)》；(4)审议《山西省人民代表大会常务委员会关于修改〈山西省人民代表大会常务委员会人事任免办法〉的决定(草案)》；(5)审议《山西省各级人民代表大会常务委员会专题询问办法(草案)》；(6)审议山西省人民政府关于 2015 年度环境状况和环境保护目标完成情况的报告；(7)审议 2016 年省本级预算调整方案(草案)；(8)审议关于 2016 年省本级预算调整方案(草案)的审查报告及批准决议(草案)；(9)审议山西省人大常委会代表资格审查委员会关于罢免个别省十二届人大代表职务的报告；(10)人事任免及其他事项。

会议表决通过《山西省各级人民

代表大会常务委员会监督司法工作办法》《山西省人民代表大会常务委员会关于废止〈山西省乡镇企业条例〉的决定》《山西省人民代表大会常务委员会关于修改〈山西省人民代表大会常务委员会人事任免办法〉的决定》《山西省各级人民代表大会常务委员会专题询问办法》；表决通过关于批准2016年省本级预算调整方案的决议；表决通过关于罢免个别省十二届人大代表职务的报告，确认罢免齐峰省人大代表职务的程序符合法律规定，省十二届人民代表大会实有代表542名，出缺10名；表决通过人事任免名单。新任命人员进行宪法宣誓。

会议确认罢免齐峰省人大代表职务的程序符合法律规定。省十二届人民代表大会实有代表542名，出缺10名。

第二十七次会议。7月26日至28日在太原举行。

会议议程：(1)审议省人民政府关于提请审议《山西省实施〈中华人民共和国老年人权益保障法〉办法（修订草案）》的议案；(2)审议和批准《吕梁市人民代表大会及其常务委员会立法程序规定》；(3)审议关于检查《中华人民共和国矿产资源法》《山西省矿产资源管理条例》和《山西省地质灾害防治条例》实施情况的报告；(4)审议关于检查《中华人民共和国种子法》和《山西省农作物种子条例》实施情况的报告；(5)审议省高级人民法院关于全省法院实施量刑规范化工作的报告；(6)审议省人民检察院关于全省检察机关依法开展预防职务犯罪工作情况的报告；(7)审议关于全省高等教育改革发展工作情况的报告；(8)审议关于2016年上半年全省国民经济和社会发展计划执行情况的报告；(9)审议2015年省本级财政决算（草案）；(10)审议关于2015年省本级财政决算和2016年上半年全省预算执行情况的报告；(11)审议关于2015年度省本级预算执行和其他财政收支的审计工作报告；(12)审议省人大财政经济委员会关于2015年省本级财政决算（草案）审查结果的报告；(13)审议省人大常委会关于批准2015年省本级财政决算的决议（草案）；(14)审议人事免职议案。

会议表决通过关于批准《吕梁市人民代表大会及其常务委员会立法程序规定》的决定；表决通过关于批准2015年省本级财政决算的决议；表决通过人事免职名单。

第二十八次会议。8月30日在太原举行。

会议议程：(1)审议山西省人民代表大会关于接受李小鹏辞去山西省省长职务请求的决定（草案）；(2)审议人事任职议案；(3)审议山西省人民代表大会常务委员会关于楼阳生代理山西省省长的决定（草案）。

会议表决通过关于接受李小鹏辞去山西省省长职务请求的决定（草案）；根据主任会议的提名，决定任命楼阳生为山西省副省长；表决通过关于楼阳生代理山西省省长的决定。楼阳生进行宪法宣誓。

第二十九次会议。9月27日至30日在太原举行。

会议议程：(1) 审议省人民政府关于提请审议《山西省安全生产条例（修订草案）》的议案；(2)审议省人民政府关于提请审议《山西省永久性生态公益林保护条例（草案）》的议案；(3) 审议省人民政府关于提请审议《山西省汾河流域生态修复与保护条例（草案）》的议案；(4)审议《山西省通信设施建设与保护条例（草案）》；(5)审议《山西省实施〈中华人民共和国老年人权益保障法〉办法（修订草案）》；(6)审议关于检查《中华人民共和国道路交通安全法》和《山西省实施〈中华人民共和国道路交通安全法〉办法》实施情况的报告；(7)审议关于检查《中华人民共和国旅游法》和《山西省旅游条例》《山西省促进旅游产业发展条例》实施情况的报告；(8)审议关于五级人大代表联动调研的专题报告；(9) 审议关于全省供给侧结构性改革推进情况的报告；(10)审议关于全省资源型经济转型综合配套改革试验区建设情况的报告；(11)审议关于全省科技创新工作情况的报告；(12)审议关于全省脱贫攻坚工作情况的报告并进行专题询问；(13)人事任免及其他事项。

9月28日下午第二次联组会议专题询问全省脱贫攻坚工作情况。副省长郭迎光及省政府8个部门的主要负责人到会应询。来自全省12个贫困县的13位农民旁听了会议。

会议表决通过《山西省通信设施建设与保护条例（草案）》《山西省实施〈中华人民共和国老年人权益保障法〉办法（修订草案）》；表决通过人事任免名单（草案）。新任命人员进行宪法宣誓。

第三十次会议。11月10日在太原举行。

会议议程：(1) 审议关于召开山西省第十二届人民代表大会第六次会议的决定（草案）；(2)审议和批准《太原市中小学校幼儿园规划建设条例》；(3)审议和批准《太原市人民代表大会常务委员会关于修改〈太原市立法条例〉的决定》；(4)审议和批准《大同市电动车管理条例》；(5)审议关于修改《山西省人民代表大会常务委员会人事任免办法》的决定（草案）；(6)审议省人大内务司法委员会关于省十二届人大五次会议主席团交付的代表议案审议结果的报告（书面）；(7)审议省人大财政经济委员会关于省十二届人大五次会议主席团交付的代表议案审议结果的报告（书面）；(8)审议省人大常委会人事代表工作委员会关于省十二届人大五次会议主席团交付的代表议案处理情况的报告（书面）；(9)人事任免及其他事项。

会议表决通过关于召开山西省第十二届人民代表大会第六次会议的决定，决定于2016年11月28日在太原召开；表决通过关于修改《山西省人民代表大会常务委员会人事任免办法》的决定、关于批准《太原市中小学校幼儿园规划建设条例》的决定、关于批准《太原市人民代表大会常务委员会关于修改〈太原市立法条例〉的决定》的决定、关于批准《大同市电动车管理条例》的决定；表决通过省人大内务司法委员会关于省十二届人大五次会议主席团交付的代表议案审议结果的报告、省人大财政经济委员会关于省十二届人大五次会议主席团交付的代表议案审议结果的报告、省人大常委会人事代表工作委员会关于省十二届人大五次会议主席团交付的代表议案处理情况的报告；表决通过人事任免名单。新任命人员进行宪法宣誓。

根据主任会议的提名，免去曹晋芳的山西省人大常委会农村工作委员会副主任职务。

会议决定，接受付建华因工作变动辞去山西省副省长职务的请求，接受梁丽萍因工作变动辞去山西省人民代表大会常务委员会委员职务的请求，并报省人民代表大会备案。

第三十一次会议。11月25日在太原举行。

会议议程：(1) 听取关于山西省第十二届人民代表大会第六次会议筹备工作情况的报告；(2) 审议山西省第十二届人民代表大会第六次会议议程（草案）；(3)审议关于个别省人大代表的代表资格的报告；(4) 审议山西省第十二届人民代表大会第六次会议主席团和秘书长名单（草案）；(5)人事任免及其他事项。

会议表决通过山西省第十二届人民代表大会第六次会议议程（草案）；表决通过关于个别省人大代表的代表资格的报告，省十二届人民代表大会实有代表549名，出缺3名；表决通过山西省第十二届人民代表大会第六次会议主席团和秘书长名单（草案）；表决通过人事任免名单（草案）。新任命人员进行宪法宣誓。

第三十二次会议。12月6日至8日在太原举行。

会议议程：(1)审议《山西省永久性生态公益林保护条例（草案）》；(2)审议《山西省安全生产条例（修订草案）》；(3)审议《山西省环境保护条例（修订草案）》；(4) 审议关于全省农村医疗卫生工作情况的报告（满意度测评）；(5)审议省人民政府关于省十二届人大五次会议以来代表建议、批评和意见办理情况的报告；(6) 审议省高级人民法院关于省十二届人大五次会议以来代表建议、批评和意见办理情况的报告；(7)审议省人民检察院关于省十二届人大五次会议以来代表建议、批评和意见办理情况的报告；(8)审议关于山西省2016年县乡两级人民代表大会换届选举情况的报告（书面）；(9)人事任免及其他事项。

会议对关于全省农村医疗卫生工作情况的报告进行满意度测评，测评结果：总体满意。该次满意度测评在总体测评的基础上引入分项测评，这在山西省人大历史上尚属首次。会议表决通过《山西省永久性生态公益林保护条例》《山西省安全生产条例》《山西省环境保护条例》；表决通过省人民政府关于省十二届人大五次会议以来代表建议、批评和意见办理情况的报告、省高级人民法院关于省十二届人大五次会议以来代表建议、批评和意见办理情况的报告、省人民检察院关于省十二届人大五次会议以来代表建议、批评和意见办理情况的报告；表决通过人事任免名单。副省长王赋进行宪法宣誓。

第三十三次会议。12月15日在太原举行。

会议议程：(1) 审议关于召开山西省第十二届人民代表大会第七次会议的决定（草案）；(2)审议和批准《晋城市地方立法条例》；(3)审议关于全省"六五"普法规划和决议执行情况的报告；(4) 审议关于在全省扎实开展第七个五年法治宣传教育的决议（草案）；(5)审议关于2015年度省本级预算执行审计查出问题的整改工作报告；(6) 审议关于全省质量技术监督工作情况的报告；(7) 人事任免及其他事项。

会议决定山西省第十二届人民代表大会第七次会议于2017年1月中下旬在太原召开；表决通过《晋城市地方立法条例》；表决通过关于在全省开展第七个五年法治宣传教育的决议；表决通过人事免职名单。

会议印发关于全省开发区改革创新发展情况的报告（书面）；关于开展评选表彰履职优秀人大代表、优秀代表议案和建议、先进代表建议承办单位活动的情况报告；山西省人大常委会智库建设简要情况。

（秦　钟　王　磊　郭　强）

立　法

【地方性法规修订制定及批准】 2016年，山西省人民代表大会常务委员会制定、修改、废止地方性法规11件（次），批准设区的市人民代表大会常务委员会制定的地方性法规11件，集中修改的地方性法规12件。具有法规性的决议决定2件。

（秦　钟　王　磊　郭　强）

【法规选介】《山西省通信设施建设与保护条例》2016年9月30日山西省第十二届人民代表大会常务委员会第二十九次会议通过。共5章35条。本条例自2016年12月1日起施行。

《山西省永久性生态公益林保护条例》2016年12月8日山西省第十二届人民代表大会常务委员会第三十二次会议通过。共7章44条。本条例自2017年3月1日起施行。

（秦　钟　王　磊　郭　强）

监　督

【矿产资源地质灾害防治相关法律法规执法检查】 2016年4月20日至6月17日，省人大常委会副主任张建欣带领执法检查组，两次听取省国土厅有关汇报，3次到吕梁、晋城、大同市及相关5个县（区）执法检查矿产资源与地质灾害防治相关法律法规实施情况。

执法检查组认为，"一法两条例"颁布实施以来，各级政府和国土资源部门依法规范矿产资源开发秩序，严格矿业权审批和管理，推进地质灾害防范治理，矿产资源开发利用和地质灾害防治工作都取得成效。

针对检查中发现的问题，报告建议：各级政府要依法治理，形成合力，推动矿产资源开发与保护协调共进；加大扶持，鼓励创新，提高资源利用水平和持续发展能力;立足实际,理顺机制,出台矿山地质灾害防治保证金制度;发现规律,创新思路,推动防治工作科学高效有序开展;适应变化,主动作为,推进法律法规的修改完善。

(秦 钟 王 磊 郭 强)

【农业相关法律法规执法检查】2016年4月下旬至5月上旬,省人大常委会副主任田喜荣带领执法检查组检查贯彻执行农业种子相关法律法规情况,到长治、晋城、运城、临汾等4个市,委托太原、晋中等其余的7个市人大常委会对辖区进行检查。

执法检查组认为,全省依法治种的工作氛围和基础逐步强化,种子企业在种业中的主体地位突出,种子市场监管及专项整治成效明显,种子的科技支撑引领作用增强,种业公共服务能力逐步提高,种子案件查处的属地责任进一步落实。

针对检查中发现的问题,报告建议:加大种业政策资金扶持力度,培育龙头种子企业,加大对特色种子产业的扶持力度,加快海南南繁基地建设。

(秦 钟 王 磊 郭 强)

【道路交通相关法律法规执法检查】2016年7月至9月,省人大常委会副主任张茂才带领执法检查组检查道路交通相关法律法规贯彻实施情况,听取省政府及公安交警、交通、住建、工商、安监、农机等职能部门的情况,到朔州、晋城、晋中、太原、运城、临汾6市12县(区)开展专题调研和检查。

执法检查组认为,在公路通车里程、机动车保有量、交通流量持续大幅增长的情况下,全省各级政府及其职能部门贯彻执行"一法一办法",坚持依法管理、方便群众原则,围绕影响道路交通安全的突出问题做大量工作,有效地维护交通秩序,为全省经济社会发展创造较好的交通安全环境。

针对检查中发现的问题,报告建议:加强宣传,提高认识,增强全社会道路交通安全意识;强化领导,加强配合,形成齐抓共管的长效机制;严格执法,加强基础设施建设,提高道路交通安全管理水平;明确标准,健全制度,完善道路交通安全规章。

(秦 钟 王 磊 郭 强)

【旅游相关法律法规执法检查】2016年5月至9月,省人大常委会副主任张茂才带领执法检查组到太原、运城、晋城、大同、晋中、忻州6个市、14个县(区、市)19个景区及旅游企业检查贯彻执行旅游相关法律法规情况,听取省旅游局等8个省直有关部门的情况,委托阳泉、长治、朔州、吕梁、临汾5个市人大常委会自查。

执法检查组认为,山西省各级政府贯彻"一法两条例",推进旅游业发展,经济效益全面提升,发展动力和后劲进一步增强。在经济下行压力不断加大的形势下,旅游业在全省产业结构调整中显示出明显优势,成为全省最具活力产业之一。

针对检查中发现的问题,报告建议:深化旅游业体制机制改革,规划和开发精品景区与线路,创新旅游宣传营销方式,完善基础设施和公共服务条件,高度重视旅游业"软实力"建设,推进旅游和文化融合发展,发挥法律法规在促进旅游业发展中的重要作用。 (秦 钟 王 磊 郭 强)

代表工作

【人大代表议案办理情况】 2016年,山西省十二届人大五次会议期间代表提出19件议案、895件建议,全部办结,重点督办14件建议。开展"两优一先"评选活动,评选出21位履职优秀人大代表、6件优秀议案和10件优秀建议、16个先进承办单位。山西省代表议案建议网上办理系统正式上线运行,对于代表集中反映的热点、难点问题,大会及时与有关方面协商,确定重点办理的代表建议,并在闭会后及时召开议案建议集中交办会,向"一府两院"交办。

(秦 钟 王 磊 郭 强)

【省人大代表视察民办高等教育】2016年12月24日,根据省人大常委会工作安排,省直代表第三小组共11名代表专题视察山西省民办高等教育改革与发展工作。代表们先后在山西应用科技学院和山西工商学院察看教育教学设施、实验实训基地和大学生创业园区,并听取省教育厅和两所高校有关工作情况的书面汇报。教工委和省教育厅相关领导全程参加视察。省人大常委会副主任田喜荣在视察时指出,各级政府要认真落实国家和山西省关于促进民办教育发展的政策法律,优化民办教育发展的体制机制,重视研究解决民办教育发展中存在的困难和问题,引导民办教育健康持续发展。

(秦 钟 王 磊 郭 强)

【人大代表联动调研】 2016年7月至8月,山西省人大常委会组织全国人大代表、省人大代表和市、县、乡五级人大代表,对全省贯彻省十二届人大五次会议决议、落实政府工作报告情况,重点对转型综改区建设、传统产业供给侧改革、科技创新、文化旅游产业发展、扶贫攻坚和汾河流域生态修复六方面情况,开展联动调研。9月27日,联动调研专题报告提交省第十二届人大常委会第二十九次会议审议。调研期间,省人大常委会副主任牛仁亮、张建欣、周然、张茂才、田喜荣、高卫东分别带队,带领全国人大代表34人次、省人大代表144人次、市级人大代表26人次及县、乡级人大代表各40人次,到全省11个市26个县(市、区),组织相关方面人员1100余人次,召开41个座谈会,听取汇报360余次,实地调研9个园区、24个项目工地、21个农村和社区,特别是实地调研上缴税收、解决就业、发展势头等方面具有代表性的企业102个,就各方面情况作详细了解。

(秦 钟 王 磊 郭 强)

人事任免

【人事任免情况】 2016年,山西省第十二届人民代表大会第六次会议补选省长和1名副省长;常委会会议决定任命2名副省长。常委会共决定任免、任免和批准任免国家机关工作人员278人次,组织11次宪法宣誓仪式。

(秦 钟 王 磊 郭 强)

2016 年山西省人大工作机构人员任免表

任免会议	任免人员	任免职务	备注
山西省十二届人大常委会第二十四次会议	秦作栋	任命山西省人大常委会副秘书长	主任会议的提名
	王守义	任命山西省人大常委会法制工作委员会副主任	
	武海顺	任命山西省人大常委会教育科学文化卫生工作委员会副主任	
	王杰敏	任命山西省人大常委会农村工作委员会副主任	
	吕　明	任命山西省人大常委会民族宗教侨务外事工作委员会副主任	
	杨怀恩	任命山西省人大常委会预算工作委员会副主任	
第二十五次会议	牛仁亮	任命山西省第十二届人民代表大会常务委员会代表资格审查委员会主任委员	主任会议的提名
	孙大军	任命山西省第十二届人民代表大会常务委员会代表资格审查委员会副主任委员	
	李永林	任命山西省第十二届人民代表大会常务委员会代表资格审查委员会委员	
	李政文	免去山西省第十二届人民代表大会常务委员会代表资格审查委员会主任委	
	刘　巩	免去山西省第十二届人民代表大会常务委员会代表资格审查委员会副主任委员	
	李永宏 郑建国 高国顺	免去山西省第十二届人民代表大会常务委员会代表资格审查委员会委员	
第二十六次会议	宋　伟	任命山西省人大常委会研究室主任	主任会议的提名
	成　斌	任命山西省人大常委会法制工作委员会副主任	
	刘晓东	任命山西省人大常委会预算工作委员会副主任	
	宋　伟	免去山西省人大常委会副秘书长	
	张明亮 梁　权	免去山西省人大常委会教育科学文化卫生工作委员会副主任	
	常宝童	免去山西省人大常委会城乡建设环境保护工作委员会副主任	
	梁丽山	免去山西省人大常委会人事代表工作委员会副主任	
	郑建国	免去山西省人大财政经济委员会副主任委员、省人大常委会预算工作委员会主任	
	王晓勇 王玉明	免去山西省人大常委会预算工作委员会副主任	

任免会议	任免人员	任免职务	备注
第二十七次会议	高国顺	山西省人大法制委员会副主任委员、省人大常委会法制工作委员会主任	主任会议的提名
	韩和平	免去山西省人大内务司法委员会副主任委员	
第二十九次会议	姚芝楼	免去山西省人大常委会教育科学文化卫生工作委员会副主任	主任会议的提名
	王进喜	任命山西省人大常委会教育科学文化卫生工作委员会副主任	
	张铁锁	免去山西省人大常委会法制工作委员会副主任	
	宋新柱	免去山西省人大常委会教育科学文化卫生工作委员会副主任	
	宋　伟	免去山西省人大常委会研究室主任	
第三十一次会议	杨增武	任命山西省人大内务司法委员会副主任委员	主任会议的提名
第三十二次会议	谢　海	免去山西省人大常委会农村工作委员会主任	主任会议的提名

2016年山西省政府机构工作人员任免表

任免会议	任免人员	任免职务	备注
山西省十二届人大常委会第二十五次会议	罗清宇	任命山西省副省长	省长李小鹏的提名
第二十六次会议	白秀平	任命山西省人力资源和社会保障厅厅长	省长李小鹏的提名
	任建中	任命山西省林业厅厅长	
	张　健	免去山西省人力资源和社会保障厅厅长	
	李永林	免去山西省林业厅厅长	
第二十九次会议	张瑞鹏	免去山西省文化厅厅长	代省长楼阳生的提名
第三十次会议	王　纯	任命山西省政府秘书长	代省长楼阳生的提名
	薛永辉	任命山西省司法厅厅长	
	刘润民	任命山西省文化厅厅长	
	盛佃清	任命山西省旅游发展委员会主任	
	廉毅敏	免去山西省政府秘书长	
	崔国红	免去山西省司法厅厅长	
	李正印	免去山西省交通运输厅厅长	
第三十二次会议	王　赋	任命山西省副省长	代省长楼阳生的提名
	罗清宇	免去山西省副省长	
	张金旺	免去山西省科学技术厅厅长	

2016 年山西省检察院工作人员任免表

任免会议	任免人员	任免职务	备注
山西省十二届人大常委会第二十四次会议	霍永宁	任命山西省人民检察院检察委员会委员、检察员	省人民检察院检察长杨司的提名
	姚继堂 何新亮	任命永济董村地区人民检察院检察委员会委员	
	张世荣 段运生	免去山西省人民检察院检察委员会委员、检察员	
	刘益府	免去山西省人民检察院检察员	
	周有声	免去太原铁路运输检察分院副检察长	
	赵小莉	免去太原西峪地区人民检察院副检察长、检察委员会委员、检察员	
	原维宁	批准任命朔州市人民检察院检察长	
	宁建新	批准任命吕梁市人民检察院检察长	
第二十五次会议	李俊杰 薛福强 陈俊卿 白玉春 刘建刚	任命山西省人民检察院太原铁路运输分院检察委员会委员	省人民检察院检察长杨司的提名
	张子军	任命太原铁路运输检察院副检察长	
	赵殿民	任命大同铁路运输检察院副检察长、检察委员会委员、检察员	
	张　军	任命大同铁路运输检察院副检察长	
	尹建峰 孔繁荣 闫明利	免去山西省人民检察院检察员	
	陈　蒲 侯建华 耿欣平	免去山西省人民检察院太原铁路运输分院检察委员会委员	
	赵殿民	免去山西省人民检察院太原铁路运输分院检察委员会委员、检察员	
	韩延瑞	免去太原铁路运输检察院副检察长、检察委员会委员	
	史亚军	免去大同铁路运输检察院副检察长、检察委员会委员	
	张春旺	免去临汾铁路运输检察院副检察长、检察委员会委员	
	霍永宁	批准免去大同市人民检察院检察长	
	张润才	批准免去晋城市人民检察院检察长	

任免会议	任免人员	任免职务	备注
第二十六次会议	秦文峰	任命山西省人民检察院副检察长	省人民检察院检察长杨司的提名
	毛小莉	任命太原铁路运输检察分院检察委员会委员	
	梁晓旭	免去山西省人民检察院检察员	
	张双喜	免去太原铁路运输检察分院检察长	
	梁洪根	免去临汾铁路运输检察院副检察长、检察委员会委员、检察员	
	杨剑中	免去临汾铁路运输检察院检察委员会委员、检察员	
	郝跃伟	任命山西省人民检察院检察委员会委员、检察员	
第二十九次会议	李静昆 张墉枫 王宝玥 张建秋 张彦丽 李华锋 刘向前 张晓东 梁雅俊 耿强社 王海军 史海东 赵东华 雷幸旺 王志华 王顺义 曹为民	任命山西省人民检察院检察员	省人民检察院检察长杨司的提名
	王守林	任命山西省人民检察院太原铁路运输分院检察长	
	杨保红	任命晋城晋普山地区人民检察院检察长	
	赵雅清 周东曙	免去山西省人民检察院检察委员会委员、检察员	
	王占义 杨保红 郭超美 杜鸣争	免去山西省人民检察院检察员	
	李铜柱	免去大同铁路运输检察院检察委员会委员、检察员	
	史宝平	免去阳泉荫营地区人民检察院检察员	
	赵仰政	免去晋城晋普山地区人民检察院检察长	
	段运生	批准任命大同市人民检察院检察长	
	闫绪安	批准免去忻州市人民检察院检察长	
	史书贤	批准免去晋中市人民检察院检察长	
	李曾贵	批准免去长治市人民检察院检察长	
	郝跃伟	批准免去运城市人民检察院检察长	

任免会议	任免人员	任免职务	备注
第三十次会议	崔国红	任命山西省人民检察院副检察长、检察委员会委员	省人民检察院检察
	王廉允 李林华 吴斌毅	免去山西省人民检察院检察员	
第三十一次会议	周东曙	批准任命忻州市人民检察院检察长	省人民检察院检察长杨司的提名
	闫绪安	批准任命晋中市人民检察院检察长	
	张世荣	批准任命晋城市人民检察院检察长	
	苑　涛	批准任命临汾市人民检察院检察长	
	崔　峰	批准任命运城市人民检察院检察长	
	王守林	批准免去阳泉市人民检察院检察长	
第三十三次会议	曹改莲	免去山西省人民检察院副检察长、检察委员会委员	省人民检察院检察长杨司的提名
	邢昌根	免去山西省人民检察院检察员	
	南世勤	免去山西省人民检察院太原铁路运输分院副检察长、检察委员会	

2016年山西省法院工作人员任免表

任免会议	任免人员	任免职务	备注
山西省十二届人大常委会第二十四次会议	冯少勇	任命山西省高级人民法院审判委员会委员、审判员	省高级人民法院院长左世忠的提名
	关中翔	任命太原铁路运输中级人民法院院长	
	翟瑞卿	免去山西省高级人民法院审判委员会委员、审判监督庭庭长、审判员	
	白永旺	免去山西省高级人民法院审判委员会委员、刑事审判第三庭庭长、审判员	
	白险峰	免去山西省高级人民法院民事审判第三庭庭长、审判员	
	刘硕才	免去山西省高级人民法院审判委员会委员、审判员	
	仇拉锁	免去山西省高级人民法院刑事审判第一庭庭长	
	张继荣	免去山西省高级人民法院刑事审判第二庭庭长	
	方剑锋	免去山西省高级人民法院民事审判第二庭庭长	
	殷德锁	免去山西省高级人民法院审判监督第二庭庭长	
	雷根奎	免去山西省高级人民法院立案二庭庭长、审判员	
	宁和平	免去山西省高级人民法院民事审判第三庭副庭长、审判员	
	李春卿 李　明 杨常青 邱春明 薄玉玺	免去山西省高级人民法院审判员	

任免会议	任免人员	任免职务	备注
第二十五次会议	方剑锋 郭翠萍 赵　斌	任命山西省高级人民法院审判委员会委员	省高级人民法院院长左世忠的提名
	段艾生	任命山西省高级人民法院审判委员会委员、立案庭庭长	
	周太生	任命山西省高级人民法院审判委员会委员、刑事审判第一庭庭长	
	张建平	任命山西省高级人民法院审判委员会委员、刑事审判第二庭庭长	
	邓一峰	任命山西省高级人民法院审判委员会委员、民事审判第二庭庭长	
	张义德	任命山西省高级人民法院刑事审判第三庭庭长	
	孙雪峰	任命山西省高级人民法院刑事审判第四庭庭长	
	武全敬	任命山西省高级人民法院民事审判第三庭庭长	
	卜文礼	任命山西省高级人民法院民事审判第四庭庭长	
	戴春林	任命山西省高级人民法院审判监督庭庭长	
	张　华	任命山西省高级人民法院审判监督第二庭庭长	
	刘润山	免去山西省高级人民法院审判委员会委员、立案庭庭长、审判员	
	邓一峰	免去山西省高级人民法院民事审判第四庭庭长	
	郭志荣 车俊娥 徐尚勇	免去山西省高级人民法院立案庭副庭长	
	戴春林 孙雪峰 张　华	免去山西省高级人民法院刑事审判第二庭副庭长	
	张忻如 张义德	免去山西省高级人民法院刑事审判第三庭副庭长	
	卜文礼	免去山西省高级人民法院民事审判第一庭副庭长	
	赵　斌	免去山西省高级人民法院民事审判第四庭副庭长	
	武全敬	免去山西省高级人民法院行政审判庭副庭长	
	石春英	免去山西省高级人民法院审判监督庭副庭长	
	耿转成	免去山西省高级人民法院立案二庭副庭长	
第二十六次会议	任生林	免去山西省高级人民法院行政审判庭庭长	省高级人民法院院长左世忠的提名
	孙朝晖	免去山西省高级人民法院审判员	

任免会议	任免人员	任免职务	备注
第二十九次会议	张建康	任命山西省高级人民法院破产案件审判庭庭长	省高级人民法院院长左世忠的提名
	张建康 韩德荣	免去山西省高级人民法院民事审判第二庭副庭长	
	宋政富	免去山西省高级人民法院民事审判第四庭副庭长	
	刘晓芬	免去山西省高级人民法院行政审判庭副庭长	
	张茂恒 郭雁平 张学慧 臧建华 张艳萍	免去山西省高级人民法院审判员	
第三十一次会议	杨如珍 王永励	任命山西省高级人民法院立案庭副庭长	省高级人民法院院长左世忠的提名
	王菊萍	任命山西省高级人民法院立案庭副庭长、审判员	
	王洪明 王　霞 杜　幸	任命山西省高级人民法院刑事审判第一庭副庭长、审判员	
	张向东	任命山西省高级人民法院刑事审判第二庭副庭长	
	孙晨澜 薛克昌	任命山西省高级人民法院刑事审判第二庭副庭长、审判员	
	崔永宏 赵　宏 解炎武	任命山西省高级人民法院刑事审判第三庭副庭长、审判员	
	史永胜 郝玉震 董开宇	任命山西省高级人民法院刑事审判第四庭副庭长、审判员	
	王　迪	任命山西省高级人民法院民事审判第一庭副庭长	
	刘　英	任命山西省高级人民法院民事审判第一庭副庭长、审判员	
	殷　泽	任命山西省高级人民法院民事审判第二庭副庭长	
	李晓轩 宋　霞	任命山西省高级人民法院民事审判第二庭副庭长、审判员	
	姬　芳	任命山西省高级人民法院民事审判第三庭副庭长、审判员	
	何炳武	任命山西省高级人民法院民事审判第四庭副庭长	
	卞俊梅	任命山西省高级人民法院民事审判第四庭副庭长、审判员	
	王　东 段晓斌 张　烁	任命山西省高级人民法院破产案件审判庭副庭长、审判员	
	魏佩芬 程彦斌	任命山西省高级人民法院行政审判庭副庭长、审判员	
	周　波	任命山西省高级人民法院审判监督庭副庭长	

任免会议	任免人员	任免职务	备注
第三十一次会议	王　莉 苏星君	任命山西省高级人民法院审判监督庭副庭长、审判员	省高级人民法院院长左世忠的提名
	李永静	任命山西省高级人民法院审判监督第二庭副庭长、审判员	
	宋俊伟	任命山西省高级人民法院立案二庭副庭长	
	贾红卫	任命山西省高级人民法院立案二庭副庭长、审判员	
	白国选 郭建岗 侯　勇 曹文英 郭丽娟 赵小云 刘志刚 李国强 谢洪雯 樊文霞 郭　薇 许勇闯 庞永平	任命山西省高级人民法院审判员	
	冯少勇	免去山西省高级人民法院审判委员会委员、审判员	
	杨如珍	免去山西省高级人民法院刑事审判第三庭副庭长	
	张向东	免去山西省高级人民法院审判监督庭副庭长	
	殷　泽	免去山西省高级人民法院审判监督第二庭副庭长	
	周建文	免去山西省高级人民法院立案二庭副庭长	
	赵亮明	免去山西省高级人民法院审判员	
	郭再彪	免去大同铁路运输法院审判员	

山西省人民政府
The People's Government of Shanxi Province

综　述

【经济转型升级】 2016年，山西省政府推进“三去一降一补”重点任务。退出煤炭产能2325万吨，淘汰钢铁产能82万吨，率先实施煤炭减量化生产，全年压减煤炭产量1.43亿吨，占全国煤炭减量的40%左右。截至2016年底，全省商品房待售面积1761.0万平方米，比年初减少55.0万平方米，商品房库存消化周期10.3个月，比年初缩短3.4个月。全省规模以上工业企业主营业务成本同比下降8.5%。开辟转型综改主战场。破解转型综改空间布局、平台载体等瓶颈制约，推进开发区改革创新发展。整合太原都市区的8个产业园区、科技园区和高校新区，成立山西转型综改示范区，打造开发区建设和转型综改的排头兵。培育经济新动能。加快布局数字经济、高端装备制造、新材料、新能源汽车等战略性新兴产业，推进文化旅游、金融、物流、会展等现代服务业发展。加快科技创新城建设，实施科技重大专项，引进科研团队，打造转型升级新引擎。扶持实体经济。开展万名干部入企服务和各类项目受理大起底，实施工业提质增效“20条”、降低实体经济企业成本“44条”，有效降低企业成本。推动金融机构帮助企业降杠杆、防风险、渡难关。经济增速呈现逐季加快、逐步向好的态势。2016年全省地区生产总值增速比一季度、上半年、前三季度分别加快1.5个、1.1个、0.5个百分点，比上年加快1.4个百分点。三次产业结构比例为6.1:38.1:55.8。 （柴国文）

【国企改革】 2016年，山西省政府制订出台深化国有企业改革的实施意见，完善省属国有企业法人治理结构，深化国有企业财务等重大信息公开工作，组建国有资产管理公司和国有资本运营公司，积极稳妥发展混合所有制经济。做好同煤集团等改革试点工作。推广政府与社会资本合作(PPP)模式，设立煤炭供给侧改革基金。解决国有企业承担社会功能的历史遗留问题。推进电力体制改革综合试点，争取国土资源部委托山西省实施煤层气矿业权审批登记。（柴国文）

【民生发展】 2016年，山西省政府制订“十三五”脱贫攻坚规划，全面实施精准扶贫八大工程二十个专项行动，加大特色产业扶贫力度，提前启动新一轮退耕还林还草，10万贫困人口实施易地扶贫搬迁，57万贫困人口实现脱贫，1900个贫困村有序退出。推动高校毕业生、农村转移劳动力、城镇困难人员、退役军人等群体就业工作，安置煤炭钢铁去产能转岗职工3.16万人。提高城乡居民医保、低保标准和退休人员基本养老金。城乡居民大病保险实现全覆盖。城镇保障性安居工程建设和农村人居环境改善。义务教育“全面改薄”与均衡发展取得新进展。 （柴国文）

【节能减排】 2016年，山西省政府持续推进节能减排工作，加大治理雾霾力度，深化“控煤、治污、管车、降尘”重要举措，实施散煤综合治理，持续削减污染物排放量，全面完成30万千瓦以上燃煤发电机组超低排放改造，严格机动车尾气排放管理，完成黄标车老旧车淘汰任务，严格落实扬尘控制措施，健全重污染天气预警应急响应机制。加快城镇污水处理设施提标改造，开展农村生活污水综合整治试点，完成山西省土壤污染治理与修复规划，开工建设一批垃圾处理项目。深化以省会太原为重点的中心城市环境综合整治工作。开展“铁腕治污”行动，依法打击各类环境违法行为。在全国率先对永久性公益林进行立法保护，推进汾河流域综合治理，完成营造林400万亩。截至2016年底，万元地区生产总值能耗下降幅度、二氧化碳排放量下降幅度、用水量下降幅度，二氧化硫、化学需氧量、氨氮、氮氧化物、烟尘、粉尘减排幅度，劣V类水体比例，农村贫困人口脱贫人数、城镇棚户区住房改造数量等指标均完成年度任务。设区市城市空气质量优良天数比例未完成年度任务。其中，大同、吕梁、忻州3市完成年度任务；阳泉、长治、晋中、太原、晋城、临汾、朔州、运城8市未完成年度任务。

（柴国文）

【政务信息公开】 2016年，山西省政府统筹指导全省政务公开工作。主动公开省政府及省政府办公厅文件255件，依申请公开36件。其中，省政府主动公开234件，依申请公开34件。重大舆情回应5件，上报国办460篇，领导批示19篇，采用各地市厅局1819篇。《山西政报》更名为《山西省人民政府公报》。 （柴国文）

【舆情信息处置】 2016年，山西省政府回应处置太原市更换电动出租车等重大舆情，一大批影响面大、社会关注高、敏感性强的政府信息得到及时准确公开、妥善办理。省属国有企业财务重大信息公开水平全国领先。收集省长信箱网民留言7053件，受理6132件，一大批涉及群众切身利益的问题得到妥善解决。省政府电子政务内网完成项目设计，新版省政府门户网站正式上线运行，跃升至全国先进行列。 （柴国文）

【督查问责全程跟踪】 2016年，山西省政府创新方式抓督查，建立“13710”工作制度，对省政府重要决策部署设立电子台账，要求1天研究部署，3天反馈办理，7天解决落实，重大复杂问题1月解决落实，所有事项跟踪到底、销号清零，实现交办、催办、督办、考核、奖惩全程跟踪，做到事事有结果，件件有成效。该工作制度获楼阳生的表扬和好评。围绕党中央、国务院和省委、省政府工作安排、省政府全年重点目标任务、省政府重大决策部署、各级领导重要调研和指示，制订专项督查计划，紧盯关键环节，严格限时办结。参与配合国务院督查11次，全年开展各项专项督查27次，牵头实施专项督查16次，重点核查整改问题清单290项，对不落实典型事项涉及的责任单位和责任人进行问责处理。 （柴国文）

【参政议政】 2016年，山西省政府参事室组织在职参事和馆员参政议政、建言献策，推进新任参事、馆员选聘工作。参事室（文史馆）拟定《山西省人民政府关于进一步加强省政府参事室工作的实施意见》《山西省人民政府关于加强和改进省政府文史研究馆工作的实施意见》《山西省人民政府参事选聘办法》《山西省人民政府文史研究馆馆员选聘办法》《2016年山西省人民政府参事选聘实施方案》《2016年山西省人民政府文史研究馆员选聘实施方案》等六个草拟稿，并上报省人民政府。省政府参事、文史馆员列席山西省政协第十一届四次全体委员会议，听取政协工作报告并就报告内容进行讨论，建言献策。

组织文史馆员进行文艺采风和艺术创作交流活动。4月至11月，参事室（文史馆）组织文史馆员和书画艺术家开展“唐风晋韵黄河行”诗书画采风创作活动，行程20余个县（市）1500千米，进行长达半年采风和创作，完成数百幅书画作品和诗赋。与国务院参事室、中央文史研究馆和各兄弟单位之间开展学术和业务交流活动。安排专人参加国务院参事室、中央文史研究馆、澳门特别行政区举办的“中华文化四海行—走进澳门”系列活动；中央文史研究馆在银川召开的关于新型智库建设专题调研座谈会；国务院参事室主办、新华网承办的“2016国是论坛”等。先后接待吉林省文史馆、沈阳市政府参事室等兄弟单位到晋考察和业务交流活动。 （王合龙）

【交流服务】 组织专人编写《2005–2015参事工作文集》。编著《山西抗战事略》《三晋传统廉政文化》《易经的人生启示》《岁月图录》等书籍。做好扶贫工作。参事室（文史馆）在组织全体人员到左权县麻田镇3个对口扶贫点精准对接基础上，了解情况，解决实际问题，为扶贫点北艾普村争取修路经费98万元。 （王合龙）

重要会议

【概述】 2016年，山西省政府组织省政府全体会议2次，省政府常务会议33次，省长办公会议32次，党组会议21次，专题会议30余次，各类电视电话会议62次。协助省委、省人大、省政协完成各类会议活动。完成省政府领导出席省十一次党代会、省委常委会、省委中心组学习、深化体制改革领导组、五一表彰会、省城各届向烈士纪念碑敬献花篮仪式等省委安排的各类会议、活动30余次；完成省政府领导出席省“两会”、省十二届人大六次会议、省人大常委会全体会议、省政协专项议政会、省总工会第十三次代表大会等各类会议、活动的相关工作。 （柴国文）

2016年，政府参事馆员列席省政协会议，建言献策 （王合龙供图）

【省政府全体会议】 2016年1月7日，省政府全体（扩大）会议召开，省长李小鹏主持，会议研究修改即将提请省十二届人大五次会议审议的《政府工作报告（讨论稿）》，安排部署当前工作。省委常委、常务副省长高建民，省委常委、副省长付建华，副省长张建欣、郭迎光、王一新、张复明、刘杰出席，省政府秘书长廉毅敏参加。会议还安排部署"两节""两会"期间的重点工作和党风廉政建设工作。

2016年12月26日，省政府全体（扩大）会议召开，省长楼阳生主持，会议讨论即将提请省十二届人大七次会议审议的《政府工作报告（讨论稿）》，安排部署岁末年初工作。省委常委、常务副省长高建民，省委常委、副省长孙绍骋，副省长郭迎光、张复明、刘杰、王赋参加。 （柴国文）

【省政府常务会议】 2016年，省政府共召开常务会议33次。

第108次常务会议。2016年1月14日，省长李小鹏主持，研究全面实施两孩政策、取消一批职业资格许可和认定事项等工作。会议原则通过《山西省人口和计划生育条例（修订草案）》。

第109次常务会议。2016年1月25日，李小鹏主持，会议研究有关人事任免事项。

第110次常务会议。2016年2月1日，李小鹏主持，贯彻落实全省"两会"精神，细化分解2016年政府工作报告目标责任。

第111次常务会议。2016年2月23日，李小鹏主持，研究部署加强安全生产和2016年固定资产投资、重点工程建设、主要经济指标分解落实等工作。会议研究加强文物保护等其他工作。

第112次常务会议。2016年3月25日，李小鹏主持，分析当前经济形势，研究部署安全生产等工作。会议研究山西科技创新城建设和完善城乡义务教育经费保障机制等其他事项。

第113次常务会议。2016年4月6日，李小鹏主持，研究部署中国制造2025山西行动、省属国有企业加强党的领导和完善法人治理结构等工作。

第114次常务会议。2016年4月14日，李小鹏主持，学习贯彻国务院营改增专题座谈会和国务院常务会精神，研究部署煤炭供给侧结构性改革、行政审批制度改革、工业稳定运行提质增效以及开展城乡采暖煤改电试点、加强公共文化服务等工作。会议原则通过关于提高公共文化服务水平的若干意见。

第115次常务会议。2016年4月21日，李小鹏主持，分析一季度经济形势，部署当前重点工作。

第116次常务会议。2016年5月4日，李小鹏主持，听取重点工作目标任务推进落实情况督查汇报，研究部署深化行政审批制度改革和国企国资改革等工作。会议研究通过省政府部门行政审批中介服务事项清单，对49个部门单位的232项事项进行清理规范，保留17个部门单位依法实施的47项。会议原则通过《山西省通信设施建设与保护条例（草案）》，决定修改完善后提请省人大常委会审议。

第117次常务会议。2016年5月10日，李小鹏主持，研究部署加强环境保护等工作。会议研究加强开发区建设等其他事项。

第118次常务会议。2016年5月19日，李小鹏主持，学习贯彻习近平总书记在中央财经领导小组第13次会议上的重要讲话精神，分析当前经济形势，研究部署重点工作。

第119次常务会议。2016年5月30日，李小鹏主持，会议原则通过坚决打赢脱贫攻坚战的实施意见和工作方案，决定修改完善后按程序报批实施。会议听取易地扶贫搬迁工作汇报，安排部署2016年和"十三五"时期全省易地扶贫搬迁工作。

第120次常务会议。2016年6月7日，李小鹏主持，研究通过山西省"十三五"服务业发展规划、综合交通运输体系规划、战略性新兴产业发展规划和进一步支持服务业发展的若干措施，安排部署深化权力清单制度改革和光伏扶贫等工作。会议研究通过省政府部门权责清单动态管理办法和行政职权运行监督管理办法。

第121次常务会议。2016年6月18日，李小鹏主持，分析当前经济形势，研究部署煤炭去产能减产量保增长、加强环境保护、发展新能源汽车和重大项目建设等工作。会议通报全省前5个月环境质量改善情况。会议听取新能源汽车发展专项督查工作汇报，部分重大项目建设进展督查情况汇报。

第122次常务会议。2016年6月29日，李小鹏主持，研究"十三五"工业和信息化、农村旅游公路建设等规划，安排部署整合使用财政扶贫资金等工作。会议原则通过《山西省"十三五"工业和信息化发展规划》。会议通过关于统筹整合财政资金实施精准扶贫的意见，决定从2016年起在全省58个贫困县开展财政资金整合试点，整合使用资金包括中央安排的涉农资金和省、市、县安排的可用于贫困县的财政性资金。会议原则通过山西省《实施〈中华人民共和国老年人权益保障法〉办法（修订草案）》，修改完善后提请省人大常委会审议。

第123次常务会议。2016年7月5日，李小鹏主持，研究部署承接煤层气矿业权审批、专利奖励、重大建设项目稽查等工作。会议通过《山西省专利奖励办法》。会议通过《山西省重大建设项目稽查办法》。

第124次常务会议。2016年7月13日，李小鹏主持，研究部署安全生产、农业农村经济、综合行政执法体制改革、科技创新城建设等工作。会议原则通过《山西省安全生产条例（修订草案）》，决定修改完善后提请省人大常委会审议。会议研究通过《山西省"十三五"农业农村经济发展规划》。会议原则通过《关于深化综合行政执法体制改革的指导意见（送审稿）》，决定修改完善后按程序报批实施。会议研究建设山西科技创新城产业合作区事宜，决定把阳曲大盂、太谷水秀和祁县东观3个工业园区确定为科创城首批产业合作区。会议原则通过灵石县相对集中行政许可权改革试点方案，决定修改完善后按程序报批实施。

第125次常务会议。2016年7月21日，李小鹏主持，学习贯彻习近平总书记关于加强安全生产和做好当前防汛抗洪抢险救灾工作的重要讲话指示精神，传达贯彻全国安全生产会议精神、国务院地方负责人促进社会投资健康发展会议精神，研究部署山西省煤炭供给侧结构性改革、工业经济运行和固定资产投资等工作。

第126次常务会议。2016年8月4日，李小鹏主持，贯彻省委常委会精神，部署下半年经济工作，研究电力供给侧结构性改革、法治政府和知识产权强省建设等事项。会议原则通过电力供给侧结构性改革实施意见。会议研究部署法治政府建设工作。会议通过新形势下推进知识产权强省建设的实施意见。

第127次常务会议。2016年8月9日，李小鹏主持，研究通过《山西省"十三五"科技创新和文化强省规划》，安排部署加强文物保护等工作。会议研究通过《山西省贯彻落实〈国务院关于进一步加强文物工作的指导意见〉的实施意见》。

第128次常务会议。2016年8月19日，李小鹏主持，分析当前经济运行情况，研究部署煤炭去产能减产量经济保增长、固定资产投资、税收征管体制改革等工作。

第129次常务会议。2016年8月23日，李小鹏主持，研究部署旅游景区（景点）体制机制改革、全民健身和高速公路建设等工作。会议原则通过山西省《全民健身实施计划（2016–2020年）》。

第130次常务会议。2016年9月2日，代省长楼阳生主持，研究部署重点工作督查、汾河流域生态修复治理、永久性生态公益林保护和安全生产等工作。会议原则通过山西省《汾河流域生态修复与保护条例（草案）》和《永久性生态公益林保护条例（草案）》，决定修改完善后提请省人大常委会审议。会议研究通过同煤集团同生安平煤业"3·23"顶板大面积垮落导致瓦斯爆炸重大事故调查处理意见。

第131次常务会议。2016年9月9日，楼阳生主持，研究通过《山西省"十三五"环境保护规划》，部署加强档案管理、规范展会活动、促进煤层气产业发展和国家工作人员宪法宣誓等工作。会议通过《山西省重大活动档案管理办法》。会议原则通过《山西省贯彻落实党政机关境内举办展会活动管理办法实施细则》。会议研究通过省政府及其各部门任命的国家工作人员宪法宣誓组织办法。

第132次常务会议。2016年9月23日，楼阳生主持，部署山西省化解煤炭钢铁过剩产能、"三去一降一补"五大重点任务，研究继续取消下放一批行政职权事项和政务服务管理工作。会议决定再取消和下放41项行政职权事项。会议原则通过山西省《政务服务管理办法（草案）》。

第133次常务会议。2016年10月14日，楼阳生主持，研究部署推行"双随机、一公开"监管、"十三五"综合能源发展规划、安全生产目标责任考核、县域经济考核评价等工作。会议通过《山西省"十三五"综合能源发展规划》。会议通过2015年度县域经济考核评价结果，决定对23个县（市、区）进行表彰。

第134次常务会议。2016年10月19日，楼阳生主持，研究当前经济运行和生态环境监测等工作。

第135次常务会议。2016年11月7日，楼阳生主持，研究有关人事任免事项。

第136次常务会议。2016年11月11日，楼阳生主持召开，听取万名干部入企服务工作情况汇报，安排部署加强食品安全、发展会展经济、建设山西"农谷"等工作，研究通过深化制造业与互联网融合发展的实施方案。会议通过《关于深化制造业与互联网融合发展的实施方案》。会议研究通过《山西"农谷"建设初设方案》，决定在太谷全县域内建设山西"农谷"。

第137次常务会议。2016年11月23日，楼阳生主持，部署国务院第三次大督查反馈意见整改落实工作，原则通过关于健全生态保护补偿机制的实施意见、建立完善守信联合激励和失信联合惩戒制度加快推进社会诚信建设实施方案，研究降低实体经济企业成本等工作。会议通过《山西省降低实体经济企业成本的实施方案》。

第138次常务会议。2016年12月2日，楼阳生主持，通过《山西省贯彻中医药发展规划纲要（2016–2030年）实施方案》《全民科学素质行动计划纲要实施方案（2016–2020年）》《"十三五"加快残疾人小康进程发展规划》，研究文化市场综合执法改革、妇女儿童工作、流动人口服务管理、文物保护等事项。会议通过《关于进一步深化文化市场综合执法改革的实施意见》。会议通过《山西省流动人口服务管理办法（草案）》《山西省文物建筑构件保护办法（草案）》。会议决定，创新太原论坛举办机制，采用市场化、专业化运作模式，努力把太原论坛打造成国家级、国际化、专业化的知名论坛。

第139次常务会议。2016年12月7日，楼阳生主持召开，会议讨论有关人事任免事项。

第140次常务会议。2016年12月23日，楼阳生主持召开，研究主要经济指标和健康山西建设、医药卫生体制改革、生态文明建设、土地利用总体规划调整等工作。会议审议通过《五台山风景名胜区总体规划》，决定上报国务院审批。会议审议通过《山西省土地利用总体规划（2006–2020年）调整方案》，决定上报国务院审批。会议研究物流业降本增效等其他事项。

（省政府办公厅）

人事人才

【人才选拔与人才服务】 2016年，山西省人才工作继续发展。出台《山西省深化人才发展体制机制改革的实施意见》，提出30条政策举措。选拔各类人才。全年新选拔享受政府特殊津贴专家57名、“三晋学者”40名、山西省学术技术带头人151名、新兴产业领军人才52名，新增高技能人才9.2万人，引进外国专家1500人。实施高层次人才服务基层计划。组织国家万名专家服务基层计划示范项目。向国家上报重点服务项目4个、国家级专家服务基地2个。“山西省高粱产业专家服务基层活动”“山西省基层医院医师培训专家服务基层行动”和“山西省畜禽遗传资源保护专家服务基层行动”获批国家重点服务项目，项目资助共计36万元。（马　骏）

【职称评定制度改革】 2016年，山西省制定下发《关于做好2016年度专业技术职称评审工作的通知》。分类制定职称评价标准，建立符合不同岗位特点的人才评价机制。优化评审条件。不将论文作为评价应用型人才的限制性条件；申报初、中级职称可不参加职称外语考试，申报高级职称由各高级评审委员会根据行业实际确定。县及以下基层单位专业技术人员申报各级别职称取消外语要求；取消计算机应用能力考试成绩作为职称评审必备条件的限制。能力、业绩、贡献突出的优秀青年专业技术人才可不受学历、资历、单位岗位职数限制破格评审，提高服务质量。简化职称评审需提供的证明材料和手续，重视非公经济组织和社会组织中专业技术人员职称评审工作，加强政策宣传引导，畅通申报渠道。

2016年，山西省根据国家《深化中小学教师职称制度改革的指导意见》和《对山西省深化中小学教师职称制度改革工作实施方案的批复》，山西省自2016年起在全省全面实施中小学职称制度改革。（马　骏）

【公务员管理工作】 2016年，山西省公务员队伍总体稳定。2016年3月15日，召开全省公务员管理工作视频会议。印发《2016年全省公务员管理工作要点》。全省举办初任培训班13期，培训新录用公务员1603人次，参训率100%。3月至4月，在山西行政学院举办第10期、第11期两期正处级公务员轮训班，9月举办第22期正处级公务员任职培训班，共培训学员149人。省直行政厅局在北京大学、复旦大学、浙江大学等名校举办领导干部综合能力提升班30余期，培训4200余人。开展2016年省级机关（参照公务员法管理单位）公开遴选和公开选调公务员工作，为省司法等22家省直单位46个职位公开遴选，并选调公务员87人。起草《山西省人民政府及其各部门任命的国家工作人员宪法宣誓组织办法》，9月20日正式下发执行。司法体制改革试点工作中对司法体制改革中的薪酬制度改革、职务职级改革等情况进行专题研究，明确要通过改革建立符合司法人员职业特点的管理制度，完善司法人员分类管理制度，建立专业职务序列及工资制度，增强司法人员职业荣誉感和使命感。（马　骏）

脱贫攻坚

【概述】 2016年，山西省实现57万贫困人口脱贫，超年度目标14%，1900个贫困村有序退出，贫困地区农村居民人均可支配收入6623元，同比增长9%，高于全省平均水平2.4个百分点，年度脱贫目标任务完成，首战之年实现良好开局。（刘世锋）

【扶贫资金投入】 2016年，中央和山西省加大财政扶贫投入，安排财政专项扶贫资金34.09亿元，比上年增加7.90亿元。其中，中央安排资金23.02亿元（含中央彩票公益金），比上年增加7.82亿元；省级安排资金11.07亿元，比上年增加980.78万元，考虑到山西省2016年省级一般公共预算收入完成502.40亿元，比上年下降13%的实际情况，山西省级扶贫投入资金实际增长率应为16%。安排列入农村基础设施建设科目管理的“十三五”期间农村公路建设债券资金10亿元和用于支持贫困村基础设施建设的债券资金12亿元；省级易地扶贫搬迁14.76亿元（地方债拨付9.76亿元，专项建设基金拨付5亿元）；市、县本级财政安排扶贫资金11.83亿元。

（刘世锋）

【扶贫资金投向】 2016年，山西省补助市县项目支出29.43亿元。采用因素法分配切块到市、县资金28.03亿元；采用竞争方式安排资金1.4亿元。按政策性因素分配资金15.39亿元。包括：市级易地扶贫搬迁投融资主体资本金7.41亿元；2014年移民第二批公用基础设施补助4000万元；光伏扶贫1.52亿元；旅游扶贫5000万元；构树扶贫300万元；老区贫困村帮扶项目9310万元；新型职业农民培育项目3000万元；项目管理费4070万元；扶贫项目贷款贴息15000万元；千村万人就业培训2000万元；精准扶贫信息管理补助1000万元；亚行贷款项目配套费101.01万元；少数民族发展资金804万元；以工代赈资金13000万元；国有贫困农场资金1023万元；国有贫困林场资金2267万元；全省统筹整合使用财政资金示范县奖补资金2700万元；资产收益扶贫试点示范县奖补资金1002万元。按客观性因素分配资金12.64亿元。采用扶贫对象规模、贫困发生率、人均可支配收入、人均财力、资金绩效评价等客观性因素分配，资金切块到市、县，支持贫困县以脱贫攻坚规划为引领，围绕脱贫攻坚目标任务，统筹整合使用财政资金，提高资金使用精准度和效益。采用竞争方式安排的资金1.40亿元。在36个国定贫困县中通过公开公平竞争方式，安排代县、岢岚、平顺、左权、吉县、方山、石楼等县，每县2000万元实施中央彩票公益金项目。主要支持建档立卡贫困村实施村内小型生产性公益设施建设项目。

省本级项目安排4.66亿元。其中：扶贫产业发展基金2亿元，易地扶贫搬迁贴息资金12247万元，易地扶贫搬迁项目政府购买服务费

12818.08万元；亚行包容性发展项目前期准备经费出286万元；省级扶贫培训项目经费390万元；项目管理费支出365万元；世行技援项目债务还款支出145.99万元；扶贫开发业务费支出335.70万元。 （刘世锋）

【精准扶贫工作推进】 2016年，山西省全方位加大扶贫力度。易地扶贫搬迁。山西省2016年11个市80个县搬迁任务12.50万人，其中建档立卡贫困人口10万人、同步搬迁人口2.50万人。全年80个项目县，规划安置点542个，全部开工，涉及4.43万户、12.51万人。346个集中安置点竣工，竣工率64%，涉及1.98万户、6.14万人；分散搬迁落实2440户、7616人。集中安置入住8822户、2.66万人，入住率21.3%。2016年易地扶贫搬迁项目总投资额41.8亿元，年度目标完成项目总投资的60%、25.08亿元，完成投资32.62亿元，占项目总投资的78%，年度投资完成率130%。

生态保护扶贫。2016年，山西省实施退耕还林奖补、造林绿化投工、森林保护就业、经济林增效和林产业增收"五项措施"。退耕还林重点安排到贫困县贫困户，除国家补助外，省级每亩再补助800元；上一轮退耕还林，省级按每年每亩90元的补助标准延长5年；提前启动2017年120万亩退耕还林任务，截至2016年底，国家每亩补助500元和省级配套补助150元兑现到退耕贫困户。采取议标形式，支持贫困人口达60%的扶贫造林合作社优先承包造林工程。贫困县80%的护林员岗位提供给贫困户，2016年7000万元国家林业管护资金全部用于36个国定贫困县新聘用贫困劳动力。在贫困县实施干果经济林提质增效100万亩，每亩补助200元。国务院副总理汪洋肯定山西省的做法，批示在全国总结推广。

资产收益扶贫。2016年，山西省在长治市和隰县、大宁等17个贫困县开展特色农业、林业、供销和农机等资产收益扶贫试点工作，以财政资金、集体资产等折股量化为抓手，依托村集体经济组织加专业合作社、农机合作社、供销合作社和林业合作社，带动贫困户增收脱贫。天镇县政府与12家经营主体对接，投入2350万元扶贫资金，借本还息，开展资产收益扶贫，支持47个贫困村每年每村增收5万元。

社会保障扶贫。2016年，山西省低保标准低于国家扶贫标准的县从91个减少到11个，政策衔接、标准衔接、对象衔接、管理衔接工作深入开展。民政、教育、健康和残疾人帮扶精准到户的24项政策得到落实。针对因病致贫问题，为180万农村贫困人口建立电子健康档案，认定医保扶贫对象20.96万人。新型农村医疗合作社资助贫困人口100万人次、8405万元，基本医保、大病保险和重特大疾病医疗救助实现贫困人口全覆盖。贫困人口就医免除普通门诊挂号费，太原、朔州、长治市实现县域内就医"先诊疗后付费"。贫困人口大病保险起付线由10000元降到5000元，报销比例提高2–3个百分点，慢性病补偿提高10%；33种重大疾病纳入救助范围，个人支付费用降至10%，贫困户孕产妇在县域内住院的正常分娩费用全免。针对因学致贫贫失学问题，贫困户子女学前教育每生每年1000元生活补助，落实义务教育"两免一补"政策，率先对建档立卡家庭经济困难学生免除高中学杂费，对贫困户学生接受高等教育和职业教育资助做到全覆盖，72.89万贫困家庭学生受益。探索社会保障政策与保险扶贫政策衔接。山西省扶贫办联手人寿保险山西分公司，推出贫困户大病医疗补充保险和意外伤害保险专属特惠产品，大病医疗补充保险缴费18元最高可获20万元赔付，意外伤害保险缴费50元最高可获5万元赔付。全省43个县81万贫困人口参加医保补充险、74万贫困人口参加意外伤害险。

光伏扶贫。2016年，山西省光伏扶贫项目指标总规模为58.4万千瓦，其中，村级光伏电站（含户用）18.4万千瓦，集中式地面电站40万千瓦。689座、18.4万千瓦村级电站全部启动，在10个市38个贫困县，建成221座村级光伏扶贫电站9.52千瓦，占到村级电站总规模的51.7%，其中大同市、吕梁市光伏扶贫项目推进速度较快，村级电站完成规模指标量的80%以上，全省村级电站预计2017年9月底前全部建成并网。40万千瓦集中电站建设筹备工作推进，预计2017年5月前建成并具备并网条件。全部项目入网后，可惠及1690个建档立卡贫困村实现村集体经济"破零"，帮

2016年9月8日，省社科联、省出版传媒集团在山西省地方志办公室扶贫帮扶点和顺县开展文化下乡帮扶活动 （一 溪供图）

助5.3万户以上无劳动能力贫困户年均增收3000元，近10万户建档立卡贫困户受益。

乡村旅游扶贫。2016年，山西省乡村旅游扶贫按照以成熟景区周边连片贫困村为重点，以生态休闲和文化旅游“两村”建设为主的工作思路，立足全省具有旅游资源的791个建档立卡贫困村，2016年安排财政扶贫资金5000万元，支持100个建档立卡贫困村开展乡村旅游扶贫，带动2830余户贫困户，户均增收700余元。山西省旅游扶贫的模式有：自主参与型，即贫困户通过出售旅游产品、到旅游企业打工或直接经营旅游项目等方式获得增收。结对帮扶型，即通过旅游扶贫企业、合作社等经济组织和贫困村进行一对一的帮扶对接，带动贫困村、贫困户增收。入股分红型，即贫困村、贫困户以土地、林地、房屋以及自有资金等方式入股旅游企业或合作社，获得股份分红。财政资金和社会帮扶资金也可以入股旅游扶贫项目，折股量化支持贫困村、贫困户增收。涌现出的乡村旅游扶贫典型：壶关县桥上乡大河村利用丰富旅游资源，在地方政府和省旅游局驻村工作队的帮扶下，通过企业投资、能人带动、农户参与等方式，使大河村从一个一穷二白的穷山沟，变成远近闻名的绿色生态旅游村，被省旅游局命名为“山西农业旅游示范村”。乡宁县云丘山旅游开发有限责任公司将产业扶持、转移就业、易地扶贫搬迁、教育支持、医疗救助、社保兜底等措施有机结合，带动乡宁县1/5的贫困人口实现脱贫致富奔小康的目标。

电商扶贫。2016年，山西省出台《山西省电商扶贫行动方案》和《山西省2016年电商扶贫行动计划》，对“十三五”期间推动贫困地区电商网络结点建设、完善县乡村三级农村物流配送体系、贫困地区农产品网络销售、电商带动贫困人口用工、贫困地区电商人才培育等方面作出总体部署。多部门联合推动电商扶贫的模式形成。2016年省扶贫办与省供销社共同推进农村电商扶贫工作。双方签署精准扶贫战略合作框架协议，确定在贫困地区农村电商培训、发展农村电商等方面开展合作。山西供销农芯乐电子商务有限公司线下电商服务网络覆盖全省贫困县51个，乡镇电子商务服务站366个，村级电商综合服务网点3513个，覆盖贫困村2029个，帮扶贫困人口6786人，带动贫困人口人均增收50.20元，开展电商培训90次，培训4900人次，增加就业岗位1147个，销售贫困地区农产品3200万元。省扶贫办、省财政厅、省商务厅多部门联合推进电子商务进农村示范县工作。临县、和顺县、天镇县、右玉县、万荣县5个贫困县成为2016年国家电子商务进农村综合示范县。2016年山西各级政府和省内外各大电商平台在贫困地区建设县级中心72个，建设乡级站点293个，建设村级网店个数4273个，创业就业达14000余人；电商帮扶贫困户11800余户，帮扶贫困人口35000余人，实现贫困户农产品网销金额2.10亿元，贫困人口人均增收565元。

精准培训和教育扶贫。2016年精准培训11.77万贫困劳动力，吕梁护工、天镇保姆培训1.60万人，输出6515人，首批102名山西护工在北京14家三甲医院就业，灵丘阿姨帮、五台泥瓦工等特色劳务品牌市场叫好。教育扶贫资助大学生7370人，中高职贫困生41897人实现应助尽助。

外资扶贫。山西包容性农业产业融合发展项目前期准备工作顺利开展。2016年3月与亚行考察团顺利对接《项目概念书》，就变更项目名称向国家发改委汇报并得到同意，7月筹备成立项目技术支持服务专家团队，9月、10月亚行考察团完成项目考察、企业财务评估和初步筛选。山西省亚行贷款河川农业综合开发项目基地建设工程。2016年根据山西省亚行贷款河川农业综合开发项目进度，下达年度项目工程财务计划263.60万元资金，6月底项目农户工程完成。项目完成总投资12.80亿元，达到中期调整的91.11%，其中贷款资金1亿美元全部报回，项目实施直接带动农户39829户，受益人口17.8万人，解决劳动就业大约9万余个，妇女参与4.30万余人；培训农户26万多人次；增加绿地覆盖面积7447公顷；减少土地退化和水土流失约251.50万吨，年增加水源涵养能力661.85万吨；养殖发展年增加有机肥生产还田142万吨；采用管灌、滴灌、渠灌、喷灌等节水灌溉技术，节水大约30%左右。项目成为当地产业发展、农业增效、农民增收的示范项目。

驻村帮扶。2016年，山西省委省政府出台完善干部驻村帮扶机制9项措施，在全省集中开展驻村帮扶督导落实专项行动、明察暗访和满意度测评等工作。省市县充实加强干部驻村帮扶工作领导小组，组织部部长、政府分管领导任正副组长，组织部门挂帅，统筹驻村工作队和第一书记管理工作。充实帮扶力量，省直机关增派320名、市级增派1630名第一书记到任务重的贫困县贫困村任职，省市两级派驻36个国定县的第一书记达60%以上。加强队伍管理，除“双签”责任书外，省市县派出的驻村工作队和第一书记全部实行属地在编管理，驻县大队长挂任县委副书记，工作队长挂任乡镇副书记，工作队员全脱产。执行定期督查巡查、包村单位通报、领导约谈、工作队员和第一书记召回四项制度，对工作不力的追责问责。省市县三级为驻村工作队、第一书记安排专项经费，明确补助标准，改善驻村条件，开展定期体检，办理人身保险，确保人到、心到、责任到、支持到。

社会力量帮扶。省人大常委会专题审议、专题询问，省政协常委会专题协商、专题调研，中央26家定点帮扶单位高度重视、倾力支持，开展电商扶贫、就业培训、劳务输出等精准帮扶系列活动。14位挂职副县长为吕梁山货携手代言，组织贫困地区农特产品走进中直机关，受到干部群众欢迎。驻晋部队团以上单位结对帮扶贫困村，工商联开展“千企帮千村”，1500多户民营企业与1600多个贫困村结对帮扶，累计投资65.70亿元，捐资助困助学4200万元，帮助3万名贫困劳动力就业增收。共青团山西省委实施“双心双实”工程，省妇联开展“三晋巾帼脱贫行动”。58个贫困县县医院都有两家以上省市三级医院对口帮扶、专家兼职任职、290名技术骨干长期驻点。88所省级示范高中对口帮扶贫困县67所普通高中，60所职业院校对口帮扶58所贫困县职教中心。太原市六城区和开发区集中帮扶娄烦、阳曲两个贫困县，2016年各城区拿出财政收入的1%共计1.33亿元。各机关、企事业单位对口帮扶两个县的15个贫困乡、157个贫困村，实施帮扶项目186个，提供就业岗位4100个。吕梁市组织孝义、汾阳、文水3个县结对帮扶3个最贫困的临县、岚县和石楼县。（刘世锋）

【扶贫宣传】 2016年，山西省扶贫宣传工作围绕扶贫重点工作，加强宣传，共形成宣传报道3199条。其中，国家级媒体942条，省级媒体2257条。对扶贫“冬季行动”进行集中宣传。围绕“创品牌、树形象”开展宣传报道，对“天镇保姆”“吕梁护工”进行品牌宣传。围绕重要会议开展宣传报道。对山西省脱贫攻坚大会、全省脱贫攻坚推进大会和扶贫开发等会议开展有针对性的集中宣传，形成宣传报道70多条。围绕重大政策的出台开展宣传报道，召开新闻发布会，发布《山西省坚决打赢脱贫攻坚战的实施意见》，围绕八大工程20项行动、六大政策保障机制、四个“三位一体”组织体系等情况分4期进行解读。全年，《山西日报》、山西电视台等媒体开设“走进贫困县”“决战贫困”专栏专题，组织记者开展“精准扶贫基层行”采访报道。《山西日报》开设“走进36个国定贫困县”专栏。讲述36个重点县和集中连片贫困县、贫困村干部、贫困群众坚定信心、锐意进取、决战贫困的精神风貌和感人故事。《山西日报》以六论《坚决打赢脱贫攻坚这场硬仗》和对农业厅、林业厅、水利厅、扶贫开发办、金融办、财政厅进行访谈，对全省脱贫攻坚推进大会进行专题报道。《山西日报》开设“决战贫困一线行动”和“决战贫困一线人物”专栏。对在全省脱贫攻坚中扎根基层的一线典型人物进行全面报道。山西电视台开设“打赢脱贫攻坚战”专栏，播出《打赢脱贫攻坚战：从赏花到榨油 “脱贫牡丹”花开32县》《打赢脱贫攻坚战：光伏产业遇到扶贫 为深度贫困人口点亮希望》《打赢脱贫攻坚战：多个渠道引水 一个龙头放水 山西在58个贫困县实施财政资金整合扶贫》等24条新闻稿件。中央电视台“朝闻天下”播出《创新扶贫新理念引导电商进农户》《电商扶贫难题多多措并举克难关》新闻，《人民日报》刊发《要致富先得找对路》《电商扶贫推广百县名优产品》《山西方山：最穷村为啥变了样》。20多家新闻媒体宣传中央驻晋定点帮扶挂职干部举办的“吕梁山片区特色农产品网上年货节活动”。（刘世锋）

【机制保障】 2016年，山西省财政安排扶贫专项资金87170万元，增幅18%。发行地方债65.90亿元，支持易地搬迁、农村公路和贫困村基础设施建设。在58个贫困县开展财政资金统筹整合工作，涉及9大类、83项、105亿资金，通过以县制定整合方案和资金管理办法、加大资金保障力度、健全工作协调机制、示范带动、专项督查等措施，提高资金使用精准度。资金安排实行“一因素三挂钩”办法，按因素法切块到县，与资金盘活使用、扶贫成效和重点工程挂钩。2016年中央彩票公益金项目引入竞争机制确定项目县，以县申报、现场陈述、专家评审、过程公开、结果公示。在金融扶贫上，与农发行、国开行签订协议，“十三五”贷款投放规模分别为350亿元和300亿元，2016年分别投放15.79亿元和75.92亿元。银行业金融机构特色产业扶贫贷款余额81.17亿元，比上年增加40.80亿元。扶贫小额信贷。2016年，山西省探索完善以“二免一贴”为内容的扶贫小额信贷模式，把扶贫小额信贷作为“金融+精准扶贫”的重要抓手和加速贫困农户脱贫致富新手段，打造金字品牌。2016年，58个贫困县新发放扶贫小额贷款15.60亿元，覆盖贫困户4.8万户。在用地保障上，出台贫困县单列扶贫项目建设用地、保障土地增减挂钩、36个国定贫困县和贫困老区增减挂钩节余指标省内流转使用等8项政策，保证脱贫攻坚用地需求。在人才支持上，从高等院校、科研院所选派专业人才，到36个国定贫困县挂职副县长2至3年，主抓重点产业，主攻突出难题，推动产业扶贫。为脱贫攻坚任务重的8个市派驻金融服务专员。（刘世锋）

应急管理

【应急预案体系建设】 2016年，山西省政府以保障人民群众生命财产安全为核心，完善应急管理机制体制，最大限度控制和消除风险隐患、稳妥高效应对各类突发事件。加强应急预案体系建设，调整《山西省省级应急预案目录》。组织开展各类重点演练5505场，提升应急处置能力。加强应急体制机制建设，编制印发《山西省“十三五”突发事件应急体系建设规划》。

2016年，山西省政府将建立健全应急预案体系作为应急管理工作的重点，按照《山西省突发事件应急预案管理办法》，指导各级、各部门及时更新修编各类应急预案，预案总量达到16.6万件，形成横向涵盖自然灾害、安全生产、公共卫生、社会安全，纵向贯穿省、市、县、乡镇、企事业单位的应急预案体系，并编制与预案配套的操作手册，增强预案的实用性和操作性。重新调整《山西省省级应急预案目录》，优化升级应急预案结构，将省级应急预案调整为103部，其中总体预案1部、专项预案36部、部门预案66部。扩容升级山西应急卫星电话平台，省市两级共配备卫星电话508部。开展应急培训，累计培训人员3246人。推动应急管理工作预案修订工作，出台《山西省通信保障应急预案》《山西省处置民用航空器飞行事故应急预案》2部专项预案。批准出台

2016 年 3 月 14 日，山西省政府应急准备检查组检查救援队伍装备

（和　炜供图）

《山西省特种设备安全事故应急预案》《山西省新能源行业安全生产事故应急预案》《山西省城市轨道交通建设工程施工突发事故应急预案》《山西省建设工程生产安全事故应急预案》5 部全省部门预案。为提高预案管理质量，开展全省应急预案专项大检查，推动应急预案修订、精编、演练工作，促进应急预案体系的规范化建设。　（柴国文）

【应急救护培训与避难】 2016 年，山西省政府将培训工作纳入制度化、经常化轨道，对全省应急管理干部分层次开展培训，全年省市两级累计培训人员 3246 人。举办两期应急管理专题培训，全省分管应急管理工作的乡镇长、街办主任共计 270 人参加，培训邀请应急管理领域专家及有突发事件指挥处置经验人员授课，设置模拟新闻发布会课程，突出实用性，提高领导干部做好应急管理工作的政治意识、责任意识、大局意识和工作能力。　（柴国文）

【应急演练与防灾减灾宣传】 2016 年，山西省政府依据《2015 年-2017 年应急演练计划》，各级、各部门采取“双盲”演练方式，模拟突发事件实战情景，通过演练检验预案的可靠性，提高应急处置的指挥决策、现场协调、多部门联动能力和应急队伍的处置能力。2016 年全省组织各类重点演练 5505 场。省直重点部门根据行业特点有针对性地组织演练。省国土厅和晋中市政府针对夏季地质灾害易发、多发特点，组织山西省突发滑坡地质灾害应急演练；省公安厅和太原市政府针对山区高速公路路况复杂、隧道较多的情况，组织山西省高速公路特长隧道突发事件应急处置演练；省发改委和国际能源集团针对汛期天然气管道安全防范难度大的情况，组织山西省油气管道保护联合演练。部分演练采取以演代训的方式，有关地区、部门、重点企业负责人全程参加演练观摩，做到一地搞演练，全行业受启发，发挥示范引导作用。

（柴国文）

【监测预警和隐患排查】 2016 年，山西省政府建立重污染天气预警应急响应和联动机制，实施设区市空气质量信息共享、污染排放联合控制、联动执法。采取“四不两直”、明察暗访、突击检查、“双随机”检查等多种方式，开展安全生产大检查大整治，对重大隐患挂牌督办、一盯到底。采取人防、物防和技防综合措施，做好地震、气象、测绘、地质等应急防范工作，夯实应急保障基础。　（柴国文）

【应急办公平台建设】 2016 年，山西省政府落实值守应急和信息报送工作。修订完善《突发事件报告和响应》，对省政府突发事件应急处置办公系统进行改版升级，严格落实领导带班制度、“零报告”制度、督查通报等 8 项制度。　（柴国文）

外　事

【概述】 2016 年，山西省外事侨务办完善归口职能，党管外事工作加强。制订《中共山西省委外事工作领导小组职责和工作规则》《中共山西省委外事工作领导小组办公室工作细则》《关于规范市县党委外事工作领导小组的意见》，细化外事工作领导小组及办公室工作职责，规范市、县两级党委外事工作领导小组建设，加强党对外事工作的领导。

服务大局调整思路。制订《山西“十三五”开放型经济发展国际合作规划》《2016 年转型综改行动计划牵头任务细化工作方案》《推进实施煤炭供给侧结构性改革外侨办工作细则》等，理清工作思路，把参加“一带一路”建设作为重点，把提高经济外向度作为核心指标，把加大投资力度作为重大战略，把“太原论坛”和友城建设作为发力点，构筑山西开放发展新格局。

省级人员出访。完成 11 位省级人员 14 次出访“一带一路”沿线 27 个国家和地区的组织和保障任务，与韩国全罗南道就开通太原—务安旅游包机、举办山西特色农产品推介会、设立山西旅游营销店等开展多项合作，与俄罗斯滨海边疆区、伊尔茨克州在正式建立政府间联系、开展教育和旅游合作等方面达成共识，加强与相关国家地区在煤炭清洁高效利用、经贸、友城、文化、旅游等领域的合作，在宣传山西、增进友谊、招商引资、加深合作等方面取得成果。

拓宽对外交流渠道。经山西省外事侨务办努力，山西省加入东北亚地方政府联合会，成为该组织能源气候专门委员会协调员地方政府，为山西

省与东北亚地区交流提供新平台。

助推太原论坛。邀请匈牙利索尔诺克州州长、美国能源部首席助理部长等21位重要外宾参加太原论坛，占整个论坛重要外宾数量的81%。接待10个国家和地区的107位外宾参会，为对外开放，促进低碳发展作出贡献。

国际友城建设全面提速。获外交部和全国友协批准，中国山西省与韩国全罗南道结好，与美国怀俄明州、德国北威州结好取得进展，新增哈萨克斯坦巴甫洛达尔州等省际友好合作伙伴3对。深化与现有友城的友好关系，推动与美国西弗吉尼亚州、乌拉圭卡内洛内斯省具体合作项目落实，与匈牙利索尔诺克州签署未来5年框架协议。山西省42对国际友城交往活跃，2016年山西省获全国友协“国际友好城市交流合作奖”称号，山西省友好省州美国西弗吉尼亚州获“对华友好交流合作奖”称号。

推动外事资源向经济资源转化。在美组织中国(山西)—美国(怀俄明州)煤层气研讨会。与美国怀俄明州基础设施管理局、杰克逊侯全球事务中心在煤炭清洁高效利用、风电、文化旅游方面达成合作意向。促成荷兰奶业发展中心落户山西。与蒙古国中戈壁省、南戈壁省在矿产开发、畜牧加工方面达成合作意向。协助武宿国际机场开通口岸签证业务，为境外人士到晋交流、旅游、创业提供便利。推进中国国际晋商大会召开，与国际晋商代表建立联系，为“晋商助晋”奠定基础。服务企业“走出去”“引进来”，受理上报196人APEC商务旅行卡申办资料，同比增长66%；代办领事认证2600余份，同比增长14.5%；办理外国人到华工作、留学手续1340余人次，同比增长150%。 (岳耀传)

【对外交流合作】 2016年，山西省外事侨务办统筹山西资源服务中央总体外交。承办中不(丹)边界会谈等双边、多边活动。参与中蒙俄、中巴、中国—中亚—西亚等主要经济走廊和涉外重大互利合作项目建设。完成不丹外交大臣、美国能源部代表团、德国北威州环保代表团等来自76个国家和地区党宾、国宾及重要团组60批次、1433人次接待任务。省领导参加外事活动33场。

1月21日，联合驻哈阿拉木图总领馆，省外事办组织40余人赴哈萨克斯坦阿拉木图市举办中国食品文化节，宣传山西传统文化，与哈萨克斯坦东哈州、卡拉甘达州、巴甫洛达尔州、阿拉木图州交流。

3月15日，“中华文化大乐园”柬埔寨金边营教师评审培训会在太原举办。

3月22日，副省长王一新率山西省政府代表团出访韩国全罗南道。王一新会见全罗南道知事李洛渊等，召开山西省—全罗南道合作工作组第一次会议，就双方在能源、文化、旅游等领域的具体合作事项对接磋商。参加太原—务安旅游包机首航仪式、山西特色农产品推介会以及省旅游局全罗南道营销中心的揭牌仪式。

4月28日，美国能源部化石能源首席中国事务代表谭兆铮和美国怀俄明大学能源资源学院外联部副主任玛丽·拜恩斯、教授焦尊生一行3人访问山西，就6月份在美国怀俄明州举办的煤层气研讨会对接。

5月12日，晋·韩大气污染防治实证项目技术说明会在太原举行。说明会由韩国环境产业技术院、韩中环境产业协力中心主办。

5月23日，美国摩根士丹利中国煤矿业首席分析师兼董事总经理李浩然率代表团一行14人到晋访问。省外侨办组织有关厅局与代表团就煤炭、电力等领域的发展进行座谈。

5月30日，配合省政府，联合省发改委、商务厅组织山西省政府、机构、企业代表120余人到武汉参加“中国中部国际产能合作论坛暨企业对接洽谈会”。王一新在主旨论坛上发表题为《开展产能合作寻求共赢发展》的演讲。会议期间，王一新会见意大利阿布鲁佐大区议会主席基斯普·迪·潘哥拉齐奥一行；会见山西省代表团中外方企业签约嘉宾。

6月4日，王一新率山西省35家企业、机构组成的代表团共120余人参加中国中部国际产能合作论坛暨企业对接洽谈会。来自72个国家的50多位部长级官员和1500余名企业家参会。

6月20日，省外侨办和省发改委率煤层气科研、开采、管理、装备制造等相关央企、省属企业和民营企业30余人到美国参加中国(山西)—美国(怀俄明州)煤层气研讨会。

6月30日，“中华文化大乐园”柬埔寨金边营落幕。中国驻柬埔寨大使馆领事部主任杨庆连、柬华理事总会秘书长罗世兴、柬埔寨广肇会馆会长蔡迪华及金边五大会馆、宗亲会、各华校等侨界代表出席闭营仪式。

8月5日，省外侨办与斯里兰卡中国协会举行工作会谈，双方就加强两会合作，促进山西省与斯里兰卡间友好合作等议题商谈，签署《山西省人民对外友好协会与斯里兰卡中国协会合作备忘录》。

9月5日，省人大常委会副主任牛仁亮在太原会见参加2016太原能源低碳发展论坛的波兰西里西亚省议会代表团，并与代表团团长、西里西亚省议会主席格热戈日·沃尼克等会谈。

9月8日，2016太原能源低碳发展论坛暨中国(太原)国际能源产业博览会重大项目签约仪式在中国(太原)煤炭交易中心举行，山西省政府与匈牙利索尔诺克州签署关于深化友好省州关系、推进务实合作框架协议；山西省政府与蒙古国中戈壁省签署友好合作备忘录等重大合作协议和项目14个。

9月14日，骆惠宁在太原会见到山西访问的新西兰食品安全部部长乔·古德修一行。新西兰驻华大使麦康年参加会见。省领导王伟中、郭迎光参加会见。

11月9日，山西省外侨办组织相关地市外侨办人员参加在重庆召开的中国国际友好城市大会。山西省、太原市分别获“国际友好城市交

流合作奖”；山西省友好省州美国西弗吉尼亚州、太原市友好城市法国圣旦尼市获“对华友好城市交流合作奖”。（岳耀传）

2016 年 9 月 14 日，山西省委书记骆惠宁（右一）在太原会见新西兰食品安全部部长乔·古德修（岳耀传供图）

【对外宣传推介】 2016 年，山西省外事侨务办开展有针对性的对外宣传推介。向全省征集展现山西省形象的境外媒体采访项目和线路，邀请美国华视、德国电视一台、加拿大七天传媒等境外媒体参与山西省经贸、文化活动，向世界传递山西声音。与美国爱达荷州达成宣传网站互链合作。

推动山西文化和特色产品走出去。与匈牙利欧亚联谊总会和意大利意中青年会就老陈醋产业、中医药产业合作等达成共识。促成山西高新区股权投资有限公司等 6 家企业与意大利科莫省 5 家企业在意大利筹建山西特色文化中心。在哈萨克斯坦阿拉木图市举办“山西饮食文化节”。组织选送作品参加意大利东电影节和加拿大黄河万里行图片展。协助举办“山西品牌丝路行”系列活动，走进波兰、韩国、匈牙利、澳大利亚、印度 5 国。

开展民间友好交流活动。组织参加第十三次中国市长访日代表团、第五届“中印论坛”、第五届“中法地方政府合作高层论坛”、第十五次中日友好交流会议。邀请法国人民援助会代表、日本富士见市日中友协代表、日本埼玉县大宫市日中友协代表来晋访问，与蒙古国蒙中友协、俄罗斯俄中友协、西班牙西中友协建立联系，与斯里兰卡“中国协会”互访并就中学建立校际友好、斯方医务人员到晋进修事宜达成共识。（岳耀传）

【高层互访与接待】 2016 年 5 月 16 日，副省长郭迎光出访印度贾坎德邦，两省邦函签友好合作备忘录并建立友好合作伙伴关系。

5 月 18 日，副省长张复明出访捷克摩拉维亚—西里西亚州并签署会议纪要，两省州建立友好合作伙伴关系。

5 月 31 日，山西省友好省州美国西弗吉尼亚州州务卿、发展署主任约瑟夫·凯斯·柏德特率领州政府代表团对山西省进行回访。李小鹏会见代表团，双方就加强两省州能源、教育、科技、农业、经贸等领域的务实合作进行交流。

7 月 6 日，李小鹏在太原会见东北亚地区地方政府联合会秘书长全哉垣一行。

8 月 13 日，李小鹏在五台山会见以不丹王国外交大臣丹曲·多吉为团长的代表团。外交部副部长刘振民、副省长王一新，省政府秘书长廉毅敏等参加会见。

9 月 6 日，骆惠宁在太原会见出席 2016 太原能源低碳发展论坛的重要外宾。诺贝尔物理学奖获得者、意大利帕维亚大学教授卡洛·卢比亚，匈牙利索尔诺克州州长桑德尔·科瓦奇，蒙古国中戈壁省公民代表会主席苏·苏和巴特尔，波兰西里西亚省议会主席格热戈日·沃尼克，美国能源部首席副助理部长道格·霍略特，英国驻华使馆公使衔参赞郭科林等来自 9 个国家的外交使节、商界巨子、

2016 年 9 月 7 日，山西省省长楼阳生（右一）会见匈牙利索尔诺克州州长桑德尔·科瓦奇（岳耀传供图）

专家学者、政府官员等共23人参加会见。省领导楼阳生、高建民、王伟中、付建华、王一新、张复明参加。

（岳耀传）

【外事服务水平提升】 2016年，山西省外事侨务办加强因公出国（境）管理，执行各项政策规定，为山西省扩大开放和经济社会发展服务。制订《山西省加强和改进教学科研人员因公临时出国管理工作的实施细则》，对出国进行学术交流、参加国际学术会议等教学科研人员的出国计划，简化报批手续。出国批次数、人次数、在境外停留天数按照实际需要办理。实行计划管理，对各市、各部门上报的年度出访申请审查，拒批出访计划270余批2000余人次。杜绝无计划出访。严格出国审批。2016年，山西省共批准因公出国（境）团组中，经贸类团组占出访人数的77%，出访结构改善。加强对因公临时出国（境）人员的行前教育，安全和纪律培训率达100%。

强化出国服务意识。对各市标杆工程和人数多、任务急的重点出访团组，开辟绿色通道，急事急办，特事特办、上门服务。配合支持教育部千名中西部大学校长海外研修计划，确保山西省院校相关人员按教育部统一安排执行教育任务。加快推进因公出国（境）综合管理网上服务平台、因公电子护照和"E山西"项目市级配套工程建设，提高外事工作信息化水平。

2016年1月21日，"山西省因公出国（境）网上申报管理系统"正式启动，在全国率先实现该项业务网上申报、办理、监管"一条龙"服务，副省长王一新出席启动仪式。同日，省外侨办举行APEC商务旅行卡颁发仪式，王一新出席仪式并为企业代表颁卡，太钢集团董事柴志勇、山西建邦集团党委书记李永建就使用APEC卡的便利优势作交流发言。

2月25日，山西省外事侨务工作会议在太原召开。各市县外侨机构负责人、省外侨办机关各处与所属事业单位主要负责人，相关省直厅局、企业外事部门负责人参加会议。（岳耀传）

侨　务

【侨务交流】 2016年7月2日至8日，2016"华文教育·杰出人士、华校校董华夏行"开启山西行。副省长王一新出席启动仪式。省教育厅、省旅游局、省外侨办等部门相关领导出席启动仪式。来自美国、德国、马来西亚等25个国家的210位华教代表参加。他们将前往晋商票号、平遥古城、洪洞大槐树、陶寺遗址、壶口瀑布、皇城相府等人文历史景点，追寻华夏文明足迹。

7月18日至24日，由国务院侨办主办，省外侨务、辽宁省外侨办共同承办的"2016侨资企业山西行"活动启动。这次活动由辽宁省侨商会组织，来自美国、加拿大、日本等5个国家和地区的15位侨资企业负责人参加活动。先后调研了太原、忻州、晋中、晋城四市投资环境，召开了4场投资洽谈会，对忻州市五台山旅游文化景区推介项目、太原市普国汽配城合作项目、东湖醋园产业园区、太原市民营经济开发区、晋中市城市规划馆、山西省老字号"双合成"食品加工企业、晋中市乔家大院和平遥古城旅游招商引资项目、晋城市山西方舟商园电子商务有限公司、晋城吉利尔潞绸文化园等相关投资项目进行实地考察。考察期间，考察团成员听取有关市、区政府投资环境、政策及投资项目介绍，深入了解山西招商引资的软硬环境，并向当地政府、企业提出宝贵的意见建议。

承办"中华大乐园——柬埔寨金边营"活动，300余名华裔青少年参加活动。推荐35余名教师赴海外华校支教、讲学，向海外40余个国家116个华文教育机构和重点侨商推送《山西故事》丛书、《海外晋人》620余套，讲好中国故事，弘扬三晋文化。

10月9日，按照国务院侨办部署和山西省2016年度侨务工作安排，省外侨办组织部分山西籍侨商赴新疆进行为期7天的经贸投资考察。

（岳耀传）

【侨界民生关怀】 2016年，山西省外事侨务办公室制订全省老年困难归侨专项补助政策，将专项补助列入省市县财政预算。发放补贴452人、108.48万元，办理答复涉侨省人大代表建议15件，走访慰问困难归侨侨眷41户，组织110名归侨参加职业技能培训，为100余名省城归侨提供免费体检，处理归侨侨眷来信来电12次、来访32次，审核办理三侨生证明25份。调动优秀侨务资源服务经济社会发展，组团参加"华创会"，组织辽宁侨商山西行活动。争取境外基金会捐赠款物110.96万元，支持贫困学校

2016年7月2日，"华文教育·杰出人士、华校校董华夏行"赠书活动启动仪式在太原举行　（岳耀传供图）

和乡村医院建设。4月8日，省外侨办举办“文化进侨家—图书赠送活动”。太原、大同等5市11家获得“全国社区侨务工作示范单位”称号。

8月12日，省外侨办联合山医大二院，在榆社县西马乡面疃村开展“健康扶贫医疗入村”义诊活动，为西马乡65周岁以上老年人、慢性病患者和精神病患者提供免费体检服务。

8月22日，2016山西省归侨侨眷子女“感受温暖·热爱家乡”夏令营在太原举行。

11月29日，省外侨办、省侨联、太原市政府、太原市外侨办共同举办2016“侨爱工程—送温暖免费体检暨侨法宣传”活动。（岳耀传）

2016年1月27日，山西省政府港澳办与省政协港澳委员举办交流座谈会

（马召钰供图）

港澳事务

【山西与港澳交流访问】 2016年，山西省邀请澳门特首崔世安访晋，实现在任港澳特首访晋“零突破”；协调统战部部长孙绍骋到港澳交流，实现山西省在任省领导10年来首次正式访问港澳。推动晋港澳高层次交流。接待全国政协部分港澳委员代表团、香港高级公务员代表团、澳门检察院代表团、香港山西商会代表团访晋交流。利用港澳对外开放平台服务干部队伍建设。分三批组织59名外事干部到香港、澳门交流访问，实现山西省各市、各厅局及高校、大型国有企业全覆盖，提升各级干部的开放意识，培训品牌效应形成。

5月9日，全国政协副主席李海峰率香港特别行政区全国政协委员考察团在山西省考察“扩大对外开放，促进经济结构转型升级”。考察期间与省政府、省政协举行座谈，反馈考察情况。薛延忠主持会议，王一新介绍山西省经济社会发展和对外开放情况。全国政协港澳台侨委员会主任杨崇汇、副主任吕虹，考察团团长伍淑清、副团长周安达源及考察团成员，省政协副主席李悦娥、秘书长阎根生和省有关职能部门负责人参加座谈。

5月16日，省港澳办组织省人大、省政协、省直委办厅局、部分高校和企业外事干部42人，到香港、澳门交流访问。

10月12日，由香港特区政府23个部门30名人员组成的高级公务员访晋团到山西省参观考察。参访团一行参观太重集团、瑞光电厂、省博物院、中国煤炭博物馆等地。10月27日，与省发改委、省人社厅、省教育厅等6家单位座谈交流。（岳耀传）

【山西（香港）投资推介会举办】 2016年5月30日，省促进民营经济发展工作领导小组组长孙绍骋带队，省委统战部、省商务厅、省外事侨务办公室、省工商联、省投促局负责人参加，到香港举办山西（香港）投资推介会。推介786个投资总额10017.1亿元的招商引资重点项目。（岳耀传）

中国人民政治协商会议山西省委员会

Shanxi Provincial Committee of Chinese People's Political Consultative Conference

综　述

【思想政治建设】 2016年，山西省政协常委会把思想政治建设放在首位，自觉以科学理论武装头脑、引领事业，以中央大政方针和省委决策部署统一思想、汇聚力量。坚持中心组、常委会、委员学习相统筹，集体研读与个人自学、专题报告与座谈交流、集中培训与经常性教育相结合，组织中心组和常委会学习15次，开展座谈交流12次，集中培训政协委员和各级政协干部1400余人次。

学习贯彻习近平总书记系列重要讲话精神和中共十八大以来中央重大决策部署，领会把握以习近平同志为核心的党中央治国理政新理念新思想新战略、十八届六中全会重要精神、对人民政协新的部署要求，把握要义、学思践悟，增强与以习近平同志为核心的中共中央保持一致的思想自觉、政治自觉、行动自觉，坚定不忘合作初心、携手前进，走好新的长征路，坚持和发展中国特色社会主义的政治信念。

学习贯彻中共山西省委"一个指引、两手硬"的重大思路要求、省第十一次党代会精神和省委各项重大部署，重点领会把握省委领导重要讲话和对省政协工作的指示精神，深化对省委治晋理政重大思路、总体方略、目标任务、重点举措的理解认知，凝聚各族各界贯彻新发展理念、推动经济稳步向好和从严治党、构建良好政治生态的共识，开创山西省改革发展和各项事业新境界的正能量。

（周志清）

【调查研究】 2016年，山西省政协常委会坚持围绕中心、服务大局，围绕省委、省政府工作部署，聚焦中心任务，认真履职、开展工作。

服务实体经济发展。山西省政协常委会围绕深化行政审批制度改革、优化发展环境，组织专题常委会议，就协同推进简政放权、放管结合、优化服务、便利企业协商议政，提出增强放权的科学性和工作协同性、加强政务服务平台建设、提高行政效能、完善监管体系、创造公平竞争市场环境等建议，助力省委、省政府相关改革政策和支持企业发展的具体举措落实到位。落实省委"万名干部入企服务"的部署，主席班子成员带头深入联系企业，了解企业困难，帮助解决问题；组织近百名政协委员、专委会和政协机关干部参加入企服务工作，反映或协调解决问题956个，受到企业好评。坚持双岗履职、双岗奉献，广大委员一方面围绕发展建言献策，另一方面立足岗位奉献发展。

创新驱动转型升级。山西省政协常委会围绕做强做大文化旅游产业，召开专题常委会议，提出加强规划引领、深化景区体制改革、创新旅游投融资模式、完善旅游产品体系等9方面建议；依托专委会就改造提升传统产业、发展高端装备制造业、推广应用新能源汽车、培育体育经济、加强老字号品牌建设和推进晋菜标准化生产等开展调研，为优化提升山西省产业体系建言献智。围绕化解煤炭过剩产能，组织委员调研、协商议政，重点就强化企业主体责任、借力资本运营破解煤企困局、多措并举分流安置职工、推进煤炭安全清洁高效利用、实现煤炭产业新型化提出建议。围绕构建有利于大众创业、万众创新的体制机制，开展对口协商，就培优"双创"环境、促进科技创新券发展、科学构建容错纠错机制、激发"双创"活力等提出建议。围绕扩大对外开放，组织专题议政会议，就山西省融入"一带一路"比较优势、战略对接、产能合作、组织协同、强化企业"走出去"支撑要素等提出建设性意见；抓住香港特别行政区全国政协委员考察团考察的机遇，宣传山西省发展优势，推介招商引资项目，推动晋港深化交流合作。围绕"城镇化进程中的文化遗产保护利用"组织界别协商，开展农村污水厂建设专项视察调研，为促进协调发展咨政建言。

聚力推进脱贫攻坚事业。山西省政协常委会围绕精准扶贫、精准脱贫，开展调查研究，召开专题常委会议，提出健全帮扶对象识别管理体系、发挥农民主体作用、发展特色优势产业、健全生态补偿政策、加强基层组织建设等工作建议。针对基层群众所需，组织委员开展送科技、送医药、送文化下基层活动，惠及困难群众2000余人。动员政协各参加单位和广大委员，发挥自身优势，尽己所能、致力特色产业扶贫、基础设施改善、公共服务提升和扶贫济困，累计捐资3680多万元，为推进脱贫攻坚事业作出政协贡献。

构建良好政治生态。山西省政协常委会贯彻省委全面从严治党、推进党风廉政建设和反腐败工作等重大部署，专题调研加强基层监督体系建设、清除群众身边腐败、构建新型政商关系，提出建议。组织委员参与6个法规草案和12个行政规章讨论，提出建议。支持委员中的特约监督员依法履行职责，旁听司法案件审理，助力公正司法。根据省委统一部署，组织委员和政协干部配合职能部门开展党风廉政、年度重点工作和领导班子、领导干部履职考核，为山西省构建政治生态贡献力量。

2016年，山西省政协组织开展视察调研活动40余批次，组织召开重要协商会议13次，省委省政府领导、职能部门负责人和政协委员、群众代表2100人次参加协商，互动交流、共商大计，委员的合理化建议得到回应和采纳，展现协商民主的生机活力，凝聚推进事业的强大合力。

（周志清）

【“解民困、化民忧、惠民生”】 2016年，山西省政协常委会坚持履职为民，发挥政协团结各界、联系群众的独特优势，协助党和政府做好解民困、化民忧、惠民生的工作。

畅通渠道、汇集民愿。做好提案征集办理工作，征集提案959件，立案办复862件，其中采纳和落实816件，省领导领办督办的8方面139件重点提案取得成效。提升政协社情民意信息工作质量，加强社情民意信息的汇总、分析、报送和跟踪反馈，为党政掌握基层情况、了解群众呼声提供助益，促进重点民生问题解决。全年收集社情民意信息4800余篇、编印专刊71期、采择上报216篇，其中26篇受到中央领导和省领导的重视。省政协机关蝉联全国政协系统信息工作先进单位。

践行协商于民、化解民忧。山西省政协常委会高度重视各界群众意愿和不同社会群体诉求，邀请农村、社区、企业、学校等相关基层群众代表参加政协专题协商会议，让党政领导既能听到委员的意见建议，了解基层群众的呼声诉求，在近距离交流中增进相互理解，在面对面协商中形成解决问题的办法，受到与会基层群众好评。针对经济下行压力下的民生关切，通过主席会议等形式，就高校毕业生就业创业、困难企业职工收入、农民职业技能培训、特殊困难群体社会保障等事关民生的22件重要提案开展办理协商，引起职能部门重视，促进相关问题解决。

发挥团结功能、促进社会和谐。山西省政协常委会加强同各民主党派、工商联和无党派人士的团结合作，主席班子成员与党派团体负责人座谈交流，听取工作意见建议。宣传贯彻党的民族宗教政策，协商交流坚持宗教中国化方向、加强宗教界代表人士培养和宗教团体建设，围绕加快少数民族聚居村发展进行专题调研，促进民族团结、引导宗教与社会主义社会相适应。加强与非公经济组织、社会组织、新媒体代表人士等的沟通联系，促进社会各阶层关系和谐。发挥港澳委员作用，通报山西省经济社会发展和政协工作情况，鼓励委员为山西省改革发展建言献智、多作贡献；支持港澳委员坚定维护“一国两制”方针，参加爱国爱港活动，6位委员被港区省级政协委员联谊会授予“委员十年贡献奖”。挖掘山西省丰富的文化资源，征集出版相关文史资料，以三晋优秀传统文化、深厚革命文化和社会主义先进文化激扬正气、凝聚民心。（周志清）

【民主监督】 2016年，山西省政协重视人民政协民主监督工作，制订出台《关于加强人民政协民主监督的意见》，为政协开展民主监督标明方向和重点。贯彻落实中共山西省委部署要求，探索、推进政协民主监督工作，取得成效。

把握监督要旨。山西省政协常委会把握民主监督的正向性、助力性，坚持党的领导、坚持法治精神、坚持服务大局、坚持为民宗旨、坚持求真务实、坚持团结民主，以提出意见、建议和批评的方式进行监督，倡导热烈而不对立的讨论、真诚而不敷衍的交流、尖锐而不极端的批评，做到增进团结、形成合力、促进问题解决，保证民主监督工作的正确方向。

抓住重点实施监督。山西省政协常委会坚持民主监督与政治协商、参政议政相统筹，调研、视察、会议、提案相结合，围绕中央大政方针和法律法规的贯彻执行，省委、省政府重大决策部署的实施推进，人民群众反映强烈突出问题的解决，国家机关及其工作人员履行职责、改进作风、遵守法纪的情况实施民主监督。根据形势和需要，重点围绕省委、省政府关于民营经济发展重大部署贯彻落实情况，组织省、市、县三级政协联动，开展专项视察监督活动。主席班子成员率相关常委、委员，分别到11市、38县(市、区)103户民营企业，实地了解省委、省政府部署、举措在基层落实的情况，听取企业发展中面临的困难问题以及工作建议，属于市县层面研究解决的问题，向当地政府作反馈；属于省级层面研究解决的问题，召开专题协商会，就基层反映的关于减轻企业负担、强化金融支持、落实相关政策、优化发展环境等6方面的89个具体问题，向山西省分管领导和相关职能部门进行反馈。省领导和职能部门高度重视，进行研究，解决问题，促进民营经济发展。

完善机制科学监督。山西省政协常委会为提升民主监督科学化水平，结合实践，完善知情明政、沟通协调、办理反馈、权益保障、组织领导等5个方面的工作机制，做到民主监督有计划、有题目、有载体、有成效。在全国政协召开的相关工作会议上，山西省介绍实施政协民主监督的经验。

（周志清）

【履职工作科学化】 2016年，山西省政协常委会适应新形势，加强自身建设,取得成效。

以完善制度为重点推进履职工作科学化。山西省政协常委会科学制定、组织实施年度协商工作计划,统筹调研、视察、监督等活动,增强政协履职的科学性和规范性。制订委员履职工作规则,规范委员履职重点内容、原则遵循、方式方法,激励委员发挥在政协工作中的作用。修订专门委员会通则,明确专委会工作任务、组织原则、运行机制,专委会履行职能、团结界别、联系委员的功能强化。探索主席会议成员联系界别、界别和委员依托专委会开展活动的机制和载体,创新界别活动方式。加强对市县政协的指导,联动开展重大履职活动,形成全省政协组织服务大局的工作合力。

委员队伍建设。山西省政协常委会加强委员集中培训,强化形势任务、理论政策、经济知识、法规制度等方面的学习教育,帮助委员知情明政、增强本领、提升境界,委员的政治把握、调查研究、联系群众、合作共事能力提高。加强委员履职服务和管理,开展委员履职年度考核,激励委员认真履职、做好工作。实施信息化"1219"工程建设,建成和完善委员提案、社情民意、履职信息管理、手机APP等9大系统,拓展委员履职平台,提升为委员服务的水平。

以"两学一做"学习教育为抓手加强政协机关建设。山西省政协常委会落实十八届六中全会精神和从严治党的各项部署,开展"两学一做"学习教育,抓好党内政治生活、廉洁自律准则和监督、问责、纪律处分条例的学习贯彻,引导激励机关全体党员自觉践行"四讲四有",机关思想政治、纪律作风、反腐倡廉、制度机制建设得到加强。支持、自觉接受省委巡视组专项巡视,对照反馈意见,逐条进行整改落实,提升机关工作层次和水平。加强干部教育、管理、选任、监督、考核等工作,干部队伍的能力素质得到提升、结构优化、活力增强,形成风清气正、团结向上、积极工作的良好氛围。省政协机关蝉联"省直文明和谐单位标兵"称号、获"省文明单位"称号。

(周志清)

【理论研究与信息】 2016年,山西省政协调研室做好文稿起草、专题调研和理论研究。全年起草各类文稿共140余件、近70万字。参加专题调研;协同办公厅完成重要会议和活动的新闻报道工作;配合全国政协理论研究会在太原筹备召开2016年度理论研讨会。汇编《全国各省区市政协常委会工作报告集》。完成《政协山西省委员会反映社情民意信息工作条例》(修订草案)初稿的起草工作。全年共收集社情民意信息4800余条,编印《政协社情民意》71期。编印上报158篇,被全国政协办公厅采择上报中共中央、国务院领导人或有关部委19篇。其中,综合稿件13篇,转送稿件6篇。培训基层政协委员、信息工作人员5000余人。被全国政协办公厅评为"2014—2015年度反映社情民意信息工作先进单位"。 (周志清)

重要会议

【省政协十一届四次全体委员会议】 2016年1月26日至30日,山西省政协十一届四次全体委员会议在太原举行。薛延忠代表政协第十一届山西省委员会常务委员会向大会报告工作,副主席刘滇生向大会作省政协十一届三次会议以来提案工作情况报告。会议期间,委员们列席省十二届人大五次会议,协商讨论政府工作报告、省高级人民法院工作报告、省人民检察院工作报告以及其他报告。围绕全省改革发展稳定积极建言献策,提交发言材料77篇、提案769件,反映社情民意信息153篇,王静等12位委员作大会发言。王儒林、李小鹏等分别听取大会发言,参加联组会议和小组讨论,与委员共商山西省改革发展大计。会议通过关于李雁红因年龄原因请辞政协第十一届山西省委员会副主席的决定;补选张璞、姜新文为十一届省政协副主席;于若洁、刘文秀、崔联会、渠性轩、韩丽珍为十一届省政协常务委员。会议通过政协第十一届山西省委员会提案委员会关于省政协十一届四次会议提案审查情况的报告、政协第十一届山西省委员会第四次会议关于常务委员会工作报告的决议、政协第十一届山西省委员会第四次会议政治决议。薛延忠主持闭幕会议并讲话。 (周志清)

【省政协十一届常委会议】 2016年,山西省政协第十一届常务委员会召开五次会议。

2016年1月26日至30日,政协第十一届山西省委员会第四次会议在太原举行
(周志清供图)

第十七次常委会议。1月22日至23日在太原举行。薛延忠主持会议，省政协副主席李雁红、卫小春、刘滇生、王宁、朱先奇、李悦娥、张友君，秘书长阎根生出席。副省长王一新出席并讲话。王一新就政府工作报告(征求意见稿)，省高院和省检察院负责人就法检两院工作报告（征求意见稿)，李雁红、刘滇生就政协常委会工作报告(讨论稿)、提案工作情况的报告(讨论稿)，阎根生就有关人事事项分别作说明。省委办公厅、省政府办公厅通报政协提案办理情况。与会常委协商讨论政府工作报告(征求意见稿)，省法院、省检察院工作报告(征求意见稿)，发展计划和财政预算报告(征求意见稿)；审议通过省政协常委会工作报告、提案工作情况报告和省政协十一届四次会议议程（草案)，决定提交省政协十一届四次会议审议；审议通过省政协十一届四次会议日程和秘书长、副秘书长名单；决定省政协十一届四次会议于1月26日召开。审议通过关于接受白晓军、李泽华、李润玺、杨菲、吴潭龙、高凤平、韩烈火因年龄到限，请辞政协第十一届山西省委员会委员的决定；审议通过关于接受王云亭、王水成、许并社、梁志祥因年龄到限，秦作栋因工作变动，请辞政协第十一届山西省委员会常委、委员的决定；决定增补：于若洁、王克信、刘云晨、李岩、宋政峰、张璞、张建全、张建忠、郑丽君、赵胜利、姜新文、韩丽珍为十一届省政协委员；决定任命：赵胜利为省政协副秘书长，郭泽光、杨波为人口资源环境委员会副主任，李忠康、韩培方为社会法制委员会副主任，郑丽君为民族和宗教委员会副主任，陶功定为文史和学习委员会副主任；免去傅银瑜的社会法制委员会副主任职务。

第十八次常委会议。1月27日、29日在太原分别召开。薛延忠主持会议，李雁红、卫小春、刘滇生、王宁、朱先奇、李悦娥、张友君，阎根生出席。省委常委、组织部长盛茂林作人事事项说明。会议审议通过省政协十一届四次会议选举办法，候选人名单，监票人、总监票人名单，决定提请省政协十一届四次会议第三次全体大会对候选人进行选举。审议通过省政协十一届四次会议关于常务委员会工作报告的决议(草案)、政协第十一届山西省委员会提案委员会关于省政协十一届四次会议提案审查情况的报告(草案)、政协第十一届山西省委员会第四次会议政治决议(草案)，决定提请省政协十一届四次会议第四次全体会议通过。

第十九次常委会议。5月31日至6月1日在太原举行。会议围绕山西省深化行政审批制度改革、推进简政放权协商议政、建言献策。薛延忠主持，副主席朱先奇、刘滇生、王宁、李悦娥，阎根生出席。省委常委、副省长付建华通报山西省深化行政审批制度改革、推进简政放权的有关情况；朱先奇作《关于深化行政审批制度改革、推进简政放权的建议(讨论稿)》的说明；阎根生作《政协山西省委员会专门委员会通则（修订草案)》和《政协山西省委员会委员履职工作规则（修订草案)》以及人事事项的说明。国家行政学院教授杨伟东作专题报告。高健生等委员作大会发言。会议审议通过《关于深化行政审批制度改革、推进简政放权的建议》和修订后的省政协《专门委员会通则》《委员履职工作规则》及有关人事事项。决定免去：王水成的省政协社会法制委员会主任职务；梁志祥的省政协港澳台侨和外事委员会主任职务；穆晓彤的省政协教科文卫体委员会副主任职务。鉴于赵笑长涉嫌集资诈骗罪、徐仲安严重违纪并涉嫌违法犯罪，根据中共山西省委建议，依照《中国人民政治协商会议章程》及有关规定，会议决定免去赵笑长政协第十一届山西省委员会常务委员、撤销赵笑长和徐仲安政协第十一届山西省委员会委员资格。

2016年8月24日至25日，山西省政协十一届二十次常委会议在太原举行
（周志清供图）

第二十次常委会议。8月24日至25日在太原举行。主要议题为学习贯彻省委219次常委会议精神，聚焦山西省精准扶贫、精准脱贫协商议政、建言献策。薛延忠主持，朱先奇、卫小春、刘滇生、王宁、李悦娥、张友君、张璞、姜新文，阎根生出席。薛延忠传达《十届省委219次常委会议纪要》精神，出席会议的副省长郭迎光作《关于我省推进精准扶贫精准脱贫工作情况》的报告；朱先奇作《关于实施精准扶贫、精准脱贫需要重视的几个问题的建议》的说明；全国政协委员、国务院扶贫开发领导小组专家咨询委员会主任范小建作有关扶贫攻坚专题报告。霍转业等委员作大会发言。会议审议通过《关于实施精

准扶贫、精准脱贫中需要重视的几个问题的建议》。

第二十一次常委会议。11月21日至22日在太原举行。会议的主要任务是:学习贯彻中共十八届六中全会和省第十一次党代会精神,进一步把政协各参加单位和广大委员的思想行动统一到中央精神和省委重大部署上来,凝聚奋进力量,积极履职尽责,为全面建成小康社会,开创山西省各项事业新局面作出应有贡献;坚持发展新理念,紧紧围绕山西省产业转型升级、优化经济结构、做强做大文化旅游产业咨政建言。薛延忠主持会议,省委副书记黄晓薇应邀出席并作专题报告。朱先奇、卫小春、刘滇生、王宁、李悦娥、张友君、张璞,阎根生出席。出席会议的副省长张复明作山西省文化旅游产业发展情况报告,张璞就建议报告作专题说明,阎根生作有关人事事项的说明。赵庆华等委员作大会发言。会议形成加快山西省文化旅游业发展的建议。会议决定:边晋南任省政协社会法制委员会主任;马天荣任省政协港澳台侨和外事委员会主任;李维靖任省政协教科文卫体委员会副主任;成振林任省政协社会法制委员会副主任;王丽梅任省政协文史和学习委员会副主任。免去:张建豪的省政协副秘书长职务;王阳华的省政协港澳台侨和外事委员会副主任职务;刘卓良的省政协调研室副主任职务。 (周志清)

【省政协十一届主席会议】 2016年,山西省政协十一届委员会主席会议共召开十一次,即第三十五次至第四十五次。

第三十五次主席会议。1月20日举行。研究召开省政协十一届十七次常委会议和十一届四次会议有关事项。薛延忠主持会议,李雁红、卫小春、刘滇生、王宁、朱先奇、李悦娥、张友君,阎根生出席。会议听取省委组织部负责人关于人事事项的说明;审议通过省政协十一届四次会议日程(草案),省政协十一届四次会议秘书长、副秘书长名单(草案),省政协常委会工作报告(讨论稿)、提案工作报告(讨论稿)和有关人事事项,决定提交省政协十一届十七次常委会议审议;审议通过省政协十一届四次会议全体会议执行主席名单和主持人名单;决定免去刘建中、孙明旺的省政协经济委员会特邀副主任职务。

第三十六次主席会议。1月27日举行。薛延忠主持会议,李雁红、卫小春、刘滇生、王宁、朱先奇、李悦娥、张友君,阎根生出席。会议审议省政协十一届四次会议选举办法(草案),候选人建议名单,监票人、总监票人名单(草案),决定提交省政协十一届十八次常委会议第一次全体会议审议。

第三十七次主席会议。1月29日举行。薛延忠主持会议,李雁红、卫小春、刘滇生、王宁、朱先奇、李悦娥、张友君,阎根生出席。会议审议通过省政协十一届四次会议选举办法(草案),候选人名单(草案),监票人、总监票人名单(草案),决定提请省政协十一届十八次常委会议第二次全体会议审议通过;审议通过政协第十一届山西省委员会第四次会议关于常务委员会工作报告的决议(草案)、政协第十一届山西省委员会提案委员会关于省政协十一届四次会议提案审查情况的报告(草案)、政协第十一届山西省委员会第四次会议政治决议(草案),决定提请省政协十一届十八次常委会议第二次全体会议审议。

第三十八次主席会议。2月24日举行。审议通过省政协2016年主要工作责任制分工及进度安排。薛延忠主持会议,朱先奇、卫小春、刘滇生、王宁、李悦娥、张友君,阎根生出席。

第三十九次主席会议。5月5日举行。薛延忠主持会议,副主席朱先奇、卫小春、王宁、李悦娥,阎根生出席。会议研究确定把化解产能、扶贫攻坚、学前教育、医疗改革、生态治理、养老服务、加快发展装备制造和文化旅游产业等8方面139件提案作为2016年省政协主席会议成员牵头督办重点提案;审议通过《中国人民政治协商会议山西省委员会专门委员会通则(讨论稿)》《中国人民政治协商会议山西省委员会委员履职工作规则(讨论稿)》,决定提交省政协十一届十九次常委会议审议。

第四十次主席会议。5月17日举行。研究召开省政协十一届十九次常委会议有关事项。薛延忠主持,朱先奇、刘滇生、王宁、李悦娥,阎根生出席。会议审议通过省政协十一届十九次常委会议议程(草案)和日程。决定省政协十一届十九次常委会议于5月31日至6月1日在太原召开。会议将围绕深化行政审批制度改革,推进简政放权建言献策;审议《中国人民政治协商会议山西省委员会专门委员会通则(讨论稿)》和《中国人民政治协商会议山西省委员会委员履职工作规则(讨论稿)》;审议有关人事事项。

第四十一次主席会议。5月31日举行。薛延忠主持,朱先奇、刘滇生、王宁、李悦娥,阎根生出席。审议通过关于撤销徐仲安委员资格的决定(草案)。鉴于徐仲安严重违纪并涉嫌违法犯罪,根据中共山西省委建议撤销其政协第十一届山西省委员会委员资格。议定提请十一届十九次常委会议审议。

第四十二次主席会议。8月3日举行。会议研究主席班子成员分工调整和省政协领导督办重点提案任务分工等事项。薛延忠主持会议,朱先奇、卫小春、刘滇生、王宁、李悦娥、张友君、张璞、姜新文,阎根生出席。

第四十三次主席会议。8月15日举行。会议传达学习骆惠宁在省委十届八次全会上的重要讲话,贯彻落实十届省委219次常委会议纪要精神,围绕山西省精准扶贫、精准脱贫重点工作建言献策。薛延忠主持会议,朱先奇、卫小春、王宁、李悦娥、张友君、张璞,阎根生出席。会议决定,省政协十一届二十次常委会议于8月24日至25日在太原召开。主要议程为贯彻落实省委219次常委会议精神,聚焦山西省实施精准扶贫精准脱贫,加快全面建成小康社会进程议政建言。

第四十四次主席会议。10月29日举行。会议学习贯彻中共十八届六中全会精神，研究决定省政协十一届二十一次常委会议有关事项。薛延忠主持会议，朱先奇、刘滇生、王宁、李悦娥、张友君、张璞，阎根生出席。会议决定省政协十一届二十一次常委会议于11月21日至22日在太原召开，主要议程为：学习贯彻中共十八届六中全会和省十一届党代会精神；按照新的发展理念和省委部署要求，围绕加快山西省文化旅游业发展议政建言。会议通过省政协十一届二十一次常委会议日程；通过常委会议议程（草案）、关于加快山西省文化旅游产业发展的建议和有关人事事项，决定提交常委会议审议。

第四十五次主席会议。12月28日举行。会议研究省政协十一届二十二次常委会议和省政协十一届五次会议的有关事项。薛延忠主持会议，朱先奇、卫小春、刘滇生、王宁、李悦娥、张友君、张璞，阎根生出席。会议建议省政协十一届五次会议于2017年1月13日在太原召开；决定2017年1月10日举行省政协十一届二十二次常委会议，为省政协十一届五次会议做准备。会议审议通过省政协十一届二十二次常委会议议程（草案）和日程，关于召开省政协十一届五次会议的决定（草案），省政协十一届五次会议秘书长、副秘书长名单（草案），省政协十一届五次会议日程（草案）和议程（草案），省政协常委会工作报告（草案），省政协十一届四次会议以来提案工作情况的报告（草案），省政协十一届五次会议各次全体会议执行主席名单和主持人名单，省政协十一届五次会议秘书处机构设置及工作职责。会议决定将上述有关文件草案提交省政协十一届二十二次常委会议审议。会议审议政协山西省委员会2017年度协商工作计划（讨论稿）。

（周志清）

【中国人民政协2016年度理论研讨会】 2016年10月10日至11日，中国人民政协理论研究会2016年度理论研讨会在太原召开。全国政协副主席兼秘书长、理论研究会会长张庆黎出席会议并讲话，强调要以习近平总书记系列重要讲话精神为指导，加强和改进人民政协民主监督工作。省政协主席薛延忠出席并致辞。薛延忠在致辞中对会议在山西召开表示欢迎，对全国政协领导和兄弟省区市多年来给予山西工作的关心支持致以衷心感谢，并向与会同志介绍山西省情特点、经济社会发展和政协工作的相关情况。内蒙古自治区政协主席任亚平，全国政协副秘书长、理论研究会副会长刘佳义，浙江省政协副主席孙文友，贵州省政协副主席陈海峰，深圳市政协主席戴北方，中国领导科学研究中心主任刘峰，山西省政协秘书长阎根生作交流发言。各省区市和副省级市政协有关负责人及专家学者参加会议。

（周志清）

专题议政

【提案办理与民主监督】 2016年，山西省政协共征集提案959件。其中，各民主党派、人民团体、各专委会和界别集体提案235件；委员提案724件。经审查立案862件，占提案总数的89.89%；作为来信处理97件，占提案总数的10.11%。立案的862件提案全部答复，其中完成办理和办理中816件，延期办理44件，不能办理2件。拓展提案办理协商，促进提案成果转化。确定的8个方面139件重点提案，分别由各位副主席率队督办，近百条具体建议均有明确回应和落实意见。召开以“关注民生、保障就业、增加收入”为主题的重要提案办理协商座谈会，省委常委、副省长付建华就相关问题的解决提出明确要求。履行民主监督职能，助推民营经济发展。按照省委、省政协统一部署组成视察监督组，对朔州市落实省委、省政府加快民营经济发展重大部署情况进行专项视察监督，向省政协党组报送《关于朔州市落实省委、省政府加快民营经济发展重大部署情况的视察报告》，提出9条具体建议。

9月28日，山西省政协以主席会议形式，围绕保障就业、增加收入等涉及民生领域的重要提案进行办理协商。提案承办单位负责人、提案者和相关代表参加会议。省统计局通报山西省当前就业形势和城乡居民收入情况。省人社厅等提案承办单位作提案办理情况汇报。提案者代表以及来自高校、国企、农村的相关代表发言，提出意见建议。付建华要求政府职能部门办好政协提案，改善民生，并介绍山西省在改善民生、保障就业方面所做的工作和取得的成效，提出下一步工作重点和举措。（周志清）

【宗教界代表人士培养和宗教团体建设界别协商】 2016年6月7日，“加强宗教界代表人士培养和宗教团体建设，积极引导宗教与社会主义社会相适应”界别协商会举行。薛延忠主持，李悦娥，阎根生出席。相关部门负责人参加会议。政协委员和宗教界代表法海等人作大会发言。李悦娥就综合调研情况提出工作建议。省宗教局负责人积极回应委员提出的意见建议。出席会议的副省长郭迎光要求政府相关部门认真研究委员建议，针对性采取工作措施，加强宗教界代表人士培养和宗教团体建设，真正把全国宗教工作会议精神落到实处。

（周志清）

【化解煤炭过剩产能专题议政】 2016年7月19日，山西“化解煤炭过剩产能”专题议政会举行。薛延忠主席主持会议，付建华、朱先奇、刘滇生，阎根生出席，省直相关部门负责人参加会议。省政协委员和相关企业代表许霞等人作大会发言。刘滇生就化解煤炭过剩产能与加快煤化工产业发展提出工作意见。朱先奇综合政协调研情况，就进一步化解煤炭过剩产能，加快煤炭供给侧结构性改革步伐提出建议。付建华介绍山西省化解煤炭过剩产能的推进情况及取得的成效，并就吸纳委员建议、进一步科学推进相关工作向参会省直职能部门提出要求。（周志清）

【融入“一带一路”建设专题议政】 2016年8月17日，山西省“融入‘一带一路’建设，深化对外开放”专题议政会举行。薛延忠主持会议，李悦娥、姜新文、阎根生出席。省直相关部门负责人和政协委员、专家学者参加会议。省政协委员和专家学者代表陆惠德等人作大会发言。李悦娥综合此次调研情况提出工作建议。出席会议的副省长王一新向委员介绍山西省参与“一带一路”建设、加强对内对外开放工作的相关情况，要求有关职能部门认真研究和吸纳委员建议，科学推进相关工作。（周志清）

2016 年 8 月 17 日，山西省政协“融入‘一带一路’建设，深化对外开放”专题议政会在太原举行（周志清供图）

【构建有利于大众创业万众创新的体制机制对口协商】 2016 年 9 月 20 日，“构建有利于大众创业万众创新的体制机制”对口协商会议在太原举行。薛延忠主持，李悦娥、张友君，阎根生出席。省政协委员杨临生等作大会发言。李悦娥提出工作建议。省直相关部门负责人对委员意见建议进行积极回应。出席会议的副省长张复明要求有关部门充分吸收委员意见建议，把握工作重点，营造创业创新的良好环境，全面调动创业创新主体积极性，推进“双创”向更广范围、更高水平发展。（周志清）

【全国政协经济委员会山西经济转型调研】 2016 年 9 月 20 日至 24 日，全国政协常委、经济学家厉以宁率调研组同省政府职能部门、部分国企民企进行座谈，了解相关情况。薛延忠主持座谈会，副省长罗清宇介绍山西省推进产业转型、结构调整的情况。全国政协经济委员会副主任石军和委员刘平均等，省政协张璞、阎根生参加座谈或调研。在晋期间，调研组一行先后赴太原、晋中等市和山西焦煤集团、太原市高新区等园区企业进行实地调研，详细了解有关情况，并与相关部门和企业负责人座谈。（周志清）

2016 年 9 月 20 日，山西省政协“构建有利于大众创业 万众创新的体制机制”对口协商会在太原举行（周志清供图）

【城镇化进程中文化遗产保护利用界别协商】 2016 年 10 月 28 日，“城镇化进程中文化遗产保护利用”界别协商举行。卫小春主持，阎根生出席。来自民建、民进、九三、社会科学、新闻出版界和市政协的代表围绕山西省城镇化进程中文物、传统村落、工业遗产、晋国文化资源、境内古长城等的保护和利用，以及加快推进晋阳古城国家考古遗址公园建设提出意见建议。张复明要求职能部门进一步做好山西省文化遗产保护利用工作及其人才资金配套、加大执法监管力度，探索数字化保存，加强与社会力量合作等相关方面的工作。（周志清）

【助力民营经济发展专项视察监督情况反馈协商】 2016 年 12 月 7 日，助力民营经济发展专项视察监督情况反馈协商举行。薛延忠主持会议并讲话，朱先奇、刘滇生、王宁、张璞，阎根生出席。助力省委、省政府加快民营经济发展决策部署的落实，是省政协贯彻省委“一个指引、两手硬”及相关部署开展的专项民主监督。省政协组织市县政协三级联动，由省政协领导班子成员带队，组成专项视察监督组，分赴全省 11 个市、38 个县市区、103 家民营企业视察，了解加快民营经济发展决策部署落实情况，听取民

2016年10月24日至26日，山西省政协主席薛延忠（前排右二）率省政协专项视察监督组到吕梁市，就省委省政府加快民营经济发展重大部署落实情况开展视察调研 （周志清供图）

营经济发展中的困难问题，研究对策建议，服务民营经济健康发展。受主席会议委托，张璞通报市县落实省委省政府加快民营经济发展决策部署的相关情况，就基层反映的6个方面、89个问题向职能部门作出反馈，提出工作建议。政府职能部门积极回应，就解决相关问题提出应对措施。出席会议的省委统战部长廉毅敏对省政协服务大局、助力民营经济发展专项视察监督取得的工作成果给予肯定，对省委省政府职能部门增强责任、强化措施，服务民营经济健康发展提出要求。 （周志清）

专委会活动

【经济发展调研建言】 2016年，山西省政协经济委员会组织委员围绕主题深入调研，7人作大会发言。省委、省政府等12个部门负责人到会听取大会发言和常委建议。向省政协十一届二十一次常委会议提交的《关于加快我省文化旅游业发展的几点建议（讨论稿）》，会后进一步充实完善后形成专题建议报告报送省委、省政府。部分建议在省旅游局出台有关意见时获得吸收，省委《前进》杂志、山西黄河新闻网连续刊登委员发言，取得良好社会反响。发挥政协优势，推进民主监督。围绕省委统战部《关于开展推动民营经济发展情况调研检查活动的通知》，组织委员赴运城市开展调研检查；按照省委、省政协统一部署，组织委员赴临汾市，围绕省委、省政府推动民营经济发展重大部署落实情况开展专项视察监督。与人资委共同筹备召开省政协“民营经济专项视察民主监督成果转化协商会议”，起草《民营经济专项视察监督具体问题梳理》。省委、省政府等19个省直职能部门负责人到会听取情况通报。就省政府《关于完善省属企业法人治理结构的实施办法（送审稿）》等征求委员意见。就文化旅游业重点提案与提案委共同组织委员开展重点提案督办工作。参与提案委牵头组织的“大力推进山西省装备制造业发展”重点提案督办。完成各项履职建言工作。完成全国政协经济委赴山西调研经济运行情况接待任务；组织委员开展晋菜品牌和体育经济调研，形成《加快晋菜餐饮产业化发展的思考》调研报告报送省委、省政府，骆惠宁和楼阳生分别作出重要批示。 （周志清）

【资源环境调研建言】 2016年，山西省政协人口资源环境委员会助推煤炭化解过剩产能。组织委员深入山西焦煤集团等单位进行实地调研和座谈，形成“关于化解煤炭过剩产能的几点意见与建议”。在相关专题议政会上，副省长付建华到会听取并回应委员和有关方面的关切，在省直涉煤部门引起强烈反响。建言农村污水综合治理。组织委员深入调研，形成《关于农村污水厂建设的视察报告》报省政府参考。助推民营经济发展。组织委员赴运城市就当地贯彻落实省委、省政府重大部署，推动民营经济发展情况进行专项视察监督，形成《关于对运城市民营经济专项视察监督情况报告》。与省经济委员会共同筹备召开省政协“民营经济专项视察民主监督成果转化协商会议”，形成《关于促进我省民营经济发展的几点意见和建议》，并就基层反映的问题向省政府职能部门作出反馈，提出工作建议。做好提案督办。会同提案委、港澳委，就涉及化解山西省煤炭钢铁产能过剩问题的23件重点提案，组织委员进行调研督办；就“进一步加强河流生态治理保护，构建绿色屏障”重点提案，配合提案委组织委员深入娄烦县进行现场督办。 （周志清）

【农村工作调研建言】 2016年，山西省政协农村委员会组织委员围绕主题深入调研，8人作大会发言。邀请全国政协委员、国务院扶贫开发领导小组专家咨询委员会主任、国务院扶贫办原主任范小建作专题讲座。向省政协十一届二十次常委会议提交的《关于在实施精准扶贫精准脱贫中需要重视的几个问题的建议（讨论稿）》，会后作充实完善后形成专题建议报告报送省委、省政府。推动民营经济健康快速发展。根据省委和省政协安排部署，分别对临汾、晋中贯彻落实省委、省政府关于加快山西省民营经济发展重大部署情况进行调研检查、视察监督，形成调研检查、视察报告，指出存在问题，提出相关工作建议。联合提案委跨界别组织政协委员开展精准扶贫、精准脱贫调研，并联合督办《关于多措并举，积极推进山西

2016 年 10 月 28 日，山西省政协"城镇化进程中文化遗产保护利用"界别协商会议在太原举行　（周志清供图）

省脱贫攻坚步伐的建议》等重点提案。加强联系，搞好服务。做好湖北省政协、甘肃省政协到晋学习考察工作；加强委员提案和社情民意工作；建章立制，提高机关工作效率。

（周志清）

【教科文卫体调研建言】 2016 年，山西省政协教科文卫体委员会组织委员深入调研，查找出山西省"大众创业、万众创新"体制机制方面与发达地区差距 5 条，并有针对性地提出 4 大项、12 条具体对策建议，形成《关于构建有利于大众创业、万众创新体制机制的建议》报告，副省长张复明及省政府有关职能部门领导人出席会议，围绕协商议题深入沟通交流，形成许多重要共识。深化民主监督。根据省委、省政协统一部署，组织委员对长治市落实省委、省政府关于民营企业发展重大部署的情况进行专项视察监督，针对存在问题提出 6 项对策建议。组织委员听取省招生考试管理中心关于高考工作情况通报、关于山西省普通高校招生录取工作情况汇报，并深入阳泉等地进行高考工作巡视检查，深入招生录取工作现场开展视察。就《关于应对全面实施二孩政策，加快我省学前教育发展的建议》重点提案进行督办调研，促进有关提案建议的落实。倾情服务基层，开展"察情建言惠民行"活动，先后组织委员、专家赴岚县开展送科技、赴静乐县开展送医药、赴阳曲县青龙古镇开展送文化下基层活动。组织部分委员到太原市聋人学校为老师们送上教师节的祝福。加强自身建设，提升履职能力。加强对口联系，为委员履职提供保障。　（周志清）

【社会法制调研建言】 2016 年，山西省政协社会法制委员会组织委员围绕"深化行政审批制度改革，推进国家和山西省简政放权决策部署贯彻落实情况"进行深入调研，形成《关于深化行政审批制度改革推进简政放权的建议（讨论稿）》提交省政协十一届十九次常委会议审议。9 位委员作大会发言。组织视察监督，助力民生改善。就构建"医养结合"模式，推进山西省养老服务业发展重点提案协同提案委组织委员进行督办。组织委员到大同市，对省委、省政府推进民营经济发展重大部署落实情况进行专项视察监督，形成视察监督报告。推动政协委员参与立法协商。发挥委员在地方立法工作中的作用，主动与省人大法制委、常委会法工委以及省政府法制办联动，加强部门间的工作联系和合作，向省人大提出立法项目建议。组织委员参与《山西省各级人民代表大会常务委员会监督司法工作办法（草案）》等 6 个法律法规草案的立法协商，提出修改建议 60 条。就政协委员参与立法协商赴浙江省、上海市学习取经。探索政协委员参与政府重大决策协商。根据省政府《关于健全重大行政决策机制的意见》，先后完成省委、省政府及其有关部门 6 个草案的征求意见工作，提出意见 21 条。加强工作联系与互动。配合广西、云南省政协完成在晋调研工作。代表省政协承办深化改革专项小组办公室的工作事宜。　（周志清）

【民族和宗教工作调研建言】 2016 年，山西省政协民族和宗教委员会围绕"积极引导宗教与社会主义社会相适应，加强宗教界代表人士培养和宗教团体建设"组织委员深入调研，组织召开省级 5 大宗教团体参加的界别协商会议。副省长郭迎光，省委统战部和省宗教局的领导及相关处室负责人到会听取委员和宗教界人士意见，积极协商。组织委员赴晋城市对省委、省政府推进民营经济发展重大部署落实情况进行专项视察监督，形成视察监督报告。组织"宗教坚持中国化方向"专题研讨会。邀请省宗教局领导和佛教、道教、伊斯兰教、天主教、基督教负责人及相关专家学者进行理论研讨和交流。参与民族宗教文化活动。组织山西大学附中藏历火猴新年慰问活动，赠送价值 3000 元的体育用品。就"建设小康社会目标，加快少数民族聚居村精准扶贫情况"组织委员赴平陆县进行走访调研。派员出席五台山佛教国际研究院成立暨第二届五台山信仰国际研讨会。赴重庆市、四川省进行考察学习。加强工作联系。接受全国政协民宗委的工作指导，配合甘肃、湖南、海南等省政协到晋调研视察，加强与基层政协民宗委、与对口联系部门的工作联系。

（周志清）

【文史和学习活动】 2016 年，山西省政协文史和学习委员会举办政协第十一届山西省委员会第四期委员学习培训班。培训班在全国政协青岛干

2016年6月13日至15日，政协第十一届山西省委员会第四期委员学习培训班在全国政协青岛干部培训基地举办 （周志清供图）

部培训基地举办，共培训委员、机关干部161人。组织承办界别协商会。组织委员深入调研，召开“城镇化进程中文化遗产保护利用”界别协商会议。姚宪华等6位政协委员从不同角度就文化遗产保护利用提出具体建议；省直相关部门负责人分别就委员提出的建议进行答复，并通报各自在文化遗产保护利用方面的工作情况。副省长张复明对委员所提建议给予肯定，省政府将组织相关部门对建议进行认真研究。高质量编辑出版《文史月刊》。多篇文章被《作家文摘》《读者》及网站转载。与龙源期刊网、知网、维普网、博看网合作，进行电子版信息网络传播。组织委员赴阳泉市，对省委、省政府推进民营经济发展重大部署落实情况进行专项视察监督，形成视察监督报告。参与“文化旅游产业发展”重点提案督办。完成全国政协文史和学习委《回族百年实录》的征稿任务。编辑出版《明清山西商人会馆史料》一书。配合陕西、湖北等省政协完成在晋考察调研任务。

（周志清）

【港澳台侨和外事活动】 2016年，山西省政协港澳台侨和外事委员会就“融入‘一带一路’建设，深化对外开放”组织委员深入调研，召开专题议政会。陆惠德等委员作大会发言。《人民政协报》两次头版报道有关情况，《山西日报》《山西政协报》、中国网、人民网等媒体以综述形式作较大篇幅报道。组织委员通过政协提案和社情民意履职参政，共撰写提案68件、社情民意多件。调查研究勤履职。组织侨界委员进行侨资企业调研，联合省民革进行“美丽乡村”主题调研。就“贯彻省委省政府推进民营经济发展重大部署落实情况”赴忻州市开展专项视察并提出建议和意见。支持香港委员广泛发动爱国爱港、反对“港独”活动，维护香港繁荣稳定；支持委员双岗双责，建功立业；支持委员助力山西，热心奉献。配合全国政协副主席李海峰率香港特别行政区全国政协委员考察团一行70余人，围绕“扩大对外开放，促进经济结构转型升级”到晋考察事宜，获全国政协表扬。加强与广西、青海省政协的工作交流。加强对委员的服务和联系。“两会”前编写“2016年度提案和社情民意选题参考”，方便委员参政议政；全会期间组织港澳委员视察，帮助委员知情明政。利用微信群加强对委员的联系和服务。 （周志清）

中国共产党山西省纪律检查委员会

Shanxi Provincial Committee for Discipline Inspection of Communist Party of China

纪律检查

【概述】 2016年，山西省各级纪检监察机关树立“四个意识”，落实“两个责任”，聚焦监督执纪问责，开展正风反腐工作。换届后，新一届省纪委常委会坚持把学习贯彻党的十八届六中全会和省第十一次党代会精神作为首要政治任务，围绕中心、服务大局，高点定位、实点用力，履行党章赋予的职责，引深党风廉政建设和反腐败斗争，为全面建成小康社会，塑造美好形象、逐步实现振兴崛起提供纪律保证。

山西省委扛起主体责任，统揽全局、领导有力，及时研究解决正风反腐重大问题。省委主要领导坚持以上率下，带头担好全面从严治党主责、首责、全责，召开全面构建良好政治生态推进会。省委书记专题会议及时听取巡视情况汇报，逐个研究落实整改巡视发现的问题。省纪委履行监督责任，协助省委准确把握全面从严治党面临的形势和推进方向，研究解决正风反腐重大问题。先后向省委提交扶贫领域、领导干部家风等方面的重点分析报告，配合省委全面督查“两个责任”落实情况，限期整改发现的问题。组织部分市委书记、市政府党组书记及省直部门、省管国有企业、高等院校党委(党组)书记向省纪委全会述纪述廉述作风述责任，强化责任担当。严明换届纪律，落实“九个严禁”，严格廉政审查，做好党员领导干部党风廉政意见回复和党委、纪委书记签字确认工作，为全省换届提供纪律保障。加大问责力度，倒逼责任落实。全省有1401名领导干部因落实“两个责任”不力被问责，其中厅级干部13名、处级干部150名。(李　鹏)

【纪律审查加强】 2016年，山西省纪委在中央纪委和山西省委的领导下，落实“既抓严肃惩治，又抓教育引导，总体压茬推进，稳步转入常态”的工作方略，下功夫减存量遏增量。坚持把党的十八大后不收敛不收手，问题严重、群众反映强烈，现在重要岗位可能还要提拔使用的党员领导干部作为纪律审查重点。严肃查处省新闻出版广电局党组书记、局长齐峰，省煤炭厅党组成员、副厅长杨茂林，垣曲县委书记史凯等腐败分子。截至2016年底，全省各级纪检监察机关共立案15983件，结案15817件，处分16762人，移送司法机关322人。贯彻党的“惩前毖后、治病救人”方针，因势利导，综合施策，教育帮助有问题干部，主动讲清纠正问题，综合考虑问题性质、认错态度和现实表现等因素，稳妥处理，为能够认清问题、真诚悔错、积极工作的干部提供机会和平台，使有问题的干部相信组织、依靠组织，既受警醒，又满怀希望，为推进党的事业聚集更多正能量。全省上交礼金红包专户20830人次、1.64亿元。(李　鹏)

【中央八项规定精神落实】 2016年，山西省委把落实中央八项规定精神作为全党必须遵守的政治纪律，紧抓不放、一寸不让。出台《关于加强联动协作全面监督“四风”问题的工作方案》，统筹协调十多个有关职能部门，发挥行业特点优势，紧盯“四风”易发环节、多发部位与重要节点和隐形变异问题，深挖“四风”问题线索，严肃查处违纪行为。狠抓领导干部这个“关键少数”，从严查处，强化震慑，释放越往后执纪越严的强烈信号。全省共查处违反中央八项规定精神问题1710件，处理2424人；全省共通报曝光违反中央八项规定精神问题921起、1632人。(李　鹏)

【政治巡视从严治党】 2016年，山西省纪委创新思想观念，坚持政治巡视定位，聚焦全面从严治党，制订出台《深化政治巡视25条》，从政治上考量实行年薪制的国企党员干部不按规定标准少交党费的问题，督促22家省属国有企业党员领导干部补交党费8930.7万元。创新组织管理，制订出台《“一长两员三库”建设管理办法》，从纪检、组织、审计等部门抽调人员组建巡视组长库、工作人员库、专业人员库。创新方式方法，实施常规巡视、专项巡视、对村巡察“三剑齐发”。创新巡视宣传，直指问题，加大压力，倒逼整改，增强震慑效应；创新成果运用，建立捆绑责任机制，实施巡视意见“双反馈”、巡视整改“双责任”、整改情况“双报告”、整改报告“双审核”、整改结果“双公开”的“五双”工作模式。2016年上半年山西省在全国率先实现巡视全覆盖。全面铺开市县巡察。巡视、巡察发现问题、形成震慑作用得到发挥。（李　鹏）

【群众身边不正之风和腐败问题监督解决】 2016年，山西省纪委深化以县、乡纪委为主体，市纪委一线督办，省纪委统筹督导的工作机制，按照省市县乡四级纪委建账、对账、查账、销账、交账“五账工作法”，上下联动，推进工作，解决群众反映强烈的问题。加强扶贫领域监督执纪问责，在全省首批选择28个县重点推进，遏制扶贫领域不正之风和腐败现象。依纪依规开展纪律审查，纠正个别基层单位监督执纪尺度把握不准的苗头和倾向。全省查处侵害群众利益的不正之风和腐败问题5682件，处理5912人；查处扶贫领域问题1335件，处理1344人；省纪委对37件典型案例公开通报。（李　鹏）

【纪检监察机关建设】 2016年，山西省纪委聚焦监督执纪问责，深化“三转”。组织实施派驻机构全覆盖调整方案。全省各县（市、区）全部完成县级纪委内设机构改革任务。组织开展“三严三实”专题教育和“两学一做”学习教育，开展“学思践悟·岗位练兵”，提升队伍素质。省市县乡纪委换届工作完成。建设忠诚担当型、团结进取型、清正廉洁型的“三型”班子。坚持信任不能代替监督，从省纪委机关抓起，以上率下、自上而下，落实严立规矩、严守纪律、严抓管理、严格监督“四严”要求。出台《过问干预监督执纪问责工作的报告备案规定（试行）》，规范纪律审查涉案款物管理，健全完善线索处置集体研判、谈话函询工作程序等制度，拓展审理监督的内涵和外延，探索监督、执纪分离机制，强化权力制约，依纪依规文明执纪。坚持以零容忍态度清除害群之马，防止“灯下黑”。全省立案查处纪检监察干部违纪案件137件，处分152人，教育干部，纯洁队伍，树立纪检监察干部忠诚干净担当的良好形象。（李　鹏）

2016年10月29日，中国共产党山西省第十届纪律检查委员会第七次全体会议在太原召开（李　鹏供图）

重要会议

【省纪委十届全体会议】 2016年，山西省纪委第十届委员会召开两次全体会议，分别为第六次与第七次。

十届六次全体会议。1月25日在太原召开。全会由省纪委常委会主持。省委书记、省人大常委会主任王儒林出席全会第一次会议并作重要讲话。会议审议通过黄晓薇代表省纪委常委会所作的《尊崇党章　挺纪在前　坚定不移推进全面从严治党先走一步》的工作报告。

全会回顾上年全省党风廉政建设和反腐败工作，总结出5条工作体会，并从7个方面研究部署2016年党风廉政建设和反腐败工作任务。坚持把挺纪在前贯穿监督执纪问责各方面，以政治纪律为纲带动其他纪律的执行；坚持以上率下基本工作方法，以强化追责问责推动“两个责任”落实；持之以恒落实中央八项规定精神，建立健全防止“四风”反弹长效机制；用最坚决的态度减少腐败存量，用最果断的措施遏制腐败增量，保持高压反腐力度不减、节奏不变；强化巡视监督的震慑作用，如期完成全覆盖任务；推进基层党风廉政建设，以更多看得见、感受得到的成效取信于民；以抓好纪委换届和深化改革创新为重点，建设忠诚干净担当的纪检监察队伍。

全会审议并通过省纪委常委会关于陈国荣严重违纪问题的审查报告，确认省纪委常委会之前作出的给予陈国荣开除党籍处分的决定。

十届七次全体会议。10月29日在太原召开。全会由省纪委常委会主持。会议审议通过省纪委向省第十一次党代表大会提交的工作报告。

全会回顾省第十次党代表大会以来省纪委5年的工作情况，总结出6条工作体会，并对今后党风廉政建设和反腐败工作提出6条建议：加强党内监督，加强和规范党内政治生活；强化主体责任，推动全面从严治党落到实处；以坚持促深化，持之以恒加强作风建设；实践“四种形态”，真正把纪律和规矩挺在前面；深化基层党风廉政建设，坚决整治侵害群众利益的不正之风和腐败问题；坚持从严要求，建设忠诚干净担当的纪检监察干部队伍。（李　鹏）

【省纪委十一届全体会议】 2016年11月5日，省纪委十一届委员会第一

2016年11月5日，中国共产党山西省第十一届纪律检查委员会第一次全体会议在太原召开，会议选举产生新一届省纪委常务委员会 （李 鹏供图）

次全体会议在太原召开。受省第十一次党代表大会主席团指派，任建华主持会议。会议以无记名投票的方式，选举产生新一届省纪律检查委员会书记、副书记和常务委员会委员，并经省委十一届一次全会通过。

新当选的省委常委、省纪委书记任建华在讲话中提出3点要求：强化思想认识，在学习贯彻十八届六中全会和省第十一次党代表大会精神上有新境界；强化责任担当，在狠抓各项工作的推进落实上有新突破；强化自身建设，在打造忠诚干净担当干部队伍上有新加强。强调全省广大纪检监察干部要紧密团结在以习近平同志为核心的党中央周围，在中央纪委和省委的坚强领导下，勇于担当、忠诚履责，开拓进取、求真务实，把党风廉政建设和反腐败斗争推向前进，为实现省第十一次党代表大会确立的目标任务努力奋斗。 （李 鹏）

监 察

【监察履职监督问责】 2016年，山西省监察厅深入贯彻党中央、国务院，中央纪委、监察部和省委、省政府的决策部署，按照省委"一个指引、两手硬"重大思路和要求，履行职责，推进工作，各项工作取得新进展、新成效。推动各级政府部门落实"两个责任"。对11个市及92个省直单位上年落实党风廉政建设责任制情况进行考核并提出意见，对落实主体责任不到位的3个市和4个省直单位实行一票否优。全省有1401名领导干部因落实"两个责任"不力被问责。查处失职渎职、懒政怠政等行为，促进中央和山西省重大决策部署的贯彻落实。参与山西同煤集团安平煤矿"3·23"重大安全事故的责任追究工作，共追究责任人员59人。对吕梁市、太原市在采煤沉陷区治理中存在的问题核查，对22名有关责任人进行责任追究。按照国务院督查组和监察部《关于进一步做好山东济南非法经营疫苗系列案件问责工作的通知》要求，对疫苗案件涉及山西省的2批44名失职渎职公职人员提出问责意见。在省委、省政府开展的"冬季行动"期间加大对机关单位工作不作为、慢作为行为的处理力度，全省纪检监察机关共处理1493人。坚决落实中央八项规定精神、狠刹"四风"。始终保持惩治腐败高压态势。解决群众身边不正之风和腐败问题。加强自身建设。通过加大监督执纪问责工作力度，发挥行政监察职能作用，推动政府系统党风廉政建设和反腐败工作取得新成效。 （李 鹏）

【监督执纪"四种形态"运用】 2016年，山西省委坚持把"四种形态"作为全面从严治党的重大举措来抓，在运用第一种形态上下功夫，使谈话提醒、函询诫勉、红脸出汗成为常态。强调第一种形态，不放松第二、三、四种形态，严肃查处不收敛不收手的"极极少数"，维护纪律的严肃性。坚持具体情况具体分析，实事求是地实施"四种形态"之间的转化。全省各级纪检监察机关共运用"四种形态"处理40642人次。其中，第一种形态23669人次，增长230.8%，占"四种形态"处理总人数的58.2%；第二种形态13368人次，下降25.0%，占32.9%；第三种形态2519人次，下降23.7%，占6.2%；第四种形态1086人次，下降18.3%，占2.7%。坚持在发案单位党组织领导成员会上宣布纪律处分，让与会人员把自己摆进去，剖析原因，查找问题，提出整改措施，取得惩治极少数、教育警醒大多数的政治和社会效果。 （李 鹏）

【纪委检察院推进改革】 2016年，山西省纪委和省检察院沟通配合，摸清全省纪检和检察院两个系统的编制、人员、职能、案件量等情况，掌握涉改人员的思想状况，为推进改革提供坚实基础。坚持标准，严格纪律要求。在全省纪检监察机关严明党的纪律，加强思想政治工作，确保人心不乱、工作不断，确保反腐败力度不减、节奏不变。 （李 鹏）

【省纪委监察改革专题学习研究】 2016年，山西省纪委及时召开常委会会议进行专题学习研究，在省纪委十一届一次全会上作专门部署，要求各级纪检监察机关和广大纪检监察干部，站在政治和全局的高度看待改革，把思想和行动统一到中央精神和省委部署要求上来。成立山西省深化监察体制改革试点工作小组，精心组织实施。 （李 鹏）

监察改革试点

【监察体制改革深化】 2016年，山西省成为国家监察体制改革试点地区。设立监察委员会，建立集中统一、权威高效的监察体系，建立党统一领导下的国家反腐败工作机构，实行党的纪律检查委员会、监察委员会合署办公，履行纪检、监察两项职能，从而更好地加强和改进党的领导。11月15日，中国共产党中央委员会确定《关于在北京市、山西省、浙江省开展国家监察体制改革试点方案》，部署在山西省与北京市、浙江省开展国家监察体制改革试点工作。12月25日，第十二届全国人民代表大会常务委员会第二十五次会议通过《关于在三省市开展国家监察体制改革试点工作的决定等六项决定》。安排部署在北京市、山西省、浙江省及所辖县、市、市辖区设立监察委员会，行使监察职权。将试点地区人民政府的监察厅（局）、预防腐败局及人民检察院查处贪污贿赂、失职渎职以及预防职务犯罪等部门的相关职能整合至监察委员会。试点地区监察委员会由本级人民代表大会产生。监察委员会主任由本级人民代表大会选举产生；监察委员会副主任、委员，由监察委员会主任提请本级人民代表大会常务委员会任免。监察委员会对本级人民代表大会及其常务委员会和上一级监察委员会负责，并接受监督。试点地区监察委员会按照管理权限，对本地区所有行使公权力的公职人员依法实施监察；履行监督、调查、处置职责，监督检查公职人员依法履职、秉公用权、廉洁从政以及道德操守情况，调查涉嫌贪污贿赂、滥用职权、玩忽职守、权力寻租、利益输送、徇私舞弊以及浪费国家资财等职务违法和职务犯罪行为并作出处置决定，对涉嫌职务犯罪的，移送检察机关依法提起公诉。为履行上述职权，监察委员会可以采取谈话、讯问、询问、查询、冻结、调取、查封、扣押、搜查、勘验检查、鉴定、留置等措施。在北京市、山西省、浙江省暂时调整或者暂时停止适用《中华人民共和国行政监察法》，《中华人民共和国刑事诉讼法》第三条、第十八条、第一百四十八条以及第二编第二章第十一节关于检察机关对直接受理的案件进行侦查的有关规定，《中华人民共和国人民检察院组织法》第五条第二项，《中华人民共和国检察官法》第六条第三项，《中华人民共和国地方各级人民代表大会和地方各级人民政府组织法》第五十九条第五项关于县级以上的地方各级人民政府管理本行政区域内的监察工作的规定。其他法律中规定由行政监察机关行使的监察职责，一并调整由监察委员会行使。（李　鹏）

【深化监察体制改革试点工作小组成立】 2016年11月18日，山西省委成立深化监察体制改革试点工作小组，骆惠宁任组长，黄晓薇任第一副组长，省委组织部、省纪委主要负责人，省人大党组副书记，省检察院检察长任副组长，领导小组下设办公室，成立综合组、法律组、组织组和市县指导组，有序推进各项工作。召开不同层级座谈会，组织专门调研组，分赴全省11个市和20个县调研，摸清情况，建立台账；在深入学习领会中央精神的基础上，形成“实施方案”，初步制定“一个办法、一个规范、一个意见、一幅流程图、一套文书模板”等制度机制。（李　鹏）

【深化监察体制改革试点工作培训】 2016年12月2日至3日，山西省深化监察体制改革试点工作培训会在省委党校开班。骆惠宁出席会议并讲话。骆惠宁指出，深化国家监察体制改革，是以习近平同志为核心的党中央作出的重大决策部署，要求把思想认识统一到中央精神上来，充分认识国家监察体制改革是推进政治体制改革的重大创新，是加强党对反腐败集中统一领导的必然要求，是实现国家治理体系和治理能力现代化的重要举措，通过改革试点推动监察理念思路、体制机制、方式方法的与时俱进，在党风廉政建设和反腐败斗争中“先走一步”，加快全面构建良好政治生态，塑造山西美好形象。深化国家监察体制改革是一项政治性、政策性和操作性都很强的工作。要深入学习领会习总书记和王岐山同志的重要讲话精神，认真研究中央相关文件，准确领会中央的战略意图和改革的精髓要义。全面把握监察体制改革试点工作的目标任务、监察委员会职能职责和权限手段、法律适用以及山西省试点工作步骤和要求，按照转隶开局、平稳过渡、逐步深化的原则，整合行政监察和检察机关查处贪污贿赂、失职渎职以及预防职务犯罪等工作力量，成立监察委员会，完成检察机关反贪等部门的转隶，稳步推进全面融合和顺畅运转，形成集中统一、权威高效的国家监察体系，实现对所有行使公权力的公职人员监察全覆盖。各级党委要担负起主体责任，一把手要负总责，思想上十分清醒、政治上十分坚定、行动上十分自觉。各级纪委要担好专责，细致谋划、具体操作。省试点工作小组要加强对市县改革的指导、协调和服务。要加强学习研究，吃透中央精神，深入搞清楚监察体制改革的内涵、实质以及涉及的概念、政策、法律等，成为行家里手，准确、有效地推进工作。要全面摸清家底和情况，扎实细致地做好基础性工作，把思想政治工作贯穿改革始终。要善于发现和解决问题，循序渐进、由浅入深，逐步分析研究深化改革中出现的各种情况和问题，做到既坚决果断、又审慎稳妥。要坚持讲政治顾大局，各相关单位要相互支持、相互配合，确保思想不乱、人心不散、工作不断，确保中央决策部署落到实处。省深化监察体制改革试点工作小组组成人员，省纪委监察厅班子成员，各市市委书记、纪委书记、检察院检察长，各县（市、区）委书记、纪委书记、检察院检察长，省检察院有关部门负责人参加培训。（李　鹏）

【试点工作体制机制推进】 2016年，山西省纪委按照省试点工作小组的要求，从省纪委监察厅、省检察院等机关抽调专门力量，在工作小组办公室内设立综合组、法律组、组织组和市县指导组，明确职责、压实责任。任建华多次主持召开座谈会，摸清相关情况，研究推进工作，抓好任务落实。精心研究，制订实施方案。（李　鹏）

民主党派　工商联

Democratic Parties and the Federation of Industry Commerce

民革山西省委

【组织建设】 2016年，民革山西省委推进班子建设。4月17日，召开民革山西省十一届委员会第五次全体(扩大)会议，增选张复明为民革山西省委副主委，完成届中调整工作。推进换届工作，10月成立民革山西省委换届工作领导组，领导全省换届工作。11月30日，召开民革山西省十一届委员会第六次全体(扩大)会议，进行届末述职和民主评议。

组织发展。2016年，民革山西省委新成立基层组织7个，发展党员171人。截至2016年底，山西省共有市级组织11个，区(县)级组织4个，基层组织191个；共有党员4311人，其中各级人大代表85人，各级政协委员574人。民革党员担任处级及以上干部130人，其中副省级2人、厅级10人。全省党员的学历、年龄结构更趋优化、履职能力提高。组织工作信息化建设加强，2016年举办全省民革组织信息管理软件培训，升级民革组织信息管理系统，实现全省党籍信息网络同步化。民革山西省委的党员档案管理"五个一"工作法，在5月召开的全国民革组织信息管理软件培训暨党员信息核查工作启动会上做经验交流。

换届工作。2016年，在全省市级组织换届工作中，民革山西省委换届工作领导组赴各地市同当地统战部门、市委会及基层党员沟通情况、了解诉求，完成市级组织换届任务，24名同志走上领导岗位；在省直属基层组织换届工作中，民革山西省委制定《省直属基层组织换届工作模板》规范换届工作，召开届中、届末省直属基层组织主委履职座谈会，与基层组织所在单位的中共党委沟通、调整人才分配，参与沟通、推荐、协商、换届会议40余次，考察人选70余人。截至2016年底，完成10个市级组织、13个省直基层组织的换届工作。

干部教育培养。2016年民革山西省委通过主题培训、轮训等方式，70余名党员得到学习提高。按照后备干部选拔的"六条原则"和"六个程序"，民革山西省委共推荐青联委员2人、山西省新的社会阶层联谊会2人，刘月红、刘继隆、谢刚、刘国义提任副厅级实职。　　（赵雅琤）

【参政议政】 2016年，民革山西省委形成以全省统一战线专题调研活动为重点，其他调研课题齐头并进的工作机制。分赴江苏、浙江、安徽、海南和山西省的临汾、运城、吕梁、晋中、长治等地及省农业厅，开展"农产品供给侧结构性改革与食品安全问题""文化旅游产业发展""城市群城际铁路建设问题""改善农村人居环境，建设美丽宜居乡村"等一系列重点调研工作。在调研的基础上形成的报告，经过整理，分别以提案、社情民意信息、统战信息等方式报送，得到民革中央、省委、省政府及各职能部门重视与采纳。其中，《关于在山西省建设国家资源型经济转型职业教育改革试验区的建议》得到齐续春批示；《关于发展我省康养产业的建议》《关于推进"法治山西干部教育培训基地"建设的建议》被列为省政协重点督办提案。

重点调研。民革山西省委参与民革中央、省政协、省委统战部组织的各项调研、视察活动。2016年9月，根据民革中央主席万鄂湘意见，民革山西省委在太原市进行"立法革除陈规陋习"问卷调查。按照省委统战部和省政协工作安排，4月和10月两次到忻州就民营经济发展情况进行调研。

协商民主。2016年，民革山西省委参加各类协商讨论会、征求意见会、情况通报会10余次，分别就民主法制、反腐倡廉、经济建设、转型综改、生态文明、重大人事事项调整等问题进行沟通协商，就中共山西省委、省政府拟出台的各项政策、规定、重要文件等提出意见和建议，为省委、省政府科学决策提供参考。

2016年9月，张友君参加国家发改委、国家能源局"关于光伏扶贫的专项重点提案"督办协商会并作重点发言；张复明参加中共山西省第十一次党代会报告征求党外人士意见座谈会并做发言，民革山西省委其他班子成员从不同层面参加政治协商

2016年4月17日，中国国民党革命委员会山西省委员会成立60周年纪念大会在太原召开　（赵雅琤供图）

活动。

建言献策。围绕山西省加快转变经济发展方式这一主线，民革山西省委谋划参政议政工作，改进和创新工作方法，提升参政议政能力，建言献策质量和水平得到提高。2016年，全年共报送民革中央社情民意信息42件、省政协61件，报送统战信息44件，省政协十一届四次会上共提交集体提案22件。张复明的《发挥政府采购职能助推我国自主创新的建议》得到李克强、张高丽的重要批示，民革山西省委《关于大力发展我国应急产业的建议》获民革中央参政议政成果二等奖。

工作机制。民革山西省委建立“骨干带头，全面推进，奖惩有序，多措并举”的参政议政工作机制。组建参政议政骨干队伍，作为精品提案、精品信息的攻坚小组；按照《民革山西民革山西省委参政议政工作奖励办法（试行）》，奖励热心民革组织、参政议政的党员，激活“沉睡中的党员”，提升参政议政工作实效；强化信息员队伍建设，拓宽信息来源渠道，党员参与率和信息采用率增长；加强党员参政议政能力培训，在苏州大学举办参政议政工作培训班。党员的归属感和组织向心力增强，民革山西省委的社会影响力扩大。　（赵雅琤）

【教育培训】 2016年，民革山西省委举办学习培训。推荐10余名党员、机关干部参加中共中央统战部、民革中央、中共山西省委统战部举办的各类培训班，张友君参加中共中央党校、国家行政学院、中国延安干部学院等省部级领导干部培训；民革山西省委驻会副主委王静参加省委统战部在香港举办的山西社会经济发展研讨班。民革山西省委在复旦大学举办60余名中青年党员参加的第七期民革山西省中青年代表人士培训班；配合中共山西省委统战部举办山西省第十三期民主党派学习讲堂，邀请中东问题专家李绍先作《中东大乱局及一带一路背景下中国的应对》专题讲座。民革山西省委还通过主委会、常委会、全委（扩大）会、机关干部每周二轮流宣读学习材料等形式开展专题学习。领导班子成员带头学习并撰写心得体会，参加山西省各民主党派领导班子学习专栏进行交流学习。民革山西省委机关设立学习园地，全体干部职工进行学习交流。

开展主题教育。2016年，民革山西省委开展“双学一跟”活动，举办民革全省主题演讲比赛，组队参加山西统一战线“双学一跟”活动知识竞赛并获二等奖；组织党员、机关干部赴辽宁开展“观故居、走多党合作之路”活动，赴浙江、海南开展“不忘合作初心，继续携手前进”活动。结合重大节庆和纪念日开展民革优良传统教育。民革山西省委编辑出版《山西民革六十年》一书，制作《风雨同舟六十年 继往开来谱新篇》光盘，4月17日，召开纪念大会，民革中央和中共山西省委等领导到会祝贺。在孙中山诞辰150周年之际，民革山西省委召开中山思想研究座谈会、举办书画展，缅怀纪念一代伟人。开展向“宝贝回家寻子网”创始人、“2015年感动中国十大人物”张宝艳、秦艳友夫妇学习活动。

重视理论研究队伍。2016年，民革山西省委重视理论研究队伍建设，通过举办讲座、报告会等加大培养理论研究骨干的力度，建立起一支老、中、青结合的理论研究骨干队伍。《山西民革》共刊出理论文章7篇。

（赵雅琤）

【社会服务工作】 2016年，民革山西省委坚持“因地制宜、发挥优势、持之以恒、注重实效”的工作方针，突出民革智力优势，打造品牌特色，拓展社会服务工作领域。

参与扶贫攻坚。民革山西省委派社会服务部副调研员宋大琦，连续两年参加山西统一战线农村工作队在吕梁市中阳县武家庄村的扶贫工作。张友君多次赴扶贫点调研指导工作，并提供省级领导专项扶贫款。

服务社会法制。社会法制服务是民革的特色工作之一。山西民革法律（咨询）服务中心及下设的12个工作站2016年共接待法律（咨询）1000余起、法律援助30余次。宋大琦被中共山西省委法治建设领导小组办公室法律顾问团聘为成员。

书画联谊。民革山西省委副主委、山西中山书画院院长刘占中四次组织笔会。2016年1月，民革山西省委成立“民革山西省中山艺术院”，院长王春梅联合山西中山书画院、太原市中山艺术院多次到省未成年犯管教所帮教、到阳曲县中心敬老院慰问演出。11月，民革山西省委在太原举办纪念孙中山先生诞辰150周年书画展，87位党员展出近

百幅作品。（赵雅琤）

【促进祖国统一工作】 2016年，民革山西省委涉台参政议政成效显著，《关于促进海峡两岸交流，加快炎帝故里文化园区建设的几点建议》的提案引起高度关注，5月，包括1000余名台湾同胞在内的海峡两岸各界3000余人在高平拜谒中华始祖神农炎帝，并在炎帝陵共植海峡两岸同心树。10月，民革山西省委邀请民革中央专职副主席郑建邦莅晋，在晋中职业技术学院报告厅作“台湾形势宣讲”讲座。民革山西省委组织党员书法家开展为台湾基层民众送春联活动。（赵雅琤）

民盟山西省委

【组织建设】 2016年，民盟山西省委共发展新盟员670人，截至2016年底，山西省民盟盟员总数为9817人，全省共有48个省直属组织。其中，市级组织11个；高校基层委员会8个；总支委员会9个；支部委员会20个。5月17日，在山西省人民医院成立民盟山西省人民医院支部委员会，选举产生民盟山西省人民医院第一届支部委员会。

2016年，民盟山西省委采取“走出去”的方式先后举办两期骨干盟员培训班。6月19日至25日，在浙江大学举办“开展‘双学一跟’活动、提升盟内代表人士参政议政能力选学班”，全省各市委会、省直属高校基层委员会、总支、部分支部的主委和全省“双学一跟”活动骨干分子、盟省委机关干部共70余人参加培训；10月16日至22日，在重庆大学举办“盟史学习和参政议政能力培训班”，盟内参政议政骨干、新阶层代表人士以及盟省委机关干部共64人参加培训。（梁俊娜）

【参政议政】 2016年，在山西省政协十一届四次会议期间，民盟山西省委向大会提交集体提案58件，大会发言2件，其中52件被省政协立案采纳。提案《关于提升我省农村院校对现代农业支撑作用的建议》《关于贫困地区教育精准扶贫的建议》《建议创建特色“医养结合”养老模式》《关于缓解幼儿“入园难”“入园贵”的建议》《关于当前服务业就业人员社会保障的状况及建议》和《医药卫生体制改革存在的问题与对策建议》被省政协评为重点督办提案。

2016年，民盟山西省委承担民盟中央2个合作调研课题：“我国技术市场发展问题”“实施精准扶贫、精准脱贫、提高扶贫实效”，其中《完善医疗保障制度，牵住精准扶贫的牛鼻子》被民盟中央选作全国政协常委会发言。4月，按照中共山西省委统战部统一部署，民盟山西省委调研检查组赴吕梁进行“民营经济发展情况调研检查”，进入民营企业实地调研并召开座谈会，对民营企业面临的问题提出建设性意见，调研报告得到省委统战部的肯定。7月至10月，民盟山西省委调研组赴吕梁、晋城、朔州等多个地市开展精准扶贫专题调研，了解把握脱贫攻坚面临的新情况新问题，为打赢脱贫攻坚战贡献力量。

2016年，民盟山西省委共采写社情民意信373篇。其中，民盟中央采用24篇；全国政协采用3篇。3月，在民盟参政议政工作会议上，民盟山西省委获“2015年度民盟参政议政工作优秀成果奖”“2015年度民盟反映社情民意信息工作先进单位二等奖”；冀鹏丞、王如阳、武卫东、王琪等4位盟员获“2015年度反映社情民意信息工作先进个人”。（梁俊娜）

【思想宣传】 2016年，民盟山西省委提高自办宣传载体水平，着力打造期刊、网站、微信公众平台“三位一体”立体宣传模式。“山西民盟”微信公众平台于2016年9月正式上线，建立“盟省委机关工作群”“山西民盟宣传骨干工作群”等多个微信工作群，与各级盟组织组织开通的网站、微信公众平台和微信群互联互通，形成覆盖全省的工作网络，信息流通更加快捷，宣传效果增强，社会影响扩大，为民盟履行参政党职能营造舆论环境。

2016年11月，在民盟思想宣传暨学习实践活动推进会上，民盟山西省委获“学习实践活动先进单位”，民盟吕梁、临汾、长治、晋城市委会，民盟山西大学委员会，民盟山西省科技总支，民盟太原市晋源区、民盟晋中市介休支部8个组织获“学习实践活动先进集体”称号。（梁俊娜）

【文化建设】 2016年5月21日，民盟中央美术院山西分院暨民盟中央文化艺术研究院山西分院成立，并举行揭牌仪式与座谈会。12月14日至15日，民盟山西民盟山西省委主办民盟华北五省（市、区）“文化旅游产业发展”座谈会。会上，参会人员围绕如何促进“文化旅游产业发展”在会上作主旨发言。民盟中央参政议政部部长范芳做“以大数据促进文化旅游产业转型发展”为题的发言。12月16日至18日，由民盟山西省委员会与太原美术馆共同主办、民盟中央美术院山西分院和民盟中央文化艺术研究院山西分院承办的“奋楫振铎 砥节砺行——纪念中国民主同盟成立75周年书画艺术品展”在太原美术馆1号展厅举办，共展出书法、国画、油画、版画、钢笔画、雕塑、篆刻等美术品90余件。（梁俊娜）

【社会服务】 2016年7月至8月，为纪念中国共产党成立95周年、中国民主同盟成立75周年，推动“双学一跟”活动开展，盟省委与民盟吕梁、晋城、长治市委会联合举办三场大型文艺下乡惠民演出活动，观看者达一万余人次，在当地群众中引发反响。民盟山西省委落实民盟中央“超天使”“千校计划”“天行健”三项公益活动，推动全省上百家医院和学校申请这三个项目工程。11月，在民盟中央社会服务工作会议上，民盟山西省委社会服务部、民盟吕梁市委、民盟运城市委获盟中央“社会服务先进集体”称号；盟员韩清华、崔国良、周敬祥、李文涛获“社会服务先进个人”称号。

（梁俊娜）

2016年11月29日，民盟山西省十届六次全委(扩大)会议在太原召开

（梁俊娜 供图）

【民盟山西省委全委（扩大）会议】 民盟山西省十届五次全委（扩大)会议。2016年5月25日在太原举行。全国人大常委会副委员长、民盟中央主席张宝文，中共山西省委常委、省委统战部部长孙绍骋出席会议并作讲话。民盟中央副主席、民盟山西省委主委张平，山西省人大常委会副主任、省总工会主席田喜荣出席会议。民盟中央副秘书长、组织部部长陈幼平、省委统战部常务副部长郭海刚出席会议。会议听取并审议民盟山西省第十届常委会工作报告，对民盟山西省委领导班子进行届中调整。会议经过民主选举程序，产生新一任民盟山西民盟山西省委主委和专职副主委，王维平当选民盟山西民盟山西省委主任委员，刘本旺当选专职副主任委员。

民盟山西省十届六次全委（扩大)会议。2016年11月29日，民盟山西省十届六次全委(扩大)会议在太原召开。廉毅敏等领导参加会议。会上成立民盟山西省第十届委员会监督委员会，对民盟山西省第十一届委员会领导班子成员及秘书长进行民主推荐，通过《民盟山西省十届委员会关于召开民盟山西省第十一次代表大会的决定》。会议期间民盟山西民盟山西省委监督委员会召开第一次全体会议。 （梁俊娜）

民建山西省委

【组织建设】 截至2016年底，山西省民建组织有187个基层组织、6个专门委员会，会员总数为5326名。王宁主委为全国政协委员，民建中央常委。四位副主委为民建中央委员。在各级人大、政协、政府担任副厅实职以上会员有12名，副处以上实职有117名。会员中担任各级人大代表65人、政协委员432人。民建山西省委机关核定编制16人，设主委一名、专职副主委一名、秘书长一名，内设机构4个(办公室、组织部、参政议政部、社会服务部)，在编职工14人。

2016年，民建山西省委各级组织新入会292人。会员总数达到5326人，平均年龄46.6岁。具有大专以上学历有4426人，占会员总数的83%；具有各类专业技术职称的有3119人，占会员总数的59%；经济界会员4154人，占会员总数的78%；新的社会阶层人士1452人，占会员总数的27%。截至2016年底，全省11个市级组织相继完成换届任务，新一届领导班子中，1位主委担任副市长，1位主委担任市级人大常委会副主任，3位主委当选市政协副主席。新的市级委员会人才结构更加合理。 （张云鹏）

【理论研究】 2016年，民建山西省委完成报送理论研究成果5篇，其中《加强新型智库建设，发挥好民主党派在政党协商中的作用》获民建中央理论研究二等奖；《民主党派实现民主监督重点难点及对策研究》获全省统战理论政策研究创新成果二等奖；《民主党派在中国共产党领导的政党协商制度中的作用探析》获全省统战理论政策研究创新成果三等奖，并在《山西社会主义学院学报》刊出；《浅谈晋商精神与工匠精神》被民建中央“发掘和弘扬中国工匠精神学术研讨会”评为三等奖。 （张云鹏）

【参政议政】 2016年，民建山西省委把参政议政作为履行好参政党职能的第一要务，在提高参政议政工作质量和水平上下功夫，发挥领导的表率作用，依托专委会为会员搭建参政议政平台，建立与政府、政协、兄弟省组织的联动机制，发挥会员的“三杆”“三台”的作用。将基层组织作为参政议政的一支重要力量，支部主委作为参政议政的旗杆，有能力的会员作为参政议政的笔杆，有热情的会员作为参政议政的铁杆，发挥基层组织的“三杆”作用；引导广大会员踊跃参与参政议政活动，就煤炭、电力、焦化行业供给侧结构性改革，国有企业法人治理结构，行政执法，教育领域，专利奖励，环境保护、公务用车制度改革、人才发展体制改革等意见稿提出意见建议17条，形成依靠组织有后台、参政议政有平台、发挥作用有舞台的良好局面。2016年民建山西省委参政议政工作被民建中央评为二等奖。

（张云鹏）

【专题调研】 2016年，民建山西省委建立起一套完整的课题调研机制，组织专委会开展调查研究。在调研工作方面，将工作思路贴近山西省“六大发展”，加快山西省转型发展的重要部署，组织完成《共建网上丝绸之路 促进山西经济发展》《山西省百企千村扶贫开发工程效果评价与建议》《我省市政公用事业引入民营资本调研报告》《扶贫小额信贷情况的调研报告》《城镇化中传统村落的保护和利用》等篇调研成果。通过向基层组织征集春季、秋季课题以及根据民建中央重点调研专题和年度调研成果征选方向，共报送调研报告21篇。2016年，山西省提交的《关于推进煤炭高效清洁化利用的建议》被民建中央提交全国政协十二届四次会议采用。（张云鹏）

【社会宣传与社情民意征集】 2016年，民建山西省委出版《山西民建》6期，网站年访问量达10万余次，得到民建中央领导的好评和高度肯定。2016年民建山西省委网站登载新闻稿件、社情民意和其他稿件570篇，省委网站建设和民建省委杂志出版工作名列民建全国各省委前列。社情民意稿件质量得到提升，共收到社情民意信息稿件510余篇，民建山西省委采纳190余篇，报送民建中央、省政协、省委统战部近130多篇（次），被民建中央、省政协和全国政协采纳26多篇，其中《关于光伏企业发展存在的问题和建议》《关于营改增后金融业降低税负的政策建议》《关于建立财政转移支付动态调整机制的建议》被全国政协采用。《关于减轻光伏企业税费负担的建议》《关于营改增后金融业降低税负的政策建议》被民建中央评为2016年优秀社情民意。《关于建立财政转移支付动态调整机制的建议》被财政部征求意见反馈，被省政协评为中央部委反馈稿件。2016年被民建中央评为反映社情民意信息工作先进单位二等奖，在省政协社情民意全年排名评比中名列统战系统第二名。（张云鹏）

【民主监督】 2016年，民建山西省委重视民主监督工作，把民主监督工作与参政议政相结合，发挥本会担任特约监督员、行风评议员及各级人大代表、政协委员的作用，对社会关注的重点、难点问题，提出意见和建议。

加强制度建设，推进会内监督的规范化运行。进行调查研究，广泛征求开展会内监督工作的意见建议，制定《民建山西省委监督委员会工作规则》《民建山西省委监督委员会委员分工联系市级组织方案》等几个具有较强可操作性的规章，对监督委员会的工作程序、工作方法及工作机构作出具体规定。对监督委员会委员进行分工和责任落实。召开以批评与自我批评为主要形式的领导班子谈心会2次，参加省委统战部举办的全省市厅级党外干部述职述廉报告会。

加强监督调研，增强监督实效。2016年，民建山西省委监督委员会在各级基层组织换届工作之中，及时下发《关于严肃换届纪律保证换届风清气正的通知》，并全程跟踪监督各市委会、省直支部的换届工作，保障换届工作的顺利，对提升自身建设水平发挥作用。（张云鹏）

【社会帮扶服务】 2016年，民建山西省委引导广大会员企业和爱心人士开展助学济困、奉献爱心活动，组织广大会员企业和爱心人士帮扶下乡、帮扶进社区。全省各级组织通过“下基层、进校园”、通过“绿丝带、关爱儿童行动”，组织会员中的农科、医疗专家、法律工作者走进农村、走进基层为群众开展义务咨询服务，进入社区、排忧解困，开展“献良策，比贡献”、“送文化，树新风”等活动。2016年，山西省会员开展各类社会服务活动200多次，参加人数达2000多人次。捐资捐物，支助总额300多万元。开展为会员服务行动，把服务会员企业作为抓手和重点，创优发展环境，引领会员企业开展“双创”活动，带动当地就业，加快转型发展，提高对经济的贡献率。2016年是民建社会服务年，山西省12名会员被评为民建全国社会服务先进个人，4个市委会被评为社会服务先进集体。（张云鹏）

【扶贫工作】 2016年，民建山西省委在中阳县郝家岭村进行的定点帮扶，到位资金130万元，捐赠2辆移动灌溉车，专门用于该村核桃树种植浇灌。为帮扶点缓解吃水问题、整修、硬化道路，修建水池、旱井50多口，帮助办起两家便民利民商店，投资5万元建起“农家书屋”，支助建档立卡的贫困户开展养殖产业。相关市委会为扶贫点提供农林、科技、工商、法律、医疗等方面的智力咨询与服务，资助60多万元帮助当地村民解决吃水、交

2016年1月30日，民建山西省委在太原举办“思源救护中国行（山西站）”捐赠救护车仪式，向省内贫困地区捐赠救护车35辆（张云鹏供图）

通、养殖等农村农民问题。民建山西省委依靠民建中央“思源工程”，以资助扶贫和社会公益事业为主要活动，帮助弱势群体解决生产生活困难，促进山西省贫困地区经济和社会事业发展。2014年7月与中华思源工程扶贫基金会联合共同开展“思源宝塔公益基金”“2014'思源救护中国行（第四期）山西站”活动，捐赠5辆救护车。其后，2016年1月、2016年4月分别在太原、大同、忻州市举行“思源救护中国行”救护车捐赠接收仪式。截至2016年底，山西省接收思源救护车辆64辆，全省35个国家级贫困县得到“思源救护”全覆盖。

（张云鹏）

民进山西省委

【组织建设】 中国民主促进会山西省委员会于1984年2月14日在太原成立。截至2016年底，全省共有会员5465人，平均年龄49.5岁，女会员占47.1%，大专以上学历占96.9%；中上层人士占75.1%；从成员界别分布看，教育界占61.7%（其中高等教育界11.5%，基础教育界占50.2%），文化艺术界占6.6%，出版界占2.4%，科学技术界占3.2%，医药卫生界占10.1%；新社会阶层占8.6%；机关团体占6.7%。全省各级人大代表103人，各级政协委员644人，处级以上政府及司法机关任职人员32人。全省市级组织11个，县级组织5个，基层组织283个。

2016年，民进山西省委从完善制度入手，根据《山西各民主党派关于做好市级组织换届工作的座谈会纪要》精神，研究制定民进山西省委《关于做好市级组织换届工作的意见》《市级组织换届工作程序指导》和《关于做好省直属基层组织换届工作的意见》《省直属基层组织换届基本流程》。召开省直属基层组织换届工作动员会，听取基层组织负责人对换届工作的意见。

发展会员。2016年，民进山西省委始终坚持“三个为主”原则，会员数量增加，会员结构优化。

基层组织。按照《民进山西省基层组织工作条例》，民进山西省委领导多次进入基层支部走访调研，与会员一起交流思想，交换意见，听取建议；参加支部民主生活会、学习座谈会、总结会，带动基层组织主题活动的开展；与支部会员一起参加医卫下乡、教育帮扶、议政调研等活动，增强组织的凝聚力和活力；与支部所在单位的党委加强沟通联系，增进感情，为会员双岗建功创造条件；适时成立民进山西大医院支部，扩大民进的组织影响。

代表人士队伍建设。民进山西省委推荐24名骨干会员，参加民进中央、中共省委统战部等单位举办的培训班、进修班，进行政治理论、形势政策、会务工作等方面的专题培训；多次组织代表性人士开展专题调研，为他们的成长搭桥铺路；通过指导市级组织和省直属基层组织换届，一批政治素质好、德才兼备的中青年骨干会员进入领导班子。

加大机关干部培训力度，先后分期分批赴中央社院、上海复旦大学、武汉大学、省委党校、山西社院接受培训，培训率达100%；发挥好机关服务中枢的作用，完成民进山西省委会议、培训、调研、接待等后勤保障工作，完成机关人事、工资、医保、机关省直文明和谐单位标兵等报批手续。

2016年，民进山西省委电子信息化建设工作在民进中央省级组织专项工作评比中被授予“电子信息化建设工作先进单位”称号。（赵柱家）

【思想建设】 2016年，民进山西省委印发《学习实践活动工作安排》的通知，并抓住重大节点和有利契机，以举办书画展、专题辅导讲座等活动为载体，深化优良传统教育与传承，提高学习实践活动实效。

学习实践活动。2016年，民进山西省委在京举办“同心同行 晋墨晋韵”——纪念中国共产党成立95周年暨民进山西开明画院第四届书画作品展，共展出山西省民进书画界会员创作的58幅作品。

通过一报一刊一网一平台加强宣传实效。民进山西省委机关办有一报即《民进山西省委工作简报》，一刊即《山西民进》会刊，一网即《山西民进网》，一平台即《山西民进微信公众号》。通过这几个窗口，刊发党的统战政策、领导讲话、会务动态、先进会员事迹、参政议政成果、民进前辈风范等。广大会员通过这几个窗口汲取营养，提高自身政治理论修养。

（赵柱家）

【参政议政】 2016年，民进山西省委领导参加议政协商，聚焦改革发展。多次参加中共山西省委、省人大、省政府、省政协组织的协商会、座谈会、征求意见会、情况通报会等，围绕省“十三五”规划编制、政府工作报告、重要人事安排、民营经济发展、工业遗迹保护等省委省政府中心工作建言献策。

在骆惠宁召集的各民主党派负责人座谈会上，民进山西省委领导围绕山西省“十三五”规划，加快文化旅游、教育和医疗卫生事业发展等提出建议。

通过提案信息，增强建言力度。民进山西省委向省政协第十一届四次会议报送的提案中，15件被列为省领导重点督办提案。2016年，民进山西省委领导及民进界别的政协委员先后10余次参加省政协组织的提案督查督办会议，推动提案的办理，为政府科学决策提供参考。

民进山西省委对每季度信息报送情况进行量化通报，激励各级组织和广大会员的责任意识和担当意识。截至2016年底，民进山西省委向民进中央、省政协共报送信息53条。其中，民进山西省委撰写的《关于修订〈疫苗流通和预防接种管理条例〉的建议》，被民进中央、全国政协转送，国家卫计委副主任王国强作重要批示，并转化成国家政策措施。民进山西省委信息工作在省政协的通报中，年度分值在各民主党派省委、省工商联中排名第一。

2016年，民进山西省委对调研报告、提案、社情民意信息等60件参政议政成果,25个参政议政工作先进集体,15名信息工作先进个人进行表彰。6个市委会和10名会员被民进中央授予“参政议政工作先进集体”和“先进个人”称号。

开展培训学习,提升会员素质。2016年,民进山西省委举办信息工作培训班,邀请省内外的多名专家学者为100余名会员做专题辅导,促进会员理论水平和操作能力的提高。民进山西省委为与会人员成立QQ群、微信群,为开展有关热点讨论和专题约稿等开辟新渠道和形式,完善民进山西省委参政议政人才库的建设。

进行调查研究,拓展履职领域。2016年,民进山西省委继续在教育文化医卫等领域发力,发挥民进界别优势履职尽责。助推山西省文化旅游发展确立为年度重点调研课题,在甘肃及大同、晋中等省市进行调研,形成《供给侧改革下山西文化旅游发展对策建议》的调研报告;组织教育界会员赴临汾、运城等地开展调研,形成《顶层设计 统筹整合 全面提升教师教育供给质量》的调研报告;组织医卫界会员就“关于山西省临终关怀事业发展”课题,赴娄烦县、太原市第二人民医院调研,考察县域医院老年病“临终关怀”服务及医养结合的情况,形成《我省临终关怀事业发展的对策建议》的调研报告。

民进山西省委在山西省经济社会发展等重大领域发声建言。2016年,民进山西省委调研组到大同天镇开展推进脱贫攻坚工作及专项民主监督调研,了解当地精准扶贫工作进展情况,形成《推广“天镇保姆”经验推进精准脱贫》的考察报告;民进山西省委督查调研组到晋城、阳泉,就贯彻落实省民营经济发展推进大会精神情况及推进民营经济发展工作进行督查调研,形成《加快我省民企发展的对策建议》的督察报告。

开展协作联动,搭建工作平台。2016年,民进山西省委成功承办民进中央在晋中介休举办的海峡两岸传统文化交流研讨会,来自海峡两岸的文化界学者40余人参加会议。民进山西省委以文化旅游课题为纽带,听取与会人员对山西发展文化旅游的建议;民进山西省委以参加省政协界别专题协商为契机,与省政协文史委联合开展关于工业遗产的专题调研,形成《关于我省开展工业遗产保护发展的建议》的调研报告,在省政协专题界别协商会议上,作交流发言;民进山西省委与省商务厅就“山西融入“一带一路”,进行多次的协商座谈,并为开展多课题合作打好基础。 (赵柱家)

【社会服务】 2016年,民进山西省委贯彻山西统一战线脱贫攻坚推进大会精神,将智力帮扶作为开展社会服务工作的重要内容。

教育帮扶活动。民进山西省委与民进太原市委、民进阳泉市委继续在阳泉杨家庄中学开展助学支教活动;在太原金胜小学举行英语兴趣公益讲堂活动;开展对口帮扶“同心·彩虹行动”,组织省城优秀教师运用现代远程教育模式,开展对贵州长坝乡教师的培训。

医卫下乡活动。民进山西省委组织民进省肿瘤医院支部会员到寿阳开展义诊活动,为100多名群众提供内科、外科、放射科等义诊咨询;组织民进山西大医院支部、省肿瘤医院支部会员到文水县西城乡中心卫生院开展医疗下乡活动,为广大群众提供医疗卫生服务。

文化服务活动。推动山西省文化旅游事业的发展,民进山西省委与民进中央、民进晋中市委协作,邀请来自全国各地36位民进会员作家、诗人,开展为期一个月的“晋商故里,家国晋中作家行”采风活动,为讲好山西故事,传播山西声音,展示山西形象贡献力量。 (赵柱家)

农工党山西省委

【参政议政】 2016年,农工党省委主委班子成员、秘书长和各级人大常委、政协常委多次参加中共山西省委、省政府、省政协举行的各类民主协商会、座谈会、通报会,各级人大代表、政协委员及各类特约监督员,参加视察调研、政风行风监督等活动,发挥参政党在政治协商、民主监督中的作用。

建言献策。2016年,农工党在省政协十一届四次会议上,提交大会发言3篇,集体提案20件,委员提案38件,在政协大会上作《加快推进全省农业示范园区建设 促进新常态下现代农业转型升级》大会发言。其中《创新制度 借力社会 推动我省不可移动

2016年12月9日,民进山西省委获民进中央颁发的电子化信息先进奖

(赵柱家供图)

文物保护全覆盖》《政策引导助推我省马铃薯产业转型升级》《完善集中饮用水水源保护区制度 促进水源保护与区域经济协调发展》等被列为省政协重点督办提案。（胡小龙）

【调查研究】2016年，农工党山西省委承担《关于加快我省中医药发展的政策建议》重点调研课题，并在中共省委统战部召开的重点调研课题汇报会上做专题汇报。农工党山西省委重点调研课题组、各市委会、各专委会、党员专家组完成医卫、经济、民生等领域的25篇调研报告。其中《以健康扶贫助推精准扶贫》《关于我省精准扶贫中存在的几个问题和对策建议》受到副省长郭迎光的重视和专门批示。《推进农业保险发展 保障精准扶贫质量》《乡村教师专业化发展现状调查》两篇调研报告获农工中央“年度优秀调研报告二等奖”，《产业精准扶贫的问题和建议》《山西省加快推进政府与社会资本合作存在的问题与对策》两篇调研报告获农工中央“年度优秀调研报告三等奖”。农工党山西省委发动各专业领域党员专家在各自擅长的领域内开展调研，完成调研报告8篇，内容涉及山西省扶贫攻坚、文化产业、人口资源、法制建设等多个领域。（胡小龙）

【基层组织建设】2016年10月25日，农工党山西省委基层组织负责人培训班在全国干部教育培训基地武汉大学举办。全省各基层组织的负责人、部分市级组织负责人、省市机关专职干部共128人参加培训学习。该次培训目的在于加强农工党山西省基层组织建设、推进省市级组织换届提供组织保障；全年对新调整的19个省直混合型支部领导班子举行任前集中谈话会；举办省直基层组织建设观摩活动；成立农工党山西工商学院委员会和省直社区卫生服务总支部委员会；举办由185人参加的全省新发展党员培训班；在江西社院举办“双学一跟”暨参政议政培训班。

（胡小龙）

【市委会换届】2016年7月28日至29日，农工党晋城市第四次代表大会召开，选举王胜利为主任委员，李全林、段韶军、郭金祥、孙夏芳、赵红亮为副主任委员，孙夏芳兼秘书长。11月27日，农工党晋中市第四次代表大会召开。选举田桂梅为主任委员，宝森、苏韬、崔海宾、韩智强为副主任委员，任命张保林为秘书长。12月21日，农工党忻州市第七次代表大会召开。选举高志伟为主任委员，郝晋生、赵伟虎、钱晓峰、周培新为副主任委员，任命邓建峰为秘书长，张鹏程、刘东旗、张勇为副秘书长。12月25日，农工党长治市第六次代表大会召开，选举刘鹏飞为主任委员，张丽芳、赵云斌、李红岩为副主任委员，任命曹慧强为秘书长。（胡小龙）

【社会服务】2016年5月，农工党山西省委开展健康扶贫联合大调研，组织太原、晋城、阳泉、长治等7个市委会共同参与健康扶贫大调研，动员100多位党员，走入500多户贫困家庭、40多所乡镇卫生院，填写900多份调研问卷。其间，收回调查问卷199份，《以健康扶贫助推精准扶贫》《关于我省精准扶贫中存在的几个问题和对策建议》两个调研报告报有关部门供决策参考，郭迎光给予批示。农工党太原市委开展“农村医疗服务大篷车”系列活动、“促健康、送温暖”义诊活动、结对子扶贫活动；农工党大同市委举办以“践行科学发展观、送医送药送健康”为主题的系列医疗义诊活动；农工党忻州市委通过建立“忻州市公益会员俱乐部”“爱心超市”“爱心图书馆”等方式聚合社会力量参与社会服务；农工党阳泉市委开展“服务革命老区，促进科学发展”活动；农工党长治市委开展的“支部联乡”活动；农工党晋城市委开展的“一党一县智力合作”活动；农工党吕梁总支依托综合性医院开展送健康活动；农工党朔州支部依托“农工党流动医院”“农工党爱心基金”和“紫金山生态保护基地”开展社会服务活动；农工党运城支部开展的义诊和法律咨询“双送“活动。

开展健康扶贫大型义诊。2016年，农工党山西省委共开展2次大型义诊，各市委会单独或结合宣传周共计开展9次、省直基层组织开展2次。12次义诊共计动员农工党员医卫专家130多人次，免费赠送药品和健康、法律宣传等资料价值25万元。

捐助200万元“农工党同心助学金”。经周然主委牵线搭桥，中国初级卫生保健基金会健康山西扶助基金向山西中医学院捐赠200万元人民币成立“农工党同心助学金”，帮助1000余位家庭经济困难且品学兼优的大学生。为雅安、鲁甸地震灾区捐助价值40余万元的救灾款物；农工党党员在云南鲁甸地震灾区救出一名13岁男孩。（胡小龙）

九三学社山西省委

【组织建设】2016年，九三学社山西省委开展换届工作。在省直基层组织的换届过程中，具体落实“五个一”服务，即帮助提供一个会场、一家印刷厂、一个投票箱、一张照片、一顿午餐，解决基层组织换届的实际困难，确保换届工作顺利进行。2016年4月开始，九三学社省委到忻州、阳泉、大同、临汾、运城、晋城、长治、朔州等市进行社员培训和组织工作调研，及时了解和掌握地市级组织的换届准备情况，截至2016年底，有运城、晋中、阳泉、忻州、晋城、长治6个地市级组织完成换届工作。九三学社山西省委制定下发《九三学社山西省委员会2017年换届工作方案》《九三学社山西省第十次代表大会代表名额分配及产生办法》，完成新一届领导班子及秘书长人选推荐工作，为省级组织的换届工作创造条件。

组织建设规范化发展。2016年，九三学社山西省委按照九三学社中央“人才强社”战略和山西省社组织发展的目标要求，抓好组织发展工作。指导各级组织报送社员信息登记表并制作社员证，完善社员信息采集和社员证制作工作。严把入社关，进一步规范入社程序，将“五个一”工作的完成作为申请入社的基本条件。对入社登记表打印编码，为登记、查询和管理工作奠定基础。参加九三学社中央组织部信息管理系统二期培训，加强社员信息管理系统运用的规范化。

（张全双）

【参政议政】 专题调研。2016年，九三学社山西省委紧扣中心，到基层，全年组织社内专家开展十多个课题的调研工作。社山西、陕西、河南省委一道联合九三学社中央，就黄河金三角区域规划实施情况等课题调研，形成《关于以晋陕豫黄河金三角区域为示范深化省际区域统筹发展机制改革的建议》报告，受到国务院重视，李克强做批示。承接九三学社中央的社区服务业发展情况调研，完成《关于山西社区养老情况的调研报告》《山西社区服务业发展调研报告》并在中央九三论坛做主题发言，受到社中央肯定。受省委统战部及省政协委托，完成阳泉、运城两市民营经济发展监督检查并形成调研检查报告。

提案及社情民意工作。九三学社山西省委就经济社会发展及群众普遍关心的热点难点问题建言献策。2016年全国两会期间，提交九三学社中央提案2件，以政协委员个人名义提交提案6件。九三学社山西省委刘滇生主委提交的提案中，《关于完善行政问责制的建议》受到中纪委重视，李克强、张高丽同志均做出批示；《构建现代农业科技创新体系 推动农业供给侧改革的建议》《关于完善新型智库的建议》两件提案受到国内主流媒体关注和好评，新华网、人民网、山西新闻网、山西日报等多家媒体做报道。2016年省两会期间，九三学社山西省委征集提案103件，提交集体提案40件，立案36件，转来信4件。提案受到社会各界交流，特别是由九三学社山西省委和社大同市委、省直小店支社、省直艺术支社联合调研形成的集体提案《山西古长城保护与适度开发的建议》，被山西日报全文刊登，还受到山西新闻网、黄河新闻网、华龙网、重庆网络广播电台等多家媒体关注。2016年共收集、整理、报送社情民意信息664件，报送总量比上年增加137件，其中被中央统战部信息专刊采用3件，另有2件得到省领导批示。

政治协商。九三学社山西省委参与九三学社中央、中共山西省委、省政府、山西省政协、中共山西省委统战部以及省直部门召开的各类协商会和座谈会，在全省重大方针政策制定和重大人事安排等事项中参与民主协商。利用现有参政议政工作平台，对山西省委、省政府办公厅及各厅局委办的各类征求意见函30余件及时做回应，为推进省委、省政府决策的科学化、民主化献计出力。

参政议政工作机制创新。2016年上半年，完成参政议政动态专家库及参政议政公众微信平台建设，九三学社山西省委的参政议政工作更加专业化、知识化、日常化。完善激励机制，把参与调研、提交提案和反映社情民意信息的实绩，纳入对各专委会、各基层组织的考核中，对在参政议政工作中做出突出成绩的集体和个人给予表彰。社内外合作机制上创新“请进来，引出去”的工作思路，与山西省文化厅和山西省图书馆建立资源共享、合作共赢、服务社会的长期合作机制，推出“文源讲坛·科技与人文系”系列讲座，在全社会进一步弘扬民主科学精神。截至2016年底，举办《从科学文化到传统文化》《隐于幕后：苏联和朝鲜战争》《生命与教育——教育对生命的尊重与关照》等7期讲座，受到听众好评。 （张全双）

【社会服务】 精准扶贫。2016年，九三学社山西省委以“绿色生态农业产业技术群”为抓手，推广绿色农业生态技术和旱地果树集雨节水技术，在助农惠农和扶贫工作中取得实效。2016年5月先后两次组织山西大学专家在岢岚三井镇做绿色农业种植技术示范推广。2016年10月，联合榆社县农机局在箕城镇旋余沟村召开丘陵山区机械化收获演示会，收到效果，填补榆社县历史上机械化收获谷子的空白。

科普工作。2016年4月，邀请社中央“院士巡讲团”冯守华院士来山西就科技创新等问题，分别在太原、忻州、阳泉做专题报告。10月，邀请九三学社中央科普工作委员会副主任钮文异赴运城，针对青春期学生心理健康教育为运城中学和康杰中学的学生，进行题为“我是谁”科普讲座。通过将科普巡讲活动与全省科技创

2016年4月，中国科学院院士冯守华在《山西省民主党派学习讲堂》作专题报告

（张全双供图）

2016 年 11 月 15 日，香港亮睛工程山西阳城眼科中心合作协议在阳城签约

（张全双 供图）

新推进大会精神、“双学一跟”活动等主题相结合，九三学社山西省委把单纯的科普讲座做成省、市民主党派的专题报告会，增强科普实效性，产生社会影响力，提升九三学社社会知名度，山西省电视台、山西日报等主流媒体都做报道。

新农村卫生室建设项目。2016 年，九三学社山西省委向九三学社中央申请“多党合作社会主义新农村建设试点项目”资金 10 万元，用于晋中向阳村和吕梁永由村的卫生室建设。九三学社山西省委多方联络协调，开展“双学一跟”送医送教为主题的大型义诊和健康科普教育活动，并为两村卫生室配备医疗器械，赢得村民好评和赞誉。

“亮晴工程山西眼科中心”落户阳城。2016 年，九三学社中央和社省委牵线搭桥，在社晋城市委的协助下，促成香港“亮睛工程”与阳城县眼科医院合作，这是亮睛工程在山西的第一个亮睛点，也是亮睛工程首次在专科医院建点。通过捐赠眼科设备及耗材，提供培训及手术技术，引进项目管理并推进防盲治盲工作，扶持阳城县眼科医院，让更多的眼病患者享受到方便可及、优质有效、负担得起的眼科医疗服务。

社会服务人才的队伍建设。2016 年 7 月，九三学社山西省委促进科技创新工作委员会成立，为整合社内科研与创投资源、搭建“双创”平台以及推动社员“双创”事业发展发挥作用。成立九三学社山西省委医疗咨询平台，为山西省广大社员的疑难杂症提供医疗咨询服务。（张全双）

【重要会议和活动】 九三学社山西省九届五次全委(扩大)会议。2016 年 3 月 30 日，九三学社山西省九届五次全委(扩大)会议在太原召开。省政协副主席、九三学社山西省委主委刘滇生，中共山西省委统战部常务副部长郭海刚出席会议并讲话，刘滇生代表第九届常务委员会作工作报告。省政协原副主席、九三学社山西省委主委吴博威出席会议。会议听取并审议通过刘滇生代表九三学社山西省第九届常务委员会所作的 2015 年工作报告，对在全省九三学社代表人士中开展“双学一跟”活动进行动员部署，表彰 2015 年度参政议政工作先进集体与先进个人。

九三学社山西省委青年工作委员会成立。2016 年 10 月 26 日，九三学社山西省委青年工作委员会成立大会在太原召开。全国政协常委、九三学社中央副主席、九三学社中央青年工作委员会主任卢柯院士，山西省政协副主席、九三学社山西省委主委刘滇生教授出席大会并讲话。全国政协委员、九三学社中央委员许进，中共山西省委统战部副巡视员王晓霞，山西省政协常委、九三学社山西省委专职副主委张培富，全国人大代表、九三学社山西省委副主委张红健，九三学社中央组织部处长茅为中，九三学社中央青工委秘书长石浩男等相关领导出席成立大会。北京、河北、河南、陕西、苏州等兄弟省市的青工委领导应邀出席。山西省九三学社市级组织领导出席会议。全国政协副主席、九三学社中央主席韩启德为九三学社山西省委青年工作委员会题词“尚德 博学”。会议由九三学社山西省委专职副主委张培富主持。

九三学社山西省九届六次全委(扩大)会议。2016 年 12 月 1 日，九三学社山西省九届六次全委（扩大）会议在太原召开。廉毅敏、刘滇生出席会议并讲话。郭海刚、吴博威出席会议。会议由张培富主持。刘滇生代表第九届社省委领导班子做届末述职报告。会议听取九三学社山西省委领导班子成员届末述职并进行民主评议，民主推荐九三学社山西省委第十届委员会领导班子及秘书长候选人选，通过召开九三学社山西省第十次代表大会的决议。（张全双）

山西省工商业联合会

【概述】 2016 年，山西省工商联商会组织达到 1450 家以上，工商联会员总数达到 21 万，商会会员达到 17 万个。工商联企业会员年增长率达到或超过全省登记注册企业年增长率，企业会员占全省企业总数比例达到 14%以上。企业会员和团体会员比重持续提升，企业会员在会员总数中的比例达 60%。截至 2016 年底，乡镇、街道商会平均覆盖率达到 60%以上，发达地区达 85%以上。（冯学亮）

【经济服务活动】 2016 年，山西省工商联全面促进“非公有制经济健康发展、非公有制经济人士健康成长”。开展多层面经济服务活动，着力破解发展难题。编印《民营经济发展学习政策》300问，免费发放给民营企业；在山西日报、中华工商时报等主流媒体开设50多期专版，建立"晋联通"微信公众号，全方位开展政策解读和宣传。联合省金融办发布66家重点扶持民营企业名单。2016年共投放贷款79.14亿元，受益企业超过2400家。向省民营企业创新转型投资基金理事会组织推荐127个备选民营项目。在民营经济"待批项目大起底"活动中，受理民营企业待批项目2745项，办结1956项，办结率71.26%。共861家企业办理3.5万亩土地和243.5万平方米房产手续。国家发展改革委下发的《各地促进民间投资典型经验和做法》，将"待批项目大起底"活动作为典型经验和做法在全国进行推广，中央统战部对这项活动进行表彰。

（冯学亮）

【非公经济人士教育引导】 2016年，山西省工商联组织各级工商联、省级商会开展构建"亲""清"政商关系的专题培训和系列教育活动，推进全省领导干部联系民营企业工作，省市县三级领导干部和省市两级主要部门负责人结对帮扶近5000家民营企业，省工商联在全面联系指导的基础上派出9名优秀干部入驻企业排忧解难。继续开展以"守法诚信、坚定信心"为重点的理想信念教育实践活动，引导教育非公经济人士"对中国特色社会主义的信念、对党和政府的信任、对企业发展的信心、对社会的信誉"教育。组织全省非公经济人士开展学讲话、学作风、跟党奋进的"双学一跟"活动，凝聚发展共识。

（冯学亮）

【"千企帮千村精准扶贫"行动】 2016年，山西省工商联组织各级工商联、民营企业、商会组织推进"千企帮千村——精准到户"扶贫行动。联合省农业厅、省国资委出台《山西省特色农业产业扶贫企业推进工作方案》，联合农发行山西分行起草《金融支持精准扶贫行动战略合作协议》，初步构建多部门联动扶贫的格局。全年共推动全省1500多户民营企业、商会与1500多个建档立卡贫困村建立结对帮扶关系，其中855户民营企业建立帮扶台账信息，形成一批扶贫产业，带动5万余贫困户，实现企业发展和贫困户脱贫增收的"双赢"目标，省脱贫攻坚领导小组对振东制药等多家民营企业进行表彰。与省委统战部、省光彩会共同开展"山西光彩事业中阳行"活动，会上集中签约14个协议项目，拟投资总额19.76亿元。69家民营企业和商会组织为中阳县捐款捐物共计2666.88万元；11家商会与11个贫困村结成帮扶对子；4家用工企业与中阳县达成1000余人的就业协议。

（冯学亮）

【招商引资大会】 2016年，山西省工商联参与承办全国工商联十一届八次常委会议在太原召开的相关会务组织和招商引资工作，在会前开展全国工商联110家常委企业全覆盖走访活动，摸底22家全联常委企业在晋投资生产经营情况，针对异地山西商会、全联常委企业在晋投资项目、民营企业反映的70项突出问题，协助省委省政府召开解决民营企业反映问题集中协调会，把任务分解到有关地市和省直部门，推动问题的解决。协助省委省政府召开民营企业助推山西转型创新发展大会和10场系列招商活动，大会共签约项目298个，总投资额4152亿元，其中100亿元以上项目7个。为山西省民营企业与国内知名民营企业搭建交流合作平台，让全国知名民营企业家走进山西、了解山西、投资山西，为今后全省改革开放、招商引资提供广阔的发展空间。开展晋商文化寻根溯源、经贸合作洽谈等"重走万里茶路"系列活动，加强对外联系，扩大晋商文化影响。

（冯学亮）

【基层组织建设】 2016年，山西省工商联推进"五好"县级工商联建设，研究制定"五好"县级工商联创建工作方案考评细则，全省共创建"五好"县级工商联43家，2016年有21家被全国工商联确认为"五好"县级工商联，基层工商联的工作水平得到提升。

加强对商会组织的指导和服务，探索中国特色商会建设。制定《省级商会会长、秘书长联席会议制度》，推动商会规范化建设。指导省级商会建立党组织，以商会党建为抓手，加强对民营企业的服务和引导。组织企业家执委开展届中述职和履职考评工作，充分提高执常委的履职意识和履职能力。山西省广东商会和山西省古玩协会荣获2016年度"创新中国特别奖"。

（冯学亮）

山西省总工会

【概述】 2016年，山西省各级工会以“素质提升年”为统领，抓好“五小”竞赛和“农民工有困难找工会，拿不到工资找工会”专项行动，以品牌工作带动全面工作提升。女职工、经费审查审计监督、精准扶贫、对口援疆、产业工会、工运理论研究、老干部、资产监管、信访、信息、统计等工作取得新成绩。截至2016年底，全省工会组织发展到59629个，覆盖法人单位178368个，工会会员7992425人。新发展基层工会组织258个，新发展会员225597人，其中农民工会员222731人。（冯　千）

【工会思想建设】 2016年，山西省各级工会利用报刊、网络、新媒体和基层宣传文化阵地，通过学习座谈、专题讨论、辅导报告等形式，组织丰富多彩、形式多样的学习宣传活动，教育引导工会干部和广大职工牢固树立“四个意识”特别是核心意识、看齐意识。推进“两学一做”学习教育，开展“五个一”主题学习活动，在全省工会干部中开展“坚持四讲四有，当好娘家人”主题实践活动，在全省职工中开展“坚持四讲四有，当好主力军”主题实践活动。抓好巡视整改，围绕党内组织生活、干部培训、基建项目管理等方面制定11项制度，针对省委巡视组提出的15个问题，在2个月内整改完成12个，其余3项整改任务明确时间表、路线图，加快进度，紧盯不放。加强干部队伍建设，遵守《党政领导干部选拔任用工作条例》，全年提拔正处级干部19名、副处级干部17名，安排15名处级干部进行轮岗交流，提拔6名青年干部到领导岗位。（冯　千）

2016年11月30日至12月3日，山西省工会第十三次代表大会召开
（冯　千供图）

【省工会第十三次代表大会】 2016年11月30日至12月3日，山西省工会第十三次代表大会召开。大会在会风会纪上与省党代会对标，按规定程序推选代表并进行廉政审查，设立会风会纪组全程监督，将全面从严治党要求落实到大会全过程。省工会十三大代表及两委组成体现中央、省委关于群团组织改革要求，更加突出代表性、群众性、广泛性。会议共有正式代表700人（实到参会代表670人），结构合理，来自基层一线的代表有482人，占68.8%。新一届省总工会两委组成提高职工、劳模的比例，委员中先进模范人物和一线职工43名，占26.6%，比省总工会十二届高出24.1%。常委会中，新增1名一线职工、3名基层工会主席。（冯　千）

【企事业单位“五小”竞赛】 2016年，山西省各级工会把“五小”竞赛活动作为应对经济下行压力、增强企业竞争活力、服务创新发展、强化担当作

为的重要抓手，落实推进措施，创新机制方法，加强宣传引导，鼓励广大职工投身大众创业、万众创新时代洪流。把“五小”竞赛纳入事业单位和服务类企业，形成常态化、长效化机制。全省“五小”竞赛活动参赛企事业单位由上年的1.48万余家增加到2.02万余家，参赛职工由上年的228万人增加到492.4万人，竞赛重点示范企业由上年的436家增加到1093家，收集竞赛成果10.5万项，产生直接经济效益53.7亿元。省总工会投入1000万元奖励优秀“五小”竞赛成果。举办首届全省职工“五小”竞赛成果展，《工人日报》头版头条对山西工会“五小”竞赛成效进行专题报道。

（冯　千）

【服务农民工专项行动成山西工会品牌】 2016年，山西省总工会出台《农民工工作方案》，做好农民工维权服务工作，建立全省工会统一联动工作机制，及时处理党政信访部门分转的欠薪案件，帮助农民工追讨欠薪。及时与省人社厅等部门对接，参加全省农民工工资支付情况专项检查和联席会议，强化专项行动督导检查。工会保障农民工工资支付影响扩大。2016年，全省工会共受理农民工欠薪来访事件196件，涉及3550余人，追回欠薪34件，共计1025.03万元。压缩经费开支，用结余资金建立规模2亿元的农民工讨薪应急周转金，累计垫付周转金565.64万元。“农民工有困难找工会，拿不到工资找工会”专项行动成为山西工会工作品牌。

（冯　千）

【工会工作改革】 2016年，山西省总工会贯彻中央、省委党的群团工作会议精神，在实地考察调研、征求意见、修改论证基础上，对标上海、重庆工会试点改革方案，制订《山西省总工会改革实施方案》，经省深改办和省委常委会审议通过。按照实施方案要求，推进工会改革。开展“四个化”专项整治，完成10项整治任务，形成42项具体成果。深化联系基层“六个五”工作制度，选派22名干部入企服务，选派8名机关干部担任基层工会“第一副主席”，工会工作更接地气，服务职工更有实效。出台《山西省总工会联系基层“六个五”工作制度2016年行动方案》，制定《山西省总工会关于选派“第一副主席”的实施意见》。推动省地税局下发《关于下达2016年度规费征收计划的通知》，与省财政厅联合签发《关于省级行政事业单位缴纳工会经费的通知》，推动工会经费使用财税库银横向联网系统进行管理。推进县、乡工会领导班子换届和主席高配工作。

（冯　千）

【“素质提升年”活动】 2016年，山西省总工会组织全体机关干部参加“山西干部在线学院”学习，制定“1+2”一揽子培训计划（“1”是“十三五”全省工会干部培训规划，“2”是制定《2016年全省工会干部教育培训工作计划》和《2016年全省工会干部特色培训班计划》），举办各类培训班69期，直接培训各级工会干部5942人，组织省、市总工会和省级产业工会特色班37期，培训工会干部2765人，将省职工活动中心作为新的培训基地举办培训13期，培训工会干部1301人，全省各级工会共培训工会干部51000人次。推动培训向一线职工延伸，省总工会所属机冶建工会组织本系统50多名职工（劳模、大师）创新工作室带头人在全省20个企业开展50多场、200多个学时的技术培训，培训职工2万余人。全省69万名职工技术等级得到提升。

（冯　千）

【精准帮扶服务】 2016年，山西省各级工会组织落实精准帮扶服务。推进困难职工解困脱困工作。向省委、省政府呈送《关于将城市困难职工解困脱困工作纳入全省“十三五”脱贫攻坚规划的报告》和《关于做好城市困难职工解困脱困工作的建议方案》，建立困难职工精准化档案数据。开展“金秋助学、冬送温暖”活动。“金秋助学”活动中，全省各级工会共筹集资金2907.1159万元，发放助学款2881.0359万元，资助困难职工子女上学10487人。“两节”送温暖活动期间，全省各级工会组织共筹措慰问款物总额7746.1万元，慰问困难企业1360家，走访慰问困难职工家庭128475户。开展“一县一年一主题，一年解决一问题”活动。出台《关于开展“一县一年一主题、一年解决一问题”活动的方案》，各级工会更关注就业、社保、工资、福利等职工劳动经济权益问题，推动工会保障工作品牌和项目纳入法治化和制度化轨道。全省共建立“妈咪小屋”328家，建成“爱心驿站”“户外劳动者歇脚点”379个。开展精准扶贫和对口援疆，彰显工会社会责任。完善领导班子成员包扶贫困村、派驻工作队员和第一书记驻村帮扶、党员干部与贫困户结对帮扶等制度，领导班子定期带队下乡，帮扶资金投入比上年增加33%，帮扶措施更加精准，包扶村贫困户人均收入由上年的2500元提高到2016年的4000元。对口援疆投入640万元。

（冯　千）

【和谐劳动关系构建】 2016年，山西省各级工会以推行集体协商和集体合同制度为重点，推动健全劳动关系协调机制。组织开展“集体合同与工资集体协商月”活动，推动单独开展工资集体协商的建会企业90%以上达到合格标准。全省共签订综合性集体合同4.86万份，覆盖企业99780家，职工477万人。签订工资专项集体合同5.23万份，覆盖企业10.5万家，职工524万余人。阳城县旅游行业和阳泉市城区商贸行业工资集体协商两个先进典型被全国总工会录入2016年《集体协商案例选编》。以健全完善职代会制度为重点，推动企业民主管理工作提质扩面。对全省企事业单位民主管理工作进行交叉检查，参与组织第九次全国企业民主管理工作调研检查，继续在全省开展厂务公开、职代会建制专项行动，推进厂务公开制度化、规范化，完善公开程序，充实公开内容。完善职工队伍稳定情况即时报告和定期研判制度，重视发挥工会信访和维权热线作用，做好节假日、敏感日和重大活动期间的防范和维稳工作。开展“安康杯”竞赛，构筑安全生产第一道防线。形成建立井口群众安全工作站、女工服务站等具有山西特色的经验做法，构筑起安全生产的职工群众防线。“安康杯”参赛企业由14975家增加到17985家，参赛行业由国有企业、集体企业，向非公企业、中小企业和非生产性企业延伸。召开“2015—2016年度全省安康杯竞赛总结表彰暨经验交流会议”，对表现突出的先进经验进行总结推广。（冯　千）

【基层工会建设】 2016年，山西省工会组织实施“工会组建月暨农民工入会”集中行动，重点推进农民工集中的开发区（工业园区）、大型在建项目、物流快递业、家庭服务业、农业专业合作组织等领域建会工作。加强基层工会建设，总结推广非公企业工会主席“公选直管”、工会主席民主直选经验，出台《关于深入开展深化“三双”、落实会员“四权”活动的意见》，开展深化“三双”、落实会员“四权”活动，开展“星级工会”和“六有”工会示范点创建活动，全省建成“六有”工会红旗示范单位50个、“六有”工会示范点398个、合格“六有”基层工会45837个。（冯　千）

【劳模示范】 2016年，山西省各级工会充分发挥劳模示范带动作用。召开山西省“五一”表彰大会，表彰433个先进单位（集体）和先进个人，向全国总工会推荐49个先进集体和个人。开展寻访、选树“三晋工匠”活动，向全国总工会、省网信办、媒体集中推荐宣传30名，中央电视台播出宣传3名，《工人日报》“大国工匠”专栏采用2名。以“弘扬劳模精神，实现富民强省”为主题，开展劳模宣传月活动，组织“十百千”劳模重点宣传、劳动服务社会“四送”活动。引导职工培育和践行社会主义核心价值观。举办以“向劳动者致敬”为主题的山西省“五一”文艺晚会，组织开展“社会主义核心价值观劳模故事大讲堂”活动。开展“培育好家风——女职工在行动”主题实践活动。总结推广太原市职工文体义务辅导站经验，加强职工思想引领。筹建山西省工会系统新媒体联盟，全省各级工会开设有影响网络平台80余个，完善职工思想教育线上线下联动机制。（冯　千）

【法治工会建设】 2016年，山西省总工会加大法治源头参与力度，在22件政策法规制定和修改中代表广大职工表达诉求、提出工会的意见及建议，在《山西省人口与计划生育条例》立法中提出的“30天婚假”建议被采纳。开展“女职工维权行动月”活动、《山西省女职工劳动保护条例》知识竞赛活动，推动《山西省女职工劳动保护条例》相关内容纳入女职工专项合同。制订“七五”普法规划，开展“12·4”国家宪法日暨法制宣传日活动，加强普法骨干培训，推进普法工作。（冯　千）

2016年2月29日，共青团山西省第十四届委员会第六次全体（扩大）会议在太原召开（李　勋供图）

中国共产主义青年团山西省委员会

【概述】 2016年，山西省新建非公企业、青年社会组织、行业协会团组织1354个，新建青少年综合服务平台276个。全年进行团干部直接联系青年系统录入的团干部2577人，其中专职团干部1904人，兼职团干部673人。联系青年数265855人，线下活动7104个，线上互动4371个，评论数788729个，点赞数629010个，总积分74299.0。“五四”表彰活动中，评选出22名“山西青年五四奖章”，20个“山西青年五四奖状”，268名“全省优秀共青团员”，131名“全省优秀共青团干部”，334个“全省五四红旗团委（团支部）”，2016年5月4日，召开纪念五四运动97周年大会，对获奖代表进行表彰。增选来自基层一线团省委委员4名、候补委员10名。截至2016年底，省级团代会代表和省级团的委员会、常委会领导班子中，来自基层和一线团干部、团员的比例和团的代表大会、团省委委员会基层和一线代表的比例分别是65%和52%。

各级团组织围绕共青团组织存在的突出问题和改革发展重大课题，牵头6个专项组，开展为期2个月的集中调研，听取各级党政领导、专家学者、团干部和团员青年的意见，形成改革的基本思路。与团中央“对表”、与上海重庆试点地区对标，起草完成《共青团山西省委员会改革实施方案》，省委常委会审议通过。开展团干部“常态化下沉基层”工作。分别选派第二批10名、第三批8名，共18名机关干部分赴太原、吕梁、晋中、阳泉、朔州等5个地市的18个县区下沉开展工作；制定下发《团省委机关干部"常态化下沉基层"工作考核办法（试行）》，明确考核内容、考核方式、考核结果；启动"机关开放日"活动。省、市、县三级团的领导机关开放日实现全覆盖；执行团干部配备通报制度，市县两级团干部的配备率总体保持平稳，相比上年有所上升。对长期未配齐班子的市县进行组织干预，防止出现团干部配备的"空白区"。

（李　勋）

【"网上共青团"建设】 2016年，共青团山西省委员会围绕加强网络舆论引导，巩固发展100名核心网络评论员、1400名网络宣传员、24万网络文明志愿者3支队伍，加强全省476个团属官方微博、微信矩阵建设，在"南海问题""暴力伤医事件""港独议员事件""任志强事件"等网络热点中发声。以"青春聚力·点赞山西"为主题，开展"山西青年网络文化行动"，系列微信、微博阅读量达到2.8亿次。围绕智慧团建，在全国率先探索基础团务、团员管理和团的信息统计网络化。在全省10所高校启动试点工作，录入团员数据122501人。（李　勋）

【志愿者活动】 2016年，共青团山西省委员会组织阳光行动，全省各级志愿者组织与辖区内残疾青少年结对数达103575人，结对率达75%。关爱农民工子女行动，全省共结对农民工子女较集中学校1627所，结对农民工子女293582人，结对志愿者92873人。大学生志愿服务西部计划选出261名西部计划志愿者，分别赴新疆阜康市、建设兵团、西藏、宁夏等西部地区开展为期1年至3年的支教、支农、支医、基层社会管理等志愿服务。开展青年志愿者服务春运"暖冬行动"。2016年春运期间，青年志愿者在太原站、太原南站等20个主要客运站开展志愿服务。累计服务重点旅客16700余人，解答问询22500余次，引导旅客进站候车240000人次，发放列车时刻表等各类宣传资料8250余份，累计上岗时长达37408小时，接受旅客表扬（信）120余次（件）。推荐26个优秀项目参加第三届中国青年志愿服务项目大赛全国初赛，13个项目入围全国决赛，12月1日至3日在浙江宁波举办的全国决赛中，太原理工大学"童心圆"留守儿童关爱行动项目获金奖，其他12个项目获银奖。团员注册志愿者活动方面，借助中国青年志愿者管理信息平台，注册志愿者772482人，团组织2017个，志愿者团体3400个。（李　勋）

2016年9月8日，共青团中央书记处第一书记秦宜智（左），省委常委、宣传部部长胡苏平为山西青年创业板揭牌

（李　勋供图）

【新媒体建设】 2016年，山西共青团学校战线的高校团组织微信、微博体系建设已初具规模。截至2016年底，省级微博开始视频播放后，平台播放量达16万人次；其中话题"早安学联"阅读量26.9万人次，讨论量404人次，话题"晚安学联"阅读量51.4万人次，讨论量815人次；话题"学联讲堂"阅读量52.8万人次，讨论量257人次；各级团组织利用官方微博开展活动和推动工作。省级微信公众平台共推送600余条图文，阅读量达150余万人次，点赞量3000余人次；开通原创申明功能，发布原创200余条；平台分为团学新视点、学联讲堂、高校动态、学联全接触、赛事广场、记事本等多个栏目对全省学校共青团进行宣传推送。（李　勋）

·中国少年先锋队山西省工作委员会·

【相约中国梦系列活动】 2016年，山西省少年队工作委员会继续参与"红领巾相约中国梦" 系列主题教育活动。"红领巾相约中国梦"系列活动由"绿色环保梦""蓝色科技梦""红色报国梦""金色童年梦"等组成。"我的绿色环保梦"通过"风信子"环保小达人等六个系列网上评选活动，引导少年儿童学做生态文明小主人。参与学校2261所，上传作品11.4万件，带动社会参与人数463.07万余人次；"我的蓝色科技梦"通过"科技创新美好生活"主题队会、手绘"科技梦"为景海鹏叔叔过生日、校园科技节等途径，引导少年儿童放飞蓝色梦想，起航科技希望；"我的红色报国梦"抓住建党95周年和长征胜利80周年契机，组织200余名少年儿童走进红军东征永和纪念馆，通过红色夏令营、"新的长征路"绘画展、主题演讲比赛等方式，教育引导少年儿童传承红色梦想，树立报国志向；"我的金色童年梦"通过"人民的利益高于一切"主题集会、"听党的话　做好少年" 主题队会、原创作品征集推广等活动，展示少先队组织特色和文化魅力，引导少年儿童描绘金色梦想、畅享童年时

光。党团队综合知识竞赛吸引26.09万余名少先队小干部和辅导员参与其中。（李　勋）

【少工委援疆交流】 2016年，山西省少年队工作委员会开展对口援疆工作，全省5万名少年儿童参与“晋疆两地少年儿童书信手拉手”活动，书信交流3万余封；21名新疆阜康市少年儿童赴晋参加交流营，20名五家渠市少年儿童赴晋游学，拓宽两地交流互动渠道。（李　勋）

【社会主义核心价值观宣传】 2016年，山西省少年队工作委员会通过常态化学雷锋、清明节祭奠英烈、“从小争做中国好网民”等活动，引导少年儿童从小树立正确的价值观；优秀传统文化进校园，开展以民族精神、传统美德为主要内容的中华优秀传统文化宣讲520余场，启动“红色的魅力”阅读活动，推介并捐赠一批山西本土优秀儿童图书；关爱困难儿童群体，开展“冬季行动”，深入农村留守儿童和进城务工人员随迁子女学校，送温暖、送文化、送健康，捐赠物资17万元。联合中国移动山西公司、山西大医院等机构，开展参观科技馆、义诊进校园等活动。实施“小桔灯梦想课堂”项目，为百所国家级贫困县农村小学捐赠电脑300余台，价值200万元；招募95名青年志愿者走进100余所城乡学校，为近万名农村留守儿童、随迁人员子女提供学业辅导、实践锻炼、特长培养、自护教育等方面的帮扶。筹建“山西省少年儿童公益事业促进会”。（李　勋）

【少先队活动多样化】 2016年，山西省7635所小学和1358所中学实现少先队活动课进课表，其中7100所小学和1270所中学开设少先队活动课。推广《少先队活动课程指导纲要》使用和普及。开展文明礼仪体验教育活动，编写出版专用读本《文明礼仪体验剧》（第二册），举办试点校辅导教师培训班，开展全省“文明礼仪体验剧展演”，选拔27所小学300余名少先队员集中展示。直接参与人数达10万余人，影响带动30余万名少先队员。开展各级辅导员说课大赛和微队课展示411场，参与人员30331人次，征集评选优质活动课案例130余件。按照“资源共享、优势互补、就近就便”的原则，首批在全省11市城区建立少先队社区工作试点，挖掘利用青少年宫、科技馆、美术馆、博物院、图书馆等各类公益性阵地和空间，以“红领巾俱乐部”“流动的少年宫”等形式引导少年儿童在家门口参加社会活动，实现校内外少先队工作的衔接和融合。（李　勋）

【少先队工作者培养】 2016年，山西省少年队工作委员会深化与山西师范大学的合作，招收2016级“少年儿童组织与思想意识教育”专业研究生5名。委托山西师范大学、山西青年职业学院等高校、研究机构，围绕创意型活动课开展、群团改革下如何开展好少先队工作等重点课题，进行研究与合作。

对近200名基层少先队辅导员和市县两级少先队工作者进行集中培训。按照分级分层培训原则，全省各级通过集中培训、专题讲座、送学下基层等方式，培训少先队工作者和大、中队辅导员10527人次。与教育、人社等部门沟通协调，在《山西省全面深化中小学教师职称制度改革工作实施方案》中明确相关表述，少先队辅导员职称评定工作取得突破。阳泉市、吕梁离石区少工委探索副总辅导员兼职聘任制度。按照全国少工委相关标准与要求，建立30个省级少先队名师工作室，涵盖3100余名的骨干少先队辅导员。（李　勋）

【少先队新媒体建设】 2016年，山西省少先队“追梦少年”微信公众号运行良好，每日推送一期品牌活动、队讯信息及有关少年儿童健康成长、学习、心理等方面热点话题。配合线下活动开展，开发有奖问答、微信投票、话题讨论、留言咨询等功能，实现少先队组织与少年儿童、辅导员和家长之间的直接联系和交流。截至2016年底，编发微信500余期，信息1000余条，平台关注度突破5万人。2万余名少先队辅导员加入网络文明志愿者队伍，利用网络阵地弘扬主旋律、传播正能量。（李　勋）

山西省妇女联合会

【概述】 2016年，山西省地市妇联总数11个，县区级妇联总数119个。乡妇联总数1351个。街道妇联总数262

2016年9月20日，山西省妇联举办2016年山西省村妇代会主任培训班　乡
（谢元元供图）

个。基层妇联总数中，城市(社区妇联)1923个，农村妇联数27899个，非公有经济组织中妇女组织总数12613个，直属机关妇工委5012个。高等院校妇女组织33个。其中，省级高校妇女组织3个。市级高校妇女组织21个，民办高校妇女组织9个。民主党派妇委会数15个。截至2016年底，全省94.32%的村、93.19%的社区完成"会改联"工作。全省市县乡三级妇联兼职副主席增加5744名，比上年增加8.3倍。全省乡镇、街道妇联新增执委17603名，村、社区妇联新增执委247482名。

各级妇联组织工作取得新成绩，推进妇联组织改革工作。针对妇联系统存在的"四个化"问题，开展专项整治活动，逐条整改落实。按照省委群团改革工作部署，根据《全国妇联改革方案》要求，多方调研，集中多层次意见建议，制订《山西省妇联改革实施方案》，对全省妇联系统的改革作出顶层设计。加强基层组织建设。出台《关于基层妇联组织深化改革的指导意见》《关于推进乡镇(街道)妇联组织区域化建设改革创新的实施意见》，与省委组织部联合下发《关于加强党建带妇建创建"六有"基层妇联组织的实施意见》，全面部署基层妇联组织改革工作。在全省各市妇联开展乡镇(街道)妇联组织区域化建设试点工作，扩大村级妇联组织的覆盖，增强基层妇联组织辐射带动作用。壮大基层工作力量。抓好村(社区)妇代会改建妇联、市县乡三级妇联配备兼职副主席、配齐配强乡镇妇联干部三方面工作。

加强基层妇联工作力量，举办全省市、县妇联主席培训班。实施山西省女性文化学堂项目，各级妇联举办女性文化学堂专场讲座1200余场，受惠妇女15万人次。在全省广大妇女和家庭中开展"三晋巾帼心向党"群众性主题教育活动。（谢元元）

【网络及新媒体宣传矩阵】 截至2016年底，山西省妇联建有官方网站、官方微博、官方微信公众号。8个市妇联、10个县妇联建有官方网站，11个市妇联、46个县妇联建有官方微信公众号，省市县三级妇联集体入驻今日头条，初步形成以"半边天网""山西半边天"官方微信公众号为龙头，以市级妇联所属网络及新媒体为骨干，以县级妇联所属网络和新媒体为基础的网络及新媒体宣传矩阵。

（谢元元）

【妇联干部培训】 2016年，山西省妇联举办市、县、乡、村四级妇联主席示范培训班，培训基层妇联干部近1200人次。各市县妇联共举办各类妇联干部和妇女干部培训班125期，累计培训29011人次。举办妇联干部维权、新闻宣传、家庭教育骨干等培训班，提高妇联干部专业化、社会化服务水平，为基层妇联工作顺利开展提供人才队伍保障。（谢元元）

山西省文学艺术联合会

【概述】 山西省文联实行团体会员制，共有33个团体会员，由11个省级文艺家协会和11个市文联以及部分行业文联、产业文联组织组成。

（樊丽红）

【文艺骨干和干部培训】 2016年2月26日，山西省文艺业务骨干和管理干部首期培训班在太原开班。省委常委、宣传部部长胡苏平出席培训班并讲话。培训班以习近平总书记在全国文艺工作座谈会上的讲话为指导，联系山西省情况研究了关于文艺繁荣发展的相关问题。参加这次培训班的还有省文艺家协会主席、副主席，各市文联党组书记、主席，省文联机关、协会、直属单位主要负责人，参训人数约170人。

（樊丽红）

【《董耀章诗词三百首》研讨会】 2016年5月6日上午，由山西省文联主办的《董耀章诗词三百首》作品研讨会在太原召开。研讨会共分为两个环节。第一环节为董耀章诗词赏析与朗诵，朗诵家们朗诵董耀章的古体诗、现代诗；第二环节为各艺术名家相继发言，对《董耀章诗词三百首》进行品评、赏析。《董耀章诗词三百首》收录绝句律诗一百首、词一百首、汉俳一百首。（樊丽红）

【纪念毛泽东延安文艺讲话74周年】 2016年5月20日上午，山西省老文学艺术家协会组织省城老文艺家在省博物馆举办纪念毛泽东同志《在延安文艺座谈会上的讲话》发表74周

2016年2月26日，山西省文联举办全省文艺业务骨干和管理干部培训班

（樊丽红供图）

2016年11月30日至12月3日，山西文学艺术界联合会代表团参加中国文联第十次全国代表大会（樊丽红供图）

年座谈会。省城一百多位老文学艺术工作者参加座谈会。山西省委宣传部、省文化厅、省文联、省作协有关领导出席会议并讲话。5月23日下午，山西省文联在省话剧院龙城剧场举办"为人民抒怀"纪念毛泽东同志《在延安文艺座谈会上的讲话》发表74周年朗诵会。以鲜明的主旨、精巧的构思和独到的形式，阐释延安精神的时代内涵，激发全面建设文化强省的动力。（樊丽红）

【文联系统职工书画摄影展】 2016年9月28日，山西省文联举办的"红色印记——全省文联系统干部职工书法美术摄影展"在山西美术馆开幕。省委宣传部、省文联领导，各文艺家协会、市县文联负责人，老艺术家代表及省文联干部职工等200余人参加开幕式。这次展览收到作品284件，包括各市书协、美协、摄协主席和省书协、省美协、省摄协名誉主席、顾问、主席、副主席等特邀作品124件，文联系统干部职工作品160件。（樊丽红）

【省文联重阳节书画摄影作品展】 2016年，由山西省文联主办的"霞光满天——山西省文联离退休干部职工欢度2016重阳节第二届书画摄影作品展"10月9日在山西美术馆开展，并举办作品展送活动。省摄影家协会的艺术家现场为观众拍照，免费打印赠送照片。山西晋之韵合唱艺术团还为现场观众送上形式别样的"快闪"演出。（樊丽红）

【艺术沙龙首届音乐讲习班】 2016年11月8日上午，山西省文联艺术沙龙首届音乐讲习班举行结业典礼暨汇报表演。音乐讲习班从2014年7月31日开班至2016年11月8日结业，授课120讲，共计240学时，受众2500多人次，教学涵盖钢琴弹奏、歌唱技巧、音乐素养、音乐赏析等内容。（樊丽红）

山西省作家协会

【概述】 2013年6月，山西省作家协会代表大会选举产生全省委员会委员108人，主席团主席1人、常务副主席1人、副主席13人和主席团委员16人。山西省作家协会（简称作协）基层工作由各团体会员负责。截至2016年底，省作协有团体会员20个，其中包括11个市文联，9个企业文协（作协），全省有省作协会员2500余名，中国作协会员243名。（许小登）

【思想建设】 2016年，山西省作协党组修订中心组学习制度，党组书记带头讲党课，坚持以身边事教育身边人，组织机关作家、编辑作专题党课讲座。开展"三课堂一实践"活动，"三课堂"就是依托党校资源推出重点课堂，利用新媒体推出指尖课堂，引导省作协"南华·青年作家沙龙"和"南华视野·女子读书会"推出精品课堂；"一实践"就是将学习与社会实践相结合。具体是组织班子领导参加省管干部进修班和延安干部学院专题研修班学习，组织20余名党员干部参加中国作协、省委宣传部、省直工委

2016年6月12日，山西省作家协会第六次代表大会在太原召开（许小登供图）

等组织的培训学习，在省作协微信群每天至少推出一条学习信息，组织党员干部到双塔烈士陵园重温入党誓词，到汾阳贾家庄学习马烽先生深入生活等活动，在线上线下发表一批学习文章。组织引导广大作家学习，组团参加中国作家协会第九次全国代表大会，杜学文、张锐锋、吕新、刘慈欣当选为中国作协第九届全委会委员。编辑出版汇集学习习总书记重要讲话精神心得体会的论文集《让文学紧贴大地》。（许小登）

山西省科学技术协会

【概述】 2016年，山西省科学技术协会所属省级学会有135个。其中，理科学会17个，工科学会34个，农科学会16个，医科学会21个，综合交叉学科学会47个。现有市级科协11个；县(市、区)科协119个，其中独立建制116个；行业科协2个，分别是省国防科协、省电力科协。企业科协总计385个，其中非国有企业科协100个；高新区、经开区等园区科协6个，高校科协8个。乡镇、街道等基层科协组织不断壮大。（王继龙）

【创业创新】 2016年10月12日至18日，山西省科学技术协会承办2016年全国大众创业万众创新活动周山西省分会场活动，常务副省长高建民、副省长张复明等出席启动仪式，展出创新创业项目228个，开展路演7场58个项目，举办座谈交流会7场，35家企业挂牌山西“青年创业板”，为800余人提供创业创新服务，发布公益短信100万条，接待观众近2万人，掀起创新创业新热潮。在太原、晋城等地举办企业技术创新方法培训班，培养一线创新工程师210名，帮助企业解决技术难题40项，产生专利成果21项。实施完成“金桥工程”项目45项，企业获经济效益2.3亿元，节约资金1.3亿元，年增利税1亿元。实施科技信息服务企业创新项目，覆盖409家企业，有900余人接受专利技术应用培训和知识产权巡讲。开展院士专家企业技术创新协作行动，在山西焦煤和太原高新区、经开区举办3场技术项目发布会。开展技术合同登记，完成技术交易额1.41亿元，为企业免税845万元。组织参加中国创新成果交易会及全国科技工作者创新创业大赛，参展参赛项目获A级项目1个、金奖1个、银奖2个、优秀奖1个和优秀组织奖。组织全国企业创新方法大赛山西分赛区竞赛，有74个创新项目参加角逐，遴选出10个项目参加全国总决赛，获全国金奖1个、一等奖2个、二等奖2个、三等奖4个和优秀组织奖。举办山西省大学生创新创业论坛，来自高校、企业、众创空间的专家学者、企业家与200多名大学生分享创新创业经验。选派16名干部入企服务，聚焦问题精准服务，促进企业转型发展。全省累计建立院士工作站58个，太原市科协累计建立院士工作站45个，引进院士54名及专家团队252名，开展科技合作攻关项目168项，成为区域经济转型升级的助推器。（王继龙）

【科技惠农】 2016年，山西省科学技术协会推动农村科普信息化建设从1.0、2.0升级到3.0，中标承担“科普中国乡村e站”建设项目，帮助农民成长成才、创业致富，截至2016年底，建设乡村e站2605个。加强农村科普示范体系建设，建成科普惠农中心服务站31个，新培育50个优秀农技协和50个农村科普示范基地，构建线上线下服务体系。推进基层科普行动计划，98个基层科普先进单位、18个农村科普带头人受到国家和省级表彰。“96110”“96365”“96580”三条热线免费服务群众4.9万人次，组织农科110位专家深入基层开展服务120场次。在方山县麻地会乡开展下乡住村和包村增收工作，突出科技引领和精准服务，4个包扶村得到全面发展，农民收入大幅增长，连续四年受到省扶贫办表彰。推进科技扶贫示范基地建设，开展农业技术培训和金融服务支持。打造“农村微课堂”微信平台，新增视频互动，全年发布信息1078期。（王继龙）

【智库建设】 2016年，山西省科学技术协会制订《山西省科协智库工作“十三五”规划》，组织开展科协系统决策咨询能力综合培训和专题培训。开展山西省科技成果转化现状调研，形成《山西省科技成果转化现状调研报告》。围绕科技创新体系建设、科技人力资源建设、新业态经

2016年7月16日，国家级贫困县山西吕梁岚县楼坊坪村“科普中国乡村e站”建成启用（王继龙供图）

济、科学传播等领域，组织开展12个调研课题研究，为党和政府科学决策提供服务。（王继龙）

【群众性科普活动】 2016年，山西省科学技术协会牵头各成员单位和各级科协开展“全国科普日”暨“科普三晋”系列活动，有报告讲座、展览展示、互动体验、科普剧表演、微信知识竞赛、科普教育基地开放等多种活动，受众100余万人次。举办第五届“中国科普摄影大赛”，组织优秀作品参加平遥国际摄影大展和赴上海、新疆和北京等地巡展。“科普每一天”公交楼宇科普电视覆盖省城2600余辆公交车、1000多个公共场所。“山西科学讲坛”举办45场，被省直工委评为“省直机关十大学习品牌”和“省直机关十佳文明讲坛”。组织开展山西省青少年科技创新大赛、青少年机器人竞赛、青少年高校科学营、青少年科学调查体验、宋庆龄少年儿童发明奖、青少年载人航天科普系列活动、助力科学梦等11项青少年科普活动，全省共计1000多所学校、47万余名中小学生参加活动。（王继龙）

【科技馆体系建设】 2016年，山西省科学技术协会发挥山西省科技馆科普教育主阵地作用，做到常展常新，全年开放254天，播放科普电影1646场，组织科学实验和科学表演536场，接待观众100余万人次。流动科技馆深入全省51个县（市、区）进行“体验科学”巡展，科普大篷车行程1.49万千米、巡展36站，受众36万人次。完成2016中国（太原）国际能源产业博览会“低碳生活”专题展览，受到省领导高度评价和社会公众好评。在汾西、繁峙、阳高、临县、岚县的5所中学建立农村中学科技馆，为临县、岚县等5个县申请配发科普大篷车。山西省科技馆被中组部、中国科协等9部门评选为全民科学素质纲要“十二五”实施工作先进集体。

（王继龙）

【科普资源整合】 2016年，山西科技传媒集团致力推动传统科普媒体和新兴科普媒体的深度融合，建设集报刊、网络、影视、手机、互动等多种传播手段于一体的融媒体平台。《科学之友》获“2016期刊数字影响力100强”，建设运营科技类网站17个，针对不同人群开发运营科技手机报21种，三农网络电视全面上线，山西科普网群点击量360万次，建有各相关领域微博17个、微信公众账号42个，微博、微信粉丝累计321万；编创科普影视、图书、动漫、游戏等340套件，制作科普节目2084分钟，数据存储总量110TB；举办“科学之春”科学传播新闻发布会，评选揭晓山西省十大科学新闻、十大科学传播人物、十大科学传播事件等；举办“专家与媒体面对面”活动10期；举办第二届山西省科技传播论坛、首届山西省大学生创新创意大赛。（王继龙）

2016年9月中旬，山西省“全国科普日”暨“科普三晋”系列活动省城主场活动在省科技馆举行（王继龙供图）

【建家交友活动】 2016年，山西省科学技术协会围绕全国“科技三会”精神和省委“一个指引、两手硬”重大思路和要求，面向全省科协系统和广大科技工作者，开展各种形式的宣讲教育活动，举办6期科协干部和科技工作者培训班，组织5场科学道德和学风建设宣讲活动。组织开展第七届“山西省十佳中青年优秀科技工作者”评选，表彰10名来自基层一线的科技领军人物；做好“全国优秀科技工作者”等有关科技奖励的遴选推荐，山西省有5名科技工作者荣获“全国优秀科技工作者”。优化“山西省科学技术协会网”，运营“山西科协”“创响山西”等微信平台，建设“山西省科技工作者之家平台”“山西省科协科技人才库”，举办第三届山西省科技·人才·创新论坛，做好科技和人才政策的宣传解读，引导广大科技工作者大胆创新创业。通过各种传播手段，宣传山西的优秀科技工作者和创新团队。在《科学导报》《山西科技报》《山西科协》报刊开设科技人物宣传专版，编印《创新路上—山西省优秀科技工作者采访录》《创新争先谱华章—第七届山西省十佳中青年优秀科技工作者和全国优秀科技工作者事迹选编》等专辑，举办“山西优秀科技工作者风采展”等。（王继龙）

【学术交流】 2016年，山西省科学技术协会实施精品学术活动择优资助项目，重点对综合学术交流活动、前沿高端学术活动、区域性学术交流活动、新观点新学说学术沙龙、山西青年科技论坛等13项活动予以支持。省电工技术学会举办2016学术年会，省医学会举办华北地区第四届神经病学学术会议暨山西省医学会神经病学第十七届年会，省林学会举办第三届华北五省(市、区)林学会联席会学术研讨会，省金属学会举办第24届中国金属学会铁合金分会学术研讨会，省地球物理学会举办环渤海、泛珠三角区域地球物理学术研讨会等等，学术交流活动质量提升。开展第十八届山西省优秀学术论文评选，收到论文1118篇，涵盖数理、工业、农业、卫生等30个学科，评出特等奖3篇、一等奖45篇、二等奖146篇，三等奖282篇，培育新的学术增长点。据不完全统计，省级学会共举办高端学术交流会议56场，参与科技人员4000多人，促进学科交叉融合。

（王继龙）

【《全民科学素质行动计划纲要实施方案》】 2016年12月2日，楼阳生主持召开省政府第138次常务会议，听取省科协党组关于全民科学素质工作的有关汇报，审议通过《山西省全民科学素质行动计划纲要实施方案(2016–2020年)》。省政府领导郭迎光、王一新、张复明参加。省政府要求，推动科技教育、传播与普及，推进全民科学素质建设，夯实创新驱动、转型升级的科学素质基础。要加强对青少年、城镇劳动者、农民特别是贫困地区农民等重点人群的教育培训，提高科普设施利用率和共享率，推进"智慧科普"，提供便捷科普信息服务，促进全民科学素质整体提升。12月16日，省政府办公厅以晋政办发〔2016〕171号文件，正式印发《山西省全民科学素质行动计划纲要实施方案(2016–2020年)》。（王继龙）

【全民科学素质发展目标列入"十三五"规划】 2016年4月2日，《山西省国民经济和社会发展第十三个五年规划纲要》(简称《规划纲要》)正式颁布，确定全省未来5年经济社会发展的主要目标任务、工作思路和保障措施。作为加快推动科技创新的重要任务，将山西省全民科学素质发展目标列入《规划纲要》，提出"深入实施全民科学素质行动计划，加强科普信息化建设，到2020年公民具备基本科学素质的比例达9%"。把全民科学素质建设作为山西省"三个突破"之——科技创新突破的有机组成部分，列入山西省"十三五"规划纲要。

（王继龙）

【科技·人才·创新论坛举行】 2016年12月16日，山西省科学技术协会主办，中国科学学与科技政策研究会协办的"第三届山西省科技·人才·创新论坛"在太原举行。省科协党组书记许富昌致辞，省科协党组成员、副主席郝建新主持。来自省内外的科技政策制定者、专业政策研究人员、学术界专家、决策咨询专家、科技型企业家代表及相关机构代表300余人参加论坛。论坛以"转型升级，科技为基"为主题，特邀中国科协调宣部部长郭哲、科技部中国科学技术发展战略研究院副院长王奋宇、北京理工大学教授刘云分别作题为《结构式创新与区域创新系统建设》《中国科技创新发展的现状与挑战》《全球高端人才流动集聚趋势及我国人才政策的改进建议》的主旨演讲，与现场观众就山西省科技创新与人才建设问题，公共政策实务与研究的新进展和新动向，如何加强科技工作者与政策制定者及公众的沟通、传统产业大型国企如何创新等问题进行深入交流。

（王继龙）

【山西省十佳中青年优秀科技工作者评出】 2016年，山西省科协技术协会组织开展第七届山西省十佳中青年优秀科技工作者评选工作，在2015年表彰的78名第七届山西省优秀科技工作者的基础上，经过资格审查、专家评审、社会公示和常委会审议等环节，最后评选出第七届山西省十佳中青年优秀科技工作者10人。分别是太原理工大学电气与动力工程学院热能工程系主任、教授马素霞，中国北方发动机研究所首席专家、研究员王增全，中北大学信息与通信工程学院教授王黎明，山西农业大学动物科技学院教授吕丽华，晋西工业集团公司项目总师、研究员级高工张全秀，中铁三局集团公司副总经理、总工程师、教授级高工张俊兵，太原市中心医院副院长、主任医师李新华，大同煤矿集团公司技术中心常务副主任、成绩优异高工杨智文，山西医科大学基础医学院生物化学与分子生物学教研室副主任、教授郭睿，山西省农科院旱地农业研究中心研究室主任、研究员高秀萍。（王继龙）

山西省社会科学界联合会

【社科活动及成果】 2016年，山西省社科界在理论武装、学会管理、课题研究、学术交流、社科普及、社科优秀成果评奖等各项工作上取得进步，省市社科联发挥"桥梁纽带、组织协调、管理服务"的作用，引导社科工作者开展社科理论宣传普及和研究阐释，全省社科理论工作者在《求是》《红旗文稿》《人民日报》《光明日报》及《山西日报》《前进》等报刊发表多篇理论文章；晋中市社科联举办学习《习近平总书记在哲学社会科学工作座谈会上的讲话》理论研讨会。省中国特色社会主义理论研究会召开"学习十八届六中全会精神理论研讨会"；省世界经济学会举办习近平总书记"七·一"讲话辅导讲座；三晋文化研究会召开学习"习近平总书记纪念红军长征胜利80周年讲话"座谈会；省《资本论》研究会举办"供给侧结构性改革与山西经济发展"研讨会；省中共党史人物研究会召开"中共山西地方党组织创建历史"研讨会；省哲学学会、五台山研究会、省企业文化研究会、省孝文化研究会等举办多种形式的学术研讨会。加强党的创新理论研究，一批研究中国特色社会主义理论体系的课题获国家社科基金项目和省社科规划项目立项，96项社科研究成果获全省第九次社科研究优秀成果一、二等奖。

（杜伟琴）

【社科类社会组织管理】 2016年，山西省有118个社科类社会组织(即学会研究会)。对学会研究会成立、换届、年检工作严格审查，将成立党组织作为新学会的前置条件。执行《学术活动申报制度》，明确要求各学会举办的各类报告会、研讨会、讲座、论坛等学术活动要导向正确，全年审批37项学术活动，严把学会活动政治关和学术关。全年没有发现一个学会、研究会存在违反政治纪律和政治规矩的现象。在省民政厅组织的2016年度社会组织年检工作中，社科类社会组织审核通过率达80%以上。在9月召开的全国社科联第十七次学会工作会议上，山西省老年学学会、省微影协会、省科学社会主义学会、省孝文化研究会、太原市社会科学界联合会获"全国社科联先进学会"称号，朔州市社科联主席熊高德等5人被授予"全国社科联优秀学会工作者"称号。（杜伟琴）

山西省归国华侨联合会

【无机和有机电致发光国际研讨会】 2016年7月22日，由太原理工大学、山西省归国华侨联合会等单位主办、香港浸会大学等单位协办、中国工程院等单位支持的第十八届无机和有机电致发光国际研讨会（EL2016）在山西国际会议中心拉开帷幕。来自美国、英国、比利时、日本、韩国等国家和中国香港和台湾地区30余名知名专家，5位中科院院士，9位工程院院士，以及20余名国家杰青、长江学者、千人计划专家参加会议。出席本届研讨会的中外嘉宾约300名。这次研讨会为期2天，有60余位国内外知名专家作大会报告和邀请报告，通过学术交流，探讨发展趋势，展示研发成果，促进政产学研结合，推动世界光电材料及器件产业发展。

（庞　乐）

【新侨创新创业示范基地交流】 2016年9月3日，山西省新侨创新创业示范基地交流活动暨新侨团体座谈会在阳泉举行，全省各地市新侨团体和新侨创新创业示范基地代表、省市侨联工作者近50余人参加该次活动。交流活动中，参会人员参观山西欧德宝电子工程有限公司、阳泉市众创电子商务产业园、平定冠窑砂器陶艺有限公司和平定古窑陶艺有限公司，与各企业负责人交谈，通过各种形式了解企业情况和企业创新转型发展经验，与会领导在参观中对各企业和新创客群体提出意见建议，部分参会代表表达远景合作希望，良好互动。

2016年，为推进"2016海外高层次人才山西行"活动高科技项目在山西实现对接，促成与山西省有关单位合作，11月19日，省侨联牵线美国可优生物研究所执行总裁渠志灿与山西省医疗单位负责人、民营企业家就展开合作探讨交流。（庞　乐）

【"海外高层次人才山西行"】 2016年10月17日至20日，"2016海外高层次人才山西行"活动在山西省举办。活动邀请美国、加拿大、英国、德国、法国、澳大利亚、日本等国专家学者36人，80%以上具有博士学历。活动中，嘉宾根据专业分类进行分组，分别前往太原理工大学、中北大学、山西医科大学第二附属医院、清控科创基地、晋中经济技术开发区、大同经济技术开发区等各地市相关部门交流洽谈、考察对接具体项目。多个单位和部门与专家达成山西省"百人计划"申报意向，一些专业性单位与专家签订合作意向书等。通过3天对接交流，共达成合作意向30项。其中，项目合作5项、技术指导3项、技术合作3项、投资合作1项、业务外包1项、来料加工1项、技术入股1项、交流讲座15项。（庞　乐）

【参加中国侨联新侨创新创业成果展】 2016年10月26日至28日，由中国侨联主办，江苏省侨联和南京市侨联共同承办，江苏省华侨公益基金会协办的"中国侨联新侨创新创业成果展"在南京举办。山西省组织新侨企业山西思迈斯电子商务有限公司参展。（庞　乐）

【"海归创业论坛"】 2016年8月20日，由山西省委统战部、省人力资源和社会保障厅、省归国华侨联合会主办，省海外人才服务中心、清控创新基地承办，山西海归协会、太原海归俱乐部、晋中海归商会、清控众创空间、太原留创园博创敢为众创空间等协办的山西省第二届"海归创业论坛"在太原清控创新基地举办。全省海归创业精英300余人参加活动，论坛旨在集合山西省海归创业优秀项目、创业孵化基地优势与国际性风投资源进行对接，助推山西省"大众创业、万众创新"。（庞　乐）

【国际晋商参与"一带一路"建设推进

2016年10月17日至20日，"2016海外高层次人才山西行"活动在太原举办

（庞　乐供图）

会】 2016年12月19日，由省侨联支持举办的“国际晋商会长参与‘一带一路’建设推进会”在北京举行。在京有关领导，省委、省政府相关部门负责人，中柬金边经济特区负责人，以及美国、英国、加拿大等10余个国家和地区及全国20余个省份的晋商会长、商协会会长，山西省各市侨联负责人和侨界、工商界人士近300人参加会议。省侨联邀请中柬金边经济特区负责人对经济特区项目概况、项目区位、发展定位、产业定位、发展理念等方面推介，播放中柬金边经济特区规划宣传片。（庞　乐）

【海外工作渠道拓展】 2016年，省侨联先后与中塔文化产业发展交流中心、山西海外发展促进会、英国山西商会、捷克华人青年联合总会等19个海外侨（社）团签订友好合作协议，签约海外侨（社）团总数达40家，为开展“订单式”招商引资、招才引智建立海外信息与工作服务平台。

（庞　乐）

【补贴困难老年归侨政策出台】 2016年，省外事侨务办公室、省财政厅、省人力资源和社会保障厅、省侨联联合发布《关于为困难老年归侨发放生活补贴的通知》，决定对山西省困难老年归侨每月发放生活补贴200元。自2016年1月1日起执行。该次发放生活补贴对象为1989年12月31日以前回国并到晋定居，现有山西户籍、年满60周岁的困难老年归侨。被注销本省户籍或亡故归侨，次月起终止享受该项补贴。（庞　乐）

【侨界群众职业技能培训班】 2016年，省侨联针对有就业创业愿望的城镇下岗失业或待业、农村困难归侨侨眷及其子女，在山西省归侨侨眷集中的忻州、大同、阳泉、晋中市举办5期侨界群众职业技能培训班，总计110余人参加。（庞　乐）

【侨界参政议政座谈会】 2016年1月25日，省侨联召开2016年侨界参政议政座谈会，部分侨界人大代表、政协委员参加座谈会，省海外人才服务中心代表、新侨代表、海归创业代表、侨法研究课题组代表作为特邀来宾出席座谈会。座谈会上，特邀来宾就明确山西省留学人员服务部门、建立海归创业“一站式”服务基地、建立省级留学人员创业孵化器或留学人员创业园、督促落实现有人才优惠政策、指导回国创业华侨华人同相关部门联系沟通、加强省内法学界对于涉侨法律法规及侨联理论研究等问题提出意见建议。与会人大代表及政协委员同发言代表们就所提问题沟通和交流，整理意见建议提交省“两会”。（庞　乐）

【新加坡文创晋商考察团到晋考察】 2016年3月14日至18日，新加坡文创晋商考察团一行8人到晋考察访问。分别拜访省商务厅、省外事侨务办、省贸促会、省工商联及省戏剧职业学院等单位，参观考察省工艺美术馆、华文堂等文创企业，就相关合作事宜对接和交流，达成诸多共识。考察团一行表示在共识基础上，具体和细化有关环节，促进和扩大新晋两地经贸、文化、科技等交流与合作。

（庞　乐）

【海外藏胞归国代表人士到晋考察】 2016年6月8日至10日，以中国侨联海外委员、西藏自治区政协常委、西藏自治区侨联副主席谢文·根多活佛为团长的海外藏胞归国代表人士参访团一行40余人在山西省忻州等市参观访问。（庞　乐）

【“中国华侨国际文化交流基地”建设】 2016年，山西省有18个单位和机构申报“中国华侨国际文化交流基地”，中国侨联第二批确认洪洞县大槐树寻根祭祖园、曲沃县晋国博物馆、万荣县李家大院、永济市蒲州历史文化旅游区、泽州县大阳古镇五个单位和机构为“中国华侨国际文化交流基地”。山西省“中国华侨国际文化交流基地”达9家。（庞　乐）

【《海外晋人》出版】 2016年，省侨联正式出版《海外晋人》，收录47位20世纪在海外山西籍华侨华人代表人士的人生经历和心路历程，人物涉及美国、德国、法国、英国等11个国家，全书约30万字，图片120余幅，共377页。（庞　乐）

【“侨胞之家”开放】 2016年1月28日，省侨联“侨胞之家”正式对外开放。省侨联“侨胞之家”的建立旨在为归侨侨眷提供学习、活动场所，搭建联谊、交流平台，丰富归侨侨眷精神生活，增强侨联组织吸引力和凝聚力。广大归侨侨眷按照自主相约、自我交流形式开展活动，省侨联机关工作人员以“周到、细致、热情、温馨”原则做好服务工作。（庞　乐）

【新侨工作培训班举办】 2016年5月4日至11日，省侨联新侨工作培训班在浙江大学华家池校区举行，山西省各级侨联机关干部、新侨团体负责人及新侨代表参加该次培训。该次培训班旨在加大对山西省侨联干部和新侨人才培训力度，搭建新侨工作平台，促进省际新侨和新侨工作者相互交流和对接，拓展新侨工作方法与路径，发挥新侨创新创业示范和引领作用，服务山西省“六大发展”，促进富民强省。（庞　乐）

山西台湾同胞联谊会

【概述】 山西省台湾同胞联谊会（简称山西台联）于1983年5月25日在太原成立。山西省台湾同胞代表会议是山西台联的最高权力机构，每五年召开一次。第七次台胞代表会议于2012年12月召开，选举产生山西台联第七届理事会，有理事19名、常务理事9名、会长1名、驻会副会长1名、兼职副会长3名。

由于山西省台胞人数较少，山西台联在市级以下暂未设置基层组织。1983年山西台联成立时，居住在山西省的台湾省籍同胞有100余户200多人。截至2016年10月底，在晋台胞共有108户160人，分布在太原、

大同、阳泉、长治、晋中、临汾、运城和忻州等8个市。（唐　浩）

【台湾教师“山西古文化”之旅】2016年7月19日，第十九届台湾教师“山西古文化”之旅参访团到达山西。台湾教育人员产业工会理事长杨益风带队，团员17名，参访8天。参访团先后参观山西三处世界文化遗产，宋金以来的代表性建筑，以及享誉世界的晋商文化。中国画院和山西省文物局的两位专家全程陪同，山西省台湾同胞联谊会安排一期《三晋文化历史讲座》，两岸人士就文学、艺术、教育等相关内容进行交流探讨，联袂创作书法作品。参访教师还与山西传媒学院的师生进行深入交流座谈。

（樊彩萍）

【台湾青年千人夏令营】2016年7月9日，全国台湾同胞联谊会2016年台胞青年千人夏令营山西分营营员到达山西。为期五天的山西旅程，营员们先后参访山西的佛教文化、晋商文化和根祖文化。台籍大学生还与山西财经大学进行深入的交流座谈。

（赵建莉）

【晋台文化交流座谈会】2016年11月28日，山西省台湾同胞联谊会在山西中华文化学院举办“晋台文化交流座谈会”。台胞乡亲围绕晋台交流合作的资源、台湾在传承中华传统文化方面的主要做法作详细介绍，就加强晋台交流合作提出意见和建议。

（樊彩萍）

山西省残疾人联合会

【概述】2016年，山西省市、县、乡三级共建立残联1593个，各市已建残联11个，县（市、区）残联已建119个，乡镇（街道）残联已建1463个；已建社区（村）残协2.3万个。

省市县乡残联实有人员达4509人，乡镇（街道）、村（社区）选聘残疾人专职委员总计2.5万名。市级残联配备残疾人领导干部9人，县级残联配备残疾人干部83人。

共建立省级及以下各类残疾人专门协会634个，其中省级专门协会已建5个，市级专门协会已建55个，县级专门协会已建574。助残社会组织共有9个。截至2016年底，9个市级、63个县级残联开通网站。

中央补助山西省6个残疾人基础设施建设项目2693万元。截至2016年底，省、市、县（市、区）三级共建成94个残疾人服务设施，28个康复中心、托养中心建设推进。

（王秋妮）

【残疾人基金募集】2016年，山西省残联募集资金物资1594.32万元，实施公益救助项目（活动）12个，救助残疾人5030人次。举办“爱在路上·善行三晋”大型助残徒步公益活动；省政府领导与社会各界群众共3000余人参加活动，筹集资金50.26万元。

（王秋妮）

【加快残疾人小康进程发展规划出台】2016年，山西省残联与各有关部门沟通协作，经省人民政府第138次常务会议研究通过，以省政府文件印发《山西省“十三五”加快残疾人小康进程发展规划》（简称《规划》）。这是一部具有指导意义的纲领性文件。《规划》的编制贯彻省委“一个指引、两手硬”重大思路和要求，围绕省委、省政府对残疾人事业的决策部署，坚持目标导向、问题导向、需求导向和服务导向，绘制“十三五”期间加快推进残疾人小康进程的蓝图。《规划》的制定出台与《山西省人民政府关于加快推进残疾人小康进程的实施意见》共同对做好残疾人脱贫达小康工作提出要求。

（王秋妮）

【调研活动】2016年3月23日，省人大常委会副主任张茂才一行九人，到山西省脑瘫康复医院、山西省康复研究中心和山西省聋儿康复教育研究中心调研。

8月12日，副省长、省政府残疾人工作委员会主任罗清宇到山西焦煤西山煤电集团福利厂专题调研残疾人工作。

9月6日至8日，中国残联党组成员相自成等到山西调研。调研组一行听取省残联信息化建设、残疾人基本服务状况和需求信息数据动态更新工作、全省残疾人工作的情况汇报，并就信息化发展规划、顶层设计、需求信息数据动态更新、数据信息共享等工作听取意见和建议。（王秋妮）

【斐济议会宾客到访】2016年8月4日，省残联领导陪同到晋访问的斐济议会社会事务委员会主席维艾米·佩里一行到山西省康复研究中心参观残疾人康复训练大厅和低视力康复室。

（王秋妮）

山西省红十字会

【组织建设】2016年，山西省红十字会会员38952名，志愿者14645名。

2016年，山西省红十字工作暨党风廉政建设工作会议召开，对全省红会系统2016年党风廉政建设和行风建设工作作出部署，会党组与机关和直属单位负责人签订《党风廉政建设责任书》，各市红十字会签订《行风建设工作目标管理承诺书》，压紧压实“两个责任”。配合省委巡视组和省审计厅对省红十字会的专项巡视以及2014—2015年财务收支情况的专项审计，做好巡视和审计反馈问题整改工作。

加强精神文明创建，打造“六型机关”，修缮美化办公环境；开展职工文化体育活动，获省直机关广播体操比赛铜奖；组织干部职工参加“博爱一日捐”和“送温暖献爱心”捐款活动，全年累计捐款4643元；机关党总支获“2016年度省直机关先进基层党组织”称号，备灾救护中心获“省直机关五一劳动奖状”“省直机关文明单位标兵”称号。

依法治会。召开第六次全省会员代表大会，省委、省政府主要领导接见会议代表并合影留念，选举产生新一届领导集体，审议通过《山西省“十三五”红十字事业发展规划》，经省政府批准同意，列入政府专项规划，由省发展改革委和省红十字会联合印发实施，为全国红会系统仅有的两家之一。启动"七五"普法工作，研究制定"七五"普法规划、年度法治建设工作要点和领导干部学法计划，通过党组会、办公会等部署法治建设工作，加强党员干部法治培训，会领导参加"强化法治思维、提高执法能力"法律知识更新培训。争取省编办支持，下发文件指导和推动县级红十字会管理体制理顺工作，99个县级红十字会理顺管理体制，理顺率达83%；召开省直团体会员工作座谈会，为省直团体会员颁授标牌；对全省59家红十字冠名机构进行清理整顿，取消31家不符合红十字冠名要求的医疗机构。加强建章立制工作，全年研究制定各项工作制度16项，与上年度制定出台的制度，汇编成册共计40余项。（侯晓俊）

【应急体系建设】 2016年，山西省红十字会完成《山西省红十字会自然灾害救助应急预案》修订工作，健全应急救灾物资储备网络管理制度，制定印发《山西省红十字会备灾救灾仓储网络运行协调机制》，对备灾救灾物资库进行挂牌，完成备灾救灾仓库巡查及物资翻垛，确保救灾物资安全；主动承接总会127万元备灾救灾物资在山西省储备。做好非常规突发自然灾害应对工作，应对夏季山西省部分地区发生的暴风洪涝灾害，及时组织开展灾害救援，协调总会并拨付省红会救灾物资，向阳泉、晋城、长治等市受灾地区实施灾害救助，副省长罗清宇作出重要批示给予肯定。救灾工作结束后，组成回访抽查小组，对救灾救助物资发放和使用情况进行回访和评估。承办2016年中国红十字赈济救援队（山西）培训班。加强省红会赈济救援队建设，为救援队配备装备和服装，组织举办2016年赈济应急救援队培训和桌面演练，向太原铁路局捐赠100个救灾应急包。开展应急救护知识普及活动，联合省教育厅开展"全省中小学红十字应急救护知识专题教育活动"，139万名中小学生参加应急救护知识答题活动，参与率达36.17%，受到总会领导、省教育厅肯定，广大学生及家长以及社会各界跟帖留言好评10万余条，该项活动系全国红十字会系统首创。在5A级和4A级景区援建红十字救护站，在铁路、煤矿、旅游、国企、外企、酒店、学校、社区、户外人群、红十字志愿者等领域累计培训合格红十字初级救护员10853名。（侯晓俊）

【人道救助工作】 2016年，山西省红十字会开展博爱募捐活动，接受捐赠款物1400余万元，用于对因灾因病致困群众的救助；开展"博爱助医工程"项目，投入救助金540余万元，对全省260余名贫困白血病、先心病、足内翻等患儿，74名省直单位大病致困职工以及5000个特困家庭实施精准救助，会长张建欣出席"博爱送万家"等救助活动，倡导全社会支持参与红十字人道救助工作；拓宽救助领域，在大同市启动"看得见的幸福"救助项目，投入救助金100余万元，为贫困家庭白内障患者、儿童青少年斜视患者共500例实施免费手术；在长治、晋城实施红十字总会与红新月会国际联合会在我国开展的新一轮唯一耐药结核病防治项目；加强人道救助研究工作，深入调研基层群众精准救助工作。（侯晓俊）

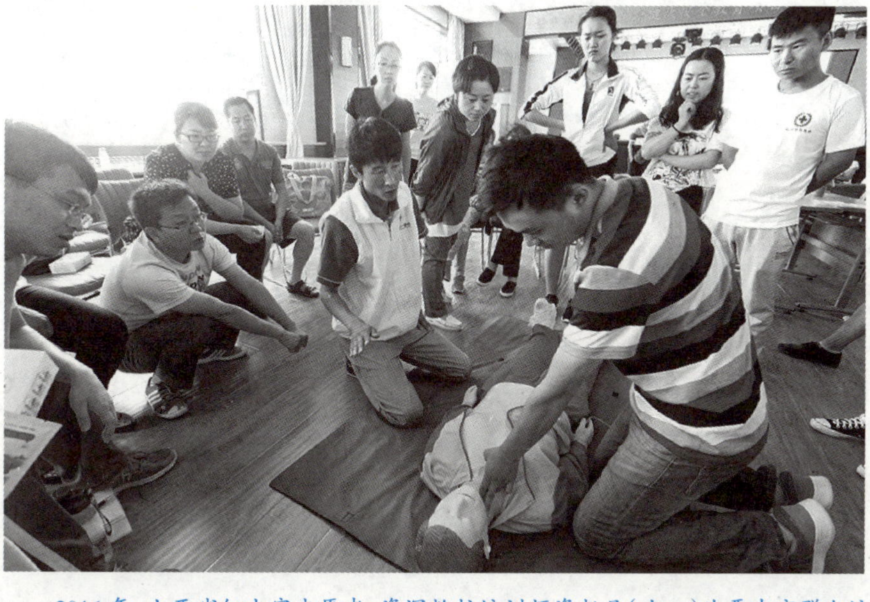

2016年，山西省红十字志愿者、资深救护培训师资赵丹（右一）为晋中市群众培训应急救护知识（侯晓俊供图）

【人体组织捐献】 2016年，山西省红十字会推进无偿献血宣传动员工作；完成国家分配给山西省的3000人份造血干细胞志愿者入库任务，累计入库志愿捐献者数据达8.44万人份，全年实现造血干细胞捐献17人，137位志愿者成功捐献，其中1人向韩国患者捐献，朔州市实现零的突破；按照总库部署全面实施入库志愿者回访项目，回访志愿者4900余人；实现公民逝世后人体器官捐献43例，直接救助121位脏器衰竭患者，累计救助脏器衰竭患者172位。（侯晓俊）

【红十字青少年和志愿服务】 2016年，山西省红十字会新登记注册志愿者2000余人，成立"山西省红十字宣传无偿献血志愿服务队"和"山西省红十字社区志愿服务队"，对300余名红十字志愿者骨干开展志愿者领袖及YABC同伴教育等系列培训活动，提高红十字志愿者综合素质和服务能力。举办"省直红十字志愿者社区老年介护志愿服务培训班"，组织开展应急志愿者能力建设、应急救护、野外救援等专业培训和演练。围绕"3·5学雷锋纪念日"，组织红十字志愿者到养老院、社区、农村开展"老年介护”“红十字应急救护培训进社区”“社区老年慢性病健康管理”以及“关爱农民工子女”等志愿服务活动，全年参与红十字会志愿服务活动志愿者人数达1200人次，志愿服务时间达3300小时。推进红十字青少年工作，组织全省红十字青少年参加“纪念红十字与红新月运动七项基本原则通过50周年”活动及“全国红十字青少年自救互救知识竞赛”。指导高校红十字青少年开展“救护大赛”“急救知识校园行”“人道传播”等红十字青少年活动。（侯晓俊）

山西省青年联合会

【“伙伴”关系拓展】 2016年，山西省青联按照团中央要求，在工作中注重与青年社会组织发展“伙伴”关系，开展活动100余场，吸引青年社会组织100余家，覆盖青年群体16000余人；组建青年网络文明志愿者队伍38700余人；在原有7家服务联盟基础上，新增14个服务联盟，打造线上线下“青年之声”服务联盟运行工作机制，开展各项活动。（李　勋）

【青联外事】 2016年，山西省青联派员参加共青团中央的出访，与韩国、日本、俄罗斯、美国等地青年进行交流。派遣第六次山西省青少年友好交流访日团及组织山西省青少年美国、英国夏令营活动，参加者达百余人次。接待由日本内阁府派遣的日本青年代表团到山西省进行友好交流。（李　勋）

【“三下乡”社会实践活动】 2016年，山西省青年联合会与省有关部门会签下发《关于开展2016年全省大中专学生志愿暑期文化科技卫生“三下乡”社会实践活动的通知》，向团中央大学处报送暑期社会实践团队参加全国重点团队的选拔，筹办以“转型跨越新发展，践行核心价值观”为主题的2016年全省大中专学生志愿暑期文化科技卫生“三下乡”社会实践活动，共向团中央报送31支重点团队。全省共有614支大学生志愿服务队，参加学生83361人，媒体宣传数量465条。（李　勋）

·山西省学生联合会·

【思想政治引领】 2016年，山西省大、中学校学生联合会组织引导学生将青春梦与中国梦结合，开展宣传学习习近平总书记系列重要讲话“四进四信”活动7608场，参加学生人数76.13万人次；开展大学生“与信仰对话”活动879场，参加学生人数39.17万人次；各地市、各高校开展“与人生对话—我的中国梦”主题报告会927场、“与人生对话—我的中国梦”分享会832场、“与人生对话—奋斗的青春最美丽”主题日活动1267场，全省各地市、各高校累计参与活动的学生达46.83万人次。（李　勋）

【青年马克思主义者培养工程】 2016年，山西省学生联合会开展青年马克思主义者培养工程。明确大学生骨干、专职团干部、青年教师三大培养群体的培养目标，完善省、市、高校三级联动机制，在各高校建立专职负责人制度，要求各高校每月至少举办一期培训，每期不少于300学生参与。做到“培养工程”在各班、系，在本科院校全面实施。指导各级团组织聘请相关知名人士担任各级“培养工程”导师，建立分级聘用、全省共享的山西省大学生青年马克思主义者培养工程导师团。全省青年马克思主义者培养工程累计培训3.2万人次。（李　勋）

【“三走”体育锻炼活动】 2016年，山西省学生联合会贯彻团中央、教育部、国家体育总局联合下发的指导意见有关精神，开展“大学生”走下网络、走出宿舍、走向操场”主题群众性课外体育锻炼活动，着力长效机制建设，将“三走”活动抓广、抓响、抓实、抓长。山西省65所高校中共开展“三走”活动2683场，累计194680人次参与其中。（李　勋）

法 治
Legal System

人大立法

【地方性法规制定】 2016年，山西省人民代表大会常务委员会制定一批地方性法规，主要有：《山西省各级人民代表大会常务委员会监督司法工作办法》《山西省各级人民代表大会常务委员会专题询问办法》《山西省通信设施建设与保护条例》《山西省永久性生态公益林保护条例》。

（秦　钟　王　磊　郭　强）

【地方性法规修正修订】 2016年，山西省人民代表大会常务委员会修正修订一批地方性法规，主要有：《山西省人口和计划生育条例》《山西省安全生产条例》《山西省煤炭管理条例》《山西省人民代表大会常务委员会人事任免办法》《山西省实施〈中华人民共和国老年人权益保障法〉办法》《山西省环境保护条例》。

（秦　钟　王　磊　郭　强）

【具有法规性质的决定】 2016年，山西省人民代表大会常务委员会发布若干具有法规性质的文件，主要有：《山西省人民代表大会常务委员会关于废止〈山西省乡镇企业条例〉的决定》《山西省人民代表大会常务委员会关于在全省开展第七个五年法治宣传教育的决议》。

（秦　钟　王　磊　郭　强）

政法委与社会治安综合治理

【平安山西建设】 2016年，山西省委政法委在全省部署推进社会稳定风险隐患大排查大整治活动，围绕暴力恐怖和维护政治安全、防范化解区域性金融风险、网络安全、强化公共安全管理、治理社会治安突出问题、严防发生群体性事件、加强矛盾纠纷排查化解、消除欠薪欠保分流安置隐患、做好利益诉求群体维稳工作等15个方面开展大排查大整治，全省各级各部门排查各类风险隐患26万余个，整治率93.5%。健全完善社会治安防控体系建设，出台《加强社会治安防控体系建设的实施意见》《健全落实社会治安综合治理领导责任制实施办法》。推进打黑除恶专项斗争，开展社会治安重点整治，加强消防安全、道路交通安全、重点物品和寄递物流等重点行业管理，维护公共安全。深化基层社会服务管理平台建设，加强综治网格化和信息化建设，配备618名乡镇（街道）综治专副职和1503名综治专干，群防群治队伍达40余万人。做好中共十八届六中全会和G20峰会安保维稳工作，维护国家安全和山西省社会政治稳定。开展严打暴力恐怖活动专项行动，建立

2016年11月21日，山西省委副书记、省委政法委书记黄晓薇（前排中）在省高级人民法院立案大厅调研

（史竹涛供图）

矛盾纠纷排查调处工作领导组月例会制度和社会治安形势分析研判机制。开展进京非正常上访专项治理，做好应急处置和综合治理工作。构建县、乡、村矛盾纠纷多元调解体系，全省调解员队伍达10万余人，调解成功率达96%以上。（史竹涛）

【政法队伍建设】 2016年，山西省委政法委以“提升政法委系统领导干部思想政治素养”为主题，举办两期全省政法综治干部理想信念暨党性教育专题培训班。组织开展“大练兵、大比武、大培训”活动，推动形成以实战为标准的业务培训机制。开展“一村（社区）一警”联系走访活动，强化政法干警联系群众、服务群众长效机制。发挥先进典型引领作用。举办“李培斌同志先进事迹报告会”，弘扬李培斌精神，打造过硬政法队伍。向中央政法委推荐选送全省政法系统10个先进个人，在全国范围宣传。加强人才培养工作。根据《山西省法律人才互聘工作实施办法》精神，选派25名法律业务专家到高校担任兼职教授、研究生实践导师，从高校选聘5名法学专家、教授到政法单位挂职交流，促进政法实务部门与高校法律人才互聘工作。落实《因公牺牲伤残干警救助管理办法》。救助因公牺牲伤残干警11人次，发放救助金97万元。开展政法领域党风廉政建设和反腐败斗争。在全省政法系统组织开展“把纪律挺在前面”专项活动，派出联合督察组进行明察暗访，对违纪单位或个人进行处理，保持狠抓纪律作风建设的高压态势。（史竹涛）

法治政府建设

【地方立法】 2016年，山西省人民政府完成6件地方性法规草案、4件省政府规章草案的审查送审工作。

（1）省人民政府组织起草《山西省人口和计划生育条例修正案（草案）》。2016年1月14日，经山西省人民政府第108次常务会议讨论通过后，提请省人大常委会审议。1月20日，该条例修正案经山西省第十二届人民代表大会常务委员会第二十四次会议通过，自公布之日起施行。（2）省人民政府组织起草《山西省通信设施建设与保护条例（草案）》。2016年5月4日，经山西省人民政府第116次常务会议讨论通过后，提请省人大常委会审议。9月30日，该条例经山西省第十二届人民代表大会常务委员会第二十九次会议审议通过，自2016年12月1日起施行。（3）省人民政府组织起草《山西省实施〈中华人民共和国老年人权益保障法〉办法（草案）》。2016年6月29日，经山西省人民政府第122次常务会议讨论通过后，提请省人大常委会审议。9月30日，该办法经山西省第十二届人民代表大会常务委员会第二十九次会议通过，自次年1月1日起施行。（4）省人民政府组织起草《山西省安全生产条例（修订草案）》。2016年7月13日，经山西省人民政府第124次常务会议讨论通过后，提请省人大常委会审议。12月8日，该条例经山西省第十二届人民代表大会常务委员会第三十二次会议审议通过，自次年3月1日起施行。（5）省人民政府组织起草《山西省永久性生态公益林保护条例（草案）》。2016年9月2日，经山西省人民政府第130次常务会议讨论通过后，提请省人大常委会审议。12月8日，该条例经山西省第十二届人民代表大会常务委员会第三十二次会议审议通过，自次年3月1日起施行。（6）省人民政府组织起草《山西省汾河流域生态修复与保护条例》。2016年9月2日，经山西省人民政府第130次常务会议讨论通过后，提请省人大常委会审议。（7）省发展和改革委员会组织起草《山西省重大建设项目稽查办法（草案）》。经省政府法制办依法审查后，提请省人民政府常务会议审议。2016年7月5日，省人民政府第123次常务会议审议通过。7月7日，省长李小鹏签署山西省人民政府第244号令，自2016年9月1日起施行。（8）省档案局组织起草《山西省重大活动档案管理办法（草案）》。经省政府法制办依法审查后，提请省人民政府常务会议审议。2016年9月9日，省人民政府第131次常务会议审议通过。9月11日，代省长楼阳生签署山西省人民政府第245号令，自2016年10月20日起施行。（9）省文物局组织起草《山西省文物建筑构件保护管理办法（草案）》。经省政府法制办依法审查后，提请省人民政府常务会议审议。2016年12月2日，省人民政府第138次常务会议审议通过。12月3日，省长楼阳生签署山西省人民政府第246号令，自次年1月10日起施行。（10）省公安厅组织起草《山西省流动人口服务管理办法（草案）》。经省政府法制办依法审查后，提请省人民政府常务会议审议。2016年12月2日，省人民政府第138次常务会议审议通过。12月3日，省长楼阳生签署山西省人民政府第247号令，自次年1月1日起施行。（景向发）

【法治山西建设】 2016年，山西省委政法委深化司法体制改革。在长治市等1市8县（市、区）开展试点工作的基础上，推开司法体制改革工作。司法改革制度体系建立，省级层面制订出台包括总方案、法检分方案和机构编制统一管理、财物上划、债务清偿等“1+8”制度体系。试点单位司法人员分类管理格局形成，推动省法官检察官遴选委员会集中遴选2864名员额法官、2385名员额检察官，一次性招录法官助理、检察官助理等司法辅助人员966名。运行以法官检察官为主体的司法责任制，推动新型办案团队成为办案主体，法官检察官办案质量、效率提升。推动试点单位人、财、物上划省级统一管理，各试点法院检察院财务预算管理与省财政对接。加强执法规范化建设。建立落实领导干部及内部人员干预司法、过问案件处理记录、通报和责任追究制度。健全完善行政执法与刑事司法衔接机制，开展打击环境污染违法犯罪“百日会战”专项行动，打击环保、食药、安全

2016年4月19日，山西省政府法制办在太原召开议案提案办理座谈会

（景向发供图）

生产等重点领域违法犯罪活动。推进涉法涉诉信访制度改革。落实依法处理涉法涉诉信访问题的实施意见“1+8”制度体系，建立健全律师参与化解和代理涉法涉诉信访案件制度，开展积案清理、依法治访等专项活动，推动涉法涉诉信访纳入法治化轨道。深化执法司法公开，制订出台《全省政法系统“阳光司法”工程五年规划》，推动执法司法权在阳光下运行。全面履行省委法治建设领导小组办公室职能。协调理顺省委法治建设领导小组办公室的隶属关系，指导市、县推进法治建设领导体制、运行机制调整；制订《2016年法治山西建设工作要点》，对全省法治建设进行部署；推动全省形成以“三重一大”决策机制、监督管理机制、严惩滥用权力机制为重点的制度体系。（史竹涛）

【立法后评估】 2016年，山西省人民政府规范政府规章立法后评估工作，建立规章立法后评估长效机制，提高政府立法质量，推进依法行政、建设法治政府。根据中共中央、国务院《法治政府建设实施纲要（2015—2020年）》及《山西省全面加强政府自身建设三年规划（2015—2017年）》等有关规定，省政府法制办于2016年12月12日出台《山西省政府规章立法后评估办法》，自次年1月1日起施行。（景向发）

【规范性文件审查备案】 2016年，山西省人民政府严格规范性文件合法性审查。全年省政府法制办审核以省政府及省政府办公厅名义发文的规范性文件草案87件，审查省政府及省政府办公厅清理的文件1922件，办理省政府领导批办件和涉法事务78件，办理国家法律法规等征求意见件34件，前置审查省直部门规范性文件草案126件，依法公布省直机关规范性文件41件。备案审查设区市政府报送的规范性文件133件。其中，太原市35件、大同市5件、朔州市17件、忻州市18件、吕梁市8件、晋中市7件、阳泉市9件、长治市7件、晋城市7件、临汾市10件、运城市10件。加强规范性文件备案审查监督检查，印发《山西省人民政府法制办公室关于2016年规范性文件审查备案工作情况的通报》。（景向发）

【议案提案办理】 2016年，山西省政府法制办承办省人大代表议案5件、政协委员提案4件，涉及土地管理法规修订、电动车管理、政府法律顾问制度建设、工伤保险条例实施办法修订、家庭教育促进以及饮用水源地的保护等群众期盼的热点、难点问题。对这些议案提案，省政府法制办建立“一把手”负总责，分管领导领办，责任处室具体承办，并与各业务主管部门对接联合办理的责任机制。2016年4月19日，省政府法制办召开座谈会，听取代表委员意见建议，就法制办承担的省人大十二届五次会议代表议案和省政协十一届四次会议委员提案办理情况，与有关省人大代表和省政协委员面对面交流，征求代表委员的意见和建议。宋春生等4名人大代表和郝晓琴等3名政协委员及有关厅局工作人员参加座谈。通过面对面交流和集中答复，省政府法制办承办人大代表、政协委员议案提案面商率达100%，意见回复客观、全面、准确，对具体问题提出工作措施。（景向发）

【领导干部依法行政研讨班】 2016年，山西省政府法治办与省委组织部根据《法治政府建设实施纲要（2015—2020年）》和省委组织部《关于印发2016年度联合培训计划的通知》精神，在省委党校联合举办两期领导干部依法行政专题研讨班。市、县（市、区）政府法制机构、行政执法部门和省直单位法制机构、行政执法部门负责人160余人参加学习研讨。（景向发）

【依法行政经验交流与宣传】 2016年10月12日，省政府法制办在太原市组织召开依法行政经验交流工作座谈会。省委法治办、省政府法制办领导，省编办、发改委、监察厅、司法厅等12家省直单位分管法制工作的领导和法制机构负责人，太原市政府法制办、忻州市商务局、晋城市政府行政复议委员会、左权县政府办法制机构负责人，省政府法制办机关各处室和所属各事业单位负责人及有关人员共50余人参加会议。

8月，省政府法治办在全省范围内组织开展第六个“依法行政宣传月”活动，并将开展“依法行政宣传

2016年10月12日，山西省政府法制办在太原召开依法行政经验交流工作座谈会
（景向发供图）

月”活动情况作为各地各部门年终依法行政评议考核的重要内容。活动突出以领导干部为重点，以学习贯彻《纲要》和山西省的实施方案为重要内容，通过组织举办法治政府建设专题讲座、依法行政专题报告会、法制培训班、开展以案释法、召开依法行政经验交流会等形式，加强法治培训教育，提升政府工作人员的法治思维和依法行政能力。（景向发）

【行政执法体制改革】 2016年，山西省政府法制办调研起草《开展相对集中行政处罚权、推进综合执法工作面临的主要问题及建议》报送省政府办公厅。与省编办共同起草《关于深化综合行政执法体制改革的指导意见》，9月19日以中共山西省委、山西省人民政府名义印发全省各地各部门贯彻落实。对省住建厅起草的《关于深入推进城市执法体制改革改进城市管理的工作方案》《中共山西省委山西省人民政府关于深入推进城市执法体制改革改进城市管理工作的实施意见》提出修改意见和建议。对省商务厅报送的《关于市县商务综合行政执法体制改革的实施意见》进行合法性审查。指导督促晋中市和五台山风景管理区开展相对集中行政处罚权，灵石县开展相对集中行政许可权试点工作。推进“双随机一公开”，加强事中事后监管工作，组织对省直48个单位随机抽查事项清单进行合法性审查，并指导省直48个单位建立行政执法检查人员名录库。（景向发）

【重大行政决策法律机制】 2016年，山西省政府法制办根据中共中央、国务院印发的《法治政府建设实施纲要（2015—2020年）》《山西省人民政府关于加快推进法治政府建设的实施意见》《山西省人民政府关于健全重大行政决策机制的意见》，研究起草《山西省重大行政决策合法性审查办法（草案）》和《山西省人民政府健全重大行政决策机制实施细则（草案）》报省人民政府。经省政府会议研究，《山西省重大行政决策合法性审查办法》以晋政发〔2016〕14号印发施行；《山西省人民政府健全重大行政决策机制实施细则》以晋政办发〔2016〕79号文件印发施行。（景向发）

【政府部门权力清单调整】 2016年，山西省政府法制办组织对2016年度省本级拟取消下放行政职权事项和省本级拟调整行政职权事项进行合法性审查。2016年10月23日，省政府作出《关于继续取消和下放一批行政职权事项的决定》，明确取消和下放行政职权事项40项。10月29日，省政府办公厅印发《关于调整省政府部门权力清单行政职能事项的通知》，决定对省政府部门权力清单中62项行政职权事项的职权名称、职权依据等要素和内容调整。参与开展清理规范省政府部门行政审批中介服务工作，完成编制省政府部门行政审批中介服务事项清单工作。（景向发）

【行政执法层级监督】 2016年，山西省政府法制办组织对全省贯彻实施《山西省行政执法条例》《山西省行政执法证件管理办法》情况专项监督检查，指导督促省交通运输厅在全省交通运输系统开展行政执法案卷评查。全省各级交通部门共评查案卷10.29万宗。其中，省公路局3791宗、省运管局3651宗、省高管局4128宗、省海事局428宗、省交通质监局2765宗及各市案卷8.81万宗。开展规范行政处罚裁量权工作。指导、督促省直有关部门紧密结合机构职能调整实际，法律法规规章立、改、废、释情况以及权力清单运行情况，建立健全本部门行政执法工作的行政处罚裁量基准制度。截至2016年底，省直主要执法部门基本完成行政处罚裁量基准制度的制定和备案工作。（景向发）

【行政执法人员资格审查】 2016年，山西省政府法制办贯彻落实《山西省行政执法条例》《山西省行政执法证件管理办法》等规定，落实行政执法人员资格审查“两个主体责任”。实行行政执法人员信息公示制度，申领证件单位将执法人员信息公开公示，接受监督。落实行政执法人员持证上岗和资格管理制度，未经执法资格考试合格，不得颁发行政执法证件，不得从事执法活动。执法人员考试按照“四统一原则”（统一考务规则、统一命题标准、统一考试时间、统一组织阅卷）组织实施，全省2.4万名人员参加资格认证考试，考试合格2.1万名，合格率达到88%，对符合资格条件2.1万名人员颁发山西省行政执法证件。（景向发）

【《法治政府建设年度情况报告制度》印发】 2016年11月29日，省政府依法行政领导组办公室印发《山西省法治政府建设年度情况报告制度》。《报告制度》明确法治政府建设年度情况报告的主体、内容、对象及程序，要求县级以上人民政府及其工作部门、实行垂直管理的部门要把落实法治政府建设年度情况报告制度作为贯彻实施《纲要》的一项重要工作，纳入本级政府和本部门法治政府建设年度目标责任考核内容。报告内容要客观、真实、准确，不得瞒报、漏报、错报、迟报。《报告制度》就情况报告工作的审查与处理作出规定 （景向发）

【年度法治政府建设情况检查】 2016年11月，省政府依法行政领导组办公室印发《关于报送2016年依法行政工作情况总结和开展"深入推进依法行政加快建设法治政府"督促检查工作的通知》，要求各市人民政府、省直有关部门要向省政府依法行政领导组办公室报送年度依法行政工作情况总结。12月，省政府依法行政领导组办公室组织对大同、晋城、运城3个市人民政府和省经信委、国土厅、环保厅、农业厅、文化厅、新闻出版广电局、安监局、文物局、通信管理局9个省直部门2016年度推进依法行政、建设法治政府工作进展情况进行督促检查。检查结束后，省政府依法行政领导组办公室结合督促检查情况和各市、省直有关部门报送的依法行政工作情况总结，撰写并向省人民政府报送《山西省2016年法治政府建设情况报告》。 （景向发）

【行政复议案件办理】 2016年，山西省人民政府共办理行政复议案件112件。其中，不予受理36件，占完成办结案件的32.43%；维持22件，占完成办结案件的19.82%；驳回行政复议申请17件，占完成办结案件的15.32%；终止14件，占完成办结案件的12.61%；责令履行6件，占完成办结案件的5.41%；撤销4件，占完成办结案件的3.61%;督促办理2件，占完成办结案件的1.80%；告知2件，占完成办结案件的1.80%；其他方式处理8件，占完成办结案件的7.21%。在办理的行政复议案件中，被申请人为省人民政府的28件，市级政府50件，省直部门24件，其他10件。涉及行政征收类30件，行政不作为类25件，信息公开类15件，投诉举报处理类12件，行政确权类6件，行政处罚类6件，退休审批类6件，行政确认类2件，行政许可类1件，其他类9件。

（景向发）

【行政诉讼案件参与应诉】 2016年，山西省政府法制办参与应诉涉及省人民政府的行政诉讼案件108件（上年度结转案件19件，新收应诉通知书89件）。截至2016年底，人民法院审结案件90件，展开审理工作的18件。其中，一审判决驳回诉讼请求27件，撤销行政复议决定2件，维持1件，因撤诉而终止6件，一审裁定驳回起诉24件。二审判决驳回上诉，维持原判16件；驳回上诉，维持原裁定5件；驳回诉讼请求，维持原判6件；撤销原判，发回重审1件；撤销原判，终审1件；撤销原裁定，发回重审1件。 （景向发）

【国务院最终裁决案件执行】 2016年，国务院共受理山西省行政裁决案件28件，受理的裁决案件为土地批复类案件。国务院审结行政裁决案件11件，其余17件推进审理工作。审结裁决案件中终止1件，驳回行政裁决申请1件，不予受理行政裁决5件，维持4件。针对国务院下发的"行政复议意见书"，省政府法制办按照省政府领导的指示会同省国土厅，向国务院法制办上报《关于国务院行政复议意见书有关问题整改情况的报告》。

（景向发）

【《行政机关行政应诉办法》下发】 2016年，山西省政府法制办贯彻新修订的《行政诉讼法》，健全行政应诉工作制度，促进行政机关负责人出庭应诉，依法化解行政争议和纠纷，根据《中共山西省委办公厅山西省人民政府办公厅〈贯彻实施《中共山西省委关于贯彻落实党的十八届四中全会精神加快推进法治山西建设的实施意见》重要举措分工方案〉的通知》有关制定"健全行政机关依法出庭应诉、支持法院受理行政案件、尊重并执行法院生效裁判的制度"的要求，省政府法制办代省人民政府起草《山西省行政机关行政应诉办法》，并以晋政办发〔2016〕146号印发施行。

（景向发）

【行政复议委员会试点】 2016年，山西省政府法制办通过网站和简报共发表文章11篇，对上年行政复议委员会工作成果、工作方法、复议案件的审理机制、创新举措等报道，太原、晋城两市行政复议委员会试点工作展开，行政复议机构、人员得到加强，行政复议案件受理数量增加。引入外部力量参与案件审理，提高专业性。

（景向发）

【法制理论研究】 2016年8月5日，山西省政府法制办在大同市举办2016年度环渤海区域政府法制工作研讨会，参会人员提交论文参加研讨。承担省法学会《环渤海区域法治政府建设的共性与地方性问题研究》《加强地方政府立法程序建设问题研究》和《重大行政决策风险评估机制研究》3项课题并结题。编辑出版《〈法治政府建设实施纲要（2015—2020年）〉学习问答》。 （景向发）

公 安

【公安改革和"四项建设"】 2016年，山西省公安机关落实中央关于全面深化公安改革"1+3"意见方案和省委省政府《实施意见》，推进各项公安改革和"四项建设"，构建公安机关维护国家安全工作机制、管理服务和执法工作机制、人民警察管理制度三大体制机制。

基础信息化建设。山西省公安厅在"警务云"一期建设的基础上增加556个计算内核、5.8TB内存、200TB存储空间，已汇聚公安内部和社会资源、互联网信息等共计410类430亿条，实现日均数据增量3000万条、每年新增100亿条的存储要求。完成17

2016年11月8日，山西省副省长、省公安厅厅长刘杰（前排）考察“共建平安”活动
（王瑞成供图）

个警种的72个信息系统、197种公安内部数据资源和49种社会资源共154亿条数据过滤和资源编目工作，省公安厅被公安部确定为数据标准6个省级示范单位之一。在全国公安机关数据分析比武竞赛中，山西省代表队获得全国第二名并获一等奖。山西省民警研发的“地沟油识别检测法”荣获全国公安机关改革创新大赛金奖。

警务实战化建设。省公安厅与武警山西总队共同制订《山西省公安机关调动使用武警直升机参与反恐处突等行动工作机制》，提升反恐维稳和处置突发事件的能力水平。完成全省公安指挥中心视频指挥系统升级改造，实现省、市、县和相关警种部门共140个单位的视频指挥系统覆盖。省公安厅共组织各级各类培训30期，参训民警2915人。

执法规范化建设。推进以受立案制度改革和刑事案件“两统一”改革为核心的执法规范化建设。全省设立案管中心170个，核查警情64万余起，下发监督通报18988次，纠正各类执法问题42396个，统一审核刑事案件49530件，统一出口案件27216件。推进“阳光司法”工程，在晋城、临汾、孝义和太原市晋源区率先上线试运行案件进展信息查询系统，推动在全省范围内运行。加强和改进执法监督工作，在全省163个县级公安机关建立执法管理委员会，推动执法质量提升。孝义市公安局、省看守所等8个单位被公安部确定为全国公安机关执法示范单位。（王瑞成）

【公共安全管理】 2016年，山西省公安厅落实消防安全责任制，排查整治火灾隐患，确保全省火灾形势平稳。全省发生火灾6223起，死亡17人，受伤9人，直接经济损失5940万元，同比分别下降10.6%、29.2%、52.6%和25.5%，连续33年未发生重特大火灾事故。开展交通违法整治和交通安全隐患排查，排查各类交通违法行为，维护全省道路交通安全形势稳定。全省共发生涉及人员伤亡的道路交通事故5089起，造成2131人死亡、5278人受伤，同比分别下降2.86%、0.51%和6.63%。开展食药打假“利剑”行动，共侦办食品药品类犯罪案件980起，抓获犯罪嫌疑人984人，涉案金额约2.64亿元。（王瑞成）

【直升机联指联勤机制启动】 2016年，山西省公安机关调动使用武警直升机参与反恐处突等行动工作机制启动。省公安厅和武警山西省总队成立领导组，各地公安机关、相关业务警种在综合研究本地、本部门公安工作任务需要基础上，规范直升机调用申请。（王瑞成）

【公共视频系统建设和应用】 2016年，山西省累计建设视频监控摄像机1366516台（其中一类视频监控点119732台、二类视频监控点475676台、三类视频监控点771108台，一类、二类视频监控点共投入资金约59亿元）。基于公安网建设的“视频图像调度平台”实现省、市、县三级联网，接入超过5万路视频资源。基于视频专网建设的公共安全视频监控管理服务平台在11个市和大部分县建设完成。建设实施省级公共安全视频监控综合管理服务平台，截至2016年底，进入省、市两级公共安全视频监控平台的互联互通和资源整合接入阶段。视频图像信息成为支撑各项公安工作的基础信息资源。全年全省公安机关利用视频监控图像信息破获案件占破案总数的68.98%，抓获刑事案件作案成员占抓获总数的42.16%。利用视频监控图像信息查处治安案件占查处总数的62.37%，治安处罚人员占处罚总数的62.65%。（王瑞成）

【公务用枪安全管理】 2016年9月至11月，山西省公安厅组织开展全省公安机关公务用枪安全大检查。大检查期间，各级公安机关共派出公务用枪大检查工作组143个，出动警力700余人次，检查涉枪单位350余家次。其中，交叉检查14个市级公安机关（含太铁、民航、森林公安），55个县级公安机关，65个科、所、队，发现各类隐患85处，进行督促整改。省厅要求：重视公务用枪安全管理工作，发挥公务用枪管理委员会职能作用，推动有关部门切实按照《公安机关公务用枪管理规定》《山西省公安机关公务用枪管理规定实施细则（试行）》等相关规定，履行公务用枪管理职责。做好涉枪证件日常管理工作。加快新配备枪支弹痕建档和枪证办理工作。落实双人双锁、枪弹分离和值班守护制度。严格个人保管枪支审批，一次不得超过30天。加大对配枪民警的培训考核力度。推动落实年度训练不少于100发子弹的规定。督促对经常携带、使用手枪、冲锋枪、防暴枪的配枪人员强化日常技能培训。（王瑞成）

·治安管理·

【治安风险隐患排查整治】 2016年，山西省公安厅公安机关接待处理信访事项同比下降3.96%，信访秩序好转。排查整治出租屋33151间、九小场所16170家、社会治安乱点467个、其他场所5456家，排查整改内部单位隐患280处，对39处重点隐患进行限期整改，发现查处谣言68起，依法处理违法人员30人。加强寄递物流企业安全防范工作，各地采取明察暗访、交叉检查等方式排查寄递企业3794家，物流货运企业3304家，督促寄递物流企业落实安全防范主体责任。加大散装汽油购销管控力度，推动落实实名购销登记制度，检查石油企业、加油站8160家次，发现安全隐患3327处，督促整改3033处，消除一大批安全隐患。（王瑞成）

【“两清理一排查”行动】 2016年，山西省公安厅在全省范围开展危爆物品、寄递物流清理整顿和矛盾纠纷排查化解专项行动（简称“两清理一排查”专项行动），并组织开展督导工作。截至2016年3月底，全省挂牌危爆物品重点市6个、县、乡446个，排查整治涉爆单位2150家，涉爆人员18194人，停产停业整顿爆破作业单位92家，调整爆破作业人员109人、吊销爆破作业人员资格740人，整改涉爆隐患783处，排查关停涉爆单位203家，签订具结保证书9452份，查处涉爆违法犯罪案件34起，处理涉爆违法犯罪人员48人；收缴炸药78602.8公斤、雷管77281枚、烟花爆竹13980箱、礼花弹314枚。排查物流企业3304家次，寄递企业3794家次寄递物流企业通过检查发现枪支274支、子弹6000发、违禁物品80件。走访家庭48191户，其中生活无来源、无儿女依靠、依赖低保、长期病患、精神失常、心理失衡人员家庭4937户；走访企业事业单位5854家，排查矛盾纠纷1343起，化解矛盾纠纷1343起，其中，治安系统化解921起，通报有关警种部门357起，报告党委政府65起；在排查矛盾纠纷中，发现因矛盾纠纷可能引发个人极端暴力案事件线索9起，落实有针对性疏导、化解28起，稳控各类高危重点人员722人，治安处罚77人，采取刑事强制措施33人。（王瑞成）

2016年11月，公安部部长郭声琨（前排中）考察山西公安工作 （王瑞成供图）

【禁毒重点整治】 2016年，山西省禁毒工作推进禁毒重点整治，纳入平安建设、法治建设、文明建设、社会治安综合治理等工作，建立健全禁毒分析报告制度。各市禁毒委、公安机关、禁毒办开展当地毒情形势调研和研判，掌握本地毒情特点及变化趋势，分析工作中存在的薄弱环节和需要加强的方面，进行风险评估，形成禁毒工作报告。健全完善禁毒重点整治工作机制。市、县两级禁毒委，忻州及原平市、长治市及襄垣县、运城市、临汾市等制订禁毒重点整治工作办法和整治工作方案。省禁毒委将实行督导检查、约谈通报等方法，推进禁毒重点整治工作。加强禁毒基础保障工作。把禁毒经费列入年度财政预算，完善禁毒经费财政足额保障、正常增长机制；充实禁毒办人员，探索实行禁毒办实体化运作；配备与毒情形势相适应的禁毒警力；把毒品实验室等基础设施建设纳入规划，配齐配足禁毒设备和装备。公安机关内部建立禁毒工作台账，开展对吸毒人员的排查、收戒工作，建立禁毒专业研判力量，抓住本地突出毒品问题，开展专项行动，发动群众支持、参与禁毒工作。（王瑞成）

【社会稳定维护】 2016年，山西省直各部门集中开展各领域、各行业的风险隐患大排查、大整治活动规范信访秩序，引导群众依法理性的表达诉求。建立“信、网、访”沟通机制，对群众诉求建立多元化、立体化的沟通渠道，对社会稳定事项建立可跟踪、可督办的评价体系。落实诉访分离，依法解决群体性信访问题。加强信访与法定途径之间的协调联动和衔接，解决落实“中梗阻”和“最后一公里”的问题。推进信访包案化解制度，对不稳定因素实现减存量，控增量。落实属地管理责任，推进分级负责，落实“谁主管，谁负责”原则，解决好疑难信访案件和问题。提高处置突发群体性事件的能力和水平。对群体性聚集按照“预警要早、反应要快、处置要小、善后要稳”原则，开展工作，加强社会稳定风险评估，加强应急处突机制建设，确

保各类非访问题得到处置。（王瑞成）

【反恐怖工作】 2016年，山西省公安厅以暴恐分子“进不来、藏不住、干不成、跑不掉”为目标，开展涉恐人员管控动态化、重点目标管理等级化、社会面防控网格化、应急指挥扁平化、现场处置可视化的“五化建设”，围绕重点地区、重点场所、重点部位、重点人员、重点物品、重要节点和重大活动开展反恐怖工作，全省未发生暴恐事件。设立中心城区定点执勤反恐怖“一分钟处置”力量146处，为应急处突做好准备。省公安厅和武警总队规范调动武警兵力程序，提升快速反应和妥善处置能力。实现涉恐重点目标等级化管理，建立“统一领导、综合协调、分级负责、属地管理”的反恐怖重点目标安全防范等级化管理工作机制。优化车巡、步巡、联勤混编相结合的巡逻模式，强化反恐应急指挥与通信、交通、物资等保障。印发《山西省进一步加强和改进反恐怖工作的任务分工方案》《山西省反恐怖主义工作责任制实施细则》，明确各单位反恐怖工作的主体责任，构建反恐怖斗争大格局。（王瑞成）

【反恐防回流防渗透】 2016年，山西省公安厅部署开展防回流防渗透工作。

各相关警种部门发挥各警种部门职能优势，组织开展“五大排查”重点工作：排查在山西省办理护照出境的关注群体人员信息，排查可能在境外从事涉恐活动的人员底数和基本情况，排查可能途经或藏匿在山西省涉恐人员，排查在山西省从事接应或提供据点和民爆物品及涉恐资金的可疑人员，排查出被恐怖势力拉拢腐蚀过去从事涉恐活动的人员。针对这五类排查对象，发现、推送、核查、反馈及处置，防止在山西省发生暴力恐怖活动。针对岁末年初，回流渗透活动高发多发期，落实各项工作部署。围绕加强非法出境人员派遣入境的排查工作，从加强对涉恐重点单位、场所和行业的排查工作；加强群防群治的工作，依靠和发动群众发现异常、及时举报；加强对可疑人员的直接监测，着重监测人员流、资金流、物资流的异常；按照防回流防渗透职能分工，加强情报信息归口报送，整合情报资源，实现交流共享，提升涉恐活动的发现预警能力。（王瑞成）

·犯罪侦查·

【刑事犯罪侦破】 2016年，山西省公安厅立刑事案件129005起，同比下降1%；破获各类刑事案件47991起，同比提高9.2%；抓获各类刑事犯罪嫌疑人27826人，同比提高5.4%。危害严重的八类案件同比下降12.7%，命案侦破率达到97.44%。组建省、市两级反欺诈中心，共破获电信网络诈骗案件3475起，查处违法犯罪人员376人，帮助群众挽回经济损失1973万元。开展打击“盗抢骗”犯罪专项行动，破获“盗抢骗”案件27858起，破案数同比提高8.5%。部署开展打击网络贩枪犯罪专案行动，协助外省核查线索3413条，抓获犯罪嫌疑人141人，摧毁制造枪支弹药窝点1个，缴获枪支441支。打击拐卖妇女儿童犯罪，破获涉拐案件70起，解救妇女儿童86人。开展文物案件集中会战，抓获犯罪嫌疑人15名，缴获文物799件。抓获逃犯13213名，同比提高4.2%。（王瑞成）

【经济犯罪侦破】 2016年，山西省公安厅破获各类经济犯罪案件2473起，抓获嫌疑人1982名，挽回和避免经济损失5.8亿元。依法打击非法集资犯罪，共立案332起，破案293起，抓获犯罪嫌疑人491人，涉案资金16.9亿余元。延伸打击金融诈骗犯罪专项行动，共立案401起，破案200起，抓获犯罪嫌疑人173人，涉案金额2.59亿元。巩固“猎狐行动”成果，从6个国家和地区抓获在逃境外犯罪嫌疑人17名，缉捕率达55%。省公安厅部署从2016年4月至2019年4月在全省公安机关开展为期三年的打击“盗抢骗”犯罪专项行动。（王瑞成）

【网络犯罪整治】 2016年，山西省公安厅办理网络违法犯罪案件5339起，抓获犯罪嫌疑人2015人，抓获CCIC逃犯356名，清理涉毒信息209条，关停违法网站13个，通报封堵境外涉毒网站16个，关闭通讯账号15个。（王瑞成）

【打黑除恶、缉枪治爆、铲除黄赌毒】 2016年，山西省公安厅打掉恶势力犯罪集团267个，抓获犯罪嫌疑人1481人；检查涉爆从业单位1188家、涉枪从业单位317家，整改隐患843起，收缴各类枪支3104支、子弹44.7万发、炸药558吨、雷管84万枚、索类爆炸物品16.6万米，查处涉枪涉爆案件464起，抓获违法犯罪嫌疑人578人；查处涉黄涉赌刑事案件807起、治安案件2658起，打击处理聚众赌博团伙49个、组织容留妇女卖淫团伙11个，收缴赌博游戏机574台；破获各类毒品案件25718起，抓获涉毒犯罪嫌疑人2249人，查处吸毒人员23882人，缴获各类毒品1900余千克。（王瑞成）

【防范网络新型违法犯罪宣传周】 2016年1月17日，山西省暨太原市“防范电信网络新型违法犯罪宣传周”活动启动仪式在太原南宫广场举行。此次活动是按照全国打击治理电信网络新型违法犯罪专项行动办公室的统一部署，由省打击治理电信网络新型违法犯罪领导小组牵头，省委宣传部、省网信办、省公安厅、省通信管理局、省银监局、人民银行太原中心支行、山西电信、山西联通、山西移动等成员单位支持配合，山西省公安厅、太原市公安局共同承办。活动启动现场共设置宣传展板24块，印发宣传手册、资料和手提袋等宣传品20余类上万余份。（王瑞成）

【非法经营疫苗案件配合侦办】 2016年3月24日，山西省公安厅专题研究山东非法经营疫苗案件侦办，部署协调配合侦办该案山西籍涉案人员，要求各部门严守新闻宣传纪律，不得擅自对外发布。追查涉案人员。对公安部和山东警方通报的涉案人员，全力追逃，抓捕归案，对案件侦办过程中新掌握的涉案人员，顺线追踪，一查到底。公安法制部门加强对案件侦办的指导，对相关涉案人员的违法犯罪行为准确定性，做到不枉不纵，确保每个违法犯罪嫌疑人都依法受到处理。食药监和卫计部门注意从案件侦办中发现监管漏洞，加大对医药市场和医疗机构购药渠道的监管力度，堵塞漏洞，确保药品安全。

（王瑞成）

【电信网络新型犯罪应对】 2016 年山西省公安机关破获电信网络诈骗案件 503 起，查询涉案银行账户 275 个，查询涉案电话号码 3674 个。4 月，省"反欺诈中心"协助长治市公安局围绕信息流、资金流开展工作，抓获犯罪嫌疑人蒋某，破获"11.25"电信诈骗案，串并忻州市杨某某被诈骗案、吕梁市刘某某被诈骗案等 9 起案件，涉案金额 13 余万元。4 月 22 日，忻州市公安局依托省"反欺诈中心"，锁定并抓获河南省驻马店市蔡县籍犯罪嫌疑人杨某举、杨某洲，破获部督特大宋某某被诈骗案。省"反欺诈中心"对全省录入"电信诈骗案件侦办平台"中的接警止付信息做出反应，冻结涉案账户 314 个，其中部分被冻结账户中被骗金额上万元至几十万元不等，减少和挽回群众的经济损失。

（王瑞成）

【文物犯罪专案侦办】 2016 年，山西省组织开展防范打击文物犯罪工作专项行动。省公安厅与省文物局联系，以省政府名义或两家联合在全省部署开展防范打击文物犯罪工作专项行动，打防并举、综合治理，遏制全省文物违法犯罪案件的发生。组织开展案件大串并。对山西省发生的文物犯罪案件组织开展案件串并。协调省文物局在全省开展文物普查工作，对全省被盗文物，移交公安机关开展串并。对追缴的文物鉴定和组织辨认。加强分析研判。研究全省文物犯罪案件的新规律、新特点、新动向，依托大数据全方位开展研判，提高打防管控的针对性。总结教训，以打促防。坚持打防并举、以打促防，强化专案攻坚。

（王瑞成）

·社会民生服务·

【公共服务管理】 2016 年，山西省公安厅制订出台《山西公安简化优化公共服务流程方便群众办事创业 24 条措施》，从治安户政、交通管理、消防、出入境、互联网营业场所和网站管理等方面提升行政管理效率和公共服务水平。

山西公安便民服务在线，开设八大类 229 项服务项目，网站总访问量达 1.6 亿人次，2016 年，办结群众业务 19355 件，回复群众咨询求助 40969 件，网民满意率达到 99.1%。山西公安便民服务在线被确定为国家第二批社会管理和公共服务综合标准化试点项目，通过国标委中期评估验收，是全国公安系统唯一通过中期验收的省级试点，平台服务规范被列为全国公安网上便民服务行业规范。省公安厅行政审批管理处进驻省政务服务中心，实现省级公安行政审批"一个平台对外、一个窗口受理、一条龙服务、一站式办结"，成为全省首批进驻厅局中率先正式运行的政府职能部门。春节期间，全省公安机关开通户口和身份证预约办理业务。高考前夕，省公安厅开通考生办理居民身份证绿色通道。太原武宿国际机场口岸签证业务正式开通，为境外人员到晋提供便利。

（王瑞成）

【交管互联网服务平台建设】 2016 年，山西省公安厅推进交管互联网综合服务平台建设和应用工作，通过互联网平台办理补换领牌证、机动车检验预约、驾驶人考试预约等各类机动车和驾驶人业务 440 万余笔，预选机动车号牌 25860 付。交管部门推出为新能源汽车开设专用号牌号段、免收新能源汽车牌证费用等措施，为山西省新能源汽车产业发展提供支持。

（王瑞成）

【户籍制度改革推进】 2016 年，山西省推进户籍制度改革工作。就推进户籍制度改革、贯彻落实国务院办公厅关于解决无户口人员登记户口问题进行安排部署。

户籍制度和居住证制度改革。全省户籍人口城镇化率达 39.14%，较上年增加 1.43%。完成《山西省流动人口服务管理办法》的修订工作，发放居住证 40 万张。办理无户口人员登记户口 4560 人。推进身份证异地受理业务，跨省居民身份证异地受理业务范围扩大至全国。推进户籍管理规范化、信息化建设，清理整顿"错、重、假"问题，共清理违法违规办理的重复户口 4455 个，清理应销未销户口 6297 个，清理纠正户口登记项目差错 256772 个。

推动改革完善农村产权制度，维护进城落户农民的土地承包经营权、宅基地使用权、集体收益分配权，把农民的户口变动与"三权"脱钩，调动广大农业转移人口进城落户的积极性。解决无户口人员问题。出台山西省实施办法，组织开展相关政策文件清理和修改；开展全面摸底排查工作，摸清掌握本地区无户口人员数量、分布及产生原因等基本情况，为分类实施无户口人员登记户口政策打基础；核实办理，逐一建档立册；加强督查指导，对责任不落实、工作不力的，依法依规严肃追究责任。

（王瑞成）

【公安派出所出具证明规范】 2016 年 8 月，山西省公安厅为贯彻落实《关于印发〈关于改进和规范公安派出所出具证明工作的意见〉的通知》，就改进和规范公安派出所出具证明工作提出贯彻意见。

明确出具证明的范围。在公安派出所出具的各类证明中，户口登记项目变更更正证明、注销户口证明、亲属关系证明、办理婚姻登记开具临时身份证明、无犯罪证明由公民户籍所在地公安派出所依据户籍登记信息等出具；被拐儿童身份证明，由案件受理单位所在地公安派出所依据案件信息等出具；捡拾弃婴（儿童）报案证明、非正常死亡证明由事件发生、发现地公安派出所依据派出所接处警信息、相关公安部门调查和检验鉴定结果等出具；临时身份证明（办理婚姻登记除外）由驻地公安派出所通过查询全国人口信息系统核准后出具并注明有效期限。

规范出具证明的式样。按照全省统一式样标准，完整填写公民姓名、公民身份号码、证明事项等相关信息，并要求申请人在证明存根上签字、留存联系方式备案存档。在出具户籍信息相关证明时，由所领导审批后加盖公安派出所户口专用章；在出具户籍信息以外的证明时，由所领导审批后加盖公安派出所公章。

严格出具证明的条件和时限。公民个人需要公安派出所出具相关证明的，只需出示本人居民身份证等法定有效证件。委托他人办理的，应同时提供委托人、被委托人的居民身份证等法定有效证件及复印件，并提交委托书。公民因办理出国（境）事务需要，出具无犯罪记录证明的，经出示本人居民身份证等法定有效证件，派出所应当在核实后出具；依照法律法规关于升学、服现役、就业等资格、条件的规定需出具无犯罪记录证明的，所需单位应派人持单位介绍信、被证明人的身份信息等相关材料申请办理，派出所应当在核实后出具。符合出具证明条件的，公安派出所在接到申请时根据登记掌握的信息，当场出具证明；需要调查取证或由于其他原因无法当场出具证明的，公安派出所应于接到申请之日起5个工作日内完成调查取证等有关工作并出具证明。（王瑞成）

·消　防·

【概述】 2016年，山西省公安厅把城市消防安全纳入治理“城市病”整体规划，破解城市火灾防控难题；消防队站、消防水源建设与经济社会发展和城市改造同步规划，整改没有考虑消防安全因素的项目。整治一批区域性、行业性重大火灾隐患和历史遗留问题，落实重大隐患政府挂牌督办制度；开展城中村、棚户区消防安全专项整治，净化社会消防安全环境；整治户外广告牌和电子屏，严防火灾事故发生。抓重点行业、领域、单位的消防安全治理。加强重点单位和社区微型消防站建设；加强区域联防组织建设，提高隐患自查自改、火灾自防自救和区域应急联动能力；进行社会消防宣传教育，提高公众的消防安全意识和自防自救能力。（王瑞成）

【行业专项消防】 2016年，山西省抓好行业部门的消防安全工作，交通部门、消防部门汲取“3·1”事故教训，研究隧道消防安全问题；卫计委抓医院病房等区域的消防安全；教育部门重点抓学校、幼儿园的消防管理；文物、宗教等部门督促做好文物建筑、宗教场所的消防工作，严防火灾发生。

（王瑞成）

2016年11月8日，山西省副省长、省公安厅厅长刘杰（左）考察消防训练工作

（王瑞成供图）

·交通管理·

【车驾监管业务改革】 2016年，山西省机动车保有量576.9万辆，机动车驾驶人保有量857.5万人，在全国均排名第18位。全省交警部门推行互联网自主约考，全年约考成功300余万人。改进科目二、科目三考试模式，由原来的分别预约、依次考试改为一次预约、连续考试，缩短群众待考时间。组织推动具备条件的县（区）设立社会化考场，延伸考试业务，实现县大队车管所承接考试业务。截至2016年底，全省共有64个县可进行科目一考试、61个县可进行科目二考试、41个县可进行科目三考试。与全省171家机动车检验机构完成联网，实现机动车远程检验、远程核发检验合格标志，方便群众一站式办理检验。实施非营运小微型客车6年免检政策，减轻新车车主检车负担。全省共发放免检车合格标志198万个。实施省内异地检验车辆，除大型客车、校车以外的其他机动车无需再办理委托手续，可在省内任一地市就地检车，方便群众就近检验车辆。2016年9月，全省公安交警部署开展互联网交通安全综合管理服务平台机动车号牌选取工作，规范全省互联网选号规则、程序和方法，为全省11个市开放互联网机动车选号资源。全省共通过互联网选号近两万副，满足群众机动车选号需求。平台手机APP软件“交管12123”累计安装428万次，通过APP办理各类业务101万笔。

（杜　虹）

【交通安全防控体系建设】 2016年，山西省公安交通管理局推进公路交通安全防控体系、指挥中心监控平台和高速公路交通管理科技项目的建设应用。全年布建路面卡口3024套，建成省级指挥中心1个，市级指挥中心15个和县级指挥中心122个，执法服务站289处，全年布控信息154万余条，查获各类违法嫌疑车25万余辆次，客货运车核查登记预警系统核查登记车辆400万余辆次，发现违规车辆4万余辆次。（杜 虹）

【跨省异地缴纳交通违法罚款】

2016年5月1日，山西省开通跨省异地缴纳交通违法罚款业务。违法行为人可凭山西省交警部门出具的《公安交通管理行政处罚决定书》或者《公安交通管理简易程序处罚决定书》，通过任一工商银行、建设银行的营业网点、网上银行、手机银行、银行自助服务终端等缴纳交通违法罚款。截至2016年底，办理完结来自河北、河南、山东、天津、北京等30个省市的违法缴款业务十余万笔。

省交管局研究制订《山西省公安交警机动车和驾驶证业务监管工作规范(试行)》，明确各级交管部门的监管职责，完善监管机制，堵塞业务漏洞。完善车驾管业务监管中心建设，定期通过考试监管系统、机动车检验监管系统和综合应用平台业务监管功能对驾驶人考试（考试合格率、考试误判、考试预警等信息）、机动车查验检验（重点是大中型客车、重中型货车、危险化学品运输车、校车、重点进口车、有违规产品信息的重点嫌疑车）。进行业务数据分析，通过抽查音视频信息、下发异常业务通报、加强明察暗访、核查上级通报和举报投诉的异常业务和违规线索、落实执法记录仪使用管理规定等业务监管的主要措施，确保考试工作全程留痕，全程监管，使业务监管工作形成一整套制度化、程序化、规范化的工作流程开展业务监管。（杜 虹）

【交通事故快处快赔服务】 2016年，山西省公安交通管理局推进太原交警、高速交警道路交通事故快处快赔试点工作等，开发微信快处软件，全省轻微交通事故快处快赔工作推进。通过快处快赔，所有不涉及人员伤亡的轻微财产损失的交通事故，当事人可以自行拍照协商，到快处点处理，不必等待交警到达事故现场，方便群众，缓解拥堵。2016年五一、国庆假期，高速交警在高速公路增设7处流动快处快赔受理点，共受理事故500余起，涉及事故车辆1000余辆。

（杜 虹）

2016年1月10日，山西交警在大雪中救援事故车辆 （杜 虹供图）

【事故隐患排查】 2016年，山西省公安交通管理局将上年省政府挂牌督办的11处隐患路段纳入社会治安风险隐患排查整治重点任务。截至2016年底，推动整改6处，相关市政府提请验收、销号，其余5处推动治理。全年全省共排查道路交通事故多发点、段66处，其中，太原两处、阳泉7处、长治5处、晋城5处、朔州4处、晋中11处、临汾1处、运城1处和高速公路30处。对新排查发现的66处隐患和上年排查尚未完成整改的215处存量隐患以领导小组名义向各市政府下发隐患整改督办通知，抄送交通、安监部门，函告省高管局。对其中3处存在重大交通安全隐患的路段，委托上海同济大学进行安全评估，根据其提出的隐患治理建议方案，提请省人民政府挂牌督办。（杜 虹）

【交通安全保障】 2016年，山西省公安交通管理局建立假日数据研判模型，通过发文公告、诱导提示、隐患排查、重点车辆违法整治等措施，保障交通安全畅通，完成春运、“两节”、清明、五一、端午、中秋、国庆等节假日和“两会”、高考、中考以及G20峰会和太原能源低碳发展论坛等各类重要活动的交通安保工作任务。在冰雪恶劣天气下，公安交警指挥疏导交通，救助群众，涌现出一批先进集体和先进个人。出动警力65万人次，出动警车18万辆次，启动交警执法站307个，检查车辆240万余辆。

关注煤焦市场变化，调研各阶段全省主要运煤通道流量情况，对九条主要运煤通道提前采取应对措施，保障运煤通道安全畅通。全年部署开展无证驾驶、超速行驶、客车超员、货车超载等严重违法行为的专项整治行动。为保障特殊车辆车队过晋，公安交警对特殊车辆行驶路线进行先期勘查，制订科学合理的勤务方案，通过警车带道、交通管制、重点路段岔路安排警力等措施保障车辆通行。2016年共保障特殊交通安全通行任务55次，保障车辆1883辆次，保障路程11余万千米。（杜 虹）

【交通安全检查】 2016年，山西省公

安交警开展交通安全大检查,狠抓车辆和驾驶人源头管理,开展包括整治酒驾醉驾违法犯罪行为,城市工程运输车、农村学生接送车和危险化学品运输车重点违法行为及“查违法、除隐患、降事故、保安全”等专项行动。清理排查“营转非”大客车、大型公路客运车、大型旅游客运车、危险货物运输车、校车逾期未检验、未报废以及B2以上驾驶人逾期未审验、未换证等情况,列出隐患车辆清单,通过告知提示、上门排查、约谈曝光隐患严重的企业责任人等多种措施,提高重点车辆“双率”(检验率、报废率)。推进城市道路交通信号灯配时智能化和交通标志标线标准化排查整改工作,依托相关单位的技术资源,以太原市为试点,开展城市交通基础数据积累平台建设等工作。（杜　虹）

【交通安全宣传】 2016年,山西省公安交通管理局开展“小桔灯梦想课堂”“好司机”评选、“送头盔下乡”、中小学生反光书包发放等公益活动,拓展交通安全公益协作渠道。组织开展“4·30”、122等交通安全宣传主题活动。推进交通安全主题宣传教育基地建设。截至2016年底,太原、临汾、吕梁、晋中、阳泉、忻州、长治、孝义、高速交警二支队均建成市级及县级交通安全主题综合宣教基地,开展互动式、体验式宣传教育活动300余场次,受教育人群达6万余人。在农村地区开展交通安全宣传教育大喇叭建设,普及交通安全法律法规,推送交通安全常识。将观看《让生命无憾》《血路之殇》警示教育片作为机动车驾驶人满分教育、审验教育重要内容,加强对重点群体交通安全宣传教育。将传统宣传模式与新媒体建设结合起来,开展交通宣传提示和教育活动。全年共在各类媒体发稿8200余篇,手机短信平台推送信息2000余万条,发放宣传品160余万份,自主拍摄宣传短片60余部,微博、微信发布信息3.45万条,“山西交警”微直播6次,微广播48集,点击合计24.57万次,微博微信关注用户达112万。（杜　虹）

【高速公路隧道应急救援演练】 2016年8月25日,太古高速公路西山特长隧道突发事件应急处置演练活动在太原举行。太原市万柏林区政府及相关应急、安监、环保等部门,高速交警一支队及相关大队、太古高速公路建管处及太原高速公路有限公司、太原市消防支队古交消防中队、太原市120急救中心、太原化兴危险化学品救援有限公司等部门参加演练。这次应急演练模拟一辆重型货车行驶至太古高速公路西山特长隧道,与前方一辆载有甲醇的危化品罐式半挂车尾随相撞,造成危化品车辆所载甲醇泄漏并起火,后方货车驾驶员当场死亡,同车乘车人1人受伤被困的事故。在事故应急处置指挥部统一指挥下,高速公安交警、太古高速建管处、消防、安监、环保、卫生等部门人员按照突发事件应急处置预案要求,分级负责、部门联动、协调有序、反应迅速,处置这起隧道危化品运输车辆事故。截至2016年底,全省有隧道878道,其中高速公路隧道627道,3千米以上的特长隧道81道。危化品运输车辆增加,全省有危险化学品车辆7883辆,过境车辆1万余辆。（王瑞成）

·边防保障·

【口岸签证处筹建】 2016年山西省公安厅筹建出入境管理局口岸签证处,就口岸签证处整体筹建、工程进展、设备招标采购、人员培训演练和运行流程等方面制定规章制度。出入境管理局和口岸签证处组建和培训口岸签证队伍。口岸签证业务依照法律行使职权,坚持“法无授权不可为”;坚持协作配合,形成合力。口岸签证处坚持加强沟通、多方协作的工作方式,探索建立与机场、口岸办、海关、边防等相关部门的联系协作机制,经常性的沟通交流,发现问题,整改问题,确保各项工作运行顺畅。（王瑞成）

【公安边防边检服务】 2016年,山西省公安边防总队助力太原空运口岸加开国际航线,跟进服务大同、运城机场对外开放工作。利用VPN技术,采用太原口岸梅沙网地址分段技术,开通“太原–运城”梅沙专网,实现无需单独架设服务器即可进行验放的保障目标,以口岸基础信息化建设为切入点和着眼点配合推进运城机场临时开放,支持全省口岸扩大开放的发展战略。推动“边检自助查验通道便捷通关”作为全省24条便民服务举措之一向社会公布。开设“预约通关、便捷通关”的绿色通道,方便“急、病、伤、残”旅客,实施公务机“零等待、零距离”快速查验模式,增强边检服务针对性。（郭　瑞）

【边防勤务规范化建设】 2016年,山西省公安边防总队推行“科队联勤”,根据业务量弹性调整警力配置,将一线执勤警力“拆科化组”,通过整合警力资源,灵活应对客流高峰,避免警力虚耗,提高警力保障灵活度,勤务组织顺畅平稳。形成山西边检《行政权力清单》《责任清单》《行政职权运行流程图》和《行政职权廉政风险防控图》,推进总队执法规范化建设。推进边检信息化建设,总队加大边检自助查验通道和智能验证台、勤务督导台建设,截至2016年底,在太原空运口岸建成14个智能验证台、3条自助查验通道和2套勤务督导台。在执勤现场配齐处突警用器材装备,完成梅沙系统升级工作,优化布控、重点人员核查等功能,提高系统安全性,提升部队执法执勤工作的科技含量。（郭　瑞）

【口岸安全边防管控】 2016年,山西省公安边防总队开展形势教育,将口岸形势分析和风险评估作为重要内容纳入勤务研讨会、周交班会、月首长办公会中,对重要敏感节点和重大勤务工作实行专项分析评估,利用空港API系统,加强情报信息搜集研判,提升口岸管控预警能力。开展边检执法执勤隐患专项排查整治活动,消除口岸管控工作中的安全隐患。推行"小前台、大后台"勤务模式，落实查控工作24小时值班制度，收集整理重点国家证件信息资料及伪假证件识别要点。健全完善口岸应急处突预案，开展警务实战化训练，组织执勤官兵在太原、大同口岸开展口岸处突演练。与口岸各部门的协作配合，签订相关协作机制，构建起太原、大同空运口岸突发事件应急联动防控体系。 （郭 瑞）

检 察

【概述】 2016年，山西省检察机关共批准逮捕16904人，提起公诉26996人。参与医疗场所和校园安全专项整治行动，依法批捕破坏社会管理秩序犯罪2984件4485人。依法惩治电信网络新型犯罪，共批捕此类犯罪209件354人。加强未成年人刑事检察工作，依法不批捕190人，附条件不起诉117人。加大涉检信访工作力度，开展便民接访活动，开通省、市、县三级检察院视频接访系统，坚持属地管辖原则，就地化解矛盾，省检察院来信来访数量同比下降23%。

2016年，山西省各级检察机关受理国家司法救助案件317件，同比上升10.5%。其中，检察机关主动提起48件，当事人或近亲属提起268件。经审批，实际救助355人，实际拨付救助金296.8万元。 （尹桂珍）

【检察职能强化】 2016年，山西省检察机关履行法律监督职能，推进司法体制改革，推动检察工作科学发展、创新发展。发挥反腐败职能作用，保持办案力度不减。推进司法改革，发挥预防作用。依法保障犯罪嫌疑人合法权益，把握证据标准，全年移送起诉的职务犯罪案件，未出现1起无罪判决；落实办案安全责任制，未出现1起办案安全事故；加强网络舆论引导，未出现1起舆情炒作事件。

配合做好监察体制改革试点工作。做好反贪污贿赂、反渎职侵权、职务犯罪预防等部门的机构、编制、人员、装备、案件线索、档案资料等情况的调查摸底工作，参与各级监察委员会的筹备工作，研究监察委员会与检察机关案件移送衔接机制。综合业务应用平台完成，平台调试工作展开。

（尹桂珍）

【司法体制改革】 2016年，山西省人民检察院推进司法体制改革。坚持科学放权与强化监督相结合，出台《关于落实司法责任制的实施意见》以及各业务条线的14个权力清单，明确责任主体和权力边界，为落实司法责任制提供制度依据。

调研总结司改试点院第一阶段的改革情况，对全省11个地市119个县院的人员机构进行摸底。就检察官单独职务序列改革、内设机构设置等司改有关方案，分别向省高检院、省委政法委、省编办提出意见建议，起草全省第一批试点院内设机构改革试点方案和司改试点院书记员管理改革方案、书记员招录过渡办法，参与全省检察机关司法体制改革整体推进工作。协调有关部门推进工资制度改革，明确员额实施之日起落实改革工资，对试点院三类人员两类工资进行测算，制订《全省检察机关工作人员绩效考核及奖金分配实施办法（试行）》。根据省编办关于检察机关机构编制上划方案，启动市县检察院机构编制上划工作。

落实司法改革主体责任，落实省、市两级检察院领导联系改革试点院制度，帮助基层化解矛盾、解决问题。加大改革政策宣讲力度，推进司法体制改革。

落实司法责任制，首批试点单位检察长和员额检察官到一线办案，检察长人均办案4.7件，副检察长人均办案13件，员额检察官人均办案量同比上升30%，办案期限平均缩短10%以上。2016年，山西省人民检察院坚持员额比例不动摇。全省共有3161名检察人员报名参加员额检察官遴选，经过民主推荐、业绩考核、遴选考试等程序，并报省法官检察官遴选委员会审核，共确定员额检察官2385名，完成遴选工作任务。 （尹桂珍）

【法律监督新格局】 2016年，山西省检察机关完善介入命案工作机制，共介入引导侦查882件，提出取证意见和建议647次，公安机关采纳626次，其中介入命案149件。在市、县两级公安机关设立侦查监督检察室151个，实现检警信息共享和对侦查活动监督的全覆盖，共监督纠正公安机关应当立案而不立案的案件571件，同比上升43.5%；监督纠正不应当立案而立案的案件383件，同比上升29.8%；监督纠正侦查活动违法2965件，同比上升43%。

严把证据关、事实关、程序关，执行非法证据排除规则，防止刑事案件"带病"进入审判程序。健全案件繁简分流机制，依法不起诉1343件2037人，建议适用简易程序1784件。完善出庭指控犯罪工作机制，承担证明责任，公诉案件有罪判决率达99.96%。强化刑事审判监督，依法抗诉573件，同比上升22.7%；监督纠正审判活动违法923件次，同比上升44.2%。完善与司法行政机关、律师协会的沟通协调机制，听取律师意见。加强对律师执业权利的司法保障，律师会见难、阅卷难、取证难等问题逐步解决，在检察环节共接待律师阅卷5484次，听取律师意见355件，监督纠正有关单位阻碍律师行使诉讼权利110件。

完善多元化民事行政诉讼监督格局，对裁判结果、审判程序及执行活动实行监督，依法提出抗诉77件，对审判活动违法情形提出监督意见2232件，对执行活动提出监督建议2117件。开展打击虚假诉讼专项活动，监督纠正虚假诉讼案件22件。加大对弱势群体的司法保护力度，办理支持起诉2598件，为进城务工人员追回拖欠工资3000余万元。加大对行政违法行为的检察监督力度，办理督促履行职责案件875件。

加强对"三类人员"减刑、假释、暂予监外执行等问题的监督，落实同步监督机制，对不符合法定条件或违反法定程序的，提出书面纠正违法意见涉及614人。加强对社区矫正的检察监督，依法纠正违法情形5345件次。开展“集中清理判处实刑罪犯未执行刑罚”专项活动、财产刑执行专项检查活动，监督收监执行137人，监督纠正财产刑执行不当153人次。注重对被监管人合法权益的保护，监督纠正监狱、看守所违法情形6633件次，同比上升19.6%；查办发生在监管场所的职务犯罪32件41人。

（尹桂珍）

【职务犯罪案件查办】 2016年，山西省检察机关共查办各类职务犯罪1168件1766人。其中，大案390件，县处级以上干部要案107人(含厅级4人)，通过办案追缴赃款赃物14.3亿元。共查办渎职侵权犯罪398件602人。其中，玩忽职守犯罪293件437人，滥用职权犯罪66件98人。介入重大安全生产责任事故调查，查办事故背后的职务犯罪44件69人。组织开展查办“家电下乡”领域渎职犯罪专项工作，查办此类犯罪56件103人，涉案金额4600余万元。立案侦查刑事执行活动中的职务犯罪案件31件40人。其中，贪污贿赂案件15件22人，渎职侵权案件16件18人。共查办农村基层组织人员职务犯罪587人，占案件总数的33.2%。加强民生检察工作，共查办食品安全、社会保障、医疗卫生等民生领域的职务犯罪222人。

（尹桂珍）

【职务犯罪预防】 2016年，山西省检察机关落实《山西省预防职务犯罪工作条例》，制作预防职务犯罪专项报告850件，提出预防建议720件，推动建立制度880件；组织开展以“权力不可任性”为主题的渎职犯罪警示教育活动，通过以案说法等形式，开展警示教育和宣传3772次，受教育人数达11万余人次。

推进“十百千”重点工程专项预防工作。针对工程建设的立项、物资采购、工程变更、资金流向等环节开展预防调查，发现问题向相关单位提出检察建议，整改问题，消除犯罪隐患。山西省人民检察院与山西省环保厅联合出台《加强对环保领域开展专项预防工作的实施方案》，组织开展全省环保领域专业预防工作。

开展预防职务犯罪微电影全省展播活动。省、市、县三级电视台，在黄金时间段播出山西省参加全国检察机关首届预防职务犯罪微电影评比，活动中《茶殇》《栀子花开》《墨宝》等作品获奖。山西省人民检察院编辑发行《山西预防职务犯罪》专刊6期。营造反腐倡廉社会文化氛围，推进社会化预防工作力度。 （尹桂珍）

【检察官职务套改工作】 2016年，山西省人民检察院3次召开各市级院主管部门负责同志会议，安排全省检察机关职务套改工作，研究解决问题对策，协调省委组织部给予工作支持。集中人力进行两次审核，在员额检察官遴选工作启动前完成检察官职务套改工作，全省共完成套改4639人。 （尹桂珍）

【全省员额检察官首批遴选】 2016年，山西省人民检察院为试点院，首批181名检察官办理入额手续，做好任职宣誓工作，推动第一批试点院工作，出台全省推开试点工作员额检察官首批遴选方案和省院机关遴选方案，指导市县院开展员额检察官遴选工作，按照三个30%的规定，结合基层案多人少实际，测算确定每个院的员额数，制订完善业绩考核方案、考试方案等配套方案。全省检察机关经过报名、资格审核、民主推荐、业绩考核、闭卷考试、提交党组会研究决定等程序，推荐拟进入员额检察官2357名，在资格审查后确定全省拟进入员额检察官2328名，其中省院机关133名。拟进入员额检察官确定后，起草推开司法体制改革首批检察官遴选情况报告和遴选入额检察官人选提议，连同2328名拟入额人员相关材料提交省法官检察官遴选委员会。

（尹桂珍）

【规范司法行为专项整治】 2016年，山西省各级检察机关对照《全省检察机关职务犯罪侦查预防部门深化规范司法行为专项整治工作方案》列出的六个方面30个具体突出问题，进行自查自纠。山西省人民检察院对各地包片督导检查，主要看问题查摆是否到位、规范司法行为是“束缚”的错误思想是否破除、检察机关“八项禁令”和“八个公开”等制度规定是否落实、规范司法行为习惯是否形成等。 （尹桂珍）

【经济领域法治环境建设】 2016年，山西省检察机关加强对国有资产转让、清算、退出等环节的检察监督，依法查办发生在国企领域的职务犯罪案件187件265人。加大对侵犯知识产权犯罪的惩治力度，批准逮捕假冒

2016年4月29日，山西省检察机关举行检察官向宪法宣誓活动

（尹桂珍供图）

注册商标、侵犯著作权等犯罪23件28人。出台保障新型城镇化建设和开发区建设实施意见，推动城中村改造、招商引资等重点工作开展。开展破坏环境资源犯罪专项立案监督活动，监督有关机关移送重大环境污染事故、非法采矿、盗伐滥伐林木等犯罪83件96人，提起公诉145件248人。出台服务民营经济发展的实施意见，落实平等保护原则，保护民营企业家干事创业的积极性。执行"八项禁令""十个不准"，减少办案对企业正常生产经营活动的影响，为企业发展营造良好的法治环境。

出台依法保障和促进非公有制经济健康发展的实施意见，贯彻平等保护原则，在司法办案中对国有企业与非公有制企业一视同仁，坚持宽严相济，把握法律政策，区分罪与非罪界限，实现打击与保护相统一，查办案件与促进发展相统一，教育、鼓励、支持非公有制企业强化法治观念，依法经营，公平竞争。打击危害企业生产经营的犯罪活动，批捕破坏市场经济秩序犯罪913件1204人，提起公诉1518件2533人。（尹桂珍）

【财产刑执行专项检察】 2016年，山西省刑事执行检察部门以财产刑尚未执行完毕的"五类罪犯"财产刑案件为监督重点，对全省21所监狱服刑罪犯财产刑执行情况进行分析，明确监督难点和重点。发现一些职务犯罪案件线索，纠正一批财产刑执行不当、不规范等问题，共提出书面纠正意见284件，纠正215件；提出检察建议32件，采纳29件。

2016年，全省检察机关对财产刑立案活动监督1853人次。其中，对审判部门移送立案不当监督1220人次，立案部门审查立案或移送不当369人次，非本院执行机构执行232人次，委托执行不当1人次。执行活动检察545人次。其中，执行期限不当188人次，执行的范围或顺序不当179人次，查封、扣押、冻结、划拨等执行措施不当153人次，上缴国库不当13人次，其他12人次。经监督纠正执行人数20人4.6万元。（尹桂珍）

【未成年人刑事检察改革】 2016年，山西省未成年人刑事检察部门畅通规范办案系统，健全备案审查和考评机制，贯彻"少捕慎诉少监禁"政策。全年共受理审查逮捕案件292件549人，批准逮捕209件387人，不捕85件172人；共受理审查起诉案件394件880人，起诉284件595人，不诉33件65人，附条件不起诉考验期满后不起诉105人。

限制适用羁押性强制措施。全年全省未检部门批准逮捕人数同比下降12.4%；不捕率30.7%，同比增加1.6个百分点。

运用不起诉裁量权促进案件分流。全年全省未检部门起诉人数同比下降22.3%，不诉率22.1%，同比增加4.9个百分点。

开展未检特色制度实践。全年全省检察机关共对532名犯罪嫌疑人和53名未成年被害人开展法律援助；讯问时法定代理人到场125人，其他合适成年人到场88人；亲情会见453人；审查逮捕阶段开展社会调查194人，审查起诉阶段427人；分案起诉案件29件；刑事和解不起诉113人，建议从轻252人；为犯罪嫌疑人和被害未成年人做心理疏导736件次；犯罪记录封存496人；社区矫治监督61人；不捕、不诉帮教262人。（尹桂珍）

【公安机关立案监督】 2016年，山西省检察机关共监督公安机关立案670人。监督立案的案件共起诉466人，起诉率为66.5%。法院共作出有罪判决475人，有罪判决率为70.8%；判处有期徒刑以上刑罚共337人，所占比率为70.94%；共要求公安机关说明立案理由425件，监督公安机关撤案383件，公安机关纠正率为90.1%。全年全省检察机关纠正漏捕588人，纠正漏捕后起诉570人，纠正漏捕后判处3年有期徒刑以上刑罚共83人。全省检察机关提出书面纠正意见1212件次，纠正1114件次，公安机关纠正率为91.9%。（尹桂珍）

【案件管理信息化建设】 2016年，山西省各级检察机关依托统一业务应用系统和案件信息公开系统，推进执法信息网上录入、执法流程网上管理、执法活动网上监督。全省检察机关案件管理部门依托统一业务应用系统共受理流转案件48751件，接收卷宗106938册，对160件不符合受理条件的案件作出不予受理的决定；送案审核43479件，移送案件41226件；入库备案管理涉案款17685.863

2016年12月14日，山西省人民检察院举行"检察开放日"活动

（尹桂珍供图）

万元，出库涉案款20229.929万元；入库涉案财物338474件，出库涉案财物13175件；通过人民检察院案件信息公开网审核、公开案件程序性信息42145条，重要案件信息3178条，辩护与代理预约3074件，终结性法律文书17056份。（尹桂珍）

【职务犯罪案件远程提讯系统全覆盖】 2016年，山西省人民检察院推动市县间职务犯罪案件远程提讯系统（二期）开通的工程资金申报、招投标等前期工作。7月8日，召开全省检察机关职务犯罪案件侦查和审查逮捕远程提讯系统（二期）工程建设动员部署会，明确系统建设的目标、任务和措施。由各级侦查监督部门牵头，协调计财、技术和刑事执行部门统筹协调。10月底，完成二期工程建设任务，开通院与12个市分院、106个县级看守所之间的远程提讯系统，实现省市县三级检察机关的全覆盖。（尹桂珍）

【新媒体建设】 2016年，山西省检察机关共建成门户网站139个、微博153个、微信145个和客户端139个，构建起集阳光检务、信息发布、互动服务于一体的检察宣传新媒体平台，全省检察机关三级院实现“两微一端”全覆盖。山西省人民检察院新媒体（门户网站、微博、微信、新闻客户端）共编发信息1051条，获“全国检察新媒体优秀奖”，新媒体作品《总有一种义举让历史铭记》获得第二届检察新媒体创意大赛H5类金奖。加强新媒体队伍建设，举办首届新媒体管理应用培训班，对全省检察机关150余名“两微一端”管理操作人员集中培训，提高新媒体管理应用人员的整体素质和操作水平。（尹桂珍）

【人民监督员工作与制度改革】 2016年，山西省检察机关人民监督员在监督“十一类案件或事项”中，拟撤销案件20件22人，拟不起诉案件79件81人，监督结案45件45人，同意检察机关拟定意见的40件，不同意的5件。山西省人民检察院人民监督员监督案件2件2人。人民监督员提出监督意见30余条，监督意见办结并向人民监督员反馈。省检察机关落实最高检、司法部联合下发的《人民监督员选任管理办法》和高检院下发的《关于人民监督员监督工作的规定》，坚持舆论先行。在检察院官网、微信信息平台和检察服务大厅滚动播出人民监督员制度改革相关情况，在《检察周刊》做人民监督员制度改革10问10答专栏。与省司法厅沟通联系，并联合召开人民监督员制度改革电视电话会议，部署新一届人民监督员选任工作及深化人民监督员制度改革的相关工作，联合下发《人民监督员选任管理方式改革工作实施方案》。（尹桂珍）

【扶贫领域犯罪防治】 2016年，山西省检察机关组织开展集中整治和加强预防扶贫领域职务犯罪专项工作，共查办征地补偿、粮食直补、退耕还林和农村基础设施建设等涉农领域职务犯罪329件536人。山西省人民检察院反贪、反渎、预防三部门联合开展扶贫领域惩治和预防职务犯罪工作专项活动。起草《山西省检察机关扶贫部门加强预防扶贫领域职务犯罪专项工作实施方案》和《关于开展扶贫领域专题警示宣传教育基层行活动的实施方案》等工作文件。组织全省检察机关开展推动全省涉农财政扶贫资金公开公示，让财政扶贫专项资金“晒太阳”，接受群众监督。推行“互联网+阳光百姓工程”，实现涉农领域职务犯罪精准预防。召开全省“阳光百姓工程”预防涉农领域职务犯罪现场会。全省11个地市成立“阳光百姓工程领导小组”，出台《实施意见》和《实施细则》。“阳光百姓工程平台系统”在全省11个市上线运行，对2016年1月1日以来的全省涉农资金的拨付、使用、管理等环节实现全覆盖，跟踪监督中央、省、市、县四级财政涉农资金280多亿元。

（尹桂珍）

法　院

【案件受理】 2016年，山西省高级人民法院受理各类案件440209件，审执结386379件，比上年分别上升27.71%和33.78%；省高院受理各类重大案件8834件，审结8010件，同比分别上升42.74%和79.27%。（马云跃）

【“服务大局年”活动】 2016年，山西省法院制订出台《全省法院开展“服务大局年”若干意见》，坚持以法治方式服务保障经济发展大局，满足人民群众多元司法需求，捍卫社会公平正义。

加强刑事审判，维护国家安全和社会稳定。受理刑事一审案件28082件，审结25299件，同比分别上升7.95%和14.05%。严惩危害国家安全和严重危害人民生命财产安全犯罪，与公安、检察机关密切配合，对暴力恐怖、黑恶势力、涉枪涉爆、故意杀人、抢劫等犯罪依法打击，审结该类案件1592件。严惩国家工作人员职务犯罪，审结贪污贿赂、渎职犯罪案件1599件。对原县处级以上职务犯罪罪犯的减刑、假释、暂予监外执行实行备案审查，杜绝“有权人”“有钱人”被判刑后减刑快等问题。严惩涉众型犯罪，审结非法吸收公众存款、非法集资等案件491件，以及与民生密切相关的危害食品药品安全、制假贩假等犯罪案件297件。打击犯罪与保障人权并重，严把案件质量关，严防冤错案件。为186名可能被判处三年以上有期徒刑、却无力聘请律师的被告人指定辩护人，对12名指控证据不足、指控罪名不能成立的被告人依法宣告无罪，对8008名具有从宽情节的被告人依法适用非监禁刑。推进量刑规范化，统一15种犯罪案件的量刑尺度。

加强商事审判，依法调节经济关系。受理商事一审案件115897件，审结95089件，同比分别上升19.96%和20.75%。针对经济下行、企业生产经营出现较大困难的情况，省高院成立破产案件审判庭，建成全省法院破产重整案件信息平台，依法妥善审理涉及吕梁联盛集团等企业清算、破产案件195件，推动“僵尸企业”清理处置，扶持帮助一批企业渡过难关。应对增速放缓、结构调整新常态，依法规范市场经济秩序，保障各类市场主体公平竞争，依法审结买卖合同、建设工程、房地产、金融借款、股权转让等各类纠纷案件64205件，诉讼标的额达328.98亿元。加强对互联网金融、银行卡纠纷、保险理赔纠纷、电子商务、知识产权等案件的专题调研与指导，依法审结各类金融纠纷案件23758件，标的总金额163.63亿元，同比分别增长74.02%和39.70%；审结知识产权案件438件，同比增长80.25%。运用司法手段，支持金融振兴、科技创新，助力创新驱动发展。

2016年12月9日，山西省高级人民法院联合山西银监局召开依法维护银行权益推进涉金融案件专项执行工作座谈会（马云跃供图）

加强民事审判，服务保障民生。受理民事一审案件109002件，审结96576件，同比分别上升4.33%和4.79%。升级改造诉讼服务中心，健全山西法院诉讼服务网，实现网上预约立案、递交材料、调阅卷宗、申诉信访等，诉讼服务网访问量达138万余次，日均3033次。开展家事审判方式改革试点，审结婚姻家庭和继承纠纷一审案件50117件，依法保护未成年人、妇女、老年人等弱势群体的合法权益；审结涉及教育、医疗、住房、劳动争议、拆迁补偿等纠纷案件14709件，为农民工讨薪等案件开辟“绿色通道”；做好司法救助工作，为经济确有困难当事人缓、减、免诉讼费用8629.51万元，开展救助1676人次、发放救助金2376.25万元。注重源头化解群众身边的矛盾纠纷。全省98个中、基层法院建立征地拆迁、劳动争议、交通事故、村矿（企）矛盾、医患纠纷、环境污染“六大领域”诉调对接的联调机制，建立起以司法所、法律服务所、工会组织、妇联、村居委会、街道办及医院医患中心等为主体的特邀调解组织928个，设立1560个法官驻社区工作站、联系点，民事一审案件调解、撤诉率达49.54%。

加强行政审判，监督促进依法行政。受理行政一审案件4772件，审结4242件，同比分别上升13.20%和50.53%。实施行政案件集中管辖、异地审理，消除行政诉讼原告对公正司法的合理怀疑，提高司法公信力。健全完善司法与行政良性互动机制，推动落实行政机关负责人出庭应诉制度，行政机关负责人出庭应诉率提升。履行司法审查职责，一审案件中依法确认行政行为违法、撤销行政行为、要求履行法定职责的占18.37%，通过发布行政审判白皮书、司法建议、典型案例等方式，促进行政机关完善行政行为。办理国家赔偿案件97件，决定赔偿金额339.37万元。

加强执行工作，破解“执行难”。受理执行案件107432件，执结94045件，同比分别上升68.87%和97.24%，执行标的额达305.20亿元。开展集中执行“雷霆”行动和执行大会战，加大对执行义务人违法犯罪行为处罚力度，对2648名拒不执行生效裁判或暴力抗拒执行的人员予以司法拘留，移送公安机关立案侦查294人，判处拒执罪66人，采取强制措施后当场履行结案756案。抓好司法查控工作，执行案件信息全部录入人民法院执行案件流程管理系统，法院网络查控系统对接省内169家银行，累计查询49818案，涉及129280个法人与自然人，查询涉案标的40.9亿余元，冻结、划扣被执行人财产6.1亿余元。加大对失信被执行人的信用惩戒，参与山西社会信用体系建设，与公安、工商、金融、房管等部门信息共享，对60695名失信被执行人公开曝光，予以联合惩戒，促使17%的被执行人履行义务。（马云跃）

【司法体制改革】 2016年，山西省高级人民法院推进以司法责任制为核心的四项基础性改革试点。第一批试点法院首批员额制法官上岗履职后，各试点法院探索完善司法责任制，以员额制法官为主体组建新型办案团队，落实“让审理者裁判，由裁判者负责”。9个试点法院全年受理各类案件34485件，审执结30952件，结案率89.75%，高于全省法院同期平均结案率；法官办案责任心增强，一审服判息诉率、调解率、审限内结案率同比上升，上诉率、发回改判率、涉法涉诉信访率下降，实现“三升三降”。9月，改革试点在全省法院铺开后，省高院及时总结试点经验，制订出台《关于完善全省法院司法责任制的实施细则》，明确司法权力运行的“正面清单”和“负面清单”，以及办案责任和责任追究办法，确保放权到位、责任可究。严格标准与程序，经统一考试、考核，完成全省法院2863名员额制法官遴选工作。

强化审判管理和监督制约。全省法院提高审判质量效率，按照司法规律加强审判管理，发挥内在监督机制的效应。抓好审判流程管理和绩效考核，依托信息技术建立信息管理平台，加强对立案、分案、开庭、裁判、执行、归档等各个节点的监控。省高院制订《案件流程管理办法》和《年度岗位目标管理考核办法》，从案件流程管理的内容、范围、监督方式、主体机构与人员、职责以及结果运用等方面规范工作规程，明确相关责任，加大预警、催办、督办力度，通报网上案件办理和裁判文书上网情况。每周例会有讲评，每月有通报，年终有考核，形成“全覆盖、全渗透、全量化、全挂钩”的目标管理考核评价机制，考核结果在法官入额遴选中得到运用。省高院、各中院加强审级监督，依法审结二审案件34275件，审结再审案件726件，二审改判、发回重审9335件，再审改判、发回重审314件。健全审判监督指导机制，统一裁判标准，保障法律统一适用。

实施阳光司法工程。全省法院狠抓信息化建设，拓展审判流程公开、执行信息公开、裁判文书公开和庭审直播公开四大平台应用，创新移动终端的信息公开服务，利用微信、微博、手机APP等多种渠道，加强与公众的互动、沟通。建立安全的信息交互传输平台，实现法院内网与互联网的数据对接，达到审判信息一次录入、多种用途、资源共享。全省各级法院按规定公开案件531701件，公开案件信息项8811万余条，公开裁判文书328333件。2016年，省高院作为首家省级法院入驻新浪网开展庭审直播，8名法官走进山西经济广播的“大法官开庭”栏目，被最高法院评为华北地区标杆。全省法院全年直播庭审92场，直播观看量7456次，点播观看量717207次。

开展以审判为中心诉讼制度和涉法涉诉信访制度改革。以推进庭审实质化为重点，确定10项刑事诉讼制度改革重点项目，在35个法院开展刑事案件繁简分流和轻案快办机制、刑事辩护制度完善、健全非法证据排除程序等改革试点，对做好以审判为中心的刑事诉讼制度改革进行探索。完善诉访分离机制，推广远程视频接访，在最高法院视频接访登记案件358件，接谈293件，引导信访群众理性表达诉求，依法维护权益。开展“抓信访秩序、清信访积案”专项活动，依法打击信访活动中的违法犯罪行为，维护正常工作秩序，办理涉诉信访案件8525件次，同比下降24.01%。

（马云跃）

2016年12月20日，山西省高级人民法院举办“山西高院”微信公众号上线启动仪式　（马云跃供图）

【司法能力提升】 2016年，山西省高级人民法院开展庭审观摩、裁判文书评比、书记员技术比赛和法警训练比武等活动，在首届全国法院司法警察技能大比武中，山西省获两项团体第四名；对干警进行分层、分级、分类全员大培训，省高院组织刑事、民商事审判业务和执行工作实务等各类培训7期2040人次；坚持德才兼备选人用人标准，优化领导班子和队伍结构，新任6名中院院长和37名基层法院院长等。

开展争先创优活动，引导干警立足岗位“提精神、强素质、鼓干劲”，提高队伍凝聚力，有21个集体63名个人受到省级以上表彰，三家法院获“全国模范法院”称号，8人被授予“全国优秀法官”和“全国法院办案标兵”称号。

（马云跃）

【“送法进校园、企业、社区及军营”活动】 2016年3月11日，山西省高级人民法院54名女法官赴太原市阳曲县大盂镇及青龙镇，开展“送法进校园、送法进企业和送法进社区”活动，参观企业生产车间，在企业员工中开展法律咨询活动，就企业员工们遇到的法律问题解答；向社区捐赠法律书籍并走访社区居民；向贫困乡村小学赠送礼品和书籍。

2016年8月23日、24日，山西省高级人民法院一行21人和石家庄军事法院人员、山西省军区、中国人民解放军63710部队太原技术部联合开展“送法进军营”活动，向官兵赠送法律书籍、讲授法制教育课、开展法律咨询，召开维权工作座谈会和参观军史、军队现代化建设成果。（马云跃）

【“山西高院”新媒体平台上线】 2016年12月20日，山西省高级人民法院举行山西省高级人民法院微信公众号“山西高院”上线暨新媒体平台上线启动仪式。省法院党组副书记、副院长刘冀民和新华社山西分社副社长、总编辑王文化分别致辞，有关单位和省法

院各庭处室负责人及12个中级法院领导参加启动仪式。　（马云跃）

司法行政

【法制宣传】 2016年，山西省司法厅贯彻落实中央深化改革领导小组审议通过的《关于完善国家工作人员学法用法的意见》，完善国家工作人员学法用法制度各项工作。“谁执法谁普法”责任制落实，普法依法治理的社会影响力扩大，翼城县拍摄普法短剧的经验在中央综治委南昌会议上交流推广。创新法治文化建设的载体与形式，运用山西司法行政网、《山西司法》微信公众号等载体和资源，挖掘和弘扬山西省法治文化。以“法律六进”为载体，开展“送法下乡”活动，加强农村、社区法治宣传教育，引导群众树立起“合法权益合法表达、合法权益依法维权”的观念。举办学习李培斌先进事迹专题报告会、演讲比赛、主题征文、拍摄专题片等活动，掀起学习宣传李培斌先进事迹高潮，李培斌先进事迹得到中央组织部、中央宣传部、中央政法委、司法部、省委、省政府、省委政法委肯定。　（杨铁保）

【国家司法考试山西考场管理】 2016年，山西省共有14128人报名参加司法考试。山西省司法厅按照司法部安排部署，坚持抓好“一把手”责任建设、考区考点标准化建设、安全防范体系建设等“三个建设”，筑牢试卷安全保密“一条防线”，强化考场管理，打击考试违纪作弊。全省七考区实行考场安全管理系统，实现全省考务组织实施“零失误”、条形码“零漏贴”和试卷“零雷同”的工作目标，完成考试组织实施工作任务，确保全省司法考试考卷、考场、考试、人员“四个安全”。　（杨铁保）

【李培斌被追授“时代楷模”称号】 2016年3月25日，中共中央宣传部决定，追授李培斌“时代楷模”称号。中共中央宣传部通过中央电视台《时代楷模发布厅》栏目向全社会发布“时代楷模”李培斌的先进事迹，号召全社会学习宣传。在发布现场，全国劳动模范、北京知识产权法院院长宋鱼水将“时代楷模”奖章和证书送到李培斌爱人手中。节目主持人敬一丹采访李培斌爱人。　（杨铁保）

【戒毒工作】 2016年，山西省戒毒系统开展“百日安全竞赛”活动、“两会蹲点”工作及“安全隐患排查整治专项活动”，制订《全省戒毒系统安全隐患排查整治专项活动方案》，确保戒毒场所安全稳定。完善“四位一体、两个延伸”工作，探索循证戒治模式。开展禁毒戒毒宣传月系列活动，促进社区戒毒（康复）工作，展示戒毒场所的戒治成就。教育矫治“教学工作数字化、个别教育实效化、辅助教育社会化、心理矫治多元化和传统教育品位化”改革成果显现。　（杨铁保）

【司法业务培训】 2016年4月17日至23日，山西省委组织部与山西省司法厅联合组织的全省司法行政系统队伍建设专题培训班在省政法管理干部学院举办。各市司法局，省监狱局、戒毒局政治部主任，各监狱戒毒单位政委、政治处主任，厅属院校组织部部长、人事处处长等90余人参加培训。

4月26日至27日，山西省司法厅在太原举办全省司法鉴定管理培训班。全省各市司法局分管领导、司法鉴定管理科（处）全体干部、全省司法鉴定机构负责人近200人参加培训。来自国内司法鉴定领域一流的专家学者为参训人员讲授中国国司法鉴定主要法律、法规、规章及其基本内容与实施要求，《司法鉴定程序通则》解读，司法鉴定机构内部管理等内容。

5月4日至5日，山西省司法厅在太原举办全省公证管理干部骨干培训班。全省各市司法局分管局长及公证管理科长，部分县司法局局长共90余人参加培训。培训特邀中国公证协会副会长王公义作题为《如何推动公证事业创新发展》的专题讲座。

6月5日，山西省司法厅与山西省信访局联合组织对全省各级信访部门法律顾问进行专题培训。山西省信访局、山西省司法厅各处室负责人及相关工作人员，全省各市、县（市、区）信访局、司法局局长，各市信访局、司法局各科室负责人及各级信访部门法律顾问参加培训。　（杨铁保）

2016年2月29日，山西省司法厅召开全省社区矫正“漏管脱管虚管”专项整治活动动员会　（杨铁保供图）

2016年4月29日，山西省信访局与山西省司法厅共同召开全省律师参与信访包案化解工作动员会议　（杨铁保供图）

【律师工作】 2016年，山西省有律师事务所687个。注册律师工作人员8113人。其中，专职律师7031人，兼职律师363人，聘请常年法律顾问的单位8149个。民事诉讼代理67240件1行政诉讼代理2709件1刑事辩护及代理23411件，非诉讼法律事务45671件，解答法律咨询149163人次，代写法律事务文书27579件。

山西省司法厅开展法律服务六大发展、促进山西经济振兴崛起等专项行动，新组建50余个法律服务团队，为全省2200多个重点项目提供全方位、一站式法律服务。推进律师参与化解信访案件工作，会同省信访局为全省各级信访部门聘请法律顾问。全年全省律师共代理诉讼案件8.9万余件、非诉业务4.4万余件。累计调解纠纷16.2万余件，调解成功率96.2%。　（杨铁保）

【公证工作和调解】 2016年，山西省共有113个公证处。公证员（含公证员助理）932人，办理国内公证162762件，办理涉外公证37675件，涉港澳台公证484件。

山西省有专职人民调解员17409人，人民调解委员会32056人，调解人员106030人，调解各类纠纷162430件，防止民间纠纷引起自杀事件83起，防止民间纠纷转化为刑事案件446件。

山西省司法厅开展公证服务金融振兴专项行动，出台《关于公证服务金融振兴防范金融风险的指导意见》，以服务山西省经济崛起为重点，推进公证业务建设。开展公证质量评查，加强公证公信力建设。选定六个公证机构进行业务软件试用，推进公证信息化建设。全年公证员共办理公证17万余件。3月1日，山西省司法厅召开纪念公证法实施十周年暨全省公证工作会议。会议总结公证法实施以来山西省公证工作所取得的成绩，研究部署当前和今后一个时期全省公证工作改革发展任务。会上宣读《关于树立山西省公证行业“四优一先”典型和褒奖连续执业30年公证员的决定》，对全省公证行业涌现出的先进单位、个人以及连续执业30年的公证员进行表彰。运城市、侯马市司法局，太原市城南、城西公证处分别进行大会经验交流。　（杨铁保）

【司法鉴定规范】 2016年，山西省司法鉴定机构办理司法鉴定案件3.7万余件。山西省司法厅开展以“规范执业行为、保障司法公正、维护群众利益”为主题的全省司法鉴定行业违法违规执业问题专项整治。制订出台新的《司法鉴定项目和收费标准》。举办“三大类”司法鉴定评审专家聘任仪式，实施“三大类”鉴定机构仪器设备专家评审工作。　（杨铁保）

·监狱管理·

【监狱综合建设】 2016年，山西省监狱系统推进公正文明执法，开展“减刑假释暂予监外执行”专项整治；以改造人为宗旨，以文育人，开展“一监一品”监狱文化品牌建设；以落实安全责任为核心，开展监狱安全稳定隐患风险大排查大整治活动；以深化监狱体制改革为突破口，推进后勤服务社会化改革，做好太原地区监狱单位迁建和煤矿退犯退矿工作；以心系民生为落脚点，开展“九有工程”建设；推行《工作日志》记录，实行“12520”工作制度，狠抓督促落实，统筹推进各项工作。全省监狱系统连续十年实现“四无”，连续17年实现无重大狱内案件。　（田　庆）

【监务管理】 2016年，山西省监狱系统开展“纪律作风整顿、减假保专项整顿、监管改造秩序整顿”三项专项整顿活动，减刑、假释、暂予监外执行刑罚执行活动七项具体措施落到实处。开展监狱管理专项整顿活动，修订《罪犯违规违纪行为的处罚办法》和《罪犯检举揭发制止违规违纪行为的奖励办法》，出台《关于进一步加强罪犯出监教育和释放管理工作的若干规定》，制订《狱政管理标准化实施细则》。开展隐患排查整治和“安全生产月”活动，3次开展全系统安全大检查，共发现安全隐患和问题173条，整改162条。加大教育改造力度，提高罪犯改造质量。推进公正执法，查处刑罚执行方面存在的突出问题，提高监狱执法公信力。2016年，监狱场所保持持续安全稳定，全省监狱连续10年实现“四无”目标，连续17年实现无狱内重

特大案件。 （杨铁保）

【监狱安全】 2016年，山西省监狱系统开展安全隐患排查整治和应急实战演练活动，实施省局应急指挥中心点名督查、各监狱带班领导报告制度，组织省局蓝剑突击队实施监管安全突查方案，多措并举堵塞安全漏洞。

严格罪犯日常管理。开展监狱管理专项整顿活动，修订《罪犯违规违纪行为的处罚办法》和《罪犯检举揭发制止违规违纪行为的奖励办法》，出台《关于进一步加强罪犯出监教育和释放管理工作的若干规定》，严格罪犯会见、通讯、考核、释放等日常管理。

提升监狱管理水平。制订出台《狱政管理标准化实施细则》，明确监狱大门管理、监管区民警一日规范、警戒具管理等35项狱政管理岗位职责和工作标准，形成系统工作规范。以省局监狱管理指挥监控中心为平台，对各监狱领导带班值班情况、监管制度落实情况、罪犯日常管理情况进行全程监控；对违反制度规定每月通报，每季点评，强化制度规定的落实。

提升监狱应急处突能力。每季召开狱情分析会，分析监狱管理中存在问题及根源。加强局狱两级应急处突队伍建设，组织省局蓝剑突击队及各监狱防暴队员进行为期40天集训，提高监狱民警应急反应和处置突发事件的能力和水平。

开展隐患排查整治活动。由局领导带队、相关职能部门参与，3次开展全系统安全大检查，发现安全隐患和问题173条，加强整改落实，确保监狱安全稳定，完成两节两会、G20会议、党的十八届六中全会和省第十一次党代会期间安保工作。 （田 庆）

【监狱执法】 2016年，山西省监狱系统制订《山西省监狱管理局工作规范手册（监管改造篇）》，修改《山西省监狱计分考核罪犯实施细则（试行）》《罪犯收监工作流程》等制度规定，加大狱务公开力度，强化突查、督查、视频监督，推进制度规定落实，提高执法规范化水平。

查处刑罚执行方面存在的突出问题。针对晋城监狱“5·23”事件，召开党委扩大会议，传达学习司法部、省委、省政府、省司法厅有关领导对该案件的重要批示精神，派出专项调查组，协助有关部门调查和追责。开展民警纪律作风整顿活动，人人对照检查，个个自我查纠。

开展专项整顿活动。在全系统开展为期三个月罪犯减刑假释暂予监外执行专项整顿活动，对“六类罪犯”考核奖惩、刑罚执行等情况进行大清理，审核上万件提请减刑假释暂予监外执行案件，对核查中发现的问题进行纠正。

2016年11月25日至26日，山西省司法厅、武警山西省总队和省监狱管理局联合召开全省监狱安全工作会议 （田 庆供图）

完善制度规定，明确执法依据。修改《罪犯收监工作流程》，绘制《收监工作流程图》，规范罪犯收监工作。印发《司法部关于印发〈监狱暂予监外执行程序规定〉的通知》和《关于调整山西省监狱管理局减刑假释暂予监外执行评审委员会组成人员的通知》。协同检察院、法院制订《关于落实减刑、假释与财产刑判项履行相关联制度的实施细则（试行）》，统一财产刑罪犯减刑标准。对全省各监狱报备有关减刑假释暂予监外执行的20个制度451个条款的合法性、规范性进行审查，向所在单位下发《规范性文件审查意见书》，确保执法标准统一规范。

深化狱务公开。制订下发《关于进一步加强狱务公开工作的通知》，实行减刑、假释建议书和暂予监外执行决定书网上公开；局门户网站设立各类栏目，公开政务动态、公正执法等信息；建立省局官方微信平台，公开重要政务信息。2016年，局门户网站主动公开政务信息230条，上报省政府网站45条；咨询交流栏目收到留言243条；收到局长信箱信件78件，办结78件。受理依申请公开政府信息3次，均按程序进行回复。

（田 庆）

【罪犯改造】 2016年，山西省监狱系统实施“一监一品”创建活动，形成以红色文化、廉政文化、法治文化、国学文化、晋商文化和地域文化为主题的特色教育。突出罪犯个别教育、职业技能教育、技校教育，罪犯守法守规率、顽危犯转化率、参加职业技能培训获证率均达到省政府、司法部规定要求。

加大教育力度，编写《全面决胜奔小康》罪犯思想教育读本，强化对罪犯正面教育。加大个别教育工作力度，发挥个别教育工作的攻心治本作用，召开全省个别教育工作经验交流暨表彰大会，总结经验，表彰先进，促进个别教育工作向专业化迈进。推进服刑人员心理矫治工作，举办全省监狱系统心理咨询师骨干培训班，112名民警心理咨询师受到督导和实训，对400名心理咨询师进行上岗证培训，促进心理咨询心理矫治与教育改造工作有机结合。

推动罪犯职业技术教育工作。理顺罪犯职业技能培训和鉴定工作机制，明确省局、警官职业学院和各监狱工作职责，推动罪犯职业技术教育工作发展。全省监狱数千余名罪犯参加职业技能考核，开设10多个技校教学班，招生500余名。

打造监区文化建设品牌工程。开展“一监一品”创建活动，各监狱建成监区文化品牌，倡导“法德并举、文化育人、道德塑魂、文明改造、诚信励志”核心理念，将教育资源引入监狱教育改造工作中。（田　庆）

【监狱管理督查调研】 2016年1月11日，山西省监狱管理局领导与省人大代表赵东会、梁淑仙、彭耀文、高峰、覃志文等一行5人召开座谈会，就罪犯刑满释放无缝对接安置、监狱系统驻并单位迁建、罪犯医疗纳入社会医疗保险和监狱系统企业退休人员生活补贴未纳入企业养老保险等四个方面的现状、问题和对策建议，向省人大代表进行详细阐述说明，探讨创新罪犯改造和罪犯安置模式等问题。

8月29日，由山西省委政法委、省高院、省高检、省监狱管理局组成的“六查六看”联合督查组，对晋中监狱减刑假释暂予监外执行专项整治工作开展实地检查，了解“六类”罪犯减刑假释暂予监外执行整治活动推进情况。

10月25日，山西省监狱管理局与省检察院刑事执行局召开联席会议。研究调整监狱管理局暂予监外执行评审委员会组成人员的方案，讨论暂予监外执行“绿色”通道废止和新快速通道建立，一〇九医院暂予监外执行病情鉴定专家库建立的情况，省检察院同步监督机制建立，并就涉财产刑罪犯的减刑意见进行探讨。会后下发《转发司法部关于印发〈监狱暂予监外执行程序规定〉的通知》及《关于调整山西省监狱管理局减刑假释暂予监外执行评审委员会组成人员的通知》。（田　庆）

【“九有工程”推进】 2016年3月11日，山西省监狱管理局在全省各监狱单位推进“九有工程”建设，要求每个单位民警职工集中工作生活区有食堂、有澡堂、有理发室、有洗衣房、有洗车房、有警体中心、有职工书屋、有健康档案、有帮扶基金，改善民警职工物质文化生活。12月9日，全省监狱系统“九有建设”推进会在阳泉二监召开，将“九有工程”建设作为创建精神文明单位的重要抓手和落实从优待警政策的重要举措。（田　庆）

【未成年犯改造专业委员会第二届理论研讨会】 2016年10月12日，中国监狱工作协会未成年犯改造专业委员会第二届理论研讨会在太原召开，会议由省监狱管理局承办，全国各省市自治区监狱系统的代表近70人参加会议。会议总结回顾各委员单位推进未成年犯改造理论研究和创新实践取得的显著成绩，分析未成年犯改造理论研究面临的新形势新任务，针对未成年犯改造热点、难点、焦点问题，就加强专委会理论研究工作，持续推进未成年犯教育改造作出安排部署。（田　庆）

【四查四改四专项教育】 2016年11月11日，山西省监狱管理局推进全省监狱系统“四查四改四专项教育”与安全隐患排查整治工作。省局建立12520工作制度，协调推进各项工作的开展。（田　庆）

·法律援助·

【法律援助推进】 2016年，山西省司法厅组织召开全省法律援助工作会议，部署法律援助工作。举办十期全省法律援助工作站站长培训班，提升队伍素质。开展中央、省级补助地方法律援助办案专款专项检查活动，履行经费监管职责。开展法律援助案件质量行政评查活动，加强法律援助质量监管。加强法律援助远程视频服务系统管理，全省法律援助远程视频服务系统二期建设推进，司法行政工作信息化水平提升。深化中欧法律援助项目合作，推进中欧法律援助项目组织实施。开展“信访积案百日攻坚”专项活动和涉法涉诉进京非访集中清理专项活动，化解一批信访积案。

2016年8月17日至18日，2016年度西部大学生法律援助志愿者培训班在太原举办（杨铁保供图）

11月3日至4日，山西省法律援助中心举办全省群团组织法律援助业务培训班。全省工、青、妇、老、残系统维权部门负责同志、业务骨干及各级法律援助机构工作人员140余人参加培训。（杨铁保）

【社区矫正与安置帮教】 2016年，山西省司法厅开展社区矫正“漏管脱管虚管”专项整治和执法检查专项活动，全省社区服刑人员重新犯罪率低于全国平均水平。推进机构场所建设，建成县级社区矫正中心47家。推进社区矫正信息化建设，实现对社区服刑人员24小时监督管理，电子签到覆盖率达99.1%。山西省司法厅开展安置帮教“除隐患强基础保稳定”专项攻坚行动，推进全省服刑人员信息核查工作，信息核实率达97.54%，成功率达94.16%。加强安置帮教基地建设，全省建立安置帮教基地达182家。推动做好刑满释放人员衔接工作，对5946名重点安置帮教对象落实一人一策帮扶，接送率、安置率、帮教率均大幅提高。宣传全国安置帮教工作先进个人韩雅琴的帮教事迹，吸引更多的社会企业和爱心人士认识支持投身安置帮教工作。

10月20日至21日，山西省司法厅在太原举办全省社区矫正暨安置帮教工作业务培训班。全省11个市司法局分管副局长、科长，119个县（市、区）司法局分管副局长共140余人参加培训。（杨铁保）

【基层法律服务】 2016年，山西省司法厅联合省检察院召开山西省人民监督员制度改革工作电视电话会议，举办山西省人民检察院人民监督员颁证仪式暨初任培训，选任80名山西省人民检察院人民监督员。开展“防风险、解纠纷、促发展矛盾纠纷排查化解”专项活动。开展在高校毕业生中发展基层法律服务工作者试点工作，全省基层法律服务工作者队伍规模达1517名。完善基层法律服务组织机构，全省有基层法律服务所389家。全年基层法律服务工作者共代理诉讼案件1万余件，非诉业务近4000件。全省人民调解组织共调解纠纷156811件，调解成功150695件，调解成功率96.1%。（杨铁保）

2016年9月5日，山西省司法厅召开“集结全省法律服务力量　促进山西经济振兴崛起会议”（杨铁保供图）

仲　裁

【仲裁工作管理】 2016年，省政府法制办加强与山西省8个仲裁委员会的联系沟通，推进全省仲裁工作发展。梳理总结并向国务院法制办报送山西省贯彻实施《仲裁法》的情况报告。做好山西省各仲裁委员会对仲裁机构登记和仲裁收费管理工作有关意见建议材料的汇总报送、仲裁案件情况统计等工作。按照国务院法制办有关通知要求，派人参加2016年度全国仲裁工作年会。（景向发）

【调解仲裁工作加强】 2016年，山西省人力资源和社会保障厅调解仲裁管理处对全省调解仲裁工作进行安排部署。下发《2016年山西省劳动人事争议调解仲裁工作要点》，对全省调解仲裁重点工作进行安排和部署，就推进专业性劳动争议调解工作、加大仲裁维权力度、加强调解仲裁机构和队伍建设、推进调解仲裁信息化建设等方面对各地市人社系统仲裁机构提出要求。强化争议预防调解，筑牢劳动人事关系和谐稳定的防火墙。主要抓好“两个建设、两项机制”，抓好基层调解组织建设。健全预防调解制度建设。开展企业劳动争议预防调解示范机制。建立劳动人事争议预防调解协作联动机制。加大仲裁维权力度。全省各级劳动争议仲裁机构在完善制度、规范程序方面进行探索。全省按照调解仲裁法、人事争议处理规定、办案规则、组织规则等一系列政策法规，统一规范劳动人事争议处理体制，强化职能、健全机构、调配人员，增强整体工作合力。加强集体劳动争议处理，加大终局裁决力度，加强仲裁办案指导，建立和完善裁审衔接工作机制，加强裁审信息交流，全省仲裁结案率达97.4%。（任婷婷）

【仲裁基础能力建设】 2016年，山西省各级仲裁机构推进仲裁基础建设，夯实构建和谐劳动关系的工作基础。推进标准仲裁庭建设，加强争议处理效能。发挥仲裁委员会作用，加强调解仲裁信息统计工作。

提升调解仲裁效能。推进基层调解组织规范化，健全基层调解组织及制度，发挥调解功能。推进仲裁组织建设规范化，深化机构整合力度，提升工作人员能力。推进仲裁办案程序规范化，开标准庭、办标准案，加强质量管理，使劳动人事争议在法定期限内处理。推进仲裁基础设施建设规范化，提升基础保障能力。推进调解仲裁工作人员行为规范化，转变工作作风，提升服务社会、服务民众、服务职工的能力。

优化仲裁办案程序，完善立案、庭审、送达等环节的制度规范。加快推进调解仲裁信息化建设，推进办案系统的推广运用，通过线上办案优化办案程序，提高办案质量和效率。在劳动人事争议高发、易发、多发地区推行“巡回仲裁庭”和探索建立“农民工工资支付仲裁绿色通道”。

2016年，山西省人社厅仲裁管理处在有条件的劳动人事争议仲裁机构开设法律援助窗口，畅通劳动者和用人单位权益救济渠道。（任婷婷）

【基层调解组织建设】 2016年，山西省各级仲裁机构发挥基层调解组织在劳动争议案件处理方面的作用，建成全方位、大纵横、立体式基层调解组织网络。加强基层调解组织建设，全省规模以上企业基本建立劳动争议调解委员会；街道、乡镇劳动就业社会保障服务中心（所）劳动人事争议调解组织建设率达80%。在非公经济组织、商会（协会）推进建立内部劳动争议调解组织，提高非公有制企业及商会（协会）的劳动争议预防调解能力。各调解组织均配备有专职或相对固定的兼职调解员，基层调解组织的工作机制建立，通过搭建基层劳动争议调解平台，建成以劳动人事仲裁委员会为核心，乡镇街道调解组织为重心，企业行业劳动争议调解组织为前沿，全方位基层预防调解组织网络。完成第二批国有企业劳动争议预防调解示范工作的总结验收，开展第二批非公有制企业商（协）会劳动争议预防调解示范工作。

推动基层调解工作创新，率先在晋城市推行探索仲裁委指导基层调解组织定期召开案件研讨会，加强基层组织办案规范化，在劳动争议多发、易发地区实行“巡回仲裁庭”的方式，化解劳动纠纷。

加强基层劳动人事争议调解工作规范化建设，完善调解工作机制。加强企业劳动争议调解委员会建设，推动各类企业普遍建立内部劳动争议协商调解机制。推动乡镇（街道）、村（社区）依法建立劳动争议调解组织，支持工会、商（协）会依法建立行业性、区域性劳动争议调解组织。指导各级调解组织规范工作程序、工作职责和调解员行为规范等，加强调解员的培训和日常管理工作，提高基层劳动人事争议调解工作队伍和工作能力建设。（任婷婷）

【调解仲裁队伍建设】 2016年，山西省各级仲裁管理处组织以全省劳动人事争议调解仲裁机构负责人培训班为主要形式的以训代会活动，就“十三五”时期调解仲裁工作面临的形势和主要任务、调解仲裁业务管理能力提升、劳动人事争议处理相关法律法规和争议预防调解仲裁政策、劳动人事争议仲裁与诉讼立案的衔接问题等专题进行专业授课和培训。组织仲裁员、基层调解员参加人社部培训50余人次。推进仲裁员证申领和更换工作，完成全省仲裁员200余人的证件发放工作，保障仲裁员持证上岗。各级劳动人事争议仲裁机构通过公开招考、选聘、借调、选聘公益性岗位人员和大学见习生等方式方法充实仲裁院队伍及辅助工作人员，其中在长治市试行公开招考通过国家司法考试的人员加入到山西省仲裁员队伍。

提升调解仲裁队伍素质，构建和谐劳动关系的能力水准。加强调解仲裁队伍管理工作，抓好仲裁员、调解员培训。加强仲裁员思想、作风和能力建设，召开分析检查会，建立健全服务对象满意度测评机制，完善依法依规责任制、评议考核制，转变工作作风。（任婷婷）

【调解仲裁信息化建设】 2016年，山西省人社厅仲裁管理处按照“数据向上集中、服务向下下延、全省联网联动、数据共用共享”的指导思想，采取全省办案系统建设模式，实现全省调解仲裁办案业务流程、数据标准的规范和统一。下发《关于在全省推广使用调解仲裁办案系统的通知》（晋人社仲函〔2016〕5号），6月，办案系统在全省范围内试运行。（任婷婷）

【仲裁课题研究】 2016年，山西省人社厅仲裁管理处完成山西省人社厅劳动人事争议风险防控机制研究调研课题《加强劳动人事争议风险防范构建和谐劳动人事关系的》撰写工作，获省人社厅“优秀调研成果奖”。完成《山西人力资源和社会保障年鉴（2016）》中调解仲裁工作部分的撰写。对全省各市调解仲裁案件进行梳理、分析汇总，完成全省四季度调解仲裁数据报表的填报及数据分析报告的撰写，报送人力资源与社会保障部。（任婷婷）

军　事

Military

山西省军区

【概述】 2016年，山西省军区坚持把学习贯彻习近平主席系列重要讲话精神作为首要政治任务，深入学习习近平主席政治建军、改革强军、依法治军重大战略思想、国防和军队建设重要论述、“七一”重要讲话、纪念长征胜利80周年重要讲话精神，学习党的十八届三中、四中、五中、六中全会精神，坚持每月组织集中学习，采取宣讲辅导、研讨交流等形式，深化学习理解，官兵的政治意识、大局意识、核心意识、看齐意识明显增强。组织“学党章党规、学系列讲话，做合格党员”学习教育活动，采取不同形式组织讨论、体会交流，压实理论学习、对照检查、承诺践诺、评议党员、专题组织生活会等环节，开展党日党课、知识竞答、手抄党章等配合活动，规定动作高标准完成，配合动作创新开展，使“两学一做”教育活动取得明显成效。开展军队改革专题教育，传达学习军委改革工作会议和军委国防动员部会议精神，突出思想引导，强化纪律规矩，把思想和行动统一到习近平主席和中央军委决策指示要求上来，广大官兵支持改革、拥护改革、服从改革形成氛围。开展肃清郭徐流毒影响工作，突出思想清理、学习教育和对照检查，围绕辩明12个是非界线组织学习讨论、开展党性分析，从思想根源上彻底清除流毒沾染，确保官兵绝对忠诚、绝对纯洁、绝对可靠。

2016年5月23日，山西省民兵应急大队授旗仪式在省军区教导大队举行

（陈　富供图）

2016年，山西省军区根据中央军委关于山西省军区划归军委国防动员部领导管理的命令，1月14日到北京参加原北京军区转隶交接大会，完成机构人员、武器装备、经费财务、物资器材、军旗印章等8类117项内容交接，编印文书6套156册，核查上报数据47万条。八一期间，组织全区岗位练兵骨干集训暨成果展示活动，省四大班子领导、国动委成员单位负责人现场观摩，给予充分肯定；10月底组织比武考核和总结表彰，3个师旅级单位和44名个人受到表彰。全年共组织各类集训190多期。

（王小明　侯政勤）

【监督监察】 2016年，山西省军区纪委紧贴中心工作、紧盯热点敏感问题，认真履行行政监察职责。结合省军区年度训练演练、优秀师团干部、机关处长考核、预提士官考核、学员苗子选拔、院校招生体检、大宗物资采购、大项工程招标监督监察23次，审查198名拟任职干部人选廉洁自律情况。针对春节、五一、中秋、国庆等重要节日，先后4次派出工作组明察暗访，对公车私用、吃喝浪费等问题进行专项整治。狠抓廉洁征兵，以省军区纪委、省征兵办联合制定《关于深入扎实抓好廉洁征兵工作的通知》，对廉洁征兵各项要求，三令五申、反复强调，公布举报电话和廉政信箱，及时受理群众政策咨询300余次，对1起反映廉洁征兵举报线索进行深入调查，对违反征兵纪律人员作出严肃处理。（李海燕 刘 鑫）

【执纪问责】 2016年，山西省军区纪委坚持惩防并举，注重前置纪律，形成震慑。组织省军区在职军以上领导集中观看《强军路上的生死抉择》录像片，编印下发《领导干部严明纪律规矩，加强作风建设有关规定摘编》，及时通报学习上级和省军区纪委查办案件情况，教育警示部队。2016年，全区受理查结群众来信来访16件，省军区纪委对9件问题线索进行直查，结合审计移交问题整改，全年研究处分党员8名，诫勉谈话6人，对1名师职干部进行函询，严格落实"两个责任"，对发生严重违纪问题的单位和个人，在年度评先表彰方面实行一票否决，维护党纪军规特别是新规新矩的权威性严肃性。

（李海燕 刘 鑫）

【隐患排查】 2016年，山西省军区政法委坚持抓早抓小、防微杜渐，突出"人车枪弹密、酒油黄赌毒、水火电线网、涉外涉地方"等安全管理重点，定期分析安全形势，准确评估安全风险，下力排查纠治各类问题隐患。采取常委分片包干帮带、职能部门对口指导、工作组常态督导等方式，加强经常性检查巡查，促进预防工作落实。坚持抓枪弹、防大案，深刻汲取兄弟单位涉枪案件问题教训，加强对民兵武器装备仓库、兵器室、携枪带弹点等重点要害目标安全管控，开展枪弹清查"回头看"，收缴各类枪支9支、子弹7727发。组织开展"清网"专项行动，重点查纠违规开设微信公众号、微信泄露传播军队内部文件和涉密信息等问题，人人签订《使用互联网安全保证书》，严格规范上网行为，严防发生失泄密问题。

（李守民 梁春辉）

【军事安全保障】 2016年，山西省军区政法委坚持"请进来、走出去"，通过邀请专家教授辅导授课、观看系列警示教育片、参观国家安全宣传展览，开展"四反"教育，增强官兵敌情意识和防范能力。加强对军队涉"法轮功"等邪教组织情况调查摸排，严格落实防渗透、防反复、防漏网措施。（李守民 梁春辉）

2016年6月20日，山西省城大学生征兵宣传进高校活动在中北大学举行

（武万祥供图）

【信息化建设】 2016年，山西省军区完成野战指挥方舱、"三网"(军事综合信息网、指挥专网、资源管理网)和预备役团支线光缆建设任务。组织参加全军"联合励网-2016"信息网络要素编组联训，取得光纤通信中部战区军级单位第一、指控系统中部战区省军区部队第一的成绩。进行指挥信息系统全要素组网演练，实现"随时通、多样通、动中通、安全通"要求。做好参加中部战区战役演习保障，3次协调省无线电管理委员会，对省军区周边电磁环境进行监测，确保演习的安全保密。每月对全区团以上单位进行不定时抽查，全年组织信息通信战备拉动5次，对下抽查1600余次。

（王小明 侯政勤）

【后备力量建设】 2016年，山西省军区优化后备力量布局结构、提升建设质量，注重从基层基础抓起，严密组织整组和检查验收，组建省民兵应急大队，举行授旗仪式和骨干入队集训，新建网络攻防、电磁频谱、装备维修等高技术分队。清理整顿非公经济组织武装，撤销9个非公企业武装部、45个民兵预备役组织，调整出队人员98名。成立82个高校"征兵工作站"，建立"山西征兵"微信平台，实现兵役优抚"城乡一体、同役同酬"，全年完成新兵征集和士官直招任务。

（王小明 侯政勤）

【正规化建设】 2016年，山西省军区开展隐患排查、百日安全活动，组织仓库看管队伍、机关公勤人员、直属队小散远单位作风纪律整顿，对398名库管人员和113名公勤人员进行整训，夯实部队安全基础。落实军委国防动员部6个规范性文件，狠抓17项安全防范重点管控，加强分析预测、检查督导和重大活动监管，查找整改问题330个。装备处邀请专家对全省11个市级民兵装备仓库进行安全检查，督导解决安全隐患7类33个。

（王小明 侯政勤）

【综合服务和保障】 2016年，山西省军区为全区部队调整配发民兵装备，依法完成军选民用车辆承修单位选定工作。对全区武器装备逐一核查统计并全部归建管理。与上级单位建立核心密码通报关系。做好老干部服务

2016年9月19日，山西省第十六个全民国防教育日宣传活动在太原五一广场举行 （陈 富供图）

保障和接待工作，完成省军区本级和军分区12部军事年鉴的编纂，上报370名12万字的山西地方志人物资料，《山西军事年鉴》入选全国地方志优秀成果(年鉴类)特等年鉴。

（王小明 侯政勤）

【双拥共建】 2016年，山西省军区响应军委和国防动员部关于部队要参与打赢脱贫攻坚战的号召，对全区参与脱贫攻坚工作进行部署。5月份协调驻军16个独立驻防旅以上单位召开军地脱贫攻坚工作座谈会，发出倡议书，制定《五年工作规划》；11月份召开脱贫攻坚推进会，汇报工作进展，交流经验做法，研究矛盾问题，推进工作落实，扩大驻军参与全省脱贫攻坚的规模效应，省委主要领导对省军区工作点名表扬。率先抓好省军区机关参与脱贫攻坚工作，在深入广泛调研的基础上，科学确定扶贫援建对象和产业扶贫项目，派出工作队长期驻村指导，投入100万元援建的毛驴养殖、秸秆饲料加工和打井灌溉3个扶贫项目年底全部竣工投产；投入57万元为武乡县三所学校改善办学条件，机关干部捐款93900元资助141名贫困学生，得到军地和群众广泛好评。积极做好军地协调工作，认真组织全省双拥表彰大会、“八一”军地走访慰问、新春团拜、五支女子民兵班与三军仪仗大队开展共建等活动。协调军地有关部门妥善解决27军军部搬迁和25基地长征学校纳入太原市国民教育体系等棘手难题，军地桥梁纽带作用得到有效发挥。突出领导干部这个重点，不断加强全民国防教育，举办两期全省县处级领导干部国防专题研究班，培训193名县处级领导；在全省范围组织的以“传承红色基因，赓续红色血脉”为主题的国防教育图片巡回展和第16个全民国防教育日省城广场宣传活动产生广泛社会影响力；开展的第三届“百场国防教育宣讲进高校”活动覆盖全省79所高校，全区159名师团职领导干部自发在地方讲授课337场，扩大国防教育覆盖面。 （顾晓亮 刘华良）

【军事斗争后勤准备】 2016年，山西省军区后勤机关结合省军区三级指挥所战役集训，突出后勤机关分析判断决策、后勤要素作战计算、数据信息链组织运用训练，开展后勤保障问题研究，形成实战化条件下后勤战法保障法资料。开展后勤群众性岗位练兵比武活动，加大后勤指挥筹划、业务技能、法规制度等培训力度。坚持在“实战”中练兵强兵，先后完成全省森林灭火、演习部队机动过境、日遗化武运输等应急保障任务，动用各类保障装备×××余件(套)，出动饮食油料、野战医疗、供水供电等专业保障分队500余人次，后勤队伍真保实备能力得到实际锻炼和明显提升。

（南玉峰 李向明）

【后勤专项清理整治】 2016年，山西省军区后勤机关落实省军区行业风气清理整治要求。开展财务、营房、土地、对外有偿服务等专项清理整治，坚持问题导向，推进整改落实。实施财务清查和审计，坚持依法管财用财，纠治财经方面存在问题，财务清查“回头看”清退违规款项389万元。配合军委审计署完成对省军区党委班子的经济责任审计，针对指出的私设“小金库”、变通报销、违规接待等问题，依法依规逐项整改。出台《关于进一步深化财经管理整治的通知》，督导个别单位全面纠治存在问题。进行工程建设项目和房地产资源管理专项整治。重点对全区近年来军委巡视移交和两项普查发现的计划外工程、“三超”项目、擅自处置房地产、违规租赁房地产等问题进行集中上报。清理不合理住房。定期分析形势、研究措施、通报情况，逐级压实责任担子。2016年全区认定不合理住房287套，清退249套，清理成效明显。全面停止有偿服务。成立组织专项督导，多次召开会议听取情况汇报，专题研究推进措施，全区425个有偿服务项目，可控托底项目161个全部停止，复杂敏感项目264个，停止55个。协调省委、省政府联合发文，成立驻晋部队全面停止有偿服务工作军地协调领导小组，并督导各地市建立领导机构，摸清底数，上报数据，为推进工作落实打下坚实基础。

（南玉峰 李向明）

【后勤管理】 2016年，山西省军区后勤机关严格财经管控，突出预算“龙头”地位，落实全额预算、明细预算、单列预算要求，从严规范预算编制执行及追加调整。修订出台省军区机关本级《接待费管理补充规定》、《人员福利待遇暂行规定》，配合国防动员部调研修订《省军区系统经费管理规定》，为深化依法管财提供有效依据。按照国防动员部统一部署，协调五大银行、中石化公司完成“四个监管系统”建设，规范管理机制。严抓安全管理，学习贯彻军委国防动员部和省军区党委要求，坚持每周安全巡查，每月安全教育，每季安全形势分析，突出加油站、门诊部重点部位和文电保密、车辆安全管控，针对季节性事故预防组织食品安全卫生检疫，推进解决原28军、63军和两个农副业生产基地遗留问题，完成13名驾驶员移交车队统管，确保后勤安全稳定。

（南玉峰　李向明）

国防动员

【国防动员实战化准备】 2016年，山西省深化国防动员实战化准备，开展群众性岗位练兵比武，组织参谋、高炮、通信、机要、省应急大队以及专武干部、预任骨干、库工职工等各类人员集训和比武竞赛230批6200余人次。狠抓民兵预备役部(分)队训练，完成预备役人员、民兵、现役部队预编预备役人员回营返岗训练任务。（张　炜　罗鸿冰）

【国防动员潜力建设】 2016年，山西省国防动员委员会坚持省委议军会、党管武装工作述职和军事日等制度，建立市县两级国防动员委员会第一主任、主任任职宣布制度。先后组织两期“全省县处级领导干部国防专题研究班”理论集训，增强地方领导干部国防观念和法规素养。按照省委议事协调机构调整要求，对省国动委组成进行相应调整，将原国教委职能并入国动委体系，适当增减成员单位和组成人员。加强国防动员潜力资源掌控，根据军委国防动员部统一下发的《国防动员潜力统计调查指标体系(试行)》，组织省国动委各专业办公室和有关成员单位、各市国动委开展业务培训。摸清潜力资源底数。搞好国防动员专业保障力量建设，先后组织进行交通战备综合保障、水上交通应急搜救、人防指挥信息系统检验、地震信息联动、“三方四市”跨地市应急通信等重点演练。

（张　炜　罗鸿冰）

【国防动员多领域发展】 2016年，山西省国防动员委员会按照“经济与军事兼容、平时与战时衔接、军需与民用一体”原则，推进各领域重点工作，促进军民深度融合，确保国防动员重点建设平衡、有序、协调发展。拓展交通战备建设。完成全省交通重点保障目标勘察，核查国防交通物资储备仓库基本现状和维护情况，规范通用物资管理。全年国防公路和部队进出口道路建设总投资×××万元，竣工里程46.4千米。加强国防交通物资储备问题研究，推进战备训练和物资储备基地建设，提升资源利用效率。引领经济动员建设。编制完成《山西省“十三五”经济建设和国防建设融合发展规划》和《山西省“十三五”国民经济动员规划》，为新时期国民经济动员军民融合发展提供重要遵循和保障。拟制《山西省人民政府关于推进军民融合产业发展的意见》和《山西省军民融合发展领导机构设置建议方案》。做好军民融合建设项目储备工作，全年申报专项基金融合项目8个，批复1个，下达专项基金×××万元，有效促进全省军民融合项目建设。根据全省地震设防重点地区实际，组织各电信运营企业开展防震重点地区海事卫星电话预置工作，实现全天候通信不间断。抓好政治动员建设。结合纪念中国共产党成立95周年和红军长征胜利80周年，开展“传承红色基因，共建巩固国防”主题宣传教育活动，推动国防教育向基层深入，营造浓厚的国防氛围。开展山西省第三届“百场国防教育宣讲进高校”活动，实现78所高校全覆盖、宣讲100场以上目标，使学校国防教育巡回宣讲常态化。对照省创建标准，扩大创建范围，提高创建标准，推动全民国防教育进学校、进社区、进农村，促进国防教育深入普及。加快“山西国防教育”微信公众平台的建设，扩大国防教育的覆盖面和影响力。（张　炜　罗鸿冰）

【国防动员综合效能】 2016年，山西省国防动员委员会协调召开省委议军会议，研究下发《关于调整义务兵家庭优待金标准的通知》，审议通过落实转业干部安置政策、公开招录专武干部、移交安置超龄职工等重难点问题的解决办法。组织协调各市国动委和交通、交管、民政等有关部门，在线路勘察、部队机动、食宿保障、卫生防疫、抢修抢救和拥军慰问等方面实施军地合力保障、无缝衔接，完成5大战区以及武警部队、战略支援部队和陕西省交通战备运输队等军地梯队的过境机动保障任务。组织发动广大民兵预备役人员，参与和支持山西建设发展，全年指挥处置各类抢险救灾行动16起，出动民兵分队2.5万人次参加森林灭火、应急处突、防洪抗旱等急难险重任务。在抗击20年不遇的强降雨救援中，全省出动民兵预备役人员1.4万人，解救转移群众1.1万人，加固堤坝1.1万米，抢通道路13.1千米，为人民群众挽回经济损失近亿元。落实中央军委国防动员部《关于国防动员系统参与打赢脱贫攻坚战的实施意见》和省委省政府决策部署，深入开展“四帮一助”扶贫帮困活动。召开驻晋部队参与脱贫攻坚工作会议，发出倡议书、成立领导机构、印发《驻晋部队参与脱贫攻坚五年工作规划》、建立工作机制，形成驻晋部队参与打赢脱贫攻坚战的整体合力。全省共投入资金1694.6万元，结对援建143个贫困村、178个项目，定点帮扶135所学校、6812户贫困家庭，接力资助1827名贫困生，为实现结对贫困村群众脱贫增收提供可靠保障。配合公安武警完成治安防控、大型赛事安全保卫等任务。在推进军民融合发展、改善生态、精准扶贫、灾害救援、维护稳定等方面，国防动员系统发挥重要作用。（张　炜　罗鸿冰）

【军民融合储备项目建设】 2016年11月，山西省国民经济动员办公室会同省国防科工办、省直有关部门、各市经动办汇总出“十三五”时期军民融合深度发展储备项目。拟建军民融合产业园区9个，“军转民”项目22个，“民参军”项目27个。根据国家发改委国防司和省发改委工作安排，经动办积极做好专项建设基金军民融合项目2016年第一批、第二批、第三批项目筛选和申报。全年申报专项基金军民融合项目8个，批复军民融合项目1个。 （李平一 赵子闰）

【国防公路建设】 2016年1月至12月，山西省交通战备办公室通过交通运输厅将全长4.93千米、总投资×××万元的阳泉盂县东太国防公路（西烟镇城区段）纳入2016年省财政计划，并补助资金×××万元。完成忻州岢岚李家沟至河曲赵家沟、大同浑源上韩至大同县麻峪口、阳泉盂县东冶至太安驿（西烟镇城区段）等3条国防公路和驻繁峙66064部队进出口道路46.4公里建设任务。按计划落实阳泉平定油料仓库进出口道路和朔州怀仁机场至应县县城国防公路建设。

（景勿停）

【战备交通保障任务】 2016年5月至9月，山西省交通战备办公室先后完成保障第1集团军、第14集团军、第27集团军、第39集团军、第47集团军、武警第187师、第63师、战略支援部队、陕西省交通战备运输队等23次75个梯队的道路交通保障任务。出动保障人员、保障车辆、保障警力、警车，动用各种机械设备287台件，慰问金，平整宿营地，保障里程，受到过境部队官兵一致好评。中部战区副司令员王军视察太古高速特长隧道整体设防工程时，对省交战办与省国动委综合办密切协调，圆满完成各项交通战备保障任务给予高度肯定。

（吴松怀）

【交通战备综合保障演练】 2016年6月20日至29日，山西省交通战备办公室组织开展为期10天的“交战–2016”交通战备综合保障演练。演练以模拟交通战备部门根据部队要求，在三门峡黄河大桥遭敌破坏后，紧急启动黄河茅津渡，架设战备浮箱码头为背景，以平战转换、器材出库、运输演练、浮箱架设、水上救援等课目为主线，组织省公路局、省运管局、省高管局、省海事局、省公安交管局、晋中市公路分局交通战备办公室，运城市、平陆县交通战备办公室，平陆县航运公司等9个单位参加。在长治开展以队伍集结、紧急出库、长途机动、水上救援为科目的水上交通应急搜救演练。在忻州举行以工程抢险、安全保障、交通管制为课目的应急抢险演练。在临汾组织道路运输战略车队跨省演练。 （鲍 立）

武警山西省总队

【部队建设】 2016年，武警山西省总队在“学理论、强班子、抓基层、建队伍、保中心”上下功夫，各项任务完成，部队建设呈现良好态势。

体制重组只是完成改革强军“上篇文章”，部队还需做好改革重塑提质强能“下篇文章”。抓实中心组学习、理论轮训和经常性学习，用习近平主席系列重要讲话精神加强政治贯注。融合推进两项重大教育，官兵维护核心、看齐追随自觉。盘活用好128个爱国主义教育基地，开展政治干部比武、“强能增效”“带新促老”活动，弘扬正能量，官兵精神面貌发生变化，部队经受住郭徐流毒影响、各种雾霾浸染考验。

推进“五防一体化”“六化”建设，治理隐患435处，处置险情15起，连续十九年执勤无事故。对照“广西集训”要求，加快落实方案体系、编携配装、指挥手段建设、防暴巡逻车配备、任务通联和兵力调整优化，战备水平提升。贯彻“八落实”“六种组训模式”，精确实施分类指导，运用训练载体，破解“三个短板”，实战能力增强。

开展法治教育训练、条令条例学习和法治军营创建活动，强化官兵法治思维和意识。制订手机、车辆、保密等6个方面20余项细则规范，大抓“三库”整治，落实“八严六禁”和密切内部关系“双六条”，抓安创安成效明显。坚持安全基础建设、重难点问题治理“两手抓”，常态组织安全督导检查，促进部队安全稳定。

落实武警党委1号文件，组织《纲要》培训，推广“三帮一带”经验，出台《指导意见》和“两个办法”，规范抓建秩序。扭住“三个源头”“三个一线”，加强基本队伍建设。表彰先进典型和优秀军属，安排专项疗养，协调随军家属就业，激发官兵建功基层热情。组织4批次当兵蹲连、精准帮建，22个中队“摘帽”。

2016年3月，武警山西省总队援助左权县麻田镇东安村修爱民路

（武月兴供图）

加强物资前置预储，健全联供联保机制，优化"一组五队"模块功能。组织财务大清查 "回头看"，停止14个可控托底对外有偿服务项目。深化"伙食精细管理年"活动，搞好医疗巡诊、被服调号、营房巡修等常态服务，11个支队、96个中队实现就地医疗，4个支队公寓房建设进度加快。

肃清郭徐流毒影响，抓实"两个清理"。以课题式研讨为抓手，学好用好民主集中制，规范党内生活，强化懂规矩守规矩意识和能力。紧盯征接新兵、士官选取、干部任用、经费开支等具体事，从严正风肃纪。（武月兴）

【红色文化传承工程】 2016年，武警山西省总队实施红色文化传承工程，遴选确定128处爱国主义教育基地。4月15日，在中共太原支部旧址纪念馆举行启动仪式。中共山西省委宣传部、武警山西总队、太原市支队等主要领导及150名官兵参加挂牌启动仪式。（武月兴）

【政治干部比武】 2016年9月27日至29日，武警山西省总队组织来自13个支队级单位和机关直附属单位的84名政治干部围绕政治干部 "双六会"展开比武活动。直属支队、太原支队、晋中支队分获团体前3名，10名机关政治干部和10名基层政治干部获表彰。（武月兴）

【好军嫂、优秀兵妈妈和最美军人家庭表彰】 2016年7月30日，武警山西省总队召开好军嫂、优秀兵妈妈暨最美军人家庭揭晓大会，对50名好军嫂、50名优秀兵妈妈和50户最美军人家庭进行表彰。会议特邀省首届优秀兵妈妈，省三八红旗手、省焦煤集团职工梁秀娥出席会议。30名受表彰的好军嫂、优秀兵妈妈暨最美军人家庭代表，市、县妇联、双拥办、各支队级单位有关领导，部队官兵，以及媒体记者参加会议。（武月兴）

【特战训练骨干集训】 2016年5月9日至29日，武警部队在山西总队举行特战分队特殊作战训练骨干集训。各总队、兵团指挥部，114、7师，高岭训练基地、直属支队和特警学院的37个单位521名特战训练骨干参加集训。（武月兴）

【监狱安全工作会议】 2016年11月25日至26日，山西省司法厅、山西省监狱管理局、武警山西省总队在晋中监狱联合召开全省监狱安全工作会议，贯彻落实司法部、武警部队"湖北会议"精神，创新监狱监管执勤模式，深化执勤"五防一体化"建设，推广执勤"六化"模式（组勤正规化、外围阵地化、监控高清化、照明白昼化、报警多元化、联防机制化），增强"两警"合力，提升执勤安全系数。（武月兴）

【实战化训练考核观摩】 2016年9月21日，武警山西省总队组织首长机关和机动分队进行实战化训练考核组织与实施观摩活动。共计80人参加。本次观摩活动以武警部队实战化军事训练集训精神为指导，以《军事训练"八落实"标准》《"六种组训模式"运行规范》为依据，按照"仗怎么打、兵就怎么练"的要求，贯彻"考、比、拉、抗"，突出"一句话命令加补充指示"，旨在打通通往实战"最后一公里"，缩短战场与赛场差距。（武月兴）

【抗洪抢险】 2016年7月22日至24日，武警山西省总队出动运城支队、临汾支队560名兵力、20台车辆，担负汾河新绛县新纺段抗洪抢险任务。加固堤坝4900米、加高1.5米，排除险情7处，累计使用沙袋28万余个，确保汾河新绛县新纺段河堤安全。

7月25日至28日，武警山西省总队出动运城支队、临汾支队600名兵力、20台车辆，担负汾河河津市阳村段抗洪抢险任务。参战官兵累计装填沙袋16万余个，排除管涌险情15处，将最危险最薄弱的3000米河堤加宽2米、加高0.8米。（武月兴）

【涉黑抓捕】 2016年9月1日，武警山西省总队接到通知，永济市北郊附近发现1名"6·03"涉黑专案犯罪团伙嫌疑人。根据公安机关要求，经报请总队批准，山西总队运城支队出动永济市中队应急班10人，完成处置行动，抓捕犯罪嫌疑人，缴获自制5.6毫米运动步枪1支、涉案车辆12辆、POS机若干，打击黑恶势力。

9月8日，武警山西省总队太原支队参谋长张建刚带领特勤排36名兵力，携带武器警械，会同一大队、六大队部分官兵将一涉黑涉毒团伙一网打尽，抓捕犯罪嫌疑人5名（4男1女），缴获管制刀具5把，毒品1克。（武月兴）

【国际交流考察】 2016年5月31日，孟加拉国警察总署高级警司埃纳姆带领警务人员能力建设研修班一

2016年4月11日至5月28日，武警山西省总队出动3架直升机到北京参加首都地区反恐应急处置空中投送训练演练 （武月兴供图）

2016年7月22日至25日，武警山西省总队运城市支队、临汾市支队担负运城汾河汛期抗洪抢险任务 （武月兴供图）

行20人到山西总队直升机大队参观考察，了解大队组建历程和担负执行任务情况、场馆设置及功能作用、飞行训练和保障等情况。

9月2日至7日，罗马尼亚宪兵机动大队（驻克卢日县）司令弗洛里奈·布迪萨上校率休假团一行10人到晋参观访问。 （武月兴）

【赴鄂抗洪抢险服务】2016年7月14日至8月7日，武警山西省总队派出总队医院14名医护人员分两批次携带常备药材到湖北参与抗洪抢险官兵及地方群众医疗服务保障工作，提供健康巡诊、现场诊疗、心理疏导、卫生防疫和卫生常识教育等服务。开展任务部队巡诊3400余人次、防疫指导、健康宣教40余场次，为驻地灾民群众义诊700余人次。 （武月兴）

人民防空

【概述】 2016年，山西省人民防空办公室贯彻第七次全国人民防空会议精神，坚持“战时防空、平时服务、应急支援”的方针，按照“强基层、抓规范、提能力”的工作思路，真抓实干，开拓创新，推进各项工作。

省人防办分别向省委省政府专题汇报会议精神，引起省委省政府重视，省委常委会要求“把人防工作纳入党委议军会议、纳入领导干部考核评价体系、纳入政府任期目标和年度考核内容、纳入军事斗争准备规划”。全省各级人防部门利用电视广播、微博微信，作专题报告，街道和社区的LED显示屏，发放宣传手册等方式和手段宣传全国第七次全国人防会议精神。根据该次会议精神和《山西省国防动员建设“十三五”规划纲要》，制订山西省人防建设“十三五”规划。

根据山西省人防发展变化，省人防办向立法机关提交《山西省人民防空工程建设条例》和《山西省人民防空工程维护管理办法》修订意见。在机关内部开展制度大起底工作，清理和修订人民防空各级规范性文件和机关内部制定的各类规章制度。按照行政审批制度改革的要求，取消省一级人民防空信息系统综合集成资格初审和中级及以下单建人防工程、防空地下室施工图设计文件审批、防空地下室易地建设费减免审批等行政审批事项。

按照省委、省政府、省军区关于推进人民防空改革发展的意见，推动省政府办公厅和省军区司令部联合制订并印发《关于建立山西省深入推进人民防空改革发展军政联席会议制度的通知》，规定军政联席会议召集人由省政府分管副省长、省军区分管首长共同担任，省委办公厅、省政府办公厅、省军区司令部、省军区政治部、省发改委、省经信委等37个部门和单位为联席会议成员单位，明确各成员单位的工作职责和任务。11月，省办组织召开联络员会议，各成员单位就召开第一次联席会议作研究安排。

省办拟制《山西省人民防空指挥能力评估体系和标准》，包括人防指挥通信工程、城市人口疏散工程、城市综合防护工程、重要经济目标防护工程、人防宣传教育工程、人防队伍建设工程六个方面的指标。在对“十二五”期间各市人民防空指挥能力进行评估的基础上，确定“十三五”期间各市人民防空指挥能力评估指标，报请省政府、省军区批准颁布。 （史永健）

【人防业务完成】 2016年，山西省人民防空办公室完成年度各项业务工作。(1)人防指挥通信体系方面，修订《山西省防空袭预案》《山西省人防工程突发事件预案》，分别与河北、河南、陕西和内蒙古人防办签订“人防指挥通信跨区支援协议”；全省国家人防重点城市完成人防卫星通信系统入网建设；推进省人防战备数据中心建设，完成第一批9个厅局战备数据库的收集和录入；完成重要经济目标及城市高点视频监控系统一期项目，实现引接公安系统部分重要区位视频信号；省人防指挥通信纳入省委、省政府应急指挥系统；省市人防办完成检验性演练。(2)城市人口疏散方面，全省建成11个人口疏散基地，具备100万人的接收能力。(3)城市综合防护工程建设方面，结合民用建筑批建防空地下室的要求，1至11月全省共批建防空地下室×××万平方米。开展人防工程质量普查和早期人防工程隐患排查和治理，掌握底数、强化措施。提高人防资源利用效能，全年验收人防工程×××个，投入使用×××个，可安排救援×××余人。

2016年2月26日，山西省人防工作会议在太原召开 （史永健供图）

(4)重要经济目标防护方面，开展重要经济目标调查和防护机制建设研究，截至2016年底，全省共确定重要经济目标430处，省级目标60处。(5)防空防灾宣传教育方面，推进防空防灾宣传教育“五进”(进机关、进学校、进工厂、进社区、进网络)活动，结合“5·12”防灾减灾日、“9·18”防空警报试鸣日等重要节点开展宣传活动，全年受教育人数达260万人次。(6)人防队伍建设方面，落实人防部门领导干部双重管理规定，结合各市换届工作对5个市的人防办主要领导的配备提出任免意见。防空防灾志愿者组织规范化建设试点取得成果。（史永健）

【人防工程建设质量普查】 2016年，山西省人防办以各市人防办为主体，在全省范围内开展人防工程建设质量专项普查活动。各市对竣工验收的人防工程的结构毁坏情况、设施设备丢失损坏情况及资料保存情况；对建成但尚未进行验收的人防工程的施工图设计文件完成情况、施工质量和整改情况、设施设备安装质量情况及资料整理情况；对早期人防工程的维护管理情况、隐患排查和治理情况、应急预案编制情况、资金筹措情况、资料保存情况等开展普查。各市为此成立专项普查工作领导机构，指定专人，采取现场检查、检测、评估等方法，梳理、核实、汇总、填报，掌握本地工程建设项目资料，建立符合实际的人防工程质量台账。（史永健）

【指挥通信业务封闭式集训】 2016年，山西省人防办组织省人防指挥信息保障中心，各市、县指通科长和业务骨干109人在太原进行封闭式集训。集训以《人民防空训练规定》和《人防防空训练与考核大纲》为标准，进行信息化建设、人防大数据理论辅导，组织通信短波电台技能培训、电台互联互通测试性训练、军事队列训练以及轻武器实弹射击训练，使学员了解现阶段中国人防信息化的先进成果和信息化建设总体情况，明确综合集成规范，细化建设发展要素，为全省“一网四系统”(人防基础网络、预警报知系统、指挥控制系统、防护救援系统、综合保障系统)建设奠定理论基础。（史永健）

2016年8月23日，山西省人民防空办公室举办人防信息化建设与发展讲座
（史永健供图）

经济管理与监督

Economic Administration and Supervision

宏观经济管理

【供给侧结构性改革】 2016年，山西省发展与改革委员会推进供给侧结构性改革，促进产业转型升级。

“三去一降一补”。“去产能”。2016年，炼铁产能压减82万吨，煤炭产能退出2325万吨。在全国率先实行276个工作日减量化生产，全年规模以上原煤产量8.16亿吨，比上年减少1.37亿吨，下降14.4%，超过全国5个百分点。山西省减少量超过内蒙古、陕西、河南、山东、安徽五省之和，占全国的39.5%。“去库存”。2016年，商品房待售面积为1761万平方米，比上年末减少55万平方米，商品房库存消化周期10.3个月，比上年末减少3.4个月。“去杠杆”。2016年，全省低成本的债券融资2893.52亿元，同比多增611.73亿元；高成本表外融资余额比上年减少689.34亿元，同比少增649.34亿元。“降成本”。制订《山西省降低实体经济企业成本实施方案》(44条)，以省政府文件印发全省执行。利用价格手段降低企业成本，两次降低全省一般工商业销售电价，减轻企业电费负担11.7亿元。对万家寨引黄工程供工业用水实行限价政策。对煤炭交易费、焦炭现货交易手续费实行减半收取政策，年可减轻企业和用户负担约3400万元。扩大小微企业行政事业性收费免征范围。2016年，全省规模以上工业企业主营业务成本同比下降6.6%(全国增长4.8%)，每百元主营业务收入中的成本84.64元(全国85.52元)，下降2.63元(全国下降0.1元)。“补短板”。围绕重大基础设施、产业转型、城镇化和生态环境治理、民生社会事业等领域谋划实施一批重大项目，补齐经济社会发展短板。2016年，高技术产业投资、基础设施投资分别比上年增长14.4%、11%，分别占全省固定资产投资的4.2%、18.6%，同比提高0.5个、1.7个百分点；产业扶贫投资完成260.3亿元，占年度计划的108.5%。

国家新型综合能源基地建设。煤炭产业，去产能与提升先进产能占比相结合，坚决去落后产能，推进先进产能项目产能置换，向国家上报20座煤矿(含1座央企煤矿)产能置换方案或化解过剩产能方案。其中18个项目方案获国家复函确认，新增产能1.228亿吨/年，使山西省先进产能占比由10%提高到16.9%。电力产业，编制完成全省“十三五”电力发展规划、配电网建设改造“十三五”规划、电动汽车充电基础设施发展规划(2016–2020年)。加快蒙西—晋北—天津南1000千伏特高压交流输电工程、榆横—晋中—潍坊1000千伏特高压交流输电工程、晋北—江苏±800千伏直流特高压工程、盂县电厂—河北南网500千伏交流输电工程等4条外送电通道建设，蒙西—天津南输电通道于11月24日建成。全年全省发电装机容量达7640.16万千瓦。新能源产业，截至2016年底，全省新能源装机容量达1752.24万千瓦。其中，风电770.73万千瓦，光伏296.83万千瓦，水电243.98万千瓦，生物质发电37.3万千瓦，燃气发电403.4万千瓦。全省风电、光伏装机达1067.56万千瓦，占全省发电总装机的14%。煤层气产业，编制完成山西省“十三五”煤层气产业发展规划、输气管道发展规划，山西省与中石化签署“十三五”战略合作框架协议。批复太原东山复线、河津—运城、榆林—济南线平遥管线、保德—三岔、怀仁—左云—右玉等管道项目。全年煤层气(煤矿瓦斯)抽采量107.4亿立方米，利用量62亿立方米。现代煤化工产业，2016年11月16日，国家发改委核准潞安煤制油项目，年内完成主体工程及设备安装。同煤与中海油煤制天然气项目核准所需17个专篇取得批复。焦煤甲醇制烯烃项目部分长周期设备已订货。

新兴产业发展。现代农业，编制《山西省“十三五”现代农业发展规划》，推进优质杂粮、草食畜牧、设施蔬菜，干鲜果品和中药材等特色农业发展。制订出台《关于推进农村一二三产业融合发展的实施意见》，发挥专项建设基金政策引导作用，推进农村三产融合，拉长产业链，促进农业龙头企业和休闲农业发展。调整种养结构，实施畜牧业规模化养殖工程和沼气利用工程，提高农业资源综合利用水平。装备制造业。2016年,山西省发展与改革委员会审批的太重集团风力发电机组关键零部件智能化工厂、晋能集团年产2吉瓦异质结太阳能电池及组件项目、比亚迪太原新能源汽车生产基地等项目开工建设。山西易通环能科技集团脱硫脱硝项目、太重轨道交通公司高速列车轮轴、大同电力机车公司HXD2F机车等建成项目进行产品推广。全年装备制造业增加值同比增长6.5%,占规模以上工业增加值的11.3%,同比提高0.9个百分点。铝工业,推动原材料基地向终端产品生产基地转变,在中铝华润公司落实电解铝产能置换情况下,对兴县中铝华润一期50万吨轻合金项目进行备案。现代服务业,编制《山西省"十三五"服务业发展规划》,实施加快发展生活性服务业促进消费升级的方案、支持服务业发展的50条措施,推进文化旅游、金融、物流、会展等现代服务业发展,发展健康养老产业,鼓励社会资本建设服务设施,推广医养结合等模式。全年全省服务业增加值增长7%,拉动GDP增长3.7个百分点。

"双创"工作。建立由山西省发展与改革委员会牵头的大众创业万众创新厅际联席会议制度,出台一系列支持创业创新的政策举措,举办双创活动周。构建双创政策体系,优化创业创新生态环境。(马润卯)

【投资发展环境优化】 2016年,山西省发展与改革委员会加强投资形势分析监测,争取国家政策支持,推动重点领域项目实施,深化投融资体制改革,抓好重点领域PPP模式(政府与社会资本合作模式)推广,优化投资效益和发展环境。

重点领域项目建设。发挥重点领域投资带动作用,推动重大项目建设。开展"冬季行动"、全面对标发达地区投资环境,太焦客专、原大高铁等一批重点项目开工建设。

投资管理。截至2016年底,全委共审批、核准、备案项目460项,涉及总投资4708亿元。推动条件成熟的项目出库,全省储备项目4700多个,计划总投资约15.8万亿元。出台实施《山西省重大建设项目稽查办法》,加大对重大项目依法监督管理力度,保障建设工程质量和资金安全,提高投资效益。

投融资体制改革。制订《深化投融资体制改革实施方案》。提出山西省清理规范报建审批事项工作方案,将全省投资项目开工前报建事项由58项减至36项,向省直17个有关部门印发贯彻落实通知并协调推进。下放投资项目备案权限,除跨市项目及国家要求由省级备案项目外,企业固定资产投资备案权限下放至设区的市(扩权强县试点县、省级转型综改试点县)发展改革委(局)。

PPP模式。在重点领域推广政府和社会资本合作模式。推动PPP项目课题研究。举办PPP工作培训班。组织建立PPP项目库。截至2016年底,全省筛选出900余个PPP项目、总投资6000多亿元。公开发布PPP项目475个,总投资约3017亿元,其中有159个项目纳入国家发改委项目推介库中,涉及总投资1138亿元。

"各类受理项目大起底"工作。9月5日至12月15日,山西省发展与改革委员会同各市、18个省直部门在全省组织开展为期100天的"各类受理项目大起底"活动,分类办理解决632个项目难题,推动一批项目手续办结、开工建设,深化投资领域"放管服效"改革,优化发展环境。

(马润卯)

【规划编制】 2016年,山西省发展与改革委员会强化规划编制和政策研究,发挥参谋助手作用。

"十三五"规划编制。科学编制《山西省国民经济和社会发展"十三五"规划纲要》,国家授予"优秀成果奖"。推进68个专项规划编制,截至2016年底,发布57个。开展山西省"十三五"规划实施情况年度监测工作,确保规划落到实处。

经济形势分析监测。按月组织召开经济形势分析联席会议,撰写全省经济形势分析报告,并向省政府常务会议专题汇报,提出工作建议。

重大政策。在供给侧结构性改革、转型综改、新型城镇化、生态文明建设、区域合作和对外开放、服务业发展、新消费等方面制定一系列政策措施,包括《深入推进新型城镇化建设实施意见》《降低实体经济企业成本实施方案》《推进国际产能和装备制造合作工作实施方案》《融合环渤海地区发展实施意见》《推进生态文明建设实施方案》《加强物流短板建设促进有效投资和居民消费实施方案》《发挥新消费引领作用和加快培育形成新供给新动力实施意见》等。

重大政策诉求。向省委、省政府和全国人大代表提供调研素材,利用全国"两会"、发展改革工作会议等重要契机,向国家反映山西诉求。其中,控制煤炭进口规模、全国统一标准用市场化法治化手段淘汰煤炭落后产能、煤矿"减量重组"等重大政策诉求和建议得到国家层面重视。(马润卯)

土地资源管理

【概述】 2016年,山西省国土资源厅完成全省城市周边划定永久基本农田核实举证,完成省市县三级全域永久基本农田划定方案。推进土地整治,落实70万亩高标准农田建设任务,完成100个省级开发基金项目,省市两级新增耕地15.2万亩,解决一批重点项目耕地占补平衡难题。出台鼓励和引导民间资本开发造地的指导意见,拓宽耕地占补平衡渠道。分解下达新增建设用地有偿使用费5.5亿元,安排高标准农田建设任务70.7万亩。

2016年,国家下达山西省年度用地计划指标18.97万亩,其中耕地13.44万亩,下达计划指标19.37万亩,全年实际计划执行量5.9万亩。其中农用地4.91万亩(耕地3.62万亩),未利用地0.99万亩。全年办理建设项目用地预审142件(含初审报部6件),涉及用地总面积3.6万亩,供应土地17.46万亩,同比增长12.33%。

2016年，山西省发现闲置土地305宗,面积2万亩,处置274宗,面积1.83万亩；未处置15宗(均为涉案查封土地),面积11352.0亩。扣除涉案查封因素,按照处置面积计算,实际闲置土地处置完成率97.07%。

2016年,山西省出让土地4.83万亩,同比增长23.69%;成交价款265.95亿元,同比增长4.3%;年度工业用地成交均价为17.44万元/万亩，同比增长20.46%;房地产用地成交均价为165.06万元/亩,同比增长29.71%。（程广勇）

【资源节约集约利用】 2016年,山西省国土资源厅下发《山西省国土资源厅关于严格执行土地使用标准大力促进节约集约用地的通知》(晋国土资函〔2016〕451号)《关于开展建设项目节地评价工作的通知》(晋国土资办发〔2016〕38号),开展开发区和城市节约集约用地评价,健全项目节约用地评价体系,细化工业用地投资强度等约束性指标。连续三年考核11市节约集约用地水平。全省8个县(市)获"国土资源节约集约模范县"称号,受到国土资源部表彰。加大闲置土地处置力度,2009年至2013年度闲置土地处置率96.6%。清理批而未供土地，短期内提高供地率10个百分点。

推进矿产资源节约与综合利用。向省委省政府提交《国内外煤炭中共伴生矿产资源利用研究》报告,省地勘基金设立煤炭共伴生锂、镓、锗等7个资源评价项目。建立由10个省直部门组成的资源综合利用协调机制。（程广勇）

【地籍管理与不动产登记】 2016年,山西省国土资源厅印发《山西省2016年农村集体建设用地使用权和宅基地使用权地籍调查工作要点》，到太原、忻州、晋中、吕梁、长治、临汾、运城7个市41个县(市、区)、112个标段(村庄),进行农村"两权"地籍调查,编发25期农村集体土地确权登记发证工作简报,研究制订《关于"202、203"地类图斑内国有建设用地调查的指导意见》和《关于农村"两权"地籍调查数据库建设方案编写提纲的指导意见》。

联合省住建厅、省农业厅、省林业厅下发《山西省不动产登记资料移交指导意见》,围绕登记机构、登记簿册、登记依据和信息平台"四统一"要求,出台《山西省不动产权证书和登记证明管理暂行办法》《山西省不动产登记信息管理基础平台接入技术要求》《山西省不动产登记数据库标准（试行)》《山西省不动产登记信息安全与保密管理暂行办法》。颁发不动产登记证明15475份,不动产登记证书10401本,60个县(市)接入国家信息平台,占比达51%,完成全省40%的县(市)实现接入国家信息平台任务。（程广勇）

【矿产资源储备管理改革】 2016年,山西省国土资源厅创新项目管理方式，由委托制变为竞争性磋商制,把找矿重点放在煤层气和煤炭综合利用上,投入5.5亿元安排103个项目,验收48个往年地勘项目，新增煤炭资源储量7.85亿吨、铝土矿4790万吨、铁矿2258万吨,增加转型发展矿产资源储备。（程广勇）

【"三去一降一补"落实】 2016年,山西省国土资源厅落实"三去一降一补"。"去产能",转发国土资源部《关于支持钢铁煤炭行业化解过剩产能实现脱困发展的意见》,研究制定《关于严格控制煤炭资源配置的实施细则》,明确"两严格、两暂停、一鼓励、一支持"工作思路,暂停煤炭资源配置和采矿权设置,矿业权出让计划和新立都为"零",依法依规注销24个化解产能关闭煤矿采矿许可证,涉及产能2325万吨。

"去库存",开展打击违法违规生产建设煤矿专项整治行动,查处违法开采行为。

"降成本",实施矿业权价款缓缴政策,帮扶矿山企业脱困转型,508家企业缓缴167亿元。征缴往年拖欠价款107.1亿元，超额完成年度百亿目标。实行矿政审批前置资源开发利用、矿山地质环境保护、土地复垦方案"三合一",审批时间缩短、费用降低。完成10个矿山企业的"三合一"方案评审。完成采矿权划界9个,划界延续83个,新立4个,变更29个,延续119个,抵押备案9个,抵押金额11.262亿元。完成市级矿业权设置方案调整8个,完成阳泉市矿产资源整合方案调整的初审上报。

"补短板",省政府出台《山西省

2016年9月12日,山西省首宗增减挂钩结余指标流转耕地占补平衡指标易地交易签约仪式在国土资源厅举行 （程广勇供图）

煤炭资源矿业权出让转让管理办法》，制定配套制度。（程广勇）

【重要矿产资源审批压覆】 2016年，山西省国土资源厅完成建设项目压覆重要矿产资源审批158个。其中，压覆重要矿产资源审批项目44个，不压覆重要矿产资源审批项目114个。全省各类建设项目压覆煤炭保有资源储量总计9.67亿吨，铝土矿资源储量1202.96万吨。完成太原至焦作城际铁路、原平至大同铁路客运专线、神池至岢岚高速公路等一批重点工程建设项目压覆重要矿产资源审批，保障省重点工程实施。（程广勇）

【煤层气试采管理】 2016年，山西省国土资源厅提请省政府出台完善煤层气试采管理的具体措施。提请省政府发布《煤层气和煤炭矿业权重叠区争议解决办法（试行）》，规范企业自主协商内容、省厅行政调解和行政裁决程序。落实国土资源部《矿业权人勘查开采信息公示办法（试行）》，探索引入第三方评估，实现监督管理重点由事前向事中、事后转移。跟进国家“简政放权、放管结合、优化服务”的新部署，与19个省直部门沟通协商，原来73项行政审批（核准、备案）事项，归并为56项。（程广勇）

【地质环境管理】 2016年，山西省国土资源厅编制完成59座重点国有老煤矿矿山地质环境专项调查实施方案，申请省财政下达资金9439.52万元，通过招投标从通过报名审核的55家单位中确定23家资质单位开展调查工作。制订《山西省采煤沉陷区综合治理地质环境治理专项工作方案（2016—2018年）》（晋治沉地环办〔2016〕1号），推进平顺天脊山国家地质公园建设和地质遗迹保护项目实施。全省采煤沉陷区重要矿区地质环境专项调查和治理工作列入省政府重点工作内容，调查和治理范围涉及9个市59座国有重点煤矿，面积占全省煤矿矿区1/5。（程广勇）

【地质灾害防治】 2016年，山西省发布三级以上预警53次，省、市、县发送预警短信达40余万条；组织宣传1375次，受教育群众达21.1万人；组织438次应急演练，64876人次参加。发生规模以上地质灾害4起，3人因灾死亡，直接经济损失200万元，与上年同期相比，地质灾害发生量下降20%，因灾死亡减少4人，人员死亡减少57%，直接经济损失降低42%，为近五年来灾害发生数量和因灾死亡人员最少年份。（程广勇）

2016年11月16日，国土资源部地质灾害防治应急技术经验交流会在太原召开（程广勇供图）

【科技创新推进】 2016年，山西省国土资源厅贯彻落实省部科技创新大会精神，开展科技人才全面普查，掌握全省国土资源领域人才队伍建设基本情况。开展“人才+项目”行动，出台《事业单位专业技术人才管理暂行办法》，召开厅属事业单位人才培养和项目成果交流会。组织“1+3”联学联做活动，下发《全省国土资源科技创新工作方案》《山西省国土资源科技创新行动计划（2016—2020）》，形成省厅“搭台”，省地勘局、省煤炭地质局、省测绘局3家“唱戏”，共同推进国土资源科技创新的局面。（程广勇）

【扶贫点政策支持】 2016年，山西省国土资源厅依照《关于用好用活土地政策积极支持扶贫开发的通知》要求，在扶贫点岢岚县实施增减挂钩节余指标、民间资本开发耕地指标易地交易等举措，增强贫困地区内生动力和造血功能。完成“一对一”精准帮扶任务。新增费安排资金9000万元，用于贫困县高标准农田建设。指导岢岚县制订《利用民间资本开发造地实施脱贫攻坚管理办法》，开工10个造地项目，总面积233.836亩，新增耕地面积198.564亩，易地交易耕地占补平衡指标96.59亩、交易总价467.565万元。繁峙县易地交易耕地占补平衡指标374亩，收益1084.6万元。（程广勇）

【行政审批】 2016年5月28日，山西省国土资源厅行政审批管理处进驻省政务中心，按照《山西省国土资源厅进驻省政务服务平台实施方案》要求，服务窗口全年受理报件1161件。其中矿政类578件、地政类408件、地灾地环类175件；送达矿政类528件、地政类128件、地灾地环类101件，累计受理各类行政审批申请事项1585件。（程广勇）

【国土资源执法监察】 2016年，山西省国土资源厅印发《山西省国土资源厅办公室关于印发严厉打击土地矿产违法行为配合做好安全生产大检查实施方案的通知》《严厉打击违法违规生产建设煤矿专项整治行动实施方案》,加大安全生产宣传力度,强化全民遵法、守法意识。并开展严厉打击土地矿产违法行为。配合做好安全生产大检查活动。

土地卫片执法。国土资源部下发遥感监测图斑24920个,面积31.5万亩(耕地14.49万亩)。经核查,实际占用的新增建设用地13.53万亩(耕地8万亩,可调整地类0.37万亩),违法用地总面积2.73万亩(耕地1.21万亩,可调整地类219.91亩),违法用地面积比例为20.15%;违法占用耕地面积比例为13.67%。全省土地违法总数为5073起,立案查处4521件,面积2.47万亩(耕地1.09万亩、可调整地类206.46亩),结案3007件,结案率为66.51%;非立案处理拆除复耕40宗,恢复土地原貌166.83亩,复垦到位106.09亩。下达处罚决定4298件,收缴罚款2.1亿元;没收违法建筑物、构筑物475.04万平方米;拆除违法建筑物68.50万平方米;没收违法所得13.19万元。党政纪处分1300人;追究刑事责任17人;申请法院强制执行2537件。

矿产卫片执法。国土资源部共下发疑似违法图斑516个。经核查,合法图斑84个,违法图斑181个,伪变化图斑251个。全省立案查处164件,已结案158件,未结6件,结案率96.3%。收缴罚款130.5万元;没收违法所得611.78034万元;没收矿产品105.6348万吨;党政纪处分42人;追究刑事责任4人,申请法院强制执行2件。 (程广勇)

【法治国土建设】 2016年,山西省国土资源厅印发《关于全面推进法治国土建设的实施意见》,成立法治国土建设领导小组,健全法治建设领导机构。制订《山西省国土资源厅全面推进法治国土建设2016年工作要点》,将2016年工作任务分为4部分,包括16个方面内容,细化分解为74项任务,对法治国土建设工作任务落实情况进行检查,下发《关于2016年全面推进法治国土建设情况的通报》。 (程广勇)

【资源交易】 2016年,山西省国土资源厅完成矿业权公开出让交易3宗,成交价款4775万元,完成矿业权公开转让5宗,成交价款合计22.21亿元;完成67个“矿业权地质勘查项目监理”项目的野外监理及野外验收,完成21个项目的前期监理及验收;编写年度《山西省国土资源厅土地市场动态监测分析报告》,建立健全土地市场动态监测制度,为市县国土局动态监测日常工作提供依据;为全省133家交易机构完成2015年度资质证“审核备案”,收缴交易服务费875万元。 (程广勇)

【煤层气审批试点】 2016年,山西省国土资源厅贯彻落实国土资源部65号令,抓好全国唯一煤层气审批委托山西省试点工作。省政府办公厅出台4个促进煤层气产业发展配套文件,办理8宗煤层气探矿权延续,开展3个煤层气资源综合勘查项目,取消铝土矿资源配置门槛,公开出让制度改革实质性落地。 (程广勇)

【信息化建设】 2016年,山西省国土资源厅推进“互联网+”山西国土平台建设,编制“互联网+”山西国土工作实施方案,落实人员、场地、经费,研发软件,下发《山西省国土资源厅关于进一步推进网上政务办公的通知》《山西省国土资源厅政务公开工作工作细则》《山西省国土资源厅政务公开工作实施方案》《山西省国土资源厅微信、微博管理办法》,编制《政务公开工作年报》并在网站公示,开通国土资源微博微信平台。 (程广勇)

国有资产管理

【国有企业经济指标】 2016年,山西省国有资产监督管理系统(简称国资系统)实现营业收入1.2万亿元,同比下降14.9%;上缴税金490.2亿元,同比下降5.9%。其中,省国资委监管企业完成营业收入1.17万亿元,同比下降13.7%;实现利润总额34.6亿元,其中12月份实现11.7亿元;实现利税512.6亿元,同比增长14.3%;实现增加值1817亿元,同比下降12.7%;资产总额达2.05万亿元,同比增长4.8%;所有者权益4210.6亿元,同比增长4.2%。从整体上,企业经济运行

2016年12月15日,山西省国土资源厅召开全省煤层气委托审批登记工作新闻发布会 (程广勇供图)

下半年好于上半年。（匡德龙）

【国有企业经营运行】2016年，山西省国资系统遏制经营业绩下滑局面，强化投资拉动，提高省属企业项目投资精准性和有效性，全年完成投资1296亿元，完成率104.3%，其中，90个省重点工程完成投资635.9亿元，完成率111.7%；重视招商引资项目储备，参加5场国内重大招商推介活动，全年招商引资在建项目29个，引资338.9亿元。省属企业加强同行业企业之间业务协同、互助合作，晋煤将煤层气业务资产注入太原煤气化上市公司，化解上市公司退市风险；同煤加强指标跨省合作，抢(增)发电量113.5亿度，创造经济价值8亿元；潞安通过互相参股、股权置换、股权转让等方式，构建煤电一体化新格局；国际能源与新奥集团合作，探索综合能源增值服务、分布式能源，寻找新的增长点。紧盯市场变化，变革营销模式，拓展国内外市场，太钢成为山西省首个海关AEO企业和首批外贸综合服务企业培育对象；焦煤推进全省炼焦煤集中统一销售，打造“焦煤在线”电子商务平台；晋煤启动煤化工交易中心，搭建现货电子商场交易平台，争取尿素市场定价权；太重、建工对接“一带一路”，抢占国外市场；能投建立“物流+服务”营销模式；山煤发挥进出口牌照作用，参与山西省“中西部现代物流中心”建设；汾酒“文化+品牌”联动，突破营销瓶颈。

（匡德龙）

【国有企业改革】2016年，山西省国资系统强化问题导向，加快改革步伐。对国资国企改革进行两轮调研，牵头起草调研总报告，形成山西省国资国企改革实施意见的雏形。起草《省国资委监管企业功能界定与分类方案》；出台两类公司试点实施细则，选择焦煤集团开展改组国有资本投资公司试点；黄河万家寨集团改制工作完成。完善法人治理结构，制订《省属企业加强党的领导和完善法人治理结构实施办法》和《省属企业外部董事管理办法》，在焦煤、同煤和晋能集团下属6户二级企业中开展经理层市场化选聘和任期制、契约化管理试点。深化企业财务等重大信息公开，公开的深度深入到省属企业四级子公司，公开的宽度扩展到全省11个市。鼓励省属企业通过股权收购、资产重组、增资扩股等方式发展混合所有制经济，在汾酒、中条山、建工集团开展混合所有制改革试点，在10户省属企业下属国有控股混合所有制企业中开展员工持股试点。深化企业分配制度改革，出台《省属企业负责人薪酬管理暂行办法》；起草外部董事薪酬管理办法；制订深化企业三项制度改革的实施细则，改进工资总额管理办法；制订省属科技型企业股权和分红激励实施细则，在晋能集团清洁能源公司进行研发团队股权激励试点。解决历史遗留问题，起草《山西省加快剥离国有企业办社会职能和解决历史遗留问题工作方案》；同煤集团分离企业办社会职能试点工作取得进展；15家省属企业的543户大集体企业，有7家326户改革总体方案批复实施，改革面60%；煤焦公路销售体制改革职工转岗分流有序推进，截至2016年底，安置27362人，安置率80.7%；省直机关所属企业脱钩改革推进，2016年有2户企业宣告破产、2户企业实施注销；全年为32户特困企业的2.2万余名职工解决医保补助费用2315.6万元。（匡德龙）

【供给侧结构性改革推进】2016年，山西省国资系统贯彻落实省委、省政府“三去一降一补”决策部署，推动供给侧结构性改革取得重要进展。淘汰落后产能，钢铁企业退出产能82万吨；煤炭企业退出产能2130万吨，占全省92%，关闭煤矿23座，占全省92%，分流安置职工20166人。执行276个工作日和节假日公休制度，全年减产煤炭7300万吨，约占全省减产量60%，占全国24%，为改善中国煤炭供求关系作出贡献。省属企业加大去杠杆和风险防控力度，应对重大债务及资产损失风险。全年通过债券市场直接融资约1700亿元，发行可交换公司债券融资40亿元，A股定增融资35.5亿元；煤炭企业开展集体赴京路演和百名行长(经理)进煤企等活动；非煤企业出资成立全国第一家省级信用增进投资公司；太钢、焦煤、同煤和阳煤开展市场化债转股；交投组建山西高速公路PPP项目投资平台；路桥参股太原农村商业银行，启动融资租赁业务。多管齐下、持续发力，深化对标管理，加强绩效考核，加强成本费用管控，省属企业全年营业成本同比下降15.8%；销售费用同比下降8.1%。太钢、山煤营业成本降幅超过30%，国新能源降幅高达49.8%；阳煤开展“降本增效、补漏止血”专项行动，压缩成本157亿元；中条山推进对标管理，劳动生产率提高7.6%。推进传统产业升级，培育壮大新兴产业，补齐短板。省属煤炭企业加快现有煤矿的先进化升级改造和安全高效现代化矿井建设，提升先进产能占比；太钢T800H高端碳纤维填补国内生产空白；煤炭企业金融板块成为共性增长点；国新能源等企业发展燃气产业，全省气化率56%；山煤推进碳基新材料制备项目。（匡德龙）

【国有企业产业转型】2016年，山西省国资系统实施创新驱动发展战略，加强创新能力建设，科技创新水平提高。搭建科技创新平台。省属企业8个山西科创城项目开工建设，全年完成投资13.49亿元；焦煤建成双创基地，吸引25家企业入驻，与山西联通合作建立“能源云”数据中心；阳煤以院士工作站为平台，瞄准煤炭行业技术前沿组织技术探索；潞安依托国家煤基合成工程技术研究中心，推进主导技术、核心技术攻关；晋煤建立创新创业园区，搭建以“首席专家”“大师工作室”为载体的创新平台；国际能源建成国家级工程研究中心；国控设立全省首个3D打印院士工作站；中条山推进国家级企业技术中心创建工作；经贸在各市建立创投公司，参与吕梁、太原大数据安全应用等新兴产业投资，支持山西省煤层气、焦炉煤气生产金刚石等技术就地转化。省属企业在重要领域、关键环节掌握一批核心技术,创新能力提升。太钢研发并生产笔头钢260吨,制订《笔头用易切削不锈钢丝》行业标准;焦煤创新项目获得中国工业大奖;同煤获得省部级以上科技进步奖41项,3个项目获国家“十三五”重点专项课题批准;阳煤“晋华炉”为“三高煤”综合利用提供新方法、新手段;启动“晋煤炉”工业示范装置建设;太重授权专利127项,其中发明专利73项。（匡德龙）

【国有企业履行社会责任】 2016年,山西省国资委引领省属企业履行社会责任。按照国有资本收益共享机制的要求,省本级国有资本收益的30%调入一般公共预算,用于民生支出。实施产业扶贫,省属企业共实施产业扶贫项目40个,完成项目投资49.7亿元,发展晋能黄花、阳煤果品等带动效应明显的农产品项目,实施光伏扶贫、土地复垦等生态扶贫项目,产生经济效益和社会效益。做好煤炭、钢铁企业去产能和煤焦公路销售体制改革过程中,职工转岗分流安置工作保障职工合法权益。省属企业尤其是煤炭、钢铁企业严格落实环保责任,推进节能减排和污染防控项目建设,提高绿色发展水平,太钢废水资源化循环利用技术及应用成果获冶金科学技术奖评审一等奖,太原垃圾电站年处理城市垃圾50万吨,改善环境质量,黄河万家寨集团做好农村生活污水治理。坚持安全发展理念,完善安全责任体系,加强隐患排查与治理,注重安全技术培训,煤炭生产百万吨死亡率远低于全国平均水平。黄河万家寨集团、水务集团保障城市用水安全;高速、交投、路桥集团执行鲜活农产品“绿色通道”及节假日小客车免费通行政策,确保改革红利惠及广大人民。构建完善帮扶救助长效工作机制,做好困难职工帮扶救助工作。（匡德龙）

【国有资产监督管理】 2016年,山西省国资系统履行职责,改进监管方式,加强国资监管。厘清监管边界,突出国资监管职能定位,研究国资监管法规体系,修订完善具有国资特色的“两单两图”,公开权力清单、责任清单;清理规范性文件,清理出文件115份,宣布废止的文件17份,予以修改的文件13份,继续有效的文件85份。改进监管方式,组织开展应收款项清理专项工作和融资贸易、库存管理专项整治,全面排查贸易业务风险,严控融资性贸易业务;开展财务决算管理分类审核,推动企业加强问题整改和基层企业管理;坚持经济运行分析例会制度,强化运行监测,把握省属企业经济运行态势。强化服务意识,协调解决全省万名干部入企服务工作反馈的企业问题和困难;推进国资监管信息公开,公开企业年度经营业绩考核结果、企业负责人职务变动信息;关注经济运行中资金管理,协调有关部门保障企业资金需求,确保资金链安全。加强监督检查,起草《关于加强和改进企业国有资产监督防止国有资产流失的实施意见》和《关于进一步加强和改进省属国有企业监事会工作的意见》,全年完成全面监督检查报告6份、专项报告及总报告23份、一事一报告14份、季度报告及季度总报告28份、整改评估报告8份,下达整改意见书5份,整改建议函9份。推行“全面建立问题台账,全程实施动态监督”的监督工作机制;制订《监事会年度监督检查报告指引》,实施报告预审制度,确保报告质量;开展企业负责人履职待遇和业务支出情况专项检查;完成省政府部署的2次全面督查;审计省属企业投资过亿建设项目520个,涉及金额3444亿元;对2户企业领导人员进行经济责任审计。强化监督成果运用,将监事会发现的问题和风险分送委内职能处室,监事会主席联席会议邀请委内相关处室列席。（匡德龙）

财　政

【概述】 2016年,山西省一般公共预算收入完成1557亿元,比年初任务1528亿元超收29亿元,与上年相比,下降5.2%,减收85.2亿元。分级次看,省级一般公共预算收入完成502.4亿元,比上年下降13.0%,减收75.3亿元;市县一般公共预算收入完成1054.6亿元,下降0.9%,减收9.9亿元。11个市“4增7降”,其中运城、太原、长治和晋中等4个市分别增长5%、3.1%、2.2%和0.6%,其余7个市仍为下降,但降幅均低于10%。119个县中,60个县下降。分税种看,12项税种“5升7降”。其中,增值税(含营业税)完成511亿元,增长2%,增收10.1亿元;城市维护建设税、土地增值税、车船税、耕地占用税等小税种共增收5.2亿元。其余税种均为减收,减收较多的企业所得税完成116.5亿元,减收26.4亿元;资源税完成140.3亿元,减收2.8亿元。其中,煤炭资源税完成128亿元,减收2.2亿元。分征收部门看,国税完成411.9亿元,比年初任务超收0.9亿元,增长46.8%,增收131.2亿元;地税完成613亿元,比年初任务超收9亿元,下降19.6%,减收149.4亿元;财政完成532.1亿元(含中央返还税收11.8亿元),比年初任务超收19.1亿元,下降11.2%,减收67.1亿元。

2016年,山西省一般公共预算支出执行3441.7亿元,为年度预算的90.8%,比上年增长0.7%,支出规模与上年基本持平(全年支出比上年仅减支1.7亿元,下降0.05%)。分级次看,省级一般公共预算支出累计729.4亿元,完成年度调整预算的81.9%,慢于全省平均进度8.9个百分点,同比下降2.6%,减支19.2亿元;市县级支出累计2712.3亿元,完成年度调整预算的93.5%,快于全省平均进度2.7个百分点,同比增长0.7%,增支17.5亿元。11个市中支出增幅“6增5降”:临汾、运城、晋中、忻州、太原、吕梁6个市分别增长8.9%、3.8%、2.6%、1.8%、0.9%、0.3%,朔州、阳泉、晋城、长治、大同5个市分别下降8.3%、4.4%、3.8%、3.3%、1.1%。分科目看,21个大类支出科目中,14个科目同比增长,7个科目下降。其中,增支较多的科目有:一般公共服务支出增支21.6亿元、农林水利支出增支37.3亿元、公共安全支出增支30.6亿元、住房保障支出增支22.6亿元、节能环保支出增支15.8亿元、医疗卫生与计划生育支出增支10.5亿元、资源勘探信息支出增支7.5亿元、社会保障和就业支出增支6.8亿元、教育支出增支5.2亿元；减支较多的科目有：国土海洋气象等支出减支133.7亿元、交通运输支出减支21.8亿元。（卫忠梅　梁智腾）

【财政运行】 2016年，山西省财政厅争取中央支持，财政部打破有关公式、门槛束缚，安排山西省财力性转移支付补助425亿元，比上年增加99亿元，为各级政府把“紧日子”过下来发挥作用；批准山西省2016年发行新增政府债务264亿元，比上年增加93亿元，弥补各级民生事业资金短缺；一次性拨付山西省2015年度上缴的两权价款88.71亿元用于采煤沉陷区综合治理，分三年给予山西省12亿元的补助，为市县保障基本民生腾出资金。

山西省财政厅加大对市县财力性转移支付和新增债券的支持力度，9个市本级、107个缺口县享受到财力补助，比上年增长20.3%；全省86.7%的新增债券（229亿元）分配市县使用，缓解市县财政困难。（卫忠梅　梁智腾）

【财政供给侧改革】 2016年，山西省财政厅落实供给侧结构性改革财政重点工作任务，支持全省调结构、转方式、增动能。坚定不移去产能，通过争取中央财政补助、地方财政投入、企业筹集等途径，实施减量重组，综合运用内部分流、转移安置、转岗培训、帮扶稳岗等政策，对就业困难职工进行托底帮扶。全年拨付资金16.2亿元，支持全省关闭煤矿25座，退出煤矿产能2325万吨，超额完成去产能任务。

山西省财政厅采取措施降成本，将“营改增”改革范围扩大到建筑业、房地产业、金融业和生活服务业，累计为14.83万户新增试点行业纳税人减税13.44亿元；暂免征收部分小微企业增值税，实施小型微利企业低税率并减半征收企业所得税优惠政策，累计为56.4万户纳税人减税近15亿元；从低确定山西省非煤资源税改革税率，累计减轻企业税费负担3亿元，下降比例达38.6%。清理取消、整合规范现有行政事业性收费和政府性基金，小微企业免征的18项行政事业性收费项目扩大到所有企业和个人。暂停提取矿山环境恢复治理保证金和煤矿转产发展资金，免缴一年省属煤炭、冶金企业国有资本收益，缓缴一年矿山企业探矿权采矿权价款，阶段性降低企业养老保险和失业保险费率，对困难企业实行“五缓三补”财政帮扶政策，最大限度减轻企业负担。

山西省财政厅采取稳妥去杠杆措施，出资组建华融晋商资产管理股份有限公司，支持处置并盘活省内金融不良资产，防范金融风险；发行置换债券525亿元，比上年增长36%，按平均发行利率2.71%匡算，年可节约利息26亿元左右，防止债务链断裂等风险的发生。（卫忠梅　梁智腾）

【财政支持转型创新】 2016年，山西省财政加快运作产业投资基金，已设立的政府性基金完成投资15.11亿元，投资领域涵盖新能源、装备制造、新材料等行业。争取国际金融组织、外国政府贷款和清洁发展基金委托贷款项目14个，总金额29.5亿元，比上年增长46.6%，支持山西省能源交通、农林水利、教育卫生、城建环保等领域建设。

山西省财政厅推广应用PPP模式，研究出台支持PPP发展的政策措施，13个项目列入国家PPP示范项目，26个项目被列入省级示范项目。支持创新驱动，深化科技计划管理体制改革，将省级科技计划整合为5大类并纳入统一平台管理，形成集中力量攻关的格局。

山西省财政厅制订《山西省科研经费和科技活动经费管理办法》，赋予高校、科研院所经费预算调剂、经费分配使用、科研设备政府采购等方面更大的自主权，山西省成为继上海、重庆之后全国第三家依法为科研项目组成员发放劳务费的省份。财政投入10亿元支持太原市开展“双创”基地示范城市建设，省级中小企业创业基地达100个。

山西省财政厅创新投融资机制，运用资源重整、资本金注入、基金投放等手段，支持金控集团、省扶贫开发投资公司、煤炭清洁利用投资公司等金融机构和融资平台发展运营；强

2016年1月20日，全省财政工作会议在太原召开　（卫忠梅供图）

化财政金融协调联动，撬动金融资本投向实体经济发展的重点领域和关键环节，帮助解决太钢T800高端碳纤维、山西焦煤强粘煤外采统销、太重风电项目等重点企业重点项目融资问题。 （卫忠梅 梁智腾）

【民生保障改善】 2016年，山西省财政在财政厅收入持续减收的情况下，财政资源向基层延伸、向农村覆盖、向基本民生倾斜。全省民生支出执行2837.8亿元，总量占一般公共预算支出的82.5%。安排63.89亿元出台新的10项强农惠农富农政策，重点支持农田水利基本建设、中药材基地建设和产业发展、健全农村金融服务站等。

山西省财政厅增加财政扶贫资金投入，财政涉农政策向贫困县倾斜。制订出台《关于统筹整合使用财政资金实施精准扶贫的意见》，在中央统筹资金层面基础上，将省级所有能用于贫困县的9类83项资金纳入整合范围，比中央要求提前一年覆盖全省58个贫困县。农林水利用等行业主管部门除据实结算的普惠性资金和特殊用途以外的资金，全部向58个贫困县倾斜，并打破多种限制，扩大县级支配资金的主动权。

山西省财厅政统筹中央财政资金、地方政府债券资金和政策性贷款，拨付资金26亿元支持10万建档立卡贫困人口和2.5万同步搬迁人口实施易地扶贫搬迁。采取竞争立项分配方式，从全省75个县中竞选出16个试点县开展美丽乡村建设，整合投入财政资金6.6亿元，吸引社会资本25亿元。

援企稳岗、社保补贴、税费减免等促进就业政策落实到位。山西省财政厅统一城乡义务教育学校生均公用经费基准定额，完善公办高中运行省级补助政策，免除4.8万名普通高中建档立卡家庭经济困难学生学杂费。提高机关事业单位和企业退休人员基本养老金，全省城乡居民最低生活保障标准每人每月提高20元；城乡居民医疗保险财政补助标准每人每年提高40元；基本公共卫生服务

2016年11月14日至15日，山西省财政厅在太原举办全省财政经济建设业务培训班 （卫忠梅供图）

项目财政补助每人每年提高5元；困难残疾人生活补贴和重度残疾人护理补贴每人每月分别提高10元。

（卫忠梅 梁智腾）

【财政统筹管理】 2016年，山西省财政厅加大预算统筹力度，将水土保持补偿费、政府住房基金、无线电频率占用费等3项政府性基金转列一般公共预算。加大重点科目资金的统筹使用，项目执行慢的资金收回统筹用于经济社会发展急需的领域。清理整合规范专项资金，对政策目标接近、资金投入方向类同、资金管理方式相近的项目予以整合。

2016年，省本级一般公共预算安排的专项转移支付数量减少60个，下降21.5%。山西省财政厅建立健全财政存量资金和预算安排统筹结合机制，清理收回两年以上结转资金，加大对两年以内资金的清理盘活。全省财政存量资金从2015年的1659.4亿元减少到659.6亿元，下降60.3%。政府预算、部门预算和“三公”经费预算公开率达100%，实现预算公开全覆盖。

山西省财政厅加强政府债务管理，建立债务限额管理机制、风险预警机制和存量债务化解机制。加强预算绩效管理，对50个重点项目和民生项目开展绩效评价，对72个重点项目开展绩效跟踪监控，并根据绩效评价结果，取消和压缩14个专项资金项目。规范行政审批管理，深化“放管服”改革。完成全省行政事业单位资产清查工作。

山西省财政厅推进全省行政事业单位内部控制建设。聚焦预算管理、资金分配等核心业务环节，制订内控基本制度、管理办法和操作规程，形成财政部门符合自身特点的内控制度体系。启动财政票据电子化改革和部门单独编制政府购买服务目录工作。司法体制改革试点县财物纳入省级管理。启动第二期会计领军人才培养工作。组织开展财政专项扶贫资金、非税收入收缴和地方预决算公开专项检查，对60家会计师事务所和25户资产评估机构执业质量进行监督检查，政府采购监管力度加大，地方金融类企业监管得到加强。

（卫忠梅 梁智腾）

税 务

·国家税务·

【概述】 2016年，山西省累计完成各

项税收收入1101.73亿元（含海关代征增值税、消费税，未扣减出口退税）。其中，海关代征完成13.85亿元，增收4.23亿元，同比增长43.94%；办理出口退税42.83亿元，增收4.4亿元，同比增长11.44%；国内增值税完成766.82亿元，同比增长20.31%，增收12.94亿元；国内消费税完成58.99亿元，同比增长5.39%，增收3.02亿元；企业所得税完成162.31亿元，同比下降22.27%，减收46.50亿元；车辆购置税完成57.18亿元，同比下降5.11%，减收3.08亿元；储蓄存款利息个人所得税完成89万元，同比下降31%，减收40万元；文化事业建设费收入完成7254万元，同比下降10.04%，减收813万元。

2016年，山西省国税收入有五个特点：收入规模再破千亿元，结束2013年至2015年连续三年下降态势。月度收入波动较大，6月后收入形势企稳回升。所辖税种有升有降，但增值税发展态势向好。重点行业税收回暖，煤炭税收摆脱负增长态势。市县收入走势趋稳，多数征收单位实现同比增收。

2016年，山西省国税收入增长，主要是受营改增政策实施及煤炭等主导产品价格回升等因素影响，增值税实现自2013年以来首次正增长，其中因四大行业营改增收入完成109.26亿元，对增值税增长的贡献率达84.59%。煤炭生产、焦炭、钢铁等主要工业行业以及商业增值税收入同比实现增长，是原增值税增收的主要拉动力量。（董其文）

【营业税改增值税】 2016年，山西省国税局完成"营改增"税制转换。"营改增"期间，系统上下接连打赢"开好票""报好税""分析好"三场战役，推进"改进好"战役，啃下税负只减不增的"硬骨头"。自"营改增"工作实施以来，建筑、房地产、金融和生活服务四大行业实现减税，试点纳税人整体减税22.13亿元。（董其文）

【税收法治】 2016年，山西省国税局出台《全省税收保障办法》，列入省政府2017年规章制订计划。推进行政审批制度改革，跟进后续管理，省局行政审批事项进驻省政务服务平台，实现"两集中、两到位"，全系统办结行政审批事项39708件，实现"零超时"。深化税收法制建设，完善公职律师管理办法和省局局长法律顾问制度，左云县国税局被命名为全国税务系统法治基地。（董其文）

【税收政策落实与税种管理】 2016年，山西省国税局落实"两项基本职责"，坚持依法征税，转变2013年以来连续三年未完成收入计划和收入连年下降态势，实现"两个重大转变"。坚持依规减免税，找准税收推进供给侧结构性改革切入点，出台税收支持钢铁煤炭行业化解过剩产能实现脱困发展意见，促进产业转型升级。落实扶持实体经济和小微企业发展的税收优惠政策，减免税收194.08亿元。全年办理出口退税42.83亿元。

2016年，山西省国税局为升级税种管理，制订残疾人就业、资源综合利用、财政性资金、企业重组、保险业务等增值税和所得税政策管理指引，统一税收政策后续管理规程。分析监控进销数据，实现发票数据、增值税纳税申报数据和进出口系统数据自动比对，制订《关于增值税发票风险防控工作实施方案（试行）》。开展车购税专项检查，发现问题车辆2117台，补缴税款124万元，实现增值税与车购税的联动规范。落实《全国税务机关出口退（免）税管理工作规范（1.1版）》，推进出口退税规范化管理，改进分类管理结构，强化后续管理，建立绿色通道，加快退税进度，全年办理出口（免）退税42.83亿元，同比增长11.44%。制订《关于支持钢铁煤炭行业化解过剩产能实现脱困发展的实施意见》和《关于降低企业成本助推转型升级的实施意见》，助力供给侧结构性改革。创新宣传，落实各项税收优惠政策，防范风险，推进企业所得税汇算清缴工作。（董其文）

【纳税服务】 2016年，山西省国税局开展"便民办税春风行动"，推出10类40项便民措施。打破属地限制，在全省试行6大类31个办税事项的省内通办，实现"进一家门、办两家事"目标。推进国地联合，共建办税服务厅，实现全省国地税办税服务厅联合共建工作，145个县级基层单位合作共建办税服务厅163个。开展信用评价，实施信用管理，推进评价结果运用。拓展银税互动，全省银行业金融机构推出银税合作产品97个，累计向2429户诚信纳税企业发放贷款金额79.14亿元，助力诚信企业发展。（董其文）

【税收征管】 2016年，山西省国税局落实《山西省深化国税、地税征管体制改革实施方案》，以任务清单形式"挂图作战"，31项108条改革任务推进。落实国地税合作规范3.0版，联合纳税服务，协同税收执法，推进信息共享共用，互鉴管理经验，拓展合作内容，37项合作事项和13项创新合作事项落实到位，在15个县区局建立起国地税合作示范区，其中4个单位命名为"全国百佳国税地税合作县级示范区"。完成金税三期工程换版，10月8日实现全系统平稳运行。推进税收风险管理，开展税收风险分析监控，完成23期税收风险应对任务。夯实征管基础，做好征管质量监控和简并申报缴税，开展管户核实，推行实名办税，进行数据治理。（董其文）

【大企业税收服务与管理】 2016年，山西省国税局深化大企业税收服务与改革，成立省局风险应对中心"太原工作部"，打造税收风险应对核心团队。落实省局"便民办税年活动"，召开税企高层见面会，签订《税收遵从合作协议》。完善大企业涉税事项协调会议制度，实现大企业涉税诉求全面解答处理和政策执行统一。承接总局税收风险任务，风险应对涉及所得税9609.30万元。其中，调减亏损8564.72万元，入库1044.58万元；入

库增值税 9.65 万元；滞纳金合计 468 万元。（董其文）

【国际税收管理】 2016 年，山西省征收非居民企业税收 25020.34 万元。10 户非居民企业享受税收协定待遇，减免所得税 2045.27 万元。组建反避税专业团队——太原反避税工作部，承担全省范围内的反避税工作，组建第一年特别纳税调整入库税款及利息 1491 万元，征收全国首笔幼儿园中外合作办学项目的非居民企业所得税，补缴税款 15.84 万元。编写《中俄蒙经济走廊税收信息指南》，为山西“走出去”企业提供税收政策服务。（董其文）

【税务稽查】 2016 年，山西省国税局制订《关于进一步完善稽查管理机制的意见》，推行“全省稽查一体化”新机制，建立“集中选案，统筹检查，主体审理，属地执行”集约化的稽查业务模式。全年检查和督察纳税人自查 3292 户，查补总额 14.8 亿元。打击骗取出口退税和虚开增值税专用发票违法犯罪活动，查处虚开案源企业 58 户，移送公安机关 47 户，公安机关抓捕犯罪嫌疑人 15 人，认定接受虚开发票 63303 份、对外虚开发票 46274 份，实现查补总额 135267.32 万元。推进重点税源企业随机抽查，实现查补税款 20559.85 万元。开展打击发票违法犯罪活动，全省各级国税部门检查企业 2028 户，查处涉票违法企业 1842 户，查处非法发票 48558 份，查补总额 75114.26 万元。做好税收违法案件检举检查，全年税收违法检举案件查补总额 1441.63 万元。（董其文）

【电子税务管理】 2016 年，山西省国税局制订《山西省国家税务局“互联网+税务”工作实施方案》，推进应用项目建设，推进“互联网+税务”。研发网上服务平台，打通国地税办税“竖井”，实现智能化申报纳税、个性化服务推送，被总局评为“互联网+税务”应用软件项目第一档。完善税收信息化管理制度，统筹全省税收信息化项目管理，提高税收信息化管理水平。加强数据管理，建立省局数据仓库，做好税收信息化基础工作。开展税务系统网络安全宣传周活动，推进各类信息安全防护系统维护，加强网站和信息系统安全管理，提升网络安全保障能力。（董其文）

【税务监察】 2016 年，山西省国税局落实“两个责任”，理顺职责分工，层层压实责任，开展党风廉政建设“回头看”，就全系统发生的违纪违法案件“一案双查”情况进行自查，全年对 4 个党组和 1 个纪检组问责。开展执法监察，挽回税款损失 446.7 万元，对 96 人次执法过错责任追究。对内控机制建设情况开展监督，各级纪检监察部门共提出完善内控机制建议 33 条。规范问题线索管理工作，对 2011 年至 2016 年间的 419 件信访举报起底，核实处置方式及处置结果。强化纪律审查，全系统共有 33 名税务干部受到党政纪处分。（董其文）

·地方税务·

【概述】 2016 年，山西省地税系统完成各项收入 838.51 亿元，同比下降 14.74%，减收 144.98 亿元。其中各项税收完成 743.2 亿元，下降 16.69%，减收 148.9 亿元；其他非税收入完成 95.32 亿元，增长 4.28%，增收 3.92 亿元。税收中地方级收入完成 612.76 亿元，下降 19.62%，减收 149.58 亿元，完成“营改增”调整后计划的 101.45%。（徐　鸿）

【核心业务改革】 2016 年，山西省地税局提请省委省政府出台《山西省深化国税、地税征管体制改革实施方案》，结合实际制订《进一步深化地方税收改革与管理的意见》等配套制度，推动税收管理向信息管税、合作管税和税收共治转变。落实税制调整政策，加强地方税种管理。“营改增”试点任务完成，纳税人销售不动产和个人出租不动产代征增值税和代开发票工作推进，存量房评估系统扩围，房地产“去库存”优惠政策落实，全面减负目标得到贯彻。落实省政府办公厅出台的《关于进一步加强煤炭资源税征收管理的实施细则》，由地税部门牵头在全省范围内开展历时两个月的专项检查行动，堵塞征管漏洞，促进煤炭资源税增长。推进资源税从价计征改革，科学确定山西省矿产品适用税率、折算率、优惠事项等政策，开展改革前后政策效应监控分析，打赢资源税改革攻坚战。在全国率先启动车船税联网征收欠税核查功能，土地增值税清算管理软件试点和土地使用税“以地控税”试点扩大，非居民企业税收管理、“走出去”企业涉税服务和反避税工作加强。所得税风险管理成效明显，企业所得税预缴和汇算清缴实现规范化，个人所得税全员全额扣缴申报管理和年所得 12 万元以上个人自行申报管理强化。规费征管全部纳入金税三期系统，规费收入实现就地缴库。（徐　鸿）

【国税地税合作】 2016 年，山西省地税局落实《国地税合作规范》，确定 15 个示范区进行试点，4 个县被命名为全国百佳县级示范区。开展办税服务厅互派共建，全省地税进驻国税大厅 110 个，与国税共建联合办税厅 25 个，共同进驻政府政务大厅 30 个，基本实现联合办税全覆盖。建成国地税网上服务平台，实现国税增值税、消费税与地税 4 个附征税费的联合征收。推进联合开展税收分析、联合加强大企业管理服务、联合开展纳税信用评定、联合进行税务稽查等工作，总局确定的 51 项合作事项中，37 项基本合作事项得到落实，14 项创新合作事项有 7 项进展明显。（徐　鸿）

【互联网税务】 2016 年，山西省地税局开展“互联网+税务”行动，推进信息管税。落实新的《税收征管规范》和《纳税服务规范》，修订山西地税业务操作指南。强化分级分类管理和税收风险管理，建成大企业税收数据仓库，推进千户集团及省级大企业专项风险分析。开展金税三期应用系统换版，创造两个月高质量完成换版任务的先例。拓展延伸信息网络系统，运维服务体系和安全防护体系成型，为信息管税提供支撑。深化“便民办税春风行动”，推进办税便利化改革，完善首问负责、限时办结、预约办税、延时服务、24小时自助办税、财税库银联网缴税等服务机制，实现存量房评估系统与金税三期应用系统对接，推出办税事项“二维码”一次性告知、合理简并纳税人申报次数等多项便民措施，实现3大类15项涉税事项省内通办，改造升级“12366”热线，建成山西地税纳税服务微信平台，加强网上办税厅建设，开办网上纳税人学堂，开展纳税人满意度调查，对发现问题进行整改。巩固营业执照、组织机构代码证、税务登记证“三证合一”成果，开展个体工商户营业执照和税务登记证“两证整合”试点，推行实名办税制度，拓展纳税人统一社会信用代码功能，促进诚信纳税。（徐 鸿）

工商行政管理

【概述】 2016年，山西省工商和市场监管部门以推进商事制度改革为工作主线，坚持依法行政，强化监管执法，创新监管机制，维护消费权益。

2016年，山西省工商行政管理局建成国家企业信用信息公示系统（山西）“一张网”并通过总局验收，强化市场主体信息公示工作。组织实施企业“五证合一”登记和个体工商户“两证整合”登记工作，推进工商登记注册便利化，实现名称登记全程电子化办理和内资企业网上注册登记，试点企业简易注销改革。推行“双随机、一公开”抽查工作；实施商标品牌战略；开展入企帮扶活动；规范执法行为，加大反垄断和反不正当竞争执法力度；深化法治工商建设；加强非公党建工作，增强非公企业党组织的凝聚力和影响力。（靳国琦 王子维）

【商事制度改革深化】 2016年5月1日起，山西省工商行政管理局实施企业名称核准全程电子化。截至2016年底，全省企业用户通过网上核名系统申请企业名称共81337件，受理审核79990件，核准通过68563件，网上审核率98.3%。开通网上注册大厅，内资企业设立登记可以网上申请。有38709户企业通过网上申请设立登记，3.1万件审核通过并颁发营业执照，网上受理率达80.1%。

9月1日，在企业营业执照、税务登记证、组织机构代码证“三证合一”基础上，将社保登记证和统计证纳入“一照一码”覆盖范围，实现“五证合一”。10月1日，实行个体工商户营业执照和税务登记证“两证整合”。截至2016年底，全省发放“五证合一”营业执照358559张，其余存量企业完成赋码工作，核发个体工商户“两证整合”营业执照117703张。

完成《山西省市场主体住所（经营场所）登记管理办法（修订稿）》的起草工作，形成以“自主申报、自担责任”为原则的《办法》修订送审稿，报送省政府审定。

选定太原市工商局开展企业简易注销试点，并报国家工商总局备案，下发《关于太原市开展企业简易注销试点工作的通知》。9月1日印发《太原市企业简易注销登记规定（试行）》。截至2016年底，太原市172户企业申请办理简易注销登记，35户完成简易注销，并在国家企业信用信息公示系统（山西）上进行公示。选定太原、大同、临汾为试点城市，12月1日起开展个体工商户简易注销试点。

将不涉及国家规定实施准入特别管理措施的外商投资企业设立及变更事项，由审批改为备案管理，会同省商务厅联合下发《关于做好全省外商投资企业设立变更登记和备案管理及衔接工作的通知》，做好全省外商投资企业设立变更登记和备案管理的衔接工作，简化外商投资企业登记程序。（靳国琦 王子维）

【工商行政管理法治建设】 2016年，山西省工商行政管理局制定并落实《山西省工商行政管理系统推进法治建设深化法治宣传教育的第七个五年规划（2016—2020）》，推动法治工商建设各项政策措施细化、落地、落实。调整、充实、完善法治工商建设领导机制和工作体制。

开展商事登记相关的政府文件清理、核对工作。经过比对国家法律法规和征求相关部门意见，向省政府建议废止与国家法律和现行商事登记改革不符的19件省政府发文。以省政府名义印发《山西省人民政府关于“先照后证”改革后加强事中事后监管的实施意见》，在40多个相关部门间建立起透明、规范、高效的投资项目纵横联动、协同监管机制，实行综合监管，推广随机抽查，探索“智能”监管。

制订印发《山西省工商和市场监管机关案件集体会审工作规程》，规范全省系统案件集体会审工作。提出《关于进一步加强行政应诉工作的指导意见》，提高全省系统行政复议应诉水平。

2016年3月，山西省工商行政管理局部署全省系统执法监督检查工作。在各市局进行自查基础上，组织各市局法制科负责人交叉分组，开展执法抽查检查，分4组检查包括11个市局、高新、经济开发区局及23个市（县、区）局，共36个执法单位。共查阅行政许可、行政处罚案卷490余卷，向被检查单位提出反馈意见200余条，根据问题性质，提出责令整改要求。强化对行政执法行为的监督规范，截至2016年底，省局办理行政复议案件15件。

5月23日至27日，在厦门大学举办山西省工商行政管理法制专家型人才培训班，全省系统法制分管局长、科（股）长170名参加培训。9月19日至23日，在临汾工商学校举办“山西省工商行政管理系统第二期法制员培训班”，对各市局法制科骨干、基层工商所法制员及省局相关人员共223名进行培训。开展2016年度“依法行政月”和“12·4”宪法日主题宣传活动。开展领导干部学法活动。参加总局开展的“全国工商和市场监管系统十大法治人物、法治故事”宣传展示活动，活动期间完成征集16篇

法治人物7篇法制故事，并向总局推荐参加评选的法治人物和法治故事各1件。（新国琦　王子维）

·反垄断与反不正当竞争执法（直销监督管理）·

【商业贿赂行为查处】2016年，山西省工商行政管理局以医药、教育教学服务、旅游、公共服务等行业和领域为重点，加大治理商业贿赂工作力度，组织查处损害人民群众切身利益的商业贿赂案件。全省查处商业贿赂案件3起，收缴罚没款17.8万元。（新国琦　王子维）

【反不正当竞争执法】2016年，山西省工商行政管理局开展重点领域不正当竞争行为集中整治，查处不正当竞争案件75起，收缴罚没款160万元，其中，商业贿赂案件3起，罚没款17.8万元。为深化行政审批制度改革，推动简政放权，减轻经营者负担，省工商行政管理局下放抽奖式有奖销售备案事项。（新国琦　王子维）

【反限制竞争和反垄断执法强化】2016年4月起，山西省工商行政管理局在全省开展为期6个月的集中整治公用企业限制竞争和垄断行为专项执法行动。在门户网站等媒体向社会发布国家工商行政管理总局《关于公用企业限制竞争和垄断行为突出问题的公告》，省工商行政管理局印制1200份公告，下发各地市在公共场所进行张贴，对各市案例进行收集、分类、分析、筛选，向国家工商行政管理总局报送。强化对专项行动的指导督办，省工商行政管理局编印《经济检查法律手册》《公用企业限制竞争和垄断行为典型案例》，并下发各市县。对公用企业限制竞争行为共40起，查处33起，案值349.4万元，收缴罚没款175.883万元。案件涉及供气、供电、供水、公交、物业、石化等行业和领域。依据反垄断法、反不正当竞争法相关规定，加强对滥用行政权力排除、限制竞争行为监督，消除地区封锁、打破行业垄断。

（新国琦　王子维）

【违法案件配合打击】2016年，山西省工商行政管理局配合有关部门参与扫黄打非，防范和打击非法集资宣传教育、禁毒宣传、打击电信网络新型违法犯罪、打击走私、军服管理、禁毒、反假币、反洗钱、报废汽车管理、打击非法销售窃听窃照专用器材和“伪基站”设备、商用密码保护等工作。共查处其他经济违法违规案件174起，收缴罚没款98.762万元。省工商行政管理局被省“扫黄打非”工作领导小组办公室评为“扫黄打非”工作先进集体。（新国琦　王子维）

【大案挂牌督办】2016年，山西省工商行政管理局出台《山西省工商局经济检查大要案件挂牌督办制度》，并于6月1日实施。截至2016年底，对长治市、太原市的6起大要案件进行挂牌督办。（新国琦　王子维）

【传销整治与打击】2016年，山西省工商行政管理局与公安机关协同开展打击传销整治活动。大同市工商行政管理局开展“冬季行动”“百日行动”，共出动执法人员1438人，开展清理行动17次，捣毁传销窝点510个，讲课场所5个，遣返、遣散3533人；临汾市工商行政管理局开展29次联合打击行动，端掉传销窝点29个，教育遣散236人，刑事拘留4人；运城市工商行政管理局捣毁传销窝点35个，遣返、遣散传销人员745人，解救13人。公安机关立案49件，破案47起，抓获犯罪嫌疑人51人。其中，刑拘38人，逮捕10人，涉案金额3221万元；长治市工商行政管理局执法6次，捣毁传销窝点10个，遣返、遣散129人；吕梁市局共驱散非法聚会9次，遣散920人。

省工商行政管理局利用“3·15”“4·26”“12·4”等节日及古会、庙会、职介会开展宣传教育活动。印刷宣传资料33余万份，发布警示提示106次，开展现场咨询活动139次，悬挂条幅350条，发表打击传销专题文章8篇，举办专题讲座21场。

省工商行政管理局与相关部门联合印发《2016年全省打击传销综治工作(平安建设)考核评价标准》。

健全完善全省社区、院校、重点村镇的打传联络员网络，全省发展打传联络员9200人。加大对流动人口和出租房屋管理力度，建立“以房管人”工作机制。加强打击传销规范直销信息系统建设。截至2016年底，全省录入传销案件440余件，传销人员信息23500条，综合信息1300条。（新国琦　王子维）

【经济违法违规案件查处】2016年，朔州市工商行政管理局联合公安、通信等部门对“中国一川(澳门)国际有限公司”传销活动进行查处，涉案资金达7.9亿元，案件移送公安机关处理；大同市工商行政管理局联合查处“大同市青禾富硒农业科技有限公司”传销案，涉案金额上千万元；长治市破获城区万岁酒业组织领导传销案，长子县曹某等人组织领导传销案，沁县未来百货组织领导传销案；阳泉市查处传销案件7件。其中，为传销提供便利场所案件1件，罚款金额共计13万余元；太谷县破获以山西晨晖生物工程有限公司和中国晨晖集团有限公司（香港注册空壳公司）等公司为依托、以晨晖生态园为据点的组织领导传销案；永济市工商行政管理局查处代某等人组织领导传销案，对13名涉案人员予以批捕。

（新国琦　王子维）

【打击网络传销专项行动】2016年，山西省工商行政管理局、省公安厅分别下发《关于进一步做好查处网络传销工作实施方案》《关于开展新型网络传销违法犯罪活动专项打击工作的通知》《关于进一步开展新型网络传销违法犯罪活动专项打击工作实施意见的通知》，部署打击网络传销，并督导检查。各市成立专项行动领导组，制定工作方案，开展摸底排查和查处工作，全省工商系统与公安机关开展摸排行动46次，网络传销犯罪案件立案22起，破案21起。（新国琦　王子维）

·消费者权益保护·

【新消法贯彻落实】 2016年,山西省工商行政管理局组织全员进行新《中华人民共和国消费者权益保护法》和有关配套规章实施办法的学习培训,省市县所组织执法人员培训821人次,组织企业管理人员培训20余万人次。围绕"新消费·我做主"主题,开展"3·15"国际消费者权益日宣传纪念活动。共建立消费者维权处理站622个,接受咨询人员23万人次,受理消费者申(投)诉举报1600件,印发宣传资料89万余份,制作宣传展板、标语条幅1887条。召开新闻发布会、座谈会、培训会、演讲会、专题采访等共199次,出动宣传检查人员1.3万人次,出动宣传检查车辆2532台次。行政调解消费纠纷640件,为消费者挽回经济损失61.75万元。召开座谈会190场,公布典型案例20个。

(靳国琦 王子维)

【流通领域重点商品质量专项整治】 2016年,山西省工商行政管理局组织实施质量抽查检验,对象包括流通领域家用电器、服装、鞋包、建材、汽车用品、日用百货、儿童用品等重点商品,及在11个地市、120多个县(区)、2000多家经营企业、3876组流通领域的重点商品,总体合格率为65.4%,全省系统对979组不合格商品向社会公示、警示。完成国家工商行政管理总局指令性任务,组织抽检热水器105组;山西省指定专人到6个市、20多个县抽检经营企业45户、36个品牌,合格99组,不合格6组,合格率为94.3%。

(靳国琦 王子维)

【服务领域强化维权】 2016年,山西省工商行政管理局围绕人民群众反映强烈的突出问题和消费违法侵权行为,开展服务领域重点行业专项整治工作,杜绝工商职责范围内群体性投诉事件发生。在元旦、春节、五一、中秋、国庆等节日市场整治中,出动执法人员23589人次,查获假冒伪劣商品1897件,排除隐患170个,为消费者挽回经济损失270多万元。

(靳国琦 王子维)

·市场规范管理(网络商品交易监督管理)·

【网络市场监管】 2016年,山西省工商行政管理局"电子商务可信交易环境"系统通过专家组验收,投入应用,实现对主体、客体和行为的监管。出台《山西省工商局电子标识申请管理办法》,为网络经营户提供电子标识下载服务,并对下载后的电子标识进行跟踪监管。截至2016年底,全省提交电子标志使用申请的网络经营者共1859户,审核通过1468户。出台《山西省工商局关于大力发展电子商务加快培育经济新动力的实施方案》,指导第三方平台经营主体审查和登记档案3000余份,约谈电商67家次,下达行政指导意见书159份。

开展打击网络侵犯知识产权和制售假冒伪劣商品、互联网金融广告整治专项行动,打击网络交易平台销售假冒伪劣电子产品、儿童用品、汽车配件、服装、化妆品和农资商品等违法行为,依法查处网络侵权假冒和违法广告行为。在对网络交易平台执法检查中,清查网络销售信息1017条,共责令交易平台删除违规信息290条,整改网络平台8家,查处平台违法案件19件,立案查处美团网、百度外卖未按规定履行责任案6件;责令糯米网下线问题供应商3户。

(靳国琦 王子维)

【"红盾护农"行动】 2016年,山西省工商行政管理局查处农资违法违规案件87件,罚没金额33.83万元,没收问题肥料55.75吨,查处无照经营12户,受理投诉15件。对全省11个市、80多个县、370户农资经营企业进行抽检,共抽检农资商品911批,经检验,合格874批,合格率96%。

(靳国琦 王子维)

【"诚信市场创建"活动】 2016年,山西省工商行政管理局组织"诚信市场创建"活动。经市场开办者自愿申报,各市、县工商(市场监管)部门审核推荐,向社会广泛征求意见基础上,太原居然之家河西家居有限公司等77户商品交易市场被评为"山西省2015年度诚信示范市场"。10月17日,省工商行政管理局通过门户网站向全社会公告。 (靳国琦 王子维)

【成品油市场监管】 2016年,山西省工商行政管理局抽检加油站903座,油品2045批,经检验,合格1711批,合格率83.67%。立案查办经营不合格

2016年1月22日,山西省工商和市场监管工作会议召开 (靳国琦供图)

成品油违法案件232件，结案148件，罚没金额394.76万元，没收不合格油品约23吨。（新国琦　王子维）

【旅游市场监管】 2016年，山西省工商行政管理局结合当地旅游市场实际，打击旅游市场各类违法违规行为。2月22日（元宵节前）、4月29日（“五一”前夕）、9月28日（“国庆”黄金周前），省工商行政管理局配合省旅游发展改革小组办公室，检查晋中、忻州、大同、朔州等地旅游市场，把发现问题移交当地有关部门处理。

（新国琦　王子维）

·合同信用监督管理·

【企业信用体系建设】 2016年，山西省工商行政管理局起草《山西省人民政府办公厅关于政府部门涉企信息统一归集公示工作的通知（征求意见稿）》，并于10月完成48个相关部门的征求意见工作。建成统一国家企业信用信息公示系统（山西），实现全省所有涉企信息统一归集、统一公示。完成山西省市场主体信用信息公示网的开通和试运行。移植全省市场主体基本信息和信用监管信息数据，归集2013、2014年度山西省驰名商标、著名商标、诚信示范市场等信用信息。按照工商行政管理总局和省综治办要求，根据工商行政管理总局评分标准、分组调研考核结果，完成2015年全省非公有制经济组织管理工作考评并报送省综治办。向省政府提交《山西省人民政府办公厅关于做好“双告知”工作加强事中事后监管的通知》并印发。印发《关于报送互联互通、信息共享行政单位名单的通知》，对各市、县（区）联网单位进行汇总。（新国琦　王子维）

【不公平合同格式条款专项整治】 2016年，山西省工商行政管理局就行业不公平合同条款整治问题召开座谈会88次、开展集中宣传48次、印发宣传资料32059份、接受咨询766人次、召开新闻发布会3次、电视广播宣传6次、报刊宣传报道14篇。出动执法人员3222人次、出动执法车辆1951车次，重点核查本辖区旅游、供（水、电、气、暖）企业397户、走访企业370户、约谈企业159户，备案格式合同221份、制发整改通知（建议）书69份、责令改正的格式条款86条，向总局上报相关行业不公平格式条款典型案例5个。

（新国琦　王子维）

【实施“合同帮农”】 2016年，山西省工商行政管理局制订涉及农副产品、瓜果、食用菌产品、禽类产品、鲜蛋购销、农业种植、农业作物种子、农作物种子制种收购、农药、肥料、家畜家禽养殖、农业机械作业服务等17个涉农合同示范文本，印发各地推行使用，并将以上示范文本发布在山西省工商局门户网站上，供广大涉农企业、经营者和农民参考使用。

（新国琦　王子维）

【“守合同重信用”企业公示】 2016年，山西省工商行政管理局制订下发《山西省关于做好2014—2015年度“守合同重信用”信用企业公示推荐工作的通知》，举办“守合同重信用”企业信用标准软件业务培训会，推荐上报“2014—2015年度国家级守合同重信用企业”306家，国家工商行政管理总局公示山西省“守合同重信用”企业263家。（新国琦　王子维）

【动产抵押登记和拍卖】 2016年，山西省工商行政管理局印发《山西省工商行政管理局关于建立动产抵押登记公示制度做好登记信息公示工作的通知》，提出工商系统优化动产抵押登记和拍卖备案的措施、要求。督促各地严格按照《企业信息公示暂行条例》规定，及时上网公示动产抵押登记信息。加强动产抵押登记信息数据库建设，完善动产抵押登记系统。全年办理动产抵押516件，贷款金额161.03亿元。全年办理拍卖备案268件，金额12.5亿元。

（新国琦　王子维）

·市场主体注册登记·

【各类市场主体支持发展】 2016年，山西省工商行政管理局鼓励企业投资主体和投资方式多元化，发展国有资本和非公有资本参股、员工持股的混合所有制经济，支持国有企业跨行业、跨地区兼并重组，以公司制为主要形式推进国有企业改制，兼并重组、股份制改造和整体上市。支持非公有资本进入法律法规未明确禁止准入的行业和领域，享受与其他各类投资主体同等的市场准入标准。截至

2016年2月3日，山西省工商行政管理局举行全省企业信用信息公示抽查

（新国琦供图）

2016年4月28日，山西省工商行政管理局召开企业名称核准全程电子化暨网上登记工作新闻发布会 （新国琦供图）

2016年底，接到省中小企业局、省金融办享受扶持政策名单385条，发布小微企业数量123.76万户，并通过全国企业信用信息公示系统（山西）进行公示。支持太原市申报创建小微企业创业创新基地城市，配合省财政厅做好综合性扶持政策的实施工作。选定"山西企创商务服务有限公司"等78家企业作为集群注册商务服务试点，入驻企业突破4000余户，促进创客空间、孵化园、商务秘书类企业发展，为大学生、年轻人创造就业岗位5万余个。 （新国琦　王子维）

【各类市场主体注册登记】 2016年，山西省新登记各类市场主体336787户，同比增长12.75%。其中，内资企业91537户（含私营企业85928户），外资企业241户，个体工商户233387户，农民专业合作社11622户。截至2016年底，全省市场主体总量达1949709户，与上年同期相比增长12.4%。

（新国琦　王子维）

·市场主体监督管理·

【企业年报信息公示】 2016年6月，山西省政府办公厅向各市、县人民政府发出《关于加快推进企业年报信息公示工作的通知》。6月15日，副省长罗清宇主持召开各市分管工商部门的副市长、工商局长参加的全省企业年报公示工作推进会，对年报公示工作进行再动员、再部署、再督查。全省系统加大政策宣传力度、采取多种方式、渠道广泛开展年报宣传工作。全省各级工商和市场监管部门在电视台、报纸、广播电台等进行宣传4000余次，发布户外广告（电子大屏幕）700多条、发送年报相关手机短信3000多万条、发放海报、折页等宣传资料20余万份。截至6月30日，全省年报公示率90.12%，在全国排名第十三位。 （新国琦　王子维）

【企业信息公示抽查】 2016年，山西省工商行政管理局统一组织3次市场主体公示信息抽查工作，抽查企业25255户。其中，正常经营20457户，未按规定公示信息846户，公示信息隐瞒真实情况、弄虚作假的421户，通过登记的住所（经营场所）无法联系的2865户，不予配合情节严重的197户，迁移、注销等其他情况的469户；抽查个体工商户4082户，发现年报弄虚作假的67户，确认失联的个体工商户522户；抽查农民专业合作社253户，发现年报弄虚作假的8户，确认失联的8户。通过抽查发现问题的市场主体，按照规定列入经营异常名录或者标记为经营异常状态，并通过国家企业信用信息公示系统进行公示。 （新国琦　王子维）

【"僵尸企业"清理】 2016年，山西省工商行政管理局按照《工商总局税务总局关于清理长期停业未经营企业工作有关问题的通知》要求，各级企业监管部门与当地税务部门联系，推进"僵尸企业"清理工作，吊销和拟吊销长期停业未经营企业12192户。

（新国琦　王子维）

·商标管理·

【商标品牌战略推进】 2016年，山西省工商行政管理局发挥行政指导作用，指导市场主体实施商标品牌战略，引导市场主体注册商标、正确使用商标、有效管理商标，创建自主商标品牌。截至2016年底，全省拥有驰名商标89件，有效山西省著名商标1121件。全省商标注册申请量25980件，商标注册量15127件，有效注册商标总量90605件，地理标志商标47件，国际注册商标52件。

（新国琦　王子维）

【商标质押融资】 2016年6月22日，在全国工商系统注册商标质押融资工作经验交流暨培训工作会议上，运城市工商局确定为全国首批25个设立受理点的工商（市场监管）单位。截至2016年底，太原、大同、长治、运城4市累计办理商标专用权质押融资企业9家，参与金融机构4家（国家开发银行山西省分行、信用联社长治市信用社、大同银行、长治市农发行），共质押商标41件。4家企业办理商标专用权质押登记证。授信额达10亿元左右，实际贷款总额3.6亿元和3500美元。 （新国琦　王子维）

【商标保护】 2016年，山西省工商行政管理局以驰名商标、著名商标、涉外商标、地理标志为重点，查处各类

2016 年山西省新增驰名商标和注册地理标志商标名单

企业名称	商标名称	商标图样
山西明禾陶瓷集团有限公司	明禾 MINGHE 及图	明禾 MINGHE
长治市城区上党堆锦文化研究会	长治堆锦	长治堆锦
黎城县富民干果协会	黎城核桃	黎城核桃
沁源县脱毒马铃薯产业协会	沁源马铃薯 QINGYUAN 及图	QINYUAN 沁源馬鈴薯
壶关县兴农旱地西红柿协会	壶关旱地西红柿及图	壶关旱地西红柿

商标侵权假冒案件。检查市场主体 25632 户，检查商品交易市场 10816 个，立案查处商标侵权假冒案件 404 件，结案 382 件。其中，查处侵犯驰名商标权益案件 90 件，侵犯涉外商标专用权案件 7 件。罚款金额 202 万元。移送司法机关 11 件。案件信息公示 252 件。12 月 16 日，省人民政府新闻办公室举行打击侵权假冒工作新闻通气会，向社会公布全省打击侵权假冒工作五大典型案例。

制订下发《山西省工商行政管理局关于保护汾酒集团“汾”“杏花村及图”“竹叶青及图”驰名商标的通知》。全省共查处侵权假冒汾酒注册商标专用权案件 43 件，罚款金额 57.9 万元，其中移送司法机关 1 件，案值 5.4 万元。（靳国琦　王子维）

·广告监督管理·

【非法金融活动等广告专项整治】 2016 年，山西省工商行政管理局开展互联网金融广告及以投资理财名义从事金融活动风险专项整治工作，全省监测、摸排广告 2177 条，摸排以投资理财名义从事金融活动机构数量 651 户，未发现涉嫌违法线索，摸清金融企业及类金融企业的底数，全省共 2267 户；协助省金融办核实案件线索 1 件。开展涉嫌非法集资广告资讯信息排查清理活动，共出动执法人员 3647 人，执法车辆 1485 台，排查清理涉嫌非法集资广告资讯信息 546 条。开展为期两个月的防范非法集资广告宣传教育活动，出动执法人员 3745 人，发放宣传资料 27980 余册，开展大型宣传活动 5 场，张贴宣传画 1500 余张，宣传防范非法集资条幅 30 余条，刊播各类防范和打击非法集资宣传公益性广告 30000 余条。检查各类媒体广告 21450 条，清理不规范广告资讯信息 10 条。2 月至 4 月，开展房地产广告集中整治行动，监测检查房地产广告 5923 条；发现涉嫌违法广告 171 条；立案查处 16 件；罚没款 73.28 万元。（靳国琦　王子维）

【广告监管】 2016 年，山西省工商行政管理局建立违法广告快速处置机制，查看率 100%、处理率 100%。落实主体责任，加强广告监管工作督导，检查指导太原等 7 个市局；督促山西日报报业集团、山西广播电视台等22 家重点媒体；下发监测通报14期；培训广告审查人员633名。8月，省工商行政管理局牵头召开省级整治虚假违法广告厅际联席会议。全省工商系统全年检查指导媒体8次，督办广告案件25件，向社会公告典型违法案件10起，监测检查广告216.37万条次，查处违法广告案件206件，罚没款403.86万元，处理投诉举报信件368件。

（靳国琦　王子维）

质量技术监督

【全省质量工作推进】　2016年，山西省质量技术监督局牵头制定并组织实施《山西省贯彻实施质量发展纲要2016年行动计划》，重点任务目标完成。开展中国质量奖评选表彰工作，政府开展质量奖励，山西省6个市建立市长质量奖。（王冬洁）

【质量管理】　2016年，山西省质量技术监督局推进质量统计分析工作，对全省制造业产品质量合格率进行调查统计；联合省政府研究室、山西大学商务学院等单位，组织开展全省产品质量状况分析工作。开展"质量月"宣传活动。（王冬洁）

【名牌战略推进】　2016年，山西省质量技术监督局推进"全国知名品牌创建示范区"建设，指导汾阳市白酒集中产区的6家单位开展创建工作，指导大同云岗旅游示范区完成考核验收并命名，指导洪洞大槐树寻根祭祖园有限公司等两个园区向国家质量监督检验检疫总局递交申请，大同云岗旅游示范区通过文审答辩。组织开展品牌评价工作，遴选亚宝药业等8家企业上报国家质量监督检验检疫总局参加测评。开展"山西品牌中华行"和"山西品牌丝路行"宣传活动。完善名牌评选工作机制，修订《山西省名牌产品评选办法》。（王冬洁）

【特种设备安全监察】　2016年，山西省质量技术监督局组织召开全省特种设备安全工作会议，向11个市和18个省直有关部门颁发2016年特种设备安全工作目标任务书，定期召开全省特种设备安全工作例会，政府统一领导、企业全面落实、质监专业监管、部门各负其责、社会共同参与的工作机制得到巩固。重点围绕油气输送管道质量安全监管、电梯安全、锅炉安全开展3场攻坚战。检察长输油气管道3680千米，协调相关部门对部分没有按要求定期检验、注册登记的进行整改；检查锅炉5835台，发现存在隐患锅炉666台，落实整改516台，强制报废150台；开展15年以上老旧电梯主要零部件报废综合治理，完成综合治理70%，对上年摸底未完成整改的1784台电梯进行建档，完成整改1614台，正在整改147台，继续挂牌督办23台。针对大型游乐设施、客运索道等16项重点领域开展专项整治。创新监管思路，强化监管措施，对全省23万台（套）特种设备、300余万只气瓶、8000多千米压力管道实施监管。（王冬洁）

【重点消费品质量安全监管】　2016年，山西省质量技术监督局围绕农资、建材、儿童用品、成品油和汽车配件等重点领域，开展"质监利剑"行动和"双打"专项行动，组织开展"农资打假下乡"和"进千村、入千户、抽千样"活动，严查假冒伪劣农资坑农害农行为。全系统共出动执法人员4.3万人次，检查企业5715家，查处违法案件456起，查获假冒伪劣产品货值2400余万元，挽回经济损失622.69万元。加强农资、建材和日用消费品产品质量的监督抽查，首次开展电子商务和消防产品及器材产品质量监督抽查，抽查78类12052批次产品，总体合格率为92.8%，其中，山西省产品合格率超过95%。加大监督抽查后处理力度，发布监督抽查通报21期，发出不合格产品处理通知单120份，不合格产品企业全部限期整改落实。（王冬洁）

【标准化管理】　2016年，山西省政府调整充实省标准化工作领导小组，成员单位由37个增加至59个。召开山西省标准化工作领导小组第一次全体（扩大）会议，出台《全省推进标准化改革发展2016年行动计划》《山西省标准化体系建设发展规划（2016—2020年）》《地方标准管理办法》等一系列政策文件，明确今后一个时期标准化工作的目标任务和措施要求。对全省42项现行强制性地方标准进行整合精简，审查发布112项地方标准。推进标准化试点示范项目建设，山西省创建标准化示范市7个，国家

2016年3月15日，山西省质量技术监督局到山西晚报"3·15"会客厅接听消费者维权热线电话（王冬洁供图）

级试点示范项目148个，省级项目106个，在建国家级项目16个。

（王冬洁）

【计量管理】 2016年，山西省质量技术监督局筹备成立长度、热学、力学、电学、化学等5个专业计量技术委员会。加强社会公用计量标准建设，全省新建标准70项。深化“计量惠民生、诚信促和谐”双十工程，加强对医疗卫生、加油机、眼镜制品、民用四表等重点领域计量器具的监督检查，打击计量欺骗违法行为。对18家企业98批次商品实施包装计量监督抽查，全省1150家出租汽车公司、超限超载检测站、计量收费站和供水、供电、供气、供热公司实现诚信计量，自我承诺。完成638家重点用能单位能源计量审查、15家中小企业计量保证能力评定和家用电磁灶等3种用能产品185批次的能源效率标识计量监督专项抽查。完成2家企业测量管理体系认证和10家中小企业计量保证能力评定。（王冬洁）

【专项质检】 2016年，山西省质量技术监督局开展强制性认证产品质量安全整治和流通领域童车、轮胎类产品市场监督抽查等专项行动，开展检验检测机构资质认定和日常监管，监督检查食品农产品、建材与建筑等重点领域的125家获证检验检测机构，对320家检验检测机构分别进行11个参数能力验证。建立自愿性认证管理体系行政监管专家库，采用“双随机”方式检查获证企业82家。

（王冬洁）

【科技基础建设】 2016年，山西质监检验检测园区一期工程竣工验收。3个建成的国家质检中心运行状况良好，5个获批筹建的国家质检中心加紧建设，1个拟申请筹建的国家级质检中心通过初审。对全省21个已授权、6个已批准筹建和6个拟申报的省级质检中心(站)进行督导考察。向总局申报的2个项目批准立项，申报山西省科技厅项目6项，重点实验室1个，推荐申报的国家总局技术装备改造项目5项。（王冬洁）

【法治质监建设】 2016年，山西省质量技术监督局加大简政放权力度，省级质监行政审批项目由原来的12项精简为10项。制订《行政审批改革工作推进方案》，按照“凡批必进，应进必进”要求，行政审批项目全部进驻省政府服务平台，实现“一个窗口对外、一站式审批、一条龙服务”“大厅之外无审批”。全年共受理行政审批事项786件，办结696件，提前办结率100%。（王冬洁）

物价管理

【概述】 2016年，山西省居民消费价格指数累计上涨1.1%，低于全国平均水平。山西省物价局把保持价格总水平稳定作为做好价格工作第一要务，把握工作着力点，加大工作力度，规范价格秩序，优化价格环境。全省居民消费价格保持低位运行。加强12358价格举报平台建设，加强节日市场价格监管，开展涉企、医疗、教育、银行收费检查和涉煤执法专项整治。

开展全省居民消费品价格日常监测，上报监测信息，对重点时段、重点商品进行监测。开展价格分析研判，把握价格运行态势，为政府宏观调控、价格决策提供依据。

推进资源价格市场化。推进输配电价改革。拟订《山西电网输配电价改革试点方案》，5月上报国家发改委审核。山西省发展与改革委员会开展输配电价总水平和分电压等级输配电价标准测算工作。深化煤炭价格改革。推进煤炭供给侧结构性改革，完善煤炭价格形成机制和自律机制；对煤炭交易费和焦炭现货交易手续费实施减半收取政策，每年可减轻煤炭(焦炭)生产企业和用户负担约3400万元。督促指导全省县城及具备条件的建制镇实行居民阶梯水价制度。深化医疗服务价格改革。巩固县级公立医院医药价格改革成果，开展县级公立医院价格改革总结调研工作。开展城市公立医院医药价格改革，制订山西省省级公立医院取消药品加成改革工作方案。（马润卯）

【公用事业和公益性服务价格管理】 2016年，山西省物价局完善机动车停放服务收费管理，健全停车服务价格形成机制，社会资本全额投资建设停车设施服务收费标准以经营者依法自主制订为主，重要交通枢纽配套停车场、重要公益性服务机构配套停车场等五类少数具有自然垄断经营特征的机动车停放服务收费实行政府定价或政府指导价管理。会同省住建厅制订山西省城市地下综合管廊实行有偿使用制度，建立主要由市场形成价格的机制，城市地下综合管廊各入廊管线单位向管廊建设运营单位支付管廊的有偿使用费标准，由管廊建设运营单位与入廊管线单位协商确定。加强旅游景区门票价格管理。按照国家统一部署，自2015年9月至2016年8月开展为期一年的景区门票价格专项整治工作，全省旅游景区门票价格及相关服务价格秩序得到规范，49个国有及国有控股A级景区门票价格统一降价15%，对60周岁以上老年人实行免票游览，部分民营景区自愿参加调整。规范山西省公证、司法鉴定、律师和基层法律服务收费管理，四项服务价格实行政府指导价管理。（马润卯）

【政府定价制度健全】 2016年，山西省推进政府定价项目清单化。根据《山西省定价目录(2015年)》和《政府制定价格听证办法》，修订《山西省价格听证目录》，于2016年1月1日颁布实施。加强收费公示工作，在省发改委网站上，公示山西省公布的6个收费目录清单，确保清单之外无新增收费项目。按照国家发改委要求，完成价格市场化程度测算工作，测定2012年至2014年山西省政府管理的价格分别为1.699%、1.774%、0.978%。

（马润卯）

审　计

【全面审计】 2016年，山西省各级审

计机关共审计和调查单位5259个，查出违规金额1027.24亿元，促进增收节支165.57亿元。坚持问题导向，揭露和查处案件线索600多件170多人。全省抽调1500多人次配合和协助巡视、纪检监察和司法机关查处一批腐败案件。（宁红伟　宁丽丽）

【跟踪审计】2016年，山西省审计厅按照国务院要求和审计署统一部署，组织市县审计机关开展对11个市本级和119个县（市、区）贯彻落实国家和山西省重大政策措施情况的跟踪审计，审计474个单位和项目涉及的财政资金统筹使用、扶贫任务落实、深化“放管服”改革、涉企收费清理、重大项目建设等方面情况，涉及资金164.77亿元。（宁红伟　宁丽丽）

【财政审计】2016年，山西省审计厅依法开展对14个省级部门2015年预算执行和20个部门单位2014、2015年财务收支情况的审计，延伸审计二、三级预算单位133个，反映结构性、体制机制性问题，促进拨付到位20多亿元，提高财政资金使用绩效。依法向省人大常委会报告2015年度省本级预算执行和其他财政财务收支审计情况，并向社会公告。（宁红伟　宁丽丽）

【民生审计】2016年，山西省审计厅对农业综合开发、城乡低保补助、水污染防治、水利基础设施建设、工伤保险基金、抚恤救助等20项专项资金进行审计。开展城镇保障性安居工程跟踪审计，追回和归还资金630多万元，整改违规分配使用住房510多套。开展对世界银行贷款中国农村卫生发展等11个外资项目的公证审计，提高外资利用水平。（宁红伟　宁丽丽）

【投资审计】2016年，山西省审计厅对高速公路、城镇基础设施建设等政府重点投资建设项目进行竣工决算审计，对山西科技创新城、援疆工程、大水网建设等重点项目进行跟踪审计。揭示部分项目投资超概算、虚报冒领骗取建设资金、损失浪费、违规招投标等工程建设领域的突出问题，促进优化经济结构、提高投资绩效。（宁红伟　宁丽丽）

【企业审计】2016年，山西省审计厅强化对国有企业执行国家政策措施、运营国有资本以及对外投资业务等情况的审计，省审计厅重点对国新能源、省经贸集团、省投资集团等3户企业和晋商银行以及市属国有金融机构2014年、2015年资产负债损益情况进行审计，促进国有企业和金融机构深化改革、防范风险、依法经营、提质增效。（宁红伟　宁丽丽）

2016年11月7日，山西省审计厅召开党组扩大会议，研究分析全省审计工作（宁红伟供图）

【经济责任审计】2016年，山西省审计厅坚持党政同责、同责同审，对45名省管领导干部进行经济责任审计，任中审计占94%。对朔州、长治2市市委书记与市长开展经济责任同步审计，更好地监督、评价、鉴证“一把手”经济责任履行情况，促进领导干部依法行政、履职尽责。开展朔州市市长和清徐、沁源县县长自然资源资产审计试点，促进领导干部依法履行自然资源资产管理和环境保护责任。（宁红伟　宁丽丽）

【问题分析研判强化】2016年，山西省审计厅关注改革措施推进和协调配合情况，关注体制性障碍和制度性缺陷，提出解决突出问题和推动长远发展的建议，促进改革深化和制度创新。提交审计报告和信息6351篇，提出审计建议8800条，建立健全制度措施312项。（宁红伟　宁丽丽）

统计管理

·省级统计·

【统计监测服务】2016年，山西省统计局实施《创新统计监测服务2016年行动计划》，系统联动，深入研判经济走势，深度解读经济形势。加强经济运行监测预警。坚持事前预判与事后分析并重、全程监测与一线调研并举、专业分析和综合研判相结合，完善监测预警制度机制，客观准确反映经济社会发展变化。强化重点领域专项监测。围绕供给侧结构性改革和创新驱动、转型升级等省委省政府中心工作，创新开展“三去一降一补”、战略性新兴产业和高技术产业、“三新”“双创”“四众”等重点领域统计监测和深度分析研究。开展专题和系列分析研究。注重独立客观反映、预测预判预警和分析对策建议并重，聚焦决策需要和社会关切，推出时效性强、有针对性的专题和系列分析研究报告，省局305篇统计专报和报告，有46篇获省领导批示。加大统计信息公开透明力度。联合山西主流媒体，通过全省统计信息网站集群、新闻发布会等平台及时发布和解读统计信息，服务社会公众。（董晓玲）

【统计数据质量】 2016年，山西省统计局推进《保障统计数据客观权威2016年行动计划》。夯实统计“双基”。开展“八个全覆盖”回头看。制定《山西省联网直报单位统计工作规范（试行）》及实施方案，编印《企业统计工作手册》，建立联网直报单位统计人员动态管理数据库，实现联网直报单位业务培训全覆盖。完善源头数据审核机制。坚持“开网即查、逐日比对、动态监测”工作模式，加强对“一套表”联网直报数据的实时审核，源头数据质量得到有效管控。加强宏观数据审核评估。修订完善《山西省统计局数据审核评估管理办法》及专业实施细则，加强专业之间、行业之间数据关联度审核评估，主要统计数据的协调性和匹配性进一步提高。构建保障统计数据质量的技术屏障。以统计调度指挥平台建设为龙头，推进办公自动化系统、统计快速调查处理系统、统计调度指挥系统、协同办公系统建设，提升现代信息技术应用水平，保障数据质量的技术屏障加固。（董晓玲）

【农业普查工作】 2016年，山西省统计局以《山西省第三次全国农业普查2016年行动计划》为时间表、路线图和任务书，按照“倒计时”方式推动各项任务落到实处。强化政府主导。省长楼阳生、常务副省长高建民、副省长郭迎光多次听取工作汇报、作出重要批示、进行协调指导；11个市在省领导小组会议基础上，全部召开政府常务会议或专题会议进行研究部署；省、市、县、乡层层签订农业普查目标管理责任书。强化部门协作。各成员单位对分工职责签字背书，按要求及时提供涉农行政记录和资料，与农普办就各领域农普工作联合发文或召开专题会议研究部署，主动参与调研督查。强化宣传动员。省政府发布农业普查通告，省农普办协调移动、联通、电信三大运营商，向全省近3700万手机用户发送宣传短信1.8亿条次。强化质量控制。在全国农普方案基础上，结合省、市、县三级农业普查试点经验，研究制定17项普查实施细则，全流程、多环节加强质量控制，有效防范普查数据质量风险。强化清单管理。出台《农普任务清单》，运用统计调度指挥平台、电话调查系统、农普专题网页、简报编发等方式，加强对农普工作的调度指挥和督导落实，使普查各项要求第一时间在各级、各部门得到贯彻落实。（董晓玲）

2016年12月，山西省统计局参加省直机关国家宪法日暨法治宣传日集中宣传活动

（董晓玲供图）

【统计改革创新】 2016年，山西省统计局推进专业统计改革。GDP核算注重与专业、部门统筹协调，健全部门联席会议制度，修订完善市级核算办法；能源统计落实省政府《进一步加强煤炭生产、经营、建设、投资等统计工作的实施细则》，建立部门联络协调机制，客观反映煤炭供给侧改革进展情况；投资统计实施5000万元及以上投资项目联网直报，强化单位、项目入库管理及数据审核评估力度，合理把控趋势；服务业统计加快调查频率，扩大调查范围，拓展调查内容，完善规模以上服务业月度统计，初步建立电子商务平台交易情况调查制度；人口就业统计完成全国唯一的劳动工资抽样调查改革试点任务，推进全省月度劳动力调查，开展重点企业劳动工资月度监测和1%人口抽样调查后续工作。探索“五证合一”登记制度改革。全面清理与登记制度改革不相符的法规规章和规范性文件，建立具有山西特色的“五证合一”部门信息交换共享机制和平台；利用“五证合一”资料进行名录库更新试点。创新完善山西特色统计监测制度。研究建立“区域经济转型升级考核评价办法”；改进完善“山西转型综改统计监测指标体系”，省市联动完成《2015山西转型综改统计监测报告》；探索建立“创新驱动发展评价指标体系”，开展中小微企业、民营经济统计监测，建立实施开发区统计制度、市级战略性新兴产业监测制度。（董晓玲）

【指导部门统计工作】 2016年，山西省统计局落实省政府办公厅《关于进一步加强部门统计工作的意见》，强化对部门统计工作的业务指导和管理。严格部门新建统计制度审批管理。审核批准省残联、省农业厅、省人社厅等部门制定的相关统计调查制度，并及时予以公布。规范部门综合

统计报表制度。全面梳理各专业综合类报表，取消部门无法提供的统计指标。加强与部门统计合作联动。与省住建厅、经信委、商务厅、煤炭厅等部门联合印发《关于进一步加强企业统计工作的通知》，联合成立协调工作组，联合开展企业培训。与省发改委、经信委、商务厅、人社厅、住建厅、科技厅、农业厅、扶贫办、煤炭厅、交通厅、工商局、体育局、外专局、中小企业局、电力公司等单位联合开展专项调查和重点专题研究，部门合作深化。建立健全信息共享共用机制。开展部门统计人员业务培训，推进名录库信息部门共享，加强部门间工作交流和信息沟通，政府统计整体效能和公信力提升。（董晓玲）

·国家统计调查·

【概述】 2016年，国家统计局山西调查总队有14项工作在国家统计局年度考核中获得较好成绩。其中，新闻宣传工作、劳动力月度调查工作、农村统计调查工作、住户调查工作、网络信息报送工作等5项工作获优秀等次，统计法治工作、统计设计管理工作、综合统计工作、工业统计工作、建设领域统计工作、人事管理工作、纪检监察工作、统计教育培训工作、统计科研工作等9项工作获良好等次；全年信息采用得分在全省党委系统、政府系统均名列第一，网络信息采用得分位列全国调查队系统第二；山西调查总队连续八年获“省直文明和谐单位标兵”，市县队在文明单位评比中榜上有名。山西调查总队连续三年被评为“促进山西经济社会发展突出贡献单位”，多名干部获省直机关优秀党员、优秀党务工作者、文明创建先进个人等荣誉，一人获2016年“全国五一劳动奖章”。（张树伟）

【粮食产量调查】 2016年，山西省粮食总产量为131.85亿公斤，比上年增加5.89亿公斤，增产4.7%；粮食亩产为271.2公斤，比上年增加15.7公斤，增产6.2%。夏粮总产量为27.5亿公斤，比上年增加0.22亿公斤，增产0.8%；秋粮总产量为104.35亿公斤，比上年增加5.68亿公斤，增产5.8%。

全年粮食播种面积4862.13万亩，比上年减少68.66万亩，下降1.4%。其中，夏粮播种面积1026.87万亩，比上年减少2.64万亩，下降0.26%；秋粮播种面积3835.26万亩，比上年减少66.02万亩，下降1.7%。玉米种植面积2437.13万亩，比上年减少78.17万亩，下降3.11%。马铃薯种植面积274.22万亩，比上年增加23.51万亩，增长9.38%。豆类种植面积482.13万亩，比上年增加3.96万亩，增长0.83%。

全省玉米种植面积2437.13万亩，占粮食作物面积的比重为50.1%，比上年下降0.9个百分点；玉米总产量88.89亿公斤，比上年增产2.62亿公斤，增长3%；玉米产量占粮食总产量67.4%，比上年下降1.1个百分点。

（张树伟）

2016年，国家统计局山西调查总队工作人员开展民生调查数据采集工作

（张树伟供图）

【农产品生产调查】 2016年，山西省农产品生产价格小幅回落，同比下降4.76%。从各季度走势情况看，一、二、三、四季度价格回落，呈现下降态势。山西农业产品生产价格同比下降8.77%。一季度同比下降13.01%，二季度同比下降17.77%，三季度同比下降6.10%，四季度同比下降3.52%。林业产品价格比上年下降15.12%。畜牧业产品生产价格比上年上涨2.14%。分季度看，一季度上涨6.21%，二季度上涨9.23%，三季度下降1.40%，四季度下降5.06%。分品种看，羊、禽、生奶和鸡蛋生产价格同比分别下降10.16%、6.34%、6.27%和6.92%；活猪生产价格上涨17.84%，活牛生产价格上涨2.02%。渔业产品生产价格比上年上涨1.66%。分季度看，一季度下降2.39%，二季度与上年同期持平，三季度上涨3.05%，四季度上涨2.78%。（张树伟）

【主要畜禽生产调查】 2016年，山西省生猪存栏达449.7万头，同比减少7.5%。生猪出栏总量为748.9万头，同比减少4.4%。生猪平均出栏价格分别为每公斤17.6元、19.3元、17.8元和16.8元，分别比上年上涨42.5%、43.2%、6.6%和1.5%。牛存栏106.5万头，同比增长5.4%。全年共出栏牛40.3万头，同比基本持平。家禽存栏9377.5万只，同比增长5.9%；全年共出栏家禽9639.6万只，同比增长9.8%。家禽平均出栏价格分别为每公斤9.3元、9.1元、9.4元和9.4元，分别比上年同期上涨0.4%、10.2%、6.8%和5.2%。羊存栏910.4万只，同比减少

9.1%。共出栏羊517.8万只，同比增长6.9%。羊出栏价格分别为每公斤19.5元、20.7元、18.7元和18.7元，与上年同期比较分别下跌10.1%、上涨20.2%、下跌3.2%和下跌3.6%。全年肉蛋奶总产量为267.5万吨，同比增长1.5%。分品种看：牛肉产量5.9万吨，同比增长0.7%；羊肉产量7.4万吨，同比增长7.6%；禽肉产量12.5万吨，同比增长10.2%；禽蛋产量89万吨，同比增长2.1%；生牛奶产量95.1万吨，同比增长3.5%；猪肉产量57.5万吨，同比减少4.5%。（张树伟）

【城乡居民收入调查】 2016年，山西省城镇居民人均可支配收入27352元，比上年增加1525元，增长5.9%。城镇居民人均工资性收入为16954元，比上年增加393元，增长2.4%。工资性收入对城镇居民可支配收入增长贡献率为25.8%，拉动收入增长1.5个百分点。城镇居民人均转移净收入为5735元，同比增加1048元，增长22.4%，增幅居四大项收入之首。对可支配收入贡献率为68.7%，拉动可支配收入增长4.1个百分点。城镇居民人均财产净收入2003元，同比增加215元，增长12%。对可支配收入增长贡献率为14.1%，拉动可支配收入增长0.8个百分点。城镇居民人均经营净收入为2659元，同比减少131元，下降4.7%。经营净收入对可支配收入增长的贡献率为-8.6%，影响可支配收入下降0.5个百分点。

农村居民人均可支配收入为10082元，比上年增加629元，增长6.6%。工资性收入平稳增长，经营净收入稳步增加，转移净收入较快增长，财产净收入小幅增加。农村居民人均工资性收入5204元，同比增加283元，增长5.7%，对可支配收入增长贡献率45.0%，拉动人均可支配收入上涨3.0个百分点。农村居民人均家庭经营净收入2730元，同比增加105元，增长4.0%。对农村居民人均可支配收入增长的贡献率为16.8%，拉动可支配收入上涨1.1个百分点。农村居民人均转移净收入1999元，同比增加233元，增长13.2%，对可支配收入增长的贡献率为37.1%，拉动农村居民人均可支配收入上涨2.4个百分点。农村居民人均财产净收入149元，同比增加7元，增长5.1%。财产性净收入对农村居民可支配收入增长的贡献率为1.2%，拉动可支配收入上涨0.1个百分点。（张树伟）

【居民消费价格调查】 2016年，山西省居民消费价格水平分城乡看，城市居民消费水平上涨1.1%，农村上涨1.1%；从类别来看，食品烟酒价格上涨2.8%，非食品烟酒价格上涨0.4%；消费品价格上涨1.3%，服务价格上涨0.6%。食品烟酒类价格比上年同期上涨2.8%，医疗保健类价格上涨2.4%，教育文化和娱乐类价格上涨1.3%，其他用品和服务类价格上涨1.2%，衣着类价格上涨1.0%；交通和通信类价格比上年同期下降1.7%，居住类价格下降0.1%；生活用品及服务类价格与上年同期持平。（张树伟）

【工业生产者价格调查】 2016年，山西省PPI（工业生产者出厂价格）同比平均下降3.2%，降幅比上年大幅收窄9.1个百分点；工业生产者购进价格同比平均下降1.9%，降幅比上年收窄5.0个百分点。全年工业生产者出厂价格各月同比指数呈逐月上升走势，且下半年呈上涨趋势。

2016年9月，山西PPI同比由负转正，上涨1.8%，走出长达四年的持续在下降区间运行的低迷状态。同月工业生产者购进价格同比下降0.3%。工业生产者出厂价格涨幅高于购进价格。

2016年"煤—焦—钢"等主要工业产品价格拉动PPI上涨，"煤—焦—钢"三大类黑色系产品影响山西PPI总指数上升20.5个百分点。分类来看，煤炭价格提升。年末与年初涨跌幅差高达61.9个百分点。煤炭价格影响山西省工业生产者价格总水平上升12.8个百分点。5月，焦炭价格月环比跳涨9.6%。9月，月环比涨幅均在5.0%以上。焦炭价格影响山西省工业生产者价格总水平上升4.2个百分点。钢铁类产品价格逐月上扬，4月达年度环比涨幅最大，随后开始下降，6月达年度环比降幅最大，7月开始钢铁类产品价格持续运行在上涨区间，涨幅逐月扩大趋势。钢铁价格影响山西PPI总水平上升3.5个百分点。（张树伟）

国家财政监督

【中央单位预算监管】 2016年，财政部驻山西省财政监察专员办事处完成对27户中央驻晋预算单位2017年"一上"部门预算编制的审核。核减编制人数271人，核增实有人数6人；核减津补贴当年需求数1153.97万元，核减规范津补贴实有人员（含离、退休）21人，核减以往年度补发月份2779个月；审核5类重点项目支出，涉及金额25105.4万元；审核8户新增资产配置计划。

监控预算单位预算执行。受理审核23户预算单位国库直接支付申请，审核同意支付资金22083.99万元；完成中央储备糖、淡储化肥、中央储备棉等的审核；完成对4户军工企业预算执行情况、经费管理、项目管理情况的审核及军工企业"两维费"审核。

试点开展决算审核。完成对8户驻晋中央基层预算单位2015年度部门决算的审核，发现问题金额7994.72万元。制订《山西专员办对驻晋中央预算单位部门决算审核操作规程》。

开展其他预算监管工作。完成2015年度银行账户年检，审核746户，年检合格733户；完成银行账户日常审核审批，审核63户新开立银行账户，系统备案66户，重点核查银行账户开户手续、使用情况等并下发整改通知；完成16户中央驻晋二级、55户三级行政及参公单位公车改革方案审核；做好行政事业单位资产清查审核，协调省财政厅组织28家驻晋中央基层预算单位40余名人员开展资产清查业务及信息系统操作培训，审核上报22户驻晋中央基层预

2016年2月15日，财政部驻山西省财政监察专员办事处举办2016年春季集中培训　　（郭　帅供图）

算单位资产清查结果。　（郭　帅）

【中央转移支付监管】　2016年，财政部驻山西省财政监察专员办事处健全完善转移支付指标台账，按季收集整理，动态监控575.09亿元资金下达和使用；核实提前下达2016年转移支付指标差异83.15亿元。

转移支付资金预算编报审核。完成城镇居民基本医疗保险和新型农村合作医疗中央补助资金、2015年煤层气补贴资金清算和2016年预拨资金、山西省科技馆免费开放经费测算、民族特需商品生产贷款贴息资金、县域金融机构涉农贷款增量奖励资金、2016年江河湖库水系连通项目申报等6项转移支付资金预算编报审核。

转移支付资金执行监管。开展最低生活保障补助资金、2016年车辆购置税收入补助地方资金、中央财政农村节能减排资金、土壤污染防治专项资金、“粮安工程”危仓老库维修专项资金、中央财政专项扶贫资金、新能源公交车推广应用等7项转移支付资金执行监管，发现资金下拨缓慢等各类问题16个，并提出相关政策建议20余项。完成涉农资金专项整治行动部级重点抽查检查结论和处理决定执行监督工作。

中央财政预算支出绩效评价。完成草原生态保护补助奖励政策、大气污染防治专项资金、首台（套）重大技术装备保险补偿试点补偿资金、农业综合开发高标准农田、普惠金融发展专项资金、建制镇示范试点等6项绩效评价并提出改进建议。　（郭　帅）

【地方财政运行监管】　2016年，财政部驻山西省财政监察专员办事处对省本级和11个地市2015年置换债券资金使用情况核查及整改情况备案；完成2016年全省置换债券协议备案审核；完成融资平台公司债务情况统计调查。

预决算公开情况监管。完成2015年预决算公开检查后续工作，对省财政厅及4个市县财政局下发处理决定，强化预决算公开工作制度建设和管理。

收入监管。办理3大行业95户企业退税申请，审批退付一般增值税91593万元；完成中央非税收入就地征收673970.21万元，完成6项中央非税收入征缴清算工作；跟踪分析营改增试点运行情况，建立营改增试点跟踪分析机制。　（郭　帅）

【财政专项检查】　2016年，财政部驻山西省财政监察专员办事处开展2016年非税收入收缴情况专项检查，发现截留非税收入中央分成部分、违规多征等问题共计286714.01万元（经部监督检查局组织集中审理，尚未反馈财政厅并下达处理决定），山西省财政厅上缴中央金库286452万元。完成外省规范津贴补贴情况调研核查，全面反映2006年以来山西省规范津贴补贴情况以及2016年执行的改革性补贴、奖励性补贴项目及标准。完

2016年，财政部驻山西省财政监察专员办事处召开驻晋中央预算单位预算监管工作会议　　（郭　帅供图）

成中央大气污染防治专项资金检查，发现问题19个，涉及金额4513331万元，完成新能源汽车推广应用补助资金专项检查，发现问题6个，涉及金额404204万元；完成农业开发资金和项目综合检查，发现问题175个，涉及金额1308808万元。完成2016年会计监督检查，发现问题81个，涉及金额85485.47万元；完成对4个金融机构的呆账核销、贷款减免和银行抵债三项业务检查。（郭　帅）

【政策调查研究】 2016年，财政部驻山西省财政监察专员办事处完成县级基本财力保障机制和财政运转困难情况调研，全面分析县级基本财力保障机制运行情况，分析评价县域经济发展和产业结构调整对全省财力的影响，剖析资源能源型省份财政运转情况并提出相关政策建议。调研核查中国工商银行等13个山西省金融机构分行（分公司）金融业营改增试点运行情况，提出完善营改增试点政策建议。完成对山西省地震局、山西出入境检验检疫局4个直属事业单位、中科院山西煤炭化学研究所的基本情况调研，对事业单位分类改革难点和问题进行分析并提出建议。完成防范金融风险转化为财政风险专题调研，了解驻晋部分金融机构风险及风险传导情况，发现信贷质量恶化、担保风险加剧等问题并提出建议。

（郭　帅）

【监管联动机制】 2016年，财政部驻山西省财政监察专员办事处各处室根据职责分工确定联系人，对财政部授权文件和预算监管工作中存在的政策问题及时请示汇报，领会和掌握业务司局的工作意图及工作要求，围绕财政改革发展大局开展预算监管工作，发挥就地就近开展预算监管工作的最大功效。

建立与地方财政部门建立预算监管日常工作联系机制，推进协同监管。与财政厅相关处室建立起日常工作联络机制，在新能源公交车推广应用考核、草原生态保护补助奖励政策绩效评价、煤层气财政补贴审核等各项工作中，实现顺畅、及时、有效的沟通。通过实地督导、要求按季报送对账资料、合理化建议等方式协助财政部门完善转移支付资金对账机制。

与中央预算单位的协调配合机制。建立预算监管工作会议制度、资料报送制度、重大事项报告制度、定期沟通制度等四项制度，掌握基层预算单位情况，充实预算监管主要内容，夯实预算监管基础数据库，在动态提升预算监管层次的基础上提高工作精准度。（郭　帅）

国家审计监督

【概述】 2016年，审计署驻太原特派员办事处（简称审计署太原特派办）实有在职干部140人，离退休干部46人（离休干部1人）。其中，领导7人，处级干部55人，主任科员及以下干部78人。具有大学本科以上学历的133人，其中具有研究生及以上学历的80人。中共党员111人，民主党派干部1人。具有中级及以上职称的94人，其中具有高级职称的16人。全办共有审计专业技术领军人才4人，审计专业技术骨干人才10人。按照审计署审计地域的划分，审计署太原特派办主要管辖山西省和内蒙古自治区，兼及全国。

全年开展19个审计项目，编发审计（调查）报告31份，上报审计信息32篇。审计署太原特派办通过依法履行审计监督职责，开展政策落实跟踪审计，推动国家重大政策落地生根；深化领导干部经济责任审计，促进依法行政、依法管理；推进资源节约和环境保护情况审计，实现可持续发展；强化监督重点民生资金和民生项目，维护人民群众利益；揭示经济社会运行中的风险隐患，查处重大违法违规问题线索，促进反腐倡廉，维护国家经济安全。（张羽非）

【审计质量控制】 2016年，审计署太原特派办加强对审计现场的管理，确保审计职责依法履行。强化审计实施方案的执行管理，建立审计任务清单，定期跟踪落实，实时动态反映审计发现问题查证和处理情况。规范银行账户查询、延伸调查等程序。与纪检、检察、公安等部门建立联席会议制度，加强日常沟通协调，推动审计成果的实现。强化审理复核工作，明确“创新理念、依法审理、全面把握、客观准确”审理指导思想，加强审计报告质量管理，强化审计实施方案执行管理，推动三级复核工作。强化审计项目全过程跟踪审理。完善审计业

2016年，审计署驻太原特派员办事处在审计中关注国家铁路隧道抢险救援力量发展情况

（张羽非供图）

2016年，审计署驻太原特派员办事处在审计中关注山西省大气污染防治项目资金使用效益 （张羽非供图）

务会制度，强化审计业务会议审定职能。建立审理委员会审核制度，对审计报告质量量化考评，业务会议对审计报告反映问题研究审定，对审计报告中重大问题、审计单位争议较大的事项进行重点研究，防范审计风险。 （张羽非）

【财政审计】 2016年，审计署太原特派办加大财政审计力度。组织预算执行和决算草案、转移支付、财政收支质量等情况审计，关注财政收支的真实合法效益、营改增政策效果、地方政府性债务管理、重大投资项目落地和重点专项资金绩效，促进预算安排更加适应供给侧结构性改革、降低企业税费、保障民生兜底的需要，推动财政政策积极有效和深化财税体制改革。开展山西省、内蒙古自治区债务专项资金审计、存量资金审计，太原海关预算执行、关税及进出口环节税征管等情况审计，审计涉及中央及地方各类财政资金，发现各类问题金额上亿元，以审计报告、综合报告典型案例、审计简报等各类审计信息形式予以反映，推动山西省、内蒙古自治区相关单位完善政策，推动拨付资金使用，促进落实配套资金，加快项目实施进度。 （张羽非）

【政策贯彻落实情况跟踪审计】 2016年，审计署太原特派办加大重大政策措施贯彻落实情况跟踪审计力度。跟踪检查过剩行业去产能、重点地区房地产去库存、重点企业去杠杆，以及简政放权推进、区域协调发展等情况，加大对风险隐患的揭示力度。反映财政、政府性债务、房地产、信息等方面的薄弱环节和风险隐患，推动防范和化解，维护国家安全。2016年，审计署太原特派办开展山西省、内蒙古自治区贯彻落实中央重大政策措施情况跟踪审计工作，推动山西、内蒙古两省（区）完善6项政策，拨付资金上亿元，落实配套资金近6000万元。重点关注“三去一降一补”任务落实，其中关于山西省煤炭行业化解过剩产能的审计得到省长楼阳生肯定。 （张羽非）

【民生保障审计】 2016年，审计署太原特派办组织扶贫政策跟踪审计，推动精准扶贫、精准脱贫政策措施落地生根，落实中央推进扶贫攻坚各项工作的要求。加大对农林水、保障性安居工程等社会保障方面的审计力度，关注农业供给侧结构性改革推进、保障性安居工程建设和分配等情况，织密扎牢民生保障网。2016年，在山西省农林水专项资金审计中，发现部分专项资金分配拨付不及时、资金使用存在套取挪用、使用效益不佳等问题；在山西省扶贫专项资金审计中，发现部分地区和部门实施精准扶贫政策基础薄弱、易地扶贫搬迁项目存在违规现象、金融扶贫项目管理混乱等问题；在山西省工伤保险和医疗保险基金审计，以及安居工程审计工作中，查出工伤保险基金先行支付制度未落实、农村危房改造实施未达到政策效果等多项问题，审计督促山西省相关住建部门核查不符合农村危房改造政策三千多户，追回资金近千万元。 （张羽非）

【经济责任审计】 2016年，审计署太原特派办开展经济责任审计。加大党政主要领导干部经济责任同步审计力度，深化中央企业领导人员经济责任审计。落实中央关于深化国有企业和国有资本审计监督的要求，推进国有企业审计全覆盖，重点关注企业执行国家重大政策措施、资产负债损益的真实合法效益情况，以及兼并重组、瘦身健体、提质增效、结构调整、发展潜力、风险管控和内部管理等情况，推动企业完善治理、强化激励、突出主业、提高效益。2016年，在内蒙古自治区主要党政领导干部经济责任审计中，查出部分重大经济政策贯彻落实不到位、部分重大经济政策推进较慢等问题；在中国通用技术集团和中国铁道建筑总公司法定代表人经济责任审计中，查出企业部分所属单位违反决策程序、可行性研究论证不充分造成损失，部分企业在制度、资产、工程项目、物资采购、销售、资金和信息化建设方面管理不到位造成损失和风险隐患等问题。通过审计，对被审计单位领导干部任期内的工作进行科学评价，促进国有企业深化改革，防止国有资产流失，实现国有资产保值增值。 （张羽非）

【金融审计】 2016年，审计署太原特派办加大金融审计力度。加强对金融监管部门、金融机构和资本市场运行等方面的审计，防范信贷资金“脱实向虚”和发生系统性区域性金融风险，重点关注稳健货币政策和支持实体经济发展等金融政策落实情况，以及信贷资金流向、信贷资产质量、互联网金融、跨境资本流动等情况，促进提高金融监管能力，推动完善国有商业银行治理结构和深化金融体制改革。开展八大行新增贷款跟踪审计和“一行三会”稳增长审计项目，通过审计，发现部分银行违规开展票据业务、个别银行票据业务部总经理涉嫌挪用资金的重大违规问题线索。通过审计监督促进金融机构加强管理、规范运营，稳定金融秩序，防范和化解金融风险。 （张羽非）

【领导干部离任自然资源资产审计】 2016年，审计署太原特派办开展领导干部自然资源资产离任审计，以创新精神谋划好审计工作，突出地域特色和实际情况，以“摸清情况、揭示问题、分析原因、界定责任”为总体思路，通过分析自然资源资产实物量和生态环境质量相关指标变化情况，科学评价领导干部任职前后所在地区自然资源资产开发利用和生态环境保护状况。加大对节能环保等相关资金和项目的审计力度，关注大气污染防治、水资源保护、土地节约集约利用、矿产开采开发以及生态保护等情况，推动绿色低碳发展。开展内蒙古自治区呼伦贝尔市领导干部自然资源资产离任审计，发现部分工程项目违规建设、财政补贴申领不规范等问题。 （张羽非）

【审计数据中心建设】 2016年，审计署太原特派办加大数据归集力度，为开展大数据审计提供保障。依据审计署关于开展特派办数据分析网建设的要求，克服技术难关，部署实施，接入中国联通300兆数据分析网专用光纤，完成网络设备的配置、上架和调试工作，将在审计署的统一部署调试下实现数据分析网互连互通。加大信息化技术应用，创新审计技术方法。开展创新工作，提高审计管理效率。审计署科研所组织开展的第三次全国审计机关审计技术创新情况专题调研活动中，审计署太原特派办报送的《SAP财务数据标准化导入现场审计实施系统的方法》被评为审计技术创新案例；上报审计署“应用地理信息技术发现自然资源损毁问题的计算机审计方法”等大数据审计案例。研究开发电子数据管理平台和计算机硬件资产管理平台，实际应用取得成效。搭建数据分析平台，开展大数据分析。在内蒙古自治区党政主要领导干部经济责任审计中，搭建分级授权管理的两级数据综合查询分析平台，构建安全、便捷、高效的数据查询分析环境，确保数据查询分析的安全保密，通过数据分析精准发现问题线索。在山西省重大政策跟踪审计项目中，把山西省贫困人口精准识别作为扶贫资金审计重点，运用大数据技术，开展多维关联分析，发现部分扶贫建档立卡人员问题线索。 （张羽非）

太原海关

【概述】 截至2016年底，太原海关下设5个正处级隶属海关，分别为：大同海关、侯马海关、太原机场海关、运城海关、晋城海关；筹建隶属海关长治海关。

2016年，太原海关共监管进出口货运量263.1万吨，征收税款15.02亿元。 （宋 阳）

【太原机场海关业务改革】 2016年，太原机场海关推进区域通关一体化改革工作，接受申报一体化报关单17195份，货值5262亿元。推进“三互”大通关建设，加大为企业安装“一次申报”系统推广力度，优化关检合作“三个一”，累计为26家企业安装全国统一版“一次申报”系统客户端，接受“一次申报”报关单17265份。推进通关无纸化作业改革，实现所有业务现场通关作业无纸化全覆盖。推进国际贸易“单一窗口”建设，成立项目工作组，协助山西省口岸办制定建设方案。支持山西省经贸、旅游事业发展，为各类展会、赛事、演出活动等提供优质通关服务。依据总署正面清单监管事项，太原海关制订跨境电子商务海关监管办法，成立项目组协调推进跨境电商信息系统建设和业务建设，对接总署统一版跨境电子商务系统，是全国海关第9家、非试点海关第2家，确定依托武宿综保区开展网购保税模式。 （郭 瑞）

【山西口岸开放扩大】 2016年，太原

2016年8月18日，太原海关参加太原武宿综合保税区跨境贸易电子商务平台运行启动仪式 （宋 阳供图）

2016 年 12 月 30 日，太原海关配合富士康停线开展保税维修期末盘点核查

（宋　阳供图）

海关在省委省政府推动下，支持山西省口岸开放工作，大同、运城、五台山航空口岸以及太铁中鼎物流铁路口岸列入国家“十三五”口岸开放规划。跟进运城航空口岸临时开放工作，配合地方政府加快开放进度。完成山西兰花保税物流中心(B 型)预验收。山西省新开通由外航执飞的太原直飞莫斯科定期航班，成为太原航空口岸开放以来首条洲际国际客运航线，开通“太原—平壤”航线，拓宽山西省国际航线网络。2016 年，太原海关监管出入境飞机 3128 架次，进出境人员 40 万人次。

2016 年，运城海关、晋城海关开关，有利于优化山西省开放布局，提高两市外贸企业通关效率，扩大进出口规模，促进山西省转型综改。

（宋　阳）

【太原机场海关监管场所整顿】2016 年，太原机场海关清理整顿监管场所，暂停东航监管仓库业务，跟进民航监管仓库迁址重建工作，过渡期内履行好海关监管职能。完成金关二期监管场所管理系统和舱单管理系统升级的上线运行和推广各项工作。开展监管场所隐患大排查工作，组织现场整改。加强监管现场反恐怖防范工作，建立反恐联络员机制，加强业务现场与职能部门的联系配合。

（郭　瑞）

【海关课题研究】2016 年，太原海关立足海关职能，结合山西省实际，完成《关于山西省园区经济改革发展的工作建议》《加快武宿综保区发展的工作建议》和《建设中国—新西兰（山西）食品工业园的工作建议》三个课题研究。

（宋　阳）

【苹果手机维修项目落地太原】2016 年，太原海关将苹果手机维修项目列入重点工作。发挥海关对加工贸易业务的主导作用，打通从“起步一公里”到“最后一公里”全过程。太原海关在 80 多天时间内攻克政策审批、监管办法、操作流程、系统平台等方面难题，促成项目批复。9 月 2 日商务部和海关总署联合批复富士康太原公司成为全国唯一一个区外保税维修和工单式核销并行企业，富士康苹果手机维修项目落地太原。10 月 11 日，苹果公司全球关务总监 Jim Patton 携欧洲区、印度区和大中华区关务负责人，会同富士康集团总部高管专程走访太原海关，感谢海关促成富士康苹果手机区外保税维修项目落地运行。

（宋　阳）

【走私武器查缉】2015 年，太原海关根据总署转来的一条涉枪线索，通过“大数据”技术运用，梳理出各类涉枪线索 6123 条，促成全国 31 个省（市、自治区）的公安部门和 26 个海关缉私局参与开展的全国“7·10”打击走私贩卖武器弹药专案。在全国共抓获犯罪嫌疑人 1511 名，缴获各类枪支 1789 支，枪管等各类枪支配件 14240 件，火药动力子弹 16977 发、压缩气体动力子弹 305782 发。“7·10”案件的成功侦办，遏制网络走私贩枪的嚣张气焰，为全国“缉枪治爆”专项行动和“9·3”阅兵活动安全保障作出贡献，受到海关总署、公安部、山西省领导肯定和评价。2016 年“G20 峰会”前夕，太原海关会同总署缉私局、地方安全部门对太原、哈尔滨、济南、重庆、贵阳、厦门等 6 个重点海关缉私局的案件信息数据进行集中研判，获取网络涉枪人员 2854 人、新涉枪地址线索 617 条。上述案件线索移交公安部刑侦局后，由公安部统一部署“8.01 集中行动”，为“G20 峰会”安保工作作出贡献。海关总署决定将全国两个专业情报中心之一的查缉武器弹药走私情报中心设在太原海关，截至 2016 年底，“海关总署（太原）情报中心”进入实质性平台建设阶段。

（宋　阳）

口岸管理

【概述】截至 2016 年底，山西省拥有经国务院批准的对外开放口岸 1 个，即太原空运口岸（太原武宿国际机场）。临时对外开放 1 个：大同空运口岸（大同云冈机场）。海关监管场所 2 个：太原武宿综合保税区和山西方略保税物流中心。

2016 年，山西省空运口岸共出入境人员 386061 人次，航班 2865 架次，与上年同期相比，出入境人员减少 4.14%，航班减少 2.78%。其中，太原空运口岸出入境人员 372297 人次，出入境飞机 2747 架次；进出口货运量 263.1 吨，同比减少 55.4%；大同空运口岸(临时开放)进出境人员 13764 人次,进出境飞机 118 架次。

(郭 瑞)

【山西口岸发展规划】 2016 年 11 月 23 日,经国务院批复同意,海关总署(国家口岸办)印发《国家口岸发展"十三五"规划》,山西省三个空运口岸(大同、运城、五台山机场空运口岸)一个铁路口岸(太原铁路口岸)列入国家口岸发展"十三五"规划,标志着山西省口岸开放取得重大突破。(郭 瑞)

【赴韩、俄国际航班开通】 2016 年 3 月 22 日,太原至韩国全罗南道务安航班开通,成为太原武宿国际机场继开通至韩国仁川、济州、江原道、釜山和清州之后第 6 条直达韩国的国际航班。

6 月 22 日,太原—俄罗斯莫斯科定期直飞航班开通。航班开通有助于促进两地间经贸、旅游和文化方面往来,对带动山西经济健康可持续发展发挥作用,实现山西省洲际客运航线零突破。(郭 瑞)

【山西—青岛跨区域口岸合作】 2016 年 6 月 6 日,山西口岸与青岛口岸在太原签约开展跨区域合作,推动两地口岸经济联动发展,实现双方口岸互利共赢。合作协议由山西省口岸办主任韩仲平和青岛市口岸办主任吴海川签署。口岸战略合作协议要求,双方围绕加强口岸合作,推动多式联运合作、深化口岸大通关、探索电子口岸信息共享,及促进对外贸易和口岸物流发展等方面加强合作交流。两地口岸将按照协议内容展开全方位合作,共同推动两地海关、检验检疫、铁路等部门和单位实施对口沟通与合作,实现口岸执法互助合作,助力"一带一路"沿线省区开放型经济发展,提升两地口岸物流发展水平。(郭 瑞)

【武宿机场口岸签证开通】 2016 年 7 月 1 日,太原武宿国际机场开通口岸签证业务,入境人员到山西、太原旅游、投资、洽谈贸易等活动享受"落地签"待遇。口岸签证是使(领)馆签证的重要补充,也是国际社会通行做法。太原武宿国际机场口岸能够实现乘务、访问、团体旅游、商务、探亲、人才、私人事务 7 类口岸签证,可为未持有效出入境证件直抵太原武宿国际机场口岸的台胞签发一次性台胞证,可为符合条件的港、澳、台居民签发一次有效的出入境通行证(单页)。这一举措为外国人员与港澳台人员到晋交流、旅游、创业提供便利。(郭 瑞)

【太原口岸澳洲种牛入境】 2016 年 11 月 22 日,从澳大利亚引进的 221 头种牛从太原空运口岸入境。这是 2016 年中国较大规模的一次种牛空运入境,也是山西省连续三年大规模活体动物进境。(郭 瑞)

【山西空运口岸发展】 截至 2016 年底,太原空运口岸开通 23 条固定及临时国际和地区航线,可直达韩国、泰国、日本、印尼、越南、俄罗斯等国家及中国港澳台地区,通航城市 19 个。截至 2016 年底,大同空运口岸(大同云冈机场)连续八次获批继续临时开放。开通大同至中国香港航线。2016 年 4 月 3 日,大同至韩国仁川航线开通。(郭 瑞)

【跨境贸易电商平台太原上线】 2016 年 8 月 19 日,山西省首家跨境贸易电子商务平台在太原武宿综合保税区上线运行,跨境贸易电子商务新外贸模式在山西省落地,使山西实现"买全球、卖全球",帮助山西企业拓展海外市场,使山西的名特优产品走出国门,走向世界,促进山西"大通关、大物流、大外贸"格局,助力太原"两个走在前列"。(郭 瑞)

出入境检验检疫

【概述】 2016 年,山西出入境检验检疫局共检验检疫出入境货物 17951 批、货值 12.9 亿美元,与上年同期相比,批次增长 40.8%、货值下降 20%;签发各类优惠原产地证书 13045 份,签证金额 6.51 亿美元,与上年同期相比份数增长 0.9%、金额下降 0.9%;检疫查验出入境人员 38.4 万人次,同比下降 3.8%;健康检查 6539 人次,同比下降 3.4%;从出入境货物中检验出不合格商品 80 批,不合格金额 2215 万美元,对外索赔 242 万美元;在出入境人员健康体检中,检出传染病 51 例;截获入境旅客携带的禁止进境物 2764 批、有害生物 89 种次。编制完成"十三五"总体规划和法治、科技、人事、财务、信息化、卫生检疫等 6 个专项规划,大同杂粮和运城温带果蔬两个国家级重点实验室获批筹建并纳入地方政府公共检测资源库,朔州、运城保健中心获准筹建,大同局联合大同市商务局筹建大同市食品农产品公共检测服务平台率先获批;完成 3 个总局类科研立项和 7 项标准立项。技术中心通过 CNAS 监督+扩项评审,获批成为国家食品复检机构。

(郑 罡)

【质量管理】 2016 年,山西出入境检验检疫局加强质量共治,对全省 11 个市实施进出口商品质量安全政府目标责任制专项考核,制定实施《贯彻质量发展纲要 2016 年行动计划》;与中国检科院、省质监局、省林业厅、山西农大等签署合作协议。开展"质量月"系列活动,加强 12365 平台建设和信息宣传工作。贯彻落实提升质量供给水平行动计划和"优进优出"部署,与商务厅、农业厅及相关市县政府建立合作机制,开展出口产品质量安全示范区建设,2016 年新增国家级出口食品农产品质量安全示范区 3 个,省级示范区 5 个,国家级示范区累计达 16 个,获批数量居全国第 4,16 个国家级示范区每个获得政府奖励 50 万元。新增 2 家"中国出口质量安全示范企业",1 家省级出口法兰锻件产品质量安全示范区,稷山翟店纸包装文化产业园获批全国首家国家级出口纸包装产品质量安全示范区。开展"质量诚信企业"推荐,3 家企业

获检验检疫信用管理AA级称号,在“信用山西”平台公布进出口企业“红黑名单”等诚信信息。（郑 罡）

【检验检疫】 2016年,山西出入境检验检疫局强化口岸卫生检疫,加强口岸核心能力建设,严防寨卡病毒病疫情传入;建立联防联控工作模式并在新建口岸复制,“国境口岸入境人员信息采集系统”上线运行。深化口岸动植检规范化建设, 开展“绿蕾行动”;开展“国门生物安全进社区、进校园”等活动;完成2批462头澳大利亚入境种牛隔离检疫工作任务,检出二类传染病8头,按照相关规定做扑杀销毁处理;主持制定《国家级出口牛质量安全示范企业考核标准》。开展“同线同标同质”帮扶行动计划,8家出口食品企业上线“三同”服务平台,30多家企业实现“三同”;落实“食品安全防护计划”,实施“进口食品安全放心工程”,开展“清源”行动;加强风险监测预警和供港澳台食品质量安全监管;对获证企业开展“双随机、一公开”专项检查。强化进出口消费品质量安全。开展“清风行动”维护进出口危化品质量安全,开展进口商品专项调查和起亚越野车等进口缺陷汽车后续监督检查;制定实施《跨境电子商务商品风险管理办法》, 修订《入境维修企业管理与入境维修用途旧机电产品检验监管工作规范》;完成入境3C监督检查工作。2016年,在入境旅客携带物中截获禁止进境物3232批, 截获有害生物89种次,其中并蛎蚧和双锤盾蚧为全国首次截获;在出入境人员体检中检出传染病134例; 检出不合格进口商品67批、不合格金额2188万美元,对外索赔215万美元;对2起进口旧机电产品未如实申报案件进行行政处罚。（郑 罡）

【服务山西经济社会发展】 2016年,山西出入境检验检疫局围绕国务院“放管服”和总局改革任务,结合山西实际出台《促进山西外贸回稳向好工作措施》《支持山西承接加工贸易产业转移实施细则》《简化优化公共服务流程方便基层群众办事创业工作方案》等服务举措。强化区域合作,组织召开晋陕豫黄河金三角检验检疫合作机制第二次协作会议,推进检测资源共享;推进互联互通,与山西质监局签署战略合作协议;部署完成e-CIQ主干系统上线运行,实现全国检验检疫一体化;“三通”“两直”“三个一”和无纸化签证、报检、通关工作推进有序;参与山西电子口岸及国际贸易“单一窗口”建设工作并提出建设需求;优化流程,简化审批环节,服务富士康等重点企业发展;建立基于产品质量合格假定监管工作机制和放行模式,提高查验效率。服务对外开放。推动大同航空口岸正式开放、运城航空口岸临时开放,支持武宿机场增开国际客货运航线,推进大同肉类指定口岸建设,太原武宿综保区跨境贸易电子商务平台正式上线运行,开展“冬季行动”,在“万名干部入企服务” 中帮助企业解决问题26个,1人被评为“万名干部入企服务”先进个人。服务山西“走出去”战略。“沁州牌”沁州黄小米实现山西生态原产地产品保护工作“零的突破”;出口水果实现两个“代表中国首发”:山西运城苹果首次出口秘鲁,山西运城油桃首次出口澳大利亚,山西祁县酥梨首次出口加拿大; 新增30家食品农产品出口企业,出口食品农产品批次、货值同比分别增长70.9%、21.1%;新增9家进口肉类收货人备案资格企业,黄粉虫饲料首次出口韩国,繁峙肉牛首次直供香港,长治兔肉恢复对美出口并首次出口捷克,昔阳县双孢菇首次出口泰国;创新出入境特殊物品监管模式, 山西特殊物品进出口批次增长3倍;协助运城市举办首届山西国际水果博览会。（郑 罡）

【国外捐赠角膜入境监管】 2016年7月7日, 山西出入境检验检疫局对山西首次接收三只美国捐赠眼角膜工作实施后续监管。山西运城三名角膜病变失明患者接受角膜移植手术,重见光明。山西出入境检验检疫局成功实施角膜入境保障监管工作,在人体器官入境方面积累经验,为山西开展海外医学交流奠定基础。（郭 瑞）

【跨省域空港检验检疫合作】 2016年9月28日, 山西省太原机场出入境检验检疫局与大连机场出入境检验检疫局在辽宁大连签署《关于服务国家发展战略 维护国门安全 共筑健康空港合作备忘录》。双方以“服务国家战略、维护国门安全、建设健康空港、促进经济发展”为目标,按照互联互通、优势互补、合作共赢、协同发

2016年3月31日,运城海关、运城出入境检验检疫局举行开关、开检仪式

（宋 阳供图）

展的原则，立足空港特色，共同构建符合健康中国新目标、经济发展新常态、国门质量安全新要求的口岸工作格局，围绕强化口岸核心能力建设、构建空港公共卫生工作体系等 10 个方面开展合作。（郭　瑞）

【农产品出境检验检疫】 2016 年 9 月 21 日，经山西出入境检验检疫局检疫合格，1000 公斤山西运城冬枣经太原机场空运出境，在加拿大通关，实现山西鲜枣首次出口加拿大。

11 月 12 日，经山西出入境检验检疫局检疫合格，21 吨祁县酥梨首次出口加拿大，实现山西鲜梨继出口美国、欧盟之后，进入国际高端市场，为增加农民收入提供动力。（郭　瑞）

【世界艾滋病日宣传】 2016 年 12 月 1 日是第 29 个世界艾滋病日。按照国家质检总局和山西省防艾办统一部署，山西出入境检验检疫局组织开展以“携手抗艾重在预防”为主题的艾滋病日宣传活动。围绕口岸传染病防控职责，分别在太原空运口岸、山西国际旅行卫生保健中心等出入境人员密集场所设立宣传咨询台，摆放图文并茂的艾滋病知识宣传展板，在大型电子显示屏上播放艾滋病相关宣传知识，工作人员现场向旅客和过往群众发放宣传册 6000 余份及宣传品等，并呼吁全省出入境人员在出入境前主动咨询传染病相关信息，做好国际旅行卫生保健。（郭　瑞）

【寨卡疫情疫病防控】 2016 年，海地、中非共和国、尼泊尔等国发生霍乱疫情，马尔代夫和新喀里多尼亚发生寨卡病毒病疫情。山西出入境检验检疫局按照国家质检总局统一部署，在太原空运口岸采取多项措施，防止疫情传入。加强对来自香港的航班、人员的检疫查验，做好医学巡查和体温检测，及时发现经香港转机入境的染疫人员；要求航空公司机组人员关注旅客精神状态，在飞行途中发现有呕吐、腹泻、发热、皮疹等症状的旅客时，及时向检验检疫部门通报；做好宣教工作，要求有呕吐、腹泻症状和到过寨卡病毒疫区且被蚊虫叮咬的旅客，出现发热、皮疹等症状时，在入境时主动向检验检疫部门申报；做好国际卫生保健咨询服务，在出入境通道利用 LED 显示屏播放国家质检总局公告，提醒出境游特别是入境疫区旅游的旅客做好个人卫生，防止蚊虫叮咬。

主要防控措施：加强口岸检疫查验，对来自疫区的航空器重点布控，对入境的航空器、货物、行李、邮包等进行严格检疫查验，当发现或可能携带蚊虫或幼虫时实施灭蚊处理。加强口岸卫生监督，采取灭蚊措施，清除蚊虫滋生场所，降低太原空运口岸蚊虫密度，严防媒介生物跨境传播。加强对来自疫区人员的流行病学调查、医学排查，对主动申报或现场发现有发热、头痛以及红疹等症状或体征的人员，重点进行排查，按照程序进行采样检测。一旦发现疑似病例，立即转送相关医疗机构作诊治，并上报相关情况。加强疫情知识及检疫检测技术培训，学习寨卡病毒基础知识及最新疫情信息，配备相关检测试剂，开展快速检测和实验室检测，增强疫情防范意识，提高疫情处置能力。加强口岸疫情防控宣传，印发疫情防范手册，设立咨询点，方便出入境旅客随时咨询疾病信息，发挥口岸出入境旅行医学服务职能，提高出入境人员防病意识。（郭　瑞）

安全生产监督管理

【概述】 2016 年，山西省安全生产监督管理局（简称省安监局）指导协调全省安全生产工作，监督管理非煤矿山、危险化学品和冶金等工贸行业安全生产工作。全年全省安全生产形势好转，呈现“五个双下降”态势。各类生产安全事故总起数、总死亡人数双下降。全省共发生各类生产安全事故 2182 起，死亡 1512 人，同比事故减少 55 起、33 人，分别下降 2.46%和 2.14%。较大事故总起数、总死亡人数双下降。全省共发生较大事故 37 起，死亡 139 人，同比事故减少 2 起、14 人，分别下降 5.13%和 9.15%。采矿业事故起数、死亡人数双下降。全省共发生事故 26 起，死亡 55 人，同比事故减少 11 起、27 人，分别下降 29.73%和 32.93%。其中，煤矿发生事故 19 起，死亡 44 人，同比事故减少 14 起、33 人。煤矿百万吨死亡率为 0.053%，同比减少 0.026%，下降 32.91%。交通运输和仓储业事故起数、死亡人数双下降。全省共发生事故 2056 起，死亡 1335 人，同比事故减少 78 起、42 人，分别下降 3.66%和 3.05%。商贸制造业事故起数、死亡人数双下降。全省共发生死亡事故 31 起，死亡 37 人，同比事故减少 7 起、12 人，分别下降 18.42%和 24.49%。（关永革）

【党政领导问责落实】 2016 年，山西省委、省政府主要领导落实安全生产党政同责要求，安排部署工作，解决重大问题。7 月 2 日，晋城沁和能源集团中村煤矿发生透水事故，骆惠宁到事故现场，指导抢险救援工作，并对抓好安全生产工作作出重要指示。7 月 7 日至 11 日，省委分别组织召开全省安全稳定风险隐患大排查大整治形势分析会和工作推进会。楼阳生主持召开第一个省政府常务会议研究部署安全生产工作。11 月 28 日至 29 日，骆惠宁、楼阳生分别对全省安全生产工作作出重要批示。各级党政领导经常采取“四不两直”方式到基层企业督查检查，解决重点难点问题，推动安全生产工作落实。（关永革）

【安全监管责任落实】 2016 年，山西省安监局按照省政府一号文件部署推进安全生产工作，以上率下实行安全生产例会制度，落实安全生产责任。全省落实安全生产党政同责“五级五覆盖”。11 个市、119 个县（市、区）以及所有开发区（园区）、乡镇和有工矿企业的行政村，都制订出台安全生产党政同责的规定。推广晋中市经验做法，以工商注册企业名录明确安全监管责任部门。（关永革）

【安全生产大检查】 2016 年，山西省

2016年9月29日，代省长楼阳生（前排站立左三）到同煤集团塔山煤矿调度中心调研安全生产工作　　（关永革供图）

安监局吸取同煤集团同生安平煤业“3·23”重大事故教训，从5月1日开始，在全省各行业领域开展为期5个月的安全生产大检查。截至10月底，全省排查一般隐患25.06万条，完成整改24.50万条，整改率97.78%；排查重大隐患18条，完成整改16条，整改率88.89%。未整改的5566条一般隐患和2条重大隐患做到整改责任、措施、资金、时限、预案“五落实”。对上年安全大检查发现但未得到整改的5869条存量隐患，采取列出清单、挂牌督办、跟踪整改、复查验收、逐项销号等措施，推进整改治理。除推进2条整改难度大、工程复杂的隐患整改外，其余全部整改销号。加强岁末年初安全生产工作。　（关永革）

【安全生产专项整治】 2016年，山西省煤矿系统以“十排查、十整治”为主要内容开展防治水专项行动，排查一般隐患24.20万条，整改率98%，责令8座煤矿停产整顿，3座煤矿停建整顿，25个采掘作业点停止作业。晋济高速岩后隧道“3·1”特大事故发生后，全省安排专项资金4.3亿元，对隧道基础设施进行完善改造。推进油气输送管道隐患整治、中石油西气东输临汾蒲县、浮山段改线工程施工。4月和9月，省安委办两次派出督查组，对各市、各有关部门开展专项整治等省政府一号文件和省安委会部署的重点工作进行督查。　（关永革）

【重特大事故遏制】 2016年，山西省政府以遏制煤矿重特大事故为重点，专门召开会议，研究部署山西省遏制煤矿重特大事故工作。省安委会制订下发遏制重特大事故工作实施意见，煤矿、非煤矿山、危险化学品、冶金工贸、道路交通等重点行业领域都制订出台遏制重特大事故工作方案。

（关永革）

【安全生产地方法规修订】 2016年，山西省人民代表大会将《山西省安全生产条例》修订列入2016年重点立法项目。省安监局协同省人大、省政府法制办，通过调研、论证等，对《山西省安全生产条例》进行修订。修订后的《山西省安全生产条例》自2017年3月1日起施行。　（关永革）

【安全生产宣传教育】 2016年，山西省委宣传部、省安监局等八部门建立联席会议制度，联合下发安全生产宣传教育实施意见。组织开展安全生产月活动。一批新任领导走上主管安全生产的工作岗位。11月25日至27日，对工作人员进行安全生产集中培训。煤炭厅、交通运输厅、安监局等部门拍摄典型事故案例，下发基层，开展警示教育，以事故教训推动安全生产工作。　（关永革）

食品药品监督管理

【监管体制改革】 2016年，山西省食品药品监督管理局在省、市、县、乡四级监管机构全部到位的同时，落实国家总局提出的“四有两责”，按照“有人、有岗、有责、有手段”要求，重点抓住乡镇执法人员装备到位差、基层检测检验能力弱的问题，加强督促检查指导，推进监管人员、执法装备到位。全省共设立乡镇食品药品监管站1002个，核定编制5913名，到位4592人，配备独立办公场所843个、执法车辆536辆、快检设备1196套，涌现出一批标准化、规范化乡镇站。全省新设置专门的稽查执法机构131个，2300人，10个地级市、96个县（市、区）的公安部门专门成立食品药品犯罪侦查机构，有食药警察465名，形成省、市、县三级大稽查格局。

（杨晓峰）

【食品安全监管】 2016年，山西省食品药品监督管理局坚持问题导向，围绕重点品种、重点单位、薄弱环节和难点问题，开展专项整治，一些突出问题得到治理。抓住乳制品、肉制品、酒类、食醋、食用油等重点品种和学校食堂、建筑工地食堂、旅游景区饭店、集体用餐配送单位以及中央厨房等重点单位，采取全面排查、突击抽查、重点检查、随机督查等方式，开展包装饮用水市场、农村食品市场、酒类销售市场、学校及其周边餐饮安全、旅游景区餐饮服务等专项整治，共检查食品生产经营单位409104家，责令整改56515家，停产停业1471家，立案6479起。　（杨晓峰）

【药品、医疗器械安全监管】 2016年，山西省实施新版GMP（生产质量管理规范）、GSP（药品经营质量管理规范)药品质量规范,完善全过程管理,提高药品质量。药品注册环节,以物料采供管理、生产工艺管理、质量控制管理、质量标准执行等为重点,开展药包材生产企业、医疗机构制剂质量标准执行、高风险品种执行新版药典等专项监督检查,提高企业质量标准意识。药品生产环节,以整治非法购进原辅料、质量检验不严格、记录不真实等问题为重点,集中开展复方肝浸膏制剂、促肝细胞生长素、胸腺肽等药品生产企业和第二类精神药品原料药、药品类易制毒化学品原料药等特殊药品的专项检查,对检查发现的问题监督整改。药品流通环节,以整治购销管理不规范、冷链管理不严格等问题为重点,开展打击购销"回收"药品、药品流通领域违法经营等专项整治。医疗器械方面,开展注射用透明质酸钠、经营企业冷链管理、体外诊断试剂、定制式义齿质量安全等专项整治。2016年,全省共检查药械生产经营单位120710家,责令整改17149家,停产停业65家,立案查处4059家,规范药械市场秩序。

(杨晓峰)

【监管方式创新】 2016年,山西省食品药品监督管理局探索创新监管手段,在监管深度上下功夫,着眼于发现深层次问题,防范区域性、系统性风险。按照风险级别与监管能力相匹配原则,明确县局对辖区内监管对象实施100%全覆盖检查。省食品药品监督管理局采取质量体系检查的办法开展监督抽查,每个监管处室全年监督抽查企业不少于15家,深入核查企业生产经营过程以及账目等情况,从更深层次查找发现漏洞和问题,直接检查各类企业138家,发现问题隐患678个,全部整改到位。采取飞行检查、交叉检查、延伸检查、抽查检查等方式,对全省332家药品批发企业进行质量核查,把证、票、货、账、款联系起来,抽取若干品种开展上下游延伸检查,从数据中发现问题,全省共立案查处2845件,罚没款743.48万元,分别比上年增长104.68%、131.57%,收回GSP证书37张,撤销GSP证书71家,吊销经营许可证1张。

(杨晓峰)

【监管技术支撑体系建设】 2016年,山西省食品药品监督管理局推进市县检测检验能力建设,实施食品安全检(监)测能力建设项目12个,下达中央预算投资1.998亿元,完成投资1.356亿元,太原市、运城市的项目完工并投入使用。古交、孝义等8个县(市)列入全国检测检验资源整合试点,柳林、祁县、稷山等一批县级检测检验中心抓紧建设,基层检测检验能力得到加强。推进市级检验机构扩项认证,太原、朔州、晋中、阳泉、晋城、运城检验机构药品全检率达90%以上,满足药品常规检验需要,太原、运城、忻州食品检验参数达到60个以上,全省检验检测能力提高。

省食品药品监督管理局把监督抽检作为发现问题、防控风险重要手段,在国家总局抽检监测"四统一"的基础上,实施"六统一、四集中、五公开",即统一制定计划、统一组织实施、统一数据汇总分析、统一结果利用、统一核查处置、统一纳入考核,实行集中抽样、集中检验、集中公布、集中整治,对抽检结果每周公开、质量分析每月公开、核查处置全部公开、风险解析定期公开、消费警示及时公开,增强抽检工作的针对性、靶向性和有效性。2016年,省级共抽检食品6800批次,核查处置不合格产品311批次,问题发现率4.57%,食品生产企业覆盖率、核查处置率达100%。坚持每周公开抽检结果,发布抽检公告44期,核查处置公告12期。市县两级监管部门克服困难,落实食品监督抽检责任,11个市局开展食品及食用农产品抽检工作,完成抽检5396批次。针对抽检发现的桶装饮用水铜绿假单胞菌超标、白酒中添加甜蜜素、水产品中检出硝基呋喃、鲜鸡蛋中检出氟苯尼考等问题,在全省范围开展集中整治,消除安全隐患。全年完成药品监督抽验6729批次,不合格126批次,合格率98.13%;开展红花注射液、舒血宁注射液等高风险品种跟踪抽验246批次,不合格7批次,合格率97.35%;开展中药材、中药饮片染色熏蒸专项抽验651批次,发现并处置染色、二氧化硫及总灰分超标等问题。抽检医疗器械490批次、保健食品化妆品1018批次,发布监管公告6期,核查处置不合格产品113批次,防范药械风险。

(杨晓峰)

【案件查处】 2016年,山西省食品药品监督管理局加大案件查处力度,采取挂牌督办、定期通报、督查考核等

2016年9月13日,副省长罗清宇(前排左二)到双合成公司生产基地、沃尔玛超市长风店,检查指导中秋、国庆食品安全工作

(杨晓峰供图)

2016 年 2 月 29 日，山西省食品药品监管工作暨党风廉政建设工作会议召开

（杨晓峰供图）

措施，保持严查重处态势。全年共查处各类案件 12729 起，罚没款 4374 万元。加强行刑衔接，与公检法部门联合出台行政执法与刑事司法衔接工作办法实施细则，对联合办案、案件移送、立案监督、认定鉴定等作出具体规定。2016 年，与公安部门联合办案 280 余次，通报案件线索 180 余条，移送涉刑案件 91 起，协助公安部门完成涉案物证鉴定 110 批，查处山西滨海药业非法经营疫苗案，高东、朱林江等人生产销售假药案，罗钟等人销售有毒有害食品案等一批重大案件。（杨晓峰）

【食品可追溯体系建设】 2016 年，山西省食品药品监督管理局把监管信息化作为工作重点。在省级层面，重点完善覆盖"四品一械"监管业务信息系统，围绕行政许可、行政执法、监督抽检、产品追溯、信用管理，加强设施设备及系统建设，全省一体化食品药品投诉举报信息化平台上线运行，食品经营许可系统启用，办理食品经营许可 67093 件。在市县层面，吕梁、忻州、运城市级监管平台建成并应用，介休、孝义、柳林、万柏林、稷山等一批县局监管平台投入使用，向乡镇站拓展延伸。

把监管信息化作为食品追溯体系的重要支撑，在肉制品、乳制品、白酒、食醋等重点品种上取得经验的同时，采取试点先行、逐步推开的办法，鼓励更多有条件的企业建立以信息化为基础的快捷追溯体系，全省共有 181 家乳制品、肉制品、白酒、食醋、食用油生产企业，应用二维码识别技术，建立信息化质量安全追溯系统。选择美特好超市为试点，开发集基本信息、行政执法、日常监管为一体的食品流通追溯信息化平台，为食品经营企业建立追溯系统树立样板。白酒追溯体系建设被国家总局列为试点，吕梁汾阳市在 36 家白酒生产企业建立信息化追溯体系，汾酒集团采用电子射频、在线赋码和电子标签等先进技术，建成白酒信息化追溯系统，实现产品可追溯、公众可查询、风险可防控。（杨晓峰）

【食品安全城市创建】 2016 年 5 月，太原市、运城市被列为第三批国家级食品安全城市创建试点。太原市从组织管理、监督执法、企业责任、应急管理、社会共治五个方面入手，推动乡镇站所建设、检验能力建设和追溯体系建设等工作取得成效。运城市由市委书记挂帅，市委、人大、政府齐抓共建，以建设智慧食药信息平台建设、基层站所标准化建设、食品生产企业认证达标、餐饮业明厨亮灶、食品作坊提质达标、放心早餐工程、食品安全社区创建、农产品百园千村和果品提质增效工程等"八大工程"为抓手，推进食品安全治理能力提升。国家食品药品监管总局《食品药品监管简报》第 83 期专刊介绍运城市的做法。（杨晓峰）

【监管执法规范化】 2016 年，山西省食品药品监督管理局规范执法行为，梳理 19 项随机抽查重点事项，建立市场主体名录库和省级行政执法检查人员名录库，推进食品药品监管执法"双随机、一公开"，确保行政执法公平公正。制订出台《食品药品行政处罚裁量权适用规则》和《食品药品行政处罚自由裁量权基准》，明确行政处罚裁量的程序规定，缩减裁量空间，规范行政处罚裁量行为。落实食品药品安全举报奖励办法，全年受理投诉举报 21568 件，同比增长 35.4%，兑现举报奖励15 起共 51.62 万元，省食品药品监督管理局一次性奖励匿名举报人 20 万元。扩大食品药品安全责任保险制度试点，全省有 814 家食品药品企业投保，保险金额达 127.8 亿元。（杨晓峰）

【监管推动医药产业发展】 2016 年，山西省食品药品监督管理局以换发"药品生产许可证"为契机，推动企业兼并重组，实施资源整合，提高产业集中度，增强山西制药企业核心竞争力。全省医药产业呈现出健康快速发展的势头，工业产值近 300 亿元。威奇达药业、亚宝药业、振东制药进入全国百强，在亚宝药业、振东制药、仟源制药成功上市的基础上，康宝生物等一批企业即将上市。一些优势产品在全国市场占据主导地位，克拉维酸钾全国销量第一，药用空心胶囊销量全国第一，红花注射液全国销量第一，土霉素原料药、复方苦参注射液、丁桂儿脐贴、银杏达莫注射液、舒血宁注射液

在全国占有较大市场份额，全省医药产业发展良好。（杨晓峰）

能源监督管理

【概述】 2016年，国家能源局山西监管办公室（简称山西能源监管办）推进电力体制改革，开展各项监管工作，7次被省政府评为“安全生产先进单位”，连续7年被省直文明办评为“文明和谐单位标兵”。（龙 颖）

【电力体制改革】 2016年，山西能源监管办作为省电改小组成员单位，参与山西电力体制改革工作。起草完成《山西省电力中长期交易基本规则》等4个制度及文件。参与省内电力交易中心和市场管理委员会的组建。围绕山西电力交易中心股本比例、相对控股等问题，与省政府有关部门进行沟通。针对交易电量申报、价格排序、合同签订、安全校核、计量结算以及信息披露等环节，纠正不合规行为，约谈省电力行业协会和40余家电力企业。对两批大用户直接交易和外送交易进行跟踪监管，保证交易在规则框架内开展。结合《关于推进售电侧改革的实施意见》，创新电力业务许可证（供电类）发放工作，赴同煤等5家售电公司开展“送教到企”现场培训，帮助企业完善供电业务许可证申报材料，颁发5家非电网企业电力业务许可证（供电类）。（龙 颖）

【电力安全监管】 2016年，山西电力系统未发生较大以上电力生产伤亡事故，未发生造成电网大面积停电的较大以上电力安全事故，未发生电厂垮坝事故，未发生较大以上环境污染事故、主设备损坏事故和对社会造成较大影响事故。山西能源监管办打破传统、创新方式，联合省经信委、省发改委和省级电力集团公司开展安全生产大检查工作，对11个地市44家单位进行检查和重点督查，发现问题320项，下发整改通知书44份。加强电网风险管控。针对北部电网运行安全风险，召开电网风险管控座谈分析会，提出消除风险的意见建议，督促电网企业做好隐患排查治理。加强班组能力建设，在部分电力企业组织现场观摩交流会，推进电力企业班组安全能力提升。组织开展安全经费使用、电力工程设计和应急管理等15项专项监管工作，发现各类问题623项，督促企业落实整改闭环要求。推进应急管理工作，起草完成《供电系统突发事件应急预案》，并通过专家评审；推进电力企业应急预案备案，备案企业达58家，贮灰场安全评估备案19家。严格事故“四不放过”，通过约谈、案例教育、“四不两直”检查、公开通报等形式，督促事故单位落实主体责任。加强安全培训监督工作。举办安全培训9次，培训人员1000余人次。（龙 颖）

【电力市场准入监管】 2016年，山西能源监管办提升行政许可能力。做好行政许可工作。推动阳光审批机制建设，加强电力业务许可办证大厅的窗口建设，实现电工进网作业许可网络化、电工进网作业考试实时远程监控全覆盖。建立资质许可审批随机抽取机制。梳理并网发电机组基本情况。对50兆瓦以下各种类型机组进行分类，废止7家燃煤发电企业临时运营许可证，向省政府提出淘汰落后产能机组建议名单。加强承装（修、试）许可证后管理，将4家伪造许可证企业列入黑名单，进行通报公示。注销未延续承装（修、试）企业，完善进入退出机制。制订完成山西省配电网工程执行承装（修、试）电力设施许可制度，开展山西省2016年燃煤发电机组执行电力业务许可制度两个情况的专项监管工作，规范和加强电力工程建设市场许可准入管理。（龙 颖）

【电力市场秩序】 2016年，山西能源监管办召开季度经营分析会，通报有关情况；减轻用电企业负担有关政策延续执行一年；处理兆光电厂力调电费问题，协调太原二电厂为兴安化工供汽、国投晋城热电公司电量不足相关事宜，配合西龙池抽水蓄能电站完成项目后评估工作，解决企业困难，维护市场秩序。组织调度和市场交易秩序、可再生能源消纳等专项检查，纠正违法违规行为，完成5项监管报告；参加直接交易会议，在促进外送、电量安排和交易方式上提出合理化建议；推进山西融入京津冀电力直接交易市场，配合华北能监局做好山西点对网机组的公示，实现山西600万机组进入京津冀电力市场。推进山西电力交易市场的完善，协调具备条件的发电企业进行合同转让。推进大用户直接交易，组织完成8批电力用户和发电企业直接交易，总成交电量

2016年，山西能源监管办召开全省煤电项目规划建设专项监管工作启动会（龙 颖供图）

428.85 亿千瓦时；增加跨区跨省交易，2016 年度累计外送电量 713 亿千瓦时，推进临时交易电量 110.95 亿千瓦时；推进风火深度调峰交易 31 笔，交易电量 233 万千瓦时，促进风电消纳，山西省辅助服务实现市场化。推进辅助服务市场化进程。截至 2016 年 10 月，山西共发生考核费 2.81 亿元，补偿费用 4.66 亿元，补偿费用较考核费用高出 2 倍左右。组织电网、风电企业及科研单位召开可再生能源消纳工作座谈会，推进风电清洁供暖项目，促进可再生能源消纳。

（龙　颖）

【行业政策监管】 2016 年，山西能源监管办加强能源形势分析，关注省内能源行业运行相关情况，发现和掌握问题，分析主要特点并提出意见建议。按期编写《山西电力工业运行监测分析报告》和《能源形势分析报告》，为地方政府决策提供参考。开展煤电项目规划建设情况专项监管，会同省发改委、经信委成立联合工作组，现场检查或逐个约谈省内 45 个煤电项目，完成《山西省煤电项目规划建设情况监管报告》报送国家能源局。会同省发改委对 6 家电厂开展低热值煤发电入炉燃料在线监测现场检查，核实和分析相关数据。以能源监管一体化平台建设为契机，加强油气管输企业信息监测监管。1 家天然气企业通过系统实现实时报送，油气企业信息监管取得突破。会同省煤炭工业厅对 4 座煤矿进行暗访调查，参加国家发改委对山西煤矿停产放假及 276 个工作日落实情况督查，参与煤炭供给侧结构性改革推进工作，加强对煤矿核准产能执行情况的监管。针对省人大代表《关于煤炭价格形成机制改革的提案》开展调研，提出有关意见建议。推动节能减排，定期向社会发布山西省发电企业供电煤耗情况通报等节能减排情况，配合省环保厅完成 40 家省内燃煤发电机组超低排放改造环境保护验收工作。加强燃煤火电环保验收监管，向 4 家企业下发限期完成环保验收通知，督促整改落实。推进电能替代工作，督促电网企业科学合理制定配网改造计划，解决电网“卡脖子”问题。

（龙　颖）

【电力行政执法】 2016 年，山西能源监管办针对 2015 年至 2016 年供电监管检查中发现的 9 个方面 64 项问题，下发整改通知书。开展 2016 年供电监管暨用户受电工程专项监管，对太原等 12 个市县供电公司开展为期两个月的现场检查，形成《2016 年度山西省用户受电工程专项监管工作报告》。推进“一户一表”改造，截至 2016 年底，全省改造完成 198 万户，占到需改造数的 50.51%。办理上级转办案件，针对国家能源局转办的“大同供电公司利用供电施工图纸和用电方案审定收取社会施工企业管理费”和“晋城市电力公司利用分布式光伏发电项目收取用户资质挂靠费”案件，成立工作组赴现场调查核实，走访有关施工企业和用户，完成案件核查工作。加强行政处罚，组织召开行政处罚委员会，对 1 家涉嫌无资质承揽试验工程的企业实施处罚，向公安机关移送两起涉嫌伪造许可证的案件。处理 12398 投诉举报，全年受理 1.24 万件，办结率 100%。直接调查处理案件 162 件，约谈企业负责人 19 次，下达整改通知书 16 份，处理相关人员 18 人，调离岗位 4 人，退还违规收取金额 204.2 万元。

（龙　颖）

转型综改试验区　开发区

Transformation of Experimental Development Zones

Development Zones

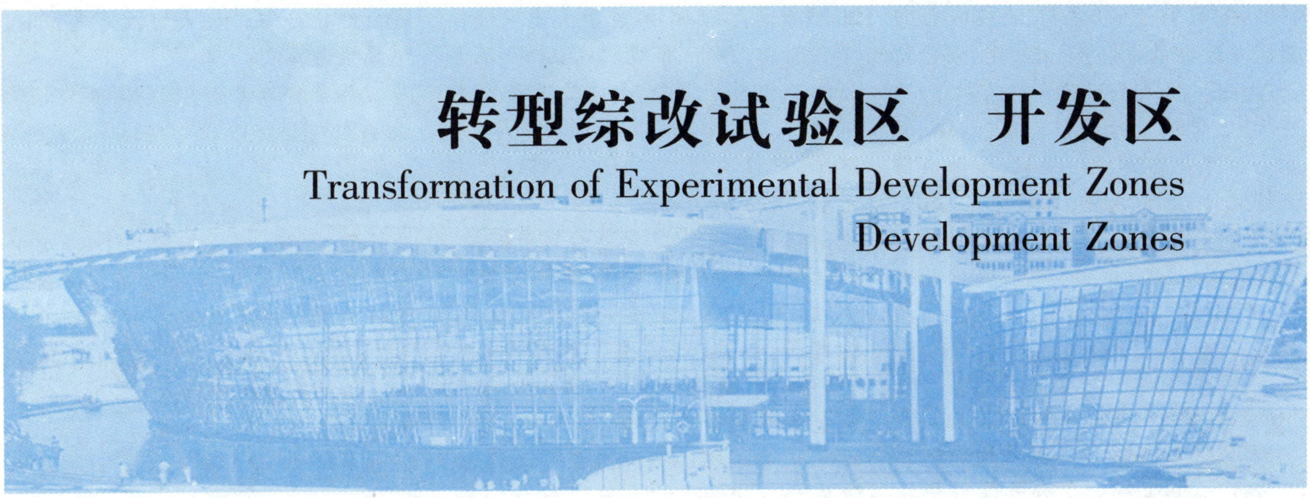

综　述

【转型综改方案制订】 2016年，山西省发展与改革委员会出台转型综改"十三五"《实施方案》，印发2016年转型综改《行动计划》，部署"2455"重点任务，即推进实施20项重大改革、40项重大事项、50个重大项目、5项重大课题。组织20项重大改革和40项重大事项任务牵头部门、各市、省级试点县（市、区）、省级试点企业就所承担的改革任务编制细化工作方案。

（马润卯）

【转型综改工作推进】 研究制订全省转型综改实施方案（2016-2020年），印发2016年"2455"行动计划。组织召开全省转型综改工作推进会和转型综改经验交流现场会。落实改革任务"一事一表""一月一报"制度，试行改革任务的项目化管理、分类推进和第三方评估制度，加大督查考核和宣传力度，推动重点领域改革取得进展和突破，一批制度性成果文件实施。

推进牵头改革任务。推进电力体制改革。履行省电改领导小组办公室职责，制订印发电力体制改革重点任务分工方案、电力体制改革各项政策文件起草制定分工表。推进14个专项试点方案制订，《山西省售电侧改革实施方案》及《山西省电力交易机构组建方案》等2个方案由省政府办公厅印发，2个专项试点方案通过领导组审议，3个专项试点方案完成编制工作，调研编制7个专项试点方案。山西电力交易中心有限公司挂牌成立，51家售电公司在工商部门登记成立。与经信委联合印发《山西省放开增量配电业务试点方案》，推进增量配电业务试点工作，争取太原工业新区110千伏输变电工程等3个项目列为国家第一批增量配电业务试点。价格改革推进。资源性产品价格方面，推进输配电价改革，开展电网输配电价核定工作；调整环境保护、资源补偿收费政策，加大环保电价政策支持力度；建立健全农业水价形成机制；研究推进煤炭价格形成机制，探索建立煤炭价格发现和传导机制。服务价格方面，制订山西省城市地下综合管廊实行有偿使用制度的实施意见；规范公证、司法鉴定、律师和基层法律服务等价格管理。收费方面，对小微企业免征的18项行政事业性收费扩大到所有企业和个人，对政府还贷高速公路货车通行费实行"新三减"优惠政策。实行差异化排污费收费政策，修订完善水土保持补偿费收费标准。整合归并药品、医疗器械注册、审批、登记收费项目，研究制定药品、医疗器械产品注册收费标准。对公布的6个行政事业性收费目录清单实行常态化公示，动态化更新，确保清单之外无收费。推进生态文明体制改革。起草《山西省生态文明体制改革实施方案》，省委、省政府印发全省执行，从健全自然资源资产产权制度、建立国土空间开发保护制度、建立空间规划体系、完善资源总量管理和全面节约制度、健全资源有偿使用和生态补偿机制、建立健全环境治理体系、健全环境治理和生态保护市场体系等方面提出具体工作任务。放管服"四个平台"成为强化监管和服务的抓手。完成涉及省级公共资源交易平台的机构建设、场所资源整合任务，省政府明确的省级公共资源交易平台先期进驻的7家公共资源交易机构按期入驻。建成投运全省投资项目在线审批监管平台，出台投资项目在线审批监管平台监督管理办法，推动实现省市县三级纵向贯通。截至2016年底，平台共受理8490个投资项目，涉及总投资7352亿元。信用信息共享交换平台门户网站"信用山西"网上线运行，与国家平台和"信用中国"网实现对接，与省投资项目在线审批监管平台实现业务对接，2016年累计归集信用信息近3600万条。依托12358价格监管平台，查处价格违法行为。

（马润卯）

【转型综改区域合作】 制订《出台山西省融入环渤海地区发展的实施意见》，深化省际间在能源、交通、产业、旅游等多方面的协调合作。在国家发改委指导下，与河南、陕西两省发改委协调相关市人民政府，就加强区域合作协调机制事宜进行协商，形成《晋陕豫黄河金三角区域合作协调机制方案》。建立蒙晋冀合作区联席会议制度，蒙晋冀三省（区）发改委联合向国家发改委呈报《关于请审定〈蒙晋冀（乌大张）长城金三角合作区规划〉的请示》。起草省政府与北京、天津、河北全面深化合作框架协议，推动实现优势互补、互利共赢、共同发展。

（马润卯）

重大部署

【概述】2016年是山西省全面部署“十三五”转型综改试验区建设的开局之年。山西省综改办加强顶层设计，突出工作重点，强化指导协调，全面落实综改各项任务，重点领域和关键环节体制改革和机制创新取得新的进展和突破。

顶层设计。2月19日，省政府召开转型综改领导组（扩大）会议，专题审议山西省转型综改试验2016－2020年实施方案和2016年行动计划。2月26日，省委全面深化改革领导小组召开第十九次会议，审议讨论《山西省国家资源型经济转型综合配套改革试验实施方案（2016－2020年）》《山西省国家资源型经济转型综合配套改革试验2016年行动计划》《省委全面深化改革领导小组审议的重大改革类文件报审办法（试行）》。会议原则通过三个文件，要求进一步修改完善后，按程序报批实施。3月25日，省政府印发《山西省国家资源型经济转型综合配套改革试验实施方案（2016—2020年）》和《山西省国家资源型经济转型综合配套改革试验2016年行动计划》。《实施方案》分为总体要求、重大改革、重大事项、重大项目、重大课题、市县及试点企业转型综改试验、保障措施等七个部分，提出“8822”重点任务，即：80项重大改革、80项重大事项、200个省级转型综改重大项目和20项重大课题。《行动计划》部署“2455”重点任务，即推进实施20项重大改革、40项重大事项、50个重大项目、5项重大课题。各市、省级试点县（市、区）出台本级《实施方案》和《行动计划》。

细化工作方案。省综改办组织20项重大改革和40项重大事项任务牵头部门、各市、省级试点县（市、区）、省级试点企业就所承担的改革任务编制细化工作方案。各级各部门“一把手”亲自领题、专题研究，省综改办采取办内审查、第三方专家评估等方式，对细化工作方案进行规范把关，汇总形成部门、市县、企业的改革任务细化工作方案汇编并印发执行，作为部门、市县、企业推进落实改革的任务书、时间表、路线图，并作为年度督查考核的重要依据。4月12日至13日，省转型综改办组织专家组，以第三方评估方式，对承担2016年转型综改20项重大改革和40项重大事项任务涉及的25个省直各牵头部门编制的牵头任务细化工作方案逐项进行审查。5月5日，省转型综改领导组办公室组织召开全省转型综改工作推进会，对2016年全省落实《行动计划》进行工作部署。省直有关部门综改工作负责人、各市发改委分管主任、27个省级试点县（市、区）分管副县（市、区）长及发改局局长、12户省级试点企业负责人参加会议。

健全工作机制。加强组织领导，对转型综改领导组成员单位、工作规则、议事制度以及转型综改办相关制度等进行调整和规范。坚持横向协同、上下联动，省直有关部门召开协调推进会，共同研究改革进展，采取多种形式加强对市县改革指导。省综改办年初建立工作台账，明确每月要推进的工作，并分解到处、到人，按月跟踪检点；落实改革任务“一事一表”、“一月一报”制度，特别是抓住煤炭供给侧结构性改革、电力体制改革、国资国企改革、“三个突破”、脱贫攻坚等重点任务，每周召开例会，及时掌握进展，强化协调督导，研究解决问题，突出抓好落实。试行项目化管理、分类推进和第三方评估制度，对各项任务实行项目化管理，选择省属国有企业重大信息公开、深化预算管理制度改革的实施意见等部分已出台文件的落实情况开展第三方评估。统筹推进改革，对全面深化改革经济生态专项小组改革任务、国家深化经济体制改革年度重点工作任务进行细化分解，加大协调推进力度，统筹推进落实。

加强督查考核。贯彻落实省长李小鹏在转型综改领导组（扩大）会议上提出的“转型综改自身要做好考核、督促、评价、推动工作”要求，从制度建设入手，研究制定2016年度转型综改考核办法，结合改革任务细化工作方案，确定各省直有关部门、各市、省级转型综改试点县（市、区）具体的综改考核年度指标。各部门对改革的推进落实情况开展自查自纠；将信息报送、月报情况等作为日常督查主要内容，建立台账。开展专项改革任务督查，对经济生态领域出台的18个改革文件落实情况、国家在山西省布局开展的7个相关改革试点（示范）推进情况进行专项督查，形成专项督查报告报省深改办。

强化媒体宣传。山西广播电视台、《山西日报》等新闻媒体，加大对改革成效和典型经验的宣传力度，对煤炭供给侧结构性改革、脱贫攻坚等作系列报道。围绕综改三年总结回顾，山西广播电视台推出“转型综改三年间”系列报道，《山西日报》开辟“综改攻坚时”专版，推出3期综合性报道；围绕综改“十三五”《实施方案》、2016年《行动计划》的宣传，省直有关部门主要领导和业务负责人配合新闻媒体采访，在山西新闻联播推出10期“综改新观察”专题解读，纸质媒体刊发系列解读文章，收到良好的社会反响和效果。坚持以综改手机报、综改专报等形式，向省委、省政府主要领导、国家发改委、省深改领导组办公室等及时报送重点改革进展，围绕综改三年总结宣传，综改手机报推出12期“转型综改三年成绩单”专题。

（欣　然）

【重点领域转型政策出台】2016年1月28日，山西省印发《山西科技创新城高端人才支持暂行办法》《山西科技创新城平台管理暂行办法》《山西科技创新城促进科技成果转化暂行办法》《山西科技创新城首台（套）重大技术装备认定和扶持暂行办法》等四个配套办法，支持山西科技创新城建设，将其打造成国际性低碳技术创新高地、国家煤基产业科技中心、转型综改试验先导区。2月，山西省出台《融资担保机构风险补偿资金管理办法》，共分6章22条，包括引导融资担保机构重点支持小微企业和"三农"发展、将再担保机构纳入补偿范围、明确申报条件等主要内容。3月，出台《2016年工业转型升级实施方案》。4月21日，省委全面深化改革领导小组召开第二十次会议原则通过《山西省煤炭供给侧结构性改革实施意见》。5月10日，省推进煤炭供给侧结构性改革工作领导小组召开会议，审议并通过关于探索建立煤炭战略储备体系、关于推进煤炭绿色低碳消费、关于加大采煤沉陷区治理力度等14个山西省煤炭供给侧结构性改革实施意见配套的实施细则，修改完善后下发执行。5月26日，省委全面深化改革领导小组召开第二十一次会议，专题审议讨论并原则通过《山西省生态文明体制改革实施方案》。6月23日，省推进煤炭供给侧结构性改革工作领导小组召开会议，审议通过《关于进一步加强煤炭资源税征收管理、关于煤炭企业职工带薪转岗教育培训》和《关于进一步加强煤炭生产经营建设投资等统计工作的实施细则》。7月5日，省政府召开常务会议研究部署承接煤层气矿业权审批等工作。7月15日，省转型综改领导组暨经济体制和生态文明体制改革专项小组会议审议通过《山西省转型综改工作考核办法(2016年度)》。8月10日，深化省属国有企业改革工作领导小组会议原则通过省属国有企业功能界定与分类方案。11月8日，省政府印发《山西省支持快递业发展的若干措施》。11月17日，省政府发布《山西省农村承包土地的经营权和农民住房财产权抵押贷款试点工作实施方案》。12月，省政府出台《山西省"十三五"科技创新规划》。（欣　然）

【企业新型学徒制试点】 2016年，山西省被人社部、财政部确定为开展企业新型学徒制10个试点省份之一，试点期为两年。试点期间，在试点企业推行以"招工即招生、入企即入校、企校双师联合培养"为主要内容的企业新型学徒制。通过企校合作等方式，探索企业职工培训新模式，加快企业后备技能人才的培养。山西省确定山西焦煤集团有限责任公司、大同煤矿(集团)有限责任公司、山西晋城无烟煤矿业集团有限责任公司、太原钢铁(集团)有限责任公司、太原重型机械集团公司等5家试点企业与8个培训机构开展合作，采取企校双师带徒、工学交替培养、脱产或半脱产培训等模式共同培养新型学徒。

（欣　然）

【转型综改经验交流现场会】 2016年9月6日，山西省转型综改办组织召开全省转型综改经验交流灵丘现场会，观摩学习灵丘县贫困地区发展有机农业、支撑就地城镇化、促进农民增收的成功做法，进行典型经验交流。（欣　然）

【综改示范区管委会筹委会成立】 2016年11月4日，山西转型综改示范区管委会筹委会成立，大会在太原举行，示范区建设进入实质性推进阶段。代省长、山西转型综改示范区建设领导小组组长楼阳生出席并讲话，要求把建设转型综改示范区作为落实山西省第十一次党代会精神的第一硬招、第一场硬仗，忠诚担当、攻坚克难，只争朝夕、狠抓落实，努力把示范区打造成为集聚先进生产要素的重要平台、转型综改的主战场、转型升级的重要引擎，加快推进示范区建设，整合太原都市区内的太原高新技术开发区、太原经济技术开发区、太原武宿综合保税区、太原工业园区、晋中经济开发区、山西榆次工业园区以及山西科技创新城、山西大学城等园区，建立山西转型综改示范区，率先建立转型综改试验区起步区。

（欣　然）

【对外开放新政策】 2016年，山西省出台《关于山西融合环渤海地区发展的实施意见》，与国家有关部委深入对接融入京津冀、环渤海区域协同发展具体事宜。实施中部崛起战略，配合国家对《促进中部地区崛起规划(2016–2025)》进行修改完善，推进建立晋陕豫黄河金三角区域高层协调机制。拓展国际交流合作，参与"一带一路"建设，相关实施方案和项目清单上报国家。以能源革命引领"以煤会友"，强化和拓展与德国北威州、美国西弗吉尼亚州、爱达荷州、怀俄明州等世界主要产煤省州及相应城市在煤炭安全绿色开发、煤炭高效转化清洁利用等方面的务实合作。为推动外贸稳定增长和转型升级，省政府出台《关于加快培育外贸竞争新优势的实施意见》《山西省承接加工贸易产业转移目标考评办法的通知》，打造全省对外开放"新高地"。吸引民营企业入晋，召开民营企业助推山西转型创新发展大会，共签约项目298个，总投资4152亿元，其中100亿元以上项目7个。（欣　然）

重点领域改革

【煤炭钢铁供给侧结构性改革】 2016年4月24日，《山西省煤炭供给侧结构性改革实施意见》出台，部署有效化解过剩产能、加大煤炭企业改革力度、完善煤炭市场机制等8个方面、30条意见。省政府印发实施32项实施细则，全省煤炭供给侧结构性改革全面启动、纵深推进。截至10月底，山西2016年度煤炭去产能任务提前完成，关闭25座煤矿，退出产能2325万吨。省内钢铁、煤炭去产能验收工作比国家要求提前1个月完成。钢铁行业化解过剩产能。编制《山西省钢铁行业化解过剩产能实现脱困发展实施方案》，部署严禁新增钢铁产能、依法依规退出产能等17项具体措施，经省政府审定后上报国务院备案。省政府与钢铁煤炭行业化解过剩产能和脱困发展工作部际联席会议签订《钢铁行业化解过剩产能实现脱困发展目标责任书》，确定到2020年压减生铁产能82万吨，粗钢产能不低于655万吨的目标任务。（欣　然）

【能源领域改革试点】 2016年1月底，国家发改委、国家能源局正式批复山西省试点实施方案。山西省印发《山西省电力体制改革重点任务分工方案》及各项政策文件起草制定分工表，对实施方案进行目标再细化、任务再分解。按照“完成一个、审议一个、成熟一个、上报一个”的原则，推进各专项试点方案制定，《山西电力交易机构组建方案》《山西电网输配电价改革试点方案》《山西省售电侧改革实施方案》3个专项方案经省电改领导小组审议通过，上报国家发改委、国家能源局。其中，《山西电网输配电价改革试点方案》《山西省售电侧改革实施方案》获国家同意。《山西电力用户与发电企业直接交易试点实施方案》等11项专项试点方案初步形成。山西省出台《山西电力交易机构组建方案》和《山西省电力市场管理委员会组建方案》。电力供给侧结构性改革启动。省发改委、省经信委共同起草电力供给侧结构性改革实施意见。煤层气审批改革试点取得重大突破。4月，国土资源部公布《关于委托山西省国土资源厅在山西省行政区域内实施部分煤层气勘查开采审批登记的决定》，委托事项包括：煤层气勘查审批登记及已设煤层气探矿权的延续、变更、转让、保留和注销审批登记；煤层气试采审批等。6月，省国土资源厅受理第一宗探矿权延续登记申请。综合能源基地建设推进。加快三大煤炭基地、三大煤电外送电基地建设，科学规划项目布局，推进项目建设，培育大型煤炭企业集团。加快晋电外送通道建设，推进“三交一直”（蒙西—晋北—天津南1000千伏特高压交流输电工程、榆横~晋中~潍坊1000千伏特高压交流输电工程、晋北—江苏±800直流特高压工程、盂县电厂—河北南网500千伏交流输变电工程）外送电通道建设。推进新能源产业发展，争取国家下达山西省2016年光伏发电规模指标220万千瓦，占全国12.2%，规模居各省第一。批复同意阳泉采煤沉陷区基地100万千瓦、运城市芮城县50万千瓦光伏先进技术示范基地。争取国家下达山西省2016年风电开发建设规模160万千瓦。 （欣　然）

【新兴产业发展】 2016年，山西省推动新兴制造业加快发展，实施《中国制造2025山西行动纲要》，落实重点产业三年推进计划、2016年行动计划以及2016年工业转型升级推进项目计划，重点推进1023个工业转型升级项目建设。增强服务业发展政策支撑增强。省政府印发《加快发展生活性服务业促进消费结构升级实施方案》。编制《山西省“十三五”服务业发展规划》，经省政府常务会议审议通过。《山西省进一步促进服务业发展的若干措施》印发实施，着力在放宽市场准入、税收、财政扶持、金融服务、土地支持政策、规费减免政策、加强组织领导和统筹协调等方面形成支持现代服务业加快发展的政策体系。加快旅游业改革发展步伐。依托丰富的旅游资源，把旅游业打造成为新兴支柱产业，出台《加强旅游市场监管的实施意见》。推进景区管理体制改革，五台山景区旅游管理体制改革取得重大突破，借鉴五台山风景区改革作法，制定关于推进旅游景区（景点）体制机制改革创新的意见，推进管理权和经营权分离、走市场化开发经营道路。壮大商贸流通业。出台《推进线上线下互动加快商贸流通创新发展转型升级实施方案》《关于促进农村电子商务加快发展的实施意见》，提出通过实施融合创新示范计划、推动活力激发试点工程、开展涉农主体触网行动等推进商业模式创新，激发商贸流通领域新动力。

（欣　然）

【国资国企改革行动】 2016年，山西省出台2016年度国资国企改革行动计划，部署建立外部董事制度、巩固提升省属国有企业财务等重大信息公开工作水平、推动省属国有企业改革试点等重点任务。巩固国有企业财务等重大信息公开，打造“阳光国企”。推进国企改革试点。启动同煤集团、晋能集团、焦煤集团深化国有企业改革试点，在加快建立现代企业制度、探索发展混合所有制、打造现代企业集团等方面先行改革，发挥示范带动作用，出台《关于同煤集团深化改革发展做强做优总体方案》《关于重组设立山西晋能国际能源集团有限公司方案》《关于改组山西焦煤集团有限公司为国有资本投资公司的试点方案》，晋能集团和国际能源有限公司重组为山西晋能国际能源有限公司。推进国有企业管理体制改革。出台《2016年山西省国有企业提质增效工作方案》《山西省省属国有企业外部董事管理办法（试行）》《关于省属国有企业加强党的领导和完

2016年9月8日，第六届能源博览会重大项目签约仪式现场　（宋慧勇供图）

善法人治理结构的实施办法》等办法，配套政策起草完善。（欣 然）

【科技金融民营经济新突破】 2016年，山西省加快科技管理体制创新，出台《山西省科技计划（专项、基金等）管理办法》及《产业创新链及重大重点项目产生办法》等7个配套专项管理办法。推进煤基科技重大专项，出台《山西省煤基重点科技攻关项目管理办法》。山西科技创新城建设加快推进，出台科技创新城人才支持、平台管理、成果转化、首台（套）装备认定等4个暂行办法，申报国家自主创新示范区。2月，印发《山西省人民政府关于大型科研设施与仪器等科技资源向社会开放共享的实施意见》。省科技厅、省财政厅联合下发《关于启动山西省科技创新券试点工作的通知》，确定2016年在太原、阳泉、晋中、临汾、长治5个市启动科技创新券试点工作。3月1日，山西省首个知识产权运营服务平台——云度网正式上线，并免费向用户开放。

金融振兴方面，出台促进金融振兴2016年行动计划，明确金融振兴15项重点任务。推动金融机构采取降低融资利息、短贷转长贷、暂缓追偿、贷款平移、担保置换、贷款展期和担保“冻结”等举措，对省内煤企进行针对性帮扶，破解融资难融资贵问题。加快企业新三板挂牌，提出2016年新增60家挂牌企业的目标，实现新挂牌10家。打造全省金融资本的控股平台，推动山西金融投资控股集团有限公司的股权划转，除山西证券外，其余10家控股子公司股权划转全部完成，山西证券股东资格事项报中国证监会审批。建立金融振兴重点联系县制度，引导金融资源向县域、中小企业和三农倾斜，以点带面，实现金融振兴在23个重点县域率先突破。防范化解金融风险，省政府协调解决金融领域突出问题，营造良好金融生态环境；围绕非法集资风险隐患排查整治、广告信息清理排查、信访突出问题治理等开展专项整治活动；通过引进战略投资者，4月破产重整后的新海鑫（建龙集团）重新复产。

民营经济方面，落实加快民营经济发展的33条意见，出台一揽子政策措施，推动全省民营经济发展，建立领导干部联系民营企业制度，要求省、市、县领导（不包括纪检系统）干部每人联系1户民企。开展民营经济“待批项目大起底”活动。降成本减轻企业负担。从降成本、补短板、拓市场等方面制定出台《进一步促进工业稳定运行提质增效的若干措施》，从缓缴资源价款、降低用工成本、降低物流成本、扩大电力直接交易等方面减轻企业负担、降低生产成本。

（欣 然）

【生态文明体制改革】 2016年，山西省制订《山西省生态文明体制改革实施方案》，部署8个方面40项重点改革任务，经省委全面深化改革领导小组第二十一次会议审议通过并印发实施。制定《山西省环境保护督察实施方案》《山西省环境保护工作职责规定（试行）》和《关于在全省开展环境保护大检查的通知》，明确将加强环境保护作为推动全省生态文明建设的重要抓手。绿色金融发展体系初步建立。省环保厅等七个厅局联合印发《关于推动山西绿色金融发展的指导意见》，提出建立重点项目绿色评估机制、加强环境污染责任保险试点及推广工作、创新环保资源收益抵押质押金融产品、创新绿色金融支持产业转型发展和环保产业发展新机制、创新和开发绿色金融产品和服务等任务，构建绿色金融体系，描绘出清晰的路线图。重点流域生态修复治理进展顺利。《汾河流域生态修复规划》获水利部与省政府联合批复。桑干河、滹沱河、漳河、沁河、涑水河、御河流域生态修复与保护规划修改完善。国家生态文明先行示范区建设稳步推进。朔州市平鲁区、吕梁孝义市两个试点编制完成《生态文明先行示范区建设方案》。7月，出台《山西省大气污染防治二十条强化措施》，内容包括：建成区燃煤锅炉全部清零、黄标车全部清零、建成区露天烧烤全部清零、火电超低排放改造、完成重点行业排污提标、实施臭氧“削峰”、推进“煤改电”、推进清洁能源替代、严控劣质煤入市、控制施工场地抑尘污染、完成油品升级、推进重点区域综合整治等20条具体措施。（欣 然）

【城乡统筹发展新机制】 2016年，山西省新型城镇化建设加快推进。出台《关于深入推进新型城镇化建设的实施意见》，明确2016年新型城镇化重点任务，对加快新型城镇化建设进行全面部署，明确2016年要推进的20项重点任务。开展城市地下综合管廊试点，出台《关于城市地下综合管廊实行有偿使用制度的实施意见》，省级财政安排2亿元专项资金，重点支持太原市、晋中市、吕梁市和长子县等4个省级试点的地下综合管廊建设。推进城市建设管理体制改革，出台《关于推进海绵城市建设管理的实施意见》，各市编制海绵城市建设规划，开展建设试点。化解房地产库存。出台《加快化解房地产库存的若干意见》，提出加快农业转移人口市民化进程、支持农业转移人口进城购房等11条具体措施。农业农村改革持续深入。出台《关于加快转变农业发展方式的实施意见》，农村土地承包经营权确权颁证、土地流转、新型农业经营主体培育等工作推进，农民合作社数量增加。潞城市农村集体资产产权改革试点制定实施方案及相关配套政策文件，第一批4个试点中翟店镇小天贡村完成改革任务，新确定15个试点村，开展相关工作。供销合作社综合改革。出台改革实施方案、2016年行动计划和10个配套文件，协调争取多项扶持政策，差异化部署25个综合改革试点，建设惠农服务中心42个，新建或改造庄稼医院22个；改造基层社13个，规范发展专业合作社30个；有8个县成立电子商务公司，20个县开展电子商务业务。脱贫攻坚工作全面启动。成立脱贫攻坚领导小组，召开全省脱贫攻坚推进大会，对脱贫攻坚重点任务进行部署，《关于坚决打赢全省脱贫攻坚战的实施意见》《全省脱贫攻坚工作方案》经省委常委会议审议通过，明确要坚决在“一个战场”打赢脱贫攻坚、生态治理“两个攻坚战”。推进易地扶贫搬迁，出台《关于大力推进易地扶贫搬迁工程的指导意见》《山西省“十三五”时期易地扶贫搬迁实施方案》和《山西省2016年易地扶贫搬迁实施计划》，新一轮易地扶贫搬迁工作正式启动。推进光伏扶贫，在2015年试点工作基础上，争取山西省35个国定贫困县列入国家光伏扶贫工程重点实施范围，35个贫困县编制2016年光伏扶贫实施方案并上报国家。出台《关于开展光伏扶贫工作的指导意见》。百企千村产业扶贫、金融扶贫富民工程、旅游扶贫等重点工程持续深入。采煤沉陷区治理进展顺利，起草《山西省采煤沉陷区综合治理工作方案（2016–2018）》，2016年将完成65个县165个乡镇467个村的治理任务。

（欣　然）

【行政审批制度改革】 2016年，山西省将简政放权作为深化行政审批制度改革的先手棋，落实和承接5批国务院取消下放和调整的行政审批等事项。出台《关于深化行政审批制度改革加强事中事后监管的意见》，明确保留、取消、转移、下放和委托实施的行政审批事项的监管内容，配套下发《关于做好“双告知”工作加强事中事后监管的通知》，推进简政放权、放管结合、优化服务。清理规范行政审批中介服务事项，对省政府部门保留的17个部门（单位）47项行政审批中介服务事项实行清单管理，在省政府门户网站公布。政府与社会资本合作继续深化。在2014年和2015年连续发布PPP项目基础上，出台《关于加快推进政府和社会资本合作若干政策措施》，明确简化项目审批流程、奖补示范项目前期费用等支持政府与社会资本合作的相关政策。下发《关于在重点领域积极推广政府和社会资本合作模式的通知》，对重点领域推广PPP模式进行部署和安排，提出明确要求。投资项目在线审批监管平台基本建成。省平台及11市平台进入试运行阶段，实现省、市、县三级纵向贯通。

（欣　然）

综改典型

【省级综改重大项目落实】 2016年，山西省省级转型综改的重大项目—山西永旺国际物流园区建设，太原海关批准忻州市建设首家保税仓库和出口监管仓库。这是忻州市设立的第一个对外贸易窗口，填补忻州市场空白，标志着忻州市改革创新、对外开放迈出新步伐。忻州市首家保税仓库和出口监管仓库，成为忻州市保税仓储、分拨配送和国际转口贸易的重要载体。

全省瓦斯治理全覆盖工程是山西省转型综改重大项目之一。晋煤集团金驹股份公司芦家峪瓦斯电站并网发电，成为中国首座分布式低浓度瓦斯电站，可就地利用10%左右浓度的瓦斯，实现自发自用、多余上网，以及利用发电余热为矿井和周边村落提供冬季供暖和生活热水。

山西中鼎铁路货运物流有限公司太原地区铁路货运（物流）中心项目（简称“中鼎物流园”）是2016年省级转型综改重大项目。项目位于太原、晋中交界，占地面积近4000亩，工程分两期，总投资约60亿元。物流园依靠“互联网+”、智慧物流等物流发展新理念、新趋势，规划7大功能区，实现“资源集约利用、功能集合构建、产业集群发展”，建成“山西龙头、国内一流”的现代物流园。铁路港联络线工程完成65%；站改工程完成55%；投资额完成15.5亿元。根据规划，在物流领域，太原铁路局新建1个全国性物流中心—中鼎物流园，在大同、运城、曹妃甸新建3个物流园，升级13个现有货场为地区性物流中心，增建300个左右的物流集散点，与其他物流企业的网点相连，形成“1+3+13+300+N”物流网络新格局。与百度等多家知名互联网公司、设计公司深度沟通，共同打造山西智慧物流云平台，筹划建成山西省现代物流服务的神经系统和指挥中枢。构筑起纵贯三晋南北，对接京津冀经济圈、环渤海经济圈、中原经济区和丝绸之路经济带物流骨干网络，带动全省现代物流业实现规模效益和服务能力的整体跃升。

（欣　然）

【市县综改重点明确】 2016年，太原市创新公共交通发展模式，构建轨道交通、公交车、出租车、公交自行车高效对接的城市公共交通体系。忻州市深化供销合作社综合改革，实行开放办社，搭建电商配送体系，发展订单农业，打通为农服务“最后一公里”。吕梁市推进“煤—电—铝—材”一体化战略，打造全国重要的铝工业及铝加工基地。晋城市将保险机制创新引入企业融资环节，开展中小微企业贷款保证保险试点工作。临汾市推进“百里汾河生态经济带”的“廊带经济模式”，推动产业和各类要素集聚。原平市推行“对上要一部分、外地买一部分、设法造一部分、增减挂钩解决一部分、矿业用地整合一部分、存量土地盘活置换一部分、非耕地利用一部分”七个办法，解决用地难题。侯马市推进经济开发区国家电子商务示范基地建设，打造全省最大的电子商务发展集聚区。孝义市落实阿里巴巴“千县万村”计划，农村淘宝启动运营。潞城市采取五种模式，开展土地托管“套餐”服务新模式。灵丘县产业化支撑、园区化经营、社区化拓展、城镇化跟进，走出贫困县发展有机农业带动就地城镇化的转型发展新路。2016年10月18日，昔阳斯能30兆瓦光伏发电项目开工建设，实现该县在光伏产业领域零的突破。项目总投资2.6亿元，设置30个1兆瓦光伏发电子系统。介休市等国家新型城镇化综合试点推进，确定5个项目申报国家新型城镇化专项建设基金。阳泉市和晋中市国家中小城市综合改革试点推进，晋中108廊带区域一体化发展示范区建设成效初显。泽州县农村集体经营性建设用地入市试点推进，完成7宗共计114.37亩农村集体经营性建设用地入市，有效盘活存量土地资源，改革

成效初步显现。 （欣 然）

【电力交易中心有限公司成立】2016年9月，山西电力交易中心有限公司挂牌成立，全省在工商部门登记成立的售电公司有44家。按照方案，新成立的售电公司必须是合法主体，资产总额不低于2000万元，且为实收资本，应具有与申请的售电规模和业务范围相适应的设备、固定经营场所，以及能满足市场交易的服务平台，拥有一定专业人员，售电公司及其法人没有不良金融、司法纪录和不良经营记录。 （欣 然）

【民营经济统计监测体系初立】2016年，山西省统计局、省工商联等9个部门共同研究制定山西民营经济统计监测制度。山西民营经济统计监测指标体系初步确定4大类共10项指标。其中，经济类指标3个：民营经济增加值占GDP比重、民间投资占固定资产投资比重、民营企业及个体工商户税收总额；规模类指标3个：民营企业及个体工商户从业人员、民营企业及个体工商户主体数量、新达规企业培育户数；科技类指标2个：民营科技企业数量、民营企业有效发明拥有量；金融类指标2个：民营企业贷款额、民营企业资本市场直接融资规模。制度规定，承担统计监测指标的部门有省统计局、省科技厅（及省知识产权局）、省工商局、省国税局、省地税局、省证监局、省人民银行。统计监测体系所遵循的原则是：统一核算、分项负责。统一核算指核算的口径、范围及对外发布时间统一；分项负责指各相关部门对自己承担的指标负全责。 （欣 然）

投资管理

【招商活动扩展】2016年，山西省投资促进局在北京、南京、厦门、天津、上海、深圳、西安、重庆、济南、香港举办十场“民企入晋”系列招商活动，6月在太原举行民营企业助推山西转型创新发展大会。

制订“十百千万”目标任务分解方案。要求每个市县最少落实2个大项目、好项目，各市主要领导要“走出去”招商不少于3次，各县不少于2次。省政府办公厅向各市政府、省有关部门下发关于下达民企入晋项目签约目标任务通知。

征集786个招商项目，总投资额10017.1亿元。其中，新兴产业项目619个，占78.8%，总投资额8810.4亿元，占88%；传统产业项目167个，占21.2%，总投资额1206.7亿元，占12%。新兴产业项目中，文化旅游、食品医药和现代服务业项目占72.4%；传统产业项目中，农业、化工、轻纺类项目占到88.6%。编印《民企入晋重点招商项目册》，在每场招商活动中进行推介。

创新方式。(1)在活动筹备期成立两个招商小组交错开展工作，每小组5人，负责每场活动的前期邀商、活动酒店会场确定、食宿安排、车辆租赁、接送站等会务工作。(2)在招商过程中采取商会招商、以商招商、以企招企、点对点招商等多种形式，调动各方资源，提高工作效率，取得实际效果。(3)在每场活动会场都设有对接区，并要求各市投资促进（招商）部门安排专门人员在场，吸引各方客商驻足询问、洽谈。(4)在每场活动结束后实现“三及时”，即成果及时统计、新闻及时发布、情况及时汇报。

十场招商推介对接活动共邀请1400多家各类民营企业（包括商协会）的1800多名客商参加，组织山西省各市、县有关部门以及省级以上开发区、园区和山西省企业与客商进行现场对接。九场活动达成合作项目231个，总投资额2739.27亿元，其中签约项目55个，总投资额796.58亿元。太原举行民营企业助推山西转型创新发展大会，共签约项目298个，总投资4152亿元。

（宋慧勇 靳 君）

【招商引资】2016年，山西省推动央企、民企、外企入晋。在北京、南京、厦门、天津、上海、深圳、西安、重庆、济南和香港举办10场招商推介对接活动，举办2016太原能源低碳发展论坛暨中国（太原）国际能源产业博览会、全国民营企业助推山西转型创新发展大会，吸引央企、民企和跨国公司到山西投资合作，推动山西省与央企相关协议项目落地。开展招商引资签约项目大起底。对签约的1万个招商引资项目全面摸排，对未落地项目、未审批项目存在的具体问题，组织相关部门分门别类提出处理意见，制订推进方案，推动上年四大招商活动签约项目的落实跟踪。抢抓承接加工贸易产业转移机遇。成立以省长为组长的承接加工贸易产业转移领导小组，出台支持承接加工贸易产业转移的若干政策措施，各市、各部门制订相应的鼓励措施和考核办法。开展招商引资和项目对接活动，太原市富士康手机区外保税维修项目、临汾市侯马电子产品区域性运营中心和生产基地等典型项目落地投产。11月18日，晋商浙商创新合作交流会在杭州举办。会议共签约11个项目，总投资额91.4亿元，涉及现代服务业、装备制造、新材料、文化旅游、电子信息等领域。山西省投资促进局推介山西重点投资领域，太原市、长治市、吕梁市、运城市、临汾开发区分别推介本市（区）重点项目。 （徐晨星）

【引资实效明显】2016年，山西省签约招商引资项目2226个，总投资额2.35万亿元，完成年度目标任务的130.3%；全省“民企入晋”签约项目1325个，总投资额1.45万亿元，完成年度目标任务的145%；全年招商引资签约项目到位资金共计6513.4亿元，完成年度任务的108.6%。

加强招商引资顶层设计。组织草拟《全省招商引资工作情况汇报》《我省招商引资工作情况汇报》《山西省加强和改进招商引资工作的调研报告》《关于优化投资环境加强改进招商引资工作的报告》《关于做实省投资促进局工作的意见建议》《关于加强与改进招商引资工作的实施意见》《晋商晋才回乡创新创业实施方案》《关于改革和创新招商引资工作的若干意见》，为省委、省政府决策提供依

2016 年 6 月 29 日，民营企业助推山西转型创新发展大会在太原举行

（宋慧勇供图）

据，也对统筹做好全省招商引资工作起到引导和指导作用。

做好招商项目征集会审。山西省投资促进局针对报审项目实行“三个一批”，即征集一批、会审一批、推介一批。从征集到的项目看，主要包括新兴产业和传统产业。编印制作《2016 年山西省重点招商引资项目册》《2016 年山西省重点招商引资中英文项目册》及项目光碟，通过各种招商活动、展会平台主动推介项目，收到良好宣传效果。完成 1013 个招商引资项目征集会审筛选工作。

重大项目签约注重实效。山西省举办重大项目签约仪式，发布重点招商引资项目 1011 个。签约 14 个重大项目。其中，山西省与国外的合作项目 7 个，省政府与中央企业的合作项目 1 个，院校合作项目 1 个，企业间投资类合作项目 5 个。

招商活动形式创新。山西省 11 月 18 日在杭州举办“晋商浙商创新合作交流会”。在会议形式上，突破以往课桌式布局、单方面推介，创新性地采用岛屿式布局，便于参会客商更好沟通对接，最大程度达到交流目的，使合作交流会脱离形式、落到实处。签约 11 个项目，总投资额 91.4 亿元。

客商到晋考察增多。2016 年，山西省投资促进局联系国内外投资客商、行业领军企业到晋实地考察、洽谈项目，全年接待投资商 40 余次。其中，陪同英国高联资本与太原商务局进行对接，就太原经济发展情况、重点招商项目、重点招商领域及未来经济发展方向进行交流对接；陪同戈兰高地酒庄实地考察太谷怡园酒庄；陪同九次方大数据公司与省经信委进行对接；一批知名企业铁汉神态、云谷电商、中农盛辉、尚荣医疗、横店影视、杭萧钢构、上海五牛股权投资基金管理有限公司到晋咨询考察，寻求合作商机。 （宋慧勇　新　君）

【区域经济合作】 2016 年，山西省融入京津冀、环渤海。围绕“民企入晋”系列招商活动，在北京、天津、济南举办招商推介活动，推进在装备制造、新兴产业、食品医药等方面产业合作。利用京交会、津洽会、廊洽会等展会平台交流合作，山西品牌中华行活动在济南、沈阳、天津、石家庄、大连举办，巩固山西品牌产品在环渤海市场占有率和影响力。环渤海区域合作市长联席会 2016 年全体特派员集中办公会议暨创新与产业经济发展论坛在阳泉召开，山西省太原、大同等 6 个成员市参加，城市间联动发展，拓展合作空间。深化与京津冀、环渤海地区晋商会平台交流合作，吸引晋商晋才“回乡”发展，北京山西企业商会全年在晋投资项目 200 多亿元，启动大同古城旅游项目一期 80 亿元。

加强与周边及中部兄弟省份交流合作。山西省分别在安徽和湖南举行山西品牌中华行活动，促进山西省与中部地区的经贸合作。深化与中原经济区合作。推进综合性产业对接和要素互动。组织参加亚欧博览会、西洽会、兰洽会、青洽会等重大展会活动，通过沿黄经济协作区合作推进山西省与“一带一路”沿线境内“黄金段”“核心区”交流合作。8 月在新疆召开黄河经济协作区省区负责人第 27 次联席会议，9 省 11 方代表发表《深化多领域合作联合宣言》。

推动黄河金三角、长城金三角建设。通过《晋陕豫黄河金三角区域合作协调机制方案》，召开晋陕豫黄河金三角“省级协调领导小组第一次协调会会议”和“市级联席会议”，将区域合作从规划推向具体实施。蒙晋冀（乌大张）长城金三角合作区第三届联席会议召开，签署基础设施建设、环保、旅游、农业、商贸等 9 个专项协作备忘录。围绕“民企入晋”在西安举办招商推介活动，推进在文化旅游方面产业合作。

加强商协会的协调服务。筹备召开山西省异地商会座谈会和异地山西商会座谈会。21 家山西省异地商会会长、29 家异地山西商会负责人、省委统战部、省商务厅、省工商联、省投资促进局、各市商务主管部门和投资促进部门负责人分别参加会议。收集民营企业反映的问题。根据 8 月 10 日民营企业反映问题集中协调会的部署要求，收集整理民营企业反映的 70 个问题，截至 2016 年底，有 56 个得到反馈。收集整理 21 家山西异地商会和 63 家异地山西商会资料信息，编辑印制商会通讯录，方便联系和招商工作。参加第十四届全国投资促进机构联席会议主席团工作会议，与兄弟省市代表就投资促进工作进行交流。 （宋慧勇　新　君）

开发区

【概述】 2016年，山西省各级高新经济技术开发区工业总产值4072.9亿元，当年进出口总额111.81亿美元。其中，出口总额73.16亿美元，进口总额38.65亿美元。财政收入205.2亿元，其中税收收入192.9亿元。实际到位外资金额12.21亿美元。实际到位境内省外资金额799.7亿元。全区从业人员59.4万人。企业主营业收入6508.1万亿元。

2016年，山西省列入统计序列的各级开发区有25个，开发区综合总计企业主营业收入完成6508.1亿元，工业总产值4072.9亿元，税收收入192.9亿元。进出口总额完成111.81亿美元。

【开发区改革创新发展】 2016年，山西省商务厅加快开发区体制机制改革创新，出台《关于开发区改革创新发展的若干意见》。指导各市制订开发区改革创新发展实施方案，编制完成山西省开发区总体发展规划，修订《关于开发区建设和发展水平综合考核办法》《关于经济技术开发区招商引资考核办法》等政策文件。报请省政府批准新设原平、汾阳杏花村、介休等3个省级经济技术开发区，批准运城经济开发区、太原不锈钢产业园区两个省级开发区扩区，太原经济技术开发区扩区上报国务院审批。推进右玉、山阴、潞城、襄垣、太原西山、临汾、侯马等开发区设立、扩区。解决清徐、祁县、孝义开发区的编制机构问题。推动开发区转型升级创新发展。为开发区承接产业转移引进新兴产业搭建平台，组织开发区和企业到国内外对接投资合作。全省开发区新增签约项目300多个，19家开发区完成项目签约额超过3000亿元。

（徐晨星）

【太原武宿综合保税区】 2016年，太原武宿综合保税区主要开展保税加工、保税物流、保税服务等业务，定位为生产中心、销售中心、结算中心、物流配送中心、检测和售后服务维修中心和研发中心等六大中心。主要业务内容为存储进出口货物和其他未办结海关手续的货物；国际转口贸易；国际采购、分销和配送；国际中转；检测和售后服务维修；商品展示；研发、加工、制造；经海关批准的其他业务等。太原武宿综合保税区位于山西太原经济技术开发区东，武宿国际机场西，规划面积2.94平方千米。截至2016年底，一期开发建设总面积约1.75平方千米，围网面积约1.46平方千米。

（郭　瑞）

【山西方略保税物流中心】 2016年，山西方略保税物流中心综合平台办理报关报检业务近400票，与上年同期相比，同比上升51%；监管进出口货物总值1323万美元，同比下降49%；监管货物总量4202吨（方），同比上升8.5%；物流服务方面，实现散货吞吐量280万吨，同比下降3.7%；集装箱吞吐量12.76万标箱，同比上升27.3%。中心业务发展到欧、美、澳洲和南非、新加坡、哈萨克斯坦、蒙古等国家，以及中国香港、台湾地区。货物涉及铁、铜、铬、镍等有色金属矿，石油钻探设备、各类机械电子设备、食品及添加剂、聚苯醚等化工产品、铸管铸件、镁铝合金、果汁、芦笋、菜椒等27个品种。

方略保税物流中心二期工程建成山西最大、全国为数不多的多功能、复合型物流场站。其中，1 050米铁路专用线6条；高标准堆垛站台8个；高标准仓库14万平方米，部分投入使用。综合应用网络信息平台上线运行，保税物流中心卡口建设工作竣工；园区路网建设结束。中心购置正面吊、龙门吊、装载机、挖掘机等先进专业物流设备，组建公路运输和海关监管运输车队。其他开工项目如“集装箱物流中心站”改扩建工程、保税物流中心基础工程、液态物流中心站建设等工程推进。截至2016年底，方略保税物流中心开通至连云港的“五定班列”和至二连浩特边境口岸的货运专列，成为山西省晋南、晋东南地区最大、最集中陆路运输场站。

（郭　瑞）

·太原高新技术产业开发区·

【概述】 2016年，太原高新技术产业开发区实施创新驱动战略，以汾东拓展区、阳曲拓展区、姚村拓展区为主的“一区多园”建设取得突破性进展，重点建设项目推进。汾东拓展区位于小店区东部，总面积3.22平方千米，范围北起六号线、八号线，南至十二号线，西起人民路，东至大运路，续建道路2条，新建道路2条。阳曲拓展区位于太原市阳曲县城北部，北起30米规划路，南至黄东线，西至大运高速、东至40米规划道路，规划总用地34.68平方千米。姚村拓展区位于太原市西南部，距高新区原基础区直线距离20千米，距火车南站直线距离23千米，距武宿机场直线距离24千米。拓展区包括大运高速东西两块用地，用地面积2.86平方千米。三大拓展园区启动“三横两纵”五条道路建设，并将基础设施建设列为“五个一批”重点工作。发展物流产业，高新区物联网园区孵化楼竣工投入使用，与浪潮集团达成合作运营物联网计算中心框架协议。发展新能源汽车产业，以山西远航电动车业有限公司和山西奥盟传动科技发展有限公司为核心，发挥汽车产业引领带动作用，构建“煤—电—车”产业链。支持小微企业发展，太原高新区清控创新基地获“国家小型微型企业创业创新示范基地”称号。5月18日，太原高新区举办2016科技活动周暨山西省“大众创业、万众创新”助推西山煤电企业转型活动。

（贾　宝）

【金融服务战略平台搭建】 2016年1月14日，太原高新区与山西省农村信用社联合社达成战略合作框架协议。合作有助于太原高新区加快建设多元化金融服务体系，丰富园区金融市场，提升高新区金融服务层次和水平，推动产业快速发展，解决入区企业融资难、融资贵问题。太原高新股权服务中心与山西股权交易中心、天津股权交易所、山西省产权交易市场以及律师事务所、会计师事务所、评估师事务所、金融服务机构达成战略合作伙伴协议,太原高新区"双百"企业启动暨太原高新股权服务中心在清控创新基地挂牌成立。山西平安谷信息技术有限公司、山西奥盟传动科技发展有限公司正式登陆天津股权交易所"B版";山西天地科技有限公司、山西中网慧炬信息技术有限公司、山西智济电子科技有限公司、山西高新普惠资本投资服务有限公司正式登陆山西股权交易中心"培育版"。

(贾　宝)

【"山西青年创业板"开板】 2016年9月8日,"山西青年创业板"(简称青创板)在太原高新区清控创新基地开板,加快青年创新创业企业区域性股权交易市场发展,培育青年创意项目和初创企业,加强青年创业企业与资本市场对接、拓展融资渠道。"青创版"由共青团山西省委、山西省政府金融办联合山西金融投资控股集团有限公司等14家单位联合主办,由山西股权交易中心设立并运营。10家首批挂牌企业中,太原龙翔精灵科技有限公司获得川电集团3000万元的战略融资;山西捎点宝网络科技有限公司获得易通天下1000万元天使轮融资;太原大悦通讯设备有限公司获得骑士团个人天使100万元天使轮融资;同城酒库电子商务有限公司获得酒仙网1000万级第一期融资。

(贾　宝)

【企业院士工作站设立】 2016年,太原高新区企业山西省干细胞基因工程有限公司、山西恒瑞金墒科技有限公司、山西智恒成科技有限公司、山西晋睿世通科技有限公司4家单位以太原市人民政府名义建立院士工作站,并获太原市院士工作站牌匾、证书。太原市高新区依靠搭建企业院士工作站,构建区域创新创业高层次人才平台,实施人才战略和科技创新工程。截至2016年底,高新区有13家企业建立院士工作站。(贾　宝)

【太原科技大市场启动运营】 2016年7月28日,太原科技大市场启动运营。市场是在太原市"双创"办领导下,由市科技局、高新区共建的科技创新公共服务平台,通过构建"一网四技N服务"的模式,集聚创新资源,畅通供需渠道,激发创新主体活力,集展示展销、供需发布、对接洽谈、技术交易、科技服务、金融服务、政策服务等功能于一体,形成人才、技术、资本线上与线下、场内与场外互联、互动、互补的服务模式,实现创新资源与要素大集聚,技术市场、人才市场和资本市场大融合,是政、产、学、研、金、介协同创新有效对接的大平台,服务太原市中小企业创新发展,助力"双创"示范城市建设。平台汇集国家奖励办、国科网、西安科技大市场、上海技术交易所以及太原市产学研各方科技成果,入驻成果转化、科技评估、双创孵化、风险投资等各类科技服务机构以及法律、财务、人才等中介服务机构。(贾　宝)

·太原经济技术开发区·

【经济开发区扩区】 2016年,太原经济技术开发区推进汾东扩区工作。汾东扩区范围北起南环高速、化章街,南至规划的十六号线;西起批准区东边界、汾河东岸,东至机场、山西科技创新城西边界,总用地面积约38.8平方千米。清徐拓展区位于清源镇,扩区范围48.8平方千米。梳理基础区原有经济管理与社会管理事权,基本理顺拓展区内管理权限。开展汾东拓展区范围内基础设施建设,大运路、化章街、十号线基本具备通车条件,推进人民路征地拆迁工作。清徐拓展区开建两条市政主路,主干道完成路灯安装工作,栽种树木并确定总占地336亩、总投资9亿元开工项目4个。在基础设施建设和招商引资等方面引入PPP合作模式,鸿昌磁材、精细化工、钧溢化工三个项目完成招拍挂程序。

2016年1月至9月,太原经济技术开发区地区生产总值完成171.82亿元,同比增长22%。工业总产值完成536.94亿元,同比增长13.27%;规模以上工业增加值完成174.68亿元,同比增长23.98%;固定资产投资完成107.82亿元,同比增长18.35%;社会消费品零售总额完成19.59亿元,同比增长7.35%;公共财政预算收入完成14.17亿元,同比增长30%。

(贾　宝)

【国家生态工业示范园区通过省级验收】 2016年,太原经济技术开发区国家生态工业示范园区创建工作通过省级验收。验收专家考察园区循环经济、污染防治、清洁生产等情况,实地考察富士康园区、中石化新星等企业,以及太原经开区区容区貌、生态文化和人居环境建设,听取国家生态工业示范园区建设工作报告和技术报告,并对园区创建的基本条件、考核指标及相关资料进行审核,同意太原经开区国家生态工业示范园区建设工作通过省级考核验收,同意向国家生态工业示范园区建设协调领导小组推荐开展国家级验收。

(贾　宝)

【北斗导航数据(山西)分中心落户】 2016年3月4日,太原经济技术开发区北斗导航数据中心建设项目通过专家组评审,国家北斗导航位置服务数据中心(山西)分中心暨山西北斗导航应用服务平台建设正式落地太原经济技术开发区,总使用面积6万平方米的数据中心大楼建成并展开设备安装工作。该项目由山西长娥北斗导航数据服务有限公司投资建设,主要内容包括:山西北斗位置服务公共平台、山西北斗数据及运营中心、山西北斗室内外高精度位置网、山西国防动员北斗位置服务系统、北斗科技创新试验区域产业化基地、山西北斗终端设备检测认证中心等项目,智慧城市、交通、旅游、安全生产等产业应用建设。项目建设周期为3年,总投资约21亿元。以平台为中心,逐步形成具有太原经济特色的北斗产业集群,以太原为龙头辐射周边地区,推动全省经济社会发展,成为国家北斗卫

星导航应用示范城市。（贾　宝）

·太原民营经济开发区·

【概述】 太原市民营经济开发区为省级经济开发区，规划面积47平方千米，分为基础区、工业新区两个部分。基础区位于太原市区东部，规划面积4平方千米，重点发展现代物流、总部经济和现代服务业，是国家级物流服务标准化试点园区，汇集盛唐物流总部、唐久物流总部、金虎物流总部、晋豫鲁铁路通道总部、大秦物流总部等一批现代物流及总部经济企业。工业新区位于市区北部，规划面积43平方千米，紧邻大运高速黄寨出口和北同蒲铁路、108国道，距市中心27千米，距机场37千米。作为太原市承接东部产业转移的前沿区和建设新型工业基地的示范区，重点发展高端装备制造、新材料、新能源和节能环保产业。（佳　琪）

【新和科技园正式开放】 2016年9月3日，太原市新和科技园正式向企业开放。该园由太原民营经济开发区与太原新和科技众创空间有限公司合作共建，定位为集创新创业、信息共享、创业服务、项目孵化、资本对接于一体的五星级多功能众创服务平台。众创空间一期占地8200平方米，设立全省首家免费开放型实验室，配置一流创业导师指导。科技园创立阶段就与太原市共同筹划太原市"新和众创杯"太原青年创业创新大赛，遴选出科技创新型项目签约入驻，成为太原市招商引智新载体。（佳　琪）

【量子通信网络项目落户】 2016年5月29日，太原民营经济开发区与浙江三力士股份有限公司达成合作协议，包括"量子IDC项目""通讯光纤租赁项目""山西量子保密通信密钥服务"3个主要项目的山西省量子保密通信网络建设项目落户园区。项目总投资30亿元、达产后年营收15亿元、年利润7亿元。协议由浙商促进会与太原民营经济开发区共同促成。山西量子保密通信网的建设，有助于促进量子通信技术研究在山西的应用研发、成果转化和大规模产业化，为区域内党政部门、国防军工企业、国家安全部门、公安机关、能源部门、金融企业等提供高水平信息安全服务。（佳　琪）

【川电集团总部入驻】 2016年，山西省川电集团新总部落户园区。川电集团集省属电力公司业务、新能源开发应用、大学生创业孵化、售电服务、航空无人机研发制造销售于一体，主营项目为电力工程，是全省唯一一家获得售电资格的民营企业，构建完成覆盖全省11个地市的售电网络，并开发多晶硅光伏发电等新能源业务。集团旗下山西川电航空公司是山西省首家具备研发生产无人机资格与资质的企业。川电集团入驻民营经济区后，主营产业主打新能源、无人机、售电服务、电力工程、消防工程、建筑工程和电力物资销售等"六大板块"项目，布局大学生创业孵化平台，带动园区民营企业的发展，创建大学生创业孵化公司，扶持大学生创业就业。（佳　琪）

·太原不锈钢产业园区·

【概述】 2016年，太原不锈钢产业园区以加大招商引资力度、加快重点项目建设和完善基础设施为重点，园区经济社会各项事业呈现稳定发展态势。

2016年，园区规模以上工业增加值完成12亿元，增速30%；固定资产投资完成32.9亿元，同比增长15%；公共财政预算收入完成1.97亿元，同比增长1.5%。（郭　微）

【招商引资】 2016年，太原不锈钢产业园区共与110个项目洽谈对接200余次，签约项目21个，协议引资192亿元，包括新能源电动汽车产业园及其配套企业、石墨烯产业创新示范基地等项目。招商引资实现"四个拓展"。拓展思路。面对发展空间不足的现实问题，转变"无地不能招商"的理念，全面实施"腾笼换鸟"，清理腾退"僵尸、半僵尸"企业，重新布局优质项目。使现有厂房焕发"二次活力"的同时，项目能够跃过土地招拍挂、厂房建设的"等待期"，直接进入"生产期"，节约投资成本，缩短见效周期。2016年累计整合企业10家，盘活厂房6.8万平方米。原野、远航项目顺利入驻。拓展方向。在围绕原有三大产业进行招商的基础上，紧跟新兴产业发展趋势，紧盯"两新产业"进行产业链招商。新能源汽车产业方面，代表企业有原野电动汽车和远航太阳能汽车。原野汽车拥有全省唯一集客车、乘用车、专用车于一体的全车型生产资质，建成冲压、焊接、涂装、总装四条生产线，具备年产1万辆大中型客车的产能。2016年共生产1636台，实现产值6.2亿元；销售535台，实现销售收入4.2亿元。远航汽车为国内首家太阳能电动车批量生产企业，多项核心技术为全国首创。新材料产业方面，万创拟选址于A区原中和酒店，与园区合作建设新材料孵化器，初步完成改造方案。拓展范围。实施"区区融合"战略，园区主导的专业园区推进。新能源汽车产业园，拟在尖草坪区和平北路三给片区占地约2800亩，建设整车及零部件生产销售、技术创新研发、配套设施供应等全产业链条的千亿级新能源汽车科技城，年产5万辆纯电动SUV、3万辆大中型客车和改装车产能。柴村街办总体规划编制完成，235亩补充耕地指标落实，2400亩新增建设用地指标列入太原市土地利用总体规划调整规划中。新材料产业园，占地14.7万平方米，重点布局石墨烯、碳纤维、不锈钢等新材料下游应用产业，建设专业化技术交流中心、转化中心，借助云计算平台建设线上、线下推广交易中心。落实地类调查摸底工作，核减基本农田指标上报市政府完成。中北大学科技园，园区联合尖草坪区与中北大学签署《战略合作协议书》，建设大学科技园智慧城项目，占地49.9万平方米，依托中北大学综合智力资源，以及国家级大学科技园平台，突出新一代信息技术、先进制造业等主导产业，建设孵化、研发、中试、产业、教育、生活深度融合的创新型联合体。编制完成《大学科技园智慧城项目规划方案》。拓展方式。变“等客上门来”为“主动出去请”，创新招商方式，通过全员招商、信息招商、以商招商、以诚招商等方式，构建多元化招商格局。（郭　微）

【项目建设】2016年，太原不锈钢产业园区项目建设实现“四个强化”。强化用地保障。按照“依法操作，先易后难，重点突破，全面推进”原则，完成征地5.24万平方米，完成拆迁面积5万平方米，共支付征地补偿款1.6亿元。强化手续办理。推行“并联审批”制度，加快项目建设所需土地、规划、建设等前期手续办理。完成土地初始登记8宗，办理抵押登记10宗；核发“建设用地规划许可证”17件，“建设工程规划许可证”145件；办理施工许可63件，保障建设项目推进。强化施工环境治理。加强部门联动，解决企业因拖欠工程款、农民工工资等引起的阻工、扰工问题，为项目营造投资建设环境。共受理劳动用工违法行为举报投诉案件12起，涉及人数278人，涉及拖欠工资金额259万元，全部妥善处理，防范群体性阻工、扰工行为发生。强化制度建设。建立周督查工作机制和例会制度，全年组织召开现场办公、例会、项目协调会议20余次，专题研究项目手续办理、进场施工过程中各类问题，研究解决发现的难点问题，确保项目建设推进。（郭　微）

【基础设施建设】2016年，太原不锈钢产业园区完成投资0.63亿元，园区基础设施完善。道路建设方面，完成兴安南二巷道路工程续建工作；配合实施润恒项目路网配套的5条市政道路建设；完成小返河东路、兴安南一巷、横河北街等4条市政道路前期准备工作。水气暖配套方面，改造供水干线0.7千米，阳兴供水加压站、润恒供水加压站建设推进落实；改造燃气干线0.7千米，新建燃气干线6.4千米；建设集中供热干线1千米，供热管网0.4千米，供热能力达到50万平方米。电力建设方面，完成三期片区阳铁线、浏河线两条10KV架空线路迁改，以及铁北线和阳铁线、浏河线入地迁改，为国药、东杰、华润等项目施工创造条件。园林绿化方面，完成黄土裸露地面绿化任务2.1万平方米和垂直绿化任务300延长米；补栽补种60余棵行道树；新增社会绿化面积9万平方米。（郭　微）

【行政服务优化】2016年，太原不锈钢产业园区全体副科级以上干部对首批48家企业进行一对一包联，梳理汇总各类问题95项，按照建账—认账—销账流程，责成有关部门限期解决，基本解决完毕。综合服务功能日趋完善。推进服务大厅标准化建设，加快电子政务建设，规范行政服务管理。11个部门、13个窗口全年累计受理各类审批服务14239件（次），办结100%。“双创”工作推进。制定出台《小微企业创业创新基地示范工作方案》，从众创空间建设、提升公共服务水平等方面保障双创工作开展。2016年拨付双创补贴资金约5000万元。其中，用于注资园区钢兴融资担保公司2600万元；用于厂房租赁补贴和购买设备补贴1500万元，包括太钢工业园、锅炉集团、广立和工具厂；用于鼓励创业板、新三板上市企业900万元，包括东杰（300万元）、柯立沃特、华洋、多尔晋泽、日德泰兴（150万元/家）。（郭　微）

【融资难题化解】2016年，太原不锈钢产业园区发挥两区联动效应，加强与金融机构合作，解决融资难题。由园区投资公司为企业提供担保，获得商业贷款7600万元。其中，农发行为润恒融资7000万元；浦发银行为日德泰兴融资600万元。园区为尖草坪区提供6亿元担保，推动其大东流城中村改造项目实施。尖草坪区为园区担保，获得省金融资产交易中心（晋金所）5亿元授信，支持园区创新中心、污水处理厂、集中供热等项目。首批6000万元资金到位。（郭　微）

【综合管理能力提高】2016年，太原不锈钢产业园区规范社会服务，提升综合管理能力，园区各项工作取得新进展。综合执法规范有序。加强对在建项目巡查，规范建筑工地绿色文明施工行为，重点检查扬尘防治措施落实情况，下达《责令改正通知书》23份，施工工地全部达到绿色文明工地标准。高效、准确地办结数字化信息平台各类案卷700余起，结案率、及时率、满意率均达到100%。环境整治效果明显。开展扬尘污染、水污染、挥发性有机物污染等专项治理大排查12次，发现隐患5处，全部整改到位。组织开展环境安全应急演练，开展环保宣传工作，处理环境污染举报案件，为创建环保生态园区奠定基础。安全生产形势稳定。落实党政同责、一岗双责；落实安全监管责任。全年共查处各类安全隐患467项。各类安全生产事故及死亡人数均为零。（郭　微）

·大同经济技术开发区·

【概述】2016年1月至10月，大同经济技术开发区（简称大同开发区）项目储备完成1003.10亿元，完成率143.3%；项目签约完成165.82亿元，完成率103.64%；项目落地完成70.97亿元，完成率62.32%；项目开工完成14.08亿元，完成率148.52%；项目建设完成62.74亿元，完成率96.87%；项目投产完成57.09亿元，完成率105.31%。《大同开发区产业发展规划（2016—2025）》通过专家论证，要求把开发区打造为承接产业转移示范区，“乌大张”金三角区域经济发展先导区，领先的“双创”基地，产业转型核心区，大同经济发展新增长极。（西　宝）

【产业布局规划引领】2016年，大同

开发区紧抓京津冀协同发展、“乌大张长城‘金三角’合作区”正式进入京津冀协同发展战略机遇，将转型升级传统产业，承接引进先进制造业，推动“一区四园”建设。以产业布局规划为引领，在产业集聚发展上求突破。根据开发区实际及产业发展方向，突出抓好医药、高新技术、现代服务三大产业，抓紧完善产业发展规划，加速产业集聚发展。医药产业方面，以打造全球最大抗生素基地及“华北药都”为目标，巩固提升化学原料药、医药中间体等上游产品优势，推进向中高端抗菌类药、特色药等产业链中下游产品拓展延伸；研究应对“两票制”改革等政策措施，支持和鼓励医药仓储物流平台及集中交易平台建设，推动医药经济新业态发展。高新技术产业方面，在政策、资金上向扶持企业自主研发及科技创新倾斜，推动产业向科技中高端迈进。发挥好科技孵化器培育作用，加大政策扶持及招引力度，加快科技企业集聚发展。现代服务业方面，发展电子商务、研发中心、文化创意、金融保险、商贸物流等服务业。以电商园区项目为突破口，引入“互联网+”战略，打破传统商贸对交易时间、空间的限制，构建商业运营新模式。 （西　宝）

【产业招商重点带动】 2016年，大同开发区围绕重点产业实施产业招商、委托招商、精准招商。强化“飞地”合作与共建共享，构建全面开放战略新格局。在重大项目上，实施“重大项目带动战略”，促进总投资284亿元的大同农副产品国际陆港项目、电商园区、中小企业创业基地、科技孵化器等18个具有带动引领作用的重大项目落地生根，以此吸引资金、技术、人才和市场，增强经济竞争力。在优势产业项目上，依托医药产业集聚这一优势，与国药集团等大企业深入合作，扶持医药创新园等一批新项目；推进同药集团中药制剂生产线升级改造项目等一批技改项目；抓好誉衡药业兼并普德、横店集团兼并惠瑞、海伟集团兼并利群、五洲通药业兼并天丰等一批后续项目。 （西　宝）

【跨境电商园区构建】 2016年，大同开发区推动大同电商产业园区建设。电商产业园区位于东信国际商业区内，建筑面积73938平方米。功能定位为“1134”电商工程，即一个复合型、创新型电商企业集聚区；一个“创新互联网思维+电子商务+大数据”特色的公共技术平台；形成区域性电子商务产业孵化培养中心、大同电商营销和结算中心、电商综合服务中心；成为电子商务产业培育基地、电子商务人才培养实践基地、大学生创业基地和青年创业就业见习基地。园区依托南城商贸区及东信建材城的影响力，通过整合线上、线下各类丰富的实体资源和物流配套体系，针对电子商务产业链打造多功能综合性服务平台。大同开发区设立电子商务发展专项资金助力园区发展，入驻企业和个人可享受政务服务支持、商务服务支持等优质服务。油联易捷、山西先先电子商务有限公司、华大伟业电商家政服务公司等众多企业公司入驻。 （西　宝）

·晋中经济技术开发区·

【概述】 晋中经济技术开发区（简称晋中开发区）位于晋中市西北城乡接合部，毗邻省城太原市，为国家级经济技术开发区。管辖面积55.8平方千米，区内有部分市城区和17个农村，常住人口8.4万，其中农村人口3.4万。

2016年，晋中经济技术开发区地区生产总值完成51.55亿元，比上年增长17.5%；工业增加值完成26.82亿元，比上年增长24.7%；财政总收入完成19.15亿元，比上年增长5.45%；固定资产投资完成58.71亿元，比上年增长2.1%；进出口总额完成3600万美元，比上年增长38%。

（赵新政　李　茂　侯惠芳）

【四大园区四大产业】 2016年，晋中经济技术开发区形成创新型产业园、装备制造产业园、物流产业园和综合服务园四个产业园区，四大产业成为晋中开发区经济发展主要支撑。第一产业完成5051万元，比上年增长5.1%；第二产业完成192540万元，比上年增长5.9%；第三产业完成113163万元，比上年增长6.3%。产业结构比为1.6∶62∶36.4。

2016年，晋中开发区规模以上工业企业36户，限额以上商贸物流企业54户，国际国内500强企业14户。36户规模以上工业总产值完成44.5亿元，比上年增长4.18%，其中医药、纺机、改装车、食品四大工业支柱行业累计完成产值21.97亿元，占规模以上工业总产值比重49.33%。产业集聚度提高，医药食品、装备制造等主导产业存量扩张，现代物流板块整体推进，互联网、电子商务、金融等行业加速集聚。

2016年，晋中经济技术开发区以实体经济为重点推动产业转型发展。转型升级产业项目中，山西安特药业和山西德元堂药业两家企业年产值11.5亿元，占晋中开发区规模以上产业产值25.9%；创新型项目方面，山西中聚晶科高品质蓝宝石晶体及砷化镓集成电路（芯片）生产项目建成投产，山西逸飞无人机科技有限公司无人机装配项目投产，推进山西三维联创科技有限公司3D打印项目、哈工大—常仁信息科技有限公司智能健康管理产业园（智能机器人）项目，四个项目均为山西省第一；新签约项目方面，山西国际能源集团、天美杉杉奥特莱斯和山西苏宁易达投资有限公司苏宁集团山西地区物流中心项目等项目推进基础设施建设。设计规模为华北第一的山西中鼎铁路货运物流有限公司太原枢纽（北六堡）物流中心一期建成，如期开园投入运行，二期开工晋中开发区。以转型创新为特色的新型产业体系形成，以资源优势为基础、技术为支撑、应用为核心的产业项目快速发展，通用航空、大健康、半导体新材料、新一代信息技术、高端智造产业见雏形，现代物流产业百亿级产业园区初步形成。

（赵新政　李　茂　侯惠芳）

【新项目建设】 2016年，晋中经济技术开发区签约项目10项，协议总投资167.5亿元，5个项目展开工程建设。储备在谈重点项目50余项，项目计划总投资300亿元以上，主要集中在新型装备制造、节能环保、新材料、医药健康等产业。

晋中市考核重点工程（项目）共5类50项，总投资298.64亿元。2016年实现开工项目47项，共计完成投资57亿元，投资完成率116%。对接洽谈产业转移项目30余项，签约入区项目10项，计划总投资165亿元，代表性项目有晶科光电（北京）信息材料有限公司高品质蓝宝石晶体及砷化镓集成电路（芯片）项目、红杉药业人类干细胞库项目、通用航空飞行器产业化项目等高、精、特、新项目。

（赵新政　李　茂　侯惠芳）

【科技创新平台构建】 2016年，晋中经济技术开发区承接12家国内领先研发机构落地。晋中市108示范区科技产业园重点引进高端"智"造、健康医疗、食品、通用航空、新材料、现代商务等规模型科技产业的领军或龙头企业，天美杉杉奥特莱斯、山西云智慧科技股份有限公司山西卫星信息技术应用产业项目、山西照晋置业有限公司格盟低碳城建设等项目落地建设。3月，晋中开发区科技孵化器（高新技术创业服务中心）被认定为国家级科技企业孵化器，拥有各类孵化器10个，提供孵化面积近10万平方米，入驻企业121户，全年实现税收近千万元。推进鑫发城市创业广场、环海大学生科技创业孵化基地建设。

2016年新认定8户高新技术企业，为年任务的4倍，累计达31户。申报PCT国际专利申请3件。全年新增知识产权95件，其中发明专利11件，累计达49件。引进海归及外籍高层次人才20人，引进博士15人，引进电子信息、互联网业务、电子商务等新型产业拔尖人才29人。

2016年，晋中经济技术开发区以10%的比例增加科技研发经费，全年财政投入2200万元用于科技研发、创新平台建设、孵化器企业补贴。引导山西德元堂药业有限公司、山西振东安特生物制药有限公司等18余家企业项目加大科技创新、技术研发力度，市场占有率和企业效益提高。获晋中开发区种子资金扶持的有9家企业，解决520万元资金问题。给予山西双合成工贸有限公司、山西古城乳业集团公司等5家农产品加工龙头企业400万元扶持资金。

（赵新政　李　茂　侯惠芳）

【金融帮扶】 2016年，晋中经济技术开发区完善金融帮扶机制。针对企业发展融资难，修订《政策性融资担保公司扶持办法》，组织银企对接，缓解企业贷款难题。完善《扶持企业上市挂牌的暂行办法》，鼓励区内企业直接上市融资。5月，天生红枣业公司在新三板正式挂牌，兑现山西辰兴发展公司上市和天生红枣业公司挂牌奖励资金350万元。开展"助保贷"业务开展，完善《晋中开发区小微企业助保金贷款业务管理暂行办法》，与建设银行签订《小微企业"助保贷"业务合作协议》，为山西神云云计算机科技有限公司等2家企业解决600万元贷款。修订《晋中开发区中小企业贷款贴息资金管理办法》，财政预算安排贴息扶持资金2000万元，对符合条件的企业给予1290万元的贴息扶持，带动企业贷款额约50亿元以上。融资贷款保证"城中村"改造，与农发行协议贷款总计39亿元，到位19.9亿元，用于龙田村、使张村、南六堡、北六堡等城中村改造，保障区内"城中村"改造推进。创新融资平台促进项目建设，设立晋中金控股权投资管理有限公司，通过项目一期股权投资模式，引进中聚晶科蓝宝石晶体及砷化镓集成电路（芯片）生产项目，项目总投资11.2亿元，2016年底投入生产。（赵新政　李　茂　侯惠芳）

2016年10月27日，晋中经济技术开发区天美杉杉奥特莱斯项目完成封顶

（赵新政供图）

【行政管理机制改革】 2016年，晋中经济技术开发区梳理管委会及16个部门行使的行政权力事项共计1360项。其中，受委托行使的行政权力666项，市直部门派驻机构的694项，开发区行政执法体制纳入法治轨道。清理开发区行政许可事项84项，其中管委会及所属部门50项。实施"五证合一、一照一码"等便企制度，企业登记便捷，群众测评满意度100%。

（赵新政　李　茂　侯惠芳）

【转型综改示范区晋中区承接准备】 2016年11月，晋中经济技术开发区按照晋中市委、市政府和山西省转型综改示范区建设领导组和筹备组的安排部署，对接省市有关部门，拟定实施方案、研究整合扩区、组织架构设计、社会事务剥离移交等准备工作，谋划空间布局、梳理土地资源、摆布产业项目、谋划基础设施配套建设，为山西省转型综改示范区晋中区建设做好承接准备。

（赵新政　李　茂　侯惠芳）

【基础设施建设】 2016年，晋中经济技术开发区新铺设供水管网2600米，投资300余万元。冬韩村、高村、小赵村3个城中村纳入城中村集中供暖，全区供热普及率升为97.4%，集中供热面积371.6万平方米，比上年增加32.2万平方米。

加强生态文明建设，开展“百日攻坚”“铁腕治污”等专项行动，获山西省领导组表彰。全年发放环境治理保护各类资金1494.6万元，其中万达供热替换元宇站、银城站集中供暖工程设施补助814.72万元，节能减排、大气、水污染防治工作各项指标任务均完成省市下达的目标任务。

扩大市政基础设施建设规模，开展街景美化工程，对迎宾西街美化亮化，提升开发区环境形象。1100多套保障房主体施工结束，附属设施内部装修完成，附属设施建设工程累计完成投资1500万元，达到入住条件。2016年区域新增绿化面积10.3万平方米，绿化面积达195.5万平方米，公共绿地52万平方米，绿化覆盖率达40.6%，比上年增加1%，人均绿地达13平方米。社火公园及周边道路工程建设投入使用。

（赵新政　李　茂　侯惠芳）

·临汾经济技术开发区·

【概述】 临汾经济技术开发区（简称临汾开发区）为省级开发区，位于临汾市新城区开发区中心区域，行政管辖面积9.867平方千米，城市规划面积7.8平方千米，下辖1个街道办事处，11个居民委员会，人口6万余人。开发区与洪洞县合作共建临汾市首个新型工业园—临汾开发区（洪洞·甘亭）工业园，也是临汾市异地联合共建的首个承接东部沿海产业转移的基地平台。园区总规划面积24.8平方千米，起步区面积5平方千米。

2016年，临汾开发区生产总值完成78.5亿元，同比增长9%；工业总产值完成29亿元，同比增长24%；企业主营业务收入完成350亿元，同比增长8%；固定资产投资完成53亿元，同比增长11%；进出口总额完成5032万美元；财政总收入完成4.07亿元，同比增长12%，完成各项经济指标任务。

（梁　青）

【“产业转型园”形成】 2016年，临汾开发区创新完善发展思路。成立重点项目服务小组、理财审计六人小组，开展“思想大解放，招商大开放，创建国家级开发区”大家谈活动、环境综合整治行动、政务财务大“晒账”等一系列活动。临汾开发区老区建成现代金融服务业、高端商业服务、新型总部楼宇经济服务、电子商务产业等经济板块。临汾开发区（洪洞·甘亭）工业园区“五大工业产业基地”初步形成以华翔为代表的精密制造加工基地、以投资112亿元的沃特玛项目为代表的新能源汽车基地、以鸿鼎等为代表的新材料基地、以锦江、龙信达为代表的现代物流基地、以飞虹微纳米、MO源为代表的光电产业基地。园区被省政府确定为“产业转型园”。华翔集团的精密制造、机加工、汽车和冰箱压缩机配件生产线相继建成并投入生产，白色家电零部件市场份额全球超过17%，行业排名全球第一，机械工程类单厂产量规模全国第一，汽车零配件、泵阀管件、高铁件等生产均为国内领先水平，集团整体规模位居中国民营机械制造企业前三名，为中国最大的压缩机零部件基地、机械零部件基地和汽车零部件基地。

（梁　青）

【招商引资】 2016年，临汾开发区签订入区合同和协议20多项，总资金突破200亿元。重点引进投资112亿元的沃特玛新能源汽车核心技术产业园项目、投资30亿元的华翔新型产业升级园项目（含16个产业链项目）、投资30亿元的智能电池管理系统项目、投资4亿元的临汾液化调峰储备集散中心项目和中国云谷电子商务产业园项目等。5月18日，由临汾市政府、临汾开发区管委会、洪洞县人民政府与沃特玛产业创新联盟联合主办，深圳市沃特玛电池有限公司承办的新能源汽车发展推广大会（山西）暨沃特玛新能源汽车产业创新联盟第二届年会在临汾市召开。6月24日，临汾开发区与美国JDH项目（总投资4亿元）、合肥汽车零配件项目（总投资3亿元）、惠昌高科技工业城（总投资约2亿元）有限公司签订合作协议，开展承接加工贸易产业转移项目，标志着临汾开发区承接加工贸易产业的顺利开局。12月1日，举办“冬储行动”招商大会，签约美国

2016年9月23日，临汾经济技术开发区举行沃特玛新能源汽车推广及核心技术产业园项目签约仪式

（梁　青供图）

JDH·华翔集团合资项目、智能电池管理系统项目、甲骨文（临汾）信息产业园项目、中国云谷（临汾）电子商务产业园项目、煤机维修再制造等项目，总投资达103.5亿元，包括合同资金45.5亿元（其中外资6000万美元），协议资金58亿元。（梁　青）

【项目建设】 2016年，临汾开发区完成项目储备63项，资金超过2000亿元；完成落地项目资金74.21亿元，占当年目标的134.93%；完成开工资金71.95亿元，占当年目标的184.49%；完成项目投资额35.91亿元，占当年目标的112.22%；完成投产资金29.41亿元，占当年目标的101.41%。各类实施项目报建率、招投标率、图纸审查率、监理率和质量安全监督覆盖率连续保持100%。（梁　青）

·侯马经济开发区·

【概述】 侯马经济开发区（简称侯马开发区）为省级开发区，位于侯马市区东部，辖区面积8.16平方千米。截至2016年底，累计入区企业1316家。其中，工业企业65家，建筑行业企业111家，商贸物流、电子商务、医疗器械、现代金融类等企业1140家。

2016年，开发区完成扩区工作可研报告编制、市级论证和省级评审，上报省政府待批。开发区修订完善扩区升级工作思路，落实国家级开发区、临汾综保区、临汾自贸区示范区、科技创新成果转化区和中西部加工贸易产业重要承接区"五区发展定位"，确定智能制造、电子商务、医疗健康、国际会展与国际贸易、现代服务业"五大主导产业"规划。6月17日，开发区与山西股权交易中心达成战略合作协议。2016年，侯马开发区入选"2016中国产业园区创新力百强"榜单，智汇互联公司成为临汾市首家"巾帼双创基地"，晋南电商物流园被中物联授予"全国优秀物流园区"，青狮科技公司被阿里巴巴授予"泛行业先锋全国十强"称号。

截至2016年底，开发区生产总值完成53.16亿元，同比增长4.8%；工业总产值完成33.19亿元，同比增长4.9%；公共财政预算收入完成8127万元，完成全年任务的81.27%；固定资产投资完成36.6亿元，完成全年任务的89.3%。（林广源）

【项目建设完成】 2016年，侯马开发区项目储备完成729.8亿元，完成全年任务的132.6%；项目签约完成111亿元，完成全年任务的111%；项目落地完成48.06亿元，完成全年任务的106.8%；项目开工完成34.16亿元，完成全年任务的103.5%；重点工程建设完成投资26.02亿元，完成全年任务的100.1%；项目投产完成25.71亿元，完成全年任务的102.8%。（林广源）

2016年6月28日，首届山西县域餐饮行业转型互联网高峰论坛在侯马经济开发区举办（林广源供图）

【基础设施建设】 2016年，侯马开发区加强城市基础设施建设和管理，提升园区项目承载力。完成城市道路雨污管网改造工程、城市园林绿化工程和城市道路改造工程，新建城市热力管网铺设1.6千米；完成区内12条道路路灯LED节能改造、0.12万平方米人行道改造；新增绿化面积2.5万平方米；新建城市道路2.3千米，改造城市道路1.3千米。（林广源）

【招商引资】 2016年，侯马开发区出台《侯马开发区招商引资工作方案》，结合省、市《支持承接加工贸易转移的若干政策》《承接产业转移工作实施方案》和开发区产业特点，在"四大平台"基础上，搭建中小微企业创业孵化平台、电商产业发展平台、金融支持平台和医疗器械产业发展公共平台，健全产业配套服务平台。成立5个专业招商小组，编制区域性招商地图，确定重点招商区域，明确目标项目，采取互联网媒体招商、以商招商、产业链招商、委托招商、资本招商、平台招商及展会招商等多种不同方式，开展招商工作。招商小组在北京、上海、福建、广州、深圳等地组织专题推介会，开展精准招商活动，承接沿海产业转移。全年引进各类项目130余个。其中引进福建宏凯集团加工贸易电子产品、浙澳光伏太阳能组件、三棵树新型建材、卫泰医疗器械工业项目10个，引进电子商务、总部金融、公共服务平台、商贸物流等现代服务业类项目90余个，医疗健康类项目28个。（林广源）

【三大集群带动发展】 2016年，侯马开发区重点围绕"大机电""大电商""大健康"三个产业集群发展现代物流、电子商务、电子信息、装备制造、医疗器械等产业。侯马开发区以山西好利阀机械制造有限公司、山西德迅电梯有限公司、浙奥光伏有限公司为代表打造大机电产业；以山西天美优品科技有限公司、山西亚欧有色金属交易中心有限公司、山西黄河金三角工业品交易中心、山西晋淘天下科技有限公司为代表打造大电商产业；以旺旺食品、伟涛食品、金葵花医疗器械为代表打造大健康产业。在“大机电、大电商、大健康”三大产业群基础上，加快扶持以互联网大数据工业云平台为依托的智能制造、电子商务、医疗健康、国际会展和国际贸易、现代服务等五大主导产业，规划打造五个特色小镇。打造智能制造小镇，规划5平方千米，总投资18亿元，通过实施万物互联协同信息工程、“一云三中心”智能制造创新示范工程、建设智能协同制造国家实验室等，推进信息化与工业化深度融合，发展智能电子、智能家居、智能阀门、智能电梯等智能制造行业。打造电子商务小镇，规划2平方千米，总投资20亿元，按照“领军企业为核心、平台为依托、市场为主导、优质企业为链条”的思路，重点扩展孵化创业、电商物流、线下体验三大片区，做强大宗商品电商板块，发展跨境电商、零售网商、电商物流、配套支撑等业态。3月13日，临汾淘宝网商首期交流分享沙龙在侯马经济开发区电商基地会议中心举办。打造医疗健康小镇，规划3平方千米，总投资90亿元，按照“引领健康需求、确立示范效应”的思路，突出医药健康制造和医药健康服务两大发展主线，重点发展现代医药、医疗器械、医药商贸物流和健康服务等行业板块。8月23日，开发区承办临汾—佛山“大健康”产业合作座谈会。打造金融贸易小镇，规划1.5平方千米，总投资10亿元，设立民间借贷登记服务中心、黄河金三角金融资产交易中心、民营银行，打造全牌照金融集团；总投资20亿元，发展国际会展、跨境电子商务、平行进口汽车、新型租赁业、市场采购贸易等新型贸易，推动加工贸易转型升级。打造智慧文化小镇，规划1.5平方千米，投资8亿元，打造以晋南民俗文化为主题，集创意、策划、制作、营销为一体的智慧文化小镇，使临汾的文化品牌、文化创意集聚小镇。在北京、天津等城市投资建设晋南民俗文化馆、晋南民俗文化产品以及特色有机农副产品体验店，拓宽晋南地区文化产业发展窗口。6月28日，开发区承办首届山西县城餐饮行业转型互联网高峰论坛。

（林广源）

【进出口贸易监管】 2016年，侯马开发区依托山西方略保税物流中心累计办理报关报检业务387票，与上年同期相比，同比上升51%，监管进出口货物总值1323万美元，监管货物总量4202吨。全年共实现散货吞吐量280万吨，集装箱吞吐量1276万标箱，同比上升273%。开发区依托保税物流中心，承接加工贸易产业转移，引进8家具有进出口经营权的外经贸公司，实现出口贸易额300余万美元。（林广源）

·运城经济开发区·

【概述】 运城经济开发区是山西省25个省级开发区之一，综合实力位居前五名。规划面积24.68平方千米，完成开发15平方千米。常住人口10.64万人，从业人员5.38万人。工商企业1804家(2016年新登记427户)。其中规模以上企业14家，外商企业6家，进出口企业23家，高新技术企业3家，民营科技企业8家。省、市级技术中心9家，区内企业拥有专利数139件，注册商标140件。其中山西省著名商标4件(奥圣管业、卡乐仕、绿新素、瑞泽)，驰名商标1件(丰喜)。A级信用企业6家，AA级信用企业3家，AAA级信用企业1家。个体工商户8215户(2016年新登记1230户)。培育壮大新型装饰材料、汽车零配件加工制造、现代商贸物流、总部研发职业教育、医药、电子商务“六个产业集群”。

2016年，运城经济开发区生产总值完成189.8亿元，同比增长5.2%；工业总产值完成169.8亿元，同比增长9.6%；固定资产投资完成95.2亿元，同比增长6.1%；财政总收入完成5.43亿元，同比下降29.2%；进出口总额完成1.6亿美元，同比增长11.5%；实际利用外资0.8亿美元，同比增长40.4%。（周　帆）

【项目建设】 2016年，运城经济开发区共实施38个项目，总投资260.51亿元，计划投资62.12亿元。其中，在建项目11个，总投资132.92亿元；新开工项目22个，总投资108.69亿元；前期项目5个，总投资18.9亿元。各项目指挥部和协调服务组坚持问题导向，建立台账、分类施策、逐个销号，保证项目建设顺利推进。产业项目投产3家。总投资15亿元的电梯立体车库项目、总投资10亿元的新能源电动车项目和总投资5.2亿元的年产8000万米电线电缆项目，3个新投产项目年底新增产值4亿元。总投资30亿元的北京朗致医药产业园项目、总投资10亿元的美特好物流配送中心加紧建设中；总投资30亿元的晋陕豫黄河金三角鸿德港储国际物流基地项目一期监管中心、外贸仓储、卡口建成；总投资18亿元的德贸财富中心封顶。产业项目陆续落地一批、开工一批、建成一批，使开发区主攻产业的龙头企业集聚优势更加明显，产业链条全面形成，汽车零配件加工制造、新型装饰材料、现代商贸物流、区域总部、医药、电子商务“六个集群”发展壮大，打造出两个主攻、多元发展产业格局。（周　帆）

【招商引资】 2016年，运城经济开发区围绕壮大汽车零配件加工制造、新型装饰材料两个主攻产业集群，储备项目173个，总投资542.1亿元。参加省政府组织的到广东、山东、浙江、江苏、上海等地承接加工贸易产业活动。全年新签约广州晋粤集团投资10亿元的电动三轮车项目、漳泽电力投资10亿元的直供电项目、上海应用大学投资2亿元的凯希瑞实验室项目、山西益达环境监测有限公司投资2亿元的环保检测实验室项目等14个项目，总投资103亿元；到位资金27.01亿元（其中省外19.22亿元，省内市外7.79亿元）。（周　帆）

2016年2月26日，运城经济开发区召开2016经济工作会议　（周　帆供图）

【基础设施】 2016年，运城经济开发区道路建设打造出“四纵五横”的道路网络；建成11万伏变电站、集中供热站、天然气加压站和电动汽车充、换电站，实现路、网、水、电、气、热全覆盖；运城海关、运城国检挂牌投入使用；区内有大中型综合、专业医院5家，幼儿园、小学、中学、职业学校18所，金融分支机构7家，会计师事务所、律师事务所等社会中介服务机构20家。2016年，开发区总投资4.77亿元，重点实施城中村改造和道路基础设施工程等十大城建工程。公租房一期5幢楼1024套房年底交付使用，二期5幢896套待竣工。按照路网规划，安邑西路、安邑东路、北外环和规十二路工程继续推进，舜帝街跨运三高速立交桥和安邑西路立交桥具备开工条件。（周　帆）

·运城空港经济开发区·

【概述】 运城空港经济开发区是省级开发区，位于运城市东郊，下辖33个行政村，总规划面积30平方千米，建成16.7平方千米。2016年12月18日，运城市委决定运城经济开发区和运城空港经济开发区合并为运城（空港）经济开发区，任命运城（空港）经济开发区党工委书记、管委会主任和管委会常务副主任、党工委副书记。空港经济开发区北临运城机场，大运、运风、运三高速绕区而过，同蒲铁路穿越其间，交通便利。2016年，空港经济开发区注册登记的个体户3791家，各类工商企业1258家。

2016年，运城空港经济开发区财政总收入完成27588万元，同比增长4.2%；公共财政收入完成9940万元，完成年度目标任务96.8%；规模以上工业总产值完成87亿元，同比增长69.2%；规模以上工业增加值完成10.3亿元，同比增长48.1%，超年度目标任务45.1个百分点，高于运城市增速45.8个百分点；外贸出口总额完成1107万美元；固定资产投资完成40.7亿元，完成年度目标任务101.8%；工业新兴产业投资比重100%，超年度目标任务8个百分点；非传统产业增加值占比98.8%，超年度目标任务1.8个百分点；技术合同交易额完成3070万元，完成年度目标任务102.33%；新三版拟挂牌企业储备3户，完成2户目标任务；农村贫困人口脱贫115人，完成年度目标任务100%。

（杨建国）

【投资环境优化】 2016年，运城空港经济开发区基础设施重点工程6项，总投资1.1亿元，完成1亿元，占投资总量的91%。其中，创新路南延道路工程完成投资约1500余万元，河东东街道路新建工程完成投资约2500余万元，北区康杰北路污水泵站完成投资45万元（完工），供水管网工程完成投资3430万元（正式通水），燃气管网工程完成投资224万元（通气使用），供热管网工程完成投资际华线、左岸凰城线路管网工程2500万元（投入使用）。（杨建国）

【招商引资】 2016年，空港经济开发区抓住承接沿海加工贸易产业转移的发展机遇，采取环境招商、政策招商、以商招商、亲情招商、资源招商、产业链招商等形式，组团分赴东南沿海和全国各地，对接企业55家，签约项目18个，投资总金额达120亿元。其中，由运城元正坤泰旅游开发有限公司投资3.25亿元的空港大禹古镇项目开工建设，完成投资5000万元；由北京高能时代环境有限公司投资26亿元的运城循环经济环保产业园项目和由北京首创集团承揽、利用省政府基金6亿元建设的污水处理厂项目进行地质勘探、规划设计和可研、环评等前期准备工作。签约项目还包括由华晟国际控股（香港）有限公司与华晟（昌东）黄金珠宝股份有限公司联手打造的总投资30亿元的华北（运城）国际黄金珠宝城项目，由江苏众城复合材料有限公司投资8亿元的屋顶光伏并网发电项目，由清华大学苏州汽车研究院投资5亿元的山西汽车智能制造技术研发转移项目，由美国健源国际集团投资10亿元的健源生物工程（中国）有限公司项目，由康惠中天（北京）医药科技有限公司投资0.57亿元的康惠中天医药项目，由三门峡旺鑫达食品有限公司投资1.2亿元的旺鑫达年产15000吨等离子果汁项目。（杨建国）

【主导产业和重点企业】 2016年，运城空港经济开发区主要有汽车装备制造、轻工食品、现代商贸物流三大产业集群。以大运汽车制造为龙头的汽车制造产业集群；以华润雪花啤酒、康师傅饮品、华雄纺织、恒运制衣等企业为龙头的轻工食品产业集群；以航空物流、烟草物流、运汽物流为龙头的现代商贸物流产业集群。

重点企业：大运汽车股份有限公司总部位于运城空港经济开发区机场大道1号，2004年入驻开发区，2009年建成运营，占地面积1500亩，投资50余亿元，主要产品为：重型卡车、电动物流车及汽车配件等，2016年实现产值78.59亿元，利润75493.6万元，同比增长72418.2万元；华雄实业有限公司。位于运城空港经济开发区华雄路1号，2006年入驻开发区，2008年元月开始运营，占地467亩，投资5亿元。主要产品为棉纱，2016年实现产值4.45亿元；华润雪花啤酒(运城)有限公司。位于运城空港经济开发区雪花路9号，2009年4月入驻开发区，2010年3月建成投产，占地面积390亩，总投资3.75亿元，主要产品为啤酒。2016年实现产值1.87亿元；山西晋龙集团运城饲料有限公司。位于运城空港经济开发区雪花路5号，2009年5月入驻开发区，2011年5月建成投产，占地面积110亩，投资8400万元，主要产品为鸡猪饲料，2016年实现产值1.22亿元，利润194.4万元；运城顶津饮品有限公司。位于运城市空港新区港府大道5号，成立于2010年10月21日，公司占地面积约为29250平方米，注册资本211万美元，投资总额422万美元，主要生产康师傅饮用水。2016年实现产值6488万元。（杨建国）

2016年5月21日，山西省政协主席薛延忠(左三)在运城(空港)经济开发区大运汽车股份有限公司调研 (杨建国供图)

【科技认定与推荐】 2016年，运城空港经济开发区认定山西巨安电子技术股份有限公司技术和山西中源科扬节能服务有限公司电厂水循环计量在线监测系统开发协议1435万元、节电计数及自动汇集数据系统开发协议1630万元，开发(委托)合同交易额共计3065万元，完成市政府的年度考核目标任务中新增的技术合同交易额指标任务。山西中州电气有限公司、山西宝真智慧物联科技有限公司、运城市明日经典包装印务有限公司、山西晋龙集团运城饲料有限公司等4家企业被认定为高新技术企业，同之前大运汽车股份有限公司、山西巨安电子技术股份有限公司、山西鑫华翔科技发展有限公司三家，开发区高新技术企业达到7家。推荐山西巨安电子技术股份有限公司的食品安全溯源系统转化推广项目申报2016年度山西省科技成果转化引导专项；推荐运城市明日经典包装印务有限公司的山西省手机防伪识别系统的应用和升级工程技术研究中心项目、山西宝真智慧物联科技有限公司的山西省移动互联网业务共享工程技术研究中心申报2017年度山西省科技计划(专项、基金等)项目；推荐大运汽车股份有限公司、山西鑫华翔科技发展有限公司申报2016年度运城市工业科技计划项目；推荐运城宇博机械设备有限公司、山西运城绿康实业有限公司申报2016年度运城市科技型企业计划项目。后经审核，确定山西鑫华翔科技发展有限公司的总铬全自动在线分析仪为工业科技计划项目，资助6万元项目经费；确定山西运城绿康实业有限公司的生物农药-3亿活孢子/克木霉菌水分散粒剂成果推广应用、运城宇博机械设备有限公司的数控五轴车磨抛机床为运城市科技型企业计划项目，分别资助5万元与6万元的项目经费。（杨建国）

【环境保护】 2016年，运城空港经济开发区开展“环境空气质量综合整治”“燃煤锅炉整治”“垃圾秸秆树叶禁烧”“打击违法排污行为”“打击取缔非法违法‘土小’企业规范整治小作坊”“露天烧烤取缔整治”六大专项行动和“三治一化”“环保大检查”。在空港17平方千米、8万人口建成区中实现道路绿化600亩，东花园绿化2000亩，各单位、小区绿化6732亩，绿化覆盖率40.26%，绿地率36.6%，人均公共绿地面积77.7平方米。（杨建国）

【安全生产】 2016年，运城空港经济开发区开展“打非治违专项行动”和安全生产大检查，共监督检查企业96家次，发现安全隐患137条，整改137条，整改率100%，下达责令限期整改指令书27份。取缔14个非法加油(车)站点，行政拘留14人，扣押油罐车4辆，加油机10台，没收柴油2.67吨、汽油1.84吨。在食药工作上以“创建国家食品安全城市”为重点，共办理各类证照245件，下达责令整改通知书83份，出动执法车辆220余台次，立案查处违法案件8起，提升食品安全的监管水平。（杨建国）

【开发区技术人才培养】 2016年,运城空港经济开发区细化《农村转移劳动者和城镇登记失业人员技能培训操作规程(试行)》等4个制度,解决培训工作中存在的招生乱象、重数量轻质量、就业难等问题,提高培训质量。2016年累计拨付培训补贴47万元,享受补贴人数602人。响应国家"大众创业、万众创新"号召,以辖区一家省级定点培训机构为龙头,开展电商培训,160余人通过电商销售完自家农副产品。2016年组织农村劳动力转移就业培训17期,培训学员1002人,超额全年培训任务150%。在辖区企业开展国家高技能人才队伍建设的宣传工作,鼓励用人单位加强人才队伍建设,共发放各类通知260余份。全年开发区取得中级技能鉴定证583人。与大运汽车股份有限公司技能大师工作室对接,送政策、送服务、送培训,帮助企业培养汽车装备制造业人才。 (杨建国)

·风陵渡经济开发区·

【概述】 风陵渡经济开发区位于山西省最南端,晋、秦、豫黄河金三角腹地,华北、西北、中原三大经济区域的交汇处。下辖11个行政村,人口3.4万人,其中农村人口1.8万人。规划面积为21.6平方千米,建成区面积8平方千米。

2016年,风陵渡经济开发区地区生产总值完成15.91亿元。工业总产值完成35.36亿元,其中规模以上企业工业总产值完成29.28亿元;工业增加值完成12.93亿元,其中规模以上企业工业增加值完成10.97亿元。企业主营业务收入完成56.18亿元;外贸进出口总额完成1198万美元;固定资产投资完成25.97亿元;招商引资到位境内省外资金15.33亿元。财政总收入完成4.86亿元,公共预算收入完成8530万元。 (姚洪涛)

【项目建设】 2016年,风陵渡经济开发区完成"六位一体""三个一百"效果明显。制订出台《2016年度企业解困项目建设招商引资重点项目责任分解》,提出"三个五"工作内容,市里下达的两个重点企业帮扶增加到5个,两个重点建设项目增加到5个,4个重点招商引资项目增加到5个。企业和项目存在的17个问题,解决13个,协调解决4个。重点项目建设推进。2016年,全区共有重点项目33个,总投资35.2亿元,完成投资21.11亿元,完成率60%,其中市重点项目3个,总投资8亿元;完成投资5.2亿元,完成率65%。区重点项目30个,总投资27.2亿元,完成投资15.91亿元,完成率58.5%。入企服务开展。开发区7个服务小组和省1个服务小组收集到企业存在的资金短缺、销售渠道不畅等方面问题13个,其中管委会协调解决6个,申请上级部门解决3个。 (姚洪涛)

2016年5月22日,省委副书记楼阳生(前排左二)在风陵渡开发区调研
(姚洪涛供图)

【基础设施建设】 2016年,风陵渡经济开发区新区控规获批。委托山西省城乡规划研究院编制完成开发区新区2.86平方千米控制性详细规划,于2016年8月31日获市政府批复。集中供热供汽管网全覆盖。投资2000万元新建金鹏酒店、人民医院换热站两座,集中供热面积35万平方米,新铺设外环路东线供气管网1.61千米。天然气利用户数增加。城镇居民用气户数达2100余户,工业及商业用户达30余家,安装天然气锅炉10台,城网中压管道运行长度19.6千米推进。污水处理提升改造工程,投资100余万元,建立中控室,安装中控设备和监控,实现自动化控制和现场运行状况监控。总投资7800万元的城市供水工程,完成水源地12座水井、井房工程等工程建设。城市质量提升工程完成。投资178万元,完成金三角市场道路改造工程。投资50万元,新建商业街与风陵东街交汇处交通标志灯等。公共服务工程进展顺利。康复养老中心工程和印象风陵景区建设取得进展。8月31日,《风陵渡经济开发区新区控制性详细规划》成为科学指导风陵渡经济开发区新区建设的法定规划。 (姚洪涛)

【环保整治】 2016年,风陵渡经济开发区挂牌企业完成整改。环保部挂牌督办的3家企业完成整改工作。对燃煤锅炉进行整治。全区原有的25台燃煤锅炉置换成清洁能源或完成取缔。完成"土小企业"取缔。取缔5家石料厂,规范6家小作坊,关停1家砖瓦窑。清理违法建设项目。共清理"未批先建""久试不验""取缔关停"建设项目20家。"禁烧"行动效果明显。实现"不着火,不冒烟"。打击违法排

污行为。对10家企业实施行政处罚和停产整治等措施。 (姚洪涛)

【创新发展】 2016年,风陵渡经济开发区推进创新发展。搭建创新平台方面,对鑫度化工公司、祖源工贸公司、晋龙盛公司等企业进行新三板上市知识培训,协助三家公司完成新三板上市申报工作;帮助祖源工贸公司申报省级中小企业创业孵化基地。在培育创新企业方面,为海泰电子材料有限公司申报省级高新技术企业认证,为新核能肥业公司申报著名商标,协助亚宝药业集团公司完成专利申请工作,其中亚宝药业集团公司、嘉生药化公司与大专院校和科研机构合作成立自己的科研机构,实现产学研深度融合,亚宝药业集团公司成立博士后工作站,嘉生药化公司被中科院确定为全国唯一的中试基地。风陵渡经济开发区现有进出口企业5家:亚宝药业集团股份有限公司、亚宝医药经销有限公司、山西金水河金属材料有限公司、山西联侨食品有限公司、山西渡瑞思食品有限公司。2016年完成进出口总额1198万美元,其中出口完成216万美元。外商投资企业3家:山西金水河金属有限公司、山西联侨食品有限公司、山西渡瑞思食品有限公司。 (姚洪涛)

·绛县经济开发区·

【概述】 绛县经济开发区(原名山西省华信经济技术开发区)为省级经济开发区,规划面积14.98平方千米。2013年,开发区规划面积变更为21.7915平方千米。绛县经济开发区位于晋、陕、豫黄河"金三角"地区,形成以汽车零部件为主的铸造机加产业、现代煤化工产业、食品医药产业、轻工产业四大产业,是省级新型工业化装备制造产业示范基地。截至2016年年底,开发区共有企业213户。其中,工业企业65户,规模以上工业企业19户。2016年,开发区获"2016年中国产业园区营商环境百强"称号。

2016年,绛县开发区规模以上工业总产值完成35.32亿元,同比增长6.95%;销售收入完成33.04亿元,同比增长3.12%;增加值完成7.94亿元,同比增长3.5%;财政收入完成6123万元,同比增长8%;公共财政收入完成1849万元,同比增长34%;进出口完成1509万美元,同比下降28.1%。

(许引弟 张苍山)

【招商引资与项目建设】 2016年,绛县开发区瞄准重点区域、重点行业开展"一对一"叩门招商、"点对点"项目对接。全年组织小分队到北京、上海、江苏、重庆、河南、太原等地外出招商17次,对接企业20家,签订投资协议5项。全年签约项目15项,总投资90.68亿元,完成市定任务90亿元的100.7%。包括污水处理设备生产项目、3000吨/年机械配件零部件加工项目、矿用铸件生产项目、纸制品包装项目、砷化镓半导体材料迁建项目、铸造产品检验检测平台项目、5万吨树脂砂生产项目、汽车销售中心项目、年产1.2万吨特种炭黑及尾气综合利用项目、污水处理厂项目、发动机零部件智能化加工项目、铸造废砂再生利用项目、环保型木塑复合材料项目、色素炭黑延伸产品开发项目、完全生物降解塑料项目。截至12月底,完成签约15个项目,7个开展前期工作或实施建设,履约率46.67%,比上年提高10个百分点。到位资金、签约任务均达到计划目标,全区签约项目履约率提升,承接产业转移项目和PPP项目实现零突破。

(许引弟 张苍山)

【发展环境优化】 2016年,绛县经济开发区成立环境保护委员会,编制《山西绛县经济开发区集中攻坚行动方案》《山西绛县经济开发区环境综合整治宣传工作方案》等文件,开展环境综合整治行动、"三治一化"行动、"铁腕斩污"行动和"六五世界环境日"宣传活动,完成环保综合整治任务。建立重污染天气预警应急响应和联动机制,确保辖区环境空气质量提升。完善园区环境,总投资1000万元的绿化提升改造项目竣工并通过验收;里册峪危桥改造项目进展顺利;华晋冶金铸造厂棚户区改造项目建成11层电梯楼6栋,6层电梯楼1栋,共计312套住房;总投资5000万元的污水处理厂项目累计完成投资1253万元。创优政务环境。提高行政审批效能,强化电子督办平台管理,落实"13710"工作制度。

(许引弟 张苍山)

【干部入企帮扶】 2016年,绛县经济开发区选派39名政治素质过硬、政策水平较高、懂经济、熟悉企业工作的干部组成13个工作小组进驻企业。针对红山机械厂的职工交通出行不便问题,协调绛县交通局客运办解决;针对华晋冶金铸造厂高铁刹车盘项目研发技改经费不足问题,帮助办理项目前期手续,争取国家专项建设

2016年,绛县经济开发区污水处理厂开工奠基 (许引弟供图)

基金项目扶持；针对山西冲压厂的棚户区改造问题，请示上级发改部门采取异地建设的办法解决；针对华晋铁合金公司生产流资严重短缺问题，与招商银行对接，为企业解决4000万元贷款授信，协调农村商业银行为鑫珑纸业贷款700万元，牵线北京冠群投资公司为力源化工贷款800万元，帮助力源化工解决环保变更问题，解决恒通铸造公司消防验收问题等。

（许引弟 张苍山）

·晋城经济技术开发区·

【概述】 晋城经济技术开发区（简称晋城开发区）位于山西省晋城市的东南部，为国家级开发区。批准规划面积9.884平方千米，管辖面积30平方千米，管辖行政村（社区）14个，人口约10万人。

2016年，晋城开发区地区生产总值实现78.2亿元；工业总产值135.3亿元；规模工业增加值增速达6.7%，其中高新技术产业增加值比重达91%；财政收入完成12.06亿元；税收收入完成11.43亿元；一般公共预算收入完成2.85亿元。全年完成固定资产投资70.7亿元，建区以来累计投资达360.5亿元，单位面积投资强度达443万元/亩。 （张湘林）

【招商引资】 2016年，晋城开发区加大系统定向招商引资力度，推动重大转型项目建设。利用市场化手段，转变招商模式，鼓励园区开发建设公司和专业招商机构、招商公司开展合作，约定引进项目的产业类型、投资、税收等，进行委托招商，吸引一批优质项目入驻园区发展。2016年，全区累计签约项目11个，涉及投资总额253.5亿元，落地项目3个，到位资金81.4亿元。在承接大项目上，瞄准中船重工、富士康等500强企业，主动出击，精准对接。其中，中船重工项目正式签署战略合作协议，海装风电项目落地开工建设，新能源装备产业园规划投资30亿元；富士康集团扩大项目投资规模，2016年累计新增投资11.5亿元。2016年10月，富士康初步同意将3D玻璃项目、纳米光机电子科技研发中心、摩拜单车项目、锂钴氧正极新材料项目布局晋城开发区。

（张湘林）

【三大主导产业定位】 2016年，晋城开发区确定精密光电制造产业、高端装备制造产业、新能源/新材料为开发区的三大主导产业。精密光电制造产业是第一大主导产业，主要产品有光通讯部件、光学镜头模组、相机模组、半导体照明光源等。高端装备制造产业是第二大主导产业，主要产品包括精密刀具、精密模具、自动化数控机床、工业机器人、移动终端关键机构件、煤机煤层气装备、汽车零部件、机械部件、铁路部件、工业制动器、核电部件等。新能源/新材料是第三大主导产业，以中道能源、铭石煤层气、通豫煤层气、中联煤层气等企业为代表，主要产品包括锂离子电池、煤层气等。 （张湘林）

【转型投资新突破】 2016年，晋城开发区制订出台开发区转型综改行动计划，以"8535"口号推进全区转型综改工作，探索"政府主导，企业运作"的"管委会+开发公司"的园区开发建设模式，寻求工业园区基础设施、投融资、招商引资、开发建设等工作的新突破。推进金匠新区基础设施PPP项目建设。PPP项目进入省库，获山西省政府80万元奖励资金，成为晋城市首家入选省级第二批示范项目，开创晋城市政府与社会资本合作先河，对推动和改进全区乃至晋城市项目建设投入模式起到示范引领作用。晋城开发区管委会与社会资本方中建七局、中信正业、新郑海创签约四方协议，PPP项目进入实施阶段。强化项目督查检查，继续落实领导包联制度，推进协调保障，促进重点工程建设提质增速，全区项目储备、签约、落地、开工、建设、投产等"六位一体"工作完成市下达目标。 （张湘林）

【优势产业扶持】 2016年，晋城开发区扶持优势产业作为工业稳增长的重点，促进富士康精密光电制造产业持续做大，重点瞄准光学镜头模组、光通讯产品生产项目，2016年富士康累计完成工业总产值100.2亿元，累计完成主营业务收入92.74亿元，上缴税金3.5亿元。该行业完成产值88.08亿元；抓住山西省政府确定晋城市建设煤机装备制造、煤层气装备制造基地的机遇，以《山西省新兴制造业三年推进计划（2015—2017年）》确定的晋城开发区重点项目为抓手，扶持做大装备制造产业，重点发展精密刀具、工业机器人、手机机构件、煤机煤层气装备、汽车零部件等项目，2016年该行业实现产值13.26亿元；扶持做大新能源产业，重点引进锂离子动力电池、煤层气等项目，2016年该行业实现产值11.66亿元。三大优势主导产业共实现产值113亿元。

（张湘林）

【新兴产业培育发展】 2016年，晋城开发区推进与央企中船重工的项目合作，加快江淮新能源装备制造园区建设，推进以核级阀门为重点的第三代核电装备项目和以风电制动器为重点的风电机组关键配套装备项目建设，全年完成投资1.8亿元，一期87亩、二期73亩土地完成征购，建成101#厂房，风电制动器生产线投产运营，核级阀门生产线投产运营；抓住晋城被列为国家新能源汽车应用推广城市的机遇，推进以中道能源为重点的新能源汽车动力电池项目建设，完成投资7200万元，完成部分设备改造，公司实现销售收入3100万元；培育发展电子商务等新产业、新业态，出台《开发区关于扶持电子商务产业发展的实施意见》，在区内企业普及电子商务应用，培育电子商务主体，引导电子商务企业入区发展。

（张湘林）

·长治高新技术产业开发区·

【概述】 长治高新技术产业开发区（简称长治高新区）自2015年2月经国务院批复升级后，成为继太原高新区后全省第二家国家级高新区。核心区规划面积7.53平方千米，管辖范围东至鹿家庄村、长钢铁路专用线、长兴北路，南至长治市太行大街，西至太焦铁路，北至关杜庄村、长钢铁路专用线，辖捉马、史家庄、化家庄和小化家庄四个村，2016年常住人口10万人，其中户籍人口3.17万人。

2016年，长治高新区地区生产总值完成111.1亿元，增长8.92%。营业收入完成220亿元，增长15.78%；工业总产值完成175.3亿元，增长12.37%；工业增加值完成94.1亿元，增长8.16%。财政总收入16.99亿元，增长5.58%；地方财政预算收入6.55亿元，增长22.64%；一般预算收入2.21亿元，增长18.42%；固定资产投资13.1亿元，增长29.4%。

（李立平）

2016年，长治市首届百企万人创业就业见面会暨《双创梦工厂》启动仪式在长治高新区举行

（李立平供图）

【招商引资】 2016年，长治高新区加大招商引资力度，举办海峡两岸暨香港知名民企创新成果推介会、新材料新技术创新项目推介会等招商引资活动，引进厦门万佳城市综合体、中石油煤层气生产调度与开采技术先导实验基地、奥科植保无人机、易捷互联网大数据分析项目。全年招商引资签约项目18个，总投资60.7亿元，占年度目标任务的101.2%；完成外贸出口任务176万美元，占年度目标任务的100%。推进总投资71.32亿元的39个项目，其中久豪电动汽车充电桩、炎黄照明新型玻璃LED等19个项目竣工或投入生产。（李立平）

【科技创新】 2016年，长治高新区深化与中国科学院、中国军事医学科学院、清华大学、北京大学、英国曼彻斯特大学等高等院校和科研院所合作，涌现出新型玻璃LED、雾霾沉降路灯、激光再制造、高效抗艾滋病病毒多肽药物、单层石墨烯等一批国际国内领先的新技术或新产品。全年申报高新技术企业11家，全部通过专家评审。久安人工心脏研发院士工作站、德益高功率储能技术博士工作站顺利通过评审。山西佰和园技术中心被认定为省级中小企业技术中心。忠慧育乐园被评为山西省少儿科普基地。截至2016年底，高新技术企业营业收入完成135.63亿元，增长5.85%，占全区的61.65%。纳税10.36亿元，同比增长1.67%，占全区的60.98%。

（李立平）

【政策扶持】 2016年，长治高新区研究出台《长治高新区关于推进科技创新金融振兴民营经济发展的实施意见》和《长治高新区财政科研项目和资金管理办法》，加强对创新型人才的扶持力度。财政金融担保公司注册资本金增加至1亿元，为企业提供融资担保服务。推进产业基金和发行债券工作。山西凯康电梯股份有限公司成为2016年长治市唯一在新三板上市企业。开展干部入企服务工作，抓住国家直供电改革机遇，长治高新区与漳泽电力签署战略合作协议，打破直供电只针对用电大户限制，将园区企业整体打包、抱团用电，每年帮助园区企业节约电费1300余万元。

（李立平）

【基础设施建设】 2016年，长治高新区投入基础设施建设资金1482万元。截至2016年底，长治高新区完成拆迁870户，拆迁面积30.64万平方米，开工建设面积152.5万平方米，建成84.4万平方米，回迁安置148户，完成投资33.2亿元。推进棚户区改造，开工建设保障性住房1003套，占年度目标任务100.3%，其中货币化安置308套；建成721套，占年度目标任务151.8%；完成投资3.55亿元，占年度目标任务100.3%。完成北二环路、延安北路的道路征迁工作。

（李立平）

农 业
Agricultural

综 述

【概述】 2016年，山西省各级农业部门推进农业结构调整和发展方式转变，全省农业农村经济发展总体平稳、稳中有进。第一产业增加值784.57亿元，增长2.9%。全年全省粮食总产量为131.85亿公斤，比上年增加5.89亿公斤，增产4.7%。其中，夏粮27.50亿公斤，增产0.8%；秋粮104.35亿公斤，增产5.8%。粮食亩产为271.2公斤，比上年增加15.7公斤，增产6.2%。全年全省羊出栏517.8万只，增长6.9%；牛出栏40.3万头，增长0.1%；家禽出栏9639.6万只，增长9.8%；生猪出栏748.9万头，减少4.4%。牛奶产量95.1万吨，增长3.5%；禽蛋产量89.0万吨，增长2.1%；猪牛羊禽四种肉产量83.3万吨，减少3.2%。全省农民人均可支配收入突破万元大关，达10082元，增长6.6%。农产品加工企业实现销售收入1520亿元，增长6.9%。

（马小波）

【农业结构调整】 2016年，山西省制订农业结构调整实施方案，召开全省杂粮、草牧业推进会，举办全国性的中药材研讨和考察交流活动。调减“镰刀弯”等非优势区玉米种植面积，启动实施雁门关农牧交错带示范区建设，推进朔州市草牧业和粮改饲试点，加大药食同源项目推进力度，加快发展杂粮、草食畜、水果、蔬菜、中药材等特色产业，优化全省农业产业结构。全年调减籽粒玉米163万亩，新发展设施蔬菜12万亩，新建和改造老果园61万亩，新发展中药材75万亩，雁门关区新增种草120万亩。全省蔬菜、水果、中药材产量分别达2300万吨、910万吨和26.4万吨，分别同比增长2.2%、3.4%和14.8%。

（马小波）

【农产品质量安全保障】 2016年，山西省推进农业标准化生产、农产品质量安全追溯体系建设、农产品质量安全县创建。新制订农业标准30项，登记认证“三品一标”达1733个，其中地理标志登记农产品数达119个。蔬菜、水果、畜产品例行监测合格率分别达97.6%、100%、100%。以出口倒逼农产品质量提升，扩大出口规模，全年农产品出口额达4.29亿美元，增长19.8%。运城苹果出口美国、秘鲁。

（马小波）

【农业环境治理】 2016年，山西省开展“六大”专项环境整治行动，狠抓春秋两季动物集中免疫，开展绿色防控和统防统治，全年未发生重大动物疫情和农作物重大病虫危害。围绕“一控两减三基本”目标，推进农业面源污染治理。建设高标准农田节水示范区22个，推广农田节水技术290万亩；推广精准化配方施肥示范面积107万亩，化肥用量连续两年减少；建立病虫害统防统治与绿色防控融合示范基地20个，农药用量增幅控制在0.6%，超额完成5%的控制目标；开展畜禽养殖废弃物综合利用，改造粪

2016年，晋中市和顺县阳光占乡玉米田间管理机械化作业　　（秦永红供图）

污处理设施1000个，建设专业化病死畜禽无害化中心16个;启动13个农作物秸秆综合利用试点;推进草原建设和保护,建设草地242万亩,完成草地保护311万亩。 （马小波）

【跨产业融合发展】 2016年,山西省按照“做优一产、做强二产、做活三产”思路,推动农工融合、农商融合、农旅融合。开展农业企业大帮扶活动,搭建政银企项目对接平台,促进农业企业转型升级和产业融合。大象集团销售收入达101亿元,成为山西省首家销售收入过百亿的农业企业。举办山西(运城·临汾·吕梁)特色农产品北京展销会,引进王老吉、牧原、国药等一批知名企业。王老吉集团在孝义投资22亿元建设顶养系列大健康产业园区。培育发展农村电商,推动100个省级农业龙头企业实现网上销售,培育500个以电商为主要营销手段的新型农业经营主体,乐村淘、贡天下等一批农产品电商企业快速成长,全年网上销售各类农产品16亿元。推进休闲农业与乡村旅游发展,创建省级以上休闲农业和乡村旅游示范县32个、示范点180个。 （马小波）

【农村改革】 2016年，山西省出台《关于深化农村改革综合性实施方案》,召开深化农村改革孝义现场会,加快农村改革步伐。推进农村土地制度改革,基本完成土地承包经营权权属调查工作。全省115个县级农村产权流转交易市场全部建成。农村土地经营权流转面积818万亩，流转率16.8%。推进经营制度改革,开展“358”示范社创建,认定家庭农场9612个。推进资产收益扶贫，在长治市和17个贫困县进行试点。加强朔州、祁县农村改革试验区试验成果总结提炼,加大潞城市农村集体资产股份权能改革试点力度,完成太谷现代农业示范区改革与建设试点任务。

（马小波）

【农民培训与农技推广】 2016年,山西省实施新型职业农民培育工程,在8个县启动新型职业农民精准培育试点，全省完成新型职业农民培训10.47万人,超额完成年度任务。深化基层农技推广体系改革与建设,在全省105个县实施基层农技推广补助项目,基本实现全覆盖。启动实施以太谷为中心的“山西农谷”建设。开展农业科技创新行动计划,组建山西农业科技创新联盟，依托省农科院,完成山西农业科技成果转化交易信息平台建设,农业科技水平提升。

（马小波）

【农村人居环境改善】 2016年,山西省推进完善提质、农民安居、环境整治、宜居示范“四大工程”,以省政府文件出台2016年行动计划，将任务分解到部门和市县，开展专项督查,推进责任落实。全年“四大工程”累计完成投资256亿元,完成年度任务的101.2%;在11个县启动农村垃圾治理试点,在8个县启动农村污水综合利用试点,实施36万座农村厕所改造,创建300个省级美丽宜居示范村,建成98个农村公共浴室。与农业发展银行签订战略合作协议,争取政策性贷款36亿元,拓宽融资渠道。

（马小波）

【特色农业产业扶贫】 2016年,山西省出台特色农业产业扶贫行动方案和行动计划,组织开展“一卡一库一培训”专项行动,宣传落实贫困户农业特惠补贴政策，建立农业产业扶贫项目库,强化技术培训。召开平顺现场推进会，总结推广振东中药材、大象生猪等一批可推广、可复制的产业扶贫范例。全省产业脱贫达31万余人。 （马小波）

种植业

【概述】 2016年,山西省各级农业部门“以稳粮增收调结构、提质增效转方式”为主线。截至2016年底,山西省粮食总产131.85亿公斤,比上年增产4.7%,为山西省历史上第二个高产年。其中小麦单产271公斤,单产连续三年创历史新高。夏粮和秋粮单产均创新高。

2016年，山西省农作物种植面积5581.2万亩,比上年减少70.35万亩。其中,粮食种植面积4860.2万亩,减少68.7万亩；蔬菜种植面积385.5万亩，增加0.3万亩；油料种植面积172.1万亩,减少9.8万亩。在粮食种植面积中,玉米种植面积937.2万亩,减少78.2万亩;小麦种植面积1009.4万亩,减少3.3万亩;果园面积533.7万亩,减少10.35万亩。 （武少东）

【耕地质量保护与提升】 2016年,山西省出台《山西省耕地质量保护与提升行动实施方案》。全省各地围绕行动方案要求,统筹当前和长远、生产和生态、工程和工艺、农机与农艺,突出“改、培、保、控”四字要领。中南部盆地节水灌溉培肥改良区重点围绕大水网建设,通过实施中型灌区节水配套改造工程，推广节水灌溉技术,提高水资源利用率,配套实施“两改一增”“两茬还田”。东部太行山山地丘陵集水保墒培肥区以提高自然降水利用率、增强抗御自然灾害能力为主攻方向,实施“蓄排结合”“三改一盖”。南部低山丘陵蓄水保墒培肥区以改善农田基础设施条件,增强抗御自然灾害能力为主攻方向,实施“拦河修坝、两茬还田、绿肥种植”。西部吕梁山黄土高原水土保持培肥区,以水土保持为主攻方向,实行“建、培、改”相结合。全年全省推广节水灌溉技术30万亩,测土配方施肥面积4803万亩,实施秸秆还田2600万亩，有机肥施用面积2830万亩。 （武少东）

【粮食高产县创建活动】 2016年，农业部安排山西省粮食高产高效创建资金3200万元，全省8个县开展粮食高产高效整建制创建。根据结构调整方向和产业布局,在杂粮、小麦、玉米、马铃薯主产区和优势区,选择8个生产基础好、优势突出、特色鲜明、产业带动能力强的县开展整建制创建。其中杂粮创建县为左云、平鲁、兴县3个县区,左云、平鲁两县区创建的具体作物为燕麦,兴县创建的具体作物为谷子，小麦创建县为河津、翼城,马铃薯创建县为沁源,玉米创建

2016 年，大同市南郊区农业转型示范点——蝴蝶兰种植基地一角

（安　军供图）

县为原平、寿阳。省财政安排高产创建专项资金 3591 万元，按照调结构、转方式要求，在 77 个县建设绿色增产模式攻关点 30 个，玉米、小麦、杂粮和油料等示范片 126 个。通过粮食绿色高产高效创建，集成示范推广成熟技术模式，促进农艺农机结合、良种良法配套，引领农业生产方式转变，为促进农业转型升级提供样板和支撑。（武少东）

【蔬菜生产发展】 2016 年，山西省蔬菜产量 2300 万吨，增幅 2.2%；设施蔬菜面积达 230 万亩，总产量 1200 万吨。截至 2016 年底，蔬菜总产值达 400 亿元，农民人均蔬菜收入 1150 元，比上年人均增收 50 元。全省"设施蔬菜提质增效工程"和"露地特色蔬菜开发工程"等重点工程任务完成。全年新建设施蔬菜面积 12.01 万亩，建设优质露地特色蔬菜 24.54 万亩，新建集约化育苗场 12.74 万平方米，创建部、省级标准园 41 个，冬春蔬菜自给率达 52%，分别完成任务的 120.1%、122.7%、127.4%、103%、104%。（武少东）

【种植结构调整】 2016 年，山西省制订出台种植业结构和粮食结构调整的指导意见，提出"稳、减、扩、提"的调整思路。"稳"就是稳定粮食产能，实施"藏粮于地、藏粮于技"战略；"减"就是在晋北农牧交错区和太行山沿线玉米产区，适度调减普通玉米种植面积；"扩"就是在优势产区，引导农民扩大杂粮和马铃薯种植，实施全产业链开发；"提"就是实施特色农产品品种改良、品质改进、品牌提升行动，打造晋粮、晋果、晋菜、晋药等特色优质品牌。2016 年，全省玉米播种面积 2437.1 万亩，自 2000 年以来首次减少。在优势产区扩大果菜药及杂粮等特色高效作物种植，豆类、薯类、果菜药面积增加。其中，豆类、薯类面积分别增加 3.96 万亩和 21.93 万亩；蔬菜面积增加 43.7 万亩。全省种植业结构得到调整优化，种植业生产效益和水平提升。青饲料种植面积 91.1 万亩，增加 58.4 万亩，比上年增长 1.7 倍。（武少东）

【种植业生产指导】 2016 年，山西省召开全省春季田间管理暨春耕备耕视频会、"三夏" 生产形势分析会、秋粮形势分析会等会议。在小麦春管、春播、"三夏"等重要农时季节，下发紧急通知，对农业生产和防灾减灾工作作出安排。下发《2016 年冬小麦中后期田间管理意见》《关于切实做好"三夏" 生产和农业防灾减灾工作的通知》《关于做好 2016 年冬小麦秋播工作的通知》。开展生产督导，确保措施落实到位。（武少东）

【惠农政策落实】 2016 年，山西省推行农业"三项补贴"改革。农、财部门相互配合，将农业"三项补贴"合并为"农业支持保护补贴"，政策目标调整为支持耕地地力保护和粮食适度规模经营。下拨 2016 年农业支持保护补贴资金 28.7 亿元，将补贴依据由原粮食包干面积调整为农业部门统计的粮食实际种植面积，明确补贴资金发放标准和办法。配合省财政厅下达产粮（油）大县奖补资金 7.64 亿元，用于对 35 个产粮大县、17 个产油大县进行奖补，以及弥补玉米价格变化对种粮农民的影响。（武少东）

【旱作农业综合技术】 2016 年，山西省利用中央财政现代农业生产发展、旱作农业技术推广项目资金，在全省 54 个县推广以地膜覆盖为主的旱作农业技术 669 万亩。在洪洞等 4 个县推广旱地小麦地膜覆盖 7.1 万亩，在平陆等 19 个县推广小麦宽窄行探墒沟播 39 万亩。省农业厅、省财政厅联合制定下发《2016—2017 年度旱作农业技术推广小麦地膜覆盖项目实施方案》《2016—2017 年度旱作农业技术推广小麦宽窄行探墒沟播项目实施方案》《2016 年旱作农业技术推广地膜覆盖项目实施方案》《2016 年现代农业地膜覆盖项目实施方案》，明确项目的补贴范围、补贴内容及标准、实施区域、资金补贴方式和程序，项目建设要求。项目补贴方式主要采取以物代资。地膜覆盖项目县全部采取集中采购统一发放的方式。各项目县根据实际情况，通过公开招标、竞争性谈判等方式确定供膜企业。在地膜发放过程中，以村为单位组织农户填写供膜清册、公示。加强技术指导，各项目县都成立由专家和技术人员组成的技术指导组，制定地膜覆盖技术操作规程，落实相配套的品种、铺膜机具与高产栽培技术，发挥技术的综合增产效果。各项目县在农时季节，组织专家和技术人员，分片包干，到田间地头，开展技

术指导服务和咨询，确保项目顺利进行。各项目县采取集中培训，现场指导、机械演示、发放明白纸等多种形式，强化对农技人员、农机手的培训。创新覆盖模式。推广渗水地膜、可降解膜等新型产品及全膜双垄沟播、宽膜多沟集雨覆盖、少耕穴灌等新模式，示范面积逐年扩大。2016年山阴、神池等县示范推广渗水地膜3.5万亩，阳曲县把推广全膜双垄沟播作为发展旱作农业、实现科技增粮的有效举措，推广全膜覆盖面积达12万亩。柳林县推广宽膜多沟集雨覆盖。（武少东）

【防灾减灾】 2016年，山西省针对冰雹、洪涝等气象灾害局地多发频发的实际，开展防灾减灾，减轻灾害造成的损失。利用中央资金4400万元，对小麦“一喷三防”补助，补助面积880万亩。指导农户及时落实镇压、追肥、浇水等技术措施，夺取夏粮丰收。加强减灾服务。及时预警、及时了解掌握灾害并核实汇总并上报，开展救灾工作，恢复种植业生产。下发预警通知30多个，5次组织技术人员到各地开展工作督导和生产指导。下发《关于进一步加强农情灾情信息报送工作的通知》，强化责任，完善机制，建立130多个农情信息员参加的微信群，及时掌握各地生产情况。加强农情队伍建设，组织开展全省农情信息员培训。加强信息网络建设，建成农情会商系统，给16个基点县配备信息报送终端。做好农情采集、分析上报工作。全年上报农业部157张报表，20余篇专题材料。与保险部门配合核查灾情，做好对群众的理赔工作，减轻灾害损失。（武少东）

【种子企业发展】 2016年，山西省培育壮大种子企业。种业资源要素加快向企业流动，市场对资源配置的基础性作用得以发挥，企业由单一的生产销售向“育繁推一体化”发展，种子企业逐步成为全省现代种业发展的主体。截至2016年底，全省注册资本3000万元以上的种子企业达到28家，其中诚信种业、强盛种业、潞玉种业3家种子企业取得农业部“育繁推一体化”亿元种子经营许可证，全部入围中国种业信用骨干企业，大丰种业改制后注册资金达到1亿元，这些企业在全省市场占有率达到58%。全省种业的规模、档次和市场集中度提高，市场竞争力增强。潞玉种业加入中农发集团，成为该集团的玉米生产销售主力；三联种业开发非洲市场，在非洲国家开展棉花种子生产经营，成效明显；诚信种业、大丰种业在新疆建立稳定的生产基地，开展规模化玉米制种。构建完善商业化育种体系。发挥市场对种业技术研发方向、路线选择和各类创新资源配置的导向作用，完善企业为主体的创新机制，组织开展科企合作，使企业成为种业技术创新决策、研发投入、科研组织和成果转化的主体。全省种子企业中有17家建立科研机构，其中9家为独立法人科研机构；企业在省内外建立科研育种基地136个，面积2万亩，建立生态鉴定试验站303个，面积3234亩，其中6家企业在海南建立固定科研基地1157亩。随着企业品种研发投入增加，种子企业商业化育种水平提升，审定品种总数中企业自主选育品种比例提高到45%以上。潞玉36、潞玉39、强盛388、强盛369、强盛101、大丰30、诚信16等一批企业自主选育品种先后通过审定，在生产上大面积推广应用。提升品种选育能力。2016年，承担8种作物300余个品种35个区组86个试验点的国家级品种试验任务，组织安排21种作物355个品种62个区组360个试验点的省级品种试验，各作物试验全部成功，试验效果和质量较高。共审定通过5种主要农作物品种51个。其中，玉米品种36个；小麦品种11个；棉花品种2个；大豆品种1个；水稻品种1个，为促进全省农业增产增收提供科技支撑。建立省级优良品种展示筛选基地6000余亩，市县级优良品种展示筛选基地50000余亩，推动全省优农作物良种覆盖率达98%。（武少东）

2016年，稷山县获得葡萄大丰收　（张　维供图）

【脱毒种薯繁育推广】 2016年，山西省把脱毒种薯繁育推广作为提高马铃薯产量的突破口，完善脱毒种薯三级繁育体系，加快脱毒马铃薯原原种、原种、一级种生产，为全省马铃薯生产提供充足的优质种源，提高脱毒种薯推广率。截至2016年底，全省脱毒种薯繁育企业发展到45家，供种量3000吨以上的达到25家，建设原原种基地302亩、原种基地1.5万亩，引导种薯企业配套建设一级种薯基地约10万亩，保证山西省脱毒种薯自主繁育供应。围绕特色农业扶贫的总体要求，立足雁门关、太行山、吕梁山三大马铃薯优势产业带，项目资金向贫困地区倾斜，重点从脱毒种薯繁育基地建设、马铃薯生产保险、完善马铃薯生产扶持政策等方面推进马铃薯产业扶贫，带动贫困地区脱贫增收。脱毒种薯繁育补贴资金共投入22个贫困县935万元，贫困县占到项目县的84.6%，投入贫困县资金达到项目资金的78%，带动18个贫困县马铃薯种植面积进入全省前20位，马铃薯产业逐渐成为贫困地区脱贫致富的新引擎。（武少东）

【病虫害防治】 2016年，山西省各级植保部门以“科学植保、公共植保、绿色植保”理念为引领，以开展“到2020年农药使用量零增长行动”为抓手，加强病虫监测预警和植物检疫执法，开展绿色防控和统防统治，控制农作物重大病虫危害，为保障全省农业生产、农产品质量和农业生态安全作出贡献。截至2016年底，全年共挽回粮食损失15.9亿公斤，蔬菜13.26亿公斤，水果16.38亿公斤，油料469万公斤，总经济效益50.36亿元。植保部门加强病虫监测与防治宣传，全年共制作播发农作物病虫防治专题节目493期，举办农作物病虫防治技术培训班316余期，发送病虫防治技术短信69万余条，覆盖农村人群260万人次。开展病虫绿色防控与专业化统防统治。在全省建立病虫绿色防控示范区共325个，示范区总建设面积359万亩。实施专业化统防统治面积4400万亩次，占到防治总面积的33.76%。绿色防控实施面积3251.6万亩次，蔬菜、水果及主要粮食作物病虫绿色防治覆盖率达到25.1%。提升用药水平，全省植保无人机达到68架，飞防面积20.3万亩次，较上年增加78.8%。组织农药安全使用技术、植保机械使用与维修技术培训56场次，培训农民2300余人次。（武少东）

【高标准农田建设】 2016年，山西省政府工作报告提出全省要建成高标准农田200万亩，由省国土厅、省财政厅（农业综合开发办）、省农业厅、省水利厅等单位配合完成，其中农业部门高标准农田建设任务为19万亩。截至2016年底，全省高标准农田建设资金全部落实，年度建设任务完成。（武少东）

【化肥使用量零增长行动】 2016年，山西省按照“结构合理、总量控制、方式恰当、时期适宜”的施肥原则，推广节肥增效技术，推进化肥使用量零增长行动，取得成效。2015年至2016年测土配方施肥项目跨年度实施，全省推广测土配方施肥面积达4803万亩。全省采集测试土壤样品42378个，设立田间肥效试验299个，配方校正试验268个，建设村级示范方5360个，新型农村经营组织示范32.7万亩。发放测土配方施肥建议卡160万份，培训技术骨干40839人次，培训农民1861420人次。截至2016年底，通过实施测土配方施肥，小麦亩均增产3.8%左右，玉米亩均增产4%左右，棉花亩均增产4.1%左右。马铃薯亩均增产4.6%左右，谷子亩均增产4.2%左右，果树、蔬菜亩均增产6%左右。推进配方肥社会化服务体系建设。在调研的基础上，制订下发《山西省配方肥社会化服务体系建设项目指导意见》，确定100万亩精准配方肥推广应用任务。27个项目县根据当地的土壤化验和田间试验数据，综合土壤肥料、作物栽培、种子以及肥料生产工艺等方面专家意见，制定科学的肥料配方，按要求通过政府采购确定配方肥生产供应单位。全省推广应用精准配方肥106.5万亩，超额完成6.5万亩。开展减肥增效试点工作。临猗、芮城两个部级果树减肥增效试点县都建立减肥增效万亩示范方，以示范方和示范区为载体，示范推广增施有机肥、施用复合微生物肥、种植果园绿肥、基肥秋施、水肥一体化、根外追肥、施用高效缓释肥、配方肥和土壤调理剂改良土壤等节肥增效技术，示范区化肥用量降低幅度达5%以上。忻府区作为省级减肥增效试点县推广玉米测土配方施肥面积60万亩，项目区肥料利用率提高3%以上，亩均减少化肥用量1.2公斤，亩均增产玉米20公斤。针对性开展高效新型肥料的试验示范工作。在用肥量较大的果树和山西省主要粮食作物小麦、玉米上，针对性地试验示范推广高效缓释肥料、保水松土功能肥料、微生物肥料等新型肥料。凯盛微生物套餐肥料在果树上示范推广面积达20余万亩。种肥同穴生物配肥技术在玉米、小麦等作物上示范推广面积达5万多亩，亩均节肥10%左右。（武少东）

林　业

【概述】 2016年，山西林业围绕“荒山增绿、群众增收”两条主线，推动林业生态建设向“造林管林齐抓并举、质量效益整体提升”的方向迈进；推动扶贫攻坚朝着“治山治水统筹推进，增绿增收双抓共赢”的方向迈进，林业改革发展取得新进展新成效。（冀瑞平）

【造林绿化】 2016年，山西省完成营造林400.05万亩。全省50%以上的造林任务安排布局在生态最为脆弱、群众期待迫切的四大重点区域。吕梁山生态脆弱区2/3的规划治理任务完成；环京津冀生态屏障区构建绿色生态防护体系；重要水源地植被恢复区致力维护华北水塔与母亲河的生态安全；交通沿线荒山绿化区打造一批纵横交错的绿色生态景观廊道；全省重点区域生态质量改观。朔州市沿重点区域布局造林工程，新旧工程衔接，规模效益兼备。晋中市造林规模集中，连片治理率达到75%以上。各地以改善人居环境为重点的绿色创建工作推进，绿化村庄500个，5个行政村被授予“全国生态文化村”称号，黎城、陵川县被省政府命名为“林业生态县”，生态县总量达42个，“推窗见绿、出门见林”变为现实。太原市市县财政投资6亿多元，组织五城区开展森林城市创建，追求造林质量的提升。未成林管护投入资金总量达到5000万元，项目化管护的成效日益凸显;制订出台《山西省人工造林失败地核定办法》,《山西省森林抚育规程》地方标准在全国发布,抚育中幼林、修复退化林、改造灌木林共126万亩。晋城市财政投资200万元实施低效林提质示范工程1000.5万亩。国家林业局在山西省召开全国退化林分改造现场会和森林经营管理研修班,推广山西省经验做法。山西省政府在运城市召开全省造林绿化现场推进会,山西省运城市、忻州市和山西省黑茶山国有林管理局被授予"全省造林绿化先进市(局)"称号。

（冀瑞平）

【全国绿化模范县】 2016年2月29日,全国绿化委员会通过《关于表彰全国绿化模范单位和颁发全国绿化奖章的决定》,对在国土绿化事业中做出突出成绩的城市(区)、县(市、区、旗)、单位和个人予以表彰。山西省垣曲县、太谷县、娄烦县被授予"全国绿化模范县"。至此,山西省有20个县(区)获"全国绿化模范县"称号。

（冀瑞平）

【森林资源保护】 2016年,山西省强化森林防火的网格化巡查和定点看护制度,共接到热点138个,发生火情44起,森林火情、火灾发生次数、受灾面积比上年均有下降,没有发生重特大森林火灾。林业有害生物防治工作推进,联合冀豫陕蒙四省区建立联防联治机制,山西省林业有害生物成灾率控制在1.5‰,低于4‰的控制目标。天然林保护工程在国家"四到省"综合考核中位列全国第三。山西省林地保护"一张图"建设推进,林地变更调查工作完成。推进光伏等重大项目林地使用制度改革创新,310件资源管理行政许可事项办结。健全资源有偿使用和补偿制度,收缴森林植被恢复费2.59亿元。国家、省级挂牌督办的8起案件侦结。开展"双打行动""绿剑行动""净网行动"等专项行动,查处各类破坏森林和野生动物案件3322起,为国家挽回经济损失2500余万元。加强自然保护区等环境敏感区的管理,完成山西省国家级自然保护区的生态环境监测。新增山西省省级森林公园5处。新批建国家湿地公园3处,2处晋升为国家湿地公园,42%的湿地纳入保护范围。推进古树名木保护普查、宣传、标准制订等工作,600株濒危古树得到抢救性保护。

（冀瑞平）

【国有林场改革创新】 2016年,山西省国有林场改革主体改革任务完成。1月22日,中共山西省委、山西省人民政府印发《山西省国有林场改革实施方案》。11个市、省直林局及其所管辖的单位定性为公益一类,改革方案编制报批完成。9大省直林局新批建12个副处级中心林场和两个国家级湿地公园,98名事业编制民警转为政法编制。山西省财政补贴资金达到3亿多元。1.25亿元债务化解,与其他省份相比债务额度最大。山西省桑干河杨树丰产林实验局的苗木转型战略、山西省管涔山国有林管理局局地联防共建、山西省五台山国有林管理局信息化建设、山西省黑茶山国有林管理局扶贫攻坚、山西省关帝山国有林管理局多元化发展、山西省太行山国有林管理局精细化管理、山西省太岳山国有林管理局森林抚育、山西省吕梁山国有林管理局储备式造林、山西省中条山国有林管理局阔叶树造林各具特色、亮点纷呈。集体林权制度配套改革深化。投资1100万元对78个合作社进行扶持,山西省林业合作组织达到5573个。扶持林下经济中药材种植示范基地44个,累计达13.2万亩。林地经营权流转、抵押贷款试点工作在山西省古县、乡宁县铺开,林地蕴藏的资源优势转化为经济优势。571.95万亩公益林纳入保险范围,联合山西省保监局制订《山西省政策性公益林保险理赔细则》,与山西省财政厅确定4家保险公司分区开展森林保险,获得理赔资金2000多万元。搭建融资平台,保障林业建设资金需求,成立山西林业开发投资有限公司,与农发行山西分行签署战略合作框架协议,为林业扶贫提供不低于150亿元的授信。山西省大同市、阳曲县开始林业融资工作。探索资产性收益机制,选择山西省隰县、大宁等5个贫困县和9个省直林局作为林业资产性收益试点,鼓励贫困群众以林地经营权、林木所有权和政府补助资金入股经营,分享全产业链带来的经济收益,实现"资源变资产、资金变股金、农民变股东"。

（冀瑞平）

【特色经济林产业发展】 2016年,山西省新发展各类特色经济林70万亩,改造低质低效经济林50万亩,塑造具有山西特色的干果经济林品牌。组织专家为58个贫困县确定适宜发展的经济林树种,引进选育核桃、仁用杏抗寒品种10个,拓展山西北部高寒地区经济林树种选择范围。山西省临汾市发展经济林,形成古县核桃、安泽连翘、蒲县构树等一批产业基地。全省林木种苗结构优化,特色经济林和乡土树种苗木比重加大。花卉种植面积2.44万亩,销售额达到4.86亿元。举办第四届山西苗木及花卉博览会。森林旅游加速,年接待旅游人数1590.56万人次,较上年增长25%,实现门票收入2.71亿元。山西省宁武县入选"全国森林旅游示范县",成为山西省第一处森林旅游示范点。全省林业总产值达到490多亿元,连续四年增速达10%以上。

（冀瑞平）

【林业科技和信息化】 2016年,山西省加大资源管理信息化、困难地造林、乡土珍稀树种繁育等八大重点领域的科技攻关。7项鉴定成果中,5项达到国际先进水平,两项在同领域处于领先水平。"太行山中南部造林树种选择研究"获山西省科技进步二等奖,两项成果获国家发明专利。制订地方标准10个,建立科技培训基地2个,科技示范园16个。组建1300人的山西省干果经济林技术服务团队,成立26支省级技术服务指导组,形成省、市、县三级林业科技培训体系,培训林农5万余人次。科研基础平台完善,5个省级森林生态定位监测主站建成,5个副站初具规模。成立国家林业局华北乡土树种工程技术研究中心和食用林产品监测检验中心,科技创新方向和重点贴近生产。山西省林业技术职业学院新申请成立3个教学专业，完成21个专业人才培养方案和两个省级重点专业建设任务，职业教育能力提升。林业信息发布、林业政务公开、信息安全维护等工作推进，发布动态信息1664条。中央电视台、山西电视台等媒体就林业建设发布新闻70余条，发表稿件510多篇。

（冀瑞平）

【林业扶贫】 2016年，山西省林业厅制订出台一揽子扶贫政策措施，将贫困县新一轮退耕还林补助标准增加到1500元。2017年退耕还林任务采取借用引黄资金、融集金融资金的办法启动实施，120万亩预计划落地，102万亩任务签订合同，惠及贫困户16.45万人，将贫困县造林投资标准由500元提高到800元，全部由扶贫攻坚造林专业合作社采取议标的方式承揽实施。山西省长治市政府出台支持扶贫攻坚造林专业合作社发展意见，山西省忻州市政府对涉林扶贫项目、林业扶贫政策进行细化落实。造林合作社数量达2188家，社员达6.9万人，吸纳贫困劳力5.5万人。山西省吕梁市组建合作社658个，成为全省组建最多的市。各地将60%的护林员岗位提供给建档立卡贫困户，吸纳贫困人口1.3万人。29.7万亩低质低效干果经济林得到品种改良和综合管理，增产30%以上，增收5300万元。

（冀瑞平）

【森林植被恢复费征收标准调整】 2016年3月8日，山西省财政厅、山西省林业厅联合发文，决定调整山西省森林植被恢复费征收标准。从2016年4月1日起，郁闭度0.2以上的乔木林地（含采伐迹地、火烧迹地）、苗圃地，每平方米征收10元；灌木林地、疏林地、未成林造林地，每平方米征收6元；宜林地，每平方米征收3元。其余林地征收、减免规定按照全国统一规定执行。森林植被恢复费属于政府非税收入，使用财政部门印制的财政票据，收入全部缴入同级国库，由公共预算统筹安排使用。

（冀瑞平）

【森林采伐限额管理】 2016年4月5日，山西省人民政府办公厅下发《关于加强我省“十三五”期间年森林采伐限额管理的通知》，《通知》规定山西省“十三五”期间年森林采伐限额为140.7万立方米，分配下达的限额指标是每年采伐林地上胸径5厘米以上林木蓄积的最大限量。《通知》规定各市、县人民政府和有关部门必须执行，不得突破。不同编限单位的采伐限额不得挪用，同一编限单位分别权属、起源、森林类别、采伐类型的各分项限额不得串换使用。省级不预留采伐限额。非林地林木和经依法批准占用征收林地林木，不纳入采伐限额管理。要求各地要加强天然林保护，严禁移植天然大树进城，严禁对天然林实施皆伐改造，严禁天然林商业性采伐。《通知》规定，凡采伐森林、林木必须依法申请林木采伐许可证，实行凭证采伐。采伐许可证要符合国家林业局的规定式样，由省林业厅统一印制，实行一小班（地块）一证制，使用全国林木采伐管理系统办理。核发林木采伐许可证，必须审核林木权属，凡没有林权证（或林木权属证明）、权属不清或有争议的，一律不予发放林木采伐许可证。

（冀瑞平）

【枣树栽培科技成果鉴定】 2016年7月9日，山西省科技厅组织有关专家对山西省林学会和山西省林业科学研究院共同完成的“山西省高寒区枣树设施促成栽培技术研究”项目进行科技成果鉴定。课题组针对山西省高寒区气候特点，开展枣树栽培设施类型、适宜品种筛选、需冷量和扣棚时间、温湿度调控等系列技术研究。揭示设施内枣树生长发育规律，确立高寒区枣树设施栽培的主要限制因子，集成枣树设施栽培的丰产技术，实现早期丰产，成熟期比适生区露地栽培提前1至3个月。

（冀瑞平）

【国家湿地公园验收】 2016年9月1日，国家林业局公布2016年国家湿地公园验收结果，66处国家湿地公园试点通过验收，山西省千泉湖国家湿地公园、古城国家湿地公园在列，正式成为“国家湿地公园”。千泉湖国家湿地公园位于长治市沁县县城西部，规划总面积15810.45万亩，其中湿地面积6108.6万亩，湿地率为38.64%。园内有8座小型水库。公园在保护基础上，对湿地生态系统进行修复和合理利用，丰富湿地景观，为湿地生物提供栖息空间。古城国家湿地公园位于运城市垣曲县境内，亳清河、沇西河与黄河交汇口处，总面积43603.5万亩，公园内生物多样，自然景观独特，是黑鹳、大天鹅等多种珍稀濒危动物的栖息地。

（冀瑞平）

【林业金融支持】 2016年10月17日，山西省林业厅与中国农业发展银行山西省分行签订《农业政策性金融支持山西省林业建设战略合作协议书》。《协议书》明确双方合作内容、合作原则及方式，依据“省级统贷统还、政府购买服务、银行整体授信、按照项目核准、分批发放贷款”模式，省农发行在“十三五”期间对山西省生态储备林基地建设、国家和省级林业重点工程建设、林业扶贫工程、国有林区和林场基础设施建设、林业产业发展、生态旅游开发等领域给予支持，为山西省林业提供150亿元的信贷额度，支持山西省林业生态建设。

（冀瑞平）

【晋豫冀森林公安警务合作】 2016年11月18日，晋豫冀3省森林公安局警务合作在长治市襄垣县召开并召开联席会议。3省分别签署《晋豫冀交界三市森林公安机关警务合作协议》，就加强警务信息领域的合作、执法办案领域的协作、队伍建设领域的协作、对跨区域的案件合作4个方面的警务合作事项达成共识。

（冀瑞平）

畜牧业

【概述】 2016年，山西省存栏生猪450万头、出栏749万头，存栏家禽

9378万只、出栏9640万只，存栏牛107万头、出栏肉牛40万头，存栏羊910万只、出栏518万只。肉、蛋、奶产量分别达到83万吨、89万吨、95万吨，基本满足城乡居民消费需求。畜牧业产值达377亿元，占到农业总产值的25%，是农村经济的重要组成部分。

2016年，山西省畜禽屠宰场（厂）达264家，生鲜乳收购站368个，年销售亿元以上的畜产品加工企业40家，病死畜禽无害化专业处理场（厂）16个，有机肥生产企业134家。山西省115个涉农县全部成立畜牧兽医机构。其中，85个县设有独立畜牧兽医机构，县级编制人员1909名；建有乡镇畜牧兽医站1187个，编制人员4823人；村级防疫员21758人；官方兽医达4231人。 （郑晓静）

【畜产品价格监测】 2016年，山西省生猪价格从上年开始连续保持20个月的高价后，出现小幅回落，但全年仍保持高价位运行。活猪、猪肉的平均价格，分别为每公斤18.6元、29.1元，同比分别上涨27%和23%。在6月创历史高点，年初达到最高点，涨幅为25%。养猪全年保持高收益。猪粮比价平均高达10.5:1，最高达12.46:1，下半年猪价小幅回落，猪粮比价逐步小幅降低。育成猪出栏体重约115公斤，饲养成本约1535元；监测的生猪收购价平均为18.6元/公斤，出栏重115公斤的一头猪可收入2139元，一头猪盈利604元，养殖水平高的可达700至800元。

2016年，鸡蛋价格持续下跌，仅8月中旬到9月强势反弹，后继续回落，全年低价位运行。蛋价平均每公斤为7.6元，同比下跌6%；7月初最低每公斤6.81元，比年初的9.06元下跌26%，振幅较上年减少2个百分点。由于主要粮食饲料玉米价格持续下跌，蛋鸡养殖成本降低，蛋鸡养殖总体盈利。一只蛋鸡一个产蛋周期养殖成本共121元；出售鸡蛋收入125.4元，淘汰鸡收入17.2元，饲养一只蛋鸡一个产蛋周期平均盈利约21.6元。肉鸡市场价格平稳。活鸡、白条鸡价格每公斤价格分别为12.25元、16.24元，同比均基本持平。山西省肉鸡养殖普遍为“公司+农户”的订单式生产，养殖户出栏肉鸡只均盈利约2至3元。

2016年，生鲜乳收购价持续走低，平均每公斤3.64元，同比下降6%。年初最高点仅为每公斤3.82元，9月中旬最低点为每公斤3.47元，创近四年来新低。奶牛养殖效益持续下降。进口乳制品对奶业生产压力仍未减缓，据调查牧场养殖每公斤奶价4元，养殖微利；养殖水平差的小户奶价每公斤只有3.4元，头均亏损近2000元。大型规模养殖企业竞争力强，产业布局加快，如恒天然集团和九牛牧业有限公司通过大量进口奶牛扩大产能，部分企业利用优质奶牛自我扩繁扩产，多数规模企业通过提高科技水平应对效益下滑。

牛肉价格高位稳定，羊肉价格持续降低。牛肉平均每公斤价格为52.8元，同比微增1%；羊肉平均每公斤价格为47.5元，同比下降15%。牛肉最高最低价差为6%，羊肉最高最低价差为9%。据各地调查，肉牛头均盈利1000元至2000元；育肥羊只均盈利约100元。 （郑晓静）

【畜禽规模化标准化发展】 2016年，山西省规模养殖场达19613个。其中，年出栏生猪500头以上的养殖场3523个，年出栏肉鸡1万只以上的养殖场1539个，年存栏蛋鸡2000只以上的养殖场6787家，年出栏羊100只以上的养殖场6617个，年存栏奶牛100头以上的养殖场343个，年出栏肉牛50头以上的养殖场744个，其他规模场60个。规模化养殖占到全省养殖量的58%，成为养殖的主要形式。规模养殖场进行挂牌建设单位有358个，全省51%以上的规模养殖场在设施装备、生产技术、管理制度等方面达到标准化养殖水平。落实国家畜禽养殖标准化示范创建项目。2016年，山西省有8个畜禽养殖标准化示范场通过农业部审定。项目实施后，项目区内70%的村庄和养殖区得到净化，示范带动，全省畜禽养殖规模化比重提高2个百分点，达58%。 （郑晓静）

【畜牧支撑体系】 2016年，山西省有天然草地6800多万亩，秸秆、糟渣等粗饲料产量700多万吨，草食畜资源丰富。常年玉米产量90亿公斤，经过认证的合法饲料生产企业189家、兽药生产企业104家，饲料兽药经营企业初步统计达826家，年产饲料286万吨，兽药年均产值达20亿元，是全国兽药生产经营大省。通过资质认证的种畜禽生产企业（场）258家，年可提供优种禽201亿只、优种猪牛羊

2016年，阳曲县建立羊驼养殖基地 （崔振刚供图）

119万头（只），保证畜牧业发展。

（郑晓静）

【畜牧项目招商引资活动】 2016年，山西省签约畜牧招商引资项目48个，涉及生猪、奶牛、肉牛、饲料、肉鸡等畜种，项目总投资318.74亿元，招商引资315.82亿元，亿元以上的项目28个。牧原集团忻州生猪养殖体系项目、大同市正大集团新型农牧食品绿色循环综合示范暨“产业扶贫”合作项目、运城新绛牧原集团生猪养殖项目、朔州怀仁大象集团生猪养殖项目、晋中寿阳汉世伟集团生猪养殖项目、温氏集团万荣县生猪一体化养殖建设项目等投资额均在10亿元以上。落实中央财政扶持现代农业生产发展项目，扶持草食畜标准化生产和畜禽粪污资源化利用建设，现代农业生产畜牧业发展资金投入4860万元，其中2500万元用于扶持43个县的125个草食畜标准化生产建设项目，主要是对购买牛羊种畜和母畜、建设圈舍、青贮窖等标准化养殖场配套设施等进行补助。9月23日，山西（运城·临汾·吕梁）特色农产品北京展销会上，举办畜牧业项目招商引资活动。

（郑晓静）

【畜禽粪污处理与综合利用】 2016年，山西省出台畜禽粪污资源化利用建设项目实施指导意见，实施粪污设施改造和资源化利用示范工程，在全省29县投资2360万元用于扶持45个粪污处理设施设备建设和10个粪污集中处理中心项目建设。重点是对新建、改扩建的规模化畜禽养殖场（小区）配套实施雨污分流和固体粪便储存设施，在散养密集区实行畜禽粪便污水分户收集、集中处理利用。组织编制《山西省畜禽规模养殖场粪污处理和利用“十三五”规划》，制定针对性的粪污处理措施。落实《畜禽粪污资源化利用建设项目实施指导意见》，实施粪污设施改造和资源化利用示范工程。

畜牧业绿色发展示范县创建活动。山西省编制《2016年山西省畜牧业绿色发展示范县创建活动方案》和评审验收标准，展开示范县创建申报工作，山西省申报2016年国家畜牧业绿色发展示范县创建的有泽州县、太谷县、高平市、阳高县、忻府区和大同南郊区6县区。

（郑晓静）

【畜牧科技推广】 2016年，山西省财政安排现代畜禽养殖技术示范推广资金340万元，对32个县的大型养殖企业、家庭牧场、养殖合作社开展畜禽养殖主推技术给予补助。重点推广牛羊良种推广、畜禽场生产过程自动化技术、现代企业管理信息化技术等17项畜牧养殖技术，规模养殖效益整体提高。举办现代畜牧技术推广培训班和畜禽粪污处理与综合利用培训班，由各市主办各类培训数百次，参与人数达2万多人次，畜牧从业人员素质提高。

（郑晓静）

【畜牧业优势区域建设】 2016年，雁门关生态畜牧经济区重点实施畜禽生态养殖（循环模式）工程和畜禽产业科技支撑示范工程。畜禽生态养殖（循环模式）工程重点支持100个规模养殖场和合作社推广“草畜一体化、畜–肥–菜、畜–肥–粮、畜–肥–果”四种畜禽生态养殖模式，主要是对新建养殖场棚圈建设和示范场粪污处理设施改造、购置设备等活动进行补助。开展畜禽产业科技支撑示范工程，在雁门关区开展畜禽产业技术试验示范、良种繁育补助和畜牧兽医技术培训。工程项目的实施，带动发展牛羊养殖户3万户、种草4000万亩，建设圈舍2.6万平方米，引进基础母羊7万余只、基础母牛1.5万头。

雁门关农牧交错带建设工作启动。2016年，山西省初步编制省级和大同、朔州两市的《雁门关农牧交错带示范区建设规划》，并针对雁门关农牧交错带的实际，提出瞄准北京市场开发高端品牌产品。加大国内外领先企业招商引资和项目落地力度、制定牧草收割加工机械扶持办法等。

（郑晓静）

【畜禽繁育改良】 2016年，山西省改良羊7618万只，完成年度计划的105.6%；推广三元优质生猪896.3万头，完成年度计划的105.2%；推广蛋鸡标准化养殖878.9万只，完成年度计划的110%；对2.4万头奶牛实施生产性能测定（DHI），完成年度计划的171%。

畜禽遗传资源保护。2016年，山西省畜禽遗传资源保护力度加大，畜禽遗传资源普查工作启动，先期完成实地调查摸底。加强对晋南牛、广灵驴、马身猪、边鸡四个国家级保护品种的保种，共扩繁选留保护畜禽6235头（只）。国家级太行山羊保种场申报工作推进，申报资料整理、保种核心群培育等事项就绪。

现代畜禽种业项目。2016年，山西省共申报农业部育种创新基地、制（育）种基地建设等项目4个，其中永济长荣农牧科技公司被列入2016年全国畜禽育种创新基地建设项目。实施完成农业部现代畜禽种业工程储备项目三年滚动计划。

生猪良种繁育改良。2016年，山西省国家生猪良种补贴项目落实，共对7万头有繁殖能力的母猪进行人工授精改良；繁育推广山西省培育国审新品种晋汾白猪5976头；高效生态家庭猪场新模式新技术得到推广，在太谷、河津等生产大县和数个贫困县建成高效生态家庭猪场25个，引进推广国外顶级原种猪冻精350份；《晋汾白猪分子辅助育种及应用》推广工作，获山西省科技进步一等奖。

种畜禽生产监管。2016年，山西省省级种畜禽场项目和安全生产管理信息库建立。对省级畜禽原种场、一级扩繁场，按照10%的抽查比例和一年两次的抽查频次进行双随机抽查，未发现不合格情况。

牛良种繁育。2016年，山西省完成冷冻精液生产81万剂。其中，奶牛35万剂；肉牛46万剂；并保证冻精贮存量达100万剂以上。全省发放冻精55万剂，发放奶牛冻精23万剂，肉牛30万剂，奶牛性控冻精2万剂，保证全省奶牛肉牛养殖户及牛场冻精的全部免费供给。荷斯坦牛育种在国内同行业中处于领先水平。2016年完成从美国引进荷斯坦牛冷冻胚胎200

枚、从澳大利亚引进荷斯坦活体牛60头的进口招标，并于11月底完成胚胎和活体牛的进口。完成荷斯坦牛胚胎移植100枚并培育出后备小公牛15头，其中7头小公牛参加美国基因组鉴定，测定成绩理想，GTPI值最高达2476，平均值为2234。奶牛生产性能测定完成，参测奶牛2.4万头，参测场数达66个。荷斯坦青年公牛后裔测定发放山西省及北方育种联盟后测冻精10340份，收集配种记录4481条，妊娠记录1098条，出生女儿数322头，体型鉴定公牛女儿180头。2016年9月底在山东省召开的北方六省联盟会上，山西省后裔测定工作名列第一。（郑晓静）

【草地建设】 2016年，山西省新增草地建设面积242万亩。其中，多年生牧草54万亩；一年生牧草188万亩。连片种植面积3000亩以上草地达15片。草品种的区域试验完成52个。其中，苜蓿品种的引种试验24个；新增一年生牧草燕麦、甜高粱等品种试验11个，多年生牧草鸭茅、无芒雀麦、白三叶、苇状羊茅、猫尾草、披碱草等草品种试验17个。

山西省全年完成草原保护面积311.2万亩。其中，防治草地鼠害162万亩，超额完成计划任务60%，动用防治器械5662台套，出动群众9378人，防治草地虫害面积149.2万亩，超额完成计划任务19%，占严重危害面积的54%。其中，化学防治面积9.2万亩；生物防治面积140万亩，防治使用药剂64.4吨，投入劳力13509人次，施药机械9117台套，出动干部802人，培训防治人员2058人次。草原防火加强，全年未发生重、特大草原火灾及人员伤亡事故，连续三年全省草原火灾"零火警"。

饲草饲料资源开发。2016年，秸秆开发量62732万吨。其中，青贮39205万吨；氨化2449万吨；微贮9979万吨；黄贮42万吨；其他加工6899万吨。种植结构调整力度加大，青贮玉米种植大量增长，饲料产量增加，秋冬季草场生产能力下降造成的饲草料不足的问题得到改善。

草牧业粮改饲试点建设。2016年，山西省在总结朔州市试点经验的基础上，召开现场会，推进粮经饲三元结构调整发展草牧业。出台《2016年粮经饲三元结构调整发展草牧业工作指导意见》，粮改饲种植青贮玉米、苜蓿、燕麦草等面积达74.8万亩。其中，朔州市58.5万亩；大同市16.3万亩，青贮量达177.5万吨。探索建立第三方订单监督机制和违约责任追究制，把企业与农民的利益机制建立起来，形成各方诚信履约的社会服务模式。

重点工程项目。2016年，牧草基地建设项目在全省12个县实施，建设面积4.25万亩，全部为多年生牧草，总投资850万元；京津风沙源治理二期工程在全省23个县实施，2016年国家下达山西省草地建设任务为人工种草0.7万亩，棚圈建设42万平方米，青贮窖建设30万立方米；巩固退耕还林成果草食畜棚圈建设项目在全省44个县市实施，完成棚圈建设任务39.1756万平方米，中央投资7835.12万元；新一轮退耕还林还草工程巩固退耕还林成果棚圈建设项目总结评估及2013—2015年项目的验收工作完成；新一轮草原生态保护补助奖励期目收尾工作完成并制定"十三五"生态补奖方案，2016年补助资金和奖励资金下达，建立健全2016年草原生态补奖政策绩效考核工作方案。（郑晓静）

【畜产品质量安全保障】 畜产品兽药残留检验监测。2016年，山西省完成畜产品兽药残留例行监测及兽药残留监控3210批次，比上年增加21%。其中，完成畜产品例行监测2556批，包括猪肉170批、牛羊肉166批、猪尿985批、牛羊尿500批，鸡肉330批，生鲜乳405批，合格率100%；完成动物产品兽药残留监控654批，包括农业部兽药残留监控任务527批；辖区配套兽药残留监控127批，监测合格率100%；完成饲料监督抽检500批次，合格率为98.8%。其中包括养殖环节饲料中违禁药物监测173批，合格率100%；反刍动物饲料中牛羊源性成分例行监测抽样86批次，合格率为100%；饲料普遍性安全因素抽样检测176批次，合格率为96.6%；蛋白饲料原料中三聚氰胺检测65批次，合格率为100%。完成兽药监督抽检278批，抽检合格率达98.1%。其中，国家抽检139批；辖区抽检139批。全年完成兽药委托复合检验2595批次。完成动物产品兽药残留监控654批，抽检总合格率为100%。其中，鸡肉组织中检测磺胺类残留161批；鸡肝组织中检测地美硝唑/甲硝唑残留84批；猪肉组织中检测四环素类残留194批；牛奶检测β-内酰胺类残留218批。完成生鲜乳质量安全监测903批，其中包括生鲜乳质量安全监测801批；国标乳监测102批；实现生鲜乳监督抽检奶站、运输车抽检全覆盖。检测项目包括8种违禁添加物、重金属及黄曲霉毒素M1。监测总合格率达100%。

兽药专项整治。2016年，山西省制定《全国兽药（抗菌药）综合治理五年行动方案》《畜禽水产品抗生素、禁用化全合物及兽药残留超标专项整治行动方案》《2016年山西省农产品质量安全专项整治与执法监管工作方案》，开展兽用疫苗质量安全大检查，全省兽用疫苗生产、经营、使用得到规范。兽药经营环节"二维码"追溯监管试点工作启动，全省56个兽药经营企业在追溯系统注册，部分经营企业启用"二维码"追溯系统。开展兽药专项整治，出动检查人员1630人次，全省检查兽药生产经营企业和使用单位3039个次，立案37起，结案31起，罚没款金额8.7万元，捣毁制假售假兽药窝点1个，兽药生产经营秩序规范。兽药生物制品批签发制度实施，对山西隆克尔生物制品有限公司、山西海森生物制品有限公司2个兽用生物制品企业批签发360批次。其中，猪苗19826.52头/份；鸡苗13.829亿羽/份。（郑晓静）

【动物疫病防控】 重大动物疫病防

控。重大动物疫病防控由春季、秋季集中免疫和常年补免相结合。2016年，山西省猪O型口蹄疫共免疫1514.32万头次，牛O型-亚洲I型口蹄疫免疫240.2万头次，A型口蹄疫免疫84.92万头次，羊O型-亚洲I型口蹄疫免疫3162.32万只次，高致病性禽流感免疫鸡21901.5万羽次，高致病性猪蓝耳病共免疫1485.83万头次，猪瘟免疫1521.8万头次，小反刍兽疫免疫羊1622.64万只，基本上做到应免尽免、不留空当。

布病防控。布病防控采取畜间防控与人员防护相结合，全面免疫与综合防控相结合，属地管理与区域联防联控相结合，宣传教育与落实养殖场主体防控责任相结合，人感染病例诊治与布病流调核查处置相结合的方式协调开展。“四防一免三查一处置”畜间布病防控集成技术和“四分离一防护六注意”人员防护技术得到推广，有效防控布病，全省人感染病例比上年下降30%左右，布病持续上升势头得到遏制。

疫病净化。2016年，山西省实施小反刍兽疫消灭计划和H7N9禽流感剔除计划，进行免疫、监测、流行病学调查。开展种畜禽场、奶牛场动物疫病净化场创建，探索适合山西省实际的规模养殖场动物疫病净化模式，并加以示范和推广。开展百县千场动物疫病净化活动，为全面开展动物疫病净化工作总结经验。

动物防疫体系建设。2016年，山西省流行病学调查、重大动物疫病免疫监测、动物疫病净化监测、重大动物疫病监测预警、动物疫情评估和重大动物疫情应急监测诊断等工作开展，全省动物疫病病原学监测数量和频率较上年增加。全省监测样品244275份。其中，血清学229676份；病原学14599份。其中，禽流感监测67111份，合格率95.16%；口蹄疫监测59506份，合格率85.17%；猪瘟监测24178，合格率89.72%；猪蓝耳病监测11232份，合格率91.07%；新城疫监测44586份，合格率96.59%；布病监测20934份，阳性率1.77%；牛结核监测1055份，阳性率0.18%；小反刍兽疫监测1074份，合格率73.28%。免疫抗体合格率全部超过70%的合格标准，阳性畜禽全部进行无害化处理。市县两级疫苗冷藏运输冷链体系建设完善，兽医实验室监测仪器设备进行补充。

外来病防控应急准备。2016年，山西省对突发动物疫情应急预案进行修订完善，组织开展桌面推演和实战演练。应急物资储备增加，省级储备疫苗、消毒药品、防护用品、扑杀器械等价值100万元的物资，市、县两级共储备消毒药品319.75吨、防护服63105套、喷雾器4779台、手套178124双。开展重大动物疫病免疫、非洲猪瘟防控、动物疫病净化和实验室监测技术培训，加强疫情核查报告，确保疫情果断处置。

国家中长期防治规划评估和防疫政策调整。2016年，山西省出台《山西省动物疫病中长期动物疫病防治规划》，并配套下发《山西省小反刍兽疫消灭计划（2016—2020年）实施方案》《全省H7N9动物流感剔除计划》《布病防治计划》等。省农业厅畜牧兽医局、动物疫病预防控制中心根据山西养殖和防疫实际，对猪瘟、高致病性猪蓝耳病防控形势和工作进行科学评估，并起草《山西省关于调整完善动物疫病防控支持政策的通知》（讨论稿），征求有关部门和专家的意见。

（郑晓静）

【动物卫生监督执法】 2016年，山西省强化产地检疫，加强检疫监管，严格执行动物产地检疫申报制度。全省产地检疫共检疫畜禽22719.27万头（只），其中生猪、牛、羊、家禽和其他动物的检疫数量分别为461.256万头、23.7万头、347.0127万只、21765.1055万只和122.1923万头（只）。全省共回收免疫证明10472.11万张。其中，生猪264.51万张；牛10.36万张；羊110.88万张；家禽10080.79万张和其他动物5.57万张。消毒运载工具合计为68.99万辆，运输生猪、牛、羊、家禽和其他动物分别为30.8万辆、1.76万辆、25.35万辆、10.03万辆和1.07万辆。

屠宰检疫监管加强，对入场、宰前检疫、宰后检疫、出证等环节严格监管。2016年，山西省派驻官方兽医的畜禽屠宰场（点）有264个，其中猪屠宰场（点）179个、牛羊屠宰场（点）66个、家禽屠宰场（点）19个。全省屠宰检疫共检疫畜禽12451.27万头（只），检出病畜禽36.61万头（只、羽），病畜禽总检出率为0.29%，检出病畜禽全部进行无害化处理。其中，检疫生猪278.74万头，检出病猪1.23万头，检出率为0.44%；检疫牛羊102.68万头（只），检出病牛羊1.87万头（只），检出率为1.82%；检疫禽类12069.85万只，检出病禽33.50万只，检出率为0.28%。

监督执法。2016年，根据《农业部办公厅关于开展跨省调运种用动物、乳用动物专项整治行动的通知》（农办医〔2016〕28号）要求，山西省开展跨省调运种用动物、乳用动物专项整治行动，严格对种用动物、乳用动物调运前审批、调运中监管和落地后隔离三个环节进行把关，打击违法违规调运种用动物、乳用动物行为，降低动物疫病传播风险。加强诊疗监管，规范从业行为。根据《农业部办公厅关于开展动物诊疗活动专项整治行动的通知》（农医办〔2016〕21号）要求，山西省组织开展动物诊疗活动专项整治行动，以城市动物诊疗机构为重点，强化动物诊疗活动管理，打击动物诊疗机构、兽药经营机构、执业兽医和乡村兽医无证经营、违规售药、非法行医、执业行为失范等违法行为，规范动物诊疗活动和兽医从业行为，提升动物诊疗机构和执业兽医从业服务水平。

无害化处理。2016年，山西省政府强农富农资金安排病死动物无害化处理奖补资金2500万元，用于对无害化处理场建设进行奖补。根据全省畜牧业发展实际情况和建设意向等内容，在太原市（清徐县）、阳高县、太谷县、平遥县、襄汾县、曲沃县、汾西县、闻喜县、永济市、武乡县、长子县、高平市、泽州县、沁水县、文水县等16个县建设专业病死畜禽无害化处理场，提高全省病死畜禽无害化处理水平，保障畜产品消费安全、食品安全和生态环境安全。

信息化管理。2016年，山西省运用"互联网+"的思维以及现代计算机技术、移动互联网和移动智能信息采集终端，将动物卫生监督执法工作与现代信息技术深度融合，构建山西"智慧动监"信息平台。山西"智慧动监"移动信息平台建设于2016年7月启动。

宣传培训。2016年，山西省开展动物卫生监督宣传月活动，印制"瘦肉精"监管宣传挂图和病死动物无害化处理宣传挂图等5万余张，印制各种宣传资料数万份并下发至各市、县。由农业部中国动物卫生与流行病学中心主办、山西省动物卫生监督所协办的第四期全国官方兽医师资能力提升培训班在太原举办，来自全国31个省(市、自治区)的业务骨干参加该次培训。全省的官方兽医师资也应邀参加培训。（郑晓静）

【饲料和生鲜乳监管】 2016年，山西省省级饲料奶业管理部门与11个市级饲料奶业管理部门签订《2016年饲料和生鲜乳质量安全监管责任书》。饲料质量安全管理规范建设推进。举办全省饲料质量安全管理规范培训班，组织饲料企业对部级示范企业进行现场观摩，为示范企业建设奠定基础。2016年底，山西大北农饲料有限公司通过农业部示范企业验收，为山西省饲料企业示范创建树立标杆。开展生鲜乳和饲料质量安全专项整治。随机抽检生鲜乳收购站和生鲜乳运输车100个，重点检查违禁物质监测、执法查处以及质量安全监管制度落实情况。以异地检查的方式对50个饲料和饲料添加剂生产企业生产条件和质量控制两个部分共68个项目进行现场检查，随机抽取100个饲料样品进行检测。对受查企业所在市、县饲料管理部门履行行业管理的情况进行督查。（郑晓静）

【奶业提质增效建设】 2016年，山西省实施奶业提质增效项目，重点引进奶牛优良品种，推广奶牛发情自动监测项圈，安排资金1500万元。其中，用于购买奶牛发情自动监测项圈和配套软硬设备1000万元；用于引进种牛、胚胎和冻精500万元。实施奶牛标准化规模养殖场(小区)建设项目。2016年，中央投资在山西省进行奶牛标准化规模养殖场(小区)改扩建，建设内容包括养殖场(小区)水、电、路、粪污处理、防疫、挤奶、质量检测、生产性能测定采样等配套设施设备及饲草料基地建设等。（郑晓静）

【畜禽屠宰监管】 2016年，山西省开展生猪屠宰监管"扫雷行动"，对辖区内屠宰企业进行清查，对"瘦肉精"使用、注水注胶、屠宰病死畜禽等违法行为进行打击，代宰行为得到规范。对小型屠宰场点所在地、城乡接合部、交通要道周边，以及专业村(户)、肉食品加工集中地、农村集贸市场等易发多发屠宰违法行为的地区加强风险隐患排查，开展集中整治。加强畜禽屠宰企业资格监管，全面排查生猪定点屠宰企业。对于未获得生猪屠宰许可而从事生猪屠宰的企业，收回其定点屠宰证并协调相关部门吊销其生猪屠宰营业执照。审核清理其他畜禽屠宰企业，参照《关于加强生猪定点屠宰资格审核清理工作的通知》，按照属地管理和"谁审批、谁监管"原则，对牛、羊、家禽屠宰企业进行资格审核；按照《山西省畜禽屠宰管理条例》规定，不符合法定设立的畜禽屠宰企业，不得从事畜禽屠宰活动。

严格畜禽屠宰企业审批。根据《农业部畜禽屠宰行业健康发展指导意见》，对新建企业严格把关，并指导企业做好选址、规划、设备选型等。

建立畜禽屠宰监管平台及追溯体系。朔州、晋中、晋城等市要求屠宰企业在关键区域安装高清摄像头，部分县可及时将监控信息上传至监管平台，监管效率提高。借助社会力量，建立畜禽屠宰追溯体系，包括屠宰企业生产信息报送、生产加工及病死畜禽无害化处理实时监控、生产台账查证、产品信息追溯等内容。（郑晓静）

渔 业

【概述】 2016年，山西省水产品总产量5.3万吨，较上年增长2%；渔业经济总产值8.45亿元，较上年增长3%；渔民人均纯收入达到8400元，较上年增长5%。产地水产品质量安全监督抽查合格率为100%。在渔业资源调查基础上，对作为一、二级水源地的泉域、水库的水生生物多样性、养殖现状进行补充调查。对拟制定生态修复规划的沁河、桑干河、滹沱河、漳河、涑水河、御河水生生物底数进行调查，掌握水生生物构成和基础数据，提出养殖指导意见。拟定《汾河流域生态渔业发展指导意见》，作为省内河流生态修复主要部分的切入点，积累成熟经验和模式，拓展渔业发展空间，丰富渔业发展内涵。推进渔业品牌建设。拟定符合山西省实际的渔业品牌推进行动计划，从发展布局、培育主体、构建机制、创新模式、健全体系、完善政策等方面对全省渔业品牌发展进行顶层设计。以人员下基层、项目向基层、资金惠基层，促进渔业人才队伍建设、促进科技创新和先进实用技术推广、促进渔业增效和渔民增收为主要内容的省直渔业系统"三基三促"活动实施。在土著鱼类繁育、新型养殖模式的研究、渔业网络建设、新品种的引进养殖及疫病控制等项目上取得突破性进展。在巩固和发展鲤鱼、草鱼等大宗水产品和虹鳟、鲟鱼、黄河鳖等特色水产品养殖生产的同时，引进和扩大南美白对虾、大闸蟹、黄颡鱼、匙吻鲟等经济效益高、市场销路好、适合本省养殖的名优水产品种养殖，名优水产养殖品种比例稳步提高，养殖品种结构持续优化，名优水产品养殖比重达22%。（梁述杰）

【水产健康养殖】 2016年，山西省开展年度水产健康养殖示范场创建工作，在运城等市推广多营养层级生态养殖，以开展休闲渔业示范基地创建活动为抓手，发展休闲渔业。监控产地水产品质量安全。对11市的13个养殖水产品质量进行抽检，抽检样品287个。无公害水产品产地认定、水产品认证工作稳步进行。完成24个无公害水产品产地环境检测工作。与工商、质检等部门联合对省内各市县较大农贸集市的水产品药物残留进行抽测，加强日常水产品检疫，严禁病死水产品销售，维护消费者合法权益。在产地水产品抽检中发现的药残超标水产品，全部进行无害化处理。完成4次市场水产品例行监测和2次产地水产品质量安全监督抽查。（梁述杰）

【水产种质资源繁育】 2016年，山西省扩大水产种质资源繁育增殖放流活动规模。6月6日，在运城、吕梁等市同步组织开展水生生物增殖+面积8600公顷，检测水样450样次。开展山西省特有品种大鲵、乌苏里拟鲿、唇鱼骨、黄河鲶等水产种质资源繁育项目攻关，年底前大鲵幼体保有量达3000尾，储备鲶鱼亲鱼300组、乌苏里拟鲿亲鱼80组、黄颡亲鱼100组，繁育鲶鱼苗种10万尾、乌苏里拟鲿鱼苗种6万尾、黄颡鱼苗种10万尾。（梁述杰）

【灾后渔业养殖设施重建】 2016年，山西省汛期内多地遭受暴雨洪水侵袭，给渔业生产和基础设施造成较大损失。特别是“7·19”特大暴雨及其次生灾害，给多地渔业生产和基础设施造成很大打击。据统计，山西省极端天气损毁流水池塘400亩，死鱼1500余吨，直接经济损失0.8亿元。各级渔业部门抗洪抢险，到受灾市、县和养殖单位，督查安全生产，指导做好雨期池塘防洪措施，指导渔场灾后清理，投入灾后重建，帮助指导养殖单位恢复生产。（梁述杰）

农垦

【概述】 截至2016年底，山西农垦系统有国有农场（公司）25个。其中，隶属山西省投资集团5个。市属8个；县属12个，分布在9市22县（区）境内，其主管单位主要隶属于各地开发区、国资委和农委等部门。25个国有农场中，有事业单位15个。其中，全额事业单位1个；差额事业单位6个；自收自支事业单位8个；企业单位10个。垦区总人口4.78万人，职工3500多人。土地总面积35.12万亩。其中，耕地9.71万亩；草地牧坡7.97万亩；林地10.27万亩；园地1.03万亩；建设用地2.31万亩；未利用地3.82万亩。

2016年，山西省垦区大多数农场以粮食生产、蔬菜种植和奶牛养殖为主业。主管农业企业有24个，农作物种植面积8.98万亩，粮食总产量29841吨，蔬菜总产9072吨；乳牛存栏0.88万头，猪存栏1.04万头，羊存栏9万头，肉类总产量3301吨，牛奶产量28366吨；有4个农场兼营工业，主要涉及饲料加工、矿产开采、石材加工、家具制造、白酒及醋加工等；有11个农场兼营第三产业，主要从事农副产品批发和交通运输、商贸、服务业等，实现销售总额44.85亿元。2016年，全省垦区生产总值达58194万元，其中第一产业13130万元，第二产业24215万元，第三产业增加值20849万元。人均纯收入8902元。全省垦区资产总额129364万元，负债总额115337万元，资产负债率89%。（闫维平）

【农垦改革】 2016年，山西省各级政府、各级农垦主管部门和国有农场落实中共中央、国务院《关于进一步推进农垦改革发展的意见》文件精神，分离农垦社会职能，化解农垦历史遗留问题，确保垦区、农场职工能够享受到地方均等的基本公共服务。

山西省农业厅负责农垦改革工作。由农业厅组织省级相关部门开展全省农垦系统20多个国有农场调查摸底，形成《调研报告》，向省政府报送农垦改革发展情况的请示报告。省长楼阳生、副省长郭迎光同意成立山西省推进农垦改革发展领导小组，郭迎光任组长，有关市政府、相关部门和山投集团为成员单位，领导组办公室设在省农业厅。出台《关于进一步推进山西农垦改革发展的实施意见（征求意见稿）》，明确各项改革的具体责任单位，征求有关市人民政府、省直有关单位、各农垦主管部门及各农场的意见和建议。

落实改革工作。根据《农业部关于部署开展深化农垦改革专项试点工作的通知》精神，山西省结合各农场实际，确定两个场（公司）承担全国专项试点工作任务：山西省农业产业有限公司承担推进国有农场企业化改

2016年4月，山西农村春季机播现场　（秦永红供图）

革和公司化改造试点任务；山西省临汾市尧都区奶牛场承担组建专业化农业产业公司和对农垦企业改革改制中涉及的国有划拨建设用地和农用地、采取作价出资(入股)方式处置改革专项试点任务，三项试点任务被农业部确认备案。（闫维平）

【垦区安全生产】 2016年，山西省农垦系统贯彻落实“安全第一，预防为主、综合治理”的思想方针，在节假日前下发关于加强安全生产工作的各项通知，加大安全生产宣传力度。各企业组织开展安全生产自查和隐患排查治理，预防安全事故发生。开展“安全生产宣传月”活动，局、站领导多次到农场，对企业的森林草地防火、防汛抗旱和农牧业生产安全等进行监督检查。在永济市举办“山西农垦系统安全生产培训”和“安全生产宣传咨询”活动，发放各类宣传资料1200余份，普及农业安全生产知识。该次“安全生产宣传咨询”活动先后由《人民日报》《山西日报》《中国安全生产报》等媒体宣传报道。11月，在临汾市举办山西农垦系统安全生产管理培训班，在尧都区奶牛场举办现场消防应急演练，提升农场实战训练水平，提高农场处置突发事故应急救援能力。

垦区危房改造。由分管领导到全省实施农垦危房改造任务的21个农场，逐一进行督查检查，听汇报、看档案、查账户、走现场、提建议等，了解危房改造工作进展情况和存在问题。要求各项目农场倒排工期，实行月报制度，每月报送工程进度、手续办理情况、资金完成情况等；多次督促进展缓慢、存在问题多的农场，了解项目进展情况，并与省发改委沟通协调，及时将意见反馈给相关农场；对农场反映的问题，与省住建厅等部门咨询沟通，推进项目工程进度。

垦区安全饮水。根据农业部农垦局要求，开展垦区饮水安全情况调查，总结山西省垦区饮水安全现状及“十二五”规划完成情况。“十三五”期间，山西省垦区有20个农场有饮水安全巩固提升工程建设需求，投资估算2240万元，涉及农场人口2万余人；开展垦区“十三五”期间水利设施需求及现状调查，摸清山西省垦区水利设施建设现状。“十三五”期间，有21个农场有水利设施建设需求，投资估算5201万元。（闫维平）

【国有贫困农场扶贫开发】 2016年，农业部农垦局安排山西省垦区国有贫困农场扶贫资金1023万元。主要用于规范项目资金管理、项目监督检查和扶贫项目实施。

规范项目资金管理。按照《山西农垦国有贫困农场财政扶贫项目及资金管理实施细则》，对项目资金的支付进行审批。

项目督导检查。2016年年初，以晋农业(垦)发〔2016〕5号文件下发通知，要求项目农场开展自查，发现问题及时整改。在项目实施过程中，注重项目中期检查，先后10多次到项目农场进行督导检查。协助和配合农业部农垦局对山西省2013年至2015年扶贫项目进行抽查检查。

扶贫项目实施。在总结山西省垦区“十二五”扶贫开发工作基础上，向农业部农垦局报送上年扶贫项目建设情况，提出2016年扶贫项目计划和2017年扶贫资金需求计划。组织对新申报项目的评审和论证，组织专家对完工项目进行竣工验收，注重项目绩效评价管理，确保扶贫资金发挥应有效益。（闫维平）

【国有农场办社会职能改革】 自2013年以来，国务院农村综合改革工作小组连续四年将山西省符合条件的18个国有农场列为农场办社会职能改革试点农场。每年中央和省级财政下达18个农场(企业)财政奖励资金1422万元。其中，省直5个农场每年享受财政奖励资金621万元，其他市县农场财政奖励资金直接下达各市县财政。按照《山西省国有农场办社会职能改革财政奖励资金管理办法》，要求各国有农场上报资金使用计划，加强财政奖励资金管理，做到专款专用，确保财政补贴资金使用规范、安全和有效。（闫维平）

农业机械化

【概述】 2016年，山西省农机总动力达3393.9万千瓦，比上年增加42.3万千瓦，增幅2.5%。其中，50马力以上大中型拖拉机保有量达5.6万台，比上年增加3367台，增幅6.4%，占拖拉机新增量的92.5%；玉米联合收割机达2.3万台，比上年增加1928台，增幅9.2%，占联合收获机新增量的82.1%；畜牧业、设施农业、林果业、农产品初加工等机械协调发展，农业机械向多功能、高效能、复式作业机械快速增长，为山西省现代农业建设提供装备支撑。农机作业水平再创新高。全省机耕、机播、机收面积分别完成4072.5万亩、3909万亩、2743.5万亩，机耕、机播、机收水平分别达77.6%、69.8%和49%，与上年相比分别提高1.7个、1个和1.5个百分点。全省主要农作物耕种收综合机械化率达66.6%，比上年提高1.4个百分点，超出全国平均水平1.6个百分点。其中，小麦耕种收综合机械化率达89.2%，比上年提高0.4个百分点；玉米耕种收综合机械化率达79.5%，比上年提高1.5个百分点。农机化经营效益增加。全省农机化经营总收入达91.1亿元，纯收入达42.8亿元，为粮食增产、农民增收、农业增效、农村劳动力转移提供保障。农机安全生产形势稳中向好。全省发生2起一般农机事故，继2014年之后第二次实现农机安全生产零死亡，各项指标均低于省政府下达的农机安全生产考核指标。（秦永红）

【农业机械化推广】 农业机械化示范县、乡、村创建活动。2016年，山西省投入2500万元，扶持25个示范县、126个示范乡和502个示范村开展农业机械化创建活动。建设机耕道155千米，机库棚1.3万平方米，培训技术和管理人员2000余人次；为农机具安装GPS设备800多台(套)，引进先进适用机具140余台(套)。25个示范县农机总动力达589.9万千瓦，占全省农机总动力的33.8%；主要农作物耕种收综合机械化率达73.5%，超出全省平均水平6.9个百分点，其中10个县率先成为农业机械化综合示范县。

主要农作物全程机械化。2016年，山西省示范推广玉米、马铃薯、高粱、胡麻、莜麦、谷子等六大农作物耕、种、管、收等机械化生产主要环节急需机具和技术。建设全程机械化示范点70个。全省玉米全程机械作业面积达1519.5万亩，比上年增加25.5万亩，增幅1.7%，玉米耕种收综合机械化率达79.5%；马铃薯全程机械化作业面积达138万亩，比上年增加9万亩，增幅6.9%，马铃薯生产综合机械化率达76.3%；高粱、胡麻、莜麦、谷子全程机械化作业面积达70.5万亩。芮城县成为全国首批28个基本实现主要农作物全程机械化示范县之一。

（秦永红）

【电动农机奖补试点】 2016年，山西省政府将电动农机奖补列入十项强农惠农富农政策，并安排5000万元专项资金。在山西省无电动农机生产企业、无电动农机产品、无电动农机技术标准的情况下，在国内没有可供参考经验的情况下，在全国率先开展电动农机奖补试点。以省政府办公厅名义出台《关于推进电动农机发展的实施意见》；在太原、大同等7个市12个县创建13个省级电动农机技术装备应用示范点；筛选26家农机生产企业54个电动农机新产品，列入电动农机奖补产品名录；制订《电动农机新产品奖补工作实施方案》，在20个试点县开展电动农机新产品奖补工作。

（秦永红）

【农机购置补贴】 2016年，山西省落实中央财政农机购置补贴资金3.962亿元，补贴5万户农民购买6.2万台（件）农机具。缩小补贴范围，将补贴品目由原来57个缩减为46个，集中资金补贴山西省主要农作物全程机械化以及丘陵山区农业机械化发展所需机具，倡导各市对免耕播种机等6个品目实行敞开补贴。适度降低机具补贴比例，缓解资金紧张矛盾，尽可能满足农民购机需求，提高普惠程度。鼓励有条件的市、县将补贴机具的核实任务和补贴资金的受理工作下放到乡镇进行，为购机户提供方便。农机购置补贴辅助管理系统实行“实名制AB角”管理，做到权责明确、互相监督。加大农机购置补贴信息公开力度，对补贴产品、补贴产品生产企业和经销企业以及补贴资金使用进度等情况进行实时公示，全方位接受社会监督。规范农机购置补贴产品产销、购买与核实行为，先后对30家违规产销企业进行处理通报。

（秦永红）

【农机深松整地作业】 2016年，山西省制定《山西省农机深松整地作业实施规划（2016—2020年）》，对“十三五”期间全省农机深松整地作业进行全面部署。督促检查2013至2015年全省农机深松整地作业补助资金兑付情况，对补助资金兑付不及时的市县进行通报。以省政府办公厅名义印发《关于做好农机深松整地工作的通知》，启动农机深松整地作业进度月报和作业集中期周报制度，定期向各市人民政府通报当地农机深松整地作业进展情况。安装农机深松整地作业监控设备1208台（套），远程监测作业面积占到实际补助面积的37%，增强农机深松整地作业质量监管的准确性和权威性。2016年，全省共完成农机深松整地作业面积340.5万亩，其中实施农机深松整地作业补助面积115.5万亩。（秦永红）

【新型农机化经营主体培育】 2016年，山西省从培育现代农业新型农机化经营主体出发，以“诚信、规范、创新、共赢”为发展理念，采取健全组织机构、完善章程制度、资金项目倾斜、创建农机化示范社场户等措施，在全省培育农机示范合作社41个、示范家庭农场35个、示范农机大户62个，全省农机专业合作社和农机大户分别达2450个和7271个。举办山西省农机手大赛和第三届中国农机手大赛北方联赛，选派48名优秀农机手参加全国总决赛，长治市屯留县农机手王旭东获全国农机手大赛季军；12名农机操作手被评为“全国百强机手”；9个农机专业合作社被农业部认定为全国农机示范合作社；山阴县泰和农机合作社理事长陈永和获“全国20佳理事长”称号。（秦永红）

【农机技术示范推广和科研创新】 2016年，山西省组织各类新技术新机具现场演示活动160余次，各类技术培训班200多期，培训农机技术人员、农机操作手以及农民3.6万人次。其中，第十一届北方现代农业装备推广展示交易会被评为“2016年度中国十佳优秀特色展会”。国家863课题中的柠条饲料制粒智能化温控系统研究等5个项目通过省级科技成果鉴定，均达到国际先进水平。15个科研项目被列入2016年度现代农机装备引进试验项目。“玉米丰产方机收秸秆还田技术推广”项目获农业部2014—2016年度全国农牧渔业丰收奖农机技术推广成果奖三等奖。马铃薯全程机械化生产技术示范推广项目获农村技术承包二等奖。省农机化技术推广总站获全国农业技术推广成果三等奖。2名农机化技术推广人员获全国农业技术推广贡献奖。

（秦永红）

【农机安全生产】 2016年，山西省按照安全生产“党政同责、一岗双责、失职追责”和“管行业必须管安全、管业务必须管安全、管生产经营必须管安全”的要求，开展农机安全生产大检查、打非治违专项整治、“反对违章指挥、违章作业和违反劳动纪律”专项行动，发送“一信三书”（“一信”：致广大农机手的一封慰问信；“三书”：注册登记告知书、检验告知书和隐患排查治理告知书）2万多份，排查拖拉机、联合收割机1.5万多台次，排查整改各类隐患2742项。免征拖拉机号牌费、行驶证费、登记证费、驾驶证费和安全技术检验费等费用130多万元。太谷县被评为省级“平安农机”示范县，6人被评为全国“为民服务争先创优”示范岗位标兵。2016年，全省新注册登记拖拉机、联合收割机1.4万台，检验6万台，新训新考驾驶员5833人，期满换发驾驶证3978人。

（秦永红）

农业科技

【概述】 2016年，山西省农业科学院开展科研课题942项。其中，国家级课题131项，省级课题380项，院级课题392项，横向协作课题39项。新开课题519项。其中，国家级课题72项，省级课题169项，横向协作课题12项，院级课题266项。国家级课题主要包括：国家青年基金课题1个，国家重点研发子课题11个，农业部产业体系岗位专家11个，农业部产业体系综合试验站27个。

2016年鉴定科研新成果16项。通过国家审（鉴）定农作物新品种6个；省级审（认）定新品种24个，占全省的47%。3个品种获植物保护新品种权证书。获国家授权专利165件，较上年增长22%。其中，发明专利47件，实用新型专利115件，外观设计专利3件。经山西省质量技术监督局批准发布山西省农业地方标准56项。发表学术论文514篇。其中，国家级论文123篇，出版专著13部。

（朱俊菲）

【获奖成果】 2016年，山西省农业科学院畜牧兽医研究所主持完成的“舍饲养羊技术集成与示范”，获山西省科技进步类一等奖。

山西省农业科学院农业环境与资源研究所、农产品加工研究所合作完成的“褐土质量演变规律与持续利用技术研究”、山西省农业科学院农作物品种资源研究所主持完成的“高产优质多抗玉米品种‘品玉1号’和‘品玉8号’的选育与推广”、山西省农业科学院棉花研究所主持完成的“国审强筋节本高效广适小麦新品种舜麦1718”、山西省农业科学院畜牧兽医研究所主持完成的“中草药改善猪肉品质的研究与应用”、山西省农业科学院高寒区作物研究所主持完成的“高产稳产广适国审大同系列谷子新品种选育及应用”和山西省农业科学院植物保护研究所主持完成的“果树梨小食心虫监测和绿色防控新技术研究与示范”，获山西省科技进步类二等奖。

2016年11月8日，山西省农业科学院玉米研究所与大丰种业公司举行玉米新组合晋糯20经营权转让签字仪式

（农科院供图）

山西省农业科学院作物科学研究所主持完成的“国审高产优质大豆晋遗31号的选育及应用”、山西省农业科学院蔬菜研究所主持完成的“优质大白菜新品种及栽培技术推广”、山西省农业科学院农产品加工研究所主持完成的“燕麦全粉加工关键技术与应用研究”、山西省农业科学院畜牧兽医研究所主持完成的“边鸡种质资源保护与创新利用研究”、山西省农业科学院园艺研究所主持完成的“萱草属种质资源收集、评价及创新研究”、山西省农业科学院农业环境与资源研究所主持完成的“山西旱实核桃养分需求规律研究及配方施肥技术体系的建立”、山西省农业科学院农作物品种资源研究所主持完成的“中国黍稷种质资源收集、保护、创新与共享利用”、山西省农业科学院玉米研究所主持完成的“早48玉米自交系的选育与应用”、山西省农业科学院高粱研究所主持完成的“国鉴高粱品种‘晋糯1号’‘晋糯2号’选育与推广”和山西省农业科学院农业资源与经济研究所主持完成的“区域农村经济综合数据分析系统”，获山西省科技进步类三等奖。

（朱俊菲）

【农业技术推广示范行动】 2016年，山西省农业科学院556名科技人员在全省28个县（市、区）实施56项农业科技成果转化与示范推广项目，共推广包括“晋糯20”在内的农产品新品种213个，集成先进适用简约化技术196项，配套高产高效技术模式35项，示范2.6万亩，推广65.1万亩，粮、油、果、菜、畜牧、食用菌、贮藏保鲜、设施农业等示范推广累计增加社会经济效益2.63亿元。全年开展各类培训344次，培训农民3.77万人次，发放技术资料15万余份，在山西电视台、地方电视台、《山西日报》《山西农民报》《山西科技报》等媒体报道宣传46次。

（朱俊菲）

2016年山西省农业科学院获国家授权发明专利一览表

名 称	完成单位
小麦玉米一年两作机械化套种方法	谷子研究所
内陆干旱、冷凉地区盐碱地玉米全膜覆盖种植方法	农业环境与资源研究所
一种芝麻与黄芩的套种方法	经济作物研究所
快速测定苹果黄蚜对啶虫脒敏感性的诊断试剂盒及使用方法	植物保护研究所
一种快速提高矿区复垦土壤肥力的施肥方法	农业环境与资源研究所
一种用于降低矿井水酸度的缓释复合絮凝剂	农业环境与资源研究所
循环节水快速洗根装置	高粱研究所
一种高粱种子丸粒化方法	高粱研究所
酶法脱除亚麻油苦味的方法	农产品加工研究所
油纤两用亚麻收割机	农产品加工研究所
一种亚麻高纤面条的制备方法	农产品加工研究所
荞面碗托连续生产成套设备	农产品加工研究所
抗坍塌莜面栲栳栳模具	农产品加工研究所
一种农艺农机相结合简约化栽培山药的方法	经济作物研究所
甘薯脱毒试管苗网棚直接移栽入土方法	棉花研究所
地黄脱毒试管苗网棚直接移栽入土方法	棉花研究所
快速测定苹果黄蚜对联苯菊酯敏感性的诊断试剂盒及使用方法	植物保护研究所
拼接式秸秆燃烧炊暖两用节能炉	棉花研究所
种子风干晾晒平台	高寒区作物研究所
晋西北丘陵坡地马铃薯整薯播种节水抗旱高产栽培方法	高寒区作物研究所
一种环保的菜豆种子抗旱处理方法	旱地农业研究中心
一种冷凉区旱地玉米微垄覆膜播种方法	旱地农业研究中心
一种用于苹果开花期定果药剂的配方及使用方法	棉花研究所
一种用于红富士苹果的美果剂配方及制备方法	棉花研究所
同步改良甘蓝型油菜细胞质雄性不育三系亲本的方法	棉花研究所
一种内陆重度盐碱荒地快速改良方法	农业环境与资源研究所
菊芋间作燕麦改良内陆盐碱地的方法	农业环境与资源研究所
一种基于苏打盐化土的油葵专用肥及其制备方法	农业环境与资源研究所
一种籽粒苋杂粮保健酒及制备方法	生物技术研究中心
色素相关基因作为直观标记的花粉介导植物转基因方法	生物技术研究中心

续 表

名 称	完成单位
一种南瓜矮生植株薄种皮杂交种选育方法	蔬菜研究所
旱地小麦高产高效轻简栽培技术	小麦研究所
旱地麦田伏期耕作增贮蓄墒方法	小麦研究所
免耕施肥施药穴播机	小麦研究所
一种玉米复播麦田种子沟秸秆位移装置	小麦研究所
一种小麦穗粒数测定方法	小麦研究所
一种水后简捷定植方法	小麦研究所
一种玉米地膜垄铺侧种播种机	玉米研究所
一种免间苗膜侧谷子条播机	作物科学研究所
枣树主干落头高接法	园艺研究所
一种樱桃缺素症黄花病的防治方法	园艺研究所
樱桃李果实育苗方法	园艺研究所
用遮阳网作的果树遮雨棚	园艺研究所
樱桃专用自控式多段释放生物源生理调节保鲜剂及其制备方法	农产品贮藏保鲜研究所
防治果蔬采后病害的生物拮抗菌菌株其制备方法及其应用	农产品贮藏保鲜研究所
用于防治果蔬采后病害的菌株及生防菌剂	农产品贮藏保鲜研究所
成团泛菌菌株 XM2 及其菌悬液的制备方法和对梨黑斑病的防治方法	农产品贮藏保鲜研究所

2016 年山西省农业科学院获国家授权实用新型专利一览表

名 称	完成单位
环型可调滑轨式控雨控光专用棚	农产品贮藏保鲜研究所
一种花盆	高粱研究所
一种小型电动拌种装置	高粱研究所
一种可定时的浸种恒温箱	高粱研究所
一种与多种规格离心管相匹配的离心机转子	高粱研究所
温室大棚监测系统及温室大棚	高粱研究所
一种果树弯枝装置	高粱研究所
一种高粱电动穿穗器	高粱研究所
土壤表层板结破碎装置	高粱研究所
电动取土器	高粱研究所

续　表

名　称	完成单位
一种地膜下滴灌管铺设装置	旱地农业研究中心
农田秸秆残膜收集和农田平整镇压一体机	旱地农业研究中心
胡麻收割机的集堆装置	农产品加工研究所
红枣去核机	农产品加工研究所
枣夹核桃的红枣去核机	农产品加工研究所
手工核桃剥壳器	农产品加工研究所
水浴蒸发装置	农产品加工研究所
电磁加热三层筒循环炒锅	农产品加工研究所
燕麦面团分割器	农产品加工研究所
农用地下灌溉系统	旱地农业研究中心
地下输水灌溉管	旱地农业研究中心
一种谷子免间苗精量穴播机	经济作物研究所
一种种子储存盒	棉花研究所
灭菌器械支撑架	棉花研究所
一种判断农药纳米乳液层状液晶形成的装置	植物保护研究所
草蛉卵收集装置	植物保护研究所
可调式小麦播种压孔器	棉花研究所
一种多功能马铃薯播种机	高寒区作物研究所
一种胡麻冲施肥用施肥器	高寒区作物研究所
一种胡麻整地镇压播种机	高寒区作物研究所
一种用于紫花苜蓿种子的精细筛选装置	高寒区作物研究所
一种荞麦脱粒机	高寒区作物研究所
一种简易马铃薯挑选机	高寒区作物研究所
一种小粒圆形种子作物播种器	高寒区作物研究所
一种试验田开沟器	高寒区作物研究所
一种豆类作物精选机	高寒区作物研究所
一种手动马铃薯点播器	高寒区作物研究所
播种机的切秆甩秆松土装置	谷子研究所
周期计数的害虫诱捕器	果树研究所

续　表

名　称	完成单位
一种新桥接型果树授粉装置	果树研究所
一种多功能果树栽培用施肥装置	果树研究所
一种果树拉枝装置	果树研究所
一种果树桥接卡	果树研究所
温湿度传感器	果树研究所
新型雨量传感器	果树研究所
一种可进行横向和纵向调节的果树喷洒装置	果树研究所
一种适用于高杆密植作物的全自动微型中耕除草机	旱地农业研究中心
起垄覆地膜装置	旱地农业研究中心
大棚薄膜自动升降控制系统	旱地农业研究中心
智能灌溉控制阀	旱地农业研究中心
大棚集雨水箱	旱地农业研究中心
玉米宽幅交错增密种植的播种器	旱地农业研究中心
豇豆试验专用点播器	旱地农业研究中心
简易杂豆种子精选分级工具	旱地农业研究中心
可除杂中粒型豆类数粒器	旱地农业研究中心
手摇式作物田间划行器	旱地农业研究中心
一种新型播种器	旱地农业研究中心
灭菌容器	旱地农业研究中心
酒精灯	旱地农业研究中心
起垄施肥全覆膜盖机	旱地农业研究中心
高质玉米秸秆还田机	棉花研究所
定向玉米田间喷药器	棉花研究所
一体式生物质自力旋风气化燃烧炉	棉花研究所
一种螺旋式推土杆取根装置	农业环境与资源研究所
一种可固定容量瓶托架	农业环境与资源研究所
一种温室卷被自动控制器	农业科技信息研究所
一种小麦育苗系统	生物技术研究中心
一种简易生物组织研磨器	生物技术研究中心

续 表

名 称	完成单位
小麦覆膜播种机	生物技术研究中心
撒播机	生物技术研究中心
覆瓦式活动育苗棚	试验研究中心
食用菌栽培袋刺孔增氧机	试验研究中心
食用菌培养料发酵增氧装置	试验研究中心
一种阳畦踏板	蔬菜研究所
一种西葫芦育种辅助工具	蔬菜研究所
一种蔬菜采收工具	蔬菜研究所
一种适合盐碱地的日光温室	蔬菜研究所
一种小麦电动撒播机	小麦研究所
一种玉米种肥一体播种机	小麦研究所
一种玉米种植器	小麦研究所
一种谷子播种量调控装置	小麦研究所
便携式多功能小麦杂交工具	小麦研究所
一种小麦单株拔株装置	小麦研究所
一种试验田打点线装置	小麦研究所
方便式标签取用盒	小麦研究所
一种联栋大棚地暖式节能蔬菜育苗装置	小麦研究所
兽医用畜类口腔撑开器	畜牧兽医研究所
一种动物诊疗采血装置	畜牧兽医研究所
一种饲料粉碎装置	畜牧兽医研究所
一种饲料自动配料系统	畜牧兽医研究所
一种饲料发酵罐	畜牧兽医研究所
一种高产玉米播种机	玉米研究所
一种不粘泥土的锄头	玉米研究所
一种过滤农药机喷头	玉米研究所
一种角度可调节的锄头	玉米研究所
一种喷药机雾化喷头	玉米研究所
电子控制流量的食用菌种接种	食用菌研究所

续　表

名　称	完成单位
便携式与手机配套使用的培养料观察及照相装置	食用菌研究所
一种秸秆粉碎旋耕播种一体机	右玉农业试验站
一种燕麦播种机	右玉农业试验站
一种可升降式果树杀虫灯	园艺研究所
一种用于枣树的防雨罩	园艺研究所
一种后坡护植的温室大棚	园艺研究所
蜂箱内置保温填充器	园艺研究所
一种玉米播种机施肥检测装置	作物科学研究所
一种土壤检测施肥机	作物科学研究所
一种土壤检测装置	作物科学研究所
一种玉米施肥机	作物科学研究所
玉米根茬起茬机	作物科学研究所
折叠式作物资源晾晒架	作物科学研究所
一种谷物收割筛选装置	作物科学研究所
一种水稻育种催芽装置	作物科学研究所
一种景天属地被植物专业绿化袋	作物科学研究所
便携式小麦脱粒搓粒板	作物科学研究所
一种便携式考种尺	作物科学研究所

2016年山西省农业科学院获国家授权外观设计专利一览表

名　称	完成单位
草莓专用的收纳盒	果树研究所
包装袋(抗逆先锋A)	棉花研究所
小麦数粒器	作物科学研究所

2016年经山西省质监局批准发布山西省地方标准（农业）一览表

名　称	起草单位
苹果落花后套袋前主要病虫害化学防治技术规程	植物保护研究所
辣椒抗疫病田间鉴定技术规程	植物保护研究所
玉米整秆地膜宽窄行间隔交替覆盖栽培技术规程	谷子研究所
玉米两米一带三行种植技术规程	谷子研究所
籽用工业大麻栽培技术规程	经济作物研究所
芝麻旱地保苗技术规程	经济作物研究所
商品肉鹅饲养管理技术规程	经济作物研究所
油菜网棚杂交制种角额壁蜂授粉技术规程	棉花研究所
机采棉生产技术规程	棉花研究所
棉花抗旱性鉴定技术规范	棉花研究所
棉花不育系蜜蜂授粉技术规程	棉花研究所
大棚甜椒和西葫芦轮作栽培技术规程	蔬菜研究所
设施春白菜优质高产栽培技术规程	蔬菜研究所
反刍动物非蛋白氮复合补充料加工技术规范	饲料兽药研究所
羔羊代乳颗粒饲料	饲料兽药研究所
粒用高粱交替隔沟灌溉节水技术规程	高粱研究所
杏冷藏技术规程	农产品贮藏保鲜研究所
鲜枣冷链物流技术规程	农产品贮藏保鲜研究所
小麦-玉米微喷水肥一体化技术规程	小麦研究所
甜荞机械化栽培技术规程	农产品加工研究所
风化煤改良苏打盐化土技术规程	农业环境与资源研究所
农用硫酸亚铁改良苏打盐化土技术规程	农业环境与资源研究所
设施蔬菜面源污染监测技术规程	农业环境与资源研究所
盐渍土水溶性盐总量的测定-电导率法	农业环境与资源研究所
核桃水肥一体化滴灌技术规程	农业环境与资源研究所
灌溉果园白三叶种植与利用技术规程	农业环境与资源研究所
双孢蘑菇菌种检验规程	食用菌研究所
双孢蘑菇菌种生产技术规程	食用菌研究所
酥梨栽培技术规程	生物技术研究中心
大豆杂交种制种技术规程	农作物品种资源研究所

续 表

名 称	起草单位
大豆杂交种种子	农作物品种资源研究所
普通菜豆田间性状描述规范	农作物品种资源研究所
普通菜豆抗普通细菌性疫病田间鉴定技术规范	农作物品种资源研究所
梨茎蜂综合防治技术规程	果树研究所
酿酒葡萄栽培技术规程	果树研究所
玉露香梨	果树研究所
山楂栽培管理技术规程	果树研究所
平欧杂种榛丰产栽培技术规程	果树研究所
利用畜禽废弃物生产有机肥技术规程	畜牧兽医研究所
奶牛围产期精准化饲养管理技术规程	畜牧兽医研究所
奶牛酮病诊疗技术规程	畜牧兽医研究所
羊主要寄生虫病防控技术规程	畜牧兽医研究所
海狸色獭兔	畜牧兽医研究所
獭兔饲养管理技术规范	畜牧兽医研究所
肉兔饲养管理技术规范	畜牧兽医研究所
萱草栽培技术规程	园艺研究所
梨蜜蜂授粉技术规程	园艺研究所
木枣栽培技术规程	园艺研究所
红枣苗木繁育技术规程	园艺研究所
大豆网室杂交制种蜜蜂授粉技术规程	园艺研究所
红芸豆机械化生产技术规程	旱地农业研究中心
旱地豇豆地膜覆盖栽培技术	旱地农业研究中心
红芸豆主要病虫害综合防控技术规程	高寒区作物研究所
紫花苜蓿主要病虫害防治技术规程	高寒区作物研究所
晋北旱地黍子栽培技术规程	高寒区作物研究所
燕麦秋深松抗旱播种保苗技术规程	高寒区作物研究所

2016 年山西省农业科技创新团队一览表

团队名称	依托单位	带头人
牛高产低排营养调控山西省科技创新培育团队	畜牧兽医研究所	张元庆

2016年山西省农业科学院通过国家审（鉴）定新品种目录表

品种名称	选育单位	完成人
晋谷62号	作物科学研究所	马建萍等
晋春3号	蔬菜研究所	李改珍等
甜糯182号	高粱研究所	邵林生等
晋糯4号	高粱研究所	宋旭东等
晋草8号	高粱研究所	平俊爱等
晋草9号	高粱研究所	张福耀等

2016年山西省农业科学院通过国家审（鉴）定新品种目录表

品种名称	选育单位	完成人
华美468	作物科学研究所	段云平等
赛博159	现代农业研究中心	白琪林等
赛德1号	作物科学研究所	白琪林等
太玉811	作物科学研究所	白琪林等
德力666	棉花研究所	董喜才等
并豆1923	作物科学研究所	王创云等
盛玉367	玉米研究所	王建军等
运单168	棉花研究所	王安乐等
长单510	谷子研究所	李　洪等
德朗118	谷子研究所	李中青等
早红蜜	果树研究所	王永康等
早脆蜜	果树研究所	李登科等
署脆红	果树研究所	陈双建等
‘寒露翠’	果树研究所	孙俊宝等
汾豆93	经济作物研究所	马俊奎等
丰乐742	旱地农业研究中心	董春林等
沃锋88	生物技术研究中心	王长彪等
密龙	生物技术研究中心	王果萍等
晋富4号	现代农业研究中心	牛自勉等
瑞普908	玉米研究所	武　忠等
晋糯5号	玉米研究所	陈永欣等
晋冬枣	园艺研究所	吴国林等
强盛288	强盛种业有限公司	尚　效等
金核1号	果树研究所	田建保等

水　利

Water Conservancy

综　述

【概述】 2016年，山西省完成隧洞掘进及管道铺设257.2千米。隧洞掘进累计完成629.1千米。辛安泉供水工程实现通水，东山供水工程具备上水条件，中部引黄和小浪底引黄两大泵站地下洞群及厂房开挖推进。与大水网骨干工程相配套的县域小水网启动。推进以汾河流域为重点的河流生态修复。汾河中游核心区15座干流蓄水闸坝基础工程完工。沿汾6市按照“一市一重点、一县一工程”布局和思路，分别制定汾河流域生态修复2016至2018年3年项目滚动规划。汾河太原段综合治理三期等重点工程推进。

夯实民生水利发展基础。2016年山西省完成农田实灌面积2352万亩。新建和改扩建农村饮水安全工程909处，巩固和提升44.5万农村人口的饮水安全标准。完成36个国定贫困县、51.43万户建档立卡贫困户的饮水安全入户调查。启动实施水利脱贫攻坚“3211”工程。全省完成水土流失治理面积547.46万亩。中央安排的65处抗旱规划引调提水工程全面建成。

防汛抗洪工作。2016年，山西省成功抗御“7·19”等各类汛情险情，全省600座水库、18161座淤地坝无一垮坝，主要河流均未决口，重要城市和重要基础设施安全度汛。

落实水资源管理制度。2016年，山西省万元地区生产总值用水量较上年度下降1.1%，全年压减地下水开采量1.28亿立方米，全省地下水位持续回升。晋祠泉复流工程推进，难老泉地下水位年底较年初上升1.96米，累计上升23.38米，年底距泉口仅剩4.38米。大水网中部引黄供水水源工程列入国家172项重大水利工程。地下水修复列入国家“十三五”规划纲要，山西省作为京津冀晋区域地下水修复试点。桑干河治理纳入国家《永定河综合治理与生态修复总体方案》，成为京津冀协同发展的重要组成部分。

（梁述杰）

【水利规划编制】 2016年，山西省水利厅完成《山西省水利发展“十三五”规划》编制工作。4月6日，水利部与省人民政府联合批复《汾河流域生态修复规划》。6月初，规划完成校核修改，上报水利部备案，列为《全国水利发展“十三五”规划》重点项目。

古贤水利枢纽项目前期工作取得进展。4月底，各市编制完成桑干河、滹沱河、漳河、沁河、涑水河、御河6条河流生态修复与保护规划报告，省水利厅组织有关单位进行技术复核，并征求省发改委、经信委、国土厅、环保厅、住建厅、农业厅、林业厅、煤炭厅、法制办、扶贫办、气象局等部门意见，5月底完成意见汇总并反馈各市修改完善。8月中旬，六河规划报告完成修改，上报省人民政府审议。

2016年6月，国家发改委在京召开“永定河综合治理与生态修复总体方案工作座谈会”，桑干河纳入国家永定河综合治理与生态修复规划。省水利厅编制完成《山西省加快灾后水利薄弱环节建设实施方案》《山西省江河湖库水系连通实施方案》《山西省抗旱规划“十三五”实施方案小型水库》等规划。规划总投资310.4亿元。启动汾河流域生态修复工程13项。其中，西范灌区东扩工程、禹门河汾阳段河道治理工程、介休龙凤河河道治理、潇河城区段河道治理工程（东郝桥—西郝桥、汇通桥—108桥段）、汾河河津—万荣段生态修复生物措施、禹门口东扩襄汾支线供水工程、汾河古交市区段（滩上桥—铁磨沟）河道综合治理工程、汾河太原段综合治理3期工程（水利工程部分）、汾河流域生态修复中游核心区干流蓄水工程实施方案9项完成前期工作；汾河静乐县城段生态综合治理工程可研报告批复；汾河干流稷山城区段综合治理工程可研报告报省发改委；汾河中下游干流生态修复湿地工程、太榆退水渠改扩建工程太原市段可研报告着手编制。截至2016年底，山西省涉及9大灌区（汾河、尊村、大禹渡、汾西、禹门口、潇河、文峪河、桑干河、册田灌区）续建配套与节水改造骨干项目的年度实施方案全部批复。列入全国抗旱规划“十三五”实施方案（2017—2020）的27个小型水库可研报告完成编制。其中，8座完成前期工作，4 座可研批复进入初设；15 座由所在县（市、区）办理土地预审、环境影响评价、项目选址意见书等前期立项支撑文件。（梁述杰）

【水土保持】 2016 年，山西省完成水土流失治理任务 300 万亩。按照水利部全口径统计要求，加上林业、农业、国土等其他部门实施的生态工程，全省完成水土流失治理面积 525 万亩。省水利厅提出全面实施水利扶贫“3211”工程。省水利厅《关于依托淤地坝工程开发利用小流域地表水的指导意见》印发各市。从 5 月开始，组织各市县编制水土流失综合治理规划和分县水土流失综合治理规划，年底全部完成。2016 年，全省实施国家水土保持重点建设工程、国家水土保持重点工程、淤地坝除险加固工程、坡耕地水土流失综合治理工程、国家农业综合开发水土保持项目、京津风沙源治理工程水利水保项目和省水土保持生态工程、坝滩联治工程等国家和省水土保持重点工程项目，国家和省水土保持投资 5.3 亿元。各项水保重点项目全部开工建设，年底完成全部计划任务的 80%。2016 年，山西省确保 2035 座大中型淤地坝平稳度汛、安全运行。汛前明确 2035 座大中型淤地坝的防汛行政责任人、技术责任人和管护人，并在当地媒体进行公示，接受社会监督；汛前、汛中开展全省淤地坝安全大检查，对淤地坝防汛预案、防汛责任制、防汛值班制等逐项检查落实，及时排查安全隐患；落实淤地坝管护经费，所有大中型淤地坝按照骨干淤地坝 1500 元/座、中型坝 800 元/座的标准落实管护经费，淤地坝全年安全运用。强化监督管理及预防保护。省水利厅从 3 月开始，派出 11 个督查组历时 2 个月开展“生态环境综合治理生产建设项目水土保持专项整治活动”。在市县调查摸底基础上，对 40 个问题突出、破坏严重、市县难以解决的生产建设项目进行重点督查。经过督查，各建设单位对存在问题进行整改。2016 年 4 月 25 日出台《全省水土保持补偿费收费标准》，明确补偿费收费标准。

（梁述杰）

水利工程建设

【水利工程建设与管理】 2016 年，山西大水网四大骨干工程完成隧洞掘进 130.2 千米、衬砌 144.4 千米，管道铺设 127 千米，占年度建设任务的 100.1%。其中，中部引黄完成隧洞掘进 111 千米、衬砌 100.6 千米；小浪底引黄完成隧洞掘进 14.2 千米、衬砌 16.2 千米；东山供水完成隧洞掘进 5 千米、衬砌 20 千米，管道铺设 111 千米，工程主体基本完工，实现通水；辛安泉供水完成隧洞衬砌 7.6 千米，管道铺设 16 千米，工程全面完工。四大骨干工程年度完成投资 51.37 亿元，占年度建设目标 51 亿元的 100.7%。其中，中部引黄 25.6 亿元；小浪底引黄 7.41 亿元；东山供水 12.56 亿元；辛安泉供水 5.8 亿元。

山西省被列入《全国重点地区中小河流治理建设规划》的中小河流治理项目 120 个。规划总投资 34.5 亿元。至 2016 年 10 月底，89 个项目完工建设，完成投资 23.1 亿元，综合治理河长 340 千米，各项进度和完成情况居于全国中上游水平。（梁述杰）

【辛安泉供水工程王桥蓄水池工程】 辛安泉供水工程配套的王桥蓄水池工程完建。辛安泉供水工程的王桥蓄水池完成投资 0.5 亿元。2016 年，中部引黄工程配套的蒲县四沟水库完建；汾西县的北掌水库完成大坝基础开挖 25 万立方米；隰县南峪水库开工建设；小浪底引黄工程配套的张良调蓄水库完成库区开挖工程，完成坝体工程 40%和管理房工程；东山供水工程配套的平遥小水网源神庙灌区改造工程、县小水网昌源河灌区改造工程完建，太谷县小水网侯城乡灌区改造工程完成 90%。到 2016 年底完成投资 2.95 亿元，占年度建设目标（2 亿元）的 148%。其中，辛安泉供水工程的王桥蓄水池 0.5 亿元；中部引黄工程配套的蒲县四沟水库 0.78 亿元；汾西县北掌水库 0.4 亿元；隰县南峪水库 0.03 亿元；小浪底引黄工程配套的盐湖区张良调蓄水库完成投资 0.2 亿元；东山供水工程配套的平遥小水网源神庙灌区改造工程 0.12 亿元；祁县小水网昌源河灌区改造工程完成投资 0.5 亿元；太谷县小水网侯城乡灌区改造工程 0.42 亿元。（梁述杰）

【汾河清水复流北赵连接段工程】 汾河清水复流北赵连接段工程等 15 项续建和新建重点水利工程累计完成投资 11.87 亿元。汾河清水复流北赵连接段工程新建输水渠道 19.18 千米，新建沉沙条渠 6.948 千米，新建渠系建筑物和汾河橡胶坝等各类建筑物 32 座，完成投资 1.65 亿元；西范灌区东扩工程完成一、二级干渠 27 千米和 3 座泵站主体工程，完成投资 2.0 亿元；禹门口提水东扩二期工程完成支渠 38 千米，完成投资 0.87 亿元；滹沱河重点段河道治理工程新建堤防 43 千米，笼石护脚护坡 4 千米；堤防加固工程 11.11 千米，笼石护脚护坡 729 米；控导工程（丁坝）36 座，完成投资 0.80 亿元；堡子湾水库（阳高县）坝体浇筑至 1210 米高程，全年完成坝体混凝土 2.75 万立方米，完成坝体总工程量的 41%，完成投资 0.60 亿元；守口堡水库坝体混凝土浇筑至 1212 米高程，全年完成混凝土 22 万立方米，累计浇筑量达到总量的 60%，完成投资 0.20 亿元；柏叶口水库龙门供水工程全部完工，实现全线通水，完成投资 0.56 亿元；沁源县永和水电站完成库区移民安置，枢纽下闸蓄水，完成投资 1.08 亿元；临汾市引沁入汾浮山供水工程完成隧洞掘进及一期支护 10 千米，完成投资 1 亿元；蒲县刁口水库完成坝基基础处理工程，坝体浇筑至 1104 米高程，坝体浇筑 3.13 万立方米，完成坝体总工程量的 30%，完成投资 0.18 亿元；张峰水库—干阳城供水工程完成隧洞 8 千米，完成投资 0.5 亿元；北赵引黄灌区二期工程完成支渠 140 千米，9 座泵站和 1 座蓄水池，主体工程完工，完成投资 1.2 亿元；涑水河重点段河道治理工程完成新建堤防32千米，完成投资1.2亿元；垣曲瓦舍水库完成导流泄洪洞工程、库区移民安置房屋建设、大坝基础及防渗工程等，完成投资0.20亿元；平陆县五龙庙水库坝体填筑至388.2米高程，完成土方30万立方米，完成总工程量的67%，完成投资0.16亿元。（梁述杰）

【水利工程验收】 2016年10月底，完成张峰水库、禹门口提水东扩、西梁水库（翼城县）、北赵引黄、恋思水库（和顺县）、东石湖水库（平鲁区）及汾河二库应急除险加固工程竣工验收；溯头水电站、吕梁千年水库下闸蓄水验收，汾河生态修复水质监测已完工程、湿地建设完工验收。完成夹马口灌区北扩、八泉峡供水及西冶水电站工程竣工验收，沁源县永和水电站、龙华口水电站下闸蓄水验收、松塔水电站通水及泵站电站机组启动验收，汾河入黄口堤防下延工程和汾河二坝、三坝库区清淤扩容固堤工程验收。（梁述杰）

【病险水库除险加固工程】 完成病险水库除险加固工程任务。共计475座水库（中央规划400座，省级规划75座），截至2016年底，除4座未完工项目外，其余全部完成竣工验收。一般小Ⅱ型水库109座，除平遥县高林水库、长则水库因地方配套资金不到位尚未完成外，其余项目主体工程全部完成，年底实现竣工验收。110座水库应急专项除险加固工程。除并入全国专项规划内批复实施或专题申请列入水利部规划进行除险加固的水库及调整的项目，剩余开展应急专项除险加固工程的水库72座，累计批复投资28385.96万元，到2016年底全部完工，并完成政府验收。省直大型水库应急专项除险加固工程批复3座。汾河二库工程竣工验收，山西省新增小型病险水库除险加固项目经水利部复核后共17座水库，即：阳泉市2座、长治市5座、晋城市9座、忻州市1座，累计批复资金7172万元，2015年6月下达投资计划，全部为中央资金。至2016年10月全部完工。其中4座水库竣工验收，9座水库进行分部工程验收，2016年底前全部完成验收。（梁述杰）

【小型水库更新建设项目】 2016年10月，36座水库可研报告由省发改委批复立项，完成初设批复26座，下达资金计划21座，其中由省水利厅进行建设期监管的水库为14座。14座新建小水库累计批复资金99198万元，下达投资计划84814万元，资金累计到位75017万元，开工建设12座；盂县乌河水库、浮山县臣南河水库尚未开工；陵川磨河水库大坝封顶，河津市瓜峪水库完成90%；灵丘县门头峪水库、应县小石口水库任务完成过半；其他除下泊水库在开挖导流洞外，剩余水库进行坝体填筑施工。（梁述杰）

【水库工程标准化建设】 该项目涉及山西省229座大中型水库及蓄水的小（1）型水库，批复投资16536万元，分三批实施。其中第一批项目实施方案于2015年10月批复，2016年5月下达资金计划6491万元，至10月完成80%以上建设任务；第二批项目实施方案于2015年12月批复，2016年8月下达资金计划6043万元，至10月完成招投标，并开工建设；第三批项目实施方案于2016年7月批复，下达资金计划4002万元，完成招投标工作，并进场实施。

（梁述杰）

【河道运行管理】 2016年，山西省水利厅发放采砂许可证28个，涉及代县、垣曲、平陆3县。有效遏制河道内非法采砂、滥采乱挖现象。批复涉省管河库工程建设行政许可11项。“河长制”建立，成立相应河道管理机构，设置管理人员，建立责任制度，落实河道治理和管护资金，制定河道水环境巡视检查和管理养护制度，培育社会化养护队伍，配备专业设备，实现河道全方位管理。起草《山西省河长制实施方案》报省政府批复实施。（梁述杰）

【大中型病险水闸除险加固】 全省有大中小型水闸856座，34座水闸列入《全国病险水闸除险加固专项规划》。其中，大型水闸3座；中型水闸31座；总投资4.68亿元。至9月底，21个项目完成投资2.16亿元，其中12座建设完工。（梁述杰）

【小型水利工程管理体制改革】 2016年，山西省小型水利工程达138746处。其中，水库521座；中小河流及堤防2008条；小型水闸596处。至2016年10月，11个地级市均成立小型水利工程管理体制改革领导小组，并编制实施方案；106个县成立改革领导、协调机构。（梁述杰）

农村水利

【农田水利基本建设】 2016年，山西省投入农田水利基本建设资金145.37亿元（不包括大江、大河、大库投入），投入工日10234.78万个，出动机械台班1286.21万个，完成工程量9.98亿立方米，修复水毁工程1815处，加固堤防1184.3千米，疏浚河道17835千米，清淤沟渠6354.7千米，建设村镇供水工程314处。至10月底完成农田实际灌溉面积2283.6万亩，占目标任务的97.2%。加上秋冬浇面积，全年农田实灌面积超过2350万亩的年度目标。（梁述杰）

【农田水利工程投资】 2016年累计安排投资201213万元。至10月底，完成155535万元，占总投资的77.3%。中央重点农田水利项目（含脱贫攻坚项目）。安排投资192016万元（含脱贫攻坚项目投资32154万元）。其中，中央140796万元；地方51220万元。累计完成投资151535万元，占总投资的78.9%。其中，中央资金完成127400万元，完成率90.5%；大型灌区节水改造和大型泵站更新改造项目中央资金完成率均超过80%；小农水项目中央资金完成率超过90%，至年底中央投资全部完成。脱贫攻坚项目完成投资28938万元，占总投资的90%。其中，西山提黄灌溉工程保德县李贤墕泵站通水；2016年水利脱贫攻坚首个试点石楼县灵泉镇马村核桃滴灌示范工程基本完工；高效节水灌溉水利项目涉及水利和农发两个部门，各15万亩建设任务，至10月底水利承担的任务完成13.89万亩，占年度任务的93%。其他农田水利项目投资9197万元。其中，农业综合开发中型灌区节水改造项目投资435万元，年底全部完成；新增粮食产能项目投资4762万元，年底完成总投资的40%；省级农田水利工程运行与维护项目投资4000万元，年底全部完工。强农惠农政策补贴资金下达7250万元。高扬程泵站电价水价补贴资金5000万元；乡镇基层水站能力建设补贴资金2250万元。清徐、汾阳、稷山、临猗4个小型农田水利设施产权制度和运行机制改革试点县小型农田水利产权改革阶段性任务完成，并报水利部。省级试点运城市各县改革工作取得阶段性成果。完成编制《山西省中型灌区节水改造"十三五"规划》《山西省中型泵站更新改造"十三五"规划》《山西省山区农业灌溉技术指导意见》等基础工作。（梁述杰）

【农村水力发电】 2016年，山西省"十二五"农村水电工程扫尾。泽州县三姑泉二级水电站是"十二五"水电新农村电气化县电源工程，批复装机容量890千瓦，总投资2301万元。2016年10月完成机组启动验收，年底前完成竣工验收。在建的小水电代燃料项目3个，即左权县苏公、灵丘县上沿河、交城县旮旯，总装机4410千瓦，总投资7266万元，发展代燃料户3527户。至11月，灵丘县上沿河和左权县苏公二级站，并网试运行。交城县旮旯项目按批复内容完成建设任务，进行机组调试。年底，3个项目完成验收工作。"十二五"全省实施31项农村水电增效扩容改造工程，批复总投资16387万元，改造前装机容量77635千瓦，改造后装机容量达到79360千瓦。年底完成竣工验收。在4月召开的全国农村水电工作会议上，山西省"十二五"农村水电增效扩容改造项目被评为全国优秀省份，获奖资金73万元。

"十三五"农村水电增效扩容改造项目启动。山西省13座水电站列为国家"十三五"农村水电增效扩容改造项目，在汾河、沁河、浊漳河、郊沟河和龙渠河5条河流上的13个水电站增效扩容改造和27个河流生态改造项目，在5年内实施完成，批复总投资11150万元。其中，水电站增效扩容改造总投资9272万元；河流生态改造总投资1878万元；年底全部开工建设。2016年中央下达投资2001万元，省财政配套1170万元。农村水电各项规划完善。8月8日，经省人民政府授权，省水利厅印发《山西省中小河流水能资源开发规划》。2016年省水利厅安排小水电财政补助资金计划1625万元，主要用于水电站减脱水河段生态修复、农村水电安全生产标准化建设、电站水毁修复、消除安全隐患、水电自供区输变电设备改造和维修等。涉及62个项目，年底全部完成建设任务。

农村水电安全监管。2016年3月7日，全省149座水电站完成"双主体"责任人"全覆盖"。全省18座列入国家第一批农村水电安全生产标准化建设试点范围水电站，全部完成达标评级，提前完成任务。其中，晋城市东焦河、泽州县拴驴泉、阳城县北留3座水电站被水利部评定为农村水电站安全生产标准化建设一级单位；川坡等15座水电站被省水利厅评定为农村水电安全生产标准化建设二级单位。2016年选取11座水电站，开展第二批农村水电站安全生产标准化建设工作，年底完成标准化建设任务。印发《全省农村水电站安全生产大检查的通知》，明确检查内容、时间和方式，提出要求。分级对全省已建、在建农村水电站进行安全生产大检查，省水利厅对30余座水电站共抽查、检查10余次。（梁述杰）

防汛抗旱

【防汛工作】 2016年受超强厄尔尼诺持续影响，山西省先后出现8次大范围强降水过程，局地强对流天气时有发生。全省600座水库、18161座淤地坝无一垮坝，主要河流均未决口，重要城市和重要基础设施安全度汛，防汛抗洪抢险救灾工作取得胜利。

全省有10084处地质灾害隐患点和1843条山洪沟道。2016年，山西省水利厅发挥115个县级、1193个乡级预警平台和13992个村级预警站的山洪预警系统作用，实行雨水情"零报告"制度。汛期全省有88个县发布过山洪灾害预警，县级监测预警平台发布预警1101次，发布预警短信5.82万条，启动预警广播站次7684次。相关县防指成员、水利部门及乡镇、村防汛责任人、预警员15039人接收到预警信号并及时开展查险、巡堤、转移撤避等工作，及时预警撤避转移9128人。省防汛系统利用微信平台发布宣传和预警信息700多条。全省投入抢险救灾人数11.7万人次；投入动力13772台班；投入编织袋143.38万条，编织布17.52万平方米，沙石料17.14万立方米，木材0.04万立方米，钢材511.005吨，抗灾用油667.63吨，用电29.98万度，总物资消耗折算资金3333.26万元。防洪减灾效益：减淹面积20.53千公顷，避免粮食减收85.38万吨，减少受灾人口24.64万人，解救洪水围困群众1.82万人，减灾经济效益20.09亿元。

（梁述杰）

【抗旱工作】 2016年，山西省农作物受旱面积445万亩、受灾面积116万亩，其中成灾面积65万亩。因旱累计造成临时饮水困难人口11万人，大牲畜5万头；造成农业损失7.8亿元，造成林牧业、水产养殖等经济损失3.2亿元，水产因旱减产137吨。据统计，山西省投开动各类水利设施近5.5万眼(处)，投入抗旱人员40万人，完成实灌面积1915万亩，浇灌3428

万亩次。其中，冬浇 416 万亩、春浇 1341 万亩；夏浇 1025 万亩。全年挽回粮食损失 1.6 亿千克、5.1 亿元，挽回经济作物损失 2.6 亿元。至 2016 年 10 月底，全省投入抗旱资金 23600 万元，其中中央特大抗旱费 4800 万元，各级财政投入 1891 万元。全省抗旱服务队新建、维修各类设施 493 眼（处），维修各类抗旱设备 2251 台（套），出动抗旱设备 2505 台（套），拉运水 6.2 万立方米，抗旱扩浇面积 10.6 万亩，浇灌果树 190 万株，累计解决 7.1 万人、2.3 万头大牲畜临时性饮水困难。挽回粮食损失 146 万千克，挽回经济作物损失 16.8 万元，抗旱减灾成绩显著。（梁述杰）

【抗旱规划引调提水工程】 2016 年，山西省抗旱规划引调提水工程项目建设涉及 9 市 20 个县，共 65 处工程项目，工程总投资 24182 万元。其中，中央投资 22000 万元；省级配套资金 1800 万元；市县配套 382 万元。至 2016 年 11 月初，65 处抗旱应急引调提水工程项目完工 53 处，工程建设整体进度 89.4%，完成投资 23826.8 万元，占完成投资比例的 98.5%。（梁述杰）

【山洪灾害防治项目】 2016 年度山洪灾害防治项目总投资 5584 万元，全部为中央补助资金。主要建设内容为：12 个县山洪灾害调查评价预警指标检验、率定和复核；延伸到乡镇的 26 个县视频建设任务；115 个县山洪灾害监测预警系统补充完善；115 个县群测群防体系建设及山洪灾害综合保障体系建设以及 2 条重点山洪沟防洪治理等工作。到 10 月底，基本完成建设任务，完成投资 5554 万元，占总投资的 99.46%，项目建设进展顺利。国家防汛抗旱指挥系统二期工程建设项目。山西省国家防汛抗旱指挥系统二期工程由信息采集、防汛通信、计算机网络及决策支持软件等部分组成，建设内容主要包括 78 个中央报汛站和 9 个水情分中心组成的水情信息采集系统、11 个工情分中心和实时险情采集系统组成的工情信息采集系统、97 个固定墒情监测站和 291 个移动墒情监测点组成的旱情信息采集系统，以及移动应急指挥平台、计算机网络与安全系统、数据汇集与应用支撑平台、防汛抗旱综合数据库、洪灾评估、抗旱业务应用、综合信息服务及系统集成与应用整合等 11 个单项工程，初设批复投资共计 3209.3 万元。至 11 月，除由中央统一招标的移动应急指挥平台以外，其他所有单项工程全部完成招标，累计签订合同 14 项，验收 2 项，合同总价 1828.21 万元，累计完成投资 1009.7 万元。（梁述杰）

水资源保护

【水资源管理】 2016 年，山西省完成国务院对省人民政府 2015 年度最严格水资源管理考核。2015 年，山西省实际用水总量 73.59 亿立方米，目标值为 76.4 亿立方米；万元工业增加值用水量 24.7 立方米，比 2010 年下降 27%，与目标值持平；农田灌溉水有效利用系数实际值为 0.530，高于目标值 0.524；重要江河湖泊水功能区水质达标率为 55.9%，高于目标值 53%。山西省用水总量、用水效率、重要水功能区水质达标率“三条红线”、四项指标全部符合目标要求。

按照《水功能区管理办法》《水功能区达标评价技术方案》要求，从 2016 年起对纳入国家监测名录的 99 个断面全部进行月频次监测。据 1 至 9 月监测，山西省纳入全国重要水功能区水质监测范围的 99 个断面，达标 41 个，达标率 48.8%，未达到年度目标值 55%。对此多次向水利部、省人民政府反映情况，但水功能区达标的压力仍持续加大，其核心原因：一是《城镇污水处理厂污染物排放标准 GB18918–2002》《污水综合排放标准 GB8978–1996》与《地表水环境质量标准 GB3838–2002》不一致，对比上述标准，城镇二级污水处理厂化学需氧量一级排放的标准浓度（60 毫克/升）是地表水环境质量Ⅲ类水标准（20 毫克/升）的 3 倍，其二级排放标准浓度（120 毫克/升）是地表水环境质量Ⅴ类水标准（40 毫克/升）的 3 倍。因此，即使排污口达标排污，依然是其所在水功能区的污染源；二是排污口排污控制标准不科学。《污水综合排放标准》只规定污水污染物的浓度，未按照水体纳污能力规定排污总量，导致虽然排放浓度达标，但排污口多、排污量大时，仍会超过水功能区纳污和自净能力，造成水功能区水质不达标。2016 年 1 月，全省国家水资源监控能力建设项目通过国家项目办（水利部）技术评估。汾河古交段集中整治工程项目总投资 7000 万元。其中，省级资金 2000 万元；中央资金 5000 万元。年底完成项目总投资的 80%；工程量完成侧墙锚筋 2000 米，砼浇筑 400 米，砼铺盖 5000 平方米，完成钢坝闸边墩开挖 1 处，溢流坝 1 处；动土方 20 余万立方米，完成导流围堰 3500 米，制作 2 座钢坝闸。完成《关于深化农村水权制度改革的意见（初稿）》，包括：建立科学合理的农村地下水水权分配制度，建立科学便捷易用的地下水用水计量体系，建立县级农村水权交易制度和村级水权交易平台。提高水资源日常管理水平。省水利厅 10 月 9 日启动山西省第三次水资源评价工作。印发《关于做好 2016 年度全省用水计划管理工作的通知》《关于加强重点监控用水单位监督管理工作的通知》等文件，按时向水利部上报《水资源管理年报》《水资源简报》《水资源公报》，开展生态环境综合治理水利专项整治及重点泉域、国家重要饮用水源地保护区内违法违规生产建设煤矿整治，对贫困县采煤深陷区水资源情况开展调查，完成全国重要饮用水水源地 2015 年度自查。（梁述杰）

【节水型社会建设】 推动膜下滴灌示范和精准扶贫试点工作。2016 年，山西省水利厅以大同、朔州、忻州北部 3 市为重点，投入省级资金 1 亿元，分两批建设 10 万亩左右膜下滴灌示范工程，项目受益区 204 处，涵盖玉米、蔬菜、经济林等大部分穴播作物。将吕梁市石楼县灵泉镇马村核桃项目区列为小流域治理精准扶贫典型区，安排300万元对该村1200亩核桃种植实施膜下滴灌给予扶持，总结经验，以在全省丘陵山区精准扶贫灌溉进行推广。1月，在太原举办膜下滴灌前期建设培训班，重点对市、县主管部门负责人如何进行项目选择和需注意的关键问题等培训，解决项目建设和管理过程中可能出现的问题等。

推动节水型社会建设。2016年，山西省全年下达节水型社会建设资金4300万元。其中，切块下各市1600万元；留省部分2700万元。切块下市节水型社会建设项目重点安排在成立节水办和列入全国节水型社会建设试点的市，扶持市县开展工业、城市生活节水技术改造和市级节水载体建设，促进各市节水型社会建设开展。留省节水型社会建设项目扶持重点包括六方面内容：在省委、省政府等17家省直和省水利厅直属机关事业单位开展节水型单位建设，安排资金830万元，更换供水管网，安装和更换新型节水器具，开展节水宣传；扶持北赵引黄工程建设管理局等17家单位推广节水灌溉技术，建设节水示范园区，安排资金1072万元；联合传媒中心等5家相关单位开展节水宣传活动，安排资金233万元，利用《山西水利》和户外LED宣传屏等对节水型社会建设进行宣传，在水利风景区布置展板、张贴节水标语、发放节水宣传单；由省水科院、水资所等5家单位开展节水技术研究和推广，安排资金445万元；由水资源管理中心开展合同节水管理模式探讨，安排资金60万元；由水文局牵头选择机械制造行业龙头企业——太重集团为试点单位，开展水平衡测试相关研究，安排资金60万元。

控制用水效率指标。水利部下发《关于印发“十三五”水资源消耗总量和强度双控行动方案的通知》（水资源司〔2016〕379号），明确山西省“十三五”用水效率控制指标，即到2020年底，万元国内生产总值用水量比2015年下降15%、万元工业增加值用水量比2015年下降13%。根据山西省2016年国民经济运行情况，拟定2016年度的控制指标，即2016年万元国内生产总值用水量比2015年下降1.1%、万元工业增加值用水量比2015年下降2.1%，年底完成降幅任务。

节水管理。2016年，山西省6个市21个县独立设置节水管理机构。命名国家、省、市、县四级节水载体185家。其中，节水型机关和事业单位128家；节水型学校12所；节水型企业32家；节水型社区4个；其他（宾馆、医院等）节水单位9家；中小学社会教育实践基地8家。配合水利部和世行项目办完成山西省世行贷款节水灌溉二期项目监督和管理工作。世行项目中期调整后总投资4.01亿元，其中世行贷款3000万美元，国内配套2.18亿元（含省级配套0.59亿元，其余为市县投资），发展和改善节水灌溉面积16万亩。截至2016年底，完成投资3.61亿元，占总投资的90%，其中水利骨干工程和田间工程建设基本完工，发展和改善节水灌溉面积的目标基本实现。（梁述杰）

【城乡供水】 2016年，山西省编制完成《山西省农村饮水安全巩固提升工程“十三五”规划》，经省政府同意，省水利厅联合发改委等6部门将该规划印发到各市，并报送国家相关部委。规划纳入国家考核总投资50亿元，建设各类工程9642处，巩固提升635万农村居民的饮水问题。其中建档立卡贫困人口130.64万人。各市县在省级规划基础上，修改完成各自农村饮水安全巩固提升“十三五”规划，报送本级政府批复。省发改委和省水利厅印发《关于加快2016年农村饮水安全巩固提升工程实施方案审批工作的通知》，4月底各市完成实施方案批复，10月底，全省909处工程全部开工建设，开工率100%，完工570处，占工程总数的63%。6月，中央安排山西省2016年农村饮水安全巩固提升工程补助资金13000万元，省水利厅于7月下达各市。省级投资5685万元在上年12月提前下达。各市分解后计划总投资为19782万元（中央资金13000万元、省级资金5685万元、市级资金400万元、县级资金697万元），计划解决44.5万农村人口饮水巩固提升问题。根据脱贫攻坚要求，2016年投资计划重点向贫困地区倾斜，涉及10市的36个国家级贫困县、22个省级贫困县，涉及贫困村850个、贫困户4.9万户、贫困人口18.4万人。将《关于切实做农村饮水安全保障工作的通知》《关于加强农村饮水安全巩固提升工程建设管理工作的通知》印发各市县，组织市县水利领导座谈开会，在落实地方行政首长负责制、做好前期工作、加强建设管理、规范资金使用、加强水源保护和水质检测、严格监督检查和考核等方面明确要求，强化工程建设管理。以加大督导检查方式跟踪建设管理要求的落实，至10月底，省级进行3次督导，各市督导次数均在3次以上。11月初，完成投资15892万元（其中中央资金10118万元，地方资金5774万元），占计划投资的80%、年度计划的73%，巩固提升32万农村居民的农村饮水安全问题。年底，完工率达90%以上，巩固提升40万农村居民的农村饮水安全问题。2016年市县两级农村饮水安全工程维修养护基金落实2800多万元。区域水质检测中心建设管理。在试点基础上，用2014、2015两年时间在市县两级建设118个区域水质检测中心（其中市级9个、县级109个），检测指标均达到42项以上，最多达95项。就水质检测工作，印发《关于加强农村饮水安全工程水质检测工作的实施意见》，规范完善“水质自检、抽检、巡检体系”，保障农村饮水安全。年底，所建检测中心均达到运行条件。（梁述杰）

引黄入晋

【山西省黄河万家寨水务集团有限公司成立】 2016年，山西省国资委批复同意山西省黄河万家寨水务集团有限公司成立，建立健全公司章程。1月15日，省工商行政管理局颁发山西省黄河万家寨水务集团有限公司营业执照，规定公司类型为国有独资有限责任公司，经营范围包括：水务行业投资、建设、设计、施工、经营管理；自来水生产、供应、销售及服务；排水运营、管理及排水设施维修养护；污水处理及管理；自建供水水源及设施的管理及服务；水质化验；水务技术开发、技术咨询；自有场地、设备租赁；环保节能工程建设管理；工程检修维护。2月23日，山西省黄河万家寨水务集团有限公司正式挂牌成立。（闫淑铮）

2016年2月23日，山西省黄河万家寨水务集团有限公司正式挂牌

（闫淑铮供图）

【引黄工程供水建设任务】 2016年，黄河水务集团科学安排输水计划，降低运行成本，提高设备设施运行可靠性，强化安全责任，落实安全举措，全年未发生任何安全生产事故，安全生产保持良好态势。全年供水2.93亿立方米，其中南干线向汾河流域生态补水1.5亿立方米，向太原城市供水0.92亿立方米；北干线向大同、朔州供水0.51亿立方米。

2016年，引黄工程泵站二期扩机工程总干线、南干线五座泵站清水系统及消防供水管网改造土建、设备采购及安装项目完成分部工程验收。北干线平铺地下泵站土建工程、机电设备安装工程完成完工验收。山西省黄河水务集团完成引黄工程连接段供电线路移交国网山西省太原供电分公司工作。资产移交后，国网太原供电公司将负责35千伏和10千伏线路的运行、检修、维护和改造，并承担所需费用。

7月3日，山西省国土厅在山西地质博物馆组织专家评审会，评审通过《山西省万家寨引黄入晋工程连接段清徐原水直供工程地质灾害危险性评估报告》和《山西省万家寨引黄入晋工程连接段阳曲原水直供工程地质灾害危险性评估报告》。

12月5日，阳曲原水直供工程输水管线建筑安装Ⅲ标施工单位对阳曲县完成征迁工作的12千米管线进场清表16.27千米球墨铸铁管安装、1座加压泵站及分水、检修等附属建筑物。（闫淑铮）

【引黄入晋北干线左云移民规划通过】 2016年7月20日，山西省移民办审核通过《山西省万家寨引黄入晋工程北干线左云供水工程移民安置规划报告》，同意农村移民安置规划以及补偿投资编制的依据、原则和补偿标准，并开展移民安置工作。（闫淑铮）

【山西大水网泵站管理人员培训】 2016年，山西省水利厅组织山西大水网泵站运行管理人员60余人到引黄工程博物馆参观学习，20名骨干成员赴万家寨泵站进行为期18天的实习培训。黄河水务集团具有丰富泵站运行管理经验和专业技术的人员进行授课，从泵站运行管理以及水泵、电机、闸阀、电气、自动化和通信等全方位进行系统教学。（闫淑铮）

工 业
Industrial

工业经济运行

【概述】 2016年，山西省十一次党代会提出实施“六大工程”，推进创新驱动、开放带动、大数据支撑、城乡一体化、人才强省等重大战略举措，为全省工业经济重塑比较优势和提升竞争优势增添新动力。“两交一直”外送电通道建成，大用户直供电规模范围扩大等瓶颈因素突破，为全省工业发展提供支撑。煤焦冶电等传统产业转型升级加快，回稳态势趋于稳固；装备、食品和医药等新兴产业市场空间巨大，保持较快增长势头。

生产情况。2016年，山西省规模以上工业同比增长1.1%，同比加快3.9个百分点。

分轻重工业看，2016年，轻工业同比增长6.5%，拉动全省工业增长0.5个百分点；重工业增长0.6%，拉动全省工业增长0.6个百分点。轻重工业比重为8.1:91.9，轻工业比重同比提高0.8个百分点。

分隶属关系看，2016年，中央企业同比下降0.5%，负拉动全省工业增长0.1个百分点；省属企业下降8.8%，负拉动全省工业2.8个百分点；省属以下企业增长7.6%，拉动全省工业增长4个百分点。

分经济类型看，2016年，国有控股企业同比下降3.9%，负拉动全省工业1.9个百分点；非公有制企业增长7%，拉动全省工业增长3个百分点。

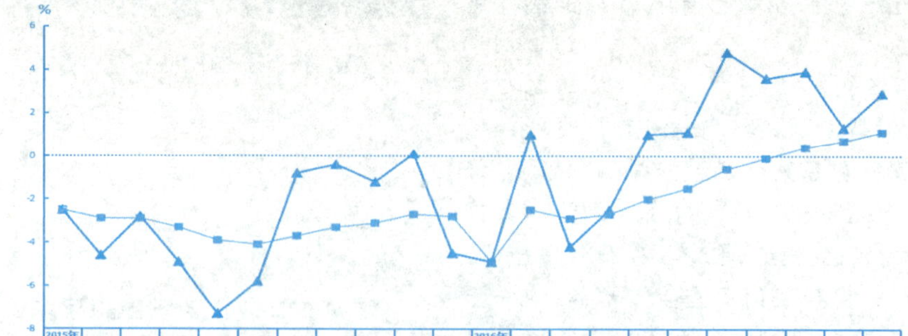

	2015年1-2月	3月	4月	5月	6月	7月	8月	9月	10月	11月	12月	2016年1-2月	3月	4月	5月	6月	7月	8月	9月	10月	11月	12月
当月%	-2.5	-4.6	-2.8	-4.9	-7.3	-5.8	-0.8	-0.4	-1.2	0.1	-4.5	-4.9	1	-4.2	-2.5	1	1.1	4.8	3.6	3.9	1.3	2.9
累计%	-2.5	-2.9	-2.9	-3.3	-3.9	-4.1	-3.7	-3.3	-3.1	-2.7	-2.8	-4.9	-2.5	-2.9	-2.7	-2	-1.5	-0.6	-0.1	0.4	0.7	1.1

2015至2016年山西省工业增长情况统计图

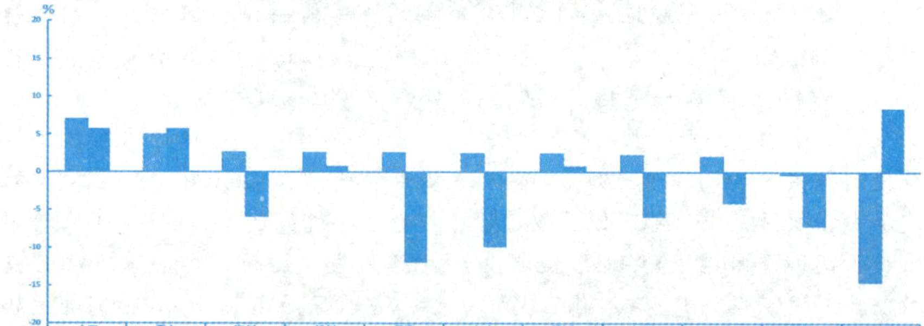

	太原	晋中	朔州	忻州	吕梁	长治	晋城	运城	阳泉	临汾	大同
2016	7	5	2.7	2.6	2.6	2.5	2.5	2.3	2.1	-0.4	-14.5
2015	5.7	5.7	-5.9	0.8	-11.9	-9.9	0.8	-5.9	-4.1	-7.1	8.4

（备注：按2016年增速排序）

2015至2016年山西省各市工业增速情况统计图

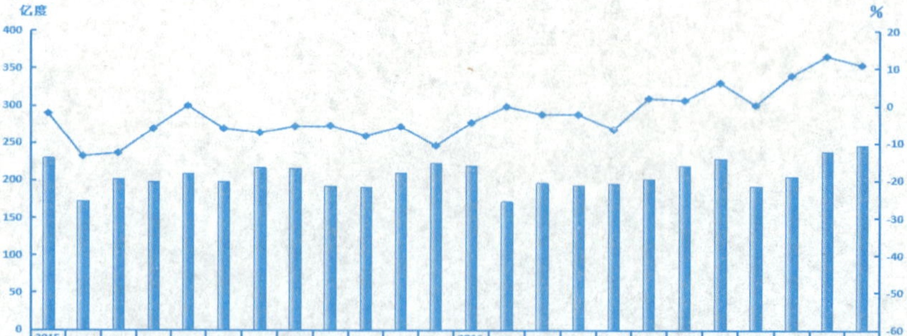

	2015年1月	2月	3月	4月	5月	6月	7月	8月	9月	10月	11月	12月	2016年1月	2月	3月	4月	5月	6月	7月	8月	9月	10月	11月	12月
发电量	229.6	172.1	201.2	198.5	209.2	197.7	216.7	216.1	192.5	190.6	210.2	223.1	219	171.6	196.4	193.8	195.5	201.5	219.7	229.3	192.7	205.8	237.9	247.2
同比	-2.1	-13.6	-12.8	-6.2	-0.1	-6.2	-7.3	-5.6	-5.4	-8.2	-5.7	-10.8	-4.6	-0.3	-2.4	-2.4	-6.5	1.9	1.4	6.1	0.1	8	13.2	10.8

2015至2016年山西省月度发电量完成情况统计图

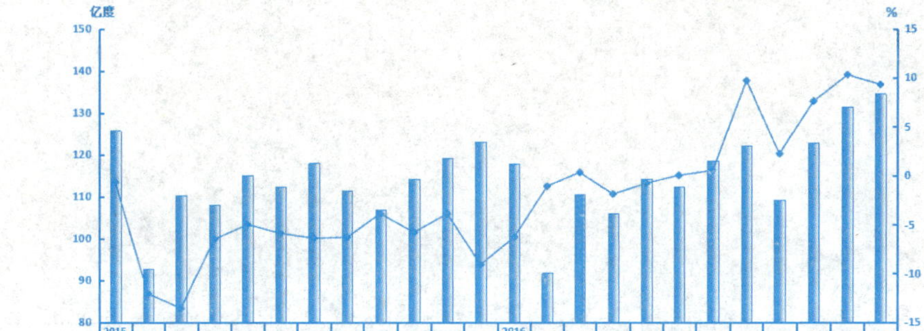

	2015年1月	2月	3月	4月	5月	6月	7月	8月	9月	10月	11月	12月	2016年1月	2月	3月	4月	5月	6月	7月	8月	9月	10月	11月	12月
工业用电量	125.7	92.8	110.2	107.9	115.1	112.3	117.9	111.4	106.9	114.1	119.1	123.1	117.8	91.8	110.5	105.9	114.2	112.3	118.5	122.1	109.2	122.8	131.4	134.5
同比	-0.7	-12.1	-13.6	-6.5	-5	-5.9	-6.4	-6.3	-3.9	-5.8	-3.9	-9.1	-6.3	-1.1	0.3	-1.9	-0.8	0	0.5	9.7	2.2	7.6	10.3	9.3

2015 至 2016 年山西省月度工业用电情况统计图

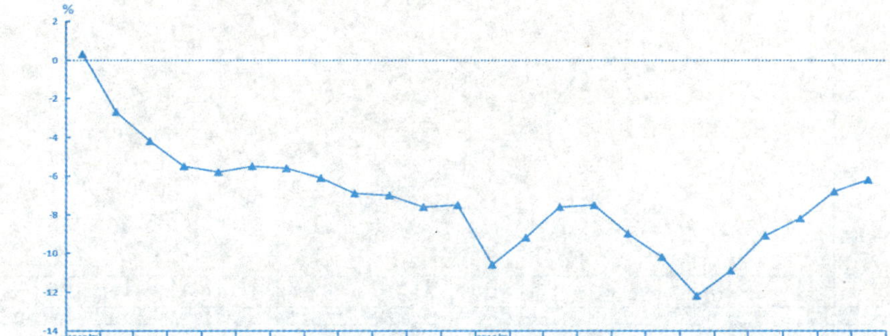

	2015年1月	1-2月	1-3月	1-4月	1-5月	1-6月	1-7月	1-8月	1-9月	1-10月	1-11月	1-12月	2016年1月	1-2月	1-3月	1-4月	1-5月	1-6月	1-7月	1-8月	1-9月	1-10月	1-11月	1-12月
增速%	0.3	-2.7	-4.2	-5.5	-5.8	-5.5	-5.6	-6.1	-6.9	-7	-7.6	-7.5	-10.6	-9.2	-7.6	-7.5	-9	-10.2	-12.2	-10.9	-9.1	-8.2	-6.8	-6.2

2015 至 2016 年山西省铁路货运增速变化情况统计图

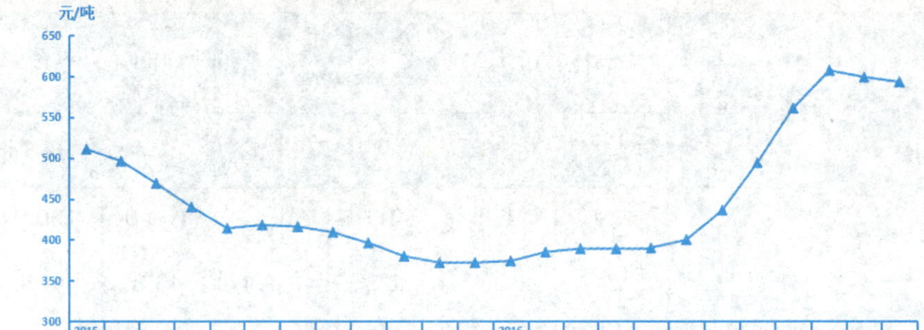

	2015年1月	2月	3月	4月	5月	6月	7月	8月	9月	10月	11月	12月	2016年1月	2月	3月	4月	5月	6月	7月	8月	9月	10月	11月	12月
价格	511	496	469	440	414	418	416	409	396	380	372	372	374	385	389	389	390	400	436	494	561	607	599	593

2015 至 2016 年秦皇岛 5500 大卡动力煤价格统计图

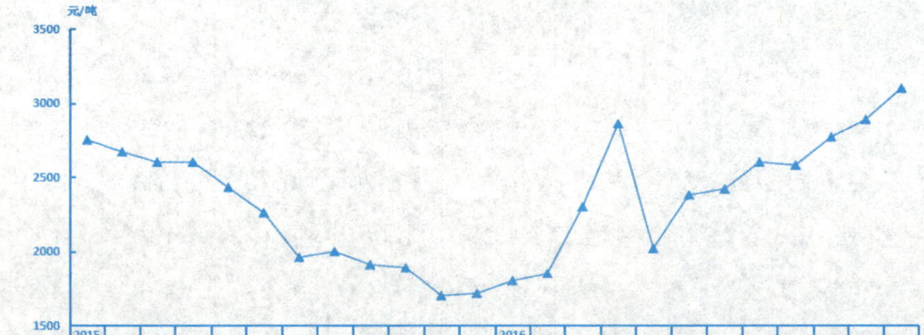

	2015年1月	2月	3月	4月	5月	6月	7月	8月	9月	10月	11月	12月	2016年1月	2月	3月	4月	5月	6月	7月	8月	9月	10月	11月	12月
价格	2750	2670	2600	2600	2430	2260	1960	2000	1910	1890	1700	1715	1800	1850	2300	2860	2020	2380	2420	2600	2580	2770	2890	3100

2015 至 2016 年山西省钢材价格变化统计图

分企业规模看,2016 年，大中型企业同比下降 1.9%，负拉动全省 1.4 个百分点;占全省工业比重 73.7%,同比下降 2.6 个百分点。

地市工业增长情况。2016 年,11 市规模以上工业增加值“9 增 2 降”,其中太原（7%)、晋中（5%)、朔州(2.7%)、忻州(2.6%)、吕梁(2.6%)、长治(2.5%)、晋城(2.5%)、运城(2.3%)和阳泉(2.1%)等 9 个市工业正增长。

行业运行情况。2016 年,煤炭行业同比下降 3.1%，负拉动全省工业增长 1.4 个百分点，占全省工业比重 43.8%,同比下降 3 个百分点;非煤产业增长 4.4%，拉动全省工业增长 2.5 个百分点,占全省工业比重 56.2%;其中装备、冶金、食品、建材、医药行业分别增长 6.5%、5%、4.9%、10.4%、7.3%。高技术产业增长 15.5%，占全省工业比重 7.9%,同比提高 1 个百分点。

投资情况。2016 年,全省固定资产投资完成 13859.4 亿元,比上年同期增长 0.8%,增速同比回落 14 个百分点;其中工业固定资产投资 4961.6 亿元,同比下降 6.1%,低于全省投资增速 6.9 个百分点，低于全国工业投资平均水平 10.3 个百分点;占全省固定资产投资比重 35.8%,同比下降 2.6 个百分点。

产量情况。2016 年,全省规模以上企业煤炭产量 81642 万吨,同比下降 14.4%;焦炭 8186 万吨,增长 2.2%;粗钢 3936 万吨,增长 2.2%;生铁 3641 万吨,增长 1.9%;钢材 4279 万吨,下降 0.9%;原铝 87 万吨,增长 43.6%;氧化铝 1414 万吨,增长 10.8%;水泥 3595 万吨,增长 3.4%。

企业运行情况。2016 年,省重点监测企业产值同比下降 6.6%,降幅较上半年收窄 10.2 个百分点;其中重点煤炭企业产值下降 11.3%，降幅较上半年收窄 24.5 个百分点,非煤企业产值下降 4.5%，降幅收窄 17.1 个百分点。受环保约束增强影响,部分高耗能企业采取停限产措施，截至 2016 年底,全省规模以上工业企业开工率为 87.7%,高于上年同期 2.8 个百分点。

发用电情况。发电量,2016 年,全省发电量 2510.5 亿千瓦时，增长

2.2%，增速较上半年加快 4.7 个百分点，同比加快 9.2 个百分点。全社会用电量 1797.2 亿千瓦时，增长 3.5%，增速较上半年加快 3.6 个百分点，同比加快 8.3 个百分点。工业用电量 1391.1 亿千瓦时，增长 2.6%，较上半年加快 4.3 个百分点，同比加快 9.2 个百分点。外送电 713.3 亿千瓦时，下降 1%，较上半年回升 7.3 个百分点，同比回升 11.2 个百分点。

铁路运输情况。2016 年，全省铁路货运量 53998.6 万吨，同比下降 6.2%，降幅较上半年收窄 4 个百分点，同比收窄 1.3 个百分点；其中煤炭货运量 45563.5 万吨，下降 8.9%，降幅较上半年收窄 3.2 个百分点，其他货运量 8435.1 万吨，增长 12%，增速较上半年加快 9.4 个百分点。

产品价格情况。12 月末，环渤海动力煤价格 593 元/吨，同比上涨 221 元/吨；二级冶金焦炭价格 1750 元/吨，同比上涨 1200 元/吨；6.5 毫米线材价格 3100 元/吨，同比上涨 1385 元/吨；不锈钢价格 17127 元/吨，同比上涨 5720 元/吨；电解铝价格 13010 元/吨，同比上涨 2090 元/吨；尿素价格 1380 元/吨，同比上涨 120 元/吨。

效益情况。2016 年，全省规模以上工业企业实现销售收入 13957 亿元，同比下降 3.7%，降幅较上半年收窄 10.9 个百分点；实现利润 208.7 亿元，同比减亏增利 267.1 亿元，其中，煤炭行业实现利润 58.9 亿元，非煤行业实现利润 149.8 亿元。每百元收入成本为 84.6 元，同比降低 2.7 元。全省 3574 户规模以上工业企业中，1316 户企业亏损，亏损面为 36.8%，较上半年下降 11.3 个百分点，同比下降 8.6 个百分点；亏损企业亏损额 438 亿元，同比下降 28.2%，降幅较上半年提高 25.8 个百分点；资产负债率 76.1%，同比提高 0.5 个百分点。

但从困难和挑战看，面临“三个尚未根本性改善”。市场供求关系尚未发生根本性改善。经济发展进入新常态，整体市场需求仍然疲软，能源原材料需求进入峰值区，供需总体呈现双下降态势，供大于求的市场矛盾

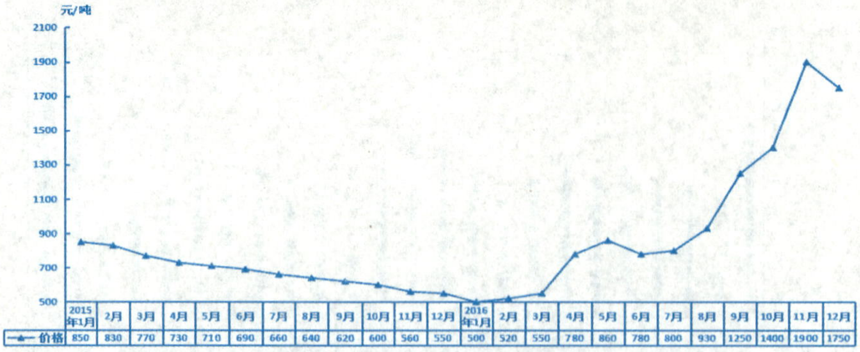

2015 至 2016 年山西省二级冶金焦炭价格变化情况统计图

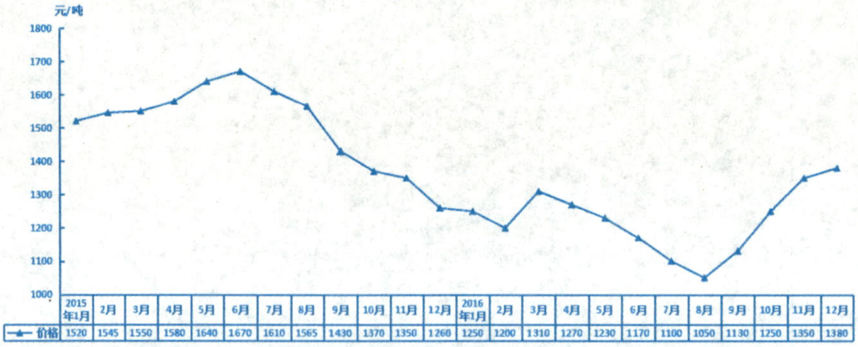

2015 至 2016 年山西省尿素价格变化情况统计图

2016 年山西省规模以上工业主要行业增速和拉动点情况统计表

主要工业行业	增长(%)		拉动工业增长百分点(个)		增加值比重(%)	
	12 月	全年	12 月	全年	累计	同期
总计	2.9	1.1	2.9	1.1	100.0	100.0
煤炭工业	3	−3.1	1.2	−1.4	43.8	46.8
非煤产业	2.8	4.4	1.7	2.5	56.2	53.2
焦炭工业	25.3	15.3	0.73	0.53	3.9	3.4
电力工业	11.1	1.3	1.69	0.18	13.7	12.0
冶金工业	−6.1	5.0	−0.69	0.58	11.4	11.8
化学工业	10.6	−3.7	0.48	−0.17	4.2	4.8
建材工业	2.2	10.4	0.05	0.22	2.3	2.2
装备制造业	−5.3	6.5	−0.70	0.70	11.3	10.4
医药工业	−0.2	7.3	0.00	0.12	1.7	1.4
食品工业	−3.0	4.9	−0.14	0.21	4.6	4.3
纺织工业	4.5	4.3	0.02	0.01	0.2	0.2
高技术产业	−2.9	15.5	−0.3	0.4	7.9	6.9

2016年山西省规模以上主要工业企业产品产量完成情况统计表

产品名称(单位)	12月份	增速(%)	1—12月	增速(%)
原煤(万吨)	7777	−7.3	81642	−14.4
焦煤(万吨)	690	5.2	8186	2.2
水泥(万吨)	116	−39.6	3595	3.4
生铁(万吨)	272	4.8	3641	1.9
粗钢(万吨)	306	3.1	3936	2.2
钢材(万吨)	328	−9.9	4279	−0.9
原铝(万吨)	10	104.6	87	43.6
氧化铝(万吨)	121	4.6	1414	10.8
发电量(亿千瓦时)	244	7.5	2499	0.6
煤层气(亿立方米)	4	19.1	43	5.3
移动通信手持机(万台)	196	−7.5	2693	32.1
化学药品原药(吨)	1815	−28.7	27734	9.4

2016年山西省重点工业产品价格变化情况统计表

产品名称	单位	2016年11月	2016年12月	2015年底
动力煤(环渤海)	元/吨	599	593	372
5500动力煤(太原)	元/吨	580	570	283
二级冶金焦炭	元/吨	1900	1750	550
6.5毫米线材	元/吨	2890	3100	1715
304B不锈钢	元/吨	15791	17127	11407
电解铝	元/吨	13490	13010	10920
氧化铝	元/吨	2575	2816	1820
尿素(小颗粒)	元/吨	1350	1380	1260
甲　醇	元/吨	2128	1756	1470
聚氯乙烯(PVC)	元/吨	6321	5805	5150
氯丁橡胶	元/吨	26910	26910	25040
水泥(425#)	元/吨	230	245	200
平板玻璃	元/重量箱	50	50	49

仍将是制约经济运行的突出问题。2016年以来能源原材料产品市场出现反弹回升,主要是去产能政策预期及环保约束等一些耦合因素影响,价格持续高位运行缺乏有效支撑,阶段性、季节性的价格回升,并不表明也没有改变市场整体供求关系。经济结构和增长动能转换尚未发生根本性改善。全省工业正处于发展动力深度调整,经济结构全面转型升级的关键阶段,经济总量尤其是结构性问题突出,创新能力不强,新旧动能转换缓慢,工业经济中市场需求不足与供给能力不优,传统产业产能过剩与新兴产业发展不足等矛盾并存的局面将存在一个较长时期,影响全省工业经济发展。制约当前经济运行的突出问题尚未发生根本性改善。山西省工业经济持续低位运行,除受国内外宏观经济环境及经济结构不合理的影响外,工业投资持续下降、融资难融资贵及企业生产经营总体困难等制约当前经济运行的问题仍未得到有效改善,山西省工业经济运行中的不确定、不稳定因素较多,增长基础尚不稳固。

总体来看,山西省工业经济运行正处于由低位回升向稳步向好变化的重要关口,既面临难得的政策机遇和市场机遇,又面临深层次结构性矛盾与当前困难问题相互叠加,上升动能与下行压力相互交织等不确定、不稳定因素和诸多困难问题的挑战。

(董晨阳)

【主要工业行业运行情况】 煤炭工业。煤炭产销同比下降。2016年,全省煤炭产量8.16亿吨,下降14.4%;煤矿企业商品煤销量完成7.52亿吨,同比减少6537万吨,下降8%,降幅同比扩大6个百分点;截至2016年底,全省煤矿企业库存2856万吨,比年初减少2134万吨,下降42.8%;综合售价291.6元/吨,同比增加28.6元,增长10.9%。省重点监测的煤炭企业产量43069.8万吨,同比下降15.5%,完成产值1993.7亿元,同比下降11.3%。

煤炭价格总体反弹上涨。煤炭市场供给相对减少,主要港口库存偏低，煤炭价格呈恢复性反弹回升态势，10月环渤海动力煤价格突破600元/吨高位。截至12月28日，环渤海动力煤价格指数为593元/吨，较年内最高（11月2日，607元/吨）下降14元/吨，但同比上涨221元/吨。12月30日太原煤炭交易综合价格指数138.95点，较6月末上涨85.9%；5500大卡动力煤570元/吨，同比上涨287元/吨，主焦煤1285元/吨，同比上涨652元/吨；喷吹煤价格930元/吨，同比上涨439元/吨；化工煤价格823元/吨，同比上涨79元/吨。

全行业扭亏为盈。全省煤炭行业实现销售收入5381亿元，下降6.9%；实现利润58.9亿元，2016年11月以来累计利润实现盈利，同比减亏增利215.5亿元；1046户规模以上煤炭企业中451户亏损，亏损面43.1%，较上年下降15.8个百分点；亏损企业亏损额214.8亿元，下降30%；全行业资产负债率78.4%，较上年提高1.8个百分点。

冶金行业。生产明显回升。山西省生铁、粗钢产量分别比上年增长1.9%、2.2%，增速较上半年分别加快7.9、5.9个百分点；钢材产量下降0.9%，降幅较上半年收窄3.9个百分点；原铝、氧化铝产量分别增长43.6%、10.8%，较上半年分别加快22、5.7个百分点。冶金行业增加值增长5%，增速较同期加快14个百分点，拉动全省工业增长0.6个百分点；占全省工业比重11.4%，同比下降0.4个百分点。2016年重点监测的冶金企业完成产值1926.3亿元，同比下降7.6%，降幅较上半年收窄10.9个百分点，其中钢铁企业完成产值1479.7亿元，同比下降9%，降幅较上半年收窄0.8个百分点，有色企业完成产值446.7亿元，同比下降2.7%，降幅较上半年收窄12.2个百分点。

价格总体上涨。钢材价格总体呈现急涨–急跌–震荡上行–高位波动运行态势。前4个月，受去产能政策预期及河北唐山钢厂停产减产影响，钢材价格持续大幅上涨，4月末6.5毫米线材价格最高上涨到2860元/吨；进入5月，受钢材价格回升拉动，部分停产企业和装备逐步复工复产，而下游需求并未发生根本性改善，钢材价格大幅下跌；6、7月开始，钢材价格低位震荡上行，进入四季度，环保约束逐步增强，市场供给相对减少，钢材价格总体呈现高位运行态势。2016年末，6.5毫米线材价格3100元/吨，同比上涨1385元/吨，304B不锈钢价格17127元/吨，同比上涨5720元/吨；电解铝价格13010元/吨，同比上涨2090元/吨。

效益同比扭亏。全省冶金行业实现销售收入2522.4亿元，同比下降8.3%；实现利润32亿元，同比减亏增利88.6亿元，其中钢铁行业实现利润18.1亿元，有色行业实现利润13.9亿元；447户规模以上冶金企业中178户亏损，亏损面39.8%，较上年下降10.8个百分点，亏损企业亏损额42.2亿元，下降61.4%；全行业资产负债率72.1%，较上年下降5.3个百分点。

2016年4月，山西省经信委举办山西省新兴产业重点项目（厦门）推介对接会
（董晨阳供图）

焦化行业。焦炭量价齐涨。2016年，山西省焦炭产量8186万吨，同比增长2.2%，增速较同期加快10.6个百分点。受煤炭、钢铁市场的拉动，焦炭价格持续反弹回升，总体处于高位区间运行，12月末二级冶金焦炭价格1750元/吨，同比回升1200元/吨。重点监测的焦化企业完成产值397亿元，同比增长14.4%，增速较上半年加快35.3个百分点，完成产量3083万吨，同比下降2.5%。

行业效益明显好转。2016年，全省焦化行业实现销售收入909.5亿元，同比增长15.7%，增速较上年加快40.4个百分点；实现利润盈亏相抵净亏损12.8亿元，同比减亏66.2亿元；135户规模以上焦化企业中72户亏损，亏损面53.3%，较上年同比下降24.6个百分点，亏损企业亏损额38亿元，下降55%；全行业资产负债率88.5%，较上年提高0.7个百分点。

电力行业。装机规模扩大，产能发挥不足，同时由于原材料价格上涨，企业利润空间缩减。

产能发挥不足。2016年，山西省电力行业同比增长1.3%，拉动全省工业增长0.2个百分点，占全省工业比重13.7%，同比提高1.7个百分点。截至2016年底，全省装机容量7640.2万千瓦，较上年末增加674.2万千瓦。全省发电设备平均利用小时3478小时，同比减少259小时，产能利用率39.7%，同比下降3个百分点。2016年重点监测的电力企业完成产值539.6亿元，同比下降13.8%，降幅较上半年收窄4.2个百分点，全年合计发电1761.6亿千瓦时，同比下降9.4%。

企业效益大幅下滑。2016年，全省电力行业实现销售收入1417.9亿元，同比下降4.7%；实现利润56.7亿元，下降54.2%；销售收入利润率4%，较上年下降4.3个百分点；178户规模以上电力企业中65户亏损，亏损面36.5%，较上年提高8.2个百分点，亏损企业亏损额33.3亿元，增长187.1%；全行业资产负债率74.3%，同比下降0.2个百分点。

化工行业。产品产量保持小幅增长。2016年，全省化肥（折纯）产量437.5万吨，同比下降1.5%；尿素（折含N100%）392.6万吨，增长0.3%；甲醇产量278.6万吨，增长5.5%；聚氯乙烯树脂66.8万吨，增长3.9%。重点监测的化工企业完成产值232.9亿元，同比下降11.2%，降幅较上半年收窄4.5个百分点。

价格总体呈现回升态势。一季度化肥市场呈现小幅上扬态势，4月，化肥需求总体进入淡季，化工煤价格持续低位，价格缺乏支撑；9月开始，受化工煤价格反弹回升拉动，化肥价格上涨。2016年末尿素价格1380元/吨，同比上涨120元/吨。基础化工产品受房地产回暖及石油价格上涨影响，价格总体呈现低位反弹态势，甲醇价格1756元/吨，同比上涨286元/吨；聚氯乙烯（PVC）价格5806元/吨，同比上涨658元/吨；氯丁橡胶价格26910元/吨，同比上涨1872元/吨。

全行业实现利润净亏损。2016年，全省化工行业实现销售收入614.4亿元，同比下降12.7%；实现利润盈亏相抵净亏损28.2亿元（当月盈利1.5亿元），同比增亏12.2亿元；265户规模以上化工企业中97户亏损，亏损面36.6%，较上年下降3.8个百分点，亏损企业亏损额43.5亿元，增长11.8%；全行业资产负债率79.8%，较上年提高4个百分点。

机电行业。2016年，受电子信息、节能环保、汽车等贴近终端消费的产品生产企业稳定增长影响，全行业总体保持平稳运行；但煤机、焦化设备、铁路设备等产品生产企业订单不足，运行负荷较低。

全行业保持稳定增长态势。2016年，全省装备制造业同比增长6.5%，拉动全省工业增长0.7个百分点，占全省工业比重11.3%，同比提高0.9个百分点。2016年重点监测的装备企业完成产值1284亿元，同比下降1.7%，降幅较上半年收窄3.1个百分点。其中，太原富士康完成产值615.2亿元，增长18%，硕阳光电产值增长68%，太原锅炉、蓝天环保产值分别增长10%和0.8%，大运汽车产值大幅增长45%。传统装备生产企业中，太重集团产值下降21.4%，智波交通、太原轨道、中车永济产值分别下降0.2%、23.3%、2.6%。

2016年9月7日，山西—湖南煤炭供需对接座谈会在太原召开 （董晨阳供图）

企业效益大幅下滑。2016年，全省机电行业实现销售收入1582.3亿元，同比增长6.1%；实现利润34.2亿元，同比下降44.8%；550户规模以上机电企业中166户亏损，亏损面30.2%，与上年持平；亏损企业亏损额35.5亿元，增长80.2%；全行业资产负债率71.6%，较上年提高1.9个百分点。

（董晨阳）

【工业经济运行特点】 工业运行逐步向好。2016年，全省工业增速逐月回升，单月增速连续七个月实现正增长，累计增速从10月开始实现由负转正，结束自2015年2月以来的下降趋势，全省工业经济呈现低位回升、逐步向好的运行态势。2016年全省规模以上工业增长1.1%，同比加快3.9个百分点，实现省政府下达的年度目标任务。11个地市中，9个地市工业增速实现正增长，且高于全省平均水平。

工业效益扭亏为盈。受产品价格回升及成本下降影响，全省工业从5月开始实现单月盈利，且月度盈利逐月增加，10月开始实现累计盈利。2016年，全省规模以上工业主营业务成本同比下降6.6%，降幅高于销售收入2.9个百分点，百元收入成本为84.6元，同比减少2.7元，低于全国平均水平0.9元；亏损面同比下降8.6个百分点；实现利润208.7亿元，扭转2012年以来持续下降甚至净亏损的局面。

企业开工总体好于上年。2016年，全省工业企业开工率逐步回升，进入下半年企业开工状态好转，总体保持在87%以上的水平。截至2016年底，全省规模以上工业企业开工率为87.7%，环比下降1.5个百分点，但仍高于上年同期2.8个百分点，冶金、建材行业开工率好于同期水平。

生产要素市场走强。下半年随着宏观经济环境的回暖，生产要素需求较上半年增加，发、用电指标均结束2015年以来持续负增长的局面，铁路运输请车需求增加，全省铁路货运量降幅收窄。2016年，全省发电量增长2.2%，增速同比加快9.2个百分点，工业用电量增长2.6%，同比加快9.2个百分点，发用电均实现连续7个月正增长；全省铁路货运量下降6.2%，降幅同比收窄1.3个百分点，其中太原铁路局12月日均请车数达42753

车，同比增长41.7%。

主导产品价格反弹回升。2016年，能源原材料产品价格总体呈现反弹回升态势，下半年，产品价格上涨且维持于高位区间。全省工业品出厂价格指数回升，9月开始当月由负转正，全省工业品出厂价格指数下降3.2%，降幅较年初收窄12.9个百分点，较上半年收窄8.6个百分点。

（董晨阳）

【产业结构调整】 2016年，山西省出台中国制造2025山西行动纲要，编制完成全省工业和信息化“十三五”发展规划以及配套的9个重点行业专项规划，制定实施装备制造、新材料、节能环保、信息等八大新兴产业2016年行动计划。全省战略性新兴产业增加值占规模以上工业比重12.6%，同比提高1.2个百分点。

2016年，工业转型升级推进项目计划，推进1023个工业转型升级项目，有350个项目建成投产或部分投产。筛选推动110个新兴产业项目，启动实施“新兴产业百项龙头工程”。开展“工业项目受理大起底”活动，受理项目申报事项3012项，全部办结。分解下达2016年新兴产业投资目标任务，定期调度新兴产业投资项目。

推动铝工业发展壮大。组织开展电解铝企业电力直接交易专场，降低企业用电成本约19.2亿元，全省电解铝行业扭亏为盈。推进中润吕梁轻合金基地建设，一期50万吨电解铝项目正式开工。推动新能源汽车产业发展，制定推进新能源汽车发展政策和工作考核评价体系，开展专项督查；组织召开整车与零部件企业对接会；推进太原比亚迪新能源汽车产业基地开工建设，电动总装生产线建设完成。太原市在全国率先将出租车全部更换为纯电动汽车，临汾市率先实现市域公交电动化。制定开展消费品工业“三品”专项行动的实施意见，从增品种、提品质、创品牌三个方面提升消费品有效供给能力和水平。

加强技术中心建设，省级企业技术中心新增18户、达239户。2016年山西省搭建行业创新平台，行业技术中心新增3户、达17户。推进政产学研用合作，全省研究生教育创新中心达到43户，覆盖省内9所高校及60余户骨干企业。强化技术创新项目管理，遴选117个重大技术创新项目，启动实施“百项重点项目技术创新计划”。推动智能制造试点示范，继中电科二所之后，复晟铝业氧化铝智能工厂成功进入全国63项智能制造试点示范项目。

2016年，山西省经信委举办焦炭出口暨焦化钢铁企业供需对接座谈会

（董晨阳供图）

支持中小企业产业集群发展壮大，全省形成40多个产业特色鲜明、比较优势突出的产业集聚区。整合军民资源，筹建省军民融合产业孵化基地，建设国家级军民融合示范区。

2016年，全省非煤工业占全省工业比重56.2%，同比提高3个百分点，装备、食品、医药行业占比分别为11.3%、4.6%、1.7%，同比分别提高0.9个、0.3个、0.3个百分点。高技术产业增长15.5%，快于全省水平14.4个百分点，占全省工业比重7.9%，同比提高1个百分点。

2016年全省工业投资完成4961.6亿元，同比下降6.1%。其中，煤炭工业投资769.2亿元，下降26.6%，非煤产业投资4192.4亿元，下降1.0%；传统产业（煤炭、焦炭、冶金、电力）投资合计2016.2亿元，下降18.6%，非传统产业投资合计2945.4亿元，增长4.9%，全省工业投资结构优化。

（董晨阳）

【信息产业发展情况】 2016年，山西省电信业务总量完成737.9亿元，同比增长56.6%。电信主营业务收入完成255.8亿元，同比增长3.5%。

全省电话用户总数达3709.4万户，固定电话用户和移动电话用户分别达343.7、3365.7万户，在电话用户总数中的占比分别为9.3%和90.7%。全省移动电话用户数达3365.7万户，其中，4G电话用户数达1885.4万户，比上年末增加687.3万户，占全省移动电话用户的比重为56%。

全省（固定）互联网宽带接入用户数达747.2万户，比2015年末净增141.1万户，普及率达20.5%。“宽带中国”战略加速推进，光纤宽带建设进度持续加快，FTTH/0（光纤接入）用户达632.6万户，比上年末净增236.6万户，占宽带用户比重达84.7%；“提速降费”行动加快，宽带提速效果日益显著，全省20M以上宽带用户达630.4万户，比上年末净增588.2万户，在宽带用户中占比达84.4%。

启动实施大数据战略。成立山西省大数据发展领导小组。研究提出促进大数据发展应用的规划纲要、实施方案、行动计划和若干政策，围绕数据资源、数据产业、数据应用、数据安全四个领域,推动大数据产业发展和推广应用。对全省各部门信息中心进行摸底调查,推动省直厅局对接国家级对口大数据项目。

推进两化融合管理体系贯标。推荐18户企业申报“两化融合管理体系贯标试点企业”,全省新认定国家级两化融合管理体系贯标试点企业8户、达到26户。培育两化融合管理体系咨询服务机构,山西省电子信息技术应用促进中心通过工信部专家评选考核。

实施“互联网+工业”行动。研究制定深化制造业与互联网融合发展实施方案,落实“互联网+工业”实施意见,在网络基础设施升级、融合创新发展、绿色发展和安全发展四个方面发力推进。培育工业云平台,推动太钢建设工业云服务平台。

加快发展信息产业。发布鼓励工业企业建设分布式光伏发电项目实施方案,举办电子信息技术、智能制造专题培训。完善电子信息产业项目库和专家库,完成15家软件企业退税核查,税收优惠1500余万元。组织产业交流活动,推动长治LED产品展示会顺利召开。2016年,电子信息制造业实现工业总产值801.1亿元,同比增长16.1%;软件和信息技术服务业实现营业收入40.7亿元,同比增长7.1%。

推进经济社会领域信息化。2016年,山西省开展“信息化推进三晋行”活动,推动全省420余处公共场所开通“i-Shanxi”无线网络服务。推动山西北斗卫星导航省级数据中心建设,落实省政府与浪潮集团的云计算战略合作协议。加强信息安全工作,推进“信息技术服务外包安全要求”和“信息化工程安全建设和管理规范”两个地方标准发布。 (董晨阳)

【工业经济调控】 2016年,山西省经信委围绕全省规模以上工业增长1.1%的目标,在“减负60条”“工业19条”的基础上,提出《进一步促进工业稳定运行提质增效的若干措施》(“工业20条”),加强工业经济运行监测预警调控,完成年度增长目标任务。

强化工业经济运行专项调度。按月牵头组织全省工业经济专项调度会议,分析工业、非煤运行形势及困难问题,研究政策措施。实施工业增长目标月通报制度,向各市通报月度工业增长进度完成情况,对未达目标进度的地市,逐月滚动分解月度目标。6月开始,按月通报非煤增长进度,并逐月滚动分解。

加强经济运行监测分析。以300户重点企业监测调度为基础,优化调度方式,增加调度频次,充实调度内容,健全完善动态监测调度体系;依托行业、企业、地市分析会议的平台,反映工业经济运行动态,编写月度《工业运行分析》和《煤电油运气动态分析》报告,反映经济运行动态。按月参加省政府经济形势分析联席会议和省政府常务会议,专题汇报工业运行情况,为省委省政府决策提供支撑。

加强经济运行预研预判。结合电力调度日报、铁路运输周报及300户重点企业监测快报,按月分析研判工业运行趋势;开展全省千户企业季度问卷调查,完成一季度、上半年企业景气报告。组织专题调研,完成《2016年全省工业增长目标及措施》,提出全省工业增长年度目标建议,经省政府第111次常务会议研究通过。形成具有山西工业经济运行特色,月度、季度、年度相结合的预测预警体系。

非煤产业发展。落实去产能减产量保增长决策部署,研究提出全省非煤产业上半年、前三季度、全年分阶段增长目标,下发《关于分解下达2016年各市非煤产业增速目标的通知》。制订《推进非煤产业平稳较快增长的工作方案》,推动全年非煤产业平稳较快增长。

2016年,全省规模以上工业企业开工率达87.7%,高于上年同期2.8个百分点;增加值增长1.1%,同比回升3.9个百分点;实现利润208.7亿元,同比减亏增利267.1亿元;非煤产业增加值同比增长4.4%,连续8个月正增长;非煤产业占工业增加值比重56.2%,同比提高3个百分点。

(董晨阳)

【行政审批制度改革】 2016年,山西省经信委成立行政审批管理处并进驻省政务服务中心。制定行政审批管理办法,优化审批流程,对全部20项审批事项(含40个子项)进行流程再造,深化审批事项事中事后监管制度建设。落实简政放权要求,精简下放5亿元以上的固定资产投资项目备案,取消发电机组增容试验结果认定。截至2016年底,行政审批窗口共受理业务59件,办结47件,做到无差错、无超时、无违纪。 (董晨阳)

【供给侧结构性改革】 2016年,山西省制定实施钢铁行业化解过剩产能实现脱困发展实施方案、电力供给侧结构性改革实施意见、促进建材工业稳增长调结构增效益实施方案,研究提出焦化行业供给侧结构性改革实施意见,促进传统产业提质增效。

去产能。全年压减82万吨炼铁产能。发布全省重点工业产品推荐目录,引导省内重点工程使用省内产品,推动工业企业去库存,全省工业企业产成品存货同比下降8.5%。降成本。全年减轻企业负担496亿元。2016年,全省规模以上工业企业主营业务成本同比下降6.6%。推进岸、港、网建设。推进“单一窗口”建设,推动建设电子口岸关检“三个一”公共服务平台;协调争取国家部委将大同、运城、忻州航空口岸和太原铁路口岸列入国家“十三五”口岸发展规划。协调推动中鼎物流园实现当年开工、当年开园,建成国内首个铁路、公路、水路、航空“多位一体”的多式联运智慧物流港。实施“宽带山西”2016专项行动,固定宽带家庭普及率由55%提高到66%;推进三网融合,全省新增IPTV(交互式网络电视)用户90万户。 (董晨阳)

重点工程建设

【概述】 2016年,山西省委、省政府确定“项目创新年”,并制订重点工程年度目标任务,在省重点工程领导组领导下,各级各部门强化协调,落实责任,逐月进行调度,到项目一线,确保重点工程工作推进,完成“六位一体”目标任务。项目储备完成投资额157945.3亿元,完成年度计划的130.8%。项目签约完成投资额23456.1亿元,完成年度计划的130.3%。项目落地完成投资额13820.7亿元,完成年度计划的100.1%,10个市完成年度目标任务,吕梁市完成65.6%。项目开工完成投资额12368.9亿元,完成年度计划的107.6%,重点工程建设完成投资11873.9亿元,完成年度计划的103.3%,其中省重点工程完成投资2869.2亿元,完成年度计划的99.9%。11个市均完成年度重点工程建设投资目标任务,7个市完成年度省重点工程建设投资目标任务,4个市未完成任务,其中大同市完成87%,临汾市完成84%,运城市完成82.9%朔州市完成72.6%。项目投产完成投资额11647.2亿元,完成年度计划的101.3%,10个市完成年度目标任务,朔州市完成64.4%。

2016年,山西省争取成为国家电网覆盖范围内首个全省域电改综合试点;争取国土资源部委托山西省行使部分煤层气勘查开采审批登记;支持在山西省开展煤炭交易体制改革试点、完善煤炭价格形成机制和价格自律机制;争取盐湖区、太谷县、石楼县3县列为国家农村产业融合发展试点示范县;在国家“十三五”规划《纲要》中增加“优化建设国家综合能源基地、华北电力外送通道”以及“将山西纳入地下水修复试点”等内容;太原高新技术产业开发区国家低碳工业园区试点实施方案经国家批复;国家发改委《关于实施制造业升级改造重大工程包的通知》中将山西省晋北现代煤化工基地列入国家级化工园区(基地)。争取介休、寿阳和蒲县列为结合新型城镇化支持农民工等人员返乡创业试点。(马润卯)

【项目资金】 2016年,山西省现代煤化工项目,国家核准潞安高硫煤清洁利用油化电热一体化示范项目。新能源汽车项目,争取国家对晋中吉利年产10万辆乘用车项目进行备案。新能源项目,争取国家下达山西省2016年光伏发电规模指标220万千瓦,规模居全国第一;下达山西省2016年风电开发建设规模160万千瓦;下达晋北风电基地装机规模700万千瓦,其中2017年规模200万千瓦。煤层气项目,争取国家对中石油石楼西区块永和18井区产能建设方案、东宝能投长子区块煤层气开发项目进行备案,可新增煤层气产能近10亿立方米。扶贫项目,争取国家安排山西省2016年第一批光伏扶贫村级电站(含用户)规模18.4万千瓦,集中式电站规模40万千瓦。交通项目,太焦铁路、原大客专开工建设。北京至太原铁路列入《中长期铁路网规划》(2016—2030)。外资项目,争取4个项目列入国家外国政府贷款备选和滚动项目库,贷款额近2亿美元。指导企业境外发债4.65亿美元。

2016年,中央共安排山西省均衡性转移支付、县级财力保障奖补、财力补助407.4亿元,较上年增加81.4亿元;将山西省应上缴的“两权价款”共150.43亿元留给山西省,用于采煤沉陷区治理;争取中央预算内投资80.4亿元、国家专项建设基金217.4亿元。(马润卯)

煤炭工业

【煤炭工业运行情况】 2016年,山西省煤炭工业厅深化改革、创新驱动,推进“两控两优两提高(控制总量,优化布局;控制增量,优化存量;提高质量,提高效益)”,抓好安全生产、经济运行、产业转型、行业管理等重点任务,推进煤炭“六型”转变。落实《山西省“十三五”煤炭工业发展规划》编制工作。

2016年,山西省煤炭供给侧结构性改革初见成效,完成煤炭去产能任务;率先在全国实行减量化生产,推动煤炭价格恢复性上涨,实现市场止跌趋稳向好。截至2016年底,山西省煤炭产量8.3亿吨,同比下降14.1%;煤矿企业商品煤销量7.52亿吨,同比减少6537万吨,下降8%;煤矿企业库存2856万吨,比年初减少2134万吨,下降42.76%;综合售价291.6元/吨,同比增加28.6元,增长10.9%;全行业实现利润16.9亿元,扭亏为盈。(王德善)

【煤炭供给侧结构性改革】 2016年,山西省煤炭工业厅推进煤炭供给侧结构性改革,出台《山西省煤炭供给侧结构性改革实施意见》,确定煤炭去产能减产量、安置煤矿职工、推进煤炭清洁高效利用、加快煤炭产业科技创新等8个方面30项改革任务。配套出台32个实施细则,形成与《实施意见》相配套完整的煤炭供给侧结构性改革政策体系,完成山西煤炭供给侧结构性改革顶层设计,为改革进入抓落实阶段提供政策保障。

(王德善)

【煤炭工业“去产能”】 2016年,山西省煤炭工业厅按照国务院《关于进一步加强淘汰落后产能工作的通知》和省委、省政府的总体要求,成立山西省钢铁煤炭行业化解过剩产能实现脱困发展领导小组,煤炭行业办公室设在山西省煤炭厅。编报《山西省化解煤炭过剩产能实施方案》;与市、县及企业全部签订目标责任书,明确全省煤炭行业化解过剩产能工作的目标任务;制定关闭退出煤矿的工作步骤,选定焦煤集团白家庄煤矿和潞安集团石圪节煤矿2座矿井,开展煤矿关闭退出试点;开展全省煤炭行业化解过剩产能专项督查,组织协调省级验收。2016年,关闭25座煤矿,退出产能2325万吨。国家钢铁煤炭行业化解过剩产能和脱困发展工作部际联席会议验收抽查组对山西省化解过剩产能工作给予肯定。(王德善)

【煤矿安全生产】 2016年,山西省煤炭工业行业安全生产形势好转。

推进瓦斯抽采全覆盖工程和瓦

斯抽采管路改造工作。完成瓦斯抽采量107.5亿立方米，利用量60.9亿立方米，完成100万米井下非金属瓦斯抽采管路改造任务。

开展资源整合矿井水患补充调查工作和山西省煤矿防治水专项整治行动。完成502座资源整合煤矿水患补充调查，查清井下采空积水情况。以"十排查、十整治"为重点内容，在全省开展为期四个月的煤矿防治水专项整治行动。

推进煤矿重大灾害防治。重点围绕瓦斯、水害、防灭火、冲击地压、提升运输和顶板、煤尘等7个方面，组织开展9次执法检查，重点排查整治48种重大灾害情形，责令12座煤矿停产停建、31个采掘点停止作业。

开展煤矿安全大检查。汲取省外重特大煤矿事故和山西省同煤同生安平煤业"3·23"重大事故教训，落实煤矿安全大检查，在全省开展瓦斯、防治水、"反三违"、机电运输、重组整合建设煤矿、违法违规生产建设煤矿、应急防汛等一系列专项检查行动，对未履行核准手续擅自组织生产建设的16座煤矿责令停止生产建设，对省属五大集团所属207座整合煤矿实施停产停建整顿。

2016年，山西省事故起数和死亡人数较上年相比下降。全省煤矿共发生19起事故、死亡44人，同比减少14起、33人，分别下降42.42%、42.86%。较大及以上事故数量较上年相比下降。全省煤矿发生较大及以上事故3起、死亡27人，同比减少4起、19人，分别下降57.14%、41.3%。其中，较大事故2起、死亡7人，同比减少4起、18人，分别下降66.67%、72%；重大事故1起、死亡20人，事故起数同比持平，死亡人数同比减少1人、下降4.76%。煤矿百万吨死亡率下降。全省煤矿百万吨死亡率为0.053，同比减少0.026、下降32.91%。

（王德善）

【煤炭生产管理】 2016年，山西省煤炭工业厅按照国家关于能源工作坚持依法行政、发挥市场作用要求，规范全省煤炭生产建设秩序。

实行减量化生产。贯彻落实国家和山西省减量化生产有关要求，全省煤矿从2016年4月1日起在全国率先实行276个工作日生产制度，组织开展督促检查工作，全年压减产量1.36亿吨，占全国压减量3.37亿吨的40.5%，改善市场供求关系，推动煤炭价格上涨，促进煤炭市场止跌企稳。

释放先进产能。根据国家保障煤炭稳定供应要求，全省符合产能释放条件的495座煤矿按照330个工作日制度进行产能释放，平均每月增加产量997万吨。

打击非法违法生产建设行为。对未履行核准手续擅自组织生产建设的煤矿停止生产建设行为、对省属五大煤炭集团所属207座整合煤矿，要求不少于一个月的停产停建整顿，促进化解煤炭过剩产能工作开展。

落实生产能力公告和生产要素管理制度。修订《煤矿生产能力等要素登记公告管理办法》，全省所有生产煤矿完成生产能力登记公告，建立生产要素动态核查机制，完成对560座生产煤矿全面动态核查。对79座新投产煤矿生产能力进行登记公告，变更330座煤矿的各类生产要素，取消36座煤矿生产能力登记公告。

推进千人矿井减人提效。全省11座单班入井超千人矿井通过采取综合措施，年内全部实现入井人数控制在千人之内的目标。（王德善）

【煤炭经济调控】 2016年，山西省煤炭工业厅落实国家宏观调控政策和各项决策部署，发挥化解煤炭过剩产能对改善市场供求关系、促进煤炭经济平稳发展的作用，强化对煤炭经济运行的日常监测调控和分析研判，引导企业运用新技术、新工艺，开发生产适销对路的新产品；推动落实"三省两公司"协调机制，加强煤炭企业与电力等用户的中长期战略合作，建立省内炼焦煤和无烟煤稳定运行协商机制；落实国家和山西省一系列煤炭脱困政策，引导企业加强自律。

推进煤炭销售协商机制。2016年，召开5次全省煤炭经济运行协商机制会议，引导和鼓励阳煤集团、晋煤集团分别与所在地方煤矿建立区域性煤炭销售协同机制。推进焦煤集团与吕梁、临汾、晋中地方煤矿建立炼焦煤销售协商机制。

鼓励开发煤炭新产品。引导煤炭企业采用现代新技术、新工艺开发新产品，融入京津冀、加入环渤海开拓新市场，为用户提供清洁环保、适销对路的产品。（王德善）

【煤炭科技创新】 2016年，山西省煤炭工业厅坚持以提升煤矿机械化、自动化、信息化和智能化建设水平为重点，推进"机械化换人、自动化减人"，加强科技重大项目技术攻关。

煤炭科技创新能力提高。推广智能化综采技术，31个综采工作面进行智能化和电液控改造。全省煤矿在充填开采、沿空留巷等技术应用方面取得成效。加强科技攻关，全年全行业获得国家和省科技进步奖共计117项。其中，国家科技进步奖1项，中国工业大奖1项，中煤协会科技进步奖74项，山西省科技进步奖41项，西山煤电集团参与完成的"煤层瓦斯安全高效抽采关键技术体系及工程应用"项目和阳煤集团参与完成的"智能煤矿建设关键技术与示范工程"项目，获2016年度国家科学技术进步奖二等奖；焦煤集团"近距离突出煤层群稀缺资源安全开发与利用"项目，获"中国工业大奖"，是山西省煤炭工业唯一获该奖项的企业，该届评选中唯一获"中国工业大奖"的煤炭企业技术创新项目。阳煤集团建造的世界首台"晋华炉"问世，标志着山西省"气化炉高温合成气热量回收技术研究及工程示范"省级煤基低碳重大科技攻关项目取得突破。煤炭科技创新能力和水平提升，煤炭企业内生动力增强。

（王德善）

【煤炭监管信息平台建设】 2016年，山西煤炭监管信息平台建成并投入试运行，建立数据采集传输、管理机制，建立同级数据传送、多部门配合查证的工作模式，实现集全省煤炭行业安全管理和安全监控、煤炭经济运行管理和监测及行业其他方面的综合管理功能为一体，为行业管理和政府决策提供技术支撑和数据依据。

（王德善）

【煤矿用工管理】 2016年，山西省煤炭行业构建煤矿劳动用工管理体系，规范煤矿用工管理秩序，强化全员准入和变招工为招生制度，加强煤矿职业健康管理，保障煤矿从业人员安全健康权益。组织培训煤矿主要负责人637人，安全生产管理人员18621人，培训煤矿特种作业人员4.9万人次；指导企业开展从业人员培训17.4万人次；开展煤矿关键岗位中等教育，举办新《煤矿安全规程》培训。

（王德善）

【煤炭行业管理机构设置】 2016年，山西省煤炭行业在省级层面设置省煤炭工业厅，属省政府组成部门。厅内设18个处室，行政编制95名，现实有公务员86名（不含驻厅纪检组）。现有厅级领导11名，厅长1名、副厅长4名、总工程师1名，党组成员、纪检组长1名，党组成员、省煤矿工会主席1名，党组成员、煤炭工业太原设计研究院院长1名，副巡视员2名。厅直属事业单位26个，编制人数3485人。市级层面除运城市煤炭局与安监局合署办公外，其他10个市均单设煤炭管理部门。县级层面在全省84个产煤县中，有34个县单设煤炭局，50个煤炭管理部门县与安监局或经信委合署办公。 （王德善）

·煤炭交易·

【概述】 截至2016年底，中国（太原）煤炭交易中心（简称交易中心）累计注册交易商达11554户，比上年增加1059户。其中，省内交易商4263户，省外交易商7291户，涉及煤炭、电力、钢铁、化工、建材等主要行业，交易商遍布全国31个省市区。2016年，煤炭现货交易总量完成11.89亿吨，同比降低14%；交易总额4407.85亿元，比上年减少1386.34亿元，同比降低24%。其中，铁路煤炭交易量完成10.88亿吨，交易金额4189.25亿元；公路煤炭交易量完成1.01亿吨，交易金额217.65亿元；水运煤炭交易量完成21万吨，交易金额0.95亿元，交易结算总额583.16亿元。煤炭现货交易总量达60.56亿吨，交易总额达3.09万亿元。交易中心连续五年成为全国各类煤炭交易市场的“领跑者”。

（李海涛）

【煤炭交易会】 2016年，中国（太原）煤炭交易中心建立新型煤炭产运需衔接机制，承办2016、2017年度全国煤炭产运需衔接合同汇总会、2016年夏季全国煤炭交易会，1000余家单位参会，参观人数达1.36万人次。参与企业有：省内同煤、焦煤、晋能等“5+2”及地方大型煤炭生产企业；神华、中煤等省外部分重点煤炭生产企业；国内五大电力企业、十大钢铁企业、国内有色、建材、化工行业的重点企业；中国铁路总公司、太原铁路局、北京铁路局、郑州铁路局以及京唐港、唐山港、河北港口集团等北方主要港口，徐州港、枝城港、如皋港等长江流域主要港口企业；与交易中心合作的十二家省内银行、大连商品交易所、中信期货等期货公司共30余家金融机构；山东省煤炭工业局组织的10余家煤炭企业以及山西省长治、阳泉、忻州、临汾等四个地市政府组织的相关企业。大会期间组织交易中心交易业务、公路物流服务平台两场推介会；交收库交易专场、忻州交易专场两场专场交易；大会高峰论坛、期现融合发展论坛、煤炭市场合作论坛、煤炭市场与价格预测专家研讨会4场论坛；山东省煤炭供需座谈会、太原铁路局煤炭产运需衔接座谈会、省内电煤供需衔接座谈会、晋能集团座谈会4个座谈会等15场主要活动。交易中心为省内主要大型煤炭生产企业、交易中心交收库运营企业等30户企业免费搭建宣传展位，推介产品展示企业形象。该会签订2017年度煤炭交易合同8.89亿吨，同比上涨33.48%，其中中长期合同7.23亿吨，占全部合同的81%。 （李海涛）

【区域煤炭交易平台构建】 2016年，中国（太原）煤炭交易中心在启动运营临汾和忻州煤炭交易机构的基础上，加大区域煤炭交易市场建设步伐。推进长治、阳泉煤炭交易分支机构建设。“太交会”期间，交易中心与阳泉市政府、长治市政府分别签订区域煤炭市场战略合作协议。推进唐山曹妃甸煤炭交易分中心的建设，完成“中太北方大宗商品交易中心有限公司”工商注册，建立完善公司法人治理结构，开展人员招聘、团队组建、业务设计、制度建设、市场推广等工作，搭建项目交易平台，组织项目合作方团队进行业务培训及系统模拟演练。10月18日，中太北方大宗商品交易中心试运行，煤炭、甲醇产品正式上线交易。12月20日，中太北方大宗商品交易中心获中国（太原）煤炭交易中心授予的分中心称号。截至2016年底，中太北方大宗商品交易中心煤炭累计交易量达288.18万吨，交易金额15.73亿元，甲醇交易量累计3000吨，交易金额474万元。根据华东煤炭交易中心个性化需求，中心完善交易软件功能，就设立分支机构等相关事宜与华东煤炭交易中心磋商，筹建中林如皋港分市场项目，扩大交易中心在华东市场影响力；联合陕西煤炭交易中心、内蒙古煤炭交易中心，组织成立“晋、陕、蒙煤炭交易市场联盟”，开展市场间合作工作并对联盟工作展开安排部署。 （李海涛）

【煤炭交易服务体系完善】 2016年，中国（太原）煤炭交易中心推进煤炭交易模式创新，完善交易制度。适应煤炭销售体制改革、铁路货运改革和“互联网+”的发展趋势，交易中心对煤炭电子商务平台进行优化升级，为企业提供更多“定制化”交易功能，稳定煤炭交易规模，扩大中心对外影响力。开展煤炭全流程交易。出台《关于电商平台铁路煤炭全流程交易工作实施方案》《中国（太原）煤炭交易中心煤炭交易营销激励办法（试行）》，发挥中心交收库、供应链融资、“M+N”团队、“海进江”工作组作用，推进全流程交易，提升交易量；建立全员、全业务、全流程服务基础上的“M+N”大客户服务机制，保障全过程服务工作改进和流程优化，为交易商提供具有针对性的高端服务。研究探索煤炭现货战略储备新机制，构建稳定煤炭市场供求新途径。开展煤炭交易政策研究。参与《山西省煤炭供给侧结构性改革实施意见》起草工作，省政府办公厅下发的《创新煤炭交易机制的实施细则》《煤炭价格形成机制和价格自律机制的实施细则》和《探索建立煤炭战略储备体系的实施细则》中，明确交易中心工作任务。根据省政府关于煤炭战略储备的有关要求，起草《山西省煤炭现货储备实施细则》，建立煤炭价格周报制度，推进煤炭市场与价格预测分析专家库建设，开展煤炭市场专家预测工作；推进区域性煤炭交易分市场建设。截至2016年底，长治、唐山曹妃甸、山东鲁北等煤炭交易分市场建设取得阶段性成果。

信息服务体系提升，7月19日对外发布升级优化的中国太原煤炭交易价格指数体系（CTPI-2.0），信息产品及传播路径形成体系。中心通过常态化、系统化的信息产品和中心门户网站、移动商务客户端、微信公众平台等新媒体发送，形成互联互通信息体系，为交易商提供产、销、存、储、装、运、价等煤市动态信息和关联产业信息。通过《中国太原煤炭交易价格指数》《信息速递》《煤炭市场周报》《全省领导干部金融知识系列培训周报》《学习参考》等刊物，形成分月分季研究报告、中国煤炭市场蓝皮书等系列信息产品。截至2016年底，中国太原煤炭交易价格指数体系、价格采集体系和渠道建立，为价格指数提供基础数据。通过收集整理中心电商平台数据、中心自身编写的数据分析报告、山西省各路局发运信息、煤炭厅最新核定产能数据以及行业协会等相关数据，完成煤炭交易大数据平台整体架构建设，完善信息综合服务功能。

物流服务体系创新，制订《山西省智慧物流公共服务平台建设方案》《山西省现代物流实施方案》和《山西省综合交通物流枢纽规划》，落实《健全山西省煤炭物流体系实施方案》工作内容。与太原、北京、郑州三个铁路局在年度合同运输运力衔接的基础上，配合铁路部门组织签署三方运力互保协议，建立新型产、运、需协作机制，打造高效、快捷、优质的现代化交易交收服务。重新构建运输需求与物流衔接新机制，搭建产运需衔接新平台，并启动月度衔接例会制度，实现月编和日常需求与铁路运力的高效匹配。统筹推进交收仓库体系建设，在全国范围内布点布局。截至2016年底，先后在河南、江苏、山西、湖北、山东和河北设立9个交收仓库。开展2016秋季省外交收仓库系列活动，供方交易商累计挂牌14.7万吨，建立价格指数采集体系，启动交易中心公路物流服务平台，实现信息流、资金流和物流“三流合一”。利用北斗、云计算、大数据等技术优势，将车、路、人、网互联互通，构建公路物流车联网系统，自上线以来，公路物流服务平台累计运行线路22条，运行车辆1700辆（4782次），承运煤炭15.112万吨，实结运费1771.062万元。

2016年12月20日，2017年度煤炭交易大会煤炭中长期合同签约在中国（太原）煤炭交易中心举行 （李海涛供图）

金融服务体系发展，开展独立清结算业务研究和推进工作，起草《山西省成立清结算机构的可行性报告》。加强票据管理，创新票据管理模式，明确票据综合服务模式并在山西煤炭物流发展有限公司开展试点工作。丰富供应链融资产品，通过研发推广“煤炭订单融资”“票据融资”“应收账款融资”和“仓单质押融资”等金融产品，形成独具特色的在线供应链融资服务和模式。2016年订单业务在规模上取得较大突破，票据业务和应收账款业务实现落地且业务量增加。围绕交收库建设，推进“仓单质押融资”业务开展，与光大银行、招商银行签订包括仓单业务在内的供应链融资合作框架协议；拓宽融资渠道，探索引入低成本资金的渠道和方式，加强与保险、基金、证券等金融机构沟通与合作，保障融资业务开展，其中重点推进与山西省金融资产交易中心（晋金所）合作，以山西煤炭物流发展有限公司为主体进行业务试点，通过平台定向发售理财产品，成功募资。 （李海涛）

【创新营销】 2016年，中国（太原）煤炭交易中心制定“场地营销转变为策划性营销”的经营策略。全年营业收入累计完成2248万元，完成计划的97.74%，同比增加100.24万元，增幅4.67%。中心举办各类展会活动63场，接待参展人数达240万人次。其中，政府类4场、商业类57场、自办展2

场，涵盖汽车、工业、农业、文化产业、生活服务、食品餐饮、服装、医疗等多个领域。全年完成各类展会收入3193.29万元，提升交易中心在会展行业的品牌效应。

2016年9月7日，2016太原能源低碳发展论坛暨中国（太原）国际能源产业博览会在交易中心举行。该论坛签订重大项目15项，推动山西省大型企业、高校和科研机构与国内外知名企业、大学和科研机构展开科技交流与产业合作。（李海涛）

【场外衍生品交易平台建设】 2016年，中国（太原）煤炭交易中心按照多层次、多元化现代能源商品交易市场体系建设的战略部署，推进煤炭场外交易工作。

探索研究商品场外交易业务。交易中心在煤炭现货交易基础上，推进商品场外衍生品交易研究和准备工作，基本完成煤炭中远期业务、掉期业务的合约设计、业务流程、交易交收制度设计工作。

做好沟通交流工作。交易中心与大商所、郑商所等期货交易所，中信期货、南华期货等多家知名期货公司沟通交流，建立良好的业务合作关系，在期现结合、市场培育、业务研究等方面探讨。在年度交易大会期间举办"期现融合发展论坛"，帮助煤炭企业增进对衍生品市场了解。

开展调研学习工作。交易中心与省有关厅局组成调研组，开展对大连商品交易所、内蒙古煤炭交易中心等6家交易机构实地调研，完成《开展煤炭期货试点，创新煤炭交易机制的情况汇报和对策建议》调研报告。开展碳排放交易、天然气交易研究工作，完成《山西发展碳排放交易研究》《在山西构建天然气交易市场的可行性研究》等课题研究报告。（李海涛）

·晋能产业·

【概述】 2016年，晋能集团各项工作有序推进，经济指标逐月好转，实现"十三五"良好开局。截至2016年底，集团资产总额2488.48亿元，资产负债率77.3%，在册员工9.62万人。集团生产经营指标完成情况：煤炭产量7136万吨，同比增长1.4%；煤炭贸易量13208万吨，同比降幅7%；发电量169.3亿千瓦时，同比增长14.5%；售电量68.7亿千瓦时，同比增长0.2%；清洁能源发电量9.1亿千瓦时，同比增长40%；营业收入696.6亿元，同比下降9.6%；上缴利税57亿元，实现利润2.6亿元，工业增加值167.6亿元。

2016年，晋能集团在多领域取得优秀成绩。1月6日，王庄煤业上报的"自移式履带钻机""自动液压调整溜煤斗装置""大溜机头破炭装置"三项成果获山西省煤炭系统"五小"竞赛优秀奖。1月12日，集团阳光发电公司"废水反渗透设备清洗工艺改进项目""一单元DCS系统电源失电报警"和"提高斗轮机集电器使用寿命"三个项目分获省"五小"竞赛优秀成果一等奖、二等奖、三等奖；三个项目完成人王华庭、王宁、王建军分别被省劳动竞赛委员会授予山西省五一劳动奖章和记功表彰。山西三元煤业股份有限公司三项成果在全省企业职工"五小"竞赛活动中均被评为三等奖。5月28日，国峰2×300兆瓦低热值煤综合利用电厂主厂房建筑安装工程获中国电力建设企业协会发布的"2016年度中国电力优质工程奖"。12月6日，晋能清洁能源科技有限公司首次入围全球新能源企业500强并位列346位。

（张晓晖　李红琴）

【技术标准纳入国家安监总局推广目录】 2016年1月6日，由国家安全监管总局、国家煤矿安监局制订的《煤矿安全生产先进适用技术推广目录（2015年）》正式发布，王庄煤业《老空水害隐患综合探测技术》被收录其中，获得推广应用。王庄煤业老空水害隐患综合探测技术项目于2013年3月向省科学技术厅申报科技鉴定成果，2013年9月取得科技成果鉴定证书。2014年6月，国家煤矿安监局办公室下发《关于征集煤矿安全先进适用技术的通知》，王庄煤业将该技术成果进行上报，通过网上公示后被纳入国家安监总局《2015年煤矿安全生产先进适用技术推广目录》进行推广应用。该技术主要通过动态监测小煤窑的越界盗采活动，从源头上截断小煤窑老空水的根源；并针对存在的含水采空区，采用含水采空区巷道"电法造影"技术，确定含水区域的分布范围，预估静态水量；对井下巷道开展直流电法、瞬变电磁法超前探测，结合井下实际钻探成果提高老空水害预测预报的精度。（张晓晖　李红琴）

【煤炭交易订货会】 2016年1月3日，晋能集团举办2016年度公路交易订货会，来自山西、河北、河南、山东等6个省市的近200家用户企业代表参加订货会，签订公路煤炭买卖合同8001.2万吨，超额完成6000万吨的订货任务。其中，自产煤4330.2万吨，占54.12%；外购煤3671万吨，占45.88%。加大与重点用户的长期稳定战略合作，重点用户订货量占终端用户订货总量的97.8%。创新合作模式，由晋煤物流总公司牵头，以各市公司为主体，与重点用户协商、探讨新的合作模式，在签订年度订货合同的基础上，会后签订长协合同。加强风险防控，交易订货合同全部在晋能智慧供应链平台中签订，各市公司统一使用由集团法律事务部审定的合同文本，同时要求各市公司签订补充协议时，由市公司法律事务部或法律顾问审核相关内容，严控合同签订过程中存在的各类风险。

（张晓晖　李红琴）

【战略合作】 2016年3月11日，晋能集团与山西省农村信用社联合社、中国（太原）煤炭交易中心达成三方战略合作框架协议，签约仪式在中国（太原）煤炭交易中心举行。

4月26日，晋能集团与鄂尔多斯市政府签订战略合作框架协议，签约仪式在内蒙古鄂尔多斯市康巴什新区举行。

11月22日，晋能集团与黑龙江省鸡西市人民政府达成产业发展战略合作框架协议，与梨树区人民政府签署《鸡西市梨树区农光互补项目战略合作框架协议》。

12月20日，晋能集团召开2017年煤炭交易重点用户座谈会，邀请山西、河北、河南、山东、浙江、广西等百余家客户共商煤炭战略合作，签订中长期购销合同，签订年度购销合同。

（张晓晖 李红琴）

【融资债券发行】 2016年8月17日，中国工商银行承销的晋能集团15亿元超短融债券正式发行，一天时间内所发债券全部售罄，利率3.87%，比基准利率下浮11%，节省财务成本850万元。10月17日，由浦发银行太原分行承销的晋能集团20亿元超短期融资券成功落地。该单债券期限9个月，发行利率3.41%，是集团公司当年度所发七期超短期融资券中价格最低的一期。 （张晓晖 李红琴）

【科技创新】 2016年，晋能清洁能源所属光伏工程公司物理法提纯太阳能级高纯硅研发项目精密冶金物理法硅料正式出炉。

1月6日，三元福达煤业成功研制"开门可折叠式三维立体防片帮安全防护装置"，在15103运输顺槽掘进工作面应用该装置两个多月，防止突发性片帮3次。10月9日，晋能技术研究院正式开工建设。

1月15日，晋能集团与山西省文化厅达成山西文化云平台项目战略合作框架协议。山西文化云平台是利用互联网、云计算等先进信息技术和管理模式，整合山西省全部文化数字资源，建设标准统一的共享服务平台和互联网网络服务体系，实现开放的文化信息服务渠道和服务方式多元化。 （张晓晖 李红琴）

【晋能项目入列省重点工程】 2016年3月，山西省政府发布2016年全省重点工程工作年度目标任务，包括铁路、公路、水利、外送电通道和电网工程建设、低热值发电、煤层气、节能环保、科技创新城、新兴产业、城乡人居环境和其他共11大类、637个项目。其中，晋能光伏技术有限公司晋中2吉瓦异质结高效单晶电池和组件一期500兆瓦项目、晋能三期高石庄乡风电项目、晋能保德2×660兆瓦超超临界低热值煤发电项目、晋能文水二期1×350兆瓦低热值煤发电项目、晋能孝义2×35万千瓦低热值煤热电新建项目、晋能大土河公司合作建设2×350兆瓦热电联产项目等多个项目入列其中。

（张晓晖 李红琴）

【电力项目并网发电】 2016年4月7日至8日，晋能集团清洁能源天镇二期65兆瓦、天镇扶贫40兆瓦两个光伏发电项目一次顺利并网发电。晋能清洁能源并网光伏发电项目总装机达250兆瓦，在建光伏发电项目装机170兆瓦。

10月27日02时56分，晋能清洁能源高家堰二期160兆瓦风力发电项目正式并网。

12月21日，晋能清洁能源公司平鲁高家堰二期160兆瓦风电项目投产发电。平鲁高家堰风电项目总装机210兆瓦，项目分两期建设，一期50兆瓦项目于上年并网发电，二期160兆瓦风电项目是集团公司和太重集团深化合作的风电项目，项目总占地面积1.104平方千米，装机容量为160兆瓦，总投资12.7亿元。

（张晓晖 李红琴）

【瓦斯发电项目完工】 2016年4月18日，晋中左权盘城岭煤业通过招商引资方式建设的19.5兆瓦瓦斯发电项目一期工程8台机组全部安装完工。项目概算总投资1.6亿元，配置13台进口1500千瓦低浓燃气发电机组。 （张晓晖 李红琴）

【晋能清洁能源科技公司】 2016年1月17日，由世界环保大会组织，国际节能环保协会、联合国工业发展组织、联合国教科文组织联合主办的"绿色低碳发展变革力峰会暨国际碳金奖2015年度盛典"在北京召开，晋能清洁能源科技有限公司获2015年度国际碳金奖之"中国绿效企业——成长潜力奖"。

清洁能源公司创新研发的高效光伏发电技术组件JNMP60产品获"创新高效组件奖"，为表彰其在山西扶贫项目中作出的突出贡献颁发"最佳扶贫项目奖"。

截至2016年底，晋能清洁能源科技公司拥有年产600兆瓦太阳能电池及700兆瓦太阳能组件生产能力，实现平均效率18.6%的高效多晶太阳能电池技术的大规模量产和数百兆瓦出货。

高效多晶太阳能电池平均效率突破18.8%，275瓦高效多晶组件实现量产。公司量产270瓦高效组件产出比接近八成。 （张晓晖 李红琴）

【热电联产供热验收改造】 2016年3月15日，太原市环境保护局向晋能集团嘉节热电公司下发《关于山西国际电力集团有限公司嘉节热电联产项目竣工环境保护验收的意见》，标志着嘉节热电联产项目各项设施及污染物排放均达到国家标准，正式通过环保验收。

12月，嘉节燃气热电公司开展热网供热扩容改造节能增效工程，供热面积从1000万平方米增加到1200万平方米，年增加收益2250万元。2015年至2016年供热量为540万吉焦，其中乏汽供热量330万吉焦。相比改造前，一个采暖季可少抽蒸汽90万吨，相应地增加发电量7500万度。按0.3元/度计算，年增加收益2250万元，经济效益良好。

（张晓晖 李红琴）

电力工业

·国网山西电力·

【概述】 国网山西省电力公司是国家电网公司全资子公司，以电网规划、建设、运行管理及电力调度、经营等为主营业务，拥有资产779.39亿元，员工2.91万人。

2016年，国网山西省电力公司营业户数突破千万大关，省内售电量1338.3亿千瓦时，同比增长2.55%，3

年来首次实现正增长；全省外送电量713.33亿千瓦时，超额完成省委省政府确定的700亿目标。营业收入731.63亿元，同比下降4.15%。利税总额37.65亿元，同比增长4.7%。经济增加值7.47亿元，同比增加1.11亿元。

截至2016年底，山西电网总装机76303.422兆瓦。按调度单位划分，国调装机3300兆瓦，阳城电厂以点对网方式送江苏电网；华北网调直调机组容量5920兆瓦；省调装机容量62908.3兆瓦，其中进入商运容量为62908.3兆瓦；地区小电厂合计容量4175.122兆瓦。省调机组按机组性质划分，光伏电站51座，容量2650兆瓦；风电场74座，容量7910.3兆瓦；煤层气电厂1座，容量120兆瓦；燃气机组9台，容量1845兆瓦(全部供热)；水电厂4座(含抽水蓄能)16台，容量2288兆瓦；火电机组169台，容量48095兆瓦，其中，供热机组116台，容量29885兆瓦，占比为62.1%；空冷机组136台，容量39825兆瓦，占比82.8%；循环流化床机组64台，容量11635兆瓦，占比为24.1%。

截至2016年底，省电力公司有220千伏及以上电压等级变电站246座，主变534台，变电容量116495.574兆伏安，其中特高压变电站2座，变压器4台，容量12000兆伏安；500千伏变电站23座（含榆社开闭站)，主变43台，容量37500兆伏安；220千伏变电站221座，主变487台，容量66995.574兆伏安。

2016年，省电力公司有220千伏及以上输电线路752条，线路长度21501.145千米（不含跨省输电线路)。其中，500千伏线路87条，长度5696.5千米；220千伏线路665条，15804.645千米（其中省调线路575条，14430.537千米)。跨省输电线路33条，长度3974.237千米。(龙　云)

【电网建设与发展】2016年，国网山西省电力公司完成固定资产投资195.66亿元，同比增长20.17%，其中电网投资180.84亿元，同比增长34.8%。国网山西省电力公司特高压和配电网投资同比分别增长2.5倍和1.5倍。“一口对外”破解难题，“一交一直”(灵州—绍兴直流率先架通，蒙西—晋北—天津南交流提前投运)投运，“一交两直”(榆横—晋中—潍坊交流，晋北—江苏、上海庙—山东直流)线路基本架通，平鲁输变电、晋北换流站—平鲁三回线等关键工程按期竣工，500千伏“西通道”提前投运。

配合完成山西省“十三五”电力发展规划和新一轮农网改造升级规划，临汾西输变电工程等14个500千伏项目取得核准。完成755个小城镇(中心村)电网改造、2.37万眼机井通电、141个自然村动力电改造任务，按期投运煤改电试点配套电网工程，2015年新增农网改造升级工程通过验收。对接帮扶西藏昌都市开展新一轮农网改造升级工程。蒙西—天津南输变电等4项工程获国网流动红旗，500千伏龙城、运城东变电站分获国家优质工程奖、中国电力优质工程奖，运城中杨、大同天镇变电站获国网“输变电创优示范工程”。(龙　云)

2016年7月7日，国家电网公司与山西省人民政府在太原签署《共同推进山西省小城镇(中心村)电网改造升级和“井井通电”工程合作协议》(龙　云供图)

【经营管理】2016年，国网山西省电力公司成立深化改革领导小组和电改办公室，制订公司《全面深化改革工作实施方案》，推进改革工作。参与电改配套方案编制。山西电力交易中心有限公司挂牌成立，完成大用户直接交易381.9亿千瓦时，同比增长139%，节约用户电费支出42.41亿元，释放改革红利。国网山西省电力公司完善管理创新平台，“供电企业重点任务全过程管控”获国家级管理创新二等奖，6项管理创新及推广成果获国网公司表彰，6项典型经验入选国网公司同业对标典型经验库。

(龙　云)

【安全生产】2016年，国网山西省电力公司落实本质安全要求，严格各级安全责任，开展“三查三强化”专项行动，排查治理隐患，管控各类风险，未发生人身、电网、设备事故和信息安全事件，主要安全生产指标创历史最好水平。实施《安规》常态化调考，构建安全奖惩长效机制，各级人员安全意识普遍提高。加强大电网运行特性分析和风险研判，发布电网风险预警1643项，成功应对年初大范围低温降雪、夏季强降雨等恶劣天气，保证电网稳定运行和电力可靠供应，完成G20、能博会等活动保电任务。强化现场安全管控，开展安全督(纠)察1.14万次，覆盖作业现场1.17万个。精益运维管理，完成44座35千伏及以上老旧变电站综合治理，开展“通道治理

2016年3月20日，蒙西—天津南工程晋北1000千伏特高压变电站首台1000千伏变压器完成就位安装，转入抽真空、热油循环及静置阶段　　（龙　云供图）

年”活动，500千伏及以上线路故障跳闸率及停运率同比减少54%和74%，10千伏配网故障停运率同比减少18%。国网山西省电力公司强化应急管理，配合省政府编制发布《山西省大面积停电事件应急预案》，参与安平煤矿、中村煤业透水事故抢险救援，获地方政府和社会好评。　（龙　云）

【电力电能营销】 2016年，国网山西省电力公司组建配售电市场领导小组，增设太原科创城供电公司，开辟配套电网、业扩报装绿色通道，响应客户需求，办电效率同比提高30%，净增接电容量987.3万千伏安。挖掘省内用电需求，电能替代电量完成57.79亿千瓦时，44个高速及城市快充站建成投运，覆盖全省的“大字形”高速快充服务网络初具规模，4370个社会充电设施接入车联网平台，全省电动汽车充电量超过1亿千瓦时。接收用户资产12.29亿元，打开合表用户53.62万户。落实“一户一策”，当年陈欠电费回收率实现“两个100%”。计量中心生产自动化系统达到“先进级”，同期线损实现常态化监测管理。“营财一体化”建成，核减项目投资0.97亿元。物资招标采购节资1.92亿元，清理应收款项和存货14.8亿元。

（龙　云）

【服务拓展】 2016年，国网山西省电力公司服务新能源产业发展，帮扶指导大同百万千瓦采煤沉陷区光伏基地项目按期投产发电，风电、光伏新能源并网容量突破千万千瓦。加快临汾、大同光伏电站配套电网建设，推进偏关定点扶贫村光伏电站建设，累计受理分布式光伏扶贫项目1.03万户、申请容量22.04万千瓦。试点供电服务“网格化”管理，开展营销服务投诉问题百日整治，重点投诉问题占比下降18%。推动“互联网+营销服务”，“网上营业厅”累计注册531.6万户，占城乡客户比重突破50%，线上业务量同比增长10倍。　（龙　云）

【科技成果】 2016年，国网山西省电力公司科技研发成果取得突破。“变压器冲击绝缘诊断装置”等16项成果获省部级科技奖励，其中获山西省科学技术奖8项。全年完成专利授权313项，其中发明专利81项。国网山西电科院1项专利获美国专利授权。信息通信支撑能力提升，信息系统安全稳定运行。全年未发生八级及以上安全事件，信息系统可用率99.94%，获“国网公司网络与信息安全工作优秀单位”称号；完成三级及以上通信检修543次，通信运行保障率99.9999%，完成G20等重大活动保障任务。

国网山西省电力公司科技创新能力提升。“电力系统运行与控制山西省重点实验室”通过山西省科技厅验收。科技成果指数完成16.89，同比增长73.94%。开展“安全月”活动，深化安全监督，国网山西省电力公司信息安全红队获山西省第一届网络安全竞赛团体二等奖，2人获竞赛优胜奖。40个信息系统实现账号实名制，“三不”网站全部关停。年度整改隐患68条，消除缺陷319条。应急处理能力提升，修订完成2个应急预案和32个专项处置方案，开展信息系统应急演练24次，信息通信联合反事故演习1次，成功应对多次极端恶劣天气。应用信息通信一体化调度运行支撑平台（SG-I6000），接入业务系统54套，梳理核对设备台账6万余条，信息通信资产账卡物一致率达100%。

（龙　云）

机械电子工业

【机械电子行业运行情况】 2016年，山西省装备制造业实现主营业务收入1582.1亿元，同比增长6.1%；实现利润34.2亿元，同比下降44.8%；实现利税66.9亿元，同比下降31.9%；实现工业增加值444亿元，同比增长6.5%；全年出口机电产品497.5亿元，增长44.3%，进口机电产品257.4亿元，增长30.6%；工业总产值实现1741.5亿元，增长3.2%。

经济运行特点如下：(1) 山西省装备制造业工业增加值6月份开始止跌回升并稳步增长，由年初-5.1%到年底的6.5%，全年增速好于全省工业1.1%和全省制造业5.5%，与全国制造业6.8%相差不大，但与全国机械工业9.6%相比，还有较大差距。(2)主营业务收入1月至12月同比增长6.1%，全年呈现不断上升的总趋势。主营业务总收入1582.3亿元，按大类分：机械制造业775.4亿元，占总数的49.00%；电子制造业806.9亿元，占总数的51.00%。(3)主营收入利润率偏低，运营效率有待提高。山西省装备制造业主营业务收入利润率基本在2%左右，与全国机械工业平均约6.5%相比，运营效率急需提高。2016年山西省装备制造业实现利润同比增速一直是负数，而且回落幅度较大，说明企业能拿到的订单是以低价换市场，处于维持生产状态。(4)55%的主要产品产量保持增长。在山西省统计的42种装备制造业主要产品中，1月至12月产量实现同比增长的有14种，占比约33.3%；产量同比下降的产品19种，占比45.2%。（周继祥）

【产品业务突破】 2016年，山西省机械电子行业在多领域实现新突破。太重集团核电领域实现新突破。太重集团、上海核工院共同研制的CAP1400环行起重机小车(也叫环吊小车)成功下线并完成相关试验验收，标志着太重在核电领域实现新突破，填补国家空白。

永济电机研制成功香港电车永磁牵引系统。1月28日，中车永济电机公司为香港电车研制的永磁牵引系统通过北京交大、西南交大和中国中车相关单位专家及香港电车公司的评审。永磁电机具有体积小、重量轻、效率高、转速平稳、噪声低、可靠性高等明显优势，更适用于城市轨道车辆，在同等运行工况下，永磁牵引系统与异步牵引系统相比，可节能20%以上，并且随着再生制动性能的提升而提升。以香港电车每天运行10小时、行程约120千米计算，采用异步牵引系统年耗电量为5万千瓦时，而装配永磁牵引系统每年至少可节电9000千瓦时。

全省首台电动车充电桩长治下线，填补山西省电动车充电桩生产空白。该电动车充电桩由长治久豪科技公司联合中国矿业大学研发生产。为长治市首座3000千瓦电动汽车充电站提供25台产品，满足50台电动公交大巴同时充电。

太重榆液高性能柱塞泵研发获重大突破。太重榆液高端柱塞泵其耐久性试验进行连续4000个小时，容积效率下降率小于2%，超过国家标准(2400小时)要求。

晋西集团公司所属晋西铜业成功开发出物理性能、力学性能、表面、板型等符合用户要求的铜铬锆合金带材产品。样品供客户试用，可以替代国外同类进口产品。

山西省首批电动物流汽车和微型客车样车在成功集团下线，填补山西省电动汽车行业的技术空白，为该企业迈入新能源行业奠定基础。

山西远航电动车业有限公司在国内首创汽车新动能甲醇制氢发电。“甲醇—氢—电”动力汽车以甲醇作为基础能源，通过甲醇催化重整分离出氢气，再将氢气注入特定反应装置，通过氢氧化学反应产生电荷，再以电力驱动车辆运行。6月，远航被列为山西科技创新城第二批重点引进企业，获准占地30亩建设山西氢谷动力研究院。8月，远航与山西省国有企业中航美运兰田装备制造有限公司正式签订合作建厂协议，共同出资2.1亿元建设国内首个“甲醇—氢—电”动力专用车生产基地。

中车永济电机公司被评为“中国出口质量安全示范企业”。该称号是国家质检总局授予出口企业在质量方面的最高荣誉，被业界誉为“出口免验”的升级版。（周继祥）

【机电设备出口】 2016年，经纬纺机榆次分公司成功签约印度2台JWG1728A-21型剑杆织机。JWG1728型剑杆织机是织机部自主开发的一款高速织机，拥有多项发明专利和实用新型专利。最高设计转速550转/分，生产转速400—450转/分。

长治制造17120米超长管状输送带出口到印度尼西亚塔岛铁矿。表明“山西凤凰制造”在东南亚能源及矿产领域市场获得新拓展。山西凤凰胶带有限公司拿到的这批产品订单，包括2条管状输送带，一条总长度17120米，管径300毫米，刷新单条管带长度世界第一纪录；另一条总长度7900米，管径250毫米。

中车永济电机公司油田顶驱电机交付俄罗斯客户。该批电机是公司为俄罗斯最大的钻机制造商乌拉莫什公司研制的315千瓦新型油田顶驱电机，是公司油田顶驱电机的首次出口。

长治福万达公司研发的LED空气净化路灯的一批240瓦空气净化路灯从长治发往罗马尼亚。路灯每支售价1050美元，总价值折合人民币980多万元。该项技术通过改变负离子发生器的结构，增高负离子输出负高压达到3万伏、离子浓度突破3亿个，使照明灯户外路灯附近大气中的PM2.5、灰尘、颗粒及有害气体均可得到净化，净化率达每小时300立方米。从2015年8月福万达公司获得国家专利以来，其延伸产品相继获得罗马尼亚、蒙古两国千余万元的订单，并远销美国、新加坡、土耳其、俄罗斯、巴西等多个国家。

太重大型矿用挖掘机首次出口印度。这是太重20立方米大型矿用挖掘机首次出口印度，也是中国同类机型首次进入印度市场。太重生产的20立方米大型矿用挖掘机可与载重量为154吨—220吨的矿用自卸卡车相配套，适用于年产量1000万吨以上的大型露天煤矿、铁矿及有色金属矿的岩石剥离和矿物采装作业，至今已有30多台服务于国内各大露天矿。该次出口的6台20立方米挖掘机，满斗可挖掘物料36吨，约等于一火车皮的载货量；该机针对印度当地矿区的工作环境及条件，借鉴太重集团公司多年来生产制造矿用挖掘机的成功经验，采用大量国内外先进的设计、工艺、制造和交流控制技术，各项技术性能均达到行业领先水平。

太重集团第四台35立方米大型挖掘机出口南非。35立方米大型矿用挖掘机是用于大型露天矿成套设备中的关键设备。可与载重量为154吨至220吨的矿用自卸卡车相配套，适用于年产量1000万吨以上的大型露天煤矿、铁矿及有色金属矿的岩石剥

离和矿物采装作业。（周继祥）

【科技研发】 2016年，太重煤机公司研发制造的智能型千万吨级煤炭综采成套设备获“中国能源装备十大年度创新产品”称号。设备设置采区截割煤层地质构造的GIS数字平台，可实现截割轨迹的规划和导航；开发采煤机姿态实时控制系统，可实现采煤机截割过程的智能控制和动态轨迹调控；采用综采机组优化协调控制新方法，实现采煤机、支架及运输系统的协调控制与安全高效运行；建立综采机组运行状态在线监测系统，具备自诊断、自纠偏、自预警的智能监控功能，实现综采装备本地、远程监测、控制和故障预警；开发超大功率采煤机自动调高控制技术、超大功率刮板运输机高压变频软启动控制技术，提高综采机组运行可靠性；工作面操作人员由正常的12人至16人减少到4人至6人，人均效率提高50%。

中车永济电机研制出国内功率最大，牵引能力最强的电传动轨道车，主要用于铁路施工和牵引大型养路机械编组，线路施工材料及人员的运输，大型养路机械编组由驻地到施工现场的往返牵引及施工驻地转移的牵引工作，具有工频发电功能和配套的供电设施，可为铁路施工提供大功率三相交流电源。车内配备有螺杆式空压机、生态厕所、厨房、卧铺、电采暖器、空调等设施，整车运行平稳、工作可靠、设施齐全、乘坐舒适，为铁路施工提供新型牵引动力。

太重集团与中国铁建重工合作制造的山西省首台“龙城一号”直径6410毫米土压平衡盾构机成功下线。交付中铁十二局用于太原地铁施工建设。太重集团成功进军盾构机市场，填补山西省高端地下施工装备制造的空白。（周继祥）

【中北大学航天科研产品运用】 2016年，中北大学研发的六大类20项产品应用在“长征七号”中。中北大学仪器与电子学院为“长征七号”运载火箭配套研发的主要产品有：数据压缩单元、数据压缩单元地面测试仪、外系统等效器、助推电量变换器测试台及PCM流有线测试仪等，共20台测试仪产品分布在箭体内部各个部位。其中，自主研发的数据压缩单元编码器的应用还是首次，其主要功能就是能够对整个箭上测量系统四路噪声系统进行压缩处理。（周继祥）

【北斗导航数据产业落户】 2016年，国家北斗导航数据产业落户太原，布局山西分中心产业平台基地。该项目由山西长娥北斗导航数据服务有限公司投资建设，主要内容包括：山西北斗位置服务公共平台；山西北斗数据及运营中心；山西北斗室内外高精度位置网；山西国防动员北斗位置服务系统；北斗科技创新试验区域产业化基地；山西北斗终端设备检测认证中心；智慧城市、交通、旅游、安全生产等产业应用项目建设，周期为3年，总投资约21亿元。（周继祥）

【新能源汽车制造与研发基地建设】 2016年，比亚迪在太原打造中西部地区首个以纯电动客车、专用车、工矿作业车为重点领域的新能源汽车制造与研发基地。太原比亚迪新能源汽车基地（西攒村）项目分两期建设，计划总投资40亿元人民币，占地1100亩，规划年产5000辆纯电动客车、5000辆纯电动专用车和2000辆工矿作业车生产能力。比亚迪分支机构进驻山西省科创城，成立纯电动工矿作业车研发中心，深化新能源汽车“7+4”全市场战略布局。

沃特玛新能源汽车核心技术产业园落户临汾，项目总投资约112亿元，占地2000多亩。（周继祥）

【“矿山采掘装备及智能制造国家重点实验室”方案通过论证】 2016年，太重集团“矿山采掘装备及智能制造国家重点实验室”建设与运行实施方案顺利通过山西省科技厅组织的专家论证。太重集团“矿山采掘装备及智能制造国家重点实验室”特色优势明显，研究方向符合国家和行业发展重大需求瞄准国内领先、国际一流的矿山采掘装备技术创新前沿，致力于解决制约矿山采掘装备领域发展的应用基础问题和技术瓶颈，围绕矿山采掘装备现代设计理论与方法、大型挖掘机全生命周期可靠性和矿山采掘装备智能化三个研究方向开展技术研究，为推动中国进入矿山采掘装备制造强国提供技术支撑。（周继祥）

【大同采煤沉陷区光伏发电项目正式投产】 2016年，大同采煤沉陷区“国家先进技术光伏示范基地”13个光伏发电项目正式投产，该项目一期规划光伏电源100万千瓦，分两个50万千瓦片区建设，投产后分别接入山西电网大同220千伏南京庄变电站和220千伏北郊变电站。（周继祥）

【托克逊中车永电能源装备有限公司成立】 2016年，中车永济电机有限公司通过实地调研和市场预测分析，在有“风库”之称的托克逊县出资成立大型永磁直驱风力发电机研发生产制造企业托克逊中车永电能源装备有限公司。建成投产厂房占地50亩，首批10台机组下线。（周继祥）

【国内首个瓦斯发电尾气脱硝装置投用】 2016年，山西省晋煤集团将瓦斯发电燃机尾气脱硝项目作为重点环保改造工程，先后投入4700余万元，利用选择性催化还原技术，对全厂12台余热蒸汽锅炉进行烟气脱硝改造。通过加氨将燃机尾气中的氮氧化物还原为氮气和水，使燃机尾气中氮氧化物的含量降低到不足之前含量的1/6。这是国内首个瓦斯发电尾气脱硝装置在山西省投用。（周继祥）

冶金工业

【冶金工业运行情况】 2016年，山西冶金企业适应市场，总体实现企稳回升，粗钢、生铁、电解铝产量恢复性增长，氧化铝、精炼铜、铜材、镁合金、镁材产量实现增长并创新高，氧化铝产量超过河南成为全国第二大生产省份，实现利税、利润较大幅度增长。2016年底，全省规模以上冶金工业企业447家，从业人员22.45万人。其中，钢铁工业企业336家，从业人员17.08万人；有色金属工业企业111家，从业人员5.37万人。受市场需求有所好转、钢材库存处于历史低位等多重因素影响，国内市场钢材价格波动回升。钢材综合价格指数从上年12月历史最低点54.48点开始回升，4月末涨至84.66点，到11月末涨至90.38点，12月中旬达到103.4点，同比涨幅超过80%。

2016年前11个月，铝价一直稳步上升，到12月份铝价出现回落。2016年初，国内铝现货价格在10950元/吨，到11月14日，铝价冲高至15380元/吨。对比2月3日的全年最低价10500元/吨，现货铝价最大涨幅达46.48%。到12月底，现货铝价12910元/吨，全年涨幅在17.9%。粗钢完成3936.1万吨，同比增长2.2%，高于全国1.06个百分点。其中，不锈钢完成412.2万吨，同比增长2.58%；生铁完成3641.1万吨，同比增长1.9%，高于全国1.53个百分点；钢材完成4279万吨，同比下降0.9%，低于全国2.46个百分点。十种有色金属完成120.5万吨，同比增长23.35%，扭转连续2年负增长局面，高于全国20.89个百分点。其中，电解铝完成86.8万吨，同比增长43.61%，高于全国42.3个百分点；精炼铜完成19.56万吨，同比增长8.1%，高于全国2.15个百分点；金属镁完成14.04万吨，同比降低26.21%，低于全国40.25个百分点，被宁夏超越，居全国第3位；氧化铝产量1414.14万吨，较上年增长10.84%，超越河南，居全国第2位；铝材产量57.5万吨，较上年降低1.93%，低于全国11.65个百分点；铜材2.59万吨，增长14.98%；镁合金完成18.81万吨，同比增长23.18%；镁材完成5098吨，同比增长25.55%。

2016年，全省规模以上冶金工业主营业务收入2522.4亿元，占全省的18.07%，同比降低8.3%，低于全省4.6个百分点。其中，钢铁工业1903亿元，同比降低12%；有色金属工业619.4亿元，同比增长5.3%。全省规模以上冶金工业增加值增长5%，高于全省3.9个百分点。冶金工业实现利税95.8亿元，占全省的10.32%，比上年增加109.6亿元。其中，钢铁工业66.5亿元，比上年增加111.9亿元；有色金属工业29.3亿元，同比降低7.28%。冶金工业实现利润32亿元，占全省的15.33%，比上年增加89.3亿元。其中，钢铁工业由上年亏损75.2亿元变为盈利18.1亿元；有色金属工业13.9亿元，同比降低22.1%。

2016年，钢材出口142.2万吨，货值103亿元，分别比上年降低2.7%和10.2%，其中，不锈钢出口19.9万吨，货值77.9亿元，分别增长10.4%和降低6%。钢材出口占全省出口总值的15.72%。出口镁及其制品4.9万吨，降低15.3%。 （康建基）

【项目建设】 2016年，山西省各冶金企业推动项目建设。太钢集团袁家村铁矿采矿接续工程建设；峨口铁矿露天转地下开采项目2012年8月开工建设，累计完成计划总投资的36%；镍基耐热合金高技术产业化项目，2016年1月开工建设，完成计划总投资的24%；冷轧硅钢常化酸洗线改造2014年8月开工建设，2016年5月建成投产。

2016年3月30日，首钢长钢瑞达工业园区焦化项目一期工程2号炉正式点火烘炉，7月21日，热态联动试车一次成功；1号焦炉于11月8日开始烘炉。瑞达工业园区煤焦化项目是首钢长钢实施淘汰落后减量置换升级改造的高炉配套工程，一期工程主体为2×65孔6米碳化室捣固焦炉及其配套的备煤、干熄焦、化产回收系统。

4月12日，山西中铝华润有限公司吕梁轻合金循环产业基地一期50万吨合金铝项目开工建设。

4月12日，华兴铝业二期100万吨氧化铝项目投产，项目采用强化溶出技术，铝土矿中氧化铝的相对溶出率达96.25%，配套建设自备热电站，实行热电联产，截至2016年底，是中国单条规模最大、也是世界首条一水硬铝石百万吨生产线。

4月，东方希望晋中铝业一期100万吨氧化铝项目第一条氧化铝生产线投入运行；第二条生产线12月投入运行。

4月，山西华泽铝电7万吨电解铝投产。

中条山集团在垣曲陶瓷工业园区投资5.4亿元的尾矿综合利用制备建筑陶瓷项目开工建设。

11月16日，山西铝厂和山西炬华合作的铝基催化新材料项目签约，该项目是山西铝厂托管河津铝工业园区后的第一个项目，项目总投资约5亿元，建设周期3至5年、分三期建设，产品包括大孔铝基材料、硅铝干胶、催化剂等。

吉县鼎昌达铝业有限公司年产320万吨氧化铝项目、山西道尔铝业有限公司100万吨氧化铝项目、山西继禹环保科技有限公司利用氧化铝赤泥生产阻燃保温材料项目、山西港海铝业有限公司年产30万吨铝合金预拉伸板工业轻质板材项目、山西华夏动力科技有限公司5000套汽车铝合金车身生产项目和侯马北铜铜业有限公司年处理铜精矿150万吨综合利用项目等在省发改委备案。中铝山西分公司托管的山西中铝太岳新材料有限公司新建氧化铝项目可行性研究报告通过专家评审。

（康建基）

【结构优化与提质增效】 2016年，山西省钢材产量4279万吨，其中线材和钢筋占55%，加上建筑用型材占到70%，产品同质化，销售区域重叠，恶性竞争加剧，生存环境堪忧。山西省氧化铝产量1414.14万吨，而电解铝产量只有87万吨，加工转换率仅为12%；精炼铜产量19.56万吨，而铜加工材只有2.59万吨，加工转换率为13%。资源、能源、区位优势，未能转换为经济优势。需求放缓，实施供给侧结构性改革变得尤为迫切。产品价格长期低位运行，产品成本居高不下，企业面临资金链断裂危险。

太钢集团从传统领域向新兴领域的转变落实换挡提速工作，除硅钢产品市场销售增长20.6%外，汽车排气系统用不锈钢、罐箱行业用不锈钢、双相不锈钢、超纯铁素体不锈钢、核电用不锈钢、取向硅钢分别比上年增长36.7%、76%、200%、35.4%、51.3%和107%。2016年，太钢新产品的市场贡献率达70%以上，不锈钢出口同比增长4.72%，呈现出多渠道、多领域特点。太钢集团实现降本增效22.32亿元。通过管理和技术创新，炼钢二厂在原料结构优化、贵重金属回收、质量指标提升等方面就实现重大突破，全厂降成本达到5亿余元。不锈热轧厂立足从小处着手，凭借工艺优化、技术改进，在降低煤气、压缩空气、循环水、电能消耗四方面取得成绩。吨钢压缩空气消耗量同比降幅达26.5%，轧线循环水用量降低10%，高压泵每月节电3万度。

首钢长钢内部增效4.79亿元，吨钢增效209.84元。全年生铁成本1468元/吨，同比降低48元/吨；炼钢工序成本362元/吨，同比降低29元/吨；轧钢工序成本107元/吨，同比降低29元/吨。利用铁运、汽运价格差相互撬动降低运费，铁路运费最终比基准价降低47.33%，同比降低39.84%，全年减少铁路运费支出约1.4亿元。加大效益相对较好的H型钢生产销售比例，全年销售型钢占钢材销售总量的23.21%，同比提高4.83%。开发合金焊线、含铬光圆盘条等10个品种规格17254吨新产品。钢材单利同比好252元/吨，较行业缩差114元/吨。对管理费实行“二维管理”，全年管理费比上年降低9329万元，降幅31.22%。

中阳钢铁形成“焊丝钢、Q195工业拉丝材占50%，优特钢占20%，建筑材占30%”的产品结构，从产品升级、品牌提升、产业链延伸等方面推动企业实现去产能、提质量、增效益可持续发展。

10月30日，立恒钢铁与麦肯锡（上海）咨询有限公司咨询服务合作项目正式启动，在能效速赢、全成本配料、端到端运营和非钢业务梳理等方面开展全方位的系统诊断，先后识别出80项降本举措，吨钢可挖掘潜力145元。试产250吨焊接钢用盘条，实施带钢升级改造项目，改造后，产品由原来的145毫米单一品种，升级为145毫米至455毫米多个品种。

山西建邦集团巩固老品种钢材生产，加大优特品种钢的研发生产力度，优特品种钢品种规格和质量品质提升。

晋城福盛钢铁加强与中铁、中建等大型知名企业的合作，并入选《中铁大桥局钢材合格供应商目录》及《中建七局优质供应商协会会员单位》。推进重点工程直供项目用钢，先后中标大张高铁、太原地铁、银西高铁、郑万高铁及郑阜高铁等工程。

中条山集团营业收入、工业增加值、资产总额、矿山处理矿量、阴极铜产量、银锭产量、粗硫酸镍产量、粗碲产量、机加工产量及驻外公司利润等十余项指标创历史新高。

中铝山西分公司实现年节约费用100万元。中铝山西分公司第二氧化铝厂开展技术攻关及运营转型攻关，通过对流程优化、技术创新、提升管理等方面的改进，蒸汽单耗同比降低0.08吨/吨-AO，种分分解率同比升高0.7%，循环效率较上年升高3.17千克/米，实现产量消耗新突破。中电投山西铝业形成较为全面的精益工作格局。2016年矿耗、碱耗、电耗等8项主要技术指标同比降低，吨氧化铝生产成本较计划降低11.05元，隔膜泵等主体设备运转率大幅提升，故障影响机组时间同比降低59.8%。山西华泽铝电实现利润创2008年以来最好水平。山西兆丰铝电办理完毕3号机组自备电厂手续，为电解铝直供电，另一方面，享受大用户直供电等优惠政策，用电成本大幅度降低。2016年5月初，山西兆丰铝电12.5万吨电解铝恢复生产。中铝山西兴华科技利用多功能焙烧炉生产干氢氧化铝技改项目建成，生产出合格的干粉氢氧化铝产品，成为该公司铝基新材料系列产品的新成员。中铝兴华科技2016年的产量超计划1.8%，利润超计划63%。山西复晟铝业实现生产经营管理水平的再提升。自2016年6月以来，与国内精益管理的创始者——爱波瑞管理咨询公司展开深度合作，分步将新型管理理念注入企业。山西华圣铝业加强电解槽密封保温，确保电解槽平稳运行，狠抓换极、出铝、抬母线等基础操作的精细化管理，稳定槽况，提高电流效率，加强现场综合整治和氧化铝无泄漏治理，改善环境，实现氧化铝单耗降低。（康建基）

【兼并重组与战略合作】 海鑫集团完成被建龙集团子公司吉林钢铁有限责任公司并购整合工作。2016年4月30日，山西建龙10号高炉送风点火成功，标志着山西建龙正式恢复生产运营。

中钢集团与山西省地方企业联合成立混合所有制公司——中钢特材科技（山西）有限公司，通过重组原常平钢铁有限公司和原山西环鑫源不锈钢有限公司的设备资产和产能指标，由贸易物流为主业向实体经济转型。常平钢铁上年10月停产，重组后，经过3个月的检修，12底开始恢复生产。环鑫源不锈钢展开6个月复产检修工作。

4月5日，山西八达镁业公司与浙江万丰奥特控股集团展开战略合作。10月15日，山西铝厂与运城市政府展开河津铝工业园区战略合作，推进运城铝工业（国家）产业示范基地发展。12月1日，山西省阳泉市郊区区委、区政府与中国北斗科技中心展开《中北斗镁合金科技产业园合作》。

（康建基）

【技术创新与应用】 2016年4月，太钢不锈钢特种材料中标武汉青山长江大桥项目；5月，自主研发生产的不锈钢挤压件产品首次成功应用于“国际热核聚变实验堆”项目；6月，成为国内首家成功研发用于建造万吨以上化学品船的双相不锈钢新型材料的钢企；7月，成功研发的整体成型核电用不锈钢挤压方管首次用于中国自主设计的核电站建设；8月，双相不锈钢获得挪威国家石油标准认证，标志着太钢不锈钢特种材料从国际高端建筑领域迈向海洋、油气开采新市场；9月，核电产品首次以材料形式供应国外核电站建设项目；10月，硅钢产品进军新能源汽车领域；11月，太钢牵头的“高强高耐蚀不锈钢及应用”项目被纳入《国家重点研发计划重点基础材料技术提升与产业化重点专项实施方案》。2016年在钢产量同比下降的情况下，双相和耐热不锈钢、罐箱用不锈钢、铁素体不锈钢、油井和锅炉用不锈钢管坯开发量大幅增加。

太钢致力于关键材料的研发生产和国产化推广。与国内主要制笔企业和相关科研院所共同实施“十二五”国家科技支撑计划项目——“制笔行业关键材料制备技术研发与产业化”。2016年9月，太钢成功生产出第一批切削性好的直径2.3毫米的不锈钢钢丝材料。测试结果表明，圆珠笔出水均匀度、笔尖耐磨性基本稳定，产品质量与国外产品相当。

太钢推进笔头用不锈钢材料生产的标准化建设。制定出中国第一部《笔头用易切削不锈钢丝》行业标准，填补中国该类产品标准的空白。该标准通过全国钢标委审核认定。11月中旬，由太钢主持起草的新版不锈钢三大国家标准正式实施，新标准涵盖国内近七成不锈钢产量。标志着太钢加速从生产钢铁材料向“生产”标准的转变。

首钢长钢发挥创新工作室科技创新的引领作用，炼钢厂“钢包全程加盖技术降低冶炼成本”项目的实施，可创造年经济效益308万余元。实施“数字化点检系统的完善及定修预警系统的开发与应用”项目攻关，实现设备预防性维修管理。

2016年立恒钢铁实施各种技术创新项目1444项，年可创效3.47亿元；开展修旧利废1819项，为公司增效节约3442万元。

中条山有色集团推进尾矿制备陶瓷、铜冶炼弃渣综合利用等技术研究，开展从烟灰及废酸中提取铼、铟等有价元素工作。2015年公司与中南大学合作完成《铜冶炼废酸液中铼的提取研究》，提取出合格的铼酸铵产品，该成果2016年6月18日通过山西省科技成果鉴定，为工业化生产提供技术支撑。（康建基）

【冶金科技成果获奖】 2016年，太钢参与完成的《红土镍矿生产高品位镍铁关键技术与装备开发及应用》项目获国家科学技术进步奖二等奖。

2016年中国钢铁工业协会、中国金属学会冶金科学技术奖评审结果中，太钢有8项成果获奖。其中《黑色冶金过程废水资源化循环利用技术及应用》成果获得一等奖；《高品质中高碳合金热轧卷板关键工艺技术与系列产品开发》《核电用不锈钢异型材生产工艺技术开发》两项成果获二等奖；《露天铁矿大型群布叠层采空区安全探测与处理技术开发及应用》《复杂成因难焙烧赤铁矿链篦机—回转窑氧化球团制备关键技术及应用》《高炉、烧结及焦化原料成本协同智能系统研发与应用》《宽幅高碳马氏体不锈钢卷板关键工艺技术及产品开发》和《提高干熄焦余热回收利用效率的技术开发及应用》五项成果获三等奖。

由中条山集团主持完成的《〈冰铜化学分析方法〉(YS/T 990.1–18–2014)行业系列标准制定》、参与完成的《有色金属工业安装工程质量验收及评定系列标准（YS/T5421–2014、YS/T5424–2014)》分获2016年度中国有色金属工业科学技术二等奖；由中条山集团独立完成的《铜冶炼副产品及中间产品中稀贵金属综合回收利用的研究》、参与完成的《有色金属行业标准〈有色金属选矿回收伴生钼精矿〉YS/T947–2013》分获2016年度中国有色金属工业科学技术三等奖。

中北大学参与完成的《废杂铝再生目标成分铝合金产业化技术》、中色十二冶金建设有限公司参与完成的《轻金属冶炼安装工程施工及质量验收系列标准》分获2016年度中国有色金属工业科学技术奖励一等奖；山西华圣铝业主持完成的《铝电解槽母线分流及修补技术开发与应用》、山西铝厂设计院有限公司参与完成的《氧化铝厂工艺设计规范》、山西银光华盛镁业参与完成的《镁合金热挤压棒材》和《镁合金热挤压型材》分获2016年度中国有色金属工业科学技术奖励三等奖。

山西银光镁业集团与重庆大学国家镁及镁合金工程技术研究中心共同申报的《镁合金板不对称挤压新技术的批量化生产应用》获国际镁协2016年度优秀工艺奖。（康建基）

化学工业

【化工行业运行情况】 2016年，山西省规模化工企业279户，资产总计1883.6亿元，同比增长2.4%，全国排名19；主营业收入752.6亿元，同比下降6.2%，全国排名27；利润总额3.21亿元；企业亏损额44.9亿元，同比增加5.3%。行业经济下行压力加大，受各种因素影响，传统煤化工行业主营业务收入降低，利润下降。固定资产实际投资45.2亿元，同比下降91%；与上年相比，固定资产投资增速放缓，原因是市场倒逼产能过剩行业减少投资，产能过快增长势头得到遏制；新施工项目增幅加大，行业结构调整加快，行业发展从规模式增长向内涵式增长转变。

2016年，山西省重点企业的部分化工产品生产情况因市场环境开工率不足，产品与上年同期相比主要产品有轻微上涨，行业经济运行总体保持平稳态势，但行业效益仍不乐观。1月至12月，全省合成氨（无水氨）、甲醇、离子膜烧碱、硫酸、聚氯乙烯树脂、合成树脂及共聚物、合成橡胶保持平稳增长，合成氨（无水氨）产量564.13万吨，同比增长4.2%；甲醇产量278.57万吨，同比增长5.5%。离子膜烧碱产量46.74万吨，同比增长6.4%，硫酸产量53.62万吨，同比增长0.4%。聚氯乙烯树脂产量66.78万吨，同比增长3.9%。合成树脂及共聚物产量67.24万吨，同比增长2.5%。合成橡胶产量2.05万吨，同比增长16.1%。其他重点产品如化肥、纯苯、单晶硅、电石、子午线轮胎等均出现不同程度下滑，化肥总计(折纯)产量437.54万吨，同比下降1.5%，纯苯产量19.47万吨，同比下降7.3%。单晶硅产量10.58万千克，同比下降11.3%。电石产量23.92万吨，同比下降28.6%，子午线轮胎产量134.56万条，同比下降5.3%。(张 平)

【产业现状】 2016年，山西省化学工业结构调整步伐加快，产业规模扩大，自主创新能力增强，技术装备水平提高，行业总体保持平稳较快发展。山西省化工行业大体可分为传统煤化工、现代煤化工、盐化工和精细化工四个方面。基本格局为传统煤化工为主，盐化工和精细化工为辅，现代煤化工兴起，前景可观。

传统煤化工方面：集中在合成氨、化肥、甲醇、聚氯乙烯和煤焦油加工等几个行业。这些行业产能均居全国前列。相关重点企业99家。技术成熟，产量稳定。

现代煤化工方面：集中在山西省五大煤炭集团。潞安集团、晋煤集团分别建成煤制油和甲醇制汽油(MTG)示范装置，建设百万吨级工业化项目；阳煤集团年产百万吨乙二醇项目(一期)、昔阳氯碱项目和化工新材料园区建成；同煤集团建成60万吨/年甲醇项目。其中化工新材料方面，阳煤集团(清徐)新材料工业园20万吨/年己内酰胺，襄矿集团20万吨/年合成气制乙二醇项目推进建设工作。

盐化工方面：山焦盐化公司无机盐总产能220万吨，无水硫酸钠产销量世界最大，硫化碱、硫酸钡、硫酸镁等产销量均为全国第一，日化洗涤用品总产能52万吨，品牌价值、产销量位居全国前列。氯碱化工方面，现有烧碱产能85.5万吨，聚氯乙烯产能76万吨。

精细化工方面：翔宇公司的橡胶防老剂、青山化工公司的荧光增白剂产能规模、技术水平和市场占有率处于行业地位；三维集团的聚乙烯醇和1,4-丁二醇、天脊集团的苯胺、山纳集团的氯丁橡胶等产品，在国内具有较高知名度；太钢集团建成国内首条T800级聚丙烯腈基碳纤维生产线，填补多项国内空白。 (张 平)

【产业布局】 2016年，山西省围绕晋东、晋中、晋北三大国家级煤炭基地，形成晋东、晋中和晋北三大煤化工基地。晋东(主要包括长治、晋城、阳泉等市)是中国的无烟煤供应基地，依托潞安集团、晋煤集团、天脊集团、天泽集团等龙头企业，形成全国的高浓度氮肥和复合肥生产基地和以煤制油为核心的现代煤化工示范基地。晋中(主要包括太原、晋中、吕梁、临汾、运城等市)是中国最大的优质焦煤供应基地和焦炭生产基地，形成全省最重要的焦化化产深加工和化工新材料产业基地，形成以阳煤集团、焦煤集团等企业为龙头的炼焦化产品深加工基地，以山焦盐化、三维集团、青山化工、翔宇化工为代表的精细化工集聚区。晋北(包括大同、朔州、忻州等市)是中国最大的动力煤生产基地，依托其煤炭资源、黄河水资源、盐碱地资源等优势，以煤基清洁能源(煤制天然气、煤制油)和煤基高端石化产品(煤制烯烃、煤制芳烃)为发展方向，成为山西省现代煤化工产业发展的重要地区。截至2016年底，建成同煤集团塔山园区和阳高化工新材料循环经济园区，同煤集团推进煤制天然气和烯烃项目建设工作。

(张 平)

【行业创新】 2016年，山西省聚集中科院山西煤化所、太原理工大学国家级煤化工工程试验中心、赛鼎工程有限公司、山西省化工设计院等一大批国内知名的煤化工专业研究机构，在煤基合成油、焦炉煤气制甲醇等领域的科研成果国内领先。山西省大型化工企业均建立科研技术中心，行业拥有省级企业技术中心25户，行业技术中心两户，天脊集团、三维集团、南风化工、华顿实业等4户企业技术中心被认定为国家级技术中心，潞安集团组建国家煤基合成工程技术研究中心。山西省集聚中科院山西煤化所、赛鼎工程公司等一批知名化工研究设计机构，在相关领域科研实力达到国内先进水平。 (张 平)

【行业规划与调研】 2016年，山西省发布化工行业"十三五"规划和《山西省化工行业能效水平对标活动实施方案》。对潞安集团的煤基合成油公司、太行润滑油公司、煤基化学品公司等进行调研，了解潞安集团煤制油产业现状，主要产品市场情况等，并完成上报《潞安集团煤制油项目调研情况的报告》，对潞安煤制油产业发展提出认识与建议。对烯烃、乙二醇、甲醇、芳烃等重点产品，煤化工和石油化工不同生产路线的竞争力进行分析，完成《煤化工和石油化工产品及市场分析》的调研报告。(张 平)

【职业技能竞赛】 2016年7月，山西省化工行业"天脊杯"职业技能竞赛举办。大赛由山西省经济和信息化委员会、山西省人力资源和社会保障厅、山西省总工会、共青团山西省委等共同主办，按化学检验工、钳工高级工职业标准的要求设置竞赛内容，获奖选手分别获省人社厅、省经信委、省团委、省劳动竞赛委员会等有关部门表彰。 (张 平)

医药工业

【医药工业运行情况】 2016年，山西省医药工业主营业务收入增速放缓，前三季度连续低位负增长运行，四季度转为正增长，各项经济指标有所改善，受经济整体形势及政策、市场等因素影响，与上年态势相比，增长速度仍然较低。推进山西省医药工业转型升级提质增效任务紧迫。

2016年，全省规模以上医药制造企业85家，占全省规模工业企业总数的2.38%，占全省消费品行业的17.03%。2016年，山西省医药工业实现主营业务收入177.1亿元，同比增长2.6%，其中收入超10亿元的有振东、威奇达、亚宝、威奇达中抗4家；实现利税26.8亿元，同比下降0.4%；实现利润16.4亿元，同比下降4.7%；资产总计371.9亿元，同比增长11.6%。与上年同期相比，规模以上企业数在全省工业中所占比重提高0.13个百分点；主营业务收入增速低1.4个百分点；利润、利税增速由正转负。

山西省医药工业有利因素与不利因素交织，要求产业优化升级。利好因素：山西省对生物医药产业持续关注，财政对医药卫生投资增加，综合减税、鼓励创新、药监新政长远利好；不利因素有GDP增长放缓，一致性评价、两票制对中小企业影响，招标降价、临床控费、环保压力等。受到原材料价格波动、产品价格下降、市场竞争激烈等市场因素的影响，增长态势稳中趋缓，行业发展更加复杂多变。

山西省医药工业运行特点：

（1）与山西省工业运行趋势相同，低位回升，逐步向好。山西处于发展动力深度转换、经济结构全面升级新阶段，工业经济持下半年好于上半年，低位回升趋势确立，逐步向好的态势更趋明显。2016年，山西省医药工业主营业务收入前三季度一直处于低位负增长运行，于10月由负转正，各项经济指标有所改善，逐步趋稳，与山西省工业运行态势趋势基本一致。(2)适应经济新常态，各子行业经济运行明显分化。总体看，生物药、卫材子行业占比较小，生物药子行业发展缓慢，卫材子行业规模以上企业、重点企业少，山西省医药产业结构调整任务极为迫切。(3)企业受市场、政策影响，探索营销新模式。龙头企业亚宝药业自2016年起对工业销售板块中的商务销售模式进行由渠道驱动模式向终端拉动模式的改革，通过降低各级经销商储备库存方式优化销售渠道，消化库存，探索营销新模式；广誉远以全产业链打造高品质中药战略为指导，加大非遗产品宣传，加大市场投入，优化产品结构，开发管理的药店终端和二甲以上医院数量在2016年末实现大幅增长，带来传统中药销售收入大幅提升。(4)库存压力加大、应收账款增加，影响生产经营。2016年，山西省医药规模以上企业产成品同比增长2.4%。与上年同期相比，增速由负转正，企业库存压力加大；2016年，山西省医药规模以上企业应收账款同比增长41.8%，医药工业企业生产经营面临的困难加大，导致医药行业资金沉淀、资产周转率低。增加资金运行成本，影响企业生产经营。(5)营业成本增加、药品价格下跌，盈利水平下降。山西省医药工业经济效益下滑，2016年实现利润16.4亿元，同比下降4.7%。主要原因有：成本增加，2016年山西省医药工业主营业务成本同比增长2.5%。医药工业企业生产所需原材料价格、人工价格等持续上涨，企业经营成本增加，减少企业利润；多因素导致药品价格持续下跌。招标竞价导致药品价格明显下降，部分品种政府指导价下调，以及大宗化学原料药产能过剩造成价格大幅下滑，药品价格的下跌直接导致医药工业企业盈利水平不断下滑。

山西省医药工业存在的问题：(1)增长缓慢，各项经济指标不同程度下滑。山西省医药行业存在规模偏小、产业集中度低、融资体系不完善等深层次问题，与山西省对医药工业重视程度不够、创新体系不完善、创新发展理念淡薄、技术层次较低、缺乏科研人才等原因有关。(2)创新发展不足，作为新兴产业接续能力弱。新药开发以仿制药居多，研发投入不足，缺乏疗效稳定可靠、具有自主知识产权的新药；一些独家中成药品种未能形成市场优势，如太行药业的芪丹参麦片、桂枝颗粒和石药银湖的灵芝红花口服液等。中成药当中的中药注射液安全性、稳定性有待提高。(3)供给侧结构性改革任务较重。山西省医药工业产品低端，同质化严重，竞争优势不突出，行业供给侧结构性改革仍需推进。山西省医药产业与互联网产业未相互渗透加速、具有自主知识产权的品种少、医疗器械子行业发展不足等多种问题需要转型改革。(4)政产学研结合、企业兼并重组和强强联合成效不明显。山西省政产学研需充分协调合作，医药工业企业资源整合能力不强，强强联合与兼并重组需要推进。企业兼并重组后资源整合能力不强，未能通过企业成功的流程再造和企业文化融合，实现资源优化配置，并最终形成合力。（康雁翔）

【医药工业市场环境营建】 2016年，山西省医药行业办按照《国务院办公厅关于开展消费品工业“三品”专项行动营造良好市场环境的若干意见》（国办发〔2016〕40号），以及省有关要求，起草《开展2016年山西省医药工业“三品”专项行动营造良好市场环境实施方案》。实施方案以问题为导向，以“三品”为抓手，针对山西省医药工业总量偏小、品种较少、品质偏低、品牌较弱等突出问题，分别从营造良好市场环境、完善产业政策、加大金融扶持力度、强化激励机制、加强舆论引导等方面提出保障措施，开拓思路、创新政策，促进山西省医药工业增品种、提品质、创品牌，营造良好市场环境，推进产业转型升级。（康雁翔）

【医药行业能耗限额标准整合精简】 2016年，山西省医药行业办开展《红花提取液单位产品综合能耗限额》《大小容量注射剂单位产品综合能耗限额》两个医药行业地方标准整合精简工作，分别邀请熟悉行业现状的业务专家及熟悉标准制订的专家进行评估，并按时将评估结果报送上级主管机关；在《粉针剂、冻干粉针剂单位产品综合能耗》尚未立项前提下，筛选山西省粉针剂和冻干粉针剂制造企业、产业概况及产品线情况，为标准制定奠定基础，推进山西省医药工业地方节能标准规范化。（康雁翔）

【中药材提升和保障项目绩效评价】 2016年，山西省医药行业完成中药材提升和保障领域项目绩效评价。由西振东制药企业牵头的“10万亩连翘野生抚育及产地加工一体化基地建设项目”绩效评价工作完成。配合工信部参加由中国中药公司和中国医药健康产业股份有限公司分别牵头的两个甘草项目的交叉检查工作。完成由山西

振东制药企业承担的“新建2万亩红花规范化种植基地建设项目”组织验收。（康雁翔）

建材工业

【建材行业运行情况】2016年，山西省建材工业面临宏观经济下行压力加大，建材行业水泥等主要产品产能过剩、效益下滑，全省建材行业发展处于低位企稳，扭亏增盈和产业结构调整任务艰巨。全省建材行业围绕供给侧结构性改革，“三去一降一补”，实现稳中有进、稳中向好的发展。

2016年，山西省建材工业完成主营业务收入346亿元，同比增长8.8%；全年实现利润总额为-1亿元，减亏9亿元。全省统计的17种主要建材产品，有14种同比增长，3种同比出现下降。水泥完成3595.4万吨，同比增长3.4%；水泥熟料完成2629.5万吨，同比增长17.1%；平板玻璃完成1648.1万重量箱，同比增长17.7%；建筑陶瓷砖完成3337万平方米，同比增长39.3%；商品混凝土完成1064.7万立方米，同比增长33.9%，砖产量12.8亿块，同比增长26.3%。其余同比保持增长的产品有水泥排水管、水泥压力管、水泥电杆、水泥混凝土桩、钢化玻璃、夹层玻璃、玻璃纤维纱和花岗石板材。石灰石、中空玻璃和石膏板等同比产量均呈现下降。上半年水泥等主要产品价格下行压力巨大，通过加强行业自律，发挥市场引领和协同的功能，下半年开始水泥市场价格止跌，回升的势头，企业经济效益好转。其他主要建材产品如商品混凝土、玻璃、陶瓷、耐火材料、新型墙材、高岭土等产业，在整体经济回暖的环境下，企业效益回升。

水泥工业产能过剩、产业集中度低、整体效益差。产能严重过剩。2016年，山西省建材工业统计内44户水泥企业熟料产量2629.5万吨，水泥熟料产能利用率仅39.97%（若含在建项目利用率为35.85%）；统计内109户水泥企业水泥产量3595.4万吨，水泥产能利用率29.42%（若含在建项目利用率为27.12%），产能利用率低于全国平均水平。截至2016年底，全省常住人口约3680.24万人，人均熟料1.79吨/人·年，人均水泥3.32吨/人·年；山西省GDP约12928.34亿元，万元GDP中水泥产能945千克，水泥产能过剩在2倍以上，成为全国产能最过剩的省份之一。产业集中度低。山西省水泥生产线的分布情况是：金隅冀东集团水泥生产线9条，熟料产能1140.9万吨/年；山水集团水泥生产线8条，熟料产能961.2万吨/年；华润水泥生产线3条，熟料产能465万吨/年；金圆水泥生产线2条，熟料产能254.3万吨/年；中联水泥生产线2条，熟料产能232.6万吨/年；威顿水泥集团水泥生产线3条，熟料产能192.2万吨/年，以上6大水泥集团熟料总产能约3246.2万吨/年，占熟料总产能的5857万吨的55.41%，有4000-5000吨/天水泥熟料级生产线企业12户，水泥粉磨站近90户，水泥企业投资主体多、布局分散、规模集中度低、市场掌控力差。市场恶性竞争、企业效益差。2016年全省各地的水泥市场延续上年来萎缩不振的现象，多数地区水泥价格维持低位震荡甚至亏本经营。如同期多数地区P.S 32.5袋装水泥价格在120-140元/吨，P.O42.5散装水泥出厂价格150-170元/吨，熟料价格115-120元/吨，甚至85-90元/吨。重点工程高铁项目水泥中标价180元/吨，比高铁预算280元/吨低100元。玻璃工业。2016年，山西省平板玻璃总产量1648.1万重量箱，较上年同期增长17.7%。全省玻璃深加工产品钢化玻璃、夹层玻璃均较上年增长14.2%、8.1%。全年平板玻璃价格较上年回升，整体经济回暖的环境下，企业效益回升。陶瓷工业。主要产品产量以增长为主。因同质化竞争激烈，国内国际两大市场景气度降低，全年瓷质砖累计产量3337万平方米，同比增长39.3%。

全行业面临的形势与存在的问题：(1)发展后劲不足。虽然全省建材工业经济总量保持增长，但增速缓慢回落态势难以逆转。从宏观经济层面看，国民经济增速放缓，投资增速下降，市场需求不足；从建材工业产业结构看，水泥、玻璃、陶瓷、建筑砌块等传统建材比重较大，新型建材总体规模偏小，在传统建材产品趋于市场饱和及增速回落的情况下，新型建材发展无法支撑整个建材工业保持较高增速。(2)主要产品产能过剩局面严重。水泥、建筑陶瓷、墙体材料、耐火材料、商品混凝土和其他水泥制品以及平板玻璃等行业产能增长迅猛，导致出现全省各区域的产能过剩，市场竞争激烈。水泥行业产能过剩严重，市场竞争更趋激烈。平板玻璃产能扩张过快，加之期货市场信心不足，平板玻璃价格下滑，进入新一轮的下行周期。建筑陶瓷行业显现产能过剩苗头，部分陶瓷企业因市场销售原因出现压产或停产。（刘永凤）

【建材产业结构】2016年，山西省建材行业产业结构优化。随着产业结构调整深化，山西省建材工业经济总量构成发生变化。水泥、玻璃等产能过剩行业在建材工业中的比重降低，新型建材、产业链延伸产品和资源优势产业比重上升。而对行业经济增长贡献较大的有混凝土与水泥制品、墙材等行业成为山西省建材工业新的经济增长点。推进水泥和平板玻璃行业结构调整。贯彻落实《国务院关于化解产能严重过剩矛盾的指导意见》，处理水泥和平板玻璃行业的违规在建项目，清理整顿违规建成项目，推进结构调整项目。加快建筑新材料产业发展。据统计，新型无机非金属材料、高性能复合材料等建筑新材料产业落实前期项目30多个，总投资50多亿元。（刘永凤）

【水泥企业创新管理】2016年，山西省建材行业协会贯彻落实国家产业政策，推动水泥企业落实错峰生产。面对水泥行业产能过剩的局面，国家出台相关政策，山西省建材行业协会在山西省经济与信息化委员会和山西省建材行业管理办公室指导下，贯彻落实国务院办公厅《关于促进建材工业稳增长调结构增效益的指导意见》的文件精神,并发布《山西省水泥企业诚信建设与自律公约》,对水泥行业区域协同及诚信建设起到作用。组织企业向山西省经信委报送出台“山西省水泥行业错峰生产管理办法”政策建议的报告,省经信委以《山西省经济和信息化委员会关于委托山西省建材工业协会开展水泥行业错峰生工作的函》回复山西省建材行业协会,要求贯彻落实国办34号文件“推行错峰生产”精神,提高全省水泥熟料产能利用率,提升行业总体效益,减少排放。山西省将推动错峰生产科学化、规范化、常态化。山西省建材行业协会征求各企业意见,借鉴其他地区经验作法,出台《关于山西省水泥行业实施错峰生产的通知》,通过制订全省水泥企业2016年9月至2018年3月其间的错峰生产计划,并按计划分区域组织各水泥企业实施错峰生产,确保行业的运行,效益提升,排放物减少。以投产或具备投产能力的2500吨/天级及上熟料生产线水泥企业为主体,涉及44户企业,50条熟料生产线,设计熟料总产能5547万吨/年;再加上2000吨/天以下2户企业(长治华泰、大同七峰山)以及运城威顿的1条1200吨/天生产线,设计熟料产能121万吨/年;总计设计熟料产能5668万吨/年;按超产12%能力测算,全年熟料产能约6377万吨。上述企业中有7户企业、10条熟料生产线(含3户双熟料生产线企业)全年停产,实际生产企业有39户企业、43条生产线;设计熟料产能14.9万吨/天,4644万吨/年;实际产能17万吨/天,5274万吨/年;2016年按全省平均停窑天数135天测算,减少熟料产能约2295万吨。全年水泥熟料产量2629.5万吨,水泥行业错峰生产收到成效,获得省经信委、省环保厅的肯定,水泥熟料价格从年初的平均价格100多元涨到300多元。

抓好水泥企业化验室监督管理工作和职工上岗培训工作。在各市经信委的配合下,山西省建材行业协会组织专家对提出申请化验室合格证申领的4户水泥企业进行评审考核,并颁发水泥企业化验室合格证和水泥检验报告专用章。9月至12月组织评审员会同各市建材主管部门对全省126户水泥企业化验室分组进行年度考核工作。7月,山西省建材行业协会聘请国家及省内专家,对部分水泥企业96名化验室主任和质量统计员进行岗位培训,经考核合格后,颁发相应岗位资格证书。为全省水泥企业30多人组织劳动技能鉴定考核,获国家人力资源和社会保障部颁发的相应技术等级资格证书。下半年生产高峰期,为不耽误企业生产及工作时间,协会组织专家到9户企业现场,对95名化验室检验员、中央控制室操作员等重要岗位人员进行专业理论知识及操作技能培训,经考核合格颁发相应岗位资格证书。 (刘永风)

【建材品牌培育】 2016年4月至11月,山西省建材行业协会与北京市建材行业联合会、天津市建材业协会、河北省建筑材料工业协会、山东省建材工业协会、辽宁省建筑材料工业协会、山西省建材工业协会、内蒙古自治区水泥协会配合,完成对环渤海区域建材行业最具影响力企业、知名品牌、诚信企业和技术创新型企业的评选工作。11月4日,由协会承办的环渤海地区建材行业表彰大会暨新闻发布会在太原召开,其中山西省有3家企业获“诚信企业”称号、7个品牌获得“知名品牌”、5家企业获“技术创新型企业”称号。 (刘永风)

国防科技工业

【概述】 2016年,山西省国防科技工业经济保持平稳发展。全省军工实现销售收入455.52亿元,同比增长8.2%,完成增加值93.14亿元,同比增长8.7%,实现利润4.7亿元,同比增长9.9%,职工年均收入达55204元,同比增长6.96%,实现“十三五”良好开局。

2016年,全省民爆行业实现工业总产值19.7亿元,同比增长4.68%;销售总值19.7亿元,同比增长2.28%,实现“十三五”良好开局。生产工业炸药31.2万吨,同比增长3.51%;销售31.4万吨,同比增长2.73%;生产工业雷管8242.18万发,同比下降6%;销售8696.16万发,同比下降3.2%。

(赵登斌)

【武器装备科研生产】 2016年,山西省国防科技工业坚持保重点、保节点、保质量、保交付,重点军品型号研制任务推进,太航仪表公司等7个单位完成“神舟十一号”和“天宫二号”重大科技专项研制配套任务,全行业未发生重大质量问题。全省军工核心能力提升。探索和完善科技创新体制机制,落实《关于加强国防科技工业创新驱动发展的实施意见》,实施科技创新平台全覆盖计划,全系统研发经费19.02亿元,同比增长3.65%;加大低浓度瓦斯发电、永磁同步电机、高端碳纤维等关键技术攻关,北方动力集团616厂“低浓度煤层气发电机组研制及示范”和山西汾西重工有限公司“矿用隔爆型永磁同步变频调速一体机研制”列入全省科技重大专项,太原钢铁集团有限公司成为航空和航天T800级碳纤维材料应用研制单位。年度内获国家科技奖3项,国防科技奖15项,省科学技术奖1项,组织评选2016年度全省国防科技工业创新奖18项,获授权专利598项。推荐国家高新技术企业5家,推动大众创业、万众创新,全省军工科技创新能力增强。扩大“民参军”规模,搭建“民参军”服务平台,组织召开民口配套科研项目指南发布会13次,年内新增军品配套企业2家。 (赵登斌)

【军民融合发展】 2016年,山西省国防科技工业办公室强化顶层设计,编制发布《山西省国防科技工业军民融合深度发展“十三五”规划》。制订《山西省军民融合领导机构设置建议方案》《山西省人民政府关于推进军民融合产业发展的意见》和《山西省军民融合产业投资基金设立方案》,加强协调，筹建山西省军民融合产业孵化基地。发挥军工优势，培育装备制造、数字经济、节能环保、新材料、新能源、现代服务业等六个优势领域，实施高端装备智能制造、高分辨率对地观测、北斗导航、“两化”融合和信息安全等五大专项。北方动力集团616厂高浓度燃气机组在阳煤集团顺利通过满载性能考核，低浓度瓦斯燃气机组示范工程在焦煤集团屯兰矿启动。电科二所“微电子陶瓷器件数字化车间”项目成功入围工信部2016智能制造综合标准化与新模式应用项目。山西卫星信息应用产业园于4月15日在晋中奠基。全省北斗地基增强系统基站基本建成，北斗卫星应用产业发展方案实施。加快40个重点项目建设，打造高铁车轴、微组装设备、活性炭多元化应用、核与电磁防护检测、北斗导航地基增强系统、高端铜材、碳化硅第三代半导体、T800碳纤维等以战略性新兴产业为主的产业布局。强化军民资源融合，落实山西与国防科工局以及6个军工集团的战略合作协议，建设军民融合示范区。与太原等市建立合作协同机制，支持太原市轨道交通及高端装备制造基地等9个军民结合产业基地建设。 （赵登斌）

【民爆安全监管】 2016年，山西省民爆行业开展“管理文化年”活动。同德集团、金恒集团贯彻工信部不再新增产能的政策，为满足用户需求，将地面生产线炸药产能置换为国家鼓励推广的现场混装炸药产能，并提供“一体化”爆破服务。2016年内，国家提倡发展的导爆管雷管和电子雷管占工业雷管总量的63.5%（全国61.93%）、现场混装炸药占炸药总量的60%（全国21.94%），完成两个现场混装车地面站建设。推进技术进步，全省民爆企业完成5条生产线的技术升级改造，工业炸药、工业雷管、新建乳化炸药生产线实现连续化、自动化、智能化，现场操作人员实现不大于5人的要求，关键工序实现人机隔离；粉状炸药和改造的乳化炸药生产线实现连续化、自动化，现场操作人员实现不大于9人的要求。全省民爆行业由间断式生产转为连续化生产，由手工作业转为自动化、智能化生产，提高生产过程的本质安全度。与全省20家民爆企业签订安全生产责任书；严把准入关，完成生产许可的年检初审和安全生产许可的年检工作，年检率100%。开展安全生产月活动，开展专项整治、反三违和隐患排查安全生产大检查，9家生产企业和11家销售企业全部达标，全省民爆行业实现“零事故”。 （赵登斌）

轻工业

·综 述·

【概述】 2016年，山西省轻工业规模以上企业370家（食品工业300家），食品工业增加值累计同比增长4.9%，高于全省工业增加值累计增速（1.1%）；轻工业主营业务收入735.1亿元，同比增长1.3%；利润总额36亿元，同比下降0.8%，高于全省全部工业利润增长水平。全省轻工业主要产品中，白酒（折65度，商品量）、液体乳、软饮料、机制纸及纸板分别累计实现产量10.32万千升、56万吨、137.1万吨、41.7万吨，分别同比增长24.3%、22%、6.5%和20.8%。食醋、合成洗涤剂累计实现产量62.7万吨、7.8万吨，同比下降9.3%、10.2%。轻工业主营业务收入保持个位数增长，利润降幅逐步收窄，呈回暖复苏态势。食品工业运行态势平稳，工业增加值实现同比正增长，主营业务收入保持个位数低速增长，但增幅收窄，利润增速则自9月起增幅连续收窄，主要经济指标增速高于同期工业水平。 （何运燕）

【科研开发】 2016年，山西省轻工业行业办公室组织申报科技厅项目3项：即山西杏花村汾酒科技开发有限责任公司的《汾酒发酵过程微生物群落结构及其变化规律研究》项目、山西省食品工业研究所的《酿酒副产物中萃取风味组分物质加工》《山西省食品工程技术开发实验室》项目，项目投资542万元，省筹资金454万元；申请省科研单位科研设备购置专项1个，对山西杏花村汾酒集团有限责任公司的4个项目验收资料进行审核，即《传统固态发酵关键技术研究及生物技术转化平台建设》项目、《汾酒酿造微生物功能菌群的开发与应用》《汾酒生产用曲标准化研究》《汾酒生产食品安全控制体系技术研究》。中国轻工业联合会发布《关于“十二五”轻工业科技创新先进集体和个人建议名单公告》，山西杏花村汾酒集团有限责任公司被中国酒业协会推荐为“十二五”轻工业科技创新先进集体。

开展能耗限额标准整合精简工作。根据《国务院办公厅关于印发强制性标准整合精简工作方案的通知》和省经信委《关于开展我省能耗限额标准整合精简工作的通知》文件精神，对起草的山西省地方标准《日用陶瓷单位产品综合能耗限额》与《日用玻璃单位产品综合能耗限额》开展整合精简工作，6月组织专家对标准进行评估，技术评估结果为两个标准均由强制转化为推荐。 （何运燕）

【行业发展环境】 2016年，山西省轻工业行业办公室完成行业规划。食品、轻工等规划经省政府审议通过，分别以晋发改规划发〔2016〕271号、535号文印发执行。规划总结“十二五”时期发展经验和亮点，提出“十三五”期间产业发展的指导思想、发展重点和主要任务，定位准确，内容翔实，特色突出。

按照《国务院办公厅关于开展消费品工业“三品”专项行动营造良好市场环境的若干意见》以及省有关精神，山西省轻工业办起草《关于开展轻工业“三品”专项行动营造良好市场环境的实施意见（初稿）》。《实施意见》以“三品”为抓手，针对山西省轻工业总量偏小、品种较少、品质偏低、品牌较弱等突出问题，从品种、品质、品牌三个层面提高全省轻工业的有效供给能力和水平，满足人民群众消费升级的需要，实现包括轻工业在内的消费品工业创新、高效、协调、持续发展。《实施意见》以晋政办发〔2016〕156号印发执行。（何运燕）

【经济合作】 2016年，山西省轻工业行业办公室组织企业参加食品专业展会。6月初，汾酒集团等5家食品龙头企业参加2016年第十一届东亚国际食品交易博览会；12月中旬，长治昊润食品等2家食品企业参加第25届中国食品博览会，推介山西省食品企业特色及品牌，拓展产品市场。

专项产业招商。按照省政府招商工作总体安排，围绕“深化民企合作，促进转型发展”招商主题，征集并筛选轻工、食品工业等重点推介项目。3月至5月，参加北京、南京、厦门及济南制造业项目推介会，通过系列招商，加强与京津冀、长三角地区、闽台地区和山东等地的交流合作深度和广度，促进山西省轻工产业转型升级和创新发展。（何运燕）

【行业运行监测】 2016年，山西省轻工业行业办公室开展行业运行分析。2月，按照省经信委《关于报送消费品工业发展报告及编撰材料的通知》要求，撰写全省食品工业、轻工业“十二五”发展报告，作为《山西省消费品工业发展报告(2015)》的行业发展报告内容。《发展报告》集中展示38户食品和19户轻工龙头企业的技术、产品、工艺等方面的发展优势，提升行业影响力。山西省轻工业办配合完成监测平台相关工作，确定行业联络员，从6月起，对接重点监测企业，结合掌握行业动态，按时完成食品、轻工行业月度生产快报和季度运行分析报告。平台重点监控主营业务收入中占比较大的白酒、乳制品、食醋、陶瓷、玻璃、塑料等14个轻工细分子行业，59户主营业务收入在细分子行业中占比70%以上的企业。（何运燕）

【行业诚信体系建设】 2016年，山西省轻工业开展食品诚信体系建设。4月，省食品工业研究所(诚信体系评价机构)对大同市青松惠民早餐食品有限公司进行诚信管理体系培训，并组织专家到企业宣讲诚信体系标准，协助企业编制建立体系标准程序文件、作业指导书、规章制度等，该企业整改后，通过食品诚信体系评价。山西省现有诚信评价合格企业14家，涵盖酿酒、乳制品、肉禽加工、焙烤食品、啤酒制造等行业。下半年，省食品研究所对其中的北京燕京（晋中)有限公司、太原六味斋实业有限公司、北京红星股份有限公司六曲香分公司等3家进行跟踪评价。（何运燕）

·食品工业·

【食品工业运行情况】 2016年，山西省食品工业发展迅速，形成以酿酒、食醋、乳制品、肉禽加工、食用油、饮料制造等为代表的门类齐全的产业结构，但存在准入门槛低、标准技术落后、行业集中度低、违法行为多发等问题。截至2016年底，全省规模以上食品工业企业301家，完成主营业务收入668.6亿元，实现利润总额33.2亿元，完成工业总产值643.3亿元，利税80.1亿元；工业增加值完成175.6亿元。

农副食品加工业。2016年，全省156家规模以上企业实现主营业务收入305.5亿元，同比下降1.9%；利润总额11.3亿元，同比增长32.3%；利税总额11.9亿元，同比下增长13.33%；工业总产值341.2亿元，同比增长3.69%。其中，饲料加工行业保持增长，在主营业务收入与上年基本持平的情况下，利润总额同比增长1700%，利税总额同比增长1700%，工业总产值同比下降1.92%。

食品制造业。2016年，全省83家规模以上企业实现主营业务收入115.7亿元，同比增长16.8%；利润总额7.4亿元，同比增长12.1%；利税总额10.0亿元，同比增长4.17%；工业总产值130.8亿元，同比增长5.41%。从数据表明，乳制品制造业发展势头强劲，以蒙牛(山西)、古城乳业、雅士利集团、九牛牧业为主要代表的乳企，全年完成主营业务收入47.1亿元，同比增幅54.9%；利润总额达2.3亿元，同比增幅228.6%；利税总额同比增幅86.67%，工业总产值同比增幅17.41%。

酒、饮料和精制茶制造业。2016年，全省实现主营业务收入205.3亿元，同比增长2.8%；利润总额9.4亿元，同比下降6.0%；利税总额29.8亿元，同比下增长4.2%；工业总产值129.2亿元，同比增长13.01%。其中，白酒制造业稳中有升，全省以汾酒为代表的清香型白酒共计14家，完成主营业务收入153.3亿元，同比增长8.6%，利润总额同比回落6%，利税总额同比增长7.8%，工业总产值同比增长29.5%。

烟草制造业。2016年，全省完成主营业务收入42.1亿元，利润总额5.2亿元，利税总额28.5亿元，工业总产值42.1亿元。（王　彬）

【食品冷链行业协会成立】 2016年1月22日，山西省食品冷链行业协会在太原成立，2016大数据下山西冷链产业联盟发展论坛同日举行。全省54家食品冷链会员企业参加，通过规范行业秩序、建立社会公共信用、推动全程冷链配送、协助政府部门建立冷链行业标准体系等措施，谋求行业发展，提振行业信心。（王　彬）

【沁州黄小米成为山西省首个生态原产地保护产品】 2016年3月28日，国家质检总局发布《获得生态原产地保护产品名单的公告》(2016年第16号)，由山西出入境检验检疫局审核推荐的“沁州牌”沁州黄小米榜上有名，成为山西省首个获得保护的生态原产地产品，标志着山西省生态原产地保护工作实现“零的突破”。

（王　彬）

【食品安全生产制度】 2016年3月17日，山西省食品药品监督管理局编印《建立食品生产检验制度工作指南》，从制度内涵、概念解析、建立要求三方面，阐述食品生产检验制度的

2016年山西省食品工业主要效益指标(分地区)情况统计表

指标代码	企业单位数	主营业务收入（亿元）		利润总额（亿元）		利税总额（亿元）		工业总产值（亿元）	
		1-12月(亿)	增减%	1-12月(亿)	增减%	1-12月(亿)	增减%	1-12月(亿)	增减%
山西	301	668.6	1.6	33.2	-0.9	80.1	-3.0	643.3	4.8
太原	36	108.2	-3.8	9.5	-11.2	34.7	-11.5	108.6	-3.4
大同	13	10.2	-8.1	1.0	0.0	1.3	-7.1	10.8	8.0
阳泉	4	3.6	-26.5	0.0	-100.0	0.0	-100.0	5.9	1.0
长治	28	53.5	54.2	1.6	-15.8	2.5	-10.7	55.1	17.5
晋城	11	10.7	13.8	0.1	-50.0	0.1	-50.0	11.1	18.1
朔州	21	21.5	-17.3	0.5	-16.7	1.3	-23.5	22.9	-17.9
晋中	41	78.6	8.3	1.5	200.0	3.5	29.6	98.3	12.9
运城	59	116.3	-7.6	6.7	-13.0	7.7	-12.5	145.3	1.9
忻州	19	8.7	6.1	0.4	0.0	0.6	0.0	10.2	10.7
临汾	14	11.7	7.3	0.3	50.0	0.3	0.0	16.4	16.6
吕梁	55	245.5	1.6	11.7	13.6	28.2	13.7	158.8	7.1

2016年山西省食品工业主要产品产量及其增长速度统计表

产品名称	计量单位	总产量	同比增长(%)
粮 食	万吨	1318.5	4.7
其中：玉 米	万吨	888.9	3.0
小 麦	万吨	273.4	0.7
谷 子	万吨	42.7	20.6
豆 类	万吨	36.9	20.8
薯 类(折粮)	万吨	48.7	32.6
油 料	万吨	15.4	0.9
蔬菜及食用菌	万吨	12.94.5	−0.6
水 果	万吨	840.8	−0.2
其中：瓜果类	万吨	86.9	−0.1
园林水果	万吨	753.9	−0.2
食用坚果	万吨	22.3	19.7
其中：核 桃	万吨	21.8	20.5
精制食用植物油	万吨	25.25	−28.41
鲜、冷藏肉	万吨	70.9	−3.0
其中：猪 肉	万吨	57.5	−4.5
牛 肉	万吨	5.9	0.7
羊 肉	万吨	7.4	7.6
禽、蛋	万吨	89.1	2.1
水产品	万吨	5.2	−0.3
方便面	万吨	3.13	−17.5
小麦粉	万吨	15.59	−8.24
乳制品	万吨	57.40	18.61
液体乳	万吨	56.10	24.44
乳 粉	万吨	1.39	4.30
罐 头	万吨	1.48	2.70
糖 果	万吨	0.24	3.52
冷冻饮品	万吨	0.25	0.91
白 酒(折65度商品量)	万千升	10.32	28.61
啤 酒	万千升	33.96	−12.82
饮料酒	万千升	44.98	−7.44
软饮料	万吨	137.11	17.10
其中：碳酸饮料类	万吨	15.36	−16.16
包装饮用水	万吨	24.16	12.90
果汁和蔬菜汁饮料	万吨	39.79	−17.08
卷烟	亿支	155.5	−4.9

目的、步骤、要求及工作重点，对推进山西省企业建立食品生产检验制度，保证食品安全具有指导作用。

山西省食品药品监督管理局为贯彻落实新修订的《中华人民共和国食品安全法》，推进建立食品安全全程追溯制度，组织编写印发《建立食品安全全程追溯制度工作指南》，为全省各级监管部门和食品生产经营企业提供监管指导服务和实践借鉴参考。（王　彬）

【食品出口】 2016年，山西海玉食品有限公司生产的2700箱、货值23220美元“海玉牌”苏打饼干在非洲加纳通关，这是山西省饼干企业自主品牌首次出口。山西酥梨成功出口加拿大。祁县出口企业在农业化学品投入、病虫无公害化防控、果品质量安全监测、出口果品标准化生产等环节全部进行严格把关。（王　彬）

【岚县马铃薯宴亮相中国国际薯业博览会】 2016年，山西岚县的马铃薯宴在2016年中国国际薯业博览会首次亮相。岚县马铃薯种植历史超过200年，依托高品质的马铃薯产业，打造包括“金丝绣球”“泰汁土豆卷”“岚州一品鲍”在内的108道土豆风味系列小吃和土豆宴。（王　彬）

【14家食品工业企业获诚信合格评价】 2016年9月，山西省有14家食品工业企业通过诚信体系评价，涵盖白酒、乳制品、食醋、肉制品、方便食品等行业，在守法经营、履行承诺、维护食品安全、承担社会责任等方面起到带动示范作用。省食品工业企业诚信管理体系建设获证企业分别是山西雅士利有限公司、山西古城乳业集团有限公司、山西太谷通宝醋业有限公司、蒙牛（太原）有限公司、大同夏进乳业有限公司、内蒙古蒙牛乳业（集团）山西乳业有限公司、山西双合成工贸有限公司、山西海玉食品有限公司、山西泽榆畜牧业开发有限公司、山西田森农副产品加工配送有限公司、北京红星股份有限公司六曲香分公司、太原六味斋实业有限公司、北京燕京（晋中）有限公司、山西水塔醋业股份有限公司。（王　彬）

【出口食品农产品质量安全示范区建设】 2016年，大同县黄花菜、祁县黄粉虫、盐湖区酥梨、绛县水果、曲沃县蔬菜获批新增成为山西省出口食品农产品质量安全示范区。山西建成国家出口食品农产品质量安全示范区16个。（王　彬）

【首届山西食品行业产销对接会】 2016年12月27日，首届山西食品安全年会暨2016首届山西食品行业产销对接会、山西省食品工业协会五届三次年会在太原举行。大会以“行走中互联，互联中发展”为主题，旨在搭建全省工商联手平台，开展产销对接合作，帮助企业拓宽经营思路，推动山西食品工业健康快速发展。（王　彬）

【中国（山西）首届食品餐饮旅游博览会暨首届山西面食文化节】 2016年8月26日，2016中国（山西）食品餐饮旅游博览会暨首届中国山西面食文化节在太原煤炭交易中心开幕，博览会为期3天。博览会由山西省饭店业商会、山西省食品工业协会等联合举办，展会设舌尖味道园、砥柱中流苑、景区景点篇、名优特产园等6个展区。主题为建设品牌山西，打造面食王国，搭建合作平台，促进企业发展。坚持“创新、协调、绿色、开放、共享”的办展理念，培育山西特色展会平台，促进山西食品餐饮旅游文化融合发展，推动品牌山西建设和企业交流合作。开幕式上，大上海吉尼斯代表为山西面锅、面塑、面刀申报者颁发证书。（王　彬）

【消费者喜爱的食品品牌调查】 2016年6月16日，为推进山西省食品工业品牌发展，在中国食品工业协会指导下，由山西省食品工业协会组织承办“2016消费者喜爱的食品品牌山西调查活动”启动投票，投票期为一个月。先期开展山西调查活动。6月4日，山西省食品工业协会调查永济市开张镇杜村的高作义家庭农场，了解农场的农作物种植及产品生产全过程，举行富硒农产品示范基地挂牌仪式。7月2日，山西省食品工业协会调查晋城古陵山食品有限公司，了解工厂的农作物种植及产品生产全过程并举行山西省食品工业协会晋城地区工作站挂牌仪式。全国消费者喜爱的相关企业上报中食协，参加食品品牌调查活动，7月1日启动，8月31日结束，投票周期为两个月。这次活动面向粮食及食用油加工产品、饮料、乳品、休闲食品、调味品等6个品类的全国及区域知名食品企业产品品牌展开，通过企业自愿和社会推荐相结合的方式申报，近600个品牌参与在线调查，由消费者通过电脑和微信的方式进行投票。10月23日至24日在上海举办的2016中国食品产业发展论坛现场向社会公布并颁发获奖证书。

“2016消费者喜爱的食品品牌”全国前十名（山西）名单有：山西天赐绿珍农业科技有限公司、山西香汇食品有限公司、山西省平遥牛肉集团有限公司、山西九牛牧业有限公司、太原六味斋实业有限公司、山西星昶贸易有限责任公司、兴县山花烂漫农业综合开发有限公司、晋城市古陵山食品有限公司、山西汾珍食品有限公司、山西清徐金华醋业有限公司。

“2016消费者喜爱的食品品牌”十大区域品牌（山西）名单有：山西老陈醋集团股份有限公司、太原双合成食品有限公司、山西紫林醋业股份有限公司、山西水塔醋业股份有限公司、山西古城乳业集团有限公司、山西厦普赛尔食品饮料股份有限公司、平遥县晋升食品有限公司、山西绿色山区农副产品有限责任公司、山西晋绥枣业有限责任公司、晋城市伊健食品有限公司。（王　彬）

·纺织工业·

【经济运行情况】 2016年，山西纺织工业经济运行呈现出以下特点：

生产止跌企稳，经济效益有所好转。全省规模以上纺织工业总产值完成82.85亿元，比上年增长1.28%。全省规模以上纺织企业中，亏损企业有19户，比上年减少4户，亏损面为31.67%，比上年减少8.68个百分点；亏损企业亏损额为9400万元，比上年减少亏损1.21亿元，减亏56.28%；纺织工业整体效益明显提高，主营业务收入和利润都比上年增加，分别比上年增加14.68%和8.6倍。全年实现利润1.29亿元，比上年增加1.14亿元。从纺织、服装、纺机三大行业来看，纺织行业困难较大，销售收入和利润都比上年减少，出现全行业亏损的局面；而服装行业增收又增效，主营业务收入和利润分别比上年增加59.06%和11.30%；纺织机械制造业的生产比较稳定，经济效益继续好转，实现全行业扭亏增盈，全行业实现利润2200万元。

行业发展不平衡，后加工行业好于前加工行业。整体看，服装行业好于印染行业，印染行业好于棉纺织行业。棉纺织行业的生产经营比较困难，部分企业出现停产限产情况。主要原因有：棉纺织企业资金紧张，尤其是流动资金缺乏，加上银行贷款融资限制颇多，企业不得不压缩产量；棉花价格居高不下且波动较大，企业购棉意愿不强；订单较往年减少，纱线价格维持低位运行。印染行业的生产经营形势比较好，以山西华晋纺织印染有限公司为例，该企业生产规模占全省印染行业的一半以上，2016年加大销售力度，争取到更多的国际订单，随着国家环境保护要求提高，南方地区部分订单转移到北方地区，在一定程度上促进本省印染行业的发展。从主要产品产量看，全省棉纺织行业纱产量48779.4吨，比上年减少684.78吨，下降1.38%；布产量3357.88万米，比上年减少442.58万米，下降11.65%；而印染行业的印染布产量达14365.3万米，比上年增加443.8万米，增长3.19%；服装行业生产服装1749.1万件，比上年增加96.05万件，增长7.54%。

内部管理力度加大，三大费用明显下降。2016年，纺织工业原材料价格上涨幅度仍然比较大，全省规模以上纺织工业的主营业务成本82.07亿元，比上年增加15.95%，高于主营业务收入增长幅度。面对纺织工业的严峻形势，企业外抓市场，内挖潜力，在降成本、减费用上下功夫。2016年，全省规模以上纺织工业企业的营业费用、管理费用和财务费用分别比上年减少10.13%、6.39%和26.51%。

资金和用工“双紧”问题突出。一方面是融资难，资金紧张，特别是中小企业生产性流动资金更加紧张。2016年全省规模以上纺织企业的利息支出为1.07亿元，比上年减少6400万元，下降37.43%。另一方面是招工难，用工紧张，劳动力成本上升，企业用工短缺问题严重，甚至成为制约企业生存与发展的重要因素。2016年全省规模以上企业从业人员年平均人数仅1.93万人，比上年减少6.76%。纺织、服装、纺机制造三大行业从业人员均比上年减少。（孙宝明）

【新产品开发】 2016年，山西省纺织服装企业开发新产品。铜离子纤维抗菌内衣：山西森鹅服装有限公司作为山西省最大的针织服装生产企业，为满足新老顾客需求，开发铜离子抗菌内衣。面料经权威机构检测，其抗大肠杆菌、金黄色葡萄球菌、白色念珠球菌的能力都高于检测标准值。为扩大新产品市场，该公司举办森鹅2016年秋冬新品发布暨订货会。九大系列新品、38种流行色调、120款原创设计全面亮相。凭借鲜明的品牌特色、优异的产品品质和成熟的品牌定位，森鹅品牌在华北、西北、东北、中部市场知名度不断提高，市场份额不断扩大，贵州、云南、四川、江苏、浙江等南方客户对森鹅产品系列表现出兴趣，南方客户新增订单金额630万元。

丝麻系列高档面料：12月25日，由山西吉利尔潞绸集团织造股份有限公司承担的“吉利尔丝麻系列高档面料研发项目通过山西省科技厅的验收，该项目是山西省科技创新计划项目，属于国内首创，代表丝麻行业高端织造水平。“丝麻系列高档面料研发项目”利用丝和大麻两种不同性质的纤维特性，选择合理的交织并捻、印染工艺技术参数，采用双活性环保染料颜色，开发出符合GT/15551—2007、GB18401标准的多种丝麻面料，其中：丝麻格、TH-7、丝竹纺等多种面料入围中国流行面料，获国家外观设计专利22项。该项目依托现有的织造及印染生产线，不仅可以实现年产能力300万米的目标，而且牵头制定行业标准《丝麻交织物》(FZ/T43034—2016,2016年9月1日起实施)。该公司是“例外”“玛丝菲尔”“雅戈尔”“三木”“玺亚诠社”“世中山居”等国内众多时尚女装高端品牌的丝麻面料专供合作单位。

大麻纺织新产品：2016年1月27日，由中国纺织工业联合会主办的“2016中国国际面料设计大赛”暨“第35届2017（春夏）中国流行面料入围评审”在北京举办。山西绿洲纺织有限责任公司参评的“银光闪闪”面料获“中国流行面料优秀奖”。8月18日，2016中国国际面料设计大赛评审会（秋冬季）、第36届（2017/18秋冬）中国流行面料入围评审会在北京闭幕。经评审委员会的专业评定，400余家企业的参评产品获奖并获“2017/18秋冬中国流行面料入围企业”称号。山西绿洲纺织有限责任公司参评的“梦幻”面料获“中国流行面料优秀奖”。截至2016年底，该公司有52种面料连续36次入围“中国流行面料”。

火箭军服装生产：2016年3月，山西兵娟制衣有限公司承接制作“16火箭衬衣”生产任务，针对“16火箭衬衣”的新品种，新款式，在板样、裁剪、制作等生产环节的新要求，公司技术人员研究攻关，严把质量关，经过多次试制、检验，4月开始批量生产，5月底前全部合格交付，完成全部生产任务。6月30日，中国人民解放军火箭军完成换装工作。山西兵娟制衣有限公司承担制作的“16火箭军男女衬衣”，布料颜色为卡其色，工艺精致，款式挺括，美观大方，与礼常服套穿更显威武雄壮。

新型高速剑杆织机：2016 年，经纬纺织机械股份有限公司榆次分公司最新研发的JWG1732型数字化高速剑杆织机成功上市销售。JWG1732剑杆织机具有高速、高效、节能、智能化自动化、适应范围广、布面质量优良等特点，广泛用于以棉、毛、麻、丝及化纤、混纺纱线为原料的牛仔布、试装面料、装饰用布等织物的织造，可满足以玻璃纤维、玄武岩纤维、碳纤维等为原料的工业用布的织造。JWG1732 剑杆织机的筘幅系列为1.9 米~3.4 米，用户可以根据自己的织物幅宽要求订购不同筘幅的剑杆织机，同时可以配 1344 针、2688 针、5376 针等各种型号的大提花龙头用于生产提花织物。 （孙宝明）

【服装制版技能大赛】 2016 年 3 月 4 日至 6 日，富怡山西省服装行业第三届金剪奖制版师大赛暨富怡第四届全国十佳服装制板师大赛选拔赛在太原理工大学轻纺工程学院举办。比赛由山西省经济和信息化委员会、山西省人力资源和社会保障厅、山西省总工会共同主办，山西省纺织工业行业管理办公室、山西省财贸轻纺烟草工会、山西省服装协会、山西新新纺织行业技术中心承办，太原理工大学轻纺工程学院和富怡集团—天津宝盈电脑机械有限公司协办。经过为期两天角逐，职工组：晋城职业技术学院张彩萍获一等奖，际华三五三四制衣有限公司郭洁丽和山西工业和信息技术学校郭瑞娟获二等奖；学生组：晋城职业技术学院张霖获一等奖，太原理工大学轻纺工程学院梁媛媛获二等奖。晋城职业技术学院张霖获最佳平面制板奖，晋城职业技术学院张彩萍获最佳制作工艺奖，山西景柏服饰有限公司来明星获最佳立体造型奖。晋城职业技术学院、际华三五三四制衣有限公司获优秀组织奖，太原理工大学轻纺工程学院、富怡集团天津宝盈电脑机械有限公司获最佳支持单位奖。 （孙宝明）

【技术创新】 2016 年，山西绿洲纺织有限责任公司投资 3000 余万元的DF241B 高温高压麻纤维煮漂锅、B062-8 散纤维烘干机、FX502 湿纺细纱机，瑞士立达 RSB-D45C 电脑自调匀整并条机、意大利 POLAR 自动络筒机等设备的引进和更新改造项目全部完成。集中攻关两项创新技术：细纱紧密纺技术。通过与江苏某纺织机械制造公司的密切交流，提出具有针对性的技术优化方案。两台紧密纺样机投入生产后，运行状态大大超出预期。在提高成纱强度、减少毛羽和细纱断头方面效果突出，各项物理指标均得到大幅度提升，为紧密纺技术在麻纺织行业广泛推广创造条件。采用喷气织机生产麻类织物。公司与浙江知名企业进行合作研发，两台样机已安装调试。该项目投资仅为进口设备的 50%，产品品质达到国际一流水平，性价比极高，成为公司走向国际市场的强势产品。

山西省经济和信息化委员会筛选 117 个项目列入《2016 年山西省企业技术创新百项重点项目》，其中关键技术研发项目 33 个，新产品研发及产业化项目 79 个，工业性试验项目 5 个。山西新新纺织行业技术中心的“丝麻织锦画应用技术开发”项目被列入《2016 年山西省企业技术创新百项重点项目》。 （孙宝明）

【合作交流】 会议研讨。2016 年 3 月 24 日，山西省纺织行业关键共性技术研讨会在运城举办。参加单位有纺织行业主管部门、服装、印染、丝绸、麻纺织企业和技术推广、决策咨询等单位共 18 家。5 月 17 日，山西省纺织工业行业管理办公室、山西省服装协会、山西新新纺织行业技术中心、晋中市久冠服饰有限公司、山西格芙兰纺织有限公司、太原理工大学轻纺工程学院等在晋中市榆次区进行座谈交流，并参观有关纺织服装企业。

考察学习。2016 年 5 月 9 日至 11 日，山西省纺织工业行业管理办公室、山西省服装协会接待广东东莞市毛纺织行业协会率领的“中国羊毛衫名镇”—大朗产业集群考察团，并陪同参观太原龙马新天地、东方红服饰品牌中心等专业市场，与有关人员进行座谈，就双方合作事项初步交换意见。11 月 7 日至 9 日，山西省纺织工业行业管理办公室和山西省服装协会一行 6 人到河南考学习河南省服装行业协会先进运作经验、考察服装行业精准扶贫的“巧媳妇工程”模式。返晋后，结合省实际，确立以学生装生产制作为突破口，在岚县进行试点，打响山西服装行业精准扶贫的第一枪；协调服装企业通过“盘活存量”方式，为建设“山西省服装订单调配中心”生产基地奠定基础。12 月上旬，省纺织行办带领省服装协会、山西新新纺织行业技术中心负责人 11 人，到吕梁市岚县普明镇洽谈服装行业精准扶贫项目—“巧媳妇”工程，并达成初步合作意向。

走访调研。2016 年 1 月 20 日，山西省纺织工业行业管理办公室、山西新新纺织行业技术中心、山西省服装协会有关人员共同到平遥瑞拓制衣有限公司走访调研和交流，并就品牌建设、产品开发、资源优配、精细管理、人才培养等交换意见。9 月 27 日至 29 日，山西省服装协会、山西省教育技术装备中心和山西新新纺织行业技术中心组织有关人员，到大同、朔州、忻州 3 市 11 户服装企业进行调研。10 月 10 日至 13 日，分别对运城、临汾、阳泉、长治、晋城 5 个市 31 户服装企业进行调研。通过对企业生产规模、技术装备、加工水平、市场占有和商标注册等情况详细了解和分析研究，在与企业充分交流基础上提出相应指导性意见和建议。

组织活动。3 月 26 日，在太原理工大学轻纺工程学院举行手工、机制布艺缝制学习交流活动，参加单位有轻纺工程学院壹佳家软装饰创意团队、山西新新纺织行业技术中心、山西宇信缝制机械有限公司、左权三星制衣有限公司。该次活动的宗旨是“传承技艺、创艺交流、寻求合作、共同提高”。

企企合作。2016年一季度，山西

晋投玄武岩开发有限公司组织人员到山西绿洲纺织有限责任公司参加为期15天的生产实践学习。5月3日，山西三晋源老土布有限公司派员到山西新新纺织行业技术中心洽谈交流合作事宜，并参观太原理工大学轻纺工程学院提花实验室、服装制作实验室等。5月25日，重机（中国）投资有限公司董事长和“新兴重机工业有限公司”日方总经理、副总经理一行，到际华三五三四制衣有限公司公司参观交流，考察服装生产线、纸箱包装车间和高档西服生产基地。

校企交流。2016年5月29日，太原理工大学轻纺工程学院与三力士股份有限公司就工业用布等专业性问题进行交流。6月16日，山西吉利尔潞绸集团股份有限公司领导到太原理工大学轻纺工程学院就山西丝绸产品的研发与学院领导、老师等进行交流沟通，达成初步合作意向。8月3日至4日，太原理工大学轻纺工程学院接待香港理工大学博士生导师李女士、苏州大学国家“千人计划”特聘专家张克勤教授的到访，并陪同参观山西吉利尔潞绸集团股份有限公司、山西绿洲纺织责任有限责任公司，校企之间就学科交流、项目合作、人才培养、产品设计、功能纤维研发等达成合作的初步意向。8月23日，太原理工大学轻纺工程学院与北京凯莱集团东方宾利文化传媒有限公司进行合作洽谈，双方达成校企合作框架意向。8月29日，该院接待美国加州大学参观访问人员，双方在项目科研合作、产学研推广和人才引进等方面达成初步意向。（孙宝明）

·工艺美术行业·

【概述】2016年，山西省城联系统和工美行业完成工业总产值95亿元，工业增加值35亿元，销售收入98亿元，利税9.8亿元。山西省城镇集体企业混合所有制改革率达50%以上。2016年，山西工美集团先后开展“走出去”自办、承办、参与国内外重大展演活动29场。其中，国内26场，国外3场；“引进来”活动28场，合计57场次。对山西非物质文化遗产云冈石窟展演中心，山西非物质文化遗产五台山展演中心，山西非物质文化遗产平遥古城展演中心，山西非物质文化遗产晋祠展演中心，山西非物质文化遗产山西红色廉政文化武乡展演中心5个景区进行实地调研和市场分析，设立山西非遗进景区标准化进驻流程。与平遥县合作在中国推光漆艺博物馆院内设立山西非物质文化遗产平遥古城展演中心，与太原市教育局合作开展30场次太原市优秀文化艺术进校园“双百工程”暨非物质文化遗产走进校园活动。

开展“五寻行动计划”，通过召开新闻发布会、《山西日报》刊登公告，动员各行各业征集资料，开展“寻找老行当、老手艺、老品牌、老字号、老艺人”行动计划，助推全省城联系统、二轻行业、手工业抓老创新工作。与省妇联联合举办第三届“三晋巧姐”手工艺品评选展，与省人社厅、省文化厅、省总工会联合举办山西省工艺美术第二届“唐都杯”漆器技能大赛，与省人社厅、省文化厅、省总工会、省中小企业局联合举办山西省工艺美术第三届“平定刻花瓷奖·神工杯”陶瓷职业技能大赛和山西省工艺美术第三届“唐都奖·神工杯”漆器职业技能大赛。通过竞赛、创意和设计，形成山西省文化产业发展新优势，营造人人皆可成才、人人尽展其才氛围。培养和扶持能够继承传统技术工艺的能工巧匠，与省总工会、省人社厅联合创建山西省传统工艺（手艺）大师创新工作室。获省总工会命名大师工作室17个，被人社厅命名大师工作室5个，并分别对18个大师工作室给予5万元的补助经费。

1月22日至31日，山西省工艺美术协会、山西工艺美术集团主办，山西省文化厅支持，山西省晋剧院、山西省群众艺术馆、中国书画家山西协会、山西省工艺美术馆、山西黄河美术馆协办的“2016春到长风·文化惠民第三届山西文化庙会年货节”在中国（太原）煤炭交易中心展览中心举办。（冯晓东）

【文化遗产日山西主题活动】2016年6月11日至13日，“全国第11个文化遗产日走进校园、走进军营、走进社区、走进鼓楼街帽儿巷食品文化一条街”大型主题活动，在鼓楼街帽儿巷·食品文化一条街、滨河小学、海

2016年6月11日至13日，“全国第11个文化遗产日走进校园、走进军营、走进社区、走进鼓楼街帽儿巷食品文化一条街”主题活动在鼓楼街帽儿巷·食品文化一条街等地举行（冯晓东供图）

边街小学、太原某预备役通信团同期举行。该次活动由山西省文化厅、山西省民间文艺家协会、太原市文联、太原市教育局、太原市非遗保护中心、太原市民间文艺家协会、太原市食品街管理有限公司主办,山西工艺美术集团、山西省工艺美术协会、山西工美木偶皮影演艺研究院有限责任公司、山西工美少年红文工团承办,主题是:加强文化遗产保护,振兴中国传统工艺;手艺山西·文化三晋;弘扬精益求精的工匠精神。

活动内容包括民俗展演活动:"舞动三晋·鼓舞山西"南北中华鼓韵展演、"百鸟朝凤·晋阳颂" 三晋南北唢呐王展演、"三晋民俗·迎端午"旱船、社火、背棍、快板、民歌、戏曲、撕纸展演。非遗展演:山西三大流派剪纸、木偶皮影、面塑;瓷器、砂器、拉坯展演互动;堆锦、刺绣和丝带绣现场表演;平遥推光漆器、新绛云雕漆器、稷山螺钿漆器制作工艺;木版年画;山西澄泥砚、山西平阳麻笺麻纸传统技艺;金壶、铜壶、银壶、铁壶、紫砂壶、珊瑚、珍珠、玛瑙、砗磲;六道木、崖柏、核桃木雕刻工艺;以及山西民间传说、民间故事的光盘、书籍等展示。举办面向青少年的非遗项目"包粽子"体验比赛。 (冯晓东)

【山西省工美协纤维艺术专业委员会成立】 2016年4月6日,山西省工艺美术协会纤维艺术专业委员会在太原成立,成立大会通过专委会"工作规则",选举26名山西工美行业、高等院校及相关部门大师、专家教授、管理人员组成委员会,聘请工美协会理事长李荣钢、艺术学院书记王艳芳、清华大学教授林乐成,中国画院副所长王凯、太原美术馆馆长王鼎为专委会首批顾问。山西工美集团为广大青年学生搭建平台,提供山西工美集团大师工作室、工美企业实习和工作机会,纤维艺术引领行业发展风向,承担二次转型作用,让生活艺术化,艺术生活化,注重培育年轻纤维艺术家,担负助推行业前行的责任。专委会筹备期间,在太原美术馆举办"织梦"山西省首届纤维艺术作品展,并对获奖作品作者进行表彰。 (冯晓东)

【参与"2016山西品牌中华行"】 2016年4月8日至11月21日,山西工美参加8场"品牌山西、享誉中华"2016山西品牌中华行展示、展览活动。活动由山西省人民政府主办,山西省商务厅、山西省文化厅、山西省旅游局、山西省委宣传部、山西省财政厅、山西省工商局、山西省质检局、山西省贸促会承办。

4月8日,"品牌山西、享誉中华"2016山西品牌中华行首站在安徽(合肥站)。4月15日至19日到达天津,与2016中国·天津投资贸易洽谈会暨PECC国际贸易投资博览会同时举办。5月10日,山西品牌丝路行在(韩国站)首尔KINTEX展览中心举行,48家山西品牌企业11大类、400余种商品集中亮相。5月20日到达济南与2016第十届全国食品博览会在济南国际会展中心同期开幕举办。9月9日至12日,到达长沙与由商务部、湖南省政府举办的2016中国食品餐饮博览会在湖南国际会展中心同时开幕。9月22日至24日,到达沈阳市与中国国际贸易促进联合会、中国饭店协会等机构举办2016第五届东北亚(沈阳)中国食品餐饮产业博览会。11月18日,活动到达杭州市在和平国际会展中心开展,与商务部、杭州市人民政府等举办的2016第十三届中国中华老字号精品博览会同期举行。山西工美集团为全年活动准备多种主题内容,以"手艺山西·文化三晋"为主题的"晋作古典工艺家具";以"古韵青铜·关公文化"为主题,推介山西历史悠久的推光漆艺、闻名全国的关公文化;以"指尖上的神奇""锦绣山西"为主题,挑选推光漆器、剪纸、布艺、面塑等商品,以"展现神工技艺、弘扬卓越精神、塑造大国工匠"为主题的晋艺工坊,展现民间木作工具系列、铜饰件系列、市井店铺幌子系列、老当铺等系列的传统"老物件儿"及文创漆器、砖雕、澄泥砚等工艺美术精品,"五寻"行动(寻找老字号 老手艺 老品牌 老行当 老艺人)收藏和整理山西省关于木工工具、铜饰件、卯榫结构、店铺幌子、钱铺柜台、七十二行市井系列等藏品。 (冯晓东)

【山西工美省外参展】 2016年3月10日至14日,山西省工艺美术协会、山西工艺美术集团以《手艺山西》《漆彩三晋》《锦绣山西》《指尖上的神奇》《舌尖上的味道》《三晋窑火》为主题的作品参加在南京国际展览中心举行的"第51届全国工艺品交易会"。展会上,山西省工艺美术协会、山西工艺美术集团选出30件工艺美术作品参加"2016'金凤凰'创新产品设计大奖赛"评比,夺得金奖4件(套),银奖9件(套),铜奖4件(套),优秀奖6件(套)。

4月27日,山西工美以"手艺山西·漆彩三晋"为主题,携平遥推光漆器、平定砂锅、砂器、砖雕、泥塑、剪纸等几十种省内民间工艺美术精品在浙江义乌国际博览中心参加由国家文化部、浙江省人民政府、中国国际贸易促进委员会主办,浙江省文化厅、浙江省文化产业促进会、中国国际贸易促进委员会浙江分会、义乌市人民政府协办的第11届中国(义乌)文化产品交易会。

5月12日,山西工美集团参加在深圳会展中心举办的第十二届中国(深圳)国际文化产业博览交易会。山西展团与参展客商联合举办"山西省重点文化产业项目推介及签约仪式"。山西工美为该届深圳文博会组织"指尖上的神奇、舌尖上的味道、漆彩三晋、锦绣山西三晋窑火"为主题的10多个系列,300余件极具山西特色和创新理念的工艺品参展,以"古文明"为主线,借助仿古实物、山西古文明遗址造型、文字图片介绍等,融合LED屏幕、灯光幻影等现代科技手段,立体展现山西古文明"三个一"的文化魅力。

9月20日,山西工美集团参加由文化部、国家新闻出版广电总局、国家旅游局、中国贸促会和甘肃省人民政府等5家单位主办，外交部等13家单位协办的首届丝绸之路（敦煌）国际文化博览会。

9月21日，山西工美集团代表山西展团组织“漆彩三晋”平遥推光漆器，绛州云雕漆器，稷山螺钿漆器，“锦绣山西”晋城的吉利尔（潞绸），代县的雁绣，黎城的布老虎，“大同铜器”，指尖上的神奇“三晋一刀剪”，“晋酒”龟苓集，“晋药”定坤丹，“晋醋”东湖老城醋等山西非物质文化遗产精品参加在济南国际会展中心举办的第四届中国非物质文化遗产博览会。

9月28日，山西工艺美术集团组织绛州木版年画传承人吴百锁、“三晋一刀剪”康冬云两位大师参加贵州省人民政府主办的2016年中国（贵州）国际民族民间文化旅游产品博览会工艺精品展演。

10月20日至24日，山西省城联社组团参加第十届（2016）杭州文化创意产业博览会，以“手艺山西·诚信三晋 以煤会友·以文促商”为主题。参展产品好中选优，亮相杭州文博会的刺绣、剪纸、堆锦、布艺、面塑、漆器、木雕、瓷器、陶器、青铜器、银器、铁器等30种、百余件工艺精品，代表山西省文化产业蓬勃发展的最新成果；招商项目丰富，品质优良。山西广誉远国药有限集团、平遥唐都推光漆器有限公司等驰名省内外的品牌企业招商项目备受瞩目。文博会上山西省城联社与浙江二轻集团公司达成合作投资山西工美小微文化企业创作基地项目意向。山西太行海鸥锯业公司与浙江申达机器制造公司达成技术引进合作意向。山西工美协会与浙江工美协会将组织本省大师、工美企业开展系列交流活动。

10月27日至31日，山西工美集团参加山西省文化厅以“文物文化衍生品、文化产业园区文创产品、高等院校文创产品”为主打特色，在中国国际展览中心开展的2016第十一届中国北京国际文化创意产业博览会，展现将山西传统文化的经典、三晋元素、现代设计相融合所自主研发的“漆彩三晋、关公忠义堂文化、晋商文化”等文创产品系列。

11月4日至7日，山西工美集团作为山西省十大文化产业示范基地，以“漆彩三晋、关公忠义堂文化、晋商文化、佛教文化”等系列为内容，参加在厦门国际展览中心举办的第九届海峡两岸（厦门）文化产业博览交易会。山西传统工艺美术和非物质文化遗产精品获1金、3银、1铜、1个最佳技艺奖的成绩。（冯晓东）

【山西工美艺术品海外参展】 2016年8月18日至21日，由山西省商务厅主办，山西工艺美术集团组织承办，为期4天的第三十届匈牙利国际手工业艺术节展示推介活动，在匈牙利布达佩斯皇宫城堡举行，山西工美携新绛县绛州澄泥砚研究所、绛州二天门模板年画研究所、太谷县晋砖世家传统文化艺术有限公司、太原郭梅花文化艺术有限公司等15家企业的推光漆器、锦绣中华布艺、指尖上的神奇剪纸等极具山西代表性的传统工艺美术精品参加，匈牙利民族艺术协会创始人米克鲁史尼·帕主持开幕仪式，对参加该次活动的山西展团及当地最具影响力的手工艺大师进行表彰。

9月15日，山西工艺美术集团携工艺美术作品参加“山西品牌丝路行”（波兰站）。33家山西品牌企业，850余种特色产品亮相。（冯晓东）

【山西省艺术精品新疆行】 2016年6月3日，山西省委、省政府部署，山西省文化厅主办的“山西省艺术精品新疆行”活动走进“大美新疆”。山西工美集团承办的山西省非遗文化遗产技艺展演活动受到当地群众的好评和欢迎。吴百锁的木版年画，柳惠武晋药定坤丹，张桂英动物造型的面塑，使人赞叹不已。史月明的泥塑“民族团结”和山西省工艺美术大师康冬云现场剪出“连年有余”的作品赠送给援疆干部楼。举办山西省非物质文化技艺展演、山西大型古典舞剧《粉墨春秋》《一把酸枣》和山西书画名家名作书画笔会等活动进行交流。（冯晓东）

【2016年度山西省传统工艺美术保护发展项目专家评审】 2016年6月17日，山西省城联社、省工艺美术协会组织召开“2016年度山西省传统工艺美术保护发展资金省直公共服务平台项目评审会”。

申报工作根据山西省财政厅要求先由全省各地市按文件要求进行申报，经省城联社、省工美协会初审后，各市分别组织专家对初审项目进行评审，共有项目20个，资金110万元。省城联社、省工美协会对申报的12个省直公共服务平台项目进行初审，组织7个省直公共服务平台项目现场答辩专家评审，共支持资金250万元。与会专家听取项目申报单位对申报项目的情况简介，分别从项目的可行性和必要性、社会价值和社会效益、经济价值和经济效益、推动行业发展贡献等四个方面进行现场打分。（冯晓东）

【佛教文化用品交流会展山西行】 2016年，山西工艺美术集团开展佛教文化用品交流与会展承办工作。6月22日，台湾佛光山文教基金会执行长、佛陀纪念馆馆长如常法师一行参观考察山西省工艺美术馆、山西黄河美术馆，了解山西省内十大品类工艺美术作品，观看剪纸、木板年画、砂器制作、面塑制作、泥塑彩绘、民俗社火表演、晋药制作等山西省非物质文化遗产技艺的现场表演。7月8日，“2016第三届中国（太原）佛教文化用品博览会”在中国（太原）煤炭交易中心展览中心举行。该届佛博会由山西省工艺美术协会、山西省会展行业协会、五台山佛教文化促进会联合主办，山西会展有限公司、山西工艺美术集团承办。展区分设：佛教雕塑、佛教旅游、万里茶路国际、佛教精品、佛龛及古典家具、禅宗文化·禅意生活、佛门书画及唐卡、禅茶及紫砂艺术品、佛香文化、素食养生、工艺美术、非物质文化遗产、文化活动展区等13个区域。有300多家企业参展。

11月11日，台湾佛光山永均法师一行在山西省台办相关领导的陪同下参观访问山西工艺美术集团、山西省工艺美术馆、山西黄河美术馆，就2017年赴台湾举办“两岸一家情·山西面食文化走进台湾佛光山”大型展演活动的相关事宜进行洽谈对接。

（冯晓东）

【优秀文化艺术进校园“双百工程”】2016年，山西工美集团组织开展百名艺术家深入百所中小学校表演展示的“双百工程”活动，以展示“手艺山西·文化三晋”的独特民俗文化，宣传山西非物质文化遗产知识，倡导非遗保护理念，以“八晋”（晋酒 晋醋 晋药 晋艺 晋韵 晋味 晋风 晋茶）为主题，“非物质文化遗产进景区、进校园、进社区”课题列入中共山西省委宣传部2016年宣传思想文化系统重点调研课题38项重点调研课题之一。非物质文化遗产走进校园活动共走进27所中小学校，邀请国家级、省级非物质文化遗产传承人、山西省工艺美术大师、民间工艺美术大师以及山西戏剧职业学院、山西艺术职业学院舞蹈分院师生以戏曲、孝义木偶、皮影、剪纸、面塑、木版年画、堆锦、平阳麻笺、老陈醋酿制、泥塑、糖画、手工编织等10余种非物质文化遗产以及大型新编晋剧现代戏《托起太阳的人》、舞蹈《舞动青春》等表演展示活动在校园开展，老师与同学们通过现场丰富多彩的表演形式与现场互动，增加学生对非物质文化遗产的认识与了解。

（冯晓东）

【长治工美在“长治制造”中绽放异彩】2016年10月15日至21日，长治市工艺美术参加长治市人民政府主办，为期7天的“第二届长治制造展销推介周”。展区上，工美面积达500平方方米，48家企业，13个种类500余件工艺美术作品参展。长治堆锦、黎侯虎、长治市响铜乐器等国家级非物质文化遗产，太行崖柏根雕艺术、剪纸、传统砂锅、钧瓷、面塑、青铜器蝶翅画、五谷画、秸秆画等作品均亮相。2016年“长治制造”展会中，长治市城镇集体工业联合社获组委会颁发的“最佳组织奖”，长治市工艺美术协会获“最佳贡献奖”，成交额达50多万元，意向洽谈签约500多万元。

（冯晓东）

中小企业

【概述】 2016年，山西省中小微企业法人单位户数达21.68万户，同比增长18.77%；实现增加值6135.17亿元，占全省GDP的比重为47.46%，比上年提高1.06个百分点。全省中小企业从业人员401.2万人，同比净增17.6万人，增长4.59%。中小企业提供的就业岗位占全省城镇新增就业的85%以上，占从业人员存量的75%以上。全省中小企业上缴税金848.48亿元，农民工从中小企业取得的工资性收入占农民人均纯收入的比重超过50%。省中小企业局认定省级中小企业技术中心45个，中小企业创业基地19个；全省有313户小微工业企业培育成长为规模以上工业企业，其中272户工业企业属于2013年以来初次达到规模以上；全省拥有中国驰名商标49件，山西著名商标351件。

（边 疆）

【生产经营】 2016年初，山西省中小企业经济运行延续2015年下半年以来低位运行的态势，经济处在负增长区间。一季度全省中小企业营业收入同比下降3.02%，降幅比1–2月收窄0.36个百分点。4–5月经济运行降幅持续收窄，6月出现小幅波动，经济运行降幅有所扩大，全省上半年中小企业营业收入同比下降2.01%，降幅比1–5月扩大0.66个百分点。7、8两个月经济运行仍处在负增长区间，但降幅明显收窄，逐渐靠近正增长区间。1–9月，全省中小企业营业收入同比增长由负转正，结束2015年7月以来连续16个月在负增长区间运行的态势，步入增长轨道。10月和11月全省中小企业经济运行呈现企稳向好、一月比一月好、下半年好于上半年的态势，连续3个月稳定在正增长区间。1–10月全省中小企业营业收入同比增长1.31%，环比增幅提高1.29个百分点。1–11月同比增长1.88%，环比增幅提高0.57个百分点。全年全省中小企业经济增长速度为3.35%，实现经济增长“下半年好于上半年”的目标要求。全年月度经济运行呈现出前低后高的走势。

传统产品出厂价格同比大幅度增长，但环比价格涨势明显放缓。受国家去产能政策、市场供求变化等因素影响，从2016年4月开始，煤、焦、钢材等主要传统产品价格止跌回升，9月开始涨幅逐渐加大。在下游产业

山西非物质文化遗产孝义木偶戏展览 （张彩琴供图）

影响下，不同煤种之间价格分化有所加大。11月，主焦煤吨煤价格比8月上涨84.2%，主焦洗精煤比8月上涨129.5%，配煤上涨119.7%，电煤上涨73.3%，焦炭上涨76.8%。与煤相比，钢出厂价格涨幅相对平缓，钢坯价格比8月上涨13.0%，钢材价格上涨14.6%，精矿粉价格上涨10.9%。

与2016年初相比，重点监测的10种产品出厂价格均出现大幅度上涨。主焦煤12月出厂价格是年初的2.3倍，主焦洗精煤是年初的2.6倍，配煤2.2倍，电煤1.7倍，焦炭3.2倍，钢坯是1.5倍，钢材1.4倍，精矿粉1.4倍。从2016年12月价格变动环比数据看，在重点监测的4种煤炭产品中，主焦煤、主焦洗精煤、配煤3种煤炭价格与上月持平，电煤价格环比出现下降。焦炭价格虽然仍保持增势，但增幅与前两月相比有所降低。煤焦传统产品价格涨势明显放缓。

规模以上中小工业主要效益指标排位依然靠后。据工信部反馈的规模以上中小工业主要效益指标情况看，2016年山西规上中小工业企业3355家，仅高于北京、海南、西藏、甘肃、青海、宁夏、新疆，在全国排第24位。规上中小工业亏损面全国平均为11.9%，山西为37.2%，山西比全国平均水平高25.3个百分点，亏损面由低到高排序，山西排末位。全国平均从业人员同比下降1.6%，山西下降3.5%，降幅比全国平均水平高1.9个百分点，在全国排第23位。全国主营业务收入同比增长6.0%，山西为2.8%，增速比全国平均水平低3.2个百分点，在全国排第26位。

企业生产经营困难依然较大。2016年三季度开始，宏观经济运行出现企稳回升迹象，但仍存在诸多不确定因素，经济下行压力并未减轻。企业订单减少。据调研，定襄法兰锻造业，多数企业只能拿到1个月左右的订单，比上年下滑30%；晋城兴达铸件企业产品订单比上年同期减少30%；山西格尔德贝克法兰公司因钢材大幅度上涨，导致其产品订单减少50%以上。经济效益持续下滑。受市场需求疲软，订单减少、生产成本居高不下的影响，企业营利空间受到挤压，部分企业陷入微利甚至亏损。1—12月，全省中小企业亏损面达到27.27%，环比增加0.71个百分点。运城市重点监测的126家企业有60家企业出现亏损，亏损面达47%。融资问题突出。在调研中企业反映，一方面中小企业通过银行获得融资的难度依然较大，超过80%的企业反映融资困难。另一方面由于中小企业财务制度不健全、手续不规范，信誉度不高，再加之银行实行差别利率，对中小微企业贷款的利率相对较高，加重企业负担。中小企业融资成本普遍在15%—18%，小微企业高达25%以上。

经济纠纷引发的企业风险增多。因企业之间资金担保、互保和民间借贷、劳动合同纠纷、征地拆迁等问题给企业带来诸多风险和隐患。如：运城万方制衣有限公司因民间借贷和银行贷款逾期无法偿还，已经停产，面临破产；运城豪美特新兴装饰有限公司因民间贷款逾期未偿还，一部分贷款人在厂里闹事，造成企业停产无法正常运转。山西华晋纺织印染有限公司因银行贷款逾期未偿还，造成相关联保企业青山化工、翔宇化工、兵娟制衣等企业的银行融资受到影响，纷纷出现资金链断裂现象，互保企业面临资金短缺、融资难的问题。

产业集群开工率不足。从重点监测的全省22个产业集群生产经营情况看，22个产业集群共涉及企业2292家，其中正常生产企业1310家，12月总开工率为57.16%，较上月（60.56%）回落3.4个百分点。从各产业集群开工情况看，开工率在80%以上的产业集群有大同医药、侯马装备制造、怀仁陶瓷、稷山纸包装、清徐醋业、太谷玛钢、屯留农副产品、闻喜金属镁、阳城陶瓷、榆次液压等10家，比上月减少1家；泽州铸造、开工率在50%以上不足80%的产业集群有汾阳白酒、交城铸造机加工、万荣添加剂、榆次纺机、原平皮带机等5家，比上月持平；开工率不足50%的有大同县活性炭、定襄法兰、平遥铸造、祁县玻璃器皿、山阴乳制品、泽州铸造、阳泉耐火材料等7家，比上月增加2家。

地区发展不平衡。从各市情况看，发展不平衡问题比较突出。主要表现在：（1）增长速度差距大。1—12月，营业收入增速为正的有太原、大同、长治、晋城、朔州、晋中、临汾、运城8个市，增速为负的有阳泉、忻州、吕梁3个市；增速最低的忻州市与最高的太原市高低相差24.02个百分点。（2）总量占比差距大。太原市中小企业经济总量占全省的24.75%，领先于其他地市；长治、晋城、朔州、吕梁、晋中、临汾则属第二梯队，占比在8%—10%之间；大同、阳泉、忻州、运城为第三梯队，经济总量占比在6%以下。

（边　疆）

【转型升级】 2016年，山西省中小企业局编制《山西省"十三五"中小微企业发展规划》。《规划》明确以提高中小微企业发展质量和效益为中心，以供给侧改革为抓手，以推动"大众创业，万众创新"为突破口，完善政策体系，改善公共服务，优化发展环境，促进中小企业发展的总体思路，提出"十三五"时期发展目标、主要任务、工作重点和保障措施，对促进中小企业持续健康发展具有重要的指导意义。

推动中小企业产业集群发展。安排专项资金，对稷山印刷包装、定襄锻造、祁县玻璃器皿、泽州冶铸、交城铸造、太谷玛钢等6个产业集群进行奖励。制订2016至2020年《山西省中小企业产业集群总体发展规划》，推动产业集群转型升级，引导中小企业集群式发展。（边　疆）

【资金投入】 2016年，山西省中小企业局将山西省中小企业成长工程固定资产投资720亿元的任务分解到市，下发《关于下达2016年山西省中小企业成长工程固定资产投资任务的通知》。建立局机关干部联系固定资产投资项目制度，实施"一月一跟踪、一月一分析、一月一汇报"的推进机制，及时分析研究、帮助解决固定资产投资工作推进过程中存在的困难和问题，促进项目建设顺利推进。

截至10月底，全省中小微企业在建项目1159个，完成固定资产投资704.87亿元。（边　疆）

【企业融资】2016年，山西省中小企业局深化政银企保合作。组织召开多场次、多层次的金融产品推介会、银企洽谈会，实施客户推介制、共同考察制、项目对接制、信息反馈制，提高对接成功率。各级中小企业管理部门向金融机构推荐中小微企业1800多户，达成融资担保合作意向410亿元。

为各市拨付2016年创新中小微企业融资模式奖励资金1亿元。为开展中小微企业担保业务业绩突出的担保公司进行担保业务补助，全年下达担保补助资金2830万元。享受补助的33户担保机构共为2537户中小微企业提供担保贷款105亿元。

鼓励和引导银行业金融机构加大对小微企业的信贷支持力度，缓解小微企业融资困难。安排专项资金1000万元，对57户银行业金融机构进行风险补偿补助。

实施《中小企业规范化改制三年行动计划》，加快中小企业股份制改造步伐，建立挂牌企业资源库，落实资金奖励政策，举办全省中小企业改制上市暨"新三板"挂牌操作特训班和股权融资与改制挂牌专题培训班，推动全省企业改制上市工作。新推动27户中小企业在"新三板"挂牌，全省在"新三板"挂牌中小企业达到59户。（边　疆）

【政策环境】政策落实课题研究。2016年，山西省中小企业局以政策购买服务的方式，委托中标单位北京朝辉策管理咨询公司就全省扶持中小微企业发展政策措施落实情况进行专题课题研究。分类汇总政策措施的具体内容，梳理政策的可操作性(有政策无具体配套落实措施的)，摸底调研相关政策的适用性，梳理完善扶持中小微企业发展政策体系，向有关决策部门提供建议参考。收集完成全省各市县出台的相关政策，共计264个政策措施，其中，以省政府名义出台的5个，以市政府名义出台的122个，以县政府名义出台的137个，并装订成册，共计2400多页。对政策措施按照原则性条款、资金支持、创业扶持、技术创新、社会服务、融资信用及其他进行分类，撰写《山西省市县支持中小微企业发展政策措施情况调研报告》。

"两平台"进驻工作。研究制定并上报《山西省中小企业局进驻省政务服务平台实施方案》。上报《山西省中小企业局关于上报行政审批管理工作情况的报告》。

企业健康巡诊法律顾问服务。设立推广"山西省中小企业维权服务工作站"，组织省中小企业法律维权服务联盟成员单位到企业，探索1个律师事务所联系多家企业点对面的服务模式，开展法律顾问服务，打造"结对子服务""团队式服务""订单式服务"和"调解式服务"品牌，帮助企业完善风险防范机制，解决涉法疑难问题，促进企业依法经营、依法管理、健康发展。

"法律在手边"咨询查询服务。通过"4008208114"服务热线，向企业和职工常年提供24小时"法律百事通"电话咨询服务；通过山西省中小企业法律维权公共服务平台向企业和职工提供专家律师网络咨询服务；通过山西省中小企业产业信息大数据公共服务平台"法律法规"模块，向企业和职工提供新中国成立以来全国各地法律法规、司法解释及法律格式文本查询服务。

"法律进企业"专题巡讲活动。全年开展5场活动，参会人员约1000多人。（边　疆）

【企业素质】2016年，山西省中小企业局支持新建省级中小企业技术中心45个，全省省级中小企业技术中心达到203个，拥有全国领先技术125项、发明专利258项、实用新型专利739项、外观设计专利274项。

实施品牌发展战略。安排专项资金对2015年获得国家驰名商标(3件)和山西省著名商标(301件)的中小微企业进行资金奖励，引导广大企业树立品牌意识，创建自主品牌，增强市场竞争力。

加强企业人才培训。稳步实施"3个1"经营者素质提升工程，加强企业家队伍建设，与清华大学建立全面合作关系，将清华大学继续教育学院作为"山西省中小微企业优秀经营者素质提升工程培训基地"。组织100名小微企业优秀经营者到清华大学开展学习培训，全年分多批开展1000名有发展潜力的小微企业主创业能力提升培训，分地域开展10000名小微企业经营管理人员专题培训。

（边　疆）

【企业成长】2016年，山西省中小企业局推进小微企业创办。建立完善创业辅导师队伍，依托全省220多个小微企业服务站，开展创业培训和创业辅导，截至10月底，全省新创办小微企业6.35万户，提前超额完成3万户的年度目标任务。

实施"小升规"企业成长工程。安排专项资金6000万元，对上年主营业务收入首次达到规模以上并纳入统计部门联网直报的300户小型微型工业企业进行奖励。完善2016年"小升规"企业培育库，强化跟踪监测与帮扶指导，推动小微工业企业规范升级。

加强创业基地建设。重点支持建设省级中小企业创业基地19个，全省省级中小企业创业基地达到100个，厂房面积3762.26万平方米，带动投资391.55亿元，入驻企业4056户，吸纳就业11.76万人。

双创示范。安排专项资金6540万元，用于支持建设"中小企业创业创新基地示范县"，通过省级资金支持示范县有效推动中小企业创业创新，全面提高服务支撑能力，在优化创业创新空间、加强公共服务、对接创业创新扶持政策、推进体制机制创新等方面做出表率，转变政府职能，促进全省中小微企业发展。举办"山西省中小微企业创业创新转型升级"高峰论坛，组织全省创业基地代表、投融资机构代表，以及优秀小微企业代表共300多人参加，邀请北京大学、中国科学院、香港投资公司等5

2016 年，隰县举办新型职业农民培育电子商务培训班 （张克强供图）

位专家学者作主题演讲，通过经验交流、思路研讨等方式，共同分享双创观点，激发企业发展活力。（边　疆）

【服务体系】 2016 年，山西省中小企业局推进公共服务平台建设。整合服务资源，创新服务方式，完善省级枢纽平台，加快建设市级窗口平台、专业应用平台和产业集群窗口平台，构建“1+11+24”平台网络体系，形成互联互通、资源共享、服务协同、覆盖全省的中小企业公共服务平台网络，以线上服务带动实体服务，以公共服务引领社会服务。

新培育认证省级中小企业公共服务示范平台 14 家，全省国家级和省级中小企业公共服务示范平台达 91 个。

组织中小微企业参加国内外大型展览展销活动，并给予展位费、布展费等补助，支持中小微企业“走出去”开展对外交流合作。先后组织 125 户中小微企业、300 多种“专精特新”产品，免费参加第 13 届中国国际中小企业博览会、第 9 届 APEC 中小企业技术交流暨展览会、第 12 届中俄蒙中小企业商品展览会等展会，进行产品推介，组织项目对接。（边　疆）

【运行监测】 2016 年，山西省中小企业局强化经济运行监测。完善省、市、县、乡四级联动，全面统计、19 个直报县、22 个产业集群、1500 户重点企业、200 户手机快速调查五位一体的动态监测体系，及时掌握发展动态，强化预测预警分析，为各级各部门指导中小企业发展提供决策依据。

每月做好中小企业月报报表、重点监测企业月报和特色产业集群月报等汇总工作，撰写《中小企业经济运行情况》《重点监测企业分析报告》《特色产业集群运行分析报告》，按时完成每月省政府经济运行分析会任务及国家工信部中小企业局重点监测企业网上直报任务，为各级政府正确决策提供参考和依据。召开三次中小企业经济运行季度分析会，加强研判分析，提升运行分析水平。

组织召开 2016 年手持移动终端快速调查平台信息员、管理员培训班，对全省 200 户手机直报企业信息员就相关统计指标解释和快速调查软件的使用进行培训，提高信息员的统计能力，完善全省中小企业统计监测体系。

完善四级联动、五位一体的统计监测体系。制定下发《关于进一步加强和完善全省中小企业重点监测工作的通知》，重点监测 3000 家企业、1000 个乡（镇、街道）、30 个产业集群、50 个省级中小企业创业基地、500 个手机直报企业五位一体的运行监测体系，用 1—2 年时间培育和建成一批覆盖全省、类型多样的重点监测信息点，构建山西省中小企业重点监测体系。

编辑印制《山西中小企业数据资料手册》。（边　疆）

建筑业
Building Industry

行业发展

【概述】 2016年，在山西省注册的建筑施工企业2532家，比上年增加247家。建筑业总产值完成3318.5亿元，同比增长13.2%；建筑业增加值实现895.6亿元，同比增长5.7%，占全省GDP比重6.9%。直接从业人员平均为112万人，比上年增加13万人。按总产值计算的全员劳动生产率2016年为29.55万元/人，比上年的29.46万元/人增加0.3%。建筑施工企业实现利润97.2亿元，比上年增长3.6%；上缴税金50.7亿元，比上年减少40.6%。在利润总额中，房屋工程建筑26.64亿元，占27.4%；土木工程建筑62.97亿元，占64.7%；建筑安装5.16亿元，占5%；建筑装饰1.53亿元，占1%；其他建筑0.88亿元，占0.9%。建筑企业施工总面积14621万平方米，新开工面积4532.2万平方米，投标承包面积12567.2万平方米。竣工面积3353万平方米，其中住宅房屋面积2366.2万平方米；商业及服务用房屋面积146.2万平方米；办公用房面积265万平方米；科研、教育、医疗用房屋面积233.2万平方米；文化、体育、娱乐用房屋面积25.3万平方米；厂房及建筑物面积246.7万平方米；仓库面积11.3万平方米；其他房屋建筑物面积59.3万平方米。（米玉婷）

【建筑业发展】 2016年，山西省围绕“建筑业增加值同比增长5.5%、力争7.5%”工作目标，分级建立重点帮扶企业名单。省厅评选出43家企业为2016年度山西省骨干建筑业企业，忻州、长治、运城等地结合本地实际，制订本地重点帮扶名单，树立行业标杆，予以重点扶持。为70余家资质报部升级、延续的企业提供咨询服务，提升高资质等级企业数量。住建部核准山西省5家企业申报的特级资质。开展工程建设领域保证金清查规范工作，代省政府起草清理规范工作实施方案，帮助企业清退违规收取的保证金，完善管理制度，减轻企业负担，激发市场活力。截至2016年底，全省清退保证金18.5亿元，其中违规收取的4类保证金共计15.2亿元。其他取消的保证金17项（安全风险抵押金、诚信保证金等）共计3.3亿元。起草《关于大力发展装配式建筑的实施意见》，推动太原、大同等城市建设装配式建筑产业化基地，开展示范项目建设。有两家企业在太原、大同两地与远大建工集团合作建厂。

（米玉婷）

【建筑市场监管】 2016年，山西省住房和城乡建设厅完善招投标制度建设，编制《山西省房屋建筑与市政基础设施施工评标办法》，规范山西省房屋建筑和市政基础设施工程招标投标活动。打击建筑施工转包违法分包行为。组织专项行动督查26次，检查项目2944项；下发监督执法检查整改通知书398份，行政处罚书124份；对210家企业给予限制招投标、停业整顿、吊销资质等处罚；对4人给予停止执业、吊销执业资格等处罚；处罚款金额5590万元，没收违法所得金额48.82万元。在住建领域开展双随机执法检查，其中建筑市场监督执法检查事项达80%，其他执法检查事项达90%。（米玉婷）

【建筑行业诚信体系建设】 2016年，山西省住房和城乡建设厅印发《关于启动山西省建筑市场监管与诚信信息一体化平台运行工作的通知》，自2016年10月28日起平台运行，实现企业、人员、项目、诚信四个基础数据库的互联互通，做到全省建筑市场监管信息全覆盖，提升建筑市场监管服务效能。做好全省“信用山西”信用信息平台建设，畅通信息传递渠道，确保各类检查结果实时推送、归集和公开，完善全省各部门联合惩戒机制。

（米玉婷）

【建筑科技】 2016年，山西省住房和城乡建设厅推广应用新技术新产品。印发《关于进一步规范建筑节能产品（技术）推广管理的通知》，强化对企业技术（产品）的质量、生产环境和安全生产管理等方面的考核，加强咨询和服务。全年对315项节能产品、技术进行发布推广。印发《山西省促进绿色建材生产和应用实施方案》《关于开展绿色建材评价标识工作的通知》，开展绿色建材评价机构备案工作。开展建筑垃圾资源化应用研究。“建筑垃圾资源化再生利用”课题通过省科技成果鉴定。起草《关于进一步做好建筑垃圾资源化利用工作的通知》,印发《山西省住房和城乡建设厅关于开展建设科技成果登记工作的通知》,将科技成果与企业资质管理、招投标、评优评奖挂钩,引导企业把科技创新放在核心战略位置,加快自主创新能力建设。指导推动企业技术进步,全年组织申报9项住建部科技计划项目,12项省科技厅科技计划项目,13项成果通过省科技成果鉴定,在行业内处于领先水平。

(米玉婷)

工程建设管理

【工程建设标准编制】 2016年,山西省住房和城乡建设厅征集并下达两批《2016年山西省工程建设地方标准规范制订修订项目计划》33个项目,同比增长65%。批准发布《公共建筑节能设计标准》等22项地方标准。按照住建部关于工程建设强制性地方标准整合精简工作要求,梳理全省现行的工程建设强制性标准5项,组织标准主编单位对所主编的地方标准进行评估,提出评估结果和整合精简结论。其中,继续有效1项,修订1项,部分保留1项,全部废止转为推荐性标准2项。解决强制性条文设定不合理,以及与国家标准重复等问题。推广装配式建筑应用,组织建筑设计、施工等方面的专家召开全省装配式建筑地方标准编制会,安排部署编制工作。发布《装配式斜支撑节点钢框架结构技术规程》等3项地方标准和《装配式混凝土剪力墙结构施工工艺》1项企业标准。启动《装配式混凝土剪力墙结构设计规程》等4项地标编制。

(米玉婷)

【工程造价咨询管理】 2016年,山西省住房和城乡建设厅印发《关于建筑业“营改增”〈山西省建设工程计价依据〉调整执行规定的通知》,对2011《计价依据》涉及7个专业预算定额,以及配套的建设工程费用定额、混凝土及砂浆配合比施工机械台班费用定额、建设工程材料预算价格等进行修订,编制完成2017《计价依据》。每两月收集、测算、发布一次山西省工程建设材料指导价(639种)和建筑安装工程、市政工程造价指数、指标,为政府部门的决策和广大工程造价人员提供参考。每周定期开展工程计价纠纷投诉处理,加强对工程建设各方计价工作的监管。开展工程造价咨询企业的动态管理。截至2016年底,办理工程造价咨询乙级升甲级初审12家、甲级资质延续14家、乙级资质延续86家,对22家乙级资质提出限期整改意见。开展工程造价咨询企业考核,考核全省212家工程造价咨询企业,促进工程造价咨询事业健康发展。

(米玉婷)

【工程质量管理】 2016年,山西省住房和城乡建设厅强化质量终身负责制,落实工程建设各方参建主体质量责任,房屋建筑和市政工程开工项目2170项,竣工项目947项,“两书一牌”执行率达100%;组织实施全省工程质量治理“两年行动”,省市县三级住建部门累计开展监督执法检查5028次,检查工程项目6893项,下发监督执法检查整改单4487份,下发行政处罚书40份,处罚单位40个,曝光违法违规典型案例12起。

(米玉婷)

【建筑施工安全生产管理】 2016年,山西省住房和城乡建设厅开展安全生产大检查,集中开展以起重机械、脚手架、模架支撑体系和城镇燃气安全管理为重点的安全隐患排查整治,排查房屋建筑和市政工程项目安全隐患1100余项,市政运营安全隐患276处,隐患全部整改。开展吸取“11·24”事故教训安全生产大检查。开展专项整治,按照省政府1号文件要求,开展预防起重机械脚手架模板支撑体系倒塌专项整治,遏制重特大事故的发生;新建改造燃气管网1524千米,完成省政府重点专项整治工作任务。做好“两会”期间、春季复工、雨季汛期等重点时段安全生产督查检查,将安全生产责任落到实处。全省发生房屋建筑与市政工程安全生产事故8起,死亡10人,百亿元施工产值死亡率为0.30,事故起数和死亡人数实现双下降,防范和遏制重特大事故发生,全省住建系统安全生产形势保持平稳。

(米玉婷)

商贸流通　对外经济贸易

Commercial Circulation　Foreign Economic and Trade

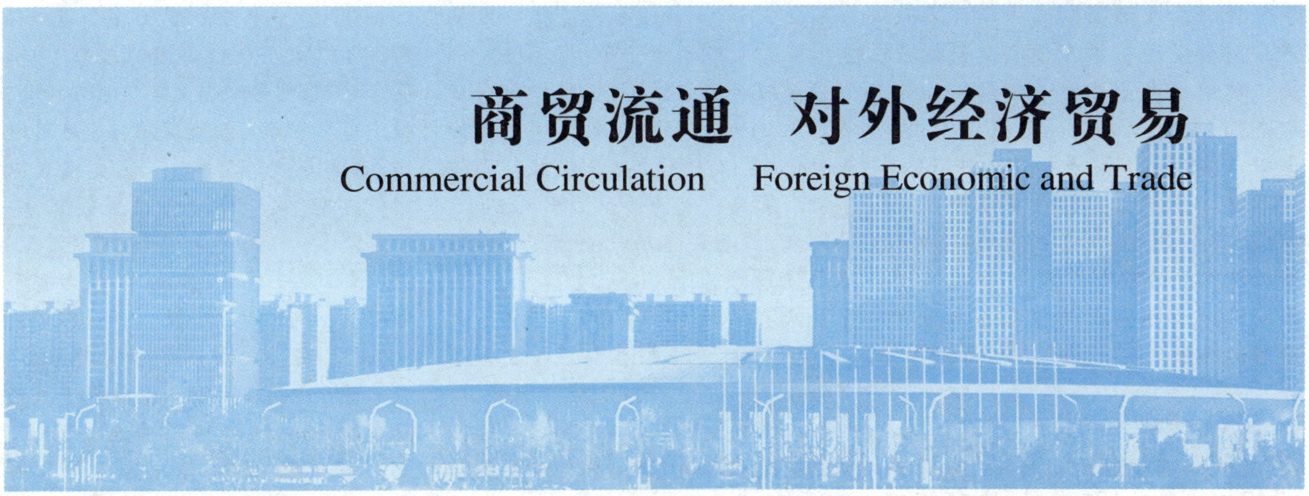

综　述

【概述】 2016年，山西省商务工作开创新局面。全省消费稳步增长。社会消费品零售总额实现6480.5亿元左右，同比增长7.4%，消费稳增长作用增强。开发区带动作用增强。全省开发区实现工业总产值3950亿元，同比增长2.3%。企业主营业务收入6450亿元，同比增长3%。固定资产投资1200亿元，同比增长4%。山西省以“增强供给能力，促进消费升级”为主题，开展2016全国消费促进月山西活动，销售额同比增长5.3%。以“扩消费、惠民生、促增长”为主线，组织上万家企业上万种商品开展第二届山西购物季活动，销售额超过300亿元，同比增长10%以上，拉动消费增长0.5个百分点。　（徐晨星）

【限额以上批发零售业经营情况】 2016年，山西省限额以上批发业法人企业898个，从业人员84755人，商品销售额6984.16亿元。按登记注册类型分，内资企业892个，从业人员82975人，商品销售额6835.53亿元；港澳台商投资企业5个，从业人员1548人，商品销售额147.81亿元；外资企业1个，从业人员232人，商品销售额8214万元。

限额以上零售业法人企业2083个，从业人员150341人，商品销售额2003.77亿元。按登记注册类型分，内资企业2063个，从业人员145911人，商品销售额1958.84亿元；港澳台商投资企业14个，从业人员3118人，商品销售额37.98亿元；外资企业6个，从业人员1312人，商品销售额6.95亿元。

限额以上连锁批发零售业门店有4001个。其中，直营店2308个，加盟店1693个。年末零售业营业面积296.57万平方米。其中，直营店285.85万平方米，加盟店10.72万平方米。年末从业人员38348人。其中，直营店29971人，加盟店8377人。商品购进总额完成313.13亿元。其中，直营店完成290.32亿元，加盟店完成22.81亿元。商品销售总额完成442.77亿元。其中，直营店完成419.86亿元；加盟店完成22.91亿元。商品销售总额中，零售额完成352.38亿元。其中，直营店完成329.46亿元，加盟店完成22.92亿元。　（徐晨星）

【市场环境优化】 2016年，山西省推动商务综合行政执法体制改革，忻州市、晋中市、晋城市完成试点改革任务，形成可复制可推广改革经验，将商务综合行政执法体制改革在全省市县层面推开。双打工作成效显著，与京津冀蒙建立跨区域跨部门合作机制，成品油市场、酒类流通专项整治维护市场环境。规范二

2016年5月16日，山西省商务厅举行山西品牌网上行项目启动仪式

（徐晨星供图）

手车管理，取消限制二手车迁入政策，出台促进二手车便利交易的政策。单用途商业预付卡管理工作领跑全国，太原市肉菜追溯试点完成，晋中市肉菜追溯试点推进。中药材、酒类等重要产品追溯体系建设成效良好，列入全国商务诚信建设试点省。完善市场监测体系，拓宽商务预报发布渠道，全省县级商务预报开通率达80%。（徐晨星）

【亿元以上商品交易市场基本情况】2016年，山西省亿元以上商品交易市场有32个。按市场类别分组，综合市场有11个，专业市场有21个。按经营方式分组，批发为主的市场有27个，零售为主的市场有5个。按经营环境分组，露天式市场有5个，封闭式市场有19个，其他市场有8个。

年末亿元以上商品交易市场出租摊位总数24986个。按市场类别分组，综合市场出租摊位15996个，专业市场出租摊位8990个。按经营方式分组，批发市场出租摊位22810个，零售市场出租摊位2176个。按经营环境分组，露天式市场出租摊位2300个，封闭式市场出租摊位18658个，其他市场出租摊位4028个。

年末亿元以上商品交易市场营业面积255.28万平方米。按市场类别分组，综合市场营业面积169.32万平方米，专业市场营业面积85.95万平方米。按经营方式分组，批发市场营业面积219.94万平方米，零售市场营业面积35.34万平方米。按经营环境分组，露天式市场营业面积32.54万平方米，封闭式市场营业面积194.51万平方米，其他市场营业面积28.22万平方米。

年末亿元以上商品交易市场成交额634.55亿元。按市场类别分组，综合市场成交额506.47亿元，专业市场成交额128.08亿元。按经营方式分组，批发市场成交额612.49亿元，零售市场成交额22.06亿元。按经营环境分组，露天式市场成交额29.29亿元，封闭式市场成交额583.70亿元，其他市场成交额21.57亿元。（徐晨星）

【餐饮及生活服务业发展】2016年，山西省商务厅制订餐饮业转型发展实施意见，出台山西刀削面制作规范标准。推动成立山西面食文化产业发展公司，鼓励山西面食走出去。8月1日，举办山西省首届饭店职业技能大赛暨第六届全国饭店职业技能大赛选拔赛。8月28日，开办2016中国（山西）食品餐饮旅游博览会暨首届中国面食文化节，主题为建设品牌山西，打造面食王国，搭建合作平台，促进企业发展。来自全国10多个省市自治区447家企业参展，山西省获"中国面食之都"称号。规范家政服务行为，推广母婴护理、居室保洁、家庭餐制作、家庭养老等行业标准，支持太原市创办家政服务协会便民服务市场。（徐晨星）

2016年8月26日，2016中国（山西）食品餐饮旅游博览会暨首届中国面食文化节在太原举行（徐晨星供图）

【住宿餐饮统计】2016年，山西省限额以上住宿和餐饮业法人企业经营情况分住宿业与餐饮业两项统计指标。

截至2016年底，住宿业法人企业个数354个，年末从业人员32025人，营业额31.94亿元，餐费收入13.48亿元。按登记注册类型分，内资企业353个，年末从业人员31948人，营业额31.90亿元，餐费收入13.45亿元；港澳台商投资企业1个，年末从业人员77人，营业额447万元，餐费收入234万元。按住宿行业小类分，旅游饭店194个，年末从业人员22573人，营业额23.03亿元，餐费收入10.54亿元；一般旅馆146个，年末从业人员8458人，营业额8.22亿元，餐费收入2.72亿元；其他住宿服务设施14个，年末从业人员994人，营业额6880万元，餐费收入2208万元。按星级划分，五星级企业15家，年末从业人员3987人，营业额4.99亿元，餐费收入2.68亿元；四星级企业52家，年末从业人员6769人，营业额6.56亿元，餐费收入3.12亿元；三星级企业76家，年末从业人员7795人，营业额7.52亿元，餐费收入3.48亿元；二星级企业24家，年末从业人员1436人，营业额1.06亿元，餐费收入4636万元；其他级别企业187家，年末从业人员12038人，营业额11.82亿元，餐费收入3.73亿元。

截至2016年底，餐饮业法人企业个数450个，年末从业人员42122人，营业额48.67亿元，餐费收入37.56亿元。按登记注册类型分，内资企业447个，年末从业人员37122人，营业额41.55亿元，餐费收入30.45亿元；港澳台商投资企业2个，年末从业人员511人，营业额1.36亿元，餐费收入1.35亿元；外商投资企业1个，年末从业人员4489人，营业额 5.76 亿元，餐费收入 5.76 亿元。按餐饮行业小类分，正餐服务法人企业 436 个，年末从业人员 36207 人，营业额 39.93 亿元，餐费收入 28.91 亿元；快餐服务法人企业 10 个，年末从业人员 5722 人，营业额 8.53 亿元，餐费收入 8.54 亿元；其他餐饮服务企业 4 个，年末从业人员 193 人，营业额 2037 万元，餐费收入 1062 万元。按单位规模划分，大型企业 4 家，年末从业人员 6585 人，营业额 9.34 亿元，餐费收入 8.86 亿元；中型企业 32 家，年末从业人员 9262 人，营业额 14.35 亿元，餐费收入 11.62 亿元；小型企业 359 家，年末从业人员 25280 人，营业额 24.65 亿元，餐费收入 16.85 亿元；微型企业 55 家，年末从业人员 995 人，营业额 3399 万元，餐费收入 2303 万元。

【电子商务】 2016 年，山西省累计设立 25 个国家级电子商务进农村综合示范县，其中贫困县 21 个，共争取中央财政资金 4.32 亿元。推动太原市获批跨境电子商务试点，扶持外贸空白县实现进出口零突破。

【电子商务进农村进社区】 2016 年，山西省政府与苏宁、阿里巴巴集团签署战略合作协议。加快推进电子商务进农村，龙头电商在山西省的县级运营中心、村级服务站覆盖率提高。培育本土电商，探索形成具有山西省特色并向全国推广的乐村淘、粮易模式等农村电商模式。推动 15 个国家级电子商务进农村综合示范县搭建县域电子商务服务网络体系，培训各类人员 4 万人次，农村网络零售达 4.5 亿元，网络购买达 13.8 亿元。电子商务进社区引导生活服务业线上线下互动跨界融合发展，形成"考拉之家"模式。8 月 18 日，太原市综合保税区跨境电子商务启动，成为山西省首个跨境贸易电子商务平台。（徐晨星）

流通管理

·粮食流通·

【概述】 2016 年，山西省农作物种植面积有 372.08 万公顷，比上年减少 4.69 万公顷。其中，粮食种植面积 324.14 万公顷，减少 4.58 万公顷；油料种植面积 11.47 万公顷，减少 0.65 万公顷。在粮食种植面积中，玉米种植面积 162.48 万公顷，减少 5.21 万公顷；小麦种植面积 67.29 万公顷，减少 0.22 万公顷。2016 年，全省粮食总产量 1318.5 万吨，比上年增加 58.9 万吨，增产 4.7%。其中，夏粮总产 275.0 万吨，增产 0.8%；秋粮总产 1043.5 万吨，增产 5.8%。其中，玉米产量 888.9 万吨，比上年增长 3.0%；小麦产量 273.4 万吨，比上年增长 0.7%；谷子产量 42.7 万吨，增长 20.6%；豆类产量 36.9 万吨，增长 20.8%。年消费粮食 1365 万吨左右，小麦缺口 280.6 万吨，稻谷缺口 115 万吨，全部靠调入玉米销往省外 432 万吨。总体上看，总量不足，结构不平衡，产粗吃细，小麦不足，玉米有余。

2016 年，山西省各类粮食企业收购粮食 689.5 万吨，比上年减少 0.7 万吨，减少 1%，其中国有粮食经营企业收购 104.2 万吨，占总收购量的 15.2%。全年销售粮食 947 万吨，比上年增加 8%，其中国有粮食经营企业销售 142 万吨，占总销售量的 15%。

截至 2016 年底，全省国有粮食企业共 371 户，年末职工人数 6.82 万人。山西国有粮食企业总仓容 846 万吨，其中可用仓房容量 204.71 万吨。

（辛剑波）

【粮储安全】 2016 年，山西省粮食局推进粮食质量安全管理。组织开展省级储备粮油储存状况、春秋两季库存储备粮储存品质状况监测报备工作。落实粮油仓储设施保护制度。对全省粮食烘干设备使用情况和主要粮油企业的仓容情况调查摸底，出台《山西省国有粮食仓储物流设施保护实施细则》。推进储粮安全工作。汲取大同市浑源县上韩粮站和运城东留储备库安全生产事故教训，通报有关情况，召开安全生产工作会议，安排部署安全生产工作。开展全省粮食行业安全生产隐患排查专项整治"百日行动"，查找事故隐患，预防事故发生，就排查情况"回头看"。应对夏季消防和防汛形势，召开全省粮食系统消防、防汛工作会议；针对冬春季储粮安全，下发《山西省粮食行业 2016 今冬明春火灾防控方案》。（辛剑波）

【粮食应急保障】 2016 年，山西省粮食局按照《山西省突发事件应急预案管理办法》有关要求和规定，启动《山西省粮食应急预案》的修订工作，按照专家意见修改完善后，省政府办公厅印发执行。12 月 6 日，在高平国家粮食储备库联合开展实战应急演练，提高粮食应急状态下各级粮食应急保障能力。

（辛剑波）

【粮食库存检查】 2016 年，山西省粮食局完成全省粮食库存检查，规范储粮安全管理工作。4 月，山西省粮食局联合省财政、省农发行等有关单位开展全省粮食库存检查。制订库存检查工作方案和质量安全抽查方案，召开专门会议部署和培训，将检查划分为企业自查、市级抽查、省级复查、汇总上报四阶段。全省清查 511 个库点，39.87 亿千克粮食库存。优化检查方法。在检查方式上按照在地原则，县级对辖区企业检查，省、市级开展重点抽查，建立谁检查谁负责的责任制。强化随机抽查、突击延伸检查手段的运用，提高检查效果。对绵山库的库存情况重点检查，掌握该库储备粮库存的真实情况，对其亏库详细情况追查。坚持问题导向，建立问题隐患台账，边查边改。帮助企业落实储备粮费用补贴 268.84 万元，检查发现的朔州市应急成品粮数量不足、仓储安全存在较大隐患问题，引起该市粮食局重视，进行整改规范。（辛剑波）

【新增省级仓储建设】 2016 年，山西省粮食局为贯彻落实国务院关于新增地方粮食储备规模的精神，加大山西省新增的 2 亿千克省级储备粮仓储加大工作力度。省粮食局按照各市城镇乡村人口和应建立的储备规模开展测算，到太原、大同、忻州、晋中、长治、晋城、运城等市的 14 个省、市储备库，对空仓情况、仓房条件、设施状况、管理水平等实地调研和考察，提出省级储备粮增储库点的安排和建议。按照粮食安全省长责任制考核要求，对新增的1亿千克省级储备小麦实行市场公开、公正、公平竞价采购。建立省级储备粮入库进度周报制度，每周定期统计汇总新增省级储备粮完成数量、入库价格等情况，协调解决增储工作的有关问题。

2016年，山西省粮食供销系统落实国家上年下达的4亿千克粮库计划及2.4亿投资计划。截至2016年底，山西省粮食局实际建设规模4.168亿千克，占计划103.75%；实际投资3亿元，占计划的125%。其中，中央补助投资0.72亿元，省级配套资金0.98亿元，下达各项目单位。截至2016年底，全省22个项目开工建设，其中19个项目完工，全省新建粮库项目总体工程量完成92%以上。

（辛剑波）

【粮食购销】 2016年，山西省粮食局组织有关人员，到山西省小麦、玉米主产市、县和基层粮站、购销贸易企业、加工转化企业及农户家中开展调研，了解粮食生产收购形势、价格走势、质量状况、收购资金落实、农民售粮意愿等情况。提出夏秋粮收购工作的有关意见和建议。贯彻全国夏秋粮收购工作会议精神，召开全省夏秋粮收购工作会议，分析夏秋粮生产收购形势，重申国家粮食收购和质价政策，安排部署收购工作。启动小麦和玉米收购进度和价格五日报制度，掌握收购动态，在省局政府网站发布收购进度和价格等信息，为农民和各类企业提供信息服务。开展2016年农产品促销专项行动，会同省农业厅、省商务厅、省供销社、省扶贫办联合下发《2016年山西省农产品促销专项行动方案》，发挥政府部门的服务职能，拓宽外销渠道，促进山西省玉米销售。为避免出现“谷贱伤农”，保护种粮农民利益，比照国家政策，完善制订山西省小麦最低收购价执行预案，报请省政府批准，采取临时收储措施，解决农民产后余粮出售问题。推进新增省级储备粮充实联网交易，对新增的1亿千克省级储备小麦实行市场公开、公正、公平竞价采购。交易成交额比原计划节约500多万元。通过市场公开竞价采购省级储备粮是贯彻落实粮食安全省长责任制的新举措。

全省累计收购粮食68.95亿千克，占年度目标任务的145.1%；销售粮食94.7亿千克，占年度目标任务的164.7%；调入粮食22.15亿千克，占年度目标任务126.8%。 （辛剑波）

【粮油市场供应】 2016年，山西省粮食局贯彻落实全省“冬季行动”工作方案，做好粮油保供稳价工作，组织有关人员到太原、大同、阳泉、朔州、晋中5市，对当地大型连锁超市、粮油供应网点、粮油配送中心、面粉加工企业的粮油市场供应和生产加工情况开展专项检查。安排部署节日期间粮油市场供应工作并提出要求。加强粮食市场监测预警，监测全省粮油市场动态。建立中央、省、市级粮食价格监测点247个，以80个省级粮食价格直报点为载体，强化对省会城市、工矿区成品粮油零售价格、批发价格、小麦、玉米主产区收购价格的监测预警，实行粮食市场价格周报制度，按时编报粮油市场价格周报，政府网站发布采集的粮油价格市场信息。 （辛剑波）

2016年5月3日，山西省粮食局举行世界粮食日暨全国爱粮节粮宣传周新闻发布会 （辛剑波供图）

【粮食产销衔接活动】 2016年10月10日，山西省粮食局、吕梁市人民政府、中国粮食行业协会、中华粮网于在吕梁汾阳市举办“2016山西粮食（小杂粮、玉米）产销衔接会”。该次产销衔接会以彰显山西特色农业优势为重点，以杂粮、玉米调出和小麦、稻谷调入为切入点，以拓展惠农服务渠道，助推粮食产业经济为主题，搭建省内外粮食企业产销合作平台，通过“政府推动、部门协调、市场机制、企业运作”，发挥山西省小杂粮、玉米资源优势和利用省外小麦、稻谷资源优势，立足于产、供、需有效对接，畅通山西省小杂粮、玉米外销渠道，调剂粮食品种余缺，为农民提供市场需求信息，服务三农，助农增收，促进粮食供给侧结构性改革和粮食产业经济发展，保障山西省粮食安全。产销衔接活动中，省际间和省内外粮食企业共签约粮油购销总量62.55亿千克。其中，调出33.45亿千克（玉米21.1亿千克，小杂粮11.9亿千克，苦荞茶0.01亿千克、醋0.44亿千克）；调入29.1亿千克（小麦17.7亿千克，大米10.04亿千克，面粉0.36亿千克，豆粕1亿千克，食用油0.016亿千克）。 （辛剑波）

【省级储备粮管理】 2016年3月，山西省粮食局印发《储备粮管理岗位职责》，将储备粮管理工作任务具体落实到每个环节、岗位，责任落实到人。4月至5月，会同省农发行组织联合检查验收组，督促指导太原、忻州、吕梁、长治、晋城和朔州等市及风陵渡储备库等10个省级储备粮承储企业，建立健全储备粮管理岗位职责。截至9月上旬，全省41个省级储备粮承储企业均报备《储备粮管理岗位职责》，完成建立管理岗位职责任务。

（辛剑波）

【储粮轮换方式改革】 2016年，山西省粮食局推动储粮轮换方式改革。开展轮换盈亏调研。在省级储备粮油轮换入库验收期间，省粮食局会同省农发行查阅鸣李库、风陵渡库、太原河西储备库、忻州新建路库等省级储备粮承储企业上年度省储轮换的购销合同、资金往来、会计账务等相关凭证，从粮食出入库价格、轮换方式方法、轮换贷款、粮油流向、出入库费用和损失损耗等方面总结分析轮换盈亏的具体原因。

制订轮换改革工作方案。依据调研情况，省粮食局完善《关于加强省级储备粮轮换管理的调研报告》，起草《关于省级储备粮轮换改革和加强管理工作方案》，向省农发行和省财政厅征求意见。6月28日，组织省财政厅、省农发行，召开储备粮轮换改革征求意见座谈会，对省级储备粮轮换改革的相关问题进行讨论。

2016年，山西省粮食局完成轮换计划。全年轮换省级储备粮油15.91万吨。其中，小麦14.89万吨，食油1.02万吨。涉及企业20个(其中，市级储备企业10个，粮油集团所属储备企业8个，局属单位2个)。按照相关规定，由企业申请，经批复后，鸣李库5495.789吨，太原北城库3486吨，共计8981.789吨延期至2017年完成。2016年，全省共计轮出省级储备粮油15.56万吨，占轮换计划的100%；轮入15.01万吨，占计划的100%。

（辛剑波）

【农户科学储粮工程】 2016年，山西省粮食局完成国家粮食局安排下达山西省农户科学储粮专项投资计划2.7万套的任务，涉及项目总投资1139.7万元。其中，中央补助投资405万元，省级配套405万元，市县配套137.7万元，农户自筹192万元，配置仓型为彩钢板组合仓(小粮仓)。山西省2.7万套新型储粮装具共在6个市21个县组织实施。其中，运城市4个县8000户，晋中市两个县2400户，忻州市4个县5500户，阳泉市1个县500户，长治市9个县10000户，朔州市1个县600户。

（辛剑波）

2016年2月1日，山西省粮食流通工作会议在太原召开 （辛剑波供图）

【粮食安全责任制考核】 2016年，山西省粮食局建立健全考核机制。3月21日，省政府出台《关于印发山西省粮食安全责任制考核办法的通知》。8月29日，省领导小组15个成员单位联合向各市人民政府印发《关于开展2016年度粮食安全责任制考核工作的通知》。

成立考核领导小组。8月8日，省政府办公厅印发《关于成立山西省粮食安全责任制考核工作领导小组的通知》(晋政办函〔2016〕90号)，成立由常务副省长高建民任组长，省政府副秘书长闫晨曦、省粮食局局长丁文禄、省农业厅厅长关建勋任副组长，15个部门和单位组成的山西省粮食安全责任制考核工作领导小组。

考核工作任务落实。召开省考核领导小组第一次会议。8月18日，高建民主持召开省粮食安全责任制考核工作领导小组第一次会议。省领导小组成员、办公室成员及联络员参加会议。会议听取粮食安全责任制考核工作情况汇报，审议通过《山西省粮食安全责任制考核工作方案》和《关于开展2016年度粮食安全责任制考核工作的通知》。开展找差距补短板工作。组织7个职能处室对照国家考核评分细则查找不足，将查找出的17项差距、28项针对性措施，制作问题清单，明确责任主体，确保责任落实。

组织研讨培训。10月16日至21日，省委组织部、省粮食局在省委党校联合举办全省贯彻粮食安全省长责任制暨粮食产业经济研讨班。

（辛剑波）

【粮食市场检查】 2016年，山西省粮食局完成跨年秋粮收购检查任务。2015年11月至2016年3月，省粮食局组织全省秋粮收购市场检查，查处纠正违法违规行为108件，为售粮者追回拖欠粮款180万元。组织开展夏粮收购市场检查。省粮食局成立夏粮监督检查工作组，与夏粮收获期同步部署夏粮收购专项检查工作，检查时

2016 年 6 月 22 日，山西省粮食局组织开展粮食质量主题宣传日活动

（辛剑波供图）

间从 6 月 1 日至 9 月 30 日，较往年时间延长 1 个月。将企业落实“五要五不准”收购准则和储备粮购销政策执行情况作为检查核心内容，把企业安全储粮和安全生产情况纳入检查范围，做到同部署同检查。全省粮食流通市场未出现“打白条”“卖粮难”“出库难”等情况。2016 年，全省共开展夏秋粮收购市场检查 1437 次，出动检查人员 5009 人次，检查收购主体 2235 个次，查处各类违规违法行为 493 例。其中，责令改正 386 例，警告 6 例，取消收购资格 39 例。

2016 年，山西省粮食局在元旦、春节和“两会”期间，组织开展“放心粮油”工程网络、节假日市场检查，全省共组织检查 489 次，开展联合检查 79 次，出动检查人员 2061 人次，检查各类粮油经营企业 1885 个，查处违法违规案件 60 例。其中，责令改正 55 例，警告 5 例，维护节日粮食流通市场秩序。组织开展执行《国家粮食流通统计制度》专项检查。9 月 12 日至 9 月 13 日，粮食处会同调控处组成联合检查组对太原市、忻州市及所属阳曲县、原平市进行抽查。部署 2017 年元旦、春节期间市场检查工作。加大对媒体反映和群众举报“打白条”“卖粮难”等问题的查处力度，加强军粮供应、应急成品粮油等政策性购销的检查，确保质量安全，加强对粮油质量和原粮卫生检测抽查，严防不符合国家质量和卫生标准的粮油流入口粮市场。部署走私大米的检查工作，要求各级粮食行政管理部门要核查应急成品大米的来源，防止走私大米流入各级粮食储备。（辛剑波）

【监管协调机制建立】2016 年，山西省粮食局、省农发行、中储粮山西分公司建立国家政策性粮食出库省级联席会议制度。各市粮食、农发行和中储粮直属库都建立出库协调议事机制。落实属地监管责任。省粮食局落实属地监管责任，做到任务明确、责任落实。定期发布交易信息。从 5 月 27 日开始，将国家每期交易情况及时向有关市通报，关注出库进度，协调解决出库过程中出现的问题。全省国家政策性粮食出库工作结束，未发现“出库难”情况。对政策性粮食部分卫生指标超标小麦出库过程全程监管。12 月 20 日，省有关部门组织对政策性粮食部分卫生指标超标小麦公开竞价销售，省粮食局在组织有关市对竞买企业情况摸底调查的基础上，印发《关于做好政策性粮食部分卫生指标超标小麦竞价交易出库监管工作的通知》，提出落实监管责任、建立承诺书制度、实施全过程监管、建立随机抽查机制等 7 项针对性监管措施。创新监管手段，引入“互联网+政务监管”技术，实施运输车辆全程定位跟踪，结合出入库企业所在地粮食行政管理部门的无缝对接，实现全过程无缝隙监管。监督省储备粮招标采购工作。对新增省储备公开竞价采购工作进行监督。（辛剑波）

【库存粮食质量抽查】2016 年，山西省粮食局组织开展库存粮食质量抽查工作。省粮食局结合粮食库存检查同步开展库存粮食质量抽查工作，共扦样 243 份。其中，国家下达样品计划 60 份，山西省安排抽查样品 183 份，抽查样品数量为国家监测计划的 3.05 倍，达到国家 2 至 4 倍的要求。创新扦样检验方法。省级层面引入第三方检验机构开展扦样检验，省局派专人监督扦样检验工作，确保扦样过程的公正、公平。加强不合规样品的跟踪检查。向中储粮山西分公司和省粮油集团下达整改通知，通报有关市粮食局，按照属地监管原则，做好监管工作，严禁不符合食品安全标准的粮食进入口粮市场。（辛剑波）

【国有粮企改革】2016 年，山西省粮食局发展混合所有制经济。国有粮食企业改革方向由原来的“一县一企、一企多点”转变为“创新企业经营方式和发展模式，稳妥地发展混合所有制经济”。山西省粮食局制订 6 条措施，在全省 6 个市和部分省级企业开展混合所有制试点，吸纳民营资本 0.37 亿元参与粮食流通基础设施建设，建立股份制企业，完成省政府确定的两个试点任务。40 个粮食储备企业吸引 101 户民营企业和粮食经纪人参与政策性粮食经营，累计代购粮食 2.225 亿千克，销售粮食 1.99 亿千克，代存粮油 0.935 亿千克，民营资本投入 8.07 亿元。改变省储备粮油轮换补贴拨付办法，为企业增加周转资金 0.45 亿元。对长期游离于储备体系之外的县级政策性粮食进行清理规范，确定77个县的4.485亿千克粮食符合政府储备条件，通过调整省级粮食风险基金对市补助政策，减轻市、县财政压力1.4亿元。（辛剑波）

·供销合作·

【概述】 2016年，山西省供销合作社联合社(简称山西省供销社)全系统购进总额完成519.7亿元，同比增长21.9%；销售总额完成567.6亿元，同比增长23.8%；汇总实现利润21506万元，同比增长6.7%。建设惠农服务中心120个，新建、改造基层供销社58个，规范发展农民专业合作社示范社62个，分别完成任务数的150%、193%和124%；农村电子商务覆盖全省58个贫困县，8个农民专业合作社内部资金互助业务开展，100%完成任务；确保食盐安全，碘缺乏病地区碘盐覆盖率98.07%，合格碘盐食用率96.39%，分别超过目标任务的3.07%和6.39%。

2016年，山西省供销社配合省委省政府印发出台《深化供销合作社综合改革的实施方案》和《山西省深化供销合作社综合改革2016年行动计划》，省社出台10个配套文件，形成综合改革组合拳。山西省供销社与省财政厅沟通协商，对25个改革试点县、融资性担保公司给予资金扶持，从2016年起列入财政预算，《实施方案》对中发11号文件有关扶持政策作多方面的承接和突破。

（狄重阳 司昌平 韩景州）

【综合改革试点】 2016年，山西省供销社完善各项配套措施。制订印发《关于全面贯彻落实〈实施方案〉的指导意见》《综合改革试点县工作推进方案》等10个文件，与省委省政府《关于深化供销合作社综合改革的实施方案》(晋发〔2016〕8号)文件、《2016年行动计划》形成山西省供销合作社综合改革“1+1+10”的组合拳。编制完成省供销社“十三五”发展规划，健全完善工作机制。省供销社组成7个宣讲督导组，到各市及试点县对综合改革工作目标、重点任务进行宣讲。对试点县综合改革实行省供销社领导包市、处室包县，市级供销社一把手负责、分管领导落实、相关科室配合，县级供销社组织实施的工作机制。除晋城外，其他10个市委市政府出台综合改革实施办法，助推综合改革。协调部门联动。协调有关部门，建立部门联动机制，省委组织部、省财政厅、省农业厅、省扶贫办、省金融办等相关部门对供销社综合改革都给予支持。坚持走出去与请进来相结合。省供销社领导分别带队到山东、重庆、陕西等兄弟省供销社学习综合改革、农业社会化服务、精准扶贫等工作经验。邀请省内外专家到山西省供销社调研指导工作。抓试点县综合改革。通过试点培训、现场观摩、总结经验，指导督促试点县工作，引领带动非试点县改革。截至2016年底，25个试点县供销社按照“5+N”的工作思路和要求，建设惠农服务中心88个，新建或改造庄稼医院85个，建设惠农服务站887个，土地托管54.3万亩，改造基层供销社57个，规范发展专业合作社119个，成立农民专业合作社联合社9个，新建改造综合服务社372个，分别占到全省完成数的73.3%、57.4%、76.5%、76.5%、52.8%、44.1%、69.2%和36.8%。

（狄重阳 司昌平 韩景州）

【基层组织建设】 2016年，山西省供销社基层组织的数量和覆盖面提升。截至2016年底，全省基层供销社达1167个，乡镇覆盖率达97.6%；领办创办专业合作社1580个，牵头成立农民专业合社联合社9个；农村综合服务社(中心)达到8969个。基层组织经营规模和发展质量增强。全省基层供销社营业收入达67.3亿元，同比增长7.95%；农民专业合作社经营收入由上年的24.84亿元增加到29.8亿元；农民综合服务社销售总额由上年的19.01亿元增加到22.9亿元。基层组织与农民的联结密切。全省基层供销社发展农民社员9.75万户，专业合作社8.8万户，共计18.55万户、55.65万人，带动农户13.6万户。基层组织的经营范围和服务领域扩大。经营范围新增瓜果蔬菜、米面粮油等副食品和文化、体育、药品等生活用品；服务领域除农资和日用品外，开展电话预约、养老幼教、红白理事、城乡环境卫生清洁等服务项目。

（狄重阳 司昌平 韩景州）

【农业社会化服务惠农工程】 2016年，山西省供销社“农业社会化服务惠农工程”推进。通过新建或改造一批为农民提供土地托管、智能配肥等为主要内容的惠农服务中心(站)、庄稼医院，搭建起综合配套、功能清晰、高效便捷的为农服务平台。建设惠农服务中心120个，惠农服务站1159个，庄稼医院148个。闻喜县供销社东镇惠农服务中心购置40余套农机具开展农机服务，开展粮食代储代销服务。稷山县供销社庄稼医院运用信息网站、微信公众号和技术交流群等“互联网+农资”技术，为农民提供从种到收的全程化服务。扩大服务规模，开展农业适度规模经营。围绕破解“谁来种地，地怎么种”问题，全省供销社依托基层社、农资企业、惠农服务中心(站)等组织，为农民和各类新型农业经营主体提供耕、种、管、收、加、贮、销等环节的系列化、个性化土地托管服务。全系统土地托管、流转、服务面积达到470.3万亩。潞城市黄池、黄牛蹄、下黄三个基层供销社采用土地全托管、半托管、农资托管、农机托管等独具特色的服务模式，完成土地托管14022亩、土地流转878亩，惠及40余村2500多户农民。高平市供销社依托市农资公司成立惠农服务中心，上年共托管和流转土地9000亩、测土配方施肥5万亩、农资供应30万亩，服务农户12万户，农资供应和耕、种、管、收等各项服务亩均比市场价优惠10至20元。注重科技兴农，农业技术服务培训成效突出。省供销社举办庄稼医生培训班，为指导农民科学种植提供人才和科技支撑。各级供销社也采取多种形式，聘请农科专家、技术人员开展施肥技术、种植管理等多种形式的培训活动。山西农资集团运城分公司培训农民达9000余人，提高农民科学种植水平和合理施肥用药能力，为农业增产增收打下基础。加快产业融合发展，农产品加工和流通水平提升。各级供销社创新流通模式，强化产销衔接，加强新网工程、农业综合开发等项目库建设，重点建设、改造、升级5个骨干农产品批发市场，促进农产品深加工、精加工和转化增值。和顺县青城供销社依托新瑞农产品加工专业合作社，开展以玉米为主的农产品收购、储藏、加工、销售等业务，其中玉米年吞吐量1万多吨，占到全镇玉米总产量的20%以上。

（狄重阳　司昌平　韩景州）

【新型服务多项并举】 2016年，山西省供销社发展农村电子商务。供销"农芯乐"商城作为省级电商运营平台，发挥带动指导作用，对接总供销社农村电商、产业融合等项目25个，争取中央财政专项扶持资金1亿多元，山西省成为全国供销电商重点支持的7个省份之一。平遥、平定、汾阳、安泽4个全国电商示范县起到示范引领作用。截至2016年底，全系统有长治、晋城、太原、晋中、吕梁等市供销社组建电商公司，发展专业电商公司108个，207个企业和专业合作社开展电商业务，建设县级电商管理服务中心102个，实现58个贫困县全覆盖，县级电子商务覆盖率达86%，建设村级体验店9500多个，覆盖贫困村2054个，帮助贫困地区销售农产品近3000万元，解决贫困人口就业2000余人，实现线上销售额7.63亿元。开展农村合作金融服务。省供销社选择8个专业合作社开展资金互助业务，满足农民社员个体"小额、分散"的农业生产资金需求。截至2016年底，参加资金互助合作的农户有664户，可用于互助的资金1940万元，为社员提供互助资金2900多万元，其中山阴县泰和牧业专业合作社通过"三个对接"，即对接商业银行、对接分散农户、对接监管制度，资金互助更加活跃和更加规范，社员存入互助金总额为34万余元。通过商业银行累计为社员发放贷款1500万元，带动奶牛养殖协会12个奶牛养殖园区、27个养殖专业合作社日产50多吨优质鲜奶，成为山西古城乳业集团公司最大的优质奶源大户。创建功能多样的城乡一体化综合服务平台。省盐业公司开展"城乡一体化"建设工程取得效果，在全省11个市级区域全部实现运营，延伸至运城、吕梁、阳泉、朔州、长治、晋城的部分县级区域，累计实现销售额4788万元；商品种类、终端网点覆盖率、活跃度提升，上线日用消费品、优质农副产品近700种，取得健力宝、百岁山、鲁花、统一、晋泉高粱白、稷山枣等75个单品的省市级代理权，覆盖终端网点近10万个。

（狄重阳　司昌平　韩景州）

【基层供销社改造】 2016年，山西省供销社加快基层供销社改造步伐。晋中市供销社制订"重建有标准、经营有机制、实施分步骤、注重搞服务"的建设标准，投入2487万元，恢复改造基层供销社20个。运城市供销社投入1.2亿元进行基层供销社改造。长治市供销社整合县域资源、吸纳新型农业经营主体加入供销社网络，新建和改造新型基层供销社126个，入社农民达到3100余人，初步构建社区服务的"网络化"。专业合作社建设推进。各级供销社围绕特色产业，按照区域布局的原则，领办、创办、合办一批特色专业合作社，引导专业合作社标准化建设、品牌化经营、市场化运作、专业化管理、科学化发展。省供销社在长治、大同召开片区中药材和小杂粮专业合作社座谈会，指导各级供销社发挥地域优势、整合产业集群、抓好联合合作，引导和支持特色专业合作社发展。忻州市供销社培育"全国50佳示范社"1个，省级和市级示范社28个。平遥晋伟中药材综合开发专业合作社投资1650万元的长山药加工项目解决5000亩长山药原料和35000亩70多个中药材品种的饮片加工，年加工量达3000余吨，产值3000余万元。为农服务规模化功能增强。各级供销社联合社会各界力量，依托农村便民店，合理布局农村综合服务社，拓展服务范围，提供公益性和经营性相结合的综合服务。太原市社将综合服务社建设与电子商务平台建设相结合，打造"三农"综合服务智能平台。

（狄重阳　司昌平　韩景州）

【供销社系统企业发展】 2016年，山西省供销系统依托现有企业，从多个方面抓发展。各级供销社围绕打造为农业生产生活服务的主力军和综合平台，从农业产业化、流通网络化、为农服务功能多样化入手，实施项目带动、联合推动、接二连三互动。山西省物流业发展中长期规划（2015年—2020年）重大储备项目中，省供销社6个项目纳入其中。推进中国供销农产品批发市场有限公司投资10亿元建设的农产品物流园区、城乡综合服务社区"个十百千万"工程、大型中药材交易市场、果品冷库及农资配送中心等项目工程建设。

抓升级。各级供销社做优做强农资、盐业、农副产品、日用消费品等主营业务，提升市场占有率，推进传统业务向上下游产业领域延伸，实现对资源基地、产品加工、物流配送、终端销售等环节的渗透和覆盖，形成全产业链融合发展的格局。山西农资集团强化和提高终端销售，实现"贸易提升规模"的营销策略，立足国内贸易，拓展国际贸易，扩大市场占有率。长治市副食果品公司投资1700万元，对现有批发市场、配送中心、冷藏设施升级改造，建设果蔬生产基地，年营销额达4.2亿元。

抓业态。供销社系统企业立足培育新的经济增长点，强化集成创新、品牌创新和商业模式创新，在新兴业务开拓发展上探索新路。省盐业公司拓展城乡一体化服务、辣椒贸易开发、中药材交易市场建设、金融资本运作等新的为农服务领域。省果品储运公司把加强冷链物流体系建设作为发展新型产业的切入点，改扩建冷库面积达5000平方米，年收入达1000万元，提高单位资产收益率。汾阳市新合作经济发展有限公司创新经营业态、拓展服务领域，累计投资 1.2 亿元，建设 1 个日用品配送中心,1 个快捷商务酒店,11 个直营超市,390 个加盟便民店,构建起新型服务网络体系。

（狄重阳　司昌平　韩景州）

·烟草专卖·

【概述】 2016 年,山西省烟草专卖局下辖太原、大同、阳泉、长治、晋城、朔州、忻州、吕梁、晋中、临汾、运城 11 个地市级烟草专卖局（公司),112 个县级烟草专卖局(营销部)。拥有总资产 172.88 亿元。其中,固定资产净值 22.58 亿元;流动资产 143.03 亿元;资产负债率为 6.22%。共有从业人员 7442 人。（朱永胜）

【全省烟草专卖监管】 2016 年,山西省烟草专卖局会同山西省公安、交通、邮政管理部门建立打击物流、寄递和货运领域涉烟违法犯罪活动联合工作机制，查处假烟案件 1453 起（其中 5 万元以上 52 起），破获国标网络案件 25 起。其中,太原市局破获 5 起,大同、长治市局分别破获 3 起，吕梁、临汾市局破获部督网络案件各 1 起;查获假烟 1389.7 件,标值 1496.4 万元;查获制假烟机 3 台,制假原辅料 2.68 吨；向公安机关移送案件 104 起,依法拘留 59 人、逮捕 42 人、判刑 30 人。查处真烟案件 7098 起,查扣非法流通真烟 11251 件,价值 4788.4 万元。

市场监管。实行山西省客户守法经营率达标专项考核,山西省烟草专卖局成立检查组,每月选取一定比例的县专卖局暗访抽查,全年进店检查 11300 余户,覆盖全省各县(市、区)。各市县专卖局打破常规,从机关抽调人员配合专卖队伍,对违规经营大户实行挂牌监控、连续监控,扭转大户低价倾销、操控市场、扰乱秩序局面。

内部监督。治理真烟非法流通，严查顶风违规经营行为,山西省烟草专卖局直接调查处理 1 起,下发督办函 3 起,电话督办 5 起,省烟草专卖局和市级烟草专卖局共对 11 名相关责任人实施严格的责任追究。增强非现场监管工作信息收集、汇总、分析的指导性,对发现的违规经营线索实时督促整改,全年市、县级专卖内管部门向业务部门共提出意见建议 1189 条,质询 333 次,下发整改通知书 270 份。加强对工业企业和烟叶企业的监督检查,促进“两烟”生产经营的规范运行。（朱永胜）

【烟草经济效益】 2016 年,山西省烟草商业系统实现税利总额 80.43 亿元,同比下降 12.68%,其中实现利润 26.16 亿元,同比下降 35.26%。实现单箱销售收入 2.5 万元，同比下降 5.31%;单箱税利 0.62 万元,同比下降 0.28%;三项费用率 5.54%,同比增加 0.29 个百分点。修理费、办公费、水电费、燃料费、车杂费、网络通信费等六项费用同比下降 28.9%，管理费用和销售费用同比下降 9.63%，实现降本增效 8802 万元，超额完成国家局下达 2500 万元年度目标。（朱永胜）

【卷烟经营】 2016 年,山西省烟草商业系统销售卷烟（含雪茄烟)647.66 亿支（129.53 万箱），同比下降 11.99%。其中,销售一类烟 89.13 亿支(17.83 万箱),同比下降 25.8%;二类烟 55.13 亿支(11.03 万箱),同比增长 13.87%;三类烟 281.57 亿支(56.31 万箱),同比下降 15.2%;四类烟 157.88 亿支(31.58 万箱),同比下降 6.07%;五类烟 63.32 亿支(12.66 万箱),同比下降 4.72%;雪茄烟 0.62 亿支(0.13 万箱),同比下降 16.99%。卷烟(含雪茄烟)实现销售收入 323.67 亿元,同比下降 16.65%;实现税利总额 80.43 亿元,同比下降 12.68%,其中实现利润 26.16 亿元,同比下降 35.26%。销量居前三位的品牌为“云烟”“红塔山”“红河”,销量分别为 127.02 亿支(25.4 万箱)、62.73 亿支(12.55 万箱)、47.59 亿支(9.52 万箱)。销售重点品牌 100.08 万箱,同比下降 14.38%。重点品牌占总销量 77.34%,比重同比降低 2.17 个百分点。

优化市场状态。采取山西省烟草专卖局专卖业务两条线定期监测、市公司自主监测相结合的方式,掌握市场状态;坚持“目标引领”宝贵经验，调整各市公司销量指导计划,为消化社会库存和订单库存留足时间、留出空间；全年调整卷烟交易协议 18 万箱,提高货源供应匹配水平;对“中华”“芙蓉王”“云烟”等实行总量控制、间隔投放,加强全省联动调控。全省烟草供销社会库存从峰值 17 万箱回落到 13 万箱。

优化业务流程。出台全省系统精准需求预测、精准货源组织、精准货源投放、客户经理转型管理办法,推进“三精一转”营销创新;以太原市公司为试点单位,完善省级卷烟营销平台,推进市场化取向改革。

优化品规布局。按照《全省卷烟品牌规格退出实施细则》规定,对市场表现不佳的品规予以清退,整合资源、腾出空间。2016 年,全省卷烟价格目录规格总数为 302 个。

优化客户结构。按照“控制大户、发展中户、扶持小户”的方针,实行“控大扶小”专项考核,扭转全省大户比例过高和小户订单质量偏低局面。（朱永胜）

【烟叶产销】 2016 年,山西省有烟农 966 户,种植烤烟 2200 公顷,签订烟叶种植收购合同 966 份,收购烟叶 10 万担，上等烟叶 44.36%，中等烟叶 52%,下低等 3.64%。等级合格率 80%以上。烟叶收购均价为 23.58 元/千克,同比减少 1.38 元/千克。实现税利 0.26 亿元,同比减少 16.4%。烟农总收入实现 1.18 亿元,同比减少 2300 万元。

现代烟草农业建设。山西省机耕面积 3.3 万亩、起垄 3.3 万亩、移栽 0.799 万亩、覆膜 3.3 万亩、施肥 2.7 万亩、测地施肥 2.7 万亩。湿润育苗技术推广 3.3 万亩、轮作 2.2 万亩、沤制有机肥 1 万亩、小苗深栽 1.5 万亩;开展烟田废弃地膜捡拾 1.99 万亩。

推广先进适用技术。规范各项生产标准,在轮作倒茬、湿润育苗、均衡施肥、井窖式移栽等方面下功夫,实施精准作业。强化不同品种对重金属吸收规律研究、不同比例有机无机肥配施对烟叶中重金属含量的影响、种植黑麦草对植烟土壤重金属含量的影响、不同配方窝肥对烤烟防治重茬效果研究及新品种试验示范等项目研究，推进清洁型烟叶生产。

（朱永胜）

【烟草管理创新】 2016年，山西省烟草专卖局严控费用支出。按照“季度卡死、月度微调”的控制原则，细化分解指标，逐月核算分析，逐季排名通报，确保降本增效超额完成年度目标。全年共核减、暂缓项目44项，减少开支5236.5万元；压缩工程投资计划11项、金额1.06亿元。把控制人工成本作为降本增效的重要抓手，整合部门岗位、优化人员配置，全省系统从业人员同比减少103人。处理闲置资产640项，获得处置收益385.7万元，减少费用60.9万元。优化资金收益。2016年，利息收益4.38亿元，同比增长1.99%。

精益管理。组织开展全省系统“六项费用”专项审计调查、历年审计问题整改落实大排查大起底工作，建立问题清单和整改台账，全年完成审计项目285项，整改历史问题871个，通过审计取得经济收益1733万元。将省烟草专卖局整顿办和三项办合并整合为规范办，明确部门职能，对原有相关制度和流程进行“废、改、立”，出台管理制度13项，健全“应招尽招、真招实招”的保障体系。推进质量管理。全省系统参加QC小组的职工人数达1163名，占职工总人数16.16%，向行业二十七届发布会推荐的太原市烟草专卖局物流中心“精细严”QC小组《卷烟包装箱折叠装置的研制》和临汾市烟草专卖局营销中心“702”QC小组《降低月末商业库存资金占用量》两项成果分别获二、三等奖。太原市、忻州市烟草专卖局物流两个QC小组分别获“行业优秀QC小组成果引进应用奖”。

精益物流。组织建立分拣设备同厂家备品备件统一管理、统一调配管理机制，利用大数据管理模式优化物流分拣运行流程，推进送货线路动态优化整合，探索异型卷烟分拣线改造，加强对长治新建、晋城改造物流项目监督指导，降低物流成本费用。全省系统减少送货线路236条、车辆23辆、人员84人，物流费用同比下降8.84%。其中，仓储费用下降1.6%，分拣费用下降12.09%，配送费用下降12.65%，管理费用下降4.87%。全省单箱物流费用比行业平均下降18.61元，单箱可控费用下降19.79元，单箱分拣费用比行业平均下降3.76元，单箱配送费用比行业平均下降30.22元。

（朱永胜）

【地方烟草专卖管理】 2016年，太原市烟草专卖局建立工商协同投放策略，形成“订单驱动、滚动配货、实时合同”模式。建立货源投放周会机制，细分要素、丰富策略，对接市场。推行包片、调研、督查“三个机制”。品牌培育体系完善，健全品牌评价标准，引入新品38个，32个品牌规模保持较高市场溢价，新品培育成功率提高，细支烟、雪茄烟销量增长。全年查处案件866起，符合国家局标准的网络案件5起。

大同市烟草专卖局实施精准预测、精准采供、精准投放调控策略，促使卷烟销量企稳。强化市场巡查、建立联防机制，实施精准管控、精准排查、精准打击的专卖管理。

阳泉市烟草专卖局破获“7·30”涉烟网络案件，联合破获“9·30”涉烟网络案件，涉案金额共计360.73万元。强化卷烟库存管理、往来账款管理、日常资金收支管理，推行“营改增”专卖管理。

长治市烟草专卖局共查获各类违法卷烟1456.96万支，查处5万元以上重大案件8起，判刑3人，13个县烟草专卖局实现受理移送案件，侦破3起利用互联网贩售假烟的新型国标网络案件。严堵真烟非法流入，严打贩售假烟行为，商户守法经营率逐月提升至96%，市场掌控能力提升。全年累计销售卷烟11.89万箱，同比下降13.11%。实现卷烟条均价95.89元，同比下降10.6%。累计实现税利7.11亿元，同比下降16.19%。全年种植烟叶面积4200亩，收购烟叶1.28万担。全年三项费用支出共计14057万元，同比下降20.93%，降幅全省第一；六项费用总额985.68万元，同比降低16.09%。开展协定存款业务，实现资金收益3179万元，同比增长162.30%；拓展增收渠道，通过对外出租闲置房屋、公开拍卖老旧车辆，实现资产收益185.04万元。

晋城市烟草专卖局建立以“目标引领、供需细化、精准对接”为核心内容的市场化取向营销模式，完善“按价位段分级货源投放”模式，实现从维护订单向维护策略转变，开展“三为四一”提升客户经营能力活动，创新建立“客户经理服务转型痕迹化”工作机制。专卖管理践行“全员专卖”和“专销结合面对面不背靠背”的互动理念，开展全市系统真假烟技能鉴别竞赛活动。坚持市场净化率季度考核工作。制订以精益营销、物流、财务工作为主线的《精益管理降本增效工作实施方案》，指导“降本增效”主题活动开展。搭建“五大精益物流管理平台”，建立完善管理制度93项、规程方案26项、三个级别工作流程150个，覆盖68个岗位。

朔州市烟草专卖局查获符合国家局标准的贩售假烟网络案件2起，查获违法案件826起，查获违法卷烟428.3万支，案值合计223.2万元。

忻州市烟草专卖局共查处各类违法案件744起，完成国标网络案件两起。加强精益物流管理，优化整合送货线路，同比减少送货人员9人、车辆8辆、节点3个、线路9条，物流费用同比下降13.9%。

吕梁市烟草专卖局完成卷烟销量13.23万箱，条均价实现95.95元，实现税利7.51亿元。打掉符合国家局标准制售假烟网络案件两起（“1·04”假烟网络案件和“7·7”假烟网络案件），其中“7·7”假烟网络案被公安部列为部督案件。

晋中市烟草专卖局与太原、阳泉、长治建立四地市联合打击真烟非法流入协作机制，破获国标网络案件两起（灵石“1·06”、介休“7·12”销售假烟网络案件），拘留7人，逮捕3人，判刑3人。加强物流非法人实体化运作，科学设置昔阳、左权、介休中转站，减少20条配送支线、5部配送车辆，与山西昆明烟草有限责任公司及毗邻三省开展包装箱回收，共回收卷烟包装箱20.8万只，平均回收率达88.47%。

临汾市烟草专卖局破获尧都区“1·31”网络案和洪洞、霍州“12·30”自媒体售假贩私涉烟网络案，逮捕6人，直诉3人，其中“12·30”网络案被列为部级督办案件，并在全省系统进行经验交流；强化市场监管检查组和督查组作用，采取多种形式对市场监管全方位督查。

运城市烟草专卖局打造13个农村服务大厅，1001户现代零售终端示范店，完成现代物流技改项目建设。年配送能力达23万箱、库容量2.2万箱、综合分拣效率5万条/小时，加上配套建设物流智慧管控平台，运城烟草“高效存储、准确分拣、精准送货”现代物流架构形成。（朱永胜）

2016年9月8日，中国石油化工集团公司与山西省人民政府签署“十三五”战略合作框架协议

（邓俊伟供图）

·石化供销·

【概述】 2016年，中国石化销售有限公司山西石油分公司（简称山西石油分公司）调整经营思路、力拓市场空间，强化经营部门统筹协作和资源市场协同运作。在资源配置方面，坚持市场导向，优化进销衔接，按照“多销多采”的资源策略，争取政策支持，优化资源结构，降低资源成本，按照有利于经营创效的原则，安排到货分销库和配送加油站，推进密度营销，落实低库存运作，加强资源摆布，把握库存低限，优化物流体系，降低物流成本，形成常态化的资源降本增效、密度创效和降费增效运行机制。在经营管理方面，强化“以客户为中心”的经营理念，开展“多卖一吨油”销售竞赛活动，开展“油非互促”“点对点”竞争、小额配送和IC卡营销，。

（邓俊伟）

【石油金融战略合作】 2016年8月18日，山西石油分公司与建设银行山西省分行签署战略合作协议，双方本着“资源共享、优势互补、平等互利、共同发展”的原则，发挥各自优势，在客户、网点资源共享、商品服务供应以及交叉营销等方面开展合作，通过在加油站自助终端及柜面网点开设、ETC业务办理、非油商品线上销售、办公用品采购、个人消费信贷等方面探索新型战略合作模式，实现资源共享、优势互补，提升双方在各自领域的核心竞争力。（邓俊伟）

【首座新能源汽车充电站投入运营】 2016年9月10日，山西石油分公司首座新能源汽车充电站——太原南海街充电站投入运营。该站位于太原市迎泽区南海街7号，占地1050平方米，配备充电桩30个及54平方米司机休息室1处，同时满足30辆电动汽车充电。该充电站年充电量354万度，年营业额300万元，年盈利160万元。（邓俊伟）

【非油品合作经营】 2016年11月，山西石油分公司与山西运城机场非油品合作，利用公司实践和管理优势、服务特色，与其达成协议，将易捷卓玛泉作为航班定点用水，保守估计年增营业额上百万元。在机场候机服务大厅设置中石化产品销售专柜，销售中石化特色产品和当地名优土特产品。（邓俊伟）

·物流服务·

【农村现代流通网络完善】 2016年，山西省供销社拓展为农服务经营领域，推进金融和商业模式创新，加快经营服务网络的结构调整和转型升级，农村现代流通服务网络完善。电子商务平台建设取得突破。通过“请进来专家讲课，走出去学习经验”集体补课。以“互联网+供销社”聚焦新业态为抓手，围绕“织密扎牢一张网，助农增收闯市场”的经营服务模式和经营理念，推进电子商务与全系统实体网络资源优势相结合。截至2016年底，在全省建设34个县级电商管理中心，1000余个村级服务点。安泽县实现105个农村便民店电商网点全覆盖，创造“供销大集”网上销售模式。“新网工程”建设质量提升。建设一批产地和集散地农产品批发市场、现代物流中心、城市社区生鲜超市等零售终端。吕梁、朔州、阳泉、晋城等市供销社在扩大区域配送中心经营规模、增加配送种类、提高商品配送率上下功夫，做到点、网、面同步，规范与提升同步，经济效益与社会效益同步。农村互助金融业务推开。各级供销社把开展农村合作金融服务作为综合改革的支撑，破解农村融资难、融资贵的问题，探索构建以农村资金互助、融资担保、小额贷款等为主要形式的新型合作金融服务体系，实现全系统合作金融业务发展。省供销社分别与省农信社、邮储银行山西省分行达成战略合作协议，取得20亿元授信额度，为解决各类经营主体严重“缺血”问题创造条件。在全省选择10个县开展农村合作金融试点，依托8个专业合作社成立资金互助社开展资金互助业务。省供销社推进融资性担保公司和小额贷款公司的组建工作。

（狄重阳　司昌平　韩景州）

【冷链物流体系建设】 2016年，山西省探索建立农产品国有资本投资运营机制，推进跨区域农产品流通基础设施和公益性农产品示范市场建设。开展农产品冷链物流标准化示范和农商互联工作，建立农产品流通项目库，形成一批有特色的冷链物流标准体系。加大商贸物流和再生资源回收体系建设投资，超额完成省政府目标。推广太原城市共同配送标准项目经验，太原市被列为全国智慧物流试点城市，认定4条特色商业街和19个国家绿色市场。（徐晨星）

会　展

【概述】 2016年，山西省投资促进局组织参加各类展会19个，400余家企业参展，参展平方米数近37000平方米；播放省市宣传片33个；展会展区现场人数约10万人次；除组织举办的能源博览会统筹布展外，另外展会制作展板数量达65块；印发展会资料3000余册。

第六届能源博览会来自20多个国家和地区368家企业、政府团组参展，集中展示全球能源工业的新理念、新成果、新技术、新产品，展览期间共31647人次参观。

利用能博会、亚欧博览会、高交会、厦门工博会、渝洽会、西洽会、南亚博览会、东盟博览会、西博会等展会平台，针对性组织企业参展参会、宣传山西形象、举办招商活动、展示对接项目。在2016厦门工博会、第十九届渝洽会同期召开推荐会，收到良好效果。工博会其间山西省各市达成合作项目31个，总投资金额667.59亿元，其中签约项目4个，总投资金额90亿元。在亚欧博览会和高交会上分别获组委会颁发的优秀组织奖、优秀展示奖、优秀产品奖等证书。

（宋慧勇　新　君）

·山西省展览馆·

【概述】 2016年，山西省展览馆以“展览为主业、文化为内涵、品牌为方向、信息为两翼”战略发展思路，转变经营意识，调整经营模式，采取一站式办展方式，提供展前、展中、展后“一条龙”的跟踪式服务，确保各类展会成功。山西省展览馆举办各类展览41场。其中，经济类展览35场，书法摄影类展览6场，较上年增长32%。展会范围涉及政府服务、县域经济、贸易科技、休闲服务、文化教育等各个领域。其中，山西省企业职工“五小”竞赛成果展、第三届北方国际警用装备暨智慧城市、社会公共安全产品博览会、第十五届(2016)太原煤炭工业技术装备展览会、阳曲县首届农产品展销会暨旅游产品推介会、中国(太原)汽车后市场暨物流博览会、第六届山西省节能环保、低碳发展博览会等一系列范围广、群众关注度高的展会举办。山西省展览馆在创新发展模式上，通过整合资源，发挥自身优势，自办首届三晋大年会，使展馆影响力和办展业务提升。（韩一平）

【首届三晋大年会】 2016年1月16日至27日，由山西省展览馆、山西省科协、山西科技会展有限公司共同主办的首届三晋大年会在山西省展览馆举办。三晋大年会以“创新创业大平台、民生商货大戏台、社区大舞台”为主题，以“科学过大年”为主要活动特色，囊括老百姓喜闻乐见、丰富多彩的文化表演，汇集山西各地市名、优土特产品。首届三晋大年会共吸引参展企业近400家，产品3000余种，包含6大主题展区和10余种文化活动。其中，6大主题展区主要包括：第四届科普惠农特色优质农产品展、第二届山西社区文化节、首届百业易物节、2016迎春精品家具展·迎春汽车展、东西南北美食汇、迎春年货展；10余种文化活动主要包括：山西广场舞擂台赛、太极文化交流会、晋剧票友

2016年1月16日至27日，首届三晋大年会在山西省展览馆举办

（韩一平供图）

演唱会、婚庆作品、少儿才艺展演等。展会以三晋大年会为中心，与展览馆各驻地单位联合，在新旧晋祠路打造"年货一条街"，满足不同年龄段人群的多样化消费需求。（韩一平）

【企业职工"五小"竞赛成果展】 2016年1月12日，汇聚全省各市、各产业优秀"五小"成果的2015年度全省职工"五小"竞赛成果展在山西省展览馆开幕，向全社会展示山西省职工的创新创造。成果展为期三天，共14个展区，涉及国防、煤炭及其他产业等400多项成果展览。（韩一平）

【2016中国(太原)汽车后市场暨物流博览会】 2016年9月9日至11日，中国(太原)汽车后市场暨物流博览会在山西省展览馆开幕。展会以"引领智能汽车后市场 推动物流服务再升级"为主题，展出总面积1万平方米，参展企业超过200家。博览会由山西省汽贸联盟商会主办，展示目前汽车后市场和物流行业领先的技术产品和服务。博览会共设五个展区，展出范围涵盖汽车配件及养护设备工具、汽车润滑油、汽车美容、装饰用品、电子产品、汽车物流和改装车等方面。展品有来自美国、德国、日本、韩国等国家和国内知名企业的几千种新技术和新产品。（韩一平）

【警用装备暨智慧城市、社会公共安全产品博览会】 2016年4月11日，第三届北方国际警用装备暨智慧城市、社会公共安全产品博览会在山西省展览馆开幕。为期三天的展期内，来自8个国家的近百家参展商参展，展出最新警用装备产品上千件，专业观展人数近万人。

博览会主题为"科技强警、智慧山西、平安山西"，邀请华为、浪潮、中兴、中国移动、中国联通等近百家国内外知名企业参展，展出面积近1万平方米。展品涉及安防器材、治安管控、通信设备、单警装备、执勤装备、警用车辆、消防装备、无人机、排爆机器人、智能机器人、攀登突击车、多功能移动警务室、网络安全解决方案、指挥通信、交通管理、个人防护、基层技术革新装备等。（韩一平）

【太原煤炭工业技术装备展览会】 2016年4月22日，第十五届(2016)太原煤炭工业技术装备展览会在山西省展览馆开幕，国内外近80家煤炭技术装备厂商参展。现场展出的技术装备涉及煤炭生产各主要环节、洗选加工转化、综合利用、安全生产监测监控、信息化工程、职业健康等多个领域，其中新智能、清洁环保等元素成为展会新亮点，成为煤炭企业健康、可持续发展的新动能。展会以"智慧煤炭、智能发展"为主题，以推进煤炭供给侧结构性改革为宗旨，坚持"创新、协调、绿色、开放、共享"发展新理念，引领经济发展新常态，倡行"大众创业、万众创新"，为山西煤炭行业和煤炭技术装备产业搭建合作共赢的平台。该次展会由中国煤炭工业协会、山西省煤炭工业厅、山西煤矿安全监察局指导，中国煤炭机械工业协会支持，山西省煤炭工业协会主办。（韩一平）

【阳曲县农产品展销暨旅游推介会】 2016年9月13日至17日，阳曲县首届特色农产品展销暨旅游产品推介会在山西展览馆举办。阳曲特色农副、工艺、旅游产品亮相展销会。共设农业发展综合展示、特色农产品展销和企业洽谈、乡镇特色农产品销售、乡村旅游和扶贫结对招亲四大展区，共60个展位。展会由中共阳曲县委、阳曲县人民政府主办。展会以"绿色安全、特色效益、拓展市场、促进发展"为主题，旨在展示该县农业特产和旅游资源的魅力。（韩一平）

【节能环保、低碳发展博览会】 2016年10月26日至28日，第六届山西省节能环保、低碳发展博览会在山西省展览馆举办。博览会共设置"中国(太原)环保产业展""中国(太原)新能源汽车及技术设备展""中国（太原）环卫车辆及市政清洗设备展"三大展区，吸引来自省内外150多家节能环保企业及新能源汽车企业参展。展览期间，室内外展出面积达1万多平方米，参观人员达上万人次。展会以"改善环境质量、推动节能增效"为主题。展会亮点是新能源汽车及技术设备展区重点展示新能源汽车、锂电子电池、充电桩等新能源汽车产业链，比亚迪、江淮、北汽、陆地方舟、大运等品牌携旗下多款新能源汽车在现场展出。中绿、美环、康恒等一大批环保型企业及晋商银行、浦发银行、渤海银行、兴业银行等绿色金融企业在展会上亮相。（韩一平）

·太原煤炭交易中心·

【概述】 2016年，中国(太原)煤炭交易中心举办展览面积达到36000平方米的展会有2016第三届山西精品年货节、2016中国太原国际汽车产业博览会、第三届中国(太原)国际茶产业博览会、第六届中国(太原)国际汽车展会、2016太原能源低碳发展论坛暨中国(太原)国际能源产业博览会、2016太原第十届TOP国际汽车展览会等展会。（李海涛）

【山西精品年货节】 2016年1月22日至31日，太原市煤炭交易中心承接举办第三届山西精品年货节，旨在打造"规模宏大、创意新颖、品类丰富、物美价廉、服务优良"具有浓郁山西特色的"年货盛会"。以"逛庙会、赶大集、看大戏、购年货、祈福贺岁"为主题，促进山西年货市场发展和方便老百姓一站式购齐年货等物品需求，满足老百姓一站购年货，丰富省城老百姓的文化活动，让山西老百姓置办放心、实惠、便利年货。展会累计人流量约30万人次。（李海涛）

【国际能源产业博览会】 2016年9月7日至8日，太原煤炭交易中心承接举办2016太原能源低碳发展论坛暨中国(太原)国际能源产业博览会。2016太原论坛"以论带展"，是省委、省政府扩大对外开放，实现绿色发展、低碳发展的重大举措，来自 30 个国家和地区的 229 名外宾参加展会。博览会设 8 大展区：中心展区（科技创新城展区）、以煤会友展区、低碳新技术成果交流展区、新能源及清洁能源展区、能源新技术新装备展区、电动汽车展区、低碳生活展区、山西各市展区。同时举办 2016 中国太原国际能源低碳发展论坛。（李海涛）

【国际茶产业博览会】 2016 年 7 月 15 日至 18 日，太原市煤炭交易中心承接第三届中国（太原）国际茶产业博览会，以各色茶文化主题活动为载体，在太原茶博会大舞台展示茶文化，礼敬龙城文化高地，传扬中华茶文化。展会设国际展位 1300 个，国内外 69 个茗茶产区原产地逾 600 品牌茶企参加，展品范围囊括茶叶类、茶食、茶服、紫砂、陶瓷、茶器、茶具等。（李海涛）

【汽车品牌系列展会】 2016 年，太原煤炭交易中心承接 2016 年中国太原国际汽车产业博览会、第六届中国（太原）国际汽车展会、2016 太原第十届 TOP 国际汽车展览会业务。展会推出汽车行业互联网技术开发、电动产品、智能产品等新技术、新产业。累计参观人数上万人次。（李海涛）

对外经济贸易

【概述】 2016 年，山西省进出口首次突破千亿大关，达到 1099 亿元，同比增长 20.5%。其中，出口 655.3 亿元，同比增长 25.2%，超过省政府目标 23.1 个百分点；进口 443.6 亿元，同比增长 14.2%。进出口、出口、进口增速均居全国第一。外贸结构优化，装备制造等机电产品出口占比较上年提高 11.5 个百分点，高新技术产品进口占比较上年提高 13.6 个百分点。招商引资成果丰硕。全省招商引资签约项目 2226 个，到位资金 6513.4 亿元，同比增长 3%。引进新型农牧食品绿色循环产业、新能源汽车核心技术、煤层气资源开发、现代物流、文化产业等一大批对全省具有重要带动作用的项目。双向投资保持良好势头。全省新设外资企业 30 家，实际到位外资 23.3 亿美元。对外投资额 1.95 亿美元，同比增长 18%。对外承包工程新签合同额 2.23 亿美元，完成营业额 6.86 亿美元，年末在外各类劳务人员 7575 人。（徐晨星）

【外资利用】 2016 年，山西省实际利用外资总额总计 34.34 亿美元。使用外方借款 11.01 亿美元。其中，外国政府贷款 2034 万美元，国际金融组织贷款 4279 万美元，一般商业贷款 10.38 亿美元。外商直接投资 23.32 亿美元，其中独资企业 10.81 亿美元，合资企业 12.29 亿美元，外商投资股份制企业 2284 万美元。

按国别及地区分利用外商直接投资额总计合同金额 8.30 亿美元，实际使用金额 23.32 亿美元，企业新批项目 30 个。美国企业新批项目 2 个，合同金额 9017 万美元，实际使用金额 1.79 亿美元。全球投资性公司新批项目 2 个，投资项目 2.18 亿美元，实际使用金额 4.30 亿美元。（徐晨星）

【企业出口扩大】 2016 年，山西省推进“一包两转”，促进山西省近 100 家生产企业省内自营出口，扩大出口 10 亿美元。建立省市县三级包干联系制度，“一对一”精准帮扶省外供货出口企业，实现全省所有出口企业服务无缝对接。落实丝绸之路经济带沿线国家区域通关一体化改革和通关无纸化改革，推进关检合作“三个一”（一次申报、一次查验、一次放行），启动国际贸易“单一窗口”建设。出口信用保险一般贸易渗透率、企业覆盖面居全国信用系统第一位。加快服务贸易发展，建立加快发展服务贸易联席会议制度，认定 10 家文化出口重点企业和 4 个文化出口重点项。（徐晨星）

【外资企业带动作用增强】 2016 年，山西省外商投资管理从注重审批型转向加强服务型，将外商投资管理关口后移，加强企业诚信建设和企业事中事后监督管理。外资企业对新兴产业的带动作用增强，投资 2.9 亿美元的太原盛唐养老休闲文化公司、投资 1 亿美元的山西尧天舜日养老服务公司、投资 1.22 亿美元的山西八通新能源汽车装备制造公司、投资 1.19 亿美元的华润新能源（中阳）公司，推动山西省新能源汽车、风能资源开发等新兴产业发展。（徐晨星）

2016 年 9 月 9 日至 11 日，中国（太原）汽车后市场暨物流博览会在山西省展览馆开幕

（韩一平供图）

2016 年 4 月 18 日，英国客商安德鲁一行到晋考察 （宋慧勇供图）

【对外合作推进】 2016 年，山西省规范各市对外劳务经营资格审批程序，构建外派劳务资源网络，开展对外劳务市场专项清理整顿，维护劳务人员合法权益。加强政银企合作，提升企业对跨境金融服务的利用能力。开展中澳自贸协定等政策解读，与捷克、马来西亚、新加坡、吉尔吉斯斯坦等“一带一路”重点国家建立工作机制，提升对境外企业的服务水平，推动山西省企业设立 37 个境外投资企业。晋非合作区重新定位为高端现代服务业园区，引入中非基金、中国银行等战略合作伙伴，引进来自中国、南非、印度、毛里求斯的 10 户企业入园。2 月 8 日，山西省商务厅在毛里求斯举办晋非合作区规划发布暨投资推介会。3 月 1 日，山西省促进展览业改革发展，召开第一次联席成员会议。5 月 5 日至 6 日，省政府组团到广东省与东莞市、佛山市有关机构和企业就山西承接加工贸易产业转移工作展开座谈。 （徐晨星）

【山西品牌行】 2016 年，山西省推出系列“山西品牌行”，促进对外经济贸易的发展，“山西品牌中华行”实现对全国省会城市的全覆盖，展示山西品牌的魅力，经济社会效益明显。“山西品牌丝路行” 带动山西省外贸增长。山西品牌丝路行成为推进投资贸易合作的重要平台和山西对外开放的名片。举办韩国、波兰、澳大利亚、印度四站山西品牌丝路行综合性活动，山西省企业收获有效客户 575 户，现场成交 135.75 万元，意向成交 2.9 亿元。山西省与“一带一路”沿线国家的贸易额同比增长 26%，高出全省进出口增速 5 个百分点；出口占比 25.84%，较上年同期提高 3.53 个百分点。“山西品牌网上行”重点促进农产品外销。与阿里、京东、苏宁等各大电商平台对接合作，组织山西省 68 个品牌 1000 多种商品，开展 14 场推广促销活动，浏览量达到 4800 万人次，提高山西省品牌商品红枣、核桃、苹果的知名度和市场占有率，推动山西省特色产品走出山西、走向全国，解决玉米、土豆等农产品滞销问题。

（徐晨星）

【“一带一路”建设参与】 2016 年，山西省成立由副省长王一新任组长，27 个省直部门主要负责人组成的参与“一带一路”建设工作领导组，下设对外经贸交流等 5 个专业性工作小组，11 个市政府领导小组。太原、阳泉、临汾、忻州、大同 5 个市发布参与“一带一路”建设工作方案。省直部门编制完成国际产能和装备制造合作、教育、文化、外事侨务等 4 个专项规划。开展产能合作。山西省与蒙古投资合作项目列入国家推进国际产能合作省市、企业与重点国别对接组合，一胜百科技公司、山西华运能源集团在蒙古的项目被列入国家国际产能合作重点项目库。与哈萨克斯坦、蒙古国、阿尔巴尼亚的合作方签署五个项目合作协议。鼓励民营企业开展国际产能合作，建立山西省煤焦国际产能合作项目库，成立 10 家焦化企业组成的民营煤焦企业“走出去”合作联盟。推进人文交流，与德国北威州、美国怀俄明州、巴西卡塔琳娜州等友城建设进展顺利。在文化、教育、旅游、中医药、宗教等领域实施一批“一带一路”项目。组织《粉墨春秋》《千手观音》剧组到加拿大、葡萄牙、瑞士、毛里求斯等 10 余个国家交流演出，提高山西文化影响力。 （徐晨星）

金　融

Finance

金融监管

·中国人民银行太原中心支行·

【概述】 2016年，山西省金融业总体保持平稳健康的运行态势，服务实体经济能力提升。2016年，山西省银行业资产负债规模稳步增长，各项存款平稳增长，各项贷款同比少增，贷款利率下降。

资产负债规模增长。截至2016年底，山西省银行业资产总额39288.07亿元，负债总额38072.37亿元，所有者权益1215.70亿元，较年初分别增长8.53%、8.44%、11%。分机构类型看，政策性银行、国有商业银行、股份制商业银行、城市商业银行、农村金融机构资产总额分别为2940.56亿元、14563.27亿元、4683.90亿元、3953.98亿元、9893.28亿元，分别占总资产7.48%、37.07%、11.92%、10.06%、25.18%。非法人银行业资产占比56.47%，法人银行业资产占比43.53%。法人银行业资产占比上升2.45个百分点。

各项存款增长。截至2016年底，山西省本外币各项存款余额30869.07亿元，同比增长7.8%，高于上年同期2.1个百分点。人民币各项存款余额30371.4亿元，同比增长7.1%，在全国排名27位，增速低于全国3.8个百分点。2016年，存款同比增速由年初5.0%左右上升至二季度8.0%左右之后稳定在8%左右。从增量看，截至2016年底，全省人民币各项存款比年初增加2025.3亿元，同比多增553.9亿元；从存款主体看，非金融企业活期存款和财政性存款同比多增较多，同比分别多增320.3亿元和425.8亿元。

各项贷款同比少增。截至2016年底，山西省本外币各项贷款余额20356.5亿元，同比增长9.6%，低于上年同期2.6个百分点，比年初增加1781.7亿元，同比少增234.4亿元。人民币各项贷款余额20228.6亿元，同比增长9.6%，低于上年同期2.7个百分点，在全国排28位，增速低于全国3.9个百分点。分地区看，太原市各项贷款余额10216.78亿元，比年初增加1095.43亿元，增量占全省贷款增量的61.5%，同比多增51.7亿元。

从期限看，短期贷款增速放缓，中长期贷款发力。截至2016年底，全省金融机构本外币短期贷款余额7851.45亿元，比年初增加306.87亿元，增长4.07%，低于上年同期12.23个百分点，同比少增749.07亿元；全省金融机构本外币中长期贷款余额为10868.1亿元，比年初增加1381.49亿元，增长14.56%，同比多增659.89亿元。

从企业类型看，大型企业贷款同比少增，中型、小微型企业贷款同比多增。截至2016年底，山西省大型企业贷款仅增加293.8亿元，同比少增489.3亿元，其增加额占企业贷款增加额23.1%，同比下滑35.5个百分点；中型企业贷款增加483.4亿元，同比多增177.7亿元，其增加额占企业贷款增加额38.1%，同比上升15.2个百分点；小微企业贷款增加493.1亿元，同比多增245.0亿元，其增加额占企业贷款增加额38.8%，同比上升20.3个百分点。

银行业贷款加权平均利率下行。2016年，全省金融机构人民币贷款加权平均利率为6.544%，同比降低0.844个百分点。从贷款利率上浮比例看，2016年全省辖内金融机构企业贷款执行上浮利率的占比为61.71%，同比降低4.52个百分点。其中，大、中、小、微企业执行上浮利率的贷款占比分别为56.4%、52.49%、79.45%、82.28%，同比分别降低0.35、13.01、6.71、8.19个百分点。从利率走势看，上半年利率较为平稳，经过7月的震荡回升后连续三个月下降，年底略有回升。总体来看，下半年贷款利率水平低于上半年，2016年贷款利率水平低于2015年。

（扈照轼）

【货币政策调控运用】 2016年，中国人民银行太原中心支行开展宏观审慎评估工作。组织召开落实宏观审慎政策框架电视电话会议，牵头成立山西省宏观审慎评估委员会，完善组织架构。召开山西省法人金融机构宏观审慎评估情况窗口指导电视电话会议，加强窗口指导。完成山西省153家法人金融机构2016年宏观审慎评估工作。

加强存款准备金管理。2016年3月1日，下调山西省金融机构人民币存款准备金率0.5个百分点，释放流动性资金45亿元。监测和评估全省法人金融机构流动性状况。实施差别化存款准备金制度，对达标县域法人金融机构执行低于同类机构正常标准1个百分点的存款准备金率。

加强中央银行资金管理。出台《支农再贷款管理实施细则》《扶贫再贷款管理操作规程》《抵押补充贷款监测评估细则》《再贷款监测评估实施细则》，强化制度约束。截至2016年底，山西省支农再贷款余额75.44亿元，其中，扶贫再贷款余额30.72亿元，支小再贷款余额13.65亿元，再贴现余额30.86亿元。推动利率市场化改革。组织召开2016年山西省市场利率定价自律机制工作会议，出台《山西省市场利率定价自律机制公约》，督导各成员单位确定存款利率。开展法人金融机构市场利率定价合格审慎评估，具有同业存单发行资格的机构由上年的22家增至70家，具有大额存单发行资格的机构由上年的10家增至21家。 （扈照轼）

2016年8月8日，中国人民银行太原中心支行召开2016年全省人民银行年中工作电视电话会议 （扈照轼供图）

【精准扶贫金融服务】 2016年，中国人民银行太原中心支行牵头建立金融助推脱贫攻坚工作联动协调机制，出台《山西省"十三五"时期金融助推脱贫攻坚实施方案》《山西省金融助推脱贫攻坚2016年行动计划》。建立扶贫开发金融服务主办银行制度，制订推进扶贫小额信贷精准扶贫工作，支持特色产业促进精准脱贫等多个指导意见和实施办法。引导金融机构创新扶贫金融服务并初见成效。创新"公司+基地+贫困农户""专业合作社+贫困农户"等9种金融扶贫模式。加强金融设施建设，强化涉农尤其是贫困地区农村的金融服务。截至2016年底，全省贫困县建立农村金融综合服务站1.16万个，建立金融服务网点1617个，自助设备布放2270个，助农取款服务点36540个，贫困地区金融服务改善。 （扈照轼）

【金融风险监测与防控】 2016年，中国人民银行太原中心支行完成对地方法人投保机构风险评级工作。落实投保手续办理、费率管理、保费核定与交纳等基础工作。截至2016年底，全省共有177家机构办理投保手续，共交纳保费1.77亿元。向辖区177家地方法人投保机构反馈存款保险评级结果。开展存款保险现场核查工作，完成对辖内保费交纳基数最大和风险较高的17家投保机构的核查工作。关注辖区投保机构流动性状况，监测高风险投保机构，提示风险。

完善金融风险监测系统运行工作。2016年，中国人民银行太原中心支行风险监测系统的机构覆盖率达91.73%，较上年提高3.3个百分点；报表完成率78.8%，较上年提高6.81个百分点。加强日常风险监测和评估，按季监测并报送银行业、证券业、保险业、准金融机构风险分析报告。完善大型有问题企业风险监测制度，落实总行金融稳定评估系统数据录入工作，加强重点领域风险监测、排查和预警。对纳入总行地方金融风险监测月报中"重点关注的高风险机构"的10家农信社，启动重点监测。开展风险排查分析工作，截至2016年底，共形成54份排查信息。完善辖区银行业金融机构重大事项报告制度，截至2016年底，共向总行报送13起重大事项。

落实"两管理、两综合"工作。开业申报，实行新设金融机构集中申报预审制和限时办结制，提高申报审批效率。截至2016年底，受理全省108家新设金融机构的开业集中申报，批复办结105家。做好新设金融机构首次会谈工作，履行业务申报告知义务。组织全省开展2016年度综合执法检查工作。完成对太原辖内银行业、证券业、保险业共141家机构2015年度的综合评价工作。

（扈照轼）

【金融服务与管理】 2016年，中国人民银行太原中心支行加强货币金银管理。合理摆布、灵活调拨发行基金。2016年，全省累计投放现金1720.29亿元，回笼现金1606.23亿元，净投放114.46亿元，较上年下降16.01%，投放10元及以下小面额货币32.5亿元，满足全省现金需求。推进人民币净化工程。截至2016年底，山西省银行业金融机构拥有对外支付现金的营业网点6387个、现金清分中心254个，共配备纸币清分机3991台，硬币清分机47台，清分机台数较2015年末增加12.89%，清分机营业网点配置率达63%。制订《山西省硬币自循环工作方案》，推进硬币自循环模式。2016年共销毁残损人民币415.75亿元，流通中人民币净化程度好转。加强反假货币综合治理水平，2016年，全省累计收缴假币971.04万元、13.80万张（枚），同比分别增长22.06%、24.66%。加大发行库检查力度，2016年共检查各级发行库40次，确保库款安全。（扈照轼）

【支付体系建设】 2016年，中国人民银行太原中心支行支付结算业务系统平稳运行。2016年，山西省共有64家银行网点加入现代化支付系统(包括大额实时支付系统、小额批量支付系统、支票影像交换系统、网上支付跨行清算系统)，76家银行机构加入人民币银行结算账户管理系统，165家机构加入电子商业汇票系统，14家机构加入同城票据交换系统。现代化支付系统业务量2.11亿笔，金额47.77亿元，同比分别增长42.57%、5.27%。

非现金支付工具投放上升。截至2016年底，山西省47家发卡机构累计发卡1.50亿张，同比增长10.46%。特约商户、POS、ATM机累计达77.31万户、83.76万台、1.70万台，同比分别增长71.12%、72.81%、26.31%；全省银行卡特约商户交易3.24亿笔，金额6108.31亿元，同比分别下降16.92%、50.56%。

农村支付环境建设推进。截至2016年底，山西省在农村地区共发展服务点7.23万个，布放终端12.19万台，服务点覆盖率和受理终端覆盖率均达100%。全年全省累计办理助农取款业务455.05万笔，取款金额27.02亿元；全省累计发生“农民工银行卡特色服务”跨行交易业务10.49万笔，交易总金额1.01亿元。

支付结算监管深化。研究制订《山西省非银行支付机构风险专项整治工作实施方案》，开展全省非银行支付机构风险专项整治工作。开展全省法人支付机构的分类评级工作。完善“银行卡收单业务监管系统”，收单业务监管有效性提升。推广全省联网取现业务。配合公安部门做好打击治理电信网络违法犯罪活动，保障社会公众财产安全。开展整治支付结算重大违法犯罪行动和整治非法买卖银行卡信息专项行动。（扈照轼）

【社会信用体系建设】 2016年，中国人民银行太原中心支行完善金融信用信息基础数据库建设。截至2016年底，数据库分别为山西省23.7万户企业和1755.5万自然人建立信用档案。全年累计提供企业征信系统查询30.78万次，个人征信系统查询481万次，全省金融机构通过查询征信系统拒绝有潜在风险的贷款10460笔，金额88.06亿元。应收账款融资服务平台推广应用成效明显，全年应收账款融资服务平台累计登记全省融资业务350笔，融资金额590.83亿元，同比增长93.83%。

2016年5月24日，中国人民银行太原中心支行举办“人民银行理论讲堂”学习活动（扈照轼供图）

社会信用环境改善。截至2016年底，全省为5.9万户小微企业、410万农户建立信用档案。推动行政许可和行政处罚等信用信息“双公示”工作，全年向山西省信用信息共享平台推送“双公示”信息4.33万条。探索“将金融知识纳入国民教育体系”工作，受到总行肯定。以临汾市为试点，推动实施“春蕾工程”，将《金融与诚信》课本纳入临汾市小学课程。在太谷启航中学设立首个“山西省诚信教育基地”。（扈照轼）

【反洗钱监管】 2016年，中国人民银行太原中心支行推进全省反洗钱“风险为本”理念与“法人监管”模式。全年完成对全省80家机构的反洗钱现场检查，查出7大类，24小类，714个违法违规问题，对存在问题较为严重的9家被查机构和9名高管人员进行行政处罚。探索现场检查与风险评估相结合的途径，对风险评估指标设置和评分标准进行完善。开展反洗钱调查工作。2016年，共接收重点可疑交易线索133份，向公安机关移送线索14份，协查15起，维护全省经济金融和社会的和谐稳定。制订《山西省县域反洗钱监管工作指引》，指导县支行履行反洗钱职责。（扈照轼）

【经理国库职责履行】 2016年，中国人民银行太原中心支行完成“营改增”收入收缴工作。扩展横向联网创新业务推广应用，推行横向联网电子退更免业务，推广新型电子缴税方式。试点运行国库无纸化系统办理集中支付业务取得成效。推进国库“直补”工作，丰富“直补”种类，累计支付政府补助资金475万余笔，金额29.61亿元，涉及资金类别10类。加强国债发行兑付管理。2016年组织发行凭证国债4期，61.26亿元，储蓄国债（电子）10期，111亿元，兑付国债收款单7000余元，实物券4000余元。

（扈照轼）

【金融法治环境改善】2016年，山西省金融机构在人民银行太原中心支行的牵头组织下，采取多种形式面向社会开展反洗钱、征信知识、票据管理、反假货币、支付结算、银行卡管理、金融消费权益保护、互联网金融等方面的金融法治宣传活动，社会公众办理金融业务时遵守金融法律的自觉性和依法维权意识提高。

对金融违法行为的查处力度加大。2016年，全省各级人民银行依法查处金融违法行为，共做出行政处罚决定89件，处以罚款328.13万元。其中，人民银行太原中心支行做出处罚决定5件，处以罚款80万元。

（扈照轼）

【金融消费权益保护】2016年，全省人民银行系统贯彻落实《中国人民银行金融消费权益保护工作管理办法（试行）》，采取直接处理、转办、调解等多种方式化解金融消费纠纷。各金融机构解决金融消费者投诉，针对投诉暴露问题采取措施，促进内部制度完善。截至2016年底，全省人民银行系统共受理金融消费者投诉317件，同比下降26.11%；受理金融消费者咨询5238件，同比增长3.76%。办结投诉314件，办结率99.05%，消费者满意度98.65%。开展普惠金融建设和"金融消费者权益日"宣传活动。制订《山西省人民银行系统基层法治央行建设实施方案（2016–2020年）》，推进依法行政工作。（扈照轼）

【外汇管理和服务】2016年，中国人民银行太原中心支行在全省开展货物贸易、服务贸易、直接投资便利化等多项改革工作。推行全口径跨境融资宏观审慎管理，允许企业在一定范围内自主开展本外币跨境融资，拓宽企业融资渠道。推动跨国公司外汇资金集中运营试点业务，帮助企业降低财务成本，加速资金周转。2016年，全省跨国公司累计借入外债3.6亿美元，国际外汇资金主账户累计流入8.13亿美元，国内主账户累计净流入2.34亿美元。推进"控流出、促流入"专项工作，对经常项目1000万美元以上，资本项目100万美元以上的购付汇，实行银行事前报备制度。开展10项专项核查和督促货物贸易收汇专项工作。出台《国家外汇管理局山西省分局关于助推全省对外经济回稳向好发展的实施意见》。启用外汇管理行政审批统一受理窗口，2016年共受理辖区各项行政审批事项435项，办结434项。加强外汇业务检查，规范外汇市场秩序。依法加大外汇业务检查力度，共立案查处违规案件36件，收缴罚没款134.3万元。

（扈照轼）

【山西辖内115家金融机构上线运行ACS综合前置子系统】2016年6月24日，山西省辖内115家金融机构上线运行ACS综合前置子系统。该次上线是总行继完成全国性银行和地方性银行ACS综合前置子系统推广上线后的又一次全国性、集中式推广工作。为保证上线工作开展，太原中心支行成立ACS综合前置子系统上线工作小组，负责统筹协调上线工作相关事宜，传达落实上级行通知精神，跟进并做好沟通协调及总结汇报工作。落实系统加入意向调查工作。传达总行工作部署，做好综合前置业务的基础解释工作和上线前期准备工作。建立"山西2016年综合前置上线群"交流平台，解决上线过程中存在的问题及业务跟踪、交流探讨，实行无障碍沟通。（扈照轼）

·中国银行业监督管理委员会山西监管局·

【概述】2016年，中国银行业监督管理委员会山西监管局（简称山西银监局）服务实体经济，围绕"支持重点、精准扶贫、助力小微、服务三农"四大领域，加大信贷投放。截至2016年底，全省银行业各项贷款余额20356.5亿元，同比增长9.6%。支持重点项目建设。汇编金融政策产品名录，建立融资需求项目库，召开政银企项目对接会，主动对接重点项目637个，贷款2041亿元，比年初增长50.6%。开展金融扶贫。出台山西银行业投入脱贫攻坚战、支持特色产业促进精准脱贫的实施意见，完善扶贫小额信贷风险补偿机制。召开推进会部署金融扶贫工作，将扶贫小额信贷按县包干责任制改为按乡镇包干责任制，将主办银行由涉农银行业金融机构扩展为所有银行业金融机构。发放扶贫开发贷款1062亿元，增长

2016年4月19日，山西银监局主持山西银行业债权人委员会签约仪式

（刘　娟供图）

2016年9月20日，山西银监局在北京召开引领省内银行业支持煤炭供给侧结构性改革新闻发布会（刘 娟供图）

21.9%。改善小微金融服务。开展银税合作，实现市县全覆盖，全省银行业开发银税合作产品120余个。全省小微企业贷款4640亿元，比年初增长16.1%，实现“三个不低于”目标。提升“三农”服务水平。截至2016年底，涉农贷款余额8659亿元，比年初增长4.5%。（刘 娟）

【支持煤炭供给侧结构性改革】2016年，山西银监局与发改委、煤炭厅等部门加强政策对接和信息共享，引导全省银行业支持技术领先、管理安全、成本较低的优质煤炭企业，严禁介入违法违规生产建设、环保不达标和淘汰落后产能项目。支持煤炭行业转型发展。召开银行业支持煤炭供给侧结构性改革新闻发布会，提出“去产能、稳增长、促转型、保就业、防风险”工作目标，截至2016年底，组建煤炭企业债委会109个，为优质煤企新增表外融资、延伸产业链项目贷款、承销购买债券2100亿元，支持债务重组、转贷续贷2975亿元，退出或集团承接去产能贷款69亿元。创新开办转型升级中长期专项贷款。出台银行业支持省属煤炭集团化解过剩产能加快转型升级指导意见，引导银行业探索开办省属煤炭集团转型升级中长期专项贷款。截至2016年底，开办转型升级中长期专项贷款1389亿元，中长期贷款占比上升13个百分点达53%，稳定信贷、稳定市场预期，以时间换空间，支持煤企去产能，加快转型升级。（刘 娟）

【推动企业去杠杆降成本】2016年，山西银监局推动建立政银企对接机制，与省直十部门签订合作备忘录，加强信息沟通，凝聚政策合力。开展银行业经营收费专项稽核调查、民营经济融资难融资贵专项检查。截至2016年底，全省银行业累计取消或减免收费项目252项，为9.3万户企业减免收费3.8亿元，为2800余户企业减免利息7.6亿元，为2.2万户企业转贷续贷3.4万笔6161亿元。开展市场化债转股，建设银行与焦煤集团，工商银行与太钢集团、同煤集团、阳煤集团签订550亿元债转股合作框架协议，促进企业去杠杆。（刘 娟）

【重点风险防控】2016年，山西银监局加强重点风险防控。重点防范化解信用风险。加强风险监测预警。监测10大行业120户重点集团企业信贷运行和风险状况，建立关联担保贷款监测台账。监测分析政府融资平台全口径融资情况，跟进地方债置换进展。关注房地产行业融资风险，落实土地储备贷款新政，排查个人住房按揭贷款风险。发挥债委会作用，解困化险。建立“三项清单”和工作台账，加强考核通报，推动230家企业债委会6月全部组建运行，“一企一策”研究确定增贷、稳贷、减贷、重组等具体应对方案。截至2016年底，支持优质企业86户，帮扶困难企业54户，退出僵尸企业16户。加大不良资产处置力度。按照化解存量、严控增量原则，多渠道加大不良贷款处置力度，截至2016年底，督促全省银行业通过市场化、多元化方式处置不良贷款260亿元。联合打击逃废债行为。督促银行业加强诚信建设，建立逃废债企业台账和失信“黑名单”共享机制。建立跨部门信用信息共享与协作联动机制，推动181家法人机构建立“点对点”网络执行查控机制。与省高级人民法院联合召开会议，建立失信联合惩戒机制，开展清理银行执行积案专项治理行动。

排查治理法人机构风险，摸清风险底数。摸排农合机构不良贷款分布情况，掌握不良贷款分布领域。严密防控流动性风险。指导城商行签订流动性合作互助协议，建立双边或多边流动性合作互助关系。建立农合机构、发起行对村镇银行的流动性互助机制。加快城商行风险处置。通过增资扩股、引进战投，处置不良资产57.7亿元。化解农信社风险。加强全省农合机构资金业务监管，清理整治社团贷款和大额超比例贷款，开展农合机构借冒名贷款、高风险农信社风险及处置情况、票据业务风险排查检查。推动7家高风险社改制化险，处置不良贷款51亿元。规范整顿新型农村金融机构。出台文件加强村镇银行和资金互助社监管，规范其经营发展。集成业务骨干30余人，首次针对全部49家村镇银行和6家农村资金互助社开展检查和监管调查，揭示公司治理、经营管理等方面的45类风险问题，建立台账督促整改。

严密布防操作风险和声誉风险。强化案件防控。召开案防安保工作会和案防形势分析会，开展“制度执行年"活动,从"整章建制""严肃问责"两方面强化制度执行。开展案防工作评估,妥善处置案件风险。组织开展员工行为排查,加强处罚信息管理,防止"带病"流动。加强消费者权益保护和声誉风险管理。指导商业银行完善网点功能划分和服务设施,实现投资产品销售专区和录音录像全覆盖。开展金融知识宣传月活动,组织大学生消费者权益保障微电影创作大赛。强化银行业声誉风险管理,畅通投诉处理机制,保护消费者权益。

防控信息科技风险和社会融资风险。夯实信息科技管理基础。开展省联社信息科技风险检查、非银行业金融机构信息科技风险巡查、数据中心基础设施风险排查、网络与信息系统安全自查,提高法人机构信息科技风险管理能力。严防社会融资风险。开展P2P网络借贷风险专项整治,建立工作机制,制订实施方案,对25家网络借贷机构开展摸底排查。配合开展打击治理电信网络新型违法犯罪专项行动,建立网络查控和止付冻结机制。排查银行业与融资中介合作、投资交叉金融产品情况,加强非法集资宣传教育和资金监测,严防社会风险传染。（刘 娟）

【银行改革创新】 2016年,山西省推进银行业改革创新。完善服务体系。引进全国性银行业金融机构,批准进出口银行山西省分行筹建,指导广大银行做好筹建前期工作。批准晋商消费金融公司开业。出台意见引导法人机构科学设立机构,下沉网点、下沉服务,村镇银行覆盖70%以上的县域,比年初提高20个百分点,基础金融服务"村村通"覆盖93%的行政村,比年初提高9个百分点。

深化改革发展。向省政府建言深化城市商业银行、省农村信用联合改革转型,报请省政府印发《关于加快城市商业银行深化改革和转型发展的意见》,批转《关于推进设立民营银行工作的实施意见》。按照"抓两头、带中间"的思路,推动市区农信社和县域高风险农信社改革,2016年批准开业农村商业银行9家、筹建4家,启动改制12家。加强农村商业银行监管和农业合作机构高管履职评价,促进合规稳健经营。引导民间资本进入银行业,参与法人机构改制、村镇银行设立以及增资扩股284亿元,持股比例83%。

推动金融创新。鼓励银行业金融机构围绕实体经济和客户需求,创新产品设计、业务流程、服务机制,推出"循环贷""年审贷""税易贷""果品贷"等特色产品,试点开展林权和农村"两权"抵押贷款。部分城市商业银行开展信贷资产证券化、理财直接融资工具、信用卡等业务,发行二级资本债,创新直销银行等业务模式。成立山西投贷联盟,建立"政府引导基金+专业机构投资+银行贷款"的融资模式,探索开展投贷联动。（刘 娟）

【监管机制创新完善】 2016年,山西银监局创新完善监管机制。深化简政放权。出台行政许可工作规程,精简许可会审议事项,实行票决制。推进审批制度改革,简化同类事项申请材料报送,优化许可事项审批流程,精简许可委员会审议事项,将60余项许可事项下放机构监管处,减幅70%。实行许可办理时限承诺制,审批效率提升24%。推进放管结合,建立许可事项责任清单和"一账一表",定期通报问题,规范审批程序。

加强非现场监管。成立非现场监管委员会,建立非现场监管联席会议制度,指导区域性风险监测与防控。建立完善重点工程、扶贫贷款和8类非信贷业务等特色统计制度,组建信用风险、流动性风险、操作风险、同业及跨业风险、声誉风险、信息科技风险6个专题风险分析小组,制订完善风险分析框架,持续监测、分析、评估各类风险。

强化现场检查。完善现场检查工作制度,坚持凡查必处、查者有责,分管领导靠前指挥,主要领导过问把关,加强人力集成,创新检查方式。制订行政处罚实施规定,查处违规典型,做到见钱、见人、见整改。开展"两个加强、两个遏制"回头看,统筹结合钢铁煤炭行业信贷检查等内容,随机抽取与风险导向相结合确定被查机构,方案制订突出问责,随时通报问题线索,定期交流经验方法,统一讨论定性,公平公正量罚。深化EAST系统运用,狠抓数据质量,编写学习教材,开展培训27次,研发模型40余个,辅助现场检查21项。

深化沟通联动。向地方政府汇报沟通,争取理解和支持。山西银监局与10部门签订合作备忘录,在银税合作、金融扶贫、投贷联动、案件执行等方面达成共识、协同推进。深化银监会、省局、分局、监管办四级联动,强化市场准入、非现场监管、现场检查、行政处罚工作衔接,加强异地监管协作,发挥银行业协会作用。统筹对银行业金融机构的监管与服务,指导债委会组建运行,协调维护金融债权,交流金融服务经验,共享风险防控信息,宣传树立行业形象。

（刘 娟）

·中国保险监督管理委员会山西监管局·

【概述】 2016年,中国保险业监督管理委员会山西监管局(简称山西保监局)监督山西省保险业务发展迈上新台阶。全省保费收入突破700亿元大关,同比增长19.4%,较地区生产总值增速快14.9个百分点。其中,财产险保费收入184.0亿元,同比增长9.9%;人身险保费收入516.6亿元,同比增长23.2%。保险深度5.4%,同比提高0.8个百分点,位居全国第3位;保险密度1903元/人,同比增长18.8%。

保险行业实力壮大。保险公司省级分公司48家,各级机构2415家,同比增加106家;保险专业中介机构1021家,同比增加804家。保险总资产达到1475.6亿元,较年初增加247.6亿元。为社会提供各类风险保障21.2万亿元,同比增长36.5%。赔付支出239亿元,同比增长19.4%。积累各项准备金1955.3亿元,同比增长15.3%。

结构调整推进。财产险市场,商

2016年，晋中市保险理赔人员运用无人机进行农险查勘定损　（李　鹏供图）

业车险在车险业务中占比提高0.7个百分点，农业保险、信用保险、工程保险、保证保险等非车险业务加快发展。人身险市场，普通寿险、健康险、意外险占比提高3.8个百分点，产品结构和缴费结构优化。　（李　鹏）

【保险服务】　2016年，山西保监局开办“全省领导干部金融理论与实践专题培训班”，分三期为1500多名全省县处级以上领导干部作保险业改革发展与监管专题报告；协调政府部门研究起草保险业支持山西经济转型升级指导意见，联合扶贫办、环保厅、财政厅、卫计委等部门出台一系列文件，为保险业服务地方经济社会发展营造政策环境。

助推脱贫攻坚。2016年6月，山西成立保险业助推脱贫攻坚工作领导小组，明确相关机构、部门职责，强化对保险扶贫开发工作的统筹规划和政策协调；7月，联合省扶贫办出台《关于保险业助推脱贫攻坚工作的实施意见》。全行业把握主攻方向，因地制宜开发扶贫保险产品，运城、临汾、吕梁等地进行当地特色保险扶贫探索。全省扶贫保险实现58个贫困县全覆盖，累计为230万建档立卡贫困人口提供风险保障近1.2万亿元，累计支付赔款2289万元。

7月，山西保监局出台《山西省保险业开展健康扶贫工程实施方案》，提高扶贫对象大病保险保障水平，提出“一降一升”大病保险精准扶贫政策，医疗保障扶贫对象大病保险起付线由10000元降到5000元，报销比例平均提高2至3个百分点。2016年，大病保险赔付2964个建档立卡贫困人口，赔付金额2681.61万元，赔付比例提高4至10个百分点。

12月，山西保监局与临县人民政府签订《创建临县山西保险业精准扶贫示范县合作备忘录》。

服务经济转型升级。2016年，山西保监局推动“险资入晋”，探索搭建山西重大项目与保险资金对接平台，争取保险资金参与山西重大项目建设，全年新增10个基础设施债权投资项目，投资额达231亿元，同比增长33.8%。

中国信保山西分公司发挥出口信用保险的政策性作用，助推企业融入“一带一路”。全年为山西企业“走出去”提供风险保障25.4亿美元，支持企业融资4543.3万美元，服务出口企业909家，出口企业覆盖率89.7%，一般贸易出口渗透率93.7%。

山西保险业工程保险为全省工程建设提供风险保障805.08亿元，同比增长10.48%，其中以平安产险为主承保方的8家财产险公司共保体承保太原市轨道交通2号线一期工程的建筑/安装工程一切险，提供风险保障126.57亿元。

全省首台（套）重大技术装备保险实现新进展，实现签单保费232.92万元，累计为12台重大技术装备提供8277.4万元风险保障。

山西保险业贷款保证保险为948家小微企业和1.5万人提供增信服务，支持贷款14.4亿元。开发借款人意外伤害保险，35万人获得贷款302.3亿元。

保障农业生产。2016年，山西省保监局开展政策性马铃薯保险。5月，山西保监局联合省财政厅、农业厅下发《关于在全省开展政策性马铃薯保险的通知》，明确马铃薯的保险责任、保险费率、承办机构及补贴政策。

扩大地方政策性农业保险试点范围。4月，山西保监局推动省政府印发《关于2016年新实施强农惠农富农补贴政策的通知》，明确地方特色农险“以奖代补”政策。省级财政安排2000万元资金，对开展红枣、核桃、苹果、梨等经济林保险保费补贴县奖补。在地方政策性农业保险“一市一特色”全覆盖基础上，增加补贴品种，扩大试点范围。2016年，山西省11个地市开展包括：葡萄、梨、设施蔬菜、核桃、苹果、红枣、小杂粮、肉羊、育肥猪、肉牛、西瓜、黄花、蚕、旱地西红柿、收获期农作物火灾保险、小杂粮保险等16个品种的地方政策性农业保险试点。

2016年，山西保监局结合保监会农业保险产品清理工作，与省农业厅共同对山西省小麦、玉米的直接物化成本进行调研，向省政府报送《关于提高我省小麦、玉米种植保险保障程度的请示》。

实施商业健康保险税优试点。2016年3月，太原市启动税优健康险试点工作。截至2016年底，个人税优健康险产品累计实现保费收入120.31万元，承保人626人，赔付12人次，赔付金额9.29万元。

优化城乡居民大病保险服务。2016年，山西保监局在官方网站开通大病保险服务专栏。梳理并公开省内

222个大病保险服务网点联系方式、大病保险经营机构名单、即时结算定点医院等8项内容;承办公司建立大病保险专项投诉渠道,将大病保险基本赔付资料由10至814项精简为8项;推广“一站式”即时结算和异地就医即时结算,截至2016年底,全省有9个项目实现即时结算。

推进老年人意外伤害保险业务发展。8月,山西保监局与省财政、民政及老龄委四部门联合发文就贯彻落实《关于推进老年人意外伤害保险工作的实施意见》(全国老龄办发〔2016〕32号)下发通知,提出将建立老年人意外伤害保险纳入政府“为民办实事”重要内容。截至2016年底,有4家人身险公司经营老年人意外伤害保险业务。

参与事故救援与善后处置。灾害事故发生后,山西保险业都在第一时间启动应对工作,统筹行业力量,开展查勘理赔,参与事故救援,补偿受灾损失,减轻政府善后处置压力。“6·3”太长高速特大交通事故,3日内预付赔款200万元;“6·13”长治特大雹灾,一月内赔付超过1亿元,受损车辆及时维修;“11·21”京昆特大交通事故,一周预付赔款540万元。

(李 鹏)

【保险业改革推进】 2016年,山西保监局实施商业车险改革。全省商业车险条款优化,单均保费、平均费率降低,7成以上消费者享受到费率优惠,签单保费和签单数量同比分别增长12.4%和17.4%,商业车险全年实现保费收入99.78亿元,同比增长10.69%。

推进保险中介市场准入退出机制改革。2016年,山西保监局按照商事制度改革要求,调整保险专业中介机构准入监管,完善市场退出机制,全年新设保险专业代理法人机构2家,保险经纪法人机构1家,对233家兼业代理机构、30多家专业代理分支机构依法实施市场退出,加强保险中介市场体系建设,优化保险中介市场结构。

推进太谷保险示范县建设。2016年,山西保险业以晋中太谷县为试验点,根据县乡村实际需求,加快保险创新。太谷县大病保险及补充医疗保险实现全覆盖。建立扶贫保险机制,为全县1万多名建档立卡贫困人口提供保障。

(李 鹏)

【保险市场秩序规范】 2016年,山西保监局加大综合检查和专项整治力度,查处违法违规行为。截至2016年底,山西保监局累计派出139人次,对42家保险机构开展现场检查,对13家保险机构、19名责任人实施行政处罚,累计罚款190.9万元,案均处罚金额14.7万元,同比提高72.9%。

开展“两两”回头看专项检查。7月至12月,山西保监局开展“两个加强、两个遏制”回头看工作。全行业坚持问题导向,聚焦10个方面风险问题进行机构自查、监管抽查。山西保监局派出8个督导组,对233家保险公司分支机构及8家保险专业中介机构进行现场督导。结合基层监管巡查,到152家县级机构开展督导。监管抽查阶段,山西保监局分别对永安财险、平安人寿、长治市鼎铭保险代理有限公司现场检查,并对检查发现的问题进行处理。

强化各业务领域现场检查。2016年,山西保监局强化各业务领域现场检查。监督财产险市场,到11个地市开展农业保险检查,覆盖全省1/3以上的农险保单;根据指标监测情况,筛选机构实施车险检查,规范车险经营行为。人身险市场,开展业务合规性检查,对1家省公司、两名责任人实施处罚,罚款28万元。监督中介市场,在开展专项排查基础上,围绕“五虚”等问题,对部分专业代理机构实施重点抽查,处罚5家机构、6名责任人,罚款19.9万元。

开展反保险欺诈专项行动。4月至10月,山西保监局与山西省公安厅组织山西省保险业开展“安宁2016”反欺诈区域专项行动。专项行动中,全行业累计向公安机关移送保险欺诈案件线索102条,公安机关立案13起,涉案金额550万元,侦破9起,其中包括2起专业化犯罪团伙案。通过反欺诈专项排查和日常预防,辖内保险公司合计减损3216件,减损金额11483.41万元。

整治不规范销售行为。6月,山西保监局下发《关于整治和规范保险销售行为的通知》,组织全行业开展专项整治活动。重点查处市场投诉率突出的两家财产险公司,对机构及相关责任人给予行政处罚。指导行业协会加强自律,督促相关公司对照监管要求开展系统性自查整改。

(李 鹏)

2016年7月8日,朔州市全国保险公众宣传日活动现场 (李 鹏供图)

【保险消费者权益保护】 2016年，山西保监局加强积压未决赔案清理工作，加大车险理赔服务评价指标披露力度，车险服务水平提升。开展销售误导综合治理效果评价及披露，强化保险公司主体责任，评价得分低于60分的保险公司，由上年同期的6家减少至3家。对12378消费者维权热线和投诉系统升级改造，热线接通率和处理满意率提高。全年处理消费者投诉2000余件，为消费者维护经济利益600多万元。开展“亮剑行动”，严查电网销业务领域存在的违法违规问题，对两家保险公司省级分公司开展现场检查并采取监管措施，打击损害保险消费者权益的违规行为，营造安全放心的保险消费环境，提升保险消费者满意度。各地保险行业协会完善保险纠纷调处机制，全年各调解机构受理保险纠纷案件799件，化解665件，成功率83.2%，涉案金额近5000万元。与省高院沟通，加强诉调对接，调解案件150件，增长154%，涉案金额248.6万元。

2016年，山西保险业利用“3·15”消费者权益保护日、“7·8”保险公众宣传日，向消费者普及保险消费和维权知识。通过微信平台、外网网站等新媒体，宣传保险知识，开展风险提示，全年发布宣传提示信息160多条。在《信用山西》网站，公布行政许可、行政处罚等信息，保障消费者知情权。

（李　鹏）

【保险业风险防范】 2016年，山西保监局开展互联网保险风险专项整治，加强保险业风险防范。

按照保监会统一部署，山西保监局联合省工商局、省金融办等部门，组织行业开展互联网保险风险专项整治，对存在突出问题机构清理整顿，防范化解相关风险。防范非正常满期给付和退保风险。建立双周监测报告制度，掌握风险底数，动态跟踪有关情况，针对问题进行窗口指导。关注中短存续期产品和电销网销渠道等情况，强化风险提示，确保相关风险总体可控。

防范非法集资风险。山西保监局组织保险业开展以“慧眼·守信·明责”为主题防范非法集资宣传月活动，提高行业防范非法集资风险意识。全行业建立非法集资风险排查机制，应对并处置“紫登书院”房地产项目等假借保险名义、涉嫌非法集资的跨区域、跨行业风险问题。

（李　鹏）

【保险机构拓展】 2016年5月9日，中国保险监督管理委员会山西监管局运城监管分局正式设立，负责对运城市保险机构的经营活动进行监督管理，依法查处辖区内保险违法违规行为，维护保险市场秩序，依法保护保险消费者合法权益，监测、分析辖区内保险市场运行，防范和化解辖区内保险风险。4月，大证保险经纪股份有限公司经营保险经纪业务申请获中国保监会批准，5月开业。10月至12月，山西保监局加强保险行业组织自律体系建设，完成保险业自律组织规范化改革，指导山西省保险行业协会10个地市办事处全部转制为地市保险行业协会，在山西省保险行业协会设立地市协会工作委员会，完善保险行业协会管理体系。11月，山西省保险行业协会保险专业中介委员会成立。11月30日，山西保险业反欺诈中心揭牌成立，反欺诈中心办公室设在山西省保险行业协会。山西保监局和山西省公安厅联合下发《关于进一步做好反保险欺诈工作的指导意见》，指导反保险欺诈组织体系建设。各地市保险行业协会按照联合文件精神，与当地公安部门联合下发专门文件，先后设立10家反欺诈工作站，全省反保险欺诈组织体系建立。

（李　鹏）

·中国证券监督管理委员会山西监管局·

【概述】 2016年，中国证券监督管理委员会山西监管局（简称山西省证监局）以强化监管本位为核心，以防控市场风险为底线，以服务实体经济和保护投资者合法权益为宗旨，推进依法、从严、全面监管，在维护市场稳定、提升监管效能、推动改革创新、服务实体经济等方面积极作为，促进辖区资本市场发展。2016年，山西证监局依法从严全面监管，打击各类违法违规行为，维护辖区资本市场安全稳定，为改革发展营造良好环境。全年累计对证券期货基金经营机构、上市公司等市场主体进行现场检查110家次，对监管中发现的问题下发监管问询函25件，下发监管关注函32件，下发行政监管措施决定21件，查办省内证券期货违法违规案件9件，做出行政处罚决定5件。坚持打防结合，对辖区非法证券期货活动保持高压态势。对1件涉嫌非法经营证券投资咨询业务案进行立案调查，向省政府报告非法发行线索2起，配合相关部门出具性质认定意见3件。组织辖区证券期货基金经营机构开展2016年防范和打击非法集资宣传月活动，累计发放宣传教育材料12000余份；组织开展“正确认识私募，远离非法投资”主题宣传活动，推动私募基金管理人诚信合规自律；联合省商务厅、金融办等部门，对省内各类交易场所进行联合摸底调查；加大非法证券活动曝光力度，不定期在山西证监局官网发布非法经营证券期货业务机构信息。

（张会玉）

【市场风险防范和化解】 2016年，山西证监局联合省金融办、工商局、公安厅及通信管理局等部门，开展股权众筹风险专项整治工作，对互联网股权融资平台及平台融资者非法公开发行、违法私募、非法经营证券业务、虚假宣传等行为进行集中整治；对1家期货公司施加监管压力，督促公司彻底追回控股股东及其关联方占用资金，解除公司担保责任，化解公司持续经营风险；关注煤炭行业上市公司经营情况，系统梳理行业面临共性问题，防范行业经营风险向信息披露违规风险转化。开展证券期货行业风险隐患大排查大整治工作。

（张会玉）

【证券期货行政许可事项】 2016年，山西证监局从严审核行政许可事项，规范备案报告事项登记、审核办理工作。全年累计受理行政许可申请7件，同比减少53.3%，办结并做出行政许可决定7件。办理经理层人员年检事项1件。发放证券期货经营机构许可证86件。（张会玉）

【资本市场错位发展协同互补】2016年，山西证监局深化与地方政府及相关职能部门合作，协调沪深证券交易所及全国股转系统专业力量，加大资本市场调研、宣传和培育力度，支持各类企业上市、挂牌，指导山西股权交易中心健康发展。截至2016年底，山西省有A股上市公司38家，其中主板31家、中小板4家、创业板3家；全国股权转让系统挂牌企业65家；山西省股权交易中心挂牌企业1456家；在辅导备案的拟上市公司9家，其中证监会在审企业2家，特别是壶化集团注册地在贫困地区，享受证监会即报即审的绿色通道；12家省内企业在交易所累计发行26只公司债券。完善错位发展、协同互补的多层次资本市场。（张会玉）

【资本市场融资】2016年，山西证监局引导相关企业利用资本市场进行直接融资，全年实现资本市场直接融资945.98亿元，同比增长9.21%，实现五连增，其中美锦能源等11家上市公司股权融资186.99亿元，2家上市公司发行公司债融资50亿元，11家非上市企业发行公司债融资261.7亿元，17家新三板挂牌公司定向增发融资2.86亿元，山西天然气公司发行企业债融资10亿元，私募基金融资22.96亿元，证券公司发行柜台产品融资203.18亿元，证券业务创新融资149.12亿元，长治银行等2家企业通过发行资产支持证券融资51.07亿元，互联网平台高新普惠公司为中小企业融资5.32亿元，山西股权交易中心融资2.78亿元。全年全省银行间市场融资1607.2亿元，以上两方面合计，全省2016年宽口径直接融资规模达2553.18亿元，超过银行贷款增量，占比为144%。（张会玉）

【区域经济转型升级】2016年，山西证监局支持上市公司利用资本市场开展并购重组，为调结构、去产能、促转型提供动力。引导和支持振东制药、英洛华、永泰能源、大秦铁路、*ST煤气5家上市公司完成并购重组，涉及并购金额103.39亿元。煤气化借助资产重组，置入盈利能力较强、发展潜力较大的优质煤层气资产，改善经营状况，实现产业转型升级。晋煤煤层气实现曲线上市。（张会玉）

【证券期货经营机构实力增强】截至2016年底，山西省有2家证券公司、28家证券公司分公司、164家证券营业部；有3家期货公司、1家期货分公司和27家期货营业部。山西证监局推动证券期货经营机构提高资本实力，支持证券期货经营机构开展业务创新。支持山西证券和大同证券开通深港通业务交易权限，支持山西证券香港子公司增资至10亿港币，国际化经营迈出新步伐。支持大同证券取得保荐机构资格。支持和合期货取得期货投资咨询业务资格与公开募集证券投资基金销售业务资格。截至2016年底，2家证券公司总资产达519.39亿元，同比增长8.54%；3家期货公司总资产达6.80亿元，同比增长9.07%。支持和合期货新设5家分支机构；支持晟鑫期货借入次级债500万元。深化证券经营机构综合服务窗口功能，通过股权质押融资、定向资管融资、约定式购回、公司债、短期融资券、资产证券化等融资工具累计为实体企业融资287.83亿元。支持太钢不锈、山西天鹏集团有限公司等9家企业开展套期保值业务，累计成交金额9.6亿元。（张会玉）

【基金管理行业发展规范】2016年，山西省基金行业运行平稳，公募基金销售机构规范开展，私募基金产业规范运作水平提升。截至2016年底，山西证券股份有限公司管理4支公募基金产品，规模累计51.57亿元。和合期货经纪有限公司和晋中银行股份有限公司取得公开募集证券投资基金销售业务资格，全省公募基金机构布局加快。私募基金方面，截至2016年底，省内在中国证券投资基金业协会登记的私募投资基金管理人为37家，其中私募股权投资基金管理人18家，创业投资基金管理人7家，证券投资基金管理人12家，私募基金累计融资22.96亿元。2016年，山西证监局完成对省内所有登记备案的私募基金管理人的现场检查工作，对检查中发现的问题采取作出行政处罚决定1件、作出行政监管措施决定1件、下发监管关注函7件。（张会玉）

【资本市场服务实体经济】2016年，山西证监局推动资本市场改革创新，服务实体经济发展。推动资本市场助推扶贫攻坚。向省政府报送相关工作报告，指出在贫困地区对接资本市场、招商引资、并购重组以及人才培养等方面所面临的难得机遇，并提出具体工作建议。以金融创新和模式创新助力山西旅游振兴，指导开展“旅游振兴+金融创新”试点，指导成立山西省首家混合所有制旅游文化产业发展集团，组建旅游文化产业基金，开展区域景区集群和泛旅游产业集群，试点工作取得成效。支持发展普惠金融。山西省高新普惠资本服务有限公司创新金融模式，为中小企业提供融资服务，为缓解中小企业融资难探索新路径。（张会玉）

【资本市场培育成长】2016年，山西证监局与有关部门、地市合作，通过各类专题培训和政策讲座，推进资本市场人才培养和干部培训工作。与省金融办、省扶贫办联合举办“资本市场服务山西脱贫攻坚”专题培训会，指导贫困县用好资本市场利好政策；与中国工商银行联合举办“资本助力振兴山西”资本市场论坛；与省金融办、省农业厅、省保监局联合举办“期货+保险”服务三农创新研讨会，推动期货经营机构试水“期货+保险”新模式。局领导到市场主体、市县调研30余次；为阳泉市委理论中心组、省委组织部、省金融办、省中小企业局等单位做多场资本市场专题报告。加强市场主体培训工作。联合省内四个行业协会举办各类专题培训10余次，受训人数累计2000余人。承接高平市2批次10余名干部在山西证监局挂职学习。借力主流媒体，强化舆论宣传工作，营造资本市场服务山西转型发展良好氛围，围绕资本市场新出台政策、证券期货领域投资者教育、防范打击非法集资活动等开展宣传报道工作，各类新闻媒体全年围绕山西资本市场有关工作发表100余篇新闻稿件。 （张会玉）

银　行

·中国工商银行股份有限公司山西省分行·

【概述】 2016年，中国工商银行股份有限公司山西省分行（简称工行山西分行）实现拨备前利润54.99亿元，完成总行保底目标的99.51%；在拨备提取同比增加1.8亿元的基础上，实现净利润29.40亿元。截至2016年底，本外币各项贷款余额2233.40亿元，较2016年年初增加84.3亿元，其中公司贷款较年初增加9.22亿元，个人贷款较年初增加7.21亿元，票据贴现较年初增加44.12亿元。本外币全部存款（本外币）余额4065.68亿元，较年初时点增加104.54亿元，其中储蓄存款时点增加101.68亿元，日均增加59.33亿元。全年实现中间业务收入（含银行卡还原）21.57亿元；压降潜在风险融资56亿元，清收处置不良贷款35.61亿元；不良贷款余额46.42亿元，控制在总行53亿元任务目标以内；不良贷款率2.08%，较年初上升0.47个百分点。 （闫洁琼）

【存款业务】 2016年，工行山西分行将稳定存款市场份额为重要内容开拓存款市场。将拓户增存作为关键举措，围绕稳拓两条线，依托三大委员会平台职能，发挥线上线下一体化优势，形成线上快速拓户和线下精准维护的营销格局，实现客户扩容提质和存款增长。全年新增对公结算账户16137户，完成全年计划的134.5%，完成率列系统内第1位，新开户时点存款达65.9亿元；新增个人有效客户60.87万户，其中四星级及以上客户新增11.51万户。储蓄存款稳固传统领先位次，围绕代发工资、大学生、普通商户、重点对公客户四大目标市场，突出薪金溢、节节高、存管通、大额存单等创新性产品优势，拉动储蓄存款增长，年末储蓄存款时点和日均余额全部排名系统内第11位。公司存款盯着传统大户和贷款客户，在月末季末关键节点锁定烟草、铁路、移动等传统大户资金动向，执行大额资金流动提前预警和挽留机制，防止存款大起大落；跟踪贷款支付链条，加强信贷派生存款管理和“裸贷”专项治理，实现派生存款体内循环。机构存款发力财政、社保、军队、公积金等传统市场，拓展工会社团、教育院校、住宅维修基金等新增长点，全年新拓工会组织客户329户，新增存款1345万元；与山西大学等3所高校签署全面战略合作协议，教育院校新增存款2.91亿元，同比多增3.96亿元；住宅维修基金营销面覆盖到9市23个机构，存款余额突破4亿元。 （闫洁琼）

【贷款业务】 2016年，工行山西分行把服务与支持实体作为银行经营的核心，结合山西实际，形成“贷大、贷小、贷新、贷低”的战略思路。通过自上而下和自下而上开展多轮次信贷市场梳理，充实信贷项目储备库，明确近中远分批次的信贷营销目标。2016年，累计投放各项贷款（含票据）1283.72亿元，同比多投60.78亿元，本外币各项贷款余额2233.4亿元，较年初增加84.3亿元。在传统煤炭领域，按照“不能只贷煤、只贷大，但首先必须贷好煤、贷好大”的工作导向，树立与重点煤企共克时艰、共担荣辱的责任意识，与省内七大煤业集团全部签订深化合作协议，达成新增融资意向300亿元，全年煤炭行业累放贷款229亿元，占全部公司贷款的36.23%。在优势项目贷款领域，加大对电力、交通等大型优质项目的支持力度，电力、高速公路、铁路行业分别累放贷款90亿元、52亿元、21.03亿元。在新兴行业领域，紧扣地方经济产业结构优化升级需要，支持新能源、装备制造、旅游文化等新兴行业发展，全年累放新兴行业贷款122亿元，占全部公司贷款的19.3%。在小微服务领域，成立太原、运城两个小微专营中心，发挥工行小微金融线上标准化和线下专

2016年10月24日，中国工商银行山西分行举办山西首届资本论坛

（闫洁琼供图）

营化的优势，推广网贷通、银政通、医保贷等创新类优势产品，提高小微金融的专业水平和放贷效率。2016年实现小微金融网络融资2.42亿元，占比42.23%；小微中心放贷2.32亿元，占比40.5%。（闫洁琼）

【资产质量把关】 2016年，工行山西分行把过好资产质量关作为全年工作的头等大事，在全行传导管控风险、清收不良也是“创造利润、创造价值”的经营理念，确保资产质量。夯实信贷基础管理，落实专家治贷要求，在省分行组建信贷作业监测中心和不良资产管理处置中心，推进信贷人员持证上岗、信贷经营机构资质审核，实现信贷营销、监测、处置全流程的专业化、专职化管理。领导带头加大资产管理工作的督导力度，建立行领导分片包干督导二级分行资产质量的工作机制，30次召开督导工作视频会议，35次深入二级分行和重点企业开展现场面对面研究，传导压力，共同探讨思路，确保各项风险管控措施和不良清收手段落地执行。加强对潜在风险的排查治理，开展法人客户风险滚动排查，组织召开23次专题会议，对95户重点客户涉及1755亿信贷资金开展统一会诊，一户一策提出风险控制意见，确保潜在风险可预测、可控制。全年压降潜在风险贷款余额56亿元，完成总行下达任务的116.67%。坚持常规清收和创新清收“两条腿走路”的不良处置思路，统筹用好现金清收、债务重组、推动兼并、以物抵贷、打包处置、呆账核销等手段，以更少的财务成本撬动更多的不良资产化解。全年清收处置不良贷款35.61亿元，比上年同期增加16.14亿元。创新开展信用卡透支逾期处置，对1.16亿信用卡不良贷款实施证券化出表处理，不良率较处置前大幅下降1.5个百分点。加强对代理信托类表外风险、私人银行委托贷款等重点风险的化解维稳工作，争取政府职能部门及法院的支持，督促合作机构和企业加快风险资产处置，确保各类风险可控。（闫洁琼）

【中间业务】 2016年，工行山西分行加快重点产品线转型，挖潜旧动能、培育新动能，打造多条业务线齐头并进的格局。实现中间业务收入（含银行卡还原）21.57亿元，保持同业首位。做强做大投行业务，举办山西首届资本论坛，与38家上市公司和7家拟上市企业共谋业务机会，实现资本市场类业务三个“第一笔”，即第一笔股票质押回购、第一笔结构化股票融资、第一笔定向增发，塑造工银投行的品牌形象，全年落地投行项目11个，较上年增加3.5倍。创新运用投行手段，置换他行76亿元交通厅贷款，完成首期36亿元投放；抓住债转股政策机遇，与太钢、同煤、阳煤签署300亿元债转股协议，成为全国最大一单债转股项目。发挥大零售的压舱石作用，个人代理基金保险销售、信用卡分期、二维码支付、私人银行家族财富管理等重点业务均实现突破，大零售营业贡献达40.43亿元，占比51.98%，同比提高7.04个百分点；大零售实现中间业务收入14.29亿元，全行占比66.52%，同比提高0.1个百分点。大资管业务发挥引擎拉动作用，全年向总行推荐资管项目100.65亿元，投资地方债86亿元，实现债券投资收益2.51亿元，系统内排第4位；累计销售养老金理财175亿元，任务完成率在系统内排名第1位；新增资产托管净值1167亿元，实现营业贡献1.49亿元。在贵金属业务线组建三级联动的柔性团队，明确考核评价办法，调动营销队伍积极性，全年净增贵金属有效客户5.31万户，实现贵金属业务收入5139万元。互联网金融以“三大平台”为核心，丰富场景设计，提升运营水平，在行内以业绩评选调动全员营销积极性，在行外连续开展多个主题活动提升平台流量和品牌知名度，全年新增融e联客户214万户、新增融e行客户149万户，融e购B2C交易额实现8.9亿元，B2B交易额实现52亿元。（闫洁琼）

【金融服务】 2016年，工行山西分行成立深化改革办公室，统筹研究和推动各项改革创新工作。把握城市银行重点，确立“发展营业部、壮大营业部”的战略重点，从七个方面对接帮扶举措，形成《营业部竞争力提升目标评价体系》，助力营业部稳固市场地位。把握客户服务基础，以建设客户满意银行为目标，推进网点竞争力提升工程，加快智能银行建设，启动“服务面貌专项整治季”活动和网点靓化工程，促进服务面貌改善。全年改造智能化服务模式网点340家，完成总行任务的425%，智能网点覆盖率74.73%；改建轻型网点26家，总量优化网点4家，均完成总行任务。创新队伍组织方式，在贷后管理、贵金属、信用卡收单等新兴业务

2016年12月，中国工商银行山西分行与山西省三家煤企签订300亿元债转股协议 （闫洁琼供图）

条线组建25支柔性化工作团队，开展人员组织和业务拓展，提高业务发展效率。投身社会公益事业，在扶贫、助学、助残、环保等方面发挥金融骨干作用。对两个扶贫点各捐赠5万元，用于民生工程。开展送温暖活动，将总行拨付资金146万元，山西分行按照1:1比例配备配套资金用于特困救助。（闫洁琼）

·中国农业银行山西省分行·

【概述】2016年，中国农业银行股份有限公司山西省分行（简称农行山西分行）加大支持实体经济、服务三农，支持小微企业和服务全省城乡居民的力度，主要业务稳中有进、进中有快、快中有好，市场竞争力、风险控制力、价值创造力提升。截至2016年底，农行山西分行各项存款余额3135亿元，比年初增加208亿元，为五年来最好水平，排名四大行第一。市场份额提升0.26个百分点；核心存款日均余额3035亿元，市场份额提升0.11个百分点；存款时点、日均份额“双提升”，日均余额、份额“双突破”。个人存款逆势增长，时点、日均增量均居四行第一，时点、日均份额分别提升0.82、0.48个百分点，发挥“压舱石”作用；县域时点、日均增量分别占全行的68%、73%。（田喜成）

【服务方式转变】2016年，农行山西分行转变服务方式，存款市场份额提高。分行依托支行网点，增强渠道建设。截至2016年底，农行在全省共有一、二级支行281个，分理处、储蓄所221个，离行式自助银行571个，现金类自助设备2825台，为全省同行业第一。在人力资源配置上，随着全行服务渠道的增强，营业服务窗口的一线临柜人员从高柜大量向低柜分流，加大“赢在大堂”的服务营销力度；在产品创新推广上，为企事业单位推出适合其资金效益实现最大化的投资或理财新产品和现金管理新平台，为城乡居民开发和推出包括“金钥匙·安心得利”“农银财富·如意”等系列适合其不同本外币理财需求的新产品；在服务营销强化上，加大公司、机构和国际金融业务的营销力度、加大同业战略合作力度，加大包括“春天行动”“激情仲夏”“赢在金秋”、ATM跨行业务抽奖营销在内的零售系列服务竞赛活动，确保全行存款业务领先发展。（田喜成）

【经营方式转变】2016年，农行山西分行贯彻国家宏观调控政策和货币信贷政策，支持全省供给侧结构性改革。围绕服务“去产能”，提出“三不、四调”管理思路（即授信总额不变、用信风险敞口不增加，行业贷款占比不提升的“三不原则”与调主体、调品种、调层级、调行业的“四调”思路）对煤炭、钢铁行业的信贷结构进行优化，不惜贷、不抽贷地支持有市场、前景好的煤炭、钢铁企业渡过结构调整难关。有保有压服务“去产能”，“保”重点客户需求，“压”一般企业规模，八大煤业贷款稳中有增。按照“高碳产业低碳发展，黑色煤炭绿色发展”理念，加大对全省产业集中度高、设备技术先进、资源消耗低、环境污染少、安全保障高、经济效益好的企业支持力度。累计发放贷款190多亿元支持大煤炭企业进行技改，引进新技术、新装备、新工艺和精细化园区式管理模式，实施安全绿色高效开采。支持绿色清洁能源项目，累计为18个光伏、风电项目投放资金29.28亿元，投放农村电网改造项目8亿元。邀请15家机构投资者，走访重点煤炭企业，增强投资者对山西煤炭行业转型发展的信心，帮助多家煤企发行超短期融资券45亿元。发展直接融资业务，为服务企业“降成本”。2016年承销地方政府债务85亿元，承销企业债77亿元，办理理财融资105亿元，为企业减息减费9亿多元。支持全省基础建设和高新产业发展。2016年，农行山西分行围绕全省基础建设，重点支持大西客专、晋豫鲁通道、蒙西华中铁路、准朔铁路、准池铁路等项目工程建设。截至2016年底，基建贷款增量占到法人贷款的88%。其中，涉及铁路运输行业贷款余额达150.83亿元，净增9.42亿元；对高端装备制造、新能源、清洁能源等新兴产业项目合计授信118.27亿元，出贷108.26亿元。支持小微企业发展。2016年，农行山西分行通过扶持小微企业发展壮大，小微贷款余额达111.81亿元，净增16.84亿元，达到银监部门对小微企业贷款增速不低于各项贷款的平均增速、贷款户数不低于上年同期户数、申贷获得率不低于上年同期水平等“三个不低于”的监管要求，提升小微企业信贷总量、服务覆盖面和满意度。（田喜成）

【服务“三农”能力提升】2016年，农行山西分行服务“三农”，推进“惠农通”工程创新升级。截至2016年底，建成农村金融综合服务站34890个，覆盖行政村2万多个，覆盖率达72%；通过与山西水务投资集团有限公司签订将为全省水利项目建设提供不少于500亿元的意向授信额度的战略合作框架协议和贷款跟进，支持农业水利基础建设；通过发放贷款支持水塔陈醋集团、古城乳业、大同青龙养殖、平遥牛肉、紫林醋业等一大批农业产业化龙头企业，并围绕龙头企业，支持160多个产、供、销一体化的产业链，涉及2000多户企业或经纪人，带动70多万农户；通过增加11亿元的城镇化贷款、增长11.8%的农户贷款，支持县域经济发展；通过推进光伏扶贫贷，贫困县贷款增加23.7亿元，建档立卡贫困人口贷款增加4267万元，加大金融扶贫力度；通过加大惠民服务，全省农村基本实现“通用代收付平台”全覆盖，2378个惠农服务点上线“e农管家”，“农村金融支付平台”被省委、省政府推广，“惠农通”代理规模扩大。将服务“去库存”与支持城市居民改善性住房需求、进城务工人员购房需求紧密结合，加快个人住房贷款和“农民安家贷”投放步伐。截至2016年底，发放“农民安家贷”11.79亿元，支持5490户农户进城购房。（田喜成）

【风险管理加强】2016年，农行山西分行坚持“违规就是风险，安全就是效益”的风险理念，通过开展重点领域信用风险专项治理活动，促进盘活存量、优化增量，确保信贷资金安全性、流动性、效益性等“三性”实现最大化。强化风险管理围绕客户评级管理、信贷资产分类和操作风险管控等重点工作，严防死守各类风险，确保全行风险状况总体可控；注重内控合规建设，以严明的责任体系、严密的制度流程、严格的监督管理、严厉的处理惩戒、严肃的追责问责、严谨的绩效考核，形成源头严防、过程严管、风险严控、违规严处的机制；坚持“稳中求进、控险强基”，抓好全行安全生产和重点工作治理，提升安全生产意识，夯实基础管理，推进“三化三达标”工作，坚守安全底线，为业务经营提供安全保障。落实金融风险源头治理。通过警银配合，开展治理电信网络诈骗专项行动，为维护社会治安和确保社会一方平安作出贡献。

（田喜成）

·中国银行山西省分行·

【概述】 2016年，中国银行山西省分行（简称中行山西分行）完成人民币各项存款日均余额2340.35亿元，日均新增167.12亿元。外币各项存款日均余额12.52亿美元，日均新增2.5亿美元。人民币各项贷款时点余额1271.44亿元，较年初新增160.21亿元。人民币各项存贷款新增市场份额均位列四大行第二。其中，行政事业存款日均余额610.87亿元，较年初新增64.34亿元，新增额四大行排名第一；公司存款新增52.33亿元，公司贷款新增146.95亿元，四大行排名均为第一。国际贸易结算、跨境人民币结算、结售汇三项业务市场份额保持同行业第一；ETC发卡新增市场份额、存量市场份额同业排名第二；累计承销债券190亿元、分销债券166.5亿元、叙作福费廷业务745亿元。不良资产较年初下降2.78亿元；不良率1.1%，较年初下降0.4个百分点，连续两个年度保持“双降”，不良率从省内四大行最高降到最低。树立“以客户为中心”的理念，加强互联网、大数据技术在金融创新中的应用，重点围绕互联网金融、城投债、海外债、资产证券化、中银城市发展基金、产业基金、政府购买服务等前沿业务，为省内企业和广大人民群众提供多元化“融资+融智”金融服务。

（宁裕东）

【金融支持实体经济】 2016年4月27日，中国银行总行与山西省人民政府签署《金融支持山西“十三五”经济发展战略合作协议》，中行山西省分行落实合作协议内容，优先满足政府支持的信贷需求，将信贷资源投向省内重点项目工程、重大基础建设项目以及骨干企业，提升金融服务实体经济工作的质效。在保证煤炭行业授信需求的基础上，扶持“非煤产业”做大做强，对接“六大工程”建设，全年累计为山西各界提供资金支持740亿元，累计向省属重点企业、重大项目和重点工程建设投放公司贷款384.45亿元。其中，为煤炭、交通运输、电力等支柱行业投放233.7亿元；为农林牧业、教育文化、医疗卫生、社会保障等弱经济周期行业投放贷款31.84亿元。支持潞安集团、晋煤集团、阳煤集团、山煤集团、同煤集团等省内重点企业完成归还再贷325亿元，将七大煤业106.19亿元的短期流动资金贷款转换为中长期专项贷款。

（宁裕东）

【企业融资减负让利】 2016年，中行山西分行执行山西省委、省政府为企业减负让利有关政策，对太钢集团、七大煤业、富士康等省内重点企业实行优惠利率。新发生公司贷款平均利率不到4%，在同行业和系统内都比较低，减轻企业筹资成本。

拓宽融资渠道，为企业多融资、降成本。2016年，中行山西分行为省属七大煤业、太钢等大型企业累计发行非金融企业债务融资工具196亿元，位列四大行第一，以低成本融资支持省内实体经济发展。太化房地产4亿元城发基金、山西路桥集团2.5亿美元海外债、山西证券3亿元券商受益凭证、晋中东外环5亿元PPP项目等一批投行资管创新业务先后“破冰”；发放山西首支权益类公募基金。通过委托债权模式、中银城市发展基金等非标理财业务帮助企业获取融资，实现山西省城发基金业务的突破及非标资产投放模式的创新；通过外币债务套期保值等外汇交易保值产品，帮助企业有效规避汇率波动风险，锁定财务成本，实现资产增值保值。

2016年5月1日，中国银行山西省分行开具全省金融行业首张增值税发票

（宁裕东供图）

2016 年 4 月 28 日，中国银行与山西省人民政府签署战略合作协议

（宁裕东供图）

推出“中银接力通宝”“信用恢复”“医保贷”“应收通宝”“影视通宝”等产品，缓解中小微企业、民营企业的还款续贷压力，推进“银税合作”，创新性地开办“出口退税账户质押融资”业务，提高中小微服务水平。

（宁裕东）

【金融助力省内企业“走出去”】2016 年，中行山西分行按照“培育外向型骨干企业”的部署，累计为省内重点外贸企业办理国际贸易结算业务 49.45 美元、跨境人民币结算业务 46.24 亿元、结售汇业务 31.05 亿美元。

中行山西分行按照“鼓励优势企业走出去”的部署，开办境外工程承包项目项下投标、履约等非融资性保函，风险专项资金项下保函以及“内保外贷”等特色业务，助力企业在国际市场上拼抢业务。截至 2016 年底，中行山西分行为中铁三局、中铁十二局、中铁十七局等多家企业办理上述业务 1.75 亿美元。

中行山西分行按照“把山西经济纳入国际国内市场大循环”的部署，加强银保合作，将银行贸易融资与政策性出口信用保险结合，为“走出去”企业提供资金“融”通的便利；依托出口商业发票贴现、福费廷、中银货运保险等业务，支持外向型企业货物、技术和服务的出口。2016 年，累计叙作福费廷业务 745 亿元。

筹备跨境撮合。中行山西分行与山西省商务厅、科技厅、农业厅等政府职能部门对接洽谈合作，提前做好客户储备工作，推荐客户参加中总行和其他中行兄弟行组织的跨境撮合论坛；筹备由山西省主办的跨境撮合活动，以山西省为主场，借助该行海内外业务平台的优势，吸引全球各地企业，搭建业务交流平台，畅通信息渠道，为山西省中小企业发展开拓市场，组织优势企业到境外开展对外投资促进活动，推动山西企业和境外企业的交流合作。（宁裕东）

【困难企业帮扶与风险化解】2016 年，中行山西分行落实有关债委会的工作要求。牵头组建成立 14 家债委会；作为参与行，签订 49 家企业的债委会协议。履行主席职责，完善工作机制，建立议事规则，加强与各成员单位、企业以及政府的交流，定期开展调研并组织召开债委会会议，共享信息，共担风险。针对经营暂时出现困难的企业，与债委会成员单位共同研究解决方案，结合实际情况，一户一策，帮助企业渡过难关。参与主席行组织的各项会议，共同协商，增进互信，推动企业解困、银行化险。

打好风险化解工作的提前量。中行山西分行成立大户化解中心和大户管控中心“两个中心”，加强对企业生产经营情况的实地调研，掌握企业的“活情况”“真情况”，调整授信策略及管控策略，提高授信资产质量管理的前瞻性和主动性。对于潜在不良信贷客户风险做好两手准备，制订两套方案。一套是化解方案。对讲诚信、产品有销路、政府支持、资金周转暂时出现困难的企业，不抽贷、不断贷、不压贷，不简单通过法律诉讼解决问题，而是突出重组平移的主渠道作用，以时间换空间，帮助企业恢复造血功能。2016 年，通过调整授信品种、调整还款计划、变更授信主体等方式，累计盘活化解逾期及潜在不良客户 68 户，对应金额 87 亿元。另一套是清收方案。对不讲诚信、逃废债的企业，从速从快、坚决清收。

加大存量不良化解力度。中行山西分行通过综合运用重组平移、打包核销、法律诉讼等手段，及早处置，全年共实现不良化解 12.5 亿元。运用“不良资产证券化”这一创新性化解方式，实现化解 3.72 亿元。

响应山西省委省政府全省万名干部入企服务工作。中行山西分行选派政治素质硬、政策水平高、业务能力强的 14 名干部投入到该项工作中，了解企业的实际生产情况，加大对企业解决问题的帮扶力度；选派专门人员挂职县域金融副职，为当地经济金融发展提供人才支持。（宁裕东）

【普惠金融发展】2016 年，中行山西分行加大拓展力度，紧抓惠民生政策红利，拓宽 ETC 服务渠道、增加 ETC 服务产品，于 2016 年 6 月投产 ETC 储值卡项目。

实现银行、医保、医院系统“三网融合”，为参保群众提供“一站式”便民服务。以社保卡、医保卡、福农卡等产品为依托，以固话 POS 机、村村通等为平台，为广大人民群众提供金融服务。截至 2016 年底，累计发放各类保障卡 300 余万张，设立“村村通”农村金融综合服务站 1260 个。

叙作住房按揭贷款、汽车专向分期、爱家分期等产品，满足山西人民消费需求。推进互联网金融创新，启动"晋升计划"，传统个人信贷产品网络化转型，2016年8月投放首笔中银E贷业务，年末突破7000万元。　（宁裕东）

·中国建设银行山西省分行·

【概述】 2016年，中国建设银行山西省分行（简称建行山西分行）立足三晋服务全省民众，推动创新支持转型发展，对接实体经济融资需求，衔接重点建设项目。紧扣"大资产、大负债、大同业、大数据、大太原"五大转型发展路径，即"以大资产为带动，开辟山西分行转型创新新境界；以大负债为提升，走出山西分行差别化管理新路径；以大同业为阶梯，打造山西分行提质增效新蓝海；以大数据为驱动，培育山西分行精细化管理新动能；以大太原为标杆，开创山西分行区域综合协同新格局"。

2016年，建行山西分行实现考核利润23亿元，主营业务收入81亿元。一般性存款日均余额2932亿元，四行占比24%；日均新增227.8亿元，四行占比34%，四行第一。其中，企业存款日均余额1265亿元，四行占比27%，四行第二；日均新增111亿元，四行占比51%，四行第一。个人存款日均余额1667亿元，四行占比22%；日均新增117亿元，四行占比23%。贷款投放创出新高。各项贷款余额1853亿元，新增221亿元，四行占比38%，四行第一。中间业务收入增量、增速四行第一。实现净收入16.7亿元，四行占比30%，四行第二。客户发展增量四行第一。单位人民币结算账户增速，全量账户11万户，四行占比27%；新增1.58万户，四行占比39%，增速和增量连续三年保持四行第一。资产质量实现控制目标。处置不良贷款23亿元；不良贷款率1.94%，不良率由低到高四行第二。建行山西省分行下设16个二级机构，有营业机构376个；员工10442人。　（麻林楠）

【助推地方经济转型】 2016年，建行山西分行支持煤炭行业"去杠杆"。与省国资委、山西焦煤集团签署全省首单市场化债转股合作框架协议，设立"150亿焦煤集团降杠杆基金"和"100亿焦煤集团促转型基金"，为企业节约财务成本9亿元，降低企业资产负债率5个百分点。支持煤炭行业"降成本"。对省属七大煤炭集团确定支持策略，为企业融资争取主动。确保企业资金链条不断，2016年完成煤炭行业转续贷240笔，金额226亿元；配合企业实施转型升级，对七大煤炭集团煤炭信贷支持210亿元，对其非煤板块信贷支持80亿元；落实债委会工作，对34户企业牵头组建债权人委员会，涉授信余额1060亿元，贷款余额680亿元。推进房地产行业"去库存"。通过利率优惠、降低首付比例、差别化农民工贷款政策等措施，做好商品房、保障房、二手房领域信贷投放工作。2016年，个人贷款余额突破400亿元，实现两年翻番目标。住房类贷款投放136亿元，四行占比62%，余额、投放、增速保持四行第一。重视脱贫攻坚"补短板"。制订金融精准扶贫实施方案，对接选择客户及项目。截至2016年底，发放各类扶贫开发贷款6.7亿元；在全省范围建设农村"金融综合服务站"7600余家，助农取款服务点1.42万个，发放农民社会保障卡约750万张。

2016年，建行山西分行紧抓地方经济支点，主动对接国家及省内大中型重点项目，支持地方经济发展。对162户煤炭行业客户逐户制订经营方案，对七大煤炭集团按"一户一策"确定支持策略。推出融资租赁服务，满足煤炭企业资金需求，优化企业财务报表，减轻企业财务负担。服务城镇化建设，支持城中村改造项目，与小店区政府合作设立18亿元"太原市小店区城中村改造基金"。加大实体经济投入力度，小企业"助保贷"业务合作平台扩展到91个，实现区域内全覆盖。教育行业投入30多亿元支持高校新区建设，投入5000万元支持高校信息数字化校园建设，支持第二届山西省"互联网+"大学生创新创业大赛。卫生行业累计投放2.5亿元为各地市卫生行业龙头医院提供信贷支持，投入4000万创新数字信息化"智慧医院"项目，缓解群众"挂号难、付费难、排队难"民生问题。2016年，投入银医通、银校通项目21个，同业最多。　（麻林楠）

【金融服务创新】 2016年，建行山西分行围绕省委省政府转型综改试验区建设战略，创新金融服务模式。成

2016年12月16日，中国建设银行重点城市行太原并州分行举行开业庆典

（麻林楠供图）

2016年9月30日，建行山西分行举办金融服务校园行活动启动仪式

（麻林楠供图）

立信用卡、个贷、国际业务、同业（票据）、小企业、私行6个直营机构和1个渠道运营和电子银行服务中心，以团队模式把管理和服务的触角延伸到网点和前端。整合升级太原地区机构，成立并州分行，明确责任主体，对接、支持转型综改试验区和开发区建设，助推和支持省会太原经济振兴繁荣。采取三级扁平化的架构，即省分行—并州分行—营业网点（支行），加强统筹管理，形成合力，提升市场竞争能力。2016年，太原并州分行一般性存款日均新增全省系统占比73%，四行第一；各项贷款新增全省系统占比89%，四行第一；中间业务收入四行第二；经营效益增长17%，综合竞争力跃居同业第一。（麻林楠）

【信贷结构优化】 2016年，建行山西分行围绕“控煤、增电、强化双基、全力做大个人类贷款”的信贷业务发展主体思路，严控煤炭行业信贷余额零增长，支持国有五大发电集团优质项目、电网项目，强化基础设施建设和机构类业务。突出“三大一高”非煤产业。公司类非贴贷款新增同业创历史最好成绩。贷款余额新增前三位的行业为交通、租赁和商务服务业以及电力行业，合计新增78亿元，占全部新增的145%。焦化、钢铁、煤贸等受调控的产能过剩行业贷款余额下降。拓展机构客户。以“机构业务营销年”为契机，建设银医、银校金融服务生态圈25个，累计为教育、卫生行业投放贷款6.98亿元、3.83亿元。强化个贷业务发展。完善“个贷中心+网点”的营销体系，提出“要买房到建行”口号，市场竞争力增强。2016年，个人贷款余额突破400亿元，四行占比46%，较年初提升5个百分点。（麻林楠）

【多维度金融生态圈】 2016年，建行山西分行以“个人金融生态圈建设”为抓手，开展“四全活动”；推进“县域、代工、社保、外汇、专业市场和社区金融”六大工程，布局旅游、社保、车友、银医及银校、社区五大方面，建设26个金融生态圈项目，新增发卡120万张，新增个人存款43亿元，新增对公存款11亿元。以客户提升为切入点，统筹结合数据分析结论和客群实际，关注六大客群，推广实施个人业务营销辅助系统，开展精准营销。抓好资金体内循环率和承接率。通过对客户资金流监控，强化对客户结算资金营销。截至2016年底，对公客户资金体内循环率46%，体内承接率45%。发挥机构存款“稳定器”作用。主抓财政国库定期存款，参与五期省级国库现金管理；抢抓社保新账户，以账户促存款；营销公检法司客户，打造多维度金融生态圈；推进县域机构业务，注重资金拓展。2016年，机构类存款新增86亿元，占全行存款新增45.4%。做好公积金存款的“缓降控流”工作，住房资金存款余额111亿元，四行占比47%。（麻林楠）

【综合融智服务】 2016年，建行山西分行突出综合性、体系化融智服务思维，加快同业票据业务发展。将同业和票据业务打造成全行转型发展中提质增效的新动力和新引擎。累计办理同业业务450亿元，新增373亿元，增长率达482%。加大投行业务发展。发挥投行业务驱动作用，满足客户多方位融资需求。发行资管投行产品42笔317亿元，同比增发79亿元。加强融资租赁业务发展。通过加强与子公司合作，投放融资租赁款28.5亿元，余额达79.69亿元。推进重点客户金融服务方案。针对不同客户类型，组建跨部门跨行级的客户经理专业团队，为涉及煤炭、钢铁、电力等多个行业的11户重点客户提供综合金融服务方案，发挥全牌照优势，满足客户需求，提升价值贡献度。

（麻林楠）

【资产管控强化】 2016年，建行山西分行严控欠息逾期类贷款。通过实时调度、持续督导、重点检测、联合帮扶、现场指挥等多种方式，消除逾期贷款，非不良逾期减少。对“30大”风险项目严防死守。加大不良资产处置力度。以提升不良贷款处置“量、质、效”为核心，加大回收盘活力度；强化激励，建立现金回收项目名单制；运用再融资、变更借款人、期限调整等措施，加大运用贷款减免手段，发挥盘活重组的综合效益。创新处置手段，参加总行首单不良资产证券化试点工作，通过资产证券化方式处置对公不良贷款7527万元。（麻林楠）

【风险防控责任落实】 2016年，建行山西分行将“管控好资产质量”作为重点工作。强化信贷流程控制。贷前

环节，在客户选择上下功夫，实施差别化分类管理；贷中环节，实施“集中放款中心”模式，放款审核和会计放款“双集中”；贷后环节，强化信贷管理责任落实。强化信贷制度落实。将风险防控责任落实到各级机构、各业务条线和各管理岗位。率先实行预警客户分级差别化管理。启动跟踪评价，对重点项目、重点二级行和基层行督导帮扶，对重点区域重点项目精耕细作。强化信贷主体责任落实。省份行行级领导分片包干处置“30大”风险客户，重点帮扶，实时监控，一户一策，帮助企业共同化解风险。（麻林楠）

·中国邮政储蓄银行山西省分行·

【概述】 2016年，中国邮政储蓄银行山西省分行（简称邮储银行山西分行）总资产规模2313.55亿元，同比增长2.51%。累计投放各项贷款685.04亿元，贷款总结余520.13亿元，同比增长21.84%。各项存款结余2236.94亿元，增幅13.05%。（杨宏东）

【存款业务】 2016年，邮储银行山西分行加快网点转型，提升客户体验，拉动储蓄存款增长，年度余额净增223.67亿元，创行内历史新高，同比增长283.63%。新增存款市场占有率15.40%，省内同业排名第1位。个人存款规模达1976.49亿元，存款规模市场占有率为11.54%，省内同业排名第4位。公司存款余额净增37.04亿元，同比增长16.15%，存款余额266.45亿元。（杨宏东）

【贷款业务】 2016年，邮储银行山西分行三农金融业务以模式和产品创新为手段，以扶贫贷、“双创”贷为重点，全年发放小额贷款31.67亿元，贷款余额25.24亿元。其中，向家庭农场（专业大户）等新型农业主体发放贷款10.28亿元，与49个县级扶贫办合作发放小额贷款1.86亿元。消费贷款支持房地产去库存，全年发放贷款42.63亿元，贷款结余86.55亿元。小企业贷款优化营销组织，拓展合作平台，加快重点产品投放。完成小微贷款“三个不低于”目标。公司信贷业务支持供给侧结构性改革，全年发放公司贷款151.81亿元，累计办理票据直贴214.85亿元。（杨宏东）

【资产质量优化】 2016年，邮储银行山西分行发挥授信政策导向作用，行业和客户覆盖面拓宽，全省信贷投向结构优化。监测行业与重点客户，定期开展监督检查，实行动态差异化授权管理，提升征信报送质量。强化风险限额管理，完善考核评价机制，管控能力提升。突出管好信用风险，健全监测、预警体系，加快不良资产处置。2016年，全行贷款不良率0.8%，资产质量保持较好水平。（杨宏东）

【中间业务发展】 2016年，邮储银行山西分行全省销售个人理财产品134.86亿元，代销保险93.9亿元，代销基金5.36亿元，代销贵金属1457.12万元，销售机构理财495.6亿元，规模达400亿元。托管业务，深化银银、银基、银证的合作，新增159亿元，规模达456亿元。（杨宏东）

【服务渠道拓展】 2016年，邮储银行山西分行拥有营业网点1220个，其中县城网点460个，覆盖全省所有县域，占网点总数37.71%；农村网点351个，占网点总数28.77%；共有自助取款机1760台，其中211台分布在农村，在全省布设“助农取款服务点”6532个，金融服务覆盖行政村数达6548个。推动网点智能化建设，加大新型自助设备投放力度。依托“亿路有你”系列营销活动，新拓展电子银行客户93万户，总规模达563万户。实施移动展业系统上线及推广应用，配备移动展业设备425套，应用于个金、公司业务营销和受理。（杨宏东）

【产品创新】 2016年，邮储银行山西分行三农金融业务实施70个产品要素调整和产品创新，新产品共投放13.35亿元。与省内农业龙头企业新大象公司合作，首创全国和省内第一家委托经营收益扶贫模式，完成首批宁武县142户建档立卡贫困户、710万元贷款投放。消费信贷业务推出网贷通、卡贷通、车秒贷、电商专属车贷、安居贷等新产品。小企业信贷业务通过银税平台合作，推出小企业“税贷通”纯信用产品。公司信贷获总行授权开办住房公积金定期存单质押贷款。全行首次办理包买福费廷、“网贷通”“电商贷”、小企业“助保贷”、

2016年，宁武县怀道乡村民通过邮储银行委托经营扶贫模式贷到扶贫贷款后接受中央电视台记者采访 （杨宏东供图）

2016 年，邮储银行山西省分行将信贷服务送到田间地头 （杨宏东供图）

二手车车商贷、小企业租金质押贷、敞口承兑、票据大管家业务。

（杨宏东）

【内控合规建设】 2016 年，邮储银行山西分行启动三年内控合规建设，开展“内控达标年”活动，查找内控缺陷，整改各类问题，严肃问责与处罚。上线合规管理系统，技防水平得到提升。落实监管要求，开展“两加强、两遏制”回头看，狠抓制度落实和问题整改。保持案防高压态势，银邮联控联防，加强压力传导，全年未发生资金案件。 （杨宏东）

【科技推广】 2016 年，邮储银行山西分行完成理财类产品录音录像系统在 1220 个营业网点的实施部署。完成市分行生产网、管理网、互联网“三网”改造，提升数据安全性和运行速度，并启动营业网点 WLAN 建设，方便客户上网。研发营销小秘书，为一线营销人员及管理人员精准化营销、精细化管理提供技术支撑。夯实运维基础，加强巡查巡检、应急演练，确保信息系统运行，重要前置系统可用率保持在 99.9%以上。拓展数据应用，上线运行生产经营信息发布平台，实现数据自动推送。开展 6 项主题数据分析，其中电子银行专项营销分析入选总行推广案例。 （杨宏东）

【流程优化】 2016 年，邮储银行山西分行加强小微企业贷款前中后台联动配合，梳理优化业务流程，简化修订业务单式，提高业务处理效率，改善客户体验。推出小微企业贷款审批限时服务，明确小微企业贷款业务处理时限，对超时限未完成的进行相应考核。实行授信部门的绩效与前台零售信贷业务发展状况适度挂钩，提高审查审批积极性。原则上实现小额贷款 3 天内放款工作标准，满足客户资金需求。

（杨宏东）

【营运体系建设】 2016 年，邮储银行山西分行实施运管分离、集中营运，成立省分行营运中心，实现网点个人业务柜面远程授权、资金汇划省行集中、个贷放款市行集中。105 个网点完成高低柜整合优化，分流 35 名柜员充实至营销岗位。运营流程优化，上报总行 14 项软、硬优化项目，为营运效能提升奠定基础。会计稽核重大差错率同比下降 50%。 （杨宏东）

【资源配置】 2016 年，邮储银行山西分行夯实财务管理基础，实现财务资金集中管理，上线 ERP 系统，实现财务基础数据同源、同口径管理。完成“营改增”，建立进项税管理机制。提升资负管理能力，建立经济资本管理机制，上线利率定价系统，实行差别化定价。 （杨宏东）

·中国农业发展银行山西省分行·

【概述】 2016 年，中国农业发展银行山西省分行（简称农发行山西分行）累计投放各类贷款 320.3 亿元，同比多放 75.9 亿元，增幅 31%；各项贷款余额 505.5 亿元，较上年增加 101.2 亿元，增幅 25%，分别高于全国农发行系统、全省银行业平均增幅 5.9、15.3 个百分点；基金投资余额 77.3 亿元，较上年增加 51.7 亿元，增幅 202%；两项合计全年净增 152.9 亿元，是“十二五”净增总和的 1.5 倍。各项存款余额 276.4 亿元，较上年增加 127.6 亿元，增长 85.7%，总量、增量和增幅均创建行以来新高。实现利润 4.45 亿元，同口径比上年增盈 3.35 亿元，增幅 300%。

（席晓军）

【信贷支农】 2016 年，农发行山西分行提升站位，秉承家国情怀，服务全省“三农”发展。加强银政沟通合作。在总行与省政府 2015 年签署战略合作协议的基础上，分别与省交通运输厅、林业厅等厅局以及大同、吕梁、晋城、临汾等市市政府签署战略合作协议，与省住建厅、扶贫办、供销社等部门联合发文，推动战略协议落实。服务全省粮食安全。加强各级储备粮管理，累计发放贷款 21.4 亿元，支持中储轮换和省储增储、收储，确保国家及地方粮油宏观调控政策的落实。适应粮改新形势，支持符合条件的企业入市收购。服务城乡发展一体化。打造易地扶贫搬迁、棚户区改造、农村人居环境改善等六大领域省级“统贷统还”业务模式，贷款总需求突破千亿元，审批通过贷款 227 亿元，实现由支持单一项目向整领域项目的推进。加快已审批贷款的投放进度，提高办贷效率，加快贷款投放，累计发放中长期贷款 171 亿元，是上年的 2 倍，支农力度加大。加大基金投资力度。开办以来累计支持七批基金项目 93 个，金额 77.3 亿元。注重投贷结合，对 12 个基金支持项目投放贷款 55.3

2016 年 10 月 17 日，农发行山西分行与山西省林业厅签署战略合作协议。根据协议，“十三五”期间，农发行将提供 150 亿元支持山西省林业生态建设

（席晓军供图）

亿元，发挥基金在“促投资、稳增长”中的拉动作用。（席晓军）

【金融服务脱贫攻坚】 2016 年，农发行山西分行聚焦脱贫攻坚，强化责任担当，发挥金融扶贫主力作用，构建全行扶贫工作格局。用服务脱贫攻坚统揽全局，制订金融扶贫五年规划，建立行领导包片扶贫工作机制，率先在全省金融系统建立省市县三级行扶贫金融组织体系，特别是在 14 个无机构贫困县设立扶贫工作组，实现全省县域机构全覆盖，集中全行资源服务脱贫攻坚。突出重点领域。把易地扶贫搬迁作为重中之重，在全省金融系统率先审批 100 亿元易地扶贫搬迁专项贷款和 11.25 亿元专项建设基金，投放专项贷款 4.08 亿元，占全省同业贷款总量的 97%，易地扶贫搬迁贷款主办行地位凸显。探索光伏扶贫、旅游扶贫等，创新推进吕梁产业扶贫试点，多措并举服务脱贫攻坚。争取政策支持。与省扶贫办签署政策性金融扶贫合作协议，争取总行将山西列为第一批试点省份，推进省级政策性金融扶贫实验示范区创建和总行产业扶贫试点工作，助推山西整区域脱贫。对贫困县基础设施中长期贷款给予准入、期限、利率倾斜和服务、办贷、规模“三优先”，全年累计投放扶贫贷款 41 亿元，扶贫贷款余额 80 亿元，较上年增加 40 亿元，增幅 100%，是全行贷款平均增速的 4 倍。（席晓军）

【经营管理提质增效】 2016 年，农发行山西分行提升经营管理质效。强化贷后管理。开展“贷后管理年”活动，延伸活动内容，摸清资产风险、操作合规、管理能力“三个底数”，开展“回头看”工作，狠抓问题整改，补齐信贷短板。强化财会核算。推进营改增工作，晋中市分行开出全国农发行系统首张增值税发票。修订经营绩效考核办法，按资产质量和地区差异分组考核，导向作用突出。强化收息管理，落实第三次粮食财务挂账制度化拨付机制，全行贷款综合利息收回率达 92.4%，同比提高 0.64 个百分点。强化内控合规。开展“两加强、两遏制”回头看、案件和风险排查、基金支付专项检查。完善差别化授权，内控评价连续三年向好。发挥审计监督作用，开展贷后管理、信用审批等专项审计，配合外部监督检查。强化存款组织。开展“百日竞赛”活动，企业存款余额达 231 亿元，比上年增加 117.7 亿元，增幅 103.9%。推进财政涉农存款主办行工作，65 个县级机构完成主办行目标，财政存款余额达 44.5 亿元，较上年增长 25.4%。营销非贷客户存款余额达 39.6 亿元，较上年增长 72.2%。

（席晓军）

·华夏银行股份有限公司太原分行·

【概述】 2016 年，华夏银行股份有限公司太原分行（简称华夏银行太原分行）调整经营结构，创新工作方法，加大新产品运用与推广，强化合规经营

2016 年 10 月 17 日，农发行山西分行通过投贷结合方式支持山西省水利重点工程——山西“大水网”建设

（席晓军供图）

与风险控制，保障各项业务发展。截至2016年底，华夏银行太原分行在太原、大同、朔州、长治、运城、临汾、晋中等7个地区设有28个对外营业机构，营业网点数10个，形成以太原为中心、辐射全省的金融服务体系。临汾分行获准开业运行。

2016年，华夏银行太原分行优化业务结构，推进经营转型工作。资产结构优化，高收益资产占比上升。贷款日均净增加34亿元，新增同业收益权投资21亿元，生息资产的“质”和“量”提高。负债结构优化，基础型存款日均347亿元，与一般性存款日均占比为89.1%，高于系统内平均水平11.1个百分点。收入结构优化，非利息净收入提高。全年营业收入18.2亿元，同比增长3%，中间业务净收入4.19亿元，同比增长32%，增幅快于营业收入增长。非结算类净收入对中间业务收入贡献度提升。其中，公司类（含金融市场和资产管理及托管业务）中收入2.46亿元，同比增幅43%；信用卡中收入1.44亿元，同比增幅46%。中间业务净收入占比达26%，同比提高8.3个百分点，高于全系统平均水平1.9个百分点。成本结构优化，付息和运营成本降低。全年存款付息率1.45%，同比下降0.47个百分点；运营费用成本收入比3.44%，同比下降0.07个百分点。（韩　雪）

【金融创新服务】 2016年，华夏银行太原分行围绕提升客户“两大能力”为核心，梳理重点产品，明确产品应用目标，建立分行项目团队，搭建平台化营销渠道，突出牵头引领作用，示范成果显现。

公司业务坚持创新发展、绿色发展，助力企业节能减排。作为“京津冀大气污染防治融资创新项目”在山西省的中标金融机构，为山西漳电国电王坪发电有限公司办理不超过100万欧元转贷款以及世行CHEEF项目不超过580万美元转贷款业务，加深银企合作。拓展同业合作渠道，入围山西保险中介资本托管银行名单，实现与保险专业中介平台合作。个人业务突出信用卡、易达金、三方存管、代理保险、ETC等业务的重点营销，以上几项指标超额完成总行任务，推动个人金融资产总量达227.62亿元，比年初增加26.27亿元。拓展新产品渠道，与阳光保险公司开展保险保证贷款和出国留学贷款，年内发放首笔出国留学贷款业务。国际业务直销团队重点拓展资本项目与外债项目客户，办理山西晋非投资有限公司对外投资项下汇款8100万元，为山西路桥建设集团有限公司办理借入外债2.4亿美元，带动客户开发向“贸易+”转型。

按照“贴着政府找项目”思路，实行“项目制”管理，加强平台化开发。全年完成发行10期债务融资工具，109.5亿元，承销量占全系统的11.97%，系统内排名第二，占全省的8.66%，区域内排名第三。全年新增理财项目融资投放60.46亿元，租赁投放量13.68亿元，机构理财12.60亿元，托管业务43.85亿元。托管基金、信托、保险、监管业务等共11只，托管规模92.71亿元，同比增长54%。截至2016年底，华夏银行太原分行表内外各类融资业务总量达887.23亿元，包括贷款、信用证、保函、债务融资工具、金融租赁、理财项目融资、同业投资、资产证券化等。

公司业务以提升“客户融资服务能力和现金管理服务能力”为核心，推动对公客户“提质上量”。年内对公客户数首次突破万户大关，达到10729户，较年初净增1810户；对公有效户955户，较年初净增194户。个人业务围绕基础客群营销，POS开发紧贴个体经营商户，获取有效客户信息8000余份，刷卡流水超过3亿元。推动ETC客户开发，全年签约客户31822户。新增手机银行24681户，网银12142户，信用卡5299户。小微企业实施“精准营销，平台对接，链式开发”营销模式，小企业结算客户9258户，较年初增加1760户，增幅23.47%；小企业贷款客户260户，比年初增加24户，增幅10.17%。移动银行客户累计达241599户，直销银行客户20053户，公司网银客户5885户，截至2016年底，电子化替代率达83%。（韩　雪）

【风险防控】 2016年，华夏银行太原分行建立健全全面风险管理体系，提升风险能力。设立风险管理部，完善风险管理组织架构，加强全口径业务风险管理，强化风险识别、评估、监测、报告过程管理，推进风险管控“三道防线”。深化全行业务连续性管理工作，强化外包风险管控，防范外部风险；做好各条线授信尽职调查，收集问题授信典型案例，发挥“查、处、改、防”作用。

深化案件防控工作，实现“零案件”目标。全年开展案件风险排查、非法集资和私售飞单等自查活动，组织基层负责人进行案防及合规测试，采取案防培训、定期召开联席会议、下发风险提示等多项措施，确保案件防控工作落实到位，实现“零案件”目标。

防控声誉风险。明确声誉风险处置流程，强化舆情管理考核，搭建媒体沟通渠道，运用外部舆情咨询平台，实现舆情监测动态化管理。举办舆情管理培训，提升全行舆情应对能力，全年未发生重大声誉风险事件。

提升操作风险防范能力，柜台把关堵口成效显著。推广银企对账、支付密码器、电子芯片运用，提升技防硬控制水平。组织实施会计风险业务检查、存款风险滚动式检查等，完善全行风险预警工作机制，防范潜在风险。重视“八个环节、五项业务”管理，杜绝因柜员违规操作导致案件发生。会计条线全年堵截柜面风险事件220起，涉及金额3136万元。

安全保卫工作遵循“预防为主，综合治理，谁主管，谁负责”的指导原则，坚持“人防、物防、技防”三防联动，落实“一把手”安全责任制，组织各机构消防、安防演练，强化员工安全防范意识。（韩　雪）

【内控建设】 2016年，华夏银行太原分行推进内控建设，确保全行合规运营。落实监管要求，加强内部管控，组织开展全行“两个加强、两个遏制”回头看自查和整改，完成“制度执行年”收官工作。开展内部控制对标评估工作，开展反洗钱管理。加强对异地分支机构检查，全年开展4次跨条线的联合专业检查，强化对二级分行、异地支行在管理流程、制度执行等方面的管理，发挥二道防线作用。按照“三不放过”原则做好内外部问题整改工作，全年问题整改率达100%。

（韩 雪）

【信息管理】 2016年，华夏银行太原分行加强信息科技管理，保障业务系统平稳运行。应用新技术，完善安全运维架构，让数据平台发挥作用。完成管理类系统虚拟集群搭建。开发太原分行资源监控系统、ETC批量处理业务系统等。更换中心机房和部分支行UPS电源。将无线灾备及生产网络从3G升级为4G，提升防控科技风险水平。优化系统升级和流程再造，完成个人理财双路系统上线，对分行特色业务屏蔽单位结算卡进行改造，配合总行完成BEAI特色业务可用性升级改造，对ETC系统及优惠方式进行多次调整改造，对财政代理支付对账系统改造等。发挥科技管理会议管理职能，全年召开科技管理会议6次，审议通过项目18个，实施金额300多万元，降低风险，提升信息科技管理水平。 （韩 雪）

·中国民生银行太原分行·

【概述】 2016年，中国民生银行太原分行（简称民生行太原分行）在吕梁、大同、运城设立三家二级分行，各类网点数量达214家，全行员工1800余名，平均年龄29岁，本科以上学历人数占比92%以上。

截至2016年底，各类信贷资产余额近2000亿元，存贷比接近3:1。成立18年来，分行累计发放贷款1.2万亿元，累计纳税49亿元。（王 晶）

【省属煤炭集团金融支持】 2016年，民生行太原分行加强金融服务供给，对重点煤炭企业尤其是七大省属煤炭集团信贷投放量增加，新增授信额度73亿元，支持省属煤炭集团化解过剩产能，加快转型升级。6月，与阳煤集团展开战略合作；8月，贯彻落实《关于做好省属煤炭集团转型升级中长期专项贷款推广落实工作的通知》要求，向七大重点煤企发出贷款到期后转中长期的征求意见函，落地推广转型升级中长期专项贷款；民生银行与山西焦煤集团主动对接，在发债项目、产业基金、非煤产业开展业务合作。

拓宽融资渠道，依托交易银行和投资银行两大产品线，聚焦资本债券市场，拓宽融资渠道，推动企业筹集低成本资金，在同煤集团发债认购5亿元中期票据；以保险资金债权计划模式为阳煤集团融资50亿元；以股权融资代替债务融资，为晋能集团发行永续债10亿元，降低企业资产负债率；帮助阳煤、同煤等煤企发行承销债券融资工具100亿元。

（王 晶）

【非煤重点项目支持】 2016年，民生行太原分行支持山西“非煤”产业发展，总分行联动加大对山西省项目政策支持和规模倾斜，助力山西重点工程项目建设和新兴战略产业的发展。2016年，向天然气、节能环保、新能源、装备制造、医药等领域倾斜信贷资源，新兴产业信贷占到信贷投资总额的25%。对接重点工程项目名单，在交通项目方面，为全省公路建设融资余额达245亿元，涉及闻合高速、侯禹高速、太佳高速等多条山西省内重点高速公路建设。2012年至2016年底累计为山西铁路建设融资150亿元，其中90亿元重点支持中南部铁路通项目、大西铁路客运专线等项目；在节能环保项目方面，践行绿色信贷理念，给予山西燃气产业集团、山西天然气、山西煤层气等10余户天然气产业重点客户信贷支持资金30亿元，助推“气化山西”建设进程，给予风力发电、光伏发电等新能源项目20余亿元融资支持；在新型城镇化建设方面，关注城中村和棚户区改造等基础项目建设，以“股权+债权”模式、项目贷款模式给予棚户区改造资金近30亿元。 （王 晶）

【政府债券发行支持】 2015年至2016年，山西省政府共发行地方债券8次，发行规模1327亿元。民生行太原分行作为政府债券一般承销商，在竞标中保持较低的投标利率，按照各机构投资地方债规模的上限30%参与投标，以实际行动帮助地方政府降低负债支出，缓解偿债压力。2015年至2016年，累计投资地方债149亿元，占山西省地方债券发行总量的11.2%，在18家承销商中综合排名第四，在股份制银行承销商中位列第一，超过5家主承销商，成为地方债承销主力军。 （王 晶）

【服务企业减费让利】 2016年，民生行太原分行支持供给侧结构性改革，增强银企共渡难关意识，在执行“七不准、四公开”规定要求的基础上，优化流程，简化手续，规范服务，贯彻“减费让利、公开透明、质价相符”的理念，出台“减、免、降、缓”等减费让利办法，为企业减轻负担，让信贷资金直接高效进入实体经济。减免业务收费，根据省内地域情况，对账户明细查询、对公大额存取现、零钞清点等十类正常收费项目上报总行予以减免；让利，通过下调贷款利率、减免利息、调整还息方式等手段，让利于企业；完善转贷续贷机制，通过转换授信品种、延长贷款期限、调整还款计划、变更授信主体等手段，降低企业融资成本；借助资本市场，强化产品模式设计，为企业提供低成本融资，通过发债、信用市场理财、同业投资、账户直投等产品设计连续两年累计为各类企业解决低成本融资近600亿元。 （王 晶）

【小微企业发展支持】 2016年，民生行太原分行完善和创新小微企业金融服务。落实小微企业续贷转贷政策措施，2016年到期客户转贷续贷比例达80%以上；实施差异化考核政策，推行担保圈解包还原，出台不良容忍度和员工尽职免责等措施，提高小微企业金融服务水平；创新小微服务产品，在定制推广商户卡、乐收银、小微手机银行等结算产品套餐的基础上，接轨互联网金融，推出小微二维码收银台产品，提供高效低成本资金结算服务；推进银税合作，受理A、B级纳税人名单11万户，发放银税通项目贷款21笔2600万元；实施小微惠民措施，推出账户管理费、商户卡手续费、结算机具手续费减免等多项优惠措施，累计减免小微客户手续费1.1亿元。（王　晶）

【普惠金融产品服务】 2016年，民生行太原分行聚焦普惠金融，创新符合消费群体特征的金融产品和服务。截至2016年底，居民区社区支行累计设立62家，占到全省持牌社区支行的32%，位列股份制银行首位，覆盖零售客户达13万户，为广大居民提供便捷服务；完善消费金融，拓宽业务空间，瞄准住房消费、绿色消费、旅游休闲消费、教育文化体育消费等重点领域，支持购房、家庭综合消费等消费需求。截至2016年底，消费贷款业务余额42亿元，较年初新增19亿元，按揭贷款市场份额位居当地同业第三位，助力房地产去库存；省内信用卡发卡量近76万张，年内消费额达345亿元，满足居民金融消费需求；推广互联网金融产品，手机银行客户近105万户，年交易量4000亿元，互联网+的直销银行产品在省内拥有10万名客户，金融资产总额30亿元。（王　晶）

【消费者权益维护】 2016年，民生行太原分行开展金融知识普及教育，把确保客户资金安全、维护金融秩序、维护社会稳定作为第一要务，履行银行业保护金融消费者权益的社会责任。10月，针对银行卡盗刷这一行业焦点问题，民生银行在全国首家创新推出安全账户，实现账户管理新突破。该产品通过手机银行签约并实现自主便捷操作，设定夜间锁、快捷支付锁、限额锁、跨境锁、常用地锁等"5"把安全锁，有高危交易阻断功能，防范借记卡盗刷。10月下旬上线后，在一个月内产品省内签约量超过5万人次，"安全账户"项下客户金融资产达148亿元，已碰锁阻断疑似盗刷、欺诈交易7笔，保护客户资产，为营造安全的金融消费环境发挥作用。（王　晶）

·晋商银行股份有限公司·

【概述】 2016年，晋商银行股份有限公司（晋商银行）发起设立晋商消费金融股份有限公司，营业网点实现对全省11个中心城市的全覆盖，共下设有13个分行（太原3个直属行，10个异地分行），157个营业网点（包括60个社区支行）和总行小企业金融服务中心。截至2016年底，资产总额、各项存款余额、各项贷款余额分别达1728.1亿元、1161.22亿元、684.06亿元，累计实现经营利润134.86亿元、净利润66.43亿元，累计上缴税费49.49亿元。形成以"盈"系列理财产品、"卡易贷"等为代表的多元化明星产品。（韩晓俊）

【地方经济支持】 2016年，晋商银行强化资金支持。累计向各类企业提供一般贷款534.19亿元，其中235.72亿元贷款集中投入到煤炭、化工、冶金、电力等山西支柱型产业上，131.8亿元贷款投入到制造业、流通业等中小企业，166.67亿元贷款投放到小微企业。优化信贷审批流程，提高授信审批效率，全年累计为245户存量企业客户办理续贷589.77亿元。为多地市"城中村"改造项目提供融资支持，截至2016年底，累计融资额达65.34亿元，余额9.56亿元。（韩晓俊）

【小微企业金融助力】 2016年，晋商银行累计向2286户小微企业发放一般贷款166.67亿元，余额达157.39亿元，占全行一般贷款余额的29.52%。配合"双创"战略，加大对科技创新型小微企业的支持力度，与高新区管委会、科技局签署战略合作协议，成立太原首家"科技银行"，为13家科技型小微企业提供融资7305万元，服务近40家科技型企业。2016年，晋商银行累计发放金融精准扶贫贷款33.88亿元，其中单位精准扶贫贷款33.78亿元，带动贫困人口818人；个人精准扶贫贷款981万元，涉及贫困人口87人。（韩晓俊）

【政银企合作优化】 2016年，晋商银行与地市政府开展战略合作，跟进重点项目并给予资金支持。创新融资模式，与社会资本合作，共同发起成立医疗管理基金，以持股方式满足融资

2016年2月24日，副省长王一新（左一）为晋商消费金融公司揭牌（韩晓俊供图）

需求。作为山西省2015至2017年地方债主承销商，累计承销地方债券39.22亿元；针对山西省煤炭及相关产业创新支持方式，与保利能源搭建电商合作平台，展开“互联网+”合作；与太原煤炭交易中心合作，落地供应链融资业务，帮助部分煤焦客户打开下游销售渠道、盘活存量。（韩晓俊）

2016年9月18日，晋商银行与恒大集团举行战略合作签约仪式（韩晓俊供图）

【绿色信贷推行】 2016年，晋商银行支持绿色信贷项目。主要投入行业包括供热供气、新材料、装备制造、综合及循环利用经济项目等产业升级改造项目；市政基础设施建设项目；文化旅游、装备制造、新材料、新能源（煤层气、电动汽车）、食品医药、节能环保、养老家政、现代物流业等战略性新兴产业。累计向上述行业批复授信金额117.01亿元。

执行信贷投放环保政策。在《晋商银行2016年信贷政策指引》中规定要执行绿色信贷政策和能效信贷指引有关要求，对环保有问题的项目不得介入；晋商银行坚持将环保政策作为授信审查审批的必要前提，对于不符合环保政策、未完善环评、能评手续的项目，一律不得介入。

控制“两高一剩”行业贷款。响应绿色信贷和信贷环保政策，在发放贷款时，控制“两高一剩”行业贷款，对能耗、排污不达标，或违反国家有关规定的贷款企业，收回贷款。对符合国家环保政策规定发放的贷款，晋商银行建立对高耗能、高污染重点企业贷款的持续监测机制，信贷人员定期到企业了解情况，做好贷后检查记录，定期召开贷款风险防范分析会议；对达标不稳定或节能减排目标责任不明确、管理措施不到位的企业，晋商银行主动调整贷款期限，压缩贷款规模，从严评定贷款等级。

（韩晓俊）

【金融环境改善】 2016年，晋商银行致力合规经营。全年新发布制度74个，修订56个，废止原先66个制度。加大检查监督力度，按季进行“上查下”“交叉查”“地毯式”的履职监督检查，提高案防工作能力，强化合规教育，开展各类警示教育、员工行为排查活动，通过合规文化书画作品比赛、“制度执行年”“两个加强、两个遏制”回头看、“打击非法集资宣传”和“防范电信诈骗”等系列合规文化教育活动。

推进反商业贿赂工作。2016年，晋商银行与领导干部签订《党风廉政建设责任书》，对投入运营和装修建设的网点项目以及大额采购事项，从所涉及关键环节进行自查，没有发现违规现象或行为；对涉及重大决策、重要岗位人员任用、重大项目安排、大额资金使用等“三重一大”事项的执行流程进行梳理，确保经过领导班子集体研究决定后实施；对权限内信贷业务审批进行规范，坚持贷审会研究通过后再审批核准发放，严防违规现象和腐败行为的发生。

反不正当竞争。2016年，晋商银行通过定期梳理制度、流程，完善各项收费机制，保证按照国家利率管理相关规定进行业务定价，科学合理收费；建立健全服务投诉机制，各分支机构确定有专门部门和人员负责服务收费管理和投诉处置，在各营业网点公布举报投诉电话，并在各营业网点专人负责服务价目的解释说明工作，妥善应对和处置各类投诉。

履行反洗钱义务。2016年，晋商银行根据最新的监管要求和银行业务发展的实际情况，修订反洗钱内控制度和操作流程，完善反洗钱工作程序和业务流程。根据反洗钱监管导向的转变，于3月上线反洗钱二期系统，开始异常交易自主监测和集中分析工作，成为省内首家开展反洗钱自主监测的银行业法人机构。2016年，晋商银行累计共报告大额交易报告51309份，可疑交易报告950份，重点可疑交易报告4份。按季度推进宣传培训工作。2016年是反洗钱法颁布实施十周年，全行上下开展以“预防洗钱活动、打击洗钱犯罪、维护金融秩序”的主题宣传活动。

维护市场秩序。晋商银行在全行范围内开展防范和处置非法集资宣传和监测预警工作，利用反洗钱监测系统对各类涉嫌非法集资资金异动交易情况进行分析识别。通过进行日常员工行为排查与合规教育培训，提高员工防范非法集资违法犯罪活动的风险意识及识别能力，维护金融市场秩序的稳定。（韩晓俊）

【金融服务创新】 2016年，晋商银行创新客户服务模式。零售业务方面，对现有零售客户进行分层梳理，优化零售客户层级，修订零售客户统一视图管理策略，并针对财富管理系统提出相应业务需求、立项，以实现巩固、提升客户及稳定客户金融资产的目标。公司业务方面，总、分行共同拜访重点客户，协助设计综合服务方案，与政府重点部门建立联系机制，与核心客户合作实现业务落地，与高价值客户达成合作意向，并通过以干代训的方式，提高产品经理队伍建设水平，在全行形成从产品营销向方案营销转变的共识。

产品创新。2016年，晋商银行先后获得非金融企业债务融资工具意向承销类会员资格和北金所债权融资计划主承销商资格，成为山西省内具备债券承销（分销）业务的唯一法人机构。配合国家"双创"战略，加大对科技创新型小微企业的支持力度，与高新区管委会、科技局签署战略合作协议，成立太原首家"科技银行"，为13家科技型小微企业提供融资7305万元，服务近40家科技型企业。理财业务专业性得到提升，2016年发行理财产品763.62亿元，理财能力在全国城市商业银行中位居第17名；推出"商易贷"业务；信用卡业务正式获得批准。

电子银行服务。2016年，晋商银行网上银行客户增加13.31万户，手机银行客户增加17.19万户，直销银行客户增加5.13万户，微信公众平台关注数创历史新高，稳定在7万户。新版个人网银客户端、网银助手正式对外推广，晋商快付项目上线。

服务水平。2016年，晋商银行以柜面9.0系统升级改造为依托，优化梳理业务操作流程，促进网点效能优化提升，改善客户体验；发挥金融保障部和金融服务专岗的作用，督促分支机构强化金融服务能力，推动全行网点服务文化建设，加强岗位练兵和技术比武；投入大量人力物力，开展"防范电信网络诈骗宣传月""金融知识普及月"等专题活动，设立消费者权益保护部，提升金融消费者权益保护水平。 （韩晓俊）

【金融消费者权益维护】 2016年，晋商银行提高金融服务水平，严格金融服务收费管理，通过服务收费的自查及各监管部门的检查，建立起较为完整的服务收费管理体系，并形成长效机制，加强消费者权益保护工作。

风险揭示。2016年，晋商银行利用网点LED屏、官方网站、微信公众号、手机短信等各种渠道向客户及市民宣传金融安全小常识、借记卡安全使用知识、网络信息安全知识等，提高客户各类金融风险的防范意识。根据监管部门规定，对产品的销售流程进行梳理与规范，在产品销售过程中，通过《客户风险等级评估问卷》《风险揭示书》等多种形式，向客户提示产品风险，强化客户的风险意识。

2016年9月1日，晋商银行组织人员参加2016年银行业金融知识宣传服务月启动仪式 （韩晓俊供图）

客户投诉管理。2016年，晋商银行针对客户投诉处理工作要求，设立由各直属行分管行领导、服务主管负责人、经办人构成的投诉处理专职人员工作机制；完善客服中心队伍的建设，加强业务技能的培训，提高客户投诉受理的专业性与全面性；坚持客户投诉按月通报制度，突出各类来电情况占比问题、申诉处理及时性、客户回访满意度等指标，加强投诉处理质量监督。

客户信息保密。2016年，晋商银行制定严格的网络与信息安全策略、标准和流程，且纳入本行全面风险管理体系，梳理完善客户信息安全管理、银行卡业务管理、客户信息使用管理方面的规定，并从权限管理、技术防范、交易监测等方面进行自查，确保从技术源头保障客户信息安全。在员工管理过程中，也对信息安全与保密进行规定。截至2016年底，晋商银行建立一套包括技术流程与操作流程在内的数据安全管理体系确保客户信息不被滥用和盗用。

信用体系建设。2016年，晋商银行落实政府及监管部门的各项征信管理制度，配合社会信息体系建设工作。利用银行官方网站、内刊、微信公众号等自媒体平台配合人民银行开展对公众征信知识的宣传 （韩晓俊）

·山西省农村信用社联合社·

【概述】 截至2016年底，山西省农村信用社联合社共有省、市、县、乡四级机构3179个。其中：省级机构1个、市级机构12个（3个市联社，8个办事处，1个审计中心）、县级机构110个，营业网点3056个，全省从业人员39958人，服务范围基本覆盖全省各县（市、区）、乡（镇）、村。全省农村信用社资产总额达9872.47亿元，较年初净增1181.84亿元。各项存款余额6330.28亿元，较年初净增

680.04 亿元；各项贷款余额 3727.16 亿元，较年初净增 106.25 亿元。资产总额、存贷款余额均居全省金融机构之首。 （李益友）

【支农助企】 2016 年，山西省农村信用社联合社实施“强农兴社金融普惠工程”，加大对各类涉农主体的服务力度。截至 2016 年底，涉农贷款余额 3224.23 亿元，占到各项贷款的 86.5%，较年初净增 144.42 亿元，增幅达到 4.7%。小微企业贷款余额 2120.29 亿元，较年初净增 153.24 亿元，小微贷款增速达 7.79%，高于各项贷款增速 4.89 个百分点；贷款户数达 12.44 万户，比上年同期增加 6494 户；申贷获得率 99.71%，高于上年同期 0.4 个百分点。 （李益友）

【精准扶贫】 截至 2016 年底，山西省农村信用社联合社发放精准扶贫贷款余额达 114.98 亿元。其中，面向建档立卡贫困人口发放贷款余额 28.72 亿元，支持户数达 4.49 万户；5 万元以下免抵押、免担保贷款 9.82 亿元，支持户数 3.26 万户；发放产业扶贫贷款 49.72 亿元，带动建档立卡贫困人口达 5.93 万人。加大对贫困地区的支持，全省 58 个贫困县贷款投放达 1026.33 亿元，较年初净增 11.81 亿元。 （李益友）

【业务创新】 2016 年，山西省农村信用社联合社发行同业存单机构达 23 家，上线代理省级国库集中支付业务电子化系统；完成银行卡国密项目，拓展社保卡、居民健康卡、校园卡、自行车一卡通等 IC 卡应用，全年新发行 500.43 万张 IC 卡；新开发“便宜贷”“光伏贷”、脱贫贷、出租贷、林权抵押等贷款业务；启动国际业务代理、大额存单、芯片存折（存单）等项目建设。 （李益友）

【电子银行】 2016 年，山西省农村信用社联合社电子渠道交易总额达 6480.83 亿元，同比增长 150.42%，全省农信社个人网上银行开户 31.32 万户，较年初新增 6.38 万户，全年交易笔数 884.84 万笔，交易金额 2125.93 亿元；企业网上银行开户 4.26 万户，较年初新增 1.16 万户，全年交易笔数 206.5 万笔，交易金额 3595.04 亿元；手机银行开户 44.22 万户，全年交易笔数 390.6 万笔，交易金额 421.75 亿元；微信银行绑卡数为 112.2 万户；支付宝、京东、腾讯等快捷支付绑卡数为 174 万户，全年交易笔数 2931.5 万笔，交易金额 338.11 亿元。 （李益友）

2016 年 9 月 1 日，山西省农村信用社联合社与晋商银行开展战略合作协议签约仪式 （韩晓俊供图）

【“营改增”工作】 2016 年 3 月 30 日，山西省农村信用社联合社成立营改增咨询服务项目工作小组，组织召开全省农信社营改增项目启动会，对全省农信社“营改增”工作进行安排部署，并将项目实施分为应急期、过渡期和完善期。其间，省联社指导辖内 110 家县级机构，先后完成纳税人资格认定、计税方法选择、增值税会计核算、增值税申报等工作，确保“营改增”工作推进。 （李益友）

【农商行组建】 2016 年，山西省农村信用社联合社下发《山西省农村信用社 2016 年改制化险达标升级实施方案》，将工作任务细化分解到 11 个地市，签订《目标责任书》。截至 2016 年底，全省 110 家县级法人机构中，累计召开创立大会 48 家，开业 46 家，其中高风险社化险改制工作进展顺利，召开创立大会 23 家，挂牌开业 23 家。 （李益友）

【科技信息风险评估】 2016 年，山西省农村信用社联合社开展科技信息风险评估工作。7 月 28 日，召开“2016 年科技信息风险评估”项目竞争性谈判会议。8 月 18 日，启动科技信息风险评估工作。外聘公司从科技信息治理、风险管理、评估、安全管理等八大方面，对省联社现用的 61 个科技系统进行全面、专业、客观的风险评估。 （李益友）

【“一主三备”核心灾难备份系统】 2016 年，山西省农村信用社联合社重新开始核心灾难备份系统方案论证和项目实施工作。经过安装调试、系统测试、试运行，9 月 27 日完成核心灾难备份系统同步切换工作和优化升级，实现南内环数据中心、北大街数据中心和北京农信银中心三点之间数据程序的实施同步传输，建成“一主三备”体系，即：一套正式运行的核心业务系统，南内环、北大街及北京三地的三套备份系统，降低系统运行风险。 （李益友）

保　险

·中国人寿保险股份有限公司山西省分公司·

【概述】 2016年,中国人寿保险股份有限公司山西省分公司(简称人寿保险山西分公司)全辖机构总数达621个。其中,省级分公司机构1个;市级分公司机构11个;县级公司机构128个。截至2016年底,全省系统共有3883名员工。2016年,中国人寿保险股份有限公司山西省分公司获2015年度反欺诈案例全国系统一等奖。山西省分公司向总公司推荐3个反欺诈调查经典案例参加总公司2015年度反保险欺诈经典案例评选,2个经典反欺诈案例分别被总部评为全国一等奖和二等奖。

截至2016年底,全省系统共实现总保费收入132.16亿元,同比增长18.51%,特别是全省续期+期交保费突破100亿元,达107.62亿元。全省首年期交、10年期及以上期交和短期险(含大病保险)三项核心业务保费收入分别达31.88亿元、14.76亿元和9.15亿元,同比增长分别达61.29%、53.64%和48.1%,规模与增速均创历史新高。首年标保12.95亿元,同比增长25.47%,总量位居全国系统第8位。全省系统首年标保、首年新单、首年期交、10年期、短期险、个险季均有效人力等六项核心指标权重考核分别达成预算的122.38%、122.8%、135.4%、114%、105.49%和146.05%。

2016年,全省系统首年期交保费收入达31.88亿元,首年期交占首年保费比重达67.22%,同比提升20.82个百分点;银行保险趸交占首年保费比重为32.69%,在上年大幅回调的基础上又下调20.82个百分点。

2016年,全省系统整体新单创费同比增长57.2%;全省费用预算控制率91.12%,市县两级公司非人员经营管理费用占比达94.94%,较上年提升14.76个百分点。全省首年佣金突破6.24亿元,同比增长49.27%。员工薪酬总额较上年增加8930万元,同比增长22.18%。

2016年,全省系统个险渠道累计新增人力59863人,月均增员率达9.95%,T50人力突破4万人,季均有效人力21323人,三晋人数达20885人,晋升组经理2888人,晋升处经理246人,朔州开北支公司刘海和晋中营销二部翟继宏晋升区域总监。团险渠道销售人员达2065人;银保渠道规划师队伍达5768人,主管队伍达443人,月均举绩人力突破2700人。

2016年,全省系统个险首年期交和人力对标比值分别达1.44和1.05,分别较上年提升22.6和22.1个百分点。

2016年,全省系统个人保险、团体保险、银行保险三大渠道短期险增速分别达48.12%、17.8%和200%;银行保险、团体保险分别销售个人保险期交保费1.58亿元和47.03万元,较上年实现翻番三倍以上。全省续签两个大病保险项目,8个项目完成系统对接工作;依托与省扶贫办的战略合作平台,扶贫保险成功统保70个县,承保人数达143.53万人,保费突破6000万元。 (王平均)

【实施转型升级】 2016年,人寿保险公司山西分公司个险首卖日全省保费总收入翻番,达12.8亿元;提前三个月完成首年标保、首年期交和首年10年期三项核心指标,保费增速分别达25.87%、69.24%和52.55%。首年标保、首年期交和首年10年期分别增长27.8%、28.3%和85.16%。团险渠道保费增速高达26.71%,排全国系统第6位。公司推进产品多元化,保障型产品保费收入突破2.78亿元,同比增长107.3%,保障型产品保费占10年期及以上保费占比18.84%,较上年提高4.87个百分点。 (王平均)

【创新发展】 2016年,人寿保险山西分公司按照“激励充分、约束到位”方针,推进市场化改革步伐,完善薪酬管理机制,落实按岗位、按价值、按贡献分配绩效的原则,其中山西省公司本部全年自主分配的绩效包高达1810.67万元。坚决实施简政放权、倾斜基层、倾斜一线的政策,优化市对县绩效管理和分配机制,编制统一规范的市对县费用薪酬模板。加大创新扶植力度,出台鼓励和促进创新实施方案,设立百万创新基金,制订科技国寿建设推动方案,强化科技创新项目制管理,自主开发项目达12项。推进“营销+互联网”的创新实践,e门店出单保费累计突破8600万元,“驾乘保”自9月上线,保费收入突破2200万元,银保渠道网销保费突破1200万元。 (王平均)

【运营服务提升】 2016年,人寿保险山西分公司以总公司“新一代”建设为契机,把握科技运营方向,运营服务水平得到提升。运营效能提升:理赔省级集中度65.5%,同比上升8.19%;理赔自动通过率49.55%,同比上升7.56%;保全平均处理时效1.01天/件,理赔平均处理时效1.63天,理赔5日内结案率99.43%;95519服务客户达172.3万人次,同比增长45.6%;农村集中服务办理业务6.3万笔,服务客户近5万人次。电子化服务推进:e宝账新增绑定客户数30.46万人,绑定保单107.52万件。短险电子化出单率82.2%,保全电子化率43.44%,移动理赔受理案件近6000件,智能理赔推广度73.34%;“微调查”覆盖1.2万人次,“微回访”推广率达到90.51%,“微客服”服务客户2.57万人次,“微通知”覆盖面达3.11万人次,交互式短信服务客户2322人次。集团业务接入e宝账项目取得突破,实现集团与股份业务同质化管理。推进综合柜员制,综合柜员占比达98%。“全国通”系统服务客户8320人次。推进“颗粒归仓”活动,清理失效保单8.73万件,复效保费3.75亿元。全年新增长险投保客户8.7万人,个险渠道新客户增长率达20.26%;老客户二次购买率5.11%,较上年提升1.15个百分点;投诉处理时长缩短至5.6天/件,件均处理时效提升76.67个百分点。 (王平均)

【风险管理】 2016年,人寿保险山西分公司推进"两个加强、两个遏制"回头看工作,重拳打击"五虚"问题,开展非法集资专项治理。按照"偿二代"下风险管理的要求,推动公司内控管理升级,推广"一手册、两平台",开展县支公司经理"每月半小时"风控专题活动。加强销售人员风险管控,实现销售人员灰名单和黑名单管理,对74名销售人员和1015名客户实施严管。强化后督管理,累计核查保单12.43万件,发现并整改问题6481件;推进承保后业务质量核查工作,累计排查保单3.25万件,解约重大风险保单127件,止损金额达1264.61万元。应对满期给付高峰,全年满期给付金额48.24亿元,满期给付件数15.8万件,未发生一起群体性事件,守住风险底线。 (王平均)

【扶贫工作】 2016年,人寿保险山西分公司与省扶贫办签署战略合作协议。在该战略协议签订仪式上,山西省分公司向吕梁临县、晋中左权县、忻州代县、大同阳高县、长治武乡县5个国定贫困县捐赠扶贫助困基金100万元,用于支持当地贫困户脱贫工作。 (王平均)

【典型理赔】 2016年,太长高速"6·3"较大交通事故。造成6人死亡,13人受伤。事发后,人寿保险山西分公司根据应急预案开启快速理赔通道,预付赔款。

2016年,11月21日,京昆高速平阳段(太阳高速)太原方向发生多车先后相撞交通事故。事故造成17人死亡,37人受伤,56辆车辆受损。事故发生后,人寿保险山西分公司启动应急预案,成立专项事故工作组,开展遇难和受伤人员排查工作。经过与当地政府沟通,人寿保险山西分公司在盂县政府设立的善后处理中心设立"中国人寿理赔服务咨询点"并留守专人全天候服务。对涉保人员,本着特事特办、主动履责的原则,开通"绿色理赔通道",为早处快处事故提供保障。预计赔付9名客户,赔款金额达30余万元。 (王平均)

【重大理赔】 2016年,人寿保险山西分公司被保人王某于2016年6月13日因疾病身故。经调查,情况属实,且属于保险责任,公司根据保险条款规定,即行给付义务。山西分公司给付被保险人王某的保险受益人身故保险金1474175.06元。王某于2008年1月30日投保国鸿鑫两全保险(分红型),保额45187.53元,年交保费30000元,并投保国寿康宁终身保险,保额20000元,年交保费2160元;2010年1月1日投保国寿美满一生年金保险(分红型),保额215600元,年交保费200000元;2011年7月1日投保国寿康宁终身重大疾病保险,保额46000元,年交保费6164元。

2016年10月21日被保险人陈某在家中因疾病身故。接报后,公司即派出调查人员调查核实,确认为保险责任,根据保险合同规定,即履行赔付义务。根据国寿康宁终身等保险条款规定,给付被保险人陈某身故保险金共2249945元,所涉及保险合同的责任均终止。陈某于2006年5月22日投保公司国寿康宁终身保险,保额16000元,年交保费1840元,保险有效期至终身;2007年5月26日投保国寿美满一生年金保险(分红型)(个险渠道),保额21360元,年交保费20000元,保险有效期至2035年5月30日;2009年6月14日投保国寿康宁终身保险(2007修订版)(个险渠道),保额20000元,年交保费4260元,保险合同有效期至终身;2009年6月9日投保国寿金彩明天两全保险(A款)(个险渠道),保额30000元,年交保费10260元,保险有效期至2040年6月13日;2009年6月14日投保国寿新简易人身两全保险(个险渠道),保额10240元,年交保费1000元,保险有效期至2019年6月19日;2010年1月6日投保国寿美满一生年金保险(分红型)(个险渠道),保额362950元,年交保费350000元,保险有效期至2035年1月6日。 (王平均)

·中国人民财产保险股份有限公司山西省分公司·

【概述】 2016年,中国人民财产保险股份有限公司山西省分公司(简称人保财险山西分公司)推进以客户为中心转型,实施七大工程,保费规模攀升、经营效益稳定、服务能力增强。主导地位巩固,保费收入61.9亿元,同比增长7.01%;市场份额33.8%,增量保费4.05亿元;4条产品线、5个市分公司市场份额高于40%。经营效益稳定,综合成本率98.77%,优于行业0.1个百分点,10个市分公司实现承保盈利。服务能力增强,车险万元以下赔案理赔周期10.1天,排名系统第6;客户投诉案均处理天数3.98天,同比下降58.11%;微信公众号绑定率80.1%;全年承担保险责任金额6.36万亿元,处理各类赔案61.48万件,支付各类赔款36.84亿元,上缴税金4.1亿元。交叉互动保费收入突破8亿元,同比增长82.62%;落实"全面整改年",建立整改例会制度、跟踪督查和长效整改机制,健全规章制度和工作方案20余项。 (茹哲峰)

【保险精品战略】 2016年,人保财险山西分公司提出"全面推进精品创建"目标,强化顶层设计,注重基层实践,提升战略牵引能力。坚持效益第一,追求对标跑赢,高速度、有效益发展成为行动自觉;推广企划管理,建立动态预警机制,以企划实施推进战略落地;深化重点帮扶,加大综合经营落后分支机构分类指导,推进区域均衡发展;开展精品服务窗口创建,新增8个,达到55个。 (茹哲峰)

【业务市场发展】 2016年,人保财险山西分公司车险方面,完成商车费改上线,战略性发展家自车,加快县域市场布局,推进地面电销团队建设,车险保费收入45.9亿元,同比增长8.38%;家自车占比48.98%,第一客户群巩固;车商渠道、电销直通业务、二网、大卖场渠道保费分别同比增长

30%、12.01%和145.15%。商业非车险方面，强化大格局思维，以专营机构和专业化团队建设为抓手，强化整体营销，着力一揽子风险方案解决，传统基础客户巩固，突破蓝海市场，商业非车险保费收入7.21亿元，市场份额32.04%，工程险、信用保证险、助贷险快速增长，首台（套）综合保险、诉讼财产保全责任险、金融机构贷款损失信用险破冰。政策支持型业务方面，升级保险供给，创新管理模式，加快从发展农业保险向农村保险升级，农险保费3.49亿元，市场份额54.98%；探索"基本医疗+大病保险+意外医疗+民政救助"一体化运营模式，社保业务保费突破5亿元；推进扶贫保险，与山西省扶贫办签署《保险助推脱贫攻坚战略合作协议》，以点带面，推进保险项目落地，光伏保险、贫困人口补充医疗保险、扶贫公路工程险、贫困户羊养殖产业保险取得突破。 （茹哲峰）

2016年6月3日，中国人保财险山西省分公司举行商业车险改革首单交付仪式 （茹哲峰供图）

【盈利能力保障】 2016年，人保财险山西分公司坚持有效益发展不动摇，推进成本领先战略。狠抓承保定价，强化费率与业务质量联动，改善高风险业务，剔除负价值业务，优质业务占比提升；狠抓理赔管控，实施精益理赔，深化营业货车高赔付治理、人伤过程管理、非车险大额案件管控和诉讼案件管理，赔付成本呈现下降趋势；狠抓费用效能，深化全面预算管理，应对"营改增"政策变化，固定费用下降，税制改革平稳过渡。 （茹哲峰）

【客户服务优化】 2016年，人保财险山西分公司坚持线上线下融合，启动卓越理赔服务计划，推广微信自助理赔，升级远程移动定损系统，推进优质客户"一站式"理赔，加大监管服务评价指标考核，完善客户投诉机制，客户满意度提高；坚持服务与销售绑定，推进服务产品化、柜面一体化，探索服务与客户分级对接机制，推送服务直达客户。 （茹哲峰）

2016年12月26日，人保财险山西省分公司与山西省扶贫开发办公室签署保险扶贫战略合作协议 （茹哲峰供图）

·中国太平洋人寿保险股份有限公司山西分公司·

【概述】 2016年，中国太平洋人寿保险股份有限公司山西分公司（简称太平洋寿险山西分公司）累计实现原保险保费收入67.58亿元，同比增长22.6%，总体规模保费在山西省保险市场位居第二名。截至2016年底，全省11个地市均开设有地市机构，另有100余家县区机构。

在客户服务方面，公司推进"以客户需求为导向"的战略转型，建设数字太保，打造智能营运，2016年先后推出"云投保"异地签名、"太平洋寿险"APP自建平台、客户俱乐部品牌活动等多项举措。2016年共计处理各类赔案13806件，累计给付理赔金1.95亿元。 （刘志平）

【个险业务发展】 2016年，太平洋寿险山西分公司个险条线在业务、人力、客户经营各方面都取得增长。截至2016年底，公司实现营销新保保费17.9亿元，市场份额20.38%，市场排名第二。营销新保期缴实现17.5亿元，市场份额22.13%，市场排名第二。营销人力4.2万人，市场占比24.7%，市场排名第二。

公司推出《幸福相伴(尊享型)两全保险》《东方红·满堂红(尊享版)两全保险(分红型)》《东方红·状元红(尊享版)两全保险(分红型)》《少儿超能宝重大疾病保险》《安行宝两全保险2.0》等产品，为山西客户提供专业、完备的保险保障。（刘志平）

【业务转型发展】 2016年，太平洋寿险山西分公司法人渠道聚焦业务目标、聚焦利润达成，推进产品转型与业务结构调整。截至2016年底，法人渠道累计实现意外险保费8171.36万元，市场份额19.71%，市场排名第二位；累计实现短险保费9995.72万元，市场份额6.93%，市场排名第三位；传统银行渠道累计实现意外险保费894万元，市场份额40.72%，市场排名第一位。（刘志平）

【营运条线服务提升】 2016年，太平洋寿险山西分公司营运条线坚持“夯实基础、互联互通、提升服务、控制风险”的营运工作主基调。

“指尖上”的保险服务。公司依托“太平洋寿险”官微、“神行太保”APP(PAD版、手机版)及“太平洋寿险APP”客户端，打造智能客户服务体系，不受时间、地点限制，客户通过移动终端即可自助完成一系列保险服务。太平洋寿险山西分公司于2016年10月26日上线“太平洋寿险APP”，客户可实现轻松查询、一键贷款、一键领取、理赔报案、积点兑换、客服咨询等保险服务。截至2016年底，山西分公司寿险APP注册用户突破10万，绑定客户8万人，投保保单2.9万件，贷款1.8万件，新保客户投保使用率80%。“云投保”技术实现交互完成远程投保，解决异地客户无法完成远程投保签名的行业性难题，2016年，太平洋寿险山西分公司通过“云投保”为近300名异地客户带去保险保障。

“总经理接待日”活动。2016年，太平洋寿险山西分公司全辖开展总经理接待日140余次，在开展总经理接待日活动期间，各中心支公司解答、处理保险消费者的各类咨询和投诉400余人次，获得客户及业务人员的认可。

高管倾听体验活动。太平洋寿险山西分公司各机构高管开展“调听一个投诉录音”“处理一件客户投诉”“研讨一件投诉案例”为具体内容的“三个一”活动，聆听客户声音、推动解决关键旅程痛点、营造提升客户体验的工作氛围。

7·8保险公众宣传活动。精心组织包括：组建跑步方队参加协会“7·8”启动仪式、“保险进社区”、拍摄“名家说保险”视频、开展“保险让生活更美好——彩虹定位跑”等户外大型宣传活动等。

行协组织的“星级柜面”评选活动。2016年度山西省人身险公司星级柜面评选活动中，山西分公司申报的26个柜面有25个跻身星级柜面行列，占到本年度全省人身险公司获评星级柜面的26.6%。其中，太原客户体验中心再次获评5A级柜面；忻州等三家机构获评4A级柜面；清徐等21家机构获评3A级柜面。5A、4A级柜面获得省总工会金融工委授予的山西省金融系统“五一劳动奖状”。

客户服务活动。太平洋寿险山西分公司组织开展2016年度感恩季柜面创新服务体验活动：11月10日至12月20日，太平洋寿险山西分公司在全辖组织开展30场“感恩季创新服务客户体验活动”，参与客户超过900人，其中763人绑定“中国太保”官微，682人订阅电子信函。开展关爱工程活动：7月11日至9月30日，太平洋寿险客户俱乐部开展主题为“绿色魔法小口袋”少儿环保创意大赛，太平洋寿险山西分公司经过初评，选送运城中支符瑞泽《捡垃圾的机器人》创意作品，获得总公司三等奖。（刘志平）

【财务管理】 2016年，太平洋寿险山西分公司财务条线提升财务各项工作。

工作考核方面：优化财务人员绩效考核体系，将日常工作要求以及重点工作完成目标融入考核办法中，通过考核方式明确工作重点，揭示管理薄弱环节，针对性提高工作质量。通过绩效考核体系的建设，形成对广大干部员工达成工作任务的牵引。业务支持方面：落实经营分析报告制度，完善财务内部按条线设置预算管理员制度，聚焦业务发展，通过保障业务节假日和业务节点收费，规范收费流程，保障业务顺畅运行。预算管理方面：深化资源配置改革，提升投产效率，深化“透明化、标准化、差异化”的资源配置体系，以集约化的资源配置和精细化的预算管理为抓手，提升资源配置能力和成本管控能力，提升服务支持能力，助力公司取得经营效益，各项KPI(关键绩效指标)达成。核算管理方面：确保财务信息真实完整，实现“营改增”平稳过渡，加强日常财务基础工作，推动会计升级工作。推进单证无纸化及核对自动化切换，加强日常会计核算、核对及分析管理。资金管理方面：加强资金风险控制，拓宽收付费方式，降本增效，加强零现金管理，推进资金集中管理。完善银行转账渠道，提高转账率。督导合规方面：聚焦督导体系建设，落实内部监督机制，推动定期检视与督导，杜绝屡查屡犯。开展“金盾行动”，全员宣传，加强财务风控能力建设。配合内外部检查，提升风险控制能力。（刘志平）

【合规经营防范风险】 2016年，太平洋寿险山西分公司推动和实现公司的可持续价值增长。

2016年，太平洋寿险山西分公司坚持合规经营和基础管理不放松，分层级细化合规责任归属，落实责任主体，使合规与风险管理工作真正内植于业务经营活动的全过程，助力公司业务健康发展，获总公司“2015年度内控管理优秀分公司”。反洗钱工作落实人行监管规定，日常管理常抓

2016年7月8日，太平洋寿险山西分公司在太原市南宫广场参加“7·8”保险公众宣传日户外大型宣传活动，图为公司展台　（刘志平供图）

不懈，创新宣传活动形式内容，反洗钱工作获得人民银行反洗钱监管评级和两综合两管理工作监管评级为“A类”金融机构，年度监管检查实现“0”处罚。落实整改责任，加大缺陷追责力度，减少审计缺陷，杜绝高风缺陷，整改率得到提升。　（刘志平）

·中国太平洋财产保险股份有限公司山西分公司·

【概述】 中国太平洋财产保险股份有限公司（简称太平洋产险山西分公司）是中国太平洋保险（集团）股份有限公司旗下专业子公司。

2016年，太平洋产险山西分公司推进“数字太保”的战略转型，以新科技，新技术提升公司的核心竞争力与客户服务能力。以承保盈利为底线，以合规经营为红线，以提升客户体验，满足客户需求为生命线，结构调整增活力、转型创新谋长远，实现可持续价值增长的战略目标。截至2016年底，太平洋产险山西分公司下辖有11家地市中心支公司，65家县级支公司。全司保费收入11.86亿元。其中：机车险保费收入9.83亿元，非车险保费收入2.03亿元。赔款支出6.7亿元。　（周苗为）

【成本管控与承保盈利】 2016年，太平洋产险山西分公司从承保理赔质量、费用精细化管理等多方面采取措施，综合成本率大幅降低。2016年综合成本率为96.36%，同比下降1.28%。其中车险、非车险综合成本率分别为97.3%、89.56%。　（周苗为）

【产品创新与客户服务】 2016年，太平洋产险山西分公司结合市场需求，创新开发新险种。太平洋产险山西分公司推出“航班延误险”“太享贷”“个人账户资金损失险”“家政雇佣责任险”“诉讼财产保全责任保险”“驾乘人员意外伤害保险”等“码上保”系列产品及食品安全责任险等，为客户的“衣、食、住、行”提供全方位的保险保障。为方便客户投保，简化投保流程，推出“车险电子保单”，客户在投保时只需提供手机号及电子邮箱即可投保，实现投保流程的“移动化”“通用化”“去纸化”，便于客户快速查找自己的投保信息。

太平洋产险山西分公司提升服务质量。“以客户需求为导向”创新客户服务模式，推出“指尖查勘”APP，查勘员利用手机，现场进行查勘、定损、理赔、为客户提供快捷、方便、周到的服务。提升车险理赔时效，以及标准化、专业化程度。

2016年，太平洋产险山西分公司加快理赔结案周期，提升理赔服务。截至2016年底，全险种综合赔付率下降1.84%，其中车险综合赔付率57.49%，非车险综合赔付率48.87%。

太平洋产险山西分公司优化理赔增值服务，针对三年未出险客户推出金钥匙服务、无限次免费道路救援服务、小额案件授权授信服务；特别针对女性客群提供免费协助更换备胎及无限次免费道路救援服务、小额案件授权授信服务；针对新车首次出险客群提供查勘接触、全程导赔服务、理赔回访等服务。　（周苗为）

【合规经营与风险管控】 2016年，太平洋产险山西分公司面对复杂多变的经营形势，坚持依法合规经营，防范化解风险，维护市场秩序，在业内树立良好的公司形象。依托“天眼”平台数据支持，与太平洋产险山西分公司日常合规监测管控工作对接，进行动态监测扫描，将打假成果转化为常态管控机制。开展山西省保险业“安宁2016”反欺诈专项行动，通过公司自有筛查规则，对内部疑似欺诈线索进行提取、排查，加强对地市工作的组织推动和督导考核，保持打击舞弊、欺诈行为的高压态势；开展“聚合力、出重拳、治顽疾”专项治理工作，制订实施方案，安排全辖各机构开展多形式的风险隐患排查，加强和规范对单证、印章的管理；制订工作计划和方案，按开展风险与内控自查工作，按照总公司要求，开展农险专项自查整改工作，推进内控优化整改工作，为公司业务合规经营保驾护航；按照总公司的要求，在分公司本部开展非保险业务合同的大检查工作，增强对非保险业务合同的履约与管理；组织全辖开展打击非法集资宣传及排查活动，提高辖内员工、各级管理人员、社会公众对非法集资的风险防范意识；反洗钱工作成效显著，被人行评为A级机构。开展各类宣传培训活动，完成人行巡视接待工作；按照集团和总公司的安排部署，制订山西分公司“两个加强、两个遏制”回头看专项自查实

施方案，强化落实对下级机构的督导督查强化落实，并与公司其他专项工作活动结合开展。　（周苗为）

【公益事业与社会责任】 2016年，太平洋产险山西分公司坚持“做一家负责任的保险公司”的理念，助力公益事业，履行企业的责任。在“3·15”“7·8”活动期间，在全省内开展“高管倾听客户声音”“客户服务问题大排查” 等消费者权益保护活动，利用自身专业力量，为客户提供风险管理、防灾防损等方面的咨询与服务；在春节、五一、国庆假日期间，开展“爱心时刻相随，服务一路相伴” 系列特色理赔服务活动。在各大旅游景点、高速路口、快处中心设立流动理赔服务点，通过温馨提醒送关爱、流动网点送服务、自动查勘易理赔、简化流程快赔付、全国通赔畅无忧等举措为客户出行保驾护航。致力于保险扶贫，在全省共设立11个农险服务站，推广大病保险，农村小额贷款保证保险等，维护农户的利益，体现保险让生活更美好。　（周苗为）

·中国平安人寿保险股份有限公司山西分公司·

【概述】 2016年，中国平安人寿保险股份有限公司山西分公司（简称平安人寿山西分公司）倡导产品销售回归保障，推动“双福”系列产品。改善市场保险产品配置，开发符合经济社会发展需求的保险产品，提供符合山西市场特点的保险服务。推广费率自由化的保障型产品组合。加强各地市县域网点布局，扩大县域保险覆盖面，发挥保险业服务地方经济和城市建设的社会责任。截至2016年底，累计实现总保费收入434079.6万元，同比增长38.2%。分公司营销员人数24980人，同比增幅16.1%。（李晓光）

【销售渠道拓宽】 2016年，平安人寿山西分公司综拓渠道围绕一年内新人、个人客户经理俱乐部及综拓功能组等三类人群进行重点经营，利用集团综合金融产品，助力队伍无压力获客，先服务后销售，实现从用户到客户“双圈双户”经营模式的转化和升级。个销产及个销养保费平台增长，其中个销产达64615万元，个销养达8261万元。

在一年内新人经营方面，首次利用微信、直播等线上平台推广新人课程，并配套制作产养一年内新人训练手册、车险折页、车险销售十大金句等行辅资料助力新人展业。

在个人客户经理俱乐部经营方面，搭建个人客户经理俱乐部五大体系，分别为追踪体系、培训体系、支持体系、荣誉体系、文化体系。个人客户经理俱乐部会员人数由年初1852人提升至2861人，提升率54%，集团客户经理由1人提升至4人。

在综拓功能组经营方面，分公司于2016年5月搭建综拓功能组，旨在配合分公司综拓业务推动，通过会议体系、评估体系、荣誉体系进行管理和推动，帮助各营业部、展业课在非保险类综合金融方面做好宣导、训练、辅导等工作。截至2016年底，全省营业部课功能组搭建覆盖率达90%。

（李晓光）

【创新开展日常服务】 2016年，平安人寿公司山西分公司秉承“专业 价值”理念，注重专业性提升，凭借专业行动，NPS客户体验工程接力推行，分公司各条线推动活动落地，文化、科技、产品、服务、传播五大体验提升平台发力，生态圈经营模式升华、服务水平提升、慈善理念深入人心，“提升客户体验”思路在产品设计、前线服务、后援支持等方面得到贯彻。

2016年5月28日，随着“三代智享门店”开业，分公司第二十一届客服节启动。分公司通过问医生、平安欢乐秀、专家巡讲以及APP系列活动，创新服务客户，凭借优异表现进入平安客服节码上行公益秀全国决赛。

后台医务全年接待客户体检3615人次，结合少儿平安福上线，开展儿童体检特色服务举措，三季度针对MDRT及钻石业务团队开展前置体检赠送服务，帮助队伍精准筛选客户，节约展业时间，提升体检时效及客户满意度。

分公司开设亲访、电话、信函、网络等投诉渠道，在各营业场所公布投诉处理流程，便于客户咨询、投诉。公司对投诉案件分析总结，并编写典型案例。年初制订全年的投诉宣讲计划，并严格按计划开展宣讲，规范展业、提高服务质量，减少投诉案件的发生。　（李晓光）

【理赔服务】 2016年，平安人寿山西分公司从服务时效和服务品质两方面入手落实理赔服务。秉承“信守合约，为客户寻找理赔的理由”服务理念，改善理赔案件服务时效，倡导爱心文化建设，重大突发事故、公众事故、高额意外医疗事故开展慰问关爱，通过绿色通道第一时间为出险客户预付赔款。创新理赔服务模式，推行“互联网+”理赔新模式，实现差异化、场景化的理赔服务，改善客户在理赔全流程各触点环节感受。截至2016年底，分公司理赔案件26945件，赔付金额2.1亿元，豁免保费2900万元，理赔客户服务满意度93.72%。

服务承诺在各岗位落实。落实理赔全流程各环节标准化作业流程，在各个环节实现时效最短化，恪守时效承诺。依托平安后援集中运营平台，实现案件集中作业。客户提交理赔资料齐全后，24小时内完成资料受理、扫描工作，由后援运营作业人员在后台进行集中审核操作，标准统一，时效快速。对理赔金额低、责任明确的赔案，平安实现系统自动化审核，加快理赔时效。专人进行案件时效追踪工作，每日对案件处理进行通报，并追踪到经办人员，对临超案件与后援作业中心沟通，优先处理。“安e赔”手机在线理赔申请项目覆盖95%的案件量，简化物流、扫描等中间环节，使小额案件理赔平均处理时效缩短至0.55天。

2016年，平安人寿山西分公司标准案件共结案18354件，占整体案件量的65%以上，标准案件件均时效0.77天，标准案件2日结案率达97.98%，保险小额理赔5日结案率

99.08%，保险小额理赔平均索赔支付周期0.55天。（李晓光）

【风险防范】 2016年，平安人寿山西分公司通过合规文化推广及品质宣导日、品质宣传月等主题文化推广活动，加强对业务员队伍的销售行为管控，向业务队伍宣导培训销售行为合规性方面的监管制度，重视预前管理，推进治理销售误导工作日常化、制度化，促进服务质量提升。

营销管理部每季度进行非现场督导及现场督导，每年度组织全省各机构、营业区进行年度风险排查和销售误导专项工作，对销售误导行为进行自查自纠。

对于销售过程中出现的违规行为，坚决按照《品质管理办法》进行处理，对当事人进行扣分扣款，追究其主管的连带责任。所有违规处理通报在营业部早会上宣读，在分公司内部网及外勤E行销网页挂网，并在品质宣导日进行全省通报。

2016年，根据监管规定及集团、公司的管理要求，山西分公司为提升风险管理技能，发现、处置风险隐患，防范、打击保险欺诈犯罪，通过事前预防、事中阻断、事后处理三条主线以及风险识别、衡量、控制、监测四大步骤，形成风险管理闭环，从思想源头上形成“不想做”和“不敢做”从而减少保险欺诈可能性。

不定期开展反保险欺诈专项审计。2016年，按照总公司指导要求开展理赔保险金欺诈案件自查自纠工作、关联模型审计、欺诈高发类案件审计等。分公司针对医疗险开展反保险欺诈专项审计，重点关注赔付率异常的营业部、组、业务员，对于理赔欺诈案件自查自纠发现的高风险业务员保持关注并开展审计。对于发现有问题的案件、个人，单点突破、扩大排查，避免遗漏；对品质有问题的业务员、公司内勤，按照公司相关罚则予以处理。

通过双证管理、保单回执回销、虚假保单处理等方式加强对销售行为进行管控，从销售流程的各个环节管控销售误导行为。（李晓光）

证券　期货

·山西证券股份有限公司·

【概述】 2016年，山西证券公司制定“十三五”战略规划，确立战略发展投行业务、转型发展经纪业务、规模发展资管业务、稳健发展投资业务的发展规划，通过差异化、专业化、市场化和集约化手段和途径，围绕“以义制利、协作包容、追求卓越”的核心价值观，力争成为有特色、有品牌、有竞争力、综合实力领先的中型综合券商。

截至2016年底，公司实现营业收入23.46亿元，同比下降38.89%，实现归属于母公司股东的净利润4.68亿元，同比下降67.50%，实现每股收益0.17元。公司总资产规模480.58亿元，同比下降0.26%，净资产130.30亿元，同比下降1.45%。（辛子楠）

【区域型券商金融服务】 2016年，山西证券公司强化改革创新，构建市场化的激励和运营机制。通过市场化创新机制引入多个专业团队，其中固定收益投资实现收入1.39亿元，2016年债券交易量综合排名进入券商前30名。

山西证券公司通过金融创新，构建服务实体经济的生态圈。2016年，华融晋商委托山西信托向山煤集团发放23亿元贷款。为缓释山煤集团的负债风险，公司通过设立“山西证券—华融晋商1号定向资产管理计划”（规模15亿元），盘活华融晋商（地方AMC）信贷资产、提升其投放能力，为山西省煤企跨越转型和新设AMC的做大做强提供实质性业务创新支持，为公司支持实体经济探寻新路径。

2016年3月，山西证券公司获“2015年度‘新三板’优秀主办券商”。

2016年9月，山西证券公司公司原控股股东山西国信与山西金控关于无偿划转公司国有股份事项办理完毕，山西金控合计持有本公司872291855股股份，占本公司全部股份的30.84%。公司控股股东由山西国信投资集团变更为山西省金融控股集团。

2016年11月，在“2016首届中国波特菲勒奖”颁奖盛典上，山西证券公司凭借资产管理业务优异表现获最具发展潜力证券资管公司奖项。

（辛子楠）

【社会帮扶创新模式】 2016年，山西证券公司开展精准扶贫工作，寻求创新扶贫新模式。2016年，公司采用“定

2016年5月30日，平安人寿山西分公司“三代智享门店”开业　（李晓光供图）

2016 年 10 月 29 日，平安人寿山西分公司启动"荧光夜跑，炫动全民健身"活动
（李晓光供图）

向捐资+贴息贷款+农户自筹"模式，对汾西县太阳山村 63 户建档立卡的贫困户定向捐资 131.04 万元，开展太阳山村光伏扶贫项目建设，带动整村脱贫，使太阳山村成为集村级光伏和多户型地面光伏为一体的光伏产业园区。公司与中国人民保险签订《帮扶服务协议书》，由公司出资 19.25 万元，共同为汾西县建档立卡的 9625 户贫困户提供房屋保险产品。公司精准扶贫工作获中国证券业协会、中国扶贫基金会及社会各界认可，获中国扶贫基金会"2016 年度捐赠人大会"的"杰出贡献奖"。 （辛子楠）

【地方实体经济支持】 2016 年，山西证券公司按照山西省委省政府提出的金融创新以及金融扶持实体经济的要求，强化服务地方实体经济的力度，促进地方实体经济转型升级。制订行动方案，细化服务地方经济发展工作。2016 年为更好地发挥综合金融服务优势，公司制订《服务山西经济行动方案》《产品业务白皮书》，设立"服务山西实体经济工作组"，建立《山西证券服务实体经济的重要客户名录》从国企国资改革、中小企业金融服务和投融资服务三个方面推进经济转型升级，聚焦山西创新驱动转型升级。2016 年公司先后完成永泰能源、太原重工等多个定向增发项目，总融资金额达 101.21 亿元；推荐 10 家中小企业挂牌新三板，其中 6 家完成挂牌工作。公司完成 7 家中小企业股改工作，完成山西省内首单新三板重大资产重组，涉及金额近 1800 万元；公司以股权和可转债等模式向中小企业进行直接投资，2016 年度中小创投基金参与投资、培育 4 家挂牌企业第一批进入创新层。

公司发挥资本市场专业优势，利用山西金控全牌照、跨领域的综合金融服务平台，多措并举，聚焦山西经济结构调整、产业转型和供给侧结构性改革这一主线，深度融入振兴地方经济大局，致力于战略新兴产业的培育、投融资需求和煤炭行业供给侧改革的综合解决方案设计和落地实施。2016 年 5 月，公司通过股权质押为同煤集团融资 5 亿元，成为省内第一单通过券商渠道为煤炭企业完成的股权质押融资，公司为永泰能源及控股股东提供非公开发行、公司债、可交债等一揽子金融服务，为企业融资近百亿元。推进可交换债、资产证券化业务，有针对性地为 60 余家能源、化工、钢铁企业提供套期保值、资产整合、股权激励、市值管理、资本运作等方面的咨询服务。公司全资子公司格林大华积极协助山西焦煤集团、同煤集团、美锦集团、阳光焦化集团等 4 家省内企业申请相关产品期货交割库，协助山西焦化集团等 7 家企业利用期货市场开展套期保值交易，部分企业顺利进行实物交割。 （辛子楠）

【股权变动】 2016 年 1 月，山西证券公司非公开发行股票新增股份 31000 万股上市，注册资本由 251872 万元变更为 282872 万元。

2016 年 2 月，公司完成对格林大华期货(香港)有限公司增资 4.5 亿元港币增资，直接持有格林大华期货(香港)有限公司 90%的股份，格林大华期货(香港)有限公司整体变更为山证国际金融控股有限公司。 （辛子楠）

·大同证券有限公司·

【概述】 1988 年 5 月 3 日，经中国人民银行批准，大同证券有限责任公司的前身—由晋冀内蒙古地盟市人民银行投资和各专业银行组建的跨地区证券公司"晋冀内蒙古地盟市大同证券公司"正式成立，这是中国证券史上最早成立的证券公司之一。截至 2016 年底，大同证券为上海证券交易所、深圳证券交易所、中国证券业协会、中国期货业协会、中国证券投资基金业协会、中国国债协会、中国银行间市场交易商协会会员，全国银行间同业拆借市场成员，旗下共设有 3 家分公司、39 家营业机构，主要分布在北京、上海、重庆、广东、江苏、浙江、山东、福建、河北、河南、内蒙古、云南、湖南、四川和山西省内各地市；内设机构 22 个。注册资本人民币 7.3 亿元。净资本人民币 11.34 亿元。公司主要业务资格有：(1)证券经纪；(2)证券自营；(3)证券资产管理；(4)证券承销与保荐；(5)证券投资咨询；(6)与证券交易、证券投资活动有关的财务顾问；(7)证券投资基金代销；(8)融资融券；(9)代销金融产品。

截至 2016 年底，公司资产总额约 87.21 亿元，净资产 13.8 亿元；营业收入 4.69 亿元。 （辛国荣 田 静）

【业务发展】 2016年，大同证券公司经纪业务营业收入（含普通交易、信用交易及代销金融产品业务）32086.12万元，比上年的83309.78元减少51223.66万元，减幅为61.49%；信用业务营业收入7078.24万元，比上年的6078.69万元增加999.55万元，增幅为16.44%；证券自营业务营业收入（投资收益及公允价值变动损益）完成−791.07万元，比上年的1,706.21万元减少2497.28万元；投资银行业务营业收入3673.38万元，较上年的60万元增加3613.38万元，增幅为6022.31%；资产管理业务营业收入4628.34万元，较上年的337.90万元增加4290.44万元，增幅为1269.74%。

从收入结构分析，经纪业务收入仍是大同证券主要收入来源，占比达68.56%，其次是信用业务，占比达15.12%，资管业务收入占比达9.89%，投行业务收入占比达7.85%。

（辛国荣 田 静）

【大证保险经纪股份有限公司成立】 2016年4月，大同证券成立大证保险经纪股份有限公司，这是山西省内第一家，也是唯一一家全国性的专业保险经纪法人机构，填补山西保险经纪市场的一个空白。截至2016年底，经纪股份有限公司设立9家保险分支机构，并成为山西省中介专业委员会主任委员单位、山西省保险行业协会理事、常务理事、副会长单位，实现证券、保险业务联动，为投资者提供全方位的资产配置链条。

（辛国荣 田 静）

【大同证券经营模式改革】 2016年4月6日，大同证券按业务条线设置“一个决策委”和“六个执行委”（分别为：经营决策委员会、风险控制执行委员会、投资银行业务执行委员会、资产管理业务执行委员会、交易投资业务执行委员会、经纪及信用业务执行委员会、资金统筹执行委员会），建立一套全新的业务经营模式。2016年是大同证券新业务全面布局的一年，经营模式改革调整和优化组织架构，带来观念、意识和机制的改变，为大同证券全面转型提供战略支持。

（辛国荣 田 静）

【全牌照时代步入】 2016年5月，大同证券取得证券保荐业务资格。8月，全国股转系统同意大同证券作为主办券商在新三板从事推荐业务。上述两项资格的获批，标志着大同证券正式步入全牌照时代。

推动债券类业务。作为主承销商，首次开展公司债券发行业务，为欣捷投资控股集团有限公司和山东清源集团有限公司发行多期公司债；作为副主承销商和分销商，参与山东奥德燃气有限公司、深圳市东部投资发展股份有限公司和大同煤矿集团铁峰煤业有限公司的公司债的发行工作；作为分销商，参团几十个债券项目。

开展股权类业务。加大新三板业务推进的力度，考察上百个项目，且已有4家公司在全国股转系统挂牌，另有多个项目处于立项阶段或完成合同签约；逐步推进IPO业务，已储备浙江、山东、四川、湖北和内蒙古自治区等省区的数家企业项目，并与1家企业完成合同签约谈判。

推进收益凭证业务。主要开展保本型产品的发行工作，全年共向报价系统参与人和大同证券客户发行30单产品，发行规模近15亿元。在资产证券化业务运作上（即ABS业务），开始提前筹划，进行业务前期研究、走访部分省内营业机构、建立外部业务合作关系、讨论立项标准等工作。

（辛国荣 田 静）

·和合期货有限公司·

【概述】 和合期货有限公司成立于1993年，是由中国证监会批准，山西省工商局核准登记注册的专业期货公司注册资本金3.3亿元。公司股东为山西吉达工程有限公司、上海益衡投资管理有限公司以及深圳市御金中坤股权投资基金管理有限公司。

截至2016年底，公司设有六家分支机构，分别为大同营业部、运城营业部、大连营业部、烟台营业部、太原长风街营业部、上海分公司；两家全资子公司，分别为和合资产管理（上海）有限公司、和合投资管理（上海）有限公司。

2016年，公司资产总额达41506.519万元，净资产33084.52万元，营业收入9210.88万元。客户总规模为9452人，较上年增长1011人，其中活跃客户数为2082人；客户保证金规模为107817.9万元，较上年增长37204.2万元；总成交量626.75万手，较上年增加91.43万手；成交额24875333.79万元，较上年减少2366429.033万元，成交额大幅下降的主要原因为股指期货交易限制；手续费收入为1453.21万元，较上年增加166.33万元；营业利润为192.37万元，较上年增加106.22万元。

2016年和合资产管理（上海）有限公司共计发行59支资产管理产品，资产管理规模共计35.51亿元；各项资产管理产品的性质均为一对多非结构化资产管理产品，主要投向集合资金信托计划、其他集合资产管理计划、货币基金等资产。 （张会玉）

【地方实体经济期货服务】 2016年，和合期货公司服务实体经济，结合所处地域特点，以及公司自身优势，加大在“黑色系”期货品种的研究力度。参加行业内的产业链高峰论坛和会议，同参会人员共同分析行情运行逻辑和影响因素，与山西部分煤焦企业、钢铁企业合作，探索开展仓单服务、合作套保、基差交易业务的可能性。以服务实体企业、满足客户需求为重点，利用期货市场的套期保值功能，锁定价格风险，转移大宗商品价格波动带给实体企业的经营风险。为企业提供“仓单服务+合作套保”服务，打通企业期现业务壁垒，为企业的采购、销售、库存等环节进行风险管理，开展合作保值，提高企业套期保值操作水平和资金使用效率。为企业提供基差点价服务，使企业无需直接在期货市场中进行交易，可以利用期货在锁定远期较低的原料成本方面获利，回避期货大幅波动和交割不确定性带来的不便，达到主

动定价目的，改变传统的交易模式和定价模式。（张会玉）

【拓展业务】 2016年，和合期货公司服务个人投资者，注重产业客户和机构客户的开发。公司在大连商品交易所的支持下，服务黑龙江七台河豆粕、玉米流通企业，了解产业链上下游的点价、压榨加工、销售流程，并为其讲解期货基础知识以及企业如何利用期货进行套期保值、基差定价等手段对冲经营风险，最终实现稳定的预期利润。公司利用衍生品为实体产业提供增值服务，以金融驱动实体产业，打造“期货+现货”的期现结合业务模式，有利于风险子公司业务的开拓，提升创新业务的盈利能力。（张会玉）

【业务拓展变动】 2016年，和合期货公司按照年初制定的目标任务，在强化合规管理的基础上，以业务开发为主线，提高可持续发展能力，加大分支机构的建设，增设五家分支机构，分别为运城营业部、大连营业部、烟台营业部、太原长风街营业部、上海分公司。

加强技术支持，保障期货公司正常运作的根基，强化运维管理，保障系统安全稳定运行。2016年公司加大技术建设投资，建设CTP次席交易系统，满足客户通过CTP交易通道进行交易的需求；搭建资产管理交易系统，为公司发售资管产品提供技术平台；搭建基金代销系统。（张会玉）

·山西三立期货经纪有限公司·

【概述】 山西三立期货经纪有限公司成立于1993年，是山西省首家期货公司，注册资本3500万元经营范围商品期货经纪、金融期货经纪。公司除总部部门外另设有两家营业部：晋城营业部、郑州营业部。

2016年，公司总资产为12135.80万元；净资产为1866.18万元；营业收入为1335.94万元；净利润为−253万元。（杜燕霞）

【业务发展】 2016年，三立期货公司客户总数为4038人，其中金融客户数为163人。客户总权益资金为828805万元；成交量为70582万手，总成交金额为241841亿元。公司收入主要为经纪业务和利息收入，开展为客户提供商品期货及金融期货的业务及咨询，套期保值等专业投资服务。（杜燕霞）

【重要创新举措】 2016年，三立期货公司注重打造经纪业务创新开发平台，深耕传统经纪业务，构建私人财富服务平台。

调整经纪业务服务和盈利模式。寻求由“单一通道收费”的盈利模式向“通道收费+增值收费”的盈利模式转变路径，利用互联网诸多优势从账户开立、产品推广到交易等环节开展跨界融合，在资本市场总量扩大和多层次市场结构形成的发展浪潮中有效对接，进一步活跃传统业务需求，提升盈利水平。

深化经纪业务。经纪业务本质上包含通道、清算、风控、咨询、资源整合、运营等服务，公司以经纪业务为创新端口，以客户需求为核心，以客户服务部门为抓手，借助互联网金融跨界融合理念，通过合理布局营业网点，线上线下结合发展，整合资源打造客户链条和服务链条，实现金融服务的多元化、综合化，形成期货公司金融中介优势。公司参与实体经济实体企业定价、风险控制、仓储管理等各个环节，推进业务引入和运作上立足实体经济特点，有效对接产业客户风险管理需求。（杜燕霞）

【实体经济服务】 2016年，三立期货召开公司开展整体扶贫工作，支持贫困地区武乡县产业发展，引入“期货+保险”机制的同时，响应中期协倡议，制订和完善扶贫工作方案，通过发挥行业优势形成自身特色扶贫。并推进金融精准扶贫激发贫困地区群众内生动力，实现脱贫致富。（杜燕霞）

【信息平台建设】 2016年，三立期货公司加强信息系统建设，上线CTP综合交易平台，搭配快期客户端，满足客户多样化的投资需求。与恒生电子签订深度合作意向书，筹备上线恒生UF2.0交易结算平台，有助于提升交易系统的速度、账户管理、财务管理以及用户体验等方面提升。（杜燕霞）

·晟鑫期货经纪有限公司·

【概述】 晟鑫期货经纪有限公司成立于1995年11月，是中国证监会批准成立较早的期货公司之一。公司总部位于山西省阳泉市。是上海期货交易所、大连商品交易所、郑州商品交易所会员，中国期货业协会会员单位，山西省期货业协会副会长单位。公司总部设立10个职能部门和下属6家分支机构，客户遍布全国各地，具有良好的营销与服务网络。

截至2016年底，公司总资产11047.95万元；净资产2500.47万元；营业收入2049.61万元；累计成交量609万手；累计成交额2124.28亿元；期货公司分类评级为C类CCC级。（刘海涛）

【经营发展】 2016年，晟鑫期货经纪有限公司严格控制市场风险，恪守执业行为规范，提升经营管理水平。2016年，公司净利润出现下滑。1月6日正式上线“互联网开户业务和互联网手机端业务”。优化公司经营网点设置，2016年7月公司终止长治营业部、晋中营业部的经营，优化省内营业网点的布局，为下一步公司的战略布局进行准备。（刘海涛）

旅游业
Tourism Industry

旅游发展

【旅游发展委员会成立】 2016年，山西省旅游局更名为旅游发展委员会，由省政府直属机构调整为省政府组成部门。9月6日，中央编制委员会办公室下发文件《关于山西省旅游局更名为旅游发展委员会的批复》。11月24日，中共山西省委办公厅、山西省政府办公厅下发《关于山西省旅游局更名为旅游发展委员会的通知》，将山西省旅游局更名为山西省旅游发展委员会，山西省旅游发展委员会正式成立。 （任卫军）

【旅游接待与收入】 2016年，山西省累计接待国内旅游者4.43亿人次，同比增长23.11%；实现国内旅游收入4227.55亿元人民币，同比增长23.19%。累计接待入境旅游者89.97万人次，同比增长6.07%，其中，商业住宿设施累计接待入境旅游者62.98万人次，同比增长6.07%；旅游外汇收入3.17亿美元，同比增长6.83%；累计实现旅游总收入4247.12亿元人民币，同比增长23.19%。根据游客抽样调查数据，2016年全省国内旅游客源市场，省内游客占总游客的62.9%；省外游客占37.1%，以北京、河北等周边省份的游客居多。一日游游客占比39.1%，过夜游游客占比60.9%。过夜游客在山西省的平均停留时间为2.57天。旅游业带动山西省城乡居民人均交通、通信的增长贡献率达70%；文化旅游业的增加值占全省第三产业增加值的比重达20%以上；全省新增旅游直接从业人员1万余人，间接从业人员4万余人。 （任卫军）

【旅游产业规模】 2016年，山西省旅游企业9000余家，旅行社851家。其中，出境组团社97家，赴台组团社9家。2016年新批旅行社37家，注销旅行社28家，吊销旅行社3家。旅游星级饭店251家。其中，五星级17家；四星级62家。旅游景区景点A级景区155家。其中，AAAAA级景区7家；AAAA级景区88家。全省持有导游证人员共有24442人。其中，初级23521人、中级844人、高级77人。 （任卫军）

【旅游宣传与推广】 2016年，山西省借力世界旅游发展大会，叫响“晋善晋美”品牌。由中国国家旅游局和联合国世界旅游组织共同主办的首届世界旅游发展大会于5月18日至21日在北京召开。5月19日晚，山西省在北京举办“美丽中国　晋善晋美”推介会，播放山西旅游宣传片、举办文艺表演、山西民俗文化展示体验等活动。

2016年，旅游发展大会创新申办模式采取电视竞演的方式进行，录制《人说山西好风光》系列节目，开书记市长“电视真人秀”之先河。8月31

2016年8月31日，山西省第二届旅游发展大会在大同市召开 （任卫军供图）

日，第二届旅游发展大会在大同召开。楼阳生出席大会并讲话，提出把文化旅游业培育成战略性支柱产业。

坚持以走出去、请进来为抓手，多渠道加强山西旅游宣传推广。2016年3月21日至28日，省旅游局组团到沪赣皖和琼云贵六省(市)开展山西旅游宣传推介。4月20日至25日，到海南、云南、贵州举办"晋善晋美山西旅游"推介会。各市旅游局以及五台山、云冈石窟、平遥古城、太行山大峡谷、应县木塔、解州关帝庙、藏山等重点旅游景区和部分重点旅行社及主流媒体组团参加推介活动。7月21日至25日，举办第二届中国·山西"一带一路"古城古镇国际文化旅游暨第三届国际旅行商采购大会。日本、韩国、泰国、越南、新加坡、亚美尼亚、俄罗斯、法国、美国、澳大利亚等国家和中国港澳台地区的121名旅行商，丝绸之路沿线有关省(区、市)旅游局(委)代表，凤凰古城、阆中古城、台儿庄、南浔古镇、宏村、青州古城等知名古城古镇代表和部分国内旅行商出席推介会，拓宽山西省外旅游市场。

2016年5月13日，在西安市举办山西省旅游项目招商推介会。来自晋、陕各市旅游部门、旅行社、投资商、相关企业代表以及各部门领导、多家媒体等300余人参加推介会。山西省提供具备招商条件的旅游项目136个，重点推介5个项目，吕梁市柏叶口景区与交城利虎集团现场签约6.25亿元，平遥县人民政府与东源联创(北京)文化发展有限公司现场签约16亿元。 (任卫军)

2016年，大同市南郊区现代农业观光游引来四方宾客 (安军供图)

【乡村旅游与旅游扶贫】 2016年，山西省有休闲农业和乡村旅游示范县32个。其中，国家级休闲农业和乡村旅游示范县9个，省级休闲农业和乡村旅游示范县23个，国家级休闲农业和乡村旅游示范点17个，省级休闲农业和乡村旅游示范点161个。有831个村开展乡村旅游，乡村旅游经营户14629户，乡村旅游从业人员58469人，户均收入6万余元，人均收入1.6万元。全省具有旅游资源的建档立卡贫困村共有791个(其中132个村已经开展乡村旅游)。2016年8月，在张家口举行的第二次全国乡村旅游与旅游扶贫推进会上，山西省云丘山景区、神潭大峡谷景区入选中国"景区带村"旅游扶贫示范项目；和顺县许村入选"中国乡村旅游创客示范基地"；五台县永安村、代县南口村、壶关县大河村3个村的旅游扶贫规划，入选全国旅游规划扶贫示范成果。推进乡村旅游标准化建设，制订《山西省乡村客栈标准(试行)》《山西省乡村旅游景区标准(试行)》。召开旅游扶贫工作现场推进会，联合省委组织部、省扶贫办开展乡村旅游资源和旅游扶贫调查，动员省内11家有资质的规划单位为乡村旅游扶贫试点村编制旅游扶贫发展规划。在浙江大学、山西大学、汾阳市贾家庄组织310名旅游重点县、乡村旅游负责人培训，组织全省83个贫困村干部参加国家旅游局北戴河培训，省旅游培训中心分片区对贫困村经营和服务人员约1000人进行6期专题培训。 (任卫军)

【假日旅游】 2016年春节假日期间，山西省接待海内外旅游者749.29万人次，比上年同期增长25%。其中，过夜旅游者221.21万人次，比上年同期增长22.17%，一日游有528.08万人次，比上年同期增长26.23%。全省实现旅游总收入37.05亿元人民币，比上年同期增长31.24%。春节期间，纳入全省重点监测的24个重点景区接待海内外游客223.49万人次，同比增长32.91%，实现门票收入4902.01万元，同比增长42.23%。旅游接待量位居前五位的依次是：平遥古城、老顶山国家森林公园、运城盐湖、王家大院、神潭大峡谷。

全省接待国内外游客3985.92万人次，同比增长18.71%。其中，过夜游游客1461.24万人次，同比增长14.40%；一日游游客2524.68万人次，同比增长21.36%。实现旅游综合收入253.18亿元人民币，同比增长18.6%。纳入全省假期旅游统计的36个重点旅游景区累计接待国内外旅游者609.03万人次；累计实现门票收入2.10亿元。接待量位居前5位的是：平遥古城、晋城皇城相府、绵山旅游区、王家大院、乔家大院。门票收入排名前5位的是：晋城皇城相府、绵山旅游区、壶口瀑布、平遥古城、乔家大院。 (任卫军)

【红色旅游】 2016年，山西省旅游管理部门组织红色旅游景区工作人员到江西新余、河北唐山、吉林通化等地培训学习红色旅游文化知识。到长治市石圪节煤矿进行转型发展红色旅游专题调研，指导煤矿企业转型发展旅游业。组织2016全国红色旅游故事大赛山西地区预赛，推选6名选手参加全国复赛。山西省武乡县八路军总部旧址百团大战纪念馆讲解员栗宇琴进入全国决赛，取得第八名，获二等奖。组织开展纪念建党95周年“追寻红色印记，传承红色基因”红色旅游系列联展相关工作。（任卫军）

旅游公共服务

【旅游公共信息服务】 2016年，山西省旅游管理部门利用官方网站、旅游服务热线（便民咨询服务窗口）、官方微博、官方微信及手机APP等多位一体的信息服务构架，为社会公众提供专业快捷的旅游资讯信息服务。截至2016年底，网站自有版权图片120000余张、视频资料116部，旅游时讯862篇、景点473篇。

旅游官网以形式多样的专题展现目的地旅游资源。根据时节推出专题活动，为到晋游客提供各个季节适合游玩的景区介绍、游玩线路、自驾游线路以及旅行攻略等内容。2016年，选取具有三晋特色的人文景观、文化遗产、山水风光等旅游资源制作完成“钟灵毓秀沁河水，泽州遗珠古堡群”“记得住乡愁 留得住乡情”“如鸟斯革，如翚斯飞——发现晋东南之古建筑”“表里山河话山西”等专题。根据节庆完成“美丽山西休闲游”“5·19”中国旅游日、“9·27”世界旅游日、实时资讯、景区最新活动、新闻资讯、晋商专题、文明出游、安全出行等信息。

加强两微一端自媒体平台作用。省旅发委官方微博（新浪、腾讯）全年发布信息共计1063条，新浪官方微博累计发布信息6312条，腾讯官方微博累计发布信息5879条。新浪微博粉丝达181762位，腾讯微博粉丝达到739958位。在国家法定节假日期间省旅发委政务微博发布交通出行、天气情况、景区动态等提示类信息，为网友的出行提供资讯。省旅游发展官网微信。全年共推送图文信息217期，共计664条旅游资讯信息。内容涵盖当季景区动态、旅游推介专题报道、城市形象、乡村旅游专题，包括“道德讲堂”“文明出游”“安全出行”等内容。全年微信推送图文消息质量提高，多次登上全国旅游业当天阅读量前十排行榜，其中“灵丘空中草原，看一眼就被你美醉了！”一则推送内容浏览量达1.7万多次，位居当日全国第二。随着官方微信的订阅人数增多，网友的参与度越来越高。全年收到网友留言近3000条，其中包括内容点赞与评论、景区咨询、导游证考试、导游证年审以及投稿内容。

（任卫军）

【旅游交通便捷服务】 2016年，山西省旅游管理部门联合省交通厅按照《山西省农村旅游公路建设规划（2016–2020年）》，启动建设全省农村旅游公路4120千米工作，预计投资184亿元。实施高速公路旅游标志牌安装工程，利用省级专项资金1000万元在全省28条高速公路上建设45个景区200余块旅游标志牌。

（任卫军）

【“旅游厕所革命”行动】 2016年，山西省旅游管理部门为贯彻落实国家“旅游厕所革命”和省“冬季行动”任务要求，3月8日，全省旅游厕所革命暨旅游项目建设现场推进会在平遥县召开，对2016年旅游厕所工作安排部署，对2016年旅游厕所建设计划分解，与各市签订建设目标责任书。确定对属于景区范围内的1270座旅游厕所，总投资1.16亿元，省级资金给予支持。共补助1270座厕所，省级财政补助4875万元。

根据国家旅游局《关于对云南、吉林两省厕所革命暗访检查情况的通报》要求和局领导批示精神，拟定全省厕所革命暗访工作方案，组织各市有关人员、专家到11个市开展上年度厕所完工情况、厕所等级是否达标、服务管理情况等方面检查。暗访11市旅游厕所106座，占纳入国家旅游局旅游厕所管理系统完工厕所748座的14.18%。各市暗访厕所数量构成：太原6座、大同4座、朔州2座、忻州21座、阳泉9座、晋中11座、吕梁7座、长治14座、晋城15座、临汾7座、运城10座，均超过各市上报完工厕所的10%。（任卫军）

旅游规划与建设

【旅游规划实施】 2016年12月，山西省旅游管理部门完成《山西省“十三五”旅游业发展规划（送审稿）》并印发实施。编制沿黄地区、太行山、大历山等跨区域规划。（任卫军）

【景区体制改革起步】 2016年9月30日，山西省委、省政府出台《关于推进旅游景区（景点）体制机制改革创新的意见》。11个地市进行调查摸底，

2016年，太原市阳曲县青龙古镇景区开门迎客 （崔振刚供图）

确定首批149家景区景点改革创新。为深化景区景点体制机制改革创新，省政府办公厅印发《2017年全省旅游景区（景点）体制机制改革创新工作推进方案》。副省长张复明在太原、大同召开全省旅游景区体制机制改革创新工作座谈会。各地对不同景区分类，拿出初步的方案和思路。

（任卫军）

【旅游景区建设】2016年，山西省旅游发展委员会推进国家AAAAA级旅游景区创建工作。雁门关、太行山大峡谷两景区接受国家旅游局组织验收。10月25日，洪洞大槐树景区通过国家旅游局组织的景观质量评审，芦芽山景区进入国家旅游局景观质量评审序列。珏山景区编制AAAAA创建规划；恒山景区编制AAAAA创建规划。2016年，雁门关景区创建国家AAAAA级景区；太原市紫林醋文化产业园、太原市六味斋云梦坞、忻州市禹王洞、晋中市榆次老城4家景区创建国家AAAA级景区。

山西省旅游管理部门组织对上年复核过程中发现存在问题的21家景区约谈，明确整改时限和整改内容。4月，在对被约谈的21家景区检查后，对没有整改的4家AAAA级旅游景区予以警告处分，通报批评。8月，组织全省AAAAA级旅游景区及部分AAAA级景区标准化培训会。10月，组织召开全省A级旅游景区质量提升培训会，对全省A级景区全面复核检查。

组织省内专家对《山西省房车自驾车营地规划》编制思路讨论。4月，在太原煤炭交易中心举行2016中国（山西）国际房车露营博览会。9月，在晋中市百草坡房车营地举办全省自驾车房车示范营地授牌仪式暨全省自驾车房车露营发展论坛。

督导晋中市、壶关县、平顺县、右玉县、阳城县5家首批全域旅游示范区创建市县优化旅游发展环境，设立相应机构，完善公共服务体系，开发多种旅游产品，加快创建工作。组织第二批全域旅游示范区创建市县申报工作，忻州市、阳曲县、灵丘县、浑源县、大同县、黎城县、武乡县、泽州县、永济市、芮城县、洪洞县、吉县、隰县、岚县、交城县15市县被列入第二批全域旅游示范区创建市县名单，总量居全国第五位。对8家达到省级旅游休闲度假区标准的景区评审。截至2016年底，全省共有48家省级旅游休闲度假区。

（任卫军）

【文明旅游推进】2016年8月，山西省旅游管理部门组织举办全省首次旅行社导游领队文明旅游师资培训班，各市旅游局行业管理科（处）负责人、导服机构负责人及导游领队代表，全省出境旅游组团社负责导游工作的负责人140余人参加培训。组织出入境检疫有关政策、主要旅游目的地国家和地区的旅游现状、风俗习惯及注意事项等课程的学习。印制文明旅游宣传手册和示意图20万份，在“3·15”消费者权益保护日、“5·19”中国旅游日、“9·27”世界旅游日等各个宣传活动中向广大游客发放。转发国家旅游局《关于旅游不文明行为记录管理暂行办法》，加大文明旅游检查力度，将文明旅游作为旅游市场检查的重要内容。

（任卫军）

【智慧信息旅游建设】2016年3月，山西省旅游管理部门举办以“拥抱互联网，创新谋发展”为主题的全省互联网+旅游太原现场交流会。省旅发委与湖北省中青旅、武汉拓普伟域网络有限公司签订战略合作协议。6月，在忻州芦芽山景区举办智慧景区建设培训班。11月16日，山西省云冈石窟、五台山、平遥古城、乔家大院、绵山和皇城相府6家AAAAA级景区视频监控系统正式接入国家旅游局应急指挥平台，实现各景区人流动态、游客密度、客源地统计等常态化经营数据，以及突发事件实时监控调取、现场处置情况实时反馈、远程督导管理、视频会商决策等应急指挥管理功能与国家旅游局应急指挥平台的对接。

2016年，山西省旅游管理部门推进官方网站建设、官方微信优化与系统维护工作，实施网民特征分析、内容采集、站内优化，实现官网综合指标提升。完成制订站内优化的方案，根据方案整理优化整站的SEO关键字、页面、目录及文件命名规则、导航等；配合进行连接交换、软件推广、论坛推广；进行软文、博客、微博等的推广，综合运用百度百科、视频、图片等站外推广；使用专题方式，增加话题、活动推广，提升

2016年，夏县坚持“突出特色，明确重点，培育精品，打造名牌”原则，不断发展壮大文化旅游产业。图为夏县司马温公祠 （许毅供图）

网站关注度。（任卫军）

旅游监督管理

【旅游市场管理】 2016年，山西省旅游管理部门为贯彻落实国务院《关于加强旅游市场综合监管的通知》精神，起草《关于加强旅游市场综合监管实施意见》。5月25日，省政府办公厅印发《山西省政府办公厅关于加强旅游市场综合监管的实施意见》。组织旅游、公安、工商、物价等省旅游改革发展领导小组成员单位，在春节黄金周、五一小长假、中秋节、十一黄金周等节假日，邀请省内部分媒体记者和社会监督员参与旅游市场明察暗访，对检查中发现的问题及时分类汇总，由主管单位立即责令其限期整改，加强跟踪问效，涉及其他单位转办有关部门。召开座谈会、实地考察、约谈、依法惩处违规违法企业、发布企业联合倡议书，对不合理低价行为重拳出击，在行业内部形成振动，在游客市场形成影响。截至2016年底，全省各级旅游质监执法机构开展旅游市场检查3260次，联合多部门开展检查143次，出动检查人员10182人次，检查旅行社4846家次（含分社、营业部）；星级饭店775家次；A级旅游景区1088家次；导游2375人次。查处违规旅行社12家，取缔无资质经营旅游业务3家，吊销旅行社业务经营许可证两家，作出罚款3900元的行政处罚。（任卫军）

【旅行社管理】 2016年6月28日，山西省旅游管理部门将外商投资旅行社许可、领队证核发、出境社名单审核等行政审批事项移至省政务服务中心办理。印发《山西省旅游局关于规范下放行政审批事项的通知》。落实行政审批、行政处罚“双公开”，通过企业信用信息，加强行业企业诚信建设。对2015年度旅行社提交的申报资料由第三方会计师事务所进行审核，审定奖励资金857.19万元。向省政府申请落实资金和继续执行美丽山西休闲游奖励。山西宝华盛世国际旅行社有限公司、山西红马国际旅行社有限公司、山西太平洋国际旅行社有限公司进入百强，分别排第35名、第64名、第78名。（任卫军）

【导游管理】 2016年8月，山西省旅游管理部门举办全省导游领队文明旅游师资培训班，各市旅游局行业管理科（处）负责人、导游服务机构负责人及导游领队代表，全省出境旅游组团社负责导游工作的负责人140余人参加培训。11月2日至3日，组织开展2016年“皇城相府杯”山西省导游员大赛。制作发放初级导游证1219个、中级导游证51个，高级导游证8个。（任卫军）

【旅游商品管理】 2016年，山西省旅游管理部门组织全省数十家旅游纪念品生产销售单位参加中国国际旅游商品博览会、中国旅游产业博览会、东盟旅游产业博览会和北京旅游商品博览会等，分别有三件作品获国家级大赛银奖和铜奖。在国际旅游商品博览会上，许多企业展示产品，签到订单，收效显著。山西省旅游局选送的“红色故事”系列旅游商品获银奖。（任卫军）

【旅游安全管理】 2016年，山西省旅游管理部门组织各级旅游部门开展旅游市场检查761次，联合相关部门开展检查99次，共出动检查人员4772人次，检查旅行社2458家次（含分社、营业部），星级饭店350家次，A级旅游景区397家次，导游人员1183人次。

各级旅游部门共排查出一般隐患983条，下达整改通知581份，整改983条，整改率100%。投资4.02万元印刷《旅游安全事故应急救援预案》《旅游突发事件应急手册》《安全出行手册》等宣传资料。全省旅游行业共发放安全宣传资料13余万份，回答群众关心的问题3000余条。

（任卫军）

综　述

【房地产企业投资情况】　2016年，山西省房地产开发企业完成投资1597.35亿元。其中，住宅完成投资1141.08亿元；办公楼完成投资75.15亿元；商业营业用房完成投资217.29亿元；其他项目投资完成163.83亿元。

截至2016年底，房地产开发企业总计有2485个，完成年度投资1597.35亿元。按登记注册类型区分，内资企业2465个，完成年度投资1561.54亿元；港澳台投资企业13个，完成年度投资30.64亿元；外商投资企业7个，完成年度投资5.17亿元。

内资企业中，国有企业63个，完成年度投资32.65亿元；集体企业7个，完成年度投资5055万元；国有独资企公司38个，完成年度投资34.91亿元；其他有限责任公司468个，完成年度投资530.77亿元；股份有限公司23个，完成年度投资14.57亿元；私营有限责任公司1813个，完成年度投资930.87亿元；私营股份有限公司53个，完成年度投资17.27亿元。

港澳台投资企业中，合资经营企业8个，完成年度投资26.66亿元，独资企业3个，完成年度投资3680万元；股份有限公司1个，完成年度投资3.22亿元；其他公司1个，完成年度投资3895万元。

外商投资企业中，合资经营企业3个，本年度无投资；独资企业3个，完成年度投资4.37亿元；股份有限公司1个，完成年度投资7987万元。

按控股情况分，国有控股企业209个完成年度投资341.44亿元；集体控股企业41个，完成年度投资11.76亿元；私人控股企业2110个，完成年度投资1139.45亿元；港澳台商控股企业7个，完成年度投资20.29亿元；外商控股企业6个，完成年度投资7.37亿元；其他企业112个，完成年度投资77.05亿元。

（欣　然）

【房产开发情况】　2016年，山西省房屋施工总面积为1.71亿平方米。其中住宅房屋面积1.22亿平方米；办公楼607万平方米；商业营业用房2150万平方米；其他2089万平方米。本年度新开工面积3854.78万平方米。其中，住宅面积2654.28万平方米；办公楼157.73万平方米；商业营业用房494.28万平方米；其他548.49万平方米。

房屋竣工面积2683.59万平方米。其中，住宅2042.21万平方米；办公楼42.04万平方米；商业营业用房298.42万平方米；其他300.91万平方米。房屋不可销售面积327.47万平方米。房屋竣工价值785.57亿元。其中，住宅605.77亿元；办公楼13.44亿元；商业营业用房97.16亿元；其他69.20亿元。

房屋出租面积39.28万平方米。其中，住宅2.01万平方米；办公楼6306平方米；商业营业用房33.17万平方米，其他3.46万平方米。

商品房销售面积2061.06万平方米。其中，现房796.95万平方米；期房1264.10万平方米。商品房销售总额1027.14亿元。其中，现房销售总额315.31亿元；期房销售总额711.83亿元。商品住宅销售16.64万套。其中，现房6.31万套；期房10.33万套。所有房屋待售面积约1761.03万平方米。其中待售1到3年内房屋面积703.60万平方米；待售3年以房屋上面积43.20万平方米。（欣　然）

【房地产业经济效益增长】　2016年，山西省房地产业经济效益明显增长，高于往年。以利润总额计，2016年利润总额29.04亿元，与上年的9.49亿元之比为3:1。以投资总额与利润总额比较，2016年投资1597.35亿元，与利润总额之比为55:1，上年投资总额为1497.87亿元，与当年利润总额之比为158:1。以营业总成本与利润总额比较，2016年营业总成本为721.26亿元，与当年利润总额之比为25:1。

（欣　然）

【商品房销售稳升】　2016年，山西房地产开发房屋销售额稳定上升，商品房销售业绩增幅明显。2016年商品房销售面积2061.05万平方米，较上年的1592.55万平方米增长29%，其中住宅销售1881.50万平方米，较上年的1481.13万平方米增长27%。全省11个市中商品房销售数额居于前列的是太原市与运城市，太原市商品房销售613.72万平方米，比上年增长36%，其中住宅销售254.02万平方米，比上年增长32%；运城市商品房销售275.83万平方米，比上年增长44%，其中住宅销售254.02万平方米，比上年增长44%。有的市虽销售总额较小，但增长幅度较大，如朔州市商品房销售71.46万平方米，比上年增长105%，其中住宅销售53.31万平方米，比上年增长57%。城镇居民居住情况中，2016年购买商品房比重占30.1%，比上年的28.1%增长2%。（欣　然）

2016年，实施易地扶贫搬迁后的壶关县集店乡岭东新村　（曾晋芳供图）

市场监管

【房地产去库存】　2016年，山西省住房和城乡建设厅贯彻国家和山西省“三去一降一补”供给侧结构性改革决策部署，出台实施加快化解房地产库存和培育发展住房租赁市场等政策措施，促进住房消费，带动开发投资，化解市场风险，推动房地产市场发展。全省完成房地产开发投资1597.35亿元，同比增长6.9%，商品房销售2061.1万平方米，同比增长29.4%。截至2016年底，全省商品房待售面积1761.03万平方米，消化周期10.3个月，较上年缩短3.4个月，商品房库存量和消化周期实现“双下降”，销售价格保持稳定。加快房地产去库存，落实国家差别化住房信贷和税收政策，加大住房公积金贷款发放力度，支持居民合理住房消费。指导运城、忻州、阳泉、晋中等市对农业转移人口发放购房补贴，支持其进城购房。加大棚户区改造货币化安置力度，全省棚改货币化安置比例达42.7%，消化房地产库存。制订《关于加快化解房地产库存的若干意见》，提出支持农业转移人口在城镇购房等11条政策措施。制订《关于加快培育和发展住房租赁市场的实施意见》，提出19条具体措施。加大去库存工作推进力度。成立分管副省长为组长的山西省化解房地产库存工作领导小组，加强组织领导。建立每周报、月调度、月通报、季督导的工作机制，加强省、市、县三级联动，层层传导压力，务求取得实效。开展“进一步加大商品房去库存力度，促进房地产业健康发展的政策措施”课题研究，提出推进房地产去库存的政策建议。贯彻“因城施策”方针，指导各市根据当地实际出台去库存实施细则，促进房地产市场发展。（米玉婷）

【房地产市场监管】　2016年，山西省住房和城乡建设厅制订《房地产行业领域事中事后监管年度行动实施方案》，建立房地产交易信息日报制度，加快“两网”网签系统建设，开展全省房地产中介专项整治工作，在全省组织开展防范和打击非法集资宣传教育月活动，规范房地产市场秩序。（米玉婷）

【房地产市场企业培育和监管】　2016年，山西省住房和城乡建设厅开展房地产企业资质动态考核和信用评价工作。476家企业中，房地产资质动态考核合格402家、基本合格64家，不合格10家；信用评价等级A级126家、B级343家、C级7家。培育房地产一级企业10家，二级企业61家。（米玉婷）

【行业发展水平提升】　2016年，山西省住房和城乡建设厅印制《场馆物业服务标准》，起草《住宅室内装饰装修管理办法（试行）》，提高物业服务的规范化和制度化水平。宣传贯彻《山西省国有土地上房屋征收与补偿条例》。印发《关于做好〈山西省国有土地上房屋征收与补偿条例〉学习宣传和贯彻实施工作的通知》。（米玉婷）

交通运输

Traffic and Transportation

交通管理

【概述】 2016年,山西省完善交通基础设施网络。全省交通建设完成投资228.7亿元,为年计划的101.6%。高速公路在建规模达496.5千米,通车里程达5265千米;普通国省干线完成新改建里程477.5千米,二级以上公路比重达86.3%;农村公路建设完成通村公路4419千米,"通返不通"问题得到治理。全省新增公路通车里程1106千米,达14.21万千米,公路密度达90.89千米/百平方千米。省交通运输厅会同省发改委、省旅游局联合编制印发《山西省旅游公路建设规划(2016–2020年)》,计划用5年时间,投资184亿元,建设农村旅游公路4120千米,打通全省景区"最后一公里",为全省建设旅游经济强省提供交通保障。

推进交通扶贫攻坚。山西省政府与交通运输部签署"加快贫困地区交通运输发展共建协议"。省交通运输厅制订实施交通扶贫行动方案和2016年行动计划,以58个贫困县为主战场,推进交通扶贫项目建设,2016年完成投资124亿元。省交通运输厅定点扶贫的6个贫困村有3个整体脱贫。

深化交通运输改革。高速公路建设事权改革取得突破。省政府印发《关于进一步推进全省高速公路建设的意见》,确定"国高网省建、省高网市建"的建设模式,形成统一规划、分层负责、省市共建的发展格局,运城、吕梁、太原3市启动4个省高网项目建设,有1个项目开工。推进投融资体制改革。完成和顺至榆社、忻州至阜平、忻州环城3条建成高速公路的经营权实质性转让工作,收回投资150亿元,全省经营性高速公路里程达1176千米,占高速公路里程的22%,比上年提高3.85%;完成祁县至离石等4个高速公路BOT项目投资人招标工作,筛选出24个高速公路项目列入全省PPP项目库,其中5个项目完成咨询机构招标程序;阳城至蟒河等5个高速公路BOT、BT项目建设进展顺利,全年完成投资64.4亿元,占全省高速公路总投资的54.7%,社会投资首次超过政府投资,成为高速公路投资的主力军。改变政府投资方式,采取"政府购买服务+委托建设"的方式,择优选择省路桥集团利用农发行政策性贷款落实农村旅游公路建设资金,全年开工建设旅游公路24个项目203.7千米。债务结构优化,2016年表外融资利率同比下降1%,节约利息支出6.9亿元。深化"放管服"改革。取消省级交通运输行政权力3项,36项交通运输行政审批事项进入省政务中心,全年受理和认领行政审批事项5.35万件,全部办结;交通建设项目招投标进入省公共资源交易中心,完成招标项目438个,节约投资约4亿元。推行信用信息归集公示、"双随机一公开"、失信联合

2016年7月2日,京昆高速公路山西段盂县东梁枢纽投入运营 (师国梁供图)

惩戒等事中事后监管机制。推进城市出租汽车行业改革。制订深化出租汽车行业改革实施方案及网约车经营服务管理实施细则，指导城市人民政府严格落实出租汽车管理主体责任，加强调查研究，回应社会关切，引导社会预期，促进网约出租车发展、巡游出租车发展，方便城市居民出行。

提升交通运输服务管理水平。公路建设养护管理加强。高速公路、干线公路、农村公路优良路率分别达99.6%、80.84%、76.41%。城乡公共交通服务能力提高。新增、更新城市公交车4100多辆，新增公交运营线路网1283.2千米，2016年运送旅客15.6亿人次，城市公交出行分担率平均达24.5%，比上年提高1%。忻州、晋中、阳泉、临汾、长治、吕梁6市实现城市公交"一卡通"。建制村通客车率达90%。运输服务转型升级步伐加快。鼓励发展多式联运、甩挂运输、物流联盟等先进物流组织方式，支持山西中鼎物流园建设多式联运示范工程。推进驾培模式改革，全省74%的驾驶员培训学校实行先培训后付费或计时收费。实施"三减两免""新三减"差异化收费优惠政策，落实"绿色通道"、节假日小型客车免费通行等惠民政策，为运输企业减负25.02亿元，推动运输业发展。截至2016年底，全省完成营业性公路货运量10.2亿吨、货物周转量1452.1亿吨千米，分别增长12%和5.6%；完成客运量1.87亿人、旅客周转量141.1亿人千米，分别下降15.3%和14.2%；水路运输完成客运量142.2万人、旅客周转量1041.1万人千米，分别增长30.1%和9.9%。全省车辆通行费收入170.9亿元，增长36.1%。按时发布收费公路公报。节能减排成效显现。全省新增纯电动公交车4000辆，占新增、更新新公交车总数的97%，更新电动出租车9000余辆，太原、阳泉、临汾、晋城打造绿色公共交通体系成效明显。全省淘汰营运黄标车8.44万辆，完成省政府下达的指标。19对高速公路服务区38座电动汽车快充站、15个普通干线公路服务区建成投运，12对高速公路服务区24座LNG加气站加紧建设。

夯实安全生产基础。山西省交通运输厅连续三年每年以厅1号文件对安全生产工作做出安排部署，各级交通运输部门主动履行政府监管责任，推动企业落实安全生产主体责任，全行业抓住道路运输、公路桥隧运营、公路工程施工、水上交通等重点领域，开展安全生产大检查，共排查出一般安全隐患8074项，整改7939项，整改率98%。强化道路运输安全监管基层基础工作，建立道路运输省、市、县三级安全监管台账，9403户运输企业全部建档入账，落实安全监管单位和安全监管责任人。加强公路安保防护设施建设，实施公路安全生命防护工程3712.8千米，完成危桥改造18座。启动新一轮整治超限超载，会同公安等有关部门联合开展整治违法超限超载行为专项行动，全省公路货运超限超载率控制在0.2%以内。推进安全生产风险管理试点工作，在工程建设、道路运输等六大领域取得进展，提升全系统安全生产预警预控能力。加强信访维稳、社会综治与反恐工作，维护行业安全稳定。

（师国梁　陈瑞丽）

【交通运输安全生产风险管理试点现场会】 2016年6月22日，山西省交通运输系统安全生产风险管理试点现场交流会议在长临高速公路公司召开，总结推广交通运输安全生产工作和安全生产风险管理试点工作取得的新进展、新经验。6个试点单位从各自监管特点出发，研究制定试点方案，明确工作目标、实施步骤，细化工作任务和措施，分别成立领导组，召开专题会议，研究部署试点工作；落实专项经费，聘请技术咨询服务单位，推进试点工作。

（师国梁　陈瑞丽）

【"四好农村路"建设】 2016年8月5日，山西省"四好农村路"建设2016年推进会议在晋城市阳城县召开，会议总结"十二五"全省农村路建设取得的成绩和经验，部署"十三五"农村公路建设任务，提出建设"四好农村路"的目标。晋城、吕梁、晋中3市和阳城、永和、平顺、平定4县进行交流发言，农发行山西省分行介绍支持农村公路建设的优惠贷款政策。与会代表学习参观阳城县"四好农村路"建设情况，考察阳城县农村公路建管养运情况，实地了解演礼乡中央大道、驾岭乡管护站等情况。

（师国梁　陈瑞丽）

【农村旅游公路建设】 2016年9月14日，山西省交通运输厅以政府购买服务方式推进农村旅游公路建设新闻通气会议召开，省交通运输厅党组成员、副厅长兼总会计师、厅新闻发言人袁清茂介绍有关情况，中国农业发展银行山西省分行、山西路桥集团公司和厅机关相关部门负责人参加会议。

山西省农村旅游公路建设"十三五"规划项目266个，建设规模约4120千米、总投资184亿元。2016年，全省在农村旅游公路建设项目中引入政府购买服务新模式，计划完成农村旅游公路建设投资20亿元，建设规模450千米。全省开工建设农村旅游公路项目43个，建设规模为547千米，总投资约35亿元。

（师国梁　陈瑞丽）

【"11·21"事故】 2016年11月22日，山西省交通运输厅召开安全生产紧急会议，落实国务院、省委、省政府领导指示批示精神及全省道路交通安全工作紧急视频会议精神，汲取"11·21"事故教训，对抓好冬季安全生产工作进行再动员再部署。"11·21"事故共造成17人死亡、36人受伤，给人民生命财产造成巨大损失。各单位汲取事故教训，加强组织领导，周密安排部署，层层落实责任，采取措施，加强重点领域冬季安全管理，保障交通运输安全畅通。（师国梁　陈瑞丽）

【交通运输科研成果】 2016年5月10日至12日，山西省交通运输系统"十二五"科技创新优秀成果展览在山西交通职业技术学院文华校区举办，参展总人数达7000余人次。

展览重点是展示山西省交通运输系统"十二五"期间取得科研成果、

专利、工法、标准，以及QC和“五小”活动的优秀成果。“十二五”期间，全省交通运输系统广大科技工作者坚持“面向发展、开放协同、重点突破、全面提升”的原则，开发和推广应用先进适用的新技术、新材料、新设备、新工艺，并以QC和“五小”活动为载体，推动群体性创新活动开展。全行业共组织开展科研项目280余项，建成部（省）重点实验室、研发中心等创新平台14个，70%以上的科技成果得到推广应用；制订6项行业标准，65项地方标准；取得300余项专利和软件著作权授权，取得500余项国家、省部表彰的QC和“五小”成果，43项创新成果获省部级科技进步奖。

2016年6月12日，山西省交通科研院的各类科研项目111项，其中，获2015年度中国公路学会科学技术二等奖以上3项，省科技进步二等奖以上4项。（师国梁　陈瑞丽）

2016年7月12日，山西省左权至黎城高速公路通车　（师国梁供图）

公　路

【高速公路建设】 2016年，山西省完善高速公路网“三纵十二横十二环”建设。6月25日，高速路网东纵组成部分五台至盂县高速公路通车。项目地处太行山区，是典型山岭段高速公路，全线桥隧比例达48%，2011年8月开工建设，起点与忻阜高速公路相接，终点与阳泉至盂县高速公路相接，全长75.22千米，全线共有桥梁39座，采用双线四车道高速公路标准，速度80千米/小时。由中国建筑国际集团采用BT模式投资建设，由太旧高速公路公司负责运营管理。通车后，从石家庄到五台山景区车程缩短至2小时左右。

7月12日，东纵天黎高速公路组成部分左权至黎城高速公路通车。项目起点在左权县东北辽阳镇殷家庄处，终点在黎城县北停河铺乡元村处接长邯高速公路黎城北枢纽，主线长78千米。全线有特、大中小桥60座，桥隧比例达40%，采用双向四车道高速公路标准，速度80千米/小时。

9月9日，西纵主干线S85右芮高速（将调整为G59呼北高速）组成部分吉县至河津高速公路通车运营。项目路线全长53.278千米，概算总投资66.8156亿元，采用山岭重丘区高速公路技术标准，路基宽度24.5米，设计行车速度为80千米/小时，桥涵荷载等级为I级。（师国梁　陈瑞丽）

【晋豫两省对接5个项目建设】 2016年7月6日，山西省交通运输厅与河南省交通运输厅在太原召开座谈会，对接两省5个高速公路项目建设工作。促进推动5个项目的建设，建立沟通协调机制，实现交通运输事业互惠互利、合作共赢、共同发展。截至2016年底，两省待接的高速公路项目还有5个，即高平至新乡高速、运城至灵宝高速、阳城至济源高速、渑池至垣曲高速、运三高速三门峡公铁黄河大桥连接线。其中，高平至新乡高速备受社会关注，山西省境内高平至陵川段于2012年通车运营，河南段计划2016年9月开工建设。9月28日，阳城至济源高速公路阳城至蟒河段开工建设。全长40.125千米，起点设于西河枢纽与阳翼高速公路相接，根据两省连接协议，推荐方案路线终点设于晋豫省界处十里河大桥桥头河南岸。全线按双向四车道高速公路标准建设，设计时速80千米/小时。其中特大、大桥共23座，中桥2座，隧道8座，全线桥隧比56%，主线收费站1处，服务区1处，养护工区1处，隧道管理站2处，互通式立交3座，互通连接线长8.846千米，总投资概算56.85亿元。项目由山西路桥集团阳蟒高速公路有限责任公司承建。（师国梁　陈瑞丽）

【干线公路建设完成全年任务】 2016年，山西省公路局成立4个工程建设督导组，由局领导带队，每月对各工程项目开展实地检查督导，并对各分局工程进展情况进行打分排队，公开通报。全省国省干线公路建设超额完成全年任务目标，截至2016年9月30日，完成投资36.46亿元，完成全年任务目标35亿元的104%。（师国梁　陈瑞丽）

【山区高速公路通涵工程成果获省科技进步一等奖】 2016年11月9日，2015年度山西省科学技术奖公布，由省交通科研院牵头的“山区高速公路通涵工程设计理论与方法、关键技术及工程应用”项目获省科技进步一等奖。

在项目实施过程中，获国家专利21项，发表论文80余篇，研究成果在山西、湖北、宁夏、广东、四川、贵州、江苏等省区的数千千米山区高速公路中应用，建成以汾离、岢临、恩来、恩黔、巴达高速公路等为代表的示范性工程。（师国梁　陈瑞丽）

【交通突发事件应急演练】 2016年11月2日，山西省公路局2016国省干线公路应急抢险演练在国道108线忻州过境路段举行。演练围绕工程抢险、安全保障、交通管制与疏导三项工作开展。

6月24日，由省运管局与太原市运管局联合主办，省汽运集团晋龙捷泰运输贸易有限公司承办的道路旅客运输突发事件应急演练活动在太原迎宾汽车站举行，演练是安全生产月活动的强化和延伸，以应对反恐防暴、客流骤增、客车突发火灾事故等为内容，检验《山西省道路运输突发事件应急预案》的操作性和实用性，提升从业人员应对各类突发事件的快速反应和科学处置能力。

6月2日，运城高速公路公司联合高速公路交警四支队开展隧道突发事件专题实战演练，历时3个多小时。在演练过程中，全体参演队伍克服困难，从演练组织、演练展示、演练评估等过程中形象、逼真、贴近实战，演练取得成功。 （师国梁　陈瑞丽）

【春运保障】 2016年春运其间，山西省道路水路累计运送旅客1551.8万人次。高速公路、国省干线公路和水路运输保持安全畅通，未出现旅客滞留和大的服务质量投诉问题，未发生较大以上安全生产事故，完成为期40天的道路水路春运任务。其中，道路客运累计发送班线客车44.01万辆次，组织包车3423辆次、加班车2217辆次，共运送旅客1549.95万人次；水路客运累计投放客船204艘、客位8152个，运输旅客18 059人次，保障群众安全便捷出行和生产生活物资运输。

全省道路春运运力储备充足，运行有序，未出现大的客流高峰和旅客滞留现象，客流量与往年相比呈下降趋势。从客流统计来看，道路旅客运输在综合运输体系中绝对主导的地位优势消失。航空、高铁快速发展分流大部分中长途客流，节日自驾出行生活方式盛行，对道路客运的中短途客流形成挤压，在综合运输体系中承担更多的是兜底保障作用。道路春运工作常态化。经验丰富的道路运输管理队伍和司乘人员队伍，道路运输管理部门和运输企业形成一套春运工作方案和应急运输响应流程，春运工作“常态化”格局形成。大范围雨雪天气给节日期间道路运输带来不利。各汽车客运站劝导旅客改乘铁路等其他运输方式出行，同气象和交警部门建立不间断联系机制。节日期间旅游客运市场需求旺盛。春节期间全省旅游接待量创新高，保障旅游客运服务，为春节期间全省旅游市场顺畅运行提供服务支撑，确保节日期间到晋游客出行。 （师国梁　陈瑞丽）

2016年8月3日，山西省五盂高速公路藏山隧道开通　（师国梁供图）

【出租汽车行业改革】 2016年8月11日至12日，山西省举行深化出租汽车行业改革培训，培训班在太原举办。培训旨在落实《国务院办公厅关于深化改革推进出租汽车行业健康发展的指导意见》和《网络预约出租汽车经营服务管理暂行办法》，深化出租汽车改革的精神实质，掌握深化出租汽车行业改革的总体要求和基本原则，确保深化出租汽车行业改革政策的实施。 （师国梁　陈瑞丽）

【地方公交车运营改革】 2016年7月26日，忻州市交通局对忻州市城市公交运营经营权进行公开招标，山西汽车运输集团通过竞标方式取得忻州市2016年9月至2024年9月城市公交的运营权。

2016年，运城市交通运输部门加快新能源汽车在公交领域的推广应用。运城市更新纯电动公交车1015辆，总投资8.79亿元，争取国家补助资金7.8亿元。截至11月2日，上线运营132辆，办理运营手续316辆，签订合同567辆，全部投入运营。通过推广使用新能源公交车，降低能源消耗，创优公交服务环境。

2016年12月20日，临汾市城区实现纯电动公交车全覆盖，投资2.6亿元新购200辆快充式纯电动公交车，使临汾市市区纯电动公交车保有量达423辆，城市公交万人拥有量达11标台，公交分担率达20%。

（师国梁　陈瑞丽）

【安全生产督察宣传】 2016年3月28日至3月31日，山西省交通运输厅落实《关于做好2016年安全生产工作的通知》和安委会第一次全体（扩大）会议精神，做好安全生产工作，对重点行业领域安全生产工作情况进行督察。

该次督察成立五个督察组，由各重点行业领域分管领导带队，重点对贯彻落实省委、省政府和省厅关于安全生产工作的决策部署情况、召开安全生产工作例会、推动重点工作落实情况、落实党政同责“五个全覆盖”和企业分级监管名录建立情况，以及存量隐患整改情况进行督导检查。

6月16日，山西省交通运输厅开展“安全生产宣传咨询日”活动。全省交通运输系统围绕“强化安全发展观念，提升全民安全素质；打造本质安全，共享平安交通”活动主题，开展形式多样的安全生产宣传咨询活动。在太原汽车站、太原环城高速公路服务区、汾河二库码头入口广场，参与宣传活动的厅直单位通过接受现场咨询、悬挂宣传标语、展板展示、发放宣传资料、安全宣誓、安全签名等多种形式，开展安全生产法律法规和道路运输安全应急管理等知识宣传，营造全员普遍关注安全生产的氛围，推动全系统“安全生产月”活动开展。

（师国梁　陈瑞丽）

内河航运

【水上交通安全监管】 2016年2月15日，山西省地方海事局召开专题会议，落实2016年全省海事航运重点工作任务。6月4日下午，四川省广元市境内游船翻船沉没事故发生后，山西省交通运输厅党组书记、厅长李正印要求将事故通报警示全省各相关单位，关注天气气象变化，落实安全责任，采取措施，确保安全。6月5日，厅党组副书记、副厅长唐晋，厅党组成员、副厅长兼总会计师袁清茂要求加强安全监管，强化督察检查，确保全省水上交通安全。

山西省地方海事局落实省厅领导指示要求，6月5日，专门印发文件《关于汲取四川广元翻船事故教训，加强极端天气条件下水上交通安全监管的紧急通知》，对全省海事机构提出五点要求。从6月6日开始，省地方海事局派出三个督察组，分别到全省重点水域进行安全工作督察，发现和消除安全隐患，确保全省水上交通安全形势稳定。（师国梁　陈瑞丽）

【海事航运行政审批改革】 2016年，山西省地方海事深化行政审批制度改革：按照省厅统一部署，推进海事航运行政审批事项入驻大厅，完成网络调试和设备搬迁等工作；按照行政审批事项进驻大厅要求，本着方便相对人办理业务原则，对海事航运行政审批事项服务指南进行重新编制；根据省厅《关于落实简化优化公共服务流程方便基层群众办事创业工作方案的通知》，结合工作实际，提出方便群众办事的5条具体措施。

（师国梁　陈瑞丽）

【水上交通安全知识进校园】 2016年，根据《交通运输部办公厅教育部办公厅关于开展2016年水上交通安全知识进校园活动的通知》文件，山西省地方海事局围绕“水上平安交通，安全伴我成长”主题，组织召开动员会、推进会，与教育主管部门进行沟通协调，共同协商策划，印发文件，部署该项工作，提出防溺水知识网络竞赛、安全教育实践、安全提醒活动、应急演练等10项具体内容，通过宣传教育、专题授课、实际操作、现场参观等一系列活动，增强广大中小学生的水上交通安全防范意识和应急自救常识，对保障学生水上交通安全和树立海事形象起到促进作用。全省参与活动中小学生达2.3万余人次，海事执法人员285人次，开展水上安全教育主题课30多次，组织参观渡口渡船35次，发放各类水上安全知识宣传资料3.5万余份。

（师国梁　陈瑞丽）

【船检工作】 2016年8月23日，山西省船检工作推进会议在晋城召开。山西省地方海事局规范船检管理工作，提高船检质量，从源头上杜绝不适航船舶进入水运市场，保障全省水上交通安全形势稳定。完善船检机构，在成立省级船检机构的基础上，分别在太原、运城、吕梁、临汾、忻州、晋城成立6个分支机构；落实船检责任，坚持“谁检验，谁签字，谁负责”原则，加强管理，严格流程，落实规范，确保质量；加强验船人员培训。通过选派业务骨干参加部海事局和船检“结对子”单位组织的业务培训或到船厂跟班学习，提高验船师队伍理论水平和实操能力。

（师国梁　陈瑞丽）

【水路春运安全大检查】 2016年1月25日至27日，山西省地方海事局成立专项检查组，对有春运任务的运城市海事部门及水运企业进行实地检查。抽查晋城市海事部门、水运企业对水路春运工作安排部署情况。

检查组重点对船员适任、船舶适航、消防救生设施配备、应急预案制定等情况进行检查。要求各单位、各水运企业履职尽责，做好监管和服务，确保春运期间群众出行安全、舒适和畅通。（师国梁　陈瑞丽）

【保障横渡母亲河活动安全】 2016年5月29日，在河南三门峡天鹅湖国家城市湿地公园三河广场与山西运城平陆太阳渡之间1300多米宽的黄河上，749名山西游泳健将击水搏浪，畅游三门峡，横渡母亲河。平陆海事出动客船、救生艇和所有人员，全程随同，保驾护航。

横渡母亲河活动是第22届（三门峡）国际黄河文化旅游节的重要赛事，2016年是第七次举办。来自全国29个省（自治区、直辖市）93个城市的133支代表队和澳大利亚、韩国等国家游泳爱好者3500余名人报名参与。山西省太原、运城、临汾、晋城、长治、忻州、大同和潞煤集团等多家游泳协会组织24支代表队参加，人数达749人，占横渡人数五分之一。（师国梁　陈瑞丽）

【水上交通应急搜救联合演练】 2016年9月19日，山西省2016年水上交通应急搜救演练在长治市漳泽水库举行，该次演练由山西省交通运输厅和长治市人民政府主办，省地方海事局、长治市交通运输局、长治市郊区人民政府承办。省交通运输厅党组成员、副厅长兼总会计师袁清茂，长治市副市长陈鹏飞出席演练活动并讲话。

该次演练分应急响应、消防灭火、人命救助、搜寻失踪人员四个科目，模拟事故发生、报警、接警、启动预案、应急搜救、解除预警6部分主要内容，反映水上交通应急搜救的全过程，演练有四个特点：阵容规模大，参与力量强，贴近实战；目的明确，针对性强，演练效果好；重点突出，练指挥、练协同、练战法、练技能，提高实际工作能力和应急工作水平；演练时间安排合理。（师国梁　陈瑞丽）

铁　路

【概述】 2016年，太原铁路局管辖大西高铁、石太客专、南同蒲、北同蒲、大秦、侯月、侯西、石太、太中银、韩原、太兴、瓦日、京原、京包、太焦、迁曹、京唐港等共计86条线路（含控股合资公司）。线路总延展里程11550.69千米，营业里程4460.463千米。其中客运专线424.054千米，电气化营业里程3820.269千米。配属机车1194台，客车1979辆，配属动车组39组。太原铁路局路网纵贯三晋南北，横跨晋冀京津两省两市，担负着山西省的客货运输和北京、天津、河北、内蒙古、陕西等省（市、自治区）的部分货运任务，在山西省综合交通运输体系中处于骨干地位。与4个铁路局交界：京包线K225+000处（郭磊庄站）、京原线K234+000处（灵丘站）、石太线K117+000处（赛鱼站）、石太客运专线K222+400处（太原东）与北京铁路局分界；南同蒲线K849+500处（风陵渡站）、侯西线K76+650处（禹门口站）、太中银线K1173+650处（吴堡站）、大西客运专线K685+214处（永济北）与西安铁路局分界；太焦线K190+700处（夏店站）、侯月线K147+273处（嘉峰站）、瓦日线K501+417处（长子南）与郑州铁路局分界；京包线K380+500处（古店站）与呼和浩特铁路局分界。（孙淑环）

【安全生产】 2016年，太原铁路局把安全工作摆在各项工作的首位，突出高铁和旅客安全，强化综合施策，深化专项整治，安全关键得到控制。落实安全生产责任制，加大安全“大数据”集成运用，修订完善安全管理职责16467项、工作标准14318项、重点工作流程6956项。落实施工作业组织、行车组织、人身安全“三个方案”，实施机械化、大兵团作战，全年开展集中维修和综合维修施工12次，完成大机清筛558.8千米、更换轨枕9.3万根、道岔达标整治2033组，在设备养护效率和质量实现突破，并确保施工、行车、人身安全。开展安全大检查，推进安全标准线建设，坚持重点问题领导干部挂牌督办，大秦线乘务员超劳、按图行车等突出问题得到解决。广大干部职工坚守岗位，认真履责，经受住黄金周、防洪抗汛、防寒过冬、G20峰会、十八届六中全会召开等关键时期的多重安全压力测试。全年，太原铁路局奖励安全有功人员674人次164.1万元。（孙淑环）

2016年10月12日，太原铁路局为中国中车股份有限公司石砟车出口提供铁路运输服务　（孙淑环供图）

【货物运输】 2016年，太原铁路局适应煤炭市场低迷的形势，开发货运新产品，新增特需班列产品18个，开行大宗直达班列2914列，实重计费、量价捆绑、阶梯运价等政策“红利”得到释放。开展货运营销，与海运公司、港口等开展合作，组织块煤入箱、铁水联运，集装箱发送同比增长89%，提前44天完成全年发运任务。挖掘新线潜力，开行兴县北日照的点对点煤炭直达列车。进入四季度，抢抓市场回暖机遇，精细编制大秦线137万吨日运量方案，压缩开车间隔，组织C80车辆跨局运输、重去重回。大秦线非施工日运量保持在130万吨左右。全年全局货物发运量完成5.12亿吨。

（孙淑环）

【旅客运输】 2016年，太原铁路局坚持“人民铁路为人民”宗旨，以客运服务质量年为抓手，推进站车“五化”改造和厕所环境卫生整治，增设售取票网点27个、设备64台，创新推出银铁通、空铁通、常旅客积分等便民利民措施，打造20个局级客运服务品牌，投资9.5亿元新购动客车装备。坚持有流开车、无流停运，抓住调图契机，增开上海、济南、北京等热门方向列车，日常采取启用热备车组、动车组重联等灵活措施，满足不同时段旅客出行需要。全局日发送旅客最高突破32.6万人。主动融入山西文化旅游产业链条，创新推出“云冈号”一站直达品牌列车，“运城号”“朔州号”“五台山号”等主题列车冠名，全年开行旅游专列71列，提高铁路在山西文化旅游产业中的影响力。2016年，全局发送旅客7120.7万人，同比增加114.6万人。（孙淑环）

【现代物流】 2016年，太原铁路局坚持开放共享，瞄准“国内一流、山西龙头”目标，运用“互联网+”、大数据技术，推进“地网”“天网”建设，打造现代物流新生态。中鼎物流园建成开园，“四区 11 港”初具规模，与德邦等物流企业成功合作，物流业务展开。推进“3+13+300+N”基础网络建设，大同、运城、曹妃甸物流园建设展开，太原西、临汾北等 13 个货场升级改造实施，313 个无轨站遍布管内。与百度、清华同方携手合作，中鼎智慧物流云平台上线，园区智能管理平台投入使用。一个线上线下互动、“天网”“地网” 合一的现代物流产业新业态形成。 （孙淑环）

【中鼎物流园开园】 2016 年 11 月 7 日，由太原铁路局联手省内外企业共同打造，“山西龙头、国内一流”的中鼎物流园在山西太原、晋中两市交界处、太原都市圈核心版块开园营业。抓住深化转型综改的重大机遇，提升站位，明确定位，科学谋划，合理布局，加快发展现代物流业，打造创新驱动、转型升级新支撑。中鼎物流园是全国首家以铁路为主导的多式联运物流园，拥有国内首个铁路、公路、水路、航空“多位一体”的多式联运智慧物流信息系统，被列为“山西省重点工程”，是全国性的物流中心。

（孙淑环）

【多元经营】 2016 年，太原铁路局坚持主辅融合，推进全资产开发、全方位经营，“五大板块”多点开花，创效明显。电液转辙机中标云贵高铁、出口巴基斯坦，75kg/m 道岔、HXD2 型车钩缓冲装置、客车合成闸片等产品市场份额扩大，装备制造板块利润占到全路的五分之一以上。客运延伸板块品牌化经营、一体化发展，“佳佳吃”“桑源水”双双入选“中国铁路餐饮”品牌，旅游列车开行列数、发送人数、旅游收入、经营创效 4 项指标同比均翻一番以上。鸣李货场、许坦东街、太原动车所、晋中环城西路等高架桥土地开发项目取得新成效，“太铁广场” 商业地产项目投入运营，太原铁路局土地综合开发做法在全路推广。物流总包、城市配送、企业大宗

2016 年 5 月 27 日，山西铁路史上首趟“Y”（游）字头城际旅游列车大同—太原“云冈号”开通

（孙淑环供图）

原料供应等实体业务延伸拓展，商贸物流板块转型提质步伐加快，吸引公路货源回归。创新代建涉铁工程管理体制，工程施工板块利润同比增长 62.6%。各运输站段延伸产业链条，拓展路内外市场，培育出一大批新兴产业和创效项目。2016 年，全局非运输业务完成营业收入 114.3 亿元、利润 6.5 亿元。太原电务器材厂等“十大品牌”焕发出活力，全局多种经营开发结果明显。 （孙淑环）

【企业管理】 2016 年，太原铁路局优化企业管理体系和运行机制。倡导“机关服务、基层自立、各司其职、各负其责”理念，明确路局机关部门权力清单 210 项。开展“强三基、创三优”活动，持续优化制度、标准和流程。发挥经济杠杆作用，推行计件工资分配机制，坚持收入向生产一线岗位倾斜。加强预算管理，实施 100 项节支措施，实现节支 16 亿元。规范物资管理，节约采购成本 2 亿元。深化劳动组织改革，推进检养修分开，优化劳动用工，实行多向流动、集中调剂，在用工同比减少的情况下，满足新线建设、中鼎开园等新增岗位及高铁用工储备需求。尊重职工首创精神，开展“转闯增”活动，坚持“法无禁止即可为”，出台容错机制，鼓励全员创新创效创业，优化评先推优，面向职工广泛征集合理化建议 732 条，108 项收到成效。全局管理效能释放，管理水平提升。 （孙淑环）

【铁路工程建设】 2016 年，太原铁路局用发展的眼光、经营的思路推进铁路建设。紧贴现代物流发展需求，中鼎物流园数十项重大项目同时施工。准朔铁路倒排工期、全力推进，逐项破解拆迁、设计等 21 个重点问题。依靠技术创新，曹妃甸港区扩能改造在全路首次实现“4 米线间距双线墩”邻近营业线不停电架设单线梁。以打通瓶颈制约、实现能力匹配为目标，大西客专太原枢纽工程完成太原北站Ⅱ、Ⅲ场改造，太原枢纽新建西南环线路基工程完成，推进京原、南同蒲电气化改造。全年全局完成建设投资 113.78 亿元，百分之百兑现年度计划任务。 （孙淑环）

【科技创新】 2016 年，太原铁路局坚持科技兴局，加大科研投入，加快成果转化，全年组织开展科研课题 117 项。开展职工小发明、小创造、小革新、小设计、小建议“五小”竞赛，成功举办职工“五小”技术创新成果展。加强安全生产经营重大课题的顶层设计，现代物流综合体系规划研究、智

慧物流云平台等课题列入山西省和总公司科研计划。攻关解决运输安全问题，开展大秦重车线钢轨锈蚀、两万吨重载列车中部机车渡板变形等课题研究，大秦线重载列车惩罚制动等84项科研成果通过总公司、路局技术评审，高铁道岔打磨等科研成果得到推广运用。7项科研成果获得“铁道科技奖”。运用科技提效率、促管理，运输调度指挥系统升级，“视频进车间、网络进班组”工程覆盖到全局748个车间和3069个班组，电子公文系统延伸到一线站段。组织大西高铁综合试验，累计开行试验动车组1.3万列、走行77.2万千米，完成各项试验任务。具有完全自主知识产权的中国标动在路局管内原平—太原段跑出385千米每小时的“中国速度”。

（孙淑环）

民用航空

【概述】 2016年，山西省民用机场共保障运输起降11.19万架次，旅客吞吐量1245.36万人次，货邮吞吐量5.49万吨，分别同比增长9.85%、14.38%、8.77%。其中，太原机场通航航线126条，通航城市75个，完成运输起降8.20万架次，旅客吞吐量984.78万人次，货邮吞吐量4.91万吨，分别同比增长4.57%、11.36%、8.01%。长治机场通航航线11条，通航城市14个，完成运输起降0.91万架次，旅客吞吐量74.16万人次，货邮吞吐量0.07万吨，分别同比增长25.41%、20.02%、12.92%。大同机场通航航线16条，通航城市21个，完成运输起降0.61万架次，旅客吞吐量54.45万人次，货邮吞吐量0.17万吨，分别同比增长6.69%、15.64%、−13%。吕梁机场通航航线5条，通航城市9个，完成运输起降0.29万架次，旅客吞吐量21.38万人次，货邮吞吐量20.5吨，分别同比增长14.91%、51.67%、43.36%。五台山机场于2015年12月25日开航，通航航线8条，通航城市9个，完成运输起降0.17万架次，旅客吞吐量11.16万人次，货邮吞吐量10.7吨。运城机场通航航线15条，通航城市21个，完成运输起降0.79万架次，旅客吞吐量84.32万人次，货邮吞吐量0.32万吨，分别同比增长−0.38%、3.53%、31.20%。临汾机场于2016年1月25日开航，通航航线8条，通航城市12个，完成运输起降0.22万架次，旅客吞吐量15.11万人次，货邮吞吐量174.6吨。

（郭　静）

【市场开拓】 2016年，山西省民航机场集团公司（管理局）加大市场开发力度。由集团公司（管理局）领导带队，拜访国航、东航、昆明航、南航、深航等国内大型航空公司，到韩国拜访全罗南道务安机场、济州航空公司、大韩航空公司和韩亚航空公司，争取到更多合作支持；引进昆明航作为第三家基地航空公司进驻太原机场，投入两架运力在太原机场运营；首次参加中国航展、世界航线发展大会，向国内外、业内外人士展示推介山西民航发展、通航产业和文化旅游资源，与各大航空公司洽谈达成多项合作意向，拓宽航线发展思路，为借助山西省文化旅游资源优势拓展航空市场奠定基础。探索新的市场开发途径，以山西省推动旅游业转型发展为契机，在推动干线航线开发的基础上，开发支线旅游城市航点；探索陆空无缝中转服务模式，在阳泉启用太原机场首个异地城市航站楼，提升周边客源的吸引力度；推进空铁联运合作项目，携手东航山西分公司和太原铁路局推出的“空铁联运”产品投放市场。加大航线补贴力度，全省机场全年补贴共计32974班次，补贴金额8.91亿元，通过补贴，在巩固和保持现有航班结构基础上，对航班结构进行优化，实现航空市场的新发展。

国内航线：太原机场新增国内航线33条，加密国内航线13条，新增国内城市6个。累计运营航空公司43家（其中国内航空公司29家，外籍航空公司14家）。长治机场新增长治—昆明、长治—沈阳、长治—呼和浩特、长治—桂林、长治—南宁等航线；运城机场新增重庆—运城—沈阳、大连—运城—海口、运城—武汉—福州航线；大同机场新增大同—武汉、大同—银川、大同—大连、大同—南京、大同—烟台等航线；吕梁机场新增重庆—吕梁—天津和吕梁—兰州航线；忻州五台山机场先后开通上海浦东—五台山、天津—五台山、重庆—五台山、银川—五台山、海口—桂林—五台山、广州—五台山等航线。临汾机场先后开通海口—临汾—呼和、上海—临汾—银川、重庆—临汾—天津、临汾—广州、青岛—临汾—昆明、临汾—北京、临汾—武汉、临汾—桂林等航线。

国际（地区）航线：新开太原—韩国全罗南道、太原—泰国罗勇，首次引进朝鲜高丽航空开通太原—平壤航线，首次引进俄罗斯艾菲航空开通太原—莫斯科洲际航线，开通并加密仁川—大同包机航班；大同航空口岸开放正式列入国家口岸“十三五”规划；2016年，太原机场完成国际及地区航班起降3149架次，运输出入境旅客37.56万人次，与上年相比分别增长2.34%、1.47%。

（郭　静）

【企业管理】 2016年，山西省民航机场集团公司出台《山西省民航机场“十三五”发展战略规划》，明确发展目标、规划思路及重点任务；按照“板块化管理、专业化经营”的思路，通过机构调整、资产重组，理顺管理机制和权责划分，明晰业务边界；按照省政府安排部署，为深化国企改革，强化民航发展对山西省经济转型升级的促进作用，提出山西民航体制改革建议；结合“六权治本”工作要求，修订部门职责，推进集团本部、各成员企业梳理权力清单、划定权力运行流程；争取相关政策，2016年共计获得各类政府资金支持2.4亿元。

优化薪酬体系，强化队伍培训。完善以干部编制、薪酬、考勤为核心的各项人事管理制度；推进并实施薪酬优化方案，薪酬结构优化。组织召开高管闭门研讨会，把握民航最新发展趋势，拓宽发展视野和工作思路。组织二级干部、基层班组长分批开展

2016年12月8日，山西民航机场、东方航空公司、太原铁路局联合举行客运空铁联运三方合作签约仪式
（郭 静供图）

井冈山系列专项培训，增强干部员工的党性修养；首次在省内各支线机场开展AHA急救知识培训，提升各支线机场应急救援效能和应对突发公共卫生事件的处置能力。

拓展对外合作，促进发展共赢。依托国家“一带一路”倡议，与昆明航空签署战略合作协议，为借助云南面向南亚、东南亚的桥头堡优势丰富航线网络奠定基础；与江西机场集团、南京禄口机场签订战略合作框架协议，搭建沟通平台，建立合作机制；为提升省内机场管理水平，与航天长征集团、广东龙浩航空集团、中国民航报社开展战略合作。

履行政府职能，谋划通航发展。贯彻落实国家通航政策要求，加强顶层设计，完成《山西省关于促进通用航空业发展的实施意见》《山西省通用机场布局规划》调研编制等工作；履行通航管理职能，营造通航发展环境，加强与省直部门、地方政府、行业部门及通航企业沟通协调和意见反馈，做好与相关政策规划衔接，协调省内通用机场用地指标分配，推进省内通用机场的迁建和筹建，为省政府科学决策提供依据和意见。

（郭 静）

【航空安全】 2016年，山西省机场安全形势平稳，未发生严重事故征候以上不安全事件，完成民航华北地区管理局下达的安全工作目标。

加强安全管控，完善体系建设。坚持月度安全生产例会制度，发挥安委会的管控职能；制定安全监察计划，强化安全监管力度，针对全年各阶段安全工作重点开展安全工作抽查和专项检查；从综合考核评价入手，细化考核标准，按季度对各机场（单位）安全目标完成情况和重点安全工作落实情况进行考核。理顺突发事件信息通报程序，建立突发事件风险分析机制，全年共接报并妥善处置各类突发事件126起；完善应急管理体系建设，印发《山西省处置民用航空器飞行事故应急预案》《山西省突发公共卫生事件民用航空应急控制预案》，编写《4+2应急联动机制应用研究》，该机制被国家行政学院录入《2016年中国应急管理报告》；强化应急能力建设，各机场开展各类单项演练、桌面推演、综合应急救援演练共计316次，锻炼队伍，提高应急反应能力；启动太原机场HUD项目，并于12月底验证试飞成功，太原机场成为华北地区首个HUD特殊Ⅱ类机场；太原、大同机场完成机场使用许可证换证审定。

开展专项整治，严控运输秩序。开展两次安全生产大检查活动。各机场（单位）自查发现安全隐患共计251项，整改完成241项，整改率为96.01%；针对鸟击防范、机坪运行、换季安全、防跑道侵入等内容，在全省机场范围内组织开展专项整治行动；开展“平安民航建设”，落实“六严”工作要求，严厉打击危害民航运输秩序的违法犯罪活动，维护航空运输秩序，提高全省机场空防安保水平。

普及安全教育，注重专题培训。利用办公网的安全信息平台，发布各类安全学习教育材料、不安全事件案例、安全质量信息月报等19份；在“安全生产月”期间，通过视频会议形式，组织全省7个机场400余名干部、员工观看警示教育片；组织各机场分管领导及安全部门负责人开展专题培训，强化安全管理人员按章办事、依规操作的意识，提升安全管理人员的业务能力。

（郭 静）

【机场建设】 2016年，山西省推进各民航机场建设项目。太原机场机坪扩容项目省发改委立项批复，工程新增机位18个，配套相应的助航灯光、消防、排水等工程，总投资8745万元；飞行区安防系统建设项目、飞行区排水系统改造项目、出勤楼建设、国际服务设施改造项目完成可行性研究报告编制工作；桥载设备替代APU项目、1号航站楼高架桥平台拓宽、燃煤锅炉清洁能源替代、航空货运物流基地建设项目完成初步设计编制工作。长治机场航站区改扩建工程项目初步设计批复，施工图设计完成，项目总投资为3.68亿元。大同机场助航灯光、飞行区视频监控及1号道口改造工程完成初步设计编制工作。吕梁机场防洪防汛系统改造工程获得立项批复。临汾机场复航改造工程及航站区扩建工程完工，总投资12.87亿元，2016年1月25日通航。

（郭 静）

【集团公司与东航山西分公司管理人员挂职交流】 2016年5月16日，山西省民航机场集团公司与东航山西分公司联合召开管理人员挂职交流大会，标志着集团公司二级单位管理人员与东航山西分公司相关部门挂职交流工作启动。这次交流有助于机

2016年9月8日，“中国民航带您看山西”大型宣传报道启动仪式在太原机场举行（郭 静供图）

场与航空公司之间的业务沟通，帮助拓宽业务范围、提升管理人员素质和能力。（郭 静）

【集团公司通过体系外审】 2016年8月25日，山西省民航机场集团公司质量、环境、职业健康安全管理体系（以下简称“三体系”）外审末次会议结束，标志着集团公司通过三体系外审。（郭 静）

【“中国民航带您看山西”宣传】 2016年9月8日，由山西省委外宣办、中国民航报社出版社、山西省民航机场集团公司联合主办的“中国民航带您看山西”大型宣传报道活动在太原机场启动。山西省委宣传部副部长刘英魁、民航局思想政治工作办公室主任张冲峰、中国民航报社出版社社长马松伟、集团公司总经理郝孝义以及山西省各地市外宣办主任等出席启动仪式。（郭 静）

【“响应—2016”航空器应急救援演练】 2016年9月20日，太原武宿国际机场组织“响应–2016”航空器应急救援综合演练。演练历时80分钟，共设置空地信息传递、应急救援信息传递、集结待命、紧急出动、航空器紧急灭火、航空器破拆等17个科目20个场景，参演车辆23台，参演人员210余名。民航华北地区管理局、山西省政府应急办、省卫计委、省交通厅、省通信管理局、省口岸办等30余家代表到场观摩指导。（郭 静）

【民航华北地区航空气象人员执照考试】 2016年10月12日，山西省民航机场集团公司首次协助完成民航华北地区航空气象人员执照理论考试和技能考核（含口试）。来自省内长治、大同、吕梁、五台山、运城、临汾等6个支线机场及民航山西空管分局的22名航空气象专业考生参加考试。（郭 静）

【阳泉“城市航站楼”投入使用】 2016年10月28日，太原武宿国际机场阳泉“城市航站楼”投入使用。这是省内首个异地城市航站楼，由太原武宿国际机场有限责任公司、太原空港停车场管理有限公司和阳泉路路通旅游客运有限公司联手打造。该航站楼的建立是太原武宿国际机场为完善综合交通运输体系，提高对外交通便利，放大区域竞争优势，延伸服务功能、方便旅客出行的一项举措。（郭 静）

【昆明航空公司山西基地运营】 2016年10月30日，一架波音738型客机从太原武宿国际机场起飞，标志着昆明航空公司山西基地运营。这是太原武宿国际机场继东航山西分公司、山西航空有限责任公司外设立的第三家基地航空公司。（郭 静）

【集团公司亮相中国国际航空航天博览会】 2016年11月1日，山西省民航机场集团公司作为唯一参展的机场单位携山西民航机场、山西通航、山西旅游3个板块，首次亮相在珠海举行的第十一届中国国际航空航天博览会。（郭 静）

【山西省通用机场布局规划评审】 2016年11月29日，山西省民航机场管理局和省发改委联合组织召开《山西省通用机场布局规划》评审会，评审专家组由民航局机场司、民航科学技术研究院、民航机场建设集团公司的5位业内权威专家组成。省政府应急办、省公安厅、省财政厅、省交通厅、省住建厅、省旅游局、民航山西监管局、民航山西空管分局等相关部门参加会议。（郭 静）

【东航太原“空铁通”投入运营】 2016年12月8日，在山西民航机场、中国东方航空、太原铁路局三方的努力下，东航太原“空铁通”投入运营。太原成为继上海、武汉、海口后第四座开通“空铁通”的城市。（郭 静）

【华北首个HUD特殊Ⅱ类机场】 2016年12月20日，山东航空公司B737–800飞机历时37分钟验证试飞结束后，在太原武宿国际机场着陆。标志着太原武宿国际机场具备使用HUD实施特殊Ⅰ/Ⅱ运行能力，太原武宿国际机场成为华北地区首个具备HUD特殊批准Ⅱ类标准的机场。（郭 静）

无线电　通信　邮政

Radio Telecom Post

无线电

【概述】 2016年，山西省无线电管理局贯彻执行国家无线电管理的方针政策和法律法规；按照权限配置和管理无线电频率资源；依法监督管理无线电台（站）；协调处理军地间无线电管理相关事宜；负责无线电监测、检测、干扰查处；协调处理电磁干扰事宜；维护空中电波秩序；依法组织实施无线电管制。省无线电管理局通过表彰无线电规范化管理示范单位和先进个人等方式，强化用频设台单位自我管理意识。2016年，受理频率设台申请18个，变更台址3个，审批各类台站678个，做到受理及时、审核严格、数据准确、审批快速。截至2016年底，全省无线电台站合计70920个。其中，广播电台373个，固定电台638个，移动电台22269个，蜂窝移动通信系统终端42499个，无线接入系统2606个，微波接力站180个，无线数据电台58个，卫星地球站71个，集群移动通信系统61个，业余电台1032个，其他电台1133个。

（任小英）

【无线电台站服务】 2016年，山西省无线电管理局服务电力通信、地震气象、轨道交通、航空机场等行业用频设台大户，台站电磁环境提供专项测试服务。山西科达自控股份有限公司以“互联网+”服务为支撑，提供“智慧矿山”和“智慧城市”整体解决方案。山西无线电管理局为该公司办理核发频率许可和电台执照，确保公司“基于物联网的煤层气全自动智能排采系统”研发工作开展。（任小英）

【频谱使用评估】 2016年，山西省无线电管理局按照国家统一安排，开展公众移动通信频段频谱使用情况评估工作。全省实施无线电测试122天，出动人员296人次，行程15110千米，采集测试数据3.473T，频谱使用评估报告获工信部无线电管理局好评。（任小英）

【基础和技术设施建设】 2016年，山西省推进技术设施建设，完成2015年移动监测系统、数字无线电发射设备检测系统、省无线电监测站A级站遥控站搬迁、移动监测系统升级改造、应急指挥中心升级改造、便携式压制设备建设项目的工程验收，按计划完成2016年无线电监测网铁塔、A（B）级监测站设备、移动监测系统等维保项目采购招标和A级监测站遥控站搬迁机房购置，运城、吕梁、朔州3个市建成覆盖县域的监测网络。完成大同、晋城、阳泉市监测网及全省应急管控系统建设项目采购招标。截至2016年底，长治市、阳泉市监测技术机房具备使用功能，大同市监测技术大楼建设完成主体工程，临汾、晋

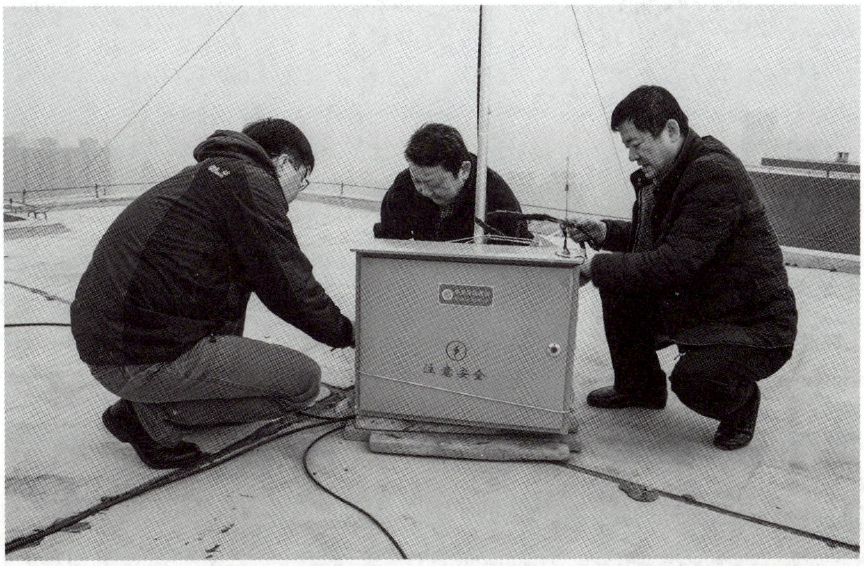

2016年，山西省无线电管理局加强治理，缴获“黑广播”发射设备32套

（任小英供图）

2016年，山西省无线电管理局承办"华日通讯杯"全国无线电测向锦标赛等多项全国性赛事活动（任小英供图）

中、晋城、忻州4个市无线电监测技术机房完成购置招标。（任小英）

【"空中打黑"行动】 2016年，山西省无线电管理局制订下发打击治理专项工作方案，建立全省联动机制，选调专人入驻省公安厅反欺诈中心，协调全省展开统一行动。在4月、7月两次组织开展"空中打黑"集中行动。全年协助公安机关查获"伪基站"案件36起，缴获设备38套，抓获犯罪嫌疑人41名，为公安机关出具伪基站鉴定报告28次；查获"黑广播"案件40起，缴获设备32套，抓获犯罪嫌疑人1名，遏制"伪基站""黑广播"取得成效。（任小英）

【无线电安全保障】 2016年，省无线电管理局与省（市）人事考试中心、招生考试管理中心及卫生、司法等考试组织单位协调，制订《考试无线电安全保障巡查工作规则》，增强考试无线电安全保障。为高考、研究生考试、资格类考试等提供无线电安全保障17次，出动人员2970人次，出动车辆702台次，监测作弊信号153个，查处92起，实施技术阻断54起，查获涉案设备90套，移交组织作弊嫌疑人14名。5月，全国监理工程师资格考试保障中，查获一起外地到晋组织团伙性作弊案件。（任小英）

【无线电监测检测】 2016年，山西省无线电管理局开展日常无线电监测、数据统计和监测月报编写工作，累计监测并存储数据3168小时，完成国家下达的各项临时性监测任务。开展春节、"两会"等重要时期通信安全电磁环境测试，先后出动人员168人（次），车辆40台（次），行程2000余千米，组织对150兆Hz、400兆Hz对讲频段中继台、88兆Hz~108兆Hz重点频段、200兆Hz数传非法信号进行测试，监测时长677小时，采集数据0.308T，掌握重点频段的占用情况。（任小英）

【业余无线电活动】 2016年，山西省无线电协会组织开展业余无线电活动，在沟通业务信息、增进行业交流中发挥重要作用。组织开展"业余无线电台操作证书"培训考试，全年举办培训考试10期，1200余人通过A、B类操作证考试，协助办理、换发无线电台执照1100个。承办2016年"华日通讯杯"全国无线电测向锦标赛、全国青少年无线电测向锦标赛、全国青少年无线电教育竞赛活动（阳光测向）比赛，来自全国的226支代表队1500余名裁判员、教练员、运动员参加赛事，获国家体育总局航管中心、中国无线电运动协会、中国无线电协会肯定。承办12个省市、63名学员参加的全国无线电测向国家组裁判员培训，培养无线电测向锦标赛裁判员。组织和推广业余无线电爱好者通联活动，组建第三支DX远征队，第三次完成木兰围场业余无线电竞赛活动，连续三年获得该项目第一名。（任小英）

通　信

·通信行业发展与监管·

【概述】 2016年，山西省通信管理局（简称省通信局）推进"宽带山西"建设，创新电信市场监管，保障网络与信息安全。2016年，全省电信业务总量累计完成737.9亿元，同比增长56.6%，比全国增速高2.4个百分点。全省电信业务收入累计完成255.8亿元，同比增长3.5%，比全国平均增速低2.1个百分点。电信业务总量与电信业务收入增速的剪刀差达53.1%，电信业务收入结构向互联网接入和移动流量业务倾斜。非话业务收入达187亿元，同比增长1.8%，在总收入中的占比由上年的68.9%提高至73.1%；（固定）互联网宽带接入业务收入达34.4亿元，同比增长7.3%；移动数据及互联网业务收入达84.8亿元，同比增长26.9%，移动数据及互联网业务收入占电信业务收入的比重从上年的27%提高至33.2%。移动宽带（3G/4G）用户占比大幅提高，光纤接入成为固定互联网宽带接入的主流。移动宽带用户达2259.6万户，在全省移动电话用户中的渗透率达67.1%，比上年提高9.5个百分点；光纤接入（FTTH/O）用户总数达632.6万户，占宽带用户的比重从上年的65.4%提高至84.7%，高于全国平均水平，列第6位。（路　璐）

【"宽带山西"建设】 2016年，山西省

"宽带山西"建设领导小组召开专题会议，审议通过《"宽带山西"2016专项行动实施方案》，确定全年"宽带山西"建设目标。为强化督查考核工作，省通信局制订《"宽带山西"专项行动考核管理暂行办法》。截至2016年底，"宽带山西"2016专项行动确定的主要工作目标超额完成，山西省11个地市达到工业和信息化部规定的"光网城市"标准，所有市、县城区实现光纤网络全覆盖。完成山西省改善城市人居环境2016年行动计划中宽带网络建设有关任务以及2016年推进新型城镇化中城市光纤网络全覆盖等重点任务。阳泉市、晋中市继太原市之后入选"宽带中国"示范城市，其余8个地市达到创建"宽带中国"示范城市申报条件。

推进农村宽带网络建设。山西通信业以开展电信普遍服务试点工作为契机，推进农村宽带网络基础设施建设。争取到中央财政补助资金3912万元，山西联通自筹12472万元，山西移动自筹3176万元，实施电信普遍服务试点项目工程建设。长治、运城两市第一批项目竣工验收，479个行政村通达宽带网络或网络得到升级改造。组织开展全省农村宽带网络大调查活动，掌握所有行政村的宽带网络现状。

落实光纤到户国家标准。2016年，省通信局把落实光纤到户两项强制性标准纳入年度工作目标责任体系，明确考核对象，制订考核方法。全年分两批次对14个城市光纤到户执行情况进行监督检查。截至2016年底，实现光纤到户强标的新建住宅项目达348个，验收备案151个。全省完成5801个既有小区的光纤到户改造。全省所有县级市均成立通信建设联合办公室，承担新建住宅光纤到户的备案等相关工作。

落实提速降费。截至2016年底，全省（固定）宽带用户单位带宽平均资费水平和移动流量平均资费水平同比降幅分别为25%和39.44%，20兆bps以上固定宽带用户占比由年初的9.5%突增到84.4%，完成工业和信息化部下达的目标任务。提速降费工作受到国办督查室、工业和信息化部等部门组成的联合检查组的好评。

通信规划。省通信局组织完成《山西省信息通信业"十三五"发展规划》编制工作，对未来五年山西通信行业的发展做出科学规划。太原、晋城、忻州3个城市的专项规划编制完成，为通信基础设施规划纳入当地城市发展规划和土地利用总体规划奠定基础。

深化通信设施共建共享。省通信局下发《山西省电信基础设施共建共享考核办法》，强化督查和考核，全年全省杆路共建共享率达93%以上；管道共建率达92%以上；室内分布系统共享率达82%以上、共建率达100%。通过共享存量资源，全省通信行业全年少建铁塔20139个，节约建设资金和土地资源。（路　璐）

【电信市场监管】 2016年，山西省通信管理局提高电信服务质量。加大行风建设暨纠风工作力度，下发提高电信服务水平指导意见，督促各通信运营企业改进服务。专题调研、督查解决太原市联通公司营业厅办理业务排队等候时间长问题。创新对24家增值电信企业开展用户满意度调查和测评，其中转售企业、ISP企业用户满意度指数分别为63.12、73.71，对测评中用户反馈的问题进行全省通报并限期整改。2016年，基础通信企业用户满意度为85.24，达到质量强省领导组下达的考核指标值。组织参加3·15消费者权益保护宣传活动，现场解决用户投诉278件。推进用户申诉相关工作。截至2016年底，全省共收到用户申诉及咨询30363人次，比上年末增加2.07%，均做到100%解答、受理、处理及回访。受理用户有效申诉4179件，比上年末减少16.55%，得到处理和解决。山西省百万用户申诉率为38.3人次，电信用户涉及相关问题争议的百万用户申诉率为2.9人次，超额完成工业和信息化部考核目标值。

维护电信市场秩序。加大垃圾短信治理力度，对工作不力的省联通公司进行约谈并全行业通报。对晋中市联通公司校园营销违规寄卡行为进行通报批评，并要求严肃追究相关人员责任。开展电信业务经营许可年检工作专项检查，对存在的问题提出通报批评并责令限期整改。对7家增值电信企业进行通信监管政策宣传贯彻和告诫谈话，督促其依法经营。组织对556家移动信息服务企业提供

2016年，山西省"宽带山西"建设领导小组召开专题会议，审议通过《"宽带山西"2016专项行动实施方案》，确定全年"宽带山西"建设目标　（路　璐供图）

2016 年 9 月 6 日，山西省通信管理局举办山西省第一届网络安全竞赛活动

（路 璐供图）

的 7437 项上线业务进行拨打测试，对拨打测试结果进行全省通报，对发现的问题要求相关单位限期整改。简化增值电信业务申请材料，全年共批准发放 22 家增值电信业务经营许可证。清理和简化电信资费套餐，全省资费套餐仅剩 285 档。全年审批备案码号资源 359 个，收回注销 13 家未开展业务单位使用的 14 个号码。

加强重要单位通信安全保障。规范党政军机关等重要单位通信安全保障工作，印发《山西省重要单位通信保障规范》《山西省重要单位通信保障名录更新办法》，制订双路由规范、安全例会等保障制度，组织开展重要单位通信安全保障专项检查，健全各方沟通协调机制，确保重要单位通信网络安全畅通。完成基础通信企业关键基础设施定级备案工作，全年全省通信局址定级备案达标率为 83.5%；通信基站定级备案达标率为 84.3%；通信光缆备案达标率为 98.5%；营业厅备案达标率为 84.2%，完成工业和信息化部 80%的达标要求。

夯实公共互联网基础管理。加大网站备案管理力度，完善 IDC/ISP 网络信息安全综合管理系统，每周通过“ICP/IP 地址/域名信息备案管理系统”检索，对为未备案网站接入服务的企业进行通报，并责令整改。全年累计审核网站备案管理系统提交的备案信息 45018 条。其中，审核通过 28892 条；审核拒绝 172 条；注销备案数据 15954 条。全年累计注销空壳类备案数据 22977 条。截至 2016 年底，山西省备案网站数达 58167 个，全省本地接入主体数 3683 个，网站备案率达 100%，备案主体信息准确率达 96.41%，IP 地址报备出错率均低于 1%，网站真实性核验材料电子化上传比例达 97.43%以上。省通信局与省网信办及接入服务企业建立 7×24 小时应急处置机制，全年共配合有关部门关闭违法违规网站 92 个。联合省公安厅、省网信办对全省 1 万多个网站进行全面检查，对晋中市联通公司违规接入网站行为进行行政处罚。组织开展山西省公共互联网互联互通运行现状调研，按照省政府要求，开展推进太原市国家级互联网骨干直联点建设的前期准备工作。

加强应急通信保障，印发实施《山西省通信保障应急预案》。组织各基础通信企业出动人员 5428 人、车辆 2279 辆、油机 3125 台、水泵 33 台，为抢险救灾工作提供通信保障。完成同生安平矿难等通信保障任务。省通信管理局组织省移动、省联通以及太原、忻州、阳泉、晋中移动分公司开展跨地市应急通信拉练。组织参加 2016 年山西省地震信息联动演练。

（路 璐）

【网络与信息安全保障】 2016 年，山西省通信管理局加强网络与信息安全保障工作。

推进电话用户实名登记。电话用户实名率达 100%。组织对基础通信企业和移动通信转售企业电话用户实名登记情况进行明察暗访，印发《关于全面落实电话用户真实身份信息登记制度的通知》，并向社会发布公告。清理一证多卡用户，强化网络渠道管理，从严审核物联网无线上网卡产品，实行新入网用户 100%实名登记，以 10 月底、11 月底、12 月底为限，分依法暂停部分通信服务、停止全部通信服务、停机销号 3 个阶段，完成老用户实名信息补登记。

强化网络信息安全保障。制订《2016 年省级基础电信企业网络与信息安全工作考核要点与评分细则》，首次明确制订 8 项属地化考核内容。在全国率先对基础通信企业二级以上网络单元和自营网站 100%进行定级备案、符合性评测和风险评估。对省内 4 家有代表性的增值企业开展网络信息安全现场检查。组织开展基础通信企业网站安全专项整治行动，清理合并网站达 66%以上。组织完成省通信局网络信息安全管理系统与部系统的对接，实现互联网管理系统“部–省–企业”三级联动。强化用户个人信息保护基础管理，督促通信企业建立用户个人电子信息收集、使用管理制度，将涉及个人用户信息的关键系统纳入省公司 4A 集中安全管控平台统一管理，建立以数据为中心的安全防护系统。

开展网络信息安全防护工作。联合省网信办开展第一次山西省党政机关和重要信息系统网络安全事件应急处置演练，74 家单位、180 余人进行现场观摩指导。完成《山西省公共互联网网络安全应急预案》的修订。联合省编办、省公安厅等 4 家单位共同举办山西省第一届网络安全竞赛，来自全省党政机关、重要信息系统和通信企业 50 余家单位的 408

2016年4月18日，山西省人大财经委到晋中调研通信立法 （路 璐供图）

名选手参加。配合省网信办开展山西省网络安全知识竞赛活动，全省300多万网民参加。完成“两节”“两会”等重点时期的网络与信息安全应急保障，组织开展网络安全宣传周活动以及防范电信网络新型违法犯罪宣传周活动。

防范打击通信信息诈骗。开展打击通信信息诈骗工作，组织基础通信企业共清理关闭400业务41575户（占总数比例高达73.2%）、语音专线193户（占总数比例24.4%）、商务总机6639户（占总数比例高达85.5%），严肃处理、追责相关责任人20多人。配合公安机关建立《电信网络新型违法犯罪案件涉嫌违法犯罪通讯码号暂停查处工作机制》，抽调人员进驻公安机关“反欺诈中心”联合办公，关停涉案违法电话号码1061个，配合公安机关发现、查处“伪基站”42个。推动基础通信企业新建重点业务综合管理系统、网上淫秽色情图片甄别拦截系统、主叫号码鉴权等技术手段。推进通信信息诈骗防范系统的建设。

净化公共互联网环境。全年全省累计捕获移动互联网恶意程序疑似样本969个、木马和僵尸网络疑似样本16.7万个，发现并处置省内用户感染已知移动互联网恶意程序数量236.4万个、感染已知木马和僵尸网络数量32.1万个，处置网络安全事件（一般）98件。加强协同配合，配合开展“扫黄打非”、治理不良网络信息等专项工作，共封堵违法违规IP地址1.3万个、URL（统一资源定位符）1.7万个，封堵赌博、涉黄等不良网站153个；处置发送垃圾及有害信息通信码号30.6万个，拦截垃圾及有害短信4243万条，拦截骚扰及有害信息电话呼叫3.69亿次。

推进通信行业安全生产。按季度召开行业安全生产工作例会，督查省市各级基础通信企业完善“党政同责、一岗双责、齐抓共管”的安全生产责任体系，多次举办行业安全生产管理培训和考核。全年全省通信行业未发生人员死亡及重伤安全事故，各项指标均控制在要求范围内。（路 璐）

【联动监管机制建设】 2016年，山西省通信管理局与省直20多个相关部门建立健全协调联动、协同监管的长效机制，加强互联网监管，强化网络信息安全保障。2016年，向社会发布上年度《山西省通信行业发展报告》《山西省互联网发展报告》《互联网网络安全情况通报》《综合治理不良网络信息情况通报》。每月在省局门户网站发布《网络安全预警信息》《移动互联网安全报告》。每月定期向省委、省政府及相关部门报送《山西省互联网网络安全信息通报》，向省网信办报送《网络安全事件通报》。不定期向省委、省政府报送互联网有关重要信息。 （路 璐）

【山西移动实现高铁4G覆盖】 2016年10月，山西移动开通完成全国最长的铁路山岭隧道——石太高铁太行山隧道境内高速铁路系统4G信号覆盖，手机用户可在高铁列车内实现4G上网。 （路 璐）

·中国电信山西分公司·

【概述】 2016年，中国电信山西分公司（简称电信山西分公司）全业务收入超过28亿元，同比增长8.7%。用户总数达584万户，其中移动用户339万户，固网用户245万户。

电信山西分公司构建“倒三角服务支撑体系”。建立省、市两级综合服务支撑中心，建成综合服务支撑系统，自下而上的接收问题派单，支撑服务一线；完善支撑平台建设，完成倒三角支撑系统、划小承包平台建设及完善，优化划小交流平台功能，实现从一线承包单元至专业管理部门的直线沟通与交流，提升服务感知；建立基于倒三角支撑系统的按单逆向评价与综合逆向打分的逆向考核体系，制订逆向考核办法实施细则，将逆向考核结果在绩效考核中进行运用，提升专业及管理部门的支撑效率及倒三角支撑满意度；建立公司管理层与一线触点间的快速响应通道，保障客户和一线需求及时反馈到各级管理者，解决“多头冲下，上下不畅”的问题。

2016年，电信山西分公司完成集团收入目标，同比增幅行业保持领先，收入份额提升近1个百分点；移动用户实现规模增长，同比增幅提升，4G用户占比提升超过25%；宽带用户份额累计提升0.74个百分点，百兆宽带用户占比提升近70%。

2016年，电信山西分公司拓宽大数据、云计算、物联网、电子金融、

"互联网+"等信息化应用领域，服务地方经济发展。

电信山西分公司围绕中国电信"落实全面深化改革，推进服务互联网化转型"的服务主线，顺应互联网时代客户服务诉求，提升服务水平，改善用户感知。2016年，客户满意度同业排名第2，越级申诉完成红线要求，不明扣费管控成效显著，本级投诉同比下降15%，关键维系指标趋势向好。

通过"先装后付"宽带服务快速落地，规范移动业务故障处理流程，优化服务提醒及业务规则等多项举措，提升用户感知。

全省一线触点经营单元的服务显性化，标准化。健全省市两级客户建议闭环管理，实现服务管控互联网化。

为星级客户提供9项固定权益服务，在全渠道推广特色活动，星级客户覆盖全网59%客户，星级服务行权（权证持有人要求发行人按约定时间、价格和方式履行权证约定的义务）。162万人次，行权星级客户达68万户，行权参与度37%。

电信山西分公司通过加强网络能力建设，改善网络质量，提升信息化服务能力。移动网络方面，LTE网络由上年的城区覆盖扩展到全部有效面积区域，以市场为导向，增加乡镇及发达农村驻地网区域的LTE1.8G网络覆盖，4G网络覆盖达CDMA水平，覆盖人口91.8%，在覆盖率等指标上与友商可比；4G下载速率与联通持平，领先移动；实现石太高铁全线无掉话，领先友商；在VoLTE业务、物联网业务网络支撑等方面超越友商；宽带网络方面，服务"宽带中国"战略的实施，完成全光网络改造，实现"百兆+天翼高清"业务普及，城市住户覆盖率达74%，农村新增覆盖2333个行政村，覆盖率达16%；频率资源整合方面，落实工信部频率政策，实施中国电信800兆LTE全网重耕计划（将已淘汰产品占用的频率重新腾空使用）。推进网络能力建设，优化已有网络性能和业务承载能力，公司移动网络业务感知优良率保持在92%以上，名列全国前列；提升有线宽带品质；截至2016年底，全省百兆宽带用户占比提升至67.44%。

（赵　苇）

【电信惠民】 2016年，电信山西分公司取消长途漫游，降低主要套餐的长途漫游费，调整为与市话统一资费，长途漫游费由0.4元/分钟调整为0.15元/分钟。

光宽提速降费。落实加快高速宽带网络建设、推动网络提速降费在山西省的落地执行。回馈老用户提速。6月，在FTTH覆盖区域，10兆以下用户免费提速至20兆；20兆用户免费提速至50兆；50兆用户免费提速至100兆。光宽单产品提速降费，新入网20兆产品资费不变，提速至50兆。新入网50兆产品资费不变，提速至100兆。百兆宽带免费用行动。使用电信乐享4G 129元（月实际消费89元）及以上套餐即可享受百兆宽带免费优惠政策。提升上行带宽。所有宽带用户端口速率均高配10%，所有宽带用户端口速率均按照其签约带宽的1.1倍配置；提升百兆用户上行带宽为20兆。

落实用户个人信息保护管理。强化组织保障，完善相关管理制度，明确责任分工；细化用户信息生命周期的信息收集、存储、使用、转移、销毁环节的具体措施；加强用户个人信息管理、系统访问、信息操作等关键环节的自查，强化安全防范；按照"源头治理、从严要求"原则，规范自有营业厅、合作营业厅、代理商、10000号客服代表、政企与VIP服务经理、装维人员等一线服务人员对用户个人信息查询办理权限管理，组织员工签订用户信息安全保密承诺书；强化对外合作过程中用户个人信息安全保护；做好防范打击通信信息诈骗服务保障工作，提升用户个人信息安全管理能力。

做好应急处置和通信保障。2016年7月至8月，太原地区、晋中地区、阳泉地区、忻州地区、吕梁地区等均遭遇强降雨过程，部分县市的降雨量突破历史最大值。灾情发生后，电信分公司启动应急预案，对防汛抢险工作作出安排和部署，保障通信网络恢复畅通。汛期灾情中，全公司累计出动人员1182人次，车辆427辆次，水泵95台次，油机289台次，光缆熔接机69台次，卫星电话2部，为当地抢险救灾活动提供通信保障。

开展共建共享工作。电信山西分公司在工程建设中深化共建共享，推进互联互通，促进设施集约化发展。推进全省的共建共享工作，做好与铁塔公司、山西联通分公司的对接，推进基站、铁塔、机房、管道、杆路、室内分布等基础资源的共建共享，避免重复建设，节约国家投资。（赵　苇）

【电信业态创新】 2016年，电信山西分公司创新移动业务发展模式，为移动用户提供优质服务。翼支付与移动业务结合，为用户提供便捷实惠服务。通过翼支付能省会赚的差异化优势与移动业务结合，将翼支付与天翼手机卡关联，每月赠送翼支付金，可用于通信缴费或线上线下应用场景消费。提出"百万红包月月送，加油购物都能用"的宣传口号。

创新宽带应用模式，培育新市场新业态。电信山西分公司以打造三领先，即"技术领先、规模领先、质量领先"的视频承载网络为目标，巩固网络领先优势，塑造"天翼高清"品牌。以"天翼高清"为契机，以内容提价值，以产品促销售，实现以智慧家庭为终极销售目标的通信领导者企业目标。9月，"天翼高清"启动上市，"天翼高清"成为与宽带、4G等同的基础业务。截至2016年底，"天翼高清"用户达30万户。

运用大数据分析，客服门户系统支撑能力增强。以"宽带障碍报修4号键"流程为切入点，通过用户拨打轨迹、服务诉求等数据分析，上线"宽带费用查询""宽带密码获取""自助报障"等自助服务能力，优化来电号码和宽带账号关联数据库，增加"时长判断二次拨打服务流程"，即用户通过自助报障后5分钟内再次拨打10000热线，直接接入人工服务；建立

IVR 流量前置办理流程，对于流量结余低于 30%时用户拨打 10000 号，IVR 系统自动提示引导用户进行流量包自助一键办理。 （赵 苇）

【“互联网＋农业”服务大寨村】 2016 年 4 月 9 日，电信山西分公司、山西省科协、山西大寨粮仓网络科技公司共同建设的“科普中国乡村 e 站大寨服务中心” 的启动仪式在大寨举行。电信山西分公司向大寨集团授予“翼支付+大寨服务中心”的牌匾；参观电信 “互联网+农业” 信息化演示厅与“大寨粮仓”农业产品展览厅，了解信息科技为百姓生活带来的便利。科普中国乡村 e 站通过向全村提供免费 WiFi 服务，为全村村民配备 258 个移动智能信息终端，开发科普中国乡村 e 站专用移动终端，推出专项优惠套餐服务等方式，整合农村科普信息化服务手段和内容，依托强大的专家团队，通过 PC 端、APP、网络、微信、热线、微博、码上致富溯源系统、中科云媒等，为农民搭建实用技术学习平台、远程互动培训平台、即时信息查询平台、农村电商创业平台、专家在线服务平台，打造农村科普 O2O 综合服务体。 （赵 苇）

【山西“智慧动监”平台】 2016 年 7 月 20 日，电信山西分公司启动山西“智慧动监”移动信息平台，为全省各试点县配发移动智能信息采集终端，现场进行山西“智慧动监”信息平台功能应用演示和全省动物卫生监督系统“智慧动监”移动智能信息采集终端功能应用远程视频培训。

（赵 苇）

·中国联通山西分公司·

【概述】 2016 年，中国联通山西分公司（简称山西联通）落实联通集团聚焦战略，出台三个阶段 85 项专项重点工作，加快探底转型。全省主营收入累计完成 77.41 亿元，全省 EBITDA 完成 25.88 亿元。 （黄云霞）

2016 年 11 月 23 日，山西通信业召开电视电话会议宣传贯彻《山西省通信设施建设与保护条例》 （路 璐供图）

【网络支撑能力建设】 2016 年，山西联通加快弥补短板工程，完成千米光纤改造一、二期建设任务，用户割接转化率分别为 100%和 96.9%，累计新发展宽带用户 106.12 万户。移动网实施三网协同优化，4G 网络实现市县乡连续覆盖，人口覆盖率达 74.7%；3G 网络再利用基站 380 个；对 2G 低效基站进行减容降配，同步采取 GU 升级、双模部署等方法，优化农村 2G 覆盖；聚焦深度覆盖，新建室分 1420 套，覆盖楼宇 9630 栋，Ⅰ、Ⅱ类楼宇覆盖率分别达 100%和 49%。实施网络架构优化，省内传输二千实现平滑升级和增容。完成大同枢纽楼的搬迁，创造 42 天从外电引入到验收加电的纪录，确保搬迁过程中全专业运行和全业务开通。山西省 29 万可网管网元纳入集中监控，实现一点监控、一点派单、直派末梢，资源匹配率达 99.3%，设备人率达 99.7%。

（黄云霞）

【客户服务质量提高】 2016 年，山西联通提升客户感知，改善服务质量，申诉率行业排名提升至行业第 2，宽带 NPS 被集团评价为“绝对值高且自改善好”，全省客户满意度增高。搭建横向工单系统，上线并优化 5 类工单，实现基层责任单元支撑横向穿透；启动宽带装、移、修满意度测评和营业人员服务评价工作，开展客户感知类 KPI 考核、重点问题挂牌摘牌、基层责任单元客服业绩积分考核工作；发布宽带“480”服务承诺，11 月，实现自动赔付；实施 NPS 十大提升计划等五项重点工作，应用重点问题攻坚等六种手段，建立典型案例剖析常态化机制，两次抓取服务典型案例进行写实剖析和强化问责，开展垃圾短信专项治理，累计拦截垃圾短信 27 万条。 （黄云霞）

【联通 5 项改革措施】 2016 年，山西联通采取 5 项措施，提升公司运营水平。深化基层责任单元改革，综合建立积分体系，突出末梢维护人员核心职能，优化一纵一横系统，提升数据推送服务能力。优化专业线组织机构，明确工作定位，规范县级分公司机构设置，建成大市场统筹下的分渠道销售组织体系。深化集约化维护体系改革，全省设置 22 类共 578 个基层责任单元，人员数量较改革前压降 17.14%。推动信息化支撑服务转型，成立大数据运营中心和工单监控中心，加快省内信息化平台和系统建设，实现大数据统一规划、建设和运营。推动专业化运营，成立系统集成分公司，实现系统集成专业转型。

（黄云霞）

【企业基础管理】 2016 年，山西联通制订《授权审批管理办法》，简政放权，提高运营效率。实施“双效提升”，建立动态化资源配置体系，推动资源下沉，资源利用效率和成本使用效益提升，截至11月，全省网运线能耗同比降幅达7.11%。开展两金压控，加大欠费回收责任追究，扭转应收账款增长趋势，同比降幅6.95%，12月环比降幅达30.23%；加强过程跟踪管控，10月，完成全年存货余额压降目标。出台《管理序列人员管理办法》《转任非领导职务人员管理办法》等系列文件，规范选人用人，加强干部队伍管理。制订三年用工规划和《紧密型业务外包管理办法》，为防范用工风险奠定基础。实施增值税运营监控，累计进项税抵扣8.71亿元。加强投资管理，先后完成四批计划调整，累计调整金额1.69亿元。推进投资建设流程优化，开展立项标准、项目投资效益评估模型和立项汇报模板的规范工作。开展资源核查，堵塞管理漏洞，建立铁塔稽核系统，累计清查基站5.27万个、铁塔2.3万座，年节约成本约6000万元；成立护线办公室，清查其他运营商占用管线2.9万千米。开展大带宽治理，核查互联网专线、IDC用户带宽4331G，关停违规大带宽460户。规范合作业务管理，清理无效合作业务30项，对合作商违约行为累计处罚超过400万元。（黄云霞）

【“跃马扬鞭，亮剑秋开”营销活动】 2016年9月，山西联通举办“跃马扬鞭，亮剑秋开”名单制高校秋季开学营销活动，各专业联动，前后台协同，提前进行网络建设，跟进网络优化，做好营销支撑，全员参与校园营销，实现校园业务发展、市场份额拓展双突破，校园营销取得阶段性成果。截至9月27日，全省校园移动网用户共发展12.7万户，校园用户渗透率为28.06%；宽带发展3.6万户，校园宿舍渗透率为80.4%。（黄云霞）

【《“互联网+智慧福彩”战略合作协议》】 2016年11月17日，山西联通与山西省福利彩票发行中心签订“互联网+智慧福彩”战略合作协议。使彩票站点与管理平台的信息交互更快、更安全，提高福彩的管理服务水平。（黄云霞）

【服务平台升级】 2016年3月，山西联通建成并开通运营“114”微信公众号业务，设有“联秘服务”“便民服务”和“理财服务”三个栏目，可为联通用户提供联通秘书自助、挪车、微信查号以及理财服务等。“山西联通114”对微信公众号改版升级，公众号由单一的通信查询服务转变为生活信息服务为主的信息服务平台。打通“114”平台与移动互联网的通道，实现微信号码查询以及电子商务业务与语音“114”同步，解决多年制约电子商务业务发展的在线支付问题。用户可以上线订鲜花、订蛋糕、订机票、海外商品、礼品特产、中秋月饼预订等业务；结合GIS定位、百度地图等技术提供修车、洗车、停车、租车、加油站等信息查询服务，开通“114”挪车服务微信注册功能，全省挪车业务注册用户突破30万户。公众号具备基础查号、便民服务以及联通秘书开通、取消、漏话提醒等服务功能，吸引1.3万户的公众号粉丝，方便用户。6月，山西联通专门开通高考成绩查询热线“16897799”(免信息费)，通过“114”微信公众号方便考生查询成绩。从2016年10月起，每月15日，山西联通开展省公司领导带队上岗“10010”热线服务活动，接听电话或者监听电话，倾听客户心声并体验热线服务，协调解决热点难点问题，能立即解决的问题即刻解决，对不能立即解决的问题5日内给出解决方案。（黄云霞）

【“5·17”全国电信设施安全保护宣传周活动】 2016年6月，山西联通与中部战区×××部队、预备役××师、地方公安等单位联合组织开展“5·17”大规模的护线宣传活动，沿呼北、京太西、京太西2#、3#、济石太银等一级干线进行护线宣传。该次活动共出动人员643人次，出动车辆146台次，走访企事业单位、村镇1096个，发放大量宣传彩页62800张，宣传总里程11676千米。（黄云霞）

【“能源云”数据中心暨双创产业园】 2016年7月8日，山西联通与山西焦煤集团举行共建“能源云”数据中心暨双创产业园签字仪式。标志着山西联通、山西焦煤集团围绕“互联网+智慧能源”展开合作，共同建设山西省能源云数据中心基地和山西省创业创新产业园区，打造山西“能源云”，促进全省“大众创业，万众创新”发展。（黄云霞）

【山西联通首家“智慧工地”完工】 2016年7月2日，山西联通完成“智慧工地”示范工程并投入试运营，农民工生活区、建筑单位办公区均实现WIFI覆盖，塔吊监测监控系统、扬尘噪音监测监控系统、公共广播系统、扩建视频监控系统的建设施工任务施工完毕。（黄云霞）

【“宽带服务‘480’”三项承诺】 2016年9月7日，山西联通举行“金秋回馈，感恩久久，宽带‘480’服务承诺”发布会，向社会各界发布联通宽带“免费提速无条件、宽带速率由您测、宽带服务‘480’”三项承诺。(1)免费提速无条件：联通宽带无条件免费提速至最低20M直至200M。(2)宽带速率由您测：推出宽带测速平(测速网址：http:// 218.26.42.202/SmartSpeed)，联通家庭宽带用户可通过该平台进行自测速，对速率不达标的，承诺在30日内完成优化整改。(3)宽带服务480：联通宽带、固话、宽带+IPTV业务，自10月1日起在全省城区及县城障碍4小时修复、8小时装移机、业务0受理盲区；全省农村(乡镇及以下)区域障碍8小时修复、8小时装移机。超时将按承诺给予补偿。据测算，该次大规模提速后，户均带宽速率提升150%，单位带宽平均资费再次下降40%，全省有430万户家庭宽带用户享受到这一福利。（黄云霞）

【“伪基站”查处】 截至2016年11月，山西联通强化维护公众移动通信秩序和空中电波秩序能力。加强网络监测，遏制非法信息，配合各地市公安机关和无线电管理委员会查处涉“伪基站”“黑广播”“无线屏蔽器”案件数量5件，查缴“伪基站”“黑广播”“无线屏蔽器”设备数量2台，维护人民群众根本利益。 （黄云霞）

【通信网络安全运行】 2016年国庆期间，山西联通采取10项举措，确保国庆期间网络安全稳定运行。执行封网要求，自2016年9月30日0:00起至10月7日24:00时，停止主要通信干线和通信枢纽的施工、系统割接、版本升级和网管数据制作等工作。落实安全责任和防范措施。组织完成网络隐患排查和整治工作，对存在的安全隐患及时处理，确保人身和设备安全。加强重要通信设施和光缆线路的巡查保护力度，落实重点部位和重要环节管控要求，责任落实到人，杜绝各种人为因素造成的通信阻断事故。加强对党政军和重要部门通信网络的巡检和例测工作，确保重要部门通信畅通。做好应急预案落实、突发事件应急保障准备工作。节日期间，各单位应急基站车及相应支撑的油机车、海事卫星终端等主要机动通信装备、人员、车辆等进入备遣状态，保障公用通信网间互联畅通。加强网络及信息安全管理，加强舆情研判分析。落实通信值班安排，各级负责通信保障应急工作的负责人、联络员和信息员确保24小时联络畅通。

（黄云霞）

·中国移动山西省分公司·

【概述】 2016年，中国移动通信集团山西有限公司（简称山西移动）收入增幅超过行业平均水平1.15倍，实现主营收入市场份额57.2%，通信客户市场份额70%。流量收入超过语音加短彩信收入之和，推进互联网营销，手机营业厅用户超过700万户，微厅粉丝突破1000万人，经营模式转变成效突显。重视和加强客户服务工作，行风纠风工作完成红线目标，百万客户升级投诉率保持行业最低。聚焦“大连接”，发展数字化服务，做好连接服务，提升连接价值、扩大连接规模，创新发掘消费领域和生产领域的信息化需求，推动产业加速向智能化、移动化、云化方向转型。（贺 硕）

【网络基础设施建设】 2016年，山西移动巩固网络竞争优势，确保客户感知，覆盖领先3个百分点，广域覆盖领先12.5个百分点，室内覆盖领先12.04个百分点。全年新开通基站1.8万个，新建传输光缆1.4万皮长千米，新建分纤点1233个，新建管道509管程千米；解决弱覆盖问题3187个，完成1851个弱覆盖室分的优化整治。开展传输短板专项整治，成环率由年初的78.4%提升到85.9%，双上联率由80.3%提升至89.7%。集中运维体制改革，推进网络规范运营。强化前端规划审核和后端验收审核，规划准确性达95%以上，基站初验一次性合格率提升至97%。 （贺 硕）

【移动4G网络建设】 2016年，山西移动4G网络建设围绕“三领先、一确保”的目标，推进4G网络“更深、更厚、更广、更精”。4G基站数达4.5万个，4G网络综合覆盖率达98%以上，4G综合下载速率超过35Mbps，4G客户驻留比达98.8%，4G客户网络质量满意度领先9.44个百分点。在核心城区建设4G+实验站2000个，提高核心区的4G网络上行能力，业务热点区域上行能力提升55%；在人口密集区规划使用微站2927个，通过混合组网模式，解决深度覆盖空洞；在商业区、高校等区域开启载波聚合2116个，确保业务热点区域客户感知。开展VoLTE网络大会战，VoLTE注册成功率、接通率提升，VoLTE网络质量改善。

4G市场主导地位确立。抢占4G发展机遇期，聚焦“加快4G终端普及”和“加强终端转化”两项重点，通过打通供货瓶颈、拓展渠道规模，实现4G终端快速普及。4G客户规模扩大，4G用户渗透率达59%。丰富流量产品，推广基于时间、区域、事件和内容的短期流量包。推出“奥运流量包、欧洲杯专属流量包”等活动；推出月末流量包和周末流量包，释放用户流量使用需求，客户流量消费激发，DOU快速增长，达到1.1G，较年初提升400兆。 （贺 硕）

【移动宽带业务发展】 2016年，山西移动落实“宽带山西”专项行动目标及要求，全年投资6.35亿元，新建9814个宽带小区/村庄，新建PON端口217.92万个，PON端口总数达398.34万个，改造28.6万LAN用户，改造268个铁通小区，家庭覆盖率由32.5%提升至66.5%，PON端口装机率达45.8%。建立山西移动宽带业务3H质量体系，提升网络承载、资源管理、内容调度、安装维护四大能力，确保宽带质量。引入IDC内容资源，推进CDN统一运营、Cache自主运营工作，提升宽带内容运营能力。丰富家客业务支撑手段，业务受理时长从30分钟缩短到5分钟。

宽带市场份额提升。推进客户规模发展，净增宽带用户同比增长84.3%；客户份额同比提升5.1个百分点。精耕宽带市场，实施“清单式管理”和“精准式投资”，提升资源准确性和投资效益。响应国家“提速降费”要求，宽带发展策略全面调整为以“20兆起步、50兆主推”，四季度用户中20兆以上带宽占比达51.7%，较上年提升50个百分点；新增用户中20兆以上宽带占比达98%。推广魔百和业务，完成4K专区发布、卡拉OK功能上线、门户2.0试点等工作，探索引入家庭安防产品“和目”，提升家庭信息化水平。 （贺 硕）

【集团客户市场竞争能力增强】 2016年，山西移动从项目、产品、客户三个维度提升支撑能力，加强切块投资，确保效益；规范工程管理，确保质量；优化建设周期，确保速度。全年新建集团专线2.4万条，优化集团专线绿色支撑流程，遵守“签合同—立项—领料—施工—验收—交维”程序，实现保进度更保质量。通过实施APN专网改造、优化专网业务开通模式、畅通客户沟通渠道等措施，新开通25个行业专网业务，累计承载346家行业无线专网业务，行业并发在线用户数达28万户。强化IT系统效率，支撑能力从业务流支撑、客户经理支撑、合同系统三方面进行升级，夯实集团客户服务基础。

集团客户收入高涨，占整体收入比例提升2个百分点。山西移动挖掘传统产品潜力，做大行业客户规模。完善产品布局，引入和对讲、MDM、云企信等9项新兴产品，推广云视讯、和对讲、4G后视镜3个终端类产品。优选18项信息化产品，以“和旺铺”为主打，拓展小微市场。通过加强客户经理过程管理，重点集团客户覆盖率提升至87.6%，确保集团客户服务的覆盖；对客户经理开展12期集中培训，提升客户经理业务水平和服务能力。（贺　硕）

【服务支撑能力建设】2016年，山西移动强化服务一线意识，将支撑能力下延到基层，消除管理短板。针对区县乡镇等区域开展渠道加盟店试点，梳理连锁集中运营机制，扩展实体渠道覆盖能力。加强重点攻坚，针对双低区域、渗透下降区域、份额下降等区域，细分至乡镇一级，成立专项小组，分析经营短板，整合营销资源进行突破。实现全省98%的营业部/县公司客户渗透率提升，80%的营业部/县公司客户份额提升，涌现出“五高五强”“十高十强”等先进集体。

（贺　硕）

【数字化服务】2016年，山西移动完成大数据平台一期建设，接入O域统一DPI 2/3/4G信令数据，共计68个接口，数据量17TB/天，实现16项应用支撑。确立“一云多级多池”的云计算目标架构，从纵向分域建设向横向分层整合演进。三域云化比例分别达到B域85%、O域83%、M域60%，高于全国41.5%的平均值，除核心数据库及集团统建系统外，各域完成云化改造；依托现有资源池搭建两个融合资源池，启动数据中心资源池建设，通过大二层技术实现各域现有资源的跨机房、跨局址、跨域融合。

加强IDC能力建设，按需定制地市级IDC机房建设，完成IDC网络能力、缓存能力及安全能力扩容，IDC出口带宽从440G增至1T。通过工信部的IDC信息安全管理系统检查，获得集团公司“钻石五星级数据中心”、全国“2015—2016年度优秀数据中心”称号。“云计算产业园区”建设进展顺利，为发展数字化服务提供支撑。推广以政务云作为云存储息技术的行业解决方案模式，对加快各级政府职能转变、推进政府治理方式升级具有重要作用。2016年，对各地市IDC机房提前能力部署，逢标必报、按需定制、逢标必争。深挖客户需求，圈客户、理清单，提升政务云支撑能力，拓展项目，属地化部署云平台，实现“项目快入驻”的目标。

互联网内容服务提升。推动CMNET骨干网、省网、地市核心、城域网、DNS工程进度，骨干出口带宽达1880G，省网出口带宽达760G，地市出口带宽达1310G，DNS容量达160万QPS，网络承载能力增强。全年CMNET省网、地市核心链路峰值利用率始终控制在70%以下，BRAS出口峰值带宽利用率控制在50%以下，DNS利用率控制在50%以下。开展CMNET路由协议优化、NAT地址池优化、BRAS双上行改造、三方出口流量优化、攻击流量溯源整治，CMNET网络结构合理，网络安全性和网络性能提升，流量调度合理，客户点击率由年初的91%提升至94%，全网点击率由80%提升至88%，解析成功率由年初98.3%提升至99.2%，互联网业务感知改善。

山西移动围绕政务、公安、交通等重点行业，提升信息化应用水平。在政务行业注重政府电子政务的顶层设计，紧跟公安厅政法网及各地市平安城市项目，推广交通行业重点发展专线业务及衍生产品。建设山西省旅游局智慧旅游景区客流动态监测项目，覆盖11地市68个景区，完成对乔家大院、五台山、平遥古城等6个5A景区建设视频监控系统，并实现与国家旅游局运行监测与应急指挥平台的对接。应用云技术实现山西省首个市级政务云“忻州市公共资源交易服务平台”的规划、建设与交付，拉开山西省政务云落地的序幕。提升行业信息化水平，涌现出一大批优秀项目，如太原市城镇排水防涝数字化信息管控系统、大同市公共安全视频监控“全覆盖”项目、晋城武警支队军营网络安全项目、临汾市政府电子政务外网基础网络平台等。（贺　硕）

【企业流程优化管理】2016年，山西

2016年，山西移动采取多项措施应对2016年夏季暴雨天气，做好通信保障

（贺　硕供图）

移动推进流程优化，提高效率。坚持常态化治理和集中化治理相结合，持续以“客户”和“一线”为中心，建立常态化效率问题诊治机制，并对重点关注流程进行集中化治理，建立合法合规要求下的“常规执行”和“快速响应”相结合的流程体系。启动“三色法”采购流程时限管控机制预警，采购项目时效同比提高6.2%，采购协同效率提高。提升企业执行力，增强干部员工的责任意识、效率意识和担当精神。

成本投资管控。推进物资管理集中化，一级采购集中度同比提升4.23个百分点，二级集采资金节约率达12.01%，降低公司成本。把控投资源头，加强项目全过程管理，EVA率较预期改善0.11个百分点。强化日常预算的专业条线管理，全年行政费用下降9%，提升市公司资源配置的灵活自主性，确保资源使用效率。加强历史项目清理，在建项目余额减少75%。围绕提升银行存款利息收入、降低资金成本、支撑银行业集客业务发展等方面，从创增收入、降低成本、提升效率着手，开展资金管理工作。加强精益理财意识，完善公司资金流入与流出全过程管理，建立合理的管控机制。通过银企效益联动，降低资金成本，年均节约银行手续费及上门收款费用1000余万元。（贺　硕）

【科研创新】 2016年，山西移动科研工作创新发展。有1个自发命题项目、5名员工入孵和创空间。在“中国移动2016年自主开发大赛”决赛上，“洞悉”项目摘得铜牌、“家宽一站通”获最佳创意奖。在新技术应用、网络优化、业务支撑等领域承担科研基金研发任务，获得多项授权专利，获集团公司科技应用创新奖。“基于支撑系统去‘IOE’实践下的云化价值实现”和“OTN汇聚环下沉组网演进策略”获集团应用创新奖。承担“教育部—中国移动科研基金”研发任务。开展“微创新”工作，全年发布微创新成果528个，其中23项微创新成果获省信息系统表彰。加强质量管理，获“全国通信行业质量管理小组活动先进单位”称号，两个QC小组获评全国优秀质量管理小组。开展送沙龙到基层活动，组织30余名优秀班组长分别到11个地市的70个县公司、分享优秀营销案例、传授团队管理经验，激励员工成长。（贺　硕）

【客户服务品质提升】 2016年，山西移动面向一线人员强化红线指标意识，建立不知情定制投诉异常监控预警机制、组建优化不知情定制投诉不满意客户修复流程、完善不知情定制业务处罚闭环流程，加大违规业务处理力度，对投诉量大的业务及时预警处理、警告处置、关停处罚。年度不明扣费申诉率由全国第26名改善至第10名。

星级服务机制升级。优化星级客户结构，修订星级服务业务规则，完成原VIP客户向星级客户平移过渡，优化星级客户组成结构，整体各星级客户数量呈纺锤形分布；每月以客户综合特征动态评定星级，65.2%的客户纳入星级服务体系。全省统一按星级差异化匹配“积分倍享、话费透支”等15项举措，结合星级开展专属营销活动、积分兑换活动，在区县开展“星级客户尊享日”主题服务活动，中高星级客户满意度达81.26%，较年初提升1.65个百分点。

客户需求闭环管理建立。加强省、市两级客户需求分析，发现问题44个，提出工作建议37项，解决问题23个，解决率52.27%；通过客户需求分析例会发现问题223个，解决140个，解决率62.78%。建立“采集—分析—调研—挖掘”的客户需求分析机制。在数据挖掘中，每月对客户来电原因分析，形成分析报告。开展客户需求分析，完成4G业务、中高星级服务、电子渠道服务、家庭宽带等专题分析。整合客户业务办理数据、客户投诉数据、客户触点数据、客户网络使用数据等，分层分级展现客户需求情况，建立客户需求模型，实现客户需求统计、预警、跟踪，对客户需求解决情况进行推送和系统展现。

互联网服务品质监测。通过分析各互联网渠道自身特点，以集团公司互联网服务评估体系为基本框架，依据用户研究结论，建立互联网服务预警监测体系，从服务规模、能力、效率、质量和体验五方面对互联网服务渠道开展监测，制订并下发《山西移动互联网渠道服务品质评估办法》，按季度开展评估工作，对服务短板提升情况跟踪。优化智能客服平台为客户提供精准服务，满足不同层级用户在服务和营销方面需求，共监测影响客户感知问题88个，互联网渠道服务量占比由

2016年，中国移动实施爱"心"行动——贫困先心病儿童救助计划山西二期项目
（贺　硕供图）

年初的22.87%提升到32.53%，互联网渠道用户占比由年初的16.1%提升到32.4%。智能应答服务由18.1万人次增长到47.1万人次，增幅160%。

（贺　硕）

【网络环境净化】 2016年，山西移动净化网络环境。通过清理、查处、完善机制、督导检查四阶段工作，清查各渠道举报受理流程，加强对淫秽色情信息举报受理工作，全年受理客户投诉258件。对涉黄高风险的IDC引入内容，建立事前、事中、事后的闭环管理机制，利用IDC信息安全管理系统加大对IDC引入的文字、图片的识别。通过加强组织领导、深化内外联动、全量网站清查、强化监测拦截、及时上报情况等措施，确保网内非法音视频信息的监测发现和快速封堵，2016年配合监管单位累计封堵各类不良网站IP地址1.28万个。按工信部、集团公司打击通信信息诈骗专项工作要求，规范业务发展，开展语音专线、400业务清理。对业务合同、入网资质、白名单号码梳理，排查梳理合同签订流程及内容，清理无效语音专线。通过加强各类端口准入管理，实现端口短信可溯源、可定位。开展行业端口垃圾短信科学封堵试点工作，建立端口分类机制，行业端口百万短彩信被举报率由年初0.83降至0.42，降低诈骗短信风险。

开展电信诈骗涉案号码入网渠道倒查，对违规入网渠道、当事人进行责任追究。通过投诉聚焦、网络定位、现场扫频等手段，配合无线电管理机构和公安部门开展"伪基站"打击，累计查处伪基站39起，缴获伪基站设备26套，封堵利用伪基站诈骗的网站93个。配合公安机关提供伪基站违法犯罪证据29份，加快司法案件的进程，全年累计完成10余起案件宣判。强化客户信息保护机制，完善客户信息保护相关制度，强化收集环节、金库模式应用场景、客户信息模糊化机制应用等方面的客户信息保护技术手段。

（贺　硕）

【实名制管控】 2016年，山西移动推出四项举措，通过开展电话"黑卡"治理专项行动，开展多频次宣传催告，优化业务规则和提高系统支撑能力，以及分场景、分客群制订应急预案，推进实名制管控工作，实现新增用户实名率保持100%，存量实名率接近100%。针对非实名用户停机处理，建立电话用户实名登记服务保障工作机制，分阶段、分层次部署，建立绿色通道、专席服务，优先实名补登；针对焦点、热点问题建立周通报机制，推动责任部门快速解决，做好升级、群体投诉事件的风险防控，未发生实名制群体投诉事件。

（贺　硕）

【通信保障】 2016年，山西移动做好应急通信保障，开展应急技能大比武，从演练管理、组织形式和演练科目三方面提升应急演练能力，组织开展远程跨市防震应急通信拉练、战备应急通信培训及演练活动。为运城地震、同煤矿难、临县黄土崩塌事故等突发灾害，以及山西省旅游大会、山西面食文化节、太原国际马拉松赛等重大活动提供应急通信保障49次。应对全省夏季遇强降雨袭击，累计派出维护人员2148名、车辆973台、油机1415台，开展基站发电和故障抢修，确保网络平稳运行。落实G20杭州峰会的网络与信息安全保障工作，开展网络安全防护专项自查，提升安全防护水平。通过网络安全防护自查和系统漏洞扫描，完善互联网暴漏面资产报备制度，完成全量资产信息的摸底报备与稽核。落实安全监测预警，完善应急预案，开展应急演练。通过加强安全监测预警和公共互联网安全威胁治理，处置恶意软件威胁；完善应急方案与流程，细化应急处置预案；针对域名劫持、页面篡改、DDOS攻击等风险，完成两次互联网应急演练。

（贺　硕）

邮　政

·邮政管理·

【概述】 2016年，山西省邮政业务总量累计完成56.87亿元，同比增长31.87%，业务收入（不包括邮政储蓄银行直接营业收入）累计完成54.25亿元，同比增长18.67%。其中，快递业务量完成1.87亿件，同比增长62.63%；快递业务收入完成22.14亿元，同比增长44.87%。全省行业从业人员数量达4.39万人，其中快递业从业人员数达2.3万人。

全省邮政营业场所达1957处，其中普遍服务网点1649处。邮政普遍服务网点乡镇覆盖率和行政村邮件直接通邮率均达100%；全年新增村邮站1813个，累计达4556个。全省许可快递企业达221家，设立分支机构3188个，普查登记末端服务网点2848个，快递网点乡镇覆盖率达93.6%。

（刘博军）

【邮政业发展环境】 2016年，山西省推进邮政行业规划编制工作。编制全省"十三五"邮政业发展规划，征求业内意见，部署"十三五"时期全省邮政业改革发展任务。加大与地方规划衔接力度，邮政业发展六项重点内容纳入《山西省国民经济和社会发展第十三个五年规划纲要》，与服务业、综合交通体系等多项地方规划衔接。经省长楼阳生批示，全省"十三五"邮政业发展规划纳入省级专项规划体系。太原、阳泉、晋中、吕梁、大同、长治等6市邮政业规划先后由市政府办公厅发布，朔州由市发改委发布。

完善政策保障体系。贯彻《国务院关于促进快递业发展的若干意见》，推动协调省市两级政府下发行业利好政策文件。11月，省政府出台《山西省支持快递业发展的若干措施》。与省发改委、交通厅等11部门联合印发《关于加强物流短板建设促进有效投资和居民消费的实施方案》，与省商务厅联合出台《关于促进快递业与电子商务协同发展的意见》，解决基础设施、末端网络、信息服务等制约行业发展瓶颈问题。

各市邮政管理局推动地方政府或联合其他部门出台各项支持快递业发展政策。晋中市出台《关于促进快递业健康快速发展的实施意见》，运城市出台《进一步支持现代服务业创新发展转型升级的若干措施意见》,阳泉市出台《进一步支持服务业发展的若干措施》,晋城局与市商务局联合下发《关于推进农村电子商务与快递下乡协同发展的实施意见》,临汾局联合市商务局印发《关于促进快递业与电子商务协同发展的意见》,忻州局与市公安局交警支队联合出台《忻州市城区邮政业电动三轮车管理规定》。

邮政专用车辆获省内高速公路免费通行。2016 年 7 月,山西省邮政管理局与省交通运输厅联合下发《关于我省邮政专用车辆免费通行高速公路有关事宜的通知》。93 辆邮政专用车辆免费通行省内高速公路,每年可节约普遍服务成本 500 余万元,政策出台提升邮政普遍服务效率,保障邮件和党报党刊的传递时限,提高广大人民群众的用邮满意度。

推进"十三五"邮政基础设施建设项目。"十三五"时期,山西省邮政基础设施建设项目计划包括邮政普遍服务和机要通信基础设施建设两方面,由财政投入予以保障。全省系统依规审慎审查,完成 210 多个局所项目、800 多辆车辆审查工作。山西申请项目和投资额度纳入国家"十三五"财政投资计划,总投资 1.06 亿元,对加强山西省邮政基础设施建设、提升邮政服务能力起到促进作用。2016 年,国家为山西省下达邮政普遍服务基础设施总投资计划 4157 万元,涉及局所改造项目 34 处,车辆项目 263 辆,机要通信安防设备 834 套。全省系统开展督导,保障项目建设进行。

地方政府支持力度加大。省市政府主要领导相继对行业发展做出批示,到行业一线检查指导工作。吕梁汾阳、孝义和长治黎城 3 个县级邮政管理机构获批。截至 2016 年底,山西省县级邮政管理机构达 4 个,邮政管理工作向纵深推进。 (刘博军)

2016 年 9 月 1 日,副省长刘杰(前排左二)到太原邮区中心局检查指导 G20 峰会期间邮政寄递渠道安全保障工作 (孙久臣供图)

【邮政服务监管】 2016 年,山西省邮政管理局开展邮政普遍服务审批和备案。强化流程监管,落实执法人员、部门、分管领导各层级监督责任,确保行政审批、备案层级监督落到实处。全年经邮政管理部门同意撤销邮政普遍服务营业场所 15 处;备案新增邮政营业场所 70 处(其中,邮政普遍服务营业场所备案 68 处,非邮政普遍服务营业场所备案 2 处);备案撤销非邮政普遍服务营业场所 6 处,备案暂时停止办理业务 31 个,备案恢复办理业务 26 个;备案信息变更 37 个。2016 年全省邮政营业场所保有量 1958 处(其中,邮政普遍服务营业场所 1649 处,较上年增加 53 处);电子化网点 998 处。保护全省普遍服务资源,邮政基础设施网络稳定,布局结构优化。

开展邮政普遍服务监管。落实国家关于建立抽查机制的要求,坚守"两条红线"(邮政企业未经邮政管理部门批准,撤销提供普遍服务的邮政营业场所;邮政企业未经邮政管理部门批准,停止办理或者限制办理邮政普遍服务和特殊服务业务),以普遍服务"合标"检查为重点,开展多次专项检查,邮政企业未经审批撤销营业场所和停限办业务现象减少,维护用户用邮权益。全年全省出动邮政普遍服务监督检查 6248 人次,检查网点 1624 个,下发检查通报 45 份,下发责令整改通知书 77 份,下达行政处罚决定书 17 份,处罚 8.2 万元。

(刘博军)

【党报党刊投递专项检查】 2016 年,山西省邮政管理局以提高党报党刊当日见报率为目的,从 6 月起各市局对《人民日报》《山西日报》及中央各级党委免费向基层党组织赠送的报刊投递情况进行为期三个月的专项检查。太原、忻州、晋城、临汾、朔州、运城、吕梁局针对邮政企业未按照《邮政普遍服务》标准规定频次投递党报党刊、存在报刊积压等不合标行为,依法作出 4 万元行政处罚。一批党报党刊投递不"合标"现象得到处理,邮政企业内部管理制度完善,报刊投递考核严格,党报党刊投递延迟现象减少,县级城市党报当日见报率提升。

(刘博军)

【机要通信专项检查】 2016 年,山西省邮政管理局根据国家局统一部署,制订检查方案,到基层网点和邮路,确保专项检查无死角,无漏洞。省邮政分公司在全国率先开通机要运输专线,保障秘密载体传递的安全。全省全年共开展机要检查 274 次,下达机要整改通知书 37 份。通过检查,发现隐患 223 处,向企业下发责令整改通知书 14 份,检查通报 5 份,企业内部规章制度完善,明确机要通信各环节不得使用劳务用工;开通机要运输专线，机要件实现汽车投递；增加机要业务人员，机要邮路实现“双人押运”，机要网点实现“双人作业”；机要通信生产现场配置视频监控系统和红外监控探头，实现生产过程全覆盖，视频资料保存30天以上，全省机要通信保密安全水平大幅提高。

（刘博军）

【快递行业管理】 2016年，山西省推进快递电商协同发展试点工作。山西省邮政管理局联合省商务厅下发《关于请大同市政府对电子商务与物流快递协同发展试点城市工作进行整改的函》，组成联合检查组到大同对电子商务与物流快递协同发展工作进行实地督导。大同邮政管理局协调地方商务、财政等部门，在快递园区、末端服务网点、智能快件箱建设等方面取得突破，X光安检机补贴、营业网点标准化改造资金先后落实到位，促进大同快递业的提质增效。

“快递下乡”和网点标准化建设目标完成。各市邮政管理局引导辖区快递企业加强与农村电商融合，拓展乡镇末端网点，农村地区网络覆盖率不断提高。鼓励企业增加投入，改善基础设施，推进快递“三化”标准建设。截至2016年底，全省乡镇快递网点总数达3049个，覆盖1119个乡镇，覆盖率达93.6%，太原、晋城、运城、阳泉、晋中、长治、朔州、大同8市实现辖区乡镇网点全覆盖。全省标准化网点达1992个，标准化率达77.9%。

“快递进高校”问题解决。引导快递企业提升末端服务能力，综合利用智能快件箱、快递公共服务站、连锁商业合作、第三方服务平台等模式，形成各具特色、符合校园实际的快递服务模式，如山西大学城、中北大学智能快件柜模式，大同大学、忻州职业技术学院、山西工程职业技术学院菜鸟驿站模式等，解决高校快递服务难题。全省78所规模以上高校中有77所实现快递服务进校园且规范收投，收投规范率达98.7%。

“快递+”服务现代农业成果显著。各市邮政管理局依托商务部电子商务进农村示范县，推进国家邮政管理局确定的快递服务现代农业示范工程，构建完善农产品快递网络，因地制宜形成“快递+苹果、樱桃、红枣、中草药、小米、核桃、杏”等模式。

（刘博军）

2016年，山西省邮政提升基础能力建设，邮件处理能力大幅提升（孙久臣供图）

【快递市场规范】 2016年，山西省邮政管理局落实“放管服”改革。推进简政放权，快递业务经营许可实现全流程网上办理，审批时限控制在25个工作日内，全年全省许可审批按时完成率达100%，平均办结时限压缩到11.4个工作日。许可备案实地核查，各市局按照安全生产强制性标准，落实分支机构实地核查制度，全年全省共核发快递业务经营许可证46件，新增备案分支机构549家。完善退出机制，对11家不再实际开展快递业务经营活动的企业依法履行注销程序。推进快递末端网点规范化管理工作，引导市局开展摸底排查，对2848个末端网点普查登记。

推进快递市场规范化进程。重点开展快递市场经营秩序整顿和快递市场清理整顿专项行动，抽调人员分品牌、分区域、分重点开展专项整治交叉检查，打击快递经营许可类违法违规行为，形成高压态势。查出无证经营、超地域范围经营等许可类违法行为195次，约谈企业48次，责令整改169次，行政处罚金额18.8万元。指导各市局依法查处辖区快递企业参与“空包刷信”违法行为，维护消费者合法权益。加强邮政用品用具市场和集邮市场监管，组织邮政用品用具检查及产品质量抽检工作，开展制售假《丙申年》邮票等违法行为专项检查，做好《集邮市场管理办法》实施。全年全省邮政管理部门对快递、集邮、邮政用品用具三个市场共开展执法检查3387次，查处违法违规行为1055次，办理邮政市场行政处罚案件204件，罚款总额74.6万元。快递企业依法合规经营意识提高，快递市场经营秩序规范。

提升快递服务质量。深化消费者申诉与市场监管联动机制，建立山西省快递服务质量提升联席会议制度，组织召开山西省快递服务质量提升第一次联席会议，通报各快递企业的服务质量问题，要求相关企业按规定做好整改落实，提高申诉处理质量，全年全省快递服务满意度达97.9%。

营造诚信经营氛围。组织开展“诚信快递、你我同行”“3·15”主题宣传活动。各市局与地方媒体沟通联系，通过门户网站、微信等平台进行宣传，引导快递业市场主体诚信合法经营。

（刘博军）

【寄递安全管理】 2016年，山西省健

全寄递渠道安全监管机制。落实中央九部门《关于加强邮件、快件寄递安全管理工作的若干意见》文件，深化省、市寄递渠道安全管理领导小组机制建设，实现省、市两级寄递渠道安全管理联合监管机制全覆盖。推动综治部门将寄递渠道安全纳入“平安山西”及综治管理考核体系，发挥各级综治考评作用，强化属地管理责任，定期组织召开寄递渠道安全管理领导小组会议，配合公安、国安、新闻出版等部门开展寄递渠道安全、反恐、禁毒、打击侵权假冒、扫黄打非等工作，寄递渠道安全管理“齐抓共管、综合治理”工作格局形成。

强化寄递安全“三项制度”。贯彻安全生产法、反恐怖主义法，落实禁寄物品管理规定，按照“谁收寄、谁负责”要求，强化企业收寄验视责任，加大寄递安全“三项制度”监督检查力度，对未落实企业实行零容忍。召开全省寄递行业安全警示教育大会，以运城河津申通“邻甲酚”泄漏案件为反面教材，层层传导压力，要求各市局举一反三，开展自查整改，从一个案件辐射到全省寄递渠道，形成闭合管理。推进寄递企业安检设备配置工作，出台《山西省支持快递业发展的若干措施》，加强部门沟通，争取到省市两级政府X光安检机配置专项财政补贴880万元。督促企业落实安全生产主体责任，动员其加大资金投入力度，全省快递企业配备X光安检机达到158台，除邮政企业及EMS外，各主要品牌快递企业省、市两级分拨中心安检机配置到位，全省寄递渠道安全保障能力增强。

履行邮政行业安全监管职责。落实国家局、省政府办公厅和省综治委有关要求，在全省范围组织开展寄递渠道安全隐患大排查大整治活动，推进全省邮政业安全生产大检查工作，彻查行业安全生产隐患，堵塞安全漏洞。组织开展全省快递市场清理整顿和安全生产交叉检查，严查市场经营秩序和安全生产主体责任落实方面存在的违法违规行为。举办全省邮政行业市场监管综合培训班，提升监管能力和监管水平。开展“安全生产月”宣传活动，各市邮政管理局先后举办安全知识培训、安全生产宣传日咨询、安全知识考试测评等宣教活动。探索行业自律机制，在太原邮政管理局试点推行邮政业安全员管理制度，形成系统性的安全管理制度和措施。

做好重要节点安全服务保障。G20峰会期间，省、市两级成立寄递渠道安全保障工作领导小组，制订印发实施方案，与企业签订《二十国集团(G20)峰会寄递安全和服务质量承诺书》。副省长、公安厅厅长刘杰，省委政法委副书记、省综治办主任薛永辉等到行业一线开展专项督导。省、市邮政管理局开展寄递渠道安全专项督导检查，严把邮(快)件“出省关口”。峰会期间全省邮政行业未发生一起重大安全生产事故，完成G20峰会期间山西省寄递渠道安保任务。在全国“两会”、第三届世界互联网大会、新疆亚欧博览会等重大活动期间，以同样的安全标准和要求，确保行业安全平稳运行。快递业务旺季期间，省邮政管理局组织召开动员部署会暨安全监管工作培训，先后开展三轮现场督导；各市邮政管理局坚持提前准备、周密部署，加强监管、统筹协调，保障旺季工作的平稳开展，实现“两不”“三保”工作目标。

突发事件应急处置能力提升。严格执行《邮政业安全信息报告和处理规定》，消除安全隐患。大同、吕梁、运城等10个市的邮政业突发事件应急预案先后经市政府批准发布实施。各市局督促辖区寄递企业制订突发事件应急预案和专项预案，加强应急队伍建设和物资、技术、经费保障，定期组织企业开展应急演练，提高行业处理突发应急事件能力。全省寄递行业安全形势好转。 （刘博军）

·邮政业务·

【概述】 2016年，山西省邮政实现业务收入32.69亿元，同比增长6.47%。全年新增金融总资产287.14亿元，同比增长51.22%。其中，新增储蓄余额189.55亿元，总余额规模达1469.62亿元；新增保费85.2亿元；理财类资产新增12.4亿元。寄递收入实现3.57亿元，同比增长25.52%，其中快递包裹收入同比增长136.6%。 （孙久臣）

【邮政基础设施建设】 2016年，邮政山西分公司（简称山西邮政）完成太原邮件处理中心工艺改造二期工程立项和建设，组织实施侯马邮件处理中心扩能改造和部分市分公司网运设备升级改造，为县分公司安装皮带

2016年，外国友人在平遥古城购买主题邮政明信片 （孙久臣供图）

机90余台。加大揽投专网建设投入，新增网运生产车辆309辆、投递车辆496辆、投递三轮车830辆、PDA 2918部、图形终端300套，建设智能包裹柜15个；全省改造速递揽投网点104处。加大寄递能力建设投入，省内寄递服务质量提升。购置金融网点1处、装修改造77处，新增自助发卡机110台、CRS/ATM机320台，配置社保IC即时发卡机23台、叫号机167台。加大安防投入，完成全省金融网点监控联网和金融合规系统建设工作，更新运钞车31辆。61处空白乡镇局所恢复设置，全省农村乡镇局所覆盖率达100%。开展服务质量专项检查和无着邮件清理整治活动，用户服务满意度达93.96分，服务质量提升。（孙久臣）

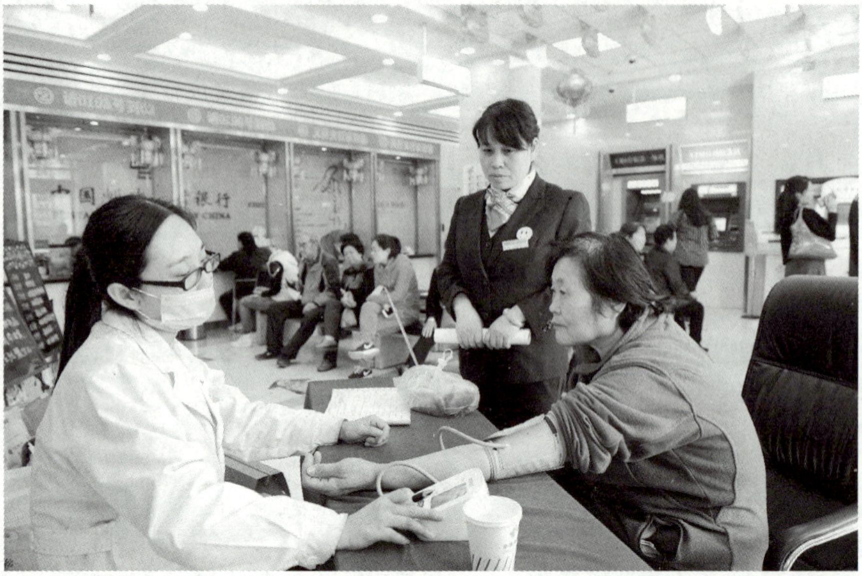

2016年4月5日，太原义井邮政储蓄网点开展免费为老年客户测血压活动

（孙久臣供图）

【邮政管理调整规范】 2016年，邮政山西分公司推进企业管理的“社会化、信息化、公开化”。强化人力资源优化配置，严控用工总量，人工效能提升。财务会计集中核算中心职能建设深化，ERP内部往来等模块上线。全省财务费用对标管理规范，核算管理体系健全，支撑企业经营转型。落实《分角色安全事项手册》，开展新一轮安全隐患彻底排查活动和全省县区分总经理独立排查工作，落实县区内控检查人员统一上收工作，做好国家各项重大活动期间的安全保障工作。整合全省网运资源，优化省区和市趟邮路，规范内部处理操作，调整县域投递作业组织，完成太原、侯马邮区中心局流水化工艺改造，全省特快邮件实现同机分拣、同频发运、同段投递。开展全省合规经营专项检查，严格问责追责。加大审计监督，推进关口前移，围绕经济责任、经营绩效考核、项目结算、离任审计以及财务收支等重点开展审计监督，督促规范工程项目建设和集中采购管理制度。坚持以问题为导向，聚焦全年重点工作目标任务，强化督查督办工作。（孙久臣）

【邮政服务提质增效】 2016年，邮政山西分公司打造全省主动客服团队，采取小组制、分片区开展主动服务。加快邮件理赔速度，完善赔偿管理机制，建立邮件赔偿专项垫付基金。借助投递“最后一公里”能力提升，全省实现全部县区和52%乡镇党报当日投递。健全完善客户增值服务体系，组织开展“寄意邮新、邮礼相送”中国邮政开办120周年用户回馈等系列活动。坚持“服务金融”战略定位，抓好“两个服务”的提升，关注客户需求，聚焦提升客户体验。强化服务质量管控体系，开展专项服务问责和服务问题集中整治活动。（孙久臣）

【邮政合作领域拓展】 2016年2月3日，邮政山西分公司与山西省商务厅就利用邮政农村物流配送网络，按照电子商务发展需求，升级转型、提升能力，解决制约农村电商发展“最后一公里”的瓶颈问题达成共识。

2016年9月21日，邮政山西分公司与上海光明乳业，就双方在企业运营、产品合作、渠道共享等领域开展深度合作达成共识。光明乳业表示支持山西邮政在各个平台运作光明乳业全品类商品，在政策、活动等方面给予支持，承诺邮政运作产品在山西境内不存在窜货和跨区域限制。

2016年12月16日，邮政山西分公司与北京星亿东方文化科技服务有限公司，就开展《游戏规则》邮资明信片兑换券项目进行合作洽谈，双方就电影宣传、票务销售、服务支撑、代销事项等合作细节进行沟通。

（孙久臣）

城乡规划

【城乡规划编制】 2016年，山西省住房和城乡建设厅按照“一核一圈三群”城镇布局，启动《山西省城镇体系规划》修编工作，完成《孝汾平介灵城镇组群空间规划》。指导14个市、县开展市、县总体规划修编，在设区市和县级市编制“十三五”近期建设规划和海绵城市规划。11个设区城市控规覆盖率达100%，县级市达70%，县城达60%。完成运城市总体城市设计试点。开展“多规合一”试点工作，组织省市有关人员到海南、广州等省市进行调研学习，结合山西省实际情况，起草《山西省“多规合一”试点工作方案(初稿)》、《山西省“多规合一”试点工作指导意见(初稿)》，指导太原市制订《太原市“五规合一”试点工作方案》。（米玉婷）

【规划实施监督】 2016年，山西省住房和城乡建设厅制订《城乡规划公开公示实施办法》，并颁布实施。完成《山西省城镇临时建设和临时用地规划管理办法(修订稿)》，报省政府法制办审查。全年为22个建设项目办理选址意见书，为7个项目办理延期和变更手续。完成7批次1529项对外招商引资项目的规划审核工作。

除太原、大同以外，9个设区市派驻规划督察员(太原、大同由住建部派驻)，太原市、长治市向市辖县、市派驻督察员，依法对规划实施进行监督，运用卫星图斑比对、专项检查等手段，对全省城市建设进行动态监督。开展全省城市建成区违法建设专项治理，印发《山西省城市建成区违法建设专项治理工作五年行动方案》，截至12月底，违法建设处置率达25%。开展“各类项目受理大起底”工作，印发《省住建厅全省“各类项目受理大起底”实施方案》，全省受理未办结的规划审批项目74个，办结69个规划审批手续。（米玉婷）

【城市执法体制改革】 2016年，山西省成立由分管副省长任组长的省推进城市执法体制改革改进城市管理工作领导小组，建立由15个涉及改革工作的省直部门组成的厅际联席会议制度。制定推进方案，印发《山西省开展城市执法体制改革改进城市管理工作推进方案》，明确2016年和2017年工作任务，确定试点城市和各项任务的牵头单位，为全面推进城市管理执法体制改革制定路线图和时间表。推进试点工作，在对试点市和省外城市进行调研、召开相关单位座谈会和书面征求意见的基础上，下发《关于晋中市开展城市执法体制改革改进城市管理试点工作有关事项的通知》，提出试点工作总体目标、工作内容、时间要求和工作措施，晋中市

2016年6月21日，晋城市入围中国最干净城市（牛晋军供图）

2016年5月，襄垣县启动公共自行车服务系统　　（万瑞星供图）

的试点工作稳步推进。起草山西省《实施意见》，起草《中共山西省委山西省人民政府关于深入推进城市执法体制改革改进城市管理工作的实施意见》（代拟稿）。下发《关于建立推进城市执法体制改革改进城市管理工作信息报送制度的通知》，建立信息定期报送制度，明确各市责任单位和责任人，及时全面掌握全省各地工作进展情况。（米玉婷）

【历史文化名城保护规划落实情况评估】 2016年，山西省住房和城乡建设厅开展历史文化名城、街区保护规划落实情况第三方评估，评估针对历史文化名城、街区所在地政府保护规划落实情况，名城、街区内人居环境改善情况以及历史文化遗产保护情况，总结梳理成绩与问题，为历史文化名城、街区保护规划进一步落实提供依据。（米玉婷）

城市建设

【人居环境改善】 2016年，山西省围绕设施提升、城市安居、城中村改造和环境提质“四大工程”，推进城市人居环境改善工作，设立PPP投资引导基金，分解投资计划，层层压实责任，加强统筹调度，狠抓项目建设，完成投资3104.2亿元，同比增长8.7%，约占全社会固定资产投资的22%。（米玉婷）

【市政基础设施建设】 2016年，山西省城市（含县城）市政基础设施建设完成投资720亿元，占年度计划500亿元的144%。围绕“窄马路、密路网”的城市道路布局理念，优化主、次、支路网级配，推进城市道路建设。新建改造城市道路1461千米，占年度计划（1300千米）的112.4%。针对城市水气热管网能力不足、雨污合流排水管网比例较高等问题，加大各类市政管网的建设改造力度。新建改造各类市政管网8030千米，占年度计划（7000千米）的114.7%。推进城镇污水配套管网和餐厨垃圾处理试点建设。建成污水配套管网1063千米，保障污水处理厂运行建成；太原市餐厨垃圾处理设施，晋中市餐厨垃圾处理项目开工建设。（米玉婷）

【城市园林绿化建设】 2016年，山西省按照居民出行“300米见绿，500米见园”的要求，实施公园、游园和绿道、绿廊建设，推进节约型、生态型和功能完善型绿地建设。新增绿化面积2190万平方米，占年度计划（2000万平方米）的109.5%。晋中市、永济市、古交市、阳曲县、应县、静乐县、蒲县7个市县申报国家园林城市（县城）；忻州市、原平市、岢岚县、芮城县、寿阳县、五台县、宁武县等7个市县被省政府命名为省级园林城市（县城）。（米玉婷）

【城市地下综合管廊建设】 2016年，山西省住房和城乡建设厅出台《关于进一步做好城市地下综合管廊建设工作的通知》，规范专项规划、前期工作、项目开工、收费政策、运营管理和督查月报等工作。开展省级地下综合管廊试点城市工作，省级财政列出2亿元专项资金，重点对太原市、晋中市、吕梁市和长子县4个省级试点予以资金支持。建立城市地下综合管廊建设信息周报系统和月通报制度，掌握各地工作进展。采取专项督查、会议调度、重点督办等方式推进项目建设。太原市、朔州市、晋中市、吕梁市、运城市、长子县、交口县、山西科创城的综合管廊项目开工，共计41.8千米。（米玉婷）

【城市市政运营行业监管】 2016年，山西省住房和城乡建设厅开展供水、燃气、供热和污水、垃圾处理年度运营考核工作。安排部署对市政公用行业的安全工作，下发《关于做好“G20峰会”期间城建行业反恐怖防范工作的通知》《进一步做好近期城建行业安全工作的通知》和关于做好国庆、元旦、春节期间安全生产工作的指导性文件，多次开展防汛、汽车加气站、燃气行业等安全大检查，针对汛期、节假日等重要时段进行督促落实，提升安全管理水平。组织各市开展汛前检查和防汛工作，做好城市排水防涝工作，确保城市安全度汛。2016年，全省市政公用行业未发生重特大安全事故。（米玉婷）

【风景名胜区监督管理】 2016年，山西省住房和城乡建设厅组织武乡县板山申报省级风景名胜区，指导芦芽山申报《世界遗产预备清单》、黄崖洞申报《国家自然与文化双遗产》。推进风景名胜区规划编制，恒山风景名胜区总体规划由国务院批复实施，百梯山、太行山大峡谷、杀虎口3处风景名胜区总体规划由省政府批复实施；五

2016年6月至10月，山西运城夏县西村打造生态园林村　（许　毅供图）

台山总体规划报请省政府上报国务院。开展省级风景名胜区建设项目专项检查，对全省43处省级风景名胜区中已建和在建的91个项目进行检查，对存在问题进行督促整改落实。

（米玉婷）

村镇建设

【农村困难家庭危房改造】 2016年，山西省完成农村危房改造任务10万户，农房抗震改建任务1万户。建立月报送、月通报、月巡查工作机制，每月在全省通报各市进展排名，选择一个市实地巡查，对工作进展较慢的6个市约谈主管部门领导。开展入户对接行动，组成3个调查组到11个市实地督查，对全省贫困县建档立卡贫困户逐户排查对接，掌握贫困户改造住房的意愿和计划。对中纪委和国家审计署驻太原特派办提出的问题进行调查核实，多次以会议形式开展典型案例剖析，举一反三对各地管理人员进行警示教育，确保危房改造公平公正。

（米玉婷）

【乡村清洁工程】 2016年，山西省完成乡村清洁工程投资10.3亿元，建设垃圾中转站123个，创建达标村10624个，配备保洁员9万名，监管员1.5万名，垃圾清运车辆4.4万辆；11个示范县完成规划编制，建立项目库，制订分年度建设计划。制订《山西省农村垃圾治理实施方案》《县域农村生活垃圾治理专项规划编制导则》，起草《非正规垃圾堆放点排查整治工作方案》。与省农居办、财政厅、农发行和城投公司等部门商定贷款发放流程和资金本金筹措方式，协助做好资金管理办法的修订完善工作。对各市乡村清洁和11个示范县农村垃圾治理推进情况进行实地督查，向太原、吕梁、长治、运城市政府通报其保洁不到位、配套资金不足等问题。

（米玉婷）

【传统村落保护】 2016年，山西省70处村落的140个保护项目中，56个项目完工，49个项目开工，35个项目办理前期手续，共完成投资1.1亿元。省住建厅会同省文化厅、省文物局、省财政厅、省国土厅、省农业厅、省旅游局和省环保厅等部门建立“7+1”工作机制，推进保护工作。出台规范标准，开展《山西省传统村落保护发展管理办法》《山西省传统建筑调查认定标准》《山西古村镇保护规划编制要求》的编制完善工作。组织申报第五批中国传统村落申报和申请中央资金。

（米玉婷）

【特色小城镇建设】 2016年，山西省培育6个省级特色小镇，其中3个镇公布为全国特色小镇。省住建厅组织太原师范学院、省规划设计研究院等院校专家成立特色小镇培育专家组，起草《山西省特色小城镇建设指导意见》《山西省特色小城镇建设工作方案》。开展村镇规划编制、绿色村庄建设、农村气化等工作。完成各类村镇规划编制129项；制订《山西省绿色村庄申报与评定办法》和《山西省绿色村庄建设标准》，创建省级绿色村庄391个；出台《关于推进农村气化工作的指导意见》，起草《山西省农村气化发展规划(2016–2020年)》。

（米玉婷）

环境保护

Environment Protection

环境质量监测

【大气环境】 2016年，山西省11个地级市环境空气质量均为劣二级，城市超标率为100%。11个地级市达标天数平均为249天，占全年有效监测天数的67.9%。11个地级市中，大同、运城、忻州、吕梁4市达标天数比例高于全省平均水平，占地级市的36.4%。11个地级市重污染天数平均为21天，占全年有效监测天数的5.7%。

11个地级市环境空气中，二氧化硫(SO_2)、二氧化氮(NO_2)、可吸入颗粒物(PM10)、细颗粒物(PM2.5)年均浓度分别为66微克/立方米、37微克/立方米、109微克/立方米、60微克/立方米，一氧化碳(CO)和臭氧(O_3)平均浓度分别为3.4微克/立方米和138微克/立方米。其中，NO_2年均浓度、CO和O_3平均浓度达国家二级标准，SO_2、PM10、PM2.5年均浓度分别超标0.10倍、0.56倍、0.71倍。

（王　颖　王　毅）

【水环境】 2016年，山西省地表水水质属中度污染。在监测的100个断面中，Ⅰ~Ⅲ类水质断面比例占48.0%，Ⅳ类水质断面比例占20.0%，Ⅴ类水质断面比例占4.0%，劣Ⅴ类水质断面比例为28.0%。地表水环境质量无明显变化。地表水主要污染指标为氨氮、化学需氧量和五日生化需氧量。

11个地级城市集中式饮用水源地总体水质达标率为89.3%，比上年增加1.4个百分点，水质保持稳定。11个地级市共监测地下水基础井204眼，全省地下水总体水质较好。

（王　颖　王　毅）

【声环境】 2016年，山西省11个地级市开展城市区域环境噪声监测工作，有效测点数2465个，区域环境噪声平均等效声级为52.8dB(A)，区域声环境质量级别为“较好”。

全省11个地级市开展城市道路交通环境噪声监测工作，监测583个点位，路段总长度616.4千米。道路交通噪声平均等效声级为65.8dB(A)，道路交通声环境质量级别为“好”。

全省11个地级市开展城市功能区环境噪声监测工作，各类功能区测点数77个，其中0类功能区1个，1类功能区27个，2类功能区21个，3类功能区13个，4类功能区15个。昼间比夜间达标率高，3类功能区达标率好于其他类功能区。

（王　颖　王　毅）

【辐射环境】 2016年，山西省共有2275家核技术利用单位领取辐射安全许可证，其中涉源单位530家，4113枚放射源。射线装置使用单位1745家，4395台射线装置。放射性同位素使用和城市放射性废物库运行全年无事故。全省共有辐射环境国控点41个，监测结果表明，全省辐射环境质量状况处于正常水平。

（王　颖　王　毅）

2016年，山西省太原市开展汾河南延工程周边环境整治工程　（王　毅供图）

【自然生态环境】 2016年，山西省26个县开展河流湖库和生态遥感监测，26个县77个村庄开展农村环境空气、饮用水源地和土壤监测。监测结果表明：山西省农村环境空气总体达标率为86.8%，78个点位累计监测的1540天中，以可吸入颗粒物为首要污染物的天数占74.4%。地下水饮用水源地水质总体达标率为64.6%，超标项目为总大肠菌群、总硬度、氟化物、硫酸盐、氨氮、亚硝酸盐、镉。河流水质总体达标率为26.0%，主要污染物为五日生化需氧量、化学需氧量、氨氮。全省340个土壤监测点位中，无污染的点位占95.9%，超标项目为滴滴涕、苯并[a]芘、铅、六六六。

（王 颖 王 毅）

污染防治

【大气污染防治】 2016年，山西省制订大气污染防治行动计划，实施大气污染防治20条强化措施和应对重污染天气调度令，推进大气污染防治工作。加大散煤治理力度，淘汰燃煤锅炉4850台，9市推广使用洁净焦或型煤126万吨涉及34万余户居民，推动5000户居民、50个高速公路服务区采暖“煤改电”试点工作。加快重点行业提标改造，32台1523万千瓦燃煤发电机组实现超低排放，钢铁行业完成提标改造，焦化行业提标改造率由上年的30%提高到80.6%，水泥企业实施冬季错峰生产，启动重点行业VOCs(挥发性有机化合物)排放摸底调查工作。强化机动车污染控制，淘汰黄标车及老旧车17.1万余辆。加强扬尘污染管控，开展施工工地扬尘综合整治，提高城市道路机械化清扫率，落实工业堆场扬尘管控措施。实施应对重污染天气调度令，向各市下达9次调度令，缓解空气重污染程度。

（王 颖 王 毅）

【水污染防治】 2016年，山西省出台水污染防治二十条强化措施，推进23条重点河流污染综合治理工程和汾河流域生态综合整治项目。在8个县（市）471个村庄开展农村生活污水综合利用试点工作，筛选6个断面，争取中央资金7643万元组织实施农村环境综合工程。开展水源保护区划定、水源保护区违法排污清理整顿、水源地规范化管理等工作。

（王 颖 王 毅）

【噪声污染防治】 2016年，山西省推进城市声环境功能区划分工作。印发《关于做好2016年噪声污染防治工作的通知》，对全省声环境功能区划定情况进行摸底调查，督促各市加快声环境功能区划定和调整步伐。截至2016年底，全省11个地级市声环境功能区划分工作完成。开展噪声“绿色护考”。组织开展2016年山西省公务员考试、山西省2016年度事业单位笔试、“三支一扶”笔试、2017年国考山西考区考点周围的噪声污染源监管工作，考场所在地政府高度重视，制订整治方案，在考前、考中实地抽查。编写年度环境噪声污染防治工作总结报告。印发《关于商情提供2016年度环境噪声污染防治工作相关资料的函》，收集掌握各部门工作开展情况，并编入《2016年度环境噪声污染防治工作总结的报告》，报送环保部。

（王 颖 王 毅）

【土壤污染防治】 2016年，山西省以改善土壤环境质量为核心，以保障农产品质量和人居环境安全为出发点，坚持预防为主、保护优先、风险管控，推进土壤环境保护工作。制订《山西省土壤污染防治工作方案》。土壤环境质量监测方面，全年布设并监测国控风险点位达176个，涉及污染行业企业（含工业园区和遗留遗弃场地）周边、采矿区周边、固废集中处置场周边3类区域6个类型，全省土壤环境质量例行监测年度任务完成。建设用地土壤环境调查方面，对全省167块工业企业再开发利用场地进行排查。土壤修复治理方面，争取中央财政资金9015万元，推进修复与治理技术试点工作，太原市小店区和忻州市忻府区2个污灌区耕地土壤污染修复试点项目启动。

（王 颖 王 毅）

【辐射环境污染防治】 2016年，山西省提升辐射安全水平，印发《关于开展闲置废弃放射源清查工作的通知》，从7月10日至9月30日，在全省开展为期3个月的闲置废弃放射源集中清查专项行动，对清查出闲置废弃放射源妥善处置。下发《关于开展放射源安全检查专项行动的通知》。2016年举办辐射工作人员培训班15期，共培训2467人。2016年9月27日至29日在太原举办1期辐射防护安全监督员培训班，全省环保系统辐射监管人员151人参加培训。受理辐射环境信访投诉案件6起。

（王 颖 王 毅）

【机动车污染防治】 2016年，山西省加快黄标车及老旧车淘汰。山西省黄标车及老旧车累计淘汰171538辆。推进机动车环保监管能力建设。按照《关于印发全国机动车环境管理能力建设标准的通知》要求，山西省省级机动车环境管理综合业务平台11月完成验收。截至2016年底，全省11个市实现与省级机动车平台联网对接，检测数据实时传送至环保部。

（王 颖 王 毅）

【排污权许可交易】 2016年，山西省举办“2016年排污权交易工作视频培训会”，就山西省排污权交易政策解读、审核认定及相关文书填写、平台业务受理操作流程、交易流程及常见问题等内容作详细讲解；开展“排污权自主价格交易平台”建设方案的研究与编制。实现由环境资源稀缺程度主导排污权市场交易价格高低，由市场价格决定环境资源配置的根本目标；申报《2017年山西省软科学研究计划项目》，成立2个课题项目组，向省科技厅提交《我国排污权交易政策体系研究》和《山西省排污权自主价格交易研究》2份项目建议书；完善《出让委托和意向受让申请需提交文件及资料明细单》《山西省政府储备排污权委托转让表》和《山西省主要污染物排污权转让登记表》，细化排污权交易业务审核项目。2016年共完成省级、市级排污权交易224宗，总成交额3.79亿元，涉及二氧化硫

4971吨，化学需氧量85吨，氨氮8.5吨，氮氧化物14337吨，烟尘2030吨，工业粉尘478吨。其中，政府储备排污权出让金额占总成交额的40%，企业间交易金额占总成交额的60%。截至2016年底，山西省排污权交易试点5年累计完成排污权交易1457宗，实现交易金额逾18亿元。

（王 颖 王 毅）

【生态环境治理】 2016年，山西省完善《山西省生态保护红线划定方案》，开展生态保护红线边界核查，开展红线落图、现场核查和初步划定的红线区域编号、信息统计工作，完成生态保护红线划定工作。对全省以矿区、自然保护区、风景名胜区等为重点的各类开发建设、企业生产经营中存在的环境问题以及各类环境风险源等情况进行检查，摸清全省风景名胜区、自然保护区内存在的煤矿。调整贺家山和紫金山等自然保护区的功能区。开展国家级自然保护区人类活动情况核查，对山西省内庞泉沟、黑茶山等7个国家级自然保护区人类活动情况进行现场核查。组织开展山西省矿山生态环境调查工作，印发《山西省采煤沉陷区治理试点工作矿山生态环境详细调查实施方案》。启动矿山生态环境治理试点工程，组织召开矿山生态环境恢复治理试点工作座谈会，下发《关于组织申报矿山生态环境恢复试点示范工程项目计划的紧急通知》，制定并下发《矿山生态环境恢复治理试点示范工程工作方案》。

（王 颖 王 毅）

节能减排

【工业节能减排】 2016年，山西省规范能评流程，对15个重点投资项目进行节能评估和审查，推进钢铁、化工和水泥行业及火电企业能效对标活动。加快制修订节能标准，对32项能耗限额强制性地方标准开展清理评估。推进晋中市甲醇汽车试点通过国家验收。推进城乡采暖"煤改电"试点工作，试点市县完成居民改造4374户。全年全省单位地区生产总值能耗下降4.22%，超预定节能目标1.02个百分点。

推进75个工业清洁生产技术改造和资源综合利用重点项目建设。组织召开2016亚洲粉煤灰及副产石膏处理与利用技术国际交流大会。推进国家级朔州工业固废综合利用基地通过国家工信部评审验收。大宗工业固废综合利用率为66.4%。

推进燃煤机组超低排放改造。对通过环保验收的改造机组下达奖励电量58.63亿千瓦时，累计对25户企业的51台机组、2113万千瓦装机容量下发奖补资金74620万元。全年完成改造机组32台，容量1523万千瓦，超额完成改造1000万千瓦机组的年度任务。瑞光热电厂被国家能源局授予"国家煤电节能减排示范电站"称号。

（董晨阳）

【节能减排与综合利用】 2016年，太钢集团彻底拆除311立方米和380立方米高炉各一座，减少炼铁产能82万吨。太钢集团推进节能减排循环经济，在气态、固态、液态废弃物综合利用上取得成效，创出新水平。在气态废弃物利用方面，太钢实施焦炉煤气脱硫脱氰制酸项目，将硫化氢从焦炉煤气中脱离出来制成浓硫酸。2016年，累计回收焦炉煤气12.67亿立方米，生产浓硫酸1.5万吨。建成饱和余热蒸汽发电机组，实现炼钢和热连轧工序产生的废热、余热全部回收利用。采用国际上最先进的活性炭吸附技术，建成国内第一套集脱硫、脱硝、脱二噁英、脱重金属、除尘"五位一体"的烧结烟气脱硫脱硝制酸系统。建成具有世界先进工艺技术的高炉煤气余压发电系统，将压能转化为电能。在固态废弃物综合利用方面，太钢建成具有国际先进工艺技术水平、世界上处理能力最大的矿渣超细粉生产线，实现高炉矿渣的深加工处理，生产高品质高炉矿渣超细粉126.8万吨。采用国际先进的双热渣熔炼炉调质保温生产工艺技术，建成高炉热熔渣制棉生产线，生产板棉7267吨、粒棉1.5万吨，实现对高炉渣显热的有效回收利用。建成脱硫石膏处理线，对电厂在脱硫过程中产生的石膏进行深加工，生产建筑石膏粉5.2万吨。

太钢建成工业废水处理、生活污水处理系统和双膜法深度处理系统，回收城市中水655万立方米，处理城市居民生活污水1737万立方米，减少城市COD排放5000余吨。2016年，硅钢盐酸再生处理系统高效运行，废盐酸全部实现回收再生，生产再生酸3万余吨，回收生产氧化铁粉9000余吨，实现废盐酸100%回收利用。不锈钢废混酸再生系统高效稳定运行，废混酸全部回收再生，生产再生酸约9万吨，回收氧化铁粉7000余吨，实现废混酸100%回收处理。建成轧钢含油废水处理回收利用系统，对轧钢系统所产生的碱油废水、乳化液废水全部实现深度处理与回收利用，处理碱油废水等217万吨，全部回收利用，减少COD排放2000余吨。

太钢启动具有战略意义的节能减排项目——烟气余热深度回收项目（将发电机组脱硫前的烟气余热进行回收后再利用），是燃煤电厂节能的重要措施。太钢与华赛尔公司合作，成功研发出以太钢双相不锈钢为关键材料的直通道汽水换热器，它传热效率高（回收热能是其他电厂的两倍以上）、抗腐蚀、抗积尘、耐磨损，实现该产品的首台套应用。

首钢长钢加大环保投入和管理力度，做好高炉出铁烟尘、烧结机头烟气、炼钢二次除尘等污染治理，强化环保设施和在线监控设施的运行管控，确保达标排放；做好新焦化绿化美化工作，将新焦化项目建设成为公司新的对外形象窗口。烧结环冷余热发电项目4月并网发电并实现达产达效，公司全年自发电量3.02亿千瓦时，自发电比例35%，同比提升6.33%。吨钢综合能耗651千克标准煤，比计划降低18千克标准煤；吨钢电耗385千瓦时，比计划降低8千瓦时；吨钢耗新水2.84立方米，比计划降低0.37立方米。

2016年，山西省太原市开展汾河景区水面污染物清洁工程 （王 毅供图）

2016年，中条山集团实现污染物全面达标排放，完成主要污染物减排目标，杜绝各类环境污染事故。

山西铝厂、山西分公司实现生活污水和工业废水的零排放。山西华泽铝电3号机组超低排放改造工程2016年8月开始施工，12月15日并网发电，12月24日整体通过168天试运行，期间设备运行稳定，环保数据完全符合设计需求，实现超低排放。3号机组超低排放改造实施后，每年可实现减排二氧化硫220.7吨、氮氧化物299.29吨、烟尘27.59吨。山西华圣铝业创新、开发和应用一系列新节能技术，包括新式阴极钢棒、磁流体稳定技术及碳素焙烧综合节能技术等多项先进技术降低产品综合能耗；通过采用合同能源管理节能效益分享模式，对能耗较大的动力设备进行节能改造，实现节能效益最大化。（康建基）

【建筑节能】 2016年，山西省住房和城乡建设厅严格新建建筑节能监管，实现规划、设计、施工、验收、运行的全过程管理，新建建筑严格执行节能65%标准，执行率100%。推广应用太阳能光热、地源热泵等，可再生能源建筑面积占全部新设计建筑面积的64%。印发《开展绿色建筑集中示范区规划编制工作的通知》，推进绿色建筑集中示范。全省执行绿色建筑标准建筑面积2011万平方米，应用比例47%，超过年度目标任务指标(26%)21个百分点，其中二星级以上的绿色建筑146万平方米。全年绿色建筑行动新增投资85.33亿元，带动相关产业发展。

2016年，全省新开工既有居住建筑节能改造项目1088万平方米(目标任务700万平方米)，超额完成年度目标任务。 （米玉婷）

【太原能源低碳发展论坛】 2016年9月7日至10日，2016太原能源低碳发展论坛在中国(太原)煤炭交易中心开讲，以“黑色煤炭绿色发展、高碳资源低碳发展”为主题，活动包括主论坛、三个平行论坛(低碳城市论坛、科学家论坛、企业家论坛)、2016山西省低碳发展专家咨询委员会年会、低碳知识科普讲座、参观考察等内容，围绕世界能源低碳发展的需求与煤炭能源的清洁利用展开。主论坛主题为“黑色煤炭绿色发展、高碳资源低碳发展”，由山西省科技厅牵头承办，规模1000人。科学家论坛主题为“煤炭清洁高效转化”，由山西省教育厅牵头承办，规模200人。低碳城市论坛主题为“低碳发展，城市转型新动力”，由省发改委牵头承办，规模400人。企业家论坛主题为“创新引领、共享发展”。由省国资委牵头承办，规模400人。组委会推荐遍布绿色循环低碳发展各个方面的107项合作项目，举行15个重大合作项目签约仪式。同时举办中国(太原)国际能源产业博览会。按照国家级、国际性、专业化的要求，2016太原能源低碳发展论坛邀请到诺贝尔奖获得者、国家部委专业司领导、国家低碳试点城市的市长、“一带一路”沿线国家的省州长、大型企业董事长、世界知名大学以及研究机构专家教授等。中国(太原)国际能源产业博览会期间签约重大合作协议和项目14个。

（王 强）

环保管理

【生态文明建设】 2016年，山西省发展与改革委员会推进循环经济相关试点示范工作。编制《山西省“十三五”循环经济发展规划》，推进太原不锈钢园区循环化改造，推动孝义市循环经济示范城市创建工作、太原市餐厨废弃物处理试点工作。

加强应对气候变化协调能力。编制《山西省“十三五”控制温室气体排放规划》，参与全国碳排放权交易市场，推动晋城国家低碳城市试点、太原高新技术产业开发区国家低碳工业园区试点工作，推进省级低碳市县试点示范工作。

推进主体功能区战略。编写《山西省省级空间规划研究报告》并上报国家发改委。选择14个县(市)、镇开展“多规合一”试点工作。完善山西省国家重点生态功能区产业准入负面清单，部署山西省国家级重点生态功能区(忻州、吕梁、临汾3市的18个县)开展负面清单修改完善工作并将清单上报国家发改委。

完成山西省“十三五”环境保护规划编制。根据全省“十三五”规划编制工作的总体安排，山西省环保厅成立《规划》编制领导组，组织开展《规划》编制工作。

（马润卯　王　颖　王　毅）

【环境质量改善】　2016年，山西省推进主要污染物减排，化学需氧量、氨氮、二氧化硫、氮氧化物、烟尘和工业粉尘排放总量分别完成"十二五"规划削减目标的207.4%、127.7%、195.8%、180.1%、157.7%和162.1%，超额完成国家和省下达的减排任务；环境质量改善。全省城市集中饮用水水源地水质（扣除本底值）达标；重污染断面比例减少23.4个百分点，化学需氧量、氨氮平均浓度分别下降54%和63%。

（王　颖　王　毅）

【环保资金投入】　2016年，山西省环保资金投入共计9.19亿元。其中，大气污染防治项目资金投入2.16亿元，水污染防治专项资金投入5.49亿元，农村人居环境改善项目资金投入1.08亿元，环保能力建设项目资金投入0.46亿元。2016年，争取中央专项资金6.76亿元。其中，大气污染防治专项资金5.09亿元、土壤污染防治专项资金0.9亿元和农村节能减排专项资金0.77亿元。（王　颖　王　毅）

【环境影响评价管理】　2016年，山西省批复建设项目35个，组织审查规划环评4个。报送山西省环保厅的项目，完成审批，批复率100%。推进环评审批制度改革，提升审批效能。对"十二五"期间，全省建设项目分类管理名录实施情况和审批项目进行全面的调查评估分析；简化环评事项，印发《山西省不纳入建设项目环境影响评价审批管理的目录》；组织开展全省环评审批信息联网报送工作，实现国家、省、市三级环评审批信息年度报送工作。加强环评服务与监管，重点充实省级环评专家库，向市县两级开放。组织对环评机构进行质量考核，调度抽查市县两级环保部门及环评机构环评文件近2300件，制订《建设项目环境影响评价文件及环评机构考核办法》。为加强扬尘污染防治，出台《山西省煤场扬尘污染防治技术规范》，为市县环保部门提供环评技术服务。加强环评业务培训，分三期到地市组织工作座谈，印发文件汇编500余册，培训人员300余人，提升基层环评审批管理人员的综合素质。建立健全规划环评与项目环评的联动机制。提请省政府印发《关于进一步规范和加强规划环境影响评价工作的实施意见》，要求编制重点区域、流域、行业、矿产资源等开发建设规划，依法开展规划环境影响评价。协调国土厅、住建厅、吕梁市、朔州市等部门，推进矿产资源规划、城市总体规划、铝工业基地和煤化工基地规划环评，在规划环评未通过审查前，暂停氧化铝及相关矿产资源项目环评。协助省发改委向环保部报审山西煤电基地科学开发规划。组织开展全省开发区情况摸底调查工作，出台《关于加强开发区环境保护工作的实施意见》。推进违法违规建设项目清理整改。按照环保部要求，配合山西省环境监察省总队提请省政府印发《关于加快推进环保违法违规建设项目清理整改工作方案的通知》，提出规范、备案、关停等"三个一批"的政策措施。截至2016年底，全省未批先建清理整改完成率达100%，完成2492个违法违规建设项目清理整顿情况自评报告。服务经济发展，推进重点工程建设。强化"提前介入、主动对接"，协调环保部完成"两个煤化工"、太焦客运专线、太榆城际铁路等重大项目的环评审批工作。贯彻省委、省政府关于"各类项目受理大起底"工作相关部署，全省共清理出19个已受理未办结项目，在规定时限内办结完成。（王　颖　王　毅）

【建设项目环保管理】　2016年，山西省加强建设项目环境保护监督管理，印发《山西省环境保护厅关于加强建设项目环境保护事中事后监管工作的通知》，推进建设项目环境保护管理工作由注重事前审批向强化事中事后监督管理转变。开展排污许可管理制度改革创新研究，印发《山西省环境保护厅关于加强建设项目环境保护竣工验收和排污许可衔接管理工作的通知》，实现建设项目环境保护验收与排污许可证管理制度衔接，简化审批环节，缩短审批流程，减轻企业负担，提高环保行政审批效率。推进排污许可制度改革创新工作，制订印发《山西省排污许可管理改革创新试点实施方案》，选择孝义市开展排污许可管理制度改革试点，先行先试，推进试点工作。加强建设项目环境管理，推进"久试不验"环保违法违规建设项目清理整改工作，提高环境保护"三同时"管理制度的执行效果。依法合规开展建设项目竣工环保验

2016年，山西省开展河道周边环境绿化治理工程　（王　毅供图）

收审批工作。2016年共验收20个建设项目的环保设施。其中，煤炭项目7个；电力9个；冶金铸造2个；运输类2个。（王 颖 王 毅）

【环保法制建设】 2016年12月8日，山西省第十二届人大常委会第三十三次会议审议通过《山西省环境保护条例（修订案）》（以下简称《修订案》）。组织各市围绕五个方面30项具体内容开展自查自纠工作，成立巡查组，两次对各市自查自纠情况进行两轮巡查，发现各类重点环境问题186个，涉及市、县政府和住建、公安、发改、经信、水利等12个职能部门，截至2016年底，整改落实60个。开展环境污染矛盾纠纷大起底、大排查、大化解专项行动，各市初步排查并实现领导包案100余件，山西省环保厅向各市交办重点积案37件。全年查处按日计罚、查封扣押、限产停产、移送司法机关案件数是上年同期的2.2倍、7.4倍、1.6倍和2.8倍，共计按日计罚49件、查封扣押363件、限产停产280件、移送司法机关151件、涉嫌环境污染犯罪19件。完善环保法规制度建设，制订《山西省环境保护厅行政处罚裁量制度及基准（2016年版）》，修订《山西省环境保护厅行政执法责任制》《山西省环境保护厅行政处罚实施规范》《关于环评审批中涉及未批先建项目实施行政处罚的办理流程》《关于进一步细化自动在线监控平台发现超标排污违法行为行政处罚裁量基准的通知》等一批制度规定，对出台的规范性文件集中进行清理，废止31件规范性文件，修改5件规范性文件，保留12件规范性文件，将清理结果向社会公开。深化审批制度改革，健全科学决策机制，制订《“六权治本”工作推进方案》，明确各项任务的具体目标和工作打算，编制完成权力清单，经过审改办“三上三下”的审核确认，核定122项行政权力。制订出台《山西省环境保护重要决策公众参与办法》，加强公众参与和监督，加强政务信息公开。2016年，山西省环保厅政府网站共发布各类环境管理类信息1038条，文件类信息252条，动态类信息210条。开展对环境监管执法职权的监督，制订并下发《山西省环境保护厅关于开展环境执法案卷评查工作的通知》，规范行政执法行为，防止行政执法权力滥用。加强对全省环保系统环境执法进行稽查，省环保厅每年对30%以上的市（地）和5%以上的县（区），市环保局每年对30%以上的县（区）开展环境稽查。2016年，对运城市级、永济市、万荣县和临猗县四个环境监察机构开展环境监察稽查。制订《全省国控重点污染源在线监控稽查工作方案》，加大监控稽查力度，按照先行业后地市的顺序，分批分级重点推进。制订出台《山西省环境执法人员行为规范》，规范执法人员执法流程。印发《山西省环境保护厅执法稽查工作计划》，安排部署对长治、临汾、阳泉、吕梁等4个市级环保局和壶关县、潞城市和右玉县等12个县（市、区）级环保局开展环境监察稽查。印发《环境监察执法工作要点》要求各市、县环保部门确定随机抽查比例和频次，落实“双随机一公开”制度，确保环境监察执法公平、公正、公开。印发《关于开展12369环保举报联网建设试点工作的通知》，提升12369投诉受理和处理能力，加强对县（区）12369环境举报热线管理工作的指导。山西省委、省政府印发《山西省环境保护工作职责规定（试行）》《山西省环境保护督察实施方案》《关于成立山西省环境保护督察领导小组的通知》和《关于在全省开展环境保护大检查的通知》四个文件，落实中央对生态环保领域的改革要求，强化环境保护“党政同责”“一岗双责”。（王 颖 王 毅）

2016年，山西省开展河道微型交通设施整治工程 （王 毅供图）

【环保监管常规执法】 2016年，山西省开展环境保护大检查。对党委、政府“党政同责”“一岗双责”履行情况、部门履行职责情况、环境执法监管情况、环境保护督查整改要求落实情况、突出环境问题的整改落实情况等5个方面30项内容进行大检查。开展“铁腕斩污”专项行动。其间，全省共取缔“十小”企业302个。其中，小造纸1个、小炼油40个、小电镀1个、其他类260个。查处典型案件476件。其中，按日计罚28件（累计罚款2520万元）、查封扣押216件、限产限停120件、移送行政拘留99件、移送涉嫌环境污染犯罪案件13件。开展重点行业环保专项执法检查。其间，全省共检查水泥熟料生产企业59家、城镇生活污水处理厂128家、平板玻璃生产企业3家、钢铁企业134家，依法对39家环境违法企业实施行政处罚。开展垃圾发电专项执法检查。对全省11个垃圾焚烧发电企业进行现场检查。开展生物质发电企业专项检查。对全省16家生物质发电企业的生产运行、燃料使用、补贴政策情况及环评“三同时”制度执行情况、污染设施运行等相关情况进行现场检查。开展VOC专项执法检查。在夏季高温期对石化、化工、涂装、印刷等挥发性有机物排放量大的行业和排放集中的工业园区开展专项执法检查。开展打击危险废物环境违法犯罪行为专项行动。其间,全省共检查2014年以来危险废物产生单位总数1172家，检查危废系统中企业数317家,责令整改企业数48家,环保立案查处数14件,移交公安部门数14件;检查危险废物经营单位总数27家,责令整改企业数4家,移交公安部门数8件。开展2016年国家重点监控企业巡查工作。对全省152家重点监控企业开展巡查，完成对国控重点污染源的巡查任务。落实日常监管双随机抽查制度。全省抽查一般排污单位5372家次,抽查重点排污单位436次,抽查特殊监管对象251次，随机抽查发现并查处环境违法问题375个。开展环保领域安全稳定隐患风险大排查大整治专项行动。其间,调度各类台账、清单230余份，信息报告600余条,提出整改意见200余条。开展环境安全大检查活动。其间,全省共检查企业1545家、水源地49处、尾矿库82座,发现并消除环境安全隐患300余处。开展排污费征收核定工作。2016年全省征收排污费11.18亿元，其中省本级征收30万千电力企业二氧化硫排污费4957余万元。

（王颖 王毅）

【环保督察高位推动】 2016年,山西省政府常务会、省委综改领导小组会、省委常委会审议通过《山西省环境保护督察实施方案（试行）》《山西省环境保护工作职责规定》和《开展全省环境保护大检查的通知》“三个文件”,厘清各级党委、政府及相关职能部门的环境保护工作职责,强化环境保护“党政同责、一岗双责、部门履职、失职追责”，形成高位推动的合力。2016年,山西省环保督察组先后对长治、晋城、阳泉、临汾实施省级环保督察,两轮督察累计受理信访举报1972件,整治违法排污问题1716个,罚款3117.64万元，累计批评问责830人。制订《山西省环保厅2016年综合督察工作方案》，会同华北督察中心对临汾市综合督察,开展对运城市被环保部挂牌督办的解挂工作。

（王颖 王毅）

【环保监测】 2016年,山西省开展重污染天气监测预报预警，开展元旦、春节、清明、五一、十一等国家法定节假日其间的空气质量预报,将结果发送至各市,督促各市开展环境空气质量预报预警系统调优工作,促进各市提高预报预警准确率。开展重点监控企业自行监测及信息工作。2016年山西省列入国家企业自行监测及信息公开考核范围的重点监控企业454家，山西省环保厅每月统计和调度各市企业自行监测及信息公开情况,下发对各市企业自行监测及信息公开情况的通报,对80余家重点排污企业进行现场检查,对29家存在问题的企业实施行政处罚。截至2016年底,山西省454家重点监控企业确立“谁排污、谁监测、谁说清排污状况”的新环保理念,通过自承担或委托专业环境监测单位的形式对排污状况和企业周边环境质量自行监测,在当地市级环保部门对外网站上集中向社会公开自行监测结果等信息。开展重点区域土壤环境质量监测风险点位布设工作,对山西省设立的176个风险点位实施采样,送往第三方监测机构进行分析化验。完成环境空气质量监测事权上收工作。全省58个国控环境空气监测站点完成上收工作,由国家统一进行运维。根据环保部要求推进县级环境空气质量自动监测站与国家进行联网。对被列入国家重点生态功能区的18个县份的生态环境质量进行评价、监测与考核工作。为保障环境监测数据真实准确,山西省环保厅制订《环境监测数据弄虚作假行为判定及处理实施细则》，明确篡改监测数据的16种情形、伪造监测数据的13种情形、使篡改和伪造监测数据的7种情形,并规定处理办法。

（王颖 王毅）

【环保信访】 2016年,山西省开展环境信访大起底、大排查、大化解工作。全年省本级排查化解积案75起、直接受理环境信访案件548件,各市排查化解积案200余件，受理“12369”热线举报电话9300件、受理微信及网络举报1863件。

（王颖 王毅）

【环保宣传】 2016年,山西省环保宣教部门开展环保新闻宣传,在各类新闻媒体刊发、播发环保新闻稿件12700多条。提高省环保厅门户网站的新闻权威性,建立《环保新闻类信息快速发布机制》《建立工作动态类信息发布长效机制》,全年发布国际、国内和省内环保新闻600余条。出台《关于在全省建立山西环保发布新媒体矩阵的通知》，建立 “山西环保发布”微博、微信,省环保厅“一网双微”新媒体宣传平台初具规模。截至2016年底,发布微博、微信200多条。4月22日世界地球日,联合团省委、省教育厅、省少工委共同举办山西省少年儿童“我的绿色环保梦”主题实践活动，带动全省11个市上千所学校30万少年儿童参与栽种绿植、培育种子、听环保讲座等活动。“六五”环境日其间，举行“生态文明进党校”活动，邀请国家环保专家向省直机关200余名党员领导干部宣传环保法律政策。联合团省委、少工委、省邮政局举行环保宣传系列活动,启动“山西作家生态汾河采风”“山西省第二届绿色读书月”“环邮三晋·播种绿色”等活动。

（王颖 王毅）

教育管理

【概述】 2016年,山西省共有各级各类学校1.6万所,在校生634.6万人。幼儿园6708所,在园幼儿99.1万人,专任教师51110人,学前三年毛入园率88.2%。小学6043所,专任教师17.15万人,在校生227.09万人,学龄儿童净入学率99.9%。初中阶段教育学校1850所,在校生数109.27万人,专任教师11.02万人。特殊教育学校69所,在校生10770人,专任教师1516人。高中阶段教育学校1047所,在校生119.2万人(普通高中503所,在校生75.4万人;中等职业教育学校544所,在校生43.8万人),高中阶段毛入学率93.9%。普通高等学校80所(8所独立学院计入校数。其中,本科院校25所,高职高专院校47所),民办普通高等学校15所,成人高等学校11所。本专科在校生86.43万人(普通本专科在校生75.63万人,成人本专科在校生10.8万人),在学研究生29299人,高等教育毛入学率43.1%。（张建伟）

【教育经费】 2016年,山西省教育经费收入794.28亿元,具体来源渠道为:公共财政预算教育经费654.14亿元,政府性基金预算安排的教育经费收入达7.69亿元,企业办学教育经费1.37亿元,民办学校中举办者投入经费2.15亿元,社会捐集资办学经费0.13亿元,事业收入122.32亿元,其他教育经费6.48亿元。全省教育和其他部门教育经费总支出739.78亿元。（张建伟）

【中小幼师资提高】 2016年,山西省在30个县(市、区)实施“国培计划”,在43个县(市、区)实施中小学幼儿园教师信息技术应用能力提升工程,共对乡镇及以下约18万名中小学幼儿园教师开展混合式培训。组织全省20余万名中小学幼儿园教师按要求完成全员学习培训任务,达到教育部规定的年均72学时的继续教育要求。全年组织中小学校长和教育行政干部省级培训11个班次851人。完善全省校长教师交流轮岗政策,全省参与交流的义务教育阶段校长、教师人数均超过应参加交流人数的10%。评审确定93名中小学正高级教师。为娄烦县等35个贫困县招聘特岗教师1582名。授予太原市清徐县西谷乡初级中学韵佩芬等220名优秀教师“晋绥儿女支持老区教育奖”荣誉称号。落实2016年履约到山西省中小学任教的353名部属师范大学免费师范毕业生和山西省省属师范院校460名免费师范毕业生就业工作岗位。全省全年共有90210人参加各类教师资格教育理论考试,考试科次数为205000科次,共有2361名教师申请教师资格认定教育教学能力测试。（张建伟）

【语文教育与语言资源保护】 2016年,山西省组织20.6万名师生参加全省小学师生中华经典书写大赛活动。在太原、晋中、定襄等部分市县举办小学生汉字听写大赛。组织第19届全国推普周活动,宣传语言文字方针政策及有关的法律法规。选派3名中小学书法教师、3名市语委干部、3名高校语委干部、3名中小学骨干校长、3名经典诵写讲骨干教师、1名语言文字应用研究优秀中青年学者、10名贫困地区语文教师参加教育部、国家语委组织开展的培训。全年全省共开展诵读活动1万余场次,参与师生达115万人次。山西省语言资源保护工程工作人员分别在9月12日召开的中国语言资源保护工程(简称语保工程)分省语言资源集编写出版工作会和10月13日在延安召开的全国语保工程现场推进会上就语保工程具体做法作经验交流。在洪洞县赵城镇召开的语保工程现场会得到教育部领导肯定。完成16个方言点的调查任务,形成“山西模式”。创建省级语言文字规范化示范校44所,省规范汉字书写教育特色校53所。7个三类城市通过达标性评估验收。（张建伟）

【学生体质健康促进】 2016年,山西省新申报全国青少年校园足球特色学校135所,太原市迎泽区申报为全国校园足球试点县(区),50所中小学校获批国家级篮球特色学校。开展2016年山西省青少年校园足球骨干队伍及师资培训,覆盖全省25所本科院校和484所全国青少年校园足球特色学校的足球教师和各市教育局、体育局的业务专干,参训人数达600余人。山西省作为全国首批11个试点省市，50所中小学校获批国家级篮球特色学校。山西大学承接2016年全国青少年校园篮球骨干教师专项培训任务，共有陕西省和山西省的100名国家级篮球特色学校的骨干教师参加培训。推荐山西省10名足球教练员赴法国、英国学习，加强校园足球的国际交流。选拔推荐中学体育教师、小学体育教师各5名参加全国双十佳中小学体育教师评选。举办2016年山西省青少年校园足球联赛、中小学音体美教师教学基本功技能比赛、山西省大中小学生跳绳比赛、山西省学生定向越野赛、无线电测向锦标赛、山西省大中学生排球锦标赛、山西省学生游泳锦标赛、山西省大中学生篮球锦标赛等比赛。按教育部要求，抽取并指导太原、吕梁、晋城、运城4个市和太原理工大学、山西医科大学、山西财经大学、山西职业技术学院4所高校总计约6660名学生（包括小学一年级至大学本科四年级在校学生）进行体质健康测试复核，2016年山西省大中小学校《国家学生体质健康标准》测试上报率达100%。6月至8月，开展全省学校运动场地专项督查。配合教育部完成山西省学生体质达标情况专项督查，督查组对山西省学校体育工作成绩给予肯定。

（张建伟）

【学校和托幼机构卫生安全】 2016年2月和9月，山西省分别对全省各级各类学校和托幼机构春季、秋季传染病防控及食品卫生安全管理工作进行安排部署。4月，向教育部推荐山西师范大学、山西中医学院、山西警官高等专科学校等3所高校作为山西省高校艾滋病防控工作试点学校。7月，召开推进学校艾滋病预防防控工作视频会议。10月中旬至11月初，与山西省防艾办工作人员分成5个组，分到11个市，通过现场核查、查阅资料、座谈问询等方式，抽查中学及高等院校的预防艾滋病教育工作。

（张建伟）

【大中小学艺术活动】 2016年4月，山西省参加全国第五届中小学生艺术展演活动，获优秀组织奖，选送的20个表演节目和20件艺术作品获奖，新绛县的民乐小合奏《滚核桃》节目参加闭幕式演出，是山西省首次入选闭幕式的节目。选送的6篇艺术教育科研论文有4篇获奖，选送的30篇“阳光下成长”征文有11篇获奖。艺术表演类、艺术作品类和艺术实践工作坊共有60名指导教师获得优秀指导教师奖。5月，中央歌剧院和国家话剧院在山西交通职业技术学院、山西青年职业学院等8所高校举办专场演出，约1.1万名师生观看。接待全国高校艺术教育专家讲学团到太原师范学院、山西财经大学等9所高校讲学，向高校师生普及美学知识，约8000名学生听专题讲座。5月至12月，组织山西省晋剧院、山西省歌舞剧院有限公司、山西省京剧院有限责任公司以及山西艺术职业学院青年交响乐团、山西师范大学烛光合唱团等共19所院团到全省高校进行高雅艺术进校园专场演出91场，约10万余名师生观看。6月，组织山西省12名音乐教师及教研员参加“国培计划”暨学校音乐教育新体系骨干教师培训，举办“梦从这里出发”山西省首届高校毕业季优秀美术作品展，从省内37所高校共征集作品1200余幅（件）。7月，举办“合唱指挥”音乐教师培训班，来自全省11个市的中小学校音乐教师和70余所高校的音乐教师共计230人参加培训。11月，组织太原师范学院、长治学院音乐教育专业的学生参加全国普通高等学校音乐教育专业本科学生基本展示比赛，取得2个中外乐器演奏单项奖、1个合唱指挥单项奖、1个个人全能二等奖。10月，启动“山西省戏曲精品进校园活动”，举行首堂戏曲知识公开课。举办全省第五届大学生艺术展演活动。

（张建伟）

【学校国防教育】 2016年，山西省开展以“传承红色基因，建设强大国防”为主题的山西省第三届“百场国防教育宣讲进高校”活动。山西省教育厅与省军区举办全省高校军事教师培训暨第三届军事理论课教学竞赛，对竞赛中表现突出的先进个人进行表彰通报。遴选出中北大学等40所大中小学校申报全国国防教育特色学校。组织由中北大学和晋中市榆次二中两所学校共14名老师和学生组成的山西省代表队参加第三届全国学生军事训练营，其中在识图用图、单兵战术考核中勇夺一等奖，在无线电测向、核生化防护考核中获二等奖，在战场医疗救护考核中获三等奖，代表队被组委会表彰为优秀组织奖。8月，中北大学代表山西省参加2016年军事课教学展示定向越野科目的技能展示竞赛，获得三等奖和优秀组织奖。10月，太原理工大学代表山西省参加2016年军事课无线电测向科目的技能展示竞赛，获得二等奖和优秀组织奖。

（张建伟）

【校园安全稳定】 2016年，山西省落实高校安全责任，加强重要保障期和敏感期的形势研判与专题调研，安排应急处置工作。山西省教育厅与各高校签订《安全工作责任书》，将安全生产目标责任分解落实到基层单位。9月，组织召开全省高校安全研讨会，79所高校负责安全、后勤工作的校领导及处长共200余人参会，7所高校交流研讨学校安全工作的经验和做法。推进以“安全教育课程化、安全演练常态化、安全职责全员化和建设校园安全保障体系、家校共管体系、安全工作考核体系”为主要内容的“三化三建设”工作，全省有10112所学校通过学校安全教育平台开展安全课程教育，约12万名教师参与授课，约380万名学生参与学习，中小学学生安全素养和安全能力提升。全年共组织开展四次学校安全工作大检查，通过排查整治学校基础设施、技术装备、校园及周边环境、防控手段等方面存在的安全隐患以及学校安全体制机制、制度建设、安全管理组织体系、责任落实、事故查处等方面存在的薄弱环节，防范和遏制重大事故的发生。

（张建伟）

【经济困难学生资助】 2016年，山西省发放普通高中国家助学金2.11亿元，惠及贫困学生15.88万人。对全省普通高中建档立卡家庭经济困难学生、非建档立卡的家庭经济困难残疾学生、农村低保家庭学生、农村特困救助供养学生免除学杂费，总计 4.8 万余人。下达学前教育资助中央及省级资金 9321 万元，资助幼儿 14.7 万名。（张建伟）

【教育综合改革】 2016 年，山西省教育厅出台《山西省“十三五”教育事业发展规划》和《山西省深化教育领域综合改革的意见(2016–2020 年)》，明确今后一段时期内教育改革发展目标和工作重点。发布《山西省深化考试招生制度综合改革方案(试行)》及《山西省普通高中学业水平考试实施办法(试行)》《山西省普通高中学生综合素质评价实施办法（试行)》等系列配套文件，启动考试招生制度改革。指导山西大学、太原理工大学、山西农业大学启动综合改革试点，遴选 6 所高校开展应用型转型试点。推动出台深化高等学校创新创业教育改革、深化中小学教师职称制度改革等一系列措施，促进教育综合改革不断深化。印发《山西省教育体制改革试点进展情况通报》，对山西省教育体制改革试点项目完成情况进行梳理。（张建伟）

【教育行政审批改革】 2016 年，山西省取消 7 项中央指定地方实施的教育行政审批事项，3 项非行政许可审批事项。清理规范行政审批中介服务，公布《山西省教育厅行政审批中介服务事项清单》，接受社会各界监督。对权力清单的行政审批事项进行动态调整，取消行政审批事项 1 项，调整行政审批事项 1 项，新增 3 项行政职权，教育厅行政职权由 61 项调整为 63 项。深化行政审批“两集中、两到位”改革，设立行政审批管理处，加挂在政策法规处，并于 2016 年 5 月 11 日进驻省政务服务中心，实现教育厅政务服务窗口与省政务服务中心窗口工作对接。全年办理行政审批事项 216 件。（张建伟）

【教育依法行政】 2016 年，山西省开展以“贯彻落实《法治政府建设实施纲要(2015–2020 年)》、推进依法行政、加快法治政府建设”为主题的依法行政宣传月活动。定期组织机关干部参加法治专题培训和研讨。完成《山西省实施校车安全管理条例办法》的调研和论证工作。推进教育系统“双随机、一公开”监管改革，公布《山西省教育厅随机抽查事项清单》和《山西省教育厅随机抽查行政执法人员名录库》，制订《山西省教育厅随机抽查对象名录库》和《山西省教育厅“双随机一公开”工作实施细则》，创新教育管理方式，优化教育发展环境。研究制订《山西省教育行政处罚自由裁量权适用规则(征求意见稿)》和《山西省教育行政处罚裁量权基本标准(征求意见稿)》，规范教育行政处罚行为，维护公民、法人或者其他组织的合法权益。建立健全行政许可与行政处罚“双公示”制度与市场主体信息报送工作机制，及时向社会公布教育厅行政处罚等相关信息，实现“一处违法、处处受限”的守信激励、失信惩戒和协同监管。对教育厅负责起草的规范性文件进行清理。（张建伟）

【校园法治宣传】 2016 年，山西省制订《山西省教育厅关于实施第七个五年法治宣传教育规划（2016–2020 年)的意见》。组织举办“学宪法讲宪法”山西赛区决赛，遴选出 5 名学生参加“学宪法讲宪法”全国总决赛，1 名学生获初中组特等奖(全国季军)和最佳表达奖，2 名学生分别获得高中组和小学组一等奖，2 名学生分别获高校组和初中组三等奖，1 名指导老师获得杰出指导教师奖，4 名指导老师获得优秀指导教师奖。开展国家宪法日宣传教育活动，12 月，组织收看由中国人民大学法学院院长韩大元讲授的《中国宪法讲座》。10 月 21 日，省检察院和省教育厅联合启动为期三年的“法治进校园”巡讲活动。与省禁毒办合作开展全省禁毒师资培训工作，对 300 余名教育行政工作人员和教师进行培训。与省禁毒办研究制订《山西省创建“毒品预防教育示范学校”实施方案》，在全省范围内开展毒品预防教育示范学校创建工作。组织参加国家禁毒办举办的全国青少年禁毒知识竞赛中，山西省有 22.97 万中小学生参加，平均分位列所有参赛省份的第三名。组织各级各类学校申报国家禁毒委举办的“校园禁毒图书角”项目，最终 23 所学校被国家禁毒办列为“校园禁毒图书角”项目执行单位。（张建伟）

【教育督导】 2016 年 4 月 8 日，山西省教育督导工作研讨会召开，审定上年度山西省素质教育优质学校名单，总结上年度教育督导工作并安排 2016 年全年工作。5 月 23 日，举办 2016 年度推进县域义务教育均衡发展省级督导评估部署培训。5 月 29 日，国务院教育督导委员会专项督导组对山西省农村义务教育学生营养改善计划实施情况进行专项督导。6 月 12 日至 13 日，国务院教育督导委员会专项核查组对太原市迎泽区申报的全国中小学校责任督学挂牌督导创新区进行核查。9 月 1 日至 13 日，组织省督学、督导评估专家对 33 个义务教育发展基本均衡县进行省级督查。10 月 18 日至 20 日，教育部督查组到山西省开展为期 3 天的学生体质达标情况专项督查。11 月 20 日至 24 日，国家督导检查组对山西省 33 个义务教育发展基本均衡县进行实地督导检查，33 个县通过国家义务教育基本均衡发展评估认定。（张建伟）

【毕业生就业创业】 2016 年，山西省各高校组织举办大型招聘活动 186 场、专场招聘活动 2470 场，参会企业单位累计 1.5 万多家(次)，提供就业岗位 20 多万个(次)；举办网上招聘活动 200 余场，网上注册单位 1.8 万家，求职毕业生 9.6 万人。各高校开展大学生创业意识培训和创办企业培训班 555 期(次)，培训学生 5.5 万人，享受创业培训补贴近 500 万元。举办山西省“互联网+”大学生创新创业大赛等创业大赛、创业论坛、创业讲座活动 506 场(次)，参加的学生 6.9 万人，有创业意愿的学生达 1500 余人。筹划第三届晋商杯大学生创业大赛。截至 2016 年底，山西省基层就业项目招聘毕业生2776人,其中"农村教师特岗计划"招聘1600人,"三支一扶计划"招聘600人,"西部志愿者计划"120人,"大学生村官计划"456人,毕业生到各级各类中小企业就业2万余人。　　(张建伟)

【教育援疆】 2016年5月30日,山西省教育系统援疆工作座谈会召开。全省全年承担20名五家渠师市公办学校有关人员信息化专业培训工作,组织30名新疆学生到晋夏令营,完成援疆大学生招生计划90名。

(张建伟)

【教育国际交流合作】 2016年,国家留学基金委共录取山西省公派留学人员151名。其中地方合作项目共录取115人。省筹资金资助出国留学人员全省共录取125人,其中教育系统94人,占录取人员总数的75.2%。教育部分配"来华留学中国政府奖学金生"奖励名额(研究生)14人、支持地方奖学金留学生名额10人。下达2016年来晋留学政府奖学金专项经费100万元,其中山西大学20万元、太原理工大学30万元、山西农业大学8万元、山西师范大学15万元、中北大学12万元、山西中医学院15万元,上述五所高校配套111.5万元。出台《关于进一步加强和促进高校涉外交流合作的意见》,印发《关于开展普通高中中外合作办学评估的通知》,对全省开展中外合作办学(含中外合作项目、国际特色课程班、国际课程班等)的普通高中学校进行办学情况评估。新审批太原市外国语学校、太原市第十八中学校、山西大学附属子弟小学具备接受外国学生入学资格。截至2016年底,山西省可接受外国学生的中小学共7所。太原理工大学中国文化课程入选全国来华留学英语授课品牌课程。选派14名高校校领导到6个国家参加中西部大学校长海外研修。组织15所高校的16名港澳事务部门负责人到香港、澳门开展学习交流和项目对接。截至2016年底,全省各类出国人员共计1241人,比上年的1098人增长13%;全省回国人员共计794人,比上年的574人增长38.3%,来晋留学人数达848人次,较上年的430人次增长97%,其中"一带一路"沿线国家494人次,占58.3%。组织"2016年国家公派出国留学行前培训视频会议"和"2016年出国留学行前培训会",全省各类拟出国留学人员600余人参加培训。选派对外汉语教师、志愿者27人。

(张建伟)

【教育扶贫】 2016年,山西省教育厅出台《山西省教育扶贫行动方案》《山西省2016年教育扶贫行动计划》,以"六个精准"为目标,实施贫困学生关爱、农村薄弱学校改扩建、农村教师队伍支持、贫困家庭劳动技能提升、帮困助学五项行动,推进教育扶贫攻坚工作。组织普通本科高校、职业院校、示范高中和优质幼儿园开展对口帮扶,提升贫困地区学校办学质量。实施农村贫困地区定向招生专项计划,免除普通高中建档立卡家庭经济困难学生学杂费,落实职业教育免学费政策,安排500万元资助7000余名家庭经济困难高校新生,实现家庭困难学生资助全覆盖。省教育厅机关和直属单位与方山县积翠乡实行党员干部与贫困户对口帮扶,被省委下乡办评为扶贫工作优秀单位。

(张建伟)

基础教育

【学前教育】 2016年,山西省教育厅完成第二期学前教育行动计划。出台《关于开展普惠性民办幼儿园认定和奖补工作的指导意见》《山西省城镇住宅小区配套建设幼儿园管理和使用实施办法(试行)》《山西省幼儿园办园基本标准(试行)》等,开展普惠性民办幼儿园认定和奖补工作,推动城镇新建住宅小区配建幼儿园工作,扩大普惠性学前教育资源覆盖面。印发《关于进一步清理整治无证幼儿园的通知》,指导各地按照"准入一批,整顿一批,取缔一批"的原则分类治理无证幼儿园。下发《山西省教育厅关于进一步规范幼儿园保教行为提高幼儿园保育教育质量的通知》,加强幼儿园科学管理,规范幼儿园保教行为,提高幼儿园保育教育质量。召开全省优质幼儿园帮扶工作现场推进会,推进优质幼儿园帮扶工作。新改扩建203所农村幼儿园。小店区、芮城县被确定为全国学前教育改革发展实验区。完成省政协学前教育重点提案调研督办工作。　　(张建伟)

【义务教育】 2016年,山西省各级财政共投入15.93亿元推进"全面改薄"项目建设,累计有106个县(市、区)通过义务教育学校标准化建设省级督查,85个县(市、区)通过国家义务教育基本均衡发展督导评估认定。开展贫困地区农村教育发展调研,山西省教育厅提请省政府办公厅印发《关于切实办好贫困地区农村教育的若干意见》。下发《关于做好消除大班额专项规划有关工作的通知》,组织各地开展大班额摸底排查工作。在21个国家试点县和40个地方试点县开展农村义务教育学生营养改善计划,下达补助资金27378万元,惠及49.36万名学生。印发《〈义务教育学校管理标准(试行)〉省级实验方案》,并在太原市小店区等11个县(市、区)设立省级试点。4月,完成国家教育咨询委员会农村地区教育改革发展和素质教育推进情况调研。9月,配合省人大完成全国人大在晋调研贫困地区农村义务教育工作。　　(张建伟)

【中小学德育和心理健康教育】 2016年,结合中国共产党建党95周年、长征胜利80周年等重大事件和重要时间节点,山西省教育厅在全省中小学广泛开展爱国主义教育活动,组织"山西好风光"美图大赛活动、中小学生主题班会征集活动、"我给祖国写封信"主题征文活动、全省校外活动场所陶艺展示等活动,把社会主义核心价值观和优秀传统文化教育融入学校教学和管理各环节。推进德育精细化改革,拟定《山西省中小学文明校园评估细则》,开展文明校园创建活动,在全省范围内推广太原市和晋中市德育工作经验。组织全省中小学心理健康教育骨干教师培训工作，推广晋中市心理健康教育示范区经验，实施全省第二批中小学心理健康特色学校创建活动，提升山西省学生心理健康教育工作水平。实施中央彩票公益金支持未成年人校外活动场所项目能力提升工程，投入中央彩票公益金630万元为全省22个县级青少年校外活动中心进行修缮维护、改扩建，利用彩票公益金2430万元为全省88个县级活动中心进行设备添置和更新。组织省市、县级示范性综合实践基地负责人和教育局分管领导25人到山东省青岛市和威海市进行专题培训。（张建伟）

【中小学章程建设】 2016年，山西省教育厅召开全省中小学章程建设工作暨培训会，采取研讨交流和专题培训的方式，对各地市教育部门相关负责人及60余位中小学校长进行中小学章程专题培训，安排部署中小学章程建设工作。（张建伟）

【普通高中教育】 2016年，山西省教育厅联合省财政厅向全省公办普通高中下达1.48亿元办学经费，解决公办高中经费不足问题。指导各市开展普通高中办学条件标准化建设和验收。截至2016年底，全省累计验收313所学校，完成2/3以上的建设任务。出台《山西省省级示范高中对口帮扶贫困县普通高中工作实施方案》，召开工作推进会，确定全省88所非贫困县省示范高中对口帮扶67所贫困县普通高中，提升被帮扶学校办学水平和教育质量。（张建伟）

【特殊教育】 2016年，山西省教育厅印发《关于开展义务教育阶段适龄重度残疾儿童少年送教服务工作的指导意见》《山西省适龄"三类"残疾儿童少年义务教育入学情况统计工作流程》，指导各地落实好残疾儿童少年"一人一案"，为每一名尚未入学接受义务教育的6~14周岁视力、听力、智力三类残疾儿童少年制订入学方案，全省视力、听力、智力残疾儿童少年义务教育入学率达90%以上。联合省残联召开2016年全省特殊教育工作会议，组织对全省750余名特殊教育教师进行培训。（张建伟）

职业教育和继续教育

【职业教育基础能力建设】 2016年，山西省教育厅验收通过2个县级职教中心、13所中职改革发展示范校。会同山西省财政厅，利用中央财政现代职业教育质量提升计划专项资金和职业教育奖补资金共计44600万元，立项建设实训基地项目和重点专业项目255个。印发《山西省教育厅关于推进职业院校实训基地和重点专业（含特色专业）项目建设的指导意见》，开发并启用"山西省职业院校实训基地和重点专业建设质量监测系统"，依托该系统对实训基地项目建设过程进行质量监测。（张建伟）

【职业学校管理】 2016年，山西省教育厅制订《山西省职业院校管理水平提升行动计划实施方案》。开展职业教育专项督查，抽查22个县、12所省属职业院校和55所市县职业院校，以问卷形式督查119个县级人民政府和全省职业院校的贯彻落实情况。会同省人社厅、省财政厅组织专家组开展第三批11所和第二批暂缓通过的两所国家级中等职业教育改革发展示范校省级验收工作。完成2016年度中等职业学校办学资质清查和管理星级评估认定工作，共清查举办中等职业学历教育的学校376所，其中347所学校符合中等职业学校设置标准，具备中等职业学历教育办学资质。28所学校不同程度地存在问题，需按要求限期整改；1所学校不具备中等职业学校办学条件，取消中等职业学历教育办学资质。（张建伟）

【职业院校专业增加】 2016年，山西省新增长治职业技术学院"绿色食品生产与检验"等89个普通高等学校高等职业教育专业，同意山西省雁北煤炭工业学校等39所职业院校新增"焊接技术应用"等75个专业或专业方向。完成高等职业教育2017年度新设专业考核工作，全省27所学校申报2017年度新设置87个专业，3所学校增设7个专业方向，两所学校3个专业进行学制调整。经考核论证答辩评审，同意开设81个专业，不同意开设6个专业。（张建伟）

【职业教育对口升学】 2016年3月，山西省印发《2016年对口升学专业课考试大纲》和《山西省教育厅关于做好2016年中等职业学校毕业生对口升学工作的通知》，确保对口招生工作完成。6月，在院校申报的基础上，综合社会需求、专业布局等情况，公布2016年"三二分段"五年制职业教育职业中专招生院校和专业，要求各相关职业院校执行人才培养方案，保证教育教学质量，满足学生多样化成长、成才需要。（张建伟）

【职业教育集团化推进】 2016年，山西省教育厅落实省政府"省级行业性职业教育集团由行业部门和组织牵头运行"的要求，印发《山西省教育厅关于进一步推进职业教育集团化办学的意见》，推动职业院校与行业、企业深化合作内涵，职业院校人才培养符合山西省经济社会发展需求。（张建伟）

【职业院校技能大赛】 2016年，山西省举办省第十届职业院校技能大赛，全省职业院校的4600多名师生参加省级决赛，比赛共决出一等奖319个，二等奖626个，三等奖953个，25所职业院校、山西省教育科研院和山西省职业技能鉴定中心获得优秀组织奖，45个合作企业获得特殊贡献奖。组织山西省64所中高职学校的410名参赛选手参加全国职业院校技能大赛，共获得7个一等奖、20个二等奖、55个三等奖，其中获一等奖学生的指导教师获得指导教师奖。山西省财政税务专科学校承办全国高职院校会计技能大赛。（张建伟）

【中等职业学校"文明风采"竞赛】 2016年1月至3月，山西省第八届中等职业学校"文明风采"竞赛系列活动举办，为全国中等职业学校"文明风采"竞赛选拔优秀作品。共设有征文、摄影及微电影制作、职业生涯规划、动漫设计、才艺展演等6类7项比赛，有120所职业院校学生参加。评选出一等奖作品402件、二等奖作品601件、三等奖作品590件，5个市的教育局和16所职业院校获得优秀组织奖。（张建伟）

【成人高等教育】 2016年，山西省完成上年度函授站年检，133个函授站中有132个年检合格。批准2所普通高等学校新设立函授站2个、8所学校新增设专业14个。完成2016级成人高等学历教育2.6万人的新生学籍注册和2016届毕业生6.2万人的即时注册。（张建伟）

【民办学校管理】 2016年，山西省草拟《山西省教育厅关于进一步加强民办学校管理促进民办教育健康持续发展的若干意见(试行)》。加强对省属民办学校的年度检查，全省民办学校共46所，经检查合格39所，不合格7所。全年共受理有关民办教育设置、变更和终止的行政审批项目9件，其中终止办学3件、变更举办者4件、变更名称1件、申请设立1件。14所在晋招生的民办学校完成招生简章(广告)备案。按照教育部要求，开展2016年度全国教育统计省属民办学校的统计工作。（张建伟）

【社会技术培训】 2016年，山西省完成农村实用技术培训270万人次。完成职工培训10000人次，其中煤炭产业人才培训5000人次。牵头开展煤炭企业职工带薪转岗教育培训工作。（张建伟）

【社区教育】 2016年，山西省完成社区教育培训589万人次，其中培训妇女189万人次，培训残障人员13.7万人次，培训矫正人员3.5万人次；创建各类学习型组织3000多个。全年全省举办全民终身学习活动周的市(区、县)为22个，比上年增加4个，占全省130个市(区、县)的17%。在各市教育局初审基础上，教育厅推荐选送的3人获得"2016年百姓学习之星"称号；推荐选送2个"终身学习品牌项目"，其中"太原市全民终身学习天天课堂"被评选为"2016年特别受百姓喜爱的终身学习品牌项目"。晋中左权县被确定为第六批全国社区教育实验区。（张建伟）

高等教育

【大学生思想政治教育】 2016年，山西省教育厅建立省委、省政府领导联系高校和上讲台开展思想政治教育工作制度。严格高校课堂、论坛和讲座管理，把握党对高校意识形态领域工作的主动权和领导权。举办高校宣传思想工作暨哲社工作"四支队伍"骨干培训班，培训高校宣传部长、学生工作骨干、思想政治课教师和哲学社会科学教师350余人。与中宣部形势报告杂志社合作在南开大学共同举办形势政策课教师培训暨第十五届高校思政部主任论坛。启动全省高校思想政治理论课集体备课工作，开展辅导员职业能力大赛，提升高校思政工作队伍能力水平。推动高校传统宣传媒体与网络新型媒体深度融合，高校工委与《山西日报》共建的"晋青春"频道正式上线运行，在山西新闻网开通《高校影视城》频道，利用网络媒体展示校园文化，宣传办学成果，为山西高等教育改革发展营造良好氛围。（张建伟）

【高等学校新增和新专业设置】 2016年，山西警察学院、山西能源学院正式设立，高校新增67个本科专业。围绕省综改试验区建设对相关专业人才的需求，支持有关高校设置新能源科学与工程、采矿工程、能源经济、城市管理、生物制药、物联网工程、会展经济与管理、汽车服务工程、建筑环境与能源应用工程、网络与新媒体、勘查技术与工程、儿科学等专业，批准有关高校依托有关专业设置数字金融、大数据云计算、健康产业管理、新能源材料等专业方向。（张建伟）

【优势学科和重点学科建设】 2016年，山西省实施"优势学科攀升计划"和"服务产业创新学科群建设计划"。评选立项"山西大学物理学"等10个优势学科攀升计划项目和"太原理工大学能源与电气工程"等12个直接服务产业创新的学科群(含培育)，支持"山西大学生态学"等33个省级学科建设项目，逐步构建地域特色鲜明的学科学位支撑体系。委托第三方对山西省重点学科进行发展性评估，并依据评估结果调整20个学科的建设层次，撤销8个重点学科资格。组织高校参加全国第四轮一级学科整体水平评估，共有44个博士学位授权一级学科和133个硕士学位授权一级学科参加。（张建伟）

【高校优势专业及院校转型】 2016年，山西省对本年度省高等学校优势专业建设项目等3个教学项目进行评选，评选出优势专业20个；教学改革创新项目152项。其中，重点项目24项、一般项目128项；大学生创新创业训练计划项目572项。其中，重点项目132项、一般项目440项。遴选确定太原工业学院、山西传媒学院、山西工程技术学院、山西能源学院、山西应用科技学院、山西大学商务学院等6所高校为山西省本科高校向应用型转变试点高校，山西大同大学、吕梁学院为山西省本科高校向应用型转变试点候补高校。（张建伟）

【高层次人才队伍建设】 2016年，山西省教育厅制订《关于高等学校吸引、稳定高层次人才的若干意见》，推动高校高层次人才队伍建设。修订《"三晋学者"支持计划实施办法》，增设"青年三晋学者"层次，选聘中北大学教授薛晨阳为山西省"三晋学者"特聘教授；选聘山西大学教授陈刚等40人为山西省"青年三晋学者"特聘教授。新增"长江学者"特聘教授1人。实施高等学校"131"领军人才工程，评审第三批"131"领军人才132名。（张建伟）

【高校科技创新】 2016年，山西省确认太原理工大学煤层气高效开采与利用协同创新中心、太原科技大学山西省关键基础材料协同创新中心、山西农业大学黄土高原特色作物优质高效生产协同创新中心、山西师范大学山西先进永磁材料与技术协同创新中心、中北大学煤基工业气体深度净化技术协同创新中心、山西大学大田粮食作物生物配肥集成技术协同创新中心、山西传媒学院文化创意产业发展协同创新中心、山西大学晋商学与区域经济发展协同创新中心为山西省2016年度高校协同创新中心。截至2016年底,共有31所高校申报高等学校科技创新项目660项;13所高校的27个人文社科研究基地申报基地项目69项,32所高校申报高等学校哲学社会科学研究一般项目440项。遴选2016年山西省高等学校科技创新项目和哲学社会科学研究项目,立项支持109项科技创新项目(投入专项经费200万元)、110项哲学社会科学研究一般项目(投入专项经费94万元)和37项人文社科重点研究基地项目(投入专项经费185万元)。截至2016年底,全省高校共承担国家社科基金55项,占全省项目总数的93%,项目共计经费1145万元,占全省经费的93.5%。共承担国家自然科学基金项目293项,项目经费1.06亿元,包括国家优秀青年基金项目2项,重点基金项目2项。山西大学岳谦厚主持的《太行山和吕梁山抗战文献整理与研究》被遴选为2016年度教育部哲学社会科学研究重大课题攻关项目。遴选出2016年度山西省高等学校优秀创新团队3个,中青年拔尖创新人才12人,优秀青年学术带头人30人。全年全省高校共获教育部第七届高等学校科学研究优秀成果奖三等奖6项。 (张建伟)

【研究生教育】 2016年,山西省推动研究生联合培养基地(创新中心)建设,创新研究生培养模式,对山西大学、太原理工大学等6个研究生培养单位申报的6个省级研究生教育创新中心和13个省级研究生联合培养基地进行认定,并立项支持37项研究生联合培养基地人才培养项目。开展2015年度山西省优秀博士、硕士学位论文评选工作,24篇博士论文、43篇硕士论文入选。开展2015学年研究生学位论文抽检工作,共抽检博士学位论文34篇,学术型硕士学位论文242篇、全日制专业硕士学位论文159篇和非全日制专业硕士学位论文100篇。对“存在问题”的4篇学术型硕士学位论文、13篇全日制专业硕士学位论文和27篇非全日制专业硕士学位论文进行处理。出台《山西省学士学位论文质量抽检办法》,启动学士学位论文质量抽检工作。 (张建伟)

【高等教育信息化建设】 2016年,山西省推动全省高校“数字校园”建设,省内多所高校完成数字校园一期工程建设并正式上线应用,完成学校公共数据库平台的建设开发,完成统一身份认证平台的建设开发,完成统一信息门户的搭建,构筑个人及部门公共信息的查询服务框架及公共报表运行框架。推进校园网设备更新换代,省内多所高校对校园网设备进行较大规模的更新,校园网的可靠性和稳定性提高。开展“山西省高校信息化建设学术论坛”及各种形式的业务培训和学术交流活动。 (张建伟)

【人文社科重点研究基地】 2016年,山西省批准依托山西大学建设的“绿色发展研究中心”“城乡治理研究中心”“体育发展研究中心”,依托太原理工大学建设的“普通高校竞技体育运动研究中心”,依托山西医科大学建设的“卫生管理与政策研究中心”,依托太原科技大学建设的“企业社会责任研究中心”“装备制造业创新发展研究中心”,依托山西中医学院建设的“山西中医药发展研究中心”“傅山文化研究中心”为山西省高等学校人文社会科学重点研究基地。截至2016年底,山西省的高校人文社科重点研究基地达38个。 (张建伟)

科 学 技 术

Science and Technology

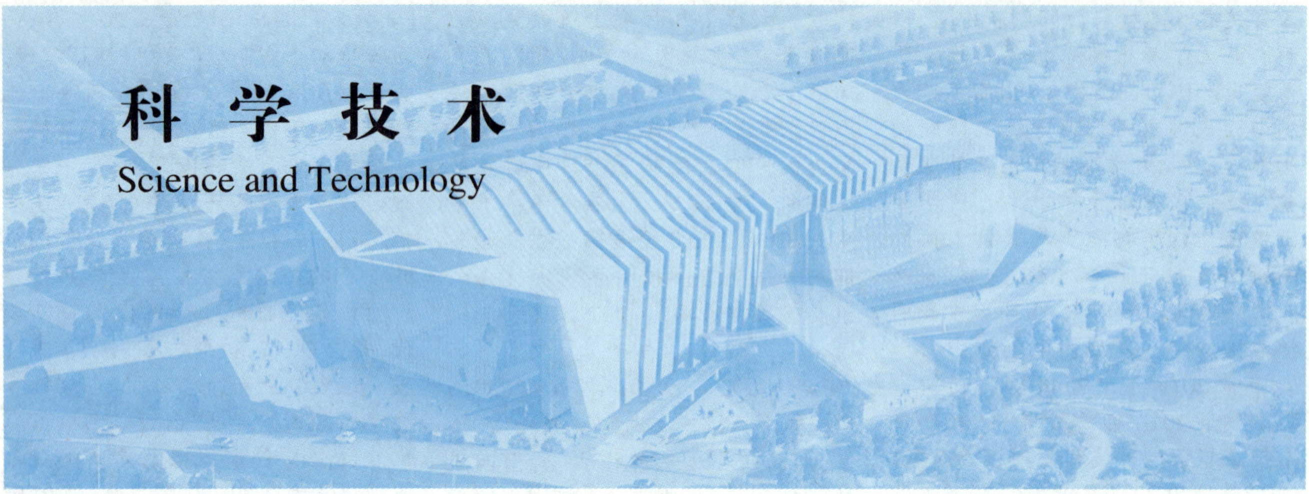

科技管理

【概述】 2016年,全省科技行业以改革激活力,以创新促发展,完成省委省政府各项任务。科技体制机制改革推进,科技计划管理改革走在全国前列;科技重大专项实施,重大科技创新成果亮点纷呈;新动能加快成长,对供给侧结构性改革的支撑引领作用增强;“双创”活动蓬勃开展,全社会支持参与创新的热情高涨。

全年全省有效发明专利拥有量增长25%左右。高新技术企业数量比上年增长31%,总数超过950家,两年翻近一番。技术合同交易额增长,总数达160亿元以上。5个项目获国家科学技术奖。实现“十三五”科技工作的良好开局。据科技统计数据显示,山西省科技促进经济社会发展指数为71.29%,比上年提高5.55个百分点,全国排名上升2位,居第9位,排中部六省首位;综合科技进步指数达到52.20%,比上年提高2.67个百分点,由全国五类地区中的三类地区上升为二类地区;研究与开发经费投入132.5亿元,全国排名为22位。

（王 强）

【科技管理体制改革】 2016年,山西省科技管理体制机制改革取得新进展。山西省科技厅开展省级财政科技计划管理改革,建立科技计划管理厅际联席会议制度,组建战略咨询与综合评审委员会及8个行业专家委员会,优化整合形成新5大类计划;建立新的重大和重点项目形成与立项机制;开发统一科技管理信息系统;科技部评估中心完成对改革的阶段性评估。科技部门职能改革推进。首批遴选6家项目管理专业机构,开始承担评审和管理工作,政府部门不再直接管理具体科技项目。加强体制机制改革、战略规划、政策设计、重大专项布局、过程评价监管等职责,强化创新环境营造、资源开放共享、科技服务业发展、科技报告共享等工作,补上公共创新服务的“短板”,科技管理职能从研发管理向创新服务转变。出台《山西省科技计划(专项、基金等)科技报告管理办法》,建立与国家系统互联的科技报告服务系统,全年完成并上线报告150份。 （王 强）

2016年,山西省科技厅举办重点实验室“2016年度科技活动周”公众开放活动

（王 强供图）

【重大专项与重点研发】 2016年,山西省科技重大专项与重点研发计划取得新突破。修订《煤基科技创新链(2016版)》,新实施21个重大项目。围绕“大规模储能技术及产业化”“二氧化碳减排、捕集、纯化及转化利用”2个重大科技研究课题,以及“煤基合成精细化工产品关键技术”“高压柱塞泵核心技术”两个重大国际合作课题,立项实施12个项目。围绕装备制造、新能源汽车、新能源、电子信息、节能环保、现代农业等战略性新兴产业,分别编制科技创新链,凝练重点

项目，共实施300余个项目。国产笔尖钢打破国外技术垄断，回答总理的“圆珠笔之问”。新能源汽车、高亮度大流明无散斑全色激光投影、新型生物有机肥、速效生物农药等实现产业化。煤层气开采掌握工厂化钻井作业技术。循环流化床锅炉实现炉内超低排放。世界第一台合成气蒸汽联产气化炉问世，解决“三高”煤气化世界性难题。石墨烯储能-高性能超级电容器、硬岩巷道掘进机、燃煤电厂烟气污染物一体化脱除技术等达到国际国内先进水平。

山西省26个单位、330个项目获国家自然科学基金资助，经费总额达1.1亿元。有5名学者连续入选中国高被引学者榜单。山西医科大学消化系统恶性肿瘤防治研究团队多篇论文在国际顶尖期刊上发表。晋煤集团“煤与煤层气共采国家重点实验室”关于煤地质微生物成气机理研究取得初步成果，开展技术研发工作。

（王　强）

【科技创新创业扶持】 2016年，山西省科技厅新认定省级科技企业孵化器8家，省级以上科技企业孵化器达23家。出台《山西省扶持众创空间发展专项资金管理办法（暂行）》，设立扶持众创空间发展专项资金。举办第五届中国创新创业大赛（山西赛区）比赛。首批投入1000万元，支持22家众创空间及27家创新创业大赛获奖单位。10家众创空间在科技部备案，新认定省级众创空间66家，总数超过100个，创业孵化场地达48.95万平方米，工位2万余个，聚集创客1.74万余名，创业团队3500多个，种子基金规模达5.49亿元。

2016年，晋煤、太重两个企业国家重点实验室建设方案通过论证。新组建煤气化技术及装备等6个产业技术创新战略联盟，总数达27个；新建省级重点实验室6个，省级以上重点实验室总数达71个；新增省级科技创新团队8个，总数达87个；新建省级工程技术研究中心5个，总数达105个；新认定民营科技企业115户；支持建设科技基础条件平台27个；

2016年，山西省生物研究所相关技术专家组团到美国执行国家国际科技合作专项项目　（王强供图）

试点建设省重点科技创新平台3个。

（王　强）

【科技人才开发】 2016年，山西省委、省政府出台一系列重要政策及纲领性文件。省级相关部门协调配合，根据部门特点出台若干支持人才工作的办法、方案。在实施省“333人才计划”“三晋学者”“青年三晋学者”等人才计划基础上，设立“平台基地和人才专项”。出台《山西省重点科技创新平台和团队建设组织管理办法》。“十二五”期间，全省新入选国家“万人计划”13人，国家杰出青年基金获得者5人，培育建设省级科技创新团队79个，新引进海外高层次人才385名。（王　强）

【科技法治建设】 2016年，山西省科技领域加强法治建设。山西省科技厅出台《山西省科技计划管理办法》“1+7”配套管理制度，构建山西省科技计划管理的新体制。与省人大、省政府法制办配合，推动科技领域立法规划工作。

省测绘地理信息局加强测绘地理信息立法工作。建议将《山西省测绘管理条例》的修订列入省人大五年立法规划；建议将《山西省地理空间数据交换和共享管理办法》列入2017年政府规章立法计划。开展政府规章清理工作。完成《山西省测绘地理信息局测绘地理信息质量管理实施办法》的合法性审查和备案工作。印发《山西省测绘地理信息局推广随机抽查规范事中事后监管工作实施方案》，探索开展“双随机”监督检查。经省政府法制办审查，印发《山西省测绘地理信息局测绘地理信息行政处罚裁量权适用规则》和《山西省测绘地理信息局测绘地理信息行政处罚裁量权细化标准》。加强执法能力建设。配合省国家安全厅多次开展涉嫌违法行为排查；委托各市核实涉嫌无测绘资质从事测绘地理信息活动的26家单位。检查各类地图市场、文化用品市场、展览（展会）、纪念馆、博物馆、有关互联网地图服务网站等。4月至9月，在全省开展地图市场大检查，共检查地图市场100多家单位，各类地图2000多件，其中查处违法违规地图产品500多件。按照省委、省政府综合执法体制改革部署和省国土资源厅要求，总结测绘地理信息行政执法情况，为国土、环保、测绘综合执法改革提供依据。开展2016年行政执法证件审核注册工作，申请注册行政执法证40人，换发行政执法证10人，注销行政执法证8人，新申领行政执法证2人。调整执法体制。除法律法规明确规定由省级行使的行政处罚外，将12项行政处罚改革为“属地管理”,5项行政处罚明确为“省市县分级行使”。专项执法检查。开展测绘航空摄影资质单位调研工作，对东方通用航空摄影有限公司、省测绘工程院进行专题调研。组织开展测绘资质单位定密授权工作,对山西迪奥普科技有限公司等测绘资质单位定密授权,确保国家秘密安全。

省气象局推进气象立法工作,《山西省气象设施和探测环境保护办法》被列入省政府下年度立法计划。建立法律顾问制度,专业律师团队常年为省气象局提供经常性法律咨询服务。加强气象标准化建设,气象标准化被纳入全省标准化发展规划。国家级“山西省人工影响天气防灾减灾公共服务标准化试点”建设通过中期评估。申报承担行业、地方标准制订任务。

（王　强　任玉荣　杨　柳）

【科技行政审批制度改革】 2016年,山西省科技领域深化行政审批制度改革。省科技厅编制完成权力清单、责任清单,所有审批事项进驻省行政事务大厅。

省测绘地理信息局,落实和承接国务院《关于第二批取消152项中央指定地方实施行政审批事项的决定》和《国务院关于取消13项国务院部门行政许可事项的决定》，取消中央指定地方实施的行政审批事项1项，即“测绘计量检定人员资格认定”。部分下放行政许可1项,即“地图审核(含编制出版、展示、登载、进口、出口及生产附着地图图形的产品)”,将主要表现地在设区的市行政区域范围内不涉及国界线的地图审核下放至设区的市级人民政府测绘地理信息行政主管部门；取消其他权力1项，即“地图及地图产品样图、样品备案”。经省机构编制委员会办公室审核,山西省测绘地理信息局行政职权调整变更后为46项。其中,行政许可8项,行政确认1项,行政处罚25项,行政强制1项，行政征收征用2项,行政奖励4项,其他行政权力5项。省级气象行政审批事项进驻省审批政务大厅,气象行政审批及时办结率100%;清理规范省、市、县三级防雷行政审批中介服务、施放气球、人影作业资格认定等事项,气象行政审批制度改革取得进展。与住建部门联合发文完成建设工程防雷许可职责的划分及工作的交接,推进气象服务体制改革。

省地震局不再审批地震安全性评估报告,将地震安全性评价改为涉及安全的强制性评估,不列入行政审批事项。印发《关于撤销山西省地震安全性评定委员会的通知》和《关于贯彻落实国务院清理规范投资项目报建审批事项实施方案有关要求的通知》,各市、县及相关安评资质单位按照“需开展地震安全性评估的建设工程目录(暂行)”规定的范围开展地震安全性评估服务和监管工作。

（王　强　任玉荣　杨　柳）

科技服务

【科技资源开放共享】 2016年,《山西省人民政府关于大型科研设施与仪器等科技资源向社会开放共享的实施意见》《山西省大型科研设施与仪器等科技资源开放共享管理办法》以及《山西省科技创新券实施管理办法(试行)》出台。通过创新券提供运行补贴等方式,推动产权单位开放共享。全省30家单位完成在线服务平台建设,67家单位完成制度设计,太原、阳泉等5个市先期开展创新券试点工作,平台仪器总数达2400台(套),总价值14.6亿元，比上年新增400台,总价值5亿元。

鼓励引导社会资本参与科技创新项目。山西省科技厅与国家基金委、振东集团、晋煤集团、潞安集团继续实施4支联合研究基金,新立项87个项目。依托山西省科技创新创业服务大平台，开展科技投融资专题服务,组织银行、券商、创投公司等17家金融机构到运城、晋城和临汾3个市,面向180多家高新技术企业和民营科技型企业,开展投融资和新三板挂牌对接服务。推进知识产权抵押融资试点等工作。

以“创新引领共享发展”为主题,举办2016年山西省科技活动周,组织“大众创业万众创新”成果展;省级以上重点实验室全部向社会开放,接待各类参观人员1.6万余人；制作推出一批影视、模型、动漫、教品等科普产品。举办全省科普讲解大赛,新认定48个省级科普基地。（王　强）

【山西科技创新城建设】 2016年,山西科技创新城建设形成科技城核心区五大功能片区。在投资建设方面,开工项目51项，完成投资95亿元。规划编制方面,完成9个专项规划调整。机构引进方面,引进42家国内外一流煤基低碳研发机构,与中国冶金科工集团研发创新平台、北航新材料研究院、天津大学煤化工联合实验室、浙江大学富氧燃烧国家重点实验室、华中科大煤燃烧国家重点实验室、比亚迪新能源矿用车研发中心等达成入驻意向。政策激励方面,出台人才支持、平台管理、成果转化、首台(套)装备认定等文件,先期设立2亿元高端人才专项资金、3000万元平台发展引导资金、2000万元科技成果转化引导资金、5000万元重大技术装备扶持引导资金。科技创新城纳入山西转型综改示范区统一整合,进入新发展阶段。（王　强）

【科技成果转化】 2016年,山西省科技厅搭建科技成果转移转化交易系统软件的框架平台,建设科技成果转化项目数据库,“微缩版”上线试运行。筹建科技成果转化引导基金及贷款风险补偿资金。面向全社会征集优秀科技成果和技术需求,扩大成果数据库。完善科技成果转移转化体系,与省教育厅联合制订《关于促进高等院校科技成果转化的若干意见》。加大科技成果转化支持力度,全年实施154个科技成果转化引导专项项目。全省技术合同交易额增长总数达238.55亿元。出台《山西省科研项目和科技活动经费管理办法》，下放预算调整权限,首次对横向项目经费管理提出指导性意见。下放科技成果使用、处置和收益权,高等院校和科研院所科技成果转化所得全部归所在单位,按照不低于50%的比例奖励科技成果完成人和为科技成果转化做出贡献的人员。落实中办、国办《关于实行以增加知识价值为导向分配政策的若干意见》。气象部门加强科研项目过程化管理,建立科技成果转化机制;制订业务准入办法,推进科研成果业务转化,年内7个业务系统通过业务准入,气象业务科技体制改革深化。（王 强 杨 柳）

【科技知识产权保护】2016年,山西省科技厅实施知识产权战略,出台《关于新形势下推进知识产权强省建设的实施意见》《山西省专利奖励办法》。全省有效发明专利拥有量增长22.1%,达9896件,专利申请数量质量提高。完善知识产权保护与维权服务,加强"12330"维权援助举报投诉平台建设,提供维权援助服务,加大专利行政执法保护工作,查处假冒及各类专利纠纷88件。（王 强）

·测绘地理信息·

【测绘服务】2016年,山西省加强测绘资质管理服务。测绘资质审查服务。测绘资质持证单位共计620家。其中,甲级26家、乙级72家、丙级209家、丁级313家;私营企业371家,占持证单位总数的59.8%。全省测绘服务总值14.25亿元。山西省测绘地理信息局全年审查批准测绘资质申请45家,办理测绘资质升级20家,测绘资质延期10家,注销测绘资质6家。推广使用新上线的测绘地理信息行业信用管理平台,接受公众监督。全年办理测绘项目登记9件。开展全省测绘资质巡查,对太原市、大同市、忻州市、临汾市4个市,山西亚太数字遥感新技术有限公司等8家乙级测绘资质单位进行巡查。协助国家测绘地理信息局法规与行业管理司对太原市、阳泉市、临汾市的4家甲级测绘资质单位进行"双随机"检查。放宽市场准入,在测绘资质审查中落实《山西省人民政府关于落实和承接国务院第一批清理规范89项国务院部门行政审批中介服务事项的通知》,不再将ISO9000质量管理体系认证、测绘工程项目质量检验合格证明、测绘计量器具检定3项中介服务事项作为各等级测绘资质审批的受理条件。

测绘质量管理服务。2016年,山西省测绘地理信息局印发《山西省测绘地理信息局测绘地理信息质量管理实施办法》。2月16日至3月31日,开展1:5万数据库动态更新成果质量外业抽检,按时向国家测绘地理信息局上报抽检报告。7月17日至22日,协助国家监督抽查第五小组对山西华晋岩土工程勘察有限公司完成的中化二建集团技术研发楼沉降观测项目监督检查。8月11日至12日,配合国家监督抽查第一小组对山西省地质测绘院的质量管理体系和运行情况开展监督检查。两家被抽检单位成果良好。根据国家测绘地理信息局《关于开展2016年全国测绘地理信息质量监督抽查工作的通知》部署,印发《关于开展2016年全省测绘地理信息质量监督检查的通知》,省级监督检查从5月启动,11月上旬结束。质量体系建立和运行监督检查涉及太原、晋中、阳泉、运城4个市的40家测绘资质单位。其中,32家单位"符合",8家单位"基本符合";20个项目成果质量17个"合格",3个"不合格"。

测量标志迁建维护。2016年,山西省测绘地理信息局完成芮城县西陌乡上庄村D级GPS点上庄村迁建、大同市矿区房地产开发公司三等水准点Ⅲ-007迁建、太原市城市建设管理中心三等三角点马练营迁建、太原国有投资集团有限公司晋阳湖治理工程迁建两座测量标志等测量标志迁建行政审批9件,共迁建测量标志10座。完成大同市云冈石窟景区(AAAAA级景区)和运城市芮城县永乐宫景区(AAAA级景区)2座景观型测量标志建设。完成朔州市测量标志普查和警示牌维修工作。

测绘成果涉密排查教育。2016年,山西省测绘地理信息局对太原市、长治市、大同市等市卫星导航定位基准站涉密测绘成果的保管和使用情况进行排查,对发现的问题,要求限期整改。落实测绘成果核心涉密人员管理制度,全省举办涉密测绘成果管理人员岗位培训班2期,培训人员341人,通过考试并取得证书339人。组织有关单位参加国家测绘地理信息局举办的全国第九期涉密测绘成果管理人员培训班。

应急测绘保障。2016年5月12日,山西省测绘地理信息局参与省国土资源厅在平遥县赵家山村组织开展的突发滑坡应急演练。6月18日,清徐县李家楼村一废弃采石场发生山体滑坡险情,根据省应急测绘预案快速响应要求,该局立即派出应急监测人员、监测型无人机、应急监测车到达现场,完成险情处置工作。

（任玉荣）

【基础测绘】2016年,山西省测绘地理信息局推进省级基础测绘,编制完成《山西省1:1万基础测绘项目管理办法》,组织实施1:1万基础地理信息数据更新工作,晋北、晋西测区的1:1万数字正射影像图(DOM)更新及晋北测区部分区域的数字线划图(DLG)的更新制作任务。

推进2000国家大地坐标系在全省范围内的使用。省级基础地理信息数据库完成2000坐标系的转换,新的基础测绘生产、建库及系统建设均使用2000坐标系。

根据山西省人民政府批示意见,于4月25日印发《关于协助开展国家1:5万基础地理信息数据库更新工作的函》,配合黑龙江省测绘地理信息局开展山西省范围内国家1:5万基础地理信息数据库更新工作。

完成包括数字高平地理空间框架建设、晋城市2014年至2015年度基础测绘项目、晋城市2016年度基础测绘项目、泽州1:1000基础测绘项目、鄂州市机场建设区数码航空摄影、多项测绘地理信息项目。完成渝万铁路客运专线、郑徐客运专线等项目的桥梁、隧道、线路控制测量和施工测放样测量，2016年度西山城郊森林公园测绘及数据建库服务等项目。完成陕西省设区市旅游产品《版图史略》中国历史地图数据采集，大同市基础地理信息数据建设，云冈石窟18窟三维扫描数字化项目，无人机测绘浑源县城60平方千米影像等项目。

山西省测绘资料档案馆向各级各部门提供1:1万地形图2179幅2744张，1:5万地形图327幅480张，其他比例尺地形图11幅11张；1:5万图形数据62幅；三角点49个，水准点480个，GPS点564个。山西省综合地理信息中心向用户提供1:1万基础地理信息数据865幅，专题地图1365张。

（任玉荣）

【地图审核与编制】 2016年，山西省测绘地理信息局完成《山西省廉政文化地图》《山西省红色文化地图》《山西省法治文化地图》《山西省地图》《山西省脱贫攻坚任务图》《和顺县"十三五"脱贫攻坚任务图》《太原市城区图》《山西省省情教育（七、八年级）》《太原城区新楼盘图》《山西省全国重点文物维护单位分布图》《山西省古村镇分布图》《济南—榆林输气管道工程地质灾害危险性评估图》等地图审核工作14项。山西省地图院完成《山西省县域经济发展地图集》（临汾卷、吕梁卷）印刷出版工作。

山西省地图集编纂委员会办公室完成《山西省百镇地图》编制工作，推进《山西省国土资源地图集》编制工作，完成2016版《省领导工作用图》《紧急公务用图》（2016版）编制工作。为省领导外出考察、调研提供紧急公务用图；为新入晋省领导提供全方位介绍山西的系列地图集共9种；为省领导提供山西省立体地图。

（任玉荣）

【地理国情监测】 2016年，山西省测绘地理信息局开展地理国情普查后续工作，完成普查成果建库、省地理国情普查数据库管理系统和成果展示系统建设；完成山西省地级以上城市及太原市城市群空间格局变化监测项目，提取11个地级城市5个时间段城市边界和城市内部结构。加快数字城市建设。完成"数字吕梁""数字高平""数字右玉"项目验收，全省地级以上数字城市地理空间框架建设工作完成。

落实国家测绘地理信息局《关于开展卫星导航定位基准站安全风险点排查工作的通知》要求，开展单位自查和实地检查。对太原、阳泉、长治、晋城、临汾、吕梁、朔州、大同8个地级市的22家有关单位开展基准站安全风险点排查。（任玉荣）

【航空航天遥感影像获取与应用】 2016年，山西省测绘地理信息局按照基础航空影像获取计划安排，与国家基础地理信息中心及航摄公司沟通协调晋北及晋西摄区的影像获取工作，向国家基础地理信息中心申领陕北摄区的74幅航摄影像资料（属于晋北作业范围），选派省内专家参与航摄项目验收工作，完成晋北摄区航摄项目。与卫星测绘应用中心建立遥感影像资料推送机制，成立山西省遥感影像分中心。（任玉荣）

【北斗地基系统建设】 2016年11月3日，在山西省发展和改革委员会牵头组织下，山西省测绘地理信息局和山西嫦娥北斗导航数据服务有限公司签署开展山西省北斗地基增强系统建设战略合作框架协议。推进山西省连续运行基准站网改造，实现对北斗的兼容，统筹规划省级北斗地基增强系统基准站的选址和建设，构建省级北斗地基基准站（网），为各类用户提供位置服务数据。（任玉荣）

【智慧城市、数字城市建设】 2016年，山西省遥感中心通过公开招标方式确定承担"智慧太原"时空信息政务云平台建设，山西省测绘地理信息局配套100万元经费予以支持。数字城市建设方面，根据国家测绘地理信息局《关于做好数字城市地理空间框架推广有关工作的通知》，山西省11个地级市被列入国家测绘地理信息局试点或推广立项计划。山西省测绘地理信息局于7月12日至13日组织召开培训会，对数字城市地理空间框架建设推广应用中的框架建设、应用推广、运行维护、效益及创新4个方面指标培训。9月，配合国家测绘地理信息局国土测绘司对"数字太原""数字阳泉"运行维护和应用情况实地检查、调研。到年底，全省除吕梁市未完成建设外，其余10个地级市均完成数字城市地理空间框架建设任务。21个县（市）实施数字县区工作，其中12个县（市）完成验收。

（任玉荣）

【"天地图"建设与应用】 2016年，山西省测绘地理信息局完成"天地图·山西"2016年山西省级节点与国家主节点的数据融合工作。开展省级节点与太原市、晋中市的省市节点数据融合更新工作，省级节点与晋城市、长治市的省市节点数据融合工作。拓展"天地图·山西"应用领域，推动面向应急、精准扶贫、不动产登记等各级政府和专业部门的应用。完成山西省生态红线采集核查系统、太原市小学学区划片查询系统的研发；服务全省精准扶贫工作，将45万建档立卡贫困人口信息空间化，开发完成山西省精准扶贫地理信息管理系统，为省扶贫开发投资公司进行的易地扶贫搬迁工作提供技术手段。（任玉荣）

【测绘科技项目与获奖】 2016年1月8日，在全国科学技术奖励大会上，山西省测绘地理信息局参与完成的《国家数字城市地理空间框架技术体系构建与应用》获国家科学技术进步二等奖；山西省工程测绘院完成的《大规模卫星导航定位基准站网精密数据处理方法及其应用》项目获2016中国地理信息产业卫星导航定位科技进步奖特等奖；山西省工程测绘院完成的《高精度数字高程模型技术体系构建及其规模化应用》项目获山西省科技进步二等奖；山西省工程测绘院完成的《数字大同地理空间框架建设》项目获2016中国地理信息产业优秀工程金奖；山西省基础地理信息院完成的《山西省吕梁市第一次全国地理国情普查》项目获2016中国地理信息产业优秀工程金奖；山西省综合地理信息中心编制的《山西省森林资源地图集》获中国测绘地理信息学会全国优秀地图作品裴秀奖金奖；山西省地图集编纂委员会办公室编制的《山西省能源地图集》获中国测绘地理信息学会全国优秀地图作品裴秀奖银奖；山西省地图院编制的《山西省县域经济发展地图集（11地市卷）》获中国测绘地理信息学会全国优秀地图作品裴秀奖银奖；山西省基础地理信息院完成的《高动态公路移动测量关键技术及工程师范》获中国测绘地理信息学会测绘科技进步奖二等奖；山西省地图院完成的《朔州市在线触控式领导工作用图信息系统》项目获中国地理信息学会全国优秀测绘工程奖银奖；山西省地图集编纂委员会办公室编制的《山西省民俗地图集》获中国测绘地理信息学会全国优秀地图作品裴秀奖铜奖；山西省地图院编制的《山西省三个文化地图（廉政、法治、红色）》获中国测绘地理信息学会全国优秀地图作品裴秀奖铜奖；山西省工程测绘院完成的《山西省地理国情普查技术体系研究》项目获中国地理信息产业协会测绘地理信息科技进步三等奖；山西省遥感中心完成的《数字长治地理空间框架建设》项目获中国地理信息产业协会测绘地理信息科技进步三等奖。

（任玉荣）

【国家版图意识宣传教育】 2016年，山西省测绘地理信息局在《今日山西测绘》报纸和《经纬天地》杂志刊登国家版图知识小常识，利用“4·22”世界地球日、“6·25”全国土地日、“8·29”测绘法宣传日，普及国家版图意识和地图知识。全省设立街头宣传站点100多个，在主要街道、公共场所悬挂各种条幅标语、展板等；发放各类宣传材料3万多份；利用手机短信发送宣传信息13万多条，多个市的国土资源局在当地电视台黄金时段播出测绘法宣传流水字幕。举办“美丽中国”山西省第三届国家版图知识竞赛，7000多人参与答题。组织开展全省少儿手绘地图大赛，收到参赛作品1000多幅，9月22日，评选出四个年龄组一等奖各1名、二等奖各5名、三等奖各10名及优秀奖若干名。评选出优秀组织奖7个、优秀指导教师奖24个。

（任玉荣）

·水文水资源勘测·

【汛期监测】 2016年，山西省年均降水量为528.6毫米，比多年平均473.5毫米多55.1毫米，属正常年份。全省汛前、汛期和汛后降水量分别占年降水总量的13.2%、72.1%和14.7%。汛前全省平均降水量69.7毫米，属正常年份；汛期全省平均降水量381.1毫米，属正常年份；汛后全省平均降水量77.8毫米，属异常偏多年份。（刘耀峰）

【“7·08”“7·19”强降雨】 2016年，山西省遭遇6轮强降雨过程，范围广，强度大，时间长。全省平均降雨量238毫米，比上年同期多108%，较近十年同期均值偏多34.9%。在“7·08”“7·19”两场强降雨过程中，太原市6城区、吕梁临县、晋中昔阳等15县最大24小时降雨量突破历史极值，汾河、沁丹河、沿黄支流、子牙河、南运河五大水系出现洪水。 （刘耀峰）

【河道水情监测】 2016年，山西省各河流水势变化明显。汛前，58处水文站中，除永定河水系南洋河天镇，子牙河水系清水河五台山，南运河水系清漳东源蔡家庄，沿黄支流东川河岢岚，汾河干流宁化堡、静乐、河岔、寨上、兰村、汾河二坝(二)、义棠、赵城，汾河支流岚河上静游13个站年均流量与多年均值相比偏多外，其余站点均偏少。汛期，受8轮强降雨过程及局部暴雨影响，山西省汾河水系、沁丹河水系、沿黄支流、南运河水系、子牙河水系和大清河水系均发生洪水。汛后，受持续少雨影响，永定河水系桑干河东榆林、桑干河新桥、南洋河天镇、御河孤山、壶流河广灵，子牙河水系滹沱河上永兴、滹沱河界河铺，沿黄支流偏关河偏关、鄂河乡宁，汾河支流冶峪沟董茹、静升河灵石、洪安涧河东庄、续鲁峪大交（续）共13处水文站河道出现断流现象。

（刘耀峰）

【水库蓄水监测】 2016年，据全省59座大中型水库汛初蓄水量统计，汛初蓄水总量为8.51亿立方米，比年初（2016年1月1日）少0.75亿立方米，比上年同期少0.60亿立方米；汛末蓄水总量为10.66亿立方米，比汛初多2.15亿立方米，比上年同期多2.53亿立方米；年末蓄水总量为11.15亿立方米，比汛末多0.49亿立方米，比上年同期多1.89亿立方米。

据全省8座大型水库汛初蓄水量统计，汛初蓄水总量为6.24亿立方米，占所有大中型水库蓄水总量的73.3%；汛末蓄水总量为7.53亿立方米，占所有大中型水库蓄水总量的70.6%；比汛初多1.29亿立方米，比上年同期多1.45亿立方米。年末蓄水总量为7.82亿立方米，占所有大中型水库蓄水总量的70.1%；比汛末多0.29亿立方米，比上年同期多1.00亿立方米。 （刘耀峰）

【土壤墒情与灾情】 2016年，山西省共有墒情观测站点68个。全省全年土壤墒情，春季干旱较为严重，夏季7月由于强降雨的原因，旱情有所缓解，8月全省除太原市、大同市和朔州市外，其他地区都有旱情。秋季9月至10月，全省大部分地区出现旱情，长治市和临汾市旱情较严重。

据2016年1月1日至2016年9月30日统计，全省涉及11个市99个县（市、区）遭受农林牧渔、工业交通运输、水利设施损失、城市受淹等灾害。受灾人口196.33万人，紧急转移6.69万人，倒塌房屋1.83万间。因洪涝灾害造成直接经济损失70.74亿元，其中水利工程水毁直接经济损失15.85亿元。 （刘耀峰）

【水质普查工作】 2016年，山西省水文局在全省开展水质普查工作，共采样监测约5000多个水样包括河流地表水582个，水库596个，地下水（含

2016年山西省汛期海河各主要河流控制站逐月实测来水量统计表

序号	流域	河名	站名	流域面积（平方千米）	月平均流量（立方米每秒）				汛期累计水量（万立方米）
					6月	7月	8月	9月	
1	海河	桑干河	固定桥	15803	0.905	0.718	1.3	0.938	1018
2		滹沱河	南庄	11936	5.46	48.3	12.8	12.8	21098
3		龙　华	下社	475		2.21	0.295	0.23	731
4		松溪河	泉口	1627	0.413	35.5	5.65	2.36	11740
5		桃　河	阳泉	490	0.37	4.14	1.46	0.37	1692
6		浊漳河	石梁	9652	13	45.2	31.9	11.4	26975
7		清漳东支	蔡家庄	460	0.125	1.2	1.07	0.583	792
	海河流域累计水量（万立方米）				5255	36766	14591	7434	64045

2016年山西省汛期黄河各主要河流控制站逐月实测来水量统计表

序号	流域	河名	站名	流域面积（平方千米）	月平均流量（立方米每秒）				汛期累计水量（万立方米）
					6月	7月	8月	9月	
1	黄河	偏关河	偏关	1896	0	0	0	0	0
2		东川河	岢岚	476	0.385	0.479	1.13	1.13	824
3		三川河	后大成	4075	6.04	30.1	24.3	5.82	17645
4		涑水河	张留庄	5545	1.04	1.1	0.828	0.929	1027
5		汾　河	河津	38650	12.6	116	55.4	34.5	58116
6		沁　河	飞岭	2683	1.22	26.6	9.8	2.38	10682
	黄河流域累计水量（万立方米）				5517	46679	24496	11602	88294
	全省合计（万立方米）				10772	83445	39087	19036	152339

岩溶大泉)800个,引调水工程12个,饮水安全集中供水工程2400个,采煤沉陷区及矿坑排水200个,入河排污口约400个。范围涵盖地表水功能区、流域面积小于1000平方千米的河流、大中小型水库、集中式供水水源地、引调水水利工程、入河排污口、岩溶大泉、农村饮水安全集中供水工程、地下水水源地、采煤沉陷区及按评价分区域控制的地下水等。2016年11月20日至21日,山西省水文局召开山西省第三次水资源评价水质普查工作会议进行总结。12月8日,全省开展36个国定贫困县农村饮水安全饮用水水质监测工作,共采集约1.0035万个水样。 (刘耀峰)

【山洪灾害调查评价成果通过审查】 2016年8月24日至26日,山西等5省调查评价审核汇集成果技术审查会在京召开,会议邀请国家防办、中国水科院、海委防办、长江委水文局中游局等单位有关专家参加。山西省山洪灾害调查评价成果通过国家技术审查。 (刘耀峰)

·气象服务·

【平均气温】 2016年,山西省各地年平均气温普遍偏高,12月气温为历史最高;年日照时数全省大部偏少。春季气温冷暖起伏变化大,造成部分地区出现寒潮和霜冻灾害。全省年平均气温为10.6℃,较常年(9.8℃)偏高0.8℃,较2015年偏低0.1℃。从历年山西省气温变化来看,2016年平均气温为近10年第三高。山西省平均日照时数为2321.0小时,较常年偏少126.8小时。 (杨 柳)

【主要气象灾害】 2016年,山西省年降水量较常年偏多,各地降水量时空分布不均,造成山西省局部洪涝和干旱灾害;春季气温冷暖起伏变化大,造成部分地区出现寒潮和霜冻灾害。年内,山西省主要气象灾害及气候事件有暴雨、冰雹、干旱、霜冻、大风、高温、寒潮等,灾害性天气给全省工农业生产及人民生活造成影响,其中暴雨、冰雹造成的影响最为严重。 (杨 柳)

【气象现代化】 2016年,山西省印发《山西省"十三五"气象发展规划》;气象内容写入《山西省国民经济和社会发展第十三个五年规划纲要》。山西省气象局推动《山西省"十三五"气象发展规划》确定的六项重点工程落实,生态文明建设人工影响天气保障工程和现代农业气象服务工程争取立项。推进精细化格点预报业务建设,强化灾害性天气短时临近实时监测、预报预警和天气联防工作,预测预报预警业务水平提高。2016年,全省暴雨24小时预报准确率为25.6%,暴雨预警时间提前量较上年提高30.2分钟。109个国家站均实现双套自动站运行,完成新旧站业务切换工作。提升农业气象、环境气象、旅游气象观测能力,新建农田(温室)小气候观测站28个,大气电场监测站10个。五寨、太原新一代天气雷达基础设施建设进展顺利。CIMISS系统投入业务运行,统一省内数据环境,建立虚拟化资源池,业务流程得到优化,气象信息传输能力提升。加快推进气象信息资源集约整合建设,省级信息网络资源整合取得进展,综合观测和信息系统加强。做好应对气候变化和气候资源开发利用决策服务,向省委省政府提交《山西省气候变化监测公报》《山西省空中云水资源分析评估及人工影响天气工作报告》等决策材料;与住建部门联合开展暴雨强度公式编制和城市内涝风险预警信息发布工作,成果应用于《排水防涝设施建设规划》;推进温室气体监测评估中心建设,开展应对气候变化工作。 (杨 柳)

【气象科技创新】 2016年,山西省气象局召开全省气象部门科技创新大会,明确科技人才队伍建设思路和气象科技创新体系建设思路。组建山西省人工影响天气防灾减灾标准体系建设创新团队。建立山西省气象科技咨询专家库。获批国家自然科学基金项目1项,省科技厅项目5项,参与项目获省部级一等奖1项、二等奖1项,核心期刊发表论文44篇,获批专利2项,软件著作权5项。选派19名干部挂职锻炼和交流。印发《山西省气象局首席专家选拔考核办法(试行)》,评选"首批省局首席专家"5人。招聘本科以上毕业生38名,大气科学类专业和硕士研究生比例提高。选派54名业务人员参加全方位、多形式的技术交流、访问进修、实习锻炼、对口支援等工作,干部人才队伍建设加强。 (杨 柳)

【防灾减灾服务】 2016年,山西省气候异常,出现20余次重大灾害性天气,省气象局启动气象灾害应急响应9次,发布预警信号1.4万余次,报送决策服务材料709期,省领导批示39次。参加G20杭州峰会气象保障服务,做好晋城沁水煤矿透水事故、"11·21"京昆高速平阳段重大事故的应急救援气象服务,完成"8·12"朔州高铁开工仪式等重大活动气象保障。省政府办公厅修订印发《山西省气象灾害应急预案》,完善气象防灾减灾体系。省气象局建立气象灾害预警信息实时通报制度,与交通、国土、水利、农业、林业、环保等20多个部门签署合作协议。突发事件预警信息发布系统与国土、林业、环保、农业、地震等9个部门实现信息对接。由气象部门牵头,安监、国土、水利、交通、煤炭、地震、测绘等部门参与的预警信息"一张图"建设第一期建设任务完成。太原、阳泉作为试点,将防灾减灾气象服务融入智慧城市建设。省气象局加强专业气象服务。加强军地合作,为太原卫星发射中心提供军事航天气象服务保障。与省旅游局合作建设山西省山岳型景区旅游气象服务系统,省市县三级气象、旅游部门联合推进旅游文化产业发展。交通气象服务领域拓展延伸,与省高管局签订交通气象服务合作协议、与地方海事局共同开发山西省地方海事局服务系统、与太原铁路局共同开发铁路气象服务系统。为国电山西分公司提供全网输电线精细化数值预报产品。山西省气象部门作为全国两个试点之一，推进省气象科研所改革；增强防雷减灾服务能力，推动组建山西省防雷减灾办公室，省市两级均成立气象灾害防御技术中心，理顺防雷检测运行机制；强化防雷安全监管，制订《山西省气象局随机抽查规范事中事后监管办法》；完成防雷安全重点单位名录库、执法人员名录库和施放气球重点企业（单位）名录库建设，开展防雷事中事后监管。

太原、大同、运城农业气象试验站建设纳入《山西省加快转变农业发展方式实施意见》重点任务。全省40余个县开展玉米和冬小麦政策性农业保险气象服务。各地气象部门与农业部门联合开展特色农业气象服务。有36个县继续承担中央财政“三农”气象服务专项建设任务，气象为农服务“两个体系”落实。2016年，全省共组织飞机人工增雨作业139架次，开展地面增雨作业186次，增雨总量超过30亿立方米。开展地面人工防雹作业255次，防雹保护面积2万平方千米，人工影响天气成绩突出。

（杨　柳）

·地震监测·

【震情跟踪】 2016年，山西省地震局印发《山西省2016年度震情监视跟踪工作方案》和《晋冀蒙交界协作区2016年度震情监视跟踪工作方案》；召开各类会商会73次。其中，年度地震趋势会商会1次，年中会商会1次，周、月会商会52次，临时、紧急、加密、应急会商会19次；向省委、省政府报送《震情反映》12期。现场核实异常11次，完成异常核实报告11份。实施流动水准和流动地磁加密观测，全年流动水准观测6期，加密观测6期；流动地磁观测4期，加密观测2期。

牵头开展晋冀蒙三省联防工作。召开晋冀蒙协作区震情跟踪工作会、晋冀蒙协作区2016年度年中会商会、晋冀蒙联防区震情跟踪工作联防区会议3次。3月12日，运城市盐湖区4.4级地震后在山西运城召开晋陕豫交界地区震情跟踪专题会商会，讨论晋陕豫交界地区震情形势及北纬35°线东部地区震情趋势。牵头实施晋冀蒙交界区强震短临跟踪专项，完成跟踪区监测台阵的建设任务，进入试运行阶段，两次召开专题会议，讨论台网运行、数据产出以及跟踪显示平台的开发。

应对处置。2016年，山西省发生3次4级地震、5次3级地震，山西省地震局均第一时间启动应急响应，及时公开震情灾情信息、召开紧急会商会，派出现场工作队共计100人，对66个村进行灾害调查、损失评估等现场科考工作。3月12日，运城市盐湖区发生4.4级地震后，省委书记王儒林、省长李小鹏、中国地震局副局长修济刚均作出指示。分管副省长付建华在省抗震救灾指挥部听取省地震局关于该次地震及震后处置情况的汇报，分别与中国地震局和运城市视频通话。

（和　炜）

【数字测震台网运行】 2016年，山西有数字测震台网运行台站57个。其中，“十五”期间新建与升级改造32个、“十一五”期间新建9个、地方台站16个，总体运行率98.49%。山西前兆台网运行台站36个。其中，省级专业台站13个，地方台站23个，仪器总数122台套，全年平均运行率99.69%，数据连续率99.67%，完整率99.04%，预处理完成率100%。山西地震信息台网运行节点21个。其中，省级区域中心节点1个、市局信息节点11个、综合台站信息节点7个，台站接入节点2个，全年网络综合运行率99.745%。在上年全国地震观测资料质量统评结果中，山西省地震局有34项获前三名。

（和　炜）

【监测台网建设】 2016年，山西省地震局组织完成“国家地震烈度速报与预警工程（山西分项）”1101个地震预警台站的勘选任务，包括81个基准站、159个基本站及861个一般站，产出测试数据9.1G，现场影像图7280张，专业图表件1930份，形成勘选报告1064份。组织完成省财政市县骨干台站优化改造项目，包括省局9个台站（监测中心测震子台、太原基准地震台、大同中心地震台、临汾中心地震台、代县中心地震台、长治中心地震台、离石中心地震台、定襄地震台、五台科技中心），市县12个台站（忻州市、大同市南郊区、平定县、潞城市、汾西县、浮山县、蒲县、永济县、沁水县、平遥县地震局及离石区科学技术局、小店区防震减灾局）。全年各市新增前兆观测项目8个。

（和　炜）

2016年山西省3.0级以上地震目录

发震日期	发震时刻	纬度(°)	经度(°)	震级(M)	深度(千米)	震中位置
2016年3月12日	11:14:09	35.00	110.90	4.4	5	运城市盐湖区
2016年3月15日	00:14:24	35.01	110.88	3.0	5	运城市盐湖区
2016年3月27日	03:58:51	34.99	110.86	3.5	5	运城市盐湖区
2016年4月7日	04:49:48	38.87	112.91	4.1	16	忻州市原平市
2016年11月4日	03:41:08	37.63	113.60	3.2	5	晋中市昔阳县
2016年11月18日	07:22:58	37.66	112.52	3.4	7	太原市小店区
2016年12月14日	02:45:09	36.66	111.91	3.4	6	临汾市霍州市
2016年12月18日	11:08:50	37.59	112.48	4.3	5	太原市清徐县

【抗震设防】 应急避难场所建设。2016年,山西省新增两个Ⅱ类应急避难场所(晋中市榆次区体育公园和社火公园)。截至2016年底,全省建成符合国家标准的应急避难场所Ⅰ类3个(临汾市古城公园、临汾市尧都广场、吕梁市市民广场),Ⅱ类9个(运城市南风广场、大同市文瀛湖公园、阳泉市城市中心公园、临汾市平阳广场、忻州市和平广场、忻州市繁峙县滨河公园、忻州市代县滹沱河湿地公园、晋中市榆次区体育公园、晋中市榆次区社火公园),Ⅲ类8个(运城永济市樱花园、运城永济市蒲园、运城永济市柳园、朔州市人民公园、朔州市中心广场、朔州市体育公园、晋中市榆次区玉湖公园、晋中市榆次区文化中心)。

工作检查。2016年3月、5月和7月,山西省防震减灾领导组3次派出检查组对太原、大同、朔州、忻州、临汾、运城6个市,清徐、阳高、怀仁、繁峙、蒲县、垣曲6个县检查,检查组由省地震局、省发改委、省民政厅、省教育厅、省住建厅、省交通厅、省卫计委、省水利厅、省安监局、省通信管理局、省能源监管办等部门联合组成。检查采用查阅资料、听取汇报、提出指导意见、实地查看基层点的方式,重点检查防震减灾领导机制建设、地震应急预案建设、地震应急救援队伍建设、应急避难场所建设管理、各类地震次生灾害隐患排查情况、应急物资(帐篷、食品、药品等)储备情况、建设工程抗震设防情况和《山西省建设工程抗震设防条例》执行情况,实地查看学校、医院、救灾物资储备库、地震应急救援队伍等52个基层点。

应急救援培训。2016年4月,山西省地震局在运城市举办市级地震现场队伍培训班,各市地震局应急管理人员和现场工作人员50余人参加培训,内容包括地震现场工作、应急处置流程、地震灾害损失调查与评估技能、中国地震灾害损失调查评估培训系统使用方法等,开展灾害损失调查评估演练。6月,山西省派出省军区、省武警、省消防3支省级地震救援队伍和太原蓝天、绿舟、天龙3支志愿者队伍骨干共30人,参加由中国地震搜救中心在国家地震紧急救援训练基地组织的地震救援技能培训。10月,举办2016年市县地震应急管理培训班。 (和 炜)

【《山西省"十三五"防震减灾规划》】 2016年5月18日,山西省发改委、省地震局联合印发实施《山西省"十三五"防震减灾规划》(简称《规划》),属省级专项规划。《规划》围绕"融合式发展"主题,以提升防震减灾综合能力、推动"六大发展"为主线,以提高防震减灾治理能力、公共服务能力、基础能力、科技创新能力为主要任务,以实施地震烈度速报与预警工程、省市县级地震台网优化升级、农村民居地震安全及区域震害防御基础探查探测、煤基产业开采监测与地震安全重点实验室建设等重点工程项目为支撑,阐明"十三五"期间山西防震减灾的发展目标、发展任务、发展重点和政策取向。 (和 炜)

【地震科研项目】 2016年,山西省地震局争取省部级科研项目17项。其中,省科技计划项目1项、中国地震局科研项目16项,共计经费52.79万元。下达局属科研项目36项,资助经费23.94万元。获批中国地震局地球物理研究所《中国地震科学台阵探测—华北地区中部》野外观测项目子专题《山西南部区域野外观测项目》,资助经费169万元。在全省地震系统推广由省地震局承担的测震台网青年骨干培养专项《山西省测震台网自动补数系统研制》和《山西地区中小地震的震源机制解研究》两项成果的应用。评出2016年度山西省地震局防震减灾科技成果奖15项,其中一等奖1项、二等奖5项、三等奖9项。 (和 炜)

【震害防御基础探查】 2016年,山西省地震局开展活断层探测、地震小区划、震害预测等震害防御基础工程项目。完成太原市"强震危险区大城市地震灾害情景构建项目"9个子系统的研发和成果报告;推广忻州市云中新区(北区)地震小区划结果的运用,开展《忻州市地震地质构造图》(1:20000)编制工作;阳泉市"矿区震后多地质灾害数值分析预测研究"项目通过验收;晋中市震害预测工程完成二期系统软硬件环境建设和系统数据库建设;吕梁市完成交城断裂(交城县段)跨断层钻孔和探槽野外施工、子专题报告编写;晋城市阳城县开展小区划项目;临汾市完善市区活断层基础数据库,编写《临汾市市区活断层简明使用指南》;运城市地震小区划项目完成野外钻孔施工。

(和 炜)

【山西省及周边地震构造图】 2016年,山西省地震局收集省内活断层、内蒙古大青山山前断裂、内蒙古狼山—色尔腾山山前断裂、焦作市地震活动断层探测资料,以及河北、山东、陕西、河南、甘肃等省安评报告结果,编制剖面图179幅,形成山西省及其周边地震构造图、山西省地震构造图、山西省及周边1:50万地震构造图及各图说明书。通过查清城市周边地震构造环境,为土地利用规划、工程抗震设防、危旧房屋抗震加固、救灾措施制订提供基础资料,提升山西地震灾害防御基础能力。 (和 炜)

【第五代《中国地震动参数区划图》实施】 2016年5月25日,山西省政府新闻办举行媒体通气会,发布第五代《中国地震动参数区划图》,对涉及山西省的地震区划解读。阳泉、晋中、吕梁、朔州、临汾、晋城等市通过新闻发布、专项培训、集中宣传等活动开展全市范围的贯彻和实施工作。6月1日,第五代《中国地震动参数区划图》正式实施,涉及山西省47个县约2.7万平方千米国土面积设防烈度提高。其中,八度高烈度设防区面积3.42万平方千米,占全省总面积的21.82%;七度烈度区面积8.78万平方千米,占全省总面积的56.03%;六度低烈度区面积3.47万平方千米,占全省总面积的22.15%。 (和 炜)

【地震应急准备与演练】 2016年，山西省地震局制订并实施《晋冀蒙交界地区应急准备工作方案》《山西省2016年地震重点危险区专项抗震救灾应对工作方案》《山西省地震局2016年地震现场工作方案》《山西省地震系统2016年重点危险区地震专项预案》。与山西能监办、省交通运输厅签订框架合作协议或合作意向书。与省公安厅、省交通运输厅共同召开地震应急车辆通行暨交通管制管控座谈研讨会，讨论制订《山西省地震应急通行联动方案》。利用省政府应急办收集全省应急基础数据的契机，更新发改、民政、安监、通信、气象、住建等部门的应急基础数据。补充更新省地震救援队和地震现场工作装备，为省地震救援一队采购蛇眼探测仪、热成像生命探测仪和"宽量程"防爆核放射探测仪，为省地震救援二队采购地震救援个人装备和单兵破拆工具。

2016年5月12日，山西省防震减灾领导组办公室和省减灾委办公室联合开展2016年地震信息联动演练，23个省直厅局参加。该次演练首次采用"平台+网络"联合演练的方式，依托省地震局开发的"省抗震救灾指挥部信息交换平台"报送互动信息60余条，实现震情、灾情等重要信息共享和重大灾情险情的应对互动。

6月29日，山西省防震减灾领导组在武警山西总队清徐训练基地组织开展省级地震专业救援队伍技能比武大赛，省军区、武警山西总队、省公安消防总队3支省级地震专业救援队伍共180人参赛。大赛出动各类应急车39辆、无人机两架、搜救犬5只。大赛模拟清徐县某地发生破坏性地震后，各支救援队伍收到指示立即赶赴灾区实施昼夜24小时演练任务，科目包括队伍集结、机动行军、徒步行进、营地设置、现场搜索、竖井救援、顶撑救援、狭小空间破拆与营救、基础操作技术比武等，检验各支队伍的专业素质。

7月26日，山西省地震局组织开展全省地震系统应急演练，省、市、县地震局和各地震台应急人员参加演练，运城市、永济市两级抗震救灾指挥部启动联动处置措施。演练全程5小时，穿插发布相关情景32个，产出应急信息134条。（和　炜）

【防震减灾】 示范创建。2016年，山西省地震局组织开展国家地震安全示范社区申报工作，申报17个社区，其中10个被认定为国家地震安全示范社区。2016年，山西省地震局认定12个省级防震减灾示范县（市、区）、10个省级防震减灾科普教育基地、29个省级防震减灾示范社区和38个省级防震减灾示范学校。

目标考核。2016年，山西省地震局根据省政府下达各市政府的《2016年度防震减灾目标责任状》，制订《山西省2016年防震减灾目标考核评分细则》，分别从地震监测、震害防御、地震应急、宣传教育及保障措施5个方面进行细化量化考核，最后确定考核名次为：忻州、运城、临汾、大同、太原、晋中、吕梁、阳泉、晋城、朔州、长治。

市县培训。2016年8月，山西省地震局开展市县防震减灾信息管理系统培训，提高防震减灾管理工作信息化和网络化水平，在各市全面推广使用市县防震减灾信息管理系统。9月，召开2016年度市县防震减灾工作暨地震行政执法培训，全省地震系统170余人参加。培训内容为互联网+和大数据时代的地震工作、城市地震工程安全、市县防震减灾工作、依法行政等。在太原、大同、朔州、吕梁、晋城、临汾、运城等市开展地震应急、三网一员、舆情应对等专题培训。

科普宣传。2016年，山西省地震局印发《2016年防震减灾社会宣教工作要点》，组织各市在"5·12"国家防灾减灾日、"7·28"唐山地震纪念周期间开展防震减灾科普知识宣传活动。全省累计展出展板3000余块、条幅2000余条，发放各种资料近100万份（含书籍、宣传页、宣传单、光碟、挂图、手册等）。组织各市开展"平安中国"活动，"5·12"国家防灾减灾日期间，太原、忻州、朔州、晋城等市举行启动仪式，"7·28"唐山地震纪念周以运城市为主场开展纪念唐山地震40周年暨"平安中国"防灾宣导千城大行动主题宣传活动。（和　炜）

文化建设

【文化政策体系完善】 2016年，山西省文化厅编制印发《山西省"十三五"文化改革发展规划》《山西省"十三五"红色文化传承保护与发展规划》，其中《红色文化规划》是全国第一个省级红色文化专项规划。落实中办、国办《印发〈关于加快构建现代公共文化服务体系的意见〉的通知》《关于转发文化部等部门关于做好政府向社会力量购买公共文化服务工作意见的通知》等文件精神，印发山西省《关于提高公共文化服务水平的若干意见》《关于做好政府向社会力量购买公共文化服务工作的实施意见》《关于进一步加强对外和对港澳台文化工作的实施意见》《关于实施山西省戏曲传承发展振兴工程的意见》等文件。推动文化市场综合执法改革、基层综合性文化服务中心建设、文化文物单位文创产品开发等工作展开。

（陈燕萍）

【文化艺术精品】 2016年，山西省发挥文化资源优势，启动晋剧《党的女儿》、民族交响乐《印象山西》、话剧《苍河岁月》等重点剧目和《法显》《北魏孝文帝》《晋文公》等剧本创作，其中《党的女儿》《印象山西》进入舞台创作阶段，其他项目进一步推进。一批优秀剧目获国家级奖励，晋剧《于成龙》入选2016年度国家舞台艺术精品工程十大重点扶持剧目，话剧《生命如歌》获第五届全国少数民族会演金奖，舞蹈《扫街》获第十一届中国艺术节"群星奖"舞蹈类比赛第一名。国家艺术基金申请工作实现29个项目立项，获得资助2471万元，其中戏曲剧目、小戏、小品三类立项数量居全国第一。加强文化人才培养，举办文化艺术人才培训班，完成2016年度山西省艺术科学规划课题立项评审。

（陈燕萍）

【政府购买文化惠民】 2016年，山西省文化厅完善政府购买文化机制，落实省级政府购买公共演出服务资金1100万元，组织省直文艺院团进社区、进军营、进乡村演出600余场。发挥省级重点文化设施示范带动作用，山西大剧院全年演出296场，观众超过19万人次。省图书馆日均接待读者6200余人次，举办各类讲座、展览200余场。省群艺馆、山西画院、山西书法院等组织公益演出、展览、培训近300场，受惠群众20余万人次。打造文化惠民品牌，举办长风之夜、周二剧场、龙城剧场等专场演出。

（陈燕萍）

【文化设施建设】 2016年，山西省健全公共文化设施，山西晋剧艺术中心主体工程封顶，推进省少儿图书馆和省古籍保护中心建设，10个县级两馆建设任务完成，省市县三级公益文化设施建设达标率82.45%，比上年增加约2个百分点。发挥文化部门优势，推进扶贫工作，与11个贫困村、1292

2016年，吕梁市民间艺术团演出舞剧《吕梁英雄传》　（陈燕萍供图）

户贫困户实施“精准结对”，为对口扶贫点虎鼻乡新建3个文化活动中心，免费送戏25场，扶持开展光伏发电、农产品种植及加工等项目。（陈燕萍）

【重点项目带动文化产业发展】2016年，山西省文化厅实施重点工程带动文化产业发展，文化保税区累计投资22亿元，完成年度建设任务；山西省文化产业园推进顺利，5个示范馆主体工程建设完成。围绕发展非煤产业目标，推进文化旅游业发展，制订《关于大力推进文化旅游业和文化创意产业发展的工作方案》《关于推进演艺、非遗进景区的指导意见》《关于创建山西省文化旅游大县的指导意见》等文件。搭建展示平台，推动项目合作，组织近百家文化企业和投资公司投融资路演，组织文化企业参加国际性文化产业博览会，推介项目200余个。加强与大型企业合作，与晋能集团共同推进山西文化云平台建设，与保利文化集团、中国文化传媒集团签订合作协议。在太原市启动文化消费模式改革试点，发放30000张文化消费卡。筹备成立山西文化企业协会。（陈燕萍）

【文化资源保护】2016年，山西省创新乡村文化资源保护新路子，开展“乡村文化记忆工程”第二批试点工作。加大非物质文化遗产保护力度，“晋中文化生态保护实验区”完成文化部检查评估。在全国率先完成国家级非遗代表性传承人抢救记录试点工作，获文化部表扬。组织10余项非遗项目参加第四届中国非遗博览会，展示山西非遗大省形象。开展“文化遗产日”系列活动，组织非遗进校园、进军营、进社区，营造非遗保护氛围。实施2016年中国非遗传承人群研讨培训计划，290名非遗传承人接受培训。（陈燕萍）

【文化海外交流】2016年，山西省受文化部选派，组织艺术团体到加拿大、葡萄牙、瑞士等国家和香港、台湾地区参加“中华风韵”和“欢乐春节”等活动。开展与“一带一路”沿线国家和地区人文交流，根据省政府“山西品牌丝路行”工作安排，到匈牙利、捷克、波兰和哈萨克斯坦、格鲁吉亚、白俄罗斯开展文化交流合作。全年完成文化交流项目20余个，300余人次。开拓山西海外文化阵地，省图书馆与毛里求斯中国文化中心、山西省投资集团晋非经贸公司签署框架协议，启动毛里求斯中国文化中心图书室建设。（陈燕萍）

【文化市场综合执法】2016年，山西省贯彻落实中办、国办《关于进一步深化文化市场综合执法改革的意见》，开展全省文化行政综合执法改革调查摸底，探索文化市场分级分类管理和“双随机、一公开”模式，推动实现跨部门、跨行业综合执法。落实文化部《关于推动文化娱乐行业转型升级的意见》，印发山西省配套实施方案，将转型升级工作拓展到全省文化娱乐行业。互联网上网服务行业转型升级工作成效显著，行业整体形象、社会评价改善。加强文化市场监管，组织开展交叉检查与暗访抽查，完成文化市场技术监管和服务平台建设，经营场所录入和网上激活率达98%以上。（陈燕萍）

【乡村文化记忆工程】2016年3月3日至4日，山西省文化局长会议暨“乡村文化记忆工程”推进会在襄垣县召开。“乡村文化记忆工程”首批试点工作推进。2016年在首批112个乡镇试点基础上，从全省遴选出318个文化底蕴比较深厚、文化遗产遗存较多、文化基础设施较好、群众参与自觉性较高、基层管理能力较强的乡镇开展第二批试点，推动山西省优秀传统文化的传承弘扬工作迈上新台阶。向第三批省级文化产业示范基地授牌。与会人员参观襄垣县非遗体验馆、文化馆、虒亭镇乡村文化记忆展览馆、襄子老粗布工业园博物馆，观摩研讨襄垣秧歌剧《法显》。（陈燕萍）

·公共文化服务·

【“阳光工程”文化志愿者培训】2016年7月至8月，山西省“阳光工程”农村文化志愿者培训班在全省各市相继开班，全省百余名文化志愿者参加培训。培训由山西省文化厅主办，省群艺馆和各市文化局承办。培训安排文化志愿服务的才艺展示和技能考核、“阳光工程”网络信息平台运作、群众文化活动的策划与组织、“乡村记忆”农村文化传承与发展等内容，通过基本理论知识、分组讨论、网络软件操作等方面学习，提高基层文化志愿者综合素质。（陈燕萍）

【贫困地区文化人才培训】2016年8月23日至28日，山西省基层群众文化队伍示范性培训暨广场舞培训班在山西省群众艺术馆开班，来自全省多个贫困地区的71名学员进行为期5天的培训。此次培训是山西省首次举办的专门针对贫困地区文化人才队伍的培训活动，参加培训的71名学员是基层公共文化服务工作中坚力量。（陈燕萍）

【公共文化服务体系示范区验收】2016年，山西省文化厅督导朔州市完成第二批国家公共文化服务体系示范区创建，晋中市、大同市通过第二批示范项目验收，启动晋中市第三批示范区创建。根据《文化部办公厅关于公示第二批国家公共文化服务体系示范区(项目)验收结果的公告》，朔州市通过第二批国家公共文化服务体系示范区验收。朔州市自2013年10月入选第二批国家公共文化服务体系示范区创建城市以来，把创建国家公共文化服务体系示范区作为推动地方文化大发展大繁荣的系统工程和民生工程，加强组织领导，统筹部署推进，完善保障机制，加大建设投入，公共文化服务体系建设呈现出良好态势。初步形成覆盖市、县、乡、村四级公共文化设施网络体系；搭建送戏下乡、周末大舞台、合唱比赛、“三小”调演、“山花奖”展演等群众文化活动平台，实现群众文体活动经常化、体系化和品牌化，马邑文化节、边塞文化周、百姓大舞台、万人广场舞及西口风情生态旅游文化节等群众性文化品牌活动成为朔州市独具特色的文化名片。全市拥有基层

文化队伍1000多支，促进基层文化事业发展。（陈燕萍）

【文化志愿者走基层活动】 2016年11月，由山西省文化厅主办，山西省群众艺术馆承办的“文化惠民在三晋”文化志愿者走基层活动开展，琵琶协奏曲《花木兰》、沁州三弦书《花馍情》、舞蹈《扫街》《女人如歌》《忆青春》《我爱你中国》、小戏《耍孩儿情》、歌曲《拜大年》《打酸枣》《打开春天》等节目在全省各市县演出100多场。（陈燕萍）

·文化产业·

【山西文化云平台建设启动】 2016年1月15日，山西省文化厅、山西晋能集团战略合作项目——山西文化云平台正式启动建设，标志着山西文化与互联网、大数据、云计算融合发展进入新阶段。山西文化云平台由文化资源管理平台、文化公共服务平台、文化产业服务平台三大板块组成，内含文化大数据库系统、文化政务管理系统、公共文化云服务、文化资源数字展馆、文化产品研发及线上交易等项目，提供不受时间、空间限制的专业化、集约化、社会化开放信息资源共享利用的云计算服务，为各级政府和文化主管部门提供决策参考，满足公众文化活动和文化信息需求，提高文化服务社会能力。（陈燕萍）

【深圳文博会晋文化产品项目】 2016年5月11日至16日，山西省30种、百余件工艺精品在深圳文博会展出，17件文创产品获中国工艺美术文化创意奖，平遥县薛氏漆艺研究院薛晓东创作的漆盒《羽》，稷山螺钿漆器艺术中心李爱珍、马静创作的漆器《铜胎百子图漆器大碗》等4件作品获金奖。现场签约项目包括光大山西广电信息产业基金及投融资服务项目、国际（数码）电影汇展中心暨动漫基地项目、应县南山生态旅游开发项目、电视剧《第一丫鬟》拍摄项目、忻州市民俗博物馆项目等12个项目。全省共推出133个招商项目，总投资546亿元。中共中央政治局委员、中央书记处书记、中宣部部长刘奇葆参观山西展区。山西展团举办10场山西“古文明”和全省11市形象宣传推介活动，展示山西文化魅力和影响力。（陈燕萍）

【国家文化创意产品开发试点】 2016年7月，山西省博物院、山西省民俗博物馆、山西省艺术博物馆、八路军太行纪念馆、红军东征纪念馆、中国煤炭博物馆、山西省图书馆7家单位入围文化部、国家文物局组织的文化文物单位文化创意产品开发试点单位。（陈燕萍）

【山西文化产业研讨培训】 2016年9月23日至26日，由山西省文化厅主办的山西文化产业创意能力提升研讨班在平遥举办，全省县（区）文化产业负责人，文化企业经营管理管理人员及设计人员80余人参加培训。培训旨在加大文化产业创意人才培养力度，提升山西省文化产业人才创意能力和创新水平，助推山西文化产业转型升级，促进文化产业发展。内容包括文化创意产业发展现状及趋势，文化旅游品牌案例分析及文创产品开发思路，文创旅游商品发展趋势，创新视角看传统等。9月9日至15日，由山西省文化厅主办的山西省特色文化产业培训班在北京文化干部管理学院举办，全省60位县（市、区）级分管领导和文化局长参加培训学习。培训内容为“十三五”时期文化产业发展趋势与规划，文化产业运营发展与创新，特色文化产业培育，文化文物单位文创产品开发与利用，山西文化产业现状与对策等。11月29日，山西省文化厅举办全省文化市场转型升级推进会暨互联网上网服务营业场所统一监管系统数据对接培训会。各市文化局相关负责人，各市歌舞娱乐场所转型升级先进代表等参加会议。会议就文化市场转型升级工作，网吧统一监管系统数据对接工作，文化市场综合执法改革工作，“双随机一公开”工作，“平安文化市场”考核评价工作，加强执法工作等作出安排部署。（陈燕萍）

·非物质文化遗产保护·

【“文化遗产日”活动】 2016年6月11日，是中国第十一个“文化遗产日”，山西物质文化遗产主会场活动在太原市鼓楼街帽儿巷食品文化一条街举行，拉开三晋大地“文化遗产日”序幕。展示活动由“舞动三晋·鼓舞山西”南北中华鼓韵、“百鸟朝凤·晋阳颂”三晋南北唢呐王、“三晋民俗·迎端午”等内容组成；国家级和省级非遗项目和晋酒、晋醋、晋药、晋风、晋韵、晋味、晋茶从原材料到制作工艺和流程全方位展示给观众；剪纸、木偶皮影、面塑、堆锦、砂器、平遥推光漆、神池月饼、运城花馍制作技艺吸引群众流连忘返。在省图书馆开设非物质文化遗产阅读专区，举办“风景这边独好——阅知非遗”阅读活动；依托山西大学举办2016年度中国非遗传承人群研修研习培训计划髹饰技艺普及培训班；组织木板年画、剪纸、面塑、泥塑、刺绣、推光漆以及传统食药传承人到新疆展示交流。“文化遗产日”期间，省文化厅开展山西非物质文化遗产“走进校园、走进军营、走进社区”活动。非遗传承人深入太原市滨河小学、海边街小学、太原陆军预备役通信团举办交流展示活动。（陈燕萍）

文学艺术

·文 学·

【重点作品扶持】 2016年，山西省作家协会开展“深入基层、扎根人民”主题实践活动。坚持开门办“会”，与省环保厅、省直工委、省工艺美术协会、省社科联、山西大学、山西农大、晋城市委宣传部等联合举办活动，多渠道组织作家采风采访了解社情，推荐作家申报重点项目，根据作家选题，支持作家到湄公河、三峡、黄河沿岸等地深入生活，发挥创作基地的积极作

2016年6月13日，山西省文联组团参加第二届华北五省区市杂技（魔术）创新节目展演　　（许小登供图）

用，联系脱贫攻坚工作深入生活。深化“中国梦”主题创作。围绕重大时间节点策划引导创作，“双百工程”“晋军新方阵”第三辑出版等重点创作工作顺利推进，发挥文学刊物阵地作用，推荐作家申报重点扶持工程，推进山西作家经典化进程。组织“赵树理文学奖”评奖活动。完善各项评奖程序，严格评奖纪律，端正评奖作风，评出年度内各类获奖作品与个人36项。加强文学理论和评论建设。实施签约文学评论家制度，加强文学评论队伍建设，针对赵树理诞辰110周年等热点现象开展评论，整合省内各类媒体资源形成宣传合力，在京召开“再造中华审美——新世纪三晋新锐作家群创作研讨会”，中国作协主席铁凝出席会议并讲话，中国作协副主席李敬泽主持会议，北京及山西著名评论家、作家，新闻媒体记者80余人出席会议，对山西更年轻一代作家的创作进行研讨。加强对签约作家、签约评论家和网络作家的组织引导，做好各类培训工作，发挥专业委员会的优势开展活动，重视基层文学工作。

（许小登）

【文学创作成果】　2016年，山西省作家呈现出繁荣活跃的创作态势。一批优秀作品在《人民文学》《收获》《中国作家》《诗刊》等刊物发表，被《小说选刊》《小说月报》《新华文摘》等选刊转载。《下弦月》《同声四调》《流水四韵》《今夜无人入睡》《潘家铮传》《耕读世家》《水土中国》等作品引起较大关注，《寻找巴金的黛莉》《墨子传》被翻译成英文、韩文版，《大湄公河》被加拿大的报纸连载。多项作品获文学奖项，如刘慈欣获凤凰卫视等主办的“影响世界华人大奖”、第十届中国作家榜金奖——年度致敬作家。张二棍获《诗刊》“陈子昂诗歌奖”、首届华语青年作家奖。石头获第二届《人民文学》诗歌奖。鲁顺民获“冰心散文奖”。李燕蓉获“《中国作家》新人奖”。段崇轩、王春林获“第十五届中国当代文学优秀成果奖”。其他作家获《小说选刊》《中国作家》《莽原》《安徽文学》《山东文学》等刊物年度奖和“林斤澜杰出短篇小说奖”“冰心文学奖”“徐霞客游记文学奖”“蔡文姬文学奖”“张爱玲文学奖”、中国微型小说年度奖等奖项。　　（许小登）

·艺　术·

【《山西省戏曲传承发展振兴工程意见》出台】　2016年6月，山西省人民政府办公厅印发《关于实施山西省戏曲传承发展振兴工程的意见》。《意见》国务院办公厅《关于支持戏曲传承发展的若干政策》，把戏曲传承发展振兴作为弘扬“三个文化”、建设文化强省、全面建成小康社会的重要任务，在加大扶持力度、繁荣精品创作、开展惠民演出、改善生产演出条件、支持院团发展、完善人才培养机制、落实从业人员社会保障、加强推广普及和扩大社会影响等九个方面推出举措，旨在通过机制创新、活态传承、生态保护，激发戏曲艺术活力，使山西戏曲事业走在全国前列，由戏曲大省迈向戏曲强省。　　（陈燕萍）

【两节文艺演出活动】　2016年2月1日，由山西省文化厅主办的“弊革风清兴三晋·三个文化唱新风”两节文艺演出活动在省城太原举行。演出推出“山西省优秀新创舞台剧晋京展演汇报演出”“迎两节经典剧目展演”“浓情冬季·助力发展——拥军兴企大拜年”等多个板块，组织省、市、县及民营艺术院团的70余场优秀剧（节）目集中展示。30余家中央和省级媒体对活动报道。　　（陈燕萍）

【首届纤维艺术展】　2016年3月10日，山西首届纤维艺术作品展在太原美术馆开展。该次展览汇集全省各地工艺美术大师、高校美术专业师生及社会各界纤维艺术爱好者的创作作品140余幅，展示山西省纤维艺术水平。　　（陈燕萍）

【地方戏曲剧种普查】　2016年4月8日，山西省地方戏曲剧种普查工作动员暨培训会议在太原召开。会议对普查工作作出部署，全国戏曲普查办公室副主任王晓珊围绕普查工作流程、方法及注意事项讲解。省直有关单位、全省各市文化局副局长、艺术科科长、艺术研究院所领导参加会议，省文化厅派出督导组到全省检查和业务辅导，摸清全省戏曲底数，经普查，全省有剧种39种。　　（陈燕萍）

【文化艺术进校园“双百工程”】　2016年4月8日，太原市2016年优秀文化艺术进校园“双百工程”启动，太原市第二外国语学校近千名师生观看“双百工程”首站演出。该活动是太原市2016年“五个一批”重大民生项目，通过“政府购买、文艺院团服务”的方式，邀请百名艺术家（艺术院团）深入百所中小学校，开展交响乐、声乐、舞蹈、戏曲、歌舞剧、美术、非遗文化项目等经典作品演出和经典艺术讲座。首站活动为中国电影乐团带来的交响音乐会，演奏曲目有《春之声圆舞曲》《蓝色多瑙河》等世界经典名曲。

（陈燕萍）

【纪念建党95周年系列文艺活动】 2016年6月至8月，山西省委宣传部、省文化厅举办纪念建党95周年系列文艺活动。《颂歌献给党》主题晚会于2016年6月30日在山西大剧院举办。主要内容为《心中颂歌》《岁月如歌》《奋进之歌》和《梦想放歌》四个篇章。新创（排）剧目展演活动晋剧《党的女儿》、话剧《热泉》和歌剧《刘胡兰》（选段）在省城展演；选取上年山西省推出的10部优秀新创剧目在省城太原举办40余天展演。山西省优秀新创舞台剧全省巡演；“颂党恩·树新风·走基层”慰问演出。（陈燕萍）

【“三晋之春”合唱比赛】 2016年5月20日至23日，由山西省文化厅、山西省教育厅主办，山西省合唱协会、中北大学艺术学院、山西省群众艺术馆等单位承办的山西省第十一届“三晋之春”合唱比赛在中北大学举办。大赛以“花开筑梦，放歌山西”为主题，将赛场设在大学校园，分设中小学专场、大专院校专场、同声专场、混声专场，按国际合唱比赛标准评分，体现公开、公平、公正。山西大学音乐学院民歌合唱团等20个合唱团获“春花奖”金奖，晋城职业技术学院“飞翔”合唱团等28个合唱团获银奖，潞安集团羿神合唱团等11个合唱团获铜奖。中北大学艺术学院、山西省群众艺术馆等单位获优秀组织奖。（陈燕萍）

【秧歌剧《法显》参加全国会演】 2016年7月15日至16日，长治市襄垣秧歌剧团创排的襄垣秧歌《法显》参加由中宣部、文化部主办的全国基层院团戏曲会演，在梅兰芳大剧院演出。专家们对该剧给予肯定，指出《法显》这个题材用艺术形式助推国家“一带一路”倡议，在舞台上树起有信仰有追求的高僧大德形象，净化人心。该剧自首演以来，在襄垣、长治、太原等地演出数十场。文化部网站以《乡野的质地·高僧的情怀——襄垣秧歌〈法显〉》为题对该剧推介和评论。（陈燕萍）

【民族管弦乐组曲《山西印象》首演】 2016年7月23日，由著名作曲家王丹红和唐建平创作、山西省歌舞剧院民族乐团创作演出的民族管弦乐组曲《山西印象》在山西大剧院音乐厅演出。整个组曲由《黄河之声天上来》《妹妹好》《小青马》《开花调》《乱弹声》《绣楼情》《走西口》《归故里》《晋风颂》9个乐章组成。（陈燕萍）

【全国梆子声腔优秀剧目展山西七戏参演】 2016年9月28日至10月19日，由中宣部、文化部、河北省人民政府主办的全国梆子声腔优秀剧目展演在河北省石家庄市举办。全国梆子声腔21个剧种的31台优秀剧目和1台折子戏专场进行展演。山西省晋剧院的《打金枝》、太原实验晋剧院的《于成龙》、临汾蒲剧院的《洗雪铁丘坟》、运城蒲剧院的《枣儿谣》、忻州北路梆子剧院的《黄河管子声》、长治上党戏剧院的《三关排宴》《闯幽州》7台剧目参加展演。（陈燕萍）

【戏曲精品进校园】 2016年10月13日至12月底，由省委宣传部、省教育厅、省文化厅主办的山西省戏曲精品进校园活动启动仪式暨首堂戏曲知识公开课在山西中医学院举行，1100多名师生参加首堂戏曲知识公开课。活动包括戏曲精品展演活动和戏曲知识进课堂活动两项内容。其中，戏曲精品展演选取晋剧《党的女儿》、晋剧《于成龙》、京剧《陈廷敬》等8台适合青少年学生观看的精品剧目，赴省直和太原市的37所高校展演；戏曲知识进课堂整合山西省戏曲表演、戏曲教学资源，编排戏曲知识宣讲课，到省直和太原市的10所中、小学开展试点工作，向中小学生普及戏曲知识。（陈燕萍）

【山西文艺精品展演周】 2016年11月29日至12月10日，由山西省文化厅主办的“2016山西文艺精品展演周”展演，山西华晋舞剧团舞剧《一把酸枣》《粉墨春秋》、山西华夏之根艺术团说唱剧《解放》、山西省歌舞剧院音乐剧《火花》、山西省歌舞剧院

2016年7月23日，山西省歌舞剧院民乐团创作演出的民族管弦乐组曲《山西印象》首演（陈燕萍供图）

民乐团民族管弦乐《山西印象》和山西省晋剧院《红高粱》在省城各大剧场演出。（陈燕萍）

【美术馆藏品普查】 2016年7月11日在芮城县美术馆启动，山西省美术馆藏品普查领导组成员、芮城县政府分管领导及有关单位工作人员参加启动仪式。全国美术馆藏品普查工作国有美术馆典藏的专业化、标准化建设打下基础，为美术藏品提供交流和科学研究空间。（陈燕萍）

【运城市青年演员戏曲大赛】 2016年8月30日至9月14日，运城市举办“2016年运城市青年演员戏曲大赛”，全市16个戏曲团体，为观众演出蒲剧、豫剧、眉户、线腔、曲剧等剧种17场。（陈燕萍）

·艺术作品获奖·

【话剧《生命如歌》获少数民族文艺会演金奖】 2016年第五届全国少数民族文艺会演于8月16日至9月15日在北京举行，全国43台剧目参加演出。山西省话剧《生命如歌》在10个金奖剧目中名列第二，编剧王元平获最佳编剧奖。《生命如歌》自上年7月在山西大剧院首演，先后在山西、新疆、北京等地演出近百场。（陈燕萍）

【“小梅花”奖山西七人获奖】 2016年8月，第二十届“中国少儿戏曲小梅花荟萃”活动在绍兴嵊州落幕，山西戏剧职业学院的张亚琦、赵彩萍，晋中市艺术学校的牛晋杰、袁静、冀春飞，临汾市艺术学校的周杰，高平市艺术学校的杨述萍7人获“小梅花奖”，其中牛晋杰以总分成绩夺得全国金奖第一名。截至2016年底，山西省共有181人获全国“小梅花”奖稳居全国第一。（陈燕萍）

【潞安大鼓《呼唤》获全国金奖】 2016年11月4日至8日，“中华颂”第七届全国小戏小品曲艺大展在中央电视台举办。来自全国20多个省市、60多个艺术院团的500余名创作演出人员参加活动。长治县曲艺工作者冯海兵创作的潞安大鼓《呼唤》获优秀作品创作金奖。（陈燕萍）

·演艺交流·

【山西省非遗展演走进新疆】 2016年6月3日至15日，山西省文化厅组织山西省非物质文化遗产新疆行系列展演活动，木版年画、剪纸、面塑、泥塑等“非遗”传承人赴新疆昌吉州、阜康市、五家渠市，展示山西优秀传统文化，密切晋疆文化交流。同日，山西画院和省美术家协会组织12位知名画家、书法家在五家渠市采风创作，与当地书法家、画家举行交流笔会，此次他们所创作的作品全部赠送五家渠市团场、牧场和边关哨所。（陈燕萍）

【舞剧《粉墨春秋》在加拿大演出】 2016年1月上旬，作为中国对外文化集团公司“中华风韵”品牌项目，山西华晋舞剧团《粉墨春秋》剧组在加拿大进行一系列文化活动。在温哥华举办三场“中华文化讲堂”系列讲座，演员们依次展示剧中的拜山、跷功、髯口等舞蹈。在温哥华伊丽莎白女皇大剧院上演《粉墨春秋》。（陈燕萍）

【山西华晋舞剧团赴葡萄牙演出】 2016年1月30日，由中国驻葡大使馆和里斯本市政厅联合主办、葡萄牙华人华侨团体承办的2016“欢乐春节”庆祝活动在葡萄牙首都里斯本的马丁莫尼什广场举行。葡萄牙文化部部长若昂·苏亚雷斯，葡萄牙外交部国务秘书若热·奥利维拉、中国驻葡大使蔡润等中葡官员同众多华人华侨以及当地葡萄牙民众共同庆祝中国新年到来。山西华晋舞剧团的演员们在市区街道上盛装表演。（陈燕萍）

【云冈乐舞参加韩国文化艺术节】 2016年5月17日，应韩国第五届星州国际生命文化艺术节组委会邀请，大同一职中舞蹈团到韩国演出，带去《云冈长袖飞天舞》《云冈六臂神舞》等舞蹈。（陈燕萍）

【山西省交响乐团“2016泰国行”】 2016年6月，作为泰国2016“中华文化进校园”品牌活动的内容之一，主题为“中国乐章——西部交响”的山西省交响乐团2016泰国行音乐会在曼谷中国文化中心举行，为曼谷民众呈现一场中国山西地域色彩的音乐演出。由德国指挥家埃拉胡·冯·艾伦巴赫指挥，山西省交响乐团50余名演奏员演奏具有地方色彩的音乐作品。演出《欢庆序曲》《乔家大院》《太谷秧歌》《开花调》等山西特色乐曲。音乐会在清莱、巴吞塔尼和曼谷三地巡演。（陈燕萍）

【舞剧《千手观音》在马来西亚巡演】 2016年6月，太原舞蹈团舞剧《千手观音》在马来西亚进行15天的巡演。首站为马来西亚霹雳州怡保市，并前往莎亚南、新山和马六甲等地演出。（陈燕萍）

【海外华裔青少年“中国寻根之旅”】 2016年8月4日，来自比利时、西班牙的海外华裔青少年“中国寻根之旅”夏令营的62名队员到太原市群众艺术馆参观、学习，工作人员为他们讲授并演奏《中国民族器乐艺术》。（陈燕萍）

【晋剧代表团赴港艺术展示】 2016年11月1日至3日，由山西戏剧职业学院教师组成的晋剧代表团到香港开展晋剧艺术展示活动。该活动由香港联艺文化交流中心主办，是“国粹香江校园行文化交流系列活动”的组成部分。山西戏剧职业学院的专家和艺术家们分别在香港大学、香港城市大学、香港浸会大学和香港科技大学等四所高等学府开展“山西晋剧艺术讲座和示范表演”，展示晋剧代表剧目《打神告庙》《打金枝》《小宴》片断。（陈燕萍）

·山西演艺集团·

【概述】 2016年，山西演艺集团推进

艺术创作繁荣、演艺市场拓展、艺术人才培养和文艺院团改革等各项工作。推出晋剧《党的女儿》、经典民族歌剧《刘胡兰》(选场)、曲艺剧《敌后文工队》、民族管弦乐《山西印象》、“七一”大型文艺晚会《颂歌献给党》,并拍摄完成电影《吕梁汉子》,全年完成演出922场。

音乐剧《火花》、晋剧《红高粱》、京剧《陈廷敬》、话剧《生命如歌》和歌曲《明月照千山》等5部作品获山西省第十一届精神文明建设“五个一”工程优秀作品奖。电影《吕梁汉子》获山西省党员教育电影电视片特别奖和最佳音效奖。话剧《生命如歌》获第五届全国少数民族文艺会演剧目金奖,入选教育部、文化部、财政部“高雅艺术进校园”活动,到上海、广东、湖北、宁夏等地高校演出30余场,赴新疆建设兵团基层团场巡演40余场,作为“国家高雅艺术进校园十周年”纪念演出剧目在清华大学演出。音乐剧《火花》在山西、北京、天津等地巡演30余场,并参加第十一届中国艺术节。

交响音乐季和民族音乐季作为演艺集团艺术品牌,在山西大剧院音乐厅演出15场;南宫“周二剧场”全年惠民演出44场,惠及观众2万多人次,在省城形成稳定演出品牌。(马牧歌)

【演艺进景区】 2016年,山西演艺集团开展文艺进景区活动,打造旅游文艺演出剧目,推出旅游情景剧《乔家大院》和丽华大酒店《三晋民歌汇》文艺演出活动。山西演艺集团和祁县乔家大院旅游资源开发有限公司联合打造旅游情景剧《乔家大院》,在乔家大院景区长期驻场,全年演出28场。该剧由“励志”“娶亲”“辉煌”三部分组成,艺术化地再现当年乔家艰辛创业、严以治家,汇通天下的历程,在让游客游览乔家晋商大院时,感受三晋文脉的深邃悠长和无穷魅力。在晋韵楼、丽华大酒店安排以民歌、二人台为主要内容的《三晋民歌汇》文艺演出,全年演出310场。(马牧歌)

2016年,山西演艺集团演出旅游情景剧《乔家大院》 (马牧歌供图)

【文化援疆话剧创作】 2016年,山西演艺集团加强推广山西话剧院创作的话剧《生命如歌》。话剧《生命如歌》是全国19个对口援疆省份中第一部援疆主题剧目,以“亮剑之师”六师为载体,以出生于太行山的第一代兵团人陈旭刚过90大寿引发的四代兵团人的历史和现实生活为蓝本,讲述一个有关忠诚和信念的故事,展示几代兵团人扎根新疆、屯垦戍边的历史。剧组进入新疆乌鲁木齐、六师五家渠市、石河子市、昌吉回族自治州、阜康市、呼图壁县、奇台县、吉木萨尔县8个城市,在六师团场、共青团农场等7个团场共演出100余场,引起当地观众反响,被赞誉为“兵团大戏”“使命大戏”“援疆大戏”“艺术大戏”。该剧获第五届全国少数民族文艺会演剧目金奖,并入选教育部、文化部、财政部“高雅艺术进校园”剧目。(马牧歌)

【太原文化消费卡承办发行】 2016年,山西演艺集团演艺院线有限责任公司承办发行太原文化消费卡。截至2016年底,完成发行3万张,签订特约商户27家,包括山西演艺院线门店3家、太原市各大剧院7家、电影院3家、书店7家、游泳馆6家、其他类1家,每年直接带动文化消费670万元。“文消卡”作为山西省文化惠民工程的一项新举措,在全省范围内率先将文化惠民和培育文化市场有机结合起来,为提高公共文化服务供给水平和推动文化市场发展繁荣搭建新的桥梁,在文化企事业单位、文化产品及服务和文化消费者之间搭建新桥梁,促进公共文化服务的标准化、均等化,加快建立扩大文化消费需求长效机制、释放文化消费潜力、培养文化消费理念、激励文化消费行为、发挥文化消费在推动经济社会发展中的促进作用。(马牧歌)

社科研究

·山西省政府发展研究中心·

【重点难点热点课题】 2016年,山西省政府发展研究中心围绕全省经济社会发展中的重点、难点、热点问题进行中长期研究和跟踪研究,开展煤炭供给侧结构性改革研究、推进新型智库建设研究、健全行政决策机制研究、全面建成小康社会的艰巨性和复杂性研究、民营经济问题研究等重大课题研究工作。研究报告全部完成,一些研究报告获省领导肯定。多项研究成果获中国发展研究奖、省社科成

果优秀奖等。（王展波）

【重要文稿撰写】 2016年，山西省政府发展研究中心组织骨干力量参与起草省第十一次党代会报告，参加全省经济工作会议讲话和政府工作报告起草工作等。完成省委、省政府领导交办的其他材料的整理撰写工作12次。（王展波）

【决策咨询】 2016年，山西省政府发展研究中心牵头完成政府绩效第三方评估工作。在向国内有关机构调研学习基础上，研究出台开展政府绩效第三方评估有关制度，完成“新建改扩建农村幼儿园”和“山西省行政村街道亮化工程”两个项目评估工作。

完成内刊出刊工作。报送《省长专阅》13期，《决策咨询研究建议》15期，《调查研究报告》出刊84期，超额完成年初确定的目标任务。整理撰写经济运行分析、山西省沿黄贫困地区生态脱贫建议等10余份。参与制订一批重要政策性文件，对20余项文件提出修改意见。向省委省政府提交的研究材料获领导批示18件次，直接向省领导汇报5次。

开展政策解读工作。制订《关于进一步加强信息发布和政策解读工作实施方案》，明确政策解读的职责、任务、平台和机制。两次组织全省供给侧改革专题辅导等大型讲座。在省内外媒体上发表解读文章30余篇次。出版政策解读专著4本，其中《山西推进精准扶贫政策研究》被列为中部地区扶贫培训班指定教材。（王展波）

·山西省社会科学院·

【概述】 2016年，山西省社会科学院（简称山西省社科院）推进山西社会科学研究和决策咨询服务工作。全年获准立项国家社科基金课题1项，省经济社会发展重大课题、省社科规划课题、省软科学课题、省社科联课题共50余项，其中山西省经济社会发展重大研究课题10项；山西省哲学社会科学“十二五”规划2016年度第一批16项，第二批10项；山西省软科学课题2项；山西省社科联2016年度课题14项、院级课题83项，其中山西省社科院2016年度规划课题30项、后期资助课题30项、青年课题6项，智库试点和创新工程资助规划专项课题12项、青年专项课题5项。研究成果分别获山西省第九次社会科学研究优秀成果奖、山西省第十一届精神文明建设“五个一工程”奖、山西省科技进步奖、山西省社科联“百部（篇）工程”奖。

12月17日，山西省社科研究系列人员王云、李玉萍、李晋中、周芳玲、赵旭强、崔玉卿、曹海霞、薛继红8人取得研究员任职资格，王青峰等10人取得副研究员任职资格。（霍春英）

2016年10月29日，山西省社科院主办《语海》编纂工作会议（霍春英供图）

【代县历史文化旅游资源挖掘】 2016年9月10日至11日，山西与“一带一路”暨代县历史文化旅游资源开发学术研讨会在代县召开，由山西省社科院主办，中共代县县委、代县人民政府和省社科院历史所承办。来自全国各地的50多名专家学者和新华社山西分社、山西日报社、山西经济日报社等媒体记者参加会议。与会专家学者围绕“山西在古代中西交流中的地位”“雁门关历史文化旅游资源的活化开发利用”“边塞文化与代县文化旅游品牌建设”“一带一路视域下雁门关与代县历史文化资源研发的建议与创意”“清代的雁门关与塞北商城”“一带一路战略视域下的五台山佛教文化”等专题发言交流，并对代县乃至整个山西的旅游开发提出许多针对性、建设性建议。（霍春英）

【《语海》编纂】 2016年10月29日，《语海》编纂工作会议在山西省社科院举行。上海辞书出版社副总编辑陈崎、省社科院终身研究员温端政及省内外的《语海》工作人员30人参加会议。2012年《语海》工程由省社科院与上海辞书出版社正式启动，温端政任主编。2015年该项目入选国家“十三五”工具书出版规划重点项目。（霍春英）

【对外交流活动】 2016年7月10日至14日，山西省社科院应波兰科学院哲学与社会学研究所邀请，省社科院院长李中元率团出访波兰并参加世界对话协会第十一届国际大会。大会的主题是“价值与观念：理论与实践”，李中元作《“人为”与“为人”——如何理解文化的价值》主题发言，刘景钊作《观念变革推动社会进步的理论逻辑与实践逻辑》主题发言。参会期间，李中元一行与波兰科学院哲学与社会学研究所所长、教授Andrzej

Rychard进行工作会谈，双方交流各自机构设置、科研领域等基本情况，就加强合作达成初步意向。

11月16日至18日，韩国光州全南研究院院长朴晟洙一行6人到山西省社科院进行学术交流访问。17日上午，双方就开展学术交流合作举行工作会谈。省委宣传部副部长杨茂林参加会谈。会谈期间，双方介绍各自的省情和院情，并表达开展学术交流合作的意愿。朴晟洙表示：希望通过这次访问交流，两个地方研究院之间能够建立起长期稳定的合作关系，实现信息互通和人员互访。双方院长共同签署《交流合作协议书》，确定次年共同举办学术研讨会的主题。 （霍春英）

2016年9月10日至11日，山西省社科院主办山西与"一带一路"暨代县历史文化旅游资源开发学术研讨会 （霍春英供图）

【品牌山西建设研讨会】 2016年11月18日，品牌山西建设研讨会在杭州召开，由山西省社科院和省商务厅共同主办。国内知名品牌专家艾丰、谢京辉等围绕如何推进增品种、提品质、创品牌，让山西消费品走向中高端；如何发挥品牌引领作用，推动山西供需结构升级，助力山西振兴崛起建言献策。上海市、天津市商务部门负责人，山西省质监局负责人，建行山西分行负责人，异地山西商会代表，山西品牌企业代表先后发言，共商山西品牌发展大计。 （霍春英）

【《语文研究》入选中国国际品牌学术期刊】 2016年11月29日，山西省社会科学院主管、主办的语言学专业学术期刊《语文研究》再次入选中国国际品牌学术期刊。《中国学术期刊（光盘版）》电子杂志社有限责任公司、清华大学图书馆、中国学术文献国际评价研究中心联合发布的"2016中国国际品牌学术期刊"全国共60种。 （霍春英）

·三晋文化研究会·

【三大丛书编纂】 2016年，三晋文化研究会完成《三晋石刻大全》65县（市、区）67卷的编纂任务，占总计划的50%。出版《三晋文化研究丛书》两种，即《三晋历史人物》（续编）、《纯阳宫与吕洞宾故事》。《近世山西学人文丛》出版6种，即《渊照楼杂著·文学研究法》（郭象升著）《中国文学史纲要》（贺凯著）《春秋左氏释义答问笔法》（李亮工著）《韬园诗集（贾景德著）》《何澄诗文选》（何澄著）《罪案及外一种》（景梅九著）。原稿收集齐备，出版前4种。《三晋石刻大全》被列入国家"十二五"规划重点图书出版项目，获全国和山西省级图书奖。

（王 岳）

【姚奠中书法丛书出版】 2016年1月16日，由中国书法家协会、山西省文联、山西大学、商务印书馆举办的"姚奠中先生系列书法丛书出版首发式暨学术研讨会"在商务印书馆举行。活动由山西省书协、人民画报社、《中国文化报》、山西省稷山县、三晋文化研究会协办，商务印书馆、姚奠中国学教育基金会、奠中书院承办。

（王 岳）

【三晋文化研讨系列活动】 2016年5月1日至2日，霍州市三晋文化研究会召开霍山文化研讨会，提出研究课题要求。

5月14日，由中华炎帝文化研讨会、省委宣传部、省文化厅、省三晋文化研究会等单位主办的"海峡两岸神农炎帝农耕文化研讨会"在山西省高平市召开。

9月9日，来自中国先秦史学会、中国民俗学会、中国社科院、清华大学、北京大学、复旦大学等单位的32名专家学者齐聚山西省稷山县，围绕后稷农耕文化进行交流，为推动改革发展、促进经济转型、提升文化产业凝聚共识，提供智力支持。该次大会由中国先秦史学会、中国民俗学会、山西三晋文化研究会、稷山县委县政府共同举办。

10月26日，山西省首届乡村旅游文化研讨会在阳曲县召开。会议由山西省农村文化促进会、三晋文化研究会旅游文化研究院主办。

12月12日，由三晋文化研究会姓氏文化专委会及洪洞大槐树寻根祭祖园共同主办的"山西姓氏文化产业研讨推进会"在山西省洪洞县洪洞大槐树寻根祭祖园召开。

2016年新成立专业委员会分别是：三农文化研究中心、关公文化专业委员会、毛泽东文化学院、乡愁文化专业委员会、狄青文化研究中心、姓氏专业委员会、山西省文化旅游研究院、山西民间艺术品流动博物馆、

山西廉政文化研究院。（王　岳）

·研究领域·

【习近平总书记系列讲话学习、研究】2016年，山西省社科院研究人员开展习近平总书记系列讲话精神和党中央系列文件的学习和研究，发表论文及评论文章14篇。艾斐发表《用中国精神为文艺筑基铸魂——体悟习近平〈在文艺工作座谈会上的讲话〉》《创新是引领发展的第一动力》《用工匠精神助力供给侧改革》《文化自信为我们筑基铸魂》。吴晓峰、王早霞《"三个突破"的顶层设计意蕴》，杨根龙《协调推进"四个全面"战略布局是实现中华民族伟大复兴中国梦的重要保障》，郭婕《"四个全面"战略彰显实践哲学旨趣》，庞丽峰《准确把握党的纪律规矩的深刻内涵和精神实质》；郭秀兰《严肃党的政治纪律和政治规矩探析》；程淑兰《共享发展理念的时代升华》等围绕"三个突破""四个全面"、党的纪律规矩等内容展开论述。（霍春英）

【社科服务山西发展】2016年，山西省社会科学界围绕中央的重大部署和省委治晋理政的总方略总要求总目标，以及山西经济社会发展实践、山西历史文化的传承创新等社会关切、舆论关注、群众关心的思想、理论问题开展课题研究，推出一批高质量研究成果，《习近平治国理政思想的干部认同问题研究》《山西红色文化底蕴对法治山西建设的影响》《山西综改区财政管理体制改革研究》《山西贫困地区新农村建设研究》等。许多社科专家直接参与省党代会、省人大、政协两会的文稿起草，将研究和决策有机结合，解读党代会、人代会报告，开通理论与实践、决策与工作、领导与群众的交流渠道。省社科联联合中国先秦史学会、山西师范大学，在临汾市召开"山西与古中国"学术研讨会，41名全国和省内先秦史的知名专家学者齐聚尧都古城，共同探讨"古中国"在山西演变发展的历史文化脉络。（杜伟琴）

【社会科学普及】2016年，山西省社科联出台《山西省社会科学普及宣传基地管理办法（试行）》。启动省级社科普及基地建设工作。12月25日，省社科联、省文化厅在省图书馆设立山西省首个"社科普及宣传基地"。策划、资助《山西社科研究与普及书系》出版，组织编写出版《千古先贤介子推》口袋书，推介山西历史名人。发挥《山西社科网》和《学术论丛》《山西社科界》的作用，加大科普宣传力度。"一网两刊"全年共发表各类社科研究普及文章125篇。向省图书馆捐赠《山西社科研究与普及书系》十卷本共500套；与省图书馆共同主办《文源讲坛》，推荐知名社科专家主讲，全年举办38场讲座。10月，在湖南长沙召开的全国第十八次社科普及工作经验交流会上，山西省有5位学者被评为"全国优秀社科普及专家"，5位科普工作者被评为"全国优秀社会科学普及工作者"，《走进晋城》等6部科普作品被评为"全国优秀社会科学普及作品"。（杜伟琴）

【社会主义核心价值观研究】2016年，山西省社科院研究人员开展社会主义核心价值观研究，发表论文及评论文章5篇。李玉萍《以德立世与践行社会主义核心价值观》；杨珺《山西"三个文化"与社会主义核心价值观关系的哲学审视》；马燕萍《试谈儒家伦理道德学术为社会主义核心价值观提供的思想资源》；杨珺《文化共同体视域中的生态文明文化观念》、李玉萍《孝道的前世今生》等文章围绕社会主义核心价值观与道德立世、"三个文化"、生态文明文化观等内容展开论述。（霍春英）

【哲学研究】2016年，山西省社科院研究人员开展哲学研究，出版著作2部，发表论文及评论文章11篇。刘庆丰、杨根龙出版专著《实践最深刻，群众最智慧——马克思主义群众观重大问题研究》（人民出版社2016年版）；薛平出版著作《思想实验的认知机制》（科学出版社2016年版）。刘景钊《中国亟需一场深刻的观念变革》，唐昌黎《中国特色社会主义发展的唯物史观解读》，高专诚《荀子的经学贡献之一：对儒家经典的解读与传承》《荀子的思想贡献和学术地位》《荀子的文学成就和影响》《荀子的经学贡献之三：荀子的音乐理论》，唐昌黎、孟海贵《开启元儒学研究——实现中华民族伟大复兴的文化准备》，路强《从"人情"到"国家"——晋法家政治伦理内在逻辑脉络》，降大任《傅山的天下观与〈六韬〉的关系》等文章围绕唯物史观、荀子的经学贡献、荀子的思想贡献和学术地位、元儒学研究等问题进行论述。（霍春英）

【"三农"问题研究】2016年，山西省社科院研究人员开展"三农"问题研究，发表论文及评论文章8篇。孙秀玲、宗成华、乔娟《中国农产品价格传导机理与政策——基于生猪产业的分析》，孙秀玲《中国农产品价格波动机理研究》，王国棉、王建华《明清时期晋东南地区自然灾害与区域粮价探究》，刘斌、苏尚军《山西省农业发展"新常态"研究》，赵旭强《山西推进农业供给侧结构性改革的着力点》，乔金杰、穆月英、赵旭强《政府补贴对低碳农业技术采用的干预效应——基于山西和河北省农户调研数据》，李永清、张福生、张根生《脱贫攻坚的精准施策——以山西省社科院包驻河曲四村为例》，周芳玲、肖宁月、刘平《农职院校参与新型职业农民培育研究》等文章围绕农产品价格、自然灾害、农业供给侧结构性改革的着力点、农业发展"新常态"、新型职业农民培育等问题进行论述。（霍春英）

【经济学研究】2016年，山西省社科院研究人员围绕综合经济、山西经济和企业经济、能源经济、旅游经济等领域，出版编著1部，发表论文和评论文章38篇。

综合经济领域：原源、吴朝阳《微笑的内容生产链—内容产业的特点及演化轨迹》，黄桦《网络约车，堵还是疏—市场呼唤新业态》，王劲松、韩克勇、赵琪《货币政策对房地产股票价格的影响研究》《资产价格波动对金融稳定的影响——基于中国数据的实证研究》，武小惠《促进基本公共服务均等化财政保障政策研究》《山西欠发达地区城乡贫困问题比较研究》，宋坤、李永清《基于众筹平台角度的众筹融资模式风险分析研究》等围绕内容生产链、科技创新能力、货币政策、资产价格波动、财政保障政策、城乡贫困问题比较等问题展开研究。

山西经济、企业经济领域：李中元任主编，潘云任执行主编，出版编著《山西经济社会蓝皮书 2017》(山西经济出版社 2016 年版)，为山西省社科院编辑出版的第 16 本“蓝皮书”。武小惠《经济学视野下的山西精神》，张文丽、高宇璇《基于引力模型的山西城镇空间结构动态研究》，吕立邦、黄恒学、吴朝阳《供给侧改革背景下流通行业存在的问题与对策》，黄桦《推动经济发展的重要引擎——山西区域经济的组群式发展研究》，张文霞《转型期山西新型城镇化发展现状及对策研究》，冯晓棠、张爱英《文化要素为核心的产业融合新趋势分析》，王青峰《转型发展与“文金双基”——山西在新常态下的困境与出路》，栗挺《新常态下山西社会管理创新初探》，韩芸、刘晓明《做大做强山西民营经济》，吴朝阳《新常态下推进临汾发展新思路》，吴晓峰《民营企业改制中政府行为研究——以泽州县规模以上民营企业为例》，刘晓明《大力发展民营经济促进富民强省》等文章围绕山西在新常态下的困境与出路、山西新型城镇化发展、山西民营经济发展等问题展开论述。

能源经济领域：陈新凤、赵平利《中国能源金融发展路径研究》，王云珠《加快发展可再生能源 构建清洁低碳现代能源体系》，韩东娥《实施生态补偿 致力脱贫攻坚》，曹海霞《聚焦产业融合 提高供给水平》《以“革命兴煤”推动山西煤炭产业“六型转变”》《加快供给侧结构性改革 推动资源型产业转型升级》《着力推进战略性新兴产业发展 培育山西经济发展新动能》《加快山西煤炭资源开发的生态环境补偿制度》，吴青龙、郭丕斌、王云《资源型区域转型视角的山西煤炭市场地位演变分析》，吴青龙、王云、郭丕斌《空间距离演变视角的资源型经济转型研究——以山西煤炭经济为例》，韩芸、王云《资源型经济转型发展理论与实践探索——以山西省为例》等文章围绕能源金融发展路径、资源型产业转型、山西煤炭资源开发、山西城乡生态化建设等问题展开论述。

旅游经济领域：李永宠《厕所革命：让旅游与文明再进一步》《关于尧文化旅游资源开发利用的几点思考》《论丝绸之路经济带视域下的万里茶道》《山西旅游业发展现状、存在问题及对策建议》，邵琦《区域合作：政府主导还是市场主导》，贾云海《山西户外旅游的发展现状与前景展望》《新常态下山西旅游业发展战略的思考》，邵琦《对解决云台山景区“地界之争”的建议》，马文佳《促进休闲产业转型发展政府大有可为》《山西休闲产业转型发展的结构化研究》，周洁《关于以绿色消费助推生态文明建设的思考》等文章围绕旅游资源开发利用、山西旅游业发展的相关热点问题展开论述。 (霍春英)

【社会学、人口学研究】 2016 年，山西省社科院研究人员开展社会学、人口学研究，出版著作 1 部，发表论文及评论文章 13 篇。

社会学领域：韩淑娟《资源型地区人口城市化发展研究》(中国社会出版社出版，2016 年版)。陈红爱《社会学视野下的山西精神》，安培培《山西省城乡居民文化消费现状差异分析》《新型城镇化进程中的社会保障制度障碍分析》等文章围绕社会学视野下的山西精神、城乡居民文化消费现状差异、社会保障制度障碍等问题展开论述。

人口学领域：谭克俭《构建适合农村老年人的居家养老服务体系》，韩淑娟《完善家庭政策助力人口流动》《流动人口家庭迁居模式及其特征》，李文清、周洁《农村老年人日间照料中心发展面临的问题与对策建议》，高瑞《流动人口基本公共卫生服务现状及对策》《提升流动人口服务管理的政策建议——以山西省为例》，马瑜、李政宵、马敏《中国老年多维贫困的测度和致贫因素——基于社区和家庭的分层研究》，董晓英《发展养老健康服务业打造我省经济新增长点》等文章围绕人口城市化发展、流动人口问题、老年多维贫困的测度、发展养老健康服务业等问题展开论述。 (霍春英)

【政治学、法学研究】 2016 年，山西省社科院研究人员开展政治学、法学研究，发表论文及评论文章 17 篇。潘云《坚持马克思主义指导地位》，程淑兰《马克思主义党内监督思想及其启示》，李中元《以新的发展理念引领山西新的发展实践》，艾斐《坚定理想信念 永葆先进本色》《严守政治规矩 全党向中央看齐》《对党不忘初心 与民永结同心》，庞丽峰《权力瘦身 发展强身》，常瑞《山西践行廉洁发展理念的思考》《强化基层政府主导功能 完善城中村治理机制》，张勋祥《以新的发展理念引领新发展》《孙中山的民生理念及其实践》《彭真与中国法制建设》《彭真与法治的公民、权力本位》《法的慈善》《问责：法治政府的先导》，李玉萍《论法治精神在全面依法治国的内在支撑力量》，马春茹《法律工具主义的观念的历史发展及原因分析》等文章围绕马克思主义党内监督思想、新的发展理念、永葆先进本色、严守政治规矩、孙中山的民生理念、彭真与中国法制建设、法治精神等相关问题展开论述。 (霍春英)

【图书馆学、信息科学研究】 2016 年，山西省社科院研究人员开展图书馆学、信息科学研究，发表论文及评论文章 15 篇。董小英《互联网条件下如何提高学术期刊的影响力、传播力和竞争力》《坚守良知与诚信守望》《如何防范学术期刊的学术失信》等文章对如何提高学术期刊的质量、防范学术期刊的学术失信等问题进行论述。李国祥、东鸟《2015年网络舆论场观察》《2016年1—11月网络舆情热点分析》,对2015年网络舆论场进行观察和评论,对2016年1月至11月的网络舆论热点做出分析。(霍春英)

【语言学研究、文学创作与研究】 2016年,山西省社科院研究人员开展语言学、文学研究,出版专著、编著5部,发表论文及评论文章10篇。

语言学领域:温瑞政出版编著《新华格言词典》(商务印书馆2016年版);周文芳、李淑珍出版编著《教育谚语》(山西经济出版社2016年版),该书是吴建生主编《实用谚语丛书》之一。王海静《浅析中文信息处理中的歧义问题》《汉语方言俗语语料库系统》,温端政《树立正确的语词观——兼与周荐〈语词分合问题引发的若干思考〉一文商榷》文章论述语词之间的异同、语汇与词汇的分合、语汇学和语词学的建立,针对周荐《语词分合问题引发的若干思考》一文提出的一些问题进行商榷,曹瑞芳《山西阳泉方言非重叠两字组词语的连读变调》对山西阳泉方言连续变调进行分析。

文学领域:乔林晓出版专著《父亲母亲》(纪实文学)(山西人民出版社2016年版)和《故乡视域中的文学》(三晋出版社2016年版);武献民、杨丽红、赵树婷、王秀红出版论著《抗战文化》(山西人民出版社2016年版)是"山西八大文化品牌丛书"之一,获2016年第一号优秀晋版新书书目。耿振东《实现中华民族伟大复兴的新子学之关注现实的思考》《〈管子〉市场理论》入选《稷下学公开课》论文集《子藏》,周萍《论泰华诗人曾心诗歌的艺术魅力》《论曾心小诗里的意向世界》入选《曾心作品集》;《论小诗磨坊里的意向世界》入选国际学术研讨会论文集。(霍春英)

【历史学研究】 2016年,山西省社科院研究人员开展历史学研究,出版著作3部,论文集1部,发表论文及评论文章10篇。

山西省社会科学院,中共高平市委、市人民政府合编《寻根炎帝》(三晋出版社2016年版)。杨茂林主编出版编著《法显研究论集》(山西人民出版社2016年版)。杜学文任主编,高春平、王灵善任副主编出版编著《三晋史话·综合卷》(三晋出版社2016年版);杨茂林主编出版编著《山西抗战纪事》(共3卷)(商务印书馆2016年版),为商务印书馆纪念中国人民抗日战争暨世界反法西斯战争胜利70周年特别重点策划抗战套书系列之一。李卫民《公众史学的中国书写》《虚心涵泳 切己体察》,高春平《明代尚方宝剑制度究竟是怎么回事》《明清二爷孙》《山西:中国古代丝绸之路的枢纽》,陕劲松《民族融合下的山西婚俗文化变迁》《走西口中的民族交流与文化融合》,张文广《山西阳城廉吏群体的五大特征》,晔枫、郝若平《生态人类学视域中的贵州区域历史文化研究》,郭永琴《龚氏与共工氏关系刍议》文章围绕公众史学、明代尚方宝剑制度、山西婚俗文化、贵州区域历史文化等命题展开论述。(霍春英)

【人物研究】 2016年,山西省社科院研究人员开展人物研究,出版著作1部,发表论文及评论文章3篇。尹协理、刘海兰出版专著《王通评传》(北岳文艺出版社2016年版)。艾斐《"文摊"作家赵树理的永恒昭示与当代意义》、智效民《杨荫杭 杨绛之父 胡适之师》《任鸿隽的科学救国梦》围绕赵树理、杨荫杭、任鸿隽等人物展开论述与宣传。(霍春英)

【地方历史文化专题研究】 2016年,山西省社科院研究人员开展晋商学、五台山学等山西地方历史文化专题研究,出版著作4部,发表论文及评论文章7篇。

五台山学领域:崔玉卿出版专著《五台山世界文化景观遗产》(宗教文化出版社2016年版),为《五台山学文库》第二卷;杨云山、张慧芝、武献民出版编著《佛教圣地》(山西人民出版社2016年版),是"山西八大文化品牌丛书"中的一本,获2016年第一号优秀晋版新书书目。李中元、崔玉卿《建设数字"五台山"是保护与利用的必由之路》,为山西省首届文物保护科学和技术研究课题成果;崔正森《关于法显忘身求法、创辟荒途的研究》、周祝英《五台山文殊菩萨彩塑发展演变》、朱伊文《用新传媒包装推广

2016年11月18日,山西省社科院和山西省商务厅共同举办山西品牌建设研讨会

(霍春英供图)

非遗项目》,王国棉《山西世界遗产的保护与开发》等文章围绕数字“五台山”建设、法显忘身求法、五台山文殊菩萨彩塑以及山西世界遗产的保护与开发等问题展开论述。

晋商学领域: 张正明任主编,宋丽莉、张舒任副主编,出版编著《明清晋商商业资料选编》(上、下册,山西经济出版社 2016 年版);宋丽莉出版编著《晋商家园》(山西人民出版社 2016 年版),是“山西八大文化品牌丛书”中的一本,丛书获 2016 年第一号优秀晋版新书书目。张舒、张正明《晋商之魂与晋商精神》《清代晋商与万里茶路》围绕晋商之魂、晋商精神等相关问题展开论述。 (霍春英)

·社科成果评奖·

【概述】 2016 年,山西省社科联完成第九次社会科学研究优秀成果评奖工作、2015 年度“百部(篇)工程”评审工作、2016 年度“百部(篇)工程”申报工作。第九次社会科学研究优秀成果评奖评出 278 项优秀成果。其中,一等奖 27 项,二等奖 69 项,三等奖 97 项,优秀奖 85 项。《科学发展观对马克思主义发展理论的新贡献》《中国人为什么接受马克思主义:发生学的再思考》《煤矿安全行为管理系统研究》《生态社会学》《基于可耗竭资源开发的区域经济发展模式研究》等优秀成果获一等奖。 (杜伟琴)

山西省第九次社会科学研究优秀成果获奖(一、二等奖)名单

一等奖(27 项)

序号	成果名称	成果形式	著作人	工作单位
1	科学发展观对马克思主义发展理论的新贡献	著作	赵笑蕾	山西师范大学
2	中国人为什么接受马克思主义:发生学的再思考	论文	尹占文	山西大学
3	论党员表达权的保障与规制	论文	崔建周	省委党校
4	英国的新马克思主义	著作	乔瑞金等	山西大学
5	经验知识、心灵图景与自然主义	论文	殷　杰　何　华	山西大学
6	基于可耗竭资源开发的区域经济发展模式研究	著作	景普秋等	山西财经大学
7	跨国公司发展的新趋势和新特点	论文	樊增强	山西师范大学
8	经济一体化视角下的明清晋商	著作	成艳萍	山西大学
9	生态社会学	著作	秦谱德　崔晋生 蒲丽萍	省社科院
10	明清家族司法探析	论文	原美林	山西大学
11	山西票号商事习惯法的兴衰——以熟人社会为视角	论文	薛建兰　赵　亮	山西财经大学

续表

序号	成果名称	成果形式	著作人	工作单位
12	课堂互动与青少年的创造性研究	著作	韩　琴	山西师范大学
13	意识形态解蔽与教育批判——阿普尔教育哲学思想研究	著作	徐冰鸥	山西大学
14	体育的宪法保障——全球成文宪法体育条款的比较研究	著作	陈华荣　王家宏	运城学院
15	玉山雅集与文士独立品格之形成——金元文士雅集的典型解析	著作	牛贵琥	山西大学
16	元杂剧用韵研究	著作	赵变亲	山西师范大学
17	知识生产与学科规训：晚清以来的中国文学学科史探微	著作	栗永清	山西师范大学
18	近代华北乡村地权分配再研究——基于晋冀鲁三省的分析	论文	胡英泽	山西大学
19	二十世纪前期中国基层政权代理人的“差役化”——兼与清代华北乡村社会比较	论文	渠桂萍	太原理工大学
20	丁村旧石器时代遗址群：丁村遗址群1976~1980年发掘报告	著作	省考古所编著 王益人主编	省考古所
21	网络组织负效应研究	著作	孙国强等	山西财经大学
22	消极情绪影响人际信任的线索效应：基于信任博弈范式的检验	论文	李常洪　高培霞 韩瑞婧等	山西大学
23	基于重大突发事件的即兴决策	论文	薛耀文　黄　欢 张国凤　张朋柱	山西师范大学
24	煤矿安全行为管理系统研究	著作	栗继祖　梁春豪 陈新国	太原理工大学
25	祁太秧歌研究	著作	阎定文	太原师范学院
26	山西石塔村龙天庙古戏台设置陶瓮的声学技术	论文	杨　阳　高　策 丁　宏	山西大学
27	古剧场与神系·神庙研究	著作	冯俊杰	山西师范大学

二等奖(69项)

序号	成果名称	成果形式	著作人	工作单位
1	中国特色社会主义公平正义的本质内涵和认识误区	论文	张二芳	山西财经大学
2	在深刻的忧患中破解资源型经济魔咒	论文	尹天五	省委宣传部
3	论我国农村集体经济的价值取向	论文	赵宇霞 王 娴	山西大学
4	大学生健康政治心理培育探析	论文	赵跃先 李婉婧	山西师范大学
5	高校马克思主义信仰教育研究	著作	林雪原	太原理工大学
6	党的十六大以来维护文化安全的经验	论文	王建军	省委党校
7	论文化与科技的融合——基于马克思主义视角的分析	论文	张胜旺	中北大学
8	青年马克思的道德批判研究	著作	薛秀娟	山西师范大学
9	胎藏曼荼罗研究	著作	侯慧明	山西师范大学
10	马克思哲学的现象学思想研究	著作	李 鹏	山西财经大学
11	后天必然性与认知二维主义——兼论认知可能性与形而上学可能性的关系	论文	陈敬坤 魏屹东	山西大学
12	基于全生命周期的CCS系统综合评价研究	著作	王 云	省社科院
13	矿产资源的产权残缺与租值耗散问题研究	著作	曹海霞	省社科院
14	从消费、投资和货币供求看股票价格对物价水平的影响——基于中美两国的实证研究	著作	王劲松	中北大学
15	城镇化与农业技术变迁的互动机制——基于中国数据的理论与经验研究	论文	刘维奇 韩媛媛	山西财经大学
16	流动性过剩与全球失衡的世界经济冲击综合分析——基于货币稀释理论	论文	赵文生 刘树林	山西财经大学
17	区域生态补偿机制研究	著作	金 波	太原科技大学
18	基于企业社会责任视角的期货公司风险管理研究	著作	刘 红	山西大学商务学院
19	XBRL财务报告在财务信息相关性与可靠性中的应用研究	论文	郑济孝	太原学院
20	个人和机构投资者情绪与股票收益——基于上证A股市场的研究	论文	刘维奇 刘新新	山西大学
21	马克思主义农业生态思想及其当代价值研究	著作	李繁荣	太原师范学院
22	走西口移民运动中的蒙汉民族民俗融合研究	著作	段友文	山西大学
23	中国基本医疗保险立法研究	著作	孙淑云	山西大学

续表

序号	成果名称	成果形式	著作人	工作单位
24	从“抽逃出资”到“侵占公司财产”：一个概念的厘清——以公司注册资本登记制度改革为切入点	论文	樊云慧	山西财经大学
25	马克思主义大众化理论视野的新扩展——党的十八大对推进马克思主义大众化认识的新贡献	论文	张志芳	省委党校
26	含义不确定之分类法律概念的解释	论文	毋国平	山西大学
27	A省调查:政治生态优化的对策(行政区划调整和省直管县改革研究分报告)	研究报告	张晓永	大同大学
28	正确认识和科学把握网络廉政监督	论文	王瑞娟	省委党校
29	论英国隐私法的最新转向——以Mosley为分析重点	论文	郗伟明	山西财经大学
30	学习者个性特征对虚拟学习社区中知识建构的影响研究	论文	王　云　董炎俊	山西师范大学
31	观点采择对大学生网络偏差行为的影响:道德推脱的中介作用	论文	杨继平　王兴超 杨　力	山西大学商务学院
32	口述记忆与教育变迁：新中国成立60年来的农村教育生活史	著作	于　珍	山西师范大学
33	球场观众暴力研究	著作	石　岩	山西大学
34	教育改革的正当性之思	论文	刘庆昌	山西大学
35	教师课程标准意识的内涵、生成与评价	论文	杨　晓	山西师范大学
36	竞技武术是一项现代体育运动项目吗？——在古特曼现代体育特征体系下对竞技武术的再审视	论文	赵　岷　李金龙	大同大学
37	网络社会支持与心理健康	著作	梁晓燕	山西大学
38	晋语山蟹两摄的不平行演变研究	论文	王为民	山西大学
39	晚唐小品研究	著作	李秀敏	山西师范大学
40	元好问文编年校注	著作	狄宝心	忻州师范学院
41	诗意的招魂:中国当代诗化小说研究	著作	廖高会	中北大学
42	金代河东南路戏剧研究	著作	李　文	运城学院
43	影戏俗字研究	著作	温振兴	山西大学
44	扩大非物质文化遗产的对外传播——以山西省为例	论文	张艳丰　王　罂	山西大学
45	“赋诗言志”与“诗言志”的理论内涵和职能演变——兼论“诗可以群”诗学作用的历史变迁	论文	郭　鹏	山西大学
46	近六百年来山西气象灾害与气候变迁	著作	孟万忠　赵景波	太原师范学院

续表

序号	成果名称	成果形式	著作人	工作单位
47	经验、技术与权力:晋中新区土地改革研究(1948—1950)	著作	郝正春	太原理工大学
48	寻求规则与秩序:18—19世纪重庆商人组织的研究	著作	陈亚平	太原师范学院
49	德意志帝国时期城市化研究	著作	徐继承	山西师范大学
50	也论社会史与新文化史的关系——新文化史及其在中国的发展	论文	张俊峰	山西大学
51	20世纪二三十年代北京官办社会救助的市场化取向	论文	刘荣臻　樊艳丽	太原科技大学
52	民生维艰:田赋负担与乡村社会变迁——以二十世纪前期的山西为范围	著作	张启耀	运城学院
53	中古佛教寺院儒化伦理教育探析	论文	贾发义	山西大学
54	区域人才聚集效应研究	著作	牛冲槐　张永红	太原理工大学
55	食品安全公共危机的舆论监督	著作	程景民　薛　贝	山西医科大学
56	需求不确定下的供应链融资研究——基于报童模型视角	著作	王文利	太原科技大学
57	包容性发展:地方政府竞争的价值选择	论文	刘海燕　马培生	山西财经大学
58	基于前沿分析方法的中国工业部门广义碳生产率指数测算及变化分解	论文	赵国浩　高文静	山西财经大学
59	研发团队间互动过程与合作管理	著作	郭艳丽	太原科技大学
60	自然灾害社会易损性评价及治理研究	著作	闫绪娴	山西财经大学
61	我国行政事业单位内部控制制度特征研究	论文	田祥宇　王　鹏 唐大鹏	山西财经大学
62	山西省适垦耕地及其空间分异特征	论文	安祥生等	太原师范学院
63	中西部地区农村女性人口流动问题研究	著作	刘　宁　崔　燕	省委党校
64	中国农村题材电视剧研究	著作	薛晋文	太原师范学院
65	中国古典戏曲品评观念研究	著作	梁晓萍	山西师范大学
66	雁北明清剧场及其演剧研究	著作	王鹏龙	大同大学
67	山西北路梆子研究	著作	刘兴利	大同大学
68	明清时期太原府剧场考论	著作	牛白琳	山西广播电视大学
69	让每个孩子听懂音乐——践行因“材”施教的真谛	著作	赵　靖　连　华 张慧琴	省教科院

2015年度山西省“百部（篇）工程”获奖成果（一、二等奖）名单

一等奖（24项）

序号	题　目	成果形式	作　者	出版单位
1	马克思主义的国际主义思想发展与范式转换研究	著作	尹占文	人民出版社
2	科学实践观范式下思想政治教育价值研究	著作	李月玲	人民出版社
3	科学语义学研究	著作	刘伟伟	科学出版社
4	A Family-Oriented Decision-Making Model for Human Research in Mainland China	论文	邓　蕊	Journal of Medicine and Philosophy
5	跨国公司投资、资产并购与中国经济安全	著作	樊增强	中国社会科学出版社
6	并发多样本滚雪球抽样的捕获再捕获估计	论文	米子川	统计研究
7	基于煤矿资源的利益博弈与策略选择——山西煤矿开采与经营中的政企关系研究	论文	董江爱　徐朝卫	中国行政管理
8	费希特的宗教批判	论文	崔文奎	世界宗教研究
9	新加坡国家意识形态发展研究	著作	胡若雨	山西人民出版社
10	儿童作为研究者：理论建构与实践探索	著作	席小莉	东北师范大学出版社
11	自我心理调适与成长	著作	张绣蕊	世界图书出版广东有限公司
12	竞技蹦床技术训练阐析与动作评价研究	著作	冯本余	新华出版社
13	牛津大学导师制历史演进	著作	杜智萍	科学出版社
14	山西抗战戏剧研究	著作	段　俊	中国社会科学出版社
15	中国古代的诗社与诗学	著作	郭　鹏　尹变英	商务印书馆
16	山西文明史	著作	杨茂林等	商务印书馆
17	政制转型与山西政治秩序重构研究（1911-1928）（上、下册）	著作	张文俊	台湾花木兰文化出版社
18	晋南地区东周时期铜器墓葬研究	论文	张　亮　滕铭予	考古杂志社
19	旅游流与目的地耦合评价模型及仿真研究——以北京、西安入境旅游为例	著作	高　楠	中国经济出版社
20	网络能力、网络结构与创业绩效——基于中国孵化产业的实证研究	论文	张宝建　孙国强 裴梦丹　齐捧虎	南开管理评论
21	Tracing database usage: Detecting main paths in database link networks	论文	于　琦等	Journal of Informetrics
22	技术冲击与企业网络演化的时机和方向——激光光盘行业的案例	论文	宋志红　史玉英 李冬梅	科研管理
23	绛州锣鼓的考察与研究	著作	杨高鸽	中国纺织出版社
24	戏曲关目与关目漏洞	论文	梁晓萍	文艺研究

二等奖(37项)

序号	题 目	成果形式	作 者	出版单位
1	构建党内政治生活支持保障体系的思考	论文	崔建周	马克思主义研究
2	变迁与优化:建国以来中国共产党社会整合机制研究	著作	贾绘泽	中央文献出版社
3	社会主义生态文明,何以可能?	著作	吉志强	中央文献出版社
4	GPA 规则下政府采购扶持自主创新的策略研究	论文	赵云波 武晓媛	科学管理研究
5	“不可说的”还能“说”吗?——冯友兰与前期维特根斯坦之视域比较	论文	赵海燕	哲学研究
6	英国新马克思主义文化批判的致思路径	论文	乔瑞金 李 隽	理论探索
7	煤电一体化改革的山西路径研究	论文	刘 晔	中国煤炭
8	基于利益相关者的森林生态旅游发展研究	著作	关海玲	经济科学出版社
9	异质性服务企业、沟通成本与 FDI 动机	论文	刘 军 王恕立	中国社会科学院世界经济与政治研究所《世界经济》编辑部
10	欧盟对中东欧政党政治的塑造作用评估	论文	姬文刚	当代世界与社会主义
11	股权众筹平台监管的国际比较	论文	樊云慧	法学
12	美国金融消费者保护机制的改革及经验	论文	温树英	美国研究
13	山西省低收入群体政治心态调查	论文	赵晋泰 李寅月	中共中央党校学报
14	我国高职院校学生学习能力评价及培养研究	著作	李志河	重庆大学出版社
15	区域高职教育发展之劳动力市场适切性探究	著作	王全旺	人民日报出版社
16	教学功利化剖析与出路探讨	论文	朱文辉 靳玉乐	中国教育学刊
17	我国大学跨界协同创新的耦合效应研究——基于SCI 论文合作论文的互信息计量	论文	李培凤	复旦教育论坛/复旦大学
18	论公民教育的多重意蕴与实践形态	论文	王爱玲	湖南师范大学教育科学学报
19	现代化视域下思想政治教育发展研究	著作	廖启云	中国社会科学出版社

续表

序号	题　目	成果形式	作　者	出版单位
20	明代经学学术编年	著作	甄洪永 孔德凌	凤凰出版社
21	汉语单数人称代词音变式的功能演变及性质	论文	裴瑞玲 王跟国	《语言研究》(教育部主管)
22	纯文学批评话语对农村题材小说研究的遮蔽	论文	阎秋霞	中国现代文学研究丛刊
23	大同历史文化	著作	廉慧斌	三晋出版社
24	唐代苏州农业发展原因述略	论文	刘　丽	中国经济史研究
25	抗日战争时期大同煤矿"万人坑"史料汇编	著作	高怀秀	中共党史出版社
26	论敦煌学人侯瑾的形象演变及其影响	论文	张清文	《敦煌研究》杂志
27	环境污染、经济增长与医疗卫生服务对公共健康的影响分析——基于中国面板数据的研究	论文	曲卫华 颜志军	中国管理科学
28	关联数据中 CNMARC 到 MARC21 的映射实现	论文	贾君枝 白林林	国家图书馆学刊
29	虚拟整合网络能力对创新绩效的作用机制研究	论文	马柯航	科研管理
30	不同生命阶段的企业社会责任研究	著作	赵芸	中国社会科学出版社
31	定向增发、股权结构与投资效率研究	著作	王晓亮	经济科学出版社
32	中国文化产业效率的区域比较及关键因素	论文	郭淑芬	宏观经济研究
33	礼俗传统考察与研究——以河东乡村地区为视角	著作	卫凌	中国文史出版社
34	大同云冈石窟乐器图像的再校订	论文	吴巧云	西安音乐学院学报《交响》
35	创意设计思维训练	著作	张晋政	上海交通大学出版社
36	英语学术论文中的言据性研究	著作	杨林秀	科学出版社
37	Shanxi Stories	著作	刘晓虹等	山西人民出版社

方志 档案

·方志编纂·

【概述】 2016年,山西省地方志办公室(简称省方志办)全面贯彻落实国务院《全国地方志事业发展规划纲要(2015–2020年)》和省政府办公厅印发的《山西省地方志事业发展规划纲要(2015–2020年)》,坚持依法治志,推进实现第二轮规划志书和省、市、县三级综合年鉴全覆盖的“两全目标”。全年编纂出版省志5部、县(市区)志5部、地区志1部;出版综合年鉴省级1部、市级10部、县(市区)级43部;编辑出版《山西省情报告(2016)》《2015山西重点工程大事记》;承办第一次全国年鉴工作会议;促进方志理论研究阵地建设,全省共有方志期刊8种,编辑出版34期,《史志学刊》成为高质量学术期刊;实施对地方志工作机构新任负责人、志鉴主编(总纂)的专项培训;推动方志馆建设,完善省志和市志的数字化工作。

(欣 然)

【《山西省地方志事业发展规划纲要(2015–2020年)》印发】 2016年1月7日,省政府办公厅印发《山西省地方志事业发展规划纲要(2015–2020年)》(简称《规划纲要》)。《规划纲要》围绕《全国地方志事业发展规划纲要(2015–2020年)》要求,结合山西实际,从指导思想、总体目标、主要任务和保障措施四个方面,对未来5年全省地方志事业发展作出全面规划。

(欣 然)

【志书编纂】 2016年,山西省地方志办公室推动省志、市县志编纂工作持续开展。

省志编纂。编纂完成《山西省志·民政志》《山西省志·人物志(下)》《山西省志·证券志》《山西省志·煤炭志》《山西省志·商务志》,均由中华书局出版。截至年底,《山西省志》累计出版36部。《山西省志·民政志》全面记述1978年1月至2013年12月山西民政事业的发展历程和现状。《山西省志·证券志》记述清代至2013年山西证券的起源及证券市场的发展历史。《山西省志·煤炭志》记述1978年至2010年山西煤炭系统在市场经济形势下的大发展、大变化。《山西省志·商务志》记述1978年至2008年山西商务的发展改革轨迹。《山西省志·人物志(下)》共收录2453人,以在晋工作人物为主,其中,人物传收录1979年至2012年去世人物920人,人物简介收录在世人物1533人。截至2016年底,上、中、下三卷《山西省志·人物志》全部出版。

市县志编纂。2016年,省方志办审核《太原市晋源区志》《代县志》《昔阳县志》《偏关县志》《介休市志》《长治城区志》《太原市志》《运城市志》8部市县志,评审《岢岚县志》《祁县志》《永和县志》《右玉县志》《忻州市志》《长治市郊区志》《忻州市忻府区志》《阳泉市志》《大同县志》9部市县志。

全年全省共出版第二轮新编5部县志和1部地区志,分别为《隰县志》《平遥县志》《绛县志》《左权县志》《和顺县志》,均由中华书局出版;《晋东南地区志》(上下册)由方志出版社出版。

截至2016年底,全省规划的11部市志,出版《晋中市志》《晋城市志》《临汾市志》3部,完成评审或终审《长治市志》《运城市志》《太原市志》《阳泉市志》《忻州市志》5部,推进《大同市志》《朔州市志》《吕梁市志》3部市志编纂工作。规划的县(市、区)志119部,出版51部,评审31部,推进编纂37部。

(欣 然)

【年鉴编纂】 2016年,山西省方志办省级综合年鉴编纂。按照中国年鉴精品工程的要求,完成《山西年鉴(2016)》组稿、编纂任务,数易其稿,数出样书,为中国年鉴精品工程的实施提供范本。《山西年鉴(2016)》共设37个类目,189个分目,100个次分目,2057个条目,208张图片,收录统计图表77张,总字数150万字,由方志出版社出版。年底,《山西年鉴(2016)》被正式批准列入中国年鉴精品工程。市县综合年鉴编纂。省方志办审核《太原年鉴》《大同年鉴》《朔州年鉴》《阳泉年鉴》《晋城年鉴》《临汾年鉴》,均正式出版。截至2016年底,全省11部市级综合年鉴出版10部;119部县级综合年鉴出版43部,完成编纂未出版的57部。

(欣 然)

【期刊编纂】 2016年,山西省方志办主管主办的《史志学刊》编辑出版6期,刊发论文102篇。《太原地方志》

2016年7月16日,中国地方志指导小组领导冀祥德(左一)等视察全国年鉴工作暨中国精品年鉴试点单位——山西省地方志办公室《山西年鉴》编辑部 (边 记供图)

《大同今古》《长治方志》《平阳方志》《应县今古》《翼城史志》《临县史志》等市县期刊编辑出版28期，刊登地情资料及方志论文300余篇。(欣 然)

【资政服务】 2016年,山西省方志办围绕省委、省政府中心工作,加强对历史与现实相结合的重大课题专项研究,资政服务。6月24日,省方志办参与省人大教工委举办的“加快建设现代公共文化服务体系”的论证研讨会,并提出建设性意见。7月,省方志办与省委办公厅联合编写的《走进山西》出版。10月21日,省方志办参与省人大教工委组织的“优秀传统文化和红色文化资源开发与利用立法”论证会,提出立法要着眼于建立“政府主持,部门负责,社会参与”的保护、开发、利用体制和机制的建议。

12月,《山西省情报告(2016)》蓝皮书由社会科学文献出版社出版。该书梳理山西省情发展变化的地理和历史的累进基础状况,以及山西经济社会的发展变化、与周边省份的比较、省内区域发展状况等。(欣 然)

【第一次全国年鉴工作会议在太原召开】 2016年7月15日至16日,第一次全国年鉴工作会议在太原召开。中国社会科学院副院长、中国地方志指导小组常务副组长李培林出席会议并讲话。山西省、上海市、江苏省、安徽省地方志办公室及全军军事志指导小组办公室作大会交流发言。会议通报表扬获得全国地方志优秀成果(年鉴类)名单。各省(自治区、直辖市)地方志工作机构,新疆生产建设兵团志办公室,全军军事志指导小组办公室,武警部队政治部编研部,国务院有关部委局史志机构、中央直属企事业单位年鉴编纂部门主要负责人,以及中国年鉴精品工程试点单位、获得表扬的全国优秀年鉴编纂单位代表共120余人参会。(欣 然)

【山西省15部年鉴获全国地方志优秀成果(年鉴类)奖】 2016年,山西省有15部年鉴获中国地方志指导小组办公室组织的全国地方志优秀成果(年鉴类)奖:《山西省军事年鉴(2014)》获特等奖;《山西年鉴(2014)》获省级综合年鉴一等奖;《大同年鉴(2014)》获市级综合年鉴二等奖,《尖草坪年鉴(2014)》《蒲县年鉴(2013)》获县区级综合年鉴二等奖;《太原年鉴(2013)》《临汾年鉴(2014)》《晋城年鉴(2014)》《朔州年鉴(2013)》《阳泉年鉴(2014)》获市级综合年鉴三等奖,《临县年鉴(2013)》《沁县年鉴(2011)》《河津年鉴(2014)》《沁水年鉴(2013)》获县区级综合年鉴三等奖,《武警山西总队年鉴(2014)》获武警年鉴三等奖。(欣 然)

·档 案·

【概述】 2016年,山西省档案馆馆藏档案资料48万余卷(册),其中档案36万余卷,资料12万余册,主要包括民国档案资料、革命历史档案资料以及新中国成立后档案资料,年平均接待查阅利用者2300余人次。

开发档案信息资源。落实国家档案局《抗日战争档案汇编》编纂工作部署,开展抗日战争档案资源开发工作。完成馆藏237个全宗,2.3万卷,53.3万件档案摸底排查。

挖掘馆藏档案资源。配合省委专项巡视工作,编纂《山西省档案馆馆藏巡视工作档案珍品概览》。阳泉市推出“记忆红色山城、建设美丽阳泉”图片展。吕梁市举办“党章、党旗、党徽”主题展览。太原市档案馆举办档案文化展览。大同市举办“古韵大同,档案新篇”展。各市档案馆推出档案编研新成果:太原市出版《档案中的山西抗战系列丛书》;大同市推出《大同抗日烽火》《大同县志民国稿》;阳泉市出版《城市解放纪实·阳泉卷》;晋城市出版《晋东南记忆》《晋城市档案馆指南》;晋中市编印《中国共产党早期革命活动在晋中》等。

拓宽服务形式。开辟档案查阅绿色通道,满足社会公众利用需求,推出限时服务、文明办公等服务承诺,开展网上预约、函电代查、代抄、代复制等业务,简化利用手续。太原市率先实现全市婚姻档案跨馆出证。大同市开展节假日预约查档、来电来函查档等业务。长治市推行“档案查阅首问负责制”。

宣传档案文化。山西省档案局运用“晋档在线”、微信群“党员之家”等新媒体发布各种公开信息。阳泉市档案局参加市广播电台“行风热线”直播2次。长治市档案馆利用市政务大

2016年10月26日,山西省晋城市数字档案馆系统通过国家级数字档案馆测试要求,成为山西省首家数字档案馆 (孔跃宏供图)

厅《直通政务厅》电台直播栏目，解读档案法律法规问题。晋城市档案馆与晋城电视台联合举办“走进档案馆”访谈活动。忻州市档案馆与市电视台录制专题片《档案与民生》。晋中市档案馆录制视频新闻节目《晋中档案》，通过网站、微信等方式播出。

档案法治建设。2016年，山西省档案局制订《山西省档案局关于全面推进依法治档的实施意见》《档案行政执法流程》《档案行政复议程序规定》《规范档案行政处罚裁量权办法》等制度；完成省政府规范性文件清理和“双随机一公开”、《进驻省政务服务平台实施方案》的制订等工作。5月，山西省政府组织省发改委、省经信委、省财政厅和省档案局，分成4个督查组，对11个市、25个县及35个机关、团体、企事业单位，就贯彻落实省委办公厅、省政府办公厅《关于进一步加强和改进新形势下档案工作的实施意见》情况进行督查。通过对检查情况的梳理汇总，形成“一报告、两清单”，其中督查发现问题35项，不落实典型事项1项，并以省政府办公厅名义下发《关于认真做好档案专项督查发现问题整改工作的通知》，就做好整改工作提出要求。开展档案法治宣传教育。省档案局出台《山西省档案“七五”法治宣传教育规划(2016—2020年)》。各级档案部门以“6·9国际档案日”“12·4全国法制宣传日”等时间节点为契机，开展档案普法宣传教育活动。晋中市档案局制作的档案法治微视频在“第十三届全国法治动漫微电影征集展播作品”中获山西省二等奖。

档案基础业务开展。2016年，山西省档案馆接收9个单位2304卷和10434件档案，接收政府公开信息2440件(册)进馆。太原、大同市档案馆扩大接收和征集范围，新增加进馆单位分别为236个和150个。晋城、吕梁市档案馆探索满5年档案移交进馆工作机制，完成市直机关2010年前档案接收进馆。太原、阳泉、长治、晋城、朔州、吕梁、晋中市档案馆开展口述历史档案采集工作。阳泉市档案馆加大名人档案征集力度。忻州市档案馆征集各种村志、宗谱等档案资料。晋中市档案馆开展方言档案建档工作。

截至2016年底，山西省拥有达省三级标准以上档案馆121个，其中达省一级标准的综合档案馆11个，达省二级标准的综合档案馆21个。

（孔跃宏）

【档案馆建设推进】 2016年，山西省档案局推进馆藏档案开放鉴定工作，制订《山西省各级国家综合档案馆档案开放鉴定工作实施细则》和《档案划控初审质量检查标准》。完成281万页档案的划控初审和质量检查工作，保证省馆馆藏资源数字化与鉴定工作同步进行。大同、阳泉、长治、晋城、朔州、吕梁、晋中、临汾和运城市档案馆完成1986年前馆藏档案划控工作。长治、晋城和忻州市档案馆对馆藏档案中1986年至2006年的涉密档案进行登记造册。

山西省档案馆新馆建设项目《征地补偿安置方案》获得太原市国土资源局批准。太原、朔州、晋城市档案馆新馆启用；忻州、晋中、临汾市档案馆新馆主体完工。

省档案局对浑源、原平、新绛等9个县级档案馆图纸进行功能性审核，确保新建档案馆功能结构符合“五位一体”要求。截至2016年底，中央批准山西县级档案馆建设项目49个，投入使用23个，在建22个。下达中央预算内投资1.65亿元，省级配套资金1.28亿元，地方自筹0.75亿元，总投资为3.68亿元。

组织国家重点档案保护与开发项目申报。成立山西省国家重点档案保护与开发项目管理领导组，制订《山西省国家重点档案文件级目录采集工作方案》，确保全省国家重点档案保护与开发项目进行。2016年，财政部、国家档案局共批复4个项目，配套专项资金121万元。太原市档案馆申报的“晋商文化专题展览”等3个项目成为“十三五”期间山西省首批国家重点档案保护与开发项目。各市档案馆完成国家重点档案普查信息数据库填报工作。

山西省档案局制订《档案业务外包工作指导意见》，明确工作要求和责任，确保档案数字化加工外包过程中档案实体和信息安全。为保证档案信息的安全，制订《网络信息安全应急预案》和《网络与信息安全突发事件专项应急处置手册》。太原市对晋商账本、民国司法档案、地图、报纸等历史档案进行抢救。晋城市档案馆成为全省首家市级档案保护技术中心。阳泉、长治、吕梁市档案馆开展档案重要数据的异地异质备份工作。

档案信息化。2016年，山西省档案馆编制《档案信息化工作手册》，指导全省档案信息化工作的开展。《山西省档案局多媒体档案管理系统》项目通过专家评审，列入2016年全省信息化发展专项。“晋档在线”门户网站建设日趋成熟。山西省数字档案馆(室)建设进程加快。完成3个全宗、约1.1万卷的数字化数据整合、备份、存储、检验、移交等工作。晋城市档案馆通过国家级数字档案馆测评，成为全省首家数字档案馆。省档案馆将按页划控鉴定与数字化工作同步，完成200万页馆藏档案的全文数字化。太原市馆藏档案80%实现电子目录检索。晋城市档案馆完成著录309万条，全文扫描1140万画幅。晋中市档案馆完成著录134万条，全文扫描615万画幅。

（孔跃宏）

【经济建设资料归档】 2016年，山西省档案馆提升企事业单位档案管理水平。完成省属国有企业及其所属二级企业的《文件材料归档范围及档案保管期限表》备案工作；开展省属国有企业档案工作年度目标责任考核；制订《关于加强和改进新形势下高校档案工作的实施意见》。晋城市档案局完成兰花集团等单位的《文件材料归档范围和档案保管期限表》审核备案工作。运城市档案局围绕“三个一百”工作目标，指导企事业单位开展档案工作。

重大建设项目档案管理。山西省档案局起草《重大建设项目档案验收规范》，省质量技术监督局发布实施，成为山西省项目档案工作的第一个地方标准；完成省内各类重大建设项目摸底调查，完成5个国家项目档案专项预验收和17个省级重大建设项目档案专项验收。对晋城、大同两市进行项目档案巡查。阳泉市档案局对全市重点工程阳大铁路建设项目开展专题培训和业务指导。晋城市档案局出台《关于规范水利建设项目档案工作的意见》，创建1个市级工程档案示范项目。吕梁市档案局对全市重点工程项目档案工作进行专项督查。

指导非公企业档案工作。省档案局成立山西省非公企业档案工作协作组，出台《山西省非公企业档案工作指引》。潞宝集团档案室、洪洞大槐树寻根祭祖园有限公司档案室成为“山西省非公企业示范档案室”。

为脱贫攻坚保驾护航。省档案局结合实际，制订《山西省脱贫攻坚档案管理办法》，编印《山西省脱贫攻坚档案管理办法实务手册》，用漫画形式将《管理办法》通俗化，方便农村基层档案工作者和广大农民的理解。太原、晋中市档案局分别出台《关于做好脱贫攻坚档案工作的通知》《脱贫攻坚档案工作实施意见》，做好档案业务指导工作。

农业农村档案工作。省档案局出台《关于进一步做好山西省农村土地承包经营权确权登记颁证档案工作的通知》，规范农村土地确权登记颁证档案工作。阳泉、晋城市档案局出台土地确权登记颁证档案工作细则。中阳县、汾阳市通过“山西省社会主义新农村建设档案工作示范县”验收。忻州市档案局组织召开新农村建设档案工作座谈会。（孔跃宏）

文　物

【概述】 2016年，山西省文物局报请省政府核定公布第五批省级文物保护单位，报请省政府印发《关于进一步加强文物工作的实施意见》。9月26日，省政府在太原召开全省文物工作会议。

加强永乐宫壁画保护，科学评估全省文物保护工作并形成专题报告，研究文物密集区体制改革试点、晋商博物馆筹建和动员社会力量参与文物保护利用“文明守望工程”、将文物保护单位纳入公安“天网”工程、在科技保护上设立古建筑、彩塑壁画和石质文物保护等三个研究机构予以加强等重点工作，初步形成破解文物保护难题的新抓手。

完善文物保护法规体系。《山西省文物建筑构件保护办法》正式经省政府公布生效。对全省社会力量参与文物保护的案例进行收集整理和分析研判，在此基础上先行以部门规范性文件形式出台《山西省社会力量参与文物建筑保护利用暂行办法》。

文物依法行政基础工作夯实。2016年，山西省文物局设立行政审批处，制订进驻全省政务服务平台实施方案，开展“两清单、两图表”回头看工作，确保22个审批项目全部纳入政务服务平台办理，实现“一个窗口受理，一站式办结”。印发《山西省市县级博物馆建设导则》《山西省古建筑日常养护工程实施意见》《山西省文物保护专项补助资金管理办法》和《关于加强我省文物安全工作的意见》，推进全省文物保护行业标准和技术规范健全。

文物普法宣传教育。2016年，山西省文物局制订2016年度法治工作要点和局党组中心组学法计划，出台“七五”普法规划，召开“七五”普法启动大会，举办普法专题辅导报告，做到把法治建设工作与文物保护工作相结合，同步推进。利用文物保护节庆日，开展“长城公开课”等文物保护法制宣传和科普教育等活动。

（王振华）

2016年6月12日，中国文化遗产日山西省主会场系列活动开幕（王振华供图）

【可移动文物普查】 2016年，山西省可移动文物普查工作收官。山西省403家国有文物收藏单位收藏文物3220550件，登记数量在全国排名第四。2016年12月30日，“厚重山西——山西第一次全国可移动文物普查成果展”在山西博物院开展。

（王振华）

【世界文化遗产保护工程推进】 2016年，平遥古城内72号和69号墙体抢险加固工程完成90%。云冈石窟第3窟和第21至30窟的岩体加固设计方案修改完善。五台山殊像寺抢险维修工程和佛光寺东大殿护坡抢险加固工程完工，南山寺善德堂修缮工程设计方案修改完善，塔院寺白塔修缮方案编制完成，重点寺庙的文物价值研究和展示工作。（王振华）

【古建筑保护工作推进】 2016年，105处南部早期古建筑保护工程的本体修缮工作全部完工，其中101处通过竣工验收。应县木塔加固保护工程组织施工。落实由中央和省财政安排的国省保和重要市县保古建筑的维修抢险工程实施工作。沁水窦庄和湘峪、介休张壁等古村落整体保护工程进展顺利，上年启动的45处院落保护性施工工程完工38处。首批420处国省保古建筑日常养护工程实施，由省本级财政每年专项列支1000万元用于古建筑日常养护。 (王振华)

【长城保护加强】 2016年，历代长城保护范围及建设控制地带山西省划定并报省政府公布、报国家文物局备案。《山西省长城保护规划》编制完成。明长城繁峙平型关、阳高县镇边堡、大同镇城等重要点段的保护修缮工程落实实施工作。新荣区得胜堡等6处重要点段保护修缮方案上报国家文物局审批，其中3处获批复。组织开展省内交叉检查，对自查发现案件进行重点督办，在全国15个长城沿线省份督察评分中位列第四。 (王振华)

【红色文物遗存保护展示】 2016年，山西省安排1990万元用于17处省级红色及抗战遗存本体保护，截至2016年底，完工13处，其余4处落实实施工作；安排860万元对3个红色文化展览进行展陈提升。红军东征纪念馆基本陈列展陈提升工程完工，八路军总部王家峪旧址纪念馆“八路军总部在太行”完成数字化展示，八路军太行纪念馆“八路军将领馆展陈提升”陈列大纲完成编制并报省委宣传部审核。 (王振华)

【遗址考古发掘】 2016年，山西省文物局组织实施考古发掘31项。其中，主动性考古发掘12项；配合基本建设考古发掘14项；其他抢救性考古发掘5项。

在遗址发掘方面，比较重要的有3处，对晋阳古城遗址西北部二号建筑基址群的发掘，发现“隋代晋阳宫”记事残碑，揭示不同时代同一区域的不同建筑类型，基本厘清晋阳古城从早到晚的完整地层，对于建立该地区魏晋——宋的时代序列提供样本。对蒲州故城城墙遗址考古发掘，为确定北朝至唐代蒲州城的规制布局、探讨蒲州城址的沿革变迁以及建设蒲州故城国家考古遗址公园都具有重要意义。对河津固镇一处宋金时期瓷窑址考古发掘，填补山西地区无相关制瓷遗迹的空白，为研究宋金时期的制瓷工艺及技术提供重要依据，推进山西陶瓷考古工作发展。在考古成果展示方面，推出晋国三论，即《晋国之脉》《晋国之变》和《晋国之风》。

(王振华)

【博物馆事业多项并举】 2016年，山西省博物馆事业取得新发展。在博物馆建设方面，太原市和运城市新建博物馆向公众开放，临汾市博物馆和陶寺遗址博物馆落实编制展陈大纲工作。山西博物院法人治理结构模式逐步规范，大同市博物馆理事会建设试点工作推进。在陈列展览方面，由台湾高雄科工馆和山西省民俗博物馆等合作推出的“无锁不谈”精品展相继在太原、晋城、大同三地巡回展出，由山西博物院策展的“山西古代艺术展”先后在西藏和俄罗斯展出，由山西省民俗博物馆策展的“钗钿花容——清代女子饰品展”入选2016年度《中国博物馆展览海外推介目录》。按照国家推动文化文物单位文化创意产品开发的有关精神，起草完成山西省实施意见和试点工作意见，编辑整理16个文创产品开发的典型案例，申报山西博物院为全国文创产品开发试点单位，优选确定7家文博单位为省级第一批试点单位，初步拟定与中国(太原)煤炭交易中心和太原国家高新技术开发区签署战略合作协议。文物保护单位“互联网+智慧旅游景区APP平台”建设工作启动。联合省委台办、省旅游委共同印发《关于开展互联网+智慧旅游景区APP建设的通知》，对平台建设工作进行安排部署。 (王振华)

【文物安全监管和执法督察】 2016年，山西省文物局开展为期四个月的夏季消防安全大检查和为期五个月的今冬明春火灾防控工作。在全省部署开展“文物法人违法案件专项整治行动”，指导督办各类文物违法案件22起，遏制文物法人违法案件频发态势。会同有关部门成立专项督查组，对平遥古城保护管理问题进行实地调查核实并提出整改措施和完成时限，整治古城内违法建设问题。

(王振华)

博物馆　图书馆

·山西省博物院·

【博物馆业务活动及经费】 2016年，山西省博物馆机构有140个，人数3303人。各级博物馆、文物机构总藏品数量总计145.84万件。其中，博物馆保有98.45万件；文物保护管理机构保有18.90万件；其他文物机构保有9.09万件；文物商店保有13.01万件；文物科研机构保有6.39万件。各级博物馆、文物机构陈列展览举办352个，其中博物馆举办337个。各级博物馆、文物机构参观人数总计2409万人次，其中博物馆参观人数1459.6万人次。各级博物馆、文物机构经费收入19.74亿元，其中博物馆收入5.55亿元；经费支出18.17亿元，其中博物馆支出4.79亿元。 (田若微)

【书画家作品艺术展】 2016年，山西省博物院举办5组书画艺术家作品展。1月9日，举办“红与黑——张培林太行山系列捐赠作品展”，由黑色系列、红色系列、金色系列四个部分组成，涵盖张培林捐赠于山西博物院的100件画作及部分早期作品，反映作者不同时期对太行山艺术创作的认识与解读。

1月22日，举办“文心画眼——吴冠中书画精品展”，展出浙江美术馆收藏的吴冠中先生捐赠作品，内容涵盖油画、水墨、速写和书法，反映吴冠中在各个时段的创作风貌。

4月20日,举办"笔墨山河——黎雄才书画作品展",展出广州艺术博物院藏70余件黎雄才作品,时代涵盖画家的整个艺术生涯,作品包括国画、写生和书法。

8月6日,举办"无样——曹清·毛进绘画特展",展出南京博物院藏绘画名家曹清与毛进作品60余件。

8月25日,举办"太行意象——陈燮君 陈颖油画展",展出陈燮君、陈颖油画作品一百余幅,分为"天下之脊、灵性之水、山鸣谷应、古今时空、四季肖像、感悟人文"六个板块。

(田若微)

【考古届人士张守中纪念展】 2016年2月2日,"晋冀之旅——张守中考古六十年手迹"在山西博物院开展。该次展览由山西博物院、河北博物院、山西省考古研究所和河北省文物研究所共同主办,展出张守中的出版著作、书画作品、往来书信、工作笔记、考古绘图以及其学生们的部分作品等共计百余件展品,通过学术研究、书画艺术和师生传承三个部分展示张守中60年的考古之旅,弘扬其学术成就与文化精神。(田若微)

【山西考古成果展】 2016年8月31日,"考古的故事——山西十二五考古成果展"在山西博物院开展。该次展览由山西博物院、山西省考古研究所共同举办,展出山西省考古研究所"十二五"期间的19项考古新成果,时代跨度自史前时代至明清时期,分为"文化·文明""小国·大国""生前·身后""城市·生活"四个单元,展品达800余件组。(田若微)

【馆际合作办展】 2016年,山西省博物院开展馆际业务交流,合作办展。

4月29日与5月18日,"雪域梵音——西藏佛教艺术展"与"唐风晋韵——山西古代艺术展"分别在山西博物院与西藏博物馆开展。展览由山西博物院、西藏博物馆合作策划举办。"雪域梵音"展向公众展示藏传佛教的文化概貌及西藏地域文明的艺术遗产。分为指尖神韵、妙相梵容、庄严法供三部分,精选西藏博物馆11世纪至20世纪初的唐卡、造像、供器等文物102件组,展品兼顾藏传佛教造像的几大主要源流地、绘画唐卡的代表流派、特殊材质唐卡以及造型各异的法器供器。"唐风晋韵"展分为"晋国风云""民族熔炉""宋金韵致"三个单元,通过103件套展品讲述晋国历史、北朝融合、宋金戏曲三个独具山西特色的历史篇章。。

7月8日,山西博物院、吉林省博物院共同举办"怀袖清风——明清扇面艺术展",在山西博物院开展。展出两院珍藏的明清扇面绘画精品99件,包括吉林省博物院的"吴门""海派"诸家扇面和山西博物院的西泠名家黄易以及著名学者张穆的作品等明代中期以来各家画派的扇面美术精品。(田若微)

【晋博馆藏省外境外交流办展】 2016年山西省博物院组织馆藏艺术精品赴省外、境外办展。

8月12日,"以法相会——明清水陆画艺术展"在旅顺博物馆开展。该次展览由旅顺博物馆、山西博物院共同举办,展出山西博物院收藏的明清两代水陆画80件。其中,10件明代宝宁寺水陆画为展览亮点。宝宁寺水陆画因原藏于山西省右玉县宝宁寺而得名,是寺院内举行水陆道场时悬挂的一种宗教画,全套共139幅,绢地,大部分保存完好。有相当一部分反映当时社会生活的画面,明代珍贵的绘画作品。

8月23日,"晋国霸业——山西出土两周时期文物精华展"在河北博物院开幕。该次展览由河北博物院与山西博物院、山西省考古研究所共同举办,为河北观众展示100余件套山西出土两周时期的文物精品,展示晋国600年的历史文化,带大家领略春秋霸主的光辉,以及后期公室衰微,公卿专权的历史变革。

莫斯科当地时间11月22日晚,"山西古代艺术展"在莫斯科俄罗斯国立历史博物馆开幕。该次展览由俄罗斯国立历史博物馆和山西博物院联合举办,精选山西博物院藏品119件组,其中一级文物21件,分为"三晋之源与贵族礼仪""日常器具与生活艺术"和"宗教信仰与精神世界"三大部分,展示独具地域特色的晋文化、古代山西人的生活、中国人的精神信仰与艺术审美。(田若微)

【可移动文物普查成果展】 2016年12月30日,"厚重山西——山西省第一次全国可移动文物普查成果展"在山西博物院开展,展览面积800平方米,展出文物近700件。该次展览由山西省文物局主办,山西博物院承办,11个地级市文物普查主管单位共同协办,分为"金匮巨藏""九转丹成""众擎易举""光前裕后"四个部分,分别展示山西丰厚的可移动文物收藏、山西"一普"工作模式、全新的文物收藏体系、山西"一普"对未来文物事业的意义。(田若微)

·中国煤炭博物馆·

【概述】 2016年,中国煤炭博物馆(简称煤博馆)基本陈列有煤的生成馆、煤炭与人类馆、煤炭精品馆、煤炭文献馆和模拟矿井。被国家文物局授予"国家一级博物馆"称号,被国家旅游局授予"国家4A级旅游景区"称号,被中国科协授予"全国科普教育基地",是山西省委宣传部确定的"建设文化强省试点单位"和"山西省爱国主义教育基地",是省直机关第七批公民道德建设"十佳文明窗口",是首批"太原市社会实践育人共同体"联盟单位,也是太原理工大学、山西煤炭管理干部学院等院校的学生实习基地。

2016年,煤博馆就基本陈列布展、藏品征集、服务观众等与业界兄弟单位进行交流,开展"博物馆之友"工作。征集一批文物、标本及图书资料;出版《煤炭博览》四期;对照最新颁布的《博物馆定级评估标准》进行博物馆等级评定打分自评;按照管理制度规范藏品管理,对文物进行杀菌除虫，对库房温度、湿度、通风等进行控制与调节，确保藏品保护环境良好。煤博馆获“2014年—2016年度中国煤炭学会科普工作先进单位”，被中国科协评为“2016年度全国优秀科普教育基地”。承接展会19个。稳固以购物、美食等为主题的休闲购物展会品牌，引进“中国（山西）孕婴童产品博览会”。（张红霞）

【藏品征集捐赠】 2016年，中国煤炭博物馆征集回一批有关煤窑开采的契约、合同、股约等时间跨度自清嘉庆年间至民国时期文物。邀请山西省四位文物鉴定专家对其中27件文物进行鉴定。征集回一批发现于新疆尼勒克县吉仁台沟口遗址和墓地的煤块、煤渣、煤灰、炉灰等煤炭文物。这批煤炭文物据碳14年代检测，遗址年代上限距今约3600年。收到来自山西省煤炭工业协会及社会热心人士捐赠的煤炭相关书籍45本。（张红霞）

【藏品交流】 2016年，在中国煤炭博物馆与中国地质大学逸夫博物馆进行藏品交流活动，接受该馆赠送的两件藏品：一件是4亿年前古生代中奥陶世的震旦角石，另一件是三峡大坝工程前期的勘岩芯。煤博馆赠送对方煤精矿工帽一件，煤精原料一块。

（张红霞）

【藏品管理】 2016年，中国煤炭博物馆藏品管理遵守《藏品安全操作规程》等相关规定。从基础数据开始，对每件藏品图像、尺寸、质量等数据采集完善。使用“博物馆藏品综合管理信息系统”，以文物名称、类别、级别、年代、质地等10项完善文物基础特征，以来源、入藏时间、藏品编号、收藏单位等4项完善文物保管信息。

（张红霞）

【煤炭主题科研】 2016年，山西省基础研究自然科学基金项目《煤矿井下环境与矿工安全健康研究》结题。该项目形成1份《研究报告》和3篇学术论文，专家组认为该项目创新之处在于对相关领域进行纵向梳理和横向分析，对于从业实践和煤博馆基本陈列、科普教育具有指导意义。

（张红霞）

2016年9月8日，俄罗斯圣彼得堡矿业大学矿业学院院长、教授卡扎宁·奥列格（左一）一行参观中国煤炭博物馆 （张红霞供图）

【馆际文化学术交流】 2016年，中国煤炭博物馆开展馆际文化交流与学术讨论。组织参加中国煤炭学会科普工作委员会、中国自然博物馆协会年会暨科技馆发展论坛、秦晋豫冀四省博物馆理论与实践研讨会等学术会议。一篇职工论文《虚拟现实技术在煤矿灾害应急演练中的应用浅析——以瓦斯爆炸事故虚拟演练为例》，入选中国科普研究所主编的《全国科普理论研究论文集》。

5月27日，全国政协委员、中国伊斯兰教协会副会长、甘肃省政协副主席马文云率领甘肃省政协民族和宗教委员会调研组一行8人就公共文化服务体系建设情况到煤博馆学习考察。煤博馆安排参观者感受古代、近代、现代采煤巷道的照明、排风、支护等情况，了解断层、渗水、褶皱等地质岩层构造。在壁画馆，参观以原大、原样、原色标准予以复制的唐、五代、宋、辽、金、元、明等时期具有代表性的精品壁画。

6月3日，美国华视（简称AACNTV）总裁杨莲花到煤博馆参观访问。在模拟矿井，客人们体验煤矿工人艰苦的工作环境，感受从古代到现代煤炭开采技术的发展和进步。

9月8日，俄罗斯圣彼得堡矿业大学矿业学院院长、教授卡扎宁·奥列格，副院长、副教授科瓦尔斯基·叶夫盖尼到煤博馆参观，交流中国生产的煤矿机械在国际上的水平等情况，与俄罗斯煤矿开采相关情况。

12月10日，北京自然博物馆一行6人到煤博馆交流，围绕博物馆科普教育活动策划与实施、文创产品经营、志愿者管理等问题讨论和交流。

（张红霞）

【惠民活动】 2016年，中国煤炭博物馆在“5·18国际博物馆日”向公众宣传文物和博物馆领域的法律法规、重要文件、国际公约以及文物和博物馆知识，向社区发放免费参观券，在“5·19中国旅游日”和“9·27世界旅游日”开展头道门票免费优惠活动。优惠开放期间，工作人员和志愿者为游客提供引导、讲解及其他服务。（张红霞）

【科普宣传】 2016年3月27日，山西校讯通在煤博馆“煤海探秘游”景区举办“一片叶子”煤炭之旅活动。

4月13日，煤博馆参加太原市教育局召开“太原市实践育人共同体”联盟成立大会，同太原文化、科技、农业、工业场馆等17家单位达成科普文化联盟协议。

5月13日，选派职工参加由省科学技术厅主办、山西省发明与创新协会和山西传媒学院联合承办的2016山西科普讲解大赛暨全国科普讲解大赛选拔赛，煤博馆选手讲解“煤的形成”“宋代采煤穿越之旅”，分别获二等奖和三等奖。

5月26日，煤博馆和太原旅游职业学院主办第六届“谁不说俺家乡好”导游技能大赛。

9月14日，参加由山西省科协组织的“全国科普日”暨第十三届“科普三晋”主题宣传活动，展示“中国煤炭博物馆社会教育活动掠影”宣传展板、发放“煤海探秘”宣传资料及介绍中国煤炭博物馆基本陈列等。

（张红霞）

·山西省图书馆·

【公共图书馆业务活动及经费】 2016年，山西省公共图书馆机构有1540个，人数4482人。各级公共图书馆总藏书量总计1727.1万册。其中，省级公共图书馆藏书量329.5万册，地市级公共图书馆藏书量388.3万册，县级公共图书馆1009.3万册。全省有效借书证10.9亿个。其中，省级图书馆有2.62亿个，地市级公共图书馆有5.93亿个，县级公共图书馆有2.36亿个。书籍总流通981.4万人次。其中，省级公共图书馆310.5万人次，地市级公共图书馆234.3万人次，县级公共图书馆436.5万人次。为读者局服务，举办各种活动，总数3108次。其中，省级公共图书馆252次，地市级公共图书馆568次，县级公共图书馆2288次。全省图书馆活动参加人数总计119.8万人次，其中省级公共图书馆36.6万人次，地市级公共图书馆12.1万人次，县级公共图书馆71.1万人次。电子阅览室终端总计4653个。其中，省级公共图书馆121个，地市级公共图书馆1025个，县级公共图书馆3507个。全省图书馆经费总支出3.39亿元。其中，省级公共图书馆经费支出7383万元。地市级公共图书馆1.30亿元，县级公共图书馆1.35亿元。2016年度新增产量含电子图书221.29万册。其中，省级公共图书馆新增产量10.1万册，地市级公共图书馆新增产量78.6万册，县级公共图书馆新增产量133.2万册。实际使用公用房屋面积47.8万平方米。其中，省级公共图书馆8万平方米，地市级公共图书馆12.8万平方米，县级公共图书馆27万平方米。

2016年，山西省图书馆读者到馆人次、借还图书册次、读者证办理数量三大基本指标平稳增长。全年接待读者3105392人次，借还书刊2068466册次，直属分馆和流通站借还图书34257册，读者证办理33395个。

公益活动。举办公益展览12场，观展人数12300余人。全年开展基层文化队伍培训20次3400人次。

公共数字文化建设。通过线上、线下的方式，推广山西地方特色文化，为广大读者及基层群众开展互联网服务、移动数据平台服务和配送光盘等文化服务。

古籍保护。借助“中华古籍保护志愿服务宣传推广活动·山西行”活动，帮助全省公共图书馆、高校、文博、宗教和医药卫生系统的18家单位整理登记古籍及民国线装书14159种109529册，雕版7种1854块，帮助壶关、武乡、平顺和阳城县图书馆整理古籍6000余册，出版《山西省图书馆古籍普查目录》。“国家级古籍修复技艺传习中心山西传习所”在山西省图书馆挂牌成立，启动“山西省国家级珍贵古籍修复项目”。

地方文献专题征集全面实施。制定《山西省图书馆地方文献专题征集方案》，通过召开新闻发布会、媒体发布启事等措施，开展地方文献专题征集活动，宣传活动成效显著，并探索专题化陈列、专题化服务、专题化研究工作，设置傅山专题、阎锡山专题、家谱专题、考古专题四个专题区。

（李德胜）

2016年1月9日，“国家级古籍修复技艺传习中心山西传习所”揭牌仪式在山西省图书馆举行　（李德胜供图）

【“古籍修复技艺传习中心山西传习所”揭牌】 2016年1月9日，“国家级古籍修复技艺传习中心山西传习所”揭牌仪式在山西省图书馆举行。山西传习所挂牌得到文化部与国家古籍保护中心的支持。传习所采用“名师带徒”的培训形式，国家图书馆资深古籍修复专家胡玉清为特聘传习所导师，手把手传授古籍修复技艺，为山西省培养高水平古籍修复人才。山西省古籍修复中心以此为依托，面向全省乃至全国开展古籍修复技艺的传承与传播，吸引社会各界对古籍保护工作的关注和支持。

（李德胜）

【网络书香过大年】 2016春节期间，山西省图书馆联合省内多家开展数字图书馆推广工程的市、县图书馆，共同开展2016年推广工程“网络书香过大年”活动，内容包括“趣味春联拼拼看·南腔北调诵新春”“资源探索乐园”“电子明信片送祝福”“新春资源大礼包”等在线活动。（李德胜）

【主题文化活动】 2016年2月20日至21日，山西省图书馆举办“我是小小传承人·欢天喜地闹元宵”主题文化活动。“绛州木版年画”传承人吴百锁现场展示，传授孔融让梨、司马光砸缸等木板年画的制作工艺。展演孝义传统皮影戏《西游记》《英雄母亲之歌》，皮影戏民间艺人对皮影制作工艺进行手把手教授，以及“巧手做风筝 放飞新希望”民间艺人做风筝、“做花灯·赏花灯·购花灯”“百宝万货庆元宵”等益智益趣的活动。

4月23日，山西省“我爱我家·同悦书香”亲子阅读活动启幕仪式在山西省图书馆举行，活动以“书香飘万家”为主题，通过线上线亲子阅读活动，传递科学家庭教育理念，促进儿童健康成长和家庭幸福和谐。活动向社区“儿童之家”赠送千余册图书，向家庭推荐一批优秀儿童读物，赠送爱心读书卡，并发出《让阅读成为每一个家庭的生活方式》倡议。

4月23日，山西省图书馆组织省城的朗诵艺术家及朗诵爱好者在中北大学，举行主题为“读书·人生·境界”主题朗诵会。整场朗诵会分春日·悦读篇、青春·生活篇、人生·境界篇、家国·梦想篇四个篇章，鼓励大学生以自己的实际行动来放飞自己的青春梦想。（李德胜）

【盲人读者优秀征文颁奖】 2016年4月22日，2016“世界读书日”山西省图书馆盲人读者优秀征文颁奖暨座谈会在山西省图书馆举行。王正、马冰茹、靖老黑等获奖读者讲述通过读书丰富精神世界，带给自己的正能量。（李德胜）

【“毛里求斯中国文化中心分馆”框架协议签署】 2016年4月28日，山西省图书馆与毛里求斯中国文化中心、山西省投资集团晋非经贸公司签署在毛里求斯中国文化中心合作建设“山西省图书馆分馆”框架协议。山西省图书馆派出专业人员指导业务建设与管理，提供反映山西历史文化的图书和数字资源以及必要设备，以协助建立健全分馆的日常运行制度和机制。山西投资集团晋非经贸公司结合毛里求斯“晋非经贸合作区”发展实际，为分馆建设提供必要的经费支持。三方依托“山西省图书馆分馆”项目，共同组织开展图书阅读、文化讲座、非遗展示、文艺演出等活动，以促进晋非两地文化交流与合作。（李德胜）

【创客@图书馆——“我与中华古籍”创客大赛】 2016年6月11日，由中国图书馆学会和国家古籍保护中心主办，山西省图书馆学会承办的“创客@图书馆——‘我与中华古籍’创客大赛”巡展活动在山西举办。该次巡展活动，包括“图书馆与创客空间”“图书馆与古籍元素”“古籍元素与创意设计”三个展示单元，呼应“让文化遗产融入现代生活”活动主题，体现古籍保护宣传推广工作在新时期的方向。该次赛事巡展活动辐射图书馆界、收藏界、创意设计界等多个领域。活动期间，全省社会公众直接或间接观看展览的人数约30万。（李德胜）

【“山西地区早期刻本佛经”讲座】 2016年7月2日，由国家古籍保护中心组织的“山西地区早期刻本佛经”讲座在省图书馆举行。国家图书馆副馆长、国家古籍保护中心副主任、研究馆员张志清，国家图书馆研究馆员李际宁，清华大学科学技术史暨古文献研究所研究员刘蔷参加培训活动。张志清主持活动，国家古籍保护中心和山西古籍保护中心40余名工作人员参加培训。活动期间，佛经典籍研究专家李际宁、刘蔷，围绕山西省图书馆和曲沃县图书馆所藏的22件佛教典籍实物，从字体、纸张、版式及版本递传与流变等方面，讲解鉴赏佛教经典的方法，强调校勘在解经典和版本优劣方面的重要性。（李德胜）

【中华古籍保护志愿服务】 2016年7月12日至8月15日，由中国古籍保护协会发起，国家古籍保护中心支持，山西省古籍保护中心主办的“中华古籍保护志愿服务宣传推广活动”在山西省展开。山西省古籍保护中心在省内外高校招募56名具有古典文献学、历史学等相关专业背景的志愿者，到省内18家古籍存藏单位，实地考察古籍保护情况，根据各单位需要着手进行古籍整理、著录登记、古籍数字化、古籍保护宣传等工作。志愿者为18家基层古籍收藏单位整理登记古籍及民国线装书14159种109529册及雕版7种1854版。其间，在运城市盐湖区图书馆发现宋元版《碛砂藏》；在代县图书馆确认114册中国最后一部木刻大藏经——《毗陵藏》；在稷山县图书馆整理发现元刻佛经《大方广佛华严经》；在芮城县图书馆发现《晋儒备考》稿本及雕版写样本等。（李德胜）

【地方文献专题征集】 2016年10月13日，山西省图书馆地方文献专题征集新闻发布会召开，特邀地方文化研究专家学者郭士星、温江鸿、张余、刘涛，文献收藏家王海勇、曹俊卿参加新闻发布会。会上重点介绍该次专题征集的目的和意义、文献征集的总体方案以及纸质文献、数字多媒体文献的捐赠要求以及文献征集办法与接收方式。王海勇在会上将自己参与编著的《图证——抗战十四年老报刊收藏图鉴》《中共早期党报图录》等珍贵文献赠予山西省图书馆。（李德胜）

新闻出版　广播影视

Press and Publication　Radio and TV Movies

新闻出版

【概述】　截至2016年底，山西省新闻出版业共有大型集团组织8家，包括山西日报报业集团、山西出版传媒集团两大龙头集团，山西新华书店集团以及非时政类报刊改革中组建成立的三晋报刊传媒集团、山西教育教辅传媒集团、山西科技传媒集团、山西医药卫生传媒集团、山西师大教育科技传媒集团；图书出版社8家（其中副牌社1家），音像（电子）出版社3家，报纸出版单位60家（不含高校校报），期刊出版单位201家，获得互联网出版资质单位22家；全省有新闻出版单位6500余家，从业人员6.3989万人。　（丁耿彪）

【图书音像电子出版】　2016年，山西省出版图书3513种，较上年下降7.84%。其中新出2264种，重印1249种。图书总印数为9859.67万册，较上年下降20.75%；图书总印张979916.3千印张，较上年下降22.65%。累计出版《山西文华》大型丛书24种164册。截至2016年底，山西省有山西人民出版社、山西教育出版社、希望出版社、北岳文艺出版社、山西科学技术出版社、山西经济出版社、三晋出版社、山西春秋电子音像出版社8个出版社。

2016年，山西省录音制品出版168种，同比增长78.72%，出版数量331.3万张，同比增长123.78%，定价总金额2919.5万元，同比增长97.2%；录像制品出版36种，同比下降20%，出版数量6.61万张，同比下降15.69%，定价总金额129.32万元，同比增长1.91%；电子制品出版49种，同比下降68.59%，出版数量18.23万张，同比增长58.52%。

2016年，山西省共有2种图书和2种音像电子产品获第六届中华优秀出版物奖，分别是：山西教育出版社《中华佛教史（11卷）》获图书奖，山西经济出版社《中国共产党经济思想史（1921—2011）》（2册）获图书提名奖；山西春秋电子音像出版社《红色记忆——武乡人民抗战的歌》和山西教育音像出版社《新编型教学电视片——新汉字宫》获音像电子游戏出版物提名奖。山西同方知网数字出版技术有限公司入选全国新闻出版业数字化转型升级软件技术服务商推荐名录。　（丁耿彪）

【期刊出版】　2016年，山西省有各类公开发行期刊201种，期刊营业收入1.78亿元，实现利润总额1800万元。平均期印数127.93万册，较上年下降8.32%；总印数2420万册，较上年下降5.92%；总印张150408.99千印张，较上年下降6.73%，定价总金额25101.66万元，较上年下降11.06%。

山西省学术期刊在业内形成较大影响。列入南京大学“中文社会科学引文索引”（CSSCI）来源期刊7种，列入北京大学中文核心期刊目录24种；《编辑之友》《新型炭材料》等10余种期刊获全国“百强科技期刊”中国出版政府奖期刊提名奖、中国最具

2016年，山西省出版界推出的部分优秀晋版图书　（丁耿彪供图）

国际影响力学术期刊、中国国际影响力优秀学术期刊等称号。（丁耿彪）

【报纸出版】 2016年，山西省报纸出版60种(不含高校校报)，营业收入9.48亿元，利润总额310万元。全省报纸总印数201619万册，较上年下降0.95%，总印张2015550千印张，较上年下降8.68%，定价总金额196110万元，较上年下降1.07%。

山西省以《英语周报》《语文报》为代表的教辅类报刊被誉为“中国第一教辅报刊群”，产业实力和品牌影响力在全国同类报刊中持续多年保持领先地位。《英语周报》《小学生拼音报》等报纸入列全国“百强报纸”，教辅类报纸整体出版质量位列全国前茅。《山西日报》《中国报业新媒体影响力排行榜》省级以上党报30强，《山西日报》《山西晚报》入选全国报纸融合传播百强。（丁耿彪）

【印刷复制】 截至2016年底，山西省有印刷复制企业1425家（不含打字复印店)。其中，出版物印刷企业162家，包装装潢印刷企业312家；其他印刷品企业912家；专项排版、制版、装订企业13家；专营数字印刷企业26家。全省印刷复制业实现营业收入88.92亿元，实现营业利润8250万元。规模以上重点企业(年印刷产值5000万元以上)有20家。全省数字印刷企业（含专营和兼营）共115家，数字印刷装机234台(套)。绿色印刷工作继续推进，全省有11家企业通过绿色认证。开展第五届全省印刷行业职业技能大赛，全省60多人参加比赛，大赛前三名获省政府授予“三晋技术能手”称号，并代表山西省参加第五届全国印刷行业职业技能大赛，其中山西人民印刷有限责任公司的靳涛成获全国一等奖。(丁耿彪)

【出版物发行】 截至2016年底，山西省有各类出版物发行单位1900余家，其中国有企业21家(含新华书店15家)。全省出版物发行业实现营业收入81.05亿元，利润总额4.19亿元。全省建成农家书屋28339家，覆盖全省所有行政村，全年补充更新出版物100万册，补充更新报刊音像产品9.2万份。以省会太原为龙头，以中心城市的大型书店为中心，以区县、乡镇、社区网点为依托，各类连锁书店、专业书店、社区书店、书报亭和“农家书屋”“职工书屋”齐头并进，网点设置合理、类型齐全、总量适度、结构优化的出版物发行网络初步形成。

（丁耿彪）

【全民阅读活动】 2016年，山西省开展全民阅读活动，营造“书香三晋·文化山西”浓厚氛围。制订年度工作方案，加强部门协作，全省联动，组织开展“人间四月读书天朗诵音乐会”“书香漫晋”“红色的魅力”“全民阅读邮政助力”等阅读活动，向社会推荐优秀晋版图书300余种，在《山西新闻网》《黄河新闻网》等网站发布“2016年优秀晋版新书书目”3期192种。各市结合实际，开展主题演讲、经典诵读、读书征文、知识竞赛等主题阅读活动。山西出版传媒集团开展阅读推广活动，通过新书推介、阅读体验、图书捐赠、主题阅读等形式向群众推广思想性、艺术性俱佳的优秀图书。新华书店在全民阅读月组织200余场活动，向全省推荐100种优秀图书，在全民阅读月期间延长营业时间，设立专柜，开展优惠售书、联展联销、名家签售等活动，发挥全民阅读主力军作用。

（丁耿彪）

【出版及网络“扫黄打非”】 2016年，山西省持续保持“扫黄打非”高压态势，坚持“两抓两建一占领”(抓行动、抓案件，建队伍、建机制，占领网上“扫黄打非”新阵地)工作思路，组织开展“护苗2016”“清源2016”“净网2016”“秋风2016”等专项行动。查缴各类非法出版物14.36万件，其中包括非法违禁出版物30861件；处置网络有害信息8371条；取缔关闭网站5个；转办各类“扫黄打非”案件线索28个，查办案件200起，一批“扫黄打非”案件查办工作取得突破和进展。开展2016年全省侵权盗版及非法出版物集中销毁活动，共销毁各类侵权盗版光盘音像制品、非法图书报刊及电子出版物16.8万余件。（丁耿彪）

·山西出版传媒集团·

【概述】 山西出版传媒集团包括山西人民出版社、山西教育出版社、希望出版社、北岳文艺出版社、山西科学技术出版社、山西经济出版社、三晋出版社、山西春秋电子音像出版社8个出版社，山西新华书店集团和三

2016年1月19日，山西省举行第四届“编辑之友杯”全省出版单位青年编辑技能大赛

（张 茂供图）

晋报刊传媒集团，山西新华印业有限公司、山西美术印务有限责任公司、山西人民印刷有限责任公司3个印刷企业，山西省新闻出版纸张公司、山西省印刷物资总公司2个物资供应公司及教材中心，共有职工7000余名，年出版图书和电子音像制品5000余种。

2016年，山西出版传媒集团面对宏观经济下行、学生人数减少、图书市场持续低迷的局面，实现汇总营业总收入70亿元，利润总额超过3.1亿元。

（张　茂）

【晋版品牌发展】 2016年，山西出版传媒集团有30余种图书获省部级以上奖励。其中，《中华佛教史》《中国共产党经济思想史》《红色记忆——武乡人民抗战的歌》获第六届中华优秀出版物奖，保持国家级出版三大奖连年上榜的记录。《中国戏曲文物志》等3种图书获全国优秀古籍图书奖。新华书店集团在主题读物发行中《十八届五中全会学习辅导百问》获发行优胜奖、《习近平用典》获销售创新奖。《社会主义核心价值观青少年故事读本》入选总局向全国青少年推荐百种优秀出版物目录。《中国精神·我们的故事》等4种产品入选国家"主题出版重点出版物选题"。《小学生拼音报》被评为"全国优秀少儿报刊"。《编辑之友》入围"三核心"期刊，新华印业、人印公司被中国印刷技术协会授予"十二五"时期"推进绿色印刷标兵企业"称号。集团组织的《国有文化企业将社会效益放在首位实现两个效益相统一绩效管理研究》《省属文化企业股份制改造研究》《互联网+背景下传统文化企业转型升级发展研究》3个课题，入列2016年省哲学社会科学课题项目，其中2项被评为优秀成果。（张　茂）

【品牌建设】 2016年，山西出版传媒集团下属各出版社调整产品结构，推进品牌建设，出版《毕竟战功谁第一》《好好说话》《宇宙观察者》《平视日本》《触摸寺庙》精品出版物。

2016年，山西出版传媒网在第十届新闻出版业互联网发展大会评选中获"优秀品牌传播平台"。教育社的"导学号"教辅延伸项目、人民社的"中国古建筑文化资源数据库"形成独具特色的文化品牌。（张　茂）

2016年8月24日，山西出版传媒集团组团参展2016年北京国际图书博览会新书发布会

（张　茂供图）

【版权贸易】 2016年，山西出版传媒集团版权输出27种，版权引进18种。《牛肚子里的旅行》《池上池下》分别获第十五届全国输出版和引进版优秀图书奖，人民社和北岳社入选中国图书海外馆藏影响力百强。集团及人民社、希望社、科技社被认定为山西省文化出口重点企业，在全省评选出的10个重点企业中占4席。

（张　茂）

【出版重点项目】 2016年，山西出版传媒集团重点项目保持较高水平。13个项目入选国家"十三五"重点出版物规划目录，78种选题入选省级重点出版物出版计划，15个项目获得重点资助。《中国少数民族文学史》《中国长江流域经济发展研究》《中国历史地震档案图集》《近代戏曲散佚文献整理与研究》《烽火中坚——八路军抗战将领》5个项目获国家出版基金支持。"基于'问题导学'的开放在线课程平台"获得中央文化产业发展专项资金支持。《中国风·儿童文学名作绘本书系》入选总局"丝路书香"工程。"环保印刷设备升级改造"入选新闻出版改革发展项目库。重点工程《山西文华》出版33种165册，《三晋史话》《近代海外汉学名著丛刊》《李健吾文集》出版，《清末立宪运动史料丛刊》发稿。新华书店集团开设校园书店190家，总营业面积达2.4万平方米。推进"美丽书店"建设，有23家基层公司通过验收，该项工程被中宣部树为典型。年底，集团共有106个项目入选各级规划或获得资助，累计获得各类资金支持3000余万元。

（张　茂）

·山西日报报业集团·

【概述】 2016年，山西日报报业集团落实"完善省级主要新闻单位采编播岗位人事管理制度，推动新闻出版广播领域传统媒体与新兴媒体融合发展"改革任务。《山西晚报》太原市六城区的投递方式改为邮发，分流发行人员260名。完成"十三五"规划编制全年申请财政支持资金5784万元，申请对《山西日报》管理体制进行调整。推进新闻宣传、媒体融合、经营发展等各项工作。

2016年3月，人民网发布的权威数据显示，山西日报位居"报纸移动传播百强榜”第52位，居全国省级党报第四、省内报纸第一。11月，中国报协发布权威数据显示，《山西日报》客户端获中国报协授予的“2016中国报业融合发展项目创新奖”。

2016年，《山西日报》完成新一轮改版，在全国省级党报中第二家创办《理论周刊》，高扬旗帜、引导舆论。全年围绕省委、省政府中心工作，深度挖掘、深刻阐释，连续推出重大主题策划报道。围绕省委“一个指引、两手硬”重大思路和要求，打造系列优秀栏目，刊发优秀稿件。如《万名干部入企服务》系列报道、《供给侧结构性改革一年间》系列报道、《决战贫困》系列报道、省第十一次党代会报道和《山西干部干事创业渐成气候》等，传递省委声音，为全省改革发展营造舆论氛围，发出主流媒体主流声音。

各子报子刊、新闻网集体发出同期声，形成集群效应，在各个层面营造声势。《山西晚报》连续第7年举办“感动山西”十大人物评选活动，打造“责任与使命”等特刊，以“山晚君”独特的方式讲好山西故事、传播山西声音。《山西法制报》开设“榜样的力量”栏目，发挥政法综治宣传主阵地作用。《山西经济日报》发挥经济类报道专业、深度的优势，先后开设“经济热词点评”“山西经济报告”等专栏，挖掘山西经济发展亮点。发展导报围绕经济热点策划选题70多个，推出《土豆主粮化战略下的山西布局》《一场创新盛宴 一场思想对话》等优秀经济报道。《三晋都市报》开设《县区观察》《三晋社区》周刊，弘扬山西优秀传统文化。《山西农民报》发动全体采编人员走进全省23个贫困村，到农村一线挖掘鲜活新闻；《山西市场导报》与工商部门合办“不公平格式条款点评”栏目受到广大读者欢迎。山西新闻网完成第七次改版，8月进入国家互联网新闻信息稿源单位名单，并成功举办2016年网媒山西行活动。

集团各新媒体以话题、专题、快讯、图说、动漫、视频等形式准确、形象生动地对省委、省政府重大决策部署作出深度阐释解读，发挥“网上党报”作用。在对“两会”、中国共产党第十八届六中全会、山西省第十一次党代会的报道，各新媒体坚持报网融合、图文直播、原创首发，尽显传播快、影响大、覆盖广、社会动员能力强的特点，成为大会宣传报道中的新亮点。《山西日报》客户端原创首发的《骆惠宁提出治晋理政总方略》《综改区金字招牌怎么用》等动漫新闻和《一图读懂骆惠宁治晋理政总方略》《“五位一体”推动山西振兴崛起》等图解新闻影响广泛，被各媒体、微博、微信大量转载，党报覆盖面扩大。

（郭成强）

【报业经营拓展新模式】 2016年，《山西日报》报业集团加大创新力度，拓展新的盈利模式和增收项目。《山西日报》发行量稳定在19万份，实现广告、发行、印务“三驾马车”平稳运行。

创新经营方式。《山西日报》通过加大专项合作、参与开行旅游专列等，保持广告收入稳定，全年实际完成3200万元的广告任务。《山西晚报》通过策划活动，开拓非行业广告市场，先后推出山西品牌中华行等系列活动策划20余项、会展10余次，不断增收创收。《良友周报》成立营销中心，启动运营良友周报传媒有限公司，围绕广告拓展、产品售卖、品牌营销等几个方向进行尝试和探索。《山西法制报》创新广告经营体制，与山西三晋众人文化交流公司开展合作，一次性完成200多万元广告营销任务。《人民摄影报》与均胜电子、卡西欧（中国）有限公司、渭南市旅游局等联手举办多项摄影活动和赛事。《三晋都市报》打造“创享都市”项目，利用报纸、网站、官方微博微信等，为17家企业提供专业的策划和宣传，以定向服务换取共同盈利。其余报刊均采取整合资源、优化结构、扩展渠道、加强业务、多种经营、提升服务等多项措施，遏制收入下滑。

新媒体经营实现盈利。《山西日报》移动客户端通过开拓商业广告、主推形象广告、活动等方式提质增效。《山西市场导报》依托“易货周刊”打造“汇换网”电子交易平台，开展闲物置换业务，打造“跨境电商平台”，用户数和影响力扩大。《山西晚报》电商平台、《山西农民报》“农村信息服务站+电商”等平台建立一定数量的客户群。

（郭成强）

【传媒多元化经营升级】 2016年，《山西日报》报业集团传媒（集团）公司在文化创意园、会展、旅游健康产业等方面不断探索，推进多元化转型升级。推进《山西日报》文化创意产业园区项目，获省委宣传部重点支持文化产业项目资格，完成项目选址和古建VR体验馆中的部分古建VR扫描工作，签订贾家庄核心地段80亩土地、佛光寺周边300亩土地的使用权协议，项目取得阶段性成果。该项目通过招标确认暴风影音集团为山西部分珍贵古建三维数据采集及VR扫描的技术服务团队，向省文物局递交《关于对于山西省全国重点文物保护单位进行三维数据采集及VR拍摄的请示报告》，初步筛选国内优秀的咨询公司北京巅峰智业公司、绿维文旅集团等公司为《山西日报》文创园区编制可研报告。传媒（集团）公司参与山西旅游品质榜评选活动；旗下会展公司正式注册成立，实现公司化运营，举办首届新年茶会；涉足的医疗、教育培训项目推进运行。

（郭成强）

【新老媒体融合发展】 2016年，《山西日报》“两微一端一网站”的格局初显成效，微博用户超400万人次，微信订阅数6万人次，客户端下载量超60万人次，手机网站与客户端实现互融互通。《山西晚报》官方微信粉丝数较年初提升5万人次，“指尖山西”手机APP下载人数达到1.3万人次。《发展导报》形成微信公众号、今日头条号、企鹅号（天天快报、腾讯新闻）等多平台覆盖的立体传播格局。各报新媒体与报纸互动呼应，提高报纸的影响力和传播力。

集团在成立媒体融合领导组的基础上，3月新设媒体融合发展中心，整合优质资源组建山西报业新媒体股份有限公司，启动“新三板”挂牌工作，借力资本市场解决融资难题，完成券商初步调查。6月，《山西日报》客户端3.0版全新改版上线，增加“本地”“政务”等信息发布平台。山西“视觉志”客户端上线。《山西日报》新浪、腾讯、人民微博等在内容上不断创新，增强受众的参与感与互动性，吸纳粉丝量突破400万人次。《山西日报》新媒体日均接收网友的有效点评上百条。2016年底，省委办公厅下文明确把《山西日报》客户端列入党报发行序列。客户端通过省教育厅合作共建“晋青春”频道，与省公安厅合建“公安”频道，在全省70万大学生和8万干辅警中加大推广。启动实施《山西日报》客户端机房改扩建、《山西日报》电子报数据库等重点项目，为集团媒体融合发展奠定基础。经营方面初步形成“新闻+政务+服务”格局，新媒体广告价值进一步提高。（郭成强）

广播影视

【概述】 2016年，山西省有广播电视播出机构112个，开办272套广播电视节目。其中，省级1个（山西广播电视台）；市级11个（各市广播电视台）；县级96个；教育电视台4个。截至2016年底，山西省共有电视频道140个。其中，省级电视频道8个；市级电视频道32个（含4个教育电视台）；县级电视频道96个；付费电视频道4个。全省有广播频率132个，较上年度新增1个市级广播频率，其中省级广播频率8个，市级广播频率28个，县级广播频率96个。

全年广播节目播出时间415773小时，平均每日播音时间1139小时，比上年增加0.62%。其中，省级全年播出57670小时，平均每日播音时间158小时，与上年持平；市级全年播出148250小时，平均每日播音时间406小时，比上年下降0.73%；县级全年播出209853小时，平均每日播音时575小时，比上年增长1.8%。全年制作广播节目194532小时，比上年减少1472小时，下降0.75%。其中，省级7套节目全年共制作广播节目48167小时，比上年增加36小时，增幅0.07%；市级全年制作广播节目91710小时，比上年减少4721小时，下降4.9%；县级全年制作广播节目54654小时，比上年增加3213小时，增幅6.25%。

全年电视节目播出时间488999小时，平均每周播出节目9304小时，比上年减少81小时，下降0.86%。全年制作电视节目85337小时，比上年增加874小时，增加1.03%。其中，省级全年制作电视节目13280小时，比上年减少1573小时，减幅10.59%；市级全年制作电视节目32765小时，比上年增加2469小时，增幅8.15%；县级制作节目39292小时，比上年减少22小时，减幅0.06%。

山西省中、短波转播发射台共计13座38部，比上年减少1座；发射功率449千瓦，比上年增加19千瓦。全省调频、电视转播发射台共201座。全省调频发射机215部，功率348.15千瓦，比上年增加4部，功率增加3千瓦。全省广播人口覆盖率比上年增加0.14%，为98.61%。

全省电视发射机326部，发射功率364.99千瓦，比上年增加1部，功率减少0.45千瓦。微波站84座，与上年相同；传送线路长度3746千米，比上年减少20千米；全省有线广播电视传输网络干线总长107908.8千米，比上年减少1228.53千米。有线电视用户数达455.96万户，比上年减少63.84万户。全省电视覆盖率比上年增加0.1%，达99.41%。山西卫视全国覆盖9.22亿人口。（丁耿彪）

【广播影视公共服务】 2016年，山西省推进广播电视直播卫星户户通工程，新增用户10.1万户，总数达51.3万户，超额完成国家下达的整省两年50万户任务。开展全省53个无线发射台站基础设施改造，中央广播电视无线数字化覆盖工程展开。

截至2016年底，山西省有市级农村数字电影院线公司11个，县级放映机构119个，放映队1400余个，从业人员2300余人，拥有各类流动放映车辆1000余辆，放映设备1400余套。按照一村一月放映一场公益电影的目标任务，全年完成农村公益电影放映33.69万场，在全省2445所农村寄宿制学校放映爱国主义教育影片2.2万场，并开展红色主题电影放映活动。（丁耿彪）

【城市影院建设】 2016年，山西省推动城市影院建设，影院数、银幕数快速增长，万达、浙江横店、广东大地、中影星美等20条城市主流院线公司在山西省展开影院建设业务，影院规模、档次跨越式提升，IMAX、中国巨幕、杜比全景声等高规格、新技术相

2016年，山西省出品的电视连续剧《于成龙》在中央电视台热播（丁耿彪供图）

2016 年，太原万达影城投入使用 （丁耿彪供图）

继引入，3D 影厅保有率高达 85%以上。山西省城市影院票房突破 6.33 亿元，同比增长 7.29%，是全国增幅水平(3.73%) 的近两倍。全省有城市影院 205 家，银幕 882 块。全年新增城市数字影院 51 家、银幕 197 块，全省 96 个县城中有 82 个完成数字影院建设，覆盖率达 85.4%，部分县城的数字影院超过 2 家以上。 （丁耿彪）

【影视剧创作】 2016 年，山西省备案电影 45 部，电视剧 5 部；拍摄完成电影 26 部、电视剧 2 部、微电影 44 部。山西省的电影创作生产取得较好成绩，影片制作数量增长，质量提升，相继创作《母亲》(戏曲)、《黄河传人》《大寒》《吕梁汉子》《右玉有个王一飞》《牛儿肥了》《白雪公主和三只小猪》(动画)等主题深刻、内容精彩，具有山西省地方特色，贴近生活、贴近实际、贴近群众的影片；创作《于成龙》《天地精魂》等电视剧。影片《土地志》获第十六届华表奖“优秀农村题材影片”提名奖，电视剧《于成龙》在央视一套、八套播出。 （丁耿彪）

【广播电视节目改革创新】 2016 年，山西卫视频道推出晚间自办文化节目带，取得“小成本、大情怀、正能量”效果，得到国家新闻出版广电总局、业内同行和广大观众认可，总局在山西召开广播电视节目自主创新座谈会，研究和推广山西台的经验。《人说山西好风光》节目实现省委、省政府中心工作与人民群众关注家乡发展的“同频共振”。《走进大戏台》推出《伶人王中王》全国戏曲名家巅峰汇特别节目，使传播优秀戏曲文化的品牌电视栏目得以升华。《歌从黄河来》推出《中国民歌夜》《中国民歌春晚》《黄河歌王》等一系列特别节目，并在全国推出 4 场大型直播，到欧洲组织 7 场海外演出。广播电视理论宣传节目《理论天天学》宣传党的方针、政策。山西广播电视台《你贵姓》《天下寻宝》《都市 110》《小郭跑腿》《黄河 1890》《宝贝玩吧》《文化周刊》《88 早高峰》《全城都在点》等品牌节目影响力加强。 （丁耿彪）

【广电从业人员与收支】 2016 年，山西省广播电视从业人员 20992 人，与上年相比减少 664 人。全省广播电视行政事业、企业总收入 46.4743 亿元，比上年增加 2.7957 亿元，增幅 6.4%，其中行政事业单位的总收入 25.6824 亿元，比上年减少 3.1710 亿元，减幅 10.99%；企业单位总收入 20.7919 亿元，比上年增加 5.9668 亿元，增幅 40.25%；行政事业单位的财政拨款 13.9554 亿元，比上年减少 9.2 万元，占总收入的 54.34%；事业收入 9.3908 亿元，比上年减少 2.8444 亿元，减幅 23.25%，占总收入的 36.57%。全省广播电视事业、企业单位实际创收收入 33 亿元，比上年增加 3.2553 亿元，增幅 10.94%，其中广告收入 7.5655 亿元，比上年减少 2.0116 亿元，减幅 20.79%，占事业、企业单位实际创收收入的 22.93%；网络收入 10.5947 亿元，比上年减少 1.1529 亿元，减幅 9.81%，占事业、企业单位实际创收收入的 32.1%。全省广播电视资产总额 117.3167 亿元，比上年增长 0.9239 亿元，增幅 10.27%。 （丁耿彪）

版权管理与服务

【概述】 2016 年，山西省版权局坚持创新管理方式、依法依规行政、全面从严监管和注重实际效果的原则，加强版权监管保护力度，全年查办各类侵权盗版案件 50 起，拓展版权宣传教育范围，注重打击侵权盗版和推进软件正版化工作，组织学习《政府机关使用正版软件管理办法》，开展版权公共服务体系建设，改善版权市场环境，提高版权管理和服务能力，版权工作的社会影响增强。 （丁耿彪）

【版权管理执法】 2016 年，山西省版权局提高工作标准、加大打击力度、丰富监管方式，以打促防，打防结合，力求保持对侵权盗版不法分子和违法行为的持续高压态势。加强版权监管源头治理。开展印刷复制发行企业大检查、大整顿、大治理工作，突出重点领域、重点环节、重点位置、重点对象的整顿工作，要求狠打快打、聚焦重点、追根溯源、强力查办，保持对生产、销售侵权盗版制品违法行为的持续有效打击，净化山西省版权市场环境。整顿传统出版物市场秩序。坚持日常巡查与抽查暗访相结合，整合各种执法资源，突出重点时段和重点部位集中清理整治工作，多批次组织开展全省出版物市场清查行动，加强图书报刊音像市场、交通枢纽、集市景区、数码电脑城等重点部位的监管，对社会版权环境进行全方位的清理和管控。加强网络版权环境治理。2016年7月至11月，省版权局与省互联网信息办公室、省通信管理局、省公安厅共同组织开展第十二次打击网络侵权盗版专项治理“剑网行动”，以查办网络侵权盗版案件为抓手，加强网络版权监管，加大版权执法力度，保障权利人合法权益。突出整治未经授权非法传播网络文学、新闻、影视等作品的侵权盗版行为，重点查处通过智能移动终端第三方应用程序（APP）、电子商务平台、网络广告联盟、私人影院（小影吧）等平台进行的侵权盗版行为，规范网络音乐、网络云存储空间、网络转载新闻作品的版权秩序。推动案件办理规范化建设。各级版权管理部门做好“双打”行政处罚案件信息公开工作和“双打”信息共享平台管理应用工作，完善网上办案机制，提高工作效率。

（丁耿彪）

【知识产权宣传教育】 2016年，山西省围绕“加强知识产权保护运用、加快知识产权强国建设”的宣传主题，开展“4·26知识产权宣传周”活动，组织全省各级版权管理部门大范围、多角度、创新性地开展各类版权宣传活动，在全社会营造“尊重知识、尊重版权、崇尚创新、诚信守法”的舆论氛围。开展版权宣传进媒体活动。利用各种传统和新兴媒介放大版权宣传工作的社会效应。开展版权宣传进机关活动。设计制作版权宣传漫画3种共计15000张，发放给100余个省级政府机关和各市市级政府机关，并组织学习《政府机关使用正版软件管理办法》等相关文件，在全省各级政府机关形成学正版、用正版、防盗版氛围。开展版权宣传进企业活动。太原市赛格、青龙、阳光、颐高四大电脑城悬挂版权宣传标语；晋中、朔州、忻州、吕梁等市在各县（区）书店、影剧院、网吧悬挂宣传条幅、张贴宣传海报、解答版权问题，对经营人员进行版权法律宣传教育。开展版权宣传进校园活动。在山西大学开展版权宣传活动，发放版权宣传海报1300余张、版权宣传品1800余件，解答各类版权法律问题80余个；太原市印制18万册《小学生漫画版权读本》发放给全市10县（区）各小学学生。开展全省知识产权街头集中宣传活动。晋中市各县（市、区）举行“知识产权宣传周”版权宣传活动启动仪式，开展保护版权签名活动。朔州、晋城、阳泉、运城等市在城市广场、图书馆门前、主要街区以摆放宣传展板、发放宣传资料、现场解答问题等多种方式，宣传法律知识。其他各市、县结合自身实际，开展各种各样的现场版权宣传活动。

（丁耿彪）

【机关软件正版化】 2016年，山西省加强政府机关使用正版软件工作长效机制建设，巩固政府机关使用正版软件工作成果。加强考核管理。以省政府办公厅文件下发《关于印发山西省政府机关使用正版软件工作考核办法（试行）的通知》，采取听取汇报、查阅资料、抽查计算机软件的方式对全省各级党政机关、人大、政协、法检两院、民主党派、人民团体正版化工作责任落实情况、软件正版化工作实施情况、软件安装使用情况、软件资产管理和长效机制建设情况等方面进行考核。加大检查力度。在各级政府机关使用正版软件工作情况进行自查的基础上，对省级政府机关软件正版化工作进行抽查考核，督促、指导各市软件正版化工作机构对本市政府机关软件正版化工作进行检查。落实工作责任。完善并及时更新省级政府机关和各市各单位软件正版化责任人数据库，将软件正版化工作成果巩固情况与具体责任人挂钩。组织业务培训。组织召开全省政府机关使用正版软件工作培训会议，对全省108个省级政府机关和11个市版权局的分管领导和工作人员进行培训，提高省级政府机关工作人员正版化业务素质，落实软件正版化工作考核办法的要求。开展审计工作。督促各级审计部门围绕政府机关软件资金预算编制、软件采购实施和软件资产管理情况进行审查，促使政府机关带头使用正版软件，维护软件市场正常秩序，促进软件产业健康发展。试点国产软件。10月20日，在山西省平顺县启动一铭操作系统和金山办公软件等国产软件应用试点，山西省平顺县成为国务院推进使用正版软件部际联席会议确定的全国三个国产软件应用试点县之一。逐步推进省属国有企业和全省银行系统、民营企业使用正版软件工作。按照国务院推进使用正版软件部际联席会议的要求，与省国资委联合推进省属国有企业的软件正版化工作，以软件资产管理为重点，督促企业建立软件资产台账，规范软件使用管理。

（丁耿彪）

【版权公共服务建设】 2016年，山西省推动版权公共服务体系建设，加强作品版权登记工作，为广大著作权人提供可靠便捷的版权保护服务，为版权贸易拓展保驾护航。截至年底，完成作品版权登记328件，完成版权贸易合同备案40件；答复著作权方面的社会咨询近180人次，调解多起著作权纠纷，版权工作社会影响逐步显现。成立山西省版权保护中心，推动建设版权服务、版权保护、版权交易、对外展示、宣传教育等版权服务主要渠道。

（丁耿彪）

卫生和计划生育

Health and Family planning

卫生管理

【概述】 2016年,山西省卫生与计划生育委员会(简称卫计委)推动全系统完成各项医疗与计划生育管理工作任务。截至2016年底,山西省有医疗卫生机构42205个。其中,医院1393个(三级61个、二级314个、一级292个、民营726个),乡镇卫生院1199个,社区卫生服务机构927个,村卫生室29027个,门诊部8713个,专业公共卫生机构456个,其他机构490个。乡村医疗卫生机构实现服务全覆盖,94%的县级综合医院达到二级甲等及以上水平。全省有医疗机构床位18.98万张,每千人口床位为5.17张。有卫生技术人员22.58万人。其中,执业(助理)医师91748人,每千人2.50人;注册护士92139人,每千人2.51人。全省孕产妇死亡率控制在13.78/10万,婴幼儿死亡率、5岁以下儿童死亡率分别控制在6.53‰和8.14‰,均低于全国平均水平。

(王　鹏)

【全国卫生与健康大会精神贯彻】 全国卫生与健康大会召开后,山西省委、省政府于2016年8月25日召开全省领导干部会议,省委书记骆惠宁就学习贯彻全国卫生与健康大会精神作出安排。省卫计委落实《"健康中国2030"规划纲要》,编制《"健康山西2030"规划纲要》,起草《山西省关于进一步深化医药卫生体制改革的意见》,12月23日,经省政府常务会研究通过。编制《全省卫生计生事业发展"十三五"规划》,报送省发改委按程序发布实施。12月31日,在中共山西省委十一届二次全体会议暨经济工作会议上,省委对贯彻全国卫生与健康大会精神作出部署。　(王　鹏)

【医卫体制改革深入】 2016年,山西省实行"一把手"负责制,调整省医改领导小组,组长由省长楼阳生担任,推动建立"三医"联动改革领导体制。山西省卫计委落实政府规划和投入责任,印发并实施《山西省医疗卫生服务体系规划(2016–2020年)》;加强预算绩效管理,实现政府投入与绩效考核结果相挂钩。强化政策统筹设计,研究起草《山西省进一步深化医药卫生体制改革的意见》,经省政府常务会议审议通过。召开全省医改工作电视电话会议,以省政府办公厅名义印发《山西省深化医药卫生体制改革2016年重点工作任务》。(王　鹏)

【公立医院综合改革示范】 2016年,山西省卫计委在17个县(市、区)开展公立医院综合改革示范工作,加强对孝义、阳曲、万荣、沁源等4个省级示范县(市)指导;城市公立医院综合改革在太原、运城试点的基础上,新增晋中、长治、阳泉3市,5个试点市全部取消药品加成,15所省级公立医

2016年12月23日,山西省省级公立医院医药价格改革听证会在省政协宾馆召开　(王　鹏供图)

院取消一半药品加成。启动省级和试点市医疗服务价格调整工作，实施新的医疗服务价格，使财政补偿落实和医保政策衔接，初步建立补偿运行新机制。所有县（市、区）和5个试点城市均成立公立医院管理委员会，由政府领导担任主任，各有关部门参加，履行政府办医责任。管理委员会下设办公室，挂靠在卫生计生行政部门，承担日常工作。应用“山西省医疗机构服务能力评估系统”，对全省公立医院开展运行监测，建立信息公开机制和问题清单制度，督促整改，倒逼公立医院提升发展质量。控制医疗费用不合理增长，出台《山西省控制公立医院医疗费用不合理增长实施方案》，将控费目标分解到各市和省级公立医院。（王　鹏）

2016年11月8日，山西省卫计委与墨西哥市卫生部签署关于卫生领域合作协议（王　鹏供图）

【基本医保扩大惠及】 2016年，山西省城乡医保覆盖率稳定在95%以上，基本实现应保尽保。城镇居民医保和新型农村合作医疗保险人均政府补助标准提高到420元。职工医保、城镇居民医保和新农合政策范围内住院费用的支付比例分别达86%、76%和78%。印发《山西省整合城乡居民基本医疗保险制度工作方案》《关于整合城乡居民基本医疗保险制度的实施意见》，城镇居民医疗保险和新型农村合作医疗保险制度实现整合，理顺管理体制，推动实现“六统一”。全省各统筹地区开展医保付费总额控制与按病种付费、按人头付费、按床日付费等多种支付方式改革，总结和培育推广临猗、清徐、阳曲等地支付方式改革经验，建立完善激励约束机制。巩固城乡居民大病保险全覆盖成果，累计14.65万人次受益，支付8.45亿元。完善疾病应急救助和医疗救助制度，开展重特大疾病医疗救助，上百万城乡困难群众得到不同形式的医疗救助。（王　鹏）

【药械供应采购规范运作】 2016年，山西省完成新一轮基本药物和低价药品集中招标采购，实现全品种、多货源供应，中标价格总体下降18.35%；通过建立“黑名单”制度、完善一体化配送模式等举措“保供应”，基本药物配送率由80%左右提高到95%以上，基本满足基层用药需求。实施公立医院药品集中分类采购，对21类高值医用耗材和体外诊断试剂开展阳光采购，对5类耗材实行限价采购，价格混乱虚高的状况得到初步遏制。在试点市推行“两票制”。太原、运城试点成立全额拨款事业单位，负责全市药品耗材供应保障管理工作。太原市与福建省三明市正式签约，加入三明药品耗材跨区域联合限价采购联盟，同步推行“两票制”和医保周转金制度落实。运城市采用带量集中议价采购的办法，对销售额排名前100位的药品和前10位的耗材，在省中标价格的基础上统一下浮5%。新增试点市将落实“两票制”作为实施方案的重要内容。（王　鹏）

【分级诊疗制度推行】 2016年，山西省巩固55个城市医联体建设，延伸资源下沉链条，建成县乡医联体631个、医院社区医联体255个，基层新增或拓展业务200余项。出台《常见疾病双向转诊指南（试行）》《山西省三级医院危急重症和疑难复杂疾病目录》《山西省手术分级管理规范（暂行）》，制订差别化医保报销政策，推行以病种分类管理为基础、以新农合支付调节为手段的分级诊疗路径，病种范围由试点40种扩展到238种。推进城镇医保，基层医疗机构和三级医院的报销比例相差20个百分点左右。与改革前相比，全省基层医疗卫生机构诊疗量增加12.5%，占全省总量的59.9%；县乡两级住院实际补偿比分别提高10%、12%。（王　鹏）

【家庭医生签约服务】 2016年10月13日，山西省医改办联合5部门出台《关于印发推进家庭医生签约服务实施意见的通知》（晋医改办发〔2016〕3号），在签约服务团队组建、服务内容、收付费规定、考核激励、技术支撑等方面，解决签约服务突出问题，突破原有政策壁垒，保障基层功能发挥，提高签约服务质量，解决群众看病就医问题。截至2016年底，全省有954个乡镇卫生院、17640个村卫生室和819个社区卫生服务机构参与家庭医生签约服务，分别占机构总数的79.6%、62.8%和92%；签约覆盖城乡居民1320.3万人（36.0%）。其中，高血压签约150.5万人（56.6%），糖尿病签约39.2万人（47%）。（王　鹏）

公共卫生

【基本公共卫生服务均等化】 2016年,山西省人均基本公共卫生经费由40元提高到45元,服务包扩展到12类46项,推行网格化管理、签约式服务、责任制指导、"三统一"考核,与省财政厅联合印发《基本公共卫生服务补助资金管理暂行办法》。为138.2万农村60岁至64岁老年人进行健康体检。管理高血压患者291.8万人、糖尿病患者76.7万人、65岁及以上老年人305.7万人。印发《"健康教育基层行"系列活动方案》,举办健康中国行走进三晋大地主题宣传活动。万柏林区、稷山县通过健康促进试点县国家专家验收。《健康生活报》覆盖全省29854个村。印制和发放健康教育口袋书776.5万套,覆盖每一个农村家庭。在二级以上公立医院开展健康讲座6645场,33万群众受益。山西省健康知识全覆盖行动入选全球健康促进大会优秀案例。 (王 鹏)

【疾病预防控制】 2016年,山西省卫计委建立涵盖30个部门的防治重大疾病工作厅际联席会议制度。贯彻新修订的《疫苗流通和预防接种管理条例》,实现县级疾控机构第二类疫苗阳光采购,启动脊灰疫苗替代策略,开展预防接种规范管理专项活动,应对山东济南疫苗事件。全省扩大免疫规划疫苗报告接种率达98.96%。发现治疗结核病患者15846例,新涂阳肺结核患者治愈率达92.96%。医疗机构法定传染病报告率达98.04%,报告及时率99.43%。新创建2个省级慢性病防控示范区,创建各类健康支持性环境156个。死因监测实现县级全覆盖。省政府印发《山西省精神卫生工作规划(2016–2020年)》,开展"全省严重精神障碍患者救治救助专项行动",新发现患者2.3万余人,救治救助患者2.4万余人。孝义等59个精神卫生空白县(市、区)成立精神科(门诊),县级精神科(门诊)覆盖率达88%。全省严重精神障碍患病报告率3.63%,患病报告率较上年度提高29.2%。保持碘缺乏病消除状态,地方性氟、砷中毒病情处于控制态势,大骨节病、克山病达到消除或控制标准。开发建立全省职业病报告与重点职业病监测信息系统。完成119个县(市、区)的水质监测,对1136个城市生活饮用水监测点进行2295份水样监测和11份市政供水106项水质全分析。在太原市尖草坪区和迎泽区完成空气污染对人群健康影响监测任务。对全省50家医疗机构开展放射卫生监测,检测放射诊疗设备295台(件),收集放射工作人员职业健康体检资料1672人份,健康体检率达99%。 (王 鹏)

2016年4月13日,山西省卫生计生委与国际应急管理学会医学委员会(TEMC)签署战略合作协议 (王 鹏供图)

【卫生应急管理】 2016年,山西省卫计委完善卫生应急管理体系,11个市级卫生和计划生育委员会设立卫生应急办公室,公立医院应急管理工作取得突破,省人民医院率先内设应急管理办公室。针对寨卡病毒疫情和中东呼吸综合征输入风险,会同出入境检验检疫、民航、口岸、经信、公安、宗教等部门建立突发急性传染病联防联控机制,与武警总队联合签署突发事件直升机陆空立体紧急医学救援联动合作框架协议。制订《山西省突发事件紧急医学救援信息报送工作流程(试行)》,形成30分钟内电话沟通、1小时内书面报告、2小时内逐级上报的"3012"信息报送制度。组织卫生应急培训18次、培训1598人次,举办应急演练21次,760余人参演,出动专业车辆50余辆。协调省财政核定中央财政补助资金近170万元,启动国家紧急医学救援队伍装备升级更新和运行维护保障项目。全省公共卫生事件形势总体平稳,处置突发公共卫生事件及相关信息21起,累计报告病例672例,死亡2例。其中,构成突发公共卫生事件7起,较大事件2起,一般事件5起,未发生重大和特别重大公共卫生事件,未发生寨卡病毒病、H7N9疫情等突发急性传染病疫情。 (王 鹏)

【食品安全风险监测】 2016年,山西省食品污染物及有害因素监测实现100%县(市、区)全覆盖。全省所有二级以上医疗机构全部纳入食源性疾病病例信息监测网络,盐湖区、浮山县等18个县区探索开展食源性疾病县乡村一体化监测模式。特定病原体监测质量提升,阳性菌检出率较上年提高7.3个百分点;首次对食源性疾病暴发事件开展分子分型分析;省疾控中心新增检验项目50余项,各级疾控机构食品检测能力提高。推进山西省道地中药新食品原料申报工作;修订《山西省食品安全企业标准备案管理办法》,减轻企业负担。(王 鹏)

【爱国卫生运动】 2016年，山西省卫计委组织开展城乡爱国卫生清洁运动，对19个城市、33个县城、104个乡镇、208个村、20个旅游景区进行检查考评。省政府召开全省爱国卫生工作电视电话会议，对50个城乡爱国卫生清洁运动先进单位进行表彰奖励。举办以“灭蚊防病，清洁省城，健康山西”为主题的第28个爱国卫生月主题活动。启动36万座无害化卫生厕所建设改造。18个乡镇（县城）通过国家复审，忻州市通过国家暗访调查，10个乡镇（县城）待命名。侯马市被确定为国家健康城市建设试点。截至2016年底，山西省有国家卫生城市7个，国家卫生县城（乡镇）28个，省卫生城市15个，省卫生县城50个，省卫生乡镇139个，省卫生村2644个，卫生示范景区32个。

（王　鹏）

医政管理

2016年4月23日，山西省卫生计生委在太原市长风商务区举办以“灭蚊防病，清洁省城，健康山西”为主题的爱国卫生月主题活动　（王　鹏供图）

【医疗卫生服务力度增大】 2016年，中央财政加大资金投入，支持山西省卫生计生事业发展，会同山西省发改委编报2016年中央财政投入医疗卫生服务体系建设项目方案，先后两批共争取67个项目，包括3个重大疾病防治工程；5个食品安全风险监测、2所儿童医疗服务体系、1所地市级医院、17所县医院、4所县妇幼保健院、5所乡镇卫生院、30所乡镇卫生院周转宿舍的建设工作。总建筑面积30.1万平方米，总投资12.26亿元。其中，中央预算内投资5.83亿元；地方配套6.43亿元。

（王　鹏）

【卫生计生信息化管理】 2016年，山西省依托基层卫生机构信息管理系统项目，推进各市区域卫生平台建设，太原、晋城市完成区域卫生平台建设，吕梁、临汾、大同、长治市开展区域卫生平台招标采购工作，晋中、运城、阳泉、忻州、朔州市制订招标方案。加强三大基础数据库建设，全员人口个案数据资源达3661万个以上，省级集中电子病历数据资源达近600万条，居民电子健康档案2288万份。晋城市引入社会资本推广居民健康卡发放使用工作，累计发放居民健康卡150万张。侯马市政府引入社会资本，与市农信社和延华智能公司合作开展智慧健康云试点。山西省卫生机构信息管理系统完善全员人口数据标准规范，统一电子病历数据索引、共享接口、交换标准和技术规范，初步建立适合山西省实际的人口健康基础数据标准规范体系框架。建设全省免疫规划信息系统，开通山西省妇幼健康综合管理服务平台，开发完成用于服务基层开展业务，落实分级诊疗制度的村医能力提升项目系统平台。

（王　鹏）

【基层卫生服务】 2016年，山西省卫计委印发《关于加强乡镇卫生院服务能力建设的意见》，落实中央和地方配套资金2亿元，对54所乡镇卫生院、1所社区卫生中心加强建设，新建、改造村级卫生室1826个，投入9000余万元为6609个村卫生室配备健康一体机。全省329所乡镇卫生院新建特色科室360个，增加乡镇卫生院业务收入2800余万元。新绛县泽掌镇卫生院等108所卫生院被评为国家级“群众满意的乡镇卫生院”，孝义市新义社区卫生服务中心等27所机构获评省级社区卫生服务提升工程示范单位，杏花岭区坝陵桥、大同市矿区新平旺两所社区卫生服务中心进入全国百强行列。落实省政府办公厅《关于进一步加强乡村医生队伍建设的实施意见》，提高乡村医生收入，解决乡村医生养老保障问题。

（王　鹏）

【医疗服务质量提升】 2016年，山西省卫计委新评审确定55个省级临床重点专科和40个县级临床重点专科，开展全省医护岗位技能训练和竞赛活动。将人工髋膝关节置换技术临床应用能力评价权限下放至市一级。启动省级预约诊疗平台建设，29所省市三级医疗机构接入平台，累计提供预约服务逾70万次。实施优质护理服务评价指导，全年评价医院39所，同步培训护理人员1772名。推进“平安医院”创建，会同省综治办等9部门在全省范围内开展打击涉医违法犯罪专项行动。全省二级以上医院设置警务室或治安岗亭255个，安全防范系统建设达标率达93%。完善医疗风险分担机制，全省参加医疗责任保险的二级以上医院达348所，县级以上综合医院参保率达98%；开展术前第三方见证谈话和医疗意外险工作，65所医院参保。全省各级医调委受理医疗纠纷2920起，调解结案2504

起，调解成功率为85.8%，医患双方满意率达90%以上，患方满意率达98%。（王　鹏）

【医疗机构督查评价】 2016年，山西省深化医疗运行评价工作，通过“指标监测、信息公示、能力评估、过程管理”四个关键环节，在实施综合监管上下功夫；扩大运行评价监测范围，实现全省三级医院和县医院全覆盖。制订《山西省医院评审管理办法》，推进评审评价制度改革，建立以医院自评为基础、以周期性评审和相关专项督查为主要内容、与医疗运行评价有机结合的评审评价体系。加大医疗管理专项督查力度，开展2016年大型医院巡查工作，组织二个巡查组巡查15所三级综合、专科医院。开展基层医疗机构医院感染管理专项督导检查、医疗机构产房医院感染管理与护理质量管理考核评价、临床合理用药专项督查及血液透析专项检查等活动，督查省、市、县300所医疗机构，并全省通报结果。（王　鹏）

【健康扶贫行动】 2016年，山西省出台《山西省健康扶贫行动方案》《山西省2016年健康扶贫行动计划》《山西省健康扶贫工作考核办法》。完成“因病致贫、因病返贫”核实工作，入户调查55.19万人，确认患病人数20.96万人。基本医保制度基本覆盖建档立卡贫困人口，新型农村合作医疗保险政策范围内住院费用报销比例提高5个百分点，启动大病集中救治工作试点，免费救治贫困儿童2132名。贫困县医院与两所以上三级医院建立对口帮扶关系，5327名上级医院技术骨干长期驻点帮扶。在阳高、大同、五寨等贫困县医院开展“组团式”精准帮扶，在21个集中连片贫困地区县医院开展妇产科和儿科巡回医疗工作。省人民医院等7所委直医院与兴县等21所贫困县医院建设远程会诊系统。为贫困县培养全科医生1262名、培训卫生技术人员6000余名。免费为贫困地区农村妇女开展宫颈癌筛查、乳腺癌筛查，免费为21个集中连片特困县儿童发放营养包1357万袋。新生儿疾病筛查由14个贫困县扩大到21个贫困县，受益新生儿3.9万人次。开展健康扶贫“五个一”活动和扶贫日义诊活动，累计减免贫困群众医疗费用600余万元。启动“山西护工”培训就业计划，确定培训基地72个，培训护工494人。（王　鹏）

中医药事业

【中医药规划编制】 2016年，山西省政府常务会印发《山西省贯彻落实中医药战略规划纲要（2016—2030年）实施方案》（晋政发〔2016〕71号）。省政府办公厅出台《山西省中医药健康服务发展规划（2016—2020年）》（晋政办发〔2016〕55号）。印发《山西省卫生计生委中医药发展“十三五”规划》（晋卫中医药发〔2016〕6号）。大同、阳泉、长治、朔州、忻州、晋中、临汾、运城出台本地中医药健康服务发展规划，完善中医药政策体系。推进省级中医药综合改革试验区创建工作，确定运城市、静乐县、平遥县、万荣县4个省级中医药综合改革试验区，明确每个试验区的试验主题。（王　鹏）

【中医机构服务能力提高】 2016年，山西省卫计委推动所有县级中医院全部加入三级中医医院医联体，开展巡回医疗工作。开展全省医疗机构中药饮片专项检查。对山西中医学院附属医院、山西省中西医结合医院等6所大型中医医院进行巡查。启动基层中医药服务能力提升工程“十三五”行动计划，祁县、隰县、洪洞县创建为省级基层中医药工作先进单位。207个乡镇卫生院、社区卫生服务机构创建为山西省中医药特色基层医疗机构。加强330个中医馆建设，完成环境改善、设备购置，启动中医馆健康信息云平台建设工作。加强中医药适宜技术推广工作，建设13个中医药适宜技术视频推广基地。100%的县（市、区）完成一轮中医药适宜技术推广培训。提升基层机构中医药骨干人员技术水平，委托山西中医学院、省中医学校开展4期中医药基础理论提高班，委托山西省针灸医院、山西省肛肠医院等11所三级和省直中医医院举办15期中医药特色疗法培训班，培训基层医疗卫生机构中医药适宜技术人员5495名。（王　鹏）

【中医药人才培养选拔】 2016年，山西省卫计委评选表彰首批省级名老中医74名。协同省人社厅完成国医大师、全国名中医评选推荐工作。推动完成“市级名中医”评选工作。启动首批省级老中医药专家学术经验师带徒工作。10名专业技术人员被命名为“第三批全国优秀中医临床人才”，30名第五批全国老中医药专家学术经验继承人通过国家中医药管理局医师考核。完成27名中药特色技术人才年度培训和考核任务。新增15名护理骨干进入护理培训基地实训。培训中医护理人员70名、中医药监督执法人员200名、中医医院财务骨干220名。500余人通过传统医学师承和确有专长人员考核评价。解决师承和确有专长认定工作遗留问题，为3000余人核发执业医师资格证书。山西省中医院被评为国家中医实践技能考试基地。（王　鹏）

【中医药事业发展】 2016年，山西省卫计委加大对吕景山国医大师学术思想经验总结的支持力度，开展国医大师研究型继承和宣传工作。完成6个建设期满的国家级名老中医传承工作室评审验收和2013年—2014年国家级传承工作室年度考核工作。新增2个国家级名老中医传承工作室，3个基层名老中医传承工作室。完成2个国家级中医学术流派传承工作室实地评估。做好40个中药资源普查试点县验收准备工作。推进3个中药资源动态监测和信息服务站建设工作，面向政府和行业开展服务，初步建立有效运行机制。加强五寨县迷迭香等10个中药材种子种苗繁育基地建设。启动中药药用植物重点物种保存圃建设，确认太原侯丽萍风湿骨病医院为中药炮制技术传承基地。确定4个省级中医药重点研究室。山西振东药业的1个中成药和9个中药饮片、华卫药业的1个中成药纳入国家中药标准化项目。山西中医学院第三中医院被确认为国家中医康复服务能力规范化建设项目单位。启动民间医药调查和集书成册工作。山西中医学院被确定为“全国中医药文化宣传教育基地”，举办“振东杯”全国中医药院校第十三届传统保健体育运动会。在10个县启动中医药健康素养调查。委托省级中医院组织大型义诊活动。参与“一带一路”工作，山西三通摄生中医医疗队到克罗地亚里耶卡市开展合作。与墨西哥卫生部、俄罗斯传统医疗委员会分别签订卫生领域合作谅解备忘录、合作框架协议，推动山西中医药走出国门。

2016年，山西省完成中医养生保健机构调查摸底工作，鼓励发挥行业协会作用，探索制订中医养生保健机构的管理办法和服务标准。推进中医药旅游健康发展，平遥县获“省级中医药文化养生旅游示范基地”称号。开展旅游养生示范区（基地、项目）遴选工作。会同省老龄工作委员会办公室推进中医药健康养老服务发展。

（王　鹏）

2016年12月16日至17日，山西省卫生计生委在广州举办山西医药卫生招才引智大会

（王　鹏供图）

卫生人才与科研

【卫生人才引进与培养】 2016年，山西省卫计委在北京、上海、广州举办招才引智大会，与国内外知名机构签订合作协议151项，引进院士7名、海外高层次专家8名、国内顶尖医学专家49名，现场招聘省外知名院校高层次人才117名。推动实施百千万卫生人才培养工程，选拔高端领军人才195名、培养131人次，选拔骨干精英人才824名、培养484人次，选拔基层适宜人才5989名、培养2606人次。全省选派各类人才海外研修197人次，国内研修7439人次。出台《住院医师规范化培训专项资金管理办法》，建立医教协同工作机制，完成737名专硕生并轨招生。培训各专业住培师资300余名，12家培训基地共招录学员1223名。完成215名全科医生转岗培训任务、270名农村订单定向免费培养医学生招录计划，出台《山西省农村订单定向免费培养医学生就业安置实施办法》。在太原、晋中、吕梁和临汾启动实施临床医学专业“3+2”助理全科医生培训试点工作。印发《山西省继续医学教育实施细则》，修订印发《山西省卫生人员培训管理办法》。举办国家级继续医学教育项目77项，组织申报2017年度国家级继续医学教育项目210项，审批省级项目552项，培训各级各类卫生技术人员53万余人次。20人入选山西省学术技术带头人、1人入选山西省青年拔尖人才人选。改革完善基层医务人员职称评审政策，331名乡镇社区卫生人员取得高级职称资格，较上年度增加25.8%。

（王　鹏）

【学术科研推进】 2016年，山西省卫计委制订《山西省医学重点学科建设管理办法》，在评审、考核指标体系中，将科研、学术等指标的占比调整到60%以上，将省市（县）共建学科的帮扶工作开展情况纳入重点学科考核指标，实现“以考促建”目标。出台3个科研实验室建设管理办法，统筹投入1500万元加强实验室平台建设。获批国家自然科学基金24项，比上年多7项；获批省科技厅各类计划项目245项，资助经费2707.07万元，比上年多获批98项，多争取资助经费1956.57万元；申报省级基础研究项目、社会发展攻关项目、软科学研究项目等共计468项；协助省科技厅完成科技成果鉴定18项。委直各单位共申报2016年度省科技进步奖51项；评审立项委级科研课题197项，资助经费140万元，其中面向基层立项数达59项，占全部立项数的30%。山西省肿瘤医院解英参与研究的科研成果《中医治疗非小细胞肺癌体系的创建与应用》获得国家科学技术进步二等奖。2016年度发表SCI论文247篇，比上年多96篇；申请专利数73项，获批专利数64项，两项指标数较上年均增长20%以上。

（王　鹏）

健康产业发展

【健康产业园区】 2016年，山西省卫计委围绕“选商引智”，以打造健康产业先进生产力要素聚集平台为核心目标，与山西综改示范区筹委会共同对山西省健康产业园建设的用地需求、选址规划、优惠政策、项目征集、筛选对接、落地实施进行沟通协商。近20多家企业表达入园意向，初步

明确项目 12 个，达成意向投资总金额约 200 亿元。 （王 鹏）

【社会办医发展加快】 2016 年，山西省政府办公厅出台《关于促进社会办医加快发展的实施意见》（晋政办发〔2016〕49 号），从拓展发展空间、提升服务能力、优化发展环境和加强监督管理四个方面支持社会办医。省卫生计生委配套下发《关于调整医疗机构设置审批管理权限及有关事项的通知》和《社会办医专项整治工作方案》，优化管理程序，促进规范发展。探索纵向协作机制，有 38 所社会办医疗机构与公立三级医院建立医疗联合体。全年引资 29 亿元，实现新办民营医疗机构 801 所，新增床位 6064 张。截至 2016 年底，全省有社会资本开办的医疗机构 15431 所，占全省医疗机构总数的 36.56%；社会资本开办的医院 726 所，占医院总数（1393 所）的 52.12%，民营医院数量超过公立医院数量；社会办医开放床位 28990 张，占总数（189784 张）的 15.28%。社会办医总诊疗人次和出院人次分别从 2010 年的 1224.3 万人次和 21.4 万人次上升到 2016 年的 2753.5 万人次和 55.78 万人次，分别增加 125%和 161%。 （王 鹏）

卫生计生综合监督

【医疗执业安全监督】 2016 年，山西省卫计委组织开展预防接种、单采血浆站、医疗美容、打击“两非”、医疗技术临床应用等专项检查，开展医疗机构依法执业大检查和交叉检查。11 家三级医院两次在全省大会被通报批评，5 家医院被全省书面通报批评并给予医院等级评审黄牌警告，1 家单采血浆站被停业整顿，11 家生活美容机构违规执业被责令停业整顿和罚款通报。全省核查各级预防接种单位和疾病预防控制中心 7422 家，查处案件 102 件。全年全省查处各类医疗违法案件 1861 件，罚款 366 万余元；查处无证行医案件 368 件，罚款 90 万余元。 （王 鹏）

【职业卫生和放射卫生监督】 2016 年，山西省卫计委组织开展以“强化责任意识，提高服务水平”为主题的职业卫生、放射卫生治理年活动。职业健康检查、职业病诊断机构监督覆盖率 95%以上，放射诊疗单位监督覆盖率 99.22%，放射卫生技术服务机构监督覆盖率 100%。全省查处职业卫生放射卫生案件 144 件，罚款 37.9 万元。委托山西省卫生监督协会对放射工作人员、职业病诊断医师、放射卫生技术服务人员、放射诊疗管理人员等进行集中强化培训。 （王 鹏）

【公共卫生监督】 2016 年，山西省对医疗机构、大型超市、药店、生产企业等生产、经营、使用消毒产品的单位进行监督抽检，抽检消毒产品 43 个，合格率 95%以上。重点对 7672 所学校卫生进行全面检查，对 2685 所学校开展卫生综合评价，结果 365 所优秀、2160 所合格、160 所不合格。检查城市设计日供水千吨以上水厂 177 家、二次供水设施 767 家，涉及饮用水卫生安全产品生产企业 23 家；抽检涉水产品 23 件、水处理材料 27 个、现制现售饮水机及其水样 203 个。586 家不合格单位被责令限期改正，8 家单位被行政处罚。对游泳场所、住宿、沐浴、美容美发等公共场所及集中空调通风系统的卫生管理制度落实情况，室内空气、顾客用品用具、水质及集中空调通风系统卫生质量进行监督抽检，各项抽检合格率保持较好水平。 （王 鹏）

【卫生执法与管理联动】 2016 年，山西省卫计委分 5 期对 600 余名各专业首席监督员候选人进行培训。推行行政执法全过程记录，并在太原、晋城、阳泉市监督所试点。制订出台“双随机”抽查事中事后监管方案、随机抽查规则、“一单两库”、《行政处罚裁量权适用规则》和《行政处罚裁量权基准》等系列规定，为依法行政、依法监管提供制度保障。开展监督执法与系统管理联动惩戒，否决 1 个违法违规执业医疗机构“全国敬老文明号”的评选资格，否决 2 个县“全国计划生育工作先进县”的评选资格，延后 2 个三甲医院的许可准入。开展执法案卷评查，10 份典型案卷参加全国案卷评查活动。 （王 鹏）

2016 年 6 月 27 日，“健康中国行”山西站活动在太原市万柏林区玉门河公园启动
（王 鹏供图）

计划生育

【全面两孩政策实施】 2016 年 1 月

14日，山西省政府第108次常务会议研究《山西省实施全面两孩政策各有关部门和单位职责任务分解》；1月20日，山西省十二届人大常委会第二十四次会议审议并通过关于修改《山西省人口和计划生育条例》的决定，在全国首批完成地方条例的修改工作，落实山西省的全面两孩政策；1月24日，省人大常委会与省卫计委共同召开《条例》新闻发布会；4月21日，省政府印发《山西省实施全面两孩政策实施方案》，为政策统筹推进提供组织和制度保障。省卫计委印发《山西省全面两孩政策实施细则》。据省统计局数据，截至2016年底，全省常住人口为3681.6万人，全年全省出生人口37.8万人，人口出生率为10.29‰，比上年上升0.31个千分点。据省卫生计生委全员人口数据库数据，在已婚育龄妇女总量（656.24万）减少7万人左右的情况下，出生人口依然保持增加，其中二孩及以上出生人口占总出生人口的比重达到41.62%，同比提高5.69个百分点；2016年全省符合政策生育率为97.48%，同比提高8.5个百分点，其中二孩符合政策生育率从上年的71.42%提高到96.05%。（王　鹏）

【妇幼保健服务】　2016年，山西省政府办公厅印发《关于加强儿童医疗卫生服务改革与发展的实施意见》。提高孕产妇与新生儿危急重症救治能力，建成市县级危重孕产妇救治中心132个、危重新生儿救治中心125个，112个县建立危重孕产妇救治中心，109个县建立危重新生儿救治中心。创建省级规范化基层妇儿门诊100个、妇幼健康优质服务示范县20个，万荣、古交、榆次3个县区被评为全国示范县。全省新增产科床位557张、儿科床位589张，基本满足群众需求。省妇幼健康信息平台与全员人口信息系统实现互联互通，由省卫生计生委开发的“山西省妇幼健康信息综合管理服务平台”在运城、吕梁、晋中、忻州、大同、朔州、阳泉等8个市开通运行，太原、长治、临汾3个市原有的市级妇幼平台完成与省级平台的对接和互联互通；建立孕期保健、住院分娩、出生医学证明发放等信息与全员人口信息实时共享与核查比对机制。（王　鹏）

【计划生育便民服务】　2016年，山西省实行生育服务登记制度改革，对生育两个以内（含两个）孩子的，不实行审批，由家庭自主安排生育。将再生育审批权下放至乡镇人民政府（街道办事处），开展生育服务证网上预约登记办理。开展计划生育基层基础发展年活动，召开全省卫生计生深度融合创新发展现场会，推广晋中等地通过卫生计生融合发展，方便群众、服务生命全过程、服务人民健康方面的经验做法。开展新一轮全国计划生育优质服务先进单位创建活动，创建国家级计划生育优质服务先进单位24个、省级计划生育优质服务先进单位8个。（王　鹏）

【计划生育扶助关怀】　2016年，山西省开展计生奖励扶助政策衔接和落实工作，全省投入计生家庭奖励扶（补）助资金7.15亿元，有106.8万人（户）受益。推进计生特殊家庭就医“绿色通道”工作落实，实行签约服务和定点服务相结合，在太原开展家庭医生签约服务试点；建立健全计生特殊家庭档案，完善帮扶联系人制度，为计生特殊家庭办实事、办好事。发挥计生协会组织作用，实施生育关怀项目，提高计生家庭防范风险能力。2016年，全省筹集保费1679万元，为104.4万名计生家庭成员办理意外伤害附加意外医疗保险；筹集资金近50万元为6034名计生特殊家庭成员办理住院护理保险，实现全省119个县级全覆盖，缓解计生特殊家庭成员住院看病无人照料的困难。出台《关于推进医疗卫生与养老服务相结合的实施意见》，确定太原、大同、晋中、吕梁为试点。阳曲县白俊义等3户家庭被评选为全国“幸福家庭”。（王　鹏）

【流动人口卫生计生服务管理】　2016年，山西省开展打击“两非”专项行动，对11个市、22个县（市、区）进行明察暗访，全省立案40起，结案6起，综合治理出生人口性别比取得进展。将流动人口基本公共卫生计生服务均等化，纳入全省流动人口基本公共服务均等化工作中，统筹管理，综合服务。省卫生计生委与省综治办、农民工办、民政厅和财政厅等部门联合印发《关于做好流动人口基本公共卫生计生服务的指导意见》，协同推进流动人口卫生计生基本公共服务均等化与疾病防控、基本医保权益保障等工作。开展流动人口卫生计生关怀关爱专项行动，做好农村留守儿童健康关爱工作，指导临县、大宁县、永和县等3个项目县开展留守儿童服务需求摸底调查，分析农村留守儿童的主要健康问题与健康影响因素，针对性提供健康服务。加强流动人口动态监测和相关政策研究，监测数据质量在全国综合排名第3位。

（王　鹏）

体　育

Sports

综　述

【概述】 2016年，山西省体育局推进体育事业发展。发展群众体育开展全民健身活动，体育公共服务能力增强；竞技体育围绕参加里约奥运会大赛，竞技水平和实力提高；体育产业抓住供给侧结构性改革的政策利好，体育消费和产业实力提升；体育科技教育、宣传建设加强。编制完成《山西省"十三五"体育事业发展规划》，发布《山西省全民健身实施计划(2016–2020年)》。省体育局编制竞技体育、体育产业、青少年体育、体育法治、体育科技教育文化宣传、体育人才、体育彩票、航空体育8个配套规划，全省体育"2+8"十三五规划体系形成。各市、县编制本级体育事业发展规划和全民健身实施计划。开展"七五"普法工作，印发《山西省体育系统法治宣传教育第七个五年规划(2016–2020年)》，召开全省体育系统"七五"普法工作动员会，组织"依法行政宣传月"、国家宪法日和全国法治宣传日等重要节点的法治宣传活动。省体育局加强依法治体组织建设，推进政府规章和政府文件清理工作，完成审批事项进驻政务中心相关工作。

（王宏德）

【山西体育入围体育风云榜】 2016年2月16日，在网络大数据基础上，《人民体育》《人民网》舆情监测室联合发布2015中国体育产业风云榜。太原国际马拉松入围最具影响力马拉松赛事排行榜、中国榆社第七届环云竹湖全国山地自行车赛入围最具影响力自行车赛事排行榜。山西大学入围中国普通高校体育竞赛榜完整榜单。太原、长治、大同3座城市入围全国体育活力城市排行百强。

（王宏德）

【年度山西体育十大新闻】 1.山西运动员在里约奥运会上取得佳绩。董栋获男子蹦床网上个人银牌，郝佳露获女子重剑团体银牌，王智伟获男子50米手枪慢射第五名，王路敏获男子古典式摔跤59公斤级第八名。

2.出台山西省《全民健身实施计划(2016–2020年)》。8月23日，经山西省政府第129次常务会议审议通过，规划到2020年基本形成全民健身与各项社会事业互促发展良好局面目标。

3.山西参加国际比赛。2016年，山西籍运动员参加多项世界比赛，获得世界大赛金牌6枚。

4.筹备第二届青运会。11月29日，第二届全国青年运动会筹备工作委员会第一次会议在太原召开。二青会是山西第一次承办的全国综合性大型运动会，对于优化发展环境、展示城市形象、提升知名度和美誉度、提高对外开放水平，具有重要意义。

5.《山西省"十三五"体育事业发展规划》发布。10月25日《规划》正式发布。《规划》贯彻"创新、协调、绿色、开放、共享"的发展理念，顺应"十三五"时期全省体育发展乃至经济社会发展的时代潮流，是指导"十三五"时期全省体育的纲领性文件。

6.四海一家，聚跑太马。9月16日，2016太原国际马拉松赛开跑。全球5个国家29名特邀运动员和国内十余个省市3万名马拉松跑步爱好者参赛。

7.承办全国高水平赛事。2016年，山西承办全国古典式摔跤锦标赛、全国田径大奖赛、全国击剑冠军赛第二站(重剑)、全国BMX冠军赛第3、第4分站赛和亚洲BMX锦标赛等一系列重要赛事。

8.山西射击射箭训练基地奠基。1月18日，作为二青会比赛场地之一的山西射击射箭训练基地奠基，建设工期两年。

9.体育彩票销售创新高。2016年，山西省体育彩票销量再创历史新高，全年销售达23.29亿元，同比上年实现增长11.72%。

10.本土球队首战足协杯。3月26日，2016年中国足协杯首轮比赛中，山西龙城至盛队迎战云南丽江队，这是新中国成立以来，山西本土球队在足协杯的首个主场比赛。（王宏德）

【体育慈善活动】 2016年5月31日，兴县一二〇师学校足球场，阿根廷籍足球教练豪尔赫·瓦伦西亚经原120师代政委林枫之子林炎志等红色后代牵线搭桥，为孩子们上足球课。豪尔赫·瓦伦西亚所在的马拉多纳国际足球俱乐部、加多宝集团和江苏新益科教设备有限公司向一二〇师学校捐赠足球、球衣及价值53万元人民币的教学设备。

7月30日至31日，全国百座城市足球峰会系列活动在长治举行。国内知名足球运动员、著名足球评论员、知名体育产业公司负责人及国内100座城市足球代表参加峰会。峰会以“足球+体育产业+旅游+移动互联网”为主题，包括峰会论坛、明星足球公益推广赛、公益捐赠晚宴以及体育旅游等系列活动。公益拍卖所得款项捐赠给养老院及贫困山区儿童。

9月6日至9日，“情缘老区，情系体育——奥运冠军走进国家体育总局定点扶贫县”优秀运动员全民健身志愿服务活动在繁峙县和代县举行。齐宝香、王立彬、张小冬、孙甜甜、奚爱华、李娜、肖钦、隋剑爽、张会、周吕鑫等十名冠军，深入学校、体育馆、健身广场，开展全民健身志愿服务活动。国家体育总局向两县捐赠健身器材，慰问贫困户。

10月25日，山西首届“幸福篮球希望工程园丁奖”评选活动结束，20位来自乡村希望小学的体育教师受到表彰，每人获5000元现金奖励。

11月9日，山西省2016年“公益体彩 快乐操场”走进左权县石匣学校，送去价值2万元的体育器材与设施。2016年，省内11个市共有35所贫困、偏远、体育器材匮乏的乡镇村中小学校成为受助对象。该活动自2013年在山西启动以来，3年共向省内90所贫困、偏远以及体育器材匮乏的中小学学校捐赠9000余件体育器材，数万名贫困地区的中小学生受益。

（王宏德）

2016年9月6日至9日，国家体育总局走进平型关小学助学活动在繁峙县平型关小学举行

（王宏德供图）

群众体育

【全民健身活动】 2016年，山西省以“强健体魄·阳光生活·共享青运”为主题，围绕“春舞、夏泳、秋赛、冬跑”四大板块，开展主题鲜明、群众喜闻乐见的全民健身活动，取得成效。省市两级开展迎新年健步行、冬泳入水、8·8全民健身日等一系列全民健身活动400多项，形成太原国际马拉松赛、汾河龙舟赛、五老峰登山节、乌金山冰雪节、云竹湖垂钓大赛、晋中国际柔力球大会、太谷形意拳国际大会、右玉赛马等群体活动品牌，民间自发组织骑行、健步、登山、球类等健身活动。

1月1日，“强健体魄·阳光生活”全民健身系列活动仪式暨省城群众迎新年健步行活动在太原举行。省市体育系统干部职工和单项体育协会会员、省城机关企业干部职工、部分高校教职工与学生等5000余人快乐健身。活动由山西省全民健身工作委员会主办，省体育局、省体育总会承办。

同日，“强健体魄·阳光生活”省城群众迎新年冬泳活动入水仪式在太原举行，全省各地300余名冬泳爱好者开展比赛。

同日，全国新年登高健身大会山西主会场在晋城举行。来自城区、泽州县、市属各单项体育协会、俱乐部及社会报名的近3000名群众参加。2016年活动主题是“登高健身、喜迎新年；科学健身、幸福生活”，覆盖全国31个省市区，活动地点近300个，参与人数超百万人次，由国家体育总局、中华全国体育总会主办，山西省体育局、晋城市文化局等单位承办。

5月7日，“强健体魄·阳光生活·共享青运”省城全民健身社区行活动启动。活动到10月份结束。每周末在太原市六城区的40个社区进行，项目涉及太极拳、空竹、木兰、健身球、健身气功等。

6月13日至17日，以“强健体魄·阳光生活·共享青运”为主题的山西省直机关第九套广播体操比赛在太原举行，51个省直单位的2400余名职工参加预赛、决赛及展演。16个单位获金奖，16个单位获得银奖，18个单位获铜奖。

6月18日，山西省“全民健身·贰零零捌”杯11人制足球比赛在太原开赛。全省16支队近600名选手参赛。经过40场比赛，7月17日比赛结束，山西龙城至盛队获得冠军，获得代表山西参加全国比赛的资格。

6月28日，山西省第五届老年人体育健身大会在孝义开幕。该届大会由山西省体育局、省体育总会、省老年人体育协会主办。健身大会开幕式秉持“节俭、安全、文明、精彩”原则，文体展示节目全部由老年人自编自导完成，600多名老年人参加开幕式表演。

7月9日，嘉康利全民健身万里行太原站主题活动举行。这是该项活动首次在太原举办，3000余名健身爱好者参与。奥运会冠军杨凌、李婷现场向众多健身爱好者传授亲身跑步技巧与健身方法。

8月8日，全民健身日山西分会场活动在山西省全民健身中心举行，进行全国棋牌项目万人同赛分会场活动和草根足球比赛。

2016年，山西省城乡居民的体育健身意识增强，体育人口增长，每周参加3次及以上体育锻炼的人数增加。全年培训各级社会体育指导员5300多名，全省社会体育指导员队伍壮大，宣传、发动、组织广大群众参与体育运动。　（王宏德）

【全国拔河新星系列赛首站】 2016年4月28日至29日，“强健体魄·阳光生活·共享青运”全国拔河新星系列赛（忻州站）暨山西省拔河争霸赛在忻州市举行。全省8市、3个省直单位18支队243人参赛，省公路运输工会、太钢炼铁厂、忻州市体育馆和省公路运输工会、太钢炼铁厂、汾阳市贾家庄、运城市分别获得公开组600公斤级和混合组前三名。

（王宏德）

【太原汾河龙舟公开赛】 2016年8月6日至7日，2016太原汾河龙舟公开赛开赛。全国12支龙舟队300余人进行12人标准龙舟200米直道竞速和500米直道竞速的比赛，山西省队伍8支，外省队伍4支。福建三明市三元区桂龙龙舟协会代表队获得200米、500米直道竞速冠军，福建三明市队、天津南开大学队和山东德州市队获总成绩前三名。　（王宏德）

【国际骑游大会山西赛事】 2016年7月23日，第三届大同国际骑游大会在大同举行。来自全国各地40支代表队的2000余名骑行爱好者参加该次活动是山西省旅游发展大会系列活动之一，以竞赛为桥梁，以传播旅游文化，建立和谐社会为目的，通过竞赛活动反映时代精神，体现时代风貌。

7月29日至30日，以“骑游中华第一关，逐鹿千年古驿道”为主题的2016中国·代县·雁门关国际骑游大会

2016年，全民健身日山西分会场开幕仪式在太原举行　（王宏德供图）

在代县举行。来自中国、美国、英国、荷兰、瑞典、韩国等国家以及中国香港地区的500多名选手参加地方特色精品展示、骑游古韵代州、业余山地自行车赛、中国大越野——长城之路挑战、代州旅游资源推介及体育+旅游高峰论坛等活动。该次大会结合体育元素与文化旅游优势，带动体育产业和文化旅游产业融合。　（王宏德）

【柔力球运动发展】 2016年8月14日，第二届“全国柔力球之乡”交流活动在长治市举行。全国43个代表队700多人参加。深圳市柔力球协会、陕西省西安市未央区、云南省玉溪市等26个代表队获集体全能优胜奖，陕西省西安市、华北油田、河南孟津县等12个代表队获得双人自选套路优胜奖，16人获得单人自选套路优胜奖。

9月10日，第三届中国晋中国际柔力球交流大会在晋中举行。国家体育总局社会体育指导中心和晋中市人民政府签订《携手打造中国柔力球国际交流中心备忘录》。中国晋中国际柔力球交流大会是国内级别最高、规模最大的国际性柔力球赛事，来自俄罗斯、德国、法国、意大利、新加坡、马来西亚、日本、乌克兰、匈牙利、荷兰等国家17支代表队、国内22个省市自治区62支代表队及中国香港、澳门特别行政区770余名选手参赛。　（王宏德）

【山西农民象棋赛】 2016年4月19日至20日，山西省第21届农民象棋赛在阳泉市举行。全省9个市12支队36名选手参加。运城市、大同市、长治市和临汾市、静乐县、太原市获男女团体前三名；太原焦志强、运城段晓龙、长治黄世宏和临汾李凤英、太原段宇君、静乐李英获男女个人前三名。

（王宏德）

【第四届龙舟公开赛】 2016年6月9日，北方水城·美丽沁州第八届端午民俗文化节暨山西省第四届龙舟公开赛在沁县举行。16支龙舟队在为期四天的赛事中争夺22人标准龙舟100米、200米、500米直道竞速和3000米环绕赛四个项目的冠军。

（王宏德）

【五老峰登山节】 2016年4月21日至5月10日，全国群众登山健身大会山西分会场暨第十六届永济五老峰登山节在五老峰景区举行。登山节设登山竞速比赛、象棋对决赛等活动。该届登山节由中国登山协会、山西省体育总会主办。　（王宏德）

【全国中医药院校运动会】 2016年9月2日，全国中医药院校第十三届传统保健体育运动会在山西中医学

院开幕。全国26所高等中医药院校308人参赛。运动会倡导"人文传运、简约传运、诚信传运、生态传运"理念,以"激情传运会,活力新山西"为主题,包括传统保健项目、集体项目、武术项目3大类8个集体项目和24个武术类项目。（王宏德）

【山西千年古村上演唐代"跑马排"】 2016年2月23日,平定县下董寨村,当地传承久远的民俗活动"跑马排"活动举行,村民们骑上大马,在古村道往返驰骋。"跑马排"起源于唐朝,2013年列入山西省级非物质文化遗产名录。（王宏德）

【全国健身气功站点联赛(北部赛区)】 2016年9月11日至13日,全国健身气功站点联赛半决赛(北部赛区)在大同举行。比赛项目为健身气功·易筋经、五禽戏、六字诀、八段锦。山西、北京、天津、河北、内蒙古、辽宁、吉林、黑龙江、山东等19个省区市的35个代表队189人参加。河北省裕彤健身气功站点、河南省洛阳市中信重机厂门前健身气功站点、北京市东城区龙潭健身气功站点获团体总分前三名。（王宏德）

【徒步运动活动】 2016年5月21日,第七届北京国际山地徒步大会举行晋城·阳城站暨阳城徒步活动,来自50多个国家的7000多名徒步爱好者参加。10月15日,大会在阳城县润城镇举行秋季徒步,全球20多个国家的200余名徒步爱好者和全国各地的7000余人参加。大会主题是"悠然阳城、探秘古堡"。

12月31日,由《人民网》发起的"不忘初心 走向明天"跨年徒步迎新活动开展。该次活动在山西设太原站、大同站、长治站和运城站4站,6000余名徒步爱好者参加。（王宏德）

【亚洲校园街舞大赛走进山西】 2016年5月28日,第八届亚洲校园街舞大赛中国赛区(太原站)暨第四届山西高校街舞社团争霸赛在山西农业大学举行。来自北京、上海、天津等全国24支街舞团队和400余人参加比赛。（王宏德）

【非职业篮球赛事交流活动】 2016年3月8日,2016年李宁全国青年篮球联赛(长治赛区)开赛。长治赛区是联赛第一阶段、女子B组比赛,江苏、黑龙江绅达、山东、山西兴瑞烈焰、湖北、四川、上海宝山大华、广西青年队从3月8日至14日进行36轮循环比赛。

5月20日,中美篮球对抗赛(山西站)在临汾举行。中国男子篮球联赛山西汾酒队以93:101不敌美国篮球明星队。

5月28日,中原经济区篮球文化交流活动在长治市举行。山东省聊城市、菏泽市,山西省长治市、晋城市,河南省济源市、濮阳市、焦作市,河北省唐山首钢迁钢公司、唐山传媒10市组队参加,与会人员近150人。

9月25日,海峡杯篮球赛在台湾花莲县结束。山西队以三战三胜的战绩,获得冠军。这是山西男篮在台湾获得的第二座冠军奖杯。

10月28日至11月3日,第十四届全国篮球城市体育交流活动在河北保定市举行,太原市篮球队获得比赛一等奖、三分王、敢斗奖。（王宏德）

【五省十市乒乓球联谊赛(晋城站)】 2016年3月19日至20日,第四届五省十市乒乓球联谊赛(晋城站)开赛,京、冀、晋、豫、皖5省10市16支队64名选手参赛。（王宏德）

【全国旅游城市定向系列赛繁峙代县站】 2016年6月25日至26日,"寻找美丽中华"全国旅游城市定向系列赛第二站、第三站比赛分别在繁峙县平型关堡、代县滹沱河湿地公园开赛。比赛设短距离、中距离两项,分个人组和团体组。繁峙站335人参加,代县站328人参加,全国旅游城市定向系列赛,旨在推动定向运动与旅游产业融合,培育健康生活理念,推广普及定向运动,为展示旅游资源、人文特色、产业优势提供平台。（王宏德）

竞技体育

【山西运动员参加里约奥运会】 2016年,山西省运动队派员参加第31届里约奥运会。山西队队医庞象青入选中国奥运代表团,蹦床教练员蔡光亮作为国家队主教练第四次参加奥运会。该次奥运会上,山西5名运动员分别获得2枚银牌、1个第5名和1个第8名,其中董栋获男子蹦床网上个人银牌,郝佳露获女子重剑团体银牌,王智伟获男子50米手枪第5名,王路敏获男子古典式摔跤59公斤级第8名。在全国31个省市自治区中,参赛人数排列第17位,奖牌排列第18位。（王宏德）

【山西运动员备战全运会】 2016年,在一系列国际国内大赛中,山西省运动员共获国际比赛金牌6枚,国内大赛金牌15枚、银牌19枚、铜牌25枚。武杨、方玉婷、裴星茹等运动员取得优异成绩,竞技水平和实力得到历练和提高。（王宏德）

【足球运动推进发展】 2016年,山西省委推进改革领导小组第20次会议,通过《山西省足球改革实施意见》,省政府出台《关于推进山西省足球改革发展的实施意见》,建立山西省足球改革发展部门联席会议制度,省发改委等部门联合印发足球中长期发展和近期场地建设的两个规划,省市两级足协改革取得进展。

6月1日,由山西省高校师资培训中心主办的第一期山西省高校校园足球骨干教师专项研修培训班在太原举办。

8月15日,全国元老足球邀请赛在屯留县开幕。中国足协中老年足球联谊会会长、中国足协原主席年维泗,中国足协中老年足球联谊会秘书长韩重德,中国足协副主席、中国国家队原队长容志行,中国足协原常务副主席、秘书长王俊生,中国国家足球队原主教练戚务生参加活动。特请八一、昆明、沈阳、山西4支老年足球

队参赛。“足聚嶷山、踢赢未来”长治足球改革发展专题研讨会同期进行。（王宏德）

【山西足球超级联赛】 2016年8月13日至10月16日，“卡尔美”山西足球超级联赛在太原举办，全省10支球队参加。赛事由山西晋超体育股份有限公司主办，晋中晋之虎派迪茵队5:2战胜长治大力水手队，夺得冠军。（王宏德）

【省级以上赛事承办】 2016年，山西省先后承办全国古典式摔跤锦标赛、全国田径大奖赛、全国击剑冠军赛、全国BMX冠军赛等一系列比赛活动。CBA、WCBA带动篮球运动氛围升温。各市县承办的赛事有大寨中国汽车拉力赛、晋中榆社环云竹湖全国山地自行车赛等。

4月12日至14日，全国古典式摔跤锦标赛在太原举行。国内29个省（区、市）、新疆建设兵团、中部战区陆军代表队、煤矿体协等43支代表队、331名运动员竞争8个级别的冠军。山西张冰、闫鹏飞、钱海涛和张祥龙分别摘得66公斤级、71公斤级、80公斤级、85公斤级等四个级别的冠军。山西、山东、河北、北京、西藏队获道德风尚奖，6名裁判员获得优秀裁判员，41名运动员获优秀运动员称号。

5月15日，全国山地赛自行车邀请赛在阳城县横河镇举行，全国15省（市、区）290余人参赛。来自贵州和福建的选手获得男女组冠军。

5月20日，全国田径大奖赛系列赛（太原站）开赛。比赛由国家体育总局田径运动管理中心主办、山西省体育局承办，设男子项目21项、女子项目20项。全国各省市自治区的36支代表队近1700名运动员、教练参赛。

6月12日，亚洲BMX锦标赛在太原举行，中国、韩国、日本、马来西亚、泰国、印度尼西亚6个国家的60余名运动员参加男女精英组、男女青年组四个组别的比赛。日本吉村树希敢、吉井晃平、松下辰巳获男子精英组前三名，中国选手逯艳、张娅儒、郝翠获女子精英组前三名，日本山口大地、日本池上太一、中国苗润鹏获男子青年组前三名，日本畑山纱织、中国王梦瑶、中国文佩佩获女子青年组前三名。

6月18日至19日，全国击剑冠军赛（第二站重剑）“亮剑”太原，全国各省市26支代表队近300名运动员参赛。竞赛分女子重剑、男子重剑两个组别，含个人赛、团体赛两个项目。

7月22日至24日，全国马术三项赛锦标赛在右玉县开赛。山西玉龙国际马术俱乐部、上海市马术运动管理中心、广东队、四川队、江苏队、内蒙古射击射箭马术运动管理中心6支代表队参加，上海队获得团体冠军。

8月2日，全国热气球锦标赛在大同开赛，全国50支团队参赛。

8月28日，第二十一届国际奥委会主席杯全国百城市自行车赛华北赛区预赛在朔州市举行。来自浙江、河北、内蒙古、深圳、北京、天津、陕西、山西和台湾、香港地区500多名运动员参赛。

8月30日至9月2日，山西·大寨中国汽车场地越野锦标赛举行。该项赛事是2016年中国汽车场地越野锦标赛的第五站，赛事主题为“越野昔阳 寻梦大寨”。全国30多个车队100余辆赛车参赛。（王宏德）

【乒乓女队获“感动山西”特别奖】 2016年1月17日，2015“感动山西”十大人物评选结果揭晓，山西女子乒乓球队获得特别奖。2015年10月12日，山西女子乒乓球队夺得全国乒乓球锦标赛女团冠军，这是山西省首次夺得全国乒乓球锦标赛团体冠军，五名队员为：武杨、李晓丹、杨飞飞、吕婷婷、胡家荣。（王宏德）

【山西运动员获多项大赛奖牌】 2016年山西籍运动员获得多项国际国内体育赛事奖牌。1月17日，2016国际泳联跳水大奖赛第一站在西班牙马德里举行。山西跳水运动员李嘉伟、赵冬以总分375.84夺男子双人三米跳板金牌，这是山西省跳水跳板项目在国际赛事上取得的最好成绩。

3月19日，在哈萨克斯坦阿斯塔纳举行的2016年巴西里约奥运会摔跤（亚洲区）预选赛中，山西选手王路敏取得男子古典跤59公斤级冠军，为中国队获得里约奥运会摔跤比赛资格。

4月1日，全国皮划艇（静水）冠军赛在上海举行，太原市运动员马亚男以2分20秒夺得女子500米单人划艇冠军，以58.3秒取得女子200米单人划艇亚军；张雅珏以59.2秒取得女子200米单人划艇第三名，以2分26秒取得女子500米单人划艇第四名。这是太原市水上运动项目取得的最好成绩，也是山西水上项目的第一枚金牌。

4月24日，在河南理工大学举行的第十八届全国大学生男子篮球赛西北赛区男篮决赛中，山西大学以61:59击败太原理工大学，首次成为西北赛区冠军，夺得“西北王”称号。

5月31日至6月3日，全国皮划艇青年锦标赛及全国皮划艇U23锦标赛在上海举行。山西省女子划艇运动员马亚男、张雅珏分获500米女子单人划艇和200米单人划艇冠军。

9月3日，全国蹦床锦标赛在天津举行，符冰和穆童获得男子双人同步冠军，张雒夺得男子单跳个人冠军，合作培养的廉时栋获男子网上个人冠军，王鹏军和杨颜苇获男子双人同步亚军，山西队取得女子团体铜牌，获体育道德风尚奖。

9月8日，在呼和浩特举行的全国射箭奥林匹克项目锦标赛中，由方玉婷、祝珊珊、刘慧敏组成的山西射箭女队在决赛中以6:0胜劲旅山东女队获得团体冠军。

9月25日，全国皮划艇（静水）锦标赛在福建省长乐市开赛，太原张雅珏以51.802夺得200米女子单人划艇第二名，以2:28.087夺得500米女子单人划艇冠军。

10月17日，第二届世界太极拳锦标赛举办，崔碧晖夺得男子A+B第三套国际规定套路太极剑冠军。

11月4日，山西选手方玉婷在2016全国射击射箭运动文化展示暨箭王争霸赛上获铜箭王称号。

2016年9月16日，中绿环保·2016太原国际马拉松赛开跑　（王宏德供图）

12月11日，在匈牙利布达佩斯举行的世界摔跤锦标赛女子自由式摔跤60公斤级比赛中，山西女子摔跤运动员裴星茹在决赛中以6:0战胜美国选手夺冠。（王宏德）

【山西车队亮相中国环塔(国际)拉力赛】 2016年3月1日，2016年中国环塔(国际)拉力赛新闻发布会在京召开，山西"任我行拉力车队"派出车队参加大赛。该车队是中国汽车运动联合会注册车队，车手多为山西省历年参加中国汽车越野锦标赛的车手。（王宏德）

【蹦床世界杯上海站山西获两金】 2016年5月15日，国际体操联合会蹦床世界杯上海站比赛举行。本项赛事是国际体操联合会的A级比赛，设男女网上个人、男女双人同步、男女单跳个人6个项目，来自俄罗斯、日本、加拿大等15个国家和地区160多名运动员、教练员、裁判员参赛。经过两天比赛，山西董栋以总成绩60.775获男子蹦床网上个人冠军、张雒以74.500分获男子单跳个人冠军。（王宏德）

【国际大师围棋邀请赛】 2016年6月3日，山西临汾"华夏之根、文明之旅"尧文化旅游招商活动"围棋之源·圣尧杯"国际大师邀请赛在临汾举行。中国、韩国、日本8名业界资深围棋运动员相聚。邀请赛采用男女混合搭档方式，韩国徐奉洙九段、权孝珍六段携手战胜中国曹大元九段、徐莹五段，获得第一名。中国聂卫平九段、张璇八段获第三名。（王宏德）

【太原国际马拉松赛】 2016年9月16日，2016太原国际马拉松赛开跑。全球5个国家29名特邀运动员和国内十余个省市3万名选手参赛。男女组全程前三名被肯尼亚、埃塞俄比亚选手包揽。该届马拉松赛设男女全程马拉松、男女半程马拉松、迷你马拉松和亲子健身跑等6个项目。太原国际马拉松赛已连续举办六届，累计吸引近20个国家和地区的逾10多万人次参赛。（王宏德）

【全国高等体育职业院校技能大赛】 2016年9月26日，全国高等体育职业院校学生职业技能大赛在太原举行开幕，14个省市自治区15支代表队404人次经过比赛，产生团体一等奖15个、二等奖15个、三等奖22个，个人一等奖30个、二等奖34个、三等奖44个。（王宏德）

【第二届全国青运会山西筹备】 2016年11月11日，山西省人民政府办公厅印发《第二届全国青年运动会筹备工作方案》。11月29日，第二届全国青年运动会筹备工作委员会第一次会议在太原召开。筹备委员会主任、省长楼阳生讲话，对二青会筹备工作做出指示和部署，启动二青会筹备工作。会后，筹委会落实集中办公场所，抽调精干人员成立先期工作机构；竞赛项目布局方案形成，二青会队伍组建形成规模；二青会筹备工作新闻发布会召开。筹备工作分为五个阶段：前期筹备阶段(2016年10月－2017年12月)、综合筹备阶段(2018年1月至12月)、赛前试运行阶段(2019年1月至6月)、赛时运行阶段(2019年7月至9月)、赛后总结阶段(2019年10月至12月)。太原市作为主赛区承担60%以上的比赛任务，其他10个市承办相应比赛。（王宏德）

青少年体育

【校园足球】 2016年，山西省体育局开展校园足球特色学校和试点县的普及和建设，全省483所学校获"全国校园足球特色学校"称号，孝义市与太原迎泽区获"全国校园足球试点县"称号；与省教育厅启动全省校园足球四级联赛，全年比赛2000多场次，参赛青少年学生超过1万人次，参加校园足球骨干队伍培训的体育教师、教练员、裁判员和管理人员总计1500多人次。（王宏德）

【青少年阳光体育大会】 2016年7月7日，2016年全国青少年"未来之星"阳光体育大会山西分会场系列活动在太原启动。大会以"阳光少年、筑梦未来"为主题，设体育比赛、运动乐园、青少年体育科技活动、奥林匹克文化交流活动等板块，项目包括五人制足球、拔河、跳绳、徒步穿越等，集体育竞赛、文化交流、运动展示、科普健身等多功能为一体。全省9市组队参加，参与400余人。7月22日，全国青少年"未来之星"阳光体育大会在陕西省渭南市举办。山西代表团由运城市康杰中学、运城中学、盐化中学、东康中学的青少年组成。近30名运

2016年7月7日，2016年全国青少年“未来之星”阳光体育大会山西分会场系列活动在太原启动
（王宏德供图）

动员参加五人制足球、三对三篮球、跳绳、踢毽、拔河、校园定向跑6个项目的比赛。（王宏德）

【后备人才体系完善】 2016年，山西省体育局在全省范围内开展“2017—2020年周期国家高水平体育后备人才基地”创建工作，大同市体校、潞城市业余体校等9所体校获得批准，数量较以往成倍增长。对36个国家和省级后备人才基地进行资金扶持和政策倾斜，组织1000多名教练员参加国家和省级专业培训。发挥全省青少年体育竞赛杠杆作用，举办全省田径、游泳、乒乓球等9项锦标赛和少儿摔跤分龄赛等赛事，体育后备人才体系建设完善。（王宏德）

【中国学生毽球锦标赛晋中开赛】 2016年11月25日，中国学生毽球锦标赛在晋中学院开赛。比赛由中国大学生体育协会、中国中学生体育协会主办，中国大学生体育协会毽球分会执行，晋中学院承办。总计32所大学及9所中学41支毽球队430余名人员参赛。（王宏德）

体育设施

【公共体育设施建设】 2016年，山西省体育局围绕建设城市社区15分钟健身圈，推进公共体育设施建设。在全省范围内支持建设全民健身中心11个，乡镇农民体育健身工程41个，社区多功能运动场21个；资助每市建设1个笼式足球场，1个多功能健身场地，配备新型健身路径463套；资助太原市汾河健身长廊100套高质量移动式篮球架，健身环境改善。（王宏德）

【场馆建设运营】 2016年10月8日，山西体育中心正式揭牌，中心集文化、体育、健身、商务活动于一身，发挥全民健身、专业训练、赛事活动、体育产业、旅游观瞻和应急避险六大功能，运营管理规范，社会影响扩大，服务水平提高，打造一支体育场馆管理专业队伍。山西射击射箭训练基地于2016年1月18日开工建设。总建筑面积7.58万平方米，总投资3.9998亿元，建设工期两年。省体育博物馆、省全民健身中心、太原滨河体育中心乃至全省各市、县一大批体育场馆在节假日免费或低收费开放，取得较好社会效益。（王宏德）

【太原体育主题公园开园】 2016年8月21日，太原市首座综合性体育主题公园——晋源区体育公园开园。园内建有1个网球场，2个小型足球场，4个篮球场，5个羽毛球场，6个乒乓球台，1个儿童游乐场和1.5千米的健身步道，以及多功能健身器材等运动设施。体育公园占地面积13公顷，全天候免费开放。（王宏德）

体育产业

【体育健身休闲产业规模扩大】 2016年，山西省体育健身休闲服务产品供给能力增强，服务项目和内容多样化。冬季运动发展，全省滑雪市场扩大，晋中乌金山李宁国际滑雪场建成并投入运营，成为山西省大众滑雪服务业的标杆。竞赛表演市场发展，汾酒男篮、兴瑞女篮等一批职业化体育俱乐部发展态势平稳，对运动项目市场化起到良好示范效应。体育产业与文化产业、旅游产业融合发展。组团参加2016年在新疆举办的中国体育文化·体育旅游博览会，展示山西体育文化底蕴和体育旅游资源。（王宏德）

【体育产业专项调查】 2016年，山西省体育局和省统计局，按照2016年全国体育产业专项调查统一部署，调查全省体育产业发展规模、结构与布局，了解新兴体育产业发展状况，建立和完善体育产业基础数据库，为准确核算体育产业增加值等核心指标提供基础数据。（王宏德）

【国家体育总局督查山西体育行业工作】 2016年9月26日至28日，国家体育总局督查组到山西就《国务院关于加快发展体育产业 促进体育消费的若干意见》贯彻实施情况及体育产业现状进行实地督查，先后到太原市、长治市及屯留县全民健身场所、体育场馆和体育企业进行调研。山西探索体育产业新的发展方式，挖掘全省自然资源和传统体育项目等优势，打造一批符合市场规律、具有竞争力和地域特色的体育产业项目。通过落实配套政策、健全工作机制、指导地区体育产业建设、强化保障服务等方式推进体育产业，形成具有山西特色的体育产业体系。（王宏德）

【航空体育产业服务】 2016年，山西省抓好跳伞、航模、热气球等航空体育项目的训练工作，承办2016年全国热气球锦标赛、全国航空航天模型锦标赛。贯彻落实国家体育总局《航空体育产业发展规划》要求，推进航空科普和航空营地活动，开展飞播造林、防火灭虫、人工增雨等通用航空服务。（王宏德）

2016年山西省运动员参加世界比赛获得前三名名次一览表

比　赛　名　称	姓名	性别	项　目	成绩	名次	时间	地点
蹦床世界杯上海站	董　栋	男	网上个人	60.775分	1	5.11	上海
蹦床世界杯意大利站	董　栋	男	网上个人	61.9分	1	6.19	意大利
第二届世界太极拳锦标赛	崔碧晖	男	太极剑	9.55分	1	10.21	华沙
亚洲区巴西里约奥运会资格赛	王路敏	男	古典跤59公斤级		1	3.8–11	哈萨克斯坦
世界女子摔跤锦标赛	裴星茹	女	60公斤级		1	12.10–14	匈牙利
女子重剑世界杯	郝佳露	女	团体重剑		1	5.21	意大利
德国乒乓球公开赛	武　杨	女	女单		1	2月	德国
第34届世界跳伞锦标赛	贺亚楠	男	青年组个人特技		1	9月	美国
第34届世界跳伞锦标赛	贺亚楠	男	青年组个人全能		1	9月	美国
第31届奥运会	董　栋	男	蹦床个人	60.535分	2	8月	巴西
国际泳联游泳短池世界杯系列赛（多哈站）	杨　畅 方　艺 侯明达 蒋天盛	女	4×50米自由泳接力	1:35:07	2	10.8–9	多哈
女子重剑亚洲锦标赛	郝佳露	女	团体重剑		2	4.10	无锡
里约奥运会女子重剑	郝佳露	女	团体重剑		2	8月	巴西
第34届世界跳伞锦标赛	贺亚楠	男	青年组个人定点		2		美国
射击世界杯系列赛（巴西站）	王智伟	男	50米手枪	568/1693环	3	4.23	巴西
射击世界杯系列赛（泰国站）	王智伟	男	50米手枪	563/1658环	3	3.9	泰国
亚洲青年摔跤锦标赛	钱海涛	男	84公斤级		3	5.29–6.2	菲律宾
世界青年摔跤锦标赛	裴星茹	女	59公斤级		3	8.28–9.6	法国

2016年山西省运动员参加全国锦标赛和冠军赛获得前三名名次一览表

比赛名称	姓名	性别	项目	成绩	名次	时间	地点
全国蹦床冠军赛暨里约奥运积分赛第二站	张雒	男	单跳个人	73分	1	6.5	海宁
全国蹦床锦标赛	廉时栋	男	网上个人	57.735分	1	9.2	天津
全国蹦床锦标赛	张雒	男	单跳个人	75.1分	1	9.2	天津
全国蹦床锦标赛	穆童 符冰	男	双人同步	48.5分	1	9.2	天津
全国室内田径锦标赛(1)	庾石锁	男	跳高	2.24米	1	2.28–29	南京
全国田径大奖赛(3)	李菁华	女	七项全能	5079分	1	5.12–14	郑州
全国田径大奖赛(3)	张雨	女	女子跳高	1.80米	1	5.12–14	郑州
全国田径冠军赛	杨红光	女	4×100米接力	44:44	1	6.18–20	重庆
全国武术套路冠军赛(传统项目赛区)	曹磊	女	形意拳	8.76分	1	4.7–10	丽江
全国武术套路冠军赛(传统项目赛区)	赵诗	女	华拳	8.90分	1	4.7–10	丽江
全国空手道冠军赛	陈晓东	男	十76公斤级		1	11月	江西
全国空手道冠军赛	袁怀斌 刘永升 南高飞	男	青年男子团体型		1	11月	江西
全国柔道锦标赛	张雯	女	–63公斤级		1	6.2–8	呼和浩特
全国奥林匹克项目锦标赛	于少卿	女	个人第三70米轮赛	664环	1	9.8	呼和浩特
全国奥林匹克项目锦标赛	祝珊珊 方玉婷 刘慧敏	女	团体淘汰赛		1	9.8	呼和浩特
全国室外射箭锦标赛	方玉婷 刘慧敏 杜安琪	女	团体淘汰赛		1	10.26	长兴
全国古典式摔跤锦标赛	张冰	男	66公斤级		1	4.12–15	太原
全国古典式摔跤锦标赛	闫鹏飞	男	71公斤级		1	4.12–15	太原
全国古典式摔跤锦标赛	钱海涛	男	80公斤级		1	4.12–15	太原
全国古典式摔跤锦标赛	张祥龙	男	85公斤级		1	4.12–15	太原
全国女子自由式摔跤冠军赛	张兰	女	63公斤级		1	10.18–22	陵水
全国沙滩排球巡回赛(吴忠)	魏兆辰 张娜	女	沙滩排球		1	6.16–19	吴忠
全国沙滩排球巡回赛(文登)	魏兆辰 陈春霞	女	沙滩排球		1	9.1–4	文登

续表

比赛名称	姓名	性别	项目	成绩	名次	时间	地点
全国沙滩排球巡回赛(嵊泗)	魏兆辰 陈春霞	女	沙滩排球		1	10.24–27	嵊泗
全国女子拳击锦标赛	楼倩倩	女	54 公斤级		1	4.17–22	迁安
全国男子拳击锦标赛	黄　鑫	男	49 公斤级		1	5.7–12	淄博
全国男子拳击锦标赛	郭　晋	男	91 公斤级		1	5.7–12	淄博
全国皮划艇(静水)锦标赛	张雅珏	女	500 米单人划艇		1	9.25–28	长乐
全国皮划艇(静水)冠军赛	马亚男	女	500 米单人划艇		1	3.30–4.1	上海
里约奥运会蹦床选拔积分赛第一站	董　栋	男	网上个人	59.755 分	2	4.10	镇江
全国蹦床冠军赛暨里约奥运积分赛第二站	刘昌鑫 周　杰 廉时栋 王鹏军	男	网上团体	174.25 分	2	6.4	海宁
全国蹦床冠军赛暨里约奥运积分赛第二站	许晴晴 彭佳琪	女	双人同步	44.7 分	2	6.5	海宁
全国蹦床冠军赛暨里约奥运积分赛第二站	董　栋	男	网上个人	60.42 分	2	6.5	海宁
全国艺术体操个人冠军赛集体锦标赛	赵雅婷 张豆豆 杨　柳	女	成年个人团体	136.8 分	2	4.13–22	重庆
全国艺术体操个人冠军赛集体锦标赛	赵雅婷	女	成年个人(球)	15.3 分	2	4.13–22	重庆
全国艺术体操冠军赛	赵雅婷	女	成年个人(棒)	15.75 分	2	6.12–22	宝鸡
全国艺术体操锦标赛	赵雅婷	女	成年个人单项球	15.06 分	2	9.20–28	常熟
全国艺术体操锦标赛	张豆豆	女	成年个人单项棒	16.3 分	2	9.20–28	常熟
全国体操冠军赛	向旭东	男	自由操		2	10.10–17	湖州
全国蹦床锦标赛	王鹏军 杨颜苇	男	双人同步	47.8 分	2	9.2	天津
全国射击冠军赛	刘　毅	男	50 米手枪	558/191.6 环	2	4.11	郑州
全国游泳冠军赛	曹　玥	女	400 米自由泳	4:07:12	2	4.3–10	佛山
全国越野跑锦标赛(1)	于海涛	男	成年组 6 公里	21:28	2	2.25–26	曲靖
全国田径大奖赛(2)	闫　鲁	男	3000 米障碍	9:04:41	2	4.21–23	淮安
全国田径大奖赛(4)	陈夏蓉	女	铅球	16.09 米	2	5.20–22	太原

续表

比 赛 名 称	姓名	性别	项 目	成绩	名次	时间	地点
全国田径锦标赛	闫 鲁	男	3000米障碍	8:59:67	2	9.14–17	天津
全国田径锦标赛	李菁华	女	七项全能	5198分	2	9.14–17	天津
全国田径锦标赛	杨红光	女	4×100米接力	44.78	2	9.14–17	天津
全国女子举重冠军赛	张 倩	女	75公斤级	挺举140公斤	2	10.13–16	渭南
全国武术套路冠军赛(传统项目赛区)	高晓彬	男	华拳	8.78分	2	4.7–10	丽江
全国武术套路冠军赛(传统项目赛区)	崔碧晖	男	42式太极剑	8.91分	2	4.7–10	丽江
全国武术散打锦标赛	陈红兴	男	60公斤级		2	5.18–23	焦作
全国空手道冠军赛	寇 赢	男	60公斤级		2	11月	江西
全国空手道冠军赛	张晨阳	女	68公斤级		2	11月	江西
全国空手道冠军赛	延 敏 刘 莉 殷梦韩 张晨阳	女	团体组手		2	11月	江西
全国空手道冠军赛	王熙睿	男	+76公斤级		2	11月	江西
全国空手道冠军赛	李小乐	女	48公斤级		2	11月	江西
全国空手道冠军赛	袁怀斌		青年个人型		2	11月	江西
全国室外射箭锦标赛	刘慧敏	女	个人淘汰赛		2	10.26	长兴
全国男子自由式摔跤锦标赛	边 凯	男	74公斤级		2	3.29–4.1	包头
全国女子自由式摔跤锦标赛	张 兰	女	58公斤级		2	4.5–8	广州
全国古典式摔跤锦标赛	张天翔	男	85公斤级		2	4.12–15	太原
全国男子自由式摔跤冠军赛	单 栋	男	70公斤级		2	10.28	淄博
全国古典式摔跤冠军赛	闫鹏飞	男	71公斤级		2	11.2–4	安庆
全国古典式摔跤冠军赛	钱海涛	男	80公斤级		2	11.2–4	安庆
全国场地自行车冠军赛第一站	杨琦峰	男	记分赛		2	5.12	天津
全国BMX自行车冠军赛第一站	郜文彬	男	计时赛	38:204	2	4.12	长兴
全国BMX自行车冠军赛第三站	郜文彬	男	越野赛	37:133	2	6.8	太原
全国BMX自行车冠军赛第四站	崔杨俊 崔珍珍 马 越	女	团体赛		2	6.10	太原

续表

比赛名称	姓名	性别	项目	成绩	名次	时间	地点
全国击剑冠军总决赛	刘娜娜 田　雪 崔怡青 梁凤仪	女	团体重剑		2	8月	福建
全国乒乓球锦标赛	武　杨	女	女单		2	9月	鞍山
全国乒乓球锦标赛	武　杨 李晓丹 杨飞飞 吕婷婷 胡家荣	女	女团		2	9月	鞍山
全国沙滩排球冠军赛（曲靖）	陈　晨 吕媛媛	女	沙滩排球		2	6.2—5	曲靖
全国沙滩排球大满贯赛（晋江）	陈　晨 吕媛媛	女	沙滩排球		2	6.9—12	晋江
全国沙滩排球巡回赛（敦煌）	陈　晨 吕媛媛	女	沙滩排球		2	6.23—26	敦煌
全国沙滩排球巡回赛（吴忠）	陈　晨 吕媛媛	女	沙滩排球		2	6.16—19	吴忠
全国沙滩排球巡回赛（天津）	魏兆辰 陈春霞	女	沙滩排球		2	8.25—28	天津
全国男子举重冠军赛	刘玉朋	男	85公斤级	挺举200公斤	2	10.22	广东石龙
全国男子拳击锦标赛	林伟禄	男	56公斤级		2	5.7—12	淄博
中国拳王争霸赛	黄　鑫	男	49公斤级		2	10.27	中山
中国拳王争霸赛	郭　晋	男	91公斤级		2	10.27	中山
全国女子拳击冠军赛	楼倩倩	女	54公斤级		2	11.2	迁安
全国帆船帆板锦标赛	李玉阳	男	RS:X障碍赛		2	10.14—21	深圳
全国皮划艇（静水）锦标赛	张雅珏	女	200米单人划艇		2	9.25—28	长乐
全国皮划艇（静水）冠军赛	马亚男	女	200米单人划艇		2	3.30—4.1	上海
里约奥运会蹦床选拔积分赛第一站	涂　潇	男	网上个人	58.91分	3	4.10	镇江
全国蹦床冠军赛暨里约奥运积分赛第二站	涂　潇	男	网上个人	59.47分	3	6.5	海宁
全国蹦床冠军赛暨里约奥运积分赛第二站	方璐鹭	女	单跳个人	63分	3	6.5	海宁

续表

比 赛 名 称	姓名	性别	项 目	成绩	名次	时间	地点
全国艺术体操个人冠军赛集体锦标赛	杜涵茜 李宇凡 朱芝旗 刘 畅 赵雅婷 张豆豆 杨 柳	女	个人项目团体总分	301.3 分	3	4.13–22	重庆
全国艺术体操冠军赛	赵雅婷	女	成年个人(圈)	15.65 分	3	6.12–22	宝鸡
全国艺术体操锦标赛	赵雅婷	女	成年个人全能	59.75 分	3	9.20–28	常熟
全国艺术体操锦标赛	张豆豆	女	成年个人单项球	15.55 分	3	9.20–28	常熟
全国蹦床锦标赛	胡译乘 贾宇洁 梁曦文 段豪媚 方璐鹭 夏琳娜	女	团体	184.91 分	3	9 月	天津
全国射击冠军赛	袁 兵	男	25 米手枪速射	585/24 环	3	4.11	郑州
全国射击个人团体锦标赛	王啸林	男	50 米步枪卧射	623.7/185.4 环	3	9.27	南昌
全国射击个人团体锦标赛	裴蕊娇 刘 璐 傅宇甜	女	50 米步枪卧射团体	1848.5 环	3	9.27	南昌
全国射击个人团体锦标赛	解清雅 冯庆林 耿 越	女	10 米气手枪团体	1135 环	3	9.27	重庆
全国射击个人团体锦标赛	裴蕊娇	女	50 米步枪卧射	628.2 环	3	9.27	重庆
全国田径大奖赛(4)	闫 鲁	男	3000 米障碍	9:26:04	3	5.20–22	太原
全国田径大奖赛(4)	王晓赟	女	铅球	16.04 米	3	5.20–22	太原
全国田径冠军赛	李菁华	女	七项全能	4992 分	3	6.18–20	重庆
全国女子举重冠军赛	张 倩	女	75 公斤级	抓举 110 公斤	3	10.13–16	渭南
全国女子举重冠军赛	张 倩	女	75 公斤级	总成绩 250 公斤	3	10.13–16	渭南
全国武术套路冠军赛(传统项目赛区)	李国朋	男	翻子拳	8.73 分	3	4.7–10	丽江
全国武术套路冠军赛(传统项目赛区)	马丰田	男	形意拳	8.73 分	3	4.7–10	丽江
全国武术套路冠军赛(传统项目赛区)	崔碧晖	男	杨式太极拳	8.69 分	3	4.7–10	丽江
全国武术套路冠军赛(传统项目赛区)	姚 洋	女	长穗剑	8.73 分	3	4.7–10	丽江

续表

比赛名称	姓名	性别	项目	成绩	名次	时间	地点
全国武术套路冠军赛(传统项目赛区)	袁玉娇	女	孙式太极拳	8.75 分	3	4.7—10	丽江
全国武术散打冠军赛	陈红兴	男	60 公斤级		3	8.10—14	无锡
全国空手道冠军赛	王昶凯	男	55 公斤级		3	11 月	江西
全国空手道冠军赛	刘　莉	女	成年个人型		3	11 月	江西
全国空手道冠军赛	史炎华	男	55 公斤级		3	11 月	江西
全国空手道冠军赛	史炎华 袁怀斌 刘永升 南高飞 陈晓东 王熙睿	男	青年团体组手		3	11 月	江西
全国射箭冠军赛	方玉婷 祝姗姗 于少卿	女	团体第二 70 米轮赛	1961 环	3	4.14	宜宾
全国室外射箭锦标赛	方玉婷 于少卿 杜安琪	女	团体第一 70 米轮赛	1929 环	3	10.26	长兴
全国女子自由式摔跤锦标赛	裴星茹	女	58 公斤级		3	4.5—8	广州
全国女子自由式摔跤锦标赛	杨凌波	女	60 公斤级		3	4.5—8	广州
全国女子自由式摔跤锦标赛	王春英	女	69 公斤级		3	4.5—8	广州
全国女子自由式摔跤冠军赛	裴星茹	女	60 公斤级		3	10.18—22	陵水
全国男子自由式摔跤冠军赛	陈　亮	男	70 公斤级		3	10.28—28	淄博
全国男子自由式摔跤冠军赛	胡展翔	男	125 公斤级		3	10.28—28	淄博
全国古典式摔跤冠军赛	李　雨	男	71 公斤级		3	11.2—4	安庆
全国跆拳道冠军赛	吴　桐	女	53 公斤级		3	9 月	库尔勒
全国跆拳道冠军赛	唐　皓	男	80 公斤级		3	9 月	库尔勒
全国跆拳道冠军赛	赵鑫博	男	87 公斤级		3	9 月	库尔勒
全国 BMX 自行车冠军赛第一站	陈　强 韦江斌 郜文彬	男	团体赛		3	4.12	长兴
全国 BMX 自行车冠军赛第一站	马　越 崔珍珍 崔杨俊	女	团体赛		3	4.12	长兴
全国 BMX 自行车冠军赛第二站	郜文彬 韦江斌 刘洪利	男	团体赛		3	4.14	长兴

续表

比赛名称	姓名	性别	项目	成绩	名次	时间	地点
全国BMX自行车冠军赛第二站	崔杨俊 崔珍珍 马 越	女	团体赛		3	4.14	长兴
全国BMX自行车冠军赛第三站	郜文彬 韦江斌 唐茂华	男	团体赛		3	6.8	太原
全国BMX自行车冠军赛第三站	崔杨俊 崔珍珍 马 越	女	团体赛		3	6.8	太原
全国BMX自行车冠军赛第四站	郜文彬	男	越野赛	37:57	3	6.10	太原
全国BMX自行车冠军赛第四站	郜文彬 韦江斌 刘洪利	男	团体赛		3	6.10	太原
全国BMX自行车总决赛	郜文彬 韦江斌 王宝玉	男	团体赛		3	7.30	成都
全国BMX自行车锦标赛	郜文彬 王宝玉 唐茂华	男	团体赛		3	8.1	成都
全国山地自行车冠军赛第一站	王亚东 常 智 杨 冰	男	团体赛	5:36:54:17	3	3.26	宣城
全国山地自行车锦标赛	王亚东 常 智 杨 冰	男	团体赛	5:20:48	3	9.18	秦皇岛
全国公路自行车冠军赛第一站	乐彩悦	女	个人计时赛	26:18:58	3	4.6	温州
全国公路自行车总决赛	曹 震	男	绕圈赛		3	5.23	唐山
全国击剑冠军赛第一站	刘娜娜 田 雪 崔怡青 刘唤唤	女	团体重剑		3	4.26	云南
全国沙滩排球大满贯赛(晋江)	魏兆辰 张 娜	女	沙滩排球		3	6.9–12	晋江
全国沙滩排球巡回赛(敦煌)	魏兆辰 张 娜	女	沙滩排球		3	6.23–26	敦煌
沙滩排球运动队积分排名	魏兆辰 陈春霞	女	沙滩排球		3		
全国女子拳击锦标赛	杨勤勤	女	57公斤级		3	4.17–22	迁安
全国男子拳击冠军赛	徐晨涛	男	+91公斤级		3	10.27	中山
全国跳伞冠军赛	贺亚楠	男	个人全能	11	3	9.26–29	银川

续表

比赛名称	姓名	性别	项目	成绩	名次	时间	地点
全国航空航天模型锦标赛	米波光 苏 瑜 栗 毅	男 女 男	遥控电动滑翔机（P5B）团体		3	7.20–26	克拉玛依
全国航空航天模型锦标赛	李子扬 常 伟 范长吉	男	遥控空投（P3R–K）团体		3	7.20–26	克拉玛依
全国皮划艇（静水）冠军赛	张雅珏	女	200 米单人划艇		3	3.30–4.1	上海
全国赛艇锦标赛	潘程程	女	轻量级单人 1000 米		3	10.16–21	厦门

2016 年山西省运动员参加全国协作区青少年比赛获得前三名名次一览表

比赛名称	姓名	性别	项目	成绩	名次	时间	地点
全国青少年蹦床锦标赛	张欣欣 王欣懿	女	双人同步	42 分	1	9.8	徐州
全国青少年射击锦标赛	刘 秀	女	10 米气步枪冲刺射击	08:46:1	1	7.30	郑州
全国青少年武术套路锦标赛	刘永升	男	剑术		1	5 月	广州
全国古典式摔跤青年赛	张天翔	男	古典式		1	7 月	西安
全国中国式摔跤青年赛	李 健	男	中国式		1	8 月	濮阳
全国古典式少年摔跤锦标赛	刘肖飞	男	古典式		1	8 月	太原
全国青少年武术套路锦标赛	刘永升	男	B 组剑术	8.35 分	1	5.17–20	广州
全国青年柔道锦标赛	刘 犇	女	–57 公斤级		1	4.25–29	西安
全国青少年射箭锦标赛	任沿舟	男	个人双轮 30 米	702 环	1	7 月	曲靖
全国射箭重点体校锦标赛	杜安琪 李向阳		混合团体淘汰赛		1	8 月	贵阳
古典跤青年锦标赛	张天翔	男	84 公斤级		1	7.22–25	西安
古典跤青年锦标赛	侯一帅	男	66 公斤级		1	7.22–25	西安
全国跆拳道 U15–17 年龄组青年锦标赛	胡立根	男	51 公斤级		1	8 月	淄博
全国皮划艇（静水）青年锦标赛	张雅珏	女	200 米单人划艇		1	5.31–6.3	上海
全国皮划艇（静水）青年锦标赛	马亚男	女	500 米单人划艇		1	5.31–6.3	上海
全国青年体操锦标赛	邹 杰	男	鞍马	12827 分	2	6.16–24	洛阳
全国少年体操分区赛（第二赛区）	李 能	男	11 岁组双杠	13037 分	2	7.16–20	漳州
全国青少年射箭锦标赛	任沿舟	男	个人双轮 30 米	702 环	1	7 月	曲靖

续表

比 赛 名 称	姓名	性别	项 目	成绩	名次	时间	地点
全国青少年蹦床锦标赛	张欣欣	女	11 岁网上个人	33.4 分	2	9.8	徐州
全国青少年射击锦标赛	徐 静	男	10 米气步枪冲刺射击	07:00:9	2	7.30	郑州
全国青年田径锦标赛	孙世辰	男	铁饼（1.75 公斤）	57.16 米	2	6.26–28	鄂尔多斯
全国青年田径锦标赛	辛雅茹	女	链球	59.94 米	2	6.26–28	鄂尔多斯
全国青年田径锦标赛	陈夏蓉	女	铅球	15.44 米	2	6.26–28	鄂尔多斯
全国举重青年锦标赛	张 倩	女	75 公斤级	抓举 105 公斤	2	5.7–9	海口
全国举重青年锦标赛	张 倩	女	75 公斤级	挺举 127 公斤	2	5.7–9	海口
全国举重青年锦标赛	张 倩	女	75 公斤级	总成绩 232 公斤	2	5.7–9	海口
全国青少年武术套路锦标赛	张春森	女	长拳		2	5 月	广州
全国青少年武术散打锦标赛	张 浩	男	48 公斤级		2	5 月	德州
全国古典式摔跤锦标赛	张天翔	男	古典式		2	4 月	太原
全国古典式少年摔跤锦标赛	武泽帆	男	古典式		2	8 月	太原
全国青少年武术套路锦标赛	张春森	女	B 组拳术	8.46 分	2	5.17–20	广州
全国青少年武术散打锦标赛	张 浩	男	48 公斤级		2	5.30–6.3	德州
全国古典跤青年锦标赛	钱海涛	男	84 公斤级		2	7.22–25	西安
全国跆拳道青年锦标赛	张宇森	男	63 公斤级		2	7 月	鄂尔多斯
全国跆拳道青年锦标赛	张彦鹏	男	48 公斤级		2	7 月	鄂尔多斯
全国跆拳道 U15–17 年龄组青年锦标赛	肖树楠	女	+68 公斤级		2	8 月	淄博
全国跆拳道青年冠军赛	张彦鹏	男	48 公斤级		2	9 月	南阳
全国跆拳道青年冠军赛	梁文俐	女	49 公斤级		2	9 月	南阳
全国跆拳道少年赛	朱雅琪	女	+63 公斤级		2	8 月	绥中
全国场地自行车冠军赛第一站	啜 兴	女	记分赛		2	5.12	天津
全国公路自行车少年锦标赛	李阳宇	男	个人计时赛		2	7.6	锡林浩特
全国场地自行车少年赛	张 建 张鑫宇 田 雨	男	3 公里追逐赛	3:39:067	2	11.23	江苏
全国跳伞冠军赛	贺亚楠	男	青年个人全能	6	2	9.26–29	银川

续表

比赛名称	姓名	性别	项目	成绩	名次	时间	地点
全国皮划艇（静水）青年锦标赛	张雅珏	女	500 米单人划艇		2	5.31–6.3	上海
全国皮划艇（静水）青年锦标赛	马亚男	女	200 米单人划艇		2	5.31–6.3	上海
全国少年体操分区赛（第二赛区）	徐文浩	男	10 岁组双杠	13.373 分	3	7.16–20	漳州
全国少年体操分区赛（第二赛区）	徐文浩	男	10 岁组单杠	13.397 分	3	7.16–20	漳州
全国少年体操分区赛（第二赛区）	李　能	男	11 岁组自由体操	13.177 分	3	7.16–20	漳州
全国少年体操分区赛（第二赛区）	李　能	男	11 岁组鞍马	13.177 分	3	7.16–20	漳州
全国少年体操分区赛（第二赛区）	李　能	男	11 岁组吊环	12.43 分	3	7.16–20	漳州
全国少年体操分区赛（第二赛区）	李　能	男	11 岁组跳马	13.387 分	3	7.16–20	漳州
全国少年体操总决赛	李　能	男	11 岁组自由体操	13.683 分	3	8.22–28	渭南
全国少年体操总决赛	李　能	男	11 岁组跳马	13.8 分	3	8.22–28	渭南
全国少年体操总决赛	李　能	男	11 岁组双杠	13.497 分	3	8.22–28	渭南
全国青少年蹦床锦标赛	王欣懿	女	11 岁网上个人	33 分	3	9.8	徐州
全国青年田径锦标赛	张　雨	女	跳高	1.75 米	3	6.26–28	鄂尔多斯
全国青年男子拳击锦标赛	郑志跃	男	56 公斤级		3	6.18–23	宁波
全国青年柔道锦标赛	梁　烨	女	+78 公斤级		3	4.25–29	西安
全国青少年射箭锦标	任沿舟	男	个人淘汰赛		3	7 月	曲靖
全国青少年射箭锦标赛	杜安琪	女	个人双轮第一 60 米	661 环	3	7 月	曲靖
全国重点城市射箭锦标赛	杜安琪	女	个人 60 米轮赛	645 环	3	5 月	渭南
全国重点城市射箭锦标赛	王嘉慧 蔡晓龙		混合团体淘汰赛		3	5 月	渭南
全国古典跤青年锦标赛	张　涛	男	120 公斤级		3	7.22–25	西安
全国跆拳道青年锦标赛	史炎华	男	48 公斤级		3	7 月	鄂尔多斯
全国跆拳道青年锦标赛	肖淑楠	女	+68 公斤级		3	7 月	鄂尔多斯
全国跆拳道 U15–17 年龄组青年锦标赛	张彦鹏	男	48 公斤级		3	8 月	淄博
全国跆拳道 U15–17 年龄组青年锦标赛	梁文俐	女	49 公斤级		3	8 月	淄博
全国跆拳道 U15–17 年龄组青年锦标赛	米　雪	女	42 公斤级		3	8 月	淄博
全国跆拳道青年冠军赛	肖淑楠	女	+68 公斤级		3	9 月	南阳
全国跆拳道少年赛	关彤彤	女	55 公斤级		3	8 月	绥中

续表

比　赛　名　称	姓名	性别	项　目	成绩	名次	时间	地点
全国跆拳道少年赛	安书熠	女	59 公斤级		3	8 月	绥中
全国场地自行车冠军赛第二站	李　晋 张毅龙 王　彪 张鑫宇	男	团体追逐赛	4:22:399	3	6.2	老山
全国场地自行车总决赛	李　晋 张毅龙 郝瑞贞 吕　鑫	男	团体追逐赛	4:29:577	3	7.20	沈阳
全国青年举重锦标赛	义曼灵	女	58 公斤级	抓举 91 公斤	3	5 月	海南

2016 年太原国际马拉松赛成绩（前三名）一览表

男子全程

名　次	参赛号码	姓　名	国家或居住地
1	4	伊文思·桑布	肯尼亚
2	6	莫森·莫戈·戈科拉	肯尼亚
3	5	肯尼斯·科把戈利莫	肯尼亚

女子全程

名　次	参赛号码	姓　名	国家或居住地
1	1	格罗齐纳杰帕推·罗诺	肯尼亚
2	7	谷米撒·沃肯斯·埃德萨	埃塞俄比亚
3	2	诺米·彻科瑞泰	肯尼亚

男子半程

名　次	参赛号码	姓　名	国家或居住地
1	H0926	林　鑫	中国
2	H2736	石吉林	中国
3	H4794	高永宁	中国

女子半程

1	H2075	李文杰	中国
2	H0847	唐　辉	中国
3	H1850	房光霞	中国

社会生活

Social Life

婚姻　家庭　殡葬

【婚姻登记】 截至2016年底，山西省有婚姻登记机关136个，其中地级市以上婚姻登记机关12个，县区级124个，乡镇级0个。全年全省共办理国内婚姻登记42.3万对，其中，结婚登记30.1万对，离婚登记6.1万对，补领6.1万对。涉外婚姻登记144对。

（李春伟）

【婚姻家庭平安建设】 2016年，山西省妇联建立完善婚姻家庭矛盾纠纷调解机制，全省共建立婚姻家庭矛盾纠纷调解机构17719个，排查矛盾纠纷5047件，整治率达95%。深化“平安家庭”创建工作，推选出100户省级平安示范家庭。 （谢元元）

【最美家庭文明家庭建设】 2016年，山西省妇联推动寻找三晋“最美家庭”活动向机关、企事业单位、部队和社会组织拓展，推选出50名好军嫂、50名优秀兵妈妈和50户最美军人家庭，推选出103户三晋“最美家庭”，25户家庭当选全国“最美家庭”。推进“五好文明家庭”创建工作，3户家庭获“全国五好文明家庭标兵”称号，25户家庭获“全国五好文明家庭”称号，3户家庭获“全国文明家庭”称号。

（谢元元）

【最美家风活动】 2016年，山西省妇联在全省开展“最美家庭最美家风”巡讲活动，演讲182场，4万余人次参加活动。与省委组织部、省直工委、省文明办联合开展“树清廉家风·创最美家庭”活动，参与清廉家风建设的干部达16万人，以清廉家风建设推动党风廉政建设，持续带动社会风气向善向上。 （谢元元）

【家庭教育指导服务】 2016年，山西省妇联推动《山西省家庭教育促进条例》纳入2017年省人大立法计划，完成“十二五”时期家庭教育工作总结。推动市、县两级家庭教育（网络）指导服务中心建设，命名山西省家庭教育指导服务示范基地，夯实基层家庭教育工作基础。实施“伴随成长”公益项目，开展“我爱我家·同悦书香”亲子阅读教育实践活动，组织148场家庭教育骨干培训，组织家庭教育公益巡讲3963场。 （谢元元）

【殡葬服务】 2016年，全省有殡仪馆27家（含火化点），经营性公墓34个，城镇公益性公墓10个。山西省各殡仪馆（火葬场）火化遗体2.49万具。

（李春伟）

妇女　儿童

【妇女儿童法律保护】 2016年，山西省开展“建设法治山西·巾帼在行动—维权服务进社区、进家庭、到身边”活动，宣传活动覆盖18万人。出台《山西省妇联系统“七五”普法规划》，启动“七五”普法工作，举办维权骨干培训，引导妇女群众自觉遵法学法守法用法。山西省发挥省法规政策性别平等咨询评估委员会作用，参与《山西省实施〈中华人民共和国老年人权益保障法〉办法》等与妇女权益有关的法律法规的修改。配合国务院“两纲”中期评估督导组完成对山西实施妇女、儿童纲要情况督导，完成《山西妇女儿童发展“十二五”规划》终期评估。科学编制《山西省“十三五”妇女、儿童发展规划》，强化对市县规划编制的指导，推动妇女儿童事业与经济社会同步协调发展。山西省各级妇联系统依托“妇女之家”“妇女维权站”、12338妇女维权热线、信访接待室、妇女儿童维权合议庭等基层维权机构，开展维权服务工作，2016年全省妇联系统共接待处理信访案件4084件，结案率达100%。

（谢元元）

【巾帼创业创新行动】 2016年，山西省政府出台《关于支持妇女手工制品产业发展的意见》，以全省旅游发展大会、平遥国际摄影大展为契机，推进妇女手工艺品业与旅游业、文化创意和设计服务的融合发展，增强“三晋巧姐”工作品牌影响力。举办第二届“晋嫂”家政服务技能大赛，组织“春风送岗位”女性专场招聘会，创建全国“巾帼脱贫示范基地”，举办妇女手工编织、巾帼电商创业骨干培训班，提升服务妇女创业创新工作水平。全年组织各级各类妇女创业竞赛58场次，新建女性创客空间、创客服务平台、孵化器34个。

2016年，山西省人力资源和社会保障厅、山西省妇女联合会授予贾崃等140人“山西省三八红旗手”荣誉称号，授予太原市第四十八中学校等87个集体山西省“三八红旗集体荣誉”称号；授予太原市小店区平阳路街道办亲贤社区居委会等100个集体山西省“巾帼文明岗”荣誉称号，授予李晋涛等149人山西省“巾帼建功标兵荣誉”称号。（谢元元）

【三晋巾帼脱贫行动】 2016年，山西省妇联出台《关于开展“三晋巾帼脱贫行动”的意见》，与省扶贫办联合召开电视电话推进会议，结合“10·17”扶贫日活动，向全省各级妇联组织和妇女姐妹发出“凝聚巾帼力量 助力精准脱贫”的倡议。全省举办针对建档立卡贫困妇女的技能培训班369期，培训妇女23512人；全年帮助766名妇女获得小额担保贷款6262.5万元；通过发展妇女手工艺产业、巾帼家政、巾帼电商等带动35567名贫困妇女实现就业增收。（谢元元）

【妇女儿童公益关爱行动】 2016年，山西省妇联为全省905名贫困“两癌”患病妇女争取救助金905万元。继续实施“母亲邮包”“母亲水窖”“春蕾计划”“恒爱行动”等公益项目。依托山西省妇女儿童发展基金会实施“幸福启航”系列公益项目，举办“保护我们的孩子·绿丝带行动”关爱困境儿童捐赠活动，加大特困妇女儿童救助力度，为贫困地区的妇女儿童送去关爱和温暖。（谢元元）

【留守儿童关爱保护】 2016年6月，山西省民政厅对全省农村留守儿童进行摸底排查，建立详细的台账信息。出台《山西省人民政府关于加强农村留守儿童关爱保护工作的实施意见》，建立省政府分管领导任召集人的联席会议制度，为进一步保障农村留守儿童权益提供政策支持和组织保障。（李春伟）

【国际合作儿童福利与保护试点】 2016年12月28日，国际合作儿童福利与保护研讨会暨项目试点工作总结会在运城市召开。国际合作儿童福利与保护项目试点工作开展以来，不仅改善项目地区儿童的福利和保护状况，也探索出贫困边远地区基层服务体系正规化和专业化建设的一些经验。与会专家及试点地区基层工作人员以儿童福利和保护中的体系设计、筹资渠道和人力资源建设等为主题进行研讨，并到闻喜县、夏县的部分项目试点村进行实地考察。（李春伟）

2016年8月24日，山西省妇联举办女性就业创业钩编布艺带头人培训班（谢元元供图）

青　年

【青年创业创新创优】 2016年，共青团山西省委引导青年转变就业创业观念，开展青年创业创新创优活动。挖掘选树青年创业典型，组建山西青年创业导师团和创业青年典型分享团，联合山西广播电视台开播《我要创业》大型电视创业节目。打造省、市、县三级就业创业服务网络，组织上岗见习37598人次，开展技能培训100207人次，创立国内首家省级“线上青年创业园”O2O创业服务平台，成立山西青年电子商务创业示范园；丰富青年就业创业项目资金扶持。同国家开发银行、农村信用社、邮政储蓄银行等金融机构合作，推进青年创业小额贷款工作，发放小额贷款65.52亿元。发挥山西青年创新创业大赛等活动的示范带动作用，引导更多青年“创客”投身创业实践。在山西股权交易中心开设“青年创业板”（简称青创板），对青年创业企业实行免费挂牌、免费规范、免费培育，山西青创板107家企业通过评审，第一、二批共65家企业成功挂牌青创板，第三批42家企业成功挂牌上市。5家挂牌企业获得融资6100万元。2016年9月8日，团中央第一书记秦宜智出席开板仪式，省委书记骆惠宁在批示中祝贺山西青年创业板开板。

2016年，山西省学生联合会与共青团山西省委、山西省教育厅、山西省科学技术协会联合开展的第十四届“兴晋挑战杯”山西省大学生创业大赛中，来自全省31所高校千余名大学生科技创业人员的294件创业作品入围省级比赛。山西大学“基于Unity3D的交互漫游系统”等35件作品获创业计划赛金奖，太原理工大学“太原熊阳网络科技有限公司”

2016年9月8日，“山西青年创业板”开板　　（李　勋供图）

等8件作品获创业实践挑战赛金奖，山西财经大学“公交到站时间查询手机APP”等7件作品获公益创业赛金奖，山西工商学院等15所高校获组织奖。山西省高校共有23件作品入围“创青春”中航工业全国大学生创业大赛终审决赛，中北大学“山西省微纳科技有限公司”、山西财经大学“异界科技娱乐有限公司”、山西农业大学“天行创意科技有限公司”获创业计划竞赛银奖，山西医科大学“永久性膀胱造瘘便携器市场应用及推广等”11件获创业计划竞赛铜奖，山西大学“阳城县美天食品厂”等6件作品获创业实践赛铜奖，中北大学“I say I can有限责任公司”等3件作品获公益创业赛铜奖，中北大学获校级优秀组织奖。（李　勋）

【青年就业创业见习指导】 2016年，山西省学生联合会推动解决就业信息平台的搭建和解决就业供需信息不对称问题，加强与学校就业指导中心联动，通过促进校企联动、校地合作，为大学生提供就业信息渠道。全省有37所高校共青团组织参与基地建设，建成见习基地2021个，上岗见习学生人数为42791人。（李　勋）

【“与人生对话”主题教育】 2016年，山西省学生联合会在全省开展中学生“与人生对话”主题教育活动。举办“与人生对话——优秀毕业生报告会活动”，帮助学生坚定人生目标。推进成人主题教育，开展“与人生对话——优秀典型报告”和“与人生对话——主题团日”活动，中学、中职学生参与度达85.9%。（李　勋）

【“青年之声”社交平台建设】 2016年，共青团山西省委加强山西“青年之声”平台体系建设，建成省级平台1个，地市级平台11个，县区平台119个，实现省市县三级覆盖，建成高校平台48个，企业平台6个。平台累计访问量4764万余次，提问89736条，回答67519次，吸纳专家13497人。省级平台组建线下服务联盟13个，地市县区组建服务联盟22个，开展线下服务活动200余次。开展“根在民间”文创嘉年华活动，汇集近百种传统民俗工艺品，邀请非物质文化遗产传承人现场展示，让广大青年感受传统文化魅力；举办“七夕集体汉式婚礼”活动，招募新人22对，重温中华传统婚嫁礼仪，弘扬中华优秀传统文化；主办“绿色公益骑行”活动，招募骑行爱好者400余人，践行低碳出行、公益环保理念；针对大学生假期购票取票难的情况，联合太原南站开展送票进校园活动。形成“党帮青、团帮青、专帮青、社帮青、青帮青”的工作闭环。（李　勋）

【青少年法治保护】 2016年，共青团山西省委牵头起草并以省委办公厅、省政府办公厅文件名义印发《关于进一步深化预防青少年违法犯罪工作的实施方案》。推动促进青少年事务社会工作。围绕青少年基本社会需求、专业社工人才队伍建设、发展规划、活动场所建设等内容，联合省人大调研并形成专题报告，经省人大12月召开的主任会议研究，提出4项建议，转交省政府督办落实；改革工作方式，引入专业社工力量，探索购买“阳光校园”驻校社工等重点青少年社会服务项目；改变传统普法模式，面向全省3200多所学校近361万青少年学生，每周推广1期10分钟“守护青春”青少年法治广播节目成品；开展第六届“全省大学生模拟法庭大赛”等法治实践活动。（李　勋）

【青年支边援边】 2016年，山西省青年联合会开展支援新疆发展，青年工作支边援边建设，组织青少年融情教育实践活动4场；组织开展新疆团干部、少先队辅导员、青年就业创业培训班20余场；选派大学生志愿者98人；为受援地捐助资金30余万元。（李　勋）

老年人

【老龄事业发展“十三五”规划制订】 2016年，山西省老龄工作委员会办公室（简称老龄办）起草制订与山西省经济社会发展水平和人口老龄化发展形势相适应的老龄事业“十三五”规划。征求山西省老龄委员会（简称老龄委）成员单位及各市、省直机关老龄办意见，形成《山西省老龄事业发展“十三五”规划（送审稿）》（简称《规划》）。《规划》明确“十三五”时期促进老龄事业发展的指导思想、基本原则、发展目标和主要任务。运城市以市政府办公厅文件印发《运城市老龄事业发展“十三五”规划》，晋城市以市老龄委文件印发《晋城市老龄事业发展“十三五”规划》，太原、大同、长治、忻州、朔州等市完成送审稿。（闫 鹏）

【养老与医疗保险】 2016年，山西省落实城乡居民基本养老保险制度，全省城乡基本养老保险参保2308.9万人。连续十一年提高企业退休人员基本养老金水平，年均增幅10%以上。机关事业单位养老保险制度改革推进。城镇职工医疗保险、城镇居民医疗保险和新型农村合作医疗保险三项基本医保实现应保尽保，城乡居民大病保险实现全覆盖。（闫 鹏）

【高龄特困老人补贴】 2016年，山西省103个县（市、区）落实经济困难的高龄与失能老年人补贴及百岁以上老年人补贴两项制度，尤其是35个国定贫困县全部落实，20余万老年人受益。太原、阳泉、晋城、朔州、晋中等5个市，60个县（市、区）建立高龄老年人生活补贴制度。全省9个市、65个县（市、区）设立特困老年人救助专项资金，救助资金922.1万元，救助困难老年人68884人。省福利彩票中心开展第二届“百岁福”资助活动，为全省686名百岁以上老人每人发放现金1000元。（闫 鹏）

【《老年人权益保障法》实施】 2016年，山西省人大、省政府法制办、省老龄办成立《山西省实施〈中华人民共和国老年人权益保障法〉办法》（简称《实施办法》）立法工作小组。《实施办法》在省十二届人大常委会第29次会议上审议通过，并于2017年1月1日起施行。修订后的《实施办法》重实效、利长远，针对当今社会现实生活中普遍存在的、具有代表性和典型性的侵犯老年人合法权益的热点、焦点、难点问题作出规定。

省老龄办与省人大联合召开《实施办法》新闻发布会，就修订《实施办法》的必要性、重要意义和主要内容向社会发布并答记者问，下发《关于认真学习宣传贯彻〈实施办法〉的通知》。各市老龄委、省老龄委成员单位将学习宣传贯彻《实施办法》与保障和改善老年民生结合起来，形成重大问题和情况定期汇报、定期反馈的工作机制。各级老龄办参加“12·4”宪法宣传活动，为群众解答问题、提供法律咨询。（闫 鹏）

2016年10月18日至20日，山西省首届循环旅居养老发展与合作论坛在大同举办

（闫 鹏供图）

【老龄优待政策落实】 2016年，山西省各地以推进老龄优待政策落地为抓手，为老年人谋取福利。阳泉、晋城、忻州、朔州、吕梁、运城等市率先落实65周岁老年人免费乘车政策。介休、榆社、太谷、灵石、侯马、霍州、曲沃、怀仁、山阴、平鲁、应县等县（市、区）为辖区所有老年人施行免费乘车政策。全省各级政府发放老年人免费乘车补贴1887.9万元。全省94.2%的旅游景点对老年人施行优待，97.2%的县级以上医院设有老年挂号窗口或老年门诊。（闫 鹏）

【老年人法律援助】 2016年，山西省各级老年维权机构完善，共建立老年维权机构8180个，专兼职工作人员11888人。省老龄办及太原、大同、朔州、忻州、阳泉等市老龄办，发挥老年法律援助工作站作用，为老年人提供法律咨询、代拟法律文书、进行非诉讼调解等，维护老年人合法权益。（闫 鹏）

【暖心关爱行动】 2016年，山西省做好困难老年人的兜底保障工作。省老龄办在全省开展“暖心关爱行动”救助试点工作，资助全省11个县（区），1538名特困失能、半失能老年人每人1000元至3000元，共计197.6万元。探索养老救助新模式。依托养老院、农村日间照料中心等机构，为460名困难的失能、半失能老年人提供送餐或就餐服务，解决他们日常生活的实际困难，总计投入92万元。（闫 鹏）

【老年网校建设】 2016年，山西省老龄办落实“幸福养老大讲堂（老年网校）”建设工作，向各类老年机构和老龄工作开展较好的城市社区下发课堂账号500余套，为老年人提供远程教育服务，满足老年人日益增长的教育文化需求，促进老年人形成科学健康的生活理念和养生方式。（闫 鹏）

【爱心护理院改造升级】 2016年，山西省老龄办筹集资金40万元，对全省4家爱心护理院升级改造进行扶持。各爱心护理建设基地探索为老服务经验，在全国第八次爱心护理工程关爱农村老年人心理健康研讨会上，山西省爱心护理院撰写的研

究报告成果突出，5 篇获一等奖，5 篇获二等奖。（闫　鹏）

【“敬老文明号”创建活动】 2016 年，山西省各级各地继续开展“敬老文明号”先进单位和参创单位“双关爱”活动，深入社区、家庭为失能、半失能、贫困老人提供物质帮扶和精神关爱。经审核，推选 37 家窗口单位参加全国“敬老文明号”评选。（闫　鹏）

【失能、半失能老年人状况摸底】 2016 年 9 月至 12 月，山西省老龄办在全省开展“失能、半失能老年人生活状况摸底调查”，对 119 个县（市、区）所有失能、半失能老年人健康、生活、经济等多个方面进行“拉网式”摸底调查，为向失能、半失能老年人提供精准基本养老服务打下基础。忻州、晋城、运城等市召开专题会议对此项工作进行部署安排，临汾市将所有调查表格拍摄存为电子档案。临县老龄办在县人民医院统一开展失能、半失能老年人体能鉴定，提高数据填报准确度。（闫　鹏）

【城乡老年人生活状况监测调查】 2016 年，山西省依据全国老龄办、民政部、财政部统一要求，在大同、长治、朔州、吕梁、临汾 5 个市的 6 个县（区）开展“2016 年中国城乡老年人生活状况监测调查”。完成老年人问卷 576 份，社区问卷 96 份，为实时监测山西省老年人生活状况提供第一手资料。太原、长治、忻州、晋中、吕梁、临汾、运城等 7 个市 12 个村协助全国老龄办开展全国农村老年人养老现状调查及补充调查，了解农村老年人养老现状，掌握农村老年人思想动态。（闫　鹏）

【老龄政策调研】 2016 年，山西省老龄系统紧紧围绕老龄工作中的热点、重点、难点问题，就如何构建覆盖城乡的居家养老服务体系进行探索，撰写专题调研报告。在全国老龄办 2016 年专题政策调研活动中，山西省获二等奖 2 篇，优秀奖 1 篇。（闫　鹏）

【传媒关注老龄工作】 2016 年，山西省老龄办创刊 31 年的《山西老龄工作》改版升级为《山西老龄》，是老龄系统内部工作交流、信息共享载体。《生活晨报》发挥公共媒体优势，对全省亮点老龄工作进行及时采编，立体化、多层次进行报道。晋中市利用“时代老人”老有所为带头人系列宣传活动，展示当代老年人“老有所为、老有所乐”的风采。大同市在《大同日报》《大同晚报》等开设老龄工作专版专栏。临汾市“微孝临汾”微信公众平台，朔州市官方微博等新兴媒体的加入，提高老龄宣传的覆盖面和渗透力。9 月 10 日至 13 日，2016 山西第十届老年健康产业博览会暨省城第七届老年文体艺术节在太原举办。（闫　鹏）

【老年志愿服务】 2016 年，山西省老龄志愿服务工作呈现新态势。省城 600 多名老年志愿者进行信息登记，并依据志愿服务项目进行分组管理，老年志愿者队伍建设规范。临汾老龄志愿服务分队发展到 315 支，队员达 3.2 万余名，义工服务站 30 余个。大同市组织老年志愿者开展果树种植、土鸡养殖，帮助贫困村“集体经济破零”。太原市文明办、老龄办共同下发《关于推进太原市老年志愿服务的实施意见》，并编印《太原老年志愿者风采》。阳泉、长治、晋城、忻州、朔州、晋中等市开展退休老专家义诊、帮助留守儿童及残疾青年、与敬老院老人共度生日等“银龄行动”志愿活动。（闫　鹏）

【“敬老月”活动】 2016 年，山西省老龄办开展“敬老月”活动。2016 年 10 月是全国、全省第七届“敬老月”，全省围绕“敬老爱老，全民行动”主题，为老年人办实事、做好事、献爱心。山西省各地为新进百岁的老人颁发以省政府名义印制的“寿比南山 福如东海”长寿匾。省老龄委副主任吴建强看望慰问大同市天镇县逯家湾镇袁家梁村 113 岁老人张师道，为这位全省年龄最大的老人送去节日祝福。运城、晋中等地主要党政领导看望百岁或高龄老年人。全省首届循环旅居养老发展合作论坛在大同召开，内蒙古自治区的包头市、乌海市、乌兰察布市老龄办主任以及全省各市老龄办主任等 40 多人参加论坛。论坛着重探讨解决老年人旅居养老问题，为建立适合山西省老年人的养老模式提供新思路。省司法厅、省老龄办在全省开展为期一个月（10 月 1 日至 10 月 31 日）的“公证敬老公益服务月”活动，为 70 岁以上老年人免费办理遗嘱公证和遗嘱保管。临汾市开展敬老月期间“法治阳光温暖老龄”专项法律服务。灵石红崖景区推出重阳感恩活动，60 周岁以上老年人免票游览景区。晋中、朔州、晋城市举行规模盛大的“敬老月”活动启动仪式，渲染浓厚的尊老爱老社会氛围；临汾举办第四届社区老年文化艺术节暨敬老月社区公益行活动；省直机关老龄办举办大规模老年书画展；晋源、和顺、太谷、左权、原平、繁峙、沁水、盂县、阳城、浮山、乡宁等县（市、区）开展慰问演出、保健讲座、体育健身等活动。（闫　鹏）

残疾人

【残疾人调查】 2016 年，山西省残疾人联合会（简称残联）按照省委、省政府的部署和中国残联的要求，科学谋划，突出重点，完成全年的各项目标任务。全省完成调查村（社区）3.05 万个，调查残疾人 82.60 万人。其中，入户调查 80.16 万人；电话调查 2.44 万人，入户率为 97.05%。（王秋妮）

【残疾人“两项补贴”制度】 2016 年 1 月 1 日，山西省困难残疾人生活补贴和重度残疾人护理补贴制度实施。困难残疾人生活补贴范围由城乡低保家庭中残疾等级为一级的贫困残疾人，扩大到城乡低保家庭中的所有持证残疾人，由县级民政部门负责发放；重度残疾人护理补贴范围由城乡低保家庭外残疾等级为一级的残疾人，扩大到所有持证重度残疾人，由县级残联负责发放。补贴标准由每人每月40元提高到50元。各级残联执行补贴范围和标准，严格残疾人证管理，补贴资金专款专用，按时足额发放到位。截至2016年底，全省为17.16万名困难残疾人发放生活补贴，发放金额8074万元；为26.76万名重度残疾人发放护理补贴，发放金额1.62亿元。（王秋妮）

【“一店三基地”建设】 2016年，山西省残联、省财政厅联合出台《山西省残疾人实训基地　残疾人就业创业基地　农村残疾人扶贫基地及盲人按摩示范店建设实施方案》，省财政拨款1100万元支持省级“一店三基地”建设。各市、县（市、区）探索适合当地的“一店三基地”运行模式，落实本级补贴政策，扶持当地残疾人就业。2016年新建基地116个（其中省级74个、市级37个、县级5个）、盲人按摩示范店149个（其中省级79个、市级67个、县级3个），共安置2672名残疾人就业（其中按摩店安置盲人428名），辐射带动3051名残疾人就业增收。截至2016年底，全省建成基地237个、盲人按摩示范店265个，安置5748名残疾人就业，辐射带动9000多名残疾人就业增收。

（王秋妮）

【残疾人精准扶贫】 2016年，山西省对贫困残疾人进行精准识别。配合扶贫部门对农村贫困残疾人建档立卡工作“回头看”。对符合建档立卡条件的残疾人贫困户，与当地扶贫部门对接后纳入建档立卡范围，实现全国残疾人基本服务状况和需求专项调查数据与贫困人口数据库的动态衔接和数据共享。开展精准康复扶贫试点。在5个市的8个县进行精准康复扶贫试点，对832名持证残疾人给予精准康复救助。开展农村基层党组织助残扶贫工程。安排省级补助资金300万元，帮扶3000户贫困残疾人家庭从事“种养加”等项目。干部驻村精准帮扶。按照“养好一群鸡，种好一棚菜，植好一坡树，办好一个（挂面）厂，建好一个（合作）社，搞好一个（文化活动）站”的思路，对包扶村武乡县蟠龙镇老凹村、祥良村开展精准扶贫，通过采取帮助贫困户养鸡、种树、加工挂面，落实“四项政策”等措施，全年两村贫困户摘帽脱贫。（王秋妮）

【残疾人就业援助】 2016年，山西省残疾人联合会联合人社部门开展“就业援助月”活动，全省残疾人就业服务机构共走访残疾登记失业人员家庭5035户，登记失业残疾人134万名，组织召开残疾人专场招聘会49次，实名制纳入年度培训6577人，帮助1396名残疾登记失业人员实现就业。通过按比例就业、社区公益性岗位等途径安置残疾人7351名。完成城镇残疾人职业技能等培训7491人，农村残疾人实用技术培训1.14万人。

（王秋妮）

【残疾人权益保障】 2016年，山西省各级残联接待残疾人来信来访约1.8万人（件）次，省、市残联全部开通“12385”残疾人服务热线。对170个残疾人法律救助案件给予补助。为7588名残疾人发放机动轮椅车燃油补贴197.28万元，为1420户残疾人家庭实施无障碍改造。全省1227名下肢及听力残疾人考取驾驶证。在全省范围内推动《无障碍环境建设条例》贯彻落实。举办4期手语培训班，培训工作人员360名。做好市、县（市、区）人大、政协换届中残疾人、残疾人亲友和残疾人工作者的推荐工作。（王秋妮）

【残疾人教育资助】 2016年，山西省彩票公益金助学项目资助残疾大学生179名、残疾研究生24名、残疾人家庭子女大学生238名，共资助175.3万元。开展适龄“三类”残疾儿童少年义务教育入学情况统计工作，配合教育部门做好入学工作。实施残疾人事业专项彩票公益金助学项目（学前阶段）等工作。（王秋妮）

【残疾人补贴提标扩面】 2016年，山西省民政厅完善残疾人保障制度，提请省政府印发《关于全面建立困难残疾人生活补贴和重度残疾人护理补贴制度的通知》，对困难残疾人两项补贴范围和补贴标准进行提标扩面，11个市均出台配套文件，下拨困难残疾人生活补贴资金5250万元，提高困难残疾人和重度残疾人生活水平。

（李春伟）

【残疾人文体活动】 2016年，山西省残联组织举办全省残疾人事业好新闻评选活动。省级广播专题节目和电视手语节目各播出35期。组织开展第二十六次“全国助残日”“残疾人文化周”“残疾人健身周”“全国特奥日”等活动，举办全国青少年校园足球特奥融合组竞赛山西省海选赛，进行全省残疾人运动员选拔，组织参加全国性残疾人文化、体育比赛。对6000户贫困重度残疾人家庭开展体育关爱进家庭项目。3月3日，开展“爱耳日”宣传教育现场活动。5月8日，中国残疾人艺术团在山西大剧院公益演出艺术经典《我的梦》。（王秋妮）

【“集善·远程视界”项目启动】 2016年6月7日，“集善·远程视界”项目山西省启动仪式在太原举行。中国残疾人福利基金会和北京远程视界集团向山西省残疾人福利基金会捐赠480万元，用于帮助山西省4800名贫困白内障患者免费实施复明手术。

（王秋妮）

【大型徒步公益活动】 2016年10月15日，2016“爱在路上·善行三晋”大型徒步公益活动在太原汾河公园举行，3000多人参加为省残疾人福利基金会的爱予光明、春雨行动、点亮大脑之光等12个公益项目筹集善款活动。活动筹集活动赞助费45万元，报名费1.13万元，公益项目捐款4.11万元。

（王秋妮）

【就业援助月暨困难地区就业援助行动】 2016年12月21日，由国家人力资源和社会保障部与中国残联共同主办的2017年就业援助月暨东北等困难地区就业援助行动推进会在太原召开。国家人力资源和社会保障部副部长张义珍，中国残联副理事长程凯，山西省委常委、常务副省长高建民出席会议并讲话。活动以“就业帮扶，真情相助”为主题，在日常援助的基础上推出 11 项专项行动，为就业困难人员和残疾人提供就业服务。

（王秋妮）

劳动就业

【就业创业】 2016 年，山西省城镇新增就业 47 万人，完成全年目标任务 117.5%；转移农村劳动力 34 万人，完成全年目标任务 113%；城镇登记失业率 3.55%，低于 4.2%的控制目标，就业局势总体稳定。以实名制登记和“一对一”服务为重点，做好离校未就业高校毕业生就业工作。推动以创业带动就业工作。深化创业型城市创建活动，出台鼓励支持高校、科研院所等事业单位优秀专业技术人员离岗创业办法。开展煤炭钢铁行业供给侧结性改革就业安置的政策制订实施工作。将行之有效的就业创业扶持政策扩展到去产能企业的分流安置职工，并在鼓励自主创业、转岗安置、成建制转移就业等方面制订支持性政策。（马 骏）

【就业扶贫】 2016 年，山西省围绕扶贫攻坚工作，组织开展培训就业扶贫行动，制定《山西省培训就业扶贫行动方案》和《山西省 2016 年培训就业培训扶贫行动计划》，分解落实扶贫目标任务、主要政策措施和就业稳定脱贫认定机制，以建档立卡贫困劳动力为重点，以市场需求为导向，以“吕梁护工”“天镇保姆”“山西面食”为特色劳务品牌为依托，通过公司化运作，引导贫困劳动力实现转移就业。

（马 骏）

【煤炭钢铁去产能职工安置】 2016 年，山西省人社厅牵头制订《关于分离社会办社会职能的实施细则》《关于全力做好职工就业安置工作的实施细则》《关于符合条件人员可实行内部退养的实施细则》。推进化解煤炭钢铁行业过剩产能职工安置工作，深入省属七大煤炭企业和太钢等单位进行调研，与企业召开专题座谈会 20 余次，配合国家部委和省委省人大省政府省政协进行专题研讨 30 余次。2016 年山西省煤炭去产能涉及山西焦煤、同煤、阳煤、潞安、晋煤、晋能、太原东山煤电集团的 25 座煤矿，需要分流安置职工 21013 人全部完成安置工作，受到国务院通报表扬。

（马 骏）

收入与消费

【城镇居民增收】 2016 年，山西省人社厅出台促进就业政策、发布企业工资指导线、提高机关事业单位工资标准和各项社保待遇水平、保障农民工工资发放，涉及 28 条待遇标准线，共增加城镇居民收入 408 亿元，受益人数 3445 万人，年人均增收 1184 元，其中中央和省财政转移支付就业专项资金、社保基金支出 89 亿元，受益人数 803.9 万人，年人均增收 1107 元。全省城镇居民人均可支配收入达 27569 元，增长 6.74%。（马 骏）

【收入分配制度改革】 2016 年，山西省人社厅督促落实县以下机关公务员职务与职级并行制度和乡镇工作补贴。开展“冬季行动”，会同省委组织部、省财政厅下发《关于进一步督查落实县以下机关公务员职务与职务并行制度和乡镇工作补贴的通知》，进行督导。调整机关事业单位基本工资标准。以省政府办公厅名义印发《关于调整机关事业单位工作人员基本工资标准和增加机关事业单位离休人员离休费三个实施意见的通知》。与省财政厅会签下发《关于将部分规范津贴补贴纳入基本工资后相应调整省直机关工作人员规范津贴补贴标准的通知》和《关于将部分绩效工资纳入基本工资后相应调整省属事业单位工作人员绩效工资水平的通知》等配套文件。开展法官、检察官和司法辅助人员工资制度改革试点。在长治市、长治市城区、襄垣县、武乡县、高平市、祁县、孝义市、岢岚县、太原市尖草坪区等 1 市 8 县开展试点。（马 骏）

【居民消费】 2016 年，山西省居民消费价格比上年上涨 1.1%，商品零售价格上涨 0.5%。消费价格变动中，食品价格上涨最高，达 3.3%、交通和通信价格下降，为−1.7%。其余主要项目的价格变动为：衣着 1.0%，居住−0.1%，教育文化娱乐 1.3%，医疗保健为 2.4%，食品含烟酒为 2.8%，其他服务为 1.2%。（马 骏）

【农民工工资拖欠问题治理】 2016 年，山西省印发《关于全面治理拖欠农民工工资问题的实施意见》（下称

2016 年城乡居民人均可支配收入统计表

指标	2016 年（万元）	比上年增长（%）
城镇居民人均可支配收入	27352	5.9
其中：工资性收入	16954	2.4
经营净收入	2659	−4.7
财产净收入	2003	12.0
转移净收入	5735	22.4
农村居民人均可支配收入	10082	6.6
其中：工资性收入	5204	5.7
经营净收入	2730	4.0
财产净收入	149	5.1
转移净收入	1999	13.2

意见)明确到2020年,要形成制度完备、责任落实、监管有力的治理格局,使拖欠农民工工资问题得到遏制,实现基本无拖欠。《意见》提出四项举措。通过银行代发工资,保证专款专用。在工程建设领域,施工总承包企业应在项目所在地银行开设农民工工资专用账户,专项支付农民工工资。建设单位需将农民工工资单独拨付到专用账户,由开户银行负责对其进行监管,实行银行代发农民工工资制度。工程建设领域实行工资保证金制度。在建筑市政、交通、煤炭、水利等工程建设领域和发生过拖欠工资企业,实行工资保证金制度。工资保证金缴存纳入各主管部门对建设资金到位审查内容之一。经营异常企业将被实施重点监控。实行基层预警监控机制。根据工商、税务、水电供应等单位反映的企业经营状况指标变化情况,将经营异常企业列为重点监控对象。发现存在不能按时支付农民工工资隐患的,及时向企业发出预警,督促解决,上报政府及其主管部门。多部门联合限制违法失信企业。完善政府应急周转金制度,实行政府负责人挂牌督办。完善企业守法诚信管理和失信惩戒机制,制订企业劳动保障守法诚信评价办法,将劳动用工、工资支付情况纳入有关部门诚信信息管理平台或政府公共信用信息服务平台,定期归集有关部门处理的拖欠工资案件信息,向社会公布重大违法失信企业“黑名单”,并由有关部门记入诚信记录,按职责依法依规予以限制。

(马 骏)

2016年12月1日,山西省民政厅召开低保扶贫工作座谈会 (李春伟供图)

城乡低保

【农村低保助力扶贫】 2016年12月1日,山西省民政厅召开全省低保扶贫工作座谈会,安排部署社会保障四方面政策到村到户专项检查工作。会议要求全省民政系统认真贯彻落实党中央、国务院和省委、省政府的重要决策部署,全力服务全省脱贫攻坚的中心任务和总体部署,要加强农村低保制度与扶贫开发政策的有效衔接,确保到2020年全省各地农村低保标准都能达到国家扶贫标准,确保每一个贫困户在全面建成小康的路上不落后、不掉队;发挥社会救助兜底保障职能,为全省政治经济平稳发展打好民生基础,守住落实社会救助应保尽保政策底线,创新做好新形势下农村低保对象认定工作,进一步提高基层社会救助审核审批时效,提高全省社会救助的整体服务水平;开展社会保障政策到村到户专项检查,夯实社会救助政策落实的群众基础,严格对照检查涉及的民政10项扶贫政策,按照“一条不漏、一户不少”的要求,对所辖的国定贫困县进行细致排查,确保检查到位、落实到位、整改到位,确保政策实施的最后一公里通畅无阻,真正让困难群众得到实惠。 (李春伟)

【低保标准动态调整】 2016年,山西省民政厅按照中央关于推进农村低保标准与国家扶贫标准有效衔接的要求,从2016年1月1日起,全省统一提高城乡低保保障标准各20元,在此基础上,指导各地完善低保标准动态调整机制,全省城乡低保平均保障标准分别达每人每月439元、270元,比上年末分别提高24元、36元,全省103个县(市、区)农村低保标准达到或超过2855元的扶贫标准,占全省涉农县的90.4%,超额完成省政府确定的70%的目标任务。

(李春伟)

社会保险

【社会保险参保情况】 截至2016年底,山西省社会保险参保人数:企保620.19万人(其中职工435.66万人),机关事业保139.1万人(其中职工106.87万人),城镇医保1121.11万人(其中:城镇职工医保670.11万人,城镇居民医保451万人),新农合2116万人(补偿人数3740万人次),失业415.15万人,工伤575.98万人,生育458.47万人,城乡居民养老保险1549.57万人。 (马 骏)

【养老保险医疗保障改革】 2016年,山西省人社厅实施“五缓两降三补贴”,帮扶困难企业渡难关。各项社会保险参保人数均超额完成全年任务,综合参保率达95%。启动机关事业单位养老保险参保登记。从2014年10月启动。截至2016年底,就这一领域研究许多新情况新问题,制定一系列配套政策，研发配套软件。出台《山西省机关事业单位养老保险缴费工资基数和待遇统筹项目有关问题处理意见的通知》《山西省机关事业单位养老保险基本养老金计发办法》《关于开展机关事业单位养老保险参保登记和基础数据申报审核有关工作的通知》等文件。同步调整企业和机关事业单位退休人员基本养老金，与机关事业单位养老保险制度改革启动实施工作同期推进。对2014年9月30日前退休人员原退休金发放项目、标准和依据梳理汇总，搜集整理有关政策文件及资料。整合城乡医保，畅通异地就医结算。省内异地就医购药突破28万人次。11个市接入省内异地就医结算平台，各市参保人员持社会保障卡可在外市住院直接结算。完善医保关系转接。按照国家标准，各市继续开发和完善医保关系转移接续业务系统，逐步实现社会保险关系转移接续数据网上交换，流动人员医保关系转移接续更加畅通。省直、朔州、运城率先实现转接数据网上交换，太原等6市测试入网。实现省外异地安置人员个人账户退付。推进城乡居民医保制度整合工作。全省省市县三级127个新农合机构，11月15日整体划转移交人社部门管理，城乡居民医保制度整合进入实质阶段。

（马　骏）

【重点民生工作】 2016年，山西省发展与改革委员会推进各项重点民生工作，实现民生改善和经济增长互促互进。

采煤沉陷区治理提速工程。按照省委、省政府关于全省采煤沉陷区治理完成时限由2020年提前至2017年的要求，2016年新启动实施7.6万户、21万人搬迁任务。截至2016年底，采煤沉陷区治理搬迁安置开工乡镇151个，开工率达101.3%。

脱贫攻坚。争取国家下达山西省易地扶贫搬迁中央预算内资金7亿元，并下拨给山西扶贫开发投资有限公司，推进有易地搬迁任务的80个县开工建设。争取国家以工代赈投资2.21亿元，下达省级预算内投资1亿元，支持贫困县实施一批能够改善农村生产生活条件的基础设施项目。争取国家下达山西省11个市55个贫困县光伏扶贫建设规模指标58.4万千瓦。

科教文卫等社会事业。争取中央预算内投资，加强教育卫生等基础设施建设，教育领域4.17亿元，医疗卫生领域5.83亿元，文化、养老、社会福利、体育、旅游基础设施等领域3.57亿元。

援疆工作。编制《山西省“十三五”对口支援新疆经济社会发展规划》，全年安排援疆项目43项，5月8日下达2.51亿元援助资金。

安全生产。在全省范围内开展油气输送管道保护大检查、新能源行业安全生产大检查，监督企业落实主体责任，查找整改问题隐患，保持安全生产形势稳定。截至2016年底，全省发改系统在历次检查督查中共出动17000余人次，检查管线70余条，站场100余座。

（马润卯）

【“五险统征”全面推行】 2016年，山西省启动全民参保登记计划(全民参保登记计划，是将山西省将对适龄未参保人员或未参险种等信息空白点进行重点入户调查登记，使基本养老保险覆盖全体职工和适龄城乡居民，基本医疗保险覆盖全民，失业保险、工伤保险、生育保险基本覆盖所有法定群体)，瞄准灵活就业人员和农民工，建立全面、完整、准确社会保险参保基础数据库，推动社会保障由制度全覆盖到人群全覆盖。整合社保经办资源，推行“五险统征”，推进网上业务经办平台向县级延伸。

（马　骏）

【“全省整合城乡居民基本医疗保险制度工作电视电话”会议】 2016年，山西省人社厅推进“五证合一”社会保险登记工作。企业在办理“五证合一”登记后，社保经办机构可共享工商部门的企业登记信息，同步完成单位社会保险登记手续。用人单位工作人员不需亲自携带“一表三证”等资料到社保经办机构办理参保登记手续，而由社会保险经办机构通过政府信息共享平台，直接获取该单位社会保险登记信息进行自动登记，社保经办机构不再发放《社会保险登记证》，不再实行《社会保险登记证》定期验证制度。用人单位办理职工社会保险正常的基数申报、缴费及待遇领取等，可直接到参保地社保经办机构办理。

（马　骏）

【城乡居民医疗保险制度整合】 2016年11月9日，山西省政府召开“全省整合城乡居民基本医疗保险制度工作电视电话”会议，贯彻落实省政府《关于整合城乡居民基本医疗保险制度的实施意见》精神，安排部署推进全省整合城乡居民基本医疗保险制度工作。常务副省长高建民指出整合城乡居民医保制度工作是适应经济社会发展的客观需要，是推进医药卫生体制改革、实现城乡居民公平享有医疗保险权益、促进社会公平正义、增进人们福祉的举措，对促进城乡经济社会协调发展、全面建成小康社会发挥影响。

（马　骏）

住房保障

【保障性安居工程建设】 2016年，山西省开工城镇保障性安居工程21.81万套，占年度任务的102.8%；建成17.63万套，占年度任务的108.1%；完成投资523.26亿元，占年度任务的104.7%。其中：棚户区改造开工21.25万套，占年度任务的101.2%；城中村改造开工8.6万套，占年度任务的114.7%；货币化安置9.07万套，棚改货币化安置率42.7%。全省11个设区市完成城镇保障性安居工程开工、建成、投资及棚户区改造开工等全年目标任务。

（米玉婷）

【政府购买棚改服务】 2016年，山西省住房和城乡建设厅报请省政府出台《关于政府购买棚户区改造服务的指导意见》和《关于规范和明确我省政府购买棚户区改造服务工作流程和工作职责的通知》，在全省推行

“省级统贷、市县购买”的政府购买棚改服务模式。4月，组织400人参加政府购买棚改服务专项培训。两次邀请各市分管副市长和主管部门负责人，召开“全省棚户区改造项目融资动员会”和“全省棚户区改造工作推进会”。全年获国家开发银行（以下简称国开行）和中国农业发展银行（以下简称农发行）棚改专项贷款授信467.8亿元（国开行361.4亿元、农发行106.4亿元），已发放73.2亿元（国开行24.1亿元、农发行49.1亿元）。（米玉婷）

【住房保障体系建设】 2016年，山西省住房和城乡建设厅印发《关于进一步加快公共租赁住房分配入住的通知》《关于实行公共租赁住房分配入住情况月通报制度的通知》《关于开展公租房分配入住情况自查的通知》《关于进一步加快公共租赁分配入住工作实施方案》等系列文件，扩大公租房保障范围，将公共租赁住房保障范围放宽至城镇常住人口家庭，加大对公共租赁住房的建设、分配和管理力度，完善住房保障制度。（米玉婷）

【公积金管理】 2016年，山西省健全完善住房公积金制度，规范缴存标准，降低缴存比例，加大提取和贷款发放力度，全省新增住房公积金缴存额271.24亿元，同比增长20.7%；提取178.78亿元，同比增长5.35%；发放个人住房贷款228.69亿元，同比增长52.87%，个贷率由年初的60.62%提高到78.56%，住房公积金贷款占全省新增住房贷款的47.5%，为帮助职工改善住房条件、支持住房消费和稳定房地产市场发挥作用。（米玉婷）

社会救助

【特困人员救助新政】 2016年，山西省民政厅提请省政府出台《关于进一步健全完善特困人员救助供养制度的实施意见》（简称《实施意见》），2016年11月23日，山西省人民政府印发该《实施意见》，将农村五保供养和城市“三无”人员救助统筹为特困人员救助供养制度，从总体要求、政策措施、保障措施三方面，对特困人员的对象认定、审批流程、救助标准、供养内容、机构建设、监督考核等提出明确要求。协调推动农村低保与扶贫政策有效衔接，提请省脱贫攻坚领导组印发《山西省农村低保扶贫行动实施方案》和《山西省2016年农村低保扶贫行动计划》，确保兜底脱贫工作开展。争取中央各类社会救助补助资金49.9亿元，为保障困难群众的基本生活提供资金保障。截至2016年底，全省共保障城市低保对象55万人、农村低保对象119万人、农村五保供养对象15.3万人，累计有71.1万人得到不同形式的医疗救助，实施临时救助11.4万户次。（李春伟）

【贫困残疾人康复救助】 2016年，山西省投入资金9236.4万元，对10.2万名贫困残疾人实施康复救助。其中国家和省级投入资金6338.3万元，救助贫困残疾人5.51万名包括为613名0至6岁聋儿植入电子人工耳蜗、适配助听器及机构康复训练；对432名脑瘫儿童、1545名智力残疾儿童和74名孤独症儿童实施机构康复训练；为304名成年听力残疾人适配助听器；为400名肢体残疾人安装大、小腿假肢；为3000名贫困白内障患者实施复明手术；对2170名贫困精神病患者服药和住院给予救助；为4.67万名贫困残疾人适配基本型辅助器具。市、县两级共投入资金2898.1万元，对4.78万名贫困残疾人实施康复救助。全年全省康复基础工作进一步加强。培训康复管理干部和专业技术人员、社区康复协调员4440人次。在4个单位开展职业院校残疾人康复人才培养改革试点，在3个县级市、区开展创建国家残疾预防综合试验区试点工作。3月中旬，省残联抽调14名省、市康复医疗专家，到兴县蔡家崖乡、左权县栗城乡、方山县马坊镇，对当地贫困残疾人逐村进行康复扶贫专项调查。（王秋妮）

【血友病患者救助】 2016年2月25日，山西省慈善总会甲型血友病患者拜科奇Co-pay项目启动会在太原召开。中华慈善总会拜科奇援助项目原有模式为药品援助模式，可部分解决患者家庭经济困难。（武学亮）

社会事务

·综　述·

【民政服务机构安全管理月】 2016年6月3日，山西省民政厅召开全省“民政服务机构安全管理月”活动动员部署会议。会议主要传达民政部关于在全国民政系统开展“民政服务机构安全管理月”活动的通知精神，并对山西省此项工作进行部署。会议宣读《山西省民政系统开展“民政服务机构安全管理月”活动工作方案》，全省11市民政局分管领导，厅机关全体公务员、厅直各单位负责人参加会议。（李春伟）

【“特殊群体关爱行动”】 2016年，山西省民政厅牵头开展脱贫攻坚“特殊群体关爱行动”，提请省脱贫攻坚领导小组印发《山西省特殊群体关爱行动实施方案》，制订《山西省2016年特殊群体关爱行动计划》，开展摸底排查，为7.79万留守儿童、2.82万留守妇女、9.36万留守老人、12.9万农村贫困残疾人建立台账。（李春伟）

【养老扶老社会管理】 2016年，山西省民政厅推进养老机构改革，制订印发《关于开展养老机构公建民营试点工作的实施方案》，提高社会力量参与发展养老服务业的积极性，激发公建养老机构活力，发挥公建养老机构的“托底”作用。做好养老扶老工作，指导各市建立经济困难的高龄与失能老年人补贴及百岁以上老年人补贴文件，按照标准和程序落实补贴资金。下拨省级补助资金3000万元，1000个新建农村老年人日间照料中心项目全部完工。（李春伟）

·城乡社区建设·

【“三社联动” 创新社区治理机制】 2016年4月26日至27日，山西省民政厅起草《关于深入推进“三社联动”加强社区治理和服务创新的意见》，组织城乡社区干部培训班13期，培训人员达1600余人，在阳泉市城区召开推进“三社联动”创新社区治理机制现场会。省民政厅有关处室负责人，各市民政局领导及相关科室负责人近200人参加会议。阳泉市以“三社联动”为抓手，推动社区治理和服务创新，逐步构建起党委政府领导、社会多元参与的社区治理模式。2015年，阳泉市城区被民政部确定为山西省唯一的第三批“全国社区治理和服务创新实验区”。

阳泉市城区南山路街道新华东街社区、上站街道小阳泉南社区和金三角社区、市宜康居家养老服务中心、城区老年护理中心等“三社联动”示范单位。阳泉市城区获“全国社区治理和服务创新实验区”称号，并观看阳泉市城区《多元参与、幸福城区》的影像资料。 （李春伟）

【社区公益服务设施升级】 2016年，山西省民政厅推进城市社区综合服务设施建设，与省委组织部、财政厅等10个部门联合下发《进一步加强全省城市社区活动场所和公益性服务设施建设的若干意见》和《扶持补助办法》，决定每年筹措7000万元，扶持社区活动场所和公益服务设施建设，加快社区建设提档升级，截至2016年底，90个项目的验收工作全部完成。

2016年4月7日，山西省民政厅与省委组织部在太原召开全省城市社区活动场所建设工作推进会暨城市社区党组织书记“领头雁”省级示范培训会。会议研究部署全省城市社区党建工作和社区活动场所建设工作，并对城市社区党组织书记进行示范培训。 （李春伟）

【农村社区建设试点】 2016年，山西省民政厅督促指导各地出台社区协商工作实施意见。阳泉郊区“‘六议两公开+全员承诺’织密乡村‘法治’‘德治’围栏”的创新经验，获民政部“中国社区治理十大创新成果”提名奖。85个县、808个乡镇开展农村社区建设试点。 （李春伟）

·社会组织管理·

【行业协会商会与行政机关脱钩】 2016年，山西省民政厅推动全省性行业协会商会与行政机关脱钩试点工作，第一批脱钩试点单位有省委统战部、省教育厅、省住建厅、省经信委、省质监局、省商务厅、省工商联7家单位。为全面展开脱钩工作，山西省把党建工作纳入行业协会商会脱钩的重要内容，把带行政事业编制的行业协会作为脱钩重点，制订相关配套文件，脱钩任务全部完成。 （李春伟）

【社会组织年检】 2016年，山西省民政厅民间组织管理局完成912家社会组织年检，并结合年检开展涉企社团收费清理规范工作。配合省财政厅等部门对涉企收费进行专项检查，没有发现强制入会和强制培训、收费、展览、展销、评比、表彰等情况，也没有代收行政事业费的情况。（李春伟）

·防灾救灾·

【精准化救灾】 2016年，山西省民政厅针对全省发生多年未遇的严重洪涝、风雹等自然灾害情况，提前部署，快速响应，迅速汇总报送灾情，派出工作组到达重灾县查看灾情，指导救灾工作，先后启动省级四级救灾应急响应1次、三级救灾应急响应2次。在全国首次针对风雹灾害启动救灾应急响应，受到民政部充分肯定。争取中央救灾资金3.38亿元、中央预算内投资2200万元，加上省、市、县财政投入，全年累计下拨救灾资金4亿多元及大量救灾物资，救助受灾群众249万人，紧急转移安置6.56万人。出台《关于在全省推行精准化救灾工作的指导意见》，修订完善《山西省自然灾害救助应急预案》，印发《关于支持引导社会力量参与救灾工作的指导意见》。 （李春伟）

【救灾物资储备建设】 2016年，山西省民政厅联合省发改委、省财政厅等8个部门下发《关于加强自然灾害救助物资储备体系建设的指导意见》，全面布局、重点推进，构建“省－市－县－乡”纵向衔接、横向支撑的四级救灾物资储备体系。争取中央资金1517万元，支持吕梁市、隰县、万荣县、绛县、岚县5个救灾物资储备库建设。

（李春伟）

【防灾减灾宣传示范及信息化建设】 2016年，山西省民政厅组织开展全国防灾减灾日、国际减灾日主题宣传活动。创建全国综合减灾示范社区28个、省级综合减灾示范社区81个。培训基层灾害信息员2000多人，灾情直报系统覆盖全部乡镇。 （李春伟）

【风雹灾情救灾获国家支持】 2016年6月16日，针对山西省6月上旬严重风雹灾情，国家减灾委、民政部紧急启动国家四级救灾应急响应，国家减灾委办公室副主任、民政部国家减灾中心总工程师杨思全率工作组到临汾、晋城、长治3市重灾县查看灾情，指导救灾工作。7月1日，财政部、民政部下达山西省中央救灾资金4000万元。 （李春伟）

·界线与地名管理·

【晋冀界线联检】 2016年4月7日至8日，山西、河北两省民政厅在山西省长治市冀晋线第三轮联合检查工作，商订毗邻各市分段联检计划，并联合下发《冀晋两省行政区域界线第三轮联合检查实施方案》。省界冀晋线和省内4条市级、41条县级界线的联检工作全部完成。推进平安边界建设，全年没有发生边界纠纷和群体事件。 （李春伟）

【全省地名普查】 2016年7月26日，山西省民政厅召开山西省第二次全国地名普查工作会议。加快普查进度，各市选取公司实力与技术水平较高的业务承接单位，及时签订合同，组织精干力量，高效开展普查工作，确保2016年山西省完成80%的普查总体任务；保障普查成果质量，严格按照国务院地名普查监理办法要求，从质量、进度、安全、验收、档案、成果等方面进行监理，对普查成果检查验收实行两级全检、两级抽检制度，上报省地名普查办抽检时达到目标正确率；做好成果转化，按照与普查工作“同规划、同部署、同推进”原则，制定普查成果转化规划，统筹谋划、科学安排、推进普查成果转化利用。吸收社会专家学者、老地名工作者、企业技术人员和志愿者参与普查工作，提高普查成果质量。建立工作进展情况“月报”制度，省、市、县三级按月集中报送，交流经验。

2016年，山西省民政厅落实第二次全国地名普查任务资金1.7亿元，省市县民政部门上下联动、多措并举，在保证质量前提下，完成本年度“二普”工作80%的目标任务。5月23日至27日，国务院地名普查办副主任孙秀东带队对山西省地名普查工作进行调研督查，对昔阳县，山阴县、怀仁县，大同市本级进行调研督查。

（李春伟）

拥军优抚

【优抚标准调整】 2016年，山西省民政厅下发《关于调整部分优抚对象等人员抚恤和生活补助标准的通知》，各级落实配套资金，把抚恤金和生活补助发放到优抚对象手中。根据全省职工平均工资变动等情况，提高一至四级伤残人员护理费标准，提标幅度平均达8.5%。建立优抚对象数据核查规范化、常态化工作机制。（李春伟）

【退役士兵“阳光安置”】 2016年，山西省民政厅通过优化改进退役士兵安置计划，推行“阳光安置”，开展退役士兵安置工作专项督查，安置符合安排工作条件的退役士兵2252人，6058名自主就业退役士兵参加职业教育和技能培训。军休干部接收安置工作全部完成。

10月17日至11月4日，由省政府督查室牵头，省民政厅、省人社厅、省发改委、省财政厅、省国资委和山西日报、山西电视台等部门联合成立退役士兵安置工作专项督查组，由厅级干部担任组长，分三组对11个市、22个县、62个企业（其中44个中央企业、18个省属企业），涉及867名退役士兵未安置的问题开展为期20天的专项督查活动。 （李春伟）

【双拥表彰与烈士公祭】 2016年，山西省11个市、县被命名为新一届“全国双拥模范城(县)”，1个单位、2名个人被评为“全国爱国拥军模范单位”和“全国爱国拥军模范”。

省民政厅配合省委、省政府举办“9·30”烈士纪念日公祭活动。9月30日，省委书记骆惠宁，省委副书记、代省长楼阳生，省政协主席薛延忠等省党政军领导到太原市牛驼寨烈士陵园，与省城社会各界代表一起，向烈士纪念碑敬献花篮。 （李春伟）

【拥军兴企大拜年慰问演出】 2016年1月14日，由山西省文化厅主办的“浓情冬季助力发展——拥军兴企大拜年”慰问演出活动在太原卫星发射中心启动。山西华夏之根艺术团参与演出，受到基地官兵欢迎。“浓情冬季助力发展——拥军兴企大拜年活动”历时三个月，省直文艺院团进入山西省军区、武警山西省总队、基层部队以及太原钢铁集团等地。 （陈燕萍）

福利慈善

【慈善事业新发展】 2016年，山西省慈善总会各方面工作都有新进展。截至2016年底，全省11个市全部成立慈善总会，70个县(市、区)成立慈善组织，全省三级慈善网络初具规模。

2016年，省慈善总会共接收捐赠款物合计3.32亿元，同比增长8%；捐赠支出达3.46亿元，同比增长17%，救助困难群众40000余人。其中，直接接收捐赠善款1334.68万元，接收捐赠物资价值385.89万元，通过各类慈善项目接收捐赠31441.02万元。其中，“天籁列车”项目向山西省捐赠价值200万元的助听器和特教学校教学设备；“免费午餐”项目在山西省太原、吕梁、晋城、运城等地的6所小学为500余名小学生提供免费午餐，筹得善款66.25万元；与晋城银行携手设立的“睿睿微慈善”专项基金全年筹募善款6.63万元；与山西晚报联合开展利群阳光圆梦大学助学活动，筹集善款59.8万元，对130名家庭贫困的大学新生给予救助；与黄河电视台合作“黄河公益金”项目，累计接收捐款33.13万元。

开展微笑列车、格列卫、达希纳、易瑞沙、特罗凯、多吉美、拜科奇、倍泰龙、安维汀等助医项目。“微笑列车”项目全年救助贫困唇腭裂患者508人，减免手术费金额167.49万元；格列卫、达希纳、易瑞沙、特罗凯、多吉美、拜科奇、倍泰龙、安维汀、全可利等项目为12697人次的贫困重症患者提供价值319594.2万元的药品救助。继续开展“神华爱心行动”“中国移动‘爱’心行动”项目，救助贫困心脏病患者214人，减免费用508.91万元。助学方面，2016年，来自10个“慈爱阳光班”“衣恋阳光班”的500多名学生得到资助，资助金额达178.45万元。2016年，陈海珠在海外多方筹集助学款64.86万元，支持冯村博爱学校发展。

2016年12月20日，中华慈善总会与省慈善总会、吕梁市慈善总会一起开展“慈善情暖万家”活动，为吕梁地区的困难群众发放30万元慰问金和2000条毛毯等慰问品；省慈善总会同步配套资金30万元，棉衣4000多件对山西省大同、忻州、长治等地困难群众进行慰问，活动发放救助金69.96万元，物资价值162.94万元。

2016年3月23日，山西省慈善总会在太原召开“为了明天·关爱儿童”项目新闻通气暨工作部署会议 （武学亮供图）

2016年，省慈善总会办好自有网站，及时更新和发布省总会和各市县慈善组织的慈善信息；向《慈善》杂志社提供全省慈善组织的重要新闻稿件；联合省城各大新闻媒体报道慈善活动；整顿《山西慈善》杂志宣传阵地，提高刊物质量，扩大赠发范围，全年发行6期，发放9000余册。

（武学亮）

【“为了明天 关爱儿童”项目实施】 2016年3月23日，山西省慈善总会在太原召开“为了明天 关爱儿童”项目部署会议。截至2016年底，山西省留守儿童约16.8万人，占全省人口总数4.66‰，呈逐年增加态势。山西省慈善总会“为了明天 关爱儿童”慈善项目建设“关爱儿童之家”，为留守儿童营造“家”的感觉与氛围。经计算，每年新设、改建、完善100所“关爱儿童之家”共需善款800余万元。2016年，中央财政支持社会组织开展社会服务专项拨款、中华慈善总会支持、韩国爱心企业捐赠获得300多万元。至2016年底，新设、改建、完善66个“关爱儿童之家”，取得阶段性成果。

2016年11月2日、3日、17日，省慈善总会分别给大同、吕梁、运城出席留守儿童之家授牌。之前省总会对山西省运城、吕梁、大同66所“儿童之家”均给予1万元经费用于完善条件，为志愿者和困境留守儿童发放课时费、救助款以及购置书籍、教学器材等达60余万元，动员社会力量参与项目，为儿童之家筹募到近500台各类电器产品。

2016年7月15日至16日，来自闻喜县农村的20名留守儿童到太原进行“城市体验”。这次活动作为“为了明天 关爱儿童”公益项目的一次具体实施，是由创维集团发起并资助，该集团同时向“为了明天 关爱儿童”项目捐赠10万元物资。（武学亮）

【晋城市慈善总会文化教育基金成立】 2016年4月23日，晋城市慈善总会“文化教育慈善基金”成立，晋城市华纳文化发展有限公司、晋城市777创业园区等单位和家长、学生进行捐赠。由晋城市慈善总会、市教育局、市文化局、共青团晋城市委主办的晋城市教育慈善公益活动——晋城银行睿睿微慈善大讲堂在泽州一中举行。活动邀请中国少年儿童新闻出版总社首席教育专家、著名“知心姐姐”卢勤作题目为《如何把孩子培养成财富》主题演讲，来自各学校千名学生和家长参加活动。 （武学亮）

【“中华慈善日”宣传捐赠活动】 2016年9月5日，山西省慈善总会在太原举办《中华人民共和国慈善法》暨首个“中华慈善日”大型主题宣传活动。山西国美电器作为这次活动独家爱心协力单位，派出由企业员工组成的志愿者队伍和省慈善总会工作人员一起走上街头，向群众发放宣传资料。活动现场山西康加科技有限公司向山西省慈善总会捐赠价值199万元，惠及10万人次免费体检服务；宁波新乐控股集团有限公司捐赠50台洗衣机；广东成和控股有限公司捐赠100台电磁炉、100台电水壶和100台电饭煲。这些家电都用于“为了明天 关爱儿童”农村留守儿童救助项目。

（武学亮）

【高民入选基层慈善工作者十大感动人物】 2016年3月1日，中华慈善总会公布2015年全国慈善会系统基层工作者十大感动人物榜单，山西省吕梁市慈善总会副会长高民成为山西唯一入选者。高民自幼残疾，但当老师、上大学、搞企业，样样出色。为帮助更多残疾人，他把全部积蓄拿出来创办中国首家民办免费残疾人职业技能学校，总投资3245万元，占地2.79公顷，成为山西省最大的民办残疾人职业技能学校。学校开办三年来，共招收300余名残疾儿童。为方便残疾人，教学楼内、校园里都安装无障碍设施，图书楼、专业教室、餐厅、浴室、医疗室一应俱全。 （武学亮）

【“慈善文化特色小镇”项目启动】 2016年9月9日，“山西慈善博物院”成立，启动基于李家大院创建国家AAAAA景区建设的“慈善文化特色小镇”项目。中华慈善总会会长李本公、常务副会长王树峰等一行到山西慈善博物院、李家大院关爱儿童之家实地考察慈善项目实施情况。2016年上半年，中华慈善总会与韩国爱心企业共同在李家大院修建“关爱儿童之家”，服务景区周边6–12岁留守儿童，“儿童之家”共有54名留守儿童，60名来自社会各界的爱心妈妈和志愿者。

（武学亮）

【帮扶践行慈善】 2016年5月29

日，在山西省慈善总会、吕梁市慈善总会牵线搭桥下，山西健康之声广播携手100多名社会各界爱心企业、爱心人士到岚县社科中心小学为60名留守儿童送上节日礼物。1月7日，波司登、德康博爱基金会"情暖中国"爱心捐赠活动到山西，向大同、吕梁、忻州等地28所贫困小学捐赠总价值145万元的2815件波司登羽绒服。（武学亮）

民族　宗教

【民族宗教和谐发展】 2016年，山西省民族宗教工作部门贯彻落实中央和省委关于民族宗教工作重大决策部署，推进新形势下全省民族宗教工作。推进民族团结进步，创建"六进"活动，新增全国民族团结进步创建示范单位3个、全国民族团结进步教育基地1个。2016年少数民族贫困村由23个减少到11个。召开少数民族流动人口服务管理工作经验交流会，指导各市加强社区民族工作，促进各民族交流交往交融。参加第五届全国少数民族文艺会演，山西省参演话剧《生命如歌》获全国金奖。开展少数民族聚居村经济社会发展基本情况、基督教在大学园区发展情况、宗教团体建设情况、宗教活动场所建筑安全、活动安全、消防安全情况等民族宗教重点、难点、热点问题调研。落实全省宗教工作会议精神，起草《中共山西省委、山西省人民政府关于加强和改进新形势下宗教工作的实施意见》。

引导宗教界发挥作用，发挥山西省法显文化研究会、五台山佛教国际研究院作用，促进宗教界对外交流。支持宗教界开展公益慈善事业，举办养老院、医疗诊所、日间照料中心等社会服务事业，符合条件的纳入国家政策支持。（茅立新）

【民族团结进步创建活动】 2016年，山西省民族工作部门开展民族团结进步宣传教育和模范评选表彰活动，推进民族团结创建"六进"活动。宣传民族团结进步模范典型事迹，以增进"五个认同"为抓手，践行社会主义核心价值观。选拔山西省全国民族团结进步模范个人，参加"中华民族一家亲、同心共筑中国梦"为主题的全国少数民族参观团活动。在全省开展少数民族流动人口服务管理示范城市推荐工作。开展全省民族关系状况分析工作，加强舆情搜集、分析、研判工作，强化民族领域的安全工作和矛盾纠纷隐患排查，指导各市民族工作部门防范涉及民族因素的突发事件。对全省民族教育情况进行调研，提出推进山西省民族教育工作思路和工作建议。推进高校民族团结进步创建活动，指导山西大学开展校园文化活动，指导山西大学附属中学开展"建设伟大祖国、建设美丽家乡"主题教育活动，帮助西藏班学生开展社会实践活动。新增全国民族团结进步创建示范单位3个，全国民族团结进步教育基地1个。（茅立新）

【少数民族经济扶持】 2016年，山西省推进少数民族经济发展，争取财政资金帮助少数民族聚居村改善基础设施建设和发展优势产业。举办全省少数民族聚居村书记、主任培训班，召开少数民族聚居村经济发展座谈会。做到"三个结合"，即整体推进和精准到户结合，创新工作机制和解决突出问题结合，"输血"和"造血"结合。建立健全机制，强化监督检查，对少数民族发展资金管理使用中出现的违法违规行为零容忍。少数民族贫困村由23个减少到11个。（茅立新）

【《生命如歌》获全国少数民族文艺会演金奖】 2016年9月，山西省参演剧目《生命如歌》在第五届全国少数民族文艺会演中获金奖。该剧编剧王元平获最佳编剧奖。剧目《生命如歌》是中国梦和"一带一路"主题作品，引发对于忠诚、坚守、信念、生命价值不同理解与深刻探讨。（茅立新）

【宗教政策贯彻执行】 2016年，山西省开展宗教领域突出问题专项治理，解决各宗教突出存在问题。推进宗教团体换届工作，配强、配好宗教团体领导班子，优化改善班子结构，确保宗教团体领导权掌握在爱国爱教人士手中，提升宗教团体自我管理、民主管理能力和水平。加大宗教界代表人士培养力度，根据宗教界人士成长特点和规律，坚持提升整体素质与加强个性化培养相结合，制订《山西省宗教教职人员三年培训工作规划方案》。2016年11月20日至25日，举办全省宗教教职人员第一期培训班。做好信教群众工作，加强对宗教界服务管理，帮助改善寺观教堂水电路和通气、通讯等基础设施条件，把基础设施、社会保障等公共服务

2016年，山西省各级领导慰问山西大学西藏班学生　（茅立新供图）

2016年9月10日，北岳恒山举办"五岳同辉天下大同"祈福法会（茅立新供图）

覆盖到宗教活动场所。将宗教教职人员纳入社会保障体系，解决他们参加社会养老、医疗保险等方面问题。

（茅立新）

【宗教工作法治化】 2016年，山西省提高宗教工作法治化水平，依法管理宗教事务。推行教职人员户籍纳入当地派出所管理，与公安部门共同拟定加强宗教教职人员户籍管理和流动教职人员居住证管理意见，开展五台山僧人户籍管理试点工作。抓好宗教教职人员认定备案，宗教团体登记，宗教活动场所审批，大型宗教活动申报，宗教活动场所财务、安全、卫生、防疫等常态化监督管理工作。（茅立新）

【全省宗教工作会议】 2016年9月30日，全省宗教工作会议在太原召开。会议贯彻全国宗教工作会议和《中共中央国务院关于加强和改进新形势下宗教工作的意见》精神，分析形势，研究问题，部署工作。山西省委书记骆惠宁出席会议并讲话。会议强调，要着力提高宗教工作法治化水平，构建积极健康的宗教关系，推进法治宣传教育，引导教职人员牢固树立国家意识、法律意识、公民意识。各级党委政府要扛起在宗教工作中的领导责任，要支持和推动宗教团体加强自身建设，创新宗教人才培养模式，逐步建立现代教职人员培养制度，打造一支政治上靠得住、宗教上有造诣、品德上能服众、关键时起作用的宗教代表人士队伍。（茅立新）

【和谐寺观教堂创建活动】 2016年，山西省宗教界继续开展以"规范"为主题的和谐寺观教堂创建活动。主要内容是指导宗教活动场所严格依法依规办事，自觉在政策法规和教义教规的范围内开展活动；推动宗教活动场所建立健全人员、财务、组织、会计、安全、消防、档案、文物保护、卫生防疫及大型宗教活动、外事接待等内部管理制度；推动宗教活动场所对场所宗教教职人员教育引导和规范管理，提高宗教活动场所管理规范化水平，树立宗教界良好形象。

（茅立新）

【中国佛教讲经交流会】 2016年8月28日至9月1日，由中国佛教协会主办、山西省佛教协会和中国佛教讲经交流基地协办、五台山佛教协会承办的2016中国佛教讲经交流会在五台山举行，全国各地诸山长老、高僧大德及善男信女近千人参加讲经交流会。这次讲经交流会以"慈悲·圆融·宏博"为主题，在海峡两岸、三大语系五位法师示范引领下，全国25个省市以及中国佛学院的30位青年法师，立足佛教经典，围绕如何"建立信仰""安顿身心""依教修学""认识因果""利益众生"等题目开展为期5天的讲经说法。山西省参讲的3位法师，有2位分获"金莲花"二等奖和三等奖。举办"文殊信仰的中国化表达"研讨会和"文殊信仰暨能海上师诞辰130周年国际学术论坛"活动，研讨佛教中国化的历史脉络和深刻内涵。

（茅立新）

【北岳恒山道教活动】 2016年9月10日，在北岳恒山举行"北岳恒山三元宫修复竣工典礼暨恒山道教文化研讨系列活动"。主要有"五岳同辉天下大同"祈福法会、"上善若水·论道恒山"北岳道文化研讨会。（茅立新）

人　物
Figures

革命烈士

王中华　男，汉族，1955年4月1日生，山西省浑源县人，生前系浑源县交警大队特勤中队指导员（以工代干）。2009年6月1日9时许，王中华在省道洗朔线沙岭铺治超点上岗执勤时，被强行冲卡过关的超载车辆撞飞，不幸遇难。2016年1月12日被评定为烈士。　（省民政厅）

丁　辉　男，汉族，1985年7月29日生，中共党员，生前系山西省太原市公安局小店分局刑事侦查大队技术中队科员。2015年10月2日10时许，丁辉出警在事发现场进行勘验时，突遭高压输电线路感应电流电击，他推开身后的同事，自己不幸遇难。2016年1月24日被评定为烈士。　（省民政厅）

牛学礼　男，1900年生，河南省陕县菜园乡沟南村人，生前系原国民党76师455团2营中校营长，于1937年10月4日在上海嘉定抗日阵亡。2016年8月5日被评定为烈士。

（省民政厅）

王新刚　男，汉族，1981年8月生，山西省闻喜县后宫乡后宫村村民。2011年7月1日7时许，本村村民王旺群不慎掉入自家密闭的沼气粪池中，王新刚闻讯后从外面赶到，毅然跳入池内救人，不幸也被熏倒一同遇难。2016年9月10日被评定为烈士。

（省民政厅）

郭来小　男，1925年10月生，太原市晋源区北瓦窑村人。生前系原太原县北瓦窑村民兵队长，1946年8月被阎锡山太原县“三人小组”以通匪名义杀害。2016年4月18日被评定为革命烈士。　（省民政厅）

陈文德　男，1913年生，古县旧县镇孔家垣大队交口河村人。1937年到1939年任安泽县三区人民政府区警，1941年参加安泽游击大队二中队任二班班长，1943年10月带任务离队回村，1944年春被日伪警察抓捕枪杀。2016年6月28日被评定为革命烈士。　（省民政厅）

李二举　男，1914年6月生，山阴县北周庄镇苑家辛庄村人，生前系怀仁县五区苑家辛庄村农会主任。1946年5月18日，本村伪甲长、地主李玉保因不满村干部领导群众对其清算而怀恨，引顽军将李二举逮捕。6月15日，李二举遭顽军在怀仁县西关活埋致死。2016年7月22日被评定为革命烈士。　（省民政厅）

汪振荣　男，1917年生，祖籍河南，1933年落户至芮城西陌镇白马岭村，1942年参加共产党员马文彬领导的抗日游击队。1943年8月中旬，马文彬驻防于平陆、芮城、解州之间的中条山区，被日军重围于簸箕掌村的东山，时为一营三连排长的汪振荣，奉命率部突围，不幸牺牲。2016年8月4日被评定为革命烈士。（省民政厅）

孙家森　男，1896年生，洪洞县曲亭镇逍洞村人。抗日战争时期，孙家森作为抗日村长积极为人民军队工作，1944年年初遭反动地富陷害致死。2016年12月23日被评定为革命烈士。

（省民政厅）

先进人物

2016年全国五一劳动奖章山西获得者名单
（22名）

吕　涛	山西太钢不锈钢股份有限公司炼钢二厂冶炼二作业区作业长
高　峰	太原公共交通控股(集团)有限公司第五汽车分公司三车队807路驾驶员
徐玉成	中国重汽集团大同齿轮有限公司同步器加工部班组长
马淑芳(女)	大同市南郊区十里店家怡敬老院院长
王建军	沁县市容环境卫生管理中心队长
薛琴芹(女)	晋城市城区钟家庄社区

卫生服务中心主任

陈正拜　山西昔阳丰汇煤业有限责任公司董事、总经济师

王经君　山西凯盛肥业集团有限公司科技研发中心技术研发人员

宋小燕（女）　忻州市环境监测站站长

宋金锋　孝义市金龙山生态旅游有限公司项目筹建处副主任

吴中定　临猗县忠定苹果种植专业合作社理事长

刘永珍　山西临县焉头煤业有限公司技术矿长

张志奇　长治清华机械厂二分厂数控加工组副组长

刘宝风（女）　阳泉市第一人民医院儿科主任

白爱江　和顺县第一中学校长

秦慧珍（女）　隰县第一中学教师

常明昌　山西农业大学教授

张金能　太原市第一建筑工程集团有限公司施工队长

罗琴琴（女）　山西大华玻璃实业有限公司拉挺工、玻璃手工成型工

李淑兰（女）　朔州市朔城区农业技术推广中心主任

王润拴　国家统计局山西调查总队处长

郑云萍（女）　山西卓锋钛业有限公司生产技术部副部长

2016年山西省五一劳动奖章获得者名单（264名）

白晋钢　山西太钢不锈钢股份有限公司技术中心工艺改善室主任

雷锦红　西山煤电集团东曲煤矿机电科雷锦红职工创新工作室带头人

冯　强　太原煤气化龙泉能源公司铁路项目部副部长

刘三宏　太重煤机有限公司冶金公司经销部经销员

任玉忠　大唐太原第二热电厂灰水脱硫车间主任

杜建俊　中国移动通信集团山西有限公司太原分公司网络部经理

撖波涛　中国联合网络通信有限公司太原市分公司社会渠道营销中心战略卖场经理

石志涛　中国人民解放军第6904工厂科研管理部高级工程师

张国峰　太原供水集团有限公司河西营销分公司机运工段工段长

段和国　太原市热力公司设计公司副经理

宋志铭　太原市物资回收利用总公司经营部副科长

刘四龙　万柏林区小井峪街道下元社区主任

张建国　太原钢铁（集团）不锈钢工业园有限公司企业服务部部长

黎凤斌　太原市龙城发展投资有限公司工程管理二部部长

王　锋　太原市民营经济开发区工业新区项目指挥部工程师

张鹏飞　太原市小店区刘家堡乡东草寨村农民

陈绘君　太原市清徐县徐沟镇西怀远村村委会主任

张润根　阳曲县泥屯镇东青善村农民

郭奋生　娄烦县米峪镇乡郭家庄村农民

郭永盛　太原市晋源区金胜镇北阜村党支部书记

侯红卫（女）　太原市第十二中学校教师

李建国　太原广播电视台新闻中心主任

孔莉萍（女）　太原晚报新媒体部主任

范　富　中共太原市委党校市情与发展研究室主任

孙寅平（女）　太原市人民检察院法律政策研究室副主任

胡献忠　华能太原东山燃机热电有限责任公司总经理

贾俊国　国网太原供电公司总经理

边卫东　中化二建集团有限公司晋东南分公司副经理

康　峰　古交市煤气热力公司总工程师

杜云岗　太原重型机械集团有限公司太原重工轨道交通设备有限公司车轮厂厂长

管　霞　大同煤矿集团有限责任公司四老沟矿工作室负责人

薛俊滨　国电电力发展股份有限公司大同第二发电厂燃煤管理部主任

赵建新　大同市公共交通有限责任公司三分公司驾驶员

芮聿杰　大同华润燃气有限公司灵丘项目部经理

杨继文　大同市城区环境卫生管理处清洁三公司副经理

侯文生　中国工商银行大同灵丘支行行长

贾美琴（女）　中国农业银行大同鼓楼支行网点负责人

赵　成　大同市供水排水集团有限责任公司兴业公司经理

张凯华　大同广播电视台党办副主任

李　虎　国投大同能源有限责任公司塔山煤矿掘进三班班长

任旭红（女）　大同泰瑞集团建设有限公司技术中心主任

朱　利　大同县西坪镇上榆涧村农民

李福祥　阳高县东小村镇大咀窑村农民

刘翠英（女）　浑源县永安镇西顺村农民工

侯日华　浑源县千佛岭乡杨家庄村党支部书记

贾　飞　灵丘县武灵镇城道坡村党支部书记

王　战　大同市实验中学教师

吴美花（女）　大同市矿区恒安第一中学校教师

高立成 大同市南郊区畜牧局技术员
李　春 天镇县阳光高级职业学校校长
王来生 大同大张铁路客运专线管理有限责任公司总经理
戴　新 山西京同热电有限公司总经理
梁宇波 中国能源建设集团山西电力建设第一有限公司总经理
付日平 大同市扶贫开发办公室副主任
张志红 阳泉煤业(集团)有限责任公司五矿采煤三队队长
张为民 山西省阳泉荫营煤矿选煤厂副厂长
史鹏斌 国网山西省电力公司阳泉供电公司客户服务中心电费室主管
李丽霞(女) 中国农业银行股份有限公司阳泉市分行工会办公室主任
韩文来 阳泉市公安局技术侦查支队支队长
陶文平 阳泉市人民政府办公厅会务科科长
陈　妍(女) 阳泉市城区南山路街道办事处北岭社区党支部书记、主任
南秀斌 盂县启耀中药材种植专业合作社理事长
张三虎 阳泉市郊区河底镇固庄村党支部书记
梁树兵 阳泉市第一中学校高二年级主任
王丽新(女) 阳泉市第四人民医院妇产科主任
董武斌 山西太钢鑫磊资源有限公司党总支书记、经理
张延安 山西招财鱼投资集团股份有限公司董事长
王建国 阳泉昇阳污水净化有限公司副总经理
安桂红(女) 长治液压有限公司工程师
李　琴(女) 长治市公共交通总公司乘务员
申飞飞 壶关县公安局鹅屋派出所指导员
李旭魁 山西漳泽电力股份有限公司漳泽发电分公司主管
赵德法 山西康宝生物制品股份有限公司车间主任
田悦慧(女) 八路军太行纪念馆讲解员
贾云珍 长治市照明管理处电检三所所长
朱治国 中国人民解放军第四三二八工厂副处长
李栓州 屯留县吾元镇岭村农民
高卫斌 武乡县墨镫乡新村党支部书记、村委会主任
陈雪亮 长治县东贾村党支部书记、村委会主任、长治县红都生态种植专业合作社理事长
宋宏伟 长子县中部村党支部书记、鸿洋蔬菜种植专业合作社理事长
秦晓中 长治市人民医院口腔科主任
秦小红(女) 长治市科技情报研究所所长
李纪堂 长治市土壤肥料工作站站长
李宏伟 长子县融汇村镇银行有限责任公司董事长
赵文锁 国网山西省电力公司潞城市供电公司经理
张　伟 长治市公安局交警支队法制科教导员
郭翠兰(女) 建设银行长治分行客户经理
李怀林 首钢长钢公司副总经理
牛月林 高平市野川镇农业办公室主任
陈　斌 晋城市地方税务局经济开发区分局科长
郭晋城 晋城市城区东街办事处东关社区党支部书记
郝春平 晋城市假日国际旅行社业务总监
徐燕辉 山西陵川崇安苏村煤业有限公司综掘队队长
杨旭峰 山西晋通公路工程监理有限公司项目总监理工程师
秦朝泥 沁水县郑村镇夏荷村兴荷养鸡专业合作社养殖户
李兵生 阳城县润城镇上庄村党支部书记
张晋斌 晋城市第一中学校高一年级主任
陈素琴(女) 晋城市上党梆子传习所所长
王德璋 晋煤集团成庄矿矿长
王中秋 晋城市银监局局长
杨素娟(女) 太平洋人寿保险公司晋城公司总经理
王西栋 山西兰花科创田悦化肥分公司经理
崔志周 晋城市粮食局军粮供应站站长
韩迎春 朔州广播电视台电视新闻部外宣负责人
雷发明 朔州市农业委员会办公室主任
温日旭 国网山西省电力公司朔州供电公司人力资源部主任
李世旺 神华国能集团有限公司神头第二发电厂锅炉部本体班班长
韩　甫 大同煤矿集团朔州朔煤王坪煤电公司机掘二队队长
张　敏 中电神头发电有限责任公司发展项目部副经理
王永军 山阴县岱岳镇兰园村党支部书记
常卫华 朔城区窑子头乡梵王寺村党支部书记
杨福田 山西省朔州农业学校学生处主任
杨　斌 朔城区人民医院医生
谭金花(女) 怀仁县马辛庄乡党委书记
冉金红 山西经纬通达股份有限公司董事长
丁超仁 山西省朔州市人民检察院反渎职侵权局局长

张建国　朔州市公安局指挥中心主任
吴海平　山西榆社化工股份有限公司电化二厂电解工段操作工
王克泰　山西焦煤汾西矿业双柳煤矿综采队队长
陈晓武　山西晋阳碳素有限公司技术员
宋志英（女）　山西德元堂药业有限公司质量部经理
刘肖玲（女）　晋中公路分局财务科科长
王耀军　中共晋中市委组织部管理科科长
辛跃清（女）　晋中市戏剧研究创作室副主任
史学峰　华能榆社发电有限责任公司检修部副主任
赵贵生　晋中市园林局总工程师
程世虎　平遥县旺顺养殖合作社理事长
杨步国　介休市龙凤镇龙凤村党支部书记、村委会主任
吴保军　昔阳县四通菌业公司技术员
郭应林　左权县龙泉乡连壁村党支部书记
王文清　晋中市榆次区二中校长
李静玲（女）　晋中市第一人民医院消化内科主任
宋海滨（女）　晋中市荣复军人精神病院院长
游晋峰（女）　晋中师范高等专科学校教师
王俊文　太谷县公安局局长
文建光　国网晋中供电公司总经理、党委副书记
郭　华　晋中市供水公司总经理
郭理才　山西煤炭运销集团寿阳亨元煤业有限公司矿长
张永平　中车永济电机有限公司工模具分厂钳工班班长
王羽中　山西华泽铝电有限公司能源动力供电车间主任
胡邦牢　运城市城市环境卫生管理处清运队副队长
赵武平　运城市中级人民法院民二庭副庭长
李小芳（女）　运城市蒲剧团演员
王武学　临猗笃瑞达建筑工程有限公司惠民嘉园廉租房项目部经理
信振宇　新绛县中信伟业化工有限公司年产10万吨甲醇、联产35万吨液氨项目部主任
朱　晋　国网垣曲县供电公司经理
杜英杰　绛县公安局交警大队队长
潘春虎　稷山县翟店镇西位村农民工
陈东振　平陆县圣人涧镇槐下村农民
支立平　中共运城市委党校当代知识教研室副主任
李随川（女）　运城护理职业学校附属医院心内科主任
郭文清　运城市农村信用合作社联合社主任
郭开立　运城市地方税务局局长
陈汪利　运城市食品药品监督管理局局长
陈皓利　运城空港新区管委会大运汽车股份有限公司总经理
武晓斌　河津市第二建筑工程有限公司总经理
郝　晶（女）　原平市牧草饲料工作站技术员
白保平　五台县交通局道路运输管理所业务室主任
弓成军　山西忻州神达栖凤煤业有限公司采煤队副队长
马旭军　静乐县发电厂锅炉车间主任
许　强　河曲县公安局交通警察大队办公室主任
郝俊刚　保德县人民医院综合病区主任
霍建伟　山西恒跃锻造有限公司锻压车间锻工
王　帅（女）　忻州市鑫人劳务派遣有限责任公司忻州移动公司营业员
王福元　代县枣林镇东马村党支部书记
张俊才　繁峙县大营镇东三泉村种植户
张三厚　偏关县天峰坪镇黑豆埝村种植户
赵俊瑞　忻州市第十二中学副校长
尹新文　神池县第三中学教务室主任
王秋生　五寨县第一中学校教研室主任
王宝仓（女）　忻州市农村信用合作社联合社党组书记、理事长
薛建虎　国网忻州供电公司总经理
刘明祥　忻府区新建路街道办事处党工委书记
曹利军　忻州市文联《五台山》杂志社主编
张　华（女）　尧都区人民法院审判员
王小江　霍州煤电集团辛置煤矿综采二队队长
张国林　安泽县公安局交警大队班长
闫文军　古县老母坡煤业有限公司调度主任
李耀兵　山西省汾西县城镇环卫队农民工
牛智民　山西焦化股份有限公司焦油加工厂焦油萘蒸馏车间工人
乔松岩　三维集团公司机电仪分厂厂长
张海霞（女）　中国人民银行临汾市中心支行办公室主任
周文泉　临汾市公安局直属分局尧庙派出所所长
补根柱　尧都区尧庙镇乔村党支部书记
李俊兰（女）　大宁县昕水镇东关村农民
任玉林　洪洞县曲亭镇东张村党支部书记
郭高升　襄汾县南贾镇南刘村农民
贺西平　隰县陡坡乡习美村农民

许风玲(女)	侯马市凤城乡河东村康城小学教师
葛成稳	吉县东城乡果业站技术员
李全忠	永和县中医院中医主治医师
师学瑾	临汾市发展和改革委员会主任
韩慧敏	蒲县农业资源开发中心主任
郭喜志	山西乡宁焦煤集团台头前湾煤业有限公司董事长
李兴华	尧都区住房保障和城乡建设管理局总工程师
贺文喜	临汾市交通运输局总工程师
贾峰耀	山西省文水县人民武装部干事
段新贵	汾阳市新合作经济发展有限公司仓储物流配送中心主任
师有生	霍州煤电集团吕梁山煤电有限公司店坪煤矿综采队队长
张鹏飞	吕梁市委政法委执法检查室主任
李殿文(女)	山西临县国新燃气有限公司技术员
白黎明	交城县巡逻处突应急大队大队长
张林全	中国人民银行吕梁市中心支行科员
李国平	吕梁市建筑安装总公司预算员
白左琴(女)	吕梁市戏剧艺术研究所演员
王海荣	离石区信义镇严村蔬菜协会农民
高三元	中阳县下枣林乡下枣林村党支部书记
刘元平	柳林县达滋食品有限责任公司总经理
梁老五	兴县蔚汾镇郭家峁村党支部书记
苗金凤(女)	交口县回龙明德小学教师
杨兴荣	石楼县龙交乡王家沟村委卫生室乡医
李艳珍(女)	吕梁市林业局科员
史云峰	孝义市供气公司经理
李枝贵	岚县城乡环卫管理中心主任
马建斌	吕梁市纪委监察局审计中心主任
褚井泉	北方通用动力集团有限公司国营第六一六厂高级技师
赵　刚	中国兵器工业集团第二〇七研究所研究员
暴赵鸿	淮海工业集团有限公司高级工程师
程庆华	山西北方晋东化工有限公司研究员
屈彦东	山西北方机械制造有限责任公司高级工程师
汪允顺	山西北方兴安化学工业有限公司高级工程师
郝建强	晋西工业集团有限责任公司总装分厂总装车间主任
温福柱	山西省委办公厅房建处调研员
武小惠(女)	山西省社会科学院主任
苏建春	山西省人民政府办公厅总值班室主任
潘亚平(女)	山西广播电视台新闻综合广播总监
王云英(女)	山西省妇女联合会办公室调研员
樊梅洁(女)	山西省统计局国民经济综合处主任科员
周　顺	山西焦煤汾西矿业贺西煤矿综采二队技术员
李有勇	山煤集团铺龙湾煤业综采一队技术员
王安宏	长治高速公路有限责任公司养护管理中心经理
胡　斌	山西长晋高速公路有限责任公司南义城收费站站长
武志平	山西省晋城监狱三监区八分监区分队长
柔力锦	山西省未成年犯管教所看守大队工人
王大林	山西广电影视艺术传媒有限公司总监
肖连团	山西大学激光光谱研究所所长
任新宁	山西戏曲职业学院教师
张瑞清	山西省地方税务局规费处处长
贺顺平	中央储备粮大同直属库主任
赵随民	山西农资集团党委书记兼经理
白小东	山西省黑茶山国有林管理局魏家滩林场场长
赵少婷(女)	省农业生态环境建设总站资源环保科科长
王思懋(女)	山西省气象台工程师
张旭波	国网山西送变电工程公司班长
高海雁	忻州广宇煤电有限公司专工
伍安亭	中移铁通长治分公司业务主管
牛云梅(女)	中国电信股份有限公司泽州分公司高级工程师
贾红军	山西建工集团总承包公司分公司经理
高冬生	山西机械化建设集团有限公司履带吊司机
高　斌	太原铁路局朔州工务段怀仁线路车间韩家岭三线路工区线路巡道工
王壮英(女)	山西焦煤西山煤电太原选煤厂洗煤车间班长
谢　彪	中铁城建集团第一工程有限公司第四项目部中铁五院项目技术负责人
姚　剑	晋能清洁能源科技有限公司电池工艺技术负责人
杨明喜	山西国新和盛新能源有限公司工程机动部工程师
霍晓东	中国铁建电气化局集团第二工程有限公司项目经理
米慧勇	山西省煤炭地质114

勘查院第一工程处处长
邓　莉(女)　东航山西分公司客舱部一分部经理
张建冬　山西能投煤炭物流有限公司科员
李　惠　中铁十七局集团第二工程有限公司九景衢铁路项目经理
毋海军　中铁十二局集团二公司沈阳地铁项目部项目经理
郜丽生　中国农业银行股份有限公司晋中迎宾支行行长
赵苏娜(女)　中国人寿保险股份有限公司山西省分公司科员
张志和　中车大同电力机车有限公司技术中心主任、设计师
张瑞峰　太原重型机械集团有限公司技师

（省总工会）

2016年山西省三八红旗手名单
（140名）

贾　嵘　太原市杏花岭区新建路小学校长
赵晓红　太原市尖草坪区副区长、区教育局长
康卫青　太原市万柏林区妇联主席
李　芬　太原市经济技术开发区社会事务局妇工委主任
冀卫萍　太原市民营经济技术开发区工程建设局局长兼党支部书记
张　伟　太原市人民检察院案件管理中心副主任
武文莉　太原市数字化城乡管理指挥中心受理案件科科长
戎　燕　太原解放纪念馆副馆长
谷莉莉　太原市文明办未成年人工作处处长
高淑霞　大同市妇联主席
李文杰　大同市城区北关街道党工委书记
郑　捷　大同市矿区区委办公室科员
边丽娟　大同县农村信用合作社党委书记、理事长
张　瑜　天镇县纪检委第三纪检监察室主任
张晓梅　左云县管家堡乡党委书记
郭锦花　大同市城建档案馆馆长
董　烨　灵丘县县委办科员
苑冬梅　朔州市妇联主席
戎占英　山西新华书店集团朔州有限公司平鲁分公司经理
刘美珍　怀仁县城镇第七小学校长
张丽娜　朔州市政府办公厅督查室主任
张文玲　朔州市爱心家政服务有限公司董事长兼总经理
翟宇霞　保德县妇幼保健计划生育服务中心健康教育科科长
祁晓虹　神池县东关小学教师
李彩云　岢岚县妇联主席
葛文娟　五寨县新闻办职工
耿智丽　五台县移动分公司营业员
曹桂花　静乐县妇幼保健计划生育服务中心主任
杜丽娟　原平市妇幼保健院产后访视科干部
刘丽平　方山县妇幼保健院副院长
李晓娥　吕梁市妇联主席
李艳珍　吕梁市林业局林业工作站林业工程师
高　芹　吕梁市离石区实验幼儿园园长
宋志英　文水县城镇中学教师
范冀萍　吕梁市戏剧艺术研究所演员
侯茹君　中国邮政储蓄银行吕梁文水县支行柜员
韩秀红　石楼县南城初级中学教师
刘惠青　榆次区妇联主席
张宝艳　太谷县水秀乡科普e站站长
王晓丽　和顺县青城镇政府大学生村干部
赵素兰　寿阳县素兰商务发展有限责任公司董事长
王　莉　晋中市委组织部公务员管理科科长
李宏丽　晋中市中级人民法院审委会委员、民一庭庭长
刘建红　晋中市市容环卫局环雅清洁服务公司经理
胡其英　太谷中学教师
马跃琴　阳泉市第三人民医院妇产科主任医师
贾海英　阳泉市体校高级体操教练
郁　静　阳泉日报社政教部记者
赵丽萍　阳泉市农委经管站高级农经师
余拉娥　阳泉市郊区平坦镇赛鱼村党支部书记
程玉珍　壶关县五龙山乡刘寨村支部书记、主任
秦艳芳　长治市城区五马街道办事处人大工委主任
魏　霞　沁县红旗小学校副校长
王　红　沁源县沁河之绿种植专业合作联合社理事长
张建华　山西新华书店集团屯留分公司经理
王晓燕　武乡县城关小学副校长
张　玲　长治市城区妇联主席
王华妮　长治县第五中学校教师
韩香玲　陵川县水务局农水股股长
赵世静　泽州县妇联主席
毕海燕　高平市三甲镇政府计生助理员
王建波　阳城县第二中学校团委书记、教师
柳玉慧　陵川县附城镇政府财政所资金会计
杨清凤　临汾市妇联副主席
田淑珍　安泽县委党校常务副校长
马晓红　临汾市人民医院医保科副科长
梁维娜　临汾市公安局交警支队

事故大队副大队长

吉丽丽　临汾市委党校综合教研室副主任

任俊凤　古县俏春姑手工艺制作协会会长

柏玉爱　中国邮政储蓄银行股份有限公司汾西县支行行长

刘亚南　安泽县冀氏镇核桃村第一书记、县人社局农保中心职员

陈　园　吉县壶口镇副镇长

丁会荣　运城市盐湖区会荣水果种植专业合作社理事长

刘聪玲　永济市卿头镇张坊村农民

李青竹　新绛县职业教育中心教师

贾冬红　运城市康杰中学高级教师

陈艳霞　临猗县农业技术推广中心高级艺师

贺晓云　河津农商银行香江分理处主任

王　冰　万荣县城镇中学教务主任

郭二慧　稷山县翟店镇党委副书记

秦翠青　运城市急救中心急诊科护士

江英弟　山西省就业服务局科员、五台县东雷乡东雷村第一书记

王文仲　省住建厅稽查办公室科长、河曲县前川乡下沟北村第一书记

杨如珍　省法院立案庭副庭长、浑源县大仁庄乡清水沟村第一书记

姚振华　省商务厅后勤服务中心党办主任、右玉县右卫镇南元村第一书记

李　昱　省教育厅体卫文艺处主任科员、方山县积翠乡东王村第一书记

余红梅　山西医科大学卫生统计教研室副主任

李　锐　山西农业大学农学院昆虫重点实验室主任

赵新平　忻州师范学院历史系主任

贾书花　长治医学院教师

赵玉敏　山西省实验中学语文教研组长、特级教师

腾　芸　吕梁市离石区公安局政工监督室副主任

李　丽　朔州市公安局科技处科员、工程师

李　芳　忻州市公安局直属分局播明派出所所长

渠建民　省公安厅交通警察总队高速一支队九大队

郝月红　山西紫林醋业股份有限公司经理

杨　芸　山西大医院感染科主任

郗彦凤　省肿瘤医院病理科副主任

刘近春　山大一院消化内科副主任、老年病二病区主任

张丽贞　省心血管病医院心内科常务副主任

王秀芳　运城市妇幼保健院保健部主任

盖志慧　山西国控集团山西省化工设计院副总工程师、设计部副部长

王转琴　山西焦煤汾西矿业水峪矿通风瓦检仪维修组组长

李殿文　临县国新燃气有限公司党支部书记

安　敏　大同煤矿集团工会女工部部长

冀改凤　太原重工冶铸分公司炼钢厂行车工

杨　静　省科技厅政策法规处主任科员、临汾市汾西县永安镇后加楼村第一书记

刘锁荣　山西省科技情报研究所副所长

张雪莲　省科技厅离退处主任科员

樊志峰　省民航机场集团公司女工部部长

马劲松　太原机场候机楼管理部弱电维护室副主管

马帼廷　民航山西空管分局管制运行部区域管制室

王　玲　东航山西分公司客舱部三分部经理

蒲婷婷　太原铁路局太原南站客运车间副主任

杨　雯　太原铁路局太原客运段工会主席

王晓霞　太原电务段太原动车车载设备车间党总支书记

李艳霞　太原晋太实业(集团)有限公司临汾临通分公司经理

毛荣洁　忻州市中级人民法院党组成员、政治部主任

毋春梅　运城市盐湖区人民法院立案庭庭长

任雅丽　太原市迎泽区人民法院民事审判第一庭审判员

魏佩芬　山西省高级人民法院行政审判庭副庭长

杨文静　省检察院民事行政检察处正科级助理检察员

韩晋丽　太原市人民检察院案件管理中心助理检察员

李俊红　交城县人民检察院刑事执行监察科科长

董　蒨　省检察院侦查监督一处助理检察员

常　艳　武警山西省总队后勤部卫生处副团职助理员

吴　静　武警山西省总队晋中市支队后勤部战勤科正连职参谋

陈慧茹　省女子强制隔离戒毒所二大队大队长

仇海涛　省建设用地事务中心副主任

赵丽红　省展览馆职工

郭　洪　省扶贫宣传中心主任

周黎圆　省妇联儿童和家庭工作部副部长

张燕萍　省国防科工办正处级保密检查员

张日丽　省公路局忻州分局勘察设计所所长

王巧丽　省水利厅基本建设处副处长
裴星茹　省举重摔跤柔道运动管理中心运动员
宋丽娟　省统计局政策法规处主任科员
李雅慧　省粮食局机关党委主任科员
李素文　省盐业公司太原分公司大井峪批发部主任
吕红红　祁县千朝生态休闲庄园有限公司收银领班

2016年山西省巾帼建功标兵名单
（149名）

李晋涛　太原市迎泽区法院民三庭副庭长
武　玥　太原市万柏林区教育局副局长
李彩红　太原市尖草坪区汇丰中学教研室副主任
马慧珍　娄烦县国税局政策法规股股长
梅　静　太原市人社局公务员考核奖惩处处长
薛玲珑　太钢总医院消化内科主任
王　颖　太原市环保局财务处科员
李　梅　省肿瘤医院洁净手术部护士长
田　华　太原市迎泽区迎泽街道办事处党工委书记
姚文静　山西汇众汽车家园有限公司副总经理
祁　芳　大同市民政局社会福利院科长、妇委会主任
张凌云　大同十中教师
张丽华　同煤集团公司电视台记者
杨兰娣　大同市南郊区房屋征收与补偿办公室主任
曹婧轩　大同县总工会办公室主任、女工委主任
吴淑珍　天镇县第一小学教师
张　敏　灵丘县人民医院护士长
张海英　广灵县蕉山乡中心学校教师
吴爱生　左云县人民医院心内科护士长
陈咏梅　朔州市平鲁区李林中学教师
马玉霞　朔州恒驰古城商贸有限公司董事长
王伟民　中国农业银行朔州雁门支行党委书记、行长
魏海兰　朔州市平鲁区劳动和社会保障局驻平鲁区中医院医保办主任
李银平　怀仁县吴家窑镇寄小教师
冯艳青　右玉县妇联办公室主任
孙景慧　省地震局宣教中心主任、驻五寨县杏岭子乡驻村帮扶工作队队长
郝存梅　静乐县聚龙林下野生动物驯养专业合作社负责人
白大丽　五台县发展和改革局副主任科员
郭素荣　五台县妇联副主席、驻沟南乡官庄村扶贫工作队队长
王彩霞　保德县义门镇刘家峁村村民
石高岚　代县上磨坊乡党委书记
白　雪　岢岚县岚锦电子商务有限公司负责人
张慧杰　河曲县赵家沟乡赵家沟村委会副主任
李鹏翀　神池县神农黑苦荞食品有限责任公司法人
陈　玲　宁武县委宣传部科员
呼鹏燕　石楼县人民政府副县长
刘　彦　柳林县妇联主席
刘艳春　中阳县宁兴学校北校区教师
刘红梅　岚县民觉学校教师
侯旭云　汾阳市人民医院内科主任
解　月　交口县回龙中学教师
郑明霞　孝义市胜溪湖街道办事处妇联主席
梁海花　离石区长治路小学校长
郭庆平　临县一中教师
韩改萍　交城县天宁镇妇联主席
贾爱华　榆次二中高中教师
赵丽华　晋中广播电视台党组成员、副台长
郭江林　晋中市第一人民医院老年病科/特需病房科主任
曹　丽　晋中日报社编辑
陈佳琪　祁县老陈家蜂业有限公司董事长
王闰梅　介休市西关街道绿都社区党支部书记、社区主任
何海英　灵石县两渡镇副主任科员、妇联主席
毛文琴　榆社县岚峪乡人民政府乡长
任瑞梅　昔阳县农村信用合作联社副主任
王金玲　阳泉市第十一中学教师
翟瑞琴　平定县妇幼保健院妇产科主任医师
刘淑莲　阳泉市文化市场行政综合执法大队二中队负责人
郭魏娜　阳泉市肿瘤防治研究所病理科主治医师
李仙玉　阳泉市实验幼儿园幼儿教师
王红梅　阳泉市公安局网安支队政委
李　濛　沁源县王陶乡纪委书记
翟　环　长治市高新区容海幼儿园园长
赵秀丽　长治市统计局科员
牛田珍　潞城市国税局副局长
段红梅　平顺县虹梯关乡副乡长、乡妇联主席
李　赟　长子县妇联科员
王彩萍　沁县人民医院护理部副主任
冯　茜　长治市郊区人民医院财务科副科长
张河燕　长治市妇联副主任科员
李　晓　长治市人民检察院公诉处副处长
樊丽霞　晋城市城区凤台幼儿园园长

刘 娟 泽州县周村镇岸村村支部副书记
郭董平 阳城县妇幼保健计划生育服务中心主任
王 燕 高平市山丹丹花制衣有限公司总经理
张云云 中国工商银行沁水支行行长
许雪梅 陵川县乡土人家农业综合开发有限公司董事长
屈红俊 临汾市委办公厅收发室收发员
刘卫星 临汾市尧都区铁路东办事处三元社区居委会党支部书记兼主任
孙金慧 临汾市丁村民俗博物馆馆长
秦慧珍 隰县第一中学教师
王莉霞 浮山县人民医院护理部主任
张菊平 汾西县妇联主席
霍淑红 临汾市计生委妇幼家庭发展科负责人
白 洁 临汾市人力资源和社会保障局医保科科长
王 莉 临汾市广播电视台都市新闻部副主任
曹 玲 蒲县妇联副主席
李 莉 临汾市荣军康复医院医务科科长
蒲丽梅 霍州市第一中学教师
刘冬梅 侯马市新田乡妇联主席
梁晓莉 运城广播电视台新闻中心记者
马小骊 运城市司法局科长
张 丹 运城市农业委员会人事科科员
崔玉萍 运城市经纬燃气有限公司用户管理员
陈 妍 运城市委政府机关幼儿园教师
闫咏菊 运城市盐湖区人民法院助理审判员
孙双玲 闻喜县人民医院副院长
杨温转 闻喜县际华三五三四制衣有限公司二车间缝纫工
马文霞 夏县教育科技局人事股副股长
荆晨婕 绛县文化局办公室科员
耿红朵 垣曲县妇联副主席
王水清 平陆中学高一年级主任
胡颖莉 芮城中学教师
薛晓凌 省体育人才职业转换中心办公室主任、大宁县太德乡扶义村第一书记
张晋丽 省政府外侨办主任科员、榆社县西马乡面幢村第一书记
李 立 省人防办指挥通讯处主任科员、繁峙县光裕堡乡光裕堡村第一书记
崔 红 长治医学院国际合作与交流处处长、平顺县东寺头乡焦底村第一书记
惠 慧 省戒毒局财务处主任科员、娄烦县天池店乡白家滩村第一书记
王慧英 省人民检察院正科级助检员
李颖媛 省人民检察院未成年人刑事检察处正科级助检员
朱 昀 省人民检察院计划财务装备处主任科员
武长平 太原市人民检察院控告申诉检察处副处长
段 华 大同市人民检察院办公室副主任
鲁 敏 阳泉市人民检察院检察技术处处长
张 燕 长治市人民检察院民行处处长
高彩霞 晋城市人民检察院侦查监督处科员
潘永平 朔州市人民检察院办公室主任
王亚墨 晋中市人民检察院控告申诉检察处主任科员
白 琳 忻州市人民检察院侦查监督处科员
杨 瑞 吕梁市人民检察院未成年人刑事检查处副处长
王军琴 临汾市人民检察院侦查监督二处副处长
薛芳红 万荣县人民检察院侦查监督科科长
段苏华 太原铁路运输检察院党组成员、副检察长
李奕芊 大同市灵宇财金用品有限责任公司收银员
张 燕 太原铜锣湾国际购物中心有限公司收银领班
高 敏 并州饭店餐饮部厅面经理
张桂红 吕梁宾馆餐饮主管
赵珍珠 介休市绛州大酒店行政部质检员
韩娟娟 山西晋祠宾馆餐饮部主管
张丽菲 并州饭店餐饮部厅面经理
刘 颖 并州饭店三层包房服务员
封 悦 山西晋祠宾馆大堂副理
张变丽 吕梁宾馆南楼客房领班
郑秀莲 吕梁宾馆客房服务员
陈苗苗 吕梁宾馆客房服务员
任晓琴 省高级人民法院司法警察总队副总队长
姚文萍 省高级人民法院书记员、管理处处长
薛 萃 山西八建集团第四事业部总工
成 莉 省幼儿教育中心教科研室副主任
武卫华 省科学技术厅资源配置与管理处副处长
周 燕 省公安厅刑侦总队三支队支队长
刘 俊 省荣军精神康宁医院社工部副主任
张 绚 省农业厅科教处副处长
王 岫 省商务厅对外投资和经济合作处处长
秦莺莺 省政府法制办译审室副主任
李 静 省统计局国民经济综合处主任科员
李彩虹 山西纺织品质量检验测试中心计量室主任
郭晋萍 省扶贫办科教站副站长
马柳枝 山西法制报总编辑
赵一静 省妇联组织部主任科员、五台县高洪口乡大流治村和唐家庄村第一书记

（省妇联）

市县概览

Brief Introduction to Cities and Counties

太原市

【概述】 太原市位于北纬 37°27′–38°25′，东经 111°30′–113°09′，总面积 1460 平方千米，下辖 6 区 3 县、1 个县级市。全市常住人口 434.44 万人，比上年增加 2.57 万人。其中，城镇人口 367.32 万人，增加 2.81 万人；乡村人口 67.12 万人，减少 0.24 万人。城镇化率 84.55%，比上年提高 0.15 个百分点。男性人口 221.59 万人，女性人口 212.85 万人，性别比为 104.11:100。全年出生人口 4.36 万人，人口出生率 10.08‰；死亡人口 1.79 万人，死亡率 4.13‰；自然增长率 5.95‰。

2016 年，太原市地区生产总值完成 2955.60 亿元，年均增长 7.8%；人均地区生产总值 68234 元，比上年增长 6.9%。固定资产投资 2027.71 亿元，比上年增长 0.1%。一般公共预算收入 282.69 亿元，年均增长 10.1%；社会消费品零售总额 1666.24 亿元，年均增长 11.4%；外贸进出口总额 133.14 亿美元，年均增长9.4%；城镇居民人均可支配收入达 29632 元，年均增长 9.1%；农村居民人均可支配收入达 14591 元，年均增长 10.2%。经济发展首位度提升，占全省的 22.9%。

农业 2016 年，太原市农作物种植面积 147.18 万亩，比上年减少 3.3 万亩。粮食种植面积 110.16 万亩，比上年减少 3.195 万亩。其中，夏粮种植面积 0.12 万亩；秋粮种植面积 110.04 万亩。蔬菜种植面积 31.77 万亩，药材种植面积 1.8 万亩。特色农业发展，亿元以上农业龙头企业 17 家。造林面积 15.44 万亩。零星植树 1222 万株。新增育苗面积 1.25 万亩。大牲畜存栏 4.59 万头，猪出栏 44.47 万头。肉类产量 5.63 万吨，禽蛋产量 3.09 万吨，牛奶产量 11.14 万吨。水产品养殖面积 1.85 万亩，水产品产量 2600 吨。全市农业机械总动力 55.73 万千瓦。全年农用化肥施用量(折纯)28719 吨。

工业建筑业 2016 年，太原市规模以上工业增加值 571.81 亿元，比上年增长 7.0%。其中，中央企业增加值 90.90 亿元，增长 2.7%；省属企业增加值 182.50 亿元，下降 8.3%；市属及以下企业增加值 298.41 亿元，增长 19.2%。占全市规模以上工业增加值 85.5%的十大行业中，增加值比上年增长的有 4 个。非传统产业增加值 405.30 亿元，增长 13.2%，占全市规模以上工业增加值的 70.9%，其中装备制造业增加值 285.22 亿元，增长 19.9%，占全市规模以上工业增加值的 49.9%。传统产业增加值 166.51 亿元，增长 0.1%，占全市规模以上工业增加值的 29.1%。其中，黑色金属冶炼及压延加工业增加值下降 5.0%；煤炭开采和洗选业增加值下降 6.7%；电力、热力生产和供应业增加值增长 27.1%；石油加工和炼焦业增加值增长 9.3%。规模以上工业主营业务收入 2308.63 亿元，下降 12.1%。利税总额 96.24 亿元，增长 94.4%。利润总额 3.34 亿元。规模以上工业企业每百元主营业务收入中的成本 87.24 元，下降 2.80 元。

具有建筑业资质等级的总承包和专业承包建筑业企业总产值 2335.12 亿元，增长 17.6%。建筑业企业房屋建筑施工面积 9936.98 万平方米，竣工面积 1661.43 万平方米。

非煤产业 2016 年，太原市非煤产业占规模以上工业增加值的 90.2%，富士康手机制造、太重高铁轮对、阳煤化机制造等一批项目建成投产，新能源、新材料、节能环保、电子信息、食品药品等新兴接替产业占比由 34.2%提高到 70.9%。加快推进万达综合体、绿地中央广场、茂业天地等一批服务业项目，服务业增加值占地区生产总值的 62.6%。

科技创新 2016 年，太原市全社会研究与试验发展经费年均增长 6.3%。新增 5 个国家级科技企业孵化器和 7 个国家级重点实验室、工程技术中心；国家级高新技术企业 533 家，高新技术产业增加值占地区生产总值的 8.4%。创建国家小微企业创业创新基地城市示范，推进大众创业、万众创新，各类市场主体 35.3 万户，建成清控等 8 个国家级众创空间，2016 年实现民营经济增加值达 1701.22 亿元，年均增长 9.8%。鼓励发展多层次资本市场,“新三板”挂牌企业37家,占全省2/3,金融业增加值占地区生产总值的14.8%。

能源 2016年,太原市一次能源生产折标准煤2041.59万吨,比上年下降28.4%;二次能源生产折标准煤3823.49万吨,下降7.7%。全年全社会用电量250.70亿千瓦时,增长4.3%。其中,农业用电1.94亿千瓦时,增长0.2%;工业用电(含电厂自用电)161.46亿千瓦时,增长1.6%。其中,占工业用电量68.8%的煤炭、炼焦、化工、建材、冶金、电力等高耗能行业用电量111.04亿千瓦时,增长2.7%;建筑业用电3.91亿千瓦时,增长7.6%;第三产业用电42.64亿千瓦时,增长7.9%;城乡居民生活用电34.15亿千瓦时,增长6.4%。

对外经济 2016年,太原市外贸进出口额83.29亿美元,比上年增长26.4%;进口额49.85亿美元,增长22.2%。出口商品中,不锈钢材、机电产品分别为11.82亿美元、66.31亿美元,占出口额的93.8%。煤炭、焦炭、金属镁分别为0.02亿美元、0.16亿美元、0.62亿美元,占出口额的1.0%。有贸易往来的国家和地区166个。年进出口额在千万美元以上的国家和地区52个,比上年减少4个。全年新设立外商投资企业12家。实际利用外商直接投资额4.62亿美元,下降45.7%。

交通运输 2016年,太原市公路线路里程累计达7401千米,其中高速公路287千米。公路密度105.9千米/百平方千米。太原地区铁路客运量2641.40万人次,比上年增长1.7%;铁路货运量3403.64万吨,下降22.9%。公路客运量876.00万人,下降19.3%;公路货运量15043.00万吨,增长5.3%。航空客运量984.78万人次,增长11.4%;航空货运量4.91万吨,增长7.9%。年末全市民用汽车保有量127.23万辆,比上年末增长13.3%,其中私人汽车114.34万辆,增长15.2%。本年新注册汽车18.50万辆,增长21.6%。年末轿车保有量80.35万辆,增长14.3%,其中私人轿车75.20万辆,增长15.4%;新注册轿车11.67万辆,增长22.9%。城市公交运营车辆2253辆,其中公共汽车2147辆、电车106辆。公交运营线路网长度3250千米,年客运量4.35亿人次。更换纯电动出租车8292辆,安装充电桩2451个。公共自行车服务点保持1285个,累计投放自行车4.1万辆。

邮电 2016年,太原市邮电业务总量达154.60亿元,比上年增长44.2%,其中邮政业务总量达6.70亿元,增长14.4%;电信业务总量达147.90亿元,增长45.9%。年末市话达80.43万户,农话达3.30万户。移动电话用户691.22万户,其中3G、4G移动电话用户分别为58.55万户和447.28万户。全市固定及移动电话用户总数达774.95万户。每百人拥有电话178部,其中固定电话和移动电话普及率分别达到24部/百人和159部/百人。计算机互联网用户达135.12万户,其中宽带网用户132.27万户。

旅游 2016年,太原市接待海内外游客5688.12万人次,比上年增长15.8%。其中,国内游客5666.17万人次,增长15.8%;海外游客21.95万人次,增长4.5%。海外游客中,外国人15.46万人次,香港同胞3.63万人次,澳门同胞0.43万人次,台湾同胞2.43万人次。全年旅游总收入683.98亿元,增长16.3%。其中,国内旅游收入678.66亿元,增长16.3%;旅游外汇收入0.84亿美元,增长4.8%。

金融保险 2016年,太原市金融机构本外币各项存款余额达11497.49亿元,比上年增长6.2%;本外币各项贷款余额12016.78亿元,增长12.0%。人民币各项存款余额11070.04亿元,增长4.5%。其中,个人储蓄存款余额3661.76亿元,增长6.7%;人民币各项贷款余额10103.36亿元,增长11.9%。人民币贷款中,中长期贷款余额6707.47亿元,增长21.5%;短期贷款余额2820.85亿元,下降0.8%。年末上市公司达到19家,其中主板16家、中小板2家、创业板1家。“新三板”挂牌企业达到37家。

全年原保险保费收入达220.17亿元,增长37.0%。其中,寿险业务保费收入150.85亿元,比上年增长45.6%;健康险业务保费收入15.68亿元,增长43.1%;意外伤害险业务保费收入4.36亿元,增长30.4%;财产险业务保费收入49.28亿元,增长15.2%。支付各类赔款及给付54.38亿元,增长26.3%。其中,寿险业务给付27.00亿元,增长51.2%;健康险业务赔款及给付3.79亿元,增长49.5%;意外伤害险业务赔款1.19亿元,增长29.0%;财产险业务赔款22.40亿元,增长3.0%。

教育 2016年,太原市共有普通高等院校44所(其中高职院校23所),成人高等院校8所,中等职业教育学校58所,普通高中88所,普通初中130所,小学433所,幼儿园709所。全市学前三年毛入园率95.6%。小学学龄儿童入学率、初中生入学率、巩固率均达到国家标准。2016年,太原市高考一本、二本达线率和录取率在全省继续名列前茅。

科学技术 2016年,太原市技术市场共登记技术合同1483项,成交金额119.50亿元。国家认定的企业技术中心11家,省级企业技术中心90家。年末累计建成13个国家级重点实验室(国家级工程实验室、国家级工程研究中心),拥有8个国家级科技企业孵化器和35个“院士工作站”。年末累计认定高新技术企业533家。全年获得国家科技奖励4项。全市发明专利申请量3511件、授权量1538件,有效发明专利拥有量6252件。规模以上工业高新技术产业增加值247.14亿元,占地区生产总值的比重为8.4%。年末高新区、经济区、民营区共有入区企业8153家。全年实现科工贸总收入2880亿元,增长0.5%。

城乡建设 2016年,太原市新建改建府东府西街、五一路、并州路、南内环街、长风街、学府街、东峰路等城市主次干道160余条，改造支路近400条，建设总里程750余千米；建成中环路、卧虎山路、建设路、阳兴大道、滨河西路、南沙河路、马练营路等快速路213千米，快速交通体系初步形成。新建北中环桥、摄乐桥两座汾河大桥，完善提升柴村桥、双塔街、学府街与滨河东路立体互通体系。太原高铁南站建成投入使用。敷设供水、供热、燃气、电力、通讯等各类地下管线8453千米，公共供水普及率达到85.15%，燃气普及率达到98.65%。推进80多个城中村和108片棚户区总计10万余户改造。实施城市主次干道、桥梁、支路网建设64项，总计建设里程116千米。轨道交通2号线一期全面开工，汾河美化治理三期工程推进，海绵城市启动试点建设。2016年启动城中村改造26个，22个村基本完成整村拆除。既有居住建筑节能改造643万平方米，完工518万平方米。年末全市天然气供气总量9.31亿立方米，供气能力58亿立方米，新增供气能力18亿立方米。集中供热扩网2546万平方米。

环境建设 2016年，太原市集中供热扩网1.3亿平方米，覆盖率达到90%，替代分散燃煤采暖锅炉3198台，拆除城中村烟囱43700余个，关

2016年太原市辖县（市、区）经济指标统计表

县　市	地区生产总值（万元）	农林牧渔业总产值（万元）	固定资产投资（万元）	社会消费品零售总额（万元）	一般公共预算收入（万元）	一般公共预算支出（万元）	人均可支配收入（元）	
							城镇居民	农村居民
小店区	7388145	154162	2654293	4423982	246035	375279	30560	19851
迎泽区	6022009	7050	2182485	4401717	139219	193940	30421	19112
杏花岭区	5091806	10843	1562781	2044306	147489	218239	30463	16816
尖草坪区	2456869	69027	1513933	914496	73287	132819	29724	13714
万柏林区	3527703	10398	3080783	2244762	174766	254909	29472	19937
晋源区	571632	77594	1441372	365797	58984	147508	29877	13300
清徐县	1224624	259869	745499	557684	64146	180097	28492	16752
阳曲县	334743	95184	503718	133595	36095	133653	21572	7648
娄烦县	183388	40268	306336	43653	26482	112482	18702	6033
古交市	263913	43482	548159	489117	53304	166210	27412	13916

停搬迁太化、煤气化、狮头水泥等污染企业301家，年减少燃煤近千万吨。古交兴能、太二、太钢等电厂366万千瓦热电燃煤机组完成超低排放改造。老旧建筑节能改造近千万平方米。淘汰老旧机动车和黄标车27.3万辆，2500辆公交车全部使用天然气，8292辆出租车整体更新为纯电动汽车；公共自行车日租车人数超过50万人次。新建城南污水处理厂和晋阳污水处理厂。饮用水源地水质达标率保持100%。空气质量二级以上天数由162天增加到232天。加强东西北山生态建设，完成营造林168万亩，森林覆盖率达23%。实施太山龙泉寺景区综合整治、青龙古镇景观绿化和明太原县城景观等工程。太原植物园、动物园、迎泽公园等11个公园建设改造相继开工。新建晋阳公园、和平公园等13个公园和46个小游园，道路绿化375万平方米。创建省级园林单位4个，省级园林道路1条。全市共有综合性公园38个，专类公园11个，带状公园5个，街头游园243个，社区游园43个，街旁绿地181块。建成区绿化覆盖面积达21.55万亩，园林绿地面积18.98万亩，公园绿地面积6.15万亩。建成区绿化覆盖率41.65%，绿地率36.68%，人均公园绿地面积11.88平方米。

文化卫生体育 2016年，太原市共有专业、具备规模的民营艺术表演团体18个。群艺文化馆12个，博物馆12个。公共图书馆馆藏图书749.35万册。国家综合档案馆12个，馆藏档案资料153.58万卷(件、册)。广播节目11套，电视节目16套。有线广播电视用户104.46万户(其中数字电视用户103.42万户)，有线电视入户率90.6%。广播人口覆盖率99.8%，电视人口覆盖率99.8%。完成电视连续剧《钟楼街往事》和《廉吏于成龙》的剧本创作和拍摄。创作晋剧《唐宗归晋》《古槐人家》，话剧《夏至》，音乐剧《安卓》，数字电影《丹凤阁传奇》，微电影《情系营改增》等30余部作品，晋剧《于成龙》获文化部国家舞台艺术精品创作工程重点扶持剧目。全年获国际奖1项、国家奖5项、省级地区奖5项。年末共列入国家级非物质文化遗产保护项目17项、省级保护项目67项、市级保护项目135项。推进晋祠景区完善提升，太山龙泉寺、明太原县城、青龙古镇保护性开发取得阶段性成果，文殊寺、普光寺、圆通寺、关帝庙等府城历史文化遗存保护加快实施。改扩建太原图书馆，建成开放太原美术馆、赵梅生美术馆，举办第十二届全国美术作品展览雕塑作品展、2015太原国际雕塑双年展，连续四年在太化工业遗址举办国际青年金属雕塑创作营活动。晋剧《傅山进京》《于成龙》和舞剧《千手观音》等作品入选国家艺术基金项目。建成西山文化创意、清徐陈醋等特色文化产业园。全年太原运动员在国内外大赛中，获得27枚金牌、27枚银牌、29枚铜牌，52个第四至第八名。承办“太原国际马拉松赛”“龙城赛龙舟”等大型赛事，启动第二届全国青年运动会筹备工作。“全国篮球城市”“汾河体育健身长廊”等体育名片的宣传力和影响力继续扩大。全年销售中国体育彩票7.3亿元，稳居全省第一。

民生保障 2016年，太原市累计民生支出达1467亿元，占一般公共预算支出的82.7%。每年城镇新增就业保持在10万人左右，城镇登记失业率控制在4%以内。城乡居民养老、医疗保险和低收入群体基本生活保障实现制度全覆盖，城乡低保5年7次提标，分别提高49%和84%，“新型农村合作医疗保险”实现应保尽保。扶贫攻坚首战首胜，7万农村贫困人口实现脱贫。推进教育医疗资源标准化、均衡化、优质化发展，新建改扩建五中、成成、一外、二外等学校606所，小学、初中90%以上学区实现就近入学，普通高中实现网上录取；新建改扩建市中心医院、妇幼医院、人民医院等医疗机构47所，可新增床位5000余张。建成城乡老年日间照料中心448个，儿童福利院开工建设。新型农村合作医疗保险参保农民102.4万人，参保率99.3%。创建全省首家“易护到家”服务平台和“医养结合”示范基地。建成1个国家级名老中医传承工作室、2个全国综合医院中医药工作示范单位。

社会保障 2016年，太原市企业职工养老保险参保85.36万人；城镇基本医疗保险参保244.63万人；失业保险参保89.86万人；工伤保险参保96.36万人；生育保险参保97.12万人。年末城市低保覆盖人口2.96万人，农村低保覆盖人口2.54万人，4057人纳入农村五保供养，全年发放最低保障资金达3.41亿元。全市各类收养类单位40个，床位6623张，收养5075人。救济农村五保户4042户，城市临时救助12281户次，农村临时救助6133户次。年内新建城乡日间照料中心130个。城镇新增就业9.89万人，其中创业带动就业2.51万人。4.60万名下岗失业人员实现再就业，其中就业困难人员再就业1.16万人。年末城镇登记失业率3.46%。

（编辑部）

【太原市小店区】 太原市小店区位于太原市汾河东部，市区东南部，总面积295平方千米，建成区63平方千米，下辖1镇2乡，7个街道办事处，121个社区，39个行政村。

小店区旅游资源有汾河城市生态景观公园、延圣寺、东山城郊森林公园等。

供给侧结构性改革 2016年，小店区发展“互联网+服务业”，登记注册电子商务公司达到500余家，物流企业200余家。引进阿里巴巴创新中心、苏宁云商等一批标杆性项目，现代服务业体系加速形成。华宇百花谷、滨河时尚购物广场等一批城市综合商业体加快建设，“帝企鹅”电商孵化园投入运营，亲贤街购物娱乐等6

个特色商业街区初具规模，区域品牌辐射影响力提升。各类市场主体达到8万余户，民营经济收入达到653.8亿元，利润总额30.4亿元。以重大项目建设推动供给侧结构性改革，加快产业转型发展。发放“助保金”贷款1.8亿元。新增1亿元“小巨人”企业1户。中电智云等项目快速推进。科腾环保、创美建筑安装2家企业在新三板成功上市。推动农业转型发展，休闲观光农业、特色高效农业、健康畜牧养殖业加快发展。建成农业园区70余个，年产值8.2亿元。农产品加工企业销售收入实现45.8亿元。新建集中连片日光温室基地480亩，蔬菜种植面积达7.5万亩，产量稳定在2.7亿公斤以上。粮食产量6.8万吨。奶牛标准化养殖关键技术示范推广项目进展顺利。保障城中村改造、汾酒文化商务中心、红星美凯龙等77项省市重点项目顺利推进。2016年实际引进外来资金113.8亿元，签约项目总投资额达到343亿元。

创新驱动 2016年，小店区安排专项资金8276万元扶持创业、创新工作，完善企业孵化园、众创空间、科技孵化器等政策扶持体系。综合运用法律、行政等手段清理不良贷款，打击各类非法集资行为，营造公平高效的创业创新环境。健全完善“双创”驱动机制，建成区级双创服务中心。山西工商学院众创空间、和空间等5个众创空间被认定为省级众创空间，山大艺道和新创空间被认定为国家级众创空间。构建产学研协同创新平台，完成国家科技富民强县专项行动计划，新认定国家高新技术企业28家。

城乡建设 2016年，小店区推进城中村、棚户区改造。引进融创、绿城、保利等知名房地产公司助力城中村改造。启动坞城、北张等6个城中村改造，完成拆除189万平方米，拆除率92.6%，整村拆除量、拆除率均居全市第一。坚持城中村拆除改造与商品房去库存同向推进，货币化安置9617套。保障性安居工程完成投资68.7亿元，新建开工12176套，基本建成11299套。完成铝材厂、省建二公司棚户区房屋征收工作。太行路南延、太茅路等10条道路拆迁约23万平方米。高标准实施亲贤街微循环、晨光东街等5条小街巷改造。完成农村公路和生命防护工程35千米。加大农田水利设施建设投入，改善灌溉面积1.2万亩。投资1000余万元实施农村饮水水质提升工程。推进500千伏龙城变电站等电力基础设施项目新建续建工程。

民生建设 2016年，小店区民生事业支出32.8亿元，占财政总支出的87.5%。发放各类低保、救助资金2000余万元。城乡居民养老、医疗保障和低收入群众基本生活保障、五保对象大病救助等实现全覆盖，新型农村合作医疗保险参保率达99.85%以上。推进集团化（学区化）办学，51中等3所学校新建教学楼开工建设，恒大小学西校区等3所小学投入使用。推进城市公立医院改革和医联体建设，基本药物和耗材实现网上阳光采购。全年新增就业人数1.86万人，城镇登记失业率控制在3.8%。试点推行“一票通”食品监管模式，拓展肉类、蔬菜流通可追溯体系，“互联网+明厨亮灶”工程加速推进。34个社区养老中心（日间照料中心）基本建成。完成既有居住建筑节能改造120余万平方米。新建15块塑胶篮球场。开展各类文艺活动140余场。

环境建设 2016年，小店区开展大气环境质量综合整治。拆除改造燃煤采暖锅炉160台。推广使用洁净焦炭11.4万吨，实现两个“全覆盖”。淘汰黄标车老旧车3647辆。秸秆综合利用完成12.5万亩，治理水土流失1000亩。全年二级以上优良天数240天，同比增加7天，环境空气质量综合指数7.6。推进东山五龙城郊森林公园建设，环城百万亩森林建设工程提档升级2000亩。完成3个省级改善农村人居环境村庄绿化任务。晋阳街公园建成投入运营。新建长治南路、并州路安装公司等5个游园和汇丰国际、真武西路等5块绿地。开展露天烧烤、交通秩序、市容环境、背街小巷专项整治。查处违法停车27万起。环卫机扫路段增加到129条。156条道路沿线门店生活垃圾实现上门收集全覆盖，垃圾无害化处理100%。开展露天垃圾池取缔、垃圾桶入楼院管理，完成餐厨垃圾摸底建档工作。小马、北张、坞城等6个生活垃圾中转站建成投入使用。整治裸露地面、高切坡、高边坡41万平方米。

（尤　娟）

【太原市迎泽区】 太原市迎泽区位于太原市汾河东部，市区中部，总面积117平方千米，下辖6个街道、1个镇，89个社区、22个行政村。

迎泽区旅游资源有汾河城市生态景观公园、迎泽公园、碑林公园、永祚寺双塔、开化寺等。2016年，迎泽区获“2015年度全国县级防震减灾工作先进单位”称号。迎泽区法院获“全国模范法院”称号。

产业转型 2016年，迎泽区完成开化寺街、海子边街改造，完善柳巷商圈基础设施；实施朝阳商圈综合整治和业态提升，太原小商品市场建成投运；首家敞开式休闲购物广场中正天街建成开业，丰富传统服务业经营模式。发展新兴产业，扶持“双创”项目9个，互联网+智慧产业园一期建成投运，引进明鼎医药等一批高新科技企业；加快楼宇（总部）经济发展，引进企业区域总部35家。加大招商引资力度，引进资金255.7亿元，华润综合体、万科紫院等项目签约。实施省、市重点项目104个，完成投资186.6亿元。率先实行个体工商户“两证整合”，企业和个体工商户同比增长48%和19%。

城乡建设 2016年，迎泽区实施18条小街巷改造和五一路、南沙河快速路东延、迎泽大街下穿火车站通道、轨道交通二号线等重点工程房屋征收；启动3所中学改扩建和1所幼儿园新建项目。启动五一路周边、东五龙口铁路宿舍38号院等5个棚户区改造，征收房屋1667户、10.5万平方米。完成郝庄、双塔、赵北峰3个村的拆迁收尾和马庄、店坡、郝家沟3个村的整村拆除。编制郝庄镇总体规划，完成2条森防通道和小山岩凿井、小山沟水井配套工程建设。精益求精抓城市管理，整治2个老旧片区和19条背街小巷，新建公厕5座，改造旱厕12座；扩大环卫机械化作业覆盖面，车行道和便道机械化作业率和里程数全市第一；推广垃圾分类试点，主城区实现生活垃圾上门全收集。打击违法建设，拆除各类违建17万余平方米。综合整治大气环境，淘汰老旧车和黄标车2198辆，拆除燃煤锅炉109台，在全市率先实现分散燃煤采暖锅炉清零。完成提档造林3000亩，新建小游园、小绿地10处，城乡生态环境改善。新开工建设保障性住房6992套，完成既有居住建筑节能改造105万平方米。

民生事业 2016年，迎泽区创新教育督导工作，成为全省唯一一家国家级中小学校责任督学挂牌督导创新县区。深化医药卫生体制改革，加强重点特色专科建设，创新开展居家护理服务。迎泽法院成立太原市首个司法综合保障中心并正式运行。按照精准扶贫要求，对口帮扶娄烦县静游镇，实现4087人脱贫。 （张国文）

【太原市杏花岭区】 太原市杏花岭区位于太原市东北部，总面积170.20平方千米。其中，建成区面积32.2平方千米；乡村面积138平方千米，下辖10个街道办事处、2乡，107个社区居民委员会、40个行政村。

杏花岭区旅游资源有国民师范旧址、太原解放纪念馆、彭真纪念馆、万寿宫、文庙、皇庙、城隍庙、赵树理故居、太原动物园、东湖醋园、东山锦林百花园等。文化古迹有普光寺、圆通寺、文殊寺、浙江会馆、关帝庙等。

产业升级 2016年，杏花岭区以现代服务业为发展重点，加快发展楼宇经济和总部经济，万达高级写字楼入驻企业240家，富力商业综合体开业运营。建成500平方米“一站式”创业服务平台，培育双创示范基地22个，入驻企业1566户，解决就业12622人。“新三板”企业稳步发展，山西睿信智达传媒科技股份有限公司挂牌上市，4家企业在省青创板挂牌。推动工业转型，东山华能2F燃机热电联产项目落地。推进现代都市农业，采薇庄园、舒清园、薰衣草庄园、孔雀庄园等休闲旅游项目继续扩大品牌优势，河里头大樱桃采摘园、水沟林果采摘园等项目初具规模。

城市建设 2016年，杏花岭区城市道路建设、棚户区和城中村改造动迁总量达93.8万平方米。完成五一路、卧虎山路、凯旋街建设和17条小街巷改造的动迁工作。加快推进棚户区改造，6个新启动棚户区改造项目，小北关、南河湾、教场巷20号院等3个棚户区完成动迁；原有15个棚户区改造项目中，9个完成“清零”。推动城中村改造，杨家峪村累计签订动迁协议2143户，完成总任务的96.1%；柏杨树、中涧河、伞儿树3个村，完成道路改造动迁5.5万平方米。推进安置房建设，全年新开工保障住房5199套，建成2340套，完成任务的101.05%。落实回迁工作，国樾龙城湾回迁安置2159户。

环境建设 2016年，杏花岭区推进“五项工程”和“五项整治”，拆除燃煤锅炉90台，完成任务的112.5%，新增清洁供热面积272.9万平方米，惠及居民21000余户，有条件接入供热管网的小区全部集中供热。加强环卫基础设施建设，全年新改建公厕10座，拆除改造旱厕6座，建立垃圾中转站1座，125条主次干道实现机械化清扫全覆盖，机械冲洗保洁率达85%，63条主要街道实现生活垃圾上门收集。拆除2211台土小燃煤火炉，淘汰黄标和老旧车辆2525辆。空气质量二级以上优良天数达247天，同比增加26天。推动生态绿化，完成东山生态建设干果经济林、薪炭林和提档升级绿化工程1.614万亩；加快建成区绿化，新建5个城区内小游园。

教育文化 2016年，杏花岭区推行“大学区管理制”，五一路小学富力城校区、新建路小学富力华庭分校、职工新街小学新增小学学位6600个，区属中小学义务教育标准化改造全部完成。制订《杏花岭区文化产业发展规划（草案）》，推进“三馆一院”建设各项准备工作。配合推进普光寺、圆通寺、文殊寺、浙江会馆、关帝庙等文化古迹的保护修缮。

民生事业 2016年，杏花岭区民生领域累计投入达19.0768亿元，占一般公共预算支出的87.4%，较上年增长2.0%。开展就业再就业工作，新增就业18273人，失业率为3.3%。城镇职工基本养老、医疗、失业、工伤、生育保险等基本实现全覆盖。全区城乡低保覆盖4736户、7546人，发放低保金4451.26万元。推进采煤沉陷区安置项目建设，完成100户农村危房改造；推行县级公立医院综合改革，加快实施区中心医院综合楼建设；提升社区综合服务的硬件设施，启动8个社区示范化改造；扶持养老服务业发展，建成城市养老中心和城乡日间照料中心20个；完成既有居住建筑节能改造97万平方米。开展对口帮扶脱贫工作，13个村、1039户、3086人实现脱贫。 （刘彩秀）

【太原市尖草坪区】 太原市尖草坪区位于太原市北部，总面积285.6平方千米，其中建成区面积41.6平方千米，下辖3乡2镇、9个街道办事处，84个行政村、63个社区居委会。

2016年，尖草坪区粮食总产量达14896吨。旅游资源有汾河二库、太原湿地公园、崛围山、二龙山、中华傅山园、农业旅游庄园等。名胜古迹有净因寺、多福寺和窦大夫祠等。2016年，尖草坪区获"全国休闲农业和乡村旅游示范区"称号。

人文生态休闲区建设 2016年，尖草坪区以推动"国家农业公园"建设为目标，编制《尖草坪区国家农业公园总体规划》和《尖草坪区旅游总体规划》，组织"崛山围红叶""金滩西梅采摘节"及山西省首届帐篷音乐嘉年华等系列推介活动。整合区内特色文化旅游资源，加快崛围山、二龙山等景区整治，逐步打响和擦亮集"山水田文林"于一身的"草坪游"品牌。推进九牛现代农业循环产业园二期岗北奶牛养殖场项目收尾工作。打造宇文河生态园、天怡山庄两个集采摘、餐饮、观光、体验等为一体的综合型农业生态园。

创新转型产业区建设 2016年，尖草坪区壮大新兴产业，累计完成投资5.5亿元。发挥双创和科研资金的示范带动作用，为九牛牧业和恒山机电等企业提供发展支撑。推动民营经济健康发展，民营企业税收达到8.6亿元。开展万名干部入企服务，服务全区31家规模以上企业，解决问题103件。

现代宜居都市区建设 2016年，尖草坪区与山投集团签署战略合作协议，三给片区建设准备工作启动，5村连片整体开发摸底测算基本结束。兴华片区进入全面建设阶段。推进区内基础设施和公共设施建设，省人民医院新院、太原外国语新校等名医名校进入建设阶段。以加快宜居商住、专业市场建设为目标，推进锦绣国际建材城、辰兴优山美郡、万科公园里等项目建设。推进招商引资和项目建设工作，全年新项目储备达600亿元。采取"政银企合作、BOT、PPP"等融资模式，为企业发展、项目建设、城中村改造等融资20余亿元。加强道桥工程、重点工程、城中村整村拆除工作，累计征拆187.49万平方米。卧虎山快速路、摄乐街、摄乐桥等7条道桥建成通车。推动保障性安居工程建设，开工6551套，基本建成6622套。完成北部退水渠柴村段河道清淤砌护和截污工程，杨兴河综合治理工程进展顺利。

深化改革 2016年，尖草坪区深化农村改革，基本完成全区农村土地承包经营权确权登记颁证工作。扩权强县下放事项实现无缝承接，发改、环保、工商等部门运用扩权事项共办理项目1112项。组建区城建城管、护林防火、公安巡警等专业性应急队伍。在各村（社区）设立安全监管员、信访调解员、环保监督员、打击"两违四抢"专管员，建立横向到边、纵向到底的监管体系。

生态建设 2016年，尖草坪区打造北部生态屏障，完成营造林1.1万亩、四旁植树126万株。新建二电厂、和平路等5个街头绿地和兴安、龙康等5个游园，金桥、小东流等公园征拆清表工作完成。全区绿化覆盖率、绿地率和人均公共绿地面积分别达到48.66%、41.57%和15.97平方米。

民生事业 2016年，尖草坪区加强教育基础设施建设，完成区职中改造整体规划，分步建设工作启动；加快新建小区配套幼儿园和学校建设，恒大名都小学建成投用，五龙湾幼儿园主体完工。加强基层站所建设，建成34个医养结合基层院所，柴村社区卫生服务中心开工建设，阳曲镇卫生院完成选址。加强社区基础设施建设，完成滨丰苑社区300平方米社区活动场所、5个社区养老服务中心和4个老年日间照料中心建设，为20个社区配套体育路径，建成2个社区篮球场。举办大中型文化活动7次，送戏送电影下乡1102场。累计为娄烦县马家庄乡送达慰问金和帮扶款700余万元。加强精准帮扶，引进西洋参、香菇等农业种植和猪、牛、鸡等养殖项目，带动525户1461人（次）群众受益。 （邢春连）

【太原市万柏林区】 太原市万柏林区位于太原市西南部，总面积304.8平方千米，下辖1个乡、14个街道办事处，42个行政村、116个社区。年末户籍人口568259人，城镇人口540507人。

万柏林区旅游资源有神堂沟龙泉寺、王封一线天景区、西山万亩生态园、狮子崖生态景区。

产业转型 2016年，万柏林区推进供给侧结构性改革，坚决淘汰落后产能，白家庄矿整体关闭退出，西山煤电、太重等国有大型企业技改项目实现新突破，中车铁路装备基地投产达效，狮头水泥、东峰煤业等工业项目投产准备工作加快进行。推进老工业区搬迁改造，争取中央专项资金3203万元。加快发展现代服务业，推进华润万象城、绿地中央广场等城市综合体项目工程建设。布局生态旅游业，编制王封一线天景区旅游总体规划，签约西山滑雪场等招商项目，完成九润现代都市农业园一期建设。

城乡建设 2016年，万柏林区统筹城市道路建设，拓宽改造漪汾街、新晋祠路、兴华西街等20条主次干道及背街小巷。实施造林提档升级1.58万亩，完成农村公路安全生命防护工程。和平公园建成开放，新建东社带状公园、南北寒公园等23处游园绿地。新改建21座垃圾中转站，新建8座高标准公厕。清淤美化虎峪河、黑水河等河道。完成既有建筑节能改造121万平方米。开展露天烧烤、占道经营等专项整治。完成分散燃煤锅炉清零任务，基本实现建城区采暖无煤化。空气质量改善，全年二级以上优良天数256天，名列六城区第二位。

城中村改造 2016年，万柏林区将城中村改造作为全区"一号工程"，寨沟、彭村在全市率先完成整村拆除，大王、瓦窑、南屯基本完成整村拆除任务，完成沙沟、小王、小井峪、后北屯、东社、南社、黄坡7个村拆迁扫尾“清零”任务，累计拆除城中村各类建筑232.6万平方米。推进回迁安置房建设，下元、前北屯等6个村基本完成回迁安置，沙沟等6个村实现部分回迁安置。加大城改货币化安置比例，坚持破解资金难题与招商选商相结合，区城投公司融资117亿元，引入恒大、保利、融创等大企业大集团参与城改，创出“政府主导、规范改造”的城中村改造“万柏林模式”。

民生事业 2016年，万柏林区推进义务教育均衡发展，签约凤凰双语、区第三实验等6所小学合作办学，完成区实验中学、建筑北巷小学教学楼维修改造，区特殊教育学校投入使用。推进卫生事业发展，区中心医院综合改革取得成效，建成白家庄村等6个卫生室，新型农村合作医疗保险连续8年实现参保率100%。社区标准化建设实现全覆盖，新改扩建5个社区服务站，11个社区养老服务中心、19个社区日间照料中心。健全完善社会保障体系，严格落实城乡居民最低生活保障、困难群众医疗救助等惠民政策，完成城镇新增就业指标任务。新开工保障性住房8526套，建成12447套。启动采煤沉陷区综合治理九院小区三期回迁安置。加大文化设施投入，三级文化网络建设实现全覆盖。 （武超龙）

【太原市晋源区】 太原市晋源区位于太原市西南部，总面积289平方千米，下辖金胜、晋祠、姚村3镇，义井、罗城、晋源3个街道办事处。

晋源区旅游资源有晋祠博物馆、明太原县城、蒙山、太山、天龙山、龙山、店头古村等。2016年，晋源区获“全国县级防震减灾业务工作考核先进单位”称号，通过义务教育发展基本均衡区国家验收。

转型升级 2016年，晋源区实施“双创”孵化新产业新业态工程，区双创示范服务中心建设启动，鸿升众创、农创联盟等8个双创基地建成，培育文化创意、园艺展示、物联网研发等创新型企业178户，新增小微企业646户、从业人员3170人。小微企业技术合同成交额、拥有授权专利数完成年度目标147%和110%。组建招商引资团队引进传化物流、保利、红星美凯龙等一批高端优质企业，签约项目总投资完成284.5亿元，完成年度目标101.6%。开展“万名干部入企服务”活动，重点对12家区属规模以上企业开展入企服务，解决困难问题25个。推进产业转型，国新晋药、太化太阳能电瓶车项目进入试生产阶段。鹏龙星徽奔驰4S店正式开业。鸿升时代金融广场、阳光城环球金融中心主体完工。化兴化工“新三板”挂牌上市，实现全区“新三板”上市企业零突破。推动蒙山景区市场化改制。推进农业品牌化发展，晋祠水稻新恢复面积500亩，玉露香梨新增种植面积650亩。

文化 2016年，晋源区完成明太原县城城墙建设工程，27处历史建筑修缮项目完工19处。开展乡村农耕文化保护工程。晋农之窗农业文化博览园基本建成。晋文公祠开工建设。赵梅生美术馆建成开馆。开化寺大佛阁遗址发掘入选2016中国重要考古发现。程家峪古村落被住建部列入第四批中国传统村落名录。

城市化建设 2016年，晋源区推动城中村改造，完成城中村宅院、公有临时建筑拆除任务1431处、54.39万平方米。城北村50天、棘针村40天、贾家庄村55天完成整村拆除，南堰、吴家堡、西寨完成扫尾清零，实现100%整村拆除、100%扫尾清零。安置房开工建设56栋、12188套。保障东区城市综合管廊工程、长兴南街、汾河治理三期及太山龙泉寺等33项省市重点工程建设，滨河西路南延、新晋祠路蒙山大街至古城大街段等7条道路建设完工并通车，晋阳湖公园东岸初现雏形。全年累计完成征拆任务2503处、59.9万平方米，移植树木102万棵，征地清表3849.6亩。

社会事业 2016年，晋源区民生投入达12.9亿元，占全区财政支出87.5%，增长36.8%。义务教育基本均衡区创建工作通过国家验收，与青年路小学和太师一附小、二附小、四附小达成合作意向，成成中学、市二外建设进展顺利，2所中小学、4所幼儿园改建完成。省儿童医院、市人民医院与区人民医院合作共建项目主体完工，推进市妇幼保健院建设。乡村医生签约服务45234人。开展晋源健康行暨计划生育家庭优质服务工程，免费为2.6万名计生家庭成员提供健康体检和亲情关怀。区、镇(街)、村(社区）三级公共文化服务体系初步形成。区检察院与高检院女检协、高检院影视中心联合摄制的微电影《陪你勇敢》获最高人民检察院第二届微电影展播特别奖。晋源区鸿昇众创空间被省科技厅认定为省级众创空间。供暖供水接入市政管网，惠及9万余名群众。晋祠新镇停车场建成投用，全市首个旅游公交专车329路全线开通。增加2条公交线路频次，新开通3条公交线路，晋祠新镇停车场(晋祠南停车场)正式投入运营。赤桥、黄楼和晋阳堡3个农村公共浴室建成运行，古城营村浴室主体完工，惠及群众2万余名。区体育公园正式开放，昌宁公园建设完工。

社会保障 2016年，晋源区4个社区养老服务中心、8个日间照料中心建成投用。采煤沉陷区安置楼封顶15栋。实施农村危房改造工程，改善400户农村困难群众居住条件。为2.1万名城乡居民每人每年增加基础养老金240元。各类社会保险征缴扩面工作超额完成任务。全区城镇新增就业人员3844人，安置下岗失业人员2440人，登记失业率控制在3.26%。为1118名农民工解决拖欠工资877万元。发放各类救助金5507.21万元。开展阳曲县东黄水镇6个贫困村精准帮扶工作，拨付帮扶资金600万元，引进便民栏网上电商、旅游壁画村、大北农集团养猪等产业发展项目，完成年度帮扶任务。（方慧敏）

【清徐县】 清徐县位于太原市西南部，总面积609平方千米，下辖4镇5乡、1个街道办事处。

清徐县旅游资源有六味斋云梦坞、紫林醋工业园、清泉山庄、三晋奇石博物馆等。2016年，清徐县获第三届全省文化强县创建工作先进单位，获全省农建"红旗县"称号。粮食产量保持平稳，蔬菜产量增长1.5%，产值增长4.5%，对农民人均纯收入的贡献额达2589元，同比增加125元。

现代农业 2016年，清徐县建设高标准农田1.2万亩，连片发展设施蔬菜1200亩，蔬菜育苗基地达到16个，年育苗5050万株。农业产业化规模持续扩大，农民专业合作社达826家，家庭农场达到203家，主要农作物机械化水平达78.1%，"一村一品"专业村达95个，农产品加工企业销售收入达54.96亿元，同比增长7.8%。

服务业创新 2016年，清徐县发挥电子商务"一个中心、两个基地"作用，成立县企业家协会电商分会，会员企业84家。改造升级4个乡镇服务站、70个村级服务点，村级服务网点基本实现全覆盖。晋药物流一期、晋天峰物流等主体完工，与乐村淘、京东、阿里、贡天下等形成战略合作，现代物流配送体系日趋完善。全县电子商务交易额达6.8亿元，同比增长56%。推动创业就业，打造两个众创空间、两个众创基地和一个孵化园，入驻小微企业101家。山西"爱融汇"融资担保有限公司通过省金融办批复，美锦能源完成重大资产重组，百澳绿洲登陆"新三板"，康镁、精诚镁合金加快股改，水塔、紫林进入中小板申报期。六味斋云梦坞、紫林醋工业园获批国家AAAA级景区，清泉山庄、三晋奇石博物馆获批国家AAA级景区，打造4条精品旅游线路，成为周边短途旅游的重要目的地。

转型综改 2016年，清徐县133平方千米土地纳入全省转型综改示范区，县经济技术开发区面积拓展到48.8平方千米，划定整合食醋产业园13.87平方千米。推进基本农田划定及土地利用总体规划修编，争取土地指标2588亩，征收储备2491亩，供应建设用地570亩；引黄原水直供开发区，年供水能力6250万立方米；220千伏马峪变电站、110千伏西贾线等建成投运，保障项目建设。推动"先照后证"、企业"五证合一"、个体工商户"两证整合"等商事制度改革，挂牌成立全市第一家不动产登记中心。推进农村土地确权工作，177个村完成摸底、测量任务。推进农业供销体制改革，农村日用消费品配送中心投入运行，建成五个惠农服务站和一个庄稼医院。

供给侧结构性改革 2016年，清徐县推动传统产业转型升级，发展新兴产业。东于、李家楼煤矿正式投产。把去除房地产存量与采煤沉陷区、地质灾害搬迁治理有机结合，消化房地产库存22.3万平方米。"西二村"整村搬迁货币化安置比例77.2%，采煤沉陷区和地质灾害搬迁治理项目签订协议1409户。落实"营改增"等结构性减税政策。推动中小企业与邮政、建设银行开展合作，为中小企业筹放贷款5838万元。焦化行业形成"煤—焦—气—化""矸石—热电—冶金—建材"两条循环经济产业链；焦油、煤气实现深加工和综合利用，形成"焦油—酚油、洗油、液萘—炭黑""煤气—天然气"两条延伸产业链；煤炭由燃料向原料转变，形成煤制烯烃、煤制已二酸和已内酰胺等两条中间材料产业链；加快煤层气开发利用，全县20个井场投运80%，产量达6000立方米/日。阳煤化工新材料园实现试生产，华阳煤气制天然气项目正式投产，"民用清洁焦产学研基地"挂牌，亚鑫、美锦成为洁净焦定点生产企业。钢铁、铸造等行业产销两旺，康镁、三高等新材料制造企业技术装备水平提升。新增市场主体3809户、注册资金26.15亿元，分别增长34%、12.5%。公共资源交易平台完成各类交易72项、3.79亿元。

城乡环境建设 2016年，清徐县滨河西路南延工程通车。开通高速南出口，完成县城高速出口改造，国道307改线清徐绕城段具备通车条件，同步启动榆古路拓宽改造，基本实现机动车客货分流；北夏公路路面大中修养护、贯中大桥等五座危桥改造工程完工。加强农田水利基础设施建设，完成规模化节水灌溉增效示范、小型水利重点县建设、汾河生态修复中游核心区蓄水工程等，省警官学院、太原幼儿师范学院新校区建成投入使用，市青少年实训基地主体完工，推进徐沟城镇化建设。推进美丽乡村建设，完成农村公路完善提质工程和35个村窄路基路面拓宽改造，19个村实施内涝排水疏浚工程，农村改厕4640所。东湖公园建成开园，推进白石河水系治理工程，建成区绿化面积增加3万平方米。（杨晓霆）

【阳曲县】 阳曲县位于太原市北部，总面积2070平方千米，下辖4镇6乡，124个行政村。

2016年，阳曲县粮食总产量达1.18亿吨，现代农业投资完成12.2亿元。阳曲县旅游资源有青龙镇景区、玉皇庙、大盂慈仁寺、悬泉寺、水泉崖、不二寺等。获2016年全国创新社会治理优秀城市、全国秸秆综合利用试点县。入列第二批"国家全域旅游示范区"创建名录。通过国家义务教育发展均衡县验收。

工业经济 2016年，阳曲县在全省规模以上工业企业减幅较大的情况下，全县规模以上工业企业由20个增加到23个，非煤产业增加值比重达 87.9%，新兴产业投资比重达 100%，万元国内生产总值能耗下降 3.2%。加快培育一批龙头企业，国冀电力成为全国首个“互联网+新能源平台”全产业链实施项目，博瑞泰不锈钢项目与太钢达成战略合作意向。东铝复产，焦化、水泥等传统产业生产趋于正常。中广核风电、能投光伏、龙永太光伏等新能源项目开工建设。小微企业园 12 个项目开工建设。太原(阳曲)转型发展产业园区启动建设。

服务业 2016 年，阳曲县推进青龙镇拆迁工作，优化青龙镇景区布局。青草坡景区被评为国家 AAA 景区。全年阳曲县接待游客约 80 万人次，旅游收入约 2500 万元。加快双创示范基地建设，建成 1 个双创服务中心、2 个众创空间、3 个创业基地、2 个双创示范村，县电商服务中心建成。

基础设施建设 2016 年，阳曲县通过政府债券置换资金 6 亿元，争取国开行、农发行等政策性银行贷款 11 亿元。推进“五城联创”。完成新阳东、西大街路面改造工程和两侧既有建筑节能改造。启动“三场一所”建设，新建停车场 3 个，增加停车位 210 个，新阳西大街实现机动车路面禁停。维修改造新阳集贸市场，新建新安东街便民市场，新建改建水冲式厕所 5 座。整合资源，高标准完成南坡街、文明街 1000 平方米社区服务场所改造项目。启动县城生活垃圾中转站工程。完成康西线、大盂工业园主干道、小微企业园路网建设、贾城线路面大修、村通柏油(水泥)路完善提质和农村饮水安全工程，推进引黄阳曲原水直供工程建设。

环境建设 2016 年，阳曲县隆辉、三兴焦化焦炉尾气脱硫脱硝治理工程及熄焦废水污水治理工程全部完成。投资 1.4 亿元完成造林任务 9.36 万亩。投资 4200 万元完成文庙梁、凤凰山、黑山湖小流域水保生态治理 4.2 万亩。淘汰黄标车及老旧车 784 辆。成立环境保护委员会，全省首家实施县、乡、村分级负责的环境监管网格化管理。全年空气质量二级以上优良天数达 264 天，比上年增加 45 天，PM2.5 平均浓度下降 7.81%，杨兴河出境断面水质达标率保持 100%。

社会事业 2016 年，阳曲县完成阳兴小学、阳兴幼儿园、启辰幼儿园和 9 所学校的改薄项目建设任务。建立卫生院首诊、县医院会诊、双向转诊的分级诊疗制度，率先在全市建成首个县级 120 急救站并投入使用。推进全民健身活动中心项目建设，实施健身路径建设、乡村电影免费放映等惠民工程，协办山西省公路自行车冠军赛。

脱贫攻坚 2016 年，阳曲县扶贫工作全市综合考核排名第一，实现 9 个贫困村脱贫摘帽，3454 户 8299 人精准退出。全县 40 个贫困村围绕“宜居宜业宜游”目标，启动八大工程 20 个专项行动，共支出扶贫资金近 1.5 亿元，精准实施脱贫项目 128 个，带动贫困户 4342 户 9123 人。强化“公司+贫困户”带动效应，2016 年新建 300 头以上猪场 21 个，50 头以上肉牛养殖场 11 个，500 只以上规模羊场 6 个，10 万只以上蛋鸡场 1 个，特种养殖场 1 个。新增设施蔬菜 2536 亩。探索宝迪“生猪寄养”、桦桂“赠母还羔”、永丰“送鸡还蛋”、青草坡“三金促脱贫”和企业通过“借本还息”精准帮扶贫困村等多种模式，强化项目与贫困户的精准联结。加快“旅游+脱贫”对接，解决景点周边贫困户劳动力 1500 余人。营造良好的农村劳动力转移就业环境，增加劳务收入 1000 余万元。拓宽招商引资渠道，在省展览馆举办首届特色农产品展销暨旅游产品推介会，实现贫困人口人均增收 432 元。加强教育扶贫，为 1160 名学前教育贫困家庭幼儿补助 116 万元，为 1666 名大学生提供生源地助学贷款 1051.21 万元，对 33 名建档立卡贫困户考取二本 B 类以上本科院校大学生给予每人一次性补助 5000 元，对 265 名中职中技和高职在校贫困生每年补助 2000 元。全年向 1397 户 2256 人建档立卡低保对象发放低保金 676.48 万元。 （崔振刚）

【娄烦县】 娄烦县位于太原市西部，总面积 1289 平方千米，下辖 3 镇 5 乡，6 个居委会，142 个行政村。总人口 12.63 万人。

娄烦县旅游资源有汾河水库、云顶山、泓佛寺、高君宇故居等。

产业升级 2016 年，娄烦县推动产业升级发展。农业方面，马铃薯种植 8 万多亩，产值 2.45 亿元，带动农民人均收入 1149 元。四家坪板蓝根基地、下静游枸杞示范园、大丰双孢菇基地、南川河蔬菜片区等特色高效农业项目初具规模。新发展程家岭养猪、陈家庄肉驴等生态养殖场 20 家。工业方面，煤、焦、铁传统行业技改升级步伐加快，龙泉矿井项目竣工验收，东升煤焦公司完成烟气达标治理，山西陆海洗煤厂投产见效。新兴产业方面，皇姑山 4.75 万千瓦风电项目开工建设，16 个村分布式光伏电站建成。旅游产业方面，出台《娄烦县乡村旅游脱贫扶持奖励办法（试行）》，启动发展一批工农业旅游示范点和乡村客栈。完成第一次全国可移动文物普查和文物库房标准化建设。创建高君宇故居红色旅游 AAA 级景区。

生态建设 2016 年，娄烦县完成营造林 8.7 万亩，全县绿化率 48.7%，森林覆盖率 29%。启动 2.17 万亩新一轮退耕还林前期工作。加强水源保护，汾河水库生态保护项目有序推进，5 项全面完工。建成环水库道路监控预警监测系统，覆盖库周 55 千米。加大环境综合治理力度，万元生产总值能耗下降 3.2%，万元工业增加值用水量下降 10.8%，六项污染指数平均值全部达到国家Ⅱ级新标准。

城乡建设 2016 年，娄烦县实施农村公路生命防护工程、火车站—县城连接线等交通路网建设和供热扩网改造等基础设施项目。推进采煤沉陷区3个村945户2744人的治理搬迁安置工程,完成100户农村危房改造、155户农村地质灾害搬迁治理、160户廉租住房补贴项目,基本建成218套保障房。提升改造11个村饮水设施,保障6600余人饮水安全。维修改善55个村饮水安全工程,确保3.6万人正常供水。实施60千米农村公路完善提质工程,完成46个村2000个改厕任务。

民生保障 2016年,娄烦县完成26所中小学薄弱改造和教育信息化建设,义务教育基本均衡县创建通过国家评估验收。县城综合性医院主体基本建成,全县医疗卫生机构基本药物配备率和使用率均达95%以上,新型农村合作医疗保险参保率达96%以上。全省妇幼健康优质服务示范县创建工作基本完成,省级爱婴医院创建通过市级复核。完成4个日间照料中心建设,3个中心敬老院规范管理,启动老年福利院建设,多层次的养老服务业逐步形成。城镇基本养老、工伤、失业、生育保险全部完成市下达任务。新增就业1605人,城镇登记失业率3.9%。有117个贫困村文化站完成升级维护,组织开展文化下乡120余次,广播电视由"村村通"基本实现"户户通"全覆盖。

脱贫攻坚 2016年,娄烦县编制《脱贫攻坚三年规划》《2016年脱贫行动计划》《"十三五"特色产业精准扶贫规划》等一系列规划,为脱贫攻坚确定"任务书"、制订"路线图"、明确"时间表"。出台并实施《农业产业发展脱贫扶持奖励办法(试行)》《南川河蔬菜产业集群项目补助办法》《脱贫攻坚生态规模养殖补助办法(试行)》《农村贫困人口外出务工奖励办法》等一系列扶持政策;落实教育、健康、民政、残联等社会保障政策,救助贫困人口1.3万人次,发放各类救助金3022万元。出台《财政涉农资金整合工作实施方案》和《统筹整合使用财政涉农资金管理办法(试行)》,统筹整合各类涉农资金1.4亿元,提高资金使用效益。实施脱贫产业项目175个,启动704户1819人易地扶贫搬迁工程,成立71个脱贫攻坚造林专业合作社,其中16家合作社参与造林4.25万亩,带动2432名贫困人口人均增收3280元。实现贫困劳力就业1.5万人,销售特色农产品396万斤。全年有12275名贫困人口实现脱贫,43个贫困村有序出列。 (张宪平)

【古交市】 古交市位于太原市西部,总面积1551平方千米,下辖7乡3镇、4个街道办事处。

古交市土地资源有耕地24万余亩,林地50万亩,草地50亩,90万亩荒山弃地。旅游资源有千佛寺、水泉寨公园、红豆山庄、狐偃山、仙人坪等。2016年,红豆山庄获"国家AAA级景区"称号。古交市连续12年被评为省级卫生城市,2016年获得"国家妇幼健康优质服务县市"和"新一轮国家计划生育优质服务县"称号。

产业升级 2016年,古交市推进煤矿企业复工复产,实现5座矿井生产,1座联合试运转,8座复工建设,生产原煤近300万吨,激活煤炭产业链。推进兴能电厂项目建设,成为全国最大的热电联产企业,建设输热、输电、输气综合能源输出基地,为太原市供热面积近3000万平方米,电力输出71.72亿千瓦时,天然气输出4711万立方米,"乐村淘"、红果商贸等电商新业态发展取得突破。8户企业进入太原市"新三板"后备企业库。

综合改革 2016年,古交市推进农村土地确权登记颁证工作,启动农村综合产权流转交易体系建设。争取国家独立工矿区改造搬迁政策扶持,启动实施火山片区市政道路、桥梁等基础设施项目。完成金牛西大街地下空间综合利用和路面改造,开发商业面积1万余平方米、商铺200间,吸引100多个知名品牌入驻,提升金牛商业街区的集聚能力和服务水平。结合太古长输供热管线建设,高标准完成滨河北路滩上桥至火山桥段路面改造,实现全线通车。完善集中供热工程,新增供热面积150万平方米,基本实现中心城区供热全覆盖。推进城乡清洁提档升级工程,主次干道实现喷雾降尘、全天候保洁。投资5020万元提升改造农村公路。马兰镇入选第三批国家城镇化综合试点。强化食品药品安全监管,建成首批国家级区域性食品综合检验检测中心,完成省级食品安全示范县创建任务。

环境建设 2016年,古交市推进国家园林城市创建,持续实施"三环生态圈"战略,建成金牛森林公园,绿化造林5.6万亩。汾河城区段河道综合治理一期工程完工。加大污染防治力度,关停取缔违规企业23家,累计淘汰老旧、黄标车辆1500余台。实施网格化环境监管,采取有效措施应对重污染天气。全年空气质量二级以上优良天数288天,其中一级天数41天,优良率78.7%。

社会事业 2016年,古交市用于各项民生社会事业投入近14.38亿元,占支出的86.5%。探索学区制办学模式改革,公开招聘教师80名,建设3个科技创新专业团队;投资4170万元改善群众就医环境,实施全面两孩政策配套措施,落实创业就业优惠政策,推进社会保险"全覆盖",健全完善社会救助体系,城市和农村"低保"分别提高到每人每月525元和400元,发放低保金3500余万元、医疗救助金600余万元,社会保障能力增强。投入帮扶物资200余万元,完成革命老区岔口乡扶贫帮困任务。推进采煤沉陷区综合治理,建设安置项目9个、住房3567套,为1784户发放安置补贴1.01亿元,完成21个遗留村居认定。 (赵志英)

大同市

【概述】大同市位于北纬39°03′–40°44′，东经112°34′–114°33′，总面积14176平方千米，下辖4区7县、1个经济技术开发区。常住人口342.19万人，比上年增加1.6万人。

2016年，大同市地区生产总值完成1025.3亿元，按可比价格计算，比上年增长1.0%。第一产业增加值59.4亿元，增长4.2%；第二产业增加值374.6亿元，下降6.4%；第三产业增加值591.3亿元，增长6.5%。第一产业增加值占地区生产总值比重5.8%，第二产业增加值比重36.5%，第三产业增加值比重57.7%。人均地区生产总值30032元，比上年增长0.8%。居民人均可支配收入达18594元，增长达6.4%。其中，城镇居民人均可支配收入达26273元，增长6.1%；城镇居民人均消费支出11785元，增长3.9%。农村居民人均可支配收入达8217元，增长6.6%；农村居民人均消费支出6292元，增长5.6%。城镇占调查总户数20%的低收入家庭人均可支配收入10608元，增长6.3%；农村占人口20%的低收入者收入2172元，增长8.1%。城镇居民家庭恩格尔系数（即居民家庭食品消费支出占家庭消费支出的比重）29.4%，农村居民家庭恩格尔系数33.7%。

农业 2016年，大同市粮食总产量完成112.66万吨，比上年增加9.16万吨，增长8.8%。农作物总播种面积469.05万亩，比上年减少4.76万亩。其中，粮食作物播种面积415.65万亩，减少4.44万亩。肉类总产量14.5万吨，比上年增长3.4%。其中，猪羊肉产量12.5万吨，增长4.5%；牛奶产量24.7万吨，增长1.4%；禽蛋产量5.8万吨，增长5.7%。农业机械总动力（不包括农用运输车动力）108.08万千瓦。机械耕地面积335.25万亩，增长1.1%；机械播种面积273.45万亩，机械收获面积128.7万亩，分别增长1.7%和11.7%。

工业建筑业 2016年，大同市规模以上工业企业工业增加值下降14.5%。主营业务收入实现1767.6亿元，下降16.7%。利税实现61.5亿元，比上年下降8.8%。其中，国有控股工业企业实现利税51.5亿元，下降10.6%。利润实现11.3亿元，下降31.8%，其中国有控股工业企业实现利润6.3亿元，下降45.9%。

全市建筑业增加值71.9亿元，增长6.1%。具有建筑业资质等级的总承包和专业承包建筑业企业完成建筑业总产值130.4亿元，增长14.2%。房屋建筑施工面积592.9万平方米，增长16.7%；房屋竣工面积291.8万平方米，增长29.7%。

项目建设 2016年，大同市加快产业项目建设。全国最大的光伏先进技术示范基地一期100万千瓦项目并网发电，全球首个10万千瓦熊猫光伏电站奠基开工，100万千瓦高效单晶光伏组件展开项目签约工作；同煤塔山二期2×66万千瓦机组、山柴煤层气发电机组研发项目试运行，国电湖东2×100万千瓦项目获批准；晋商联盟古城东北隅开发项目落地，万达广场主体完工。开展“双环行动”项目，总投资690亿元，实施27个重点项目。其中，环古城行动项目12个、总投资113亿元，环文瀛湖行动项目15个、总投资577亿元。

城乡建设 2016年，大同市新建续建城市道路60.5千米，新建改造供热管网257千米、供水管网104千米、供气管网126千米，市政基础设施道路建设完工，武定东桥、清远南北桥建成通车。主城区增加供热面积380万平方米，实际集中供热面积5780万平方米，燃煤锅炉集中供热面积90万平方米，城市集中供热率达99.7%。天然气用户56.4万户，液化气用户10万户，城市气化率98.6%。城市供水管网810千米，城市日供水能力41万立方米，城市供水普及率99.6%，水质合格率100%。宇鑫大厦成功爆破，完成北城墙区域拆迁工作，古城墙建设完工，护城河全线贯通。

环境建设 2016年，大同市建成区增加绿化面积117万平方米。城市建成区绿化覆盖率、绿地率、人均公共绿地分别达到40.96%、36.84%和15.27平方米/人。完成造林面积约32.55万亩，其中人工造林完成约28.05万亩。启动御河、十里河等流域生态治理重大项目，坚持控煤、治污、管车、降尘四管齐下，空气质量二级以上良好天数314天，空气质量综合指数5.21，连续四年名列全省第一。

文化旅游 2016年2月，中国大同古都灯会在大同古城南城墙、东城墙、北城墙举行。8月，“影像的力量”中国（大同）国际摄影文化展在大同市古城北城墙中国雕塑博物馆开展，展出600多位作者1000多幅摄影作品。2016（第五届）中国（大同）国际汽车旅游文化嘉年华在南城墙举行。大同市旅游总收入完成363.3亿元，增长29.2%，其中国内旅游收入360.7亿元，增长29.4%。接待国内游客4041.5万人次，接待海外游客6.97万人次，分别增长26.5%和6.0%；旅游外汇收入4023万美元，增长7.0%。7月，方特欢乐世界主题公园开园迎客。9月，古城墙免费向公众开放，全年接待游客49.15万人次，同比增长316.68%。12月，大同明堂遗址公园向公众免费开放。

社会保障 2016年，大同市企业职工养老保险参保56.8万人，增加2.6万人；城乡居民基本养老保险参保109.1万人，增加0.5万人；城镇基本医疗保险参保133.4万人，增加0.5万人；失业保险参保45.1万人，增加748人；工伤保险参保43.0万人，增加0.8万人；生育保险参保43.9万人，增加0.2万人。纳入城市最低生活保障居民5.74万户、12.01万人，发放城市低保资金4.48亿元；纳入农村最低生活保障居民12.81万户、16.09万人，发放农村低保资金3.37亿元。提供住宿的社会服务机构77个，床位8923张，收养救助5241人。建立各种社区服务设施723个，其中综合性社区服务中心174个。销售社会福利彩票3.93亿元，筹集社会福利资金3313万元。

过街天桥工程 2016年，大同市

10座人行过街天桥建成投用，分别是：源茂街与红旗街交叉十字路口的源茂街天桥、魏都大道长途客运站区域的魏都大道新南站天桥、迎宾街与红旗北街交会路口的迎宾街2号天桥、一中高中部南门与柳航新村小区之间的向阳街1号桥、一中初中部与水泉湾龙园西门之间的御河西路1号桥、迎宾街与友谊街交会路口的迎宾街1号桥、北都国际酒店南侧与御馨花都东北角之间的北都街1号桥、御馨花城东南角与大同银行之间的平城街1号桥、蓝天商城与华林新天地商厦之间的清远西街1号桥、恒源魏都与对面现状绿地之间的同泉路1号桥。

北环桥、北环路通车 2016年8月26日，大同市北环桥、北环路通车。北环路御河桥工程西起武定北路，东至文兴路北延，全长3.73千米，红线宽50米，总投资9.41亿元，是大同市北部连接御东和御西交通主干道。北环桥以五岳之一的北岳恒山主峰——天峰岭与翠屏峰为造型元素，采用非常规结构的三角拱形式，结构体系为国内首创。

城市公共自行车投放 2016年，大同城市公共自行车项目总投资3.7亿元，投放3万辆自行车，建设1500个服务点，主要围绕公交点、医院、学校、公园、居民区、商业中心、行政机关和企事业单位、旅游景点等人流量大的区域建设存放点，主要覆盖城区、南郊区、矿区、开发区人口密集区域。采用“亭棚结合、智能管理、通租通还”建设模式，统一标准、统一设施、统一平台打造慢行交通系统，市区内按照500米左右服务半径设置服务点，方便市民短途出行。公共自

2016年大同市辖县(区)经济指标统计表

县　市	地区生产总值（万元）	农林牧渔业总产值（万元）	固定资产投资（万元）	社会消费品零售总额（万元）	一般公共预算收入（万元）	一般公共预算支出（万元）	人均可支配收入（元）	
							城镇居民	农村居民
城　区	1448503	–	1059263	2419666	35316	222810	29200	–
矿　区	230141	–	235101	945403	8123	129410	28223	–
南郊区	3339481	126172	2666799	1057281	81215	224078	23518	13309
新荣区	243852	76144	816418	101386	13506	71818	22009	8185
阳高县	302967	219982	976147	114580	10857	181819	19352	6730
天镇县	229721	123734	840763	95643	8077	169032	19647	6060
广灵县	224041	115104	852531	99468	8673	176115	19656	6400
灵丘县	304772	84919	850085	302095	11218	204802	24093	6701
浑源县	371526	164575	1312148	321589	23253	236390	20484	6633
左云县	369038	57207	800138	232169	33529	124789	24215	10714
大同县	269206	141308	874492	159265	16200	157096	18242	8189

行车自助管理系统采用物联网技术，市民通过传统IC卡、手机扫码，以及互联网新技术等即可实现自助租车、还车。截至12月6日，公交自行车项目建设337个服务点，安装锁止器1.15万个，投放自行车1.05万辆，办理自行车IC卡2.53万张。

大同—太原旅游专列“云冈号”开通运营 2016年5月27日，山西铁路首趟“Y”字头城际旅游列车大同至太原“云冈号”列车开通。两座城市之间旅行时间首次缩短至3小时以内。大同市政府和太原铁路局推出两地群众“双向八折”优惠活动：乘坐该趟旅游列车20人及以上团体，享受火车票价8折优惠；持该趟列车车票旅客，在大同市旅游景点现有优惠票价基础上，再享受8折优惠；由大同旅行社组织，乘坐该旅游列车的游客享受太原市各旅游景点门票8折优惠。

2016山西省旅游发展大会在大同举办 2016年6月17日，大同市当选2016山西旅游发展大会（简称2016省旅发会）主办权城市并获“最具文化旅游魅力城市奖”。8月31日，2016省旅发会在大同召开，由山西省人民政府主办，大同市人民政府承办，会议主题为“全省大联欢，让旅游快乐起来”。大会由主题活动和系列活动组成，主题活动包括主题会议、山西精品旅游线路推介会和参观考察活动，系列活动包括中国旅游创新峰会、2016首届大同国际休闲体育旅游周、中国恒山登山节、方特欢乐世界狂欢节、2016中国(大同)国际汽车旅游文化嘉年华、中国古都非遗文化博览会和大同·理想音乐艺术生活节等。旅发会期间，大同市与四家企业签署《关于建设会展中心和其他城市公共事业合作协议》《文化旅游综合体和房车旅游露营地项目合作协议》《“天下大同”大型实景情境式旅游演出与文旅体验综合体项目合作协议》《潘家园(大同)古城文化商业项目合作协议》4个文化旅游产业招商引资项目。启动“大同旅游产业百千万亿工程”——邀请全国百强旅行社到大同参加2016省旅发会，促进山西省旅游项目在全国推广；抽取1000名幸运游客免费到大同三日深度游；拿出1万张大同经典景区门票以1元价格让游客在网上抢购；设立2亿元大同旅游发展扶持资金。向北京、天津、张家口、乌兰察布和山西11市发售“中国·大同旅游一卡通”。山西精品旅游线路全国百家知名旅行社推介会上，太原市郝庄镇旅游开发项目、山西张家河旅游文化发展有限公司等20个项目当场签约，签约资金166亿元。

全国热气球锦标赛在大同举行 2016年8月2日至13日，2016全国热气球锦标赛在大同举行。来自全国的50支热气球团队、200余名热气球运动员参赛。比赛执行国际航联《AX–7活动规则范例》。其间，参赛运动员进行“飞越大同县火山群”“飞越文瀛湖”“喷火表演”“飞越古城”等飞行表演活动。飞行员刘翔及助手刘忠羽以总成绩5362分获得冠军。

（冯晋慧）

【大同市城区】 大同市城区位于大同市中部，总面积为46.13平方千米，下辖15个街道办事处。

大同市城区旅游资源有华严寺、善华寺、九龙壁、法华寺、白塔寺、鼓楼、朝阳寺等古建筑，大同古城复原建筑群，与浑源悬空寺、北岳恒山遥相呼应。

项目建设 2016年，大同市城区魏都澜庭、久盛建材批发市场、供水管线铺设及改建工程等项目实现开工。大西街公园一号项目、大西街农贸食品批发市场、玄辰广场等项目加快建设。亨宇商贸楼、福寓苑综合楼改造、财富官邸二期等项目主体竣工。和汇百合湾、上河万家广场、大同市互联网+产业园等项目交付使用。

城乡建设 2016年，城区大同古城城墙实现全面合拢。启动实施武定北路、西环北延东侧、平城街西南角3个棚户区改造项目。投资7.18亿元，进行82个老旧小区综合整治。完成法院南侧路、康乐园小区路等8条道路的铺设任务。推进94座城市公共空间建设。协助推进4个便民市场建设，西环便民市场、黄花街便民市场、南三环便民市场完工。投资450万元建设“智慧环卫”，在320部车辆上安装GPS，为600名环卫工人发放智能定位手机，建成监控大厅并启动运转。完成房屋征收9667户、60.57万平方米，安置5990户、55.82万平方米，签订货币化补偿协议688户。

产业转型 2016年，大同市城区探索第二产业发展新途径，与兄弟县区联合成立城区工业园，重点发展非煤工业产业。新材料制造项目、工业硅项目、国新能源天然气项目、矿用产品加工项目、宏达塑钢门窗加工有限公司、刻印厂、聚丙烯混凝土专用粗纤维、新能源物流配送8个项目落地。成功申报全省中小微企业创业创新基地示范区。清新有你众创空间、太和普众金融创客空间、大同助老服务中心产业基地等一批双创项目落户城区。创建万城中心互联网+服务产业园区，迪卡侬中国有限公司华北总部、大龙网跨境电子商务平台、山西德辰同城配送数据中心等20个项目入驻。创立桐城金域科技创新园区，天津大学新能源院士工作站、分布式太阳能发电站、智能设备开发等项目入驻。发展“康养产业”，完成30个老年日间照料中心的建设。古城东北隅文化旅游项目、潘家园古城文化商业项目签约，博纳影业等4个项目落地。

社会事业 2016年，大同市城区实施素质就业工程，落实培训福利计划，累计就业技能培训1000余人。加强养老5+X服务体系建设，开展御河九号智能化居家养老新模式改革试点。通过“全国义务教育发展基本均衡县(区)”国家验收，被大同市教育局列为全市基础教育综合改革试点县区。与大同大学签署战略合作框架协议，开展全方位合作。成立城区企业家尊师重教33协会，完成14校魏都校区、上河校区、御河九号校区教学楼基础建设，完成41校、46校部分基础设施建设，完成曙光幼儿园加固维修改造和馨泰花园幼儿园室内装修及室外硬化工程。开展卫生监督，查处非法行医案件4起，依法处理3家涉嫌违法黑诊所。开展“文体惠民直通车社区行”，区文化馆开办免费培训班12个。（徐雅丽）

【大同市矿区】大同市矿区位于大同市西南部，总面积约90平方千米，下辖28个街道办事处，116个社区居委会。常住人口514611人。

2016年，大同市矿区人民检察院未成年人刑事检察科被最高人民检察院评为全国先进集体；矿区卫计局被国家卫生计生委评为“2014—2016全国计划生育优质服务先进单位”；新平旺社区卫生服务中心获“全国百强社区卫生服务中心”称号，并获“全国百强社区卫生服务中心”称号，是大同市首家获殊荣基层医疗机构；新胜街道迎新街社区被山西省委评为“先进基层党组织”；煤峪口街道红光街社区获“2016年度省级文明社区”称号；矿区食品药品监督管理局获“山西省食品药品监督管理工作先进单位”称号。

大同市矿区获批独立工矿区 2016年，国家执行全国部分独立工矿区参照资源枯竭城市转移支付政策，矿区获批成为政策支持的全国66个、全省5个独立工矿区之一，也是大同市唯一县（区）。被列为独立工矿区国家政策支持区后，赴国家、省发改委对接工作，与市发改委征求意见、论证项目，在矿区范围内召开2次独立工矿区预报项目征求意见会，与同煤集团就项目共建有关事宜磋商。编制完成《大同市矿区独立工矿区转型发展行动计划（2016—2018年）》，申报转型发展项目41项，总投资2.6亿元，通过省发改委评审，上报国家发改委、财政部。

项目建设 2016年，大同市矿区华能煤机截齿、裕隆三网合一两个项目建成投产，富达昌防爆变频开关和百易通防爆电器开关两个项目主体工程完工。实施同安电线电缆、云新胶带、永盛机械3个区企共建项目。重庆迪迪逛客科技公司总部回迁矿区，引进北京怀亮互联网+教育、小麦苗电商等互联网经济项目。

科学技术 2016年，大同市矿区裕隆环保、百易通、富达昌等企业，与中科院、哈工大、同煤集团等科研院所建立技术创新联盟。2016年，富达昌煤机、大源药业2家企业技术中心获得“山西省中小企业技术中心”认定。矿区山西省中小企业技术中心总数达5家。百易通科技、裕隆环保、卓立机化、富达昌煤机、大源药业5家企业获“省级技术研发中心”认证。围绕新兴科技建成富达昌、新发地、同煤青年3个青年众创空间。

食品药品安全监管 2016年，大同市矿区成立大同市首家食品药品应急指挥中心，调阅各监管站执法视频、日常监管数据等资源，配合应用车载GPS定位系统。

社会保障 2016年，大同市矿区低保月人均补助水平由449元提高到469元。城镇居民医疗保险标准由41元提高到45元，矿区财政补助660万元。2016年末，矿区16872户36719人享受最低生活保障待遇，发放低保金13776万元，医疗救助低保对象1915人次284万元。矿区首次集中52万多元，惠及1万户困难家庭。

矿区出入境接待大厅对外运行 2016年1月，矿区恒安分局出入境接待大厅揭牌。接待大厅位于恒安新区Q区和瑞街口往西300米处，占地面积800平方米。（武新田）

【大同市南郊区】南郊区位于大同市南部，总面积1068平方千米，下辖3镇7乡，190个村民委员会。2016年，全区人口自然增长率为3.64‰。

2016年，大同市南郊区种播面积24.7221万亩，粮食种植面积20.9074万亩，粮食总产量6.87万吨。森林覆盖率18.88%，林木蓄积量10.27万立方米。旅游资源有高山堡、甘河村三圣寺、西严寺、玉龙洞、云冈石窟等。2016年，南郊区获山西省文物局颁发的“文物保护工作先进县（市、区）”奖和省文化厅授予的“扫黄打非”先进集体奖。

城乡建设 2016年，大同市南郊区完成东小城二期项目土地征收任务，完成危房改造任务1595户。完成区直管楼、古店钢厂生活区、吉安里小区、兴周里小区、马军营居民小区、平旺睦鑫园小区六个老旧小区综合整治。开展基础设施建设，完成城市市政基础设施建设投资1.2亿元，新建和改造城市道路3千米。泉新路改造、绿化工程完工，路灯照明全部开通。口泉中心区建设继续拓展，完成区民兵训练中心、区法院审判法庭两个项目工程建设。

环境建设 2016年，大同市南郊区按照《大同市2016年大气污染防治行动计划》，实施“蓝天行动”。整治建成区内燃煤锅炉、禁烧秸秆及树叶、整治扬尘污染和重点企业环境违法行为。建设完成全长6.565千米的十里河大同市矿区吴官屯至云冈湾河道治理工程。完成京津风沙源治理水利水保工程建设任务。空气质量二级以上天数达261天，PM2.5同比下降4.88，PM10同比下降4.82，空气质量综合指数4.93。

脱贫攻坚 2016年，大同市南郊区扶贫建档立卡，对贫困人口进行核对，对数据库进行更新完善，完成5个贫困村、1200人减贫任务；开展易地扶贫搬迁工作，涉及高山镇的上碗沟、小蒜沟、南沟、万家嘴、白塘5个贫困村235户519人建档立卡贫困人口；推进整村脱贫项目，涉及古店镇北榆涧村、赵家窑村、窨子沟村和西韩岭乡谢店4个村共650户1405人。组织农民通过集中养殖奶牛，到户分红的模式完成精准脱贫。主要与天和牧业股份有限公司合作，由企业托管养殖奶牛；开展教育扶贫，2016年教育扶贫支出5万元，雨露计划支出10万元；实施社会保障兜底脱贫，符合条件的低保户、五保户和残疾人口，全区4个乡28户86人农村低保人口，民政兜底完成脱贫任务；组织贫困户参加大病医疗补充保险和意外伤害保险。

社会保障 2016年，大同市南郊区城市低保标准达到469元/月/人，比上年提高20元；农村低保标准达到2898元/年/人，比上年提高240元。实施“春霖助学行动”，为119名在大学就读的农村低保家庭子女发放教育救助资金23.8万元。发放医疗救助款690.55万元。发放五保金67.23万元，集中供养标准达到5960元/年，比上年提高3560元，分散供养标准3800元/年，比上年提高2270元。发放临时救助金75.26万元，发放孤儿救助金25.7万元。完成云冈欣泰平安老人院（云佛新村）筹建工作，建成百人以上床位医养结合的养老院。新增11个农村日间照料中心。（安　军　周立娟）

【大同市新荣区】 大同市新荣区位于大同市北部，总面积1018平方千米，下辖1镇6乡，140个行政村。常住人口11.26万人，人口自然增长率为4.37‰。

2016年，大同市新荣区耕地面积63万亩。粮食总产量5542万公斤。新荣区旅游资源丰富，全区有国家、省、市级文物保护单位28处。区内有太玄观、方山遗址、古长城、宁静寺、宣宁县城遗址等历史人文景观和采凉山、四家山、弥驼山、万泉河、饮马河等自然景观。

项目建设　2016年，大同市新荣区建成华胜新成石墨示范车间。新成新材料公司年产20万条受电弓项目竣工，2万吨电解液项目主体工程建成。宇林德公司在“新三板”上市。中能华泰2万千瓦光伏发电项目、华润新能源5万千瓦光伏发电项目并网发电。推进华润新能源风电项目基础建设工作。

“三农”工作　2016年，大同市新荣区打造标准化养殖小区20个，完成棚圈建设2.5万平方米。完成农机深松作业1.5万亩，发放农机具购置补贴122万元。完成4个乡镇81个村土地确权工作，流转土地4.87万亩，增加农民财产性收入195万元。改善农村居住环境，完成八墩、畅家岭、刘安窑、安乐庄4个美丽宜居示范村建设。扶持伊磊牧业、华进薯业、森旺农林牧等公司，带动农业产业化发展，通过订单种植、土地流转、进厂务工等措施，帮助3000多户农民增收8000多万元。开拓门店直销、展览促销、超市代销、电商营销、企业包销等渠道，农产品商品化程度提高14%。与华联超市合作，将新荣区农产品打入北京市场。

城乡建设　2016年，大同市新荣区修订区址发展总体规划，编制区址供水、排水、供热等专项规划。城际快速通道、大呼高速连接线得到支持性批复。“两区”改造推进建设。工矿棚户区30栋楼主体完工，28栋楼地基完工。采煤沉陷区一期13栋楼主体完工。对2个老旧住宅区、4栋教师楼综合整治，改善近200户群众居住条件。对3个小区、3条街道近4000米供热主管道进行改造，新增集中供热面积13万平方米。开展市容市貌“百日”集中整治行动，维修区址主干道路面153处。3个垃圾转运站完成土建工程及车辆采购。完成农村危房改造1170户、地质灾害治理搬迁100户。白庙—西村运煤公路、前井沟—下甘沟路面改造工程、农村公路拓宽工程全部建成通车。解决群众生活饮水和生产用水短缺问题，改造区址部分供水管道，完成张士窑新水源地建设，为区址日增供水1000多吨。新建水源工程33处、节水工程20处。实施方山永固陵保护设施建设项目、得胜堡玉皇阁及瓮城抢险加固工程。

民生事业　2016年，大同市新荣区完成一小、二小、新荣中学等12所学校维修，改扩建2所农村幼儿园。建立统一的城乡居民基本医疗保险制度，新型农村合作医疗保险人均筹资标准由470元提高到540元，政策范围内住院报销比例平均达到75%。为农村60岁以上老人免费进行体检。落实再就业优惠政策，全年城镇新增就业1110人，就业困难人员实现就业205人，各类失业人员再就业1010人，转移农村劳动力605人。开展“文化惠民”活动，完成8142套“户户通”安装任务。做好低收入群众生活保障工作，为13362名城乡低保户发放低保金3946万元。大同市新荣区完成地名调查目录编制、外业采集等工作。（贺雨顺）

【阳高县】 阳高县位于大同市东北部，总面积1678平方千米。下辖7镇6乡，262个行政村，15个社区居民委员会。总人口285586人。

2016年，阳高县粮食产量达26.5万吨。旅游资源有云林寺、许家窑遗址、大泉山森林公园、古城堡汉墓群、长城及镇边堡、守口堡等。2016年，阳高县第八次入列“中国最具投资潜力中小城市百强县”，获“中国最美养生休闲旅游名县”称号。

项目建设　2016年，阳高县阿特斯50兆瓦光伏发电公司投产达效，进入规模以上企业行列。山纳公司2×6兆瓦背压发电项目建成发电。奥盛兴铁合金公司点火复产。同泰废旧轮胎回用项目2016年10月建成投产。同煤集团低热值煤发电项目和晨昀碳素搬迁扩建项目土建工程完成。沈阳佳晔生物质有机肥及生物质天然气、国腾生物有机肥等5个亿元级项目完成签约工作。

城乡建设　2016年，阳高县完成众和路和暄阳街道路改造、县文化馆改建、花园集贸市场建设、东关区域排水管网改造工程。开工建设阳和公园。硬化小街小巷24条，约1万平方米。按照“见缝插绿、缺绿补绿”原则，县城内新增补绿地2.3万平方米启动县城老旧平房成排成片置换搬迁。新建美丽乡村2个，建设乡村公路77千米。启动大张高铁站、天大高速口周边及白登河公园建设一体化项目，完成云林寺修缮工程、阳和城墙抢险加固工程。

生态建设　2016年，阳高县实施堡子湾水库建设、白登河治理二期等重点水利工程，以及京津风沙源治理、巩固退耕还林、大泉山重点区域绿化等7个项目，绿化村庄5个，新增造林绿化面积4.53万亩。对3家企业燃煤锅炉进行升级改造，推进农村采暖“煤改电”工程，开展环保大检查和"铁腕治污"等专项行动，改善环境质量，全县空气质量二级以上天数比上年增加13天。

民生事业 2016年，阳高县改善阳高一中、阳高四中基础设施，完成太平堡小学和东册田、太平堡、柳家泉3所农村幼儿园校舍建设。为农村学校招聘特岗教师50名，为阳高一中、县职业技术学校招聘教师18名。完成县人民医院消毒供应室改造和43个贫困村卫生室建设任务。开工建设2016年公租房建设项目和棚户区改造安置房项目。完成新型合作医疗保险与城镇居民医疗保险合并工作，完善城镇医保信息系统和省内异地医疗费用结算，群众就医和费用报销明显便捷。帮助590名农民工解决欠薪500多万元，维护农民工利益。

转型综改 2016年，阳高县深化商事制度改革，对公司、个人独资企业、农民专业合作社全面推行"三证合一"，优化服务流程，实现"一照一码"登记注册和"一窗受理、互联互通、信息共享"。建立不动产统一登记管理体制，将部门分散承担的不动产登记职责予以整合，成立不动产登记中心。在罗文皂镇、王官屯镇进行扩权强镇试点，把能下放的权限全部下放。探索供销合作社综合改革，成立阳高县乡情电子商务有限公司作为县级平台，开通电子商城平台和114个体验店。构建新型农业经营体系，新增注册家庭农场14家，全县总量达到60家。推进农民合作社"358"示范社建设行动，新增合作社67家，全县总量达到1000家。

文化旅游 2016年，大同市阳高县集旅游、康养、休闲、文化体验、现代农业科技示范为一体的佳润生态农林示范园项目主体工程完成。对镇边堡、守口堡段长城周边环境进行整治，启动运营镇边堡明清一条街，开展六棱山、桑干河、大泉山风景区以及通用机场项目前期工作。举办杏花节、古韵长城摄影节等系列活动。杏泉峪、玉安度假岛、阳光99、九龙温泉游客人数增多，全年全县接待游客127.5万人次，同比增长15.8%；实现旅游收入9.69亿元，同比增长15.6%。缘源文化生态园、大同德丰影视基地、和川旅游开发、北京蓝海易通休闲农业与乡村旅游融合发展等一批项目落户阳高县，康养旅游产业继续发展。

（张　雯）

【天镇县】 天镇县位于大同市东北部，总面积1636平方千米，下辖5镇6乡，222个建制村。户籍总人口215821人，常住人口有212610人。

2016年，天镇县农作物播种面积60.9万亩，粮食播种面积54.9万亩。旅游资源有慈云寺、保平堡、沙梁坡汉墓群、李二口长城、神头山、黑龙寺山林、盘山石窟、玉皇阁、马总兵宅邸、双成桥等。

项目建设 2016年，天镇县晋能二期沙屯堡6.5万千瓦光伏发电，华润夏家沟2万千瓦光伏发电以及5.2万千瓦光伏扶贫项目并网发电，全县新能源发电并网装机总量55.7万千瓦。国网公司赵小堡220千伏变电站投运。北辰正方住宅产业化生产基地项目上马2条生产能力100万千瓦的建筑构件生产线。

城乡建设 2016年，天镇县改造老旧小区600套。新开工公共建筑4项，骏驰机动车驾驶培训学校投资860万元，建筑面积3131.5平方米；公安局刑事技术指挥大楼投资1219.4万元，建筑面积5806平方米；新开九岸花城住宅小区，建住宅14.32万平方米，商业4.12万平方米，幼儿园1939平方米，主体工程完工。农村住房抗震改建主体工程完工。农村危房改造主体工程完工。完成100套公租房的立项、评估、贷款等工作，共6000平方米的回购项目。县城集中供热投资185.8万元，埋设5处1988米管道。埋设东门外文安街和葛家屯供水管道9234米。完成滨河北街排水管网2685.4米、路基1156米。完成街巷路面硬化和排水管建设工程8处。清掏县城雨污管网3.3万米。新增天然气普通用户195户、工商用户12户。县城集中供热面积达143万平方米。

环境建设 2016年，天镇县对县城燃煤锅炉和经营性燃煤污染进行专项整治，完成广厦热力有限公司燃煤锅炉污染治理设施升级改造。对较大3家餐饮服务安装高效油烟净化装置，并要求县城餐饮服务经营场所及单位食堂全部使用清洁能源。淘汰黄标车、报废车、老旧车。对施工工地进行扬尘整治。在兰玉堡、宣家塔设有南洋河水质监测断面，南洋河水质达到Ⅳ类水域功能区标准。完成唐八里村、三十里铺村和塔儿村生活污水管网铺设。完成新平村传统村落环境综合整治。完成宣家塔、兰玉堡和册田水库三个断面规范化建设。污水处理厂实施提标改造工程。全年监测县城空气质量308天，二级以上天数256天，三级40天，四级12天。

社会保障 2016年，天镇县城镇职工基本养老保险参保20825人。其中，企业职工养老保险参保15411人；机关事业单位养老保险参保5414人；城乡居民社会养老保险参保104306人。城镇基本医疗保险参保31134人；失业保险参保7122人；工伤保险参保8328人；生育保险参保11837人。累计发放社会保障卡124795张。招考"三支一扶"大学生7名。接收大中专院校毕业生300名，办理学生档案210名。全县取消超出城乡低保条件的低保户1407户，新纳入低保对象1677户。截至2016年底，全县有城市低保对象3380户8650人，共发放低保金1239万元，农村低保对象有14895户23854人，共发放低保金5037万元。农村低保对象有14895户23854人，共发放低保金5037万元。有五保户3141人。其中分散供养2732人，敬老院集中供养409人。为240名孤儿发放孤儿生活费180万元。建成谷前堡村等18个农村老年人日间照料中心。发放城乡医疗救助金479万元，救助1957人次。为五保户、优抚对象和城市低保对象缴纳医疗保险。发放临时救助金168万元、救助1648次。

（高志英）

【广灵县】 广灵县位于大同市东北部，总面积1283平方千米，下辖2镇7乡，180个行政村。全县总人口18.59万人。

2016年，广灵县耕地面积45万亩(其中水浇地20万亩)，粮食总产量16.75万吨，森林覆盖率21.5%。旅游资源主要有水神堂、壶泉、圣泉寺、圣佛寺、壶流河湿地、白羊峪、甸顶山草原、赵长城、汉墓群、古冰川遗迹、汉白玉石林、广济桥等，还有旧石器、新石器文化遗址以及唐松、唐槐、明柳、明榆等名树古木和七星院落等自然人文遗产。广灵县被誉为“中国民间文化艺术之乡”“国际剪纸艺术之乡”“中国最佳文化生态旅游名县”等。广灵县获“国家级绿色农业示范区建设单位”“中国绿色名县”“国家首批绿色能源示范县”“国家首批有机产品认证示范创建县”“山西省文化建设示范县”“山西省文化建设先进县”等称号。

项目建设 2016年，广灵县金隅水泥总投资5100万元的水泥窑协同处置技改项目工程竣工。总投资8亿元的国电南村风电场二期、总投资8.5亿元的土巷口风电场项目和总投资8亿元的润广风电卧羊场三期完成前期工作，待省发改委核准。发展电子商务，新成立京东广灵县服务中心，6个乡镇设立村级合作点7个，实现总网销售400余万元。规划实施开发区、产业园区和基地建设，启动总投资109.65亿元的37个重点项目。

城乡建设 2016年，广灵县实施宜居“三大工程”，2012年和2013年2375套廉租住房、2015年和2016年200套公租房和100套公租房基本建成，1406套涧东新区新建棚户区安置房工程开工，107套货币化安置任务完成，11873套棚户区改造工程开工，3410户农村危房改造和1100户抗震改建工程完工，老旧小区综合整治和“城中村”综合整治工程继续推进。推进县城生活垃圾收转运系统、污水处理厂升级改造、生活垃圾处理场渗滤液处理等项目，完成县乡道路改造、撤并建制村通硬化路、道路安防、道路水毁抢修等工程。

生态建设 2016年，广灵县重点推进京津风沙源治理工程、巩固退耕还林成果工程和高速路国省道两侧荒山造林工程，完成营造林总任务5.03万亩。推进水污染、大气污染和土壤污染防治，完成4个农村污水防治项目，县城饮用水水源地一、二级保护区和7个乡镇饮用水水源地保护区水质达标率100%。

民生事业 2016年，广灵县新建、改建下林关和尚疃2所村级幼儿园并投入使用，实施“全面改薄”计划，通过国家义务教育均衡发展评估认定。推进医药卫生体制改革，新型农村合作医疗保险参保率达99.52%。建成农村老年人日间照料中心8所，逐步形成覆盖县、乡、村三级社会福利供养保障体系。

全域旅游启动实施 2016年，广灵县编制《广灵县旅游总体规划》和《广灵县乡村旅游规划》，启动圣眷峪、白羊峪和长江峪3个旅游规划的编制工作。实施旅游产业扶贫行动，申报山西省“乡村旅游扶贫村”3个，完成乡村旅游扶贫工程基本情况调查摸底工作，申报美丽乡村15个。开展文物和旅游资源挖掘归集工作，整理国有不可移动文物329处，编制完成《广灵旅游资源》《不可移动文物名录》等一批重要资料。洗马庄遗址、殷家庄古民居等6处古遗址、古建筑入选山西省第五批省级文物保护单位。举办摄影和微视频大赛及印象广灵有奖征文活动，拍摄《域美广灵·灵山秀水》等宣传片，组织开展旅游形象宣传口号和重点旅游资源区名称标识征集工作。 （姜成晋）

【灵丘县】 灵丘县位于大同市东南部，总面积2732平方千米，下辖3镇9乡，5个行政村，12个社区居委会。总人口245671人。

2016年，灵丘县耕地面积51万亩。红色旅游资源有平型关大捷遗址、白求恩特种外科医院、359旅游部旧址等；古色旅游资源有战国时期的赵武灵王墓、北魏时期的觉山寺、唐代的曲回寺石冢群和明代的内长城；绿色旅游资源有空中大草原、桃花溶洞风景区、花塔村等。2016年，灵丘县被列入第二批“国家全域旅游示范区”，获“中国最美生态宜居旅游名县”称号。通过省级验收和国家“全国义务教育发展基本均衡县”认定。

项目建设 2016年，灵丘县东田创新产业园超纯铁精粉项目建成投产。新材料产业园区完成规划编制，并与河北卓达集团达成园区开发、珍珠岩深加工投资合作协议。推进石家庄东方能源公司40万千瓦风电供暖示范项目、中科汇海生物质热电联产项目前期工作，建投公司凤凰山49.5兆瓦风电场项目上报省发改委待核准，南甸子梁49.5兆瓦风电场项目并网发电。山煤灵丘比星公司100兆瓦光伏发电项目一期工程30兆瓦并网发电，完工独峪乡9个村900千瓦光伏扶贫项目。库邦公司年产80吨医药中间体及科研基地项目基础工程完成80%。润生公司细胞培养基项目建成投产。通用航空产业园完成机场军转民工作，委托北京航空航天大学通航研究中心编制的规划通过评审，并与北京丰荣航空等10多家企业招商对接。展开平型关广场等传统商贸项目建设，天津恒嘉利公司冷链物流项目投产运营。“冬季行动”招商引资项目山西德威众创农牧科技公司现代化农牧高新科技项目在该县农业科技园区举行奠基仪式。与中合三农集团有限公司达成养殖产业精准扶贫项目战略合作协议。

城乡建设 2016年，灵丘县编制县城整体规划、土地利用规划等专项规划。推进唐河尚府二期、祥和嘉园二期、嘉和雅园等房地产项目建设。实施县城供热、供气、供水工程，增加供热面积30.22万平方米，累计265.4万平方米，供热普及率87.5%；增加天然气用户2500户，累计1.2万户，供气普及率80%；增加供水用户2200户，累计31073户，供水普及率91%。县城绿化覆盖率37.5%。武灵镇城中村综合整治工程投资900万元，重点实施城中村道路及污水、雨水管网改造工程。建制镇综合整治1615套。108国道改建工程进展顺利。县道孙庄线孙庄—柳科段公路改造工程建成通车。农村公路窄路基路面拓宽改造工程、农村公路撤并建制村通硬化路工程和安全生命防护工程完工。省道大灵线县城段改线工程竣工通车。

环境建设 2016年，灵丘县各类造林绿化面积50343亩。门头峪水库工程主体工程完工。京津风沙源治理工程和国家水土保持重点工程完工，治理小流域面积3422.9公顷。开展大气、水、土壤防治工作，实施“美丽乡村”创建工作。北泉森林公园和平型关森林公园被列为省级森林公园。全年县城空气质量二级以上天数293天。

民生事业 2016年，灵丘县建成20个农村老年人日间照料中心，社会福利中心儿童部主体工程竣工，红石塄乡车河社区敬老院基础工程完工。2014年1000套公租房项目3.9万平方米的主体工程封顶。改造2130户农村危房工程和加固500户抗震工程。发放低保、困难群众医疗救助金613万元，下拨救灾资金580万元，发放优抚金583万元。建设各类保障性住房1200套，发放租赁住房补贴645万元，新分配廉租房334套。实施总投资1.39亿元的义务教育薄弱学校改善工程，新建、改扩建校舍面积1.98万平方米。

第三届车河国际有机农业论坛 2016年8月14日，中国农业大学新农村发展研究院、中国国际商会有机产业发展委员会、中规院（北京）规划设计院、灵丘有机农业园区管理委员会联合举办的“第三届车河国际有机农业论坛”在灵丘县车河有机社区开幕，论坛主题为“有机农业助力精准脱贫”。根据灵丘有机农业园区发展和平型关国家有机农业公园建设与产业升级需求，增加“乡村建设与民宿”“有机农业生产与营销”和“有机苦荞产业”3个分论坛。来自国内外50多位专家学者围绕有机农业发展、利用现代有机农业助力脱贫攻坚等进行主旨发言与交流研讨。

（高晓彬　刘甫花）

【浑源县】 浑源县位于大同市东南部，总面积1966平方千米，下辖6镇12乡，315个行政村，11个社区居民委员会。总人口350516人，人口自然增长率6.4‰。

2016年，浑源县农作物播种面积65万亩，其中粮食作物51.8万亩。粮食总产量达17.1万吨。浑源县是中国黄芪之乡，世界顶级黄芪—正北芪的产地。旅游资源有北岳恒山、恒山悬空寺，有青铜器遗址、麻庄汉墓群、古长城、古城堡、古烽火台、古磁窑遗址、革命烈士纪念塔、汤头温泉等。

转型综改 2016年，浑源县多元产业支撑体系基本形成。煤炭产业企稳回升。推进煤炭管理体制改革，落实全省煤炭“20条+17条”政策措施，各类涉煤收费依规清理，撤销县境内所有收费站点。按照“提高产业集中度、提高整体发展水平、提高安全保障能力”总要求，加快煤矿企业兼并重组。石材产业更注重工艺更新改造，开发花岗岩资源的下游产品，延伸产业链条，提高产品附加值，北岳日月花岗岩精深加工项目建成投产，所生产石材新产品获多项奖项。推进150万千瓦的官儿抽水蓄能电站、东方宇华10万千瓦风电、203省道改线、扶贫产业园等重点项目建设，风力发电投产25万千瓦、在建15万千瓦、开展前期25万千瓦。推进王千庄水库建设、抗旱应急提水、神溪灌区节水改造等水利项目工程。启动实施大磁窑、下盘铺新建旅游示范村的“恒山古镇”建设项目。落实山西省扶持小微企业15条政策措施。县黄芪科技开发项目完成投资8000万元，恒山酿酒厂等企业技改项目完成投资9800万元。

城乡建设 2016年，浑源县启动实施《浑源县城市总体规划（2010—2020年）》的规划期限调整为2030年的修编工作；完成《浑源历史文化名城保护规划》成果编制；完成《浑源古城历史文化街区保护规划》初步方案编制。推进市政工程建设，铺开翠屏路交通局周边、线材厂周边棚户区综合改造工程；总投资7.5亿元的凯德世家商业综合体建设工程投入使用；推进文庙、州衙、圆觉寺历史街区修缮工程；实施迎宾街改造、永安街东延、天峰路通达、兴隆街建设等道路工程；新增供水、排水、供汽、供热等管网工程；开展美化、绿化、亮化、硬化等城乡环境建设。健全完善110智能指挥系统，实施“天眼”等智慧城市建设工程。推进中心集镇建设。启动西坊城镇中心镇建设工作，完成以公用设施、公共服务、公园绿地、中心街市、居住社区为内容的建设工程。

脱贫攻坚 2016年，浑源县引进安瑞科技有限公司等企业，采用“公司+贫困户”形式，在3个乡镇7个贫困村流转宜芪地3.3万亩；实施70个村每村100千瓦光伏电站扶贫项目，总投资3.8亿元的4万千瓦光伏产业扶贫项目2万千瓦经并网发电，2万千瓦经具备并网发电条件。围绕居民安置，易地搬迁帮扶2500人。把集中安置2345人与采煤沉陷区治理工程捆绑实施，主体工程完成80%；分散搬迁贫困户155人。推进造林绿化，生态补偿帮扶脱贫615人。实施5000亩经济林提质增效工程和1500亩新一轮退耕还林工程，增设建档立卡贫困户生态护林员236人，每人每年发放补贴1万元。发展教育帮扶一批贫困对象。为165名贫困大学生发放助学补助82.5万元，为492名高中阶段建档立卡贫困学生免除学费27.84万元；完成千村万人培训就业100人和新型职业农民培训2300人；扶持浑源师范培育2000名贫困家庭学生，完成职业技术学习。扶助弱势群体，社会保障兜底一批贫困对象。

（范颖莲）

【左云县】 左云县位于大同市西部，总面积1314平方千米，下辖3镇9乡，228个行政村。

2016年，左云县农作物种植面积39.92万亩，其中粮食种植面积32.82万亩，粮食总产量35544吨。旅游资源有保安堡、睡佛寺、南禅寺、月华池、长城、八台子圣母堂哥特式塔楼遗址、镇宁箭楼、官山石林、国家级非物质文化遗产楞严寺以及十里河湿地生态园区。

城乡建设 2016年,左云县启动旧城整治和新区建设工程,实施道路、安居等6大项12个工程。北环路城市综合体项目中,全长5千米的北环路整体改造工程通车,实施城市棚户区改造、15个村采煤沉陷区搬迁以及"太阳城"商住开发项目。新建和泰路615套公共租赁住房、85个小区297栋9089户县城老旧楼改造以及1455户农村困难家庭危房改造工程全部完工。云文苑项目主体封顶,"益晟城"写字楼按期竣工并投入使用。109国道县城段改线工程进入征地阶段。三屯至陈家窑旅游公路路基完工,4条便民公路和农村公路窄路面提质工程全部完工,县城公交车正式开通运营。实施北环路和高速公路连接线灯光工程。

生态建设 2016年,左云县实施碧水蓝天工程,完成2.6万亩造林任务,实施24.75千米长城沿线旅游路绿化工程、19千米县乡通道绿化、6个村庄绿化和6400亩生态治理项目。开工建设小海子综合整治项目,完成2个村生活污水防治和十里河湿地修复与保护工程。农村人居环境持续改善,新创建1个省级和1个市级宜居示范村。县城空气质量二级以上天数达313天。

产业转型 2016年,左云县推进中海油煤制气、京同热电、引黄入左工程,50万千瓦采煤沉陷区光伏项目并网发电。推进煤炭产业供给侧结构性改革,关闭退出北杏庄煤矿。左云经济技术开发区临时供水项目主体工程完工,新兴产业园区完成前期600亩土地征收补偿,启动水电路配套设施建设。现代仓储物流园区完成总规编制,开展土地手续办理等前期工作。建成月华池和夏都国际书画写生基地,与北京潮尚户外俱乐部共同组织露营彩跑音乐节,举办首届左云清凉艺术节和"古塞风韵·魅力左云"绘画作品晋省汇展。

脱贫攻坚 2016年,左云县推进特色产业扶贫等8项工程。发展养羊、马铃薯、中药材、小杂粮等特色农业产业,发挥雁门清高、云中紫塞等龙头企业引领作用,带动农民增收;依托月华池、夏都国际写生基地辐射带动周边群众增收;依托采煤沉陷区光伏项目建设,带动店湾、水窑近1000名贫困人口脱贫。推进易地扶贫搬迁,涉及208户460人的3个搬迁安置点全部开工建设。动员12个农业龙头企业和专业合作社参与脱贫帮扶,完成产业扶贫新增投资1.14亿元,三兴农牧合作社对接贫困户建设的20个蔬菜大棚建成投用。全县12个村、4381名贫困人口脱贫。

民生事业 2016年,左云县推进义务教育学校管理标准省级实验区创建工作推进,完成10所中小学校舍维修工程,推进高级中学标准化体育场、综合技校3个实训基地建设。

(邵明仁)

【大同县】 大同县地处大同市中部,总面积1503平方千米,下辖3镇7乡,3个街道办事处,175个行政村。总人口192213人。

2016年,大同县农作物播种面积63万亩,其中粮食作物播种面积55.21万亩,粮食总产量99709吨。大同县有"中国黄花之乡"称号。旅游资源丰富,境内的大同火山群,是中国五大火山群之一,是东亚大陆稀有的自然遗迹。旅游资源有昊天寺、册田湖、乌龙峡、土林及李殿林故居、吕家大院、南山睡佛、聚乐温泉、"白登之战"遗址等。

工业经济转型 2016年,大同县推动装备制造、货运物流、光伏发电、医药生产、轻工纺织、通用航空、钢构建材等新型产业,工业经济转型取得新成效。"六位一体"(储备、签约、落地、开工、建设、投产)重点工程项目分别完成1334.34亿元、285.6亿元、86.03亿元、62.52亿元、66.03亿元、48.6亿元。总投资8.3亿元的森源激光再制造项目、誉瑞硅微粉加工项目、积德益食品加工项目、大同以琳盛驰矿泉水4个项目投产运行;推进总投资42亿元的骏腾屠宰项目、大同瑞城装配式绿色建筑集成产业基地项目、玄武岩岩棉生产项目、通用航空产业园项目建设,完成投资3.6亿元;煜森铁路非标制造、LED项目、大连冰山冷冻维修3个项目具备开工条件;大同纺织园区、晋北铁路物流园、国电湖东2×100万千瓦热电、大同联合熊猫光伏电站及太阳能板组件生产项目等项目启动实施。

城乡建设 2016年,大同县编制完成《大同县"十三五"近期建设规划》。城市棚户区改造项目基本完成。完成公租房基础建设。县乡道路、火山地质公园旅游路建成通车。污水处理厂提标改造和垃圾转运站建设完成并投入运行。推进营坊沟、邢庄、北石山等7个省、市美丽宜居示范村建设,完成7个村村庄绿化、20个村巩固绿化、20千米通道绿化。

脱贫攻坚 2016年,大同县完成16个贫困村4737名贫困人口年度脱贫目标任务。实施2700户的抗震房改建、危房改造和4560名贫困人口易地搬迁;实施万人就业培训、雨露计划、光伏扶贫等项目,完成73个村级光伏电站建设,成为全省两个贫困县村村有村级光伏电站的示范县之一;加大金融扶持力度,为建档立卡贫困户、龙头企业投放扶贫贷款1.67亿元。

社会事业 2016年,大同县周士庄中学宿舍楼、党留庄中学教师周转宿舍、示范中学教学楼等5所学校加固新建工程,县一中多功能会议厅主体工程完工。企业离退休人员养老金待遇,人均增资15%。城镇基本医疗保险和新型农村合作基本医疗保险参保率达95%,重特大疾病医疗保险实现全覆盖。

生态旅游 2016年,大同县完成造林3.72万亩。完成50千米火山天路景观带建设。入选国家生态保护与建设示范区和全域旅游示范县建设行列。大同火山群沙漠公园、桑干河湿地公园、大同火山群国家地质公园3个国家公园建设同步推进。落阵营入选中国传统古村落名录。"中国诗词之乡"和"国际长寿养生基地"申报工作展开。启动许堡古堡、三府坟康养示范点建设。举行大同火山群自行车环行赛和热气球赛。 (吉广仁)

阳泉市

【概述】 阳泉市位于北纬37°40′-38°31′，东经112°54′-114°04′，总面积4558.93平方千米，下辖3区2县。常住人口140.36万人，人口密度308人/平方千米，城镇化率66.68%。

2016年，阳泉市地区生产总值完成622.9亿元，按可比价计算，比上年增长3.4%。其中，第一产业完成增加值10.2亿元，增长3.5%；第二产业完成增加值299.2亿元，增长1.7%；第三产业完成增加值313.5亿元，增长5.1%；一、二、三次产业构成由上年1.7:49.8:48.5调整为1.7:48.0:50.3。一般公共预算收入41.3亿元，下降6.5%；其中税收收入27.3亿元，下降8.9%。一般公共预算支出95.7亿元，下降3.9%。全年旅游总收入比上年增长24.1%。城镇居民人均可支配收入达27801元，增长5.3%；农村常住居民人均可支配收入达12172元，增长5.9%。

农业 2016年，阳泉市农作物种植面积84.0万亩，比上年下降2.3%。其中，粮食种植面积81.0万亩，下降3.1%；油料种植面积1399.5亩，增长14.6%。在粮食种植面积中，玉米种植面积69.0万亩，下降3.1%。全年粮食总产量25.9万吨，增长4.0%。其中，玉米23.9万吨，增长3.4%。全年肉类总产量2.0万吨，增长8.1%。其中，猪肉产量1.5万吨，增长1.8%；牛肉产量0.02万吨，增长20.0%；羊肉产量0.1万吨，增长22.2%。牛奶产量0.7万吨，下降6.4%。禽蛋产量3.4万吨，下降5.4%。水产品产量621吨，下降26.1%。全市林地面积195.0万亩，森林覆盖率28.5%。造林面积完成4.65万亩，比上年下降58.6%。其中人工造林面积4.2万亩，下降54.4%。荒山荒地造林面积3.45万亩。农业机械总动力42.1万千瓦，比上年增长1.8%。机械耕地面积64.5万亩，下降9.0%；机械播种面积64.5万亩，机械收获面积25.5万亩，分别增长0.7%和72.2%。全市农机化经营总收入达7.1亿元，下降12.4%。

工业建筑业 2016年，阳泉市规模以上工业企业125个，实现工业增加值184.4亿元，比上年增长2.1%。规模以上工业企业原煤产量5110.3万吨，下降20.9%。洗煤3409.0万吨，增长4.7%。电力98.3亿千瓦小时，增长2.9%。规模以上工业企业实现利税17.6亿元，下降22.8%。其中，实现利润总额-21.1亿元，多亏9.4亿元；实现税金38.7亿元，增长12.2%。亏损企业60家，亏损面为48.0%；亏损额28.8亿元，增长41.9%。

全年建筑业实现增加值43.7亿元，比上年下降0.6%。具有建筑业资质等级的总承包和专业承包建筑业企业实现利润总额1.0亿元，下降63.0%；上缴税金0.9亿元，下降77.5%。

能源 2016年，阳泉市一次能源生产折标准煤3761.9万吨，比上年下降18.5%；二次能源生产折标准煤234.2万吨，增长0.6%。规模以上工业综合能源消费量折标准煤512.5万吨，下降1.0%。全年全市全社会用电总量71.2亿千瓦小时，增长16.3%。

投资贸易 2016年，阳泉市全社会固定资产投资完成617.1亿元，增长2.7%。其中，第一产业投资72.5亿元，增长148.4%；第二产业投资239.6亿元，下降7.9%；第三产业投资305亿元，下降2%。按登记注册类型分，国有经济控股投资303亿元，增长1.4%；民间投资306.0亿元，增长2.8%。

社会消费品零售总额完成306.3亿元，增长6.2%。其中，城镇消费品零售额276.9亿元，增长6.4%；乡村消费品零售额29.4亿元，增长4.6%。海关进出口总额13211万美元，下降35.5%。其中，出口额9967万美元，下降34.3%；进口额3244万美元，下降38.9%。

交通邮电 2016年，阳泉市交通运输、仓储和邮政业实现增加值44.5亿元，比上年增长5.0%。公路线路年末里程5658.2千米。铁路货运量4075.1万吨，增长5.3%；铁路客运量260.7万人，增长0.7%。民用汽车保有量达到19.8万辆（包括三轮汽车和低速货车0.1万辆），增长7.9%。轿车保有量12.1万辆，增长8.4%；其中私人轿车11.3万辆，增长9.8%。

全年完成邮电业务总量26.8亿元，比上年增长41.0%。其中，邮政业务总量1.8亿元，增长11.4%；电信业务总量25.0亿元，增长43.8%。移动电话用户年末达147.2万户，下降1.5%，其中4G移动电话用户达83.2万户。互联网接入用户达37.2万户，增长9.7%。

金融保险 2016年，阳泉市金融机构本外币各项存款余额1368.0亿元，比年初增长1.1%。各项贷款余额742.6亿元，比年初增长3.0%。

全年保费收入29.7亿元，比上年增长9.0%。其中，寿险业务保费收入20.4亿元，增长9.9%；健康险和意外伤害险业务保费收入2.4亿元，增长35.1%；财产险业务保费收入6.9亿元，下降0.3%。支付各类赔款及给付13.8亿元，增长13.7%。

教育 2016年，阳泉市普通高等学校招生4927人，在校生13746人，毕业生4372人；中等职业学校招生2319人，在校生7945人，毕业生4899；普通高中招生8628人，在校生27072人，毕业生10060人；初中招生14001人，在校生39504人，毕业生14189人；小学招生12929人，在校生83015人，毕业生14104人。盂县第四中学教师张昀获得第十一届“苏步青数学教育奖”二等奖。组织农民实用技术培训，参与人数达7.7万人次。

科技 2016年，阳泉市专利申请量1714件，其中发明专利申请量710件，分别增长70.9%和215.5%；专利授权量382件，增长14.7%，其中发明专利授权量23件，减少30.3%。全年共取得市级以上科研成果47项，其中市级30项、省级17项。全年共签订各类技术合同64项，技术合同成交总额26.2亿元，增长45倍。全年新登记科技成果47项，获得省级科学技术奖2项。国家认定企业技术中心1家。市级企业技术中心29家。阳泉市在全省首家成立专利行政执法支队，建立专利行政执法长效机制。

文化 2016年，阳泉市有群众艺术馆、文化馆6个、艺术表演团体6个、公共图书馆6个。年末有线电视用户达33.2万户。《阳泉日报》年发行634万份。阳泉广播电台栏目《美妞东哥谝阳泉》获"全国广播电视民生影响力优秀品牌栏目"称号。

卫生体育 2016年，阳泉市有卫生机构(含诊所、村卫生室)1523个，床位6954张。妇幼保健院(所、站)6个。卫生技术人员9893人。3个农业县全部开展新型农村合作医疗保险试点工作，55万农民参加新型农村合作医疗保险。本籍运动员在国内外重大比赛中获金、银、铜牌分别为24枚、36枚和40枚(包括非奥运项目比赛)。销售中国体育彩票6120万元，增长20.4%。阳泉市体校列入2017—2020周期国家高水平体育后备人才基地学校，综合排名第73位，是全省唯一一所入选前100名的国家重点高水平后备人才基地的学校。

环境建设 2016年，阳泉市市区空气环境质量达标天数202天，达标天数比例55.2%。PM2.5平均浓度63微克/立方米，比上年上升16.7%；PM10平均浓度131微克/立方米，上升15.9%；空气质量综合指数7.63，上升14.1%，在全省11个地市中排名第九。二氧化硫、氮氧化物、化学需氧量、氨氮排放量分别下降4.5%、5.2%、6.94%、4.44%。

社会保障 2016年，阳泉市城镇职工基本养老保险参保28.86万人；城乡居民养老保险参保44.06万人；城镇医疗保险参保64.4万人；工伤保险参保25.78万人；失业保险参保25.12万人；生育保险参保24.58万人。城区、矿区、郊区最低工资标准1620元，平定县、盂县最低工资标准1420元。全市城市最低生活保障对象3.53万人，农村最低生活保障对象4.06万人，农村"五保"供养0.68万人，全年共发放最低保障资金2.21亿元。全市各类提供住宿的社会服务机构22个，养老服务机构床位数2105张，各类福利院床位数350张，收养122人。城镇各种社区服务设施480个，其中综合性社区服务中心46个。全年销售福利彩票2.1亿元，筹集社会福利资金1726万元，接收社会捐赠款70.1万元。

中国工农红军第二十四军纪念馆开馆 2016年7月29日，红星照耀北国——中国工农红军第二十四军纪念馆在阳泉市盂县国防动员指挥中心开馆。这是全国首个全面记录中国共产党在北方创建的第一支红军正规军——红二十四军的历史专题纪念馆。纪念馆由阳泉日报社、盂县人民武装部、盂县县委宣传部联合建成。馆藏展览分历史背景、平定起义、清城建军、阜平立政、陕北扎根、追寻之旅6个部分，通过大量图文资料再现红二十四军的历史。

五盂高速公路通车 2016年6月25日，途经阳泉市的五台至盂县高速公路正式通车。该项目是五台至阳泉高速公路的二期工程，是山西省高速公路网"三纵十二横十二环"中东纵的重要组成部分。项目起点位于忻州市五台县张家庄村西，与忻阜高速公路相接，终点位于阳泉市盂县牛村镇元吉村东，与阳盂高速公路相接。路线全长75.22千米，路基宽度24.5米，全线共有桥梁39座，桥隧比例52%。采用全封闭、全立交的双向四车道高速公路标准，设计速度为每小时80千米，项目概算投资75.6亿元。8.8千米的佛岭隧道是五盂高速公路全线最长的隧道，位于忻州市五台县陈家庄乡至阳泉市盂县梁家寨乡佛岭处，是一座双向四车道高速公路跨市特长分离式双洞隧道。项目由中国建筑国际集团有限公司采用BT模式投资建设，由太旧高速公路公司负责运营管理。通车后，阳泉市到忻州市、石家庄市到五台山景区的车程缩短至2小时。

郊区政府专职消防队获"全国119消防奖" 2016年11月8日，在公安部召开的第三届"全国119

2016年阳泉市辖县(区)经济指标统计表

县　市	地区生产总值(万元)	农林牧渔业总产值(万元)	固定资产投资(万元)	社会消费品零售总额(万元)	一般公共预算收入(万元)	一般公共预算支出(万元)	人均可支配收入(元)	
							城镇居民	农村居民
城　区	1604590	–	288149	1678784	20589	54632	28813	–
矿　区	9955017	–	852228	243968	22782	67232	28403	–
郊　区	826221	42544	960595	167472	42420	119977	23549	12815
平定县	949682	83944	1709206	341083	36284	192996	25692	11669
盂　县	1264382	78480	1881286	486535	53450	177118	27713	12170

消防奖”表彰会上，阳泉市郊区政府专职消防队获“全国119消防奖”。阳泉郊区政府专职消防队是山西省唯一获该殊荣的集体。

纪录片《猴年马事》播出 2016年，阳泉市广播电台导演郭东升执导的纪录片《猴年马事》在央视纪录频道播出，记录展示平定县娘子关镇下董寨村传承千年的民俗跑马活动。

刘慈欣获“年度致敬作家”奖 2016年，阳泉籍科幻作家刘慈欣获“第十届作家榜金奖——年度致敬作家”奖。 （任佟苏 杨 文）

【阳泉市城区】 阳泉市城区位于市区东南部，总面积16.19平方千米，下辖6个街道办事处，46个社区居民委员会。总人口198093人，人口自然增长率5.41‰。

阳泉市城区城市化率100%。境内旅游资源有狮脑山红色文化旅游区和保晋历史文化园区等。2016年，阳泉市城区上站街道获“全国城市街道区域化团建示范创建单位”称号。城区义井街道义井社区获“全国社会工作服务示范社区”称号。

改革创新 2016年，阳泉市城区出台《阳泉市城区资源型经济转型综合配套改革试验实施方案（2016-2020年）》《阳泉市城区资源型经济转型综合配套改革试验2016年行动计划》。推进公车改革，率先在全市完成公车拍卖工作。实施“营改增”，为2400余户纳税人减税2100万元。为城区方正担保公司再注资160万元，资本金达1000万元。为芝麻开门和华通蓝天提供扶持资金30万元，协助天元绿环科技有限公司成功登陆新三板市场。投资850万元的“城区电商产业园”正式挂牌启动，入驻各类科研机构和科技型企业80余家。成功对接北京清控科创集团“阳泉双创大街”项目。

城区建设 2016年，阳泉市城区推进“百日行动”“铁腕治污”等环境整治行动，严厉查处环境违法行为。开展市容环境卫生集中整治行动，完成南大街整治拆迁3.8万平方米，外墙整饰109幢，新增绿化面积1.2万平方米。启动黑臭水体治理，投资20余万元完成义井河道清障工程，平整河道3.5千米，清理垃圾600余立方米，设置栏杆围挡40余米，实行“河长制”责任机制。取缔占道经营摊点100多个，清除城市“牛皮癣”1万余处，规范店外“伸舌头”1240余起，主要干道基本达到“零”摊位的标准。全年累计取缔、淘汰燃煤茶浴炉、燃煤锅炉5台套；全区燃煤洗浴炉、燃煤锅炉全部清零。建成省级容貌示范街6条，省级保洁示范街6条，省级星级公厕5个。启动环卫体制改革，将14.8万平方米街道办事处管理路面移交区环卫处管理，投入8万元改善环卫工人工作条件。

社会服务 2016年，阳泉市城区46个社区全部建成“一站式”服务平台，全部创建成为“幸福社区”，服务活动场所面积全部达到200平方米以上，22个社区建成老年人日间照料中心。登记、备案社区社会组织273个，有资质专业社工比例持续位居全市第一，在全市率先举办首届社工实务大赛。首次在区举办全国毽球邀请赛，组织开展“2016·中国跆拳道馆联盟杯阳泉武道大赛”。开办城区彩面塑、雕刻、布艺等6个民间工艺创研传承展示工作室。全区设立12个基层“群众文化免费培训基地”。

《阳泉市城区社区建设志》出版 2016年4月，《阳泉市城区社区建设志（2001—2015）》正式出版。《阳泉市城区社区建设志》由阳泉市城区地方志编纂委员会编著、中国文史出版社出版，是城区首部城市社区建设志，是全市、全省的第一部城市社区建设志，全面系统地记述从2001年到2015年城区社区建设历经社区改革、社区管理、社区治理三个阶段创建“人文型、服务型”社区、“四好（管理好、服务好、环境好、风尚好）”和谐社区、幸福社区和“全国社区治理及服务创新实验区”历程，共13编61章276节，1020目，175万字。 （王世钧）

【阳泉市矿区】 阳泉市矿区位于阳泉市区南部，总面积19.15平方千米，下辖6个街道办事处，38个社区居民委员会。

阳泉市矿区沙坪街道获“全国城市街道区域化团建示范创建单位”称号。阳煤三矿工会被中华全国总工会授予“全国模范职工之家”称号。矿区“亲 & 青 Famliy”青少年综合服务平台入列首批全国示范性“青年之家”综合服务平台。段家背小学获全国“变废为宝、从我做起——2015年青少年科学调查体验活动”百家“优秀活动示范单位”称号。矿区教育发展基金会成立。

经济环境 2016年，阳泉市矿区加强与阳煤集团的沟通联系，完善政企定期对接机制，对50户重点企业开展“一对一”帮扶，总部企业得到政府与阳煤集团的双重扶持。新引进总部类企业30家，围绕阳煤集团经营的总部类企业达451家，全年上缴税收2.68亿元，占财政总收入的53.8%。携手上海小马创业村与阳煤集团共同推动“双创”园区建设，形成矿区政府、阳煤集团、专业运营商三方共建的合作模式。协调阳煤集团成立创客空间管委会。全年新增各类市场主体984家。

智慧城市 2016年，阳泉市矿区建成全省首家虚拟智慧档案馆和首个智慧消防物联网系统，智慧养老服务对象达到315人，智慧文化街区自助图书馆开放，智慧食药、智慧医疗等系统上线运行。推动网格化管理与智慧城市建设融合发展，矿区“智慧城市+网格化”的社会治理升级版，入选全国中小城市改革20个典型案例。

城市建设 2016年，阳泉市矿区加速旧区改造，启动筒子沟棚户区改造项目，271套回购公租房竣工，1016套棚户区改造住房基本建成。蔡东小游园、蔡西登山健身步道、东窑房小游园投入使用。对平坦旱市等重点区域进行集中整治，累计清理占道经营3400余处、规范店外经营1400余处。完成违建基本情况摸底，拆违拆临6800余平方米。集中清理各类垃圾1.7万余吨，疏通下水道6000余米，对主要街路148家沿街商铺进行垃圾上门收集，收集率达90%以上。

科技创新 2016年，阳泉市矿区围绕“新型能源、新型材料及装备制造业基地”建设，支持重点科技项目21个，投入科技研发经费400万元，争取上级研发资金30万元，组织2家企业申报山西省民营科技企业。争取山西省科技创新券为企业购买创新技术服务给予支持。建立矿区科技网、矿区中小企业信息网、矿区科技信息库等科技创新网络平台，实现科技计划项目网上申报。有效发明专利拥有量53件，占全市总量的三分之一。“太阳能家用发电系统的研究与应用”项目荣获全国科技工作者创新创业大赛优秀奖。阳煤集团与美国燃气技术研究院(GTI)就R-GAS煤气化技术合作签署框架协议。

街区自助图书馆开放 2016年4月20日至7月19日，阳泉市矿区四座街区图书馆全部对外开放。总投资200余万元，在一矿、二矿、三矿文化广场和四矿口华龙宜购门前投，在馆内和机关、学校、街道社区等公共场所配置10台电子书刊自助借阅机，图书馆总藏书量约为16000册。

汛期防灾 2016年，阳泉市矿区进入汛期，全区排查出各类防汛隐患387处，其中危房257处，山洪地质灾害和私挖滥采灾害21处，高边坡挡墙护坡109处。全区接到险情152起。其中，护墙、挡墙滑坡31起，道路、小区内涝35起，房屋漏雨、进水、墙体渗水67起，围墙、树木、电杆倾倒8起，其他(墙皮脱落、起毛、室外落水管脱落等)11起。全区安全转移居民288户646人，无人员伤亡。

(孙燕平 李荷花 史润才)

【阳泉市郊区】 阳泉市郊区位于阳泉市东部，环抱阳泉市城、矿两区。总面积为627.0076平方千米，含划归阳泉市经济技术开发区区域及部分城、矿区范围，下辖4乡4镇，179个村民委员会，2个居民委员会。常住人口为23.58万人，其中城镇人口17.24万人，乡村人口6.34万人。

阳泉市郊区以煤炭、耐火、建材为支柱产业，是典型的资源型农业县区。旅游资源有玉泉山关王庙、桃林沟、翠枫山景区、小河古村评梅景区、银圆山庄、刘备山风景区、和谐生态园等。2016年，郊区获“2011-2015年全国法治宣传教育先进县(市、区)”称号。荫营江正大街获“城市保洁示范街”称号。中创陶粒公司获“国家高新技术企业”称号。

美丽宜居示范村创建 2016年，阳泉市郊区推进美丽宜居示范村建设，投入6491万元完善以饮水安全工程、农村电气化县乡村建设、乡村路网建设、生态环境建设、幼儿园改扩建，基层医疗机构建设、基层文化阵地建设、城镇基本养老保险、社会救助体系建设为内容的提质工程。投入16260万元推进以农村危房改造、易地搬迁工作、地质灾害防治、采煤沉陷区治理工作为内容的安居工程。投入1043.47万元推进对乡村污水治理、乡村清洁工程、畜禽粪污染治理和病死动物无害化处理的环境治理工程。推进以美丽乡村建设、新农村建设、古村落保护为内容的宜居示范工程。

降雨灾害 2016年7月19日到20日，阳泉市郊区遭遇连续强降雨天气，最大降水量达到322.0毫米，平均降水量249.2毫米。降水导致全区8个乡镇受到巨大损失，受灾人口达4.6万人，农作物受灾3.4万亩，绝收3573亩；因灾倒塌房屋568间，损毁房屋6152间，基础设施损毁严重，公路滑坡、坍塌、路基冲毁66处97.5千米；冲毁堤防16处、2764米，水源工程损毁40处；全区除未发生人员伤亡外经济损失达1.5亿元。区防汛指挥部协同相关部门向受灾乡村紧急调用10000条编织袋，水泵5台套，水管500余米，帐篷6顶，雨布58卷，雨鞋60双，雨衣30件，棉被35块，棉褥10块，最大程度降低灾害损失。

国新能源煤层气液化调峰项目 2016年，阳泉市郊区国新能源集团阳泉煤层气液化调峰项目建成投用。项目是山西晋东新能液化天然气有限公司为投资主体的省、市、区2016年重点建设工程项目，位于郊区杨家庄乡白家庄村，总投资5.1亿元，工包括日处理煤层气50万立方米标准状态下的液化工厂一座。工程投入运营，保证阳泉市用气高峰时段的正常用气，满足阳泉市和晋中地区LNG加气站供气需求。

力宇煤层气发电项目投产 2016年11月30日，阳泉力宇保安煤业瓦斯发电项目投资全部完成。所有土建工程和设备安装工程投入试运行。12月15日，全部完成7台发电机组的调试。年底，发电机组全部投入运行并网发电。阳泉力宇保安煤业瓦斯发电项目是晋能集团阳泉分公司利用保安煤矿井下抽采瓦斯进行发电的综合利用配套建设项目，为市、区重点建设项目工程。年初，该项目通过招商引资方式，引进中国航天力宇新能源科技有限公司，组建全资子公司阳泉力宇煤层气有限公司投资建设。项目总投资2.17亿元，7台发电机组全部使用德国曼海姆瓦斯发电设备，总发电装机规模28兆瓦。工程完工后，年利用瓦斯4500万立方米，年发电量2.1亿千瓦时，上网供电量1.9亿千瓦时，年可节约标煤7.2万吨，减排二氧化碳80万吨、减少工业粉尘污染5万吨、减少二氧化硫排放0.6万吨、减少碳氧化物排放0.3万吨。

(侯晋元 刘 晶)

【平定县】 平定县地处阳泉市东南部，总面积1395平方千米，下辖8镇2乡，318个村民委员会，17个社区居委会。2016年底，常住人口343091人。

2016年，平定县粮食产量完成9280万公斤。旅游资源有冠山、东浮山、石楼山、药林寺省级森林公园、娘子关旅游贸易区、固关长城、石评梅故居、红岩岭自然风景区玉皇洞、东回镇乡村旅游文化园、小蘑菇山庄等。2016年，平定县东方世纪公交客运有限公司获国家级“公交客运服务标准化试点单位”称号。

农业产业 2016年，平定县打造连翘茶产业，山西冠霖农业科技有限公司带动农户建立连翘茶种植基地，树立冠山“延年翘”连翘茶品牌，举办北茶研讨会。平定县首个乡镇级商会岔口乡商会成立，搭建岔口乡51家企业、78家专业合作社、205家个体工商户与政府、银行、商业机构之间的交流渠道。平定“网上供销社”成功运营。阳泉市新农商网络科技有限公司在“网上供销社”上为平定砂锅、半沟红薯、平定刻花瓷、前黄安杂粮、平定黄瓜干、富硒小米、平定麻花、纯红薯粉条等多种农产品提供展销平台，开设有“蔬果配送”板块、网上供销社O2O电商综合服务中心，保障农产品收购供给，组建涵盖7个省31个城市的百名大学生兼职营销团队，举办“平定籍大学生推介地方特产第一期电商营”，形成“网上供销社”平台源头供应、“农芯乐”“供销e家”等农产品多渠道营销推广模式。

供给侧结构改革 2016年，平定县5个生产矿井核减产能73万吨，关闭阳煤泰昌60万吨生产矿井，完成煤炭去产能任务。通过房地产交易，棚户区改造安置等方式消化存量商品房19.29万平方米。开展百名干部入企帮扶活动，落实省市县企业减负政策，帮助103个企业解决236个问题，为企业减负1.81亿元，降低企业生产成本。推进龙川工业园区道路建设和平台打造工程，平整场地1000亩，设立县产业集聚区管理中心，启动省级经济技术开发区申报工作。平定县锁簧镇50兆瓦光伏发电工程开工建设。天元绿化成为全市首家“新三板”上市企业。昌都村镇银行正式挂牌营业。

暴雨灾害 2016年7月18日至20日20时，平定县连续遭遇三天大暴雨，降水总量最少的锁簧镇朝阳堡村极点降水达147.8毫米，娘子关镇磨河滩村降水总量最多，极点达435毫米，创平定县有降水资料记载以来的历史极值。全县17座水库、12座塘坝全部超汛限，河坝冲毁53处、2780米，县域内10个乡镇、317个行政村全部受灾。农作物受灾面积12万亩，受灾通信设施41处，受灾供水供气设施11处，水毁公路283处，农房倒塌324间，直接经济损失1.8亿元。全县先后出动抢险人员5600余人次，出动抢险车辆650台次，投入防汛物资总价值120万元，紧急撤离转移安置灾情严重的农村人口、城镇人口1949人。

（洪晓琴 贯徐阳 郝窕窈 赵丹丹）

【盂县】 盂县位于阳泉市北部，总面积2514.38平方千米，下辖8镇6乡，1个城镇办事处，453个村民委员会，10个社区。常住人口30.79万人，其中非农业人口7.34万人。

2016年，盂县粮食产量达1.43亿公斤。盂县旅游资源有藏山、水神山、龙台山、滹沱河、奕丰生态园、大汖温泉古村、梁家寨生态旅游区、雁子崖、尖山。盂县古建筑三圣寺、盂北泰山庙入选第五批山西省省级文物保护单位名单。大汖、乌玉村获“全省传统文化历史名村”称号。盂县下社乡河西村村干部崔月来获“山西最美村干部”称号。

转型改革 2016年，盂县经济技术开发区规划报告编制完成，中岚国际物流园奠基开工，牛村煤电化工业园和鑫磊循环经济产业园建设步伐加快。举办2016金秋+房展促销会，建立互联网“房源超市”。煤炭物流集散中心建设主体工程全部竣工。新增中小微企业385户、新登记各类市场主体2527户。“营改增”新税制改革顺利完成。全年扶持实体经济发展的各项贷款余额达122.98亿元，增长6.69%。县科技孵化器认定为省级众创空间，通过科技部第一批“星创天地”公示备案，全县有效发明专利拥有量达到14件。农村产权交易中心挂牌成立，全年流转土地5.4万亩，诸龙山国有林场主体改革顺利完成。2016年12月10日，太原市盂县商会成立大会，举办盂县旅游推介会。梁家寨乡被确定为省扩权强镇改革试点乡镇。开展向发达地区投资环境“对标”行动，开放引进力度加大，全年签订各类合作协议32项，协议利用外资183.5亿元，到位资金达到80亿元。

旅游事业 2016年，盂县实施全域旅游工程，启动《盂县全域旅游发展规划》和《北部四乡镇连片开发专项规划》编制工作；展开梁家寨生态旅游区开发前期工作。“公司+农户”等乡村旅游蓬勃发展，省级休闲农业示范点达到8个。举办以“魅力盂县、全景呈现”为主题的国庆黄金周旅游直通车惠民活动，游客接待量达到10万余人次，增长53%。推出县内生态观光、历史文化、休闲度假等自助“一日游”“南北旅游带”“二日游”精品线路和五台山—大汖温泉—藏山—乔家大院—平遥古城等四条外联精品线路，全年游客接待量达到60万人次，增长10%。

城镇化建设 2016年，盂县永店坡老城棚户区改造全面启动，完成拆迁14.8万平方米。建成南社、小连巅等6个国家首批绿色村庄和观沟、张家坳等5个省级美丽宜居示范村。新购启用纯电动环保公交车60辆，新开通公交线路2条，新建公交站和公交候车亭31个；龙华口水电站库区管理房建设、导流洞封堵等工程全部完工，具备分期蓄水条件。

社会事业 2016年，盂县县人民医院与省人民医院合作成立医疗联合体。新型农村合作医疗保险参保率达到99%以上。县文化中心举办各类文化惠民演出5600余场，新建1个乡镇笼式足球场和2个城内全民健身广场。

京昆高速交通事故救援 2016年11月21日9时17分，在京昆高速山西段盂县境内往太原方向65KM+500M处发生多车先后相撞交通事故，造成17人死亡，37人受伤，56辆车受损，盂县相关部门完成现场救援与伤员救护工作。

（郭 玲）

长治市

【概述】 长治市位于北纬35°49′—37°48′，东经111°58′—113°44′，总面积13955平方千米，下辖1市2区10县，1个国家级开发区，132个乡镇，14个街道，139个社区，3447个行政村。全市总人口为343.54万人，比上年增加1.5万人。出生人口3.61万人，人口出生率为10.52‰；死亡人口2.11万人，死亡率为6.16‰；自然增长率为4.36‰。性别比(女=100)为104.12。城镇新增就业4.06万人。转移农村劳动力3.71万人。城镇登记失业率1.96%。

2016年，长治市地区生产总值完成1269.2亿元，比上年增长4.6%。其中，第一产业增加值60.1亿元，增长3.4%，占生产总值的比重为4.7%；第二产业增加值646.9亿元，增长2.7%，占生产总值的比重为51.0%；第三产业增加值562.2亿元，增长6.8%，占生产总值的比重为44.3%。在第三产业中，金融保险业增加值82.5亿元，增长7.9%；交通运输、仓储和邮政业增加值79.8亿元，增长8.6%；房地产业增加值82.0亿元，增长4.4%。城镇常住居民人均可支配收入达28094元，比上年增长6.4%；农村常住居民人均可支配收入达11863元，比上年增长6.9%。城镇居民家庭恩格尔系数（即居民家庭食品消费支出占家庭消费支出的比重)25.6%，农村居民家庭恩格尔系数35.6%。

2016年，长治市公共财政预算收入98.5亿元，增长2.2%。税收收入65.1亿元，增长6.7%，其中国内增值税、营业税、企业所得税、个人所得税、资源税和城建税共计完成税收52.4亿元，增长5.0%。公共财政预算支出233.9亿元，下降3.3%。其中，农林水事务支出增长0.9%，社会保障和就业支出下降6.1%，医疗卫生支出下降1.4%，文化体育与传媒支出增长2.5%，节能环保支出下降3.6%。居民消费价格比上年上涨0.9%，其中食品烟酒价格上涨2.5%。商品零售价格上涨0.3%。工业生产者出厂价格上涨3.3%；工业生产者购进价格上涨4.3%。

农业 2016年，长治市粮食种植面积364.2万亩，比上年减少5.25万亩；油料种植面积3.9万亩，比上年增加0.9万亩；棉花种植面积450公顷。在粮食种植面积中，玉米种植面积308.25万亩，减少2.85万亩；小麦种植面积8.25万亩，减少2.85万亩。粮食产量161.7万吨，比上年增加4.7万吨，增产3.0%。其中，夏粮2.6万吨，减产22.7%；秋粮159万吨，增产3.6%。猪牛羊肉总产量8.8万吨，比上年增长6.2%。其中，猪肉产量7.7万吨，增长7.0%；牛肉产量0.38万吨，下降3.5%；羊肉产量0.72万吨，增长3.7%。生猪存栏60.4万头，生猪出栏98.9万头。牛奶产量1.76万吨，下降3.8%。禽蛋产量13.8万吨，增长8.1%。机械耕地面积356.4万亩，下降1.6%；机械播种面积335.4万亩，下降0.3%；机械收获面积185.25万亩，增长4.8%。

工业建筑业 2016年，长治市规模以上工业企业319家。规模以上工业增加值583.1亿元，增长2.5%。规模以上工业企业原煤产量1.1亿吨，下降8.6%；发电量271.6亿千瓦时，下降2.4%；焦炭产量1378.2万吨，增长0.4%；钢材产量495.3万吨，下降14.1%。规模以上工业企业实现主营业务收入1264.0亿元，增长13.5%。其中，煤炭、焦炭、冶金和电力工业分别实现主营业务收入623亿元、145.1亿元、157.8亿元和73.5亿元，分别增长17.1%、20.6%、−2.3%和−7.4%；化学、建材、装备制造、医药和食品工业分别实现主营业务收入70.8亿元、27.6亿元、64亿元、34.9亿元、53.5亿元，分别增长0.4%、18.9%、35.6%、14.2%和54.2%。全年全市建筑业实现增加值50.4亿元，比上年增长5.3%。长治市城南工业园区作为第七批国家新型工业化产业示范基地获国家工信部授牌，成为山西省第一个国家军民结合产业示范基地。

金融 2016年，长治市金融机构本外币各项存款余额2122.2亿元，比上年增加78亿元，比上年增长3.8%。各项贷款余额1196.8亿元，增加64.8亿元，增长5.7%。保费收入50.1亿元，增长8.7%。其中，寿险业务保费收入30.9亿元，增长8.3%；健康和意外险业务保费收入5.5亿元，增长23.5%；财产险业务保费收入2.1亿元，下降6.8%；车险业务保费收入11.5亿元，增长6.8%。支付各类赔款及给付18.2亿元，增长18.2%。其中，寿险业务保费赔付9.2亿元，增长34.5%；健康和意外险业务保费赔付0.8亿元，下降5.7%；财产险业务保费赔付0.8亿元，下降16.2%；车险业务保费赔付7.4亿元，增长9.6%。

贸易 2016年，长治市社会消费品零售总额566.6亿元，增长8.0%。其中，城镇消费品零售额459.8亿元，增长8.0%；乡村消费品零售额106.8亿元，增长8.3%。市进出口总额7731万美元，下降50.9%。其中，进口额4886万美元，下降60.9%；出口额2845万美元，下降12.4%。10月15至21日，2016中国·山西·长治第二届长治制造展销推介周在体育中心举行。此次展会参展企业达357家，展品种类1000余种，涵盖工业产品、文化旅游、工艺美术、交通物流等各领域发展成果；接待参观团队120余个，观展人数15万人次，网民点击率达2931万次；展销推介周期间共推介项目220个，总投资1582亿元；签约项目16个，总投资超过100亿元；现场签订销售合同3.95亿元，现场直销超过1500万元，网络销售300万元。

交通运输 2016年，长治市公路线路里程11643.0千米，其中高速公路339.2千米。民用汽车保有量44.7万辆（包括三轮汽车和低速货车0.67万辆)，比上年增长7.5%，其中私人汽车40.2万辆，增长9.4%。新注册汽车5.2万辆，增长4.7%。轿车保有量27.4万辆，比上年增长10.0%，其中私人轿车25.7万辆，增长11.5%。

邮电 2016年，长治市完成邮电业务总量59.64亿元。其中，邮政业务总量3.38亿元；电信业务总量56.26亿元。移动电话用户达306.4万户。其中，3G移动电话用户达27.7万户，4G移动电话用户达172.6万户。全市互联网接入用户55.1万户，其中新增互联网用户8.6万户。

旅游业 2016年，长治市商业住宿设施接待入境过夜游客2.5万人次，接待国内旅游者3751.0万人次，分别增长4.4%和15.0%；旅游外汇收入1560.8万美元，国内旅游收入368.2亿元，旅游总收入369.1亿元，分别增长4.7%、15.1%和15.0%。8月16日，国家林业局公布2016年国家湿地公园验收结果，长治市沁县千泉湖湿地公园被列为"国家湿地公园"。

资源环境 2016年，长治市森林面积644.4万亩，森林覆盖率30.9%。全年检查验收合格造林面积30.45万亩。自然保护区2个，面积70.35万亩，占总面积的3.4%。大中型水库蓄水总量2.5亿立方米，比上年增长15.2%。总用水量4.93亿立方米，其中生活用水1.08亿立方米。空气质量Ⅱ级以上天数219天。达Ⅲ类水质标准的断面比例76.5%。城市集中式饮用水源地辛安泉水质达标率达100%。

2016年，长治市采取措施改善环境质量。在主城区禁止露天烧烤、禁止燃放烟花爆竹，推广使用清洁焦煤，2500辆公共自行车、500辆纯电动公交车投入运行。12月1日，在全市范围内的国道、省道、县道、乡道、村道沿线，铺开以治理违章建筑、治理乱堆乱放、治理视觉污染、治理道路扬尘、治理道路设施为内容的"五道五治"专项整治

2016年长治市辖县（市、区）经济指标统计表

县市	地区生产总值（万元）	农林牧渔业总产值（万元）	固定资产投资（万元）	社会消费品零售总额（万元）	一般公共预算收入（万元）	一般公共预算支出（万元）	人均可支配收入（元）	
							城镇居民	农村居民
城区	2064141	11480	1995963	3258061	45918	99765	30136	—
郊区	1655956	55788	2137840	478541	39550	110137	35086	16240
长治县	1331694	132638	1494296	297111	105571	193150	28346	14941
襄垣县	1473907	111351	1977316	268510	124521	201368	31686	13641
屯留县	866816	123202	738916	156159	52382	132934	23884	13672
平顺县	211379	52855	412410	87186	8452	123573	20675	5494
黎城县	317688	53591	620984	134406	16144	110680	16956	7790
壶关县	479004	92869	628148	185173	21081	171397	20620	5243
长子县	1122551	206736	1432405	182038	75640	170611	26193	12574
武乡县	517371	61216	349858	133816	29416	142171	21058	5950
沁县	234923	101015	435556	98340	8789	120593	17489	5650
沁源县	1027856	49332	1083686	233613	62996	129038	30438	12745
潞城市	905406	82084	1706141	153243	56693	113623	25785	12199

行动。

城市建设 2016年,长治市城市交通运营车辆753辆,其中市区公共汽车450辆。出租汽车3181辆,其中市区出租车1801辆。市区有公园4座,总面积127公顷。全年市区供水总量8313万吨,人均日生活用水量162.8升。全年液化气供气总量3650吨,天然气供应量6568.5万立方米,其中生活用天然气2119.1万立方米。燃气普及率93.7%,比上年增长0.7个百分点。市区集中供热面积3840万平方米,其中住宅供热面积3040万平方米。市区污水处理能力27.5万吨/日,全年污水处理量6964万吨。生活垃圾年清运量23.6万吨。

固定资产投资 2016年,长治市固定资产投资1514.4亿元,增长5.1%。其中,国有及国有控股投资416.3亿元,下降1.8%。分产业看,第一产业投资253亿元,增长21.9%;第二产业投资598.3亿元,增长1.1%;第三产业投资663.1亿元,增长3.2%。在第二产业中,工业投资601亿元,增长1.1%。其中,煤炭工业投资109亿元,下降8%。在建固定资产投资项目2369个。其中,5亿元以上项目87个,计划总投资1889.2亿元,完成投资430.9亿元。房地产开发投资67.8亿元,下降22.5%。其中,住宅投资48.9亿元,下降21.1%;办公楼投资1.5亿元,下降40%;商业营业用房投资7.3亿元,下降29.8%。9月23日,长治市不动产登记局、长治市不动产登记中心挂牌成立。全市11个县市和市本级不动产统一登记工作启动,颁发《不动产权证书》或《不动产登记证明》。

教育科技 2016年,长治市有普通高等学校5所,中等职业学校47所,普通高中49所,初中160所,小学643所。专利申请量与授权量分别为972件和736件。全年全市共签订各类技术合同91项,技术合同成交总额3.1亿元。产品质量检验机构1个。对71户企业实施产品认证,对10种产品进行监督抽查。法定计量技术机构19个,完成强制检定计量器具7.49万台件。

文体卫生 2016年,长治市共有艺术表演团体20个,文化馆14个,公共图书馆14个,公共图书馆藏书量190.8万册,档案馆15个,开放各类档案161703卷。广播电台13座,电视台18座,广播、电视综合人口覆盖率分别达99.63%和99.57%,有线电视用户达47.4万户,其中接收数字信号用户37.1万户。医疗卫生机构5063个。其中,医院、卫生院169个,妇幼保健机构15个,疾病预防控制中心15个,卫生监督机构15个。病床位16290张,其中医院、卫生院11585张。卫生技术人员18712人。其中,医生8038人,注册护士7506人,药剂人员960人。乡镇卫生院132个,床位2808张,乡村医生和卫生技术人员6903人。新型农村合作医疗保险参保率达98.6%。运动员在各类体育比赛中获得世界冠军两个,全国冠军4个,全省冠军62个。5月12日,国家卫生计生委、财政部、国务院医改办发布《关于确定第四批公立医院改革国家联系试点城市及有关工作的通知》,确定长治市等100个地级行政区为第四批公立医院改革国家联系试点城市。

社会保障 2016年,长治市基本养老保险205.48万人。其中,企业职工养老保险参保46.14万人,新型农村社会养老保险参保138.09万人;城镇基本医疗保险参保99.78万人。其中,城镇职工基本医疗保险参保61.60万人,城镇居民基本医疗保险参保38.18万人。失业保险参保41.32万人;工伤保险参保56.96万人,其中农民工24.31万人;生育保险参保43.85万人。纳入城市最低生活保障的居民3.1万人,发放城市低保资金1.3亿元;纳入农村最低生活保障的居民9.9万人,发放农村低保资金2.0亿元。各类福利院床位数6431张,收养3076人。城镇各种社区服务设施263个。销售社会福利彩票2.6亿元,接收社会捐赠款26万元。

脱贫攻坚 2016年,长治市103个异地扶贫搬迁集中安置点开工,69个竣工,产业扶贫完成投资19.46亿元,222个贫困村退出,56513名贫困人口实现脱贫,分别超出上年目标15.6%和13%。 (曾晋芳)

【长治市城区】 长治市城区位于长治市中部,总面积55.6平方千米,下辖10办事处,28个行政村(菜场),55个社区居委会。主要河流3条,其中石子河最大,境内全长8千米。全区总人口41.92万人,比上年增加4900万人。

2016年,长治市城区农作物播种面积6709.5万亩。粮食种植面积3043.5万亩,粮食总产量1554.8吨,比上年下降6.0%。蔬菜总产量21240.7吨。主要旅游景点有塔岭山休闲观光度假区、太行湿地、城南生态苑、长治市博物馆等。城区通过义务教育发展基本均衡区国家认定。

产业升级 2016年,长治市城区举行"互联网+"电商"创业致富及运营推广培训会。长治市城区上党堆锦文化研究会注册"长治堆锦"地理商标,获得商标注册。签约晋东南国际电子商务产业园项目,签约金额达20亿元。举行"长治国家高新技术产业开发区城南工业区"挂牌仪式。举行城区第八届创业成果博览会暨"百品钜惠进社区"一站式家装大型展销周。召开中小企业打包享受大用户直供电签约暨入企服务。

建设环保 2016年,长治市城区污水处理量2372.36万吨。生活垃圾年清运量31.73万吨。全年全区空气质量二级以上天数为219天,比上年减少23天。

教育科技 2016年,长治市城区普通中小学32所。其中,小学28所,普通高中2所,普通初中4所。全年初中在校学生6224人。全年小学在校学生29898人。全年全区专利申请量为477件。

文体卫生 2016年,长治市城区共有艺术表演团2个,文化馆1个,档案馆1个。全区广播电台1座,电视台1座,广播、电视综合人口覆盖率分别100%和100%。城区图书馆主体和基础工程完工,开展验收工作。成立上党曲艺剧场。全区人均体育场地面积1.6平方米。全区共有医院3个,妇幼保健院1个,疾病预防控制中心1个。全区新型农村合作医疗保险覆盖率100%。

社会生活 2016年，长治市城区城镇职工基本医疗保险参保81000人，失业保险参保9586人，工伤保险参保2.87万人。全区全年纳入城市最低生活保障的居民0.71万人，发放城市低保资金2622.88万元。成立第一家社区惠民社会工作室——淮海工作室。（刘瑞林）

【长治市郊区】 长治市郊区位于长治市中部，总面积290.84平方千米，下辖1乡5镇，2个街道办事处，1个旅游开发中心，122个行政村。常住人口289397人，比上年增加1889人。

2016年，长治市郊区农作物种植面积13.75万亩，比上年减少130.5万亩。旅游资源有观音堂、潞州二贤庄、百草堂、滴谷寺、崇教寺、静乐宫等。

产业发展 2016年，长治市郊区在“中国·山西·长治第二届长治制造展销推介周”上，组织23家企业参展，展销推介产品48种，涵盖新能源、新材料、生物医药、食品加工业等7大行业领域。郊区南耀集团、霍家工业有限公司两家民营企业以39亿元和21.2亿元的营业收入入围百强。

建设环保 2016年，长治市郊区建筑业实现总产值32892万元，比上年下降8.4%。绿化覆盖面积27.51万亩，建成区绿化覆盖率28.76%。空气质量二级以上天数为300天。

教育科技 2016年，长治市郊区有各级各类学校147所，普通中学19所，教育部门办小学54所，幼儿园67所。教师进修校1所。发明专利拥有量达37件，海森生物制药重新申报成功国家级高新技术企业，认定3家企业为山西省民营科技企业。

文体卫生 2016年，长治市郊区有博物馆1座，公共图书馆1个（藏书76244册），档案馆1个，艺术表演团体5个。有线电视台1座。卫生机构238个，床位数1645张，各类卫生技术人员1600人。

《红色文化教育读本》首发 2016年，长治市郊区举行《长治市郊区红色文化教育读本》首发仪式。该套丛书由《抗大一分校在故县》《八路军总部在郊区》《烽火硝烟的红色教育》《长钢——红色钢铁的摇篮》《石圪节——从历史深处走来的矿山》五本书籍组成。

社会保障 2016年，长治市郊区城镇居民基本医疗保险参保23063人。职工生育保险参保达98%以上。失业保险参保17700人。城市居民最低生活保障共有1749户、3029人；农村居民最低生活保障共有1156户、1821人。各类收养性社会福利单位6所，床位438张。金果园保障性住房建设项目位于大辛庄镇果园村，总投资2.2459亿元，规划占地面积36362平方米，解决城镇低收入家庭经济适用房701套，公租房102套。

项目建设 2016年，长治市郊区在太原召开民营企业助推山西转型创新发展大会签约两大项目，总投资额达62亿元。河北重庆商会商业综合体项目，总投资额30亿元，长治市郊区景兴商业综合体项目由深圳山西商会投资建设，项目总投资32亿元。14条区乡村公路项目建设总里程为69.2千米，总投资1.57亿元。

旅游 2016年，长治市郊区两条农村旅游公路分别为太行湖水利风景区旅游路和207国道（朝阳村）—老顶山（滴谷寺）旅游路，总长为18.451千米，总投资1.42亿元。第三届中国农村博物馆年会上，郊区西白兔乡霍家沟村入选“2016中国名村影响力排行榜（300佳）”。（姜玉罡）

【长治县】 长治县位于长治市南部，总面积483平方千米，下辖6镇5乡2区，254个行政村。总人口35万人。

2016年，长治县旅游资源有荫城古镇、五凤楼、琚寨玉皇观、天下都城隍等。长治县入列“全省文化十强县”第二名。

农林畜牧渔业 2016年，长治县农林牧渔业总产值完成126080万元，增速6.44%。其中，农业总产值完成51528万元，增速-1.27%；林业总产值完成3240万元，增速37.1%；畜牧业总产值完成68305万元，增速12.3%；渔业总产值完成108万元，增速1.12%。粮食产量134883.2吨，增速-3.7%；畜牧业逐年稳步增长，占比达到54.2%，超过农业13.3个百分点，成为长治县农林畜牧渔业的主导产业。截至2016年底，生猪存栏14.16万头，增速-0.1%，出栏26.22万头，增速21.5%；家禽存栏299.6万只，增速10.5%，禽蛋产量增速达到12.5%。畜牧业成为农民增收的重要来源。

项目建设 2016年，长治县布局数字经济、高端装备制造业、新材料、新能源、新能源汽车、节能环保、生物医药、现代物流、文化旅游、会展创意等新兴产业项目。易通集团LCO法项目在潞安焦化成功投运，取得烟气变蒸汽，烟尘变化肥，节能又减排的效果。由易通集团承建的全省首个农业废弃物资源化综合利用示范工程开工建设，该项目总投资2000万元，通过生物质锅炉燃烧、低温余热发电、烟气净化等流程，将农村生活垃圾、秸秆、污水等废弃物处理，转化为有机肥料和电能，实现全循环利用和零排放。日盛达集团光伏玻璃新上生产线自2016年投产，突破年产量1800万平方米光伏玻璃的生产能力，产品质量位于行业领先水平。推进太焦高铁神农隧道工程建设。

投资贸易 2016年，长治县社会消费品零售总额增速9.5%，增幅同比提高2.6个百分点，在全市连续4个季度排位第一。其中，限上企业社会消费品零售总额完成51883.1万元，增速14.04%。按消费形态分：餐饮业收入422.1万元，增速20.77%；商品零售收入51461万元，增速13.99%。

2016年，全县固定资产投资增速2.1%，增幅同比下降8.5个百分点，全市排位第十二。按产业分：第一产业完成54918万元，增速348.3%；第二产业完成343365万元，增速-22.4%；第三产业完成1096013万元，增速8.6%。按控股类型分：国有完成408962万元，增速 10.7%；民间投资完成 1085334 万元,增速-0.8%。按构成分:建安投资完成 1357655 万元,增速 6.8%;设备等购置完成 107407 万元，增速-34.3%;其他完成 29234 万元,增速-0.1%。

脱贫攻坚 2016 年，长治县承办全市精准扶贫就业对接经验推广交流会,长治县部分乡镇的 46 名贫困家庭劳动力分别与王庄煤业、振东集团、潞卓商贸、成功集团、雄山煤业、经坊煤业 6 家企业对接签订就业意向书。推进易地扶贫搬迁工程,开展产业培育、基础设施建设等各项工作。推进易通环能农村废弃物综合利用项目建设。

成功集团电动汽车样车下线 2016 年,成功集团长治县生产基地首批物流和微型客车电动汽车样车下线。山西成功集团入选第四批新推荐目录并发布 63 号公告,5 款车型获生产许可"入场券"。（付小波　武俊英）

【襄垣县】 襄垣县位于长治市西北部,总面积 1178 平方千米,下辖 8 镇 3 乡,1 个园区,1 个县城区,8 个居委会,323 个行政村。总人口 27.7945 万人,男性人口 14.1597 万人，女性人口 13.6348 万人。

2016 年，襄垣县耕地面积 63.4 万亩,粮食作物播种面积 42.54 万亩,粮食总产量 176925.6 吨。旅游资源有仙堂山、宝峰湖等风景区、凉楼旅游区等。

项目建设 2016 年,襄垣县推进夏店镇采煤沉陷治理搬迁安置工程、国新能源液化调峰储备集散中心、襄矿瑞恒化工 60 万吨，聚氯乙烯项目、热电联产二线集中供热工程、山西襄子老粗布有限公司、潞安高硫煤清洁能源与精细化学品循环经济园区、王桥新型煤化工园区村庄搬迁工程、襄矿泓通 20 万吨合成气制乙二醇等重点项目建设。山西省国新能源集团长治区域建设项目在襄垣县启动。

环境建设 2016 年,襄垣县建成区绿地面积 548.74 万平方米，建成区绿化覆盖面积 701.15 万平方米，建成区绿化覆盖率达 46.71%。城市供水总量 450 万立方米，集中供热面积 463 万平方米,煤气供气总量 2870 万立方米,处理污水 274 万立方米,生活垃圾年清运量 37711 吨。县城建成区空气质量二级以上天数达到 331 天。

交通 2016 年,襄垣县公路通车总里程统计为 1092.08 千米。其中,国道两条 75.247 千米，省道两条 66.751 千米,县道 11 条 201.52 千米。改造红官线(小河至高崖底段)、史返线、南桥线（高家岩至桥上段）、南韩线共 51.031 千米；对乡村公路进行完善提质和窄路基路面拓宽改造；对县城至下良快速通道(滨河西路至郝村段)进行续建。开通县城公共自行车租赁系统,新上自行车 1000 辆。县城世通公交 3 条免费公交线路覆盖县城区域 75%以上；创新公交运营辐射到 10 个乡镇、224 个村。

教育科技 2016 年,襄垣县各类学校共 120 所。其中,中等职业学校 2 所、普通中学 13 所、小学 41 所、特殊教育学校 1 所、幼儿园 63 所。在校学生 36438 人,教职工 2497 人。在园幼儿 8171 人。县政府与山西机电职业技术学院开展合作办学。申报省级科技项目 5 项。完成专利申请 43 件。其中,发明专利 6 件,职务发明 35 件,企业发明 35 件,发明专利拥有量 46 件。

文化卫生 2016 年,襄垣县召开"乡村文化记忆工程"推进会,授牌"第三批省级文化产业示范基地"。仙堂名山宣传片登陆央视频道，长治佛教文化纪录片《千年佛缘》开机拍摄。中国红十字会总会，香港特别行政区红十字会救联合向襄垣县赠送价值 32.13 万元的救灾生活包。乐氏同仁科技集团有限公司中药材种植及饮片加工项目落户襄垣县。

社会保障 2016 年,襄垣县企业职工养老保险参保 20993 人，机关事业养老保险参保 6176 人,城乡居民养老保险参保 122444 人,城镇基本医疗保险参保 63318 人，新型农村合作医疗保险参保 174020 人，参合率 98.34%。失业职工保险参保人数为 16420 人,工伤保险参保 46127 人,参生育保险参保 28632 人。城镇低保对象 721 人，共计发放低保资金 352 万元。农村低保对象 5301 人,共计发放低保金 1073 万余元。共 1394 名建档立卡贫困人口实现脱贫，唯一贫困村马鞍山村全部搬迁新村实现"摘帽"。襄垣县慈善会成立。

秧歌剧《法显》在京演出 2016 年 7 月 15 日、16 日，大型襄垣秧歌剧《法显》在北京梅兰芳大剧院激情演绎。该剧由县委常委、副县长、宣传部长桑爱平担任编剧，国家一级导演张平执导、国家一级作曲家刘建斌担任作曲、中国戏剧学院教授党宁担任舞美设计,全省首届"杏花奖"得主张宏亮等一批优秀演员为该剧倾情演出。该剧此次进京演出，是经山西省委宣传部、山西省文化厅推荐，参加中宣部、文化部主办的"全国基层院团戏曲会演"。此次会演活动全国共有 31 家院团参加,山西省仅此一家。

襄垣县旅游公路开工 2016 年,襄垣县仙堂山旅游公路西王桥至南沟段(滨河东路南延)项目、208 国道通屯留老爷山景区(大关线)旅游公路改造工程开工启动。仙堂山旅游公路西王桥至南沟段(滨河东路南延)项目,全长 5.011 千米,起点古韩镇西王桥村东与滨河东路和省道榆长线相接，总体走向延漳河由北向南,下穿太焦铁路,终点王桥镇南沟村与城际快速路相接。208 国道通屯留老爷山景区(大关线)旅游公路改造工程,起点位于史家岭村北，总体走向由北向南，途径南凹、北庄、榆林、关上,终点与屯留县老爷山旅游路相接,全长 10.108 千米。

太行盲艺人联谊会 2016 年,襄垣县太行 15 县(市、区)百余名盲艺人同聚襄垣，庆祝太行盲艺人联谊会第三届代表大会暨盲传曲艺学术论坛的召开。会上,百余名太行盲艺人共同发表《乙未宣言》,并向在盲艺事业方面成就突出的盲艺人颁发"突出贡献个人奖""终身成就奖"等奖项。各地盲艺人准备两场《中秋书会》曲艺演出进行广泛交流。

（万瑞星　黄旭琴　李　玲）

【屯留县】 屯留县位于长治市西北部，总面积1142平方千米，下辖4乡7镇，3个开发区，294个行政村。总人口27.24万人，比上年增加1239人，男性人口14.23万人，女性人口13.01万人。

2016年，屯留县耕地面积69.02万亩。全县粮食种植面积51.54万亩，粮食总产量26.29万吨。旅游资源有老爷山生态原景区、盘秀山、银湖生态园等。

文化旅游 2016年，屯留县潞安煤基合成油建设工地出土战国古墓群。山西省农村信用社社史展馆在屯留县吾元镇罗村建成开馆。屯留县的“上村双桥”和“抗大一分校北岗旧址”入列全省第五批省级文物保护单位。长治市农村旅游公路项目启动，老爷山旅游公路项目入列长治市农村旅游公路重点项目之一。丰宜镇石泉葫芦山庄获“休闲农业和乡村旅游示范点”称号。

城乡建设 2016年，屯留县全社会建筑业实现总产值21.66亿元，比上年下降6.7%。具有建筑业资质等级的总承包和专业承包建筑业企业实现营业利润2009.4万元，下降54.2%。屯留县实行城乡环卫一体化改革，组建屯留县城乡环境卫生管理中心。

教育科技 2016年，屯留县北大附属长治实验学校开工奠基。各级各类学校共125所。其中，完全中学1所，职业中学1所，普通初中10所，教师进修学校1所，九年一贯制学校1所，小学112所，独立设置幼儿园83所。在校学生31678人，教职工2566人。高中招生1392人，在校学生4469人。初中招生3026人，在校学生8434人。小学招生3233人，在校学生18286人。产品质量检验机构1个。对1家企业实施产品认证。有法定计量技术机构1个，强制检定计量器具2081台件。

文体卫生 2016年，屯留县有文化馆1个，公共图书馆1个，公共图书馆藏书量7.45万册，农村书屋实现294个行政村全覆盖，档案馆1个。广播电视台1座，接收数字信号用户达到55000户。在渔泽镇寺底村建成第一家农村电影院成立乡镇体育工作站14个，各类体育协会25个，基层健身辅导站294个，各级社会体育指导员610人。2016“巍山杯”全国元老足球邀请赛在屯留县巍山足球产业园举行参加市级以上活动比赛6次，获得各类奖项20个。有医疗卫生机构412个。其中，县直公立医院2个、疗养院1个，社区卫生服务站1个，门诊部1个，妇幼保健院1个，疾病预防控制中心1个，卫生监督机构1个，其他卫生机构1个，卫生院17个，村级卫生所366个，诊所13个，民营医院6个，厂矿医院1个。全县病床位1087张，卫生技术人员832人。新型农村合作医疗保险覆盖率99%。

社会生活 2016年，屯留县城镇基本医疗保险参保41420人，城镇职工基本医疗保险参保17300人，城镇居民基本医疗保险参保24120人。享受城市最低生活保障的居民1894人，发放城市低保资金799万元；享受农村最低生活保障的居民7464人，发放农村低保资金1940 万元。有各类福利单位5所，床位360张，集中供养152人。

扶贫就业 2016年，屯留县全市就业脱贫工作推进会暨就业对接仪式在屯留县举行。亨德谊有限公司、山西景业劳务派遣公司、羿神酒业等企业代表与来自全县91名贫困户劳动力签订就业意向书。1947名贫困人口实现稳定脱贫。 （段蓓蓓）

【平顺县】 平顺县位于长治市东部，总面积1550平方千米，下辖7个乡镇，262个行政村。

2016年，平顺县耕地面积18.9万亩，矿藏15种。旅游资源有龙门寺、神龙湾村、太行山水乡风景区、通天峡等。平顺县获“全国十佳生态休闲旅游城市”“全国特色产业扶贫中药材范例县”称号。

产业发展 2016年，平顺县中药材面积达50.34万亩，中药材种植加工企业达14家，专业合作社达172家，种植户达2万户，辐射带动1.2万贫困群众年人均增收1546元；中药材企业吸纳贫困户就业300余人，年均增收3000元。承办全国第二届中药材联盟会议、全省特色农业产业扶贫现场会。

项目建设 2016年，平顺县采取户用屋顶光伏系统、村级扶贫电站、集中式扶贫电站和企业带动四种模式，建成83套光伏系统和13个村级电站，帮助427户贫困户年均增收3000余元；漳泽电力一期30兆瓦光电项目并网发电。平顺县引进中船重工、浙江太子龙、杭州汉鼎云能源等23个项目，总投资137.89亿元。

生态建设 2016年，平顺县推进三北防护林、太行山绿化、退耕还林造林绿化工程，营造林6.41万亩，建成双创示范村6个。完成退耕还林1300亩、经济林提质增效4000亩，组建脱贫攻坚专业造林合作社54个，在造林绿化和资源管护中吸收贫困劳动力，帮助3000多名贫困群众增收。开展“铁腕治污”行动，督促6家经营性燃煤锅炉实施清洁能源替代工程，对20余家建材企业实施扬尘控制综合治理，对15家石油经营单位实施油气回收治理，淘汰黄标车197辆，降低二氧化硫、烟尘、粉尘、可入肺颗粒物和可吸入颗粒物等主要污染物。环境空气综合污染指数保持全市第一，二级以上天数达337天。

旅游 2016年，平顺县有80个村被列为全国乡村旅游扶贫重点村，带动发展农家旅社287家；新建农副土特产品加工和旅游纪念品开发企业12家，开发产品90余种。接待游客271.4万人次，同比增长18%；旅游综合收入19.61亿元，同比增长17%。11个村被列入中国传统村落名录，西沟展览馆被列入“全国红色旅游经典景区名录”。平顺县天脊山国家地质公园揭碑开园。

科教文卫 2016年，平顺县新建和改扩建幼儿园3所，新招聘幼儿教师50名，新建教师周转宿舍106套；对县城8所学校进行校园内网升级改造，80%学校实现教育城域网“校校通”。高考首榜达线408人，达线率同比提高2.7%，中考600分以上124名，小学阶段文化素质测评和学前教育评估居全市中上游水平。117个村卫生室新建改建工程完工通过验收，完成12个乡镇卫生院标准化建设任务，城乡居民电子健康档案规范率达94.3%，新型农村合作医疗保险参保率达99.81%。推行公立医院改革，开展“平安医院”创建活动。实行分级诊疗制度，在县域内推行同级医疗机构检验检查结果“一单通”。

脱贫攻坚 2016年，平顺县投入财政扶贫资金703862万元，统筹整合使用涉农资金6789万元，协调金融贷款8109万元。实际退出49个贫困村，脱贫2597户、7562人，超预定目标982人。培训贫困家庭劳动力2256人。推进低保标准与扶贫标准“两线合一”，农村低保标准提高到3030元。

（张国梅）

【黎城县】 黎城县位于长治市北部，总面积1101平方千米，下辖4乡5镇，1个生态功能保护区，255个村级单位，242个行政村。总人口16.1930万人，比上年增加182万人。

2016年，黎城县耕地28.72万亩，粮食种植面积22.09万亩，粮食总产量68542.3吨。旅游资源有黄崖洞、广志山、老君庙、南委泉群英会会址等。黎城县获“新农村电气化县”称号，入选“国家全域旅游示范区”。

城乡建设 2016年，黎城县全社会建筑业实现总产值0.47亿元。城市供水总量5488万吨，人均生活用水量25000升。液化气供气总量500吨，天然气供应量140万立方米。集中供热面积112万平方米。空气质量二级以上天数为297天，比上年减少36天。

教育科技 2016年，黎城县普通中小学106所。其中，小学96所，普通高中1所，普通初中8所。高中在校学生2685人。初中招生1923人，在校学生5795人。小学招生1651人，在校学生10491人。幼儿园82所，在园幼儿4938人。

文体卫生 2016年，黎城县有艺术表演团33个，文化馆1个，博物馆1个，公共图书馆1个，公共图书馆藏书量5.69万册，档案馆1个，广播电台1座。有线电视用户1.04万户，人均体育场地面积1.37平方米。医疗卫生机构256个，新型农村合作医疗保险覆盖率100%，参保率97.52%。

社会保障 2016年，黎城县纳入城市最低生活保障的居民0.2349万人，发放城市低保资金901.18万元；纳入农村最低生活保障的居民0.7653万人，发放农村低保资金1942.7万元。各类福利院床位557张，收养356人。接收社会捐赠款198.7965万元。

项目建设 2016年，黎城县与协鑫集团在长治市金威大酒店举行100兆瓦农光互补发电项目签约仪式。山西省首家大型秸秆沼气提纯项目在新材料工业园区开工奠基。该项目计划投资2.6亿元，建成一座年产1520万立方的大型秸秆沼气提纯项目，可增加当地农民收入3600余万元，安排下岗职工及农民工120余人。开展250兆瓦伏发电项目，二期30兆瓦光伏发电项目，项目总投资为2.5亿元；建设新型建材基地三期项目，项目总投资为10亿元。

旅游 2016年，黎城县旅游管理局在长治宾馆召开《广志山、板山、四方山旅游景区总体规划》评审会，召开中华黎氏寻根黎城文化交流座谈会。举行黎氏后裔“千里寻根，共谋发展”招商推介系列活动。签约黎氏寻根祭祀广场和黎氏文化产业园两个项目。举行“太行红山迎春花节”、山西·黎城第四届太行红山国际自行车骑游文化活动、“太行红山” 山地自行车越野挑战赛等一系列太行红山活动。中央媒体聚焦山西黎城太行红山采风暨中国军事文化研究会摄影艺术研究中心建立创作基地授牌仪式。太行红山以“群峰攀壁”登“2016中外避暑旅游口碑金榜”中“2016中国避暑名山百佳榜”第89位。东阳关镇枣镇村、西井镇东骆驼村入选第四批中国传统村落的名录。

（王利芳）

【壶关县】 壶关县位于长治市东南部，总面积1013平方千米，下辖5镇7乡，1个开发区，390个行政村。总人口29.77万人。男性人口14.93万人，女性人口14.84万人。

2016年，壶关县耕地面积41.1万亩。粮食种植面积24.12万亩，粮食总产量123299.9吨，比上年增加830.80吨，增产0.7%。旅游资源有太行山大峡谷、红豆峡、八泉峡、九龙洞风景区等。2016年，壶关县获“全国义务教育发展基本均衡县”称号。

农业 2016年，壶关县按照“公司+基地+合作社+农户”的模式，发展旱地西红柿、食用菌、中药材、花卉、蔬菜大棚、规模养殖、乡村旅游、光伏发电、农村电子商务九大特色产业，扶持农业龙头企业和各类专业合作社，促进农民增收。规模以上农业龙头企业达到22家，旱地西红柿种植达5万亩；食用菌种植达到5000座，2万亩；中药材种植达到2万余亩；花卉种植300亩；设施蔬菜大棚2000座，4000亩；规模养殖基地80个；光伏发电项目建设总规模达69.42兆瓦；发展“农家乐”客栈200余家，年均收入10万元以上。农村电商快速发展，建成县级电子商务中心2个，乡镇电商服务站6个，农村服务网店55个，覆盖51个贫困村，全县乐村淘网店达100余家。

项目建设 2016年，壶关县新开工项目12个，总投资40.3亿元。中钢特材200万吨特钢生产线项目投入生产。引进并依托世界500强企业潞安集团的先进光伏产业技术项目建成。签约项目15个，签约金额106.48亿元。就建设物流园区和风力发电项目与北京中国钢铁集团、中节能集团签约成功。

旅游 2016年，壶关县共接待游客323.6万人次，营业收入8010万元，旅游社会总收入37.62亿元，接待游客、营业收入、旅游社会总收入连续三年实现25%以上。总投资4.2亿元的王牌景区八泉峡对外开放，成为“地面看、水中游、天上观、云中行”的立体式旅游景区。总投资10亿元的太行欢乐谷项目和总投资1.5亿元的常平太行风情小街项目完成一期工程。举办第四期冲关大峡谷节目。

城乡建设 2016年，壶关县总投资14.6亿元的十大城建重点工程进展顺利，推进县城路街改造、旧城拆迁改造、城中村和棚户区改造、地下管网改造、供热二期、集中供气、污水厂提标改造、垃圾填埋场二期、保障房建设等城建重点工程，拓展“两环五纵十五横”县城道路框架；加强县城道路、供排水、供热、供气、供电、网络通信、地下综合管廊、垃圾污水处理等基础设施建设。城市建成区面积13平方千米，建成区绿化覆盖面积630万平方米，覆盖率48.47%。城市供水总量1503吨，人均生活用水量40升。供热面积175万平方米。空气质量优良以上天数为301天，比上年减少35天。

教育科技 2016年，壶关县实施“52132”中高考奖励政策，重奖优秀学生和辛勤园丁，发放尊师重教奖金400余万元。高考二本B类以上达线人数突破400余人大关，增幅10%，中考600分以上尖优生实现历史性突破达230人，增幅350%。普通中小学47所，高中3所，初中21所，小学23所。高中招生1630人，在校学生4899人。初中招生2694人，在校学生7931人。小学招生3153人，在校学生15366人。幼儿园74所，在园幼儿8186人。专利申请与授权量分别为45件和1件。

社会保障 2016年，壶关县城镇基本养老保险参保23475人；新型农村社会养老保险参保15.08万人；城镇职工基本医疗保险参保29465人；职工失业保险参保19051人。纳入城市最低生活保障的居民2063人，发放城市低保资金883万元；纳入农村最低生活保障的居民14136人，发放农村低保资金2239.9万元，农村居民最低生活保障人数14136人，发放农村低保资金2239.9万元；农村五保供养人数1593人。各类收养性社会福利单位9个，床位734张。

扶贫攻坚 2016年，壶关县识别建档立卡贫困人口26419户61423人，落实“六帮联动”工作机制和“4321”党员干部精准帮扶责任制，农民人均收入达到5315元，新建改建村级公路104.7千米，实施安全饮水工程92处，改造贫困户危房2105户，改造村卫生室138处，新建改造村级文化广场51个、文化室100个，涌现出两个省级美丽乡村、1个省级卫生乡镇、37个省级卫生村，1万余名贫困群众实现脱贫。（秦慧艳）

【长子县】 长子县位于长治市西部，总面积1029平方千米，下辖5乡7镇，2个办事处，399个行政村。总人口364292万人，比上年末增加2588人，共有130400户。

2016年，长子县耕地面积67.8万亩，粮食种植面积54.0万亩，粮食总产量24.51万吨。长子县旅游资源有法兴寺、小张碧云寺、崔府君庙、中漳伏羲庙、大中汉三嵕庙、汤王庙等。

城市建设 2016年，长子县城市建成区面积902万平方米，建成区绿化覆盖面积365.65万平方米，建成区绿化覆盖率40.6%。启动实施总投资60多亿元的33项城市基础设施、公共服务和城中村棚户区改造工程，推进“一区两线多片四环四横四纵”建设改造任务。结合城中村棚户区改造，运作出400亩土地经营上市，结合土地规划调整，在黄金地段预留出3400亩土地用于收储开发。运用“PPP”模式，加大社会融资力度，对县城供热改造、城东污水处理项目进行特许经营建设，融回社会资本3亿元；争取到省级农村垃圾集中处理示范县建设资金1.3亿元，全省唯一地下管廊建设试点县奖补资金3000万元。签约同新ABC和同福ABC六个棚户区改造项目，总投资8.1亿元，涉及融资6.5亿元，涉及拆迁安置户992户，拆迁面积146300平方米。截至2016年6月底，全县到账资金10亿元，预计全年融资总额将达25亿元。整合公安、交警、交通、城建等相关部门职能，组建综合执法大队，招聘40名合同制交警和60名城管执法人员，开展综合执法。开展县城秩序综合整治专项行动，规范1600多辆电动三轮车，依法拆除10多处违章建筑。

交通邮电 2016年，长子县公路线路里程840千米。民用汽车保有量达到20549辆，其中私人汽车保有量20505辆。开展市民广场综合改造等7项工程建设，南北大街拓宽、东西大街拓宽等4项工程完成拆迁工作；长子至长治高架桥、环城水系等4项工程完成前期工作。丹朱大街改造工程完工并通车，道路西起西环路，东至湖滨西路，全长4100米，控制红线50米，总投资3.99亿元。邮电业务总量完成15672万元。其中，邮政业务总量1736万元；电信业务总量13936万元。移动电话用户220102户，互联网接入用户4044万户。

教育科技 2016年，长子县普通中小学104所。其中，小学83所，普通高中2所，普通初中19所。高中招生1917人，在校学生5890人；初中招生2902人，在校学生8491人；小学招生3144人，在校学生18438人。幼儿园93所，幼儿园招生3393人，在园幼儿10622人。投资2000万元，占地面积9984.62平方米，总建筑面积6722.66平方米的长子县示范幼儿园开园。长子县与中欧商业协会、法国培格索斯集团开展中欧丝路科技小镇合作项目。专利申请分别为18件。

文体卫生 2016年，长子县共有艺术表演团60个，文化馆1个，博物馆1个，公共图书馆1个（藏书量13.8万册），档案馆1个。全县电视台1座。接收数字信号用户75722户。长子县创编的曲艺节目《山西面食》在第九届全国曲艺类牡丹奖大赛获中国曲艺最高奖项牡丹奖表演奖。山西省考古工作者对长子县南沟村被盗的一座金代墓葬进行抢救性发掘，出土彩绘壁画《二十四孝行图》。全县共有医疗卫生机构591个，其中医院、卫生院23个，妇幼保健院1个，疾病预防控制中心1个。床位1000张，卫生技术人员736人。新型农村合作医疗保险覆盖率99.36%。

社会生活 2016年，长子县新型农村社会养老保险参保291180人；城镇基本医疗保险职工参保30355人。纳入城市最低生活保障的居民1952

人，纳入农村最低生活保障的居民14633人。各类福利院床位829张。

（王卫星）

【武乡县】 武乡县位于长治市西北部，总面积1610平方千米，下辖9乡5镇，1个开发区，377个行政村。总人口21.13万人，其中男性人口11.26万人，女性人口9.87万人。

2016年，武乡县耕地面积47.4万亩，粮食种植面积40.258万亩，粮食总产量111820吨。武乡县被确定为长治市美丽乡村建设试点县。武乡县入选第二批"国家全域旅游示范区"名单。

城乡建设 2016年，武乡县建成区绿化覆盖率44.65%。公交汽车运营车辆12辆，公交车2路，出租汽车60辆。有公园4座，总面积19.2万平方米。城市供水总量165万吨，人均生活用水量26100升。集中供热面积191万平方米。县城污水处理能力0.8万吨每日，县城污水处理量234万吨。生活垃圾年清运量291万吨，无害化处理率为100%。空气质量二级以上天数为286天。

教育科技 2016年，武乡县普通中小学63所。其中，小学47所，普通高中1所，普通初中15所。高中招生1000人，在校学生3208人。初中招生2127人，在校学生6009人。小学招生1696人，在校学生10814人。幼儿园40所，在园幼儿4668人。武乡中学高考成绩再创新辉煌。二本B类以上达线321人。理工类高分段600分以上5人，武乡职中对口高考，本科达线403名，其中第一批达线219名、第二批达线184名，达线率高达66%。

文体卫生 2016年，武乡县共艺术表演团4个，文化馆1个，公共图书馆1个（藏书量11.5万册），档案馆1个。武乡县进宝民俗文化博物馆开馆仪式在丰州镇聂村举行。在武乡县八路军文化园军艺社举行山西省第五届体验式联盟交流会。有广播电台1座，电视台1座、广播覆盖率分别96%。数字信号用户4.1万户。人均体育场地面积1.74平方米。有医疗卫生机构416个，其中医院3个、卫生院14个，妇幼保健院1个，疾病预防控制中心1个。床位340张，卫生技术人员545人。新型农村合作医疗保险覆盖率达98%。

社会生活 2016年，武乡县城镇基本养老保险参保人数为企业14373人，事业在编人员5700人；城乡居民社会养老参保11.08万人，发放领取2.96万人；城镇基本医疗业保险参保35627人；失业职工保险参保13273人，工伤保险参保2.82万人。纳入城乡最低生活保障的居民71423户，1.14万人，发放城乡低保资金2276.9925万元；纳入农村最低生活保障的居民6096户，0.95万人，发放农村低保资金1471.26万元。城镇各种社区服务设施4个。民政局在"送温暖、献爱心"活动中接收社会捐赠款5.04万元。县故城镇中心敬老院改扩建工程竣工。

旅游 2016年，武乡县的红色旅游景区日接待量达8.2万人次，同比增长15.17%；综合收入4263万元，同比增长15%；门票收入15万元，同比增长2.74%。"五一"小长假，武乡县旅游接待12.36万，同比增长10.06%，旅游综合收入10018万元，同比增长9.99%。"十一"黄金周期间，武乡县各大景区共接待游客24.65万人次，同比增长10.04%，旅游总收入13525万元，同比增长10%。武乡梅杏节启动及苏宁易武乡特色馆上线新闻发布会在县文化园军艺社举行。《太行故事——民俗版画展》全省巡展长治展在八路军太行纪念馆半景画馆开展。

（魏春洲 曹小莉）

【沁县】 沁县位于长治市西北部，总面积1319平方千米，下辖7乡6镇，306个行政村。总人口17.63万人，比上年增加2600万人。总人口中男性人口8.93万人，女性人口8.70万人。

2016年，沁县旅游资源有阏与城遗址，古铜鞮县城遗址，紫金山文中子石室，伏牛山龙泉神庙，涅水石刻馆、徐村吴璵墓等。沁县有"文化之乡"之称。获"国家级食品农产品质量安全示范区""省级出口农产品质量安全示范区"称号。

农业产业 2016年，沁县粮食种植面积38.277万亩，粮食总产量186252.1吨。新壹购新农村N2N电商平台启动。"沁州牌"沁州黄小米获批"山西省首个生态原产地保护产品"。截至2016年底，认证有机基地近26万亩，认证谷子、豆类、玉米、蔬菜、薯类、核桃、酒、茶8大类34个品种，促进国家级出口食品农产品质量安全示范区创建。沁园春矿泉水入选"2016年N1中国优水地图"。

城乡建设 2016年，沁县全社会建筑业实现增加值0.35亿元，城市建成区面积591万平方米。城市供水总量103.5万吨，液化气供气总量249.4吨，天然气供应量21.85万立方米。集中供热面积106万平方米，全县污水处理能力0.8万吨每日，污水处理量292万吨。生活垃圾年清运量4.38万吨。空气质量二级以上天数为359天。

教育科技 2016年，沁县普通中小学101所，职业中学全年招生364人，在校生535人，高中招生1455人，在校学生4889人。初中招生2027人，在校学生5970人。小学招生1445人，在校学生9395人。幼儿园36所，在园幼儿4185人。

文体卫生 2016年，沁县有艺术表演团57个，文化馆1个，博物馆3个，公共图书馆1个（藏书量5.5万册），档案馆1个。广播电台1座，电视台1座，广播、电视综合人口覆盖率分别98.69%和98.69%。"智慧沁县"手机台上线。千泉湖成为"国家湿地公园"，沁县郭村镇仁胜村洪济寺列为第五批省级文物保护单位。举行第八届端午民俗文化节暨山西省第四届龙舟公开赛。有线电视用户43350户，其中数字信号用户34609户。人均体育场地面积2.5平方米。有医疗卫生机构354个。其中，医院、卫生院15个，妇幼保健院1个，疾病预防控制中心1个。床位435张，卫生技术人员421人。新型农村合作医疗保险覆盖率98%。

扶贫 2016年，沁县建立"两包三到"精准帮扶联动机制，由省、市、县138个机关单位组成包扶工作队，实现帮扶全覆盖。其中，县级派驻108支帮扶工作队，驻村第一书记192名、驻村工作队员799名，共1147名帮扶责任人参与精准帮扶工作。帮扶单位累计投入帮扶资金1197万元，扶持致富项目163个，走访慰问困难群众3664户，办实事解难题509件。31个贫困村整村脱贫，共脱贫1903户、5752人。

集中供热点火运营 11月15日，县城集中供热点火运营。县城集中供热是2016年沁县实施的重点民生工程。县城集中供热工程项目包括新建2×58兆瓦煤粉锅炉热源厂，换热站25座，一次管网总长度14882米，供热负荷96.32兆瓦，供热面积达168万平方米。（王淑红）

【沁源县】 沁源县位于长治市西北部，总面积2549平方千米，下辖9乡5镇6个社区，254个行政村。总人口16.29万人，比上年增加0.1万人。

2016年，沁源县耕地面积34.35万亩，粮食种植面积20.91万亩，粮食总产量75216.1吨。旅游资源有灵空山、太岳军区司令部旧址、阎寨等。黎城县入选"国家园林县城"名单。

转型改革 2016年，沁源县举行功能农业综合示范县战略合作签约与授牌仪式。推动金融产业创新发展，成立长青村镇银行。

教育科技 2016年，沁源县普通中小学81所。其中，小学73所，普通高中1所，普通初中7所。全年高中招生650人，在校学生2314人。初中招生1262人，在校学生3567人。小学招生1704人，在校学生9883人。幼儿园27所，在园幼儿5583人。申报专利15项。启动《义务教育学校管理标准》省级实验工作。中国流动科技馆进入沁源二中校园展出。

城乡建设 2016年，沁源县全社会建筑业实现增加值1.2亿元。城市建成区面积5.25平方千米。建成区绿化覆盖率44%。城市供水总量160万吨。集中供热面积232万平方米。空气质量二级以上天数为319天，比上年减少40天。

文体卫生 2016年，沁源县有艺术表演团6个，文化馆1个，文物馆1个，公共图书馆1个（藏书量13.8万册），档案馆1个。广播电台1座，电视台1座。有线电视用户达3.5万户，有医疗卫生机构19个。新型农村合作医疗保险覆盖率100%。省人民医院普外科成功托管县人民医院普外科。举办"弘扬传统文化、重塑优良家风、中国新式父母课堂"的讲座。县晋剧团精心编排的秧歌小戏《重生》获"长治好人颂"小戏类二等奖。

旅游 2016年，沁源县举办"中国民航带您看山西" 文化旅游宣传报道活动。举行纪念任之恭博士诞辰110周年暨铜像揭幕仪式。举行中国工农红军山西沁源陈赓红军小学授旗授牌及陈赓将军铜像揭幕仪式。县古寨村入选中国历史文化名村后又入选中国传统村落。

社会保障 2016年，沁源县纳入城市最低生活保障的居民1596人，发放城市低保资金589.36万元，纳入农村最低生活保障的居民6855人，发放农村低保资金1180.28万元。敬老院14所，床位498张，收养244人。

（宋江华）

【潞城市】 潞城县位于长治市西北部，总面积615平方千米，下辖4镇3乡，2个办事处，13个社区，194个村。总人口234554人，比上年增加1410人。

2016年，潞城市耕地面积93.0万亩。农作物种植面积26.889万亩，粮食总产量120685吨。旅游资源有八路军总部北村旧址、辛安泉域高山流水竹筏漂流、辛安原起寺、南马风洞山唐代石刻、魏家庄娲皇宫等。潞城市获"全国文明城市提名城市"称号。

城乡建设 2016年，潞城市城市建成区面积10.5平方千米，建成区绿化面积360公顷，覆盖率45%，人均公共绿地面积为9.5平方米。城市供水总量297万吨，人均日生活用水量63.4升。集中供热面积300万平方米。污水处理量370.53万吨。生活垃圾漕运量2.47万吨，垃圾处理量2.44万吨，无害化处理率为99%。空气质量二级以上天数为263天。

交通邮电 2016年，潞城市公路通车里程700.5千米。潞城市1路环城公交车投入运营，贯穿城区东西南北主要街道，市民可免费乘坐。邮电业务总量完成12139.7万元，比上年增长7.7%。其中，邮政业务总量1319万元，增长8.4%；电信业务总量10820.7万元，增长4.99%。固定电话用户达到1.66万户，移动电话用户达到8.7万户。全市互联网用户累计达3.38万户。

教育科技 2016年，潞城市有各级各类学校168所。其中，幼儿园68所，小学83所，初中10所，高中4所，职高1所，特殊教育学校1所。各类学校在校生32423人。其中，幼儿5427人，小学生14530人，初中生7039人，高中生4784人，职业高中生643人。教师2835人。其中，专职教师2516人，幼儿教师233人，小学教师1170人，初中教师610人，高中教师654人，职业高中教师134人。潞城市与山西机电职业技术学院签订新校区建设战略合作协议。专利申报量26件，比上年减少44件 。

文体卫生 2016年，潞城市有文化事业机构8个，文化馆1个，博物馆1个，公共图书馆1个（藏书量5.7万册），档案馆1个。有线电视台1座，电视台1座，电视综合人口覆盖率达90%。数字信号用户3.8万户。人均体育场地面积达1.59平方米。有医疗卫生机构303个。其中，医院、卫生院9个，妇幼保健院1个，疾病预防控制中心1个，床位667张，卫生技术人员1238人。新型农村合作医疗保险覆盖率98.38%。举办潞城市首届汽车文化节，众多知名品牌汽车企业参展。

社会保障 2016年，潞城市城镇基本养老保险参保28310人，基本职工医疗保险参保46787人，失业职工保险参保26189人。城镇最低生活保障人数7729人，农村最低生活保障人数6718人。（申俊良　赵伏虎）

晋城市

【概述】 晋城市位于北纬35°11′–36°13′，东经111°56′–113°37′，总面积9424.9平方千米，下辖1区1市4县，共设48个镇，26个乡，10个街道办事处。常住人口为232.09万人，比上年增加0.59万人。出生人口1.94万人，人口出生率为8.36‰；死亡人口1.35万人，死亡率为5.82‰；自然增长率为2.54‰。出生人口性别比为105.32(以女性人口为100)。

2016年，晋城市地区生产总值完成1049.3亿元，比上年增长3.9%。其中，第一产业增加值49.8亿元，增长0.6%，占生产总值的比重为4.7%；第二产业增加值554.9亿元，增长2.4%，占生产总值的比重为52.9%；第三产业增加值444.6亿元，增长6.3%，占生产总值的比重为42.4%。固定资产投资完成1150.4亿元，增长4.1%。社会消费品零售总额386.2亿元，增长7.6%。财政总收入169.0亿元，下降12.2%。一般公共预算收入89.3亿元，下降4.9%。其中，税收收入55.3亿元，下降5.4%。一般公共预算支出173.2亿元，下降3.9%。全年居民人均可支配收入达20578元，增长6.3%。城镇居民人均可支配收入达28223元，增长5.9%；农村居民人均可支配收入达11625元，增长6.6%。人均地区生产总值45271元，按2016年平均汇率计算为6815美元。社会消费品零售总额386.2亿元，增长7.6%。城镇消费品零售额326.5亿元，增长7.5%；乡村消费品零售额59.7亿元，增长8.4%。

农业 2016年，晋城市农作物种植面积270.45万亩，减少13.35万亩。其中，粮食种植面积253.5万亩，减少13.65万亩；油料种植面积3.15万亩，增加0.12万亩；棉花种植面积1500亩，减少150亩。在粮食种植面积中，玉米种植面积132.45万亩，减少150亩；小麦种植面积64.8万亩，减少5.4万亩。粮食总产量达90.1万吨，减少6.2万吨，下降6.4%。其中，夏粮18.5万吨，下降19.7%；秋粮71.6万吨，下降2.2%。全年完成造林面积2.7万亩，下降48.6%。其中，经济林面积0.9万亩，下降61.9%。全年木材产量7255立方米，增长10.5%。全年全市肉类总产量16.6万吨，下降3.5%。猪牛羊肉总产量14.7万吨，下降5.3%。其中，猪肉产量14.0万吨，下降5.4%；牛肉产量0.1万吨，下降10.9%；羊肉产量0.6万吨，下降1.0%。生猪存栏103.0万头，下降11.0%；生猪出栏188.1万头，下降5.6%。牛奶产量0.06万吨，增长1.6%；禽蛋产量8.3万吨，增长4.7%；水产品产量0.2万吨，增长4.6%。全市设施蔬菜产量11.0万吨，下降24.2%；食用菌1.2万吨，下降41.8%；蚕茧0.2万吨，下降51.1%；蜂蜜0.2万吨，增长0.5%；药材0.8万吨，下降9.1%。农业机械总动力109.7万千瓦，下降56.2%。机械耕地面积220.5万亩，增长2.1%；机械播种面积193.95万亩，增长7.5%；机械收获面积142.95万亩，下降8.8%。农机化经营总收入4.9亿元，下降55.3%。

工业建筑业 2016年，晋城市规模以上工业企业230家。规模以上工业增加值比上年增长2.5%。规模以上工业企业实现主营业务收入936.1亿元，下降3.2%。其中，煤炭、冶铸和建材工业分别实现主营业务收入457.0亿元、105.9亿元和11.7亿元，分别增长0.1%、10.5%和1.8%；炼焦、电力、煤层气开采、化工、装备制造、医药和食品制造工业分别实现主营业务收入2.9亿元、71.5亿元、47.1亿元、82.0亿元、122.0亿元、4.9亿元和0.9亿元，分别下降19.2%、8.2%、10.0%、17.2%、7.6%、11.5%和12.2%。规模以上工业实现利税133.2亿元，增长9.0%；实现利润53.4亿元，增长19.2%。

全市具有资质等级总承包和专业承包建筑业企业113家，完成总产值56.1亿元，下降5.9%；房屋施工面积376.3万平方米，增长6.3%；签订合同额为119.4亿元，增长3.1%。

项目建设 2016年，晋城市在建固定资产施工项目2821个。其中，5亿元以上项目61个，计划总投资1390.0亿元，完成投资145.3亿元，占全市固定资产投资的比重为13%。房地产开发投资80.4亿元，增长7.7%。其中，住宅投资58.9亿元，下降2.3%；商业营业用房投资11.0亿元，增长44.1%。全年房屋新开工面积180.7万平方米，下降49.4%。其中，住宅新开工面积125.3万平方米，下降50.4%。商品房销售面积130.6万平方米，下降14.3%。其中，住宅销售面积126.8万平方米，下降14.7%。商品房销售额60.3亿元，下降3.3%。其中，住宅销售额58.2亿元，下降4.8%。房地产开发企业土地购置面积22.7万平方米，增长0.7%。房地产开发企业实际到位资金合计106.2亿元，下降2.7%。其中，国内贷款增长8.9%，自筹资金下降15.5%，其他资金下降8.6%。

能源 2016年，晋城市一次能源生产折标准煤7001.4万吨，增长1.0%；二次能源生产折标准煤2836.2万吨，下降5.9%。全年向省外运输煤炭6315万吨，增长6.0%，外运煤炭占原煤产量68.1%。向省外输送电力161.8亿千瓦小时，下降0.2%，外输电量占发电量的71.5%。固定资产投资中，能源工业投资164.9亿元，下降23.9%。其中，煤炭工业投资66.9亿元，下降55.1%；石油和天然气开采业投资10.6亿元，下降59.8%；石油加工、炼焦及核燃料加工业投资0.8亿元，下降27.9%；电力、热力、燃气及水的生产和供应业投资86.6亿元，增长114.2%。

2016年，晋城市全社会用电总量180.0亿千瓦小时。其中，第一产业用电1.6亿千瓦小时，占全社会用电量的0.9%；第二产业用电160.4亿千瓦小时，占全社会用电量的89.1%，其中工业用电159.4亿千瓦小时；第三产业用电9.7亿千瓦小时，占全社会用电量的5.4%；城乡居民生活用电8.3亿千瓦小时，占全社会用电量的4.6%。

进出口贸易 2016年10月9日，晋城海关开关、山西出入境检验检疫局晋城办事处开检仪式在兰花物流中心举行，标志着晋城市正式打通陆路出口港。2016年，晋城市海关进出口总额6.0亿美元，下降32.8%。其中，进口额4.34亿美元，下降28.1%；出口额1.65亿美元，下降42.8%。全年出口煤炭14万美元，下降63.0%；出口钢材3304万美元，下降32.2%；出口机电产品13166万美元，下降43.2%；出口高新技术产品4700万美元，下降68.1%；出口电器及电子产品7703万美元，下降56.5%；出口计算机及通信技术产品2576万美元，下降80.2%。

全年进口铁矿砂22913万美元，下降4.6%；进口机电产品16296万美元，下降50.4%；进口集成电路6537万美元，下降57.1%；进口机械设备2316万美元，下降51.1%；进口电子技术产品8058万美元，下降56.3%；进口计算机集成制造技术产品1348万美元，下降58.9%。按全口径统计实际使用外商直接投资金额18000万美元，下降30.1%。

交通邮电 2016年，晋城市公路线路里程9134.5千米。其中，高速公路318.6千米。民用汽车保有量36.4万辆（包括三轮汽车和低速货车0.3万辆），比上年增长9.1%。其中私人汽车32.9万辆，增长11.3%。本年新注册汽车4.4万辆，下降3.3%。轿车保有量24.4万辆，增长11.5%。其中私人轿车23.2万辆，增长12.8%。

2016年，晋城市完成邮电业务总量41.5亿元。其中，邮政业务总量1.3亿元；电信业务总量40.2亿元。年末移动电话用户225.0万户。全市宽带接入用户54.3万户，增长24.6%。

旅游 2016年，晋城市共有A级景区20个，其中AAAAA级景区1个、AAAA级景区7个、AAA级景区11个、AA级景区1个。共有星级饭店18家，其中五星级2家、四星级10家、三星级4家、二星级2家。接待海外旅游者12819人次，接待国内旅游者3885.28万人次，分别增长5.57%和19.76%；旅游外汇收入713.96万美元，国内旅游收入356.34亿元，旅游总收入356.62亿元，分别增长6.26%、20.95%和20.90%。

环境建设 2016年，晋城市有自然保护区5个，自然保护区面积达219.0万亩。市区环境空气质量二级以上天数达236天。其中，一级天数68天，增加39天。空气综合污染指数为7.35，较上年增长13.4%。城市污水处理率达95.0%；城市生活垃圾无害化处理率达100%；全市集中供热普及率达87.5%。2016年6月21日，中国城市竞争力研究会在香港发布“2016中国城市分类优势排行榜”榜单，晋城入围中国最干净城市名单。

金融保险 2016年，晋城市金融机构本外币各项存款余额1961.2亿元，比年初增加161.1亿元，增长9.0%。各项贷款余额1091.8亿元，比年初增加84.3亿元，增长8.4%。农村金融合作机构（农村信用社、农村合作银行、农村商业银行）人民币贷款余额176.3亿元，比年初减少21.7亿元，下降11%；人民币存款余额452.1亿元，比年初增加35.4亿元，比年初增长8.5%。共有证券营业部6家，从业人员98人。累计资金开户数130377户，银证转入资金59.9亿元，下降51.9%，新增资产总额-3.5亿元。营业收入0.56亿元，下降66.5%；利润总额0.18亿元，下降83.1%。

2016年，晋城市保险费用收入39.0亿元，增长9.1%。其中，寿险业务保费收入27.2亿元，增长13.3%；财产险业务保费收入11.8亿元，增长0.4%。

教育科技 2016年，晋城市有

2016年晋城市辖县（市、区）经济指标统计表

县 市	地区生产总值（万元）	农林牧渔业总产值（万元）	固定资产投资（万元）	社会消费品零售总额（万元）	一般公共预算收入（万元）	一般公共预算支出（万元）	人均可支配收入（元）	
							城镇居民	农村居民
城 区	2498081	15758	3508091	2046880	88567	167482	30168	—
沁水县	1720483	110720	1593121	224373	11715	181487	24825	10098
阳城县	1665181	174731	1647973	430122	123548	240161	26037	11488
陵川县	352685	93792	416491	175078	14352	158780	17256	7929
泽州县	2185348	274512	2260420	386410	123756	279410	29333	13129
高平市	2002904	280102	1504814	599080	126586	265293	28235	12168

普通高等学校1所，独立设置的成人高等学校1所。高中阶段毛入学率95.5%。

2016年，晋城市组织实施各类科技项目34项(省级18项、市级16项)。在省级项目中,列入重点研发一般项目4项,成果转化项目4项,农村技术承包项目6项，专利推广资助项目2项，科技重大专项持续支持项目2项。技术市场交易成交235项,交易额8.32亿元;有效发明专利拥有量340件；省级科技成果鉴定2项。新认定国家星创天地1个,省民营科技企业7个,省科普基地1个,省众创空间4个。全市共有国家星创天地1个，国家科技特派员创业链3个，省级民营科技企业38个,省级科普基地11个,省级创新型企业11个,省级创新型试点企业2个，省级工程技术研究中心4个,省级重点实验室3个,省级科技企业孵化器1个，省级众创空间4个,省级农业科技园区2个,省级星火示范基地3个。

文体卫生 2016年，晋城市共有艺术表演团体10个,新创作首演剧目3个;演出场次3010场,演出收入1692万元;全市共有艺术表演场馆5个,群众艺术馆1个,文化馆6个,美术馆1个,公共图书馆7个,总藏书111万册。2016年5月14日,海峡两岸3000余名同胞在高平炎帝陵广场举行海峡两岸同胞炎帝故里民间拜祖典礼。各级医疗卫生机构3201个,其中妇幼保健院(所、站)7个。医院和卫生院床位10.6千张,卫生专业技术人员1.29万人,每千人拥有病床4.9张,每千人拥有医生数2.4人。全市6县(市、区)全部开展新型农村合作医疗保险试点工作,参保率99.10%。村卫生室覆盖率100%、县乡村三级医疗机构达标率均为100%。全年各县(市、区)的儿童“五苗”全程接种率以乡镇为单位均达90%以上。碘盐覆盖率达98%,合格碘盐食用率达92.92%，各种地方病得到控制。乡镇卫生监督站覆盖率达100%。

2016年，晋城市拥有各级各类体育场馆5717个,体育锻炼标准达标人数达334320人。运动员在省级以上重大比赛中获金、银、铜牌分别为38枚、53枚和33枚(包括非奥运项目比赛)。销售中国体育彩票17600万元,增长16.1%。

社会保障 2016，晋城市城镇职工基本养老保险参保42.2万人，比上年增加2.4万人;新型农村社会养老保险参保110.6万人，减少1.7万人；城镇基本医疗保险参保61.6万人,增加0.7万人;失业保险参保30.3万人,增加0.2万人;工伤保险参保48.0万人,增加0.2万人。其中,农民工参保19.1万人，减少3.2万人；生育保险参保31.4万人，增加0.4万人。全市共有144.9万农民参加新型农村合作医疗保险。城镇低保人数13130人，减少5843人;农村低保人数41538人，减少23351人；农村集中供养五保户1966人；民政部门资助参加合作医疗52912人。优抚对象15568人,享受定期抚恤557人,享受定期补助13400人。全年共发放最低保障资金2.5亿元。提供住宿的社会服务机构37个,床位数2627张,年收养救助人数1552人。全市社区养老机构和设施515个。全市福利企业15个,残疾职工250人。福利彩票发行单位1个。全年直接接收捐赠款231.9万元,受益25862人次。

太焦高铁开工 2016年6月16日，太原至焦作高速铁路工程开工仪式在高平市神农镇团西村举行。项目全长358.76、千米,总投资431.3亿元,山西省境内325.35千米,投资约390亿元,规划运输能力4000万人/年,建设工期4年半。其中,晋城市境内线路总长78千米,设晋城东站和高平东站两个车站。太焦高速铁路起自太原,经晋中、长治、晋城三市,接轨于郑焦城际铁路焦作站,是联系太原与晋东南地区的城际客运主通道，也是山西与河南等中东部地区客运交流的快捷通道。

(牛晋军)

【晋城市城区】 晋城市城区位于晋城市中部，总面积133.7平方千米，下辖7个街道办事处,1个镇。

晋城市城区旅游资源有白马寺、司徒小镇、青莲寺、玉皇庙等。

现代农业 2016年，晋城市城区粮食总产量完成706.2万公斤,占目标任务的600万公斤的117.7%。推进农业供给侧结构性改革，在粮食生产、龙头企业带动、发展功能农业上,支持精品花卉、食用菌、设施蔬菜等优势产业做大市场、做精产品、做强品牌。农业产业化龙头企业销售收入完成5.25亿元，占年计划的5.2亿元的100.9%。现代农业投资完成5.42亿元,占年计划的5.4亿元的100.4%。全区粮食播种面积2.33万亩,平均亩产303.1公斤,亩产量较上年减产2.8%。以南街办事处金华社区为试点的村(社区)集体产权制度改革取得突破。

项目建设 2016年，晋城市城区114项省市重点工程推进,23家规上工业企业利润降幅收窄，北石店工业园区项目建设推进、海斯制药新医药园、宇光线缆等十大重点项目建设推进。争取“一县一省级工业园区”政策红利,加快完善北石店工业园基础设施，引进和落地具有城区特色的工业企业，形成更加健全完善的产业支撑体系。民间投资发挥主体作用，完成投资310.4亿元,增长28.4%,占全区固定资产投资比重的92.7%;电商、养老、休闲、文化等成为产业投资新方向、居民消费新热点,信息传输、软件和信息服务业投资增长186.7%,文化、体育和娱乐业投资增长85.2%,全年网络零售额同比增长22.6%，达4592万元；西北片区和北石店镇“四化同步”两个市级试点建设深入,北石店镇被纳入第三批国家新型城镇化综合试点。

招商引资 2016年，晋城市城区签约项目17个，总投资额369.2

亿元，完成市目标任务的173.33%，全市排名第二。麦当劳、优衣库、上海世纪华联等一批知名品牌入驻，以兰花城、电子商务产业园、“幸福苑”等为引领的新项目、新业态、新模式亮点纷呈，服务业对全区经济增长的贡献率达88.5%。外来资金到位88.02亿元，重点项目万达城市广场完成前期洽谈，进入规划方案设计阶段。要设立1000万元的新产业新动能投资专项基金，对有发展潜力有突出贡献的企业采取相应奖补措施。

财税金融 2016年，晋城市城区实施“营改增”改革，为各类企业减负近1亿元；创新“政银企”合作模式，引金融活水润实体经济，为14户企业提供倒贷周转金5985万元，为19家小微企业发放“助保贷”5115万元。工商登记制度改革深化，变“三证合一”为“五证合一”，全年新登记注册各类企业848户，新增注册资金4.2亿余元。

旅游 2016年，晋城城区打造红色旅游文物保护基地，把红色人文景观和革命传统教育与促进旅游产业发展结合起来打造新型主题旅游形式，投资1000余万元，修缮中共中央中原局党校旧址、李先念旧居、南石店李家民宅、南石店虫王庙四处古建筑。

城镇建设 2016年，晋城市城区解决太行印刷厂征补遗留问题，实现景西北路全线通车，破解制约工程建设的管网迁改、水浇地置换、资金筹措等瓶颈问题，西北片区“两横三纵”路网骨架成形，沿线城中村改造及基础管网、学校工程、河道景观建设推进；北石店新区开发提速，富鑫广场招商、海斯药业用地、城中村（棚户区）改造、河道治理等重点难点工作推进；带状公园、时家岭公园、汇仟街、龙潭路、207国道改线等重点项目进地建设，东南片区开发改造步伐加快。全区城中村改造累计投资21.3亿元，新增建筑面积96.5万平方米。

城中村改造 2016年，晋城市城区编制全区城中村改造规划纲要，优先保障回迁楼建设，确保居民回迁安置。新申报项目东上庄、小后河、后圪塔3个项目，新开工西吕匠、西马匠、北岩、时家岭、中原街、金华、景德桥7个项目。加快西北片区项目引进和土地出让，实质性推进片区市场化开发；推动东方玻璃厂厂区改造、气门厂及周边旧城改造；谋划春光热电和太印旧厂区改造。全年城中村改造完成投资20亿元，完成建筑面积80万平方米。

生态建设 2016年，晋城市城区推进“三山两河一场”六大生态龙头工程建设，吴王山公园后期围护、玉屏山生态治理和苇匠生活垃圾填埋场环境整治等重点工程完工，白马寺山至吴王山绿道成形，北石店河治理工程推进，书院河治理工程立项推进。4个村庄的绿化和1处街头绿地建设任务完成。推进以雾霾治理为重点的大气污染防治工作，共清理煤堆、煤泥堆、煤矸石堆等各类堆场83处，清运煤泥、煤矸石约26万吨，取缔土小企业41家；整治露天烧烤48家；对1703家不达标经营户实施清洁能源改造；集中开展优质型煤供应工作。开展城乡清洁行动，高标准完成农村500户改厕任务，新增农村煤层气用户1497户。

社会事业 2016年，晋城市城区基本养老保险和医疗保险实现全覆盖；机关事业人员全部纳入工伤保险统筹范围；城镇居民医保和农村居民新型农村的财政补贴提高到420元；为5405名退休职工月均增资161元；建筑业农民工参加工伤保险工作推进，参保人数达2.1万人；城乡低保标准分别提高到511元、273元，共保障3158户、6237人；为750户住房困难家庭发放廉租房补贴。晋城八中、十一中、十二中相继投入使用，书院小学、东王台小学完成主体，北石店中心幼儿园、花园小学、北石店中心卫生院开工建设，有序推进程颢书院二期、晋冀鲁豫野战军十二纵队整军旧址、吕祖坛和怀覃会馆等文物修缮工程。

（杨　盼）

【沁水县】 沁水县位于晋城市东南部，总面积2658.2平方千米，下辖7镇7乡，239个建制村，9个居民委员会，1378个村民小组。

沁水县旅游资源有明清建筑柳氏民居、湘峪古堡、郭壁古堡上阁古民居、窦庄夫人城、历山自然风景区、赵树理故居等。

农业 2016年，沁水县农作物播种面积414255亩，下降4.5%。设施农业大棚1727个，同比增加97个。大牲畜存栏133头，下降27.7%。禽存栏1398093只，增长5.5%；农业机械总动力202570千瓦，下降43.1%。机械耕地面积32.72万亩，下降1.6%；机械播种面积26.33万亩，下降0.03%；机械收获面积21.42万亩，下降3.5%。农机化经营总收入4400万元，下降56.0%。义务植树35万株；营造林1.08万亩；培育苗木花0.28万亩；完成村庄绿化6个。

工业建筑业 2016年，沁水县规模以上工业企业34家，完成增加值56.1亿元，增长4.1%。其中，煤炭行业增加值24.8亿元，增长6.9%；煤层气行业增加值25.9亿元，下降6.8%。工业总产值完成94.9亿元，增长1.4%；实现利税24.7亿元，下降1.0%。其中，煤炭行业总产值37.7亿元，实现利税11.3亿元；煤层气行业总产值43.2亿元，实现利税11.6亿元。完成销售产值91.6亿元，下降1.3%；实现利润14.4亿元，下降4.2%；税金总额10.1亿元，增长3.7%。

全县具有资质等级的建筑业企业12家，完成建筑业总产值1.91亿元，下降17.67%；其中，建筑工程、安装工程和其他工程分别完成1.36亿元、0.1亿元和0.45亿元。签订合同额2.13亿元，下降19.32%；其中2016年新签合同额1.8亿元，下降18.92%。建筑施工面积7.1万平方米，下降21.46%；房屋建筑竣工面积5.94万平方米，下降27.12%；房屋竣工价值完成 0.77 亿元，下降 21.43%。

民营经济 2016 年，沁水民营企业实现增加值 62.3 亿元，增长 0.5%；出口产品交货值 3234 万元，下降 7.5%；实现营业收入 123.4 亿元，增长 0.6%；利润总额 13.4 亿元，增长 0.5%；上缴税金 10.7 亿元，下降 16.9%。其中，民营工业总产值 102.4 亿元，下降 2.1%；民营工业增加值 43.3 亿元，下降 2.2%。

金融保险 2016 年，沁水县金融机构人民币各项存款余额达 110.5 亿元，较年初增加 2.0 亿元，增长 1.8%；其中住户存款余额达 69.2 亿元，较年初增加 4.6 亿元，增长 7.1%；金融机构人民币各项贷款余额达 53.7 亿元，剔除县联社和县邮储银行贷款核销 0.9 亿元，较年初增加 0.9 亿元，增长 1.8%。保险行业实现业务总收入 8740 万元，增长 5.2%。全年支付各类赔款及给付 1963 万元，下降 27.1%。

社会事业 2016 年，沁水县义务教育发展基本均衡工作通过国家验收。受理农村地区分布式光伏发电共 227 户，装机容量 2200 千瓦，申请市级补贴资金 660 万元。全年有效发明专利拥有量达 17 件。组织举办"两节"社会文化活动以及各种文体活动 30 余场次，组织送戏下乡 400 余场，完成农村电影放映 2904 场，送公益文化演出 50 余场次。重点实施"乡村文化资讯综合服务体系"建设工程，农村文艺广播讯息平台建设工程，242 个行政村的文艺广播设备安装到位，投入运行；乡村文化资讯记忆工程，数据库安装和普查人员培训完成，试点普查工作推进；图书数字阅览普惠工程完成县、乡两级中心建设采购工作，完成县级电子数据库、电脑网络安装工作，乡镇设备发放到位。开展体育健身器材进社区、公园、行政村试点工程。制作播发《沁水新闻》244 期，《沁水全接触》52 期；在市广播电视台播发各类新闻 220 余条。新型农村合作医疗保险参保率 99.76%，村卫生室覆盖率 100%，县乡村三级医疗机构达标率 100%。

社会保障 2016 年，沁水县城乡基本养老保险参保 150284 人，征缴基本养老保险基金 30021 万元。其中机关事业单位职工、企业职工和城乡居民分别参保 10493 人、21574 人和 118217 人，基本养老保险基金分别征缴 17358 万元、11201 万元和 1462 万元；城镇基本医疗保险参保 42881 人，其中城镇职工 27279 人，城镇居民 15602 人，征缴保险基金 6100 万元；新型农村合作医疗保险参保 150963 人，筹集合作医疗保险基金 8155.59 万元，其中农民个人缴费 1811.56 万元；失业保险、工伤保险和生育保险分别参保 18051 人、45952 人和 25410 人，保险金分别征缴 1412 万元、1183 万元和 450 万元。城镇新增就业 5448 人，转移农村劳动力 4402 人，城镇登记失业率为 0.9%。全年发放基本养老金 30934 万元。企业退休人员和机关事业退休人员月平均养老金分别提高到 2479.6 元和 3552 元，分别比上年增加 192.1 元和 180 元。 （张丽霞）

【阳城县】 阳城县位于晋城市东南部，总面积 1917.5 平方千米，下辖 10 镇 7 乡，467 个行政村。

2016 年，阳城县总耕地面积 54.6 万亩，粮食播种面积 47.16 万亩，减少 2.87 万亩。粮食总产量 165936.6 吨，增长 0.7%。旅游资源有皇城相府、天官王府、九女仙湖、蟒河生态旅游区、海会寺、杨柏大峡谷、五彩河等。

工业建筑业 2016 年，阳城县规模以上工业企业实现主营业务收入 1195801 万元，规模以上工业企业实现利税 323334 万元，规模以上工业企业实现利润 173822 万元。全年建筑业实现增加值 54248 万元。年末全县具有资质等级的总承包和专业承包建筑业企业 13 家，完成总产值 11925 万元，房屋建筑施工面积 17.9 万平方米。

项目建设 2016 年，阳城县计划总投资的在建施工项目中亿元以上项目 47 个，计划总投资 2809997 万元，完成投资 425271 万元。全年房地产开发投资 54264 万元，其中住宅投资 44570 万元。房屋施工面积 540630 平方米，房屋新开工面积 280435 平方米，商品房销售面积 72450 平方米。

金融保险 2016 年，阳城县金融机构各项人民币存款余额 1927429 万元，比年初增加 117809 万元。其中，住户存款余额 1360952 万元，比年初增加 108300 万元。金融机构各项贷款余额 587067 万元，比年初增加 65898 万元。全年保费收入 59533 万元。其中，财产险保费收入 12754 万元，人身保险费收入 46779 万元。

旅游业 2016 年，阳城县共有成规模 A 级旅游景区（点）6 处。其中，有 1 处国家级 AAAAA 景区，2 处国家级 AAAA 景区，3 处国家级 AAA 景区。接待游客 860 万人次，实现旅游总收入 62.3 亿元。

社会事业 2016 年，阳城县投入科学技术研究与开发专项资金 603 万元，组织实施市级农村光伏发电扶持项目，下达专项资金 1247 万元。新增高新技术企业 2 家。有效发明专利拥有量 35 件。全县有普通中学 26 所，职业高级中学 2 所，小学 70 所，幼儿园 149 所，成人中等专业学校 1 所。高考二本以上达线 2402 人。全县共有文化馆 1 个，公共图书馆 1 个，青少年活动中心分馆 1 个，文物博物馆 1 个，档案馆 1 个，电视台 1 座。完成电影放映 5544 场。组织庆五一"中国梦·劳动美"健身操舞大赛，举办阳城鼓书展演活动、"红色阳城、悠然阳城、文化阳城"摄影展。全县有体育场 1 个，综合体育馆 2 个，田径场 5 个，游泳馆 3 个。举办阳城县第十三届门球比赛，第七届北京国际山地徒步大会春秋两季活动，全国汽摩联盟协会和全国摩托车表演，第二届全县农民篮球赛等多项体育健身活动。县乡村共有医疗卫生机构613个，卫生技术人员2721人床位2036张。村级卫生所达标率99%。新型农村合作医疗保险参保率99.6%。

社会保障 2016年，阳城县全县非私营单位在岗职工年平均工资50653元。居民人均可支配收入17589元。企业职工基本养老保险参保29933人；机关事业养老保险参保15691人；城乡居民养老保险参保211504人；失业保险参保60704人；工伤保险参保65100人；生育保险参保35220人。（王家胜）

【陵川县】 陵川县位于晋城市东南部，总面积1701.8平方千米，下辖7镇5乡，371个行政村，7个社区。

2016年，陵川县农作物播种面积33.66万亩。粮食总产量达10.21万吨，减产6%。旅游资源有抱犊沟、王莽岭景区、凤凰欢乐谷、棋子山省级地质公园、锡崖沟、丈河村等。

工业建筑业 2016年，陵川县全县规模以上工业11个。全年规模以上工业总产值完成86825.3万元，同比增长0.5%。规模以上工业企业实现主营业务收入90454.2万元，增长8.4%。规模以上工业企业实现利税4381.5万元，实现利润−3290.1万元；亏损企业亏损额6707.4万元，下降18.1%。

投资贸易 2016年，陵川县在建固定资产投资项目103个。其中，5000万元以上项目25个，比上年同期减少18个。本年累计完成投资21.04亿元，占全县固定资产投资的比重为50.5%。全年社会消费品零售总额175077.7万元，同比增长6.9%。分地域看，城镇115068.7万元，同比增长6.3%；乡村60009万元，同比增长8.1%。

第三产业 2016年，陵川县乡镇及民营经济增加值21.2亿元，下降6.2%；总产值65.1亿元，下降5.4%；营业收入55.4亿元，下降5.3%。旅游企业个数为22个。全年接待旅游人数404万人次，增长8.5%；旅游总收入实现10.3亿元，增长14.8%。

社会事业 2016年，陵川县共有各级各类学校170所，科技三项经费支出1420万元，全年完成各类科技项目39项。共有文化馆1个，公共图书馆1个，总藏书量3.6万册。博物馆1个。共有各级医疗卫生机构459个，床位755张，卫生从业人员1089人，村卫生室覆盖率100%，县、乡、村三级医疗机构达标率85%。

社会保障 2016年，陵川县城镇职工保险参保12206人，基金征收完成4798万元，分别占年任务12130人和4200万元的100.6%和114.2%；城乡居民养老保险参保133902人，与目标任务持平。基金征收完成1553.4万元，超额完成255.4万元。机关事业养老保险参保8420人，基金征收完成13868万元，分别占年任务7700人和8000万元的109.4%和173.4%；全年为2658名机关事业离退休人员发放养老金12306万元。城镇职工医疗保险参保17926人，城镇居民医疗保险参保14895人，全年基金征收完成296万元。失业保险参保8745人，基金征收完成284.9万元；全年为354名失业人员发放失业保险金221.6万元。工伤保险参保24092人，基金征收完成422万元，全年为118名工伤职工支付工伤保险基金完成354万元，城镇低保人数1608人，减少1506人；农村低保人数3784人，减少8724人；农村集中供养五保户363人；分散供养五保户1514人；农村定期救济58人。（焦国锋）

【泽州县】 泽州县位于晋城市东南部，总面积2024.4平方千米，下辖14镇3乡，634个行政村，1093个自然村。常住人口491789人。

泽州县旅游资源有珏山风景区、青莲寺、李寨栖龙景区、泽州岱庙、老翁山、聚寿山文化景区、陟椒三教堂、李寨风景、大阳古镇、大箕天主教堂等。

产业升级 2016年，泽州县与山西国新能源发展集团有限公司签订战略合作框架协议，走转型升级稳煤之路。煤电、煤化、煤企联盟推进，煤炭就地转化率提高，煤化工产能提高15%，煤层气转换率提高27%；天泽4060、兰花己内酰胺、纳米碳酸钙建成投产，晋煤华昱煤电化循环项目建设推进；都宝、润红、寺河3个瓦斯发电厂并网发电。以巴公板块、南村板块为重点，走集群发展强铸之路，南村铸造园区建设启动、巴公装备制造园区集聚效应提升；以南部山区板块为重点，走健康绿色优农之路，"一县一业、一乡一特、一村一品"提升；75个重点项目进展顺利，南村铸造工业园区、枣园学校等75个重点项目前期工作推进，清慧三期、万鑫顺达光伏发电等20余个重大项目落地开工，华明纳米、中国青年城、爱窝商贸、国晨生物科技等四家企业分别在"新三板""青创板""Q板"挂牌上市。发展现代服务业，晋城海关、兰花物流保税中心运营，"泽州坊""乐村淘"等电商平台覆盖面扩大。新创办实体企业314家，同比增长18%；新增个体工商户1001家。

项目建设 2016年，泽州县加快金村新区建设，丹河龙门湿地公园一期建成开园、二期开展前期、三期完成合作，丹河西路、碧水街建成通车，太岳街、西岭街加快建设，县政府驻地变更申请上报民政部待批。配合市政府谋划推进高铁新区和空港新区，民用机场选址工作推进，太焦高铁和通用机场建设推进。

金融 2016年，泽州县出台《泽州县促进工业稳定运行提质增效若干措施》等一系列政策，建立银企常态化对接机制，列支1.2亿元增信资金，为企业周转贷款15.4亿元。深化"聚力贷""助保金"业务，化解企业担保链。

社会事业 2016年，泽州县有各级各类学校195所，比上年减少20所。举办各级各类体育赛事10余次，参加运动会运动员人数8000余人。运动员在市级以上重大比赛中获金、银、铜牌分别为3枚、5枚、4枚。开展"栖龙湾"首届山地车越野赛。乡村三级医疗机构达标率为100%，新型农村合作医疗保险参保率达99.58%。

旅游 2016年，泽州县共有旅游景区(点)9处。其中，AAAA级景区1个；AAA级景区2个；AA级景区1个。农家乐达147家。全年接待游客753万人次，实现旅游总收入62.3亿元。开展第五届乡村摄影展暨丹河龙门湿地公园油菜花文化旅游节，开展首届文化旅游节珏山第十六届中秋赏月文化节。入选"国家全域旅游示范区"，获"全国生态特色旅游县"称号。

社会保障 2016年，泽州县城镇基本养老保险参保30022人，比上年增加1121人；新型农村社会养老保险参保297839人，减少897人；城镇医疗保险参保50610人，增加229人；失业保险参保24038人，增加470人；工伤保险参保64080人，减少1929人。城镇基本社会保障覆盖率达99.2%。其中，养老保险覆盖率达99.4%，医疗保险覆盖率达99.8%，生育保险覆盖率达99.7%，失业保险覆盖率达99.2%。全年城镇低保人数968人，保障户数850户；农村低保人数8102人，保障户数5495户。2016年，城镇新增就业5940人，下岗再就业人数达784人，培训农民工9967人。其中，安置就业困难对象再就业280人。城镇登记失业率为0.3%。机关事业单位养老保险制度改革完成，共缴纳专项经费1.1亿元。

脱贫攻坚 2016年，泽州县实施精准扶贫"255"工程，10个村脱贫项目实施，4个村光伏扶贫项目并网发电，2503户5050名贫困人口实现脱贫。新建25个农村老年人日间照料中心和川底、大东沟、南岭3所乡镇敬老院；新建成边道路11条75千米，农村公路生命安保工程完成143.4千米；新开通公交线路4条，新增通公交村67个，累计通公交村达370个；为6.58万名60岁以上老人免费体检；解决1.48万人饮水安全问题，自来水入户率达95.5%；更新130个村级室外健身器材；为14362名残疾人发放护理、生活补贴479.4万元。

（张　静）

【高平市】 高平市位于晋城市北部总面积980.3平方千米，下辖16个乡(镇、街道办事处)，463个行政村(居委会)。常住人口为493020人，人口自然增长率为2.43‰。

高平市耕地面积62万亩。旅游资源有羊头山炎帝文化旅游区、古泫文创园、白马寺、丹河景观、元代姬氏民居等。2016年，高平市获"全国生猪调出大县"和全省农田水利基本建设"禹王杯"红旗县称号。

项目建设 2016年，高平市整合原有4个工业园区，构建"一区三园"的开发区发展模式，为产业转型搭建平台。加强企业分类帮扶，推进煤炭企业去产能、降成本，地方煤矿原煤产量、销量和销售收入同比分别增长59.7%、71.4%和50.6%，平均综合成本下降14.5%；帮助非煤企业引进战略投资者，泫氏、昌平、海诺、天润、凯永等企业寻求合作伙伴，进行产品技术升级改造，唐一新能源、福川制铁等企业加快资产重组步伐。建成炎帝陵景区，举办海峡两岸神农炎帝文化旅游招商系列活动，深化与山投晋旅等企业的合作，文化旅游产业起步；建成电子商务产业园、中小企业创业园等各类创业创新基地，引进阿里巴巴、京东、苏宁、乐村淘等知名电商企业，新兴业态涌现。推进现代农业发展，稳定粮食、生猪、蔬菜和果品生产。

重点领域改革 2016年，高平市完善科兴集团法人治理结构，出台国有企业重大资产处置、投资管理、对外担保和国有资产监督管理办法，构建国有资产监管体系。完成农信社改制，组建高平农商银行；启动实施人民医院医技楼、神农健康城、炎帝文化苑、城市第三水厂等PPP项目；推进九康食品、天润农业E板挂牌和海诺科技、兰花药业新三板挂牌，全市挂牌上市企业达到9家，中小企业占比全省排名第六。成立市公立医院管理委员会，组建市人民医院集团，推进市乡村医疗卫生机构一体化发展。完成土地确权登记颁证工作，建成晋城首家农村产权交易平台。启动"五规合一"规划编制，出台户籍制度改革实施意见，限价房配售放宽到全市户籍。供销社综合改革初见成效，高平市被列为全省试点。启动综合行政执法体制改革，组建市场监管局。开通"52345"一号通服务热线，公共资源交易中心、政务服务中心、政务云大数据中心和政务协同办公系统建成并投入运行。

城乡建设 2016年，高平市神农路北段、精卫路南段、锦华街东段、康苑街竣工通车，金峰大道南延、建设路南延、锦华街西段工程推进，太焦高铁高平段开工建设。市区新增供热面积105万平方米、集中供气用户3000户，开工建设保障性住房316套，"四山"绿化、丹河景观整治提升等工程完工，丹河公园、炎帝公园、凤和园等多处游园建成开放。推进特色小镇和美丽乡村建设，实施张峰供水二期、农村饮水提升、公路改造、危房改造、河道整治等项目，三甲、河西、马村被列为全国重点镇，石末乡侯庄村入选全国美丽宜居村庄，11个村入选第四批中国传统村落，32个村入选住建部第一批"绿色村庄"。

社会事业 2016年，高平市全年财政民生类支出累计达22.6亿元，占总支出比重达85%以上。推进精准脱贫，全年完成5个村、1841户、5022人的脱贫任务。推进教育事业发展，完成14所省级义务教育薄弱学校改造，高平六中投入使用。推进就业创业，全年公开招聘事业单位人员180人，选聘、储备各类人才583人。

（郭丽娜）

朔州市

【概述】 朔州市位于北纬39°05′—40°17′,东经111°53′—113°34′,总面积1.06万平方千米,下辖2区4县,73个乡镇(含街道办事处),1684个行政村。常住人口为1768103人。

2016年,朔州市地区生产总值完成918亿元,同比增长4.2%,比上半年提高3.8个百分点。规模以上工业增加值完成213.1亿元,同比增长2.7%,比上半年提高5个百分点;一般公共预算收入完成49.1亿元,同比下降9.5%,比上半年收窄19.5个百分点;固定资产投资完成637.7亿元,同比下降31.9%;社会消费品零售总额完成291.1亿元,同比增长7.7%;城镇居民人均可支配收入达28989元,同比增长5.4%;农村居民人均可支配收入达11478元,同比增长6.1%。约束性指标中,万元地区生产总值能耗下降幅度、二氧化碳排放量下降幅度、用水量下降幅度,二氧化硫、化学需氧量、氨氮、氮氧化物、烟尘、粉尘减排幅度,劣V类水体比例,农村贫困人口脱贫人数、城镇棚户区住房改造数量等指标均完成年度任务。2016年,朔州市国家公共文化服务体系示范区建设获得文化部和财政部授牌,创建全国双拥模范城。

农业 2016年,朔州市粮食总产量达12.7亿公斤,比上年增长15.5%。国家草牧业试验试点和“粮改饲”工作有新进展,完成耕地种草60万亩。全市奶牛存栏18.7万头,肉羊饲养量591.5万只。畜牧业产值达55.9亿元,占农业总产值的46.1%。奶牛存栏量、鲜奶产量、肉羊年出栏量、人均畜产品年占有量、农民年人均畜牧业纯收入以及畜牧业占农业总产值比重六项草牧业发展指标保持全省第一。培育新型农业经营主体,各级各类家庭农场和农民专业合作社达8500多个。实施十大脱贫攻坚工程,完成59个村、22961名贫困人口的减贫任务。

项目建设 2016年,朔州市组织开展北京、山东、浙江、重庆、厦门、深圳等点对点的招商引资活动,签约引资项目172个,投资总额达1651亿元。截至2016年9月底,工业品出厂价格指数结束连续39个月负增长,工业经济扭转连续20个月负增长的态势。行动中对新建未开工的204项重点工程进行集中攻坚,推动152个项目开工。启动大西高铁、右平高速等重大项目,开通“朔州号”旅客列车,右玉通用飞机场建设项目获得国家有关部门批准。发展非煤产业,新能源电力产业有6家风电和光伏电厂建成投产,装机规模为46.8万千瓦,全市新能源电力装机规模达406万千瓦。晋北(朔州)现代煤化工基地建设有新进展,签署阳煤、国新能源总投资37亿元的低阶煤清洁高效利用多联产项目合作协议。三元炭素碳纤维、中美新能源现代煤化工中试、韩国爱德林垃圾处理等高科技项目启动。推动新材料、陶瓷、装备制造、食品、医药、电动汽车等产业发展。非煤产业工业增加值占规模以上工业比重达32.5%,比上年提高6.3个百分点。服务业增加值占经济总量的比重达50.8%。旅游业收入完成160.7亿元,比上年增长20.3%。

供给侧结构性改革 2016年,朔州市落实“三去一降一补”任务,关闭7座煤矿,退出1100万吨产能;房地产去库存减少存量71.5万平方米。开展“双200集中帮促”行动。市县两级共有759名干部深入企业蹲点包扶,解决200多个突出问题,调动企业积极性。围绕“整合、扩区、改制、调规”四大任务,开发区改革创新发展工作展开。农村土地承包经营权确权登记颁证工作接近尾声,农村集体产权制度改革试点工作全面启动。金融创新有新突破,市政府搭建四大融资平台,建立总规模为200亿元的城市发展基金和经济发展基金,增强政府公共投资能力、财政保障能力和企业融资能力。新增各类市场主体近1.2万户。城区开展集中供热体制改革,理顺政府与企业、运营企业与热源企业、热源企业与热源企业之间的利益关系,扩大供热面积。

城镇化建设 2016年,朔州市组织实施城市人居环境改善“四大工程”,完成投资119亿元。保障性住房建成10098套,完成投资30.32亿元。农村危房改造和抗震住房加固7670户,完成投资1.3亿元。户籍制度改革取得新进展,1万多农村户籍人口转为城市人口。全市城镇化率达54.2%,比上年提高1个百分点。市城区推进七里河综合治理、“三路四桥”、恢河大桥等35项重点工程,完成投资26亿元。新增绿地面积55万平方米,绿化覆盖率达42.6%。冬季开展为期100天的市城区市容市貌整治“五乱”和卫生清洁两个“专项行动”。行动中集中清理整治各类“五乱”问题3000多个。

生态建设 2016年,朔州市推进造林绿化,完成新造林17.4万亩。开展大气污染防治,推进实施电力行业超低排放改造、淘汰燃煤小锅炉和黄标车、清洁燃煤替代等重点任务。水污染防治、生态修复治理和地质灾害治理取得成效。

民生事业 2016年,朔州市新增城镇就业21500人。社会保障体系建设完善,机关事业单位养老工作完成并轨,大病保险制度实现全覆盖,全民参保登记率达96.3%,新型农村合作医疗保险参保率达99.4%。教育事业有新发展,朔城区、山阴县、应县通过国家义务教育均衡发展评估验收,全市高考二本以上达线人数13828人,达线率41.7%,高出全省平均水平6.2个百分点。全市乡镇卫生院、社区卫生服务机构、村卫生室实现基本药物制度全覆盖。

安全生产 2016年,朔州市落实安全生产责任,强化重点行业领域专项整治,各类安全生产事故起数、死亡人数与“十二五”期间平均水平相比,分别下降27%和25%。

“朔州号”旅客列车签约开通 2016年,朔州市与太原铁路局签署“朔州号”旅客列车开行冠名合作协议,规划开通2604次“朔州号”旅客列车,并展开前期准备工作。“朔州号”旅客列车从朔州出发,途经大同、北京、天津,终点为秦皇岛,有助于推动朔州市跨入“京津冀”“环渤海”经济圈,服务朔州经济发展、完善交通网络体系。

大西高铁朔州段开工 2016年,朔州市推进大西高铁朔州段建设准备工作,大西高铁朔州站开工建设。朔州段是原平至大同客运专线的重要组成部分,是大西(大同至西安)高铁和呼太(呼市至太原)高铁的重要组成,朔州段途经朔州市的怀仁县、应县、山阴县、朔城区,共100多千米。大西高铁朔州站位于朔城区福善庄乡孙家嘴村,位于市区东20千米处。

右平高速公路建设 2016年,朔州市推进右玉—平鲁高速公路建设。公路是山西高速公路规划西纵高速(右玉杀虎口—芮城风陵渡高速公路,晋高速编号S85)的组成部分。项目北接晋高速S30孙右高速,南接G18荣乌高速及朔州绕城高速西南段。主线全长64.448千米,连接线全长13.243千米。 (元雷花)

【朔州市朔城区】 朔州市朔城区位于朔州市中部,总面积1793平方千米,下辖2镇9乡,4个街道办事处,299个行政村。总人口42.57万人,其中城市人口16.78万人,占总人口39.42%。

2016年,朔城区粮食总产量达31.4万吨。朔城区旅游资源有崇福寺、马邑汉墓群、朔州老城等。

“三农”工作 2016年,朔城区推进“粮改饲”试点,实施9万亩饲草种植,建设板蓝根、藜麦、玫瑰等种植基地,推动粮经二元结构向粮经饲三元结构调整。新增露地蔬菜5100亩、总面积达5.1万亩,设施蔬菜2.7万亩;开工建设规模健康养殖小区16个,总量达260个,大畜饲养量达8.5万头。完成总投资3850万元的17项民生水利工程和总投资1560万元的39万亩地膜覆盖项目,建设高标准农田1万亩,改善和恢复灌溉面积8.4万亩。推开国有林场改革和土地确权工作,完成92个村的地块数据核实工作。扶持壮大绿源、绿鑫源等农业龙头企业,农产品市场占有率扩大。完成1289户、3722名贫困人口的减贫任务。

供给侧结构性改革 2016年,

2016年朔州市辖县(区)经济指标统计表

县市	地区生产总值(万元)	农林牧渔业总产值(万元)	固定资产投资(万元)	社会消费品零售总额(万元)	一般公共预算收入(万元)	一般公共预算支出(万元)	人均可支配收入(元)	
							城镇居民	农村居民
朔城区	2433839	221943	954840	1091800	79336	192306	29911	12925
平鲁区	1617671	77249	1909500	324696	52957	149125	22365	8824
山阴县	1430972	241898	945391	373641	57359	182647	30470	14199
应县	660300	312313	471350	297912	13906	168692	21962	9331
右玉县	565058	128128	456622	157299	28875	106344	21132	6588
怀仁县	2049374	223018	1134842	665372	22028	168856	30812	14017

朔城区推进供给侧结构性改革，改造提升传统产业。杨涧煤矿退出市场，葫芦堂煤矿开展上报退市工作，两座煤矿去产能240万吨；新建隆康工贸、紫金山镁业2家型煤生产企业，国发兴业400万吨洗煤厂投产达效，推进同煤朔南电厂建设。亚麻厂复工复产，推动中电投光伏发电一期50兆瓦和大唐利民光伏发电20兆瓦并网运行，中电投光伏发电二期60兆瓦、天朔电动汽车、韩国爱德林垃圾处理等10多个项目落地建设。以开发西山和盘活老城为重点发展文化旅游业，先后举办首届朔州老城旅游宣传季和国际油画名家作品展、首届神女山文化旅游节以及西山高级别山地自行车比赛等活动，新建崇福寺景区游客服务中心。支持促进北京电子城·朔州数码港、居然仓储等商贸物流项目建设，第三产业服务业占地区生产总值比重72.4%。开展招商引资，签约项目24个，总投资341.6亿元，连续3年跻身全国投资潜力百强区。

新型城镇化 2016年，朔城区围绕“五城联创”工作部署，推进总投资4亿元的“五路三街一桥三箱涵”路桥建设。投资9000万元的紫金街道路桥梁工程基本完工。推进老城改造二期商住工程、神电生态园项目工程建设。开展1500套保障性住房工程建设，西关4个片区改造工程交付使用。消化住房库存3074套、31万平方米，占到总存量的20%。全区城镇化率达到62%。推进七里河综合治理“三路四桥”及高铁站、高铁快速路、飞机场等征地拆迁工作。推进城市精细化管理，组建城市管理综合执法工作领导组及综合执法队，开展市区市容市貌“五乱整治”和卫生清洁“两个专项行动”，推进增绿提质、整治整修等五大工程，主街道清扫率达90%，亮灯率达99%。朔沙路北延线改造、农村公路拓宽改造等4条道路建设全部完工。实施100个村的乡村清洁工程和400户农村危房改造。

生态建设 2016年，朔城区推进生态治理和环境保护。完成总投资3亿元、总面积5万亩的西山九期工程，栽植各类乔灌木380万株。实施总面积7万亩的京津风沙源治理二期林业工程、巩固退耕还林成果工程、植被造林恢复工程等7个林业生态工程，启动南山生态环境综合治理工程。加强大气、水、土壤污染治理，加大节能减排力度，关停取缔所有实心黏土砖窑，完成12台市区燃煤小锅炉淘汰改造以及1860辆黄标车和老旧车淘汰任务，补贴4000多万元推进城中村清洁型煤替代和秸秆综合利用，依法整治煤场54家。

社会事业 2016年，朔城区民生支出占到90%。教育均衡发展，公开招聘23名高中教师，新建改造5所城镇幼儿园和2所农村幼儿园，启动区十中、特教学校、怡西路小学、七里河学校4所学校和一幼、五幼2所公立幼儿园，通过全国义务教育发展基本均衡区评估验收。深化医药卫生体制改革，区一医院、二医院医疗水平提高，中医院启动复诊工作，构建区乡医疗联合体，促进医疗资源的合理配置。招聘20名医生充实基层医疗卫生队伍。实施文化繁荣工程，总投资9000万元的图书馆和档案馆前期准备工作基本完成，恢复朔城区电视频道，通过国家级公共文化服务示范区创建工作考核验收。区财政兜底7000多万元完成机关事业单位养老保险改革，全区各类保险参保人数达40.4万人次，征缴各项社保基金4.6亿元。强化创业就业培训，推动大众创业、万众创新。实施低保、五保、孤儿、医疗和困难救助等“暖心五助”，实现城乡困难群体应保尽保。

（常凤霞　王雄一　弓　慧）

【朔州市平鲁区】 朔州市平鲁区位于朔州市西部，总面积2314平方千米，下辖11乡2镇，286个行政村。总人口21万人。

平鲁区旅游资源有北固山、乌龙洞、大河堡村影视基地等。平鲁区获“中国红山荞麦之乡”称号。

产业转型 2016年，平鲁区第一产业占地区生产总值比重2.2%，比上年提高0.24个百分点；第二产业占比66.8%，降低2.5个百分点；第三产业占比31%，提高2.3个百分点。工业经济转型提速。“一煤独大”产业结构逐步破解，煤炭产业在工业增加值中占比降低，同比下降27.8个百分点，降为39.7%；非煤产业增加值提高23.2个百分点，占比达到60.3%。优化电力产业结构，新增风电装机容量51万千瓦，累计建成165万千瓦，全区建成电力项目装机容量355.5万千瓦，新能源电力占比达46.5%。农业产业结构深度调整。中药材、藜麦种植面积分别达1.3万亩、1万亩，全国小宗杂粮商品基地不断巩固，荞麦种植面积达9.2万亩。加快草牧业和粮改饲试点区建设，生态畜牧业总收入达14.98亿元，农民人均畜牧业纯收入达4100多元。

项目建设 2016年，平鲁区开展招商引资，举办杭州、厦门2次大型产业对接推介会，引进新能源、固废利用、现代农业、服装加工等14个项目，总投资达330亿元。平鲁区与广东省粤电集团就农业光伏项目投资协议进行签约。推进重点工程建设，中煤平朔2×66万千瓦、神电“上大压小”2×100万千瓦2个火电项目加快推进；斯能下水头10万千瓦、天润蒋家坪二期20万千瓦、国电山西洁能北山二期5万千瓦、晋能高家堰二期16万千瓦4个项目共计51万千瓦并网发电；蒙西—天津南1000千伏特高压输电线路建成投运；右玉至平鲁高速公路平鲁段和准朔铁路平鲁段交地、清表工作基本完成。

城乡建设 2016年，平鲁区成立城乡基础设施建设投资有限公司，争取国开行、农发行贷款11.8亿元，推进古城小区棚户区和堡子沟城中村改造。古城小区拆迁清场783处，堡子沟一期工程拆迁清场228处，完成率均达到63%。新开工棚户区改造任务1300套，通过购买存量商品房和纯货币化安置完成580套，棚户区和城中村改造完成投资1.16亿元。投资1416万元，改造农村危房590户。投资3662万元，建设农村公路83.8千米。

环境建设 2016年，平鲁区完成大片造林5.59万亩，新育苗0.3万亩，零星植树60万株；推进京津风沙源治理二期工程，完成水土保持综合治理10.3平方千米；推进“铁腕治污”行动，化学需氧量、氨氮、二氧化硫、氮氧化物四项主要污染物完成年度减排任务。全年空气质量优良天数比例达83.8%，PM10、PM2.5年均浓度分别下降9.9%、10%。

社会事业 2016年，平鲁区整合各类资金1915.6万元，实施产业扶贫、金融扶贫、教育扶贫、智力扶贫、社保兜底扶贫“五个一批”工程，完成15个贫困村、607户、1661人脱贫任务。推进就业、社保、教育、卫生、文化等惠民工程。新增城镇就业2644人，城镇登记失业率2.79%，低于年度控制目标。完成新型农村合作医疗保险与城镇居民医疗保险整合工作，各项社会保障实现应保尽保和基金按时足额发放。教育教学质量稳步提升，高考升学率稳定增长。投资600多万元，改扩建7所乡镇卫生院。创建国家公共文化服务体系示范区。开展“安全隐患排查治理年”活动，安全生产形势保持总体平稳。推进“门神一号”专项行动，严厉打击黄赌毒和黑恶势力犯罪。

平鲁·杭州产业对接 2016年6月29日，山西省朔州市平鲁·杭州产业对接推介会在浙江宾馆会议中心举行。副区长陈万平代表区人民政府分别与平朔煤炭工业公司、北京京能集团有限责任公司、山西潞安光伏发电有限公司、北新集团建材有限责任公司等企业就平朔复垦区1兆瓦光伏发电示范基地建设项目、2×1000兆瓦超超临界发电项目和100兆瓦风力发电项目、中药材种植基地建设项目、纸面石膏板生产线建设项目等9个项目签约，涉及新技术、新材料、新能源和农副产品深加工等多个行业和领域，总投资达347.1亿元。

（马　军　许卫东）

【山阴县】 山阴县位于朔州市东北部，总面积1651平方千米，下辖4镇9乡、257个行政村。

山阴县耕地面积87万亩，林地60多万亩，牧草地6万多亩。旅游资源有广武古城遗址文化区、明长城、杨莫岭森林公园、千佛寺等。

项目建设 2016年，山阴县成立晋北现代煤化工基地管理委员会筹备委员会，推进总投资37亿元的阳煤200万吨低阶煤清洁高效利用联产项目、总投资5亿元的普大100万吨洁净型煤和总投资160亿元的松蓝80万吨丙烯酸及酯类三大项目。培育新能源、新材料、节能环保等新兴产业，中电投合盛堡二期5万千瓦光伏发电、联成偏岭1.2兆瓦分散式风力发电、正大桑田2万吨玉米仓储烘干物流项目竣工投产；昱光二期2×35万千瓦低热值煤发电项目主体工程竣工；引进神雾集团，拟新上煤炭清洁高效利用40万吨/年聚乙烯项目；引进新大象集团，年出栏6000头生猪养殖项目推进。推进玉竹万吨针状硅酸钙项目；森泰50万吨民用洁净型煤项目建成投产；金源化肥公司恢复生产。展开华夏300万吨洗煤、昀鑫等畜禽养殖园区污水处理、五家沟等煤矿矿井水生活污水处理、老年公寓扩建等一批煤炭产业延伸、节能环保、健康养老项目新建工作。

转型综改 2016年，山阴县供给侧结构性改革任务完成，全年化解煤炭过剩产能400多万吨；坚持棚户区改造与鼓励农民进城相结合，化解房地产库存；化解政府债务3亿元，实现去杠杆目标；落实企业减负降费政策，支持实体经济恢复生产，扭亏增盈，大幅降低企业成本。用地改革方面，探索盐碱地综合利用改革，服务晋北现代煤化工基地重大项目建设；开发区改革方面，北周庄低碳循环经济工业园区按照“整合、改制、扩区、调规”的思路，深化“三化两制”改革，申报省级开发区，打造全县改革开放的窗口、转型升级的典范；金融改革方面，组建能源、农业、城市三大投资公司，探索筹资融资体制机制创新，服务山阴城市建设、重大项目建设；公车改革方面，精简公车57%，车辆费用下降14%以上；电力改革方面，中煤华昱、石星化工等4家企业实行大用户直供电，降低用电成本5100多万元；商事制度改革、医疗卫生体制改革、农村土地确权、不动产登记等各项改革推进。

脱贫攻坚 2016年，山阴县投入各级各类扶贫资金达8000多万元，实现17个贫困村退出，1706户4388名贫困人口脱贫。实施2万亩渗水地膜旱地谷子等产业扶贫项目，与传统谷子种植相比，亩均增产700至1000多斤，亩均增收1500至2000元。提升农业机械化水平，全县主要粮食作物综合机械化率达82.1%。精准选择古城乳业、泰和牧业、驿泽奶牛等龙头企业和合作社，构建与贫困农户的利益链接机制，采取“折股量化、保底收益”的模式，在玉井、合盛堡等10个乡镇实施资产收益扶贫试点，共注入财政扶贫资金1977万元，带动全县1196户3024人增收脱贫。

城市建设 2016年，山阴县规范城市用地和建设秩序，建立健全房地产开发、居民房屋翻修新建等制度，审批房屋建设81例，依法查封违建8例，依法拆除12例。完成《县城总体规划》和《县域城镇体系规划》文本编制，编制城镇燃气、排水专项规划；完成府南路、文卫西街、府东街延长线一期工程、纵四路、府东街至青年街东段等道路建设工程；新增供热能力100万平方米，新增供水能力1000多立方米，天然气入户820多户等。

生态治理 2016年，山阴县完成京津风沙源治理人工造林3000亩，巩固退耕还林干果经济林4300亩等。开展“铁腕治污”专项行动，改造升级工业燃煤锅炉13台，取缔燃煤小锅炉5台，淘汰老旧车、黄标车363辆。

（侯志林　曹宝文）

【应县】 应县位于朔州市东部，总面积1667平方千米，下辖9乡3镇，321个行政村。

应县旅游资源有应县金代木塔、镇子梁水库游乐场、永镇寺等。是全国全省粮食生产先进县、全省现代农业示范区、绿色无公害蔬菜生产基地县、奶牛养殖基地县。2016年，应县获“山西省文化强县创建先进单位”“2016年度农田水利基本建设'禹王杯'先进集体"称号。

产业发展 2016年，应县白马石风电一期工程并网发电，雅士利婴幼儿奶粉小包装生产线项目推进。引进建设两个高档地板砖项目，4个陶瓷生产线扩建项目建成投产，全县日用瓷生产线达26条，产能达10亿件。吉呈生物全年出口创汇936万美元，盛达包装项目建成投产。全年共签约招商引资项目14个，签约金额187亿元。经纬通达综合物流园二期工程推进，太原煤炭交易中心第一个煤炭产地交收仓库入驻园区，天津港内贸物流业务进驻。

现代农业 2016年，应县总投资22亿元的恒天然牧场群项目建成投产，推动成立奶牛扩繁中心，存栏奶牛达到3.3万头，日产鲜奶500吨。5万亩现代农业示范园区，实施蔬菜病害综合防治2万亩，亩均增产200多公斤。万亩现代养殖示范园区，重点推进国际肉羊综合产业化、世贸园肉牛屠宰加工项目。全县日光温室和移动大棚稳定在1.5万亩，规模健康养殖小区达200个。实施10个农业综合开发项目、3个水利项目、2个土地整理开发项目。

深化改革 2016年，应县深化行政审批制度改革。26家单位158项审批事项入驻政务大厅，39家单位权力运行"两单两图"全面公布，梳理确定职权2056项，排查风险点4118个，建立防控措施4220项。推行"双随机一公开"。确定33家行政执法单位随机抽查事项181项、市场主体15323个，落实行政执法人员490人。加快推进商事制度改革。实施"先照后证、一照一码"，工商注册登记便利，审批时限比法定时限缩短50%，市场主体同比增13.2%。推进金融创新。开展政银企对接，为25家中小企业发放各类贷款1.4亿元；实施"营改增"改革，全年降低企业税负3000多万元。

文化旅游 2016年，应县推进木塔实质性保护加固、木塔周边环境整治、净土寺文化遗产保护利用设施建设和吉祥村落4项工程，启动木塔旅游景区体制机制改革工作。应县木塔被吉尼斯世界纪录认证为世界最高木塔。通过第二批国家公共文化服务体系示范区检查验收，文化馆获全国"双服务"文化建设先进单位称号，图书馆获全省"同筑中国梦·共度书香年"活动优秀组织单位称号。微电影《一念之差》获全国检察机关第二届微电影专题展播三等奖，小品小戏《要孩儿情》进入第十七届全国群星奖决赛。

城乡建设 2016年，应县推进总投资27.5亿元的17个城市综合改造项目，开工建设保障性住房503套。推进城市功能提升工程，新建和改造供气、供热、雨水等管网38千米。完成1300户农村危房改造工程，实施乡村清洁工程，为全县298个行政村配齐卫生保洁人员，配备清扫设施，乡村卫生环境改善。实施6项公路改造建设工程，新建修缮道路63千米，修筑路基26.2千米。发展新能源城乡公交，新增新能源公交车80辆。小石口水库工程完工，马兰口水库项目完成立项、初设工作。完成乡村造林3.99万亩，新增城市绿地6万平方米，绿地率达35.2%，绿化覆盖率达39.1%，人均公园绿地达10.2平方米。升级改造7家企业的脱硫除尘设施，淘汰黄标车、老旧车400多辆，完成年度污染减排任务。

脱贫攻坚 2016年，应县在精准识别贫困户的基础上，出台《精准扶贫工作考核奖惩暂行办法》《完善干部驻村精准帮扶机制的实施办法》等制度，县乡村三级层层签订责任状，建立"两包三到、干部联户"机制，推行干部"四派"帮扶机制，2724名县乡干部精准帮扶贫困户6310户12148人，编印《扶贫工作手册》，形成完整的扶贫责任落实体系。落实六大扶贫措施，启动扶贫项目26个，投入帮扶资金2200多万元，减少贫困人口5466人，完成2个建档立卡贫困村年度脱贫任务。

社会事业 2016年，应县通过国家义务教育发展基本均衡县的评估认定。完成省级妇幼健康优质服务示范县考核验收。科普服务能力加强，成为首批2016至2020年度"全国科普示范县"。发放各类救助资金1.35亿元，受益群众扩大到11.6万人。各类社会保险参保32.5万人，征缴基金3.3亿元，发放资金4.39亿元。（安培兴）

【右玉县】 右玉县位于朔州市西北部，总面积1969平方千米，下辖4镇6乡，1个风景名胜区，321个行政村。总人口115498人。

右玉县旅游资源有杀虎口景区、国家级生态旅游示范区、南山森林公园、苍头河生态走廊、中陵湖景区。

特色农业 2016年，右玉县播种粮油饲66.5万亩，种植杂粮42.5万亩。完成马铃薯良种繁育0.1万亩、脱毒马铃薯良种覆盖8.5万亩。新建、扩建标准化养殖园区10个、圈舍3.5万平方米。4家公司获市级"农业产业化龙头企业"称号。成功申报电子商务进农村示范县，建成县级电子商务运营中心和右玉特色产品溯源监管云平台。

项目建设 2016年，右玉县东洼北、玉岭两座煤矿通过安全高效矿井评审，永昌环宇煤炭集运站和银杉公司、隆泰达公司煤炭洗选项目正式投产。大唐新能源丁家窑风电等6个风电光电项目并网发电，全县清洁能源总装机容量近100万千瓦。

旅游 2016年，右玉县国家全域旅游示范区创建工作全面启动。设立省级生态文化旅游开发区可研报告上报省政府等待批复。实施南山公园、牛心山、贺兰山景区绿化提升工程，修复右卫古城南城门及瓮城，建成右卫艺术粮仓，举办西口风情文化旅游招商系列活动。全年累计接待国内游客169.78万人次，实现旅游收入16.52亿元，分别增长7.25%、7.89%。

城乡建设 2016年，右玉县完成玉河东街、紫玉北路、滨河路西延工程，硬化县城街巷1.3万平方米，铺设污水管网3000米，改造供水管网1700米。建成压缩天然气和液化天然气加气站各一座，铺设中压管线10千米。新增供热面积30万平方米。城乡路网建设方面，右玉至平鲁高速公路右玉段主线控制性工程、高墙框至右卫生态旅游路完成路基桥涵工程。109国道县城过境改线桥涵工程完工。改造城市棚户区1010套、农村危房1300套。三个村获“市级美丽宜居示范村”称号。

生态文明 2016年，右玉县完成荒山造林2.6万亩，补植补造2.24万亩，提升通道绿化15千米。苗木产业发展壮大，全县育苗面积达8.0万亩。举办第二届苗木交易大会。完成19台燃煤锅炉脱硫除尘升级改造，淘汰燃煤小锅炉4台、黄标车和老旧车92辆，对元堡工矿区储售煤厂、煤矸石堆放点和运煤车辆进行专项整治。全年县城空气质量优良天数290天，比上年增加17天。

文化事业 2016年，右玉县现代道情戏《绿色梦》在全省第四届“杏花奖”评比中获优秀创作奖；创建国家公共文化服务体系示范区通过文化部验收，全国第一次可移动文物普查顺利通过初验。

社会事业 2016年，右玉县实现25个贫困村摘帽，3548户7401口贫困人口脱贫工作任务，通过省、市第三方评估验收和督导检查。启动实施《右玉县教育振兴五年行动计划》，高中阶段入学率、义务教育学生巩固率、学前教育毛入园率均达到省市目标。推进医疗卫生体制机制改革。县级公立医院全部药品实现零差价销售，全面落实新型农村合作医疗保险住院分级诊疗制度。提升社会保障水平。各项社会保险参保人数累计达到13.62万人，社会保险基金积累达5.6亿元。建成5个农村老年人日间照料中心。城乡低保标准大幅提高，农村低保与国家扶贫标准“两线合一”。

（王晓东）

【怀仁县】 怀仁县位于朔州市东北部，总面积为1232平方千米，下辖4镇6乡，162个行政村。

2016年，怀仁县粮食产量达23万吨。旅游资源有金沙滩旅游区、清凉山、口泉河国家级湿地公园等。2016年，怀仁县获“国家农产品质量安全县”“全省城乡爱国卫生清洁运动先进县”称号，获全省农田水利基本建设“禹王杯”红旗县称号。

项目建设 2016年，怀仁县省市重点工程累计完成134.94亿元，完成率101.46%。怀仁推进煤炭产业清洁高效利用，柴沟煤业和芦子沟煤业达到省级质量标准化一级矿井，吴家窑煤业、峙峰山煤业、砂石煤业达到省级质量标准化二级矿井。投资4.8亿元的远大洁净能源90万吨型煤项目推进。宏力再生固废利用120万吨型煤生产线建设项目建成投产。加快推动陶瓷产业上档升级，奕佳瓷业、尊屹瓷业、盛瑞瓷业、碧华瓷业4个新建项目建成投产。投资5.3亿元的宏腾彩瓦项目第一条生产线投产。投资2亿元的晶屹建筑瓷生产线，具备生产条件。屹美佳瓷业高档瓷生产线项目、祥和瓷业改扩建项目和永顺钧瓷一期工程，主体完工。开展陶瓷职业技术学院前期工作。推进投资10.6亿元的玉龙精细化工乙撑胺项目。投资4599万元的晋利糖果新建生产线项目、投资1.2亿元的大众汽修二手车交易市场项目，建成完工。云州创购国际精品线上线下综合商业体启动。全县“乐村淘”体验店覆盖3个乡镇40多个村，覆盖率达1/3以上。怀仁产品线上市场畅销。

综合改革 2016年，怀仁县煤炭可持续发展基金、价格调控基金、矿产资源补偿费、资源税四项全部实行费改税。怀仁经济技术开发区申报工作推进。山西雁门关生态畜牧开发区通过农业系统上报。矿山环境治理保证金、转产发展基金、林业基金、育林费暂停征收。

金融 2016年，怀仁县金融机构发放贷款39.3亿元，比上年同期增长3.3亿元。晋城银行、晋商银行、慧融村镇银行落地。继续开展“助保贷”业务，共为13家企业续贷、新贷7577万元。

“三农”工作 2016年，怀仁县改善农业生产条件，召开全省草牧业现场会。引导农民调整种植业结构。推进农村改革，土地确权登记颁证工作完成，县、乡两级农村产权流转交易中心挂牌运行。提升畜牧业发展质量效益，改扩建500只种羊场3个、30—1000只繁殖母羊场100个。全年肉羊饲养量410.3万只、奶牛存栏1.37万头、生猪饲养量28.3万头。实施村通水泥（油）路提质完善工程，建设总里程35.8千米；完成改造鳌镇线工程，新修3条农村公路。脱贫攻坚精准到位，全县139户324名贫困对象实现脱贫，完成年度任务的162%。

城镇建设 2016年，怀仁县加强市容市貌管理，通过“国家卫生县城”评审专家复审。热电联供集中供热项目完工并按期实现供暖；体育馆完工并交付使用，图书馆具备使用条件；仁人路等4条城市道路改造工程建成通车。推进东关村大榆树城中村改造项目、大修厂家属院棚户区改造项目。公共租赁住房工程主体完工。启动采煤沉陷区治理工作。实施仁和广场园林绿化工程和4条城市道路绿化工程。全县建成区绿化覆盖率达40.4%，绿地率达37.2%，人均公园绿地达11平方米。

生态文明建设 2016年，怀仁县营造大片林2000亩，四旁植树70万株。东作里水库新建工程，主体完工。口泉河国家级湿地公园的申报工作通过国家公示。

社会事业 2016年，怀仁县高考二本B类以上达线7010人，达线率50.5%，改造农村幼儿园4所，完成6所中小学校标准化建设。城镇新增就业人数3521人，完成年任务的125.8%，失业率控制在2.74%以内。转移农村劳动力3302人，完成目标任务的124.6%。建成农村日间照料中心12个。医疗卫生服务体系完善，县乡村三级医疗卫生服务体系达标率100%。引资2.3亿元的仁德医院项目主体完工。新型农村合作医疗保险参保率达99.9%，发放新型农村合作医疗保险补偿金4045万元。五大社会保险基金累计结余4.88亿元。

（杨志雁）

晋中市

【概述】 晋中市位于北纬36°40′—38°06′，东经110°56′—114°05′，总面积1.64万平方千米，下辖1区9县，1个县级市。全市常住人口3348738人，比上年末增加13044人。出生人口34074人，人口出生率10.20‰；死亡人口21031人，死亡率6.29‰；自然增长率3.90‰。

2016年，晋中市地区生产总值完成1091.1亿元，比上年增长5.1%。其中，第一产业增加值108.7亿元，增长2.8%；第二产业增加值468.2亿元，增长4.9%；第三产业增加值514.2亿元，增长5.7%。固定资产投资1375.8亿元，比上年增长4.8%。社会消费品零售总额569.2亿元，比上年增长7.5%。居民人均可支配收入达19783元，比上年增长6.2%。其中，城镇常住居民人均可支配收入达29149元，增长5.9%；农村常住居民人均可支配收入达11525元，增长6.0%。

农业 2016年，晋中市农作物种植面积453万亩，比上年减少7.5万亩。其中，粮食种植面积385.2万亩，减少8.55万亩；油料种植面积2.7万亩，减少4500亩；棉花种植面积3000亩。在粮食种植面积中，玉米种植面积322.8万亩，减少3.15万亩；小麦种植面积9.15万亩，减少2.7万亩。全年全市粮食产量184.4万吨，增加8.6万吨，增产4.9%。其中，夏粮2.6万吨，减产24.7%；秋粮181.8万吨，增产5.5%。全年完成造林面积15万亩，减少43.0%。肉类总产量21.2万吨，比上年增长2.9%。其中，猪肉产量11.7万吨，减少5.1%；牛肉产量1.8万吨，增长13.2%；羊肉产量1.8万吨，增长9%；禽肉产量5.8万吨，增长18.2%。牛奶产量14.3万吨，增长1%。禽蛋产量16.1万吨，增长1.8%。水产品产量0.3万吨，减少6.1%。全市农业机械总动力193.5万千瓦，比上年减少49.2%。机械耕地面积325.5万亩，比上年减少1.5%；机械播种面积381万亩，增长1.2%；机械收获面积216万亩，比上年减少2.0%。全市农机化经营总收入15.1亿元，比上年减少32.0%。

工业 2016年，晋中市规模以上工业法人企业501家，全年规模以上工业增加值完成374.3亿元，比上年增长5.0%。全市工业投资总额458.6亿元，比上年下降6.1%。其中，煤炭工业投资112.3亿元，增长12.7%；非煤产业投资346.3亿元，下降10.9%。传统产业（煤炭、焦炭、冶金、电力）投资合计221.4亿元，下降4.7%，非传统产业投资合计237.2亿元，下降7.4%。晋中市坚持煤电一体化、装备高端化、业态新型化的战略，推动产业结构优化升级。吉利新能源汽车、东方希望铝业、博创纳米材料、中鼎物流园、乌金山李宁国际滑雪场等转型标杆项目投产运行，4个低热值煤发电、晋能光伏电池、天美杉杉奥特莱斯等项目加快建设。全年非煤产业增加值占规模以上工业的43.2%，提高54个百分点；高新技术产业增加值占规模以上工业的3.9%，提高0.6个百分点。

项目建设 2016年，晋中市东外环、南外环、迎宾街和锦纶路北段改造等快速互通项目实现主线通车，晋中至太原城际铁路2号线加快建设；中小学示范性综合实践基地、烈士陵园、晋中大剧院建成投入使用，市博物馆、科技馆、图书馆、工人文化宫、第一人民医院等公共服务项目进展顺利，社火公园建成开园；王湖村、侯方村基本完成整村拆除。创新城市管理，加强市容环境综合整治，在全省率先实行城乡一体第三方考评，昔阳县成功创建国家卫生县，寿阳县成功创建省级园林县城，大寨镇成功创建国家卫生乡镇并入选国家特色小镇。晋中市被国家国防动员委员会命名为“全国人民防空先进城市”。

交通邮电 2016年，晋中市公路通车里程15988.2千米，比上年增加77千米，增长0.5%。全市民用汽车保有量52.6万辆（包括三轮汽车和低速货车2799辆），比上年末增长9.6%，其中私人汽车47.4万辆，增长10.5%。年内新注册汽车5.8万辆，增长5.3%。

全年全市完成邮电业务总量61.3亿元。其中，邮政业务总量3.7亿元，电信业务总量57.6亿元。邮政业全年完成邮政函件业务132.4万件，国内普通包裹业务5.4万件，国内标准快递业务量899.4万件。年末全市固定及移动电话用户总数达到341.9万户，其中移动电话用户307.8万户。全市宽带接入用户49.0万户，手机互联网上网人数250.4万人。

文化旅游 2016年，晋中市旅游总收入658亿元，位居全省第二。全年全市商业住宿设施接待入境过夜游客22.7万人次，增长7.7%。其中，外国人14.5万人次，增长8.0%，港澳台8.2万人次，增长7.2%；接待国内旅游者6335.1万人次，增长26.2%。旅游外汇收入12125.5万美元，增长8.8%，国内旅游收入650.8亿元，增长28.5%，旅游总收入658.2亿元，增长28.2%。

环境建设 2016年，晋中市森林面积380.4万亩。全市有5个自然保护区，保护区面积146.7万亩，占全市国土面积的6.0%。城市建成区绿化覆盖率达37.8%。按照《环境空气质量标准》（GB3095—2012）中规定的六项污染物评价，2016年全市11个县（区、市）环境空气优良天数范围在48~267天之间，其中市城区优良天数为226天；环境空气综合污染指数范围在5.57~12.78之间，其中市城区为7.24。

公用事业 晋中市普通高等学校16所，普通中学226所，小学678所，幼儿园576所。全市共有卫生机构（不包含村卫生室及乡村医生、卫生员人数）969个。其中，医院103个，妇幼保健院（所、站）12个，疾病预防控制中心（防疫站）12个。全市卫生机构有床位15501张。其中，医院床位11279张，卫生院床位3244张。全市卫生机构有卫生技术人员17581人。其中，执业（助理）医师6813人，注册护士7285人。全市拥有各级体育机关12个，体育运动学校1个。全市有二级运动员135人，二级裁判员257人。全市有福利彩票销售点306个，福利彩票销售收入30167万元；全市有体育电脑彩票销售点316个,全年销售中国体育彩票13580万元。

社会保障 2016年，晋中市城镇职工基本养老保险参保50.7万人，比上年末增加2.8万人。城乡居民社会养老保险参保154.3万人,增加1.2万人。城镇基本医疗保险参保89.9万人,增加0.4万人。失业保险参保32.3万人，减少0.2万人。工伤保险参保38.7万人,减少0.7万人。生育保险参保34.3万人,增加0.2万人。开展新型农村合作医疗保险试点工作,217.3万农民参加新型农村合作医疗保险,参保率99.61%。

全年全市纳入城市最低生活保障的居民11101人;纳入农村最低生活保障的居民33960人;纳入农村五保供养17172人。全年发放最低保障资金10769.9万元。年末全市有各类提供住宿的社会服务机构75个。其中,老年人与残疾人服务机构58个,提供住宿的社会服务机构床位数15121张。 （王 虹）

【晋中市榆次区】 榆次区位于晋中市中部，紧邻太原市，总面积1328平方千米，下辖6镇4乡,9个街道办事处,283个行政村,61个社区。

2016年，榆次区粮食总产量达20万吨。榆次区旅游资源有榆次老城、常家庄园、后沟古村、乌金山森林公园等。

农业产业 2016年,榆次区设施蔬菜达13.8万亩,果品总产量达16万吨,肉、蛋、奶总产量10.2万吨,龙头加工企业实现销售收入40亿元;实施休闲农业与乡村旅游示范项目。

项目建设 2016年，榆次区开复工50项，完成投资192亿元,投资完成率100.7%。太铁物流一期、银河电子、尚品天香等19个项目竣工投产。累计为企业提供各类扶持资金4800万元、解决贷款2.2亿元,选派207名干部组建69个帮扶小组,进驻138户企业精准帮扶；投资1.38亿元完善园区设施，吸引企业落户,红星美凯龙、碧桂园、谊融、北达等总投资318.9亿元的16项重大项目签约,招商引资总额、增幅均列晋中市首位。

第三产业 2016年，榆次区推进产业转型,三次产业比优化为9.2:30.1:60.7。商贸物流提质扩容,印象城、沃尔玛盛大开业,多元化商业综合体时代开启。占地28.23亩、新建厂房13000平方米、办公楼2000平方米、新增设备130台(套)的山西

2016年晋中市辖县(市、区)经济指标统计表

县 市	地区生产总值（万元）	农林牧渔业总产值（万元）	固定资产投资（万元）	社会消费品零售总额(万元)	一般公共预算收入（万元）	一般公共预算支出（万元）	人均可支配收入(元)	
							城镇居民	农村居民
榆次区	2162832	319333	2758083	1792932	120602	261559	30815	15624
榆社县	275966	73416	154540	121632	19688	122100	20020	4693
左权县	447904	62797	994000	143482	45366	137318	23687	4745
和顺县	461097	51427	685595	144300	43029	150025	22069	5638
昔阳县	578858	86766	1113241	251912	52088	160608	22720	7743
寿阳县	911217	222523	1293931	264777	61050	153783	30720	11834
太谷县	800007	331102	828884	362427	44320	169946	27385	16368
祁 县	717370	284630	739180	406040	33401	163385	28619	14841
平遥县	1007343	256252	1106345	589177	45345	243760	26815	10885
灵石县	1791916	93621	1987592	714967	112166	224057	33364	15072
介休市	1439804	124436	1495790	900466	107077	230611	30650	12333

宏艺珠宝文华产业园在榆次工业园区落成开园，成为山西省首个黄金珠宝首饰研发生产基地。沃尔玛印象城店开业，位于晋中市榆次区安宁街290号，印象城负一层内，区域面积近14000平方米，提供300多个车位。门店内近30000种商品种类，为周边22万居民提供一站式的购物体验。

科技 2016年，榆次区新增博士后工作站1处，高新技术企业9户，省级民营科技企业4家，依托32个创新平台及行业协会，搭建产学研用融合平台。

旅游 2016年，榆次区接待游客1255万人次，旅游综合收入144亿元。12月23日，榆次老城景区经山西省旅游资源规划开发质量评定委员会审核批准为国家AAAA级旅游景区。

城乡建设 2016年，榆次区完成东南外环快速化改造、龙湖街东延等26项市政重点工程征拆任务，征地4943亩、拆迁48万平方米。实施王湖村、源涡村、小东关、寇村等项目。全区272个行政村清洁工程资金保障、人员配备率均达100%。完成绿化造林3.01万亩，治理水土流失1万亩；整治79台燃煤锅炉和1.3万户土小锅炉。新修董南线、运煤专线、源东线等乡村道路71千米，城乡人居环境改善。

文化体育 2016年8月10日，榆次区经纬初中女足以1:0战胜广州南武队，夺得2016年中国初中女子校园足球联赛季军，创造山西初中女足的最好成绩。

社会保障 2016年，榆次区精准扶贫步伐加快，实施帮扶项目145个，资金到位955万元，协调贷款1400余万元。启动建设工业园区寇村学校、北大培文学校。城镇新增就业6826人，转移农村劳动力3926人，城乡基本养老保险、基本医疗保险参保人数分别达32.7万人、43.3万人。新建6个农村日间照料中心。

猫儿岭墓群考古新发现 2016年6月16日，晋中市考古研究所公布榆次区猫儿岭墓群最新考古成果，在猫儿岭新发现战国至西汉初及明清古墓葬27座。这批墓葬的发掘，充实榆次猫儿岭墓群的墓葬资料，对丰富猫儿岭墓群文化内涵、完善猫儿岭墓群文化序列意义重大，为了解和研究当时社会的葬俗、社会生活乃至榆次的历史文化提供物质资料。 (薛丽瑾)

【榆社县】 榆社县位于晋中市东南部，总面积1699平方千米，下辖4镇10乡，1个城区管理委员会。总户数57576户，户籍人口145594人，其中城镇人口38162人、乡村人口107432人。

榆社县旅游资源有云竹湖、文峰塔、禅山寺、古生物化石博物馆、清凉寺等。

农业 2016年，榆社县新发展设施蔬菜1440亩，累计达到1.3万亩；新发展养驴1500头，累计达到2000头。新发展笨鸡1万只，笨鸡饲养总量达到200万只。新发展核桃经济林1000亩，提质改造低产林6000亩。中药材种植面积达到3000亩。农村土地确权登记领证工作全市领先。县乡村三级农村产权流转交易联动体系基本建成，培育省级示范社3个，市级示范家庭农场3个，市级生态庄园2个。

工业转型 2016年，榆社县榆化公司4000吨四氯苯酐、5万吨氯乙酸、原料药项目投入试生产。广生公司高端植物胶囊项目28条生产线安装投入使用。华电中兴公司2万千瓦光伏发电项目实现并网发电。美岳公司新建9.9万吨高档文化用纸项目主体完工。五福小杂粮、紫金阿胶功能食品、森生核桃加工等中小企业效益显现。创新工业发展机制，出台《榆社县支持工业经济发展若干政策措施》推行先建园区后招商，工业用地"零"利润等优惠政策。组建兴榆公用基础设施发展有限公司，与山西四建集团签约全县第一个PPP项目。在全市首创扶贫开发公司"贷资入企"模式，实现多方共赢。

城乡建设 2016年，榆社县东河下游道路建设、东大街东延及凤台路北延，东外环道路及桥梁工程全部竣工。热电联产县城集中供热、北寨泉水河县城集中供水项目如期完工。天然气供给工程运行稳定。加强环境卫生综合治理，建设便民市场、街心花园，新增城市绿化面积106万平方米。建成区绿化覆盖率达38.77%。农村条件有效改善，投资1.8亿元，29条总长73千米的农村道路改善工程基本完工。

社会事业 2016年，榆社县加强16所学校基础设施建设，榆社一中通过标准化验收。高考二本B类以上达线530人，万人达线率稳居晋中市前列。完成新型农村合作医疗保险和城镇医疗保险整合工作，深化县级公立医疗改革。文体事业繁荣发展，推进国家公共文化服务体系示范区建设。新建标准化农家书屋27个，全民健身活动红红火火。社会管理综合治理和"平安榆社"建设成绩显著，社会治安和谐稳定。 (常彩萍)

【左权县】 左权县位于晋中市东部，太行山区，总面积2028.1平方千米，下辖5镇5乡，1个城区管理委员会，203个行政村，8个居民委员会。总人口165796人。其中，男性87916人，女性77880人。城镇人口73131人，乡村人口92665人。

左权县旅游资源有麻田八路军总部纪念馆、太行龙泉国家森林公园、莲花岩生态庄园等。

农业 2016年，左权县农作物播种面积为191071.5亩，比上年增加466.5亩，其中粮食播种面积为173047.5亩。粮食总产量56729.4吨，比上年减少2853.6吨，同比下降4.7%。其中，夏粮产量43.6吨，同比增长9%；秋粮产量56685.8吨，同比下降4.8%。农林牧渔总产值完成62249万元，同比下降2.6%。肉类总产量3652.7吨，同比下降2.9%。全年植树造林面积36500亩，新增育苗4095亩，四旁植树68.5万株。

工业 2016年，左权县规模以上工业企业工业总产值完成

332683.4万元，同比下降6.6%；完成工业增加值143980万元，同比增长3%。全县规模以上工业企业主营业务收入269706万元，同比下降8.8%；实现税金13454万元，同比下降47%；利润总额为–56475万元；亏损企业亏损额56501万元，同比增长105%。

投资 2016年，左权县全社会固定资产投资完成9.4亿元，同比增长12.8%。其中，5000万元以上项目完成247221万元，同比下降51.2%；5000万元以下项目完成646779万元，同比增长281.4%。

城乡建设 2016年，左权县城市建成区面积6.05平方千米，城市房屋建筑面积285.5万平方米。建成区绿化覆盖率40.03%，城区有公园5座。左权县坚持“道路畅城”，在左权二中、示范小学、宏远幼儿园、星辽幼儿园附近架设城市天桥4座，县城万名学生上下学安全问题得到保障。新增新能源纯电动公交车97辆，更新新能源混合动力出租车25辆，惠及县城区8万人。省道319线县城过境段改线工程贯通，左黎高速通车运营；实施“街净美城”，主街道机械化清扫率、生活无害化处理率分别超市任务15、10.8个百分点，国家卫生县城通过复审，桐峪镇获省级卫生乡镇；推进“生态绿城”，新增城市绿地面积10.3万平方米，人均公园绿地面积达9.6平方米。引深乡村清洁工程，郭家峪、麻田村获省级宜居示范村，拐儿、蛤蟆滩、上武、上会村获市级示范村。城乡水源保护和环境改善示范项目立项，城郊森林公园启动，国家级清漳河湿地公园获批。

民生事业 2016年，左权县义务教育水平提高，县城中小学生占全县中小学生总数比例高达60%。全县各类学校在校学生人数25900人（包括幼儿），小学适龄儿童入学率达100%，高考达线479人。县级医疗卫生机构5个，乡镇卫生院10个，分院5个，农村卫生所达202个。县乡村三级医疗机构达标率分别为100%、80%、80%。病床位430张，卫生技术人员475人。全县农民有122605人参加新型农村合作医疗保险，参保率99.52%，覆盖率100%。农村社会养老保险8.6万人。开发公益性岗位66个、见习岗位50个，带动新增就业1442人。加大劳动保障监察执法力度，为1652名农民工追讨工资1133.4万元。左权县小花戏享誉国内外，文艺表演团体30个。全社会馆藏图书达8.5万册，电视综合人口覆盖率达98%，有线电视用户达22198万户。旅游业接待游客达277.6万人次，旅游综合收入达23.4亿元。

精准扶贫 2016年，左权县36645名贫困人口实现帮扶全覆盖；整合财政涉农资金10大类88项、7459万元，新发展中药材3万亩、核桃1万亩、设施蔬菜1200亩，建成村级光伏电站15座、屋顶分布式电站830座。培育规模养殖户292个，畜禽规模化养殖比重达57.8%，大青山羊供港澳中转场竣工，获得供港澳活羊注册证；组建农建水保、整地造地、造林绿化三类专业队112支，吸纳贫困劳动力2000余人，全县8147名贫困人口稳定脱贫。

《左权县志（1991—2010）》出版 2016年，左权县《左权县志（1991—2010）》出版。全志设30篇、121章、443节、170余万字，反映1991—2010年左权县经济、政治、文化、社会的发展变化情况。 （宋　丽）

【和顺县】 和顺县位于晋中市东部，总面积2194.3平方千米，下辖5镇5乡，294个行政村。总人口141176人，其中城镇人口29487人，乡村人口111698人。

和顺县旅游资源有海眼寺、牛郎织女文化园景区、牛郎峪、懿济圣母庙、太行龙口景区、天河山风景区、云龙山森林公园。获“全国电子商务进农村综合示范县”称号。

农业 2016年，和顺县耕地面积33.74万亩，农作物总播种面积为20.61万亩，比上年减少6045亩，其中粮食作物播种面积17.94万亩。油料种植面积10500亩；蔬菜种植面积为6000亩。全县农业机械总动力17.75万千瓦，机械收获面积3933公顷。全县肉类总产量4414.96吨，禽蛋产量5016.4吨。

工业 2016年，和顺县推进供给侧结构性改革，化解煤炭产能80万吨，全年生产原煤1288万吨，同比增长1.2%。规模以上工业企业主营业务收入294676万元，同比增长8.8%；实现利税–19804万元，利润总额–60382万元，亏损企业亏损额77472万元。全年生产硅钢镁4085吨，天池、正邦瓦斯发电站发电8803万度。

项目建设 2016年，和顺县实施重点项目80个，开工建设55个，开工率68.75%，19个项目竣工投产。全年在谈和推进项目30个，签约项目14个，拟投资159.8亿元，完成率106.5%。其中依风风力发电、马坊绿色生态农业集约养殖等4个项目落地开工。

旅游业 2016年，和顺县接待国内游客135.8万人次，全县旅游综合收入达11.8亿元，其中门票收入118.5万元。承办“大美太行·生态和顺”和顺县首届太行山森林旅游健身步道徒步大赛。

城乡建设 2016年，和顺县投资9700万元的自来水净化水厂及管网配套工程主体完工。棚户区改造350户。投资3692万元，完成城区综合整治工程。和邢铁路完成投资5亿元。完成完善提质、撤并建制村、窄路面改造等公路建设46.2千米，县乡公路通车里程达997.6千米。开通农村公交路线11条。投资397.9万元，解决19个自然村、10466人、4132头大牲畜的饮水安全。投资1432万元，实施国家水保重点项目，综合治理面积25.7平方千米。投资1315万元，完成喂马乡、义兴镇抗旱应急水源工程。改造低压线路48.3千米，改造10千瓦线路15.4千米；安装农村广播电视“户户通”759套。加快“7·19”水毁基础设施恢复重建工作，完成房屋恢复重建140户。投资7081万元，推进“两山两网两林”造林绿化工程，新造林2.13万亩。潇河流域和顺段林业生态建设、207国道县城周边景观绿化、董榆线通道绿化等工程完成。淘汰黄标车及老旧车309辆，更换电动公交车30辆，更换清洁燃料出租车138辆。PM2.5和PM10平均浓度同比下降21.9%、12.4%；县城集中式饮用水源地水质达标率100%。

社会事业 2016年，和顺县用于民生及各项社会事业的支出达6.58亿元。城镇新增就业1575人，开发公益性岗位104个，创业就业716人，农村劳动力转移就业2316人，城镇登记失业率控制在2.47%以内。创建金四方市级创业孵化示范基地。和顺一中综合楼投入使用，改建3所农村幼儿园，新建思源学校开工建设。新建县医院住院门诊楼开工建设。建成村卫生室20所。完成省级健康促进县创建工作，确定为国家级健康促进创建试点县。新型农村合作医疗保险参保率保持在99%以上。和顺体育馆建成投用。新建老年日间照料中心12个，建成省级美丽宜居示范村1个，市级5个。完成保障性住房122套，改造农村危房370户。

脱贫攻坚 2016年，和顺县识别建档立卡贫困村168个，贫困人口33974人。因村选派182名第一书记、185个驻村工作队、2300余名干部与11876个贫困户结成对子，实现三级包保全覆盖。总投资6.94亿元，实施整村推进、产业扶贫、光伏扶贫、易地搬迁、教育扶贫、金融扶贫等10项脱贫增收工程和10项基础设施改善“双十”工程。成立和顺县光伏扶贫开发投资有限公司，10个村级光伏电站和35兆瓦集中式光伏电站前期工作进展顺利。易地扶贫搬迁318人。实施“雨露计划”资助学前幼儿、考入二本B类本科院校的建档立卡贫困大学生，实现贫困家庭学生资助全覆盖。启动实施健康脱贫，免除3825贫困人口就诊挂号费。省第三方评估验收，实现38个贫困村出列、7761贫困人口脱贫，贫困发生率下降6.75个百分点。

全国电子商务进农村综合示范县 2016年，全县有电商企业和平台40余家，包括加盟引进的京东、苏宁易购、乐村淘、美淘村、粮易、掌合天下等国、省、市内大型电商平台和自建的和顺网、和顺88信息网、和顺杂谈、AA微邦办等本地信息推广和综合服务平台、企业，涉及B2B、B2C、C2C、B2B2C、O2O、ABC等多种电商模式和信息推广综合服务，从业人员约1000余人，2016年网上交易额达7876.9万元，全县电子商务集聚效应显现。

（张 燕 王 燕）

【昔阳县】 昔阳县位于晋中市东部，总面积1954平方千米，下辖5镇7乡，1个社区，335个行政村。总人口23.8万人，其中农业人口19.8万人。

2016年，昔阳县粮食总产量达1.67亿公斤，实现“六连增”。旅游资源有大寨风景区、虎头山、龙岩大峡谷。评为“国家级卫生县城”“晋中市爱国卫生清洁运动先进县”，获“2016年中国避暑休闲百佳县”称号。大寨村在2016年中国名村影响力300强中名列第四位，大寨镇成为国家卫生乡镇并入选国家首批特色小镇。

产业转型 2016年，昔阳县阳煤氯碱、大唐风电、国新能源煤层气热电联产、斯能光伏发电等工业转型项目投产，“煤电气化”四大支柱产业产量分别达1200万吨、15亿度、5625万立方米和21万吨。“莱果猪菇药”五大特色产业规模分别达2.3万亩、20万亩、58万头、150万平方米和2.8万亩。双孢菇出口泰国，外贸进出口实现“破零”。云创电子商务运营中心和农村淘宝昔阳服务中心投入运营，农村淘宝、京东等村级服务点达到260余个，销售额达6000万元。昔阳县云创众创空间被认定为首批省级众创空间之一。

城乡建设 2016年，昔阳县投资17.3亿元，实施水、电、路、网等基础设施建设。新建改造城市道路6.8千米、各类管网50.4千米，完成迎宾西街、317省道、原交警队游园和陶乐公园绿化2万平方米，云翼天桥、秋树沟路、学府路竣工使用，供水、供热、供气普及率分别达100%、88%、90%，城市绿化覆盖率达41.86%。新增两条免费公交线路，4条线路双向对开，县城区“免费绿色公交”实现全覆盖。实施饮水安全、防汛抗旱、农田水利、水库维修等四大类水利工程，昔阳县成为全省四个“农田水利基本建设‘禹王杯’先进县”之一。完成川口至三都、韩信井至东冶头、赵庄至库城、西峪至翟家、赵壁至梭罗峪等道路改造和村通水泥(油)路工程。“昔阳红旗一条街”被认定为“山西省特色商业街”，晋中市爱国卫生运动暨农村改厕工作现场会在昔阳县召开，接受创建国家卫生县城评估。

旅游 2016年，昔阳县举办“越野昔阳，寻梦大寨”汽车场地越野锦标赛和“一汽大众”杯中国汽车拉力锦标赛两项国家级赛事，组织第三届红叶文化旅游节和石马寺古庙会系列活动。全年游客接待量和旅游综合收入突破200万人（次）和17亿元，同比增长均超过38%。大寨镇成为“全国十佳避暑小镇”，石马寺景区晋级国家AAA级景区。

脱贫攻坚 2016年，昔阳县建档立卡贫困对象151个村、18769户、39988人，精准实施“八大工程、二十项行动”，建立“县领导包点、乡镇主抓、部门帮扶、工作队驻村、干部包户”责任体系，5890名干部开展“不落人、全覆盖”帮扶，用于脱贫攻坚的各类扶贫资金达2.1亿元，完成6031户、13538人、50个整村退出的脱贫任务。

民生事业 2016年，昔阳县高中教育教学质量提升，昔阳中学、东冶头中学考核名列晋中市同类校第一、第二，职业中学对口升学考试本科达线174人。完成8所卫生院和20个村级标准化卫生室的新建改造，安康苑医疗养老中心投入运营。

全县城镇新增就业1704人，农村劳动力转移就业2919人，城镇登记失业率控制在4.2%以内。城镇居民医保参保14400人，新型农村合作医疗保险参保率达99.95%。城乡五保低保实现应保尽保，累计救助1.8万人（次），发放救助资金2875万元。建成各类保障性住房522套，改造农村危房1450户。 （刘利国）

【寿阳县】 寿阳县位于晋中市东部，总面积2100平方千米，下辖7镇7乡，2个城区管理委员会，206个行政村。总人口213888人。

寿阳县旅游资源有乌金山国家森林公园、祁寯藻故居、方山国家森林公园、水涛沟瀑布、龙泉寺等。

工业转型 2016年，寿阳县阳煤3座矿、亨元矿风井建设及潞阳麦捷矿变更生产系统完成；阳煤40万吨/年乙二醇一期投产，明泰国能2×35万千瓦/年电厂锅炉、烟囱主体基本完工；晋能平头风电、汇能生物质发电、博大京鲁瓦斯发电3个项目加紧推进，晶盛光伏发电完成1兆瓦装机；强伟纸业石膏板护面纸运行良好，恒特双基液体燃料和水性油漆投产；阳煤华越煤机、恒特煤机和永丰扫地车等运行良好。“一主四新”新型工业化体系推进。

现代农业 2016年，寿阳县创建1个玉米万亩丰产方和5000亩杂粮丰产方项目，粮食播种面积67.2万亩，总产3.55亿公斤；新发展设施蔬菜500亩；新建标准化养殖小区8个，改扩建7个，全县达131个；采取公司+基地+农户、互联网+传统农业模式，建成田益农业草莓采摘、羊头崖核桃采摘、松塔华泉蔬菜采摘以及上湖、东光的红薯采摘等休闲农业，举办上湖常村梨花节、南燕竹大北河杏福采摘节，农业产业化水平提升。

城乡建设 2016年，寿阳县县城总体规划（2015—2030）评审通过；市政道路、地下综合管廊及配套设施建设，列为全国PPP示范项目；府东街和福澜广场等新、改建公厕6座；新建两座换热站，新增供热面积26万平方米；铺设供气管网5346米、供水管网4500米。启动2个国家级历史文化名镇名村和9个省级历史文化名村的申报，完成《宗艾历史文化名镇保护规划》编制；完成1个省级、2个市级、16个县级美丽宜居示范村创建，完成600户农村危房改造；投资7700多万元，提质改造农村公路60千米。

省级园林县城创建 11月23日，由省住建厅组织专家组在寿阳县开展省级园林县城考核验收工作。专家组对四季公园、段王小区、滨河公园、污水处理厂、福澜广场、灵芝公园、垃圾处理厂、生态植物园、地税局旁小游园等地进行实地考察，听取县相关负责人介绍，并相互交换意见。通过实地检查、听取汇报、观看创园专题汇报片、查阅资料等方式，专家组同意推荐寿阳县为省级园林县城。

基础设施PPP建设 2016年8月，寿阳县人民医院建设PPP项目暨政银战略合作签约仪式举行，开启寿阳新常态下地方政府与多方合作、推动经济社会转型发展的新征程。该项目包含寿阳县人民医院、寿阳县社会综合福利中心、寿阳县汽车客运中心、寿阳县城市公交站4个子项目的基础设施建设和人民医院部分医疗设备的购置和安装，总投资6.2亿元。该项目入选财政部PPP项目库，是寿阳县集医疗、教学、科研、急救、预防、保健等功能任务为一体的二级甲等综合性医院。

（李丽萍）

【太谷县】 太谷县位于晋中市中部，总面积1050平方千米，下辖3镇6乡，198个行政村。

太谷县旅游资源有曹家大院、孔祥熙宅院、明清古城、怡园酒庄、梅苑山等。太谷县获首批国家级农产品质量安全县、全国绿化模范县、全国首批农村产业融合发展试点示范县、全省“禹王碑”农田水利基本建设红旗县等称号。

工业转型 2016年，太谷县水秀新型产业园，签约企业44家，20家投产，实现产值4.7亿元。园区基础设施完善，成为山西科技创新城首批产业合作区。胡村玛钢铸造园，核心区入驻企业16家，13家投产，带动全县35家重点企业完成技改扩规，自动化生产线覆盖率达85%以上。山西鹰鲲科技项目投产，“气化玛钢”试点成功，举办春秋两季全国铸造产品展示交易会，获“中国玛钢铸件产业基地”等称号，全行业实现产值40亿元。恒达循环经济园，20万吨精密铸造项目设备安装完毕，60万吨机焦项目实现投产，硅锰合金配套烧结工程主体完工，形成两条资源利用产业链，实现产值30亿元。南山医药食品园，广誉远整体搬迁项目推进，税收突破1亿元；中远威葡立胶囊通过GMP认证，元和堂、荣欣堂新厂具备投产条件，园区产值达21.7亿元。推进装备制造、碳素等支柱行业升级改造，全县规模以上企业总产值完成80亿元。

“三农”工作 2016年，太谷县设施蔬菜、苗木花卉、干鲜果分别达11.2万亩、13万亩、31万亩，畜产品总量30万吨。累计培育家庭农场261个、合作社804个、龙头企业54家、农业示范园区84个。推进土地确权工作，承办全市突发重大动物疫情应急演练，农村常住居民人均可支配收入保持全市第一。11月，省政府第136次常务会原则通过山西“农谷”建设初设方案，山西“农谷”上升为省级战略，决定举全省之力在太谷全县域内打造“产城融合”“政产学研用”五位一体的山西“农谷”。金谷现代农业科技创新园一期完工，金谷农投综合服务中心投入使用，科谷生物农药、“大麦”冻干红枣加工项目试生产，大学生创业园40个创业团队入驻，中试基地6个项目完成种植。巨鑫伟业物联网中心硬件建设完成，线下同步试运营。山西农产品国际交易中心、国新晋药中药材种植基地建设推进。

文化旅游 2016年，太谷县乔里、云松等8家生态庄园完成升级改造，美宝山庄成为AAA级景点。全省首家民营航空公司落户太谷，棋盘山生态旅游开发有限公司在上海股权交易中心上市，鑫炳记太谷饼文化园被评为“省级工业旅游示范点”。举办孟母文化节、冰雪节等系列节庆活动，举办第五届国际形意拳交流大会，承办山西省乒乓球锦标赛。非遗展示馆免费开放，新版秧歌剧《孟母三迁》首演成功，晋派砖雕列入国家艺术资金扶持项目。乡村旅游突破300万人次，实现综合收入33亿元。

城乡建设 2016年，太谷县鑫港湾商业街区开业运营，山西文化产业园非遗博物馆部分建成，孟母文化养生健康城20万平方米康养公寓主体完工，孟母祠堂、书院相继落成，明清古街初现规模。15条小街巷改造完成，西环路、北顺城街与108国道交叉口两座高架桥主体完工。建成10个美丽宜居乡村，完成农村危房改造600套。获省级卫生城市称号。与首创集团签署协议，启动建设第二污水处理厂，中水回用工程推进。完成南山生态修复四期工程，滨河公园建成，城区新增绿化面积15万平方米、集中供热78万平方米、供气3000户，建成区绿地覆盖率超过40%，污水处理率达95%。

民生事业 2016年，太谷县民生事业支出14.4亿元，占总支出的85%。完成5所学校、幼儿园维修改造。为6.8万人发放各类保险6亿元，开展职业技能培训4924人次，51个创业团队入驻“双创”基地，新增就业岗位2827个，建成保障性住房708套、日间照料中心101个。63名第一书记、98个包村单位、66支工作队249名队员驻村，八大攻坚工程二十项专项行动实施。5家企业开展产业扶贫，6对贫富村结对帮扶，7个易地搬迁安置点开工，1730人易地搬迁任务得到落实，855户1881名贫困人口实现脱贫。

（杨　扬　王少静）

【祁县】 祁县位于晋中市中部，总面积854平方千米，下辖6镇2乡，3个城区，1个经济开发区，160个行政村。总人口27万人。

祁县旅游资源有乔家大院、祁县古城、渠家大院、何家大院、镇河楼、罗贯中纪念馆、九沟风景区等。

农业 2016年，祁县粮食播种面积35.4万亩，产量达2.2亿公斤；水果种植面积19.5万亩，酥梨首次出口英国、加拿大，创汇总额超过1000万美元；设施蔬菜种植面积3.9万亩，北堡园区面积突破1600亩；牛饲养量16.9万头，九牛牧场实现4500头奶牛进场，泓润牧业创建全省首家草牧业院士工作站和全国第二家荷兰奶业技术中心。祁县耀华果业有限公司获“全球GAP认证”证书，标志着祁县酥梨开始进军欧盟市场。祁县耀华果业有限公司成为山西省首家获得“全球GAP认证”的企业。

工业 2016年，祁县玻璃器皿业组建“祁玻集团”，开创玻璃器皿行业集团营销、抱团发展、品牌共建的新局面；机制进口设备国产化研发项目推进，激光切口、自动化磨边等自主研发装备投入使用。酒类饮品业伊利16条生产线建成投产，产值突破13亿元；统一饮品生产线项目投产，2个月产值突破3000万元；红星六曲香迁建工程推进。5月，祁县天久玻璃制品有限公司独家中标生产杭州G20峰会国宴玻璃器皿。

项目建设 2016年，祁县48个省、市重点项目开工建设，完成投资58.6亿元，完成率达120%。三大PPP项目纳入省级PPP项目库，208旅游通道综合开发和文化艺术中心项目成为全省PPP示范项目。祁县中小微企业创新创业工作推进。截至2016年底，全县有中小微企业法人单位5717个，占全县市场主体的98.9%；中小微企业吸纳就业人员43500人，在城镇就业人数中占92.1%；实现营业收入104.03亿元、营业利润5.10亿元、税收总额2.73亿元，分别占全县的87.5%,42.5%,41.7%。12月，祁县等八个县（市）为山西省首批中小企业创业创新基地示范县。

旅游 2016年，祁县乔家大院景区综合开发完成总体策划和概念性规划设计；10万平方米的千朝观园开园；208国道旅游产业集聚区框架成形。全年主要景区接待游客261.6万人次，同比增长40%，实现门票收入1.3亿元，同比增长98.8%。2月20日，CCTV-7《过年了》农民新春联欢会在祁县千朝谷千朝观园录制。将当地祁太秧歌、民歌、舞蹈、面食、绝技、社火、跑竹马、八音会等祁县特色民俗活动搬上全国农民春晚的大舞台。祁县被农民新春联欢会选定中部主现场，通过央视媒体平台独有的国际、国内影响力，向国内外观众展现祁县的美丽形象和独特魅力，提升祁县的美誉度和吸引力。

民生事业 2016年，祁县878户1719人实现脱贫。新增就业2863人，转移农村劳动力2488人，城镇登记失业率控制在1.56%。加强科普服务能力建设，获批“全国科普示范县”。推进卫生计生事业，成功创建省级基层中医药工作先进县和省级妇幼优质服务示范县。

医学研究项目启动 2016年3月14日，国家“十二五”重大科技专项“H型高血压比较效果学(CER)研究”项目在祁县人民医院启动。“H型高血压比较效果学(CER)研究”项目启动后，将为全县H型高血压患者进行规范、科学、有效及专业化防治，对祁县预防脑卒中防治具有历史意义，全县患者可以获得一半的免费药物赠送，使患者获益，是巨大的惠民工程。

（岳丽霞）

【平遥县】 平遥县位于晋中市中南部，总面积1260平方千米，下辖5镇9乡3个街道办事处，273个行政村，16个居民委员会。总人口536364人，其中男性275355人，女性261009人。

2016年，平遥县耕地面积76.36万亩，平遥县旅游资源有平遥古城、双林寺、日昇昌旧址等。

工业 2016年，平遥县采取“千名干部帮扶入企服务”和中小企业公共服务平台科学运营措施，从融资担保、品牌申报、规范管理等方面，支持企业发展，新培育规模以上企业5户。41户规模以上企业上缴税金2.84亿元，占全县财政总收入近三分之一。全县规模以上工业增加值同比增长6.6%，增幅居全市第3位。产业转型步伐加快，特色优势产业和新兴产业发展加速，18个工业重点项目累计完成投资8.9亿元，新增投资5亿元；石头造纸、光学材料、液化天然气、中药材加工等进入量产阶段，新型工业实现产值7.2亿元，占工业总产值的8.6%，煤化、峰岩两大集团实现产值35.6亿元，上缴税金1.55亿元。

文化旅游 2016年，平遥县接待游客1063.6万人次，增长26.1%；综合收入121.6亿元，增长26.2%。《又见平遥》演出795场，观演人数56.9万人次，演出总收入8225万元，增长27.9%。举办国际摄影大展、平遥中国年等文化活动，法国普罗万市"平遥古城旅游促销区"揭牌运行，平遥电影展项目落地。新改建旅游厕所45处；开通古城周边游直通车线路11条；以襄垣、六河、横坡、丰盛、南岭底等代表，乡村旅游持续发展。推进城墙内墙除险加固工程，清凉寺、双林寺安防工程基本完工，抢险修缮县保单位7处；启动古民居保护修缮工程18所，其中完工5所。国家AAAAA旅游景区创建成果进一步巩固，获"2016中国县域经济旅游魅力县"称号，平遥古城入选中国人文旅游示范基地。

民生事业 2016年，平遥县启动人民医院新建项目；改造乡镇卫生站4所，新建村级卫生室13个。新改扩建中小学校11所、幼儿园4所，其中汇济小学、东关小学、古陶二中投入使用。社会福利综合服务中心及襄垣、卜宜、杜家庄敬老院主体完工，新建老年日间照料中心32个。城区集中供热、供气、污水处理统筹推进，置换峰岩供热公司热源面积100万平方米，完成古城内居民煤改电改造774户。为3132户城市低收入家庭提供住房保障；建成保障性住房946套，改造农村危房480户。新增城镇就业4545人，转移农村富余劳动力4251人，城镇登记失业率控制在2.1%以内；城乡居民社会养老保险参保26万人，累计支付五项社会保险6.6亿元。提高城乡低保、农村五保供养保障标准，累计发放供养金4555万元。为3900名重度残疾人发放生活、护理补贴234万元。解决4个乡镇、7个村、3466人的饮水安全问题。建成乡镇供销社综合服务中心4个、惠农服务中心3个。城乡居民储蓄存款余额139.3亿元，净增14.4亿元。

脱贫攻坚 2016年，平遥县召开全县脱贫攻坚大会，并建档立卡，以"六个精准""五个一批""七个提升"为重点，实施总投资1698万元的扶贫项目22个，实行"单位包村、干部包户、工作队驻村入户"定点帮扶，推广"基地+农户"扶贫模式，综合推进就业扶贫、教育扶贫、健康扶贫、保障扶贫等方式，1748户贫困户、4196名贫困人口退出贫困序列。其中，涉及2586名贫困人口的9个脱贫村实现整村脱贫。

平遥国际摄影大展 2016年9月19日至25日，举办以"天地小家园情"为主题的2016年第十六届平遥国际摄影大展。以家为宣传主题，以观看呈现学术主题，分为社会生活、自然风光、艺术观念等三大类。33个国家和地区的2281名摄影师、摄影机构参展，举办展览522个，展出作品15000余幅，涵盖纪实摄影、艺术摄影、商业摄影等多种类别。其间，举办第十一届平遥古城招商洽谈会、第四届（中国）平遥微电影节、文化创意市集、书画艺术联展、"大美平遥·文化梁村"摄影采风等多项活动。

《平遥县志（1997—2011）》出版 2016年9月，《平遥县志（1997—2011）》由中华书局出版。该志书共设42编，210余万字，500幅图片，图文并茂，资料翔实，完整记述平遥的历史和现状。（温小琴）

【灵石县】 灵石县位于晋中市南部，总面积1206平方千米，下辖6镇6乡3个社区，291个行政村。总人口27万人。

灵石县旅游资源有王家大院、红崖大峡谷景区、静升镇、石膏山风景区等。

农业 2016年，灵石县农作物总播种面积为199810.5亩，比上年减少21684亩，其中粮食作物播种面积177291亩，减少22036.5亩。全年粮食总产量62606.4吨，比上年增产6064.6吨，增长10.7%。全县肉类总产量17565吨，同比增长6%。全年奶类产量148吨，同比下降23.3%；禽蛋产量6469.30吨，同比下降1.9%。农产品加工销售收入达3.14亿元，同比增长42.7%。农民专业合作社达985个。农林牧业增加值增长3.8%。全年完成造林面积19455亩，增长2.4%。其中，荒山荒地造林面积2205亩。全县农业机械总动力142702千瓦，下降64%。机械耕地面积174975亩，下降19%；机械播种面积156180亩，下降25%；机械收获面积68160亩，下降44%。全县农机化经营总收入14951万元。

工业 2016年，灵石县规模以上工业企业工业增加值完成91亿元，比上年增长5.5%。煤炭行业增加值实现80.1亿元，比上年增长2.8%，焦炭行业实现7.3亿元，比上年增长12.6%，电力行业实现0.3亿元，比上年下降22.9%。规模以上工业企业实现产品销售收入231.8亿元，比上年增长10.1%；实现税金13.2亿元，同比增长15.2%；实现利润-1.7亿元，同比减亏11.3亿元，亏损企业亏损额9.6亿元，同比下降38.2%。全年完成煤矿建设投资16.6亿元，生产原煤1878万吨、洗精煤2217.6万吨、焦炭411.7万吨、发电量3.9亿千瓦时、合成氨18万吨、氧化铝49.5万吨、石墨及碳素制品3.2万吨。全年全县建筑业实现工业增加值7380万元，较上年下降21.6%。

第三产业 2016年，灵石县第三产业增加值完成61.8亿元，同比增长5.4%。全年旅游人数达920.1万人次,同比增长21.3%;旅游总收入85.1亿元,同比增长27.9%;景区旅游人数达到304.6万人次,同比增长17.2%;景区旅游收入9851.75万元,同比增长11.4%;全县旅游门票收入7901.3万元,同比增长25.1%。获省级“休闲农业与乡村旅游示范县”称号。长城盛世公司在淘宝网开设“特色中国灵石馆”,收集9家企业13类特产驻馆销售。

城乡环境建设 2016年,灵石县市政维修改造工程20项,新建污水处理配套管网5千米、供热供气管网33.3千米。经八路及纬九路东延伸、红崖沟旅游路工程竣工通车。推进城市园林绿化,增加绿化面积15.1万平方米,森林公园被命名为省级“四星级公园”。开展美丽宜居示范村“三级联创”活动,坛镇北枣园村进入省级示范村创建行列。农村改厕完成2000座。投资1000万元实施乡村清洁工程。完成22项县乡村公路建设改造以及生命防护和水毁恢复工程,总里程52.42千米,完成投资5275万元。实施农村饮水安全工程6处,解决6个乡镇11个自然村、4054人和149头大牲畜的饮水安全问题。开展5个乡镇、43个自然村的采煤沉陷治理工程,完成投资10.14亿元,搬迁22个自然村。

环境治理 2016年,灵石县万元地区生产总值能耗下降3.26%。完成汾河沿线3户污染企业的搬迁,煤矸石建设和治理工程20余处,南关河东、河西污水处理厂、张村等6个村的生活污水处理站,2处城市集中式饮用水水源地和11处乡镇集中式饮用水水源地水质达标。空气质量优良率达71%。

文化 2016年,灵石县开展“三下乡”活动,为群众免费发放书籍1万余册,资料3万余份,举办讲座10余场,送戏20场次,送电影971场次。县文联及下属各团体会员创作、编辑出版《灵石作家年度作品选》《忠孝行》《灵石文学》等书刊作品集。第三届中国灵石国际版画双年展展出作品119幅,其中国内79幅、国外40幅。“石膏山杯”全国忠孝文化诗歌楹联大赛,1000余首(幅)作品参赛,评出100首(幅)获奖作品,其中一等奖6名、二等奖12名、三等奖30名、优秀奖52名。

民生保障 2016年,灵石县县财政民生投入19.2亿元,占公共财政预算支出的85.9%。完成脱贫2030人、易地搬迁150人、省级贫困村吴庄脱贫摘帽。完成242项“微民生”工程。全县城镇新增就业2218人,转移农村劳动力3445人,城镇登记失业率为1.57%。全县12个乡镇全部开展新型农村合作医疗保险工作,16.11万人参加农村合作医疗保险,参保率99.9%。城乡居民养老保险参保率100%。城镇职工养老保险参保人数4.4万人。完成202户农村危房改造,城市棚户区改造完工820套。完成36所学校校舍维修工程。职业教育实现免费“全覆盖”。8所乡镇卫生院改扩建工程完工。

(郭红霞)

【介休市】 介休市位于晋中市南部,总面积744平方千米,下辖7镇3乡,5个街道办事处,231个行政村,35个社区。常住总人口419788人,其中男214708人、女205080人。

介休市旅游资源有绵山风景区、张壁古堡、秦柏岭、后土庙等。

综合改革 2016年,介休市攻坚国家新型城镇化综合试点,在全省率先取消户籍区分,推开户改,城镇化率达65%。完成集体林权制度改革,成立不动产登记局。深化商事制度改革,实施企业“五证合一”和个体工商户“两证整合”,工商注册缩短到3个工作日,新增各类市场主体865个。创新投融资机制,打包总投资20亿元的6个PPP项目申报国家示范库;新引进晋商银行、兴业证券、国海证券3家金融机构,金融机构数量达32个,实现金融业增加值11.64亿元。实施“互联网+”行动,建成覆盖所有乡镇的59个农村淘宝服务站,电商园入驻企业36家,培育新兴业态市场主体50个,线上交易额突破4000万元,被省科技厅命名为省级众创空间。

文化事业 2016年10月19日,介休市举行千年古刹虹霁寺旅游景区开放暨首届文化旅游节开幕仪式。11月4日,介休市召开文化促进会成立大会。会议审议通过《介休市文化促进会章程》和《介休市文化促进会理事会理事选举办法》。市文化促进会100余名会员参加会议并投票选举产生市文化促进会会长、常务副会长、副会长等。

公交共交通工具投入运营 2016年9月15日,介休城市公交开通,运行的1路、2路免费公交车为纯电动公交,车身长6.6米,充满一次电仅需20分钟,在充满电的情况下,续航里程可达120千米,分别设置14对站点。公共自行车开通运营。介休市委、市政府在城区投放1000辆公共自行车。公共自行车项目采用PPP模式进行建设运营,设置站点44个,锁桩1200个,公共自行车1000辆,从12月15日开通运营,边调试边开通。公共自行车租赁卡可用于租车、查询周边4个站点的满桩情况、查询租车历史记录、查询租赁卡费消费情况。介休公共自行车运营分中心实行全天候办卡,节假日不休息。

“乡甜介休”项目启动 2016年5月16日,由山西省商务厅、阿里巴巴集团农业事业部主办,介休市人民政府承办,举行山西品牌网上行“乡甜介休”项目,启动仪式在太原举行。介休绵山长寿湾小米同步上线阿里巴巴农村淘宝“乡甜农场”,上线1000亩、6000份土地,消费者可进行体验耕种和托管耕种,随时随地通过手机视频看到土地的种植情况,产出的小米将自动拆分为12个订单,以月为单位快递给消费者,让消费者全年享受新鲜、绿色、健康、正宗的绵山小米。消费者还可享受张壁古堡、介休老城等景区的免费套票及住宿服务。 (王亚丽)

运城市

【概述】 运城市位于北纬34° 35′—35°49′，东经110°15′—112°04′，总面积14182平方千米，下辖1区2市10县5个省级开发区、149个乡（镇、办事处）、3196个建制村。年末常住人口为530.52万人。

2016年，运城市地区生产总值完成1222.3亿元，比上年增长4.0%。其中，第一产业增加值201.6亿元，增长0.6%；第二产业增加值443.8亿元，增长2.5%；第三产业增加值576.9亿元，增长6.4%。居民人均可支配收入达16001元，同比增长7.2%。居民人均消费支出9143元，同比增长6.1%。按常住地分，城镇居民人均可支配收入达25636元，增长6.6%，城镇居民人均消费支出达11405元，增长1.6%；农村居民人均可支配收入达9365元，增长7.4%，农村居民人均消费支出达7513元，增长9.9%。城镇占调查总户数20%的低收入家庭人均可支配收入达8085元，增长7.2%；农村占调查总户数20%的低收入家庭人均可支配收入达2688元，增长9.5%。

农业 2016年，运城市农林牧渔业总产值完成409.0亿元。农林牧渔业增加值完成215.6亿元，增长0.7%。其中，农业167.2亿元，增长0.5%；林业2.5亿元，增长9.2%；牧业30.1亿元，增长0.1%；渔业1.2亿元，增长9.4%；农林牧渔服务业14.6亿元，增长2.3%。全年农作物种植面积1083.5万亩，比上年下降2.6%。粮食种植面积933.2万亩，下降3.2%。全年肉类总产量17.7万吨，增长3.5%。禽蛋产量26.4万吨，增长3.4%；奶类产量5.0万吨，下降1.6%。水产品产量2.5万吨，增长0.9%。全年造林面积19.69万亩。其中，荒山荒地造林面积72810亩。年末全市森林面积670.5万亩，森林覆盖率28.8%。年末全市农业机械总动力398.5万千瓦，比上年下降44.76%。机械耕地面积745.5万亩，机械播种面积787.5万亩，机械收获面积784.5万亩。全年农机化经营总收入12.82亿元，同比下降9.39%。

工业建筑业 2016年，运城市全部工业增加值352.7亿元，比上年增长2.3%。规模以上工业企业增加值226.3亿元，增长2.3%。全年规模以上工业产品销售率为97.9%，同比上升1.3个百分点。在规模以上工业中，分经济类型看，国有企业增加值1.3亿元，下降8.5%；集体企业0.3亿元，下降36.2%；股份制企业209.2亿元，增长0.9%；外商及港澳台商投资企业5.2亿元，下降13.9%；其他企业10.3亿元，增长74.6%。分企业规模看，大型企业增加值99.5亿元，同比下降4.5%，中型企业61.9亿元，增长3.7%；小型企业62.4亿元，增长13.2%；微型企业2.5亿元，下降8.4%。建筑业实现增加值93.6亿元，比上年增长1.1%。具有资质等级的总承包和专业承包建筑企业上缴税金4.5亿元，增长17.1%；实现利润2.7亿元，下降20.8%。

贸易 2016年，运城市社会消费品零售总额704.7亿元，比上年增长6.6%。按规模统计，限额以上消费品零售额304.2亿元，下降1.5%；限额以下消费品零售额400.5亿元，增长13.7%。货物进出口总额800872万元，比上年增长9.2%。其中，进口586412万元，增长11.0%（以美元计价为88785万美元，增长4.1%）；出口214461万元，增长4.6%。

交通运输 2016年，运城市全年公路通车里程16085千米。其中，国道1074千米，省道865千米，县道2620千米，乡、村道及专用道11526千米；高速公路598千米。全市公路密度113.4千米/百平方千米。公路客运量2921万人，比上年下降21.7%；公路货运量13432万吨，比上年增长16.0%。公路旅客运输周转量14.5亿人千米，比上年下降18.3%；公路货物运输周转量326.1亿吨千米，比上年增长6.0%。截至2016年底，运城机场共开通运城至北京、上海、广州、深圳、成都、天津、昆明、长沙、海口、乌鲁木齐、杭州、南京、厦门、三亚、哈尔滨15条航线。全年旅客运输量84.32万人，同比增长3.5%；货运量3200吨，增长31.3%；飞机起降总架次21390架次，增长69.7%；有航线架次为7930架次，下降0.4%。

邮电通讯 2016年，运城市邮电业务总量87.6亿元，比上年增长66.6%。其中，邮政业务总量6.4亿元，增长41.3%；电信业务总量81.2亿元，增长69.0%。邮政业全年完成邮政函件业务128.1万件，包裹业务8.8万件，快递业务量1653.9万件。年末固定及移动电话用户总数达到497.7万户，比上年末增加8.7万户。其中，固定电话38.5万户；移动电话459.1万户。在移动电话用户中，3G用户39.7万户，4G用户271.7万户。电话普及率达到94.1部/百人。其中，固定电话和移动电话普及率分别达到7.3部/百人和86.8部/百人。全市宽带接入用户达到101万户，增长18.0%。

旅游业 2016年，运城市举办首届关公国际旅游节。打造盐池自然景观与关帝庙人文景观相融合的龙头景区，推动关帝庙、李家大院创建AAAAA级景区。永济、芮城被列入第二批国家全域旅游示范区创建名单。实施《运城市关圣文化建筑群保护条例》，开展永乐宫壁画保护工程。依托夏县宇达、闻喜本命年两个国家级文化产业示范基地和绛州澄泥砚等省级文化产业示范基地，引领文化产业健康快速发展。全年接待国内游客5321.6万人次，全年旅游总收入434.4亿元，旅游人数和旅游总收入均增长30%以上。

金融保险 2016年，运城市金融机构本外币各项存款余额1887.8亿元，比年初增长9.7%。其中，人民币各项存款余额1882.5亿元，比年初增长9.6%。全部金融机构本外币各项贷款余额1013.0亿元，比年初增长5.3%。其中，人民币各项贷款余额1009.3亿元，比年初增长5.8%。农村金融机构（农村信用社、农商银行、村镇银行）人民币贷款余额418.1亿元，比年初增长2.2%。全市共有保险公司41家，全年保费收入77.9亿元，比上年增长14.9%。其中，财产险保费收入19.2亿元，增长15.7%；人身险保费收入8.7亿元，增长36.5%；寿险保费收入50.0亿元，增长11.6%。全年支付各类赔款及给付24.4亿元，增长15.9%。

社会保障 2016年，运城市城乡居民社会养老保险参保281.8万人。城镇职工基本养老保险参保55.1万人。城镇基本医疗保险参保88.4万人，失业保险参保33.9万人，工伤保险参保66.9万人，生育保险参保40.4万人。

教育科学 2016年，运城市普通高等院校招生17796人，在校生55222人，毕业生14338人。各类中等职业学校招生16136人，在校生44249人，毕业生11994人。普通高中

2016年运城市辖县（市、区）经济指标统计表

县　市	地区生产总值（万元）	农林牧渔业总产值（万元）	固定资产投资（万元）	社会消费品零售总额（万元）	一般公共预算收入（万元）	一般公共预算支出（万元）	人均可支配收入（元）	
							城镇居民	农村居民
盐湖区	2248834	256861	1947027	2294047	85686	257704	27610	10634
临猗县	1351885	877894	1271133	632334	23712	219571	25565	11408
万荣县	637683	357533	909908	319127	14710	209061	22565	8210
闻喜县	722359	239557	1088682	423858	23891	207257	25721	8641
稷山县	747449	245931	882729	289092	17470	147224	23742	9654
新绛县	737199	362341	630290	429555	17333	158213	25206	10229
绛　县	547212	181626	843323	241573	8972	159112	23177	8425
垣曲县	481336	99802	749314	239527	18880	162208	23289	6236
夏　县	485700	385580	659541	254796	13539	159891	22923	6858
平陆县	375703	187856	780057	275807	19852	150469	21279	6222
芮城县	768168	436895	688760	325992	27809	198371	25980	9806
永济市	1340707	424021	1279832	579514	40634	197214	26366	11640
河津市	1777369	148993	1501094	742009	75808	196573	25695	11993

招生35356人，在校生109361人，毕业生45820人。初中招生53179人，在校生153532人，毕业生58618人。普通小学招生51414人，在校生286986人，毕业生52341人。特殊教育招生130人，在校生1060人，毕业生69人。在园幼儿数170368人。加快中心城区学校建设，启动8所公办学校、2所公办幼儿园建设。其中，5所完全由市财政投资，建成后交盐湖区管理使用。优化整合各类职业教育资源，成立8大职业教育集团，促进产教深度融合。全市受理专利申请1716件，比上年增长37.2%。其中，受理发明专利申请491件，比上年增长31.6%。全市授予专利权952件，减少5.6%。其中，授予发明专利权186件。全年有25个项目列入国家、省各类科技计划，获项目研究资金1146万元。

文化体育 2016年，运城市有艺术表演团体17个，群众艺术馆1个，文化馆14个。公共图书馆13个，馆藏图书142.3万册。博物馆23个，档案馆14个。市级以上重点文物保护单位203处。其中，国家级90处；省级79处；市级34处。拥有广播电视台13座，有线电视用户56.8万户。广播人口覆盖率99.5%，电视人口覆盖率99.5%。组织参加第十七届“群星奖”工作。其中，绛县文化馆选送的舞蹈《扫街》获“群星奖”舞蹈类第一名；举办非物质文化遗产大展示活动；举办运城市第三届文化“菊花奖”群众书画大赛暨黄河金三角书画展售大集。全市运动员在省级重大比赛项目中获金牌34枚、银牌30枚、铜牌41枚。全年销售中国体育彩票28000万元，比上年增长10.0%。

社会事业 2016年，运城市共有医疗卫生机构5305个。其中，医院263个；卫生院183个；社区卫生服务中心(站)95个；诊所(卫生所、医务室)1174个；村卫生室3518个；疾病预防控制中心14个；卫生监督所(中心)14个。卫生技术人员27406人。其中，执业医师和执业助理医师10937人；注册护士10522人。医疗卫生机构床位29002张，其中医院20444张，卫生院7130张。全市共有各类提供住宿的社会服务机构102个，床位6749张。其中，老年人与残疾人服务机构88个，床位6352张。社区服务中心118个，社区服务站137个。4.2万人纳入城市居民最低生活保障，发放城市低保资金及临时补助21664万元。12.2万人纳入农村居民最低生活保障，发放农村低保资金及临时补助37929万元。1.3万人纳入农村五保供养。全年销售社会福利彩票4.3亿元，接收社会捐赠50万元。

资源 2016年，运城市耕地保有量821.8万亩。全年国有建设用地供应总量13641亩。其中，工矿仓储用地123.4公顷；房地产用地2487亩；商业服务用地1047亩；基础设施等其他用地8254.5亩。全市平均水资源量133362万立方米，全年总用水量165731万立方米，同比增长2.3%。其中，生活用水15725万立方米；工业用水12550万立方米；农业用水136522万立方米。全市拥有省级自然保护区1个，自然保护区面积达到86862公顷。

环境建设 2016年，运城市黄河、汾河流域运城段共监测11个断面。其中，达到Ⅲ类以上水质标准的断面4个；达到Ⅴ类水质标准的断面2个；超过Ⅴ类水质标准的断面5个。全年中心城市空气质量二级以上(含二级)天数为252天。年末中心城市公园面积达9199.5亩。绿地面积达31383亩，同比增长21.1%。中心城市建成区绿化覆盖率达36.7%。全年中心城市污水处理率达91%；城市生活垃圾无害化处理率达100%；集中供热普及率达90%；城市燃气普及率达99%。

安全生产 2016年，运城市安全生产事故死亡54人。其中，生产运营性道路交通事故造成37人死亡，563人受伤，直接经济损失165.43万元。煤矿、危险化学品、道路交通、消防等行业未发生一次死亡10人以上的事故。全年未发生较大及以上食品安全事故。

国家食品安全创建试点城市 2016年5月4日，国务院食品安全委员会办公室下发《国务院食品安全办关于开展第三批国家食品安全城市创建试点工作的通知》，运城市被列为第三批国家食品安全城市创建试点之一，为山西省唯一的地市级城市国家食品安全城市创建试点。

首届关公国际旅游节 2016年9月25日，首届关公国际旅游节在运城盐池举办，以“关公故里·大运之城”为主题，以“关公”本土文化符号为引擎，推介运城城市形象，推广运城文化旅游品牌，是山西省首次举办国际旅游推广类节庆活动。活动期间，运城13个县(市、区)的民间艺术家表演高跷走兽、抬搁等河东特色的节目；13辆旅游花车彰显文化特色，展示旅游景点，各具特色；来自俄罗斯、意大利、土耳其、墨西哥等14个国家的舞蹈团队，表演异域风情节目。旅游节吸引来自河南、陕西、天津、河北及省内的旅行社负责人、旅游团队和群众共4万余人参加活动。

(张　涛)

【运城市盐湖区】 运城市盐湖区位于运城市西南部，总面积1237平方千米，下辖7镇6乡，8个街道办事处，33个居委会，314个村委会，共470个自然村。

盐湖区旅游资源有解州关帝庙、盐湖、泛舟禅师塔、的池神庙、太平兴国寺塔等。

“三农”工作 2016年，盐湖区粮食播种面积68万亩，总产量达20万吨。果业种植35万亩，果业总产达70万吨。新增27个“一村一品”专业村、20个家庭农场、5家龙头企业、59个农产品商标、8个“三品一标”、149家专业合作社。完成222个村土地承包经营权确权工作。完成262个村集体建设用地和宅基地使用权确权登记。完成绿化造林3万余亩，森林覆盖率达到23.7%。双季槐和皂荚产业初具规模，全省造林绿化现场推进会在盐湖区召开。布展运城首届国际果品交易博览会，苹果远销秘鲁，酥梨出口美国，盐湖酥梨产区获批省级出口食品农产品质量安全示范区。完成2.94万亩高标准农田建设，完成安邑、解州、上王等8个乡镇办8条10千伏电网改造升级。雷家坡、郭店、桃花洞3个村获“省级美丽宜居示范村”称号,西张耿和王马村获“市级美丽宜居示范村”称号。

工业 2016年,盐湖区新增中小企业305个,总数达到4738个;新增规模以上工业企业5家,总数达到55家,实现利润3亿元。天海泵业实现智能化流水线生产,博鸣木业向全屋定制家居转型。强化产学研合作,增强企业内生动力,全区共发展高新技术企业18家、省级民营科技企业26家、省级工程技术研究中心2家、企业技术中心21家,全年发明专利165项。支持企业上市融资,国强高科、鑫度武术在新三板挂牌。

城乡建设 2016年,盐湖区投资700万元,完成富源路、建材巷等9条城市小街小巷改造。投资2565万元,完成58千米农村道路提质工程。投资800万元,建成银海、文侯、鸿晋等7个500平方米以上的社区活动场所,全区88个社区活动场所全部达到200平方米以上。投资25万元,新建农村日间照料中心5家,总数达到164家。投资550万元,完成农村危房改造426户。开展“五城同创”,规范广告牌匾300余块,清理小广告5万余条,整治规范食品药品从业单位2675家。投资6672万元,完成67个村、568台农灌变压器、211千米供电线路改造。投资3701万元,完成12个村、34台公用变压器、92千米主干线和94千米分支线改造。投资4600万元,完成石碑庄站、峨嵋分干引黄一期工程,涑水河一带12万亩井灌变黄灌。投资1282万元,完成解州连片供水水源工程。

旅游 2016年,盐湖区发展休闲旅游业,签约袁家村·运城印象旅游项目,完善会荣庄园、艺莲园、火龙果基地、桃园山庄等景点功能。举办第七届中国运城舜帝德孝文化节,完成关帝圣像照明工程,做好首届中国运城关公国际文化旅游节。全年旅游收入达到183亿元,增长34.9%;全年接待游客2246万人次,增长33.3%。

生态环境 2016年,盐湖区成立5个环卫所,办事处、龙澄公司、启迪桑德和环卫处无缝对接。促进启迪桑德改善服务,投资2200万元,配置清扫、清洗车辆40余台,垃圾桶1万余个,实现乡村垃圾清扫转运全覆盖。拆除、提标、改造323台燃煤锅炉,淘汰26家落后产能企业,关闭取缔103家土小企业。投资1757万元,对88个城中村(社区)、21424户散煤清洁化治理,二氧化硫削减率26%。推进城北污水处理厂按序时进度。

民生事业 2016年,盐湖区投资34.4万元为全区1615名贫困人口缴纳医疗保险。完成3347人脱贫、3个贫困村摘帽。举办各类人才招聘会,提供就业岗位11752个。城镇新增就业4248人,城镇登记失业率控制在2.5%以内。开展农业技术培训和新技术推广,培训农民2.21万人次,转移农村劳动力5190人。启动中医院综合大楼建设项目,投资1200万元完成安邑、上王、三路里等5所乡镇卫生院改扩建工程。盐湖区在全国基层卫生岗位技能大赛中获二等奖。城乡居民医疗保险资源整合并轨,率先开通省内异地就医结算平台。解决原二招、环卫、卫生系统等干部职工的养老保险问题。投资1400万元,社会福利中心二期工程建成使用。为全区58000名60岁以上老人免费体检,为865名90岁以上老人发放69.2万元高龄补贴。通过全国义务教育发展基本均衡验收。

文化体育 2016年,盐湖区送戏下乡180场,送电影3348场次。自编剧目《廉政清风满运城》获“群文风采”展演特别奖。开展全民健身,举办20余项群众体育赛事,田径、武术等四个项目均取得全市团体第一。

(何桂兰)

【临猗县】 临猗县位于运城市中部。总面积1339.32平方千米,下辖9镇5乡,2个工贸区,375个村委会,550个自然村。

临猗县土地资源有耕地150万亩。旅游资源春秋猗顿古墓、战国车马坑、唐柏、宋代银棺、元代大堂等。举办第五届果品文化节、首届鲜枣文化节。“临猗苹果”获“国家级生态原产地保护产品”称号。

项目建设 2016年,临猗县落实楚侯工业创业园、小微企业孵化基地、仁核山谷补充耕地等项目优惠政策,解决恒晟纺织新项目征地、力达纸业和绿海科技新项目选址等遗留问题,开展“项目大起底”行动。招商引资,多次到北京、上海等地招商推介,举办临猗籍在沪人士座谈会。生物质发电、果品加工销售等项目落户临猗。

工业转型 2016年,临猗县增强企业技术创新能力,实施阳煤丰喜合成气蒸汽联产气化炉、翔宇化工新工艺研发、卓里集团农机具电动化、东睦华晟汽车发动机零件研发等科技项目,恒晟、华恩、清泽环保分别与3家科研院所签订产学研合作协议,新增市级企业技术中心2家(达到10家)。破解华晋债务问题,与中投危困企业投资并购联盟达成合作意向,加快重组步伐。召开政银企座谈会,各银行对企业贷款余额达到60.84亿元,农商行、工行、建行等银行为企业续贷7.6亿元。

文化旅游 2016年,临猗县推进临晋县衙二期工程;对猗顿墓园周边环境维护修缮,开发“商祖文化”;打造万亩莲菜基地,对傅作义故居等景点环境整治和保护性修复,启动角杯吴王古村开发项目。开展“花韵果都·多彩临猗”赏花系列活动,举办桃花节、梨花节、银杏杯摄影展等活动,建设大巍山生态农业观光园、楚侯天宇庄园、三管银杏园等农业观光旅游景点,挂牌确定葡萄、石榴、冬枣等各类采摘园30余家。

城乡建设 2016年,临猗县新建换热站9座、供热管网12千米,新增集中供热面积90万平方米;实施城市棚户区改造608套,其中货币化安置567套,新建安置房41套。完成农村道路提质改造15千米、农村危房改造300户、绿化提档升级15个村,推进美丽示范村建设。

环境建设 2016年,临猗县实

施集中供热锅炉提标改造、二道污水管网等工程，拆除县城内燃煤锅炉63台，取缔土木炭窑500余眼，回收黄标车及老旧车1389辆；在沿黄等地带造林1万亩，对临永线、临陌线等主干道及通村路绿化进行提质上档，新建5个省级园林村。

社会事业 2016年，临猗县完成4750名脱贫任务。城镇新增就业3948人，转移农村劳动力5154人；新招聘教育、卫生系统工作人员82人，城镇登记失业率控制在2.4%以内。城乡低保、五保和优抚对象等困难弱势群体各项补助资金足额发放；福利中心养护楼和残疾人康复托养中心主体工程建设完工。投入1.5亿元，完成农村义务教育薄弱学校改造工程，新建改建角杯、贵戚坊两所标准化幼儿园，特殊教育学校建成投入使用；投入2亿余元，启动中医院项目和妇幼保健计划生育服务中心业务用房项目建设，完成4家乡镇卫生院业务用房改造，新建227家村卫生室。

（程明清）

【万荣县】 万荣县位于运城市西北部，总面积1081.5平方千米，下辖14个乡镇，5个居民委员会，281个村委会，人口454040人。

万荣县旅游资源有稷王庙、东岳庙、万泉文庙、薛瑄家庙、后土祠、李家大院等。2016年，万荣县获"山西省休闲农业与乡村旅游示范县""全国妇幼健康优质服务示范县""全国计划生育优质服务先进县""全国防震减灾工作先进县""全国现代苹果产业10强县"称号。

农业 2016年，万荣县油桃代表中国首次出口澳大利亚，万荣苹果再次出口美国和澳大利亚，以25亿元的估值入选"2016年中国最有影响力的十大苹果区域公用品牌"，形成"一个快乐的苹果"价值符号和品牌支撑体系。香菇规模达650万棒，涌现出天天香、众香源、万家兴等一批龙头企业，香菇生产技术规程逐步成熟，菌种等关键技术实现突破。苹果、三白瓜、大葱等特色农产品在北京、上海、重庆、湖南等地推介入市。畜禽养殖产业存量在牧原投建、温氏落地的带动下增加。申建"电子商务进农村综合示范县"，全县电商从业人数突破2000人，日成交量突破8000单。

工业 2016年，万荣县德洋生物、华泰医药、瑞洁环保等项目建成，阳光凯迪生物质发电项目签约。华康、朗致、万辉等医药企业的新建生产线，通过新版GMP认证，新增药品批准文号184个，年生产能力增加40%，销售2.6亿元，增长2.3%。佳维建材在"新三板"挂牌上市，实现万荣县企业资本市场融资"零"突破。12家化工建材企业通过中铁集团CRCC认证；万泰集采公司节能降本，全年采购原料3万吨，为企业节约成本2200余万元；新一届万荣外加剂协会组建，助推企业抱团发展，全县化工建材的市场竞争力提升，实现销售收入7.5亿元，增长3.5%。

文化旅游 2016年，万荣县举办李家大院民俗文化节、后土文化节等文化主题活动，策划孤峰山帐篷风车音乐节、西滩摸鱼节等休闲主题活动，推出汉薛桃花节、高村葵花节等乡村游主题活动。后土祠联手晋旅，高端策划、整体开发；修缮飞云楼，提升景点魅力，重新向游人开放；晋汉子农庄被确定为"全国休闲农业与乡村旅游示范点"，西滩景区被确定为"山西省休闲农业与乡村旅游示范点"，旅游人气聚集。2016年，全县接待游客260万人次，同比增长28%，门票收入增长20%。西村抬阁、软槌锣鼓、万荣面塑等非遗文化参加首届关公国际旅游节，进驻旅游景区展演。万荣笑话动漫剧、系列书籍出版发行，挖掘非遗文化和笑话文化的丰富内涵，彰显独特魅力。组织戏曲下乡110余次，放映公益电影3300多场。

城乡建设 2016年，万荣县建成恒磁南路、宝鼎北路、宝鼎南路、新建中路、荣河南路、汇源街等县城街路，实施文化馆、社会福利中心、大礼堂及广场修缮等工程，绿化亮化和入地管网配套跟进，14辆新能源公交车投入运营。建设蒙华铁路万荣段。完成张高线、宁仁线、管裴线等43条58.4千米县乡道路的翻修改造，铺设万泉、高村、贾村、光华、荣河等乡镇天然气主管道43千米，1800余户农村居民接上天然气，北赵引黄二期推进，西范东扩工程开工建设，孤峰山生态修复启动实施，农田水利建设提速，城乡居民生产生活条件改善。

民生事业 2016年，万荣县完成扶贫工作脱贫攻坚目标。教育事业新建可容纳540名学生的示范幼儿园，改造122所农村薄弱学校，高考文理两大类达线845人。卫生医疗领域新建3个乡镇卫生院和144个农村卫生室，联合西安唐都医院、陕西中医院组成医联体，与北京301医院建成远程会诊平台，城乡居民医疗保险完成整合，落实机关事业单位工伤、生育保险政策。抵御20年来最大的汾河洪水，对"1·18"汾河新绛段粗苯泄露事件处理得当。（薛勇勤 张东宏）

【闻喜县】 闻喜县位于运城市中北部，总面积1167.1平方千米，下辖7镇6乡、342个村。2016年度出生3873人，出生率为9.29‰，人口自然增长率6.66‰，性别比为104。

闻喜县土地资源有耕地79.2万亩。旅游资源有中华宰相村、汤王山、闻喜文庙、董泽湖等。闻喜县被中国百货商业协会授予"中国日用玻璃生产基地"称号。

工业转型 2016年，闻喜县建龙钢铁有限公司投资11.5亿元实施一、二期复产检修并复产。银光镁业、振鑫镁业、瑞格镁业、八达镁业加快转型发展，全年生产镁锭7.5万吨、镁合金9.46万吨、各类深加工产品1.6万吨；完成产值28.1亿元、销售收入28.9亿元；实现利润7200万元，上缴税金1亿元。宏伟、新达、国艺等一批重点企业玻璃器皿产业开始由日用玻璃向工艺玻璃、水晶玻璃、微晶玻璃高端方向发展，全年生产玻璃器皿9.89万吨，完成产值3.22亿元、销售收入3.1亿元，实现利润350万元，上缴税金498万元。建材行业中部分企业通过技术改造、淘汰落后设备，降低生产成本，产值、利税稳步增长，全年生产水泥169.2万吨，完成产值3.06亿元，实现利润175.3万元，上缴税金2645万元。新培育“小升规”企业3家，孵化中小企业150家。银光镁业被国家发改委确定为国内镁行业唯一一家国家级“镁材料国防动员中心”，闻喜县永祥和公司获得两项国家专利。

农业 2016年，闻喜县新发展设施蔬菜1500亩、标准化中药材基地2万亩、规模化养殖场10个，新建现代农业示范园20个，认证有机品种2个、无公害基地1000亩，农民专业合作社发展到1097家，农副产品加工企业发展到349家。

招商引资 2016年，闻喜县共开展学习考察和“点对点”招商110余次，对接洽谈项目96个，先后签约大时代生物质发电、北京志能祥赢集中供热、四川天之合峨嵋岭山地开发、北京高能县城安全供水、中广核光伏发电等项目35个，八达镁业竖罐技改、象丰有机菌肥、金阳光铅酸蓄电池二期等项目先后落地。

城乡建设 2016年，闻喜县推进大县城、小城镇和美丽乡村建设，完成闻喜县城市总体规划、“四片区”控制性详细规划、5个乡镇镇域总体规划及城市供水、道路等4个专项规划。建成涑水新街一期、综合体育馆等21个城市基础设施项目，城镇化率达到48.5%。完成东镇停车场等16个集镇重点项目，完成农村危房改造工程950户，一批农村道路、绿化、排水等工程陆续竣工，重点镇和中心村辐射带动能力增强。

社会事业 2016年，闻喜县二类以上幼儿园发展到63所，幼儿学前毛入学率94.4%。城镇新增就业4014人，失业人员再就业982人，城镇登记失业率控制在0.31%以内；转移农村劳动力4678人，农民工职业技能提升培训6160人。城镇职工基本养老保险参保51953人；城镇基本医疗保险参保68934人；新型农村合作医疗保险参保311164人；工伤保险参保55994人；生育保险参保38248人；失业保险参保27470人。全县共建立完善居民健康档案388622份，其中城镇居民54186份，建档率93.8%。

脱贫攻坚 2016年，闻喜县完成1518户、5058名贫困人口、14个贫困村退出任务。

涑水公园开放 2016年，涑水公园正式对外开放。总面积1360亩，绿化覆盖率87%。闻喜县体育中心共承办各种文体活动200余场。根据不同地形和功能所求形成“一河两湖三桥六区”的总体布局，一河指对涑水河县城段河道进行综合治理，提高行洪能力，实现清水复流；两湖指恢复面积82亩的东湖，将东湖与西湖通过地下管道自流贯通；三桥即新建新开路桥、康宁路桥、可良桥；六区是将公园由东至西依次划分为龙嬉东湖区、游乐世界区、健身运动区、古城八景区、都市休闲区、植物科普区六个景区。 (樊香叶)

【稷山县】 稷山县位于运城市北部。总面积686平方千米，下辖5镇2乡，200个行政村。

稷山县土地资源有耕地58万亩。旅游资源有大佛寺、稷王庙、青龙寺、宋金墓、法王庙、玉壁城遗址、北阳城砖塔等。

农业 2016年，稷山县粮食种植面积66.51万亩。粮食产量24.13万吨。稷山县被确定为全省率先实现农业机械化示范县。肉类总产量1.13万吨，鸡存栏740.7万只，红枣产量5.32万吨。葡萄、双季槐、核桃、花椒等富民特色产业发展，葡萄1.66万吨，桃4.82万吨。推进西范东扩工程，全面启动禹门口稷山水源工程。农村土地承包经营权确权登记基本完成，新增农民专业合作社98家，新增土地流转面积3670亩。

科技 2016年，稷山县气象台站14个，开展电话天气自动答询的台站1个，预警信息发布平台1个，电子显示屏7个。天气预报喇叭128个，覆盖全县64%的乡村。开展人工影响天气业务1次。有专业综合地震台站3个，西社镇肖家庄村地下水深井观测站及临震预警前兆“痕量氢”监测设备通过省地震局验收并入省监测台网，运转正常。

文化 2016年，稷山县放映电影2589场。全县拥有国家级非物质文化遗产5项(高跷走兽、高台花鼓、麻花传统制作技艺、螺钿漆器技艺、金银细工制作技艺)。稷山县电视台采编新闻2500余条，稷山报社刊发《稷山新闻》54期、稿件1500余篇。6月1日，稷山县在城郊万亩板枣观光示范园观景台前举行“枣花香·稷山美”2016旅游活动周启动仪式。8月11日，由省环保厅与省作家协会联合组织开展的“山西作家生态汾河行”采风团30余人到县采风。9月8日至9日，由中国先秦史学会、中国民俗学会、三晋文化研究会联合主办，稷山县委、县政府承办的“中国·稷山首届后稷农耕文化研讨会”召开。

社会保障 2016年，稷山县投入扶贫资金741万元，共脱贫539户1814人，剩余贫困人口2272户5758人。全县城镇基本养老保险参保2.56万人；城镇职工基本养老保险参保2.49万人；企业基本养老保险参保职工1.01万人；城镇居民养老保险参保698人；新型农村社会养老保险参保17.44万人；城镇基本医疗保险参保3.37万人；失业保险参保1.55万人；工伤保险参保5.07万人；生育保险参保1.91万人。审定城市低保对象713户1596人，发放城市低保金660万元。审定农村低保对象2460户4841人，发放农村低保金1552万元。发放五保供养经费247万元。救助1.06万人次，发放医疗救助442.5万元。国家抚恤、补助各类优抚对象2667人，发放补助款1300余万元。

环境建设 2016年，稷山县完成造林面积1.7万亩。其中，人工造林1.2万亩，封山育林0.5万亩。森林覆盖率达22.7%。公园绿化总面积达53.86万平方米，新增绿化面积1.72万平方米，人均公园绿地面积5.39平方米。县城绿地总面积282.83万平方米，绿地率达31.99%；绿化覆盖总面积328.94万平方米，覆盖率达37.2%。城市生活污水处理464万吨，处理率

91%。县城环境空气 PM2.5 实现自动监测，2 级以上良好天数稳定在 324 天以上。

中斯友好文化交流活动在稷山举行 2016 年 6 月 25 日，海上丝路山西稷山中斯友好文化交流活动举行。通过共建友好寺院、开辟中斯友好板枣园、共同探讨传承非遗文化、达成缔结友好县市意向、推进经贸往来合作等系列活动，稷山融入“海上丝路”开辟农耕文化、板枣文化、非遗文化以及特色产品走向海外的新通道。斯里兰卡驻华大使鲁纳塞纳·科迪图瓦库，斯里兰卡万达路维·乌帕里等 4 位长老及代表团成员，中国佛教协会副秘书长、北京灵光寺方丈常藏法师，中国佛教协会副秘书长桑吉扎西等出席活动。（张 维）

【新绛县】 新绛县位于运城市东北部，总面积 593.39 平方千米，下辖 8 镇 1 乡 1 区、220 个村。年末全县常住人口为 344636 人。

新绛县土地资源有耕地 643770 亩。旅游资源有绛守居园池、绛州大堂、龙兴寺、福胜寺、明代稚益庙壁画等。

农业 2016 年，新绛县农林牧渔业总产值完成 362341 万元，按可比价计算，同比下降 1.5%。农林牧渔业增加值完成 169924 万元，同比下降 1.3%。全年农作物种植面积 61011 公顷，同比增长 0.5%。粮食总产量 261018 吨，比上年增加 6567 吨，同比增长 2.6%。肉类总产量 17057 吨，同比增长 5.5%。完成造林 1.2 万亩，完成乡村道路绿化 500 亩，四旁植树 100 万株。

工业建筑业 2016 年，新绛县工业增加值 278770 万元，比上年下降 11.6%。其中，规模以上工业企业 29 户，完成工业增加值 202745 万元，比上年下降 13.3%。规模以上工业产品销售率为 98.3%，同比上升 0.1%。规模以上工业主营业务收入 1019170 万元，比上年下降 11.6%；实现利税 52305 万元，比上年增长 30.8%；实现利润 41087 万元，比上年增长 43.2%；亏损额 22537 万元，增长 7.5%。

全县全年具有资质等级的总承包和专业承包建筑企业 4 个。其中，有工作量的 4 个，实现总产值 13840 万元，同比下降 43.8%。其中，建筑工程产值 10079 万元；安装工程产值 750 万元；其他产值 3011 万元。

能源 2016 年，新绛县规模以上工业企业能源消费总量 109.3 万吨标准煤，同比下降 16.6%；原煤消费量 148.5 万吨，同比下降 13.8%；焦炭消费量为 41.4 万吨，折合标准煤为 40.2 万吨，同比下降 15.9%；电力消费量为 11.8 亿千瓦时，折合标准煤为 14.5 万吨，同比下降 5.4%。

房地产开发 2016 年，新绛县房地产开发投资 53110 万元，比上年下降 12.2%。其中，住宅投资 19184 万元，同比下降 56.3%；商业营业用房投资 28383 万元，同比增长 186.6%；其他投资完成 5543 万元，同比下降 16.9%。

国内贸易 2016 年，新绛县社会消费品零售总额完成 429555 万元，同比增长 7.3%。从地域上看：城镇社会消费品零售总额完成 245131 万元，增长 7.9%；乡村社会消费品零售总额完成 184424 万元，增长 6.5%。从规模上看：限额以上零售总额完成 137761 万元，增长 1.1%；限额以下零售总额完成 291794 万元，增长 10.5%。从行业上看：批发业零售额完成 181154 万元，增长 9.9%；零售业零售额完成 173879 万元，增长 28.9%；住宿业零售额完成 36823 万元，增长 33.0%；餐饮业零售额完成 37699 万元，下降 2.7%。

教育科技文化 2016 年，新绛县各类学校在校学生 46437 人。其中，小学在校学生 19697 人，初中在校学生 13612 人，高中在校生 9924 人，中职在校生 3204 人，特教在校生 147。年末全县各类学校专任教师 5463 人。小学学龄儿童入学率达到 100%。幼儿在园人数 10074 人，全县高考达二本线 2583 人，达线率 53.9%。全年专利申请 11 件，同比增长 57.1%。共有艺术表演团体 6 个，文化馆 1 个，公共图书馆 1 个，博物馆 1 个(馆藏文物 1072 套)。县级以上重点文物保护单位 693 处。其中，国家重点文物保护单位 15 处；省级重点文物保护单位 6 处；市级重点文物保护单位 3 处；县级重点文物保护单位 669 处。开展文化下乡系列活动，完成“文化惠民·欢乐百姓新春走基层”“幸福新绛欢乐行”等文化惠民活动。全县拥有广播电视台 1 座，广播人口覆盖率为 100%，电视人口覆盖率为 100%，数字电视用户 1.7 万户。

卫生 2016 年，新绛县共有县乡两级医疗卫生机构 33 个。其中，县级医疗卫生单位 7 个；乡(镇、街道)卫生院 13 个；民营医院 13 个。村卫生所 261 个，诊所 122 个(其中，社区卫生服务中心站 9 个)。各类医疗卫生技术人员 1886 人。医疗卫生机构床位 1735 张。县乡村三级医疗卫生机构达标率 100%。

社会保障 2016 年，新绛县年末全县共有各类提供住宿的社会服务机构 4 个，床位 290 张；农村社区老年人日间照料中心 61 个。全县共有 1935 人纳入城市居民最低生活保障，发放城市低保资金 938.7 万元；共有 11051 人纳入农村居民最低生活保障，发放农村低保资金 3287.7 万元；共有 760 人纳入农村五保供养；全年共救助城乡困难群众 4913 户，发放临时救济金 298.5 万元。（许 隽）

【绛县】 绛县位于运城市东北部，总面积 993.49 平方千米，下辖 8 镇 2 乡，205 个行政村。

绛县土地资源有耕地面积 45 万亩。旅游资源有尧王故里、西周倗国封地、周家庄、韩庄等 72 处新石器时代遗址、明清古民居、柴家坡古民居群、太阴寺文物群等。

农业经济 2016 年，绛县完成《绛县现代特色农业发展规划(2015—2020 年)》。落实各项涉农惠农资金 39 亿元。山楂、樱桃等经济作物总面积达 26 万亩。水浇地面积达 23.08 万亩。“一村一品”专业村、示范村达 82 个。发展市级以上龙头企业 13 家、农民专业合作社824 家、家庭农场 31 个、规模养殖小区(场)36 个。

项目建设 2016 年，绛县投资

96.8亿元的安峪工业园区11个集群项目。完成大唐安峪热电厂审批手续及“三通一平”工作。推进26个技改项目。通航产业园的绛侯机场获批。

城乡建设 2016年，绛县县城垃圾处理场、污水处理厂、城西生态公园等一批市政工程投入使用。陈村镇、横水镇等特色小城镇发展迅速。完成53个新农村推进村建设，建成2个省级、1个市级美丽宜居示范村。

生态建设 2016年，绛县完成造林绿化15.93万亩，创建省级生态乡镇1个、生态村2个、园林村5个，森林覆盖率达到35.8%。涑水河治理实现部分河段复流、湿地再现。城市集中供水水源地水质达标率100%。关闭土小企业196家。淘汰落后产能企业8家。拆除不达标燃煤小锅炉100个。淘汰黄标车1342辆。成功申报节能项目21个。全县环境空气质量二级以上天数达到95%以上。

民生事业 2016年，绛县民生事业支出46.2亿元，占总支出的70.86%。科教事业方面，完成3所初中扩容改造。改扩建高标准幼儿园26所。招聘中小学教师198名。申请专利23项。医疗卫生方面，县医院住院大楼建成投入使用。改扩建乡镇卫生院3所。社会保障方面，建设各类保障性住房897套，改造农村危房4314户，完成“暖房子”工程170万平方米。城镇医保参保56968人，新型农村合作医疗保险参保率达99.72%。城乡养老保险、城乡低保、农村五保等标准提高。新一轮农村“五个全覆盖”“五件实事”完成。创业就业方面，城镇新增就业26631人，转移农村劳动力47303人，培训劳动力13282人次。 （刘 超）

【垣曲县】 垣曲县位于运城市东部，总面积1620平方千米，下辖5镇6乡，188个行政村。常住人口为238550人。

2016年，垣曲县农作物总播种面积427119亩，粮食产量101765.6吨。造林面积完成9885亩。旅游资源有望仙、清泉漂流、历山、天盘山、望仙、诸冯山、白马山旅游景区等。2016年，垣曲县获山西省“省级园林县城”称号。

集中供热项目全覆盖 2016年，垣曲县人民政府实施城区集中供热项目。6月12日，垣曲县寰慧热力有限公司成立，垣曲县城区集中供热项目正式开工建设，项目包括新建热源厂（44.5亩）、一级供热管网及热力站3部分。热源厂拟建设58兆瓦锅炉3台；一级供热管网2×30千瓦；新建热力交换站46座，合计总投资金额34362.23万元。截至12月31日，共建立28个换热站，涵盖61个小区及单位，接入面积达60余万平方米，实际供暖面积达50余万平方米。

电子商务 2016年1月6日，垣曲县农村淘宝正式开业运营。垣曲县与阿里巴巴公司签订合作协议，建设完成农村淘宝县级仓储物流中心和垣曲邮政电子商务物流仓储中心，完成县级运营服务中心、仓储物流中心和43个村级服务站点（含跨村联合）的建设。截至2016年底，农村淘宝累计营业额达2300余万元。

山西垣曲首届核桃节 2016年8月5日，垣曲县委、县政府在华峰乡举办山西垣曲首届核桃节。截至2016年底，共发展核桃经济林22万亩。国家林业局确定本县华峰乡为国家级核桃示范基地，省林业厅确定本县为全省核桃重点县。核桃节期间，开展核桃产业发展论坛，交流核桃管理技术，签约核桃销售协议200余份，销售核桃1万余吨，增加农民收入4000余万元；核桃电商销售1万吨，销售额达5000余万元。开展农副产品展销。 （王建民）

【夏县】 夏县位于运城市东南部，总面积1352.6平方千米，下辖6镇5乡，242个建制村，812个自然村，4个社区。

夏县土地资源有耕地59万亩，粮食总产量27.2万吨。旅游资源有司马温公祠、堆云洞龙头景区、瑶台山景区、泗交生态风景区等。

“三农”工作 2016年，夏县水果面积达12.5万亩，干果达13.5万亩，中药材达12万亩，蔬菜播种面积达21.6万亩。优质粮食、设施蔬菜、精品林果、生态养殖、高山绿茶、观光农业、中药材种植七大产业板块初具规模，农产品品牌整合作用显现。12家合作社成立“农伯伯”联合社，“夏鲜”成为全县蔬菜品牌的新名片，整合后的“夏乐”西瓜供不应求，“夏乐”“格瑞特”被认定为山西省著名商标，格瑞特葡萄种植基地被列为省级农业标准化示范区。全县共新发展合作社30家，新培育省级示范社6个、市级示范社7个、县级示范社8个，培训新型职业农民898人。

工业 2016年，夏县开展干部入企服务，先后解决企业困难问题58个，宇达集团在“新三板”挂牌，安瑞风机和石羊饲料完成股改。企业技改、产品转型步伐加快，市场竞争力增强。翔天钢铁、运力化工实施技改项目，安瑞风机由传统矿用风机向地铁风机转型，常运柴油农机向电动农机转型，威龙机械由高铁制动盘向制动盘系列产品转型，佳能达华禹开发穿心莲片和乳酸钙片新产品，获2016年山西省“四新”中小企业称号。开展“大起底、大亮相、大督办、大观摩、大促进”和“各类项目受理大起底”工作，在建项目推进。格瑞特生态农业科技示范园年产1万吨葡萄酒生产线项目建成投产，田源果汁成功承接渭南脱脂脱酸浓缩果汁生产线，出口创汇达200多万美元，华电10万千瓦风电项目并网运行，投资2亿元的大禹变电站将全面提升供电能力，打通经济发展的电力瓶颈。2016年，在规模以上企业减少4家的情况下，工业6项主要指标由“五降一升”实现“五升一降”。

城乡建设 2016年，夏县新建城市道路10.8千米、供水管网15.3千米、污水管网4.2千米、供气管网24.611千米，完成新建道路的绿化亮化净化、污水处理厂提标改造、建南县城路灯改造等工程，新能源纯电动公交汽车在城内和城际间启动运行；后夏线、林荫路竣工通车，西南环中留通道桥涵建成，县城主干道路骨架基本形成。实施裴介至县城一级路沿线辐射村庄道路改造、农村公路完善提质和窄路面拓宽工程，新增城市绿化面积5.1765万平方米，完成美丽乡村建设和乡村清洁工程。

生态环境 2016年，夏县共完成通道绿化210千米、荒山造林1万亩、33个园林村提档升级、8000亩经济林提质增效和城区街道增景增色等八大林业工程。完成红沙河治理、温峪河流域水土保持等水利工程，治理水土流失3万亩，解决13个行政村19个自然村1.2万人的饮水安全问题。开展环境综合治理专项行动，实施节能减排"煤改气"采暖工程。全年县城环境空气质量二级以上天数301天，达82.2%，超市区优良天数49天，超全省平均数52天，超过省市下达71.4%的任务。

脱贫攻坚 2016年，夏县推进贫困县、贫困村和贫困户退出指标相关的水、电、路、房、网，共有95个贫困村6933个贫困户22466个贫困人口。20个村8562人脱贫。在教育扶贫上，全县建档立卡贫困户中享受教育扶贫政策的学生2029人。在卫生扶贫上，摸排全县因病致贫的建档立卡贫困户3232人。在民政扶贫上，全县五保户604户604人，低保户6651户8761人；建档立卡贫困户中1611名残疾人，517名一级、二级重度残疾补贴全部落实到位。在保险扶贫上，为所有建档立卡贫困户加入新型农村合作医疗保险，贫困户参保率达100%，新型农村养老保险参保率达到100%；投入100余万元为贫困人口办理大病医疗补充保险与意外伤害保险，实现贫困人口入保"五保险"全覆盖。在产业扶贫上，鼓励建档立卡贫困户围绕村主导产业发展经济作物，每亩补助500元；杂粮每亩补助25元，薯类每亩补助50元；香菇种植每棒补助1元，共发放补助资金200余万元；为39个有特色产业的村补助资金370余万元；在金融扶贫上，2016年三农贷款余额为38.29亿元，扶贫小额信贷2559.5万元，为贫困户提供"富民贷"为扶贫企业项目贷款提供"强农贷"。 （许 毅）

【平陆县】 平陆县位于运城市东南部，总面积1173.5平方千米，下辖6镇4乡，1个茅津经济开发区，228个村民委员会，4个居民委员会。总人口为266328人。

平陆县土地资源有耕地面积44.5万亩，宜林面积76万亩，牧坡35万亩。旅游资源有汉墓"枣园壁画""赵家滑氏族公社"遗址等。

招商引资 2016年，平陆县招商引资落地项目30个，总投资116.57亿元，拟引资114.42亿元，到位资金31.07亿元，完成市下达的31亿元任务的100.2%。

金融保险 2016年，平陆县金融机构各项存款余额752229万元，比年初增加32448万元，增长4.5%。其中住户存款余额640250万元，比年初增加69666万元，增长12.2%，非金融企业存款余额50454万元，比年初增加9976万元，增长24.6%；广义政府存款余额61516万元，比年初减少47201万元，下降43.4%。金融机构各项贷款余额147193万元，比年初增加40381万元，增长37.8%。其中，住户贷款余额88299万元，增长20.6%；非金融企业及机关团体贷款余额58893万元，增长75.4%。全年全县保费收入29411.6万元，比上年增长39.6%。其中，财产险保费收入6984.5万元，增长5.4%；人身险保费收入22427.1万元，增长55.3%。全年全县支付各类赔款8486.27万元，比上年增长68%。其中，财产险赔款4028.84万元，下降6.5%，人身险赔款4457.43万元，增长504.8%，满期保险金给付3423.5万元。

教育文化卫生 2016年，平陆县拥有普通初中8所，九年一贯制学校4所，十二年一贯制学校1所，普通高中2所，职业教育学校1所，小学29所，幼儿园63所。在校学生（不含幼儿园）22712人。年末全县教师总数达到3477人。适龄儿童入学率达到100%，小学毕业升学率达100%。全县有文化馆1个，图书馆1个，剧团1个，博物馆1个，文化站10个，电影公司1个，美术馆1个，档案馆1个，电视台1座，有线电视用户16457户，数字电视用户9879户，数字电视节目套数达108套，电视人口覆盖率98.53%。全县共有卫生机构（含诊所、村卫生室）289个，床位1091张。疾病控制中心1个，妇幼保健院1个。全县共有卫生技术人员1225人，其中医生554人，护师、护士480人。

环境建设 2016年，平陆县主要污染物可减排二氧化硫1307.406吨，氮氧化物224.536吨，烟尘830.18吨，工业粉尘61吨。全县完成城市空气质量二级以上天数达302天，其中一级天数117天，综合质量指数4.92。城市污水处理率91%，城市集中供热普及率88%。

社会保障 2016年，平陆县城镇职工基本养老保险参保23180人；城乡居民社会养老保险参保146507人；城镇基本医疗保险参保31721人；新农村医疗合作保险参保199226人，参保率99.25%；失业保险参保16082人；工伤保险参保19884人；生育保险参保16098人。全年领取最低生活保障救济人数23001人，其中城镇2354人，农村20647人。全年共发放最低保障资金6032.55万元。下岗失业人员再就业人数达949人，其中就业困难对象260人，年末城镇登记失业率达2.11%。 （杨卯翠）

【芮城县】 芮城县位于运城市西南部，总面积1175.55平方千米。下辖7镇3乡，1个城镇社区管理委员会，1个省级经济开发区。

芮城县粮食总产量35万吨。旅游资源有永乐宫（又名：大纯阳万寿宫）、西侯渡遗址、大禹渡等。芮城县入围全国第二批"国家全域旅游示范区"创建名录，获"中国最美生态文化旅游名县""全省休闲农业与乡村旅游示范县""山西省园林县城"称号，连续六年获"全国产粮大县"称号。

工业 2016年，芮城县光伏基地开工建设，推进新能源产业发展。总投资9.6亿元的北京财富立方风光互补发电项目开工；总投资1.8亿元的中广核风力发电二期工程实现并网发电;总投资88亿元的"国家光伏领跑技术基地"项目获批,一期工程开工建设。推进现代医药产业发展,中小微企业孵化基地建成运营。

创新驱动 2016年,芮城县金德融资与运城鑫沣融资担保有限公司合作,担保贷款额度提升;与邮政银行联袂搭建助保贷平台,拓宽中小微企业融资渠道;农村信用社改制全面完成;宏光医玻在"新三板"挂牌上市。大禹生物和兆益生物申报国家高新技术企业,丰源药业和大禹生物技术中心被认定为市级企业技术中心。全县有效发明专利拥有量达66件,发明专利申请量达19件。

"三农"工作 2016年,芮城县推进现代农业发展,推进"三农"工作。以宋记果业、金顺源果业为龙头,拓展海内外市场,芮城苹果先后出口15个国家和地区,年出口量达5万吨以上;以温氏畜牧为龙头,带动农户发展标准化合作养殖,全县生猪存栏达5万头;以天之润枣业为龙头,红枣浓缩汁生产线投产运营,带动红枣产业快速发展;以"乐村淘"等电商平台为龙头,发展电子商务,全年农产品网上交易量达300万公斤以上。

文化旅游 2016年,芮城县旅游接待460.5万人次,同比增长32%;旅游总收入实现32.1亿元,同比增长23%。举办山西(芮城)永乐宫第八届书画艺术节、西侯度遗址火种采集仪式、全市冬季旅游圣天湖启动仪式等系列活动。总投资1.63亿元的圣天湖景区开门迎客。

城乡建设 2016年,芮城县实施县城5条道路建设和给排水工程,新增城市道路2.3千米,县城"九纵九横"道路格局基本形成;建设学府公园、平安公园和全民健身中心等,城市功能完善;城市污水处理厂、垃圾处理场和垃圾转运系统全面运营。生活污水处理率、生活垃圾无害化处理率分别达90%和100%;配套纯电动公交50辆,实现环保公交全覆盖。

脱贫攻坚 2016年,芮城县推进扶贫工作。完成4个贫困村和1305户3442人的年度脱贫攻坚任务。"兴产业、带就业、置家业,实现安居乐业"的产业扶贫模式初见成效;易地扶贫搬迁工作推进,600人易地搬迁任务落实到户到人,5个集中安置点全面完工;53名建档立卡贫困户大学生,享受"雨露计划"26.5万元;县乡村三级驻村结对帮扶实现全覆盖。

环境建设 2016年,芮城县实行县级领导包街和周二干部上街清扫制度,实施乡村清洁工程,改善城乡人居环境。加大"铁腕治污"严肃查处破坏生态环境问题;推进造林绿化。实施"三荒"造林1.4万亩,全县森林覆盖率达33.39%。全年空气质量二级以上天数296天(一级95天,二级201天)。

民生事业 2016年,芮城县完成"十件民生工程""50件为民实事"。实施芮城三中迁建和蓝天小学、陌南四新幼儿园、南卫东城幼儿园建设工程。新建公租房194套,改造棚户区住房486套、农村危房1140户;新建11个社区老年人日间照料中心。新型农村养老保险实现全覆盖,城镇居民医疗、举办首届全民运动会,群众精神文化生活丰富。开展"平安芮城""三大战役"等专项活动。 (董莹芳)

【永济市】 永济市位于运城市西南部,总面积1208平方千米,下辖7镇3个街道,265个行政村,22个社区,416个自然村。

全年粮食总产量达42.7万吨。旅游资源有鹳雀楼、五老峰、普救寺、唐开元大铁牛等。2016年,永济市入围国家全域旅游创建示范区,神潭大峡谷景区获运城市2015年度优秀A级景区称号。

项目建设 2016年,永济市推进粟海集团改制重组,华圣铝业借力全电量电力直购政策扭亏为盈;企业加大科技创新,阳煤千军引进机器人浇铸单元生产的高档汽车配件;永济电机全年申请专利62项,被评为"国家两化融合贯标试点示范企业";"上大压小"热电联产、麟龙铝合金连铸连轧生产线等11个项目建成投产。全年实施招商项目50个,实际到位资金51.2亿元。完成科技路、机电街等5条新开道路建设,中山街等街道架空电网入地、黄河大道污水导流等工程全面竣工。推进棚户区改造、伍姓湖污水处理厂升级、供热管网改造、农网中低压改造等基础设施建设项目。建设以西厢、太宁、水峪口等5个省级示范村为代表的"美丽乡村"。

现代农业 2016年,永济市农业调产与旅游观光相融合,实施尧王洞天、紫韵花海薰衣草庄园等一批观光农业项目,形成集休闲采摘、乡村旅游于一体的现代农业新模式。新建东信科技红枣加工、锦源食品菊花加工等农产品加工项目7个,农产品就地转化率提高,全年加工企业销售收入81.6亿元。推进大中型水库移民扶持、高标准基本农田整理等项目。农作物种植面积113.4万亩。棉花总产量72.17万公斤;蔬菜总产量8890万公斤;肉类总产量2.29万公斤。禽蛋产量940万公斤。水产品产量1520万公斤,增长1.3%。

环境建设 2016年,永济市造林面积6495亩,全市森林面积达49.05万亩,森林覆盖率26.8%。实施舜帝山山体色彩提升等造林绿化工程,完成滨河街、涑水东街等7条街道绿化,城市建成区新增绿化面积1.2万平方米。开展环保专项行动和"三治一化"行动,二级以上优良天数达303天。

文化旅游 2016年,永济市启动国有景区改制工作。神潭大峡谷玻璃栈道建成运营,五老峰基础设施提档升级,西厢名吃步行街等项目建成竣工,普救寺砖塔、东姚温砖牌坊等文保工程完工;举办鹳雀楼迎春灯会、五老峰登山节等10余个特色活动;央视播出《风雨鹳雀楼》《相约普救寺》节目,开展新媒体系列微推广活动。全年接待游客786万人次,同比增长33%;门票收入8002万元,同比增长99%。

社会事业 2016年,永济市实施扶贫项目100余个,脱贫1255户3670人;全年民生支出15.3亿元,占一般公共预算支出的77.4%。教育教学质量提升，高考达二本线816人。深化医药卫生体制改革，落实分级诊疗制度，强化重大疾病防控；推进非公经济单位参保、城乡居民基本医疗保险改革。城镇登记失业率控制在3.2%以内。开展城乡低保、医疗救助、救灾救济等社会救助工作。

紫韵花海薰衣草种植园 2016年，永济市紫韵花海薰衣草种植园完成基础设施建设及部分种植，一期建设总投资2150万元。种植园位于永济市城东街道新街村，北依伍姓湖湿地保护区，南临五老峰、雪花山景区，距市区7千米，总面积790余亩，是晋南地区最大的薰衣草示范种植园，以薰衣草观赏为主题和特色，包括200亩薰衣草花海观光区、艺术庄园区、MINI自然王国第二学堂区、果草种植示范区、经济林区、培育研发区6大区域。5月至11月，花海观光区几十种花卉与薰衣草竞相开放、争奇斗艳，漫步绵延如浪的薰衣草花海，如置身世外桃源，使人流连忘返。艺术庄园区建有占地120亩的风情小镇、70亩的坡地香草屋、40亩的魔幻秘境、唯爱花田、中心建筑区等。MINI自然王国是融自然田园、科学教育、休闲娱乐为一体的户外体验营地，有专业团队进行青少年教育、亲子教育、团队训练等。2016年，风情小镇、唯爱花田、香草屋、魔幻秘境、寻果园等人文景观开发到位，自然景观和人文建筑群交相辉映，整个园区音乐覆盖，花香弥漫，是一处集旅游观光、休闲采摘、户外体验及求婚、草坪婚礼、蜜月为一体的美丽乡村生态旅游区。

（牛玉芳）

【河津市】 河津市位于运城市西部。总面积593平方千米，下辖2镇5乡，2个街道办事处，148个行政村。年末常住人口40.95万人。

河津市有耕地281304.75亩，林地57510.75亩，园地45166.5亩。旅游资源有真武庙、薛仁贵故里、玉泉寺、玄帝庙、台头庙、天险龙门、高禖庙、镇风塔等。

现代农业 2016年，河津市粮食总产量19万吨，流转土地10.2万亩，新增农民专业合作社48家，家庭农场19个，建成三北防护林1万亩、天保工程林2000亩、核桃经济林2000亩，通道绿化提档升级26千米，杨家巷、东辛封等新农村跻身美丽宜居示范村行列。推进农业和水利项目，通和现代农业示范园、农田水利建设、恒瑞博蛋鸡养殖等项目全面完工。推进瓜峪水库工程、农发水保综合治理项目等一批民生水利工程。实施2016年国家农业综合开发标准农田建设项目。开展土地开发整理，柴家乡山王等五村高标准基本农田整理项目；中湖潮、小停村和修村、郭村耕地开发项目全面开工。农村土地承包经营权确权工作完成确权登记公示。

工业转型 2016年，河津市促成运城市政府与中铝签订河津铝工业园区战略合作协议，阳光华泰72万吨煤焦油深加工、鑫银河铝型材等转型项目建成投产，华泽铝电、阳光集团等重点企业全面扭亏为盈，江苏雪浪无缝钢管、炬华万吨铝基新材料等招商项目正式落地，阳光华泰炭黑研发中心、津华药业重点实验室等科技平台建成投用。

招商引资 2016年，河津市建设黄河金三角承接产业转移示范区，学习陕西富平陶艺村经验，规划建设河津琉璃灰陶文化产业园。组织14支招商分队到上海、新疆、无锡等地开展推介对接活动，先后引进江苏雪浪无缝钢管、上海毓德龙门古村落等项目19个，签约金额159亿元，到位资金54.8亿元。

城乡建设 2016年，河津市坚持“大城区、小城镇、中心村”协同发展，完成城市总体规划和燃气、排水防涝专项规划，启动城市公厕和停车场等规划工作。莲池公园建成投用，吉河高速顺利通车，蒙华铁路河津段项目建设完成70%工程量，龙门大道外排水涵工程、清涧湾污水管网提升泵站和1号排水站扩容改造完成主体工程，高速西出口至龙门大道道路工程开工建设。推进城区、清涧等新农村住宅小区及棚户区改造工程。

脱贫攻坚 2016年，河津市存在贫困户134个村，全部确定帮扶工作队。全市600余名党员干部与2064户贫困户精准对接。8个贫困村的基础设施得到改善，226名大学生和中职生获得教育扶贫资助，1548名贫困人口喜迁新居，6285名贫困群众免费参加大病医疗补助保险，501户、1434名贫困人口实现精准脱贫。

教育事业 2016年，河津市投资9600余万元，实施义务教育阶段“全面改薄”工程，投资5100万元的河津中学扩建和职业中学维修改造项目。为133所中小学校配备电脑7360台、仪器17.8万件、图书34万册，通过国家义务教育均衡验收。全市高考二本以上达线1617人，较上年增加109人，提高1.25%；小学与幼儿园教育教学质量提升。

医疗卫生 2016年，河津市发展卫生事业，总投资3.6亿元的市人民医院全面建成，并由省人民医院全面托管。开展乡村一体化管理工作，创建“群众满意乡镇卫生院”8家，城区社区卫生服务中心荣获省级社区卫生服务提升工程示范单位称号。中医药适宜技术达到全覆盖，清涧社区卫生服务中心和赵家庄乡卫生院创建运城市中医药综合服务区。全市157个村级卫生室全部达到标准化建设要求。市、乡、村三级医疗机构综合达标率为100%。

文化事业 2016年，河津市市级图书馆全面免费向市民开放，新增书籍6000余册，开展多种形式阅读活动，定期播放爱国主义题材电影；数字电视联网工程推进；市蒲剧团开展“文化惠民，送戏下乡”活动，全年演出407场，其中河津文化下乡122余场，运城市下乡102余场，商业演出183余场，共放映公益电影1776场，寄宿制学校放映公益电影110场次，观众达38万人次。

（高创奇　柴　欣）

忻州市

【概述】 忻州市位于北纬38°09′—39°40′，东经111°09′—113°58′，总面积2.52万平方千米，下辖1区，1个县级市，12个县，2个省级开发区，1个五台山风景名胜区管理委员会，共191个乡镇（办事处）、4888个行政村。总人口314.1万人。

2016年，忻州市地区生产总值完成716.1亿元，同比增长4.7%。工业增加值217.2亿元，同比增长2.6%；固定资产投资1167.7亿元，同比增长4.3%；社会消费品零售总额338亿元，同比增长7.3%；外贸进出口总额18245万美元，同比增长-6.4%；财政总收入116.5亿元，同比增长-10.8%；公共财政预算收入69.2亿元，同比增长-6.0%。城镇居民人均可支配收入达24987元，同比增长6.5%；农村常住居民人均可支配收入达7025元，同比增长7.2%。城镇新增就业3.73万人、登记失业率3.6%，控制在4.2%以内；居民消费价格涨幅0.9%，控制在3%以内。约束性指标全部完成。

脱贫攻坚 2016年，忻州市脱贫攻坚首战首胜。市委、市政府紧紧把握“精准”要求，在扶贫对象识别精准、致贫原因查找精准、脱贫帮扶措施精准、政策措施落实精准上下功夫。立足区位存在欠缺、基础设施局限、产业发育不够、天灾人祸影响、个人因素制约和工作存在不足等6种致贫原因，出台23个专项扶贫行动方案以及45个政策性文件，针对性采取系列脱贫措施。产业扶贫带动贫困劳动力就业14667人，易地扶贫搬迁完成年度投资任务的111.3%，3404名建档立卡贫困人口转为护林员。90个集中和分布式光伏资产收益扶贫项目有69个完工，60%的收益用于建档立卡无劳动能力的贫困户分配，18470户贫困农户获得金融扶贫贴息贷款3.9亿元，培训贫困劳动力10690名，对1141名建档立卡贫困户大学生发放补助570.5万元，对8311名中高职学生发放每年每生2000元的助学补助，对40383名贫困大学生办理生源地信用助学贷款2.5亿元，对医疗保障扶贫对象实行“先诊疗后付费”、免除定点医院普通门诊挂号费、大病保险报销起付线由10000元降到5000元，新农合报销比例平均提高2个百分点。提高农村低保标准，提前实现“两线合一”。严格扶贫资金使用监管，滞留结转财政扶贫资金清理实现“三个确保”，市县财政扶贫投入分别增长24.28%、54.09%，实现总量、增幅“双增长”。吃透群众需求，激发内生动力，对建档立卡贫困户、贫困边缘户、脱贫户、中等收入户、富裕户分类指导，因户施策。全市脱贫人口8.64万人，出列贫困村576个。

项目建设 2016年，忻州市开展项目建设和工业稳增长“双百”攻坚行动，推动项目落地投产，促进企业复工复产，培育新的增长点，稳定经济增长的基本面，努力增强经济发展后劲。181个在建项目的164个遗留问题得到解决，378个项目开工建设，312个项目储备入库，325个项目建成投产，“六位一体”考核指标全部完成，新开工分类考核重大产业项目94个、完成投资147.26亿元，继续重奖项目建设攻坚战先进县（市、区）、项目建设优秀服务单位，把项目建设攻坚战引向深入。开展系统招商、精准招商、市场招商，“迎老乡、回故乡、建家乡”，推动民企入忻，深化与京津冀区域产业协同发展，签约招商项目总投资2009亿元，到位资金507亿元。继续在“减、免、缓、帮、扶、替”上做文章，扶持实体经济。新增直供电企业5户，为企业减负12亿元。开展千名干部入企服务和各类项目受理大起底活动，企业存在问题办结率达90%以上。

供给侧结构性改革 2016年，忻州市落实供给侧结构性改革。关闭4座煤矿，退出煤炭产能330万吨/年，完成省下达的任务，煤矿生产经营好转。商品房销售面积同比增长135.3%，煤、铁、焦、水泥等主要产品库存大幅下降。严厉查处非法集资、高息揽储等违法行为，规范民间借贷行为，保障企业资金链安全，企业应急周转资金支持209户企业续贷48.14亿元，“助保贷”累计588户次为企业贷款18.06亿元。繁峙农商行挂牌成立，民营担保公司力天汇通融资公司开业，规范小额贷款公司经营。

产业转型 2016年，忻州市产业转型升级步伐加快。晋能保德等低热值煤发电项目推进，全市电力装机突破千万千瓦，金宇超细煅烧高岭土等一批新材料产业形成规模，阳煤忻通、美新通用等煤机装备制造业集群发展，中科忻能电池项目加快建设，定襄县创建全国首家出口法兰锻造产品质量安全示范区，建成省级法兰锻造产品检测检验中心，法兰锻造产业产品延伸到塔筒等部件，以广宇煤电二期为代表的36个企业项目投产。

重点领域改革 2016年，忻州市开发区体系规划和忻州经济开发区、原平经济技术开发区、各县产业园区规划开始编制，忻州市城市总体规划调整以及县（市）域城镇体系规划和城市（镇）总体规划修编、调整和补充工作同步启动；开发区管理体制理顺，扩区、整合改革推进，《开发区（产业园区）管委会领导班子任期制管理办法》《全员岗位聘用制和绩效工资制实施办法》制订印发并启动实施。云河集团商业综合体联合开发项目建设，云马焦化破产程序终结，五交化供应站改革重组实施，水务公司法人治理结构完善。不动产统一登记制度建立。农村土地承包经营权确权工作基本完成。

基础设施 2016年，忻州市加快城乡重大基础设施建设。五台山机场通航，大西高铁原平——太原段基本完工，原平——大同高铁开工建设，忻州—五台山—北京高铁列入国家铁路建设“十三五”规划；五盂高速通车，灵河高速完工，神岢高速建设加快，城区30条道路和国道208线忻州市过境改线竣工通车；新建农村公路372.7千米、完善提质146千米；五台山机场连接线项目启动。

创新创业 2016年，忻州市新登记各类市场主体同比增长31%。忻州市大学生创业园建成投运，培育“小升规”企业22户，建成市中小企业公共服务平台，新认定省级中小企业技术中心6户、高新技术企业4家、省级众创空间5家，实施国家级科技项目1项、省级科技项目12项，承办全国第五届创新创业大赛山西赛区颁奖典礼暨项目展示活动。

对外开放 2016年，忻州市以保德、河曲为重点面向陕西省、内蒙古自治区的西部门户，以忻府、定襄、原平为重点面向太原都市圈的中部门户，以五台、繁峙为重点面向京津冀的东部门户的开放辐射效益得以彰显；五台山机场旅客吞吐量突破11万人，口岸开放纳入国家“十三五”规划；定襄永旺物流园区获批成为全市第一家保税仓库和出口监管仓库，列为交通部示范项目。

旅游产业 2016年，忻州市推进旅游景点景区改革。落实省委、省政府《关于推进旅游景区(景点)体制机制改革创新的意见》精神，省政府确定的19个景区改革创新工作基本完成。其中，五台山、雁门关等6个景区实现“两权分离”；芦芽山、凤凰山等国企或民企经营的6个景区完成“两权分离”等改革；云中河景区、河边民俗博物馆等5个景区继续实行事业单位管理；赵杲观、白人岩2个民间投资、民企经营的景区体制得到完善。引进中景信、银泰、浙旅、海航等一批战略投资者。芦芽山景区申报世界自然遗产和芦芽山创建国家AAAAA景区进展顺利，禹王洞晋级国家AAAA景区，五台县晋察冀军区司令部旧址纪念馆等入选全国红色旅游经典景区名录，忻州被列入第二批国家全域旅游示范区创建单位。全市旅游总收入同比增长15.1%。

五城联创 2016年，忻州市推进绿色发展，建设美丽忻州，在全市全面开展卫生城市、园林城市、环保模范城市、智慧城市、文明城市“五城联创”。市级成立“五城联创”领导组，全面加强组织领导，出台“五城联创”实施方案，加强规划指导。中心城区成功创建为国家卫生城市。全市14

2016年忻州市辖县(市、区)经济指标统计表

县 市	地区生产总值(万元)	农林牧渔业总产值(万元)	固定资产投资(万元)	社会消费品零售总额(万元)	一般公共预算收入(万元)	一般公共预算支出(万元)	人均可支配收入(元)	
							城镇居民	农村居民
忻府区	1200652	150544	1638170	1054742	45355	199312	26792	8923
定襄县	357658	64347	466189	211257	16616	130424	26712	11296
五台县	427035	91862	613169	253797	28602	198568	23802	5765
代 县	530838	56743	564243	130324	21768	143812	23706	5169
繁峙县	535618	89727	928506	176117	21380	172929	26664	6940
宁武县	436531	36608	898520	114104	59190	143041	21713	4825
静乐县	245779	62755	843845	94347	38685	150412	20837	6004
神池县	203062	130581	201264	87448	15343	97506	20825	6732
五寨县	195490	70341	279683	85148	17622	108990	21567	6616
岢岚县	208859	70132	462517	86283	11403	107081	23940	5898
河曲县	740559	58817	1462459	149928	51564	121737	24343	5895
保德县	660948	57820	1255029	173413	37197	130197	26106	6400
偏关县	254965	75090	290458	89436	9804	100824	19929	6030
原平市	1168137	218942	1748644	673863	63566	272520	27202	9290

个县城有12个县(市)、8个中心镇成功创建国家级卫生城市(镇),数量全省第一。中心城区和原平、五台、宁武、岢岚共5个县区获"省级园林城市"称号。忻州市获全省城乡爱国卫生清洁运动综合考核设区市第一名,原平市获全省城乡爱国卫生清洁运动综合考核县级市第一名。

城市建设 2016年,忻州市在连续实施"大干城建年"基础上,创新实施"城市建设管理提升年",持续推进城镇扩容提质,中心城区30条道路全面竣工通车。开展忻原大道、忻定大道、机场高速连接线前期工作。共计建设、改造道路88条,总投资98.86亿元,总长142.8千米,形成"九横十一纵"的城市路网格局,建成区面积由33.9平方千米扩展到71.8平方千米。启动忻州古城保护改造。以新建小区、商业设施和开发区为重点,全面落实"光纤到户";在老旧小区、机关企事业单位和公共场所,实施"光进铜退",淘汰窄带网络,实现光缆全覆盖。坚持城市道路建设与供热管网铺设同步推进,提升城市集中供热覆盖率。开展"铁腕治污行动",加大以雾霾为重点的环境污染治理力度,城市空气质量优良天数比例完成年度任务,成为全省三个完成任务的市之一。

民生事业 2016年,忻州市兑现各项惠民政策。为522名大学生发放一次性求职补贴,为655名大学生购买基层公共服务岗位,托底帮扶安置就业困难人员6769人,失业保险金标准由930元提高到1060元。企业退休人员基本养老金人均增加182元,城乡居民基本医疗保险财政人均补助标准提高40元,人均基本公共卫生服务经费财政补助标准提高到45元,城乡居民大病保险年度最高支付限额提高到40万元,县级公立医院药品全部实行零差价销售。为特殊教育学校教师提高津贴50%,平均公用经费提高到6000元/年,农村义务教育学生营养改善工程惠及105468名中小学生,从秋季学年开始市财政投入600余万元支持市直公办中小学校教育教学管理改革。城乡低保、五保、经济困难的高龄与失能老年人补贴按标准提高,困难残疾人生活补贴和重度残疾人护理补贴制度全面实施。社会保障水平提高,机关事业单位、企业基本养老保险制度并轨运行推进,城乡居民基本医疗保险完成初步整合,养老服务体系完善,新增养老床位数1500张。教育事业发展。新建忻州高级中学、长征小学、实验幼儿园等竣工,改扩建农村幼儿园21所,代县、原平市、河曲县、五寨县"创建全国义务教育发展基本均衡县"顺利通过省级督导评估和国家认定。县级公立医院综合改革全覆盖,医用设备检查检验费降幅超过10%,创建国家级、省级群众满意的乡镇卫生院37所。县级图书馆、文化馆和乡镇文化站全部免费开放,市"五馆一院"建设加快,图书馆、博物馆主体封顶。定襄等6个县建成城市数字影院,一批世界遗产点和国家、省级重点文物保护修缮工程完工。全民健身活动开展,省十五届运动会摘金任务超额完成,全国中国式摔跤冠军赛暨挠羊赛在忻州举办。

五台山综合整改整治 2016年,忻州市开展五台山综合整改整治。五台山景区行政管理体制改革完成,经营管理体制改革推进,五台山文旅集团公司成立,综合行政执法试点获批,忻州汇丰文旅投资公司组建,45个旅游项目在政府网站发布招商,管理制度完善,运行机制健全,基金公司挂牌成立,宗教管理不断加强。在景区开展违法建设、流动人口管理、建筑特色风貌三项专项整治行动,流动人口管理长效机制建立。

（赵力军　赵　芳）

【忻州市忻府区】 忻州市忻府区位于忻州市中部,总面积1986.53平方千米,下辖6镇11乡,3个街道办事处。总人口562131人。

2016年,忻府区种植经济作物和杂粮4.07万亩,粮食产量达29.5万吨。旅游资源有奇村温泉、忻口战役遗址、程婴故居、貂蝉故里、禹王洞等。

项目建设 2016年,忻府区推进重大产业项目,总投资59.64亿元的12个项目中,8个开工并实现投资。项目储备、项目签约、民企入晋、项目开工、项目投产五项指标均超额完成年度任务。固定资产投资在高位基础上保持增长,项目考核各项指标完成,储备、签约、开工、建设、投产均超额完成任务。产业集聚区建设加强,光伏发电产业带建设进展较快,全年新增光伏发电70兆瓦。

现代农业 2016年,忻府区优化种植结构,特色种植面积扩大。全国秸秆综合利用试点县(区)项目成功实施,争取到上级投资1100万元,完成机械化秸秆还田22万亩,秸秆黄贮及打捆加工40万亩,秸秆综合利用达到62万亩。

环境建设 2016年,忻府区共清运垃圾59.7万立方米、清除小广告4.4万余条、拆除违建3.6万平方米、粉刷墙壁360万平方米、修复残垣断壁13.9万平方米、硬化路面18.1万平方米、绿化补植4万平方米、新植树木2470株、清理整治搬迁废品收购站点72个、搬迁畜禽养殖场149家、发放宣传单10万余份、旱厕改造1万余座。城区基础设施改善,南环街新建、慕山路南延、建设南路南延、云中南路拓宽南延均完成。

民生事业 2016年,忻府区教育投入加大,城乡教育差距缩小。投资430万元为58所学校265个班配置多媒体设备,实现多媒体设备"班班通"。实施"营养餐"工程,投资600万元为16677名农村学生提供营养食品。医疗卫生体制改革深化,保基本、强基层、建机制实现新突破。提升医疗服务质量和水平,群众看病就医满意度提高。实施分级诊疗,50个病种列为全区基本诊疗病种,143个病种纳入分级诊疗病种范围,分级制定新农合报销比例和补偿限额,实现基层首诊、逐级转诊,直接惠及群众。公共文体服务完善,乡镇文化活动活跃。为全区20个乡镇办事处村级群众文化活动队伍配发演出服装4000余套、威风锣鼓20套,购置体育器材

560件(套),实现全区文化体育服务全覆盖。全年实现城镇新增就业3340人,创业带动就业395人,农村劳动力转移就业3110人,企业下岗失业人员再就业1000人,城镇登记失业率控制在4.0%以内。社会保障覆盖面扩大,新型农村合作医疗保险保障和服务水平提升,农民参保率达99%以上,人均筹资标准由470元提高到530元。完善新型农村合作医疗保险补偿方案,政策范围内住院费用报销比例达75%以上。

脱贫攻坚 2016年,忻府区帮扶机制完善,区直机关2163名党员干部与7669户贫困户建立"一对一"结对帮扶,实现帮扶对象全覆盖。投资150万元的解原乡大庄村光伏扶贫项目投入使用,户均年增收4000余元。怡居苑1.5兆瓦屋顶分布式光伏发电示范项目启动实施。特色种植养殖业推进,新增杂粮种植面积1.2万亩,新建养殖小区9个,新增肉牛610头,羊3546只,鸡15000只。易地扶贫搬迁推进,集中安置小区怡居苑第九期项目开工建设,第十期项目启动实施。建档立卡贫困户1500人、同步搬迁户300人享受易地搬迁政策。

(张新华)

【定襄县】 定襄县位于忻州市东南部,总面积865平方千米,下辖3镇6乡,155个行政村。

定襄县旅游资源有北社东洪福寺、薄一波故居、阎锡山旧居、关王庙、西河头地道战遗址、凤凰山风景区等。定襄县获全市"项目建设三等奖"和"百日攻坚第三名"称号。

农业 2016年,定襄县调整种植结构,增加经济作物5万亩,发展设施农业,建立6个现代农业示范区,设施农业达到1万亩。

产业转型 2016年,定襄县加快整合重组,延伸产业链条,推动传统产业做大做强,打造法兰锻造基地。推进产业升级,法兰锻件检验检测中心通过省级验收,全国首家省级出口法兰锻件产品质量安全示范区挂牌运行。锻造企业转型升级步伐加快,管家营公司智能双轴数控机床、同立公司金刚石压机形成整机产品优势,天宝塔筒、双环海上风电项目进展顺利,吉隆能源效益稳增,申华空冷设备制造规模扩大,投资20亿元的取向硅钢项目一期工程的直供电、排水、进厂路等问题解决。

项目建设 2016年,定襄县项目手续办理单位合署办公,解决在建项目的各类问题;完善在建项目的各类手续;完成签约项目22个,总投资125.59亿元;落地9个项目,总投资86.57亿元。开展山投集团小杂粮加工项目,益众源杂粮加工项目、康瑞生物公司万寿菊深加工项目当年投产运营。发展畜牧业,温氏生猪养殖项目签约落地。

招商引资 2016年,定襄县委、县政府主要领导带队赴广东、湖南、四川、深圳、浙江、北京等地招商考察,取得明显效果。与四川山西商会签订战略合作协议,引进温氏养殖项目,签约60万吨再生铅循环利用和氧化铁红生产等项目。

深化改革 2016年,定襄县建立农村产权交易市场,成立农村产权交易办公室,开展土地确权颁证工作,不动产登记中心挂牌成立。开展金融创新,推出法兰贷、惠农贷、扶贫贷等金融产品。落实"营改增"政策,全年为企业减税约1100万元。落实国家"二孩"政策,城乡居民医保整合工作完成。

城乡建设 2016年,定襄县引深城乡卫生清洁整治工程,巩固创卫成果,国家卫生县城和河边国家卫生镇通过复审验收。牧马河综合治理工程开工建设。开展"铁腕治污"行动,加强大气污染防治。锻造企业推行煤改清洁能源,拆除206户锻造企业的334台燃煤加热炉,关停367户落后产能企业。加强和创新社会治理,社会保持和谐稳定,发展环境优化。

民生事业 2016年,定襄县狠抓教育教学大整顿和队伍建设,公开招聘31名中小学教师。在教师节拿出100万元重奖优秀校长、教师,拿出19.5万元奖励中高考优秀学子。义务教育"改薄"取得新进展。改善群众就医条件,县医院住院医技大楼投入运营,中医院医疗办公环境优化。推进分级诊疗制度,全县定点医疗机构达161个。完善基本药物制度,乡镇卫生院和村卫生室基本药物使用率达100%。保障房建设任务完成。城乡居民医保、低保标准和退休人员基本养老金提高。全年发放农村五保供养金368万元、大病救助金260.2万元、低保金5210万元。

脱贫攻坚 2016年,定襄县制订全县脱贫攻坚行动计划,县乡村三级联动,县四套班子领导全部包村包户,乡镇配备脱贫专职副乡长,成立扶贫工作站,57个贫困村全部派驻驻村工作队和第一书记,所有帮扶单位、驻村工作队和第一书记"挂图作战",推进"4433"工作法,实现责任到位、精准到位、帮扶到位。所有扶贫资金全部下拨并用于精准脱贫项目,财政投资140万元的地膜覆盖项目优先向贫困村倾斜,为8个贫困村调运马铃薯新品种进行试种。投资130万元扶贫资金支持18个贫困村用于产业扶持和基础设施建设。实施产业扶贫、金融扶贫、电商扶贫、旅游扶贫、民政扶贫、教育扶贫、健康扶贫、生态扶贫等一系列措施,扶贫政策全部兑现。全年实现3105人脱贫,20个贫困村摘帽。

(薄振宇)

【五台县】 五台县位于忻州市东部,总面积2865平方千米,下辖6镇24乡,573个行政村。

五台县土地资源有耕地51万亩,农田30万亩,水地9万亩,保浇7万亩,林地160万亩,草地190万亩。旅游资源有五台山佛教文化群、八路军出师抗战第一村——南茹村、徐向前元帅故居等。2016年,五台县获"山西省园林县城"称号。

产业升级 2016年,五台县以工业园区为载体,重点发展以豆村、蒋坊为中心的第二产业;以茹村、白家庄为中心的煤炭产业。高标准建设工业园区,规划占地7095亩,首期占地800亩,建成园区道路1150米、桥梁1座,铺设地下管网1.5万平方米,绿化8800平方米，安装路灯76盏。架设专用电力线路2.7千米。建成日处理10吨的小型污水处理站。扶持新型产业，山西德奥电梯有限公司实施二期立体车库生产线项目，占地82亩，总投资2.9亿元，总建筑面积5万平方米，年产立体车位5万个，建成生产车间并安装设备；山西五台山沙棘制品有限公司完成销售收入2005.2万元；城园丰农机制造有限公司完成销售收入2193万元。支持重点企业转型升级，壮大煤铁铝镁电支柱产业。

城乡建设 2016年，五台县重点发展以台城、沟南为中心的城市建设、房地产开发、现代物流产业。推进“五城联创”，在巩固国家卫生县城、省级环保模范县城的基础上，创建省级园林县城，重点建设395亩的湿地公园和半岛公园，采取沿河植绿、破硬还绿、缺株补绿、立体造绿、小区建绿，增加绿地面积，形成山水园林格局。县城绿化覆盖面积达185.86万平方米，绿化覆盖率达41.6%，县城人均绿地44平方米；县城水面面积达116万平方米，县城人均28平方米；县城休闲健身广场面积达53万平方米，县城人均13平方米。

生态环境 2016年，五台县推进大气、水、土壤污染防治，加快淘汰城区燃煤锅炉、茶浴炉，加强城中村原煤散烧污染治理。淘汰黄标车68辆。实施矿山生态环境治理修复和“绿色矿山”创建工程。巩固林业生态建设年成果，完成营造林1.3万亩。县城空气质量二级以上天数337天，其中一级天数139天。

脱贫攻坚 2016年，五台县落实上级强农惠农政策，县财政投入1000万元“三农”奖补资金，重点支持对贫困人口脱贫带动明显的农业园区、一产龙头企业、专业合作社等发展壮大，促进产业脱贫。开展贫困户精准识别动态调整，确定全县建档立卡贫困户28174户，贫困人口66429人。分散易地搬迁1000人和整村易地搬迁14个户籍50人以下的村全部搬迁完毕。注入银行风险补偿金700万元，发放“富民贷”和“强农贷”1963.07万元，受益贫困人口1330人。开展教育扶贫，为147名贫困家庭大学生，发放补贴73.5万元。实施雨露计划，为1327名贫困家庭职业院校学生发放补贴265.4万元。完成千村万人就业培训和新型职业农民培训900人。县财政投入253万元为全县所有贫困人口办理大病医疗保险和意外伤害保险，每人投保38元。扶持光伏扶贫项目9个，村级光伏电站8个800千瓦，集中式光伏电站1个5万千瓦，8个村级电站并网发电。

文化旅游 2016年，五台县围绕五台山，以驼梁景区和佛光景区为依托，重点发展清水河高洪口以上地区以旅游地产和旅游服务业为主的第三产业。门限石桃花界生态旅游区项目、张老沟旅游生态度假休闲开发项目、《山西日报》传媒集团豆村镇佛光村文化创意产业园区项目推进。

（庞　婷）

【代县】 代县位于忻州市中北部，总面积1721.5平方千米，下辖6镇5乡377个行政村，1个居民办事处，8个社区居民委员会。

代县旅游资源有杨家将故里、雁门关、赵杲观等。代县获省农田水利基本建设“禹王杯”先进县和“山西省实施学前教育三年行动计划先进县”称号。

农业 2016年，代县农作物种植面积37.45万亩，粮食总产量8.69万吨。全县土地资源有耕地254.4万亩，林地33.77万亩，园地2.96万亩，天然草地2.3630万亩，未利用土地147.73万亩。

项目建设 2016年，代县开展项目建设，组织企业参加博览会、招商会和项目洽谈会。全年项目储备73个，签约123亿元，落地77亿元，投产73.5亿元，省、市重点工程投资完成36.7亿元。新开工重大产业项目8个，完成投资7亿元。

综合改革 2016年，代县推进“六权治本”，公布权力事项3313项，责任事项28085项。在全市率先完成不动产登记发证系统信息平台对接工作，颁发全省首批不动产权证书。开展“五证合一”工作，登记办理“两证整合”310户。全县400家纳税户“营改增”试点工作推进。

工业经济 2016年，代县落实各项减费让利政策，推进铁矿企业复工复产。县财政拿出资金奖补传统产业的技改升级，22户企业安装智能程控系统35套，9户企业安装高频筛30台。开展“工业稳增长百日攻坚行动”和“百名干部入企服务”活动。

文化旅游 2016年，代县通过“体育+文化+旅游”模式，举办雁门关国际自行车骑游大会、“博克森杯”中国高等学校篮球精英赛暨拳王统一战等大型体育赛事，扩大国内外的知名度和影响力。雁门关伏击战遗址和夜袭阳明堡飞机场遗址入选全国红色旅游经典景区名录。洪寺、太和岭口、鹿蹄涧入列全国乡村旅游扶贫重点村。

城乡建设 2016年，代县新建、改造城市道路10.8千米，新建供气管网10千米、供热管网9千米、供水管网10.8千米，关沟河、二虎寺河综合整治工程基本完成。城区生活垃圾无害化处理率、污水处理率提高。创建国家卫生县城通过省、国家评估，创建省级卫生乡镇2个，卫生村38个；完成保障房建设338套，农村抗震房改建800户，危房改造542户；实施各项农村公路改造工程47千米，完成生命防护工程25.6千米，解决11个村1.2万人口的饮水不安全问题。全年空气质量二级以上天数达332天，累计拆除燃煤锅炉720台，督促25家球团企业进行煤改气，强制淘汰黄标车125辆。

脱贫攻坚 2016年，代县组建三级帮扶工作队，财政扶贫资金实现“双增长”。完成脱贫8132人，推进25个户籍50人以下贫困村整体搬迁工作，县城集中安置移民楼主体建设工程完工；18家民营企业参与百企千村产业扶贫，投资2.5亿元发展脱贫项目11个。

民生事业 2016年，代县义务教育均衡发展，高标准通过国家评估认定。实施"全面改薄"工程,改善54所中小学及104个教学点办学条件。新城医院投入使用,千米改善人民群众的就医环境。开展城乡居民医疗保险合并工作,基本实现城乡医疗保险全覆盖。城乡居民养老保险参保10.8万人,发放城乡居民基础养老金2320万元。推进机关事业养老保险制度改革,全县参保5900人。全年发放"五保"供养金519万元、高龄与失能老人补贴115万元。实施低保线与贫困线"两线合一",发放城乡低保4450万元,发放救灾资金、医疗救助金、参合保障金、困难群众临时救助金等1300万元。城镇新增就业3148人,转移农村劳动力2880人,城镇登记失业率控制在4.2%以内。 (高继东)

【繁峙县】 繁峙县位于忻州市东北部,总面积2368平方千米,下辖3镇10乡、1个居民办事处、402个行政村。年末总人口275299人。

2016年,繁峙县粮食作物播种面积52.7万亩,粮食总产量达8.133万吨。旅游资源有古寺名刹、山隘关口、韩庄长城、狮子窝琉璃塔、平型关战役遗址等。繁峙县获山西省农田水利基本建设"禹王杯"红旗县和全市干部入企服务工作先进县称号。

项目建设 2016年,繁峙县重点项目推进。全年共实施重点工程项目148个,完成固定资产投资92.85亿元。产业类考核项目推进。全县新开工的2亿元以上分类产业考核项目共14个,项目总投资66.08亿元,截至2016年底,完成投资17.34亿元。14个项目开工建设。

结构性改革 2016年,繁峙县推进传统产业转型升级。中兴华德连铸有限公司承接外省委托加工机载配重2.4万余吨,与美国特雷克斯公司开展出口合作;中环铸业有限公司承接外省零部件加工1.1万吨。优化企业发展环境,开展工业稳增长攻坚行动和干部入企服务工作,铁矿企业规费降低70%以上,金矿企业规费降低26.8%,推动28户规上企业复工复产,"繁峙县众创产业园"创建成为"山西省创业示范园"。培育电商企业3户、电子商务平台8个、网络销售企业15家、"乐村淘"农村体验店148家,实现农副土特产品线上交易额1640万元。

城乡建设 2016年,繁峙县加大对城乡接合部、城中村管理死角的保洁力度。规范占道经营146家,处罚游走商贩110起,规范占道挖掘和施工围挡29起,拆除违建工程1处,查处违章占道、乱堆乱放违规行为160起,共暂扣小广告宣传片2000余份。完成城市人居环境设施提质、城市安居、环境提质三大工程任务,总投资9.47亿元,完成率达150%。完成滨河公园东延伸绿化工程,绿化面积96万平方米,完成投资1.5亿元。开展乡村清洁工程,创建省级卫生达标村118个,县级193个。在县城区和砂河镇区确定实施年度棚改计划1850户。完成农村危房改造434户,总投资1215.2万元。改造抗震农房1200户,完成投资3600万元。

社会事业 2016年,繁峙县推进公立医院综改试点工作。推进分级诊疗体系建设,确定113个分级诊疗病种,完善国家基本药物制度,县级公立医院、乡镇卫生院、村卫生室基本药物使用率分别达80%、90%、100%。累计建立健康档案26.87万人,占全县总人口98%。新型农村合作医疗保险参保19.7015万人,参保率99.1%,人均筹资标准由470元提高到540元。企业职工养老保险8836人,机关事业单位职工养老保险参保7884人。投资108万元新建老年人日间照料中心8个。为全县城乡低保对象16674户18691人发放低保金4697万元。为农村五保户2019人发放生活补助金581.582万元。城乡低保对象人均补助每月提标20元,分别达到315元和210.83元。12月20日起,农村低保标准提高到每人每年3026元。

产业脱贫 2016年,繁峙县重点实施特色种植加工、生态林业、中药材栽培、健康养殖、旅游产业、光伏产业、农村电商等扶贫产业。组织实施生态脱贫工程,提高林业生态建设对脱贫攻坚的贡献率。通过发展经济林和退耕还林、生态管护、国家公益林管护、造林劳作等方式,共实现生态脱贫收益1409.2万元,共有16774名建档立卡贫困人口受益,选择218名建档立卡贫困人口实施生态管护脱贫,每人每年增收1万元。依托繁城镇白水杏种植基地,带动15个北部浅山区村实现整村脱贫。实施龙头企业"牵引"工程,重点培育绿源亨通、宝山鼎盛、天河牧业等一批龙头企业,解决贫困户劳动就业,初步统计全县有1150名贫困人口在农业龙头企业中稳定就业。实施贫困户"壮骨"工程,人社、农业、扶贫、妇联、科协等多个部门开展针对不同技能需求的培训活动。

旅游产业 2016年,繁峙县文化旅游产业步伐加快。平型关关楼和两侧长城修缮,平型关——108国道旅游景区道路基本完成,大智镜圆文化产业园主题景观塔等重点工程推进。筹建平型关景区管委会,注册成立繁峙县滹源文化旅游投资开发有限公司。平型关村、茨沟营村、韩庄村等乡村旅游快速发展。 (冯占军)

【宁武县】 宁武县位于忻州市西部,总面积1936.4平方千米,下辖4镇10乡,464个行政村,8个居委会。总人口16.1万人。

宁武县农作物播种面积30.15万亩,粮食总产量2584.14万公斤。旅游资源有宁武关古楼、凤凰古城、冰洞、宁化万佛洞、涔山仙人洞、青龙山天花洞,晓祖宝塔、昌宁公祠、万佛寺等。宁武县获"全国森林旅游示范县"称号。

深化改革 2016年,宁武县推进开发区建设。城乡建设用地增减挂钩1000亩周转指标获批,35个行政村拆旧区85公顷土地复垦设计报告获批,矿山企业完成复垦耕地林地37.4公顷,提高节约集约用地水平。建立全省统一的机关事业单位养老保险数据库,完成城乡居民基本医疗保险机构人员和管理制度的整合。成立农村产权流转交易中心,健全县乡村三级土地流转服务体系和纠纷调解仲裁体系，列入全省电动农机奖补试点县。136万亩集体林地确权到户，开始国有林场改革，提前启动新一轮退耕还林工程，兑现五年国家公益林生态效益补偿金。挂牌成立不动产登记中心，完成不动产登记信息平台和发证平台建设，整合土地、房产、林权等不动产登记职能。

供给侧改革　2016年，宁武县推进煤炭去产能工作。关闭潞宁忻岭、忻丰、大木厂煤业，直接退出产能210万吨，占全市退出产能的63.6%。引导煤企实行减量化生产，全县生产原煤1460.8万吨，同比减少18.4%。打通商品房、保障房、安置房转换通道，根据市场变化引导企业适当降低房价，促进商品房销售2000多套。县财政注资开展“助保贷”“助农贷”等业务，完成县扶贫开发融资担保公司前期工作，成立瑞都村镇银行，加大金融监管力度，提升金融服务水平。开展干部入企服务和项目受理大起底活动，帮助企业压成本、增效能、渡难关。扶持民营经济发展。

脱贫攻坚　2016年，宁武县盘活扶贫专项资金1.1亿元，整合涉农资金3600余万元，实施产业扶贫、易地搬迁、生态补偿、教育培训就业、社会保障兜底、基础设施改善、公共服务提升、社会力量帮扶等工程，上马大象生猪养殖、健康规模养殖、特色农业种植、村级光伏电站等项目，做到扶贫对象精准、资金项目精准、脱贫成效精准。全年贫困村50个，减贫人口6327人。

产业发展　2016年，宁武县调整产业结构，转变发展方式。加大农业投入力度，农业生产和生活条件改善投入2亿元，落实粮食补助1178万元。重点做好煤矿复产、复建验收工作，钜盛能源庄旺、南沟、老窑沟、德盛、张家沟煤业通过复产验收，神达栖凤、朝凯、南岔煤业完成预验收。全县原煤现价产值27.50亿元、同比减少0.45%，销售产值28.15亿元、同比增加9.81%。推进旅游重点项目建设，引进省汽运集团共同开发天池滑雪场。芦芽山申报世界自然遗产预备清单上报住建部，AAAAA级景区创建通过国家旅游局初步考核。景区全年接待游客109万人次，同比增长9.76%；旅游综合收入7.3亿元，同比增长15.31%。

项目建设　2016年，宁武县举办“迎老乡、回故乡、建家乡”招商引资恳谈会，签约项目6个。华润宁武2×350兆瓦低热值煤电厂开工建设，华能东马坊50兆瓦风电项目并网发电，光大长方山、赵家山96兆瓦风电项目投入运营，龙源余庄84兆瓦风电项目加快建设。　（白瑞萍）

【静乐县】　静乐县位于忻州市西南部，总面积2058平方千米，下辖4镇10乡，1个居民办事处，381个行政村。

2016年，静乐县耕地4952万亩粮食总产量达5.8万吨。旅游资源有文峰凌霄、悬钟神韵、显字佛崖等。静乐县获全市项目观摩二等奖和“2016年度中国品牌最美特色旅游目的地”称号。在全省18个电子商务进农村示范县考核中，排名第一。

项目建设　2016年，静乐县国电龙源、国电洁能风电项目并网发电；引进万国工坊服装、安华新农产业、辣椒加工厂等一批成长性好、带动能力强的项目；签约储备黑枸杞种植基地、光伏发电、地板建材等夯基强县项目。

新兴产业　2016年，静乐县推进综合示范各项工作，实现销售额7550万元。开展“静乐生活”公共品牌建设，打造以藜麦、玛咖、黑枸杞等为主的农业特色品牌。推进旅游产业，启动汾河川国家级湿地公园、岑山山地公园、风神山生态公园建设，申报创建“国家特色藜麦小镇”和全省“美丽乡村示范县”项目。

城乡建设　2016年，静乐县新建改造城市道路9千米，新增城市集中供热面积10万平方米，新增城市绿化面积31万平方米。建设各类保障性住房936套，综合整治棚户区373户。实施农村人居环境改善，完成农村危房改造434户，改造乡村公路33.4千米，采煤沉陷区治理2个村，新建改建农村幼儿园2所，实施3个贫困村农网升级改造工程。坚持“生态立县”的发展战略，静乐县被列为全省生态扶贫重点县和“购买式”造林试点县，组建扶贫攻坚造林专业合作社51个，完成造林10万亩，提前启动新一轮退耕还林3.5万亩。

社会事业　2016年，静乐县推进教育均衡发展，高考二本B类以上达线256人，连续5年位居全市县级高中前列。招聘乡村医生167名，新建改建乡镇卫生院7所、村级卫生室61个，启动县中医院建设，急救中心项目主体工程完工，城乡医疗卫生水平提高。开展送戏、送电影下乡2246场，恢复开通静乐县人民广播电台。建立完善社会保障体系，城乡养老、医疗保险发放标准提高。城镇居民基本医疗保险、农村养老保险和农民工工伤保险覆盖面扩大。各类强农惠农资金、社会保障资金均按期足额发放。发展养老产业，静乐县老年公寓项目主体完工，新建、改建老年日间照料中心8个。

脱贫攻坚　2016年，静乐县杨家山扶贫移民小区开工建设，完成易地搬迁任务700人。开展扶贫资金整合试点工作，整合各类财政专项资金1.4亿元，财政扶贫资金比2015年增加45%。发放各类贷款5653万元。建成村级光伏电站10个。开展农民工技能、就业、电商培训18期3500人次。选派县级扶贫工作队116个、第一书记247人。县、乡、村实施挂图作战，全年共退出贫困村49个、脱贫4930人。　（李青春）

【神池县】　神池县位于忻州市西北部，总面积1472平方千米，下辖3镇7乡，254个村民委员会。总人口10.6万人。

神池县土地资源有耕地65.7多万亩，农地75万亩，林地35.3万亩，草地17.1万亩。旅游资源有明长城遗址、金山梁、圆明观、辘轳窑沟悬空寺、八角古城、神池国家登山步道、西天瑶池西海子等。

脱贫攻坚 2016年，神池县投资2835万元，推进光伏发电、坡改梯、特色种植、电商、金融等扶贫产业。采取县城集中安置、新建村级移民安置点和分散安置三种方式推进易地搬迁。县城安置和移民点新建工作全面开工，完成投资5278万元，竣工后可入住2400人；7个50人以下的行政村有6个完成整村搬迁、分散安置。将易地移民搬迁与房地产去库存结合，在县城集中安置652户1448人。

转型综改 2016年，神池县编制完成《神池县国家资源型经济转型综合配套改革试验实施方案（2016-2020）》和《神池县国家资源型经济转型综合配套改革试验2016年行动计划》；整合建立城乡统一的居民基本医疗保险制度；启动供销社改革，完成太平庄乡、烈堡乡2个基层供销社的建设；实施信用社综合改革，启动农村信用社改制工作；成立不动产登记中心，健全不动产统一登记制度和信息平台建设。

社会事业 2016年，神池县整合全县教育资金90万元，实现贫困生学前教育生活补助和义务教育"两免一补"全覆盖；利用航信集团教育基金和春蕾计划、雨露计划资助贫困大学生441名；免除443名家庭困难高中生学费35.44万元，向280名贫困高中生发放国家助学金56万元；免除126名职高学生学费25.2万元，为42名贫困职高学生发放国家助学金8.4万元。高考二本达线69人。推进医改工作，医疗费用增速和药费占比下降，合并实施基本医疗保险和生育保险，落实计生和二孩政策。提高城乡低保、五保、经济困难的高龄与失能老年人补贴标准，推进机关事业单位、企业基本养老保险制度并轨运行，投资3000万元兴建敬老院。开展千村万人就业培训和新型职业农民培育工作，共培训保洁员、电工、钳工460人。依托忻州市实用技术学校，为贫困村劳动力开办以种植、养殖技术为主的实用技能培训班6期，共培训600人次。举办神池县首届毽球大赛和"扶贫攻坚杯"职工篮球赛等体育赛事。

环境建设 2016年，神池县创卫工作通过国家爱卫办暗访考核。启动园林城市创建，崞水路等10条干道和9个单位园林绿化全面开工。以公园、荒山、流域、交通干线为重点，加大景观造林、荒山绿化、流域治理、通道绿化等环境综合治理力度，投资7753.3万元造林绿化4.8万亩。环境质量改善，空气质量二级以上天数达353天，细颗粒物和可吸入颗粒物分别下降4%和3%。（杨向东）

【五寨县】 五寨县位于忻州市西部，总面积1391.3平方千米，下辖3镇9乡，249个行政村。总人口11.6万人。

五寨县土地资源有耕地74万亩，林地74.7万亩，草地50万亩。旅游资源有荷叶坪、芦芽山、五寨沟、东西两梁、南禅寺、明代开平王常遇春墓、南庄窝古塔等。

项目建设 2016年，五寨县落实8个重大产业项目和20个省市重点项目，总投资60亿元。昌茂油库二期、济源20万吨洁净环保型煤、顺喜标准化肉羊养殖基地、国源燃气LNG加气站等一批重大产业项目建成，部分投产运营。华电集团投资8.6亿元的杏岭子10万千瓦风电项目前期手续基本完成，一期工程3月底开工；新大象集团投资8.5亿元的百万头生猪全产业链综合示范项目签约。

民营经济 2016年，五寨县扶持民营企业发展，投入担保金为14户企业解决贷款2.3亿元；鼓励民营企业挂牌上市，康宇公司、国源燃气、甚喜茶园等7户企业完成新三板挂牌培训。发展电子商务，引进"京东""美淘村""乐村淘"3家电子商务企业，建立94个体验店，五寨电子商务发展指数和商购指数全省排名第八。落实企业减负政策，全年减免企业增值税1643万元。以煤炭运销为主的民营企业健康发展，全年发运煤炭3658万吨，创利税1.38亿元。全县民营企业总数发展到1247户，个体工商户发展到4466户，从业人员达3.32万人。

城乡建设 2016年，五寨县启动园林城市创建工作，实施清涟河道治理、北环汽车站建设、园林城市绿化等16项市政基础设施建设工程。其中，清涟河道治理工程、北环汽车站建设项目基本完工；滨河北路、漪涟市场开工建设；完成棚户区改造28户、小街小巷改造10.5千米；铺设供水、供热、供气和污水管网35千米；水质检测中心投入运营；全县天然气用户新增1200户，供热面积新增10万平方米，城区集中供热覆盖面积达166万平方米。

生态环境 2016年，五寨县完成城区街道、公园、广场、机关、小区等绿化补植，建成区绿化覆盖率达38.16%。绿化造林8.6万亩。在东西两梁实施京津风沙源治理、退耕还林成果巩固和省级重点区域造林等项目，完成造林7.1万亩，栽植油松、樟子松、落叶松等587万株。开展"铁腕治污"行动，取缔街头小吃摊点燃煤炉灶740个，改造宾馆、酒店等企业炉灶180个，整治超标排放粉尘企业47家，淘汰黄标车及老旧车108辆；全县二级以上天数达346天，其中一级以上天数达162天。

社会事业 2016年，五寨县累计投入资金5.1亿元，解决民生实事。教育方面。第一小学、第四小学、第二中学综合楼，东城区幼儿园新建项目推进。总投资1039万元的13所学校操场建设全部竣工。投资1296万元为19所中小学校，购置计算机、实验器材、图书、桌椅等设施设备，县义务教育均衡发展通过国家验收。卫生方面。总投资2亿元的第一人民医院新建项目前期手续全部办结，砚城镇卫生院业务用房主体完工，韩家楼、小河头2个中心卫生院周转房和43个村卫生室全部建成。县级公立医院综合改革推进，公共卫生服务质量提高。文化方面。为12个乡镇拨付130万元农村文化活动资金，为重点农村、大型社区配备30余万元的健身器材，为132个农家书屋添置27万元的图书报刊。实施广播电视户户通12200户。完成政府剧院升级改造。开展"送戏下乡"50余场、"送电影下乡"

3114场。举办“五一”“七一”“十一”全县乒乓球、羽毛球、网球大赛和全县第三届广场舞大赛。（朱和森）

【岢岚县】岢岚县位于忻州市西南部，总面积1984平方千米，下辖2镇10乡，202个行政村，1个城区居民委员会。常住人口86845人。

岢岚县农作物总播面积45万亩，粮食总产量6.2万吨，同比增长39.1%。土地资源有耕地78万亩，林地179万亩，森林覆盖率18.51%。旅游资源有荷叶坪、黄花坪、毛主席路居馆、烈士陵园、太原卫星发射中心等。2016年，岢岚县获“全省农田水利基本建设红旗县”和“省级文明县城创建先进县”称号。

项目建设 2016年，岢岚县把项目建设作为推动经济发展的重要抓手，优化招商环境，全年规划实施各类项目121个，总投资118.5亿元。其中省市县重点项目46项，总投资107亿元，年度完成投资46.4亿元。全年储备63个项目685.8亿元，签约25个项目94.3亿元，落地67个项目69.4亿元，开工54个项目60.9亿元，重点工程建设46.4亿元，投产32个项目49.1亿元。

产业升级 2016年，岢岚县推进产业升级，煤炭物流回暖企稳，全年经销量598万吨，创税4875万元；道生鑫宇LNG项目、晋兴奥隆水泥建材项目基本建成；大唐大阳坡一期、燕家村二期等3个风电项目开工建设；与山西建工集团签订3.6亿元的宋长城景区旅游开发项目；发展特色农副加工产业。形成支撑县域经济的煤炭物流、煤化工、新型建材、新能源利用、农副产品加工、文化旅游等六大产业构架。启动实施宋长城旅游开发项目，支撑县域经济的煤炭物流、煤化工、新型建材、新能源利用、农副产品加工、文化旅游等六大产业架构形成。

改革创新 2016年，岢岚县实施转型综改，推进农村土地产权制度改革，创新推动土地增减挂钩结余指标流转，全省率先挂牌交易2547万元；签约山西新大象10.4亿元百万头生猪养殖，实施2.1亿元农光互补光伏扶贫，新兴产业投资完成8.8亿元，非煤产业增加值比重完成71.4%；推动金融创新，实施支种贷、支养贷、支企贷和富民贴息贷“3+1”工程，发放贷款2.17亿元，其中新增7417万元。

城乡建设 2016年，岢岚县推进省级环保模范县城、省级智慧县城创建工作。改善城乡人居环境，启动实施194个村卫生室建设，改造农村危房742户、城市棚户区530户，配售公租房174套。完成县道改造2条33.8千米、农村公路建设40.8千米及李家沟至河曲县赵家沟公路建设，县域城镇化率达47%。

脱贫攻坚 2016年，岢岚县成为全市唯一获得扶贫资金整合奖励300万元的县。聚焦116个贫困村出列、6002户13700名贫困人口脱贫，整合涉农资金9176万元，精准退出贫困村25个、贫困人口3517人，年度贫困人口人均收入达3044元，同比增长13.5%。

民生事业 2016年，岢岚县改善办学条件，广惠新村仰峤幼儿园主体完工，教育扶贫、教育惠民政策落实。优化公共卫生服务，人均补贴标准由40元提高到45元，服务项目由10类40项提高到12类45项，新型农村合作医疗保险参保率99.98%，中医院门诊住院楼、疾控中心业务楼全部完工。发展文化事业，送戏下乡72场，公益放映2424场，打造精品书屋24个，安装户户通1500套。加强社会保障，五大保险健康运行，医疗救助“一站式”体系初步形成，实施临时救助1520人76万元，医疗救助816人202万元。千方百计扩大就业，城镇新增就业1556人，城镇登记失业率3.4%，转移农村劳动力1184人。（贾润高）

【河曲县】河曲县位于忻州市西北部，总面积1323平方千米，下辖4镇9乡，340个行政村。总人口145136人，其中农业人口11.08万人。

河曲县土地资源有耕地62万亩，水浇地4.57万亩，旱地68.45万亩，人均可耕地6.5亩。旅游资源有娘娘滩、海潮禅寺、文笔塔、龙口峡谷、弥佛栈洞、西口古渡等。河曲县获“全国绿化先进集体”称号。

项目建设 2016年，河曲县开展“百名干部入企服务”活动，推动企业落实生产项目。组织实施重点工程142个，总投资472.77亿元，年度计划投资99.03亿元，实际完成投资106亿元。重大产业项目A类县考核，9个产业项目8个开工并全部入库。引黄灌溉二期工程项目开工建设。

城乡建设 2016年，河曲县启动市政提升工程，滨河生态湿地景观带建成，自来水、集中供热管网改造、延瑞路新建工程开工建设。“五城联创”工作推进，通过国家卫生县城复审。实施农村人居环境，完成农村危房改造520户。加快生态文明建设，沿黄景观带建成，城市品位提升，县城建成区绿地覆盖率达40.5%。

民生事业 2016年，河曲县新增城镇就业2133人。提高农村低保标准，新型农村合作医疗保险参保和新型农村养老保险参保率保持在99%以上，城镇居民医疗保险参保率保持在95%以上。义务教育均衡发展通过市、省、国家三级评估验收。县医院新住院楼投入使用，新建村卫生室149所，投资1200多万为县城两所医院购置螺旋CT等先进诊疗设备。第五届“河曲全民读书月”暨“我爱我家，同悦书香”亲子阅读活动正式启动。8月31日，河曲县美术馆开馆仪式暨全国书画名家作品邀请展在临隩公园举行。

脱贫攻坚 2016年，河曲县推进高效农业示范区建设，发展农业特色产业，开展易地扶贫搬迁，推进生态扶贫，“两免一补”“雨露计划”等惠民政策应补尽补，民政、教育、健康和残疾人帮扶精准到户24项政策全部落实，全年实现6948人脱贫，50个贫困村出列。（白耀欢）

【保德县】保德县位于忻州市西北部，总面积997.5平方千米，下辖4镇9

乡,341个行政村。总人口170847人。

2016年，保德县粮食总产量达5.6万吨。土地资源有耕地368.42平方千米,林地139.335平方千米,草地50.65平方千米，荒山弃地168.09平方千米。旅游资源有飞龙山、烈女庙、钓鱼台等。保德县通过全国义务教育发展基本均衡县复查验收。

项目建设 2016年,保德县推进晋能保德低热值煤发电、王家岭煤矿、兴保铁路及煤炭集运站、中石油煤层气12亿立方米产能项目等一大批转型项目,中联、海通、大元、中石化4个LNG加气站初步建成。

供给侧改革 2016年,保德县推进供给侧结构性改革,全县9座生产矿井压减煤炭产能267.2万吨，全年原煤产量1352.6万吨；推动金融创新、银企合作,银行各项贷款余额达到34.78亿元,支持实体经济发展。农村土地承包经营权确权登记颁证工作推进,农村集体产权制度改革试点工作启动。不动产统一登记制度建立,结束土地、房产、林地等不动产分散登记的历史。“放管服”改革推进,落实“营改增”工作。承接、取消、下放、调整行政审批事项33项。医疗卫生体制、国有林场改革、集体林权配套制度、煤层气产业链发展改革、商务综合行政执法体制、科技体制、公务用车等各项改革取得成效。开展企业招商、精准招商、市场招商,签约项目总投资1227亿元,到位资金3024亿元。

城乡建设 2016年,保德县加强市政公用设施建设,新建改造城区道路、供气管网、供水管网、雨污管网、供热管网，新增城市集中供热面积、绿化面积,县城生活垃圾无害化处理率、供水普及率达100%，污水处理率、建成区绿化覆盖率分别达95%、39.4%。推进农村人居环境改善,建成1座农村垃圾中转站、1个乡村垃圾卫生填埋场、117个乡村清洁达标村。开展“铁腕治污行动”,打击各类环境违法行为，淘汰黄标车及老旧车，新增、更换新能源电动公交车,城区空气质量二级以上天数达325天。加强农村基础设施建设,完成通村公路提质、拓宽、生命安全防护工程,新建农村饮水工程，动力电保障项目完成，农村互联网覆盖率达90.3%。

民生事业 2016年,保德县各项民生支出11.07亿元。加强社会保障,多渠道拓宽就业岗位,招录事业单位工作人员27名，转移农村劳动力2208人,城镇新增就业2190人,登记失业率控制在3.8%以内。企业退休人员基本养老金人均增幅6.5%,城乡居民基本医疗保险人均财政补助标准提高40元，人均基本公共卫生服务经费财政补助标准提高到45元,新建农村老年人日间照料中心2处,困难残疾人生活补贴和重度残疾人护理补贴制度实施,城乡居民大病保险实现全覆盖。机关事业单位工作人员增资、县以下机关公务员职务和职级并行、公务用车补贴、乡镇工作补贴全部兑现。协调发展教育事业,实施“改薄”工程,新改扩建城区幼儿园2所。推进公立医院综合改革,药品价格平均下降40%,新型农村合作医疗保险参保率达到99.67%,招录医技专业人才15名、村医50名,建立居民健康档案12万份,缓解群众看病难、看病贵问题。改善城乡居民居住条件,完成农村危房改造55户、城市棚户区改造400套,基本建成各类保障房584套。

脱贫攻坚 2016年,保德县实施对户产业扶贫项目297个,推广红枣干果经济林提质增效工程,新建小杂粮、果品加工厂21个,建成电商物流中心12个、农村体验店74个,11个村级光伏发电项目主体完工,初步形成九大特色产业。全县2788户7567名贫困人口如期脱贫,69个贫困村成功出列,东关、义门、杨家湾3镇率先整体脱贫。 （武延飞）

【偏关县】 偏关县位于忻州市西北部,总面积1682平方千米,下辖4镇6乡,248个行政村,459个自然村,1个城区居民委员会。

偏关县旅游资源有偏关古长城遗址、老牛湾、偏关乾坤湾、护宁寺、水潜红门口地下长城、偏关古堡、偏关头、文笔塔等。

改革发展 2016年,偏关县落实和承接省市下放、取消、调整行政审批事项57项。推进部门权力清单和责任清单的编制工作，政府31个涉权部门共计保留权力事项3406项。初步规划设计公共资源交易平台,政务服务中心建成303.8平方米的公共资源交易大厅和110平方米的评标、议标室。新策划文化旅游、新型能源等补短板项目27个，总投资185亿元。优化政府服务体系,搭建帮扶平台8个，为全县企业减轻负担5600多万元。落实企业减负“60条”、工业“20条”政策,全年取消、停止或免征企业各种税费39项，暂停或缓缴企业税费11项,降低标准或限价收费6项，给予专项资金扶持和补贴的21项。开展“干部入企”服务,全年累计帮扶企业解决立项、土地、环评、施工、取水、用电等方面问题68项,解决企业各种矛盾纠纷126人次,破解企业难题39件，帮助企业融资2300多万元，为企业争取到风险补偿金700万元，争取到中小企业发展资金300万元。

农业 2016年,偏关县完成杂粮种植面积22.75万亩，粮食总产量达6万吨，全县杂粮种植面积占粮食总播面积的50%以上。偏关县发展农村电商,成立山西供销“农芯乐”商场偏关服务中心,入驻企业3家,加盟农村体验店30户。成立偏关县首家涉农O2O县级运营中心，新建京东农村合作点20家，主要行政村电商服务点实现全覆盖。实施“一村一品”专业村建设10个，农业产业化龙头企业及农业专业合作社,全年农产品加工销售收入目标任务3.72亿元。全县农业专业合作组织新注册16个,累计注册305个。建成无公害生产基地7个,认证无公害产品6个,形成条块结合、优势鲜明、高端化发展的“无公害”果蔬生产基地。352座温室大棚完成测土配方,实现由反季节蔬菜向反季节果蔬转变。推进林业体制改革,全县组建生态脱贫造林专业合作社60个，高标准完成8.8651万亩营造林任务。加大农田水利建设力度，全县完成水保治理面积5.6万亩。偏关县获"山西省农田水利基本建设禹王杯红旗县"称号。

电力工业 2016年，偏关县在推进煤炭物流项目基础上，发展火电和绿色能源产业。核减煤炭产能120万吨，占全市煤炭核减产能的36.4%。全年煤炭经销量25.7万吨，实现产值7000万元。竣工投产的风电项目3个15万千瓦，光电项目263.7万千瓦，2个点8个村的光伏脱贫联合电站正式并网发电。华能2万千瓦光电项目开工建设；华电偏关2×110万千瓦火电项目可研报告通过电规总院审查；国电科环10万千瓦风电、上海新峰2万千瓦光电取得省发改委路条；大唐5万千瓦风电项目并网发电；华能2万千瓦光电项目完成6000千瓦的建设任务；龙源5万千瓦风电项目建成进场道路22.87千米，升压站主体浇筑完工，累计组塔33基、浇筑33基，完成11组风机安装。

城乡建设 2016年，偏关县实施市政建设重点工程。完善农村"水电路""居养建"等基础设施建设，全年完成投资9872万元。全年完成1754座农村无害化卫生厕所建设任务。全年房地产开发项目有7个，总建筑面积18.06万平方米，总套数为1678套，完成投资0.5787亿元。完成目标任务的193%。续建新建完成投资10301万元，其中，保障性安居工程续建保障性住房1330套，完成投资4624万元；棚户区改造开工798户，完成投资5677万元。981户发放租赁补贴，共发放补贴金额103.3万元，全部打卡发放到户。完成城区新建和改造城市道路9千米，人均城市道路面积达6000平方米。新建城市供气管网5千米，新建和改造城市供水管网3千米，新增污水配套管网5千米，雨水管网9千米。全年市政工程完成投资近1.4492亿元。

旅游 2016年，偏关县老牛湾省级风景名胜区总体规划大纲通过专家评审；编制完成《老牛湾传统村落保护与发展规划》《万家寨保护与发展规划》；寺沟护宁寺景区观光码头基本建成；水泉红门口地下长城景区初步具备接待游客能力；5大景区建设基本完成，4条旅游公路2条在发改部门备案，其中1条列入省政府道路投资计划。总里程42千米的老营至水泉的旅游公路通过省交通厅评审，全县东线长城边塞游和西线黄河风情游的精品旅游格局成型。12个贫困村乡村旅游项目有7个村的基础设施开工建设。6个旅游配套项目在网上公开招商。在市政府组织的"心灵之舟，挺近广州"旅游招商推介会上宣传偏关旅游资源。（王志刚）

【原平市】 原平市位于忻州市中部，总面积2571平方千米，下辖7镇11乡，3个办事处，520个自然村。常住人口503859人。

2016年，原平市粮食总产量达36万吨，杂粮种植面积增加到17万亩，占全市农作物播种总面积的19.2%。土地资源有耕地122万亩，林地38万亩，园地16万亩，草地3万亩。旅游资源有天牙山风景区、滹沱河景区、崞阳古城建筑群、普济桥、慧济寺、土圣寺、五峰山、玉皇峁、大营温泉等。2016年，原平市获"中华散曲之乡"和"2016中国产业园区成长力百强"称号。通过"全国义务教育发展基本均衡县"国家级验收认定。

产业转型 2016年，原平市启动实施重点产业项目210个，总投资575.3亿元。700余亩"玉露香"梨挂果销售，酥梨提质换优工程初见成效；大象集团36万吨饲料加工项目落地建设，农产品加工业销售收入完成12.3亿元。轩岗煤电、国电投山西铝业、同华电厂等重点工业企业抱团发展；经济技术开发区入驻企业累计38个，投资规模212.6亿元。15户电商企业、46户物流配送企业、300个"村级电商服务站"，构成覆盖城乡的现代营销体系。

转型综改 2016年，原平市实施转型综改试验区建设，城乡建设用地增减挂钩获得土地周转指标1500亩。地方监管煤矿退出产能90万吨/年；化解2000多套商品房库存；规模以上工业企业主营业务成本下降；民营企业"新三板"挂牌上市取得突破，佳诚液压公司与证券公司签订辅导合作协议；开发区供水厂、污水处理厂两个项目被确定为国家级PPP示范项目。高新技术企业数量位列忻州市第一。行政审批项目由最初的347项减少到115项，179项重要审批和服务事项全部纳入政务服务中心统一办理。建立不动产登记制度，发放不动产证书25本。完成党政机关公务用车改革。全年向农发行原平支行申请项目融资贷款2.8亿元。

城乡建设 2016年，原平市城区新增供热面积60万平方米，集中供热普及率达91.3%，建成区绿化覆盖率达41%。全年空气质量二级以上天数314天。开展乱搭乱建、安全生产、道路交通等专项整治，社会秩序规范。巩固国家卫生城市创建成果，创建省级园林城市，省级环保模范城市、省级文明城市创建具备验收条件；推进国家智慧城市创建工作。

民生事业 2016年，原平市推进产业脱贫、精准帮扶、易地搬迁等重点工作，实现脱贫1485户、3693人，13个贫困村出列。为64名大学生购买基层公共服务岗位，托底帮扶安置就业困难人员353名，失业保险金标准由930元提高到1060元。企业退休人员基础养老金人均增加182元，城乡居民基本医疗保险人均补助标准提高40元，人均基本公共卫生服务经费财政补助标准提高到45元，城乡居民大病保险年度最高支付限额提高到40万元。城乡居民基本医疗保险完成初步整合。县级公立医院药品全部实行零差率销售，市医院住院人均费用较改革前降低15%；人口计生工作14项指标任务全部完成。原平图书馆开放使用。在忻州市率先更新56辆新能源公交车，改善群众出行条件。完成325户农村危房改造、800户农村住房抗震改建任务，新增廉租住房租赁补贴家庭200户。（武会文）

临汾市

【概述】 临汾市位于北纬35°23′–36°57′，东经110°22′–112°34′，总面积2.03万平方千米。下辖1区2市14县，2个省级经济技术开发区，151个乡镇，20个街道办事处，2968个行政村。全市常住人口445.8万人。

2016年，临汾市地区生产总值完成1205.2亿元，比上年增长3.4%。人均地区生产总值27102元。一、二、三产业比重优化为8:46.5:45.5。公共财政预算收入86.0亿元，下降2.5%。税收收入50.2亿元，下降3.8%。公共财政预算支出312.6亿元，增长8.9%。居民消费价格比上年上涨0.5%。城镇居民人均可支配收入达17438元；农村居民人均可支配收入达10005元。

农业 2016年，临汾市农作物种植面积829.725万亩，比上年减少9.33万亩，下降1.1%。粮食产量267.9万吨，比上年增产13.4%。秋粮产量创历史新高。完成造林56.115万亩，其中经济林面积8.76万亩。木材产量27611立方米，增长0.7%。猪牛羊肉总产量11.7万吨，比上年增长0.9%。禽蛋产量12.5万吨，增长9.3%。水产品产量0.7万吨，与上年基本持平。年末全市农业机械总动力248.4万千瓦，增长3.5%。机械耕地面积553.365万亩，比上年下降2.8%，机械播种面积638.64万亩，增长1.1%，机械收获面积524.82万亩，增长3.0%。农机化经营总收入达8.64亿元。"四个百万亩"规模壮大，新增设施蔬菜1.18万亩、水果11.6万亩、干果10万亩、中药材13.6万亩。肉、蛋、奶总产量分别达32.4万吨、17.2万吨、7.5万吨。小麦总产达10.29亿公斤。推进四大特色农业板块建设。推进农业产业化，农产品加工企业销售收入达77.61亿元。

工业 2016年，临汾市规模以上工业企业355家，规模以上工业增加值同比下降0.4%。规模以上工业企业原煤产量5435.3万吨，下降7.2%；发电量195.0亿千瓦时，下降7.7%；焦炭产量1688.2万吨，下降3.8%；钢材产量1199.7万吨，下降4.9%。规模以上工业企业实现主营业务收入1244.48亿元，下降2.8%。规模以上工业实现利税52.59亿元，增长125.4%；实现利润–3.05亿元，同比减亏90.2%。新兴产业投资达到工业领域总投资的72.3%，新兴产业增速、贡献率双超传统产业，非煤产业贡献率超过煤炭产业，实现动力转换。沃特玛新能源汽车等现代装备制造业发展快速，比上年增长31.5%。

项目建设 2016年，临汾市实施重点项目847项，完成投资687亿元。全市新开工项目2893个，完成投资1053.4亿元。在北京、天津、广州等地组织举办10余场专题系列招商活动，促成乐视乐生活、中美合资JDH、合肥华翔汽车件等项目落户临汾。全市签约项目151个，总投资2514.4亿元，超出省定任务51.8个百分点。发展新装备、新材料、新医药、新电子、节能环保、食品轻工等新兴产业集群，实施汾西其亚氢氧化铝、沃特玛新能源汽车核心技术产业园"10+1"等一批百亿元以上大项目。

投资贸易 2016年，临汾市固定资产投资完成1394.3亿元，下降0.5%。其中，内资企业投资完成1385.5亿元，下降0.4%；外商及港澳台商企业投资8.4亿元，增长43.0%。在建固定资产投资项目3293个，其中亿元以上项目180个，计划总投资1121.7亿元，完成投资268.4亿元，占全市固定资产投资比重为19.3%。房地产开发投资97.5亿元，下降13.4%。

2016年，临汾市社会消费品零售总额完成609.4亿元，增长6.5%。其中，城镇消费品零售额485.51亿元，增长6.5%；乡村消费品零售额124.3亿元，增长6.8%；商品零售额560.7亿元，增长6.1%；餐饮收入额48.7亿元，增长12.0%。

对外经济 2016年，临汾海关进出口总额123956万元，下降33.11%。其中，进口额36509万元，下降55.60%；出口额87446万元，下降15.18%。全市出口机电产品67768万元，下降15.98%；出口高新技术产品40389万元，下降14.54%。进口铁矿砂78.9万吨，下降61.02%，进口金额28400万元，减少63.50%；进口机电产品331万元，下降72.16%。全市新设立外商直接投资企业4家；外商直接投资金额16616万美元，增长6%。全市对外经济合作新签合同额18112万美元。

交通邮电 2016年，临汾市公路通车里程18540.6千米，其中高速公路518千米，比上年增长8.95%。年末全市民用汽车保有量51.2万辆，比上年末增长9.7%。年末轿车保有量33.5万辆，比上年末增长12.1%。邮电业务总量完成79.86亿元，增长60.1%。年末全市固定电话20.8万部，减少13.2万部，下降38.9%；新增移动电话用户15.1万户，年末达411.2万户。移动电话普及率92.5部/百人。全市宽带接入用户79.63万户，增长22.4%。

旅游 2016年，临汾市旅游总收入达375亿元，同比增长27.1%，对第三产业发展贡献率达84.1%。全市接待海外游客3.8万人次，接待国内游客4024.09万人次，分别增长5.67%和26.70%；旅游外汇收入1588.33万美元，国内旅游收入374.14亿元，旅游总收入375.00亿元，分别增长5.69%、27.25%和27.14%。

深化改革 2016年，临汾市推进综改区建设，编制完成《临汾市转型综改"十三五"实施方案》，实施2016年行动计划，重点在产业转型、环境治理、主体功能区建设、行政区划调整等领域开展探索。加大开发区改革创新，制订《临汾市开发区改革创新发展实施方案》《临汾市开发区改革创新发展任务细化分工方案》。推进国企国资改革，初步完成全市国有企业调查摸底，确定"创新发展一批，重组整合一批，清理退出一批"思路，探索组建国有资本投资(运营)公司，加快企业股份制改革，加快企业重组整合，加快"劣势企业"退出市场步伐，实现国有资产监管全覆盖。推进"三去一降一补"，压减炼铁产能82万吨、煤炭产能270万吨、退出煤矿矿井5座，原煤产量同比下降7.2%、生铁下降9%、粗钢下降6.7%，工业效益总体回升；落实结构性减税降费政策，工业企业每百元主营业务收入成本同比下降3.95元。提高12.61个百分点。推进科技体制改革，建成省级创业基地6个、市级创业基地1个、小微企业服务站30个，培育“小升规”企业24户，创办小微企业3592户。全市医疗卫生体制、国有林场改革、集体林权配套制度、农村土地确权等各项改革都取得成效。加快构建开放型经济新体制，承接发达地区产业转移，签约项目151个，签约资金2514.4亿元，新设外商投资企业4家，合同利用外资总额1.9亿美元，同比增长幅度大。

社会事业 2016年，临汾市民生支出211.5亿元，占全市财政支出84.1%，比上年提高9.3个百分点。加快发展文化教育事业，市图书馆完成主体工程，市奥体中心体育场、市文

2016年临汾市辖县（市、区）经济指标统计表

县　市	地区生产总值（万元）	农林牧渔业总产值（万元）	固定资产投资（万元）	社会消费品零售总额（万元）	一般公共预算收入（万元）	一般公共预算支出（万元）	人均可支配收入（元）	
							城镇居民	农村居民
尧都区	2612024	171075	2521124	2394536	119266	350913	30371	12956
曲沃县	906899	234614	791040	224679	25000	132783	28431	13135
翼城县	728099	171874	883687	407389	25368	156177	26852	10274
襄汾县	1171709	266255	1187698	435418	36920	209590	27397	11752
洪洞县	1648397	211764	1680217	563436	65981	305075	24605	10467
古　县	442554	44684	563304	99366	21286	88390	27888	9065
安泽县	428065	72062	558759	90480	30005	85744	25195	8335
浮山县	446009	79833	456428	86017	9051	97872	26674	8031
吉　县	198909	108628	365075	73630	11087	113298	18478	4661
乡宁县	836927	64777	847611	201734	89176	158617	26251	8744
大宁县	51739	24776	183689	31711	3101	86492	17484	2905
隰　县	146627	81340	225736	97006	7361	123926	21063	5129
永和县	79455	53565	169516	45468	7629	79068	19366	3221
蒲　县	556843	48659	701545	77963	71106	155055	24252	7871
汾西县	209154	57958	419279	117716	6593	104618	23582	3374
侯马市	947048	62986	959163	814916	40858	133693	25725	13177
霍州市	708396	67919	1396129	332954	58547	165031	26998	12143

化中心建设加快推进;79件作品获"山西广播电视奖";新建农村幼儿园24所;乡宁、永和、大宁、隰县、蒲县5县通过义务教育均衡县认定;全市高考达二本线16535人,达线率42.9%;山西师范大学新校区、师大临汾学院搬迁工程取得进展。提升卫计水平,城市公立医院改革前期工作准备就绪;市区医疗资源整合完成;在全省开展"全民健康·临汾在行动"活动;侯马市入选山西省唯一的全国健康城市试点市。启动"七五"普法工作,扩大法治宣传覆盖面和影响力。开展安全稳定风险隐患大排查大整治工作,打击私挖滥采,加强各行业、各领域的安全生产工作;安全事故数同比下降45.3%,全市连续五年无重特大事故。

社会保障 2016年,临汾市城镇新增就业51258人。提高企业和机关事业单位退休人员养老金待遇,落实乡镇补贴及职务与职级并行制度,提高城乡低保标准。建成各类保障性住房9768套,完成农村危房改造11180户。11个县27个乡镇采煤沉陷区治理工程开工。实现脱贫8.19万人、退出182个贫困村,超额完成省定减贫任务。推进挂图作战,全市1209个村全部完成挂图作战工作。推进扶贫工程,实施光伏扶贫、生态扶贫、产业扶贫、易地搬迁扶贫等十大扶贫工程。推进"一司一县"结对帮扶,3个贫困县与3家券商签订合作框架协议。推进生态扶贫,建立造林绿化专业合作社139家,3447名建档立卡贫困人口转为护林员。

环境建设 2016年,临汾市实施国家节能减排财政政策综合示范城市项目31个。新增城市集中供热面积837.98万平方米,超出省定目标3.4倍。应对重污染天气,启动预警响应,出台大气污染防治"冬十条";开展"铁腕治污"行动,推进清洁取暖,推动空气质量好转。超额完成黄标车及老旧车淘汰任务,市区投放公共自行车5055辆;全市新增更新纯电动公交车732辆,其中市区新增更新200辆,成为全省首个纯电动公交车全覆盖城市。加大生态保护力度,初步建成吕梁山生态林业示范区、民生林业样板区,推进汾河流域生态治理修复工程,完成营造林46.19万亩,超省定任务0.9个百分点。

城乡建设 2016年,临汾市常住人口城镇化率达50.03%,城镇人口首次超过乡村人口。侯马市获批国家第三批新型城镇化试点城市。加强城乡基础设施建设,市区完成鼓楼南北街、燕尔巷、东关步行街等拓宽改造工程;加快城市供热、供气、供水管网等建设;完成老百汇搬迁,组织开展4个专项整治行动,改善市容环境;创建省级美丽宜居示范村13个,创建清洁达标村1330个。加快城乡交通设施建设,完成投资63.6亿元,临汾民航机场通航,吉河高速通车,长临高速、霍永高速西段二期工程推进,新改建国省干线公路41千米、农村公路915千米。超额完成农村人居环境改善"四大工程"年度任务。

临汾民航机场开通 2016年1月25日,临汾民航机场正式通航。机场飞行区等级为国内4C级支线机场,机场跑道总长2600米、宽45米,航站楼面积26000平方米,可起降波音737、空中客车320等系列飞机,机位数9个。临汾民航机场是省、市重点工程,项目总投资12.87亿元,机场工程建设包括飞行区、航站楼、高架桥、综合业务用房及配套设施等10项工程。

鼓楼南北街拓宽改造工程竣工 2016年9月29日,市区鼓楼南北街竣工通车。鼓楼南北街拓宽改造工程全长7300米,工期7个月,动用各类机械设备5万台(次),人力28万人(次),铺设各类管道总长26万米。更新地下设施,首次实现雨污分流,提升城市保障能力。全面整修鼓楼,新建游园广场7个,文化景观18处,可同时容纳1万人。 (李艳洁)

【临汾市尧都区】 临汾市尧都区位于临汾市南部,总面积1304平方千米。下辖10镇6乡,372个村民委员会,10个城市街道办事处(其中,滨河路办事处有11个社区居民委员会,由临汾经济技术开发区代管),54个居民委员会。全区总人口97万人。其中,城镇人口585万人,农村人口385万人。

2016年,尧都区粮食总产量达25.3万吨。旅游资源有尧庙、华表、华门、太上明墓地、元代戏台、古城公园、九州广场等。

项目建设 2016年,尧都区81个重点项目完成投资190亿元。设立老工业区搬迁改造等政策性资金4亿多元,争取国开行、农发行政策性资金支持21.6亿元。成立山西经纬达铸造集团。

大学生创业孵化园区 2016年5月15日,临汾市尧都区大学生创业孵化园区挂牌成立,由尧都区美豪企业管理有限公司投资建设,一期占地60亩,总建筑面积12万平方米,可容纳1万余户小微企业及个体商户,吸纳3万余人创业就业,为高校毕业生创业进行优质孵化及项目推介。出台一系列优惠政策,鼓励大学生自主创业。在创客集市创业者,可享受国家"七补一贷"政策,即税补、三年社保补贴、5000元创业实战补贴、三年租金补贴、就业补贴、星火项目资金扶持、创建单位建设补贴及两年国家财政贴息贷款。

城市建设 2016年,尧都区推进尧贤街北沿跨涝河大桥项目、涝洰河生态建设润州园项目、临纺路南段建设工程;尧都区临汾机场快速通道工程完工;推进南起尧庙三岔口、北至向阳路、全长5011米的鼓楼南北街征收拆迁工作;韩家庄村城中村改造安置房主体完工,总建筑面积21.34万平方米。其中,安置用房6.824万平方米,开发商住用地建设14.52万平方米。郭村城中村改造回迁房交付入住1247套。"百日攻坚"重点项目集中开工。其中,枣林路拓宽改造工程,北起解放东路,南至段店街,全长1268米,红线宽度50米,工程概算投资5896万元;临纺路道路工程,北起华康街,南至段店街,全长1644米,红线宽度50米,总投资6415万元;西王棚户区改造项目,改造面积8万平方米,总投资3.3亿元;东盛华庭C区(四季花都)住宅项目,总建筑面积

54.76万平方米，总投资16.3亿元；阳光小区公租房项目，建筑面积10.43万平方米，住宅1613套，总投资3.3亿元；五一东路回迁小区建设项目，总建筑面积23.12万平方米，总投资5.74亿元。

生态建设 2016年，尧都区开展环境卫生综合整治行动，清理积存垃圾120万吨，粉刷墙壁650万平方米，新建垃圾收集点881个，硬化街巷45万平方米，植树造林1.9万亩，“垃圾围城”问题解决。开展禁止焚烧秸秆工作，防止大气污染。淘汰10吨以下燃煤锅炉30台、土小锅炉900台；推广使用洁净焦，配发洁净焦等18.2万吨；提前超额完成全区污染减排考核指标，市区二级以上天数达到215天。取缔临街商店生产生活用煤、家用小锅炉；对临街饭店排烟设备加装减排净化系统；区环保局、各街道、乡镇推进集中供热设施建设，新增供热面积95万平方米，调配电暖气800余台；组织开展建筑工地扬尘污染整治工作，清理散煤销售点37处，收缴散煤近6万吨，实施煤改气工程8处；推进黄标车治理，推动全区空气质量改善。

脱贫攻坚 2016年，尧都区3789人全面脱贫。巩固核桃基地建设、光伏发电项目等精准扶贫工程成果；开展爱心助学捐款活动，全年为贫困学生捐款228万元。（张洪亮）

【曲沃县】 曲沃县位于临汾市中南部，总面积437.9平方千米，下辖7个乡镇，158个行政村。

2016年，曲沃县被确定为“国家级农产品质量安全创建县”，被评为“最具影响力的中国黄瓜之乡”和“全省蔬菜出口质量安全示范区”。曲沃被誉为“三晋文化之乡”，中国民协为曲沃县正式授牌“中国成语典故之乡”和“中国成语典故传承基地”。2016年，曲沃县被评为“全国休闲农业和乡村旅游示范县”，旅游资源有景明风景区、浍河水库景区等。

工业 2016年，曲沃县实施三大工业园区建设。千万吨级钢铁工业园区为相关企业联系使用临汾市“过桥资金”3亿余元，争取上级扶持资金2000余万元，落实直供电10.5亿千瓦时；推广“互联网+钢铁”营销模式，企业增加效益3亿元以上；引导企业走改造升级之路，通才公司研发生产优特品种钢，园区优特钢占比达20%以上；立恒公司40兆瓦高温超高压再热发电、正信公司20兆瓦光伏发电、通才公司2×18兆瓦煤气发电和20万吨高强钢筋等一批节能技改项目投产达效。三星新型工业园区新建标准化厂房2座，壳型铸造和消失模铸造生产线正式投产；浙江靖恒、杭州均添2家水晶工艺品加工企业落户曲沃县。紫金山黄金产业开发园区前期手续办理取得重大进展，亿达生物质发电、协鑫风力发电等一批新兴产业项目落地建设。

文化旅游 2016年，曲沃县晋国博物馆旅游区曲村——天马国家考古遗址公园规划获国家文物局批准立项，曲村仿古街完成部分风貌整治；磨盘岭现代农业观光区西海村晋国民居民俗区二期工程建设效果明显；浍河水岸风光旅游区晋都民俗风情园水岸仿古街加紧建设；开展景明诗经山水旅游区山体绿化、道路硬化和诗经故里特色生态景观打造；桥山黄帝文化旅游区旅游公路全线通车，乔芦黄帝部落和石桥堡红色旅游项目一期工程基本完工；太子滩温泉度假区实施太子湖水镇河道建设和御汤庭院二期工程。举办太子滩文化旅游节、磨盘岭农业观光旅游节和太子湖国际梦幻灯光节；编排7个以“晋文化”“诗经文化”“红色文化”为主题的情景剧目；策划指导的大型电视连续剧《重耳传》进入后期制作阶段；签约总投资100亿元的黄河·中华主题文化产业园项目。开展“国家文化名城”“千年古县”等国字号名片申报。

城乡建设 2016年，曲沃县推进东城新区移动、广电等单位便民服务场所的室内外装修和大型商住小区建设；吉祥南路绿化美化工程完工；集中供热工程完成1号水井建设和东西大街管网铺设；晋都文化中心竣工验收；奥体中心、顾园具备开工条件。中心城区内绛园项目完成规划设计；对府东府西街进行全方位、立体式改造，实施路硬化、强电弱电入地、管网铺设、人行道铺装、沿街建筑立面整治等工程。在村镇建设上，连村路、窄路面拓宽改造完成年度任务；农网升级改造推进；钢铁工业园区还迁房开工建设；“五城联创”工作启动。

（张淑霞）

【翼城县】 翼城县位于临汾市东南部，总面积1170平方千米，下辖4乡6镇，212个行政村。总人口32万人。

翼城自然旅游资源有历山舜王坪风景旅游区，翔山、绵山、河上公德山和佛爷山等历史文化名山；文物旅游资源有天马——曲村晋文化遗址、城内木石四牌坊、樊店关帝庙、南撖东岳庙、乔泽庙、四圣宫等6处国保文物单位。翼城花鼓、翼城琴书跻身国家级非物质文化遗产；古桃园村、曹公村被列入中国传统村落名录，西闫镇、隆化镇及辖区内6个村入选省级历史文化名镇名村。

农业 2016年，翼城县粮食总产量达23.8万吨。苹果总产量16万吨、产值4.7亿元。盛产小麦、玉米、小杂粮和干鲜果等，是全国商品粮基地县、山西省果品生产重点县、全省瘦肉型商品猪基地县和奶牛优势产区县。

城乡建设 2016年，翼城县改造扩容集中供热面积6万平方米，加快推进县城供水、供气管网等市政基础设施建设。提升城乡通达能力，实施岳北线天马—曲村段、临么线东梁壁—冯史段、上吴东—刘王沟和三个革命老区道路改造工程。

环境建设 2016年，翼城县完成农村人居环境“四大工程”年度任务，创建省级美丽宜居示范村1个、市级4个。净水厂项目开工建设，城西防洪排水二期工程竣工并与污水管网完成对接。开展环境保护综合整治和铁腕治污、控硫治污专项行动，淘汰城区小型燃煤锅炉14台，淘汰黄标车及老旧车434辆，新增30辆电动公交车。

深化改革 2016年，翼城县设立政府产业引导股权投资基金，“医疗卫生、城乡建设、文化旅游、教育科技、交通建设、园区发展”等6家行业投融资子公司投入运营，拓宽融资渠道。执行“清费立税”“营改增”政策，为企业减负近亿元。建立1个市级创业基地和10个乡镇小微企业服务站。推进商事制度改革，“五证合一”实施，释放市场活力，全县新设立各类市场主体1524户。推进工业增效升级，煤炭产量达到280万吨，行业整体扭亏为盈，翼钢二轧线、晟泰青洼煤矿技改项目完成建设，推进舜达锻造项目整合重组，实施春雷铜合金带、环球铸造机加工等产业链延伸项目，重点培育壮大4家小微企业。全县规模电商企业达到17家，线上交易额达到5000余万元。

文化旅游 2016年，翼城县启动全域旅游规划编制，完善11条农村旅游公路规划，舜王坪旅游路开工建设，实施翔山古塔、四圣宫、泰岱庙等文保单位修缮工程，大河口霸国墓地申报国家考古遗址公园。推进开发城内千年古城古村落，舜王坪旅游公路推进施工工程建设。（乔 君）

【襄汾县】 襄汾县位于临汾市南部，总面积1034平方千米，下辖13个乡镇、348个行政村。

2016年，襄汾县粮食总产量4.9亿公斤。旅游资源有陶寺遗址、汾河古建筑群、丁村民宅、普净寺、襄铃文庙大成殿、关帝楼等，北李村被评为国家级传统村落。

城乡建设 2016年，襄汾县重点实施原政府机关、审计局、棉麻公司等家属区改造项目，全年棚户区改造开工264套、货币化安置33套。推进滨河路湖李村20户房屋征收拆迁，完成原科委家属楼25户1694平方米危楼拆除工作。豁都峪综合治理完成初步设计，河东文体广场、北大街翻修改造完成规划设计，丁陶风情街建成投入运营。新增绿地面积11.69万平方米、新增供热面积60万平方米。投资8000余万元，推进“完善提质、农村安居、环境整治、美丽宜居”四大工程，邓庄镇贾庄村跻身省级美丽宜居示范村行列，汾城镇孝村、陶寺乡中梁村被推荐为市级美丽宜居示范村。

项目建设 2016年，襄汾县开展“以商招商”“乡情招商”“资源招商”，组织境内企业参加专题招商引资活动10余场，签约项目39个，签约投资额197.86亿元，超额完成市定150亿元任务。做好“各类项目受理大起底”，备案项目2个，上报项目5个，对2013年以来受理的280个项目进行千米起底自查，在规定时限内办结。开展项目开工“百日攻坚”，涉及襄汾县的6个项目全部开工。2014—2016年财政未支出的6.32亿元中，完成支出6.03亿元，支出率95.41%。推进“六位一体”项目建设，储备2310.7亿元、落地158.76亿元、开工150.33亿元、建设117.27亿元、投产127.72亿元，均超额完成全年任务。陶寺遗址保护利用项目主体推进，完成陶寺遗址博物馆立项、征地、拆迁等工作，综合展示中心动工建设，推进陶寺旅游公路建设。编制汾城镇修建性详细规划，实施晋南民俗体验基地、东岭滑雪场水上乐园等项目建设。

“最早中国”在陶寺“认证” 2016年11月20日，由山西省社会科学界联合会、中国先秦史学会、山西师范大学联合主办的“山西与古中国”学术研讨会在山西师范大学召开。来自北京、天津、河北、内蒙古、河南、山东、辽宁、湖北、山西等地的社会科学、历史文化研究领域及高校的专家学者参会，探讨“古中国”演变发展的历史文化脉络及其文化。专家们围绕“山西与古中国”这一议题交流和探讨，认为“最早中国”就在陶寺文化区域。（王建刚）

【洪洞县】 洪洞县位于临汾市南部，总面积1493.8平方千米，下辖9镇7乡，463个村委会。

2016年，洪洞县粮食总产量达4.65亿公斤。旅游资源有大槐树、广胜寺、明代监狱、历山唐尧故园、青龙山玄帝官、兴唐寺三大旅游区和女娲陵寝、师旷陵园、皋陶陵园三大景点等。秦壁村获2016年“中国十大最美乡村”称号。洪洞县获“全省基层中医药先进单位”称号。

城乡建设 2016年，洪洞县对城区所有街道路面、人行道、公厕等基础设施进行修缮管护，通过国家卫生县城复审验收。河西新区主干道、涧河南岸景观道路、涧河生态修复治理、城市饮水改扩建等工程完成征地拆迁、地表清理等前期工作。完成9个乡镇45个村的农村饮水提质工程，改造农村危房535户、乡村道路10千米，新增改造供热、供气管网20千米，城市垃圾无害化处理率达100%。开展乡村环境卫生整治，农村“脏、乱、差”现象好转。推进绿化造林，全年植树300余万株，造林1.5万亩。

文化旅游 2016年，举办第十四届广场消夏文化艺术节、“迎国庆·创平安”文艺汇演和以“亲情洪洞·美丽槐乡”为主题的春节、元宵节文化活动，丰富群众精神文化生活。推进脱贫攻坚，全县脱贫2509户、5465人。大槐树创建AAAAA级景区通过国家初审；推进明代县衙修复工程；广胜寺景区开发问题得到解决。举行第26届大槐树文化节、三月十八传统庙会和三月三走亲等民间节庆活动，赵姓祠堂造父纪念堂在兴唐寺落成，赵氏宗亲举办祭祖活动。（张甜甜）

【古县】 古县位于临汾市东北部，总面积1206平方千米，下辖4镇3乡。总人口9.3万人。

古县旅游资源有名镇古岳阳、三合牡丹景亭、热留关帝庙、古阳凌云洞等。古县是临汾市首个获“国家卫生县城”称号的县城；也是“省级园林城”“省级环保模范城”；“省级文明和谐县城”“国家园林县城”。

项目建设 2016年，古县实施兴煤12条措施，新增2座生产矿井，煤炭经济发展。利达焦化1亿标方液化天然气项目开工建设。推进正泰煤气化120万吨6米顶装焦炉技改、利达焦化90蒸吨干熄焦及余热发电等一批煤化工项目。新疆众和古县新型功能性变性合金材料循环经济产业项目完成备案，安吉至大南坪高铝黏土合作开发项目完成储量核查，古鑫铝矿低品位矿综合利用项目前期手续办结。顺杰耐材公司建立古县首家省级研发中心，与俄罗斯签订100万美元出口合同，不定型耐火材料出口俄罗斯、印度等国家。佳盛能源60兆瓦光伏发电二期工程并网发电，华润新能源古县19兆瓦发电项目开工建设。现代物流、电子商务、信息技术等第三产业发展。长临高速古县连接线、古阳至交里乡公路改造工程开工建设，县域主要干道工程铺开。10.36千米店西线改造工程、38千米农村公路完善提质工程、24.3千米农村公路安全防护工程完工。铁腕行动抓“治污”，国家卫生乡镇全覆盖工程启动。推进涧河工业园区生态移民搬迁工程，对涉及搬迁的1551户、6471人摸底，先期完成搬迁138户。节能减排等约束性指标、空气质量二级以上天数完成年初既定目标任务。推进造林绿化，森林覆盖率提升。

脱贫攻坚 2016年，古县实现7个贫困村摘帽、5156人稳定脱贫。统筹使用扶贫资金7784万元，实施“光伏+产业”扶贫项目，在15个贫困村建设100千瓦分布式光伏扶贫电站，推进“千村破零行动”；实施核桃、油用牡丹产业发展项目；实施生猪养殖项目，与新大象集团签订生猪养殖农业产业化扶贫项目战略合作协议；实施大病医疗救助保险项目，为全县建档立卡贫困人口每人购买70元大病医疗救助补助保险；实施金融扶贫工程，注入金融风险补偿金800万元，给予扶贫贷款2个百分点的财政贴息，为贫困户搭建融资平台。中国人民银行、邮政储蓄银行、农民信用合作联社为贫困户发放贷款近7000万元。实施易地扶贫搬迁工程，全县28个易地扶贫搬迁集中点开工，竣工率70%，入住率50%。

文化事业 2016年，古县第九届“天下第一牡丹”文化旅游节举办，电影《牡丹仙子》在全国公映，文化旅游融合发展迈出新步伐。 （蔺燕艳）

【安泽县】 安泽县位于临汾市东南部，总面积1967.3平方千米，下辖4镇3乡，103个行政村，513个自然村。总人口8.3万人。

安泽县旅游资源有荀子文化园、太岳革命烈士陵园以及红色革命旧址、安泽森林公园。安泽县以67.2%的林木覆盖率，被誉为太行山的“绿色明珠”，是国家级生态建设示范区、省级生态建设示范县和森林公园。

项目建设 2016年，安泽县生产原煤445万吨，焦炭240万吨，洗精煤160万吨，取消10项收费项目，为企业减免税费4962万元；永鑫千吨甲醇制丙烯分子筛催化剂科研项目建设完成；总投资1亿元的耀阳光电200兆瓦/年光伏组件生产线项目投产；在北京举办的大型招商引资推介会上，与河北建投集团签署总投资18亿元的风力发电项目。

城乡建设 2016年，安泽县推进沁河治理、旅游公路、309国道安泽县城段改线、县城集中供气供热工程等项目建设。旧城改造提升工程“一纵”基本完成，“一横”推进；安福路、希望街、新星巷等6条街巷改造工程完成；中南铁路安泽站站前广场、通站道路，工程量均完成90%以上。与山西建筑工程（集团）总公司、北京首创资本投资管理有限公司签订战略合作协议。

脱贫攻坚 2016年，安泽县实现1678户，4400人脱贫。实施乡村旅游、光伏发电、油用牡丹种植等举措，169户（贫困户96户、278人）安装分布式光伏板，户均年收益可达5000元~10000元；3个集中光伏电站建设完成，带动40个贫困村年增加村集体收入500万元以上。推进易地搬迁，集中安置91户、160人，分散安置8户、25人，竣工6户、19人。推进教育扶贫，帮扶914人，资助在校大学生30名；实施“五类困难家庭学生”资助等十项“免补”政策，推进“十二年教育全免费”，帮助贫困家庭“减负”。推进健康扶贫，投入13.61万元，为全县贫困户投保大病医疗补充保险；县乡两级卫生医疗机构结成医联体，采取“组团+菜单”式服务，定期到贫困村开展“义诊”，为1900余名贫困群众进行健康体检。推进民政扶贫，加大因病致贫返贫救助力度，全年发放困难群众临时救助金31.92万元、农村低保金194.5万元；为202名贫困患者发放救助资金62.2万元，为1124名重度残疾人发放护理补贴65.03万元。

文化旅游 2016年，安泽县实施文化惠民育民工程，开展乐在周五、春行在安泽、创国卫运动会等文体活动。安泽县推进“黄花、红叶、荀子”全域旅游建设。国庆节期间，4个乡镇38个村举办多个乡村旅游节，接待游客32万余人次，旅游总收入达4800余万元，带动村集体经济和贫困户增收70余万元。 （尚晓玲）

【浮山县】 浮山县位于临汾市西南部，总面积946平方千米，下辖2镇7乡，185个村民委员会。全县总人口130780人。

浮山县旅游资源有天圣宫古遗址、铁牛山汉代冶铁遗址、古郭城遗址、桥北新石器时代及汉代遗址、北西河新石器时代遗址、史家坡古脊椎动物化石遗址、徐家安子战斗遗址等。

项目建设 2016年，浮山县完成投资23亿元，为年度计划的107.5%；项目建设“六位一体”指标任务超额完成，“百日攻坚”行动涉及的8个项目，全部开工。临浮一级路完成项目前期手续和用地规划调整，臣南河生态综合治理工程的两大核心工程——丞相河大桥和臣南河水库开工建设。全县26家铁矿企业中，13家达到开工基建条件，复工复产的铁矿企业达11家。新型材料产业发展，广和年产50万支定影膜改扩建项目竣工投产；威盛达通综合建设项目完成厂房、办公楼建设及主要设备订货；富达锆制陶瓷微珠加工项目一期工程完工；晋盛50万立方米无机发泡多功能建筑材料项目基建完成。华润风力发电项目，完成投资8.3亿元，66台机组并网发电；投资1120万元，建设14座100千瓦光伏发电站。

城乡建设 2016年，浮山县投资2000万元，完成西关街、广电巷、新安坪巷等街巷改造工程；新增供热面积19.6万平方米，集中供热面积达105.9万平方米；投资500万元，完成农贸市场建设并投入使用；投资3930万元，完成96套廉租房、100套限价商品房建设;投资299.6万元,完成农村危房改造214户。总投资1673万元的米家垣至史演河、北韩乡至浮山火车站公路改造工程竣工通车;尧山森林公园太和桥工程完成桥墩施工;旅游公路、村道窄路拓宽及完善提质工程推进。开展违法占地和违规建设整治行动,清查违法占地178.4亩,处罚违规建设445处,罚款605万元;开展市容市貌和环境卫生大整治活动。完成柏村、聚粮污水管网建设工程及6家乡镇卫生院燃煤锅炉脱硫除尘器的安装;关停5家不达标的选矿厂;淘汰黄标车245辆、老旧车214辆。完成各项约束性指标,二级以上天数达282天。实施退耕还林、"天保"管护、通道绿化等工程。

2016年,浮山县文化中心多功能数字影厅投入运营;标准田径场和足球场开工建设;17项传统文化形式列入市级非物质文化遗产名录。

(李彤新 陈聪聪)

【吉县】 吉县位于临汾市西部,总面积1777.26平方千米,下辖3镇5乡,79个村民委员会,567个自然村。

吉县旅游资源有壶口瀑布、人祖山、柿子滩、银屏叠翠、孟门夜月等;2016年被国家确定为"全域旅游示范县";上东村、社堤村苹果园区被确定为省级农业旅游示范点。

项目建设 2016年,吉县30兆瓦大型光伏电站并网发电、生物质发电项目投入运营。九洲能源废油再生利用项目投产。阳煤顶吉、达明一派农产品深加工企业新产品上市。

城乡建设 2016年,吉县新城路网、府前广场、污水处理厂、供水、热源点、锦屏山公园等重点建设项目实施。完成乡村公路改造和旅游公路建设150千米。农村建成饮水工程15处,完成危房改造2140户。推进"一带一环一区"造林绿化工程,新增林地面积3.81万亩。小流域水保治理面积4.5万亩。新增集中供热面积2.56万平方米,改造燃煤锅炉15台,投入运营20辆纯电动公交车,淘汰黄标车老旧车88辆,全年空气质量二级以上天数达331天。

文化旅游 2016年,吉县建设数字电影厅,拍摄微电影8部,建设村德村史馆16个,开展广场消夏月文艺汇演活动和"村动吉州"乡村文体活动。壶口景区全年接待游客120万人,门票收入8600万元。人祖山景区完善基础设施,举办文化旅游活动。开展"苹果采摘节""厚川味道"等乡村旅游活动。吉县全年接待游客同比增长30%以上;旅游综合收入39.3亿元,同比增长超过30%。

脱贫攻坚 2016年,吉县推进易地扶贫搬迁,开工建设1162户;光伏扶贫,建成村级电站20个;产业扶贫投入8276万元,"强农贷"8739万元;生态扶贫,确定建档立卡贫困户护林员400人,成立脱贫攻坚造林专业合作社11个;教育扶贫方面,投资450余万元,资助贫困大学生278人,贫困高中生343人,中职、高职学生1917人;社会保障"三项政策"精准到村、到户、到人,为建档立卡贫困人口办理大病医疗补充保险。全年实际脱贫13898人,超出任务39%,贫困人口降幅81%。

(强培家)

【乡宁县】 乡宁县位于临汾市西部,总面积2029平方千米,下辖10个乡镇,182个村委,1113个自然村。总人口240705人。

乡宁县旅游资源主要有文笔双塔、文岳山。云丘山中和文化节是山西省"非物质文化遗产及非物质文化遗产示范地"。乡宁油糕、空心月饼制作技艺等11项非物质文化遗产列入市级名录。

项目建设 2016年,乡宁县推进煤炭供给侧改革,淘汰关闭煤矿2座,化解产能90万吨。矿井建设完成投资18.2亿元,3座投产达效,6座达到先进产能标准,生产原煤1053万吨。举办"引老乡、回故乡、建家乡"暨在晋异地商会合作恳谈会,签约远景能源、中电投风力发电、大象集团百万头生猪养殖、通用机场建设等12个重大项目,签约金额179亿元。推进重点工程建设,项目建设"六位一体"指标超额完成。

城乡建设 2016年,乡宁县编制完成"十三五"城镇住房发展、城市地下综合管线建设、海绵城市发展等12个规划。实施东城健康公园、粮食棚户区改造等工程,完成吉河高速引线绿化亮化及辅道建设、城市天然气置换煤气、樊家坪公交总站建设等工程。拓宽改造窄路基道路建设30.6千米,实施道路生命防护工程建设17.9千米。220千伏输变电工程取得进展,改造升级农村电网141.7千米。推进完善提质、农民安居、环境整治、宜居示范"四大工程"。开展铁腕治污、环境卫生等专项整治行动,3家焦化企业完成烟气脱硫提标改造,1家焦化企业停产整顿,2家砖厂配套安装脱硫除尘设施,新建垃圾厂渗滤液处理站1座、污水处理站2座,完成农村清洁工程达标村70个,淘汰黄标车、老旧车400辆,新增供热面积10万平方米。强化生态环境综合治理,实施166户、548人的采煤沉陷区治理工程,地质灾害治理搬迁35户、140人,植树造林4.8万亩。空气质量二级以上天数达300天,优良比例达82%。

文化事业 2016年,乡宁县举办广场消夏月等文体活动80余场次,文化产业增加值达4213万元。3月30日,举办华夏乡宁中和文化节;云丘山举行朝山仪式和多种形式的文化活动。设立县长创新奖,完成专利申报151件,引进推广新技术、新品种30余种,实施各类科技项目10余项。广电安全播出设施完善,"乡宁广播电视台微信公众号""智慧乡宁"手机台上线运营。重点旅游项目完成投资3.1亿元,云丘山景区收入达7300多万元。金融保险、信息咨询、快递物流、家政服务、健康休闲等现代服务业发展壮大。为18家中小微企业发放"惠商贷"1840万元,培育"小升规"企业2家,民营企业完成总产值19.9亿元,同比增长3%。

脱贫攻坚 2016年,乡宁县组建96个驻村工作队、2500余名干部驻村帮扶到户,12项帮扶措施落实到户。开工建设移民集中安置点16个,搬迁674户、2500口人。贫困户发展特色产业享受补贴131.5万元。落实教育扶贫补助资金659.5万元,扶贫培训2000余人次,实现就业300余人。471 人参加造林合作专业社，588 人通过退耕还林每亩受益 1500 元。实施村级光伏扶贫项目 6 处。新建贫困村网络电商平台 6 个。全年发放“强农贷”“富民贷”2481.5 万元，“股加贷”人均受益 390 余元。开展“访贫问寒送温暖”活动，捐资 75 万多元，慰问贫困户 5000 余户。投资 159 万元，为所有建档立卡贫困户购买大病补充保险和意外伤害保险，全年 4694 户、15778 人实现脱贫。（陈宁平）

【大宁县】 大宁县位于临汾市西北部，总面积 967 平方千米，下辖 2 镇 4 乡，1 个城区办公室，84 个村委会，5 个社区、297 个村民小组，309 个自然村。

大宁县旅游资源有黄河仙子祠、芝麻滩旧石器遗址、翠云山新石器遗址、周朝小神龙庙、春秋时代将军墓、明朝十八罗汉洞和笊篱寨、元代的曹娘娘庙等古建筑，白马啸、双锁山、高山、二郎山等。

转型综改 2016 年，乡宁县县本级行政审批项目精简至 102 项；建立农村产权交易市场，完成 28 个村委的财务审计；推进商事制度改革，实施“五证合一”，简化登记手续；推行 PPP 模式，开展政银企对接，为政拓、辰康等企业协调融资贷款 4438 万元。签约项目 3 个，签约资金 76 亿元。推进煤层气勘探工作及产能建设，全年新建钻井 10 口，钻井累计 50 口，年产气量达 2 亿立方米；山西宁扬能源公司 30 万立方米煤层气液化调峰项目启动；正午日电 20 兆瓦光伏地面站建设推进落实。

扶贫 2016 年，乡宁县 17 个贫困村摘帽，1777 户 4402 人脱贫，贫困发生率由 35.9%下降至 24.9%。

文化事业 2016 年，乡宁县举办西山七县篮球赛，开展文化消夏月和“美丽大宁乡村行”送文化下乡活动，完成 3D 影院改造任务。

城乡建设 2016 年，乡宁县完成全民健身广场工程建设，实施全民健身广场至南山公园天桥工程，完成小冯新区道路二期工程和二级客运站改扩建工程；新建改造供水管网 2 千米，新建供气管网 10 千米。完成道路改造 26.85 千米，硬化农村道路 13 千米，加宽路面 5.5 千米；新建农村饮水安全工程 11 处；绿化村庄3 个；改造农网 40.97 千米；改扩建农村幼儿园 1 所；新建农村老年人日间照料中心 1 个；完成农村污水处理工程 2 处。美丽宜居示范村“三级联创”工作推进。实施三北防护林、天然林保护等重点工程，全年完成营造林 5.82 万亩；实施而吉西沟生态综合治理工程，治理水土流失面积 9300 亩。推进大气、水体、土壤污染防治三大工程，空气质量二级以上天数达 313 天，饮用水水源地水质达标率 100%；加大节能减排工作力度，完成集中供热煤改气工作，报废淘汰黄标车和老旧车 50 辆。（李宏伟）

【隰县】 隰县位于临汾市西北部，总面积 1415.3 平方千米，下辖 3 镇 5 乡，97 个村民委员会，409 个村民小组，364 个自然村。常住人口 107236 人。

隰县全县森林覆盖率 29.68%，文物古迹有小西天、七里脚石窟、大观楼等。电商扶贫开发孵化基地获临汾市“市长创新奖”、山西省科技厅认定的“省级众创空间”、国家科技部首批备案的“星创天地”等称号。隰县入选国家旅游局公布的全国 238 家第二批“国家全域旅游示范区”创建名单。

招商引资 2016 年，隰县与新大象养殖公司开展百万头生猪养殖产业化项目战略合作，项目总投资 11.35 亿元。山西盾安隰县 9.8 万千瓦风电项目启动。隰县风电场建设总规模为 20 万千瓦，被列入全省“十三五”风电规划，一期开发 9.8 万千瓦，总投资 7.6 亿元。

城乡建设 2016 年，隰县投资 1.32 亿元，配套完善水、暖、气、路等市政基础设施，县城生活垃圾无害化处理率、供水普及率均达 100%，污水处理率达 90%，集中供热、燃气普及率达 70%。实施洪永线、太和路、均岭线、回古线等公路改造工程，6 个乡镇通电动公交。新增城市绿化面积 8.1 万平方米，造林 8 万亩，水保综合治理 3.4 万亩，淘汰黄标车 152 辆，空气质量二级以上天数达 333 天。

文化 2016 年，隰县打鼓书入选临汾市第三批省级非物质遗产项目。投资 10 万元完成隰县乒乓球馆建设，为县城 4 个小区安装健身器材。文化馆、图书馆免费开放；突出“两馆”数字化建设，建起网站，开通手机微信平台，实现手机阅读和微信推荐图书。临汾市“数字时代全民阅读”现场会在隰县召开。举办隰县首届“我要上春晚”群众文化活动。举办“4.23”世界读书日阅读推广活动，参与读者达 800 多人次；打造“甜甜姐姐讲故事”特色阅读推广品牌；开展“甜甜姐姐讲故事”进农村学校活动，参与读者 200 余人次；2016 年全国助残日，举办“我给盲人讲电影”活动；图书馆每周固定时间在县残疾人康复中心为残疾小朋友开办音乐、美术基础技能训练。编纂出版《德耀梨乡》《梨乡新歌》，崔春祥长篇小说《活奢》《雨打浮萍》出版发行。举办农村广场舞培训，给 20 个村下发价值 12 万元音响设备。

脱贫攻坚 2016 年，隰县实现脱贫人数 6598 人，共投入各类扶贫资金 5000 余万元。启动新大象百万头生猪养殖和晋龙公司百万只蛋鸡养殖项目，因户施策扶持发展玉露香、大棚瓜菜、中药材等产业。举办农村电商大讲堂和 8 期培训班，培训 1800 余人次，电商扶贫销售额达到 1771 万元。建成 34 个村级光伏电站。聘用护林员 255 人，乡村保洁员 217 人，造林合作社吸收贫困户 545 户。帮扶贫困学生 3275 人，资助减免各类费用 1066 万元。完成 1231 人搬迁任务。金融机构风险补偿金由 500 万元提升到 1635 万元，发放扶贫小额贷款 1.28 亿元。全县 2294 户、5478 贫困人口纳入低保范围，856 户贫困户进行危房改造。

电商扶贫开发孵化基地 2016 年，隰县电商扶贫开发孵化基地销售额高达 1.13 亿元，首次实现电商销售超亿元，电商扶贫销售超千万元。电商扶贫开发孵化基地占地面积 980 平方米，设有“隰县众创园”“特色隰县馆”“电商运营中心”“特产体验馆”“综合服务区”，提供 100 个工位，创业导师 13 人，运营管理人员 139 人，创业人员 1 万余人。2016 年有 1140

个电商创业团队。其中,农村电商服务站158个,合作社88个,公司39个,个体842个,分布各省市的电商服务站13个。

旅游 2016年,隰县小西天庙会、面塑、山桃核工艺、民间文学四个项目入选市级非遗项目。收集整理全县宗教、红色、民俗、文化、生态等资料,完善旅游解说词、景区导游词,建立旅游资料库。申请开通隰县旅游网站和红色旅游晋西革命纪念馆网站,印制《隰县旅游》宣传册。9月10日至16日,隰县举办首届玉露香梨采摘节。吸引游客3万人次,现场扫二维码1.2万人次,开展梨果订货、宣传、吃梨大赛、梨王擂台赛等多项活动。

(张克强)

【永和县】 永和县位于临汾市西北部,总面积1212.89平方千米,下辖5乡2镇,79个行政村,306个自然村。总人口6.5万人。

2016年,永和县被列入国家农业综合开发项目示范县。永和红枣获得国家绿色食品证书和奖章,被国家林业局授予"中国枣乡"称号。旅游资源有永和文庙大成殿、红军东征永和纪念馆、红军崖望海寺。永和县乾坤湾被列为全市十大特色旅游景点之一。

脱贫攻坚 2016年,永和县完成15个贫困村摘帽、1047户、3083口人的脱贫任务。381户贫困户享受"千人脱贫项目"补助,户均增收5000元;172名贫困人口被选聘为护林员,人均增收7000元;433户1643口贫困人口购买住房;404名贫困学生受教育资助共计58万元;建成村级光伏电站25个;改造"农家乐"78个;成立网店、电商公司55个,交易总额达2200余万元;为连续四个月以上外出务工的贫困人口人均奖补2000元;发放"强农贷""富农贷"2587万元。探索"公司+贫困村+贫困户"资产收益扶贫新模式。

项目建设 2016年,永和县投资6.8亿元,完成19口水平井钻探、24口井压裂试气和集气站三期工程建设,年产能达10亿立方米,上缴税费4954万元,占财政收入31.65%。投资1亿元,完成官庄110千伏变电站建设,保障进驻工业园区下游企业用电需求。与河北昆仑等5家公司达成合作意向。

城乡建设 2016年,永和县投资3500万元,实施永红大桥及南端拓宽改造、城东路南端排水管网改造、芝河河道配套污水管网建设、城区巷道和县城至交口段公路亮化、城区公厕无害化改造。解决4000余口人的饮水安全问题;完成36千米的农村公路改造、21.7千米芝河源头精品农业园区道路硬化;完成116户地质灾害治理搬迁、963户农村危房改造;完成2.3万亩三北防护林建设和8000亩林地补植补造,营林面积5.67万亩。开展"铁腕治污"、环境保护、保障空气质量冬季严查等环保行动,更换环保型燃煤锅炉127台,完成桑壁村、东征村、马家湾村的污水管网建设。

文化旅游 2016年,永和县实施旅游公路建设项目,完善景区公路网络;实施乾坤湾景区基础设施建设;完成红军泉二期工程及景区亮化工程;整理编印《永和旅游推介指南》,出版发行《红军东征永和纪念馆志》《乾坤湾志》;开展"红枣采摘节""苹果采摘节"系列活动;举办"印象中国携手行摄影大展""全国首届航拍摄影大赛"等活动;央视《文明密码》《食尚大转盘》《道德观察》等12个栏目以及山西电视台、黄河电视台、临汾电视台报道永和县情况。2016年永和游客人数比上年增长8万多人次,达到12.3万人次。举办孔子诞辰读书教育活动、纪念红军东征胜利80周年红歌会、毛主席诞辰123周年纪念活动;创作歌曲《我在奇奇里》;影印民国十九年版《永和县志》;开展元宵节社火系列活动和全民健身、消夏文艺晚会等群众性文体活动。 (李保成)

【蒲县】 蒲县位于临汾市西南部,总面积1510.6平方千米,下辖4镇5乡,93个村民委员会,456个村民小组,526个自然村。总人口110810人。

2016年,蒲县粮食总产量82506.7吨,实现产值22848万元。旅游资源有蒲县东岳庙、翠屏山、段云书屋等,东岳庙为国家重点文物保护单位。省级"卫生县城"实现五年联创。核桃产业被列为"省级核桃栽培标准化示范县";马铃薯种薯繁育体系建设获"市长创新奖";构树产业被列为"全省构树扶贫试点县"。

产业升级 2016年,蒲县现代化矿井建成投产15座,联合试运转1座,化解过剩产能关闭1座,全县形成煤炭产能1635万吨。年产原煤1100万吨,山煤300万吨重介选煤二期竣工投产,全县煤炭洗选率达95%以上。推进煤电铝一体化、江苏润晶光伏发电、远景能源风电等转型项目,全县资质以上建筑企业4家,建筑业总产值1.28亿元,下降18.1%,建筑业增加值1.42亿元,与上年持平。房屋建筑施工面积61351万平方米,增长17.2%。用电总量42859.4万千瓦时,增长4.7%。完成邮政业务总量951.9万元,比上年增长68.3%,电信业务总收入2697.6万元。服务业增加值115202万元,增长5.2%,其中重点服务业企业主营业务收入达3171万元。

城乡建设 2016年,蒲县城镇化率达46.2%,提高个1.23个百分点。锦绣小区和鹿城山水小区一期工程竣工,二期完成主体工程;综合档案馆工程开工建设;蒲伊北街公园主体竣工;段云书艺馆改扩建工程竣工投用。街道、巷道硬化380平方米;井山线、蒲红线拓宽改造完成路基。完成造林面积67500亩,植树20万株,全县森林覆盖率39.96%,林木覆盖率达52.1%;全年空气质量二级以上天数315天,达标率86%。

文化科技 2016年,蒲县申请专利7项,专利授权7人。其中,实用型专利2项,发明专利5项。放映农村公益电影1314场;开展"万步有约"健走大赛。由蒲县文化局主办的《文化蒲县》创刊发行,栏目有特别关注、工作动态、社会文化、名作赏析、蒲民文苑、博闻雅趣等。

蒲县首届"万步有约"健走大赛 2016年5月20日,蒲县首届职业人群健走激励大赛蒲县赛区举行启动仪式。8月5日,"疾控有约"实地健走活动开幕,300余人参加。在全国首届"万步有约"职业人群健走激励大奖赛活动中，蒲县疾控中心获山西赛区“万里征程奖”，万步率达82%以上，获首届全国“万步有约”健走大赛山西赛区第一名。

蒲县鹿城山水小区工程 2016年，蒲县鹿城山水小区工程完成拆迁200余户，拆迁面积3.5万平方米。总投资2.16亿元，占地3.67公顷，建设9栋住宅楼，建筑面积92821平方米，其中地上建筑面积79340平方米，地下建筑面积13481平方米，总户数640户。

蒲县四沟水库工程 2016年，蒲县推进四沟水库工程建设，是山西省百座小水库更新建设首批开建的8座水库之一，是一座以城市及工业供水、农业灌溉为主，兼有防洪等综合利用的小型水库。水库总库容262.70万立方米，最大坝高41米，坝顶高程939.0米，大坝全长133.5米，坝顶宽8.0米。工程总投资7635万元。其中省级投资5000万元，县级配套资金2635万元。2016年12月主体工程竣工。

（曹立华）

【汾西县】 汾西县位于临汾市西北部，总面积880平方千米，下辖5镇3乡，126个行政村（居委会）。总人口14.97万人。

2016年，汾西县农作物总播种面积384388.5亩，粮食产量达77684.9吨。造林面积完成22260亩。汾西县旅游资源有兴原寺、东阁、灵泉、师家沟村等。

城乡建设 2016年，汾西县总投资6.3亿元，实施城市集中供热二期工程、汾西县北街城市棚户区二期工程、古郡新区生活广场绿化、马沟河流域城市污水治理二期、北外环至桃荣连接线等10余项城市建设项目。完成僧念至小河、细上叉至和平县乡公路35千米，实施公路安全防护工程33千米，农村公路养护195千米。

环境建设 2016年，汾西县实施汾西县宝地缘专业合作社年产6万吨微生物有机肥节能技改项目，完成玉匣铸业有限公司淘汰落后产能目标任务和省千家企业电机能效提升计划。强化公共机构、交通运输、住房建设等领域的节能举措，推广风能、沼气等可再生资源。全年万元生产总值能耗下降4.5%。开展环境污染专项整治活动，加大工业企业污染、煤烟污染、建筑施工工地扬尘、道路扬尘等方面治理力度；新增城市集中供热面积15万平方米，替代燃煤锅炉22座、家用土暖锅炉3842个；淘汰黄标车80辆、老旧车130辆，全县二氧化硫下降0.6%，氮氧化物下降6.05%，烟尘粉尘下降6.3%，全年空气质量二级以上天数247天。

教育卫生 2016年，汾西县职教中心1所，教师进修校1所，单办高中1所，在校学生2448人。初中5所，在校学生4302人；小学17所，在校学生9692人；教职工1547人。适龄儿童入学率100%，小学六年巩固率达99.8%，初中三年保留率达到98.5%。医疗卫生机构179个。民营康复医院1个，妇幼保健站1个，疾病预防控制中心1个，精神病院1个，中医院1个，乡镇卫生院8个，城镇卫生服务中心1个，村卫生所147个，个体诊所18个，卫生机构有床位428张。其中县医院床位150张，卫生院床位143张。卫生技术人员408人，新型农村合作医疗保险参保106014人，参保率99.06%。

社会保障 2016年，汾西县企业职工养老保险参保5716人，基本养老保险收入2410万元；机关事业养老保险参保3890人，完成基金征缴11851万元；基本医疗保险参保23052人，完成基金征缴1735万元；失业保险参保5103人，征缴失业基金195万元；工伤保险参保9691人，征缴工伤保险基金96.3万元，生育保险参保5510人，基金征缴60.6万元；发放城镇最低生活保障金983.55万元，农村最低生活保障金781.49万元；五保供养金27222万元。全县全社会从业人员69366人。其中，城镇从业人员6116人，农村从业人员63250人。城镇新增就业岗位人员1042人；创业培训4期120人；培训农村劳动力523人，劳务输出2357人，城镇登记失业率控制在4.2%之内。

文化事业 2016年，汾西县举办“美丽汾西”社火节文化汇演；开展送电影、送戏下乡1500余场，送图书下乡50次；文化下乡36场次。举办消夏文艺晚会12场；开展“欢乐送基层”文化下乡100场。县电视新闻作品《汾西核桃：绿了荒山富了民》获2016年“临汾新闻奖”二等奖；《汾西：“1133”战略奏响经济发展最强音》获2016年“临汾新闻奖”三等奖。县文化馆组队参加临汾市第四节“梨花奖”广场舞大赛获“二等奖”，县政府组队参加临汾市西山七县男子篮球锦标赛获“优秀组织奖”。中老年广场舞《最弦民族风》《微笑》参加临汾市老体协举办的广场舞选拔赛获“二等奖”。

（牛记明　赵鸿虎）

【侯马市】 侯马市位于临汾市南部，总面积220.1平方千米，下辖3个乡，5个街道办事处。

侯马市旅游资源有侯马战国奴隶殉葬墓、台骀庙、唐太宗庙正殿、传教填充砖塔、普济寺、通济石桥、宝峰院、忤逆坟、罗衫坡与孟姜女手迹、彭真同志故居、香邑湖风景区、铸铜遗址、晋博园等。2016年，侯马市被确定为全国健康城市试点、第三批新型城镇化综合试点、服务业综合改革试点、返乡农民工创业试点、政务服务标准化试点、全省“多规合一”试点和首家不动产统一登记试点、中小微企业创业创新基地示范县。

转型综改 2016年，侯马市引导企业适应供给侧结构性改革，加快企业技术改造创新步伐，汤荣、东鑫等企业市场份额扩大。海龙钻具、誉通混凝土实现“小升规”，晋烽机械被认定为省级技术中心，工业新兴产业投资比重达84.4%。新增投放信贷资金16.48亿元。梦之丽服饰、乐视·乐生活等项目落户。洋货码头完成7个展馆主体工程建设，大运公路货运枢纽项目部分仓库主体完工，圆通快递入驻振通电商产业园投入试运营。电子商务方面，马上购、窝麦良品等本土电商企业扩张，全市“村淘”服务站总数50个，“双十一”期间，“村淘”覆盖率、成交额、销售量均居全省第一。城郊型经济繁荣发展，农业规模化、集约化经营水平提升，新认定家庭农场22个，发展农民合作社31个，农业产业化龙头企业实现销售收入5.33亿元。完成总投资8016万元的小农水重点县项目。

项目建设 2016年，侯马市投资343亿元，开展89个重点项目建设，双慧玻璃、东鑫铸造、梦之丽服饰等18个新扩建项目竣工投产，怡之福老年医养中心、汤荣双金属复合制动鼓、文体活动中心综合场馆等28个项目开工，完成投资30多亿元。推进浍河生态修复综合治理、紫金山旅游开发等14项重点工程、北铜铜业精矿回收、东城路网道路等项目。

城乡建设 2016年，侯马市主城区控制性详细规划实现全覆盖。新医院东侧新建道路及凤城—南杨、下平—东高—西高改造道路竣工通车。新建雨污管网13.8千米，改造雨污分流管网6.5千米，铺设供气管网30千米、供热管网12千米，新增天然气用户1800户、供热面积10万平方米。推进美丽乡村建设，提升农村基础设施和公共服务水平，创建一批具有示范带动作用的美丽宜居乡村，单家营村实现集中供热。加快"一山一河"开发，紫金山开发完成整体勘察调研，浍河治理开发完成规划初稿编制。

环境建设 2016年，侯马市新增城市绿化面积20.1万平方米，农田林网建设1万亩。淘汰黄标车及老旧车640辆，新购137台纯电动公交车。积极应对雾霾等恶劣天气，开展八项大气环境专项整治行动，PM2.5、PM10浓度同比分别下降14.7%、4.5%。空气质量二级以上天数达263天，其中一级天数86天。

社会事业 2016年，侯马市教育均衡发展，高考二本达线853人，达线率突破50%。推进医药卫生体制改革，启动分级诊疗工作。落实就业创业优惠政策，新增就业6120人。新建农村老年人日间照料中心18个，棚户区改造累计建成514套，农村危房改造321户。207户、573人实现脱贫，超额完成年度目标任务。筹措资金7186万元，各项政策性增资兑现。

文化旅游 2016年，侯马市完成旅游收入29.09亿元，同比增长21%，文化产业增加值达1.59亿元，增幅12.1%。首届侯马、曲沃、翼城三县市晋文化协同发展县际联席会议在侯马市召开。《侯马晋国古城国家考古遗址公园规划》初稿编制完成。为群众送戏下乡、送电影下乡1284场。"芳草香""鸿满""普罗旺斯"等现代农业示范园开园迎客。 （赵香琴）

【霍州市】 霍州市位于临汾市北部，总面积765.39平方千米，下辖3乡4镇，5个街道，199个行政村（居民）委员会，308个自然村，24个社区。常住人口为291568人。

2016年，霍州市农作物种植面积298821亩，粮食总产量84979吨。霍州市旅游资源有霍山署、霍山、七里峪景区、陶唐峪等。

转型综改 2016年，霍州市有规模以上工业企业18家，增加值比上年下降12.3%。霍东新产业聚集区基础设施完善，霍煤机电设备制造一期6个公司投产，华润10万千瓦风能发电项目推进，液化天然气调峰储气项目试运营，一批新经济增长点形成。南街农贸市场建成完工，州里商业文化街、鼓楼地下商业街等商贸市场运行良好，引进乐村淘网络科技、赶集网、苏宁易购、固德网络等4家电商平台，发展圆通、顺丰、中通等20余家物流公司。参加中博会、能博会等招商活动，招商引资共达成投资意向12项，投资总额169亿元。

城乡建设 2016年，霍州市修订编制《霍州市"十三五"近期建设规划》《霍州市综合交通体系规划》等城市规划。东关、赵家庄城中村改造，霍煤集团开元小区建设，橡胶厂棚户区改造等一批保障性住房项目完工；中镇楼、赵家庄人行天桥、东门桥改造等一批市政工程竣工；纬五路、新建南路、经三路北段等一批城市道路建成通车。城市集中供热面积达460万平方米，新建换热站11座，新增供热面积55万平方米，天然气扩户4000余户，达38000户。全年新建和改造城市道路10.51千米，城市供水管网7.93千米、供气管网17.7千米、雨污管网27.22千米。全年全市绿化面积6105亩，绿化覆盖面积6886.65亩，引申农村人居环境改善，推进完善提质、农民安居、环境整治、宜居示范四大工程，完成4所农村老年人日间照料中心、3所农村公办幼儿园建设，推进采煤深陷治理。完成涉及7个乡镇的科研报告，签订搬迁协议245户，拆迁49户，完成投资2959万元。改善农村群众出行条件，完成9条村通水泥（油）路30.7千米。推进农村地质灾害搬迁、农村危房改造等工作。

社会事业 2016年，霍州市被确定为《义务教育学校管理标准（试行）》临汾市唯一省级试点县。全市各学校完善《学校发展规划》《学校章程》等系列管理制度，确定研究课题，逐条落实《管理标准》92项指标。完成职教中心、劳动技校教学楼、退沙街道许村、白龙镇寺庄、陶唐峪乡义旺幼儿园等工程。开展教育慈善助学活动，霍州市四类困难家庭学生资助暨爱心助学大会募集捐款约106万元，资助学生458人。举办3场大型人才招聘活动，启动事业单位招考工作，重视创业就业工作。全年新增就业岗位6000余个，新增就业人员4680人。推进城乡居民医保制度整合，推进公立医院改革，落实财政补贴药品差价政策，缓解群众"看病难、看病贵"问题。完善社会救助制度，推行"救急难"制度，全年共救助4395人次，发放救助金320万元。建成各类保障性住房523套。推进脱贫攻坚，全市各部门、各单位共派出驻村帮扶工作队105支、315人，实现贫困户精准帮扶全覆盖，全年共实现1404人脱贫。

环境建设 2016年，霍州市实施植树造林和绿化工程，完成营造林面积1.79万亩，新增城市绿化面积20万平方米。落实节能减排目标责任制，完成总投资11.1亿元的电力行业燃煤发电机组超低排放改造工程，辛置污水处理厂建成试运行，淘汰黄标车、老旧车456辆，落实企业限产限排，建筑施工管理、大货车城区禁行、市区街道单双号限行等措施，开展环保突出问题大整治、铁腕治污、控硫治污专项行动。空气质量二级以上天数达204天，其中一级天数80天。

（郭秀东）

吕梁市

【概述】 吕梁市位于北纬36°43′-38°43′，东经110°22′-112°19′，总面积21140平方千米，下辖1个市辖区，10个县，2个县级市。

2016年，吕梁市地区生产总值完成995.3亿元，同比增长4.1%。规模以上工业增加值完成546.7亿元，同比增长2.6%；公共财产预算收入完成89.6亿元，同比下降1.2%；社会消费品零售总额完成433.7亿元，同比增长6.8%；固定资产投资完成1118.5亿元，同比下降4.1%。城镇居民人均可支配收入达24180元，同比增长5.6%；农村居民人均可支配收入达7644元，同比增长6.3%。

项目建设 2016年，吕梁市煤电铝、煤焦化、大数据等产业集群化、集聚化发展格局形成。与全国排名前十的河南明泰、嵩基、杭州鼎胜等铝精深加工企业达成合作意向，推动铝产业向下游延伸。兴华科技2×35万吨铝基新材料、华兴铝业二期100万吨氧化铝项目投产，轻铝合金生产线中铝华润一期50万吨项目开工建设。盘活企业闲置资源资产，引进高科技、金融资本和优秀人才，加快煤焦产业纵向延伸，推动交城华鑫与太原理工大学、孝义鹏飞与北京三聚环保、孝义金岩与山东科瑞合作，鹏飞集团建成全国领先的甲醇联产LNG项目。7月，华为公司大数据中心项目落地离石。9月6日，中国铝业、华润煤业、西山煤电、晋能电力举行四方合作签约仪式，合作共建吕梁煤电铝材产业基地。10月，北京软通动力城市创新综合体项目落地孝义，中交网通智慧高速大数据中心项目落户交城。

企业 2016年，吕梁市落实“三去一降一补”，煤炭行业核减产能1060万吨，水泥行业退出落后产能45万吨。坚持与棚户区改造、移民搬迁、采煤沉陷区治理相结合，制订化解房地产库存、购房补贴等政策，减少库存商品房172.4万平方米。防范金融风险，联盛集团破产重整依法推进；农信社改制步伐加快，孝义农商行挂牌运营；引导企业通过合资合作、债转股等方式，处置银行不良贷款23.7亿元。全市1328名干部深入439个重点企业开展帮扶服务；组织300名民营企业家、1000名企业经营管理人员在浙江大学等院校培训。落实省市税费减免政策，减少企业税负4亿元，减征社会保险费1亿元。推动17户用电企业与发电企业直接交易电量23.1亿度，节约电费1.16亿元。6月25日，组织“迎老乡、邀客商、兴吕梁”恳谈会。活动共签约项目29个，总投资874.76亿元。项目涉及基础设施、文化旅游、农业开发、制造业等多个领域。北京和汾阳农产品展销推介系列招商活动，香港王老吉、天津宝迪、北京新瑞利邦等企业落户吕梁。

城乡建设 2016年，吕梁市开展新区安置和市区重点项目建设“百日大会战”，确定新区十大重点项目：两县安置区配套、北川河整治、“两带三湖”、两山防洪项目、便民服务中心、市中心医院、市法院审判庭、新区雨污市政管线、学院南北两路和新区7号8号桥、儿童福利院。截至2016年底，新区16个安置区69栋楼主体工程及配套设施完工，供热、供水、供电、供气、通讯、雨污等市政管线建设完成，1000户征地拆迁群众拿到新房钥匙。离石10个安置小区地库工程有7个开工，开工安置区涉及12个换热站，6个场址提供到位。北川河整治项目箱涵、底板等主体工程完工；北川河“两带三湖”“两带” 完成工程量62%，“三湖”中4号湖完成清表，5号湖完成工程量55%，6号湖完成近50%；两山防洪项目完成土方近50万立方米。便民服务中心主体封顶；市中心医院土方平衡及基坑工程完成；市法院审判庭封顶；新区雨污市政管线完成；学院路建成投入使用。新区7号桥完成工程量90%，8号桥完成工程量85%。推进城建“双十”重点工程，市医疗卫生园区、儿童福利院开工建设，市图书馆、群艺馆启动，吕梁大道一期绿化、主城区人行天桥、便民公厕等一批工程完工。完成市游泳馆维修改造。祁离、静兴两条高速和3条国省道改线工作进展顺利。成立市交通投资平台，承接农发行贷款40亿元，新建和改造农村公路769千米。吕梁至太原开通城际列车，方便群众出行。公交改革坚持政府投入为主，实施公司化改革。全市开通12条线路，投入100辆新公交车，首批30辆新能源电动公交车开始运行，并安装15台充电桩以满足首批车充电所需。

环境建设 2016年，吕梁市完成营造林57.34万亩、吕梁山生态脆弱区造林47.03万亩，完成水土流失治理43万亩、生态修复22万亩。开展“铁腕治污”行动，实施冬季城乡环境整治。

旅游 2016年，吕梁市聘请导演贾樟柯对吕梁市旅游开发进行策划、包装。8月，在太原举办以“山河多娇，英雄吕梁”为主题的吕梁市旅游推介暨项目招商大会，共签约18个项目，总投资71.69亿元。9月23日，山西（运城·临汾·吕梁）特色农产品展示展销活动在北京农业展览馆开幕，吕梁市共落实签约项目57个，签约总额93.6亿元。推广运用PPP项目融资模式，分三批次向社会发布总投资1138亿元的105个项目，推进19个PPP项目建设。组织参加省政府《人说山西好风光》电视竞演活动。

社会事业 2016年，吕梁市公共财政民生支出226.7亿元，占总支出的82.2%。新建、改扩建农村幼儿园26所，文水、交口、中阳等6县通过国家义务教育均衡发展评估认定。吕梁学院附中投入使用。整合离石师范、吕梁教育学院等学校资源，筹建吕梁高等师范专科学校，招生1140名。加快发展医疗卫生事业，吕梁市被确定为第二批国家级医养结合试点市，120个农村老年人日间照料中心建成。1.15万名贫困残疾人得到康复救助。城镇新增就业3.2万人，失业率控制到2.72%。

脱贫攻坚 2016年，吕梁市坚持精准扶贫、精准脱贫方略，出台以《实施意见》为总纲的一系列指导性文件。特色产业扶贫、生态脱贫、易地扶贫搬迁、光伏扶贫、护工护理培训等工作走在全省前列。开展"三个一"扶贫行动，实施"十项重点工程"，推进"五项机制"创新。方山建成村级集中式光伏电站。"吕梁山护工"品牌叫响省城、京城，621名吕梁山护工在省城太原与周边地区就业。经济林提质增效进展顺利。易地扶贫搬迁全省现场会在吕梁市召开，投资完成率和总竣工率分别超省26和11个百分点。"8+2"农业产业化推进，生态脱贫探索形成"合作社+贫困户""政府购买式造林"等模式。建成219处农村饮水安全工程和14个水质检测中心，10万农村人口饮水标准得到提升。出台医疗救助"16条"和教育扶贫系列措施，城乡低保和五保供养标准提高，兜底工作夯实。加强第一书记队伍建设，推进县际结对帮扶工作。278个贫困村、11.1万人脱贫。

吕梁市首部地方性法规获批 2016年7月28日，《吕梁市人民代表大会及其常务委员会立法程序规定》获山西省第十二届人民代表大会常务委员会第二十七次会议批准，于2016年8月1日起施行。

（刘翠翠）

【吕梁市离石区】 吕梁市离石区位于吕梁市中部，总面积1324平方千米，下辖2镇3乡，7个街道办事处，194个行政村、43个居委会。总人口32.5万人。

离石区旅游资源有凤山、汉画石像博物馆、安国寺等。

深化改革 2016年，离石区形成以煤炭焦化、新兴产业、文化旅游、现代商贸物流四大产业为支柱的产业体系。推进供给侧结构性改革，压减煤炭产能133万吨；落实"企业减负60条"和"煤炭20条"扶持政策，设立吕梁佳信德战略性新兴产业基金和中小企业创业创新投资基金，累计为企业减负6000万元。坚持与棚户区改造、移民搬迁、采煤沉陷区治理相结合，商品房去库存4845套、55万平方米。坚持上项目补短板，续建新建项目达52项。其中，产业类项目17个，民生类项目16个，基础设施类项目17个，完成年度投资75.28亿元，比上年净增9.05亿元，增幅达到13.7%。农业产业投入2.24亿元，完成高标准核桃林管护4.4万亩、高接换优1.3万亩，发展中药材、黑小米、油用牡丹、

2016年吕梁市辖县（市、区）经济指标统计表

县　市	地区生产总值（万元）	农林牧渔业总产值（万元）	固定资产投资（万元）	社会消费品零售总额（万元）	一般公共预算收入（万元）	一般公共预算支出（万元）	人均可支配收入（元）	
							城镇居民	农村居民
离石区	704473	36279	1185676	670719	80108	206784	26349	5474
文水县	600192	212747	567369	203137	20988	211710	19695	9050
交城县	528776	59875	715514	180534	41071	141994	19751	8763
兴　县	604451	61879	659858	147496	71191	205113	19061	4006
临　县	417167	121046	712677	419614	40260	333552	16169	4446
柳林县	1218193	37517	1648676	379667	106994	202943	28415	10583
石楼县	86888	43176	146362	30731	2876	108708	13063	2877
岚　县	276951	40608	399560	109559	32452	143017	18109	4689
方山县	240891	30388	246846	91089	31423	138779	19087	4142
中阳县	459892	27132	647473	132064	37568	120652	20187	6208
交口县	357226	33246	638425	76670	46300	115188	18292	6829
孝义市	3387764	174441	2700745	1288947	155569	262445	30416	14978
汾阳市	1059682	132885	886727	607176	72432	212149	21328	12397

花椒树等特色种植1.5万亩,标准化规模养殖达到72.21万只(头)。工业经济转型,华为云数据中心落户离石,晶旭光伏光热项目、中包凌云环保纸项目建成投产,中磁尚善软磁电感、光电互感,高射速注塑成型机项目实施,一批大数据、新能源、新材料等新兴产业项目和高新技术项目推进。发展现代服务业,天源物流、东谷仓食品园等三产项目推进。彩家庄传统古村落保护与开发起步,高家沟高级军事会议纪念馆建成开馆,全方位开发千年景区、白马仙洞景区,旅游业总收入达到48.21亿元。

城乡建设 2016年,离石区推进城乡建设,与省人居环境改善基金合作设立离石子基金为城乡建设提供资金保障。参与配合吕梁新城建设,完成站前广场、中心医院、便民服务中心等市政工程征收拆迁任务,25栋安置楼完工建成,1000户征地拆迁群众分房到户,政府回迁承诺如期兑现;东城区滨河南、北西路及附属工程完工,东川河河道生态治理工程具备蓄水条件。道路交通完成投资5126万元,新建改造16条农村公路,店梁线改造全线完工实现通车。改造农村危房1414户,实施19处安全饮水工程,解决7610人的饮水安全问题;投资2615万元,新建5个宜居示范美丽乡村,改造提升8个生态旅游村。投入2760.45万元实施农村清洁工程,推广垃圾不落地模式。

生态发展 2016年,离石区大土河甲醇厂、热电厂等一批重点污染防治设施提标改造项目完工。淘汰黄标车、老旧车351辆,清理取缔城区燃煤锅炉,主要污染物排放量下降。落实水污染防治行动计划,王家庄沟沟道治理一期工程竣工,城市建成区黑臭水体治理工程开展。水保生态铺开,生态修复9100亩,新增农田灌溉2000亩。实施大气污染防治行动计划,全年空气质量二级以上天数达287天,环境空气质量在全省排名第二。东城区森林公园项目启动建设,完成投资1.8亿元,营造林4.86万亩。

民生事业 2016年,离石区民生支出15.79亿元,占公共财政支出的76.35%。推进学前教育三年行动计划,茂塔沟、下楼桥两所幼儿园建成,推进离石二中搬迁项目,完善城镇中学、江阴高中基础建设,总投资387.76万元的学校云课堂和学校多媒体"班班通"开通运行。实施医疗体制改革,新型农村合作医疗保险补偿比例乡级由85%提高到90%,区级由75%提高到80%;城镇新增就业4500人,城镇登记失业率控制在3.5%以内。实施文化惠民工程,乡级文化综合服务站、村级农家书屋实现全覆盖。

脱贫攻坚 2016年,离石区农村贫困人口人均可支配收入增长35.3%。26个村退出贫困村序列,4047人脱贫,贫困发生率由9.91%下降至7.46%。发展特色种植、规模养殖、农产品加工等脱贫富民产业,培育农村电商、休闲农业、乡村旅游等新产业新业态,产业扶贫覆盖4962户、12759名贫困人口。实施易地扶贫搬迁工程,解决1500人的住房安全问题。贫困人口大病保险报销起付线由10000元下调至5000元,报销比例平均提高3个百分点,农村低保一、二类对象和特困供养人员实现兜底脱贫。 (任 凯)

【文水县】 文水县位于吕梁市东部,总面积1068.57平方千米,下辖7镇5乡,199个村民委员会。总人口43.6万人。

2016年,文水县耕地面积55.1万亩,粮食总产量达24.9万吨。旅游资源有刘胡兰烈士纪念馆、马村革命烈士陵园、武则天庙、西峪口遗址等。

农业产业化 2016年,文水县落实各项惠农支农政策,实施土地开发、高标准农田建设、高效节水灌溉工程和秸秆综合利用试点项目。实施品牌战略,国家级农业产业化龙头企业增至3户,大象农牧成为全省首家销售收入百亿级农业龙头企业。"牧标"牛排获"中国最具价值牛排品牌"和"中国牛肉领袖品牌"。胡兰食品、贤美食业、长青农牧等企业8个农产品获得国家"无公害农产品"认证。农民专业合作社总数达到1039户、家庭农(牧)场55户。电子商务创业园投入运营,农村淘宝项目成功实施,成为全省首家阿里巴巴3.0标准示范县。

供给侧改革 2016年,文水县落实综改攻坚、直供电等改革,开展"干部入企"帮扶活动,企业家投资信心增强,经济回升动力提升。县担保公司增资扩股5000万元,为6户企业提供贷款担保。中信银行完成选址、人员招聘,具备入驻条件。晋能科技、光华铸管、海威钢铁3户企业成功纳入直供电体系,汾西安泰、金源煤化、兴宇机械、宏源达煤化完成打包申报。

项目建设 2016年,文水县实施项目牵动战略,推动新建续建项目投产达效。海威钢铁4座450立方高炉正式复产。国金电力2号机组、晋能科技二期工程、水木新碳锂电池材料、湖北宏鑫快速纸板生产线、百利雅线业白坯绣花线、海威钢铁集运站等一批项目建设完工或投产达效。节能垃圾焚烧发电、旭阳能源发电等项目落地。启动玛钢、煤焦油和钢模板等传统产业整合升级,金联众2万吨煤焦油储存园区开工建设。

城乡建设 2016年,文水县完成子夏大街改扩建、老旧供水管网改造和富康小区街心小广场等工程,启动西山凤凰公园建设。实施县城集中供热二期工程,新增供热面积112万平方米。改善交通路网,完成23千米刘胡兰纪念馆红色旅游公路、42千米农村公路完善提质、10千米窄路面拓宽等工程。新增县城公交线路两条、新能源纯电动公交车30辆。创新融资方式,投入4500万元资本金,撬动社会资本1.8亿元,实施农村路网改造项目。完成全省苗圃良种繁育基地和1.6万亩三北防护林建设。

文化旅游 2016年，文水县加大旅游开发宣传力度，发展旅游新兴产业。举办“2016中国·文水清凉夏日”旅游文化季活动，苍儿会生态旅游景区被评为“中国最美休闲胜地”，世泰湖景区被评为“省级湿地公园”，玫九西山生态旅游项目开工建设。推荐7家单位申报2017年度新闻出版改革发展项目库，“两馆一站”面向社会免费开放，建成1100平方米的非遗保护综合传习中心和9个社区健身广场。

社会事业 2016年，文水县加快义务教育学校标准化建设，通过教育部义务教育均衡发展评估验收。推进医药卫生体制改革，乡村签约医生惠及群众。新县医院10月初投入使用，为县级医院、乡镇卫生院招录医生58人，县乡村三级医疗卫生服务体系健全。扩大社会保障覆盖面，养老、医疗、失业、工伤、生育等保险相关政策得到落实。

脱贫攻坚 2016年，文水县开展建档立卡“回头看”，共确定贫困人口2369户5525人。发挥包村干部、驻村工作队和第一书记“三支队伍”作用，组织32户企业、47个单位包村帮扶。县财政拿出400多万元用于贴息，为2097户贫困户组成的26个合作社争取贷款6427万元，发展特色养殖、特色种植及干果加工等产业。产业扶贫、教育扶贫、医疗扶贫和社会兜底等一系列扶贫措施落实，4个贫困村整体退出、2350人实现脱贫。 （吕金强）

【交城县】 交城县地处吕梁市东北部，总面积182211平方千米，下辖6镇4乡，148个行政村。总人口241621人。

2016年，交城县粮食产量达4300万公斤。旅游资源有孝文山、庞泉沟、卦山、玄中寺等。

招商引资 2016年，交城县引进投资2.5亿元的天津宝迪、4亿元的北京新瑞利邦等国家级龙头企业。提出“一大三新”转型招商方向，引进投资7.9亿元的中交网通高速数据中心项目、投资18亿元的华气东成高变质无烟煤清洁高效利用项目，投资9亿元的中晶环保年产1000万平方米新型绿色建材产业园项目落地。申请列入省级休闲农业和乡村旅游示范县、国家级全域旅游示范县。

城乡建设 2016年，交城县职业中学完成整体搬迁，两所农村幼儿园改造工程投入使用。交城中学篮球馆完成主体工程建设，山西医科大学一院交城分院建设推进。北环路改造工程、沙河西街延伸工程建成通车，磁窑河、瓦窑河治理工程开工，龙门供水工程、世行贷款节水灌溉、小型农田水利重点县项目完工。县乡公路改造75.6千米，夏家营敬老院一期工程完工。推进梁家庄、成村、阳渠棚户区改造；农村危房改造400户；全县完成营造林面积2.53万亩，栽植各类苗木320余万株。

产业脱贫 2016年，交城县出台农业发展20条、畜牧发展20条、旅游发展20条、农机补贴等一系列产业扶贫政策。推行“县有龙头企业、乡有主导产业、村有合作社、户有致富项目”扶贫模式，全县第一批13个资产性收益扶贫项目落实，带动一批贫困村建起合作社，2800名入股贫困人口受益。成立以贫困户为主体的经济合作社21个，完成造林绿化2.53万亩，带动1300名贫困人口脱贫。县财政投入各类扶贫资金9475万元，集中扶持畜牧养殖、中药材种植、食用菌研发、设施蔬菜、农家乐等一批扶贫产业。

（李大斌 燕保平）

【兴县】 兴县位于吕梁市西北部，总面积3168平方千米，下辖7镇10乡，376个行政村，742个自然村。总人口30万人。

2016年，兴县栽植生态林6.6万亩。兴县矿藏资源有煤、铝矾土、石灰石、白云石、硅石、石墨等。旅游资源有晋绥革命纪念馆、石楼山、石猴山、仙人洞等。

项目建设 2016年，兴县有省市重点工程项目30个。其中，省重点工程项目6个、市重点工程项目24个，总投资约205.9亿元。包括兴县肖家洼煤炭铁路专用线项目、山西豫能兴鹤铁路联运有限公司兴县铁路煤炭集运专用线项目、中铝山西铝循环产业吕梁基地氧化铝项目、山西吕梁轻合金科技循环产业基地一期50万吨/年电解铝项目、山西吕梁轻合金科技循环产业基地2×66万千瓦自备电厂、兴县城西蔚汾南路棚户区配套工程项目、兴县蔚汾南路棚户区改造项目(一期)兴县人民医院建设项目等。

林业水利 2016年，兴县完成人工造林8.04万亩，封山育林1.7万亩。标准化栽植核桃经济林4.5万亩。红枣核桃综合管理1.8万亩，推广红枣防裂果技术实施0.2万亩，品种改良200亩。城区可视范围山体绿化工程1.6万亩，完成预整地5100亩。

水土流失治理任务完成11.74万亩，新建提水工程32处、引水工程6处，为38个村的13572口人、706头大畜解决饮水安全问题。

城乡建设 2016年，兴县新建和改造城市道路11.5千米、供水管网6.7千米、雨水管网10.2千米、污水管网6.4千米，新建供气管网8.14千米、供热管网3千米，新增城市集中供热面积16万平方米。县城生活垃圾无害化处理率达100%，集中供热普及率达68.5%，燃气普及率达77.1%。完成蔚汾南路河道景观、新建二段和三段管网改造等工程，忻黑线兴县城区段道路拓宽改造完成工程量的80%。河儿上至肖家洼公路改造工程完成，侯家沟至山头公路改造工程完成。

社会事业 2016年，兴县完成村级幼儿园改造项目两个、城区学校改厕项目5个。为10862名农村义务教育阶段学生提供营养膳食补助，补助金额869万元。为218名职中学生给予生活补助，补助金额21.8万元。为65名高校录取特困大学新生提供交通补助，补助资金4.5万元。开展两个乡镇卫生院及周转房建设，120个村卫生室完成验收。选派专业技术人员外出培训30余人次，培训乡村医生376人。新型农村合作医疗保险参保率达99.9%，人均筹资标准由470

元提高到540元。救助患大病困难群众763人,发放救助金258.5万元;发放临时救济款24.6万元。新建老年人日间照料中心10个、"农村留守儿童之家"5个。建成保障性住房848套,完成农村危房改造400户。

脱贫攻坚 2016年,兴县推进产业扶贫、生态扶贫、易地搬迁扶贫、教育卫生扶贫、社会保障兜底、金融扶贫"六大工程",发展小杂粮、经济林、光伏、家政服务、食用菌、畜牧养殖、设施蔬菜、农产品加工、乡村旅游、电子商务"十大富民产业"。推进易地扶贫搬迁工程。全年搬迁4200人,其中贫困人口3000人,同步搬迁1200人。集中安置2803人,分散安置1397人。回购的562套商品房落实到户,可安置2360人。抓好生态脱贫"五个一批"工作。城区可视范围山体1.6万亩绿化工程完成预整地5100亩。实施乡镇绿化"三个一"工程,共绿化村庄4个、道路93千米、荒山5300亩。对兴县籍统招(包括定向)高中生、现就读于县内高中的建档立卡贫困家庭学生,每年补助除生活费以外的费用,共资助467人,补助107万元。千村万人就业培训贫困劳力400人,新型职业农民培育培训贫困劳力600人。将贫困人口新型农村合作医疗保险门诊统筹补偿封顶线提高到300元,预算增加支出500万元;住院补偿封顶线提高到20万元;大病保险封顶线提高到40万元。农村五保户医疗费用在1万元内的实行免费治疗。对容易造成因病返贫的24类重大疾病,农村五保对象免费治疗,农村低保对象补助90%。对全县16281户30270名农村低保对象的家庭经济状况进行核查,落实补差救助,救助678人、204万元。发放临时生活救助款84万元。由中国人寿承接建档立卡贫困人口大病医疗与意外伤害保险,共参保4.9万人,每人38元,财政扶贫资金补贴保险费186.2万元。为农户提供小额贷款,扶持发展产业。全县共发放小额信贷6433.93万元,涉及农户1287户,其中贫困户473户。按每户5万元的额度,6%的年化收益,贫困户每户可分红3000元。落实贷款资金1亿元,各乡镇落实贷款贫困户。 (牛小兵)

【临县】 临县地处吕梁市西北部,总面积2979平方千米,下辖13镇10乡,631个行政村(1080个自然村),11个街道委员会。户籍总户数24.6617万户,总人口65.3513万人。

2016年,临县农作物种植面积1294723.5亩,粮食产量155348.1吨。临县有碛口古镇、中共中央后方委员会旧址、中共中央西北局旧址、陕甘宁晋绥联防军旧址、民俗博物馆、古兵器博物馆、地质博物馆等旅游资源。临县是国家级计划生育优质服务先进县、省级妇幼健康优质服务先进县,获"2016—2018周期省级卫生县城"称号。

城乡建设 2016年,临县编制完成湍水头、招贤两个镇的总体规划和前青塘、孙家沟两个传统村落保护发展规划,经县政府批准实施。编制完成《临县地下综合管廊专项规划》《临县县城绿地系统专项规划》《临县县城棚户区改造专项规划》,启动燃气集中供热设施建设项目。完成农村危房改造2400户,建成保障性住房130套。确定棚户区改造项目6个。其中,原塑料厂片区改造项目实施改造200户,信用联社片区改造项目实施改造160户,城南安业棚户区改造项目实施改造491户,城北东关棚户区改造项目实施改造914户,农行片区改造项目实施改造115户,凤凰南街片区改造项目实施改造1086户。

文化旅游 2016年,临县开展碛口旅游环境整治提质专项行动,实施李家山生态农庄、寨则山休闲度假村等旅游龙头项目。举办中国·碛口首届"枣儿红了"红枣旅游文化节和央视《美丽中国唱起来》吕梁(西湾)专场。接待阎维文等著名歌唱家到碛口采风拍摄MTV。全县编印《湫虹》《临县史志》《临县每月纪事》《颐年集》等各类杂志3万册,有《临县之窗》报纸1份(4月份停办)。全县有广播电视台1座,年末有线电视用户4.5万户,入户率19%,电视人口覆盖率达99%。

环境建设 2016年,临县制订出台《在全县开展环保重点整治集中行动实施方案》,修订发布《临县城市重污染天气应急预案》。全年全县空气质量二级以上天数233天。年末全县城市污水处理率达88%,集中供热普及率达94%,天然气普及率达81%,绿化覆盖率达26.24%。

脱贫攻坚 2016年,临县制订全县"十三五"脱贫攻坚规划,实施"三个一"扶贫计划和十项重点工作,建立完善精准帮扶工作制度,把贫困人口纳入大病医疗补充保险、人身意外伤害保险,给予贫困人口合作医疗保险费补贴,实行乡镇中医馆对贫困人口"零付费"医疗服务。建立精准扶贫脱贫工作新机制,县乡成立脱贫攻坚指挥部、脱贫工作站、脱贫工作室,实行"一册一平台"、挂图作战和痕迹管理。开展"干部帮扶千人进万户"活动,做到"机关单位干部全参与,贫困村贫困户全覆盖"。整合1.24亿元财政扶贫资金,发展精准脱贫产业。全年实现86个贫困村退出,30018贫困人口脱贫。以土地流转为突破口,投入1600万元实施红枣、核桃经济林提质增效7万亩。采取农光互补、牧光互补等模式,实施光伏电站16.1兆瓦,朝阳农牧、南圪垛等光伏电站在吕梁市率先并网发电。开展订单式护工护理培训,白文职业技校累计培训1869人,就业820人;争取到国家开发银行扶贫搬迁贷款5040万元,落实易地移民搬迁安置任务1698户5200人。投入1000万元建设舍饲养羊基地县;投入1800万元实施绿色马铃薯2万亩、食用菌500万棒、绿色杂粮1万亩、林下中药材1万亩。全年组建造林合作社165个,累计发放扶贫小额贷款2200余万元;全年发放救灾资金1.5亿元,救助困难群众10.54万人。 (张海红)

【柳林县】 柳林县地处吕梁市西南

部，总面积 1287.29 平方千米，下辖 8 镇 7 乡，5 个街道办事处，257 个行政村。

柳林县旅游资源有青龙香严寺、玉虚宫（道观）、柳林双塔寺、龙王庙、贺昌烈士陵园、薛村观音寺、孟门南山寺、三交刘志丹将军殉难处、坪上红军东征登岸处、龙门会村大觉寺、刘家山华君庙等。柳林县获“2011—2015 年全国法制宣传教育先进县”等称号。

产业升级 2016 年，柳林县政府与民营铝加工企业河南明泰铝业上市集团洽谈业务，推进铝系产业发展壮大。发挥李家湾光电子产业园区平台优势，推动高科技项目引进落地，园区内卫星通信楼装修工作完成，卫星地面测控站投入运行；与北京理工大学达成在柳林县设立博士工作站就煤矿井下智能化技术进行合作研发的意向。抓好以铁路集运站为支撑的现代物流体系建设，孟门战略装车点形成 800 万吨的运力，王家会集运站接轨。煤层气产业壮大，全年煤层气勘探开发完成投资 10 亿元，开采井达到 527 口、日产量达到 20 万立方米。京东商城柳林特色馆上线，柳林红枣、核桃、碗团、芝麻饼等特色农产品的销售渠道拓宽。

城乡建设 2016 年，柳林县向省农发行争取贷款 5.6 亿元，对近几年的 651 户棚改拆迁户统一进行货币化安置。柳林新医院建设项目开工。完成采煤沉陷区治理 828 户、地质灾害治理搬迁 35 户、农村危房改造 1400 户、易地搬迁 75 户 200 人；完成农村饮水工程 16 处，解决 16 个村、8700 人、60 头大畜的饮水安全问题；完成造林绿化 4.58 万亩，其中城区可见山体绿化 1000 亩。发展社会事业，义务教育均衡发展通过国家评估验收；投资 144 万元改扩建两所农村幼儿园；高考二本以上达线 1116 人。完善大病医疗救助一站式服务，药物实行零差价销售；政策范围内住院费用报销比例保持在 80%以上，新型农村合作医疗保险住院补偿封顶线达 18 万元；新建乡村卫生室 28 所，改建 30 所，基层医疗卫生服务能力提升。巩固提升图书馆、文化馆、乡镇综合文化站、农家书屋管理服务和免费开放水平。

社会事业 2016 年，柳林县城市低保和农村低保救助标准平均每人每年提高 240 元，分别达到 5220 元和 3684 元；五保老人集中供养和分散供养标准各提高 300 元，分别达到 6700 元和 4900 元；完成 4 所敬老院消防安全改造及 13 个农村老年人日间照料中心建设。实行全民意外伤害保险、红枣保险、玉米保险、免费公交、高中教育免学费等县定惠民政策，各项社会保障实现应保尽保。

脱贫攻坚 2016 年，柳林县推进 8 大重点工程和 23 项脱贫攻坚行动。统筹各类扶贫资金 5427 万元，用于脱贫村基础建设和发展特色产业。14 个贫困村的路、水、电等基础设施和医疗卫生、住房等公共服务完成配套任务。发展特色产业，完成经济林提质 3.7 万亩，凌志肉驴养殖，金家庄、王家沟新大象生猪养殖，高家沟、三交香菇种植等产业起步。县财政向县农村信用联社和邮储银行注入 580 万元的金融扶贫风险补偿金，县人行争取下拨 2 亿元的扶贫再贷款，各金融机构累计发放扶贫小额贷款和产业贷款 8941 万元，惠及贫困人口 1487 人。39 家规模以上企业结对帮扶 39 个贫困村，解决就业 545 人。全年共有 2562 户 7482 名贫困人口脱贫，14 个贫困村退出。（张景尧）

【石楼县】 石楼县位于吕梁市西部，总面积 1808 平方千米，下辖 4 镇 5 乡，134 个行政村。总人口 11.3 万人。

石楼县旅游资源有兴东垣东岳庙、殿山圣母庙与元代戏台、四照楼、郝氏大院、红军东征纪念馆、黄河湾、永由古槐等。

农业 2016 年，石楼县推动“二主多辅”产业，红枣产量达 2000 万公斤，核桃 500 万公斤，新发展绿色谷子 1.5 万亩、食用菌 200 万棒、中药材 5000 亩、油用牡丹 5000 亩。实现有机产品发展新突破，1600 亩红枣、小米获得国家有机产品转换认证。全年打造 20 多个沟域经济示范典型，辐射带动治理 105 条沟道。

项目建设 2016 年，石楼县推动以“一气三电”为重点的项目建设，其中开工建设 45 个，完工 21 个，完成投资 11.54 亿元。推进天然气集气站项目，完成 2×60 兆瓦天然气发电项目建设，光伏发电、风力发电、火车站站前广场等一批重点项目开展前期工作。

城乡建设 2016 年，石楼县完成延安街地下管网改造、东征文化广场、南城初中天桥等工程，实施火车站站前广场大桥、王村改河、鼓楼街棚户区改造、垃圾无害化处理厂等工程。完成 37 处安全饮水、65 处农村电网改造、3 条县级公路路基和 15 条农村公路提升等工程，完善通信基站 165 个，开工建设双石线升级改造工程。石汾高速达成开工建设框架协议。

社会事业 2016 年，石楼县东城九年一贯制学校主体竣工，南城初中迁建和西河湾幼儿园工程铺开，普通高考升学率上升到全市第四，重点院校录取创历史最好水平，职中对口升学达线率居全市前列。卫计事业加快发展。县医院住院大楼、县中医院具备使用条件。新型农村合作医疗保险参保率 95%以上，公共卫生管理服务开展，二孩政策落实。转移农村劳动力 1800 余人，兑现社保救助资金 3245 万元，1.3 万农民享受农村低保，首批 400 套廉租房落实到户。

脱贫攻坚 2016 年，石楼县整合资金 2.84 亿元，推进十二项脱贫行动，全县 17 个行政村 7300 名贫困人口跨过贫困线。产业扶贫投入 2100 万元激励贫困户发展脱贫产业，扶贫移民结合“去库存”安置 588 户 2900 人，护理护工培训 3400 人，生态脱贫 902 人，电商扶贫辐射带动 500 余户，教育、健康、社保等扶贫政策全部兑现到户。启动总投资5.2亿元的“三大产业扶贫计划”。

（郑凤斌）

【岚县】 岚县地处吕梁市西北部，总面积1508.9平方千米，下辖4镇7乡，1个城区管委会，167个行政村，336个自然村。

岚县旅游资源有白龙庙、隋城遗址等。2016年，岚县获得“最美中国榜生态自然旅游胜地和文化魅力、特色魅力旅游胜地”“全国生态特色旅游县”“中国最美宜居宜业旅游县”等称号，入选第二批“国家全域旅游示范区”名单。

项目建设 2016年，岚县推进太刚、正利、昌恒等重点企业升级转型。推动继亨30万吨精密铸造技改项目，20万吨矿棉项目一期建成投产。总投资25亿元的5个48兆瓦风电项目进展顺利，其中大唐阎家背和中电投河口、顺会三个项目并网发电。中磁浩源1200万只软磁芯生产线项目和绿缘景2万吨生物基复合材料生产线项目均投产达效。出台《岚县招商引资招才引智优惠政策》，与北京城投联盟、山西投资集团、山东双塔集团签订马铃薯产品的集散市场及深加工合作项目，与华电山西能源有限公司签订总投资30亿元的10万千瓦光伏发电和25万千瓦风力发电的项目，全年招商引资额达159.5亿元。

民生事业 2016年，岚县民生事业支出11.7亿元，占年度总支出的83.7%。统筹推进学前、义务、高中和职业教育。总投资2亿元的12轨制职教中心一期工程全部完工，二期工程进展顺利。教育均衡通过国务院验收。投资1.2亿元以PPP模式建设的城南热源厂300万平方米集中供热项目一期建成投用，城区集中供热面积达140余万平方米；投资100余万元解决县城“停电即停水”问题，供水安全得到保障。农村医疗卫生服务网络健全、药品保障体系完善、可持续社会保障体系建成。首批24辆新能源电动公交车运营。

环境建设 2016年，岚县空气质量在二级以上天数保持在287天以上，通过国家卫生县城的复审验收。污水处理厂二期工程完成建设。

脱贫攻坚 2016年，岚县马铃薯产业共投入3110万元，实施“户有半亩微型薯保优种、户均1亩一级薯保增收，人均一亩绿色薯保脱贫”的补助政策，涉及贫困人口39447人。成立土豆主粮化研发推广中心，将108种土豆宴通过“互联网+”等方式推向市场，形成“土豆种—土豆花—土豆—土豆饭”全产业链，仅马铃薯产业一项农民每人增加收入近2000元，5000余人靠马铃薯实现脱贫。参加2016年中国马铃薯大会、山西特色农产品北京展销会等推介活动，在第十四届中国国际粮油产品及设备技术展示交易会上，岚县马铃薯获得大会唯一马铃薯金奖。反映岚县土豆产业的电影《土豆花开了》在央视七套首映，提升岚县马铃薯知名度。生态建设方面，岚县抓住吕梁山生态脆弱区综合治理试点县的机遇完成造林5.5万亩，其中3.3万亩政府造林，成立94个脱贫攻坚造林合作社，带动23个村629户贫困户2000余人实现稳定增收。异地移民搬迁方面，集中规划土地140亩，完成投资8400万元，870户3500名移民对象签订协议。教育扶贫方面，完成新型职业农民培训10000余人次，护理工培训620人，330人实现稳定就业。电商扶贫方面，建成农产品电商基地10个，发展198个农村电商体验店，农资、土豆、日用品等累计销售的1859万元。全年22个村整村脱贫、7952名贫困户脱贫。（杨　莹）

【方山县】 方山县位于吕梁市西北部，总面积1434.1平方千米，下辖5镇2乡，169个行政村。总人口14.6万人。

方山县旅游资源，有北武当山、庞泉沟、于成龙廉政文化园、云顶山亚高山草甸和南阳天池等。

产业升级 2016年，方山县推动产业转型升级，优化产业结构。煤炭产业核减产能30万吨，凯川煤业、瑞隆煤业、新星煤业均被评为先进产能矿井和省一级安全质量标准化矿井。加强对铝矾土企业的监管，铝矾土、陶瓷黏土产销量比上年增长118%。国电马坊48兆瓦风电项目一期工程并网试运行；远景风电项目数据测试基本完成；晋能35兆瓦、中金国泰13.53兆瓦光伏发电项目完成引进工作。与重庆恒都、山西国新晋药、北京仟亿达、中金国泰、深圳中苋、呼和浩特福利、北京惠丰清轩等企业推进合作项目建设。

城乡建设 2016年，方山县启动县城总体规划、全县产业规划和城区控制性详细规划修编工作，城区规划面积由5.6平方千米扩展到12平方千米。完成方正北街拆迁工作，方正北街、商贸区道路改造工程完工。瓦窑河治理工程完成蓄水。车道崖35千伏变电站投入运行。医疗园区、便民服务中心、易地移民搬迁安置区、积翠公园改扩建、县城棚户区改造、城东路网、东山万亩山楂园、凤凰公园、北川河综合治理等城区重点项目前期手续办结，着手土地收储、贷款工作。县城棚户区改造项目东一区、东二区申请贷款2.6亿元。深化城市管理体制改革，城区集中供热、环卫清洁、绿色公交实现市场化运营。新建换热站两个，新增供热面积13.5万平方米；10辆新能源公交车、70辆出租车投入运营。吕梁新区建设累计完成拆迁4305户、59万平方米；建成6个安置区3719套安置房，分配安置房223套。

教育事业 2016年，方山县整顿教育秩序，义务教育均衡发展工作通过国务院验收；教育人事体制改革试点工作推进，完成全县中小学及幼儿园的核岗定编工作，完成校级领导全员竞聘工作；对高中运行体制进行改革，将6个宏志班划归新成立的方山高中实行委托管理；新高中一期主体工程完成，二期项目启动。

环境建设 2016年，方山县空

气质量二级以上优良天气数达300天,环境空气质量综合指数提升。全县万元地区生产总值能耗、二氧化碳排放量降幅,二氧化硫、粉尘、烟尘等减排幅度完成预定任务。

脱贫攻坚 2016年,方山县推进产业扶贫、光伏扶贫、易地移民搬迁、生态(工程)扶贫、金融扶贫、社会扶贫、兜底扶贫。全年完成整村脱贫33个贫困村,脱贫4974户12983人。产业扶贫:与山西国新晋药、重庆恒都集团合作,为发展中药材、肉牛两大农业主导产业奠定基础。光伏扶贫:争取并落实68.15兆瓦光伏扶贫指标,按"三统一"模式,投运11个村级分布式光伏电站,建成全省最大的刘家庄18兆瓦村级集中式光伏电站。易地移民搬迁:新开工建设圪洞、峪口、大武三个集中移民安置区,总投资3亿余元,完成投资2.598亿元。省、市易地移民搬迁现场会在方山县召开。生态扶贫:形成"工程扶贫""造林专业合作社+贫困户""护林管护+贫困户"等生态建设与扶贫相结合的模式,投资7400余万元,完成可视山体绿化7974亩、209国道通道绿化20千米。1400多名贫困劳动力通过从事造林绿化、护林管护人均获得工资性收入5900元以上。金融扶贫:完成贷款等级评定授信1235户,发放小额贷款647户、5025万元。社会扶贫:组织全县企业、广大干部职工"送温暖、献爱心",捐赠1182万元,2.1万建档立卡贫困户得到资助。兜底扶贫:对13890户15984名贫困人口应保尽保,低保、医保、救助、教育等24项政策全部提标到位,形成"桥沟模式""大象模式""后则沟模式"等资产性收益新模式,为贫困户发展产业、贫困村集体经济破零开辟新路径。

(刘林林)

【中阳县】 中阳县位于吕梁市西南部,总面积1438.61平方千米,下辖5镇2乡,100个行政村(居)委员会。总户数57875户,总人口155166人。

2016年,中阳县农业总产值实现27008.4万元,农作物播种面积14.53万亩。中阳县旅游资源有柏洼山风景区、石堡寨、仙明洞、车鸣峪、龙泉湖等。

工业 2016年,中阳县组织两次政银企对接活动,促成贷款意向45.14亿元。全县新增投产煤矿1对,总产量达635万吨,实现税收2.2亿元。钢材产量269万吨。其中,特钢产量占到16%,中钢集团创税1.75亿元。中钰热电3×13.5万千瓦热电联产项目环评获批,华润风电具备开工条件,东旭光伏发电进入最后审批阶段。总投资300亿元的铝工业循环经济一体化项目与杭州鼎胜集团签约。

教育卫生 2016年,中阳县共有中小学、幼儿园59所,其中普通高中1所(全省示范高中),职业高中1所,单办初中6所,单办小学32所,九年一贯制学校4所,单办幼儿园15所;在校生26068人,其中普通高中3505人,职业高中267人,初中4791人,小学11711人,幼儿5794人;共有教职工2456人,其中特岗教师74人,编内代教284人。全年全县高考达二本线以上考生共628人,较上年增加39人,600分以上10人,有5名学生分别被清华、北大录取;中考600分以上人数达到165人,500分以上人数达到591人。中阳县有各级各类医疗卫生机构150个,从业人员有高级职称34人,中级职称132人,初级职称110人,护理人员92名,乡镇卫生人员195人,村级卫生人员155人。各类医疗机构拥有床位数338张。其中,县医院拥有287张,乡镇医院拥有129张;每千人拥有床位4.2张;每千人拥有卫生技术人员3.96人。

文化 2016年,中阳县有大型广场2个,乡镇文化站7个,农家书屋87个,社区文化中心8个,新建图书流通点1个。有机关、厂矿、企业、社区、农村、学校等文化活动室110个,有各种群众文化组织10个,富有地方特色的民间艺术有6余种,文化产业涉及演出、娱乐、电影、音像、书刊等10个行业。有各级各类文化艺术人才800余人,文化专职人员48人。全年投资120万元的"无线数字电视覆盖工程"启动实施,投资共400万元的制播大厅和卧龙岗无线发射塔基础设施建设。直播卫星"户户通"工程设备的安装和调试任务完成。

社会保障 2016年,中阳县县城规划区面积23平方千米,建成区6.8平方千米,建成区绿地面积192.83万平方米,绿化覆盖率32.5%,城区供热面积136万平方米,供热覆盖率75%,换热站34个,县城常住人口约7万人。全县城镇新增就业人数1650人,城镇登记失业率在4.2%以内;就业困难人员就业100人,全县转移农村劳动力2905人,新型农村合作医疗保险参保率达98.16%。落实社会保障,养老、医疗、失业、工伤、生育等保险产保面扩大,发放各类补贴救济金4000余万元。

交通电力 2016年,中阳县域内公路总里程达到932.153千米。其中,国道55.537千米、省道4.413千米、县公路7条193.102千米、乡公路24条233.18千米、村通公路157条445.921千米,公路密度64千米/100平方千米。全县拥有公交车33辆,出租车160辆,客车26辆,农村候车厅3个,100%的行政村通客运班车。中阳县共有变电站9座,其中110千伏5座、3万5千伏4座。县域内还有220千伏1座(金罗站),500千伏变电站1座(吕梁500千伏变电站)。全年完成供电量5.21亿千瓦时,售电量4.88亿千瓦时,综合线损6.48%。

邮政通讯 2016年,中阳县邮政业务收入累计完成1050万元,邮政储蓄年末余额54935.91万元。县域内有移动营业网点17个,代办网点17个,手机用户96000,普及率100%,接入互联网2800户,全年营业额2478.1万元,共有基站173个。有联通营业网点7个,代办网点7个,有宽带11000余户,手机用户21000余户,全年营业额2000余万元。有电信营业网点2个,代办网点

40个，宽带用户6800户，手机用户8100户，年营业额860余万元。

攻坚扶贫 2016年，中阳县落实扶贫政策措施兑现，贫困户人均核桃单项收入1200元，生猪、肉羊特色养殖带动400多个贫困家庭稳定增收。发放金融扶贫贷款近2000万元。834名贫困人口参加技能和创业培训，182人稳定就业。493户1802人通过易地扶贫搬迁实现安居梦，获得省级奖励100万元。“光彩事业中阳行”达成意向投资62个、52.26亿元，捐款捐物总计2668.68万元。截至2016年底，全县共有1741户、5064口人稳定脱贫，3个贫困村整体脱贫。 （李晓中）

【交口县】 交口县位于吕梁市西南部，总面积1259.92平方千米，下辖4镇3乡，95个行政村，381个自然村。总人口12.32万人。

交口县旅游资源有云梦山、元代千佛寺、西庄历史文化名村、红军东征总指挥部旧址、毛主席路居地等。

产业转型 2016年，交口县加快“煤电铝材”一体化战略产业发展。信发氧化铝改造提质，实现年产能300万吨；中铝兴华科技二期55万吨特种氢氧化铝项目开工建设；道尔铝业200万吨低品位铝矾土深加工项目推进，100万吨氧化铝项目立项通过；晟安电铝20万吨铝硅合金铸件项目完成立项并与德国路科特公司签约；山西辉煌20万吨聚合氯化铝项目立项，“三通一平”推进；河南伊电控股集团240万吨氧化铝项目洽谈。推进500万吨煤炭产能重组，巩固270万吨焦化、360万吨铸造生铁，开展技术攻关和产业对接，发展现代煤化工和装备制造业。中电投蒙东能源棋盘山10万千瓦风电项目完成核准；200万千瓦露天矿区光伏示范基地项目完成规划，上报国家能源局复审。

城乡建设 2016年，交口县国道209线凤尾山广武庄段路面改造完工投用；孝辛线石口—石楼段开工；县城区西环路工程变更路线方案报省公路局待批复；西纵高速列入国家高速路网，设计招标；汾石高速列入省“十三五”规划，完成签约；孝义西泉至石口一级公路改造列入国家PPP项目库。引黄小水网配套供水工程进展顺利；《山西大水网交口县域供水规划》编制完成，与山西水投公司举行签约达成合作协议。吕交220千伏送电线路工程项目通过省发改委初审；2015年农网改造升级工程新增项目及投资1244万元的城网改造工程竣工投用。县城供热扩面、污水主次管网延伸、地下综合管廊、城区可视山体绿化一批市政项目铺开；二广场迎宾南苑、北苑回迁安置房工程完工；吕梁学院交口实习实训基地项目建成，职业中学搬迁入驻；东征文化广场建设项目双子塔楼建设主体完工。巩固省级卫生县城通过第10次验收。市级文明县城申报评审通过。

社会事业 2016年，交口县用于民生事业的财政支出占总支出的79%。召开全县教育工作大会，出台教育振兴20条，全县义务教育发展基本均衡通过国家评估验收。学校的“全面改薄”完工投运，作为全省五个经验交流县之一在全省交流发言。县一中、二中、三中与太原师范学院达成协议，开展合作办学，教育系统“教风、学风、校风”三风整顿开展，教学质量提升，学生外流现象得到控制。建成交口县电子图书馆。深化医药卫生体制改革和公立医院改革，创建新一轮国家级计划生育优质服务先进县通过省卫计委验收。县计生妇幼大楼主体及附属工程完工；县公共卫生检测中心主体完工。温泉乡卫生院门诊楼及周转房建设完工；新建回购16所村卫生室投运。双池卫生院创建中医特色乡镇卫生院，其妇幼保健门诊通过省级验收，被授予“山西省群众满意医院”。健全城乡社会保障体系，推进城乡医疗保险与大病救助、大病保险、应急救助等制度的衔接。城乡特困群众最低生活保障应保尽保。城乡居民社会养老保险、医疗保险完成并轨，市级考核的6项社保指标完成。实施城乡“双消零”就业工程，实现各类人员就业5256人。

脱贫攻坚 2016年，交口县建立公司+合作社+贫困户帮扶机制，整合盘活资金4000余万元，用于扶贫产业项目扶持。全县以食用菌、核桃经济林、特色养殖为重点的扶贫产业架构形成。食用菌种植达到1200万棒，注册“绅士园”品牌，与香港大丰圣园签订5000万元的香菇购销协议，全产业带动1500余户农户参与，吸纳2000余人就业，户均收入达到2至3万元。推进生态扶贫、金融扶贫等10大专项工程。以旺庄公司为试点，帮助299户建档立卡贫困户实现就业人均收入3万元，形成“金融+工业企业、龙头产业、订单农业、财政扶贫资金、保证保险”五种扶贫模式，累计发放各类支农贷款2.1亿元。全年7个贫困村摘帽，桃红坡、双池两镇整体脱贫，稳定脱贫2294户6500人。

（武允明）

【孝义市】 孝义市地处吕梁市东部，总面积2979平方千米，下辖13个镇、10个乡，631个行政村（1080个自然村），11个街道委员会。户籍总户数24.6617万户，总人口65.3513万人。

孝义市旅游资源有下堡邓小平路居旧址、石践抗日模范村等红色旅游资源，三皇庙、金龙山等文化旅游资源，孝河湿地、胜溪湖等生态旅游资源，梦幻海、曹溪河等休闲旅游资源。2016年，孝义市被评为全国十大生态文明旅游城市。

转型综改 2016年，孝义市市民服务中心投入运行，入驻36家公共服务单位和37家行政审批部门，承办90项民生事项和249项审批事项，构建“一站式、一条龙”的政务服务管理新格局。孝义市农村信用社改制成农商行。与央企、国企在棚户区（城中村）改造、基础设施和公共服务建设等领域达成57亿元合作意向。申报省级中小微企业创业创新基地示范县，新增小微企业575户，17乡镇实现小微企业服务站全覆盖。推行“双随机一公开”监管改革，加强事中事后监管。启动全市“13710”电子督办系统建设。

产业转型 2016年，孝义市依托“五大园区”，确定铝系、煤焦化两大核心支柱产业和农产品加工业、现代服务业、新兴科技产业三大新兴战略产业为经济转型升级的主攻方向，形成“2+3”产业新格局。信发和兴安各110万吨高精铝材项目完成规划、选址和立项。推进13座整合矿井建设，正令煤矿进入联合试运转。焦化行业兼并重组形成产能900万吨，完成产值89.1亿元。延伸焦炉煤气、煤焦油、粗苯精制及深加工三条化工产业链，鹏飞60万吨甲醇联产4亿立方米LNG项目一期工程建成投产；金州50万吨煤焦油深加工及10万吨针状焦项目投入试生产；鹏飞40万吨费托合成蜡、金岩45万吨甲醇及3亿立方米LNG项目启动建设。发展农业企业32家，形成以肉禽、果蔬、小杂粮、玉米、核桃精深加工为主的特色产业链。大象熟食加工项目正式投产，年产量2500余吨。6万吨核桃系列产品加工项目及王老吉顶养系列大健康产业园项目试生产。沃尔玛、天福广场等商贸物流业向精细化、个性化、特色化、品牌化发展。金晖集团与杭州绿城集团合作，建设集养老、医疗、休闲、旅游、商贸为一体的高端服务项目。实施电子商务“百千万亿”行动计划，农村淘宝市级服务中心及首批50个村级服务站启动运营。深化产学研合作，申报吕梁市科技计划项目8个，技术合同交易额达1.29亿元。与北京软通动力信息技术有限公司合作城市创新综合体项目签约落地。太子光伏发电一期30兆瓦项目并网发电。金晖兆隆PBAT项目形成2万吨产能。

城乡建设 2016年，孝义市强化规划引领，中心城区控制性详细规划覆盖面积达到79.7%。海绵城市专项规划形成初步方案，中心城区完成1200千米地下管线普查。城市集中供热、供气普及率分别达到95%和96%。新建城乡供水管网15.6千米，建成区基本实现生活污水收集管网全覆盖。更新纯电动公交车50辆，更新天然气双燃料汽车744辆。梧桐新区入住2.3万人，下栅新型农村社区33栋住宅具备入住条件，南部新区、大孝堡新区、振兴新区加快建设。兑镇与新峪、离柳国有煤企整合市政、教育卫生等资源，共建镇矿集中居住区。

脱贫攻坚 2016年，孝义市健全市级领导、机关单位、乡镇三大包扶机制。统筹推进产业脱贫、就业创业脱贫、智力脱贫等“十大专项行动”，年内脱贫1411人。创新“政府+贫困户+龙头企业+农商行”金融精准扶贫模式，评级授信建档立卡贫困人口412户1051人，授信金额5255万元。选派76个部门单位103名干部到临县担任第一书记，开展产业、金融、教育、医疗、就业、人才“六大帮扶行动”。 （张彩琴）

【汾阳市】汾阳市地处吕梁市东部，总面积1178.91平方千米，下辖9镇2乡5个街道，262个行政村，37个社区。常住人口431243人。

2016年，汾阳市粮食总产量达17.6万吨。旅游资源有杏花村汾酒作坊、五岳庙、文峰塔、关帝庙等。2016年，汾阳市获“山西省农田水利基本建设禹王杯红旗县(市)”称号。

城乡建设 2016年，汾阳市万泰商城等6个项目试运营。新增债券资金0.31亿元、国开行贷款5.7亿元，农发行贷款2亿元，通过PPP模式融资7.8亿元，启动文峰街西段等4个棚改项目和胜利街改造等19项市政工程。获得专项补助资金4.5亿元、吕梁交投公司贷款5亿元，启动307国道改线、汾屯公路改线和2条旅游公路建设。全市新建雨污水管网6.5千米、供水管网6千米、天然气管网12.3千米、集中供热管网12千米，新增集中供热面积100万平方米。实施千井富民工程，解决2500余人的饮水安全问题。

社会事业 2016年，汾阳市新型农村合作医疗保险参保率95%以上，人均筹资标准由470元提高到530元。城镇登记失业率控制在2.9%以内。推进中医院住院楼建设项目建设。投资4000余万元启动汾阳中学古建筑修缮工程。山西医科大学汾阳学院和吕梁学院汾阳师范分校校区建设工程展开。汾阳市第四高级中学和第五高级中学重新选配校长、副校长并公开招聘教师200名。全市高考二本以上达线人数1446人（含一本），一本以上达线411人。导演贾樟柯在三晋民俗体验地贾家庄创立“山河故人·家厨”电影主题餐厅。

生态环境 2016年，汾阳市启动总投资17.4亿元的禹门河治理三期等11项工程，筹资5000万元用于造林绿化。实施石盘山绿化和110个农村绿化工作，完成营造林3.82万亩，栽植各类苗木28.47万株。城区全年新增绿化面积7万多平方米。开展“铁腕治污”“铁腕斩污”行动，推进焦化、再生橡胶和酿酒等企业提标改造、取缔燃煤锅炉170个，报废黄标车和老旧车809辆，投用新能源电动公交车200台。开展冬季城乡环境整治行动，实施4个村污水管网工程。全市申报省级美丽宜居示范村1个、吕梁市级3个。

脱贫攻坚 2016年，汾阳市安排财政资金1000万元用于精准扶贫脱贫。在贫困村安排“一事一议”奖励补助，发展贫困村公益事业和基础设施建设；立足老病残等丧失劳动能力的贫困户，一次性安排低保兜底扶贫；立足贫困户实际情况，结合村、乡镇实际，以人均1000元/年的资金扶持标准，连续扶持两年，鼓励贫困户“组团”发展适合本村的种植、养殖、林果等产业，彻底实现脱贫；市级领导包保的13个贫困村给予5万元的扶贫资金支持，由市领导结合实际安排帮扶项目；第一书记和驻村扶贫工作队立足贫困村、贫困户实际情况，高效利用财政扶持资金每年10000元。截至2016年底，全市1536户、3922人和8个贫困村实现稳定脱贫。 （郭宇霞）

附　录

Appendix

地方性法规选登

山西省煤炭管理条例

（2001年1月12日山西省第九届人民代表大会常务委员会第二十次会议通过

根据2016年1月20日山西省第十二届人民代表大会常务委员会第二十四次会议《关于修改〈山西省安全生产条例〉和〈山西省煤炭管理条例〉的决定》修正）

第一章　总　则

第一条　为合理开发利用和保护煤炭资源，规范煤炭生产、经营活动，保障和促进煤炭行业健康发展，根据煤炭法及其他有关法律、法规的规定，结合本省实际，制定本条例。

第二条　在本省行政区域内从事煤炭生产、经营和管理活动，适用本条例。

第三条　煤炭资源的开发实行统一规划、合理布局、综合利用的方针。鼓励煤炭的加工转化，推广洁净煤技术，提供多种煤炭产品，以适应市场需求，提高经济效益。

第四条　依法保护煤炭资源，禁止乱采、滥挖等破坏煤炭资源的行为。

开发利用煤炭资源，必须保护生态环境，防治污染，防止地质灾害和其他公害。

第五条　各级人民政府应当依法保护煤炭生产经营企业的合法权益，维护企业正常的生产、经营秩序，加强对煤矿安全生产的领导。

第六条　县级以上人民政府煤炭管理部门负责本行政区域内煤炭行业的监督管理。

县级以上人民政府国土资源、环境保护等有关部门在各自职责范围内负责对煤炭行业的监督管理。

第七条　鼓励和支持煤矿企业、煤炭经营企业依法通过收购、兼并、重组、联合等方式组建跨地区、跨所有制、跨行业的企业集团，实行生产、经营一体化。

第八条　煤矿企业应当采取措施，加强劳动保护，保障职工的安全和健康，对井下作业的职工采取特殊保护措施。

第二章　煤炭生产开发规划与煤矿建设

第九条　省煤炭管理部门根据全国煤炭生产开发规划和全省矿产资源开发规划，组织编制本省煤炭生产开发规划，经省人民政府批准后组织实施并报国务院煤炭管理部门备案。

第十条　开办煤矿企业，应当具备下列条件：

（一）符合全省煤炭生产开发规划和煤炭产业政策；

（二）有煤矿建设项目可行性研究报告或开采方案；

（三）年生产能力不得少于30万吨；开采零星资源、极薄煤层及残采、复采的矿井，年生产能力不得少于3万吨；

（四）煤炭资源的采区回采率，开采薄煤层不得低于百分之85%，开采中厚煤层不得低于80%，开采厚煤层不得低于75%；

（五）有开采所需的地质、测量、水文资料和其他资料；

（六）能够利用的共生、伴生矿种必须综合开采、综合利用；

（七）有符合煤矿安全生产和生态环境保护要求的矿山设计及地质灾害防治方案；

（八）有与煤矿生产规模相适应的资金、设备、技术人员和先进的开采技术；

（九）法律、行政法规规定的其他条件。

第十一条　开办煤矿企业，须向省煤炭管理部门提交下列材料：

（一）开办煤矿企业申请书；

（二）县（市、区）、市（地）煤炭管理部门逐级审核签署的意见，开办乡镇煤矿企业的，还须提交由资源所在地乡（镇）人民政府签署的意见；

（三）省国土资源主管部门划定矿区范围的批准文件；

（四）环境保护部门的评价报告；

（五）法定验资机构出具的验资证明；

（六）法律、法规规定的其他材料。

第十二条　省煤炭管理部门按照国务院规定的分级管理权限审批

煤矿企业，应当自收到本条例第十一条规定的材料之日起四十五日内依法进行审查，并作出批准或不批准的决定。不批准的，应当书面说明理由。经批准开办的煤矿企业，凭省煤炭管理部门的批准文件，由国土资源主管部门颁发采矿许可证。

第十三条 对具有重要价值的主焦煤、活性炭原料煤、特种石墨(鳞片状石墨、电池用石墨)以及含镓、锗元素伴生煤等特殊煤种或稀缺煤种，省人民政府应当设立资源保护区，实行保护性开采；稀缺煤种实行专户供应。

在资源保护区开办煤矿企业，必须经省煤炭管理部门审查，报省人民政府批准。在资源保护区已经开办的煤矿企业应当进行整顿、联合、改造，在规定期限内达到保护和综合利用要求。

资源保护区管理办法由省人民政府制定。

第十四条 在本省行政区域内开办下列煤矿企业须经省煤炭管理部门签署意见，并按规定报国务院煤炭管理部门审批：

(一)年生产能力60万吨以上的煤矿企业；

(二)跨省、自治区行政区域的煤矿企业；

(三)中外合资、中外合作的煤矿企业；

(四)在国家规划矿区范围内开办的煤矿企业；

(五)其他应当由国务院煤炭管理部门审批的煤矿企业。

第十五条 已经批准开办的煤矿企业，在采矿许可证有效期内变更企业名称的，须向设立煤矿企业的原审批机关、采矿许可证颁发机关分别申请办理有关手续；变更矿区范围的，必须报请原审批机关批准，并报请原颁发采矿许可证的机关重新核发采矿许可证。

在国有煤矿企业矿区范围内已经开办的乡镇煤矿企业合并、分立、终止或出租、抵押采矿权的，须经国有煤矿企业同意后，经省级有关主管部门批准；申请变更登记须经有关部门批准的，按照国家规定办理有关手续。

第十六条 煤矿建设工程按照批准的矿山设计进行施工，实行项目法人责任制和工程监理制，并接受工程质量监督机构的监督。

煤矿建设工程实行工程质量终身责任制，项目法人、勘察设计、施工、监理等单位的法定代表人，按各自的职责对其参与的项目工程质量负终身责任。

第十七条 煤矿建设工程，由煤炭管理部门组织矿山安全、环境保护、消防、建设、国土资源等有关部门进行竣工验收。审计部门应当对国家投资的建设工程项目进行竣工决算审计。

第三章 煤炭生产、煤矿安全与矿区保护

第十八条 取得采矿许可证的煤矿企业在投产前必须依法领取安全生产许可证。禁止转让、出租、涂改、伪造安全生产许可证。

煤矿企业未取得安全生产许可证，不得从事煤炭生产活动。

第十九条 煤炭的开采、加工应当符合地质灾害防治和生态环境保护要求。造成地表土地塌陷、挖损的，由采矿者进行复垦；造成他人损失的，应当依法赔偿。

第二十条 煤矿企业在批准的矿区范围内开采煤炭的共生和伴生资源，不再办理采矿许可证；主要开采矿种发生变化时，应当办理环境影响评价和采矿许可证变更手续。

第二十一条 煤矿企业应当在依法批准的矿区范围内进行煤炭生产，不得越界、越层开采。

第二十二条 煤矿企业应当按照国家和省有关规定提取维持简单再生产费用，专款专用。

第二十三条 建立和推行煤矿企业积累煤矿衰老期转产资金制度。

鼓励和扶持煤矿企业发展多种经营。

第二十四条 县级以上煤炭管理部门应当指导煤矿企业贯彻落实国家有关煤矿安全生产的方针、政策和法律、法规，参与重大伤亡事故的救护、调查和处理。

第二十五条 煤矿企业的安全生产管理，实行企业法定代表人负责制。法定代表人及其他负责人必须遵守有关煤矿安全的法律、法规和煤炭行业安全规章、规程，加强对煤矿企业安全生产工作和环境安全的管理，实行安全生产责任制，防止伤亡和其他安全生产事故以及环境事故的发生。

第二十六条 违章指挥、强令职工冒险作业的，煤矿职工有权抵制。

在煤矿井下作业中，出现危及职工生命安全并无法排除的紧急情况时，作业现场负责人或安全管理人员应当立即组织职工撤离危险现场。

第二十七条 煤矿企业的特种作业人员，必须接受专门技术培训，经考核合格取得操作资格证书后，方可上岗作业。特种作业人员的考核、发证工作按照国家有关规定执行。

第二十八条 煤矿企业应当按照国家规定，定期为职工缴纳失业、医疗、养老、工伤、生育等社会保险费用。

第二十九条 任何单位和个人不得危害煤矿矿区的电力、通信、交通及其他生产设施，不得扰乱煤矿矿区的生产秩序和工作秩序。

未经煤矿企业同意，任何单位和个人不得占用煤矿企业的电力专用线路、铁路专用线、专用道路、专用通信线路和专用供水管路。

第四章 煤炭经营

第三十条 在本省行政区域内销售煤炭产品应当根据市场需求实行总量控制、定额管理，具体管理办法由省人民政府制定。

第三十一条 在煤炭经营活动中禁止下列行为：

(一)国家机关开办煤炭经营企业或从事、参与煤炭经营活动；

(二)行政机关违反国家规定擅自设立煤炭供应的中间环节、额外加

收费用;

(三)从事煤炭运输的车站及其他运输企业利用其掌握的运力参与煤炭经营;

(四)在煤炭中掺杂、掺假、以次充好;

(五)哄抬煤价或以低于成本的价格倾销煤炭,扰乱正常的生产经营秩序,损害国家利益或其他经营者的合法权益。

第五章 法律责任

第三十二条 违反本条例第十九条规定,造成地表土地塌陷、挖损或其他生态环境破坏的,依照有关法律、法规的规定给予行政处罚。

第三十三条 违反本条例第二十一条规定,超越批准的矿区范围,越界、越层开采的,由县级以上国土资源主管部门责令退回本矿区范围开采,拒不退回的,依法给予行政处罚;给他人造成损失的,依法承担民事责任。

第三十四条 违反本条例第三十一条规定,开办煤炭经营企业或从事、参与煤炭经营活动,擅自设立煤炭供应的中间环节或额外加收费用的,由其上一级主管部门责令改正,并对直接责任人员给予行政处分;擅自设立煤炭供应中间环节收取的费用以及额外加收的费用,一律上交财政。

第三十五条 煤炭管理部门和其他有关部门的工作人员,在煤炭管理活动中滥用职权、徇私舞弊、玩忽职守的,由其所在单位或上级主管部门给予行政处分;构成犯罪的,依法追究刑事责任。

第三十六条 县级以上煤炭管理部门可以委托符合行政处罚法第十九条规定条件的煤炭纠察机构负责行使行政处罚权。

第六章 附 则

第三十七条 本条例具体应用中的问题,由省人民政府负责解释。

第三十八条 本条例自2001年3月1日起施行。1985年9月10日山西省第六届人民代表大会常务委员会第十四次会议通过,1988年1月16日山西省第六届人民代表大会常务委员会第二十八次会议修正的《山西省煤炭开发管理条例(试行)》同时废止。

山西省环境保护条例

(1996年1月19日山西省第八届人民代表大会常务委员会第二十次会议通过

根据1997年7月30日山西省第八届人民代表大会常务委员会第二十九次会议《关于修改〈山西省环境保护条例〉的决定》修正

2016年12月8日山西省第十二届人民代表大会常务委员会第三十二次会议修订)

第一章 总 则

第一条 为了保护和改善环境,防治污染和其他公害,保障公众健康,推进生态文明建设,促进经济社会可持续发展,根据《中华人民共和国环境保护法》及相关法律、行政法规的规定,结合本省实际,制定本条例。

第二条 环境保护坚持保护优先、预防为主、源头控制、综合治理、公众参与、损害担责的原则。

第三条 各级人民政府对本行政区域的环境质量负责。

县级以上人民政府环境保护主管部门对本行政区域的环境保护工作实施统一监督管理。

县级以上人民政府有关部门依法对资源保护和污染防治等环境保护工作实施监督管理。

第四条 县级以上人民政府应当将环境保护投入列入本级财政预算。逐步建立政府、企业、个人和其他社会组织共同参与的多元环境保护投融资机制,引导民间资本和社会资本参与生态环境保护。

各级人民政府、县级以上人民政府有关部门对国家和省规定用于环境保护的资金,应当予以落实并合理安排使用,不得截留或者挪用。

第五条 公民、法人和其他组织依法享有知悉环境信息、参与和监督环境保护的权利,有保护环境的义务,有权对污染环境和破坏生态的行为进行举报。举报属实的,有关部门应当奖励,并对举报人的个人信息予以保密。

对在环境保护工作中做出显著成绩的单位和个人,由各级人民政府按照有关规定给予表彰和奖励。

第二章 监督管理

第六条 省人民政府环境保护主管部门应当根据国家环境保护规划和本省国民经济和社会发展规划,会同有关部门编制省环境保护规划,报省人民政府批准并公布实施。

设区的市、县(市、区)人民政府环境保护主管部门应当根据上一级人民政府环境保护规划和本行政区域的环境状况,会同有关部门编制环境保护规划,报本级人民政府批准并公布实施。

环境保护规划的内容应当包括生态保护和污染防治的目标、任务、保障措施等,并与主体功能区规划、土地利用总体规划和城乡规划等相衔接。

第七条 省、设区的市人民政府及其有关部门组织编制工业、农业、城市建设、自然资源开发等专项规划,应当进行环境影响评价。

第八条 省人民政府可以制定严于国家环境质量标准和国家污染物排放标准的地方环境质量标准和地方污染物排放标准;对环境问题突出的地区或者区域内产能饱和的行业,决定执行污染物特别排放限值。

第九条 省人民政府环境保护主管部门应当对国务院下达省人民政府的环境质量改善目标和污染物排放总量控制指标,按照设区的市、县(市、区)逐级分解落实,并制定本省环境质量改善目标和污染物排放总量控制计划，报省人民政府批准后组织实施。

省人民政府环境保护主管部门可以根据本行政区域污染物防治的需要，制定本省实施特征性污染物的总量控制计划，报省人民政府批准后组织实施。

设区的市、县（市、区）人民政府环境保护主管部门应当按照上一级人民政府环境质量改善目标和污染物排放总量控制计划的要求，制定本行政区域环境质量改善目标和污染物排放总量控制实施方案，报本级人民政府批准后组织实施，并报上一级人民政府环境保护主管部门备案。

污染物排放总量实行等量、减量置换，余量可以进行交易。

第十条 建设项目的环境影响报告书、报告表，由建设单位依法报有审批权的环境保护主管部门审批。

建设项目建设过程中，建设单位应当同时实施该项目环境影响评价文件及其审批意见中提出的环境保护对策措施。

实行排污许可管理的建设项目在投入生产或使用前，应当按照有关规定向县级以上人民政府环境保护主管部门申请取得排污许可证。

第十一条 建立健全环境监测制度。

省人民政府环境保护主管部门对全省环境监测工作实行统一监督管理，定期公布环境监测机构名录，会同有关部门完善省环境监测网络和环境监测数据库，健全环境监测预警机制。

县级以上人民政府环境保护主管部门所属环境监测机构应当组织开展环境质量监测、污染源监督监测、排污许可证管理监测、环境状况调查及评价监测、应急监测，为环境质量评价提供真实可靠的监测数据，组织实施环境质量预报。组织开展飞行监测及检查，开展环境监测科学技术研究。

各类环境监测机构应当按照环境监测标准与技术规范从事环境监测活动，接受环境保护主管部门的监督。不得伪造、篡改环境监测数据和环境监测报告。

第十二条 省、设区的市人民政府环境保护主管部门根据本行政区域的环境承载能力、重点污染物排放总量控制指标以及排污单位排放污染物的种类、数量和浓度等因素确定重点排污单位，并依法向社会公布。

重点排污单位应当按照国家有关规定和监测规范安装使用自动在线监控设备，不得擅自拆除、闲置、改变或者损毁。自动在线监控设备应当与环境保护主管部门的监控平台联网。

自动在线监控设备的运营单位应当保障自动在线监控设备的正常运行，保证自动在线监控数据的真实、可靠和有效，并保存原始监测记录，不得隐瞒、伪造、篡改自动在线监控数据。

第十三条 重点排污单位应当按照国家规定开展污染源及厂区周围环境质量的自行监测，保存原始监测记录，不具备自行监测能力的重点排污单位应当委托有资质的环境监测机构为其实施监测。

重点排污单位应当在国家和省环境保护主管部门规定的网站向社会如实公开主要污染物的名称、排放方式、排放浓度和总量、超标排放情况，以及防治污染设施的建设和运行情况，接受社会监督，并对公开信息的真实性、准确性和完整性负责。

第十四条 实行煤炭消费总量控制制度。

省能源主管部门会同有关部门制定能源结构调整规划，确定燃煤总量控制目标。设区的市人民政府应当按照燃煤总量控制目标，制定削减燃煤和清洁能源改造计划并组织实施。

第十五条 建立排污权有偿取得和交易制度，实行排污权的有偿取得和有偿转让。

省人民政府环境保护主管部门负责建立统一的交易平台，实施排污权有偿取得和交易的监督管理。市级人民政府环境保护主管部门对本区域排污权交易进行监督管理。

第十六条 建立排污单位环境信用评价制度。

县级以上人民政府环境保护主管部门每年对重点排污单位进行环境信用评价，并向社会公开评价结果。

县级以上人民政府环境保护主管部门应当会同发展改革、财政、商务、人民银行等部门建立联合奖惩机制，根据排污单位环境信用评价状况，在公共采购、评先创优、金融支持等方面予以支持或者限制。

第十七条 排污单位可以委托具有相应能力的第三方机构实施污染治理。委托方与受托方依法签订委托协议，明确双方权利和义务。

第十八条 排污单位在污染物排放达标后，进一步减少污染物排放的，县级以上人民政府应当予以财政、价格、政府采购等方面的鼓励和支持。

第十九条 县级以上人民政府环境保护主管部门应当定期公布本行政区域环境质量状况信息。

县级以上人民政府环境保护主管部门应当公布建设项目环境影响评价、排污许可、环境监测、行政处罚等信息。

第二十条 省、设区的市人民政府根据区域环境质量状况和环境污染防治工作需要，划定环境污染防治重点区域、流域，建立环境污染联合防治协调机制，实行统一规划、统一标准、统一监测、统一措施，明确环境质量改善目标、污染防治措施、重点行业及重点治理项目，组织相关人民政府实施联合防治。

实施联合防治的人民政府应当建立相关环境信息实时共享机制，制定共同实施的环境保护计划和措施，开展联合检查和执法活动，处理重大环境问题。

第二十一条 县级以上人民政府应当建立环境保护联席会议制度，由政府召集、有关部门参加，环境保护主管部门承担日常工作，研究和解决环境保护监督管理工作中的重大问题。

第二十二条 县级以上人民政府对下一级人民政府及本级人民政府负有环境保护责任的部门主要负责人的环境保护工作实绩进行年度考核。考核结果作为被考核人任职以及对其奖惩的依据。

各级人民政府应当每年向上一级人民政府报告环境保护工作目标、任务的完成情况；县级以上人民政府有关部门应当每年向本级人民政府报告环境保护工作目标、任务的完成情况；未完成的，应当作出说明，提出整改措施并负责落实。

各级人民政府应当将环境保护工作目标、任务的完成情况向社会公开，接受社会监督。

第二十三条 省、设区的市人民政府应当对下一级人民政府及其有关部门开展环境保护督察，对存在突出环境问题的地区，可以不定期开展专项督察。

第二十四条 设区的市、县（市、区）人民政府应当将本行政区域划分为若干环境监管网格，明确监管责任人，制定环境监管方案，建立环境监管档案，采取差别化监管措施。

省环境保护主管部门应当加强对市、县人民政府落实网格化环境监管措施的指导和监督。

第二十五条 乡（镇）人民政府应当采取措施，对本行政区域秸秆焚烧、垃圾和污水处理、畜禽养殖粪便处置实施监督管理。

街道办事处和基层群众性自治组织应当协助环境保护主管部门做好本辖区的环境保护工作。

第三章 防治污染和其他公害

第二十六条 对超过重点污染物、特征性污染物排放总量控制指标或者未完成国家和省确定的环境质量目标的地区，省人民政府环境保护主管部门应当暂停审批其新增重点污染物排放总量的建设项目环境影响评价文件。

对未完成环境保护工作目标和任务的地区，由省人民政府环境保护主管部门会同相关主管部门约谈其主要负责人，并向社会公开。

第二十七条 排污单位在执行国家和地方污染物排放标准的同时，应当遵守分解落实到本单位的重点污染物排放总量控制指标。

对超过污染物排放总量控制指标的排污单位，环境保护主管部门可以暂停审批其新增重点污染物排放总量的建设项目环境影响评价文件。

第二十八条 县级以上人民政府根据主体功能区规划、环境保护规划和本行政区域的资源环境承载能力，调整产业结构，合理规划产业布局，引导工业企业入驻工业园区。

工业园区应当配套污水处理、固体废物收集转运等防治污染的设施，并确保其正常运转。

新建煤化工、冶金、焦化等污染型项目应当按照规定入驻工业园区。

禁止引进高污染、高环境风险项目，淘汰严重污染环境的工艺和设备。

第二十九条 排污单位应当建立环境保护责任制度，明确责任人和环境保护岗位相关工作人员的责任，制定防治污染设施操作规程，建立环境保护管理台账。

第三十条 设区的市、县（市、区）人民政府应当组织制定区域供热规划，建设和完善供热系统，对工业园区和城市建成区的用热单位实行集中供热，并逐步扩大供热管网覆盖范围。

在燃气管网和集中供热管网覆盖范围内，禁止新建、扩建燃用煤炭、重油、渣油的设施，原有分散的燃煤锅炉应当限期拆除。对集中供热管网未覆盖地区原有锅炉，应当进行升级改造或者使用清洁燃料。

第三十一条 禁止焚烧沥青、油毡、橡胶、塑料、皮革、垃圾以及其他产生有毒有害烟尘和恶臭气体的物质。

在省人民政府划定的区域内，禁止露天焚烧秸秆、落叶等产生烟尘污染的物质。

第三十二条 产生含挥发性有机物废气的生产和服务活动，应当在密闭空间和设备中进行，并按照规定安装和使用污染防治设施，减少含挥发性有机物废气的产生。无法密闭的，应当采取措施减少废气排放。

第三十三条 省人民政府环境保护主管部门可以通过现场检查、抽样检测等方式，加强对新生产、销售机动车和非道路移动机械大气污染物排放状况的监督检查。

县级以上人民政府环境保护主管部门可以在机动车集中停放地、维修地，对在用机动车的大气污染物排放状况进行监督抽测；在不影响正常通行的情况下，可以通过遥感监测等技术手段，对在道路上行驶的机动车的大气污染物排放状况进行监督抽测，公安机关交通管理部门予以配合。

第三十四条 施工单位应当在施工现场设置独立的建筑垃圾收集场所，对施工现场出入口地面作硬化处理，设置清洗设施、设备，清洗出场车辆，防止污染环境。

运输建筑垃圾应当使用密闭式运输工具，按照有关部门规定的时间、路线运送到指定的消纳场地。

第三十五条 县级以上人民政府应当加强城市排水与排污管网建设，保障污水集中处理设施正常运行，提高污水收集处理率。

省人民政府应当每年公布设区的市、县（市、区）人民政府城市污水集中处理设施的建设、运营、达标排放情况，对按期完成城市污水集中处理设施建设并按照规定运营、达标排放的，予以鼓励和扶持。

对污水集中处理设施不正常运营，或者不能稳定达标排放的，省人民政府应当督促当地人民政府限期整改。

第三十六条 从事畜禽规模养殖的单位和个人应当按照规定收集、贮存、利用、处置畜禽粪便。未达到规模养殖的畜禽养殖单位和个人应当采取与其养殖规模相适应的防治污染措施,防止污染环境。

除法律、法规规定的禁止养殖区域外,县级以上人民政府有关主管部门应当根据当地环境承载能力和污染物排放总量控制等要求,划定畜禽禁止养殖区和限制养殖区,报同级人民政府批准后实施,并向社会公布。

第三十七条 本省实行跨设区的市、县(市、区)的地表水交界断面水质监测考核制度。

上级人民政府应当责令地表水交界断面水质不达标的设区的市、县(市、区)人民政府限期整改;有关人民政府应当采取有效措施削减水污染物排放量,使出界断面水质达标。

第三十八条 餐饮、洗浴、洗车等经营者不得直接向水体排放污水。

加油站、码头、装卸站、野外勘探点等布局分散、位置偏远的排污单位,应当将未处理的生活生产废水转运集中处理,不得直接排入地表水体。

第三十九条 医疗机构、学校、科研院所、企业等单位的实验室、检验室、化验室产生的有害废液应当按照国家有关规定单独收集,进行无害化处理,不得直接排入城市污水管网或者水体。

县级以上人民政府环境保护主管部门应当按照有关规定加强对实验室、检验室、化验室废液处理的监督管理。

第四十条 县级以上人民政府应当采取措施,组织排查、治理本行政区域内黑臭水体,向社会公布黑臭水体名称、治理责任人及达标期限。

第四十一条 进行地下勘探、采矿、工程降排水、地下空间的开发利用等可能干扰地下含水层的活动,应当采取防护性措施,防止地下水污染。

第四十二条 县级以上人民政府应当建立土壤分级分类分用管理制度、土壤监测调查及评估制度、污染风险管控制度和监督检查制度,有序开展土壤污染治理与修复,保障农产品安全和人居健康安全。

第四十三条 县级以上人民政府应当推进秸秆还田、增施有机肥、少耕免耕、粮豆轮作间作、农膜残留减量与回收利用等措施,确保农用地土壤安全。

县级以上人民政府应当开展灌溉水水质监测。灌溉用水应当符合农田灌溉水水质标准。禁止未经处理或者处理不达标的污水直接用于农田灌溉。

第四十四条 工业原址场地和其它被污染场地以及潜在污染场地,土地使用权人应当按照国家及省有关规定开展场地环境风险评估和修复;土地使用权人无法确定的,由所在地人民政府依法负责评估和治理修复。未经环境风险评估和修复的场地不得转让。

第四十五条 排污单位应当采用科学的方法和先进的工艺,减少煤矸石、粉煤灰、尾矿、废石、弃渣等固体废物的产生量,并对固体废物进行综合利用。

煤矸石、粉煤灰、尾矿、废石、弃渣等固体废物的贮存设施停止使用后,排污单位应当按照国家有关规定封场,并进行复垦或者绿化。

第四十六条 各级人民政府应当采取措施,组织对生活垃圾分类收集处置、回收利用和无害化集中处理,逐步推广废旧商品回收利用、焚烧发电、生物处理等生活垃圾资源化利用方式。

公民、法人和其他组织应当按照规定对生活垃圾进行分类投放,减少日常生活废弃物对环境造成的损害。

食品加工、餐饮服务、集体供餐等产生餐厨垃圾的单位和经营者,应当按照规定单独收集、存放餐厨垃圾,交由具有资质的单位进行集中处理。

第四十七条 产生固体废物的单位,不能确定其产生的固体废物物理特性、化学成分、危害特性的,应当委托具有相应资质的鉴别单位对其产生的固体废物鉴别分类,属于危险废物的,纳入危险废物管理。

第四十八条 产生危险废物的单位应当建立危险废物台账。用填埋方式处置危险废物的,应当永久保存台账。

第四十九条 县级以上人民政府应当根据区域卫生规划,合理布局医疗废物集中处置设施,加强医疗废物集中处置设施建设,并保障其正常运行。

第五十条 在噪声敏感建筑物集中区域内,公共服务设施和居民住宅区配套建设的设施产生的环境噪声排放,不得超过国家和地方规定的环境噪声排放标准。

第四章 生态环境保护

第五十一条 编制或者调整、修改土地利用总体规划、城乡规划、环境保护规划、林地保护利用规划、水土保持规划等,应当遵守生态保护红线的有关规定。

第五十二条 各级人民政府对具有代表性的各类自然生态系统区域,珍稀、濒危的野生动植物自然分布区域,重要的水源涵养区域,具有重大科学文化价值的地质构造、著名溶洞和化石分布区,以及自然遗迹、人文遗迹、古树名木等,应当采取措施严格保护,严禁破坏。

在前款规定的区域内从事各种活动,应当遵守相关规定,维护生态安全。

第五十三条 各级人民政府应当安排资金,加强农村饮用水水源地保护、生活污水和其他废弃物处理、畜禽养殖和屠宰污染防治、土壤污染防治、农业面源污染防治和农村工矿污染治理,推动农村环境综合整治。

第五十四条 县(市、区)人民政府应当合理设置、建设农村生活垃圾、污水的收集和处理设施,对生活垃圾、污水集中收集,就近分类处理。

乡(镇)人民政府应当指导村民委员会制定村规民约,规范保洁行为,建立日常卫生保洁制度。

第五十五条 建立饮用水水源地生态保护补偿制度。饮用水水源地生态保护补偿的具体办法由省人民政府制定。

第五章　法律责任

第五十六条　违反本条例规定，法律、行政法规对法律责任已有具体规定的，从其规定。

第五十七条　违反本条例规定，应当取得而未取得排污许可证排放污染物的，由县级以上人民政府环境保护主管部门责令停止排污，并处十万元以上一百万元以下罚款；对拒不停止排污的，报经有批准权的人民政府批准，责令停业、关闭。

第五十八条　违反本条例规定，重点排污单位不公开或者不按照规定公开环境信息的，由县级以上人民政府环境保护主管部门责令改正，处二万元以上二十万元以下罚款，并予以通报。

第五十九条　违反本条例规定，产生危险废物的单位未建立危险废物台账的，由县级以上人民政府环境保护主管部门责令限期改正，处二万元以上五万元以下罚款。

第六十条　县级以上人民政府环境保护主管部门和其他负有环境保护监督管理职责的部门及其工作人员滥用职权、玩忽职守、徇私舞弊、弄虚作假的，依法给予处分；构成犯罪的，依法追究刑事责任。

第六章　附　则

第六十一条　在本条例施行后六个月内，省人民政府应当根据本条例制定实施办法。

第六十二条　本条例自2017年3月1日起施行。

经济和社会发展统计资料

2010年至2016年山西省人民物质文化生活情况统计表

指　　标	2010	2015	2016
城乡居民收入 (元)			
城镇居民人均可支配收入	15648	25828	27352
农村居民人均可支配收入	4736	9454	10082
在岗职工平均工资	33544	52960	54975
平均每人住房面积(平方米)			
城镇居民住房面积	28.0	32.0	33.2
农村居民住房面积	28.7	33.5	37.5
生活、文化、教育、卫生			
每百户拥有(抽样)			
彩色电视机(台)			
城镇居民	111.8	107.2	106.0
农村居民	109.0	104.6	105.9
洗衣机(台)			
城镇居民	100.7	98.9	99.1
农村居民	81.0	83.2	88.4
移动电话(部)			
城镇居民	146.6	220.6	230.6
农村居民	107.7	201.2	215.5
每人每年拥有期刊(份)	1.1	0.7	0.7
每百人每天拥有报纸(份)	16.2	15.3	15.0
每万人拥有在校大学生(人)	160.8	202.5	205.9
每千人拥有医院床位数(张)	3.1	3.8	4.0
每千人拥有卫生技术人员(人)	5.5	5.8	6.1
人员 (人)			

2010年至2016年山西省国民经济与社会发展结构指标统计表

单位:%

指　　标	2010	2015	2016
男女人口比例			
男　性	51.4	51.3	51.2
女　性	48.6	48.7	48.8
人口抚养比			
总抚养比	32.8	32.6	33.2
少儿抚养比	22.7	20.6	20.6
老年抚养比	10.1	12.1	12.6
地区生产总值构成			
第一产业	6.0	6.1	6.0
第二产业	56.6	40.7	38.3
第三产业	37.3	53.2	55.7
支出法地区生产总值构成			
最终消费	44.9	55.9	57.5
资本形成总额	67.8	72.6	72.3
货物和服务净出口	−12.7	−28.5	−29.8
一般公共预算支出构成			
教　育	17.0	17.6	17.7
社会保障和就业	14.2	15.6	15.8
医疗卫生与计划生育	5.9	8.5	8.8
能源使用比例			
第一产业	2.4	2.0	2.0
第二产业	75.9	76.1	75.8
第三产业	12.0	12.2	12.5
人民生活	9.6	9.7	9.7
全社会固定资产投资构成			
第一产业	4.4	11.1	13.1
第二产业	41.4	36.8	34.4
第三产业	54.2	52.1	52.5
工业增加值构成			
轻工业	4.9	8.5	7.8
重工业	95.1	91.5	92.2
城乡居民人均收入比(农民=1)	3.30	2.73	2.71

2016年山西省地区生产总值构成项目统计表

单位：万元

指标	总计	劳动者报酬	生产税净额	固定资产折旧	营业盈余
地区生产总值	129662000	62097900	20950000	22682100	23932000
按国民经济行业分					
农、林、牧、渔业	8273200	6440800	−565600	776400	1621600
#农、林、牧、渔服务业	425400	324600	−900	47400	54300
工业	40831400	17142800	10989300	9072300	3627000
#金属制品、机械和设备修理业	154700	108600	28700	8200	9200
建筑业	8956300	4737800	1931800	569700	1717000
批发和零售业	10581200	2815100	3237000	1077500	3451600
交通运输、仓储和邮政业	9307500	4332000	625800	1562800	2786900
住宿和餐饮业	3757500	1289500	413000	384200	1670800
信息传输、软件和信息技术服务业	5300200	2151200	389500	1460500	1299000
金融业	12073500	5067800	1668300	727200	4610200
房地产业	6985300	936700	1497800	4397800	153000
租赁和商务服务业	2528800	994000	231600	557500	745700
科学研究和技术服务业	1096300	698500	105700	123500	168600
水利、环境和公共设施管理业	625900	455700	23500	159000	−12300
居民服务、修理和其他服务业	3393900	1663700	158100	177800	1394300
教育	4815400	4110000	75300	575400	54700
卫生和社会工作	2156500	1508700	47900	221000	378900
文化、体育和娱乐业	1558000	994800	103500	222700	237000
公共管理、社会保障和社会组织	7421100	6758800	17500	616800	28000
按三次产业分					
第一产业	7847800	6116200	−564700	729000	1567300
第二产业	49633000	21772000	12892400	9633800	5334800
第三产业	72181200	34209700	8622300	12319300	17029900

2015 年至 2016 年山西省农户固定资产投资主要指标统计表

单位：万元

指 标	2015	2016
本年新增固定资产原值	3491753	3603289
本年固定资产投资完成额	3295638	3386310
按投资来源分		
国内贷款	327848	348003
自筹资金	2940726	3012929
其他资金	27063	25379
按投资构成分		
建筑工程	2287435	2297310
#水 利	1960	1809
房 屋	2229316	2221473
#住 宅	2170047	2172577
安装工程		
设备工器具购置	862664	934916
#生产设备	862664	934916
其 他	145539	154084
按具体投资项目分		
房 屋	2229316	2221473
#住 宅	2170047	2172577
道 路		
桥 梁		
设 备	862664	934916
水 利	1960	1809
其 他	201697	228112
本年施工房屋面积(万平方米)	2907	3008
#住 宅	2736	2897
#当年新开工	2387	2676
本年竣工房屋面积(万平方米)	2708	2852
#住 宅	2535	2686
本年竣工房屋投资额	2188411	2089957
#住 宅	2159373	2055069

2016 年山西省科学研究机构及人员统计表

项　　目	机构（个）	职工人数（人）	从事科技活动人员（人）	大学本科及以上学历
总　　计	161	10507	8744	6924
自然科学	127	9233	7642	6004
按隶属关系分				
中　央	1	545	541	429
地　方	126	8688	7101	5575
按国民经济行业分				
农、林、牧、渔业	50	3102	2554	2146
采矿业	2	134	47	47
制造业	16	815	540	366
建筑业	1	787	703	659
信息传输、软件和信息技术服务业	1	124	114	104
科学研究和技术服务业	21	1723	1542	1132
水利、环境和公共设施管理业	17	842	755	567
卫生和社会工作	16	1607	1327	936
文化、体育和娱乐业	2	90	51	39
公共管理、社会保障和社会组织	1	9	9	8
社会科学	22	960	802	681
艺术学	6	141	115	80
考古学	2	186	133	103
经济学	8	402	335	304
社会学	1	24	24	24
教育学	2	145	142	125
体育科学	2	53	44	38
统计学	1	9	9	7
情报科学	12	314	300	239

山西省2012年至2016年发展数据统计对比图

山西省在过去五年发展期间，经济发展遭遇挫折，地区生产总值增长速度有所下降，2015年增速降至最低点，在2016年实现回升。

2012年地区生产总值完成12126.6亿元，比上年增长10.1%；2013年地区生产总值完成12665.3亿元，比上年增长8.9%；2014年地区生产总值完成12761.5亿元，比上年增长4.9%；2015年地区生产总值完成12766.5亿元，比上年增长3.1%；2016年地区生产总值完成12928.3亿元，比上年增长4.5%。

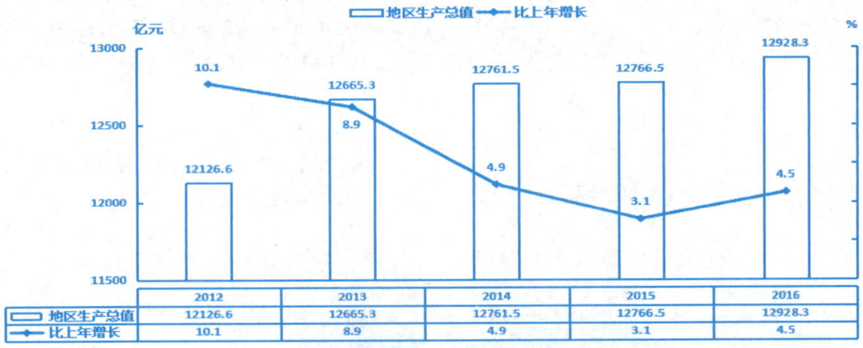

	2012	2013	2014	2015	2016
地区生产总值	12126.6	12665.3	12761.5	12766.5	12928.3
比上年增长	10.1	8.9	4.9	3.1	4.5

2012年至2016年山西省地区生产总值及增长速度统计对比图

一般公共预算收入连续五年下降，2015年达到最低点，2016年有所回升，但仍为负值。2012年，一般公共预算收入1516.4亿元，比上年增加25%；2013年一般公共预算收入1700亿元，比上年增加12.1%；2014年一般公共预算收入1820.1亿元，比上年增加7%；2015年一般公共预算收入1642.2亿元，比上年增加–9.8%；2016年一般公共预算收入1567亿元，比上年增加–5.2%。

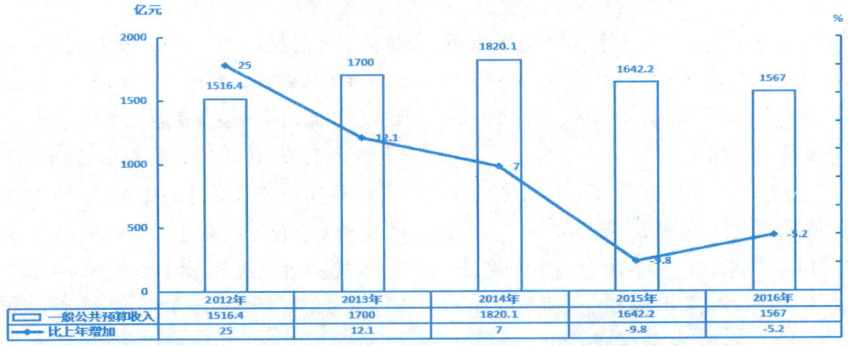

	2012年	2013年	2014年	2015年	2016年
一般公共预算收入	1516.4	1700	1820.1	1642.2	1567
比上年增加	25	12.1	7	-9.8	-5.2

2012年至2016年山西省一般公共预算和增长速度统计对比图

居民消费价格上涨势头在2013年达到最高值，之后连续下降，2015年达到最低点，2016年有所回升；工业生产者出厂价格在2014年达到最高值，连续下降，2015年达到最低点，2016年有所回升。2012年居民消费价格上涨2.5%，工业生产者出厂价格上涨–5.5%；2013年居民消费价格上涨3.1%，工业生产者出厂价格上涨–9.3%；2014年居民消费价格上涨1.7%，工业生产者出厂价格上涨–8.6%；2015年居民消费价格上涨0.6%；工业生产者出厂价格上涨–12.3%；2016年居民消费价格上涨1.1%，工业生产者出厂价格上涨–3.2%。

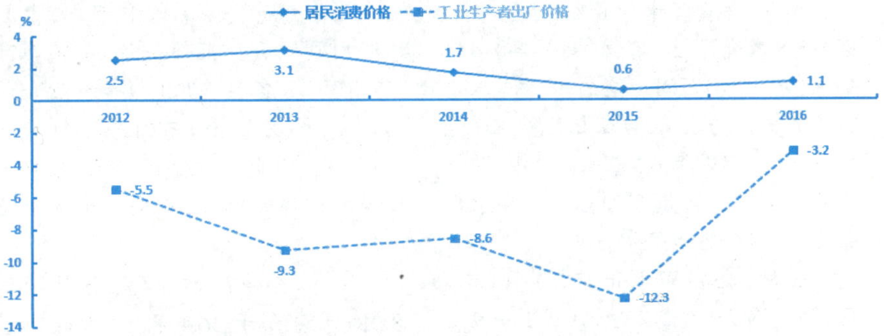

2012年至2016年山西省主要价格比上年涨跌幅度统计对比图

全省移动电话用户数稳步增长。2012年达2764.6万户；2013年达3105.5万户；2014年达

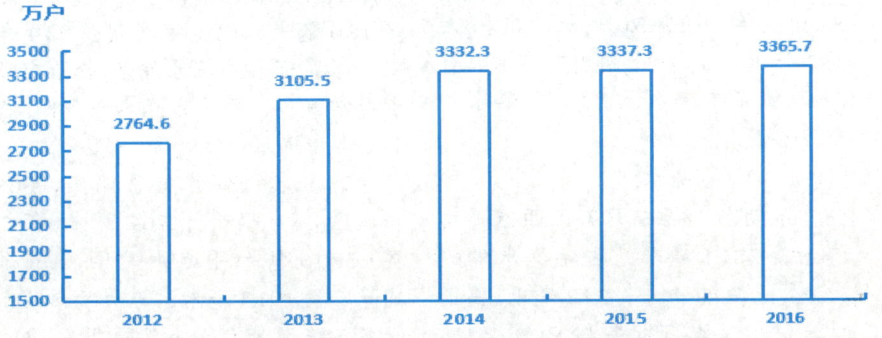

2012年至2016年末山西省移动电话用户统计对比图

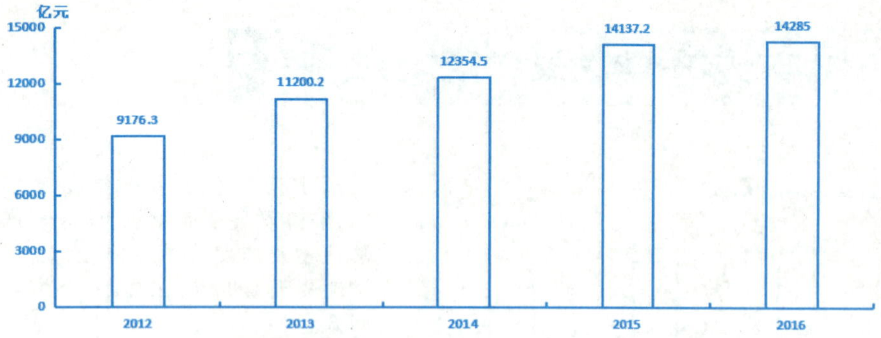

2012年至2016年山西省全社会固定资产投资统计对比图

3332.3万户;2015年达3337.3万户;2016年达3365.7万户。

全社会固定资产投资总额逐步提升,2016年投资增速与上年相比有所下降。2012年达9176.3亿元;2013年达11200.2亿元;2014年达12354.5亿元;2015年达14137.2亿元;2016年达14285亿元。

(注:统计图来自山西省统计局2016年山西省国民经济和社会发展统计公报)

2016年山西省水文资料统计情况

一、2016年山西省平均降水量分布

2016年,山西省年均降水量为528.6毫米,比多年平均473.5毫米多55.1毫米,属正常年份,比上年403.0毫米多125.6毫米。各县(市、区)年均降水量介于368.1毫米(新绛县)~718.2毫米(泽州县)之间。全省各月降水量与多年平均比较,7月、10月异常偏多,4月、5月、6月、8月、11月、12月正常,2月偏少,3月、9月显著偏少,1月异常偏少。全省汛前、汛期和汛后降水量分别占年降水总量的13.2%、72.1%和14.7%。

(一)汛前降水

汛前(1月至5月),山西省平均降水量69.7毫米,占年降水量的13.2%,比多年平均少14.4毫米,属正常年份,比上年同期少17.6毫米。各县(市、区)降水量介于28.9毫米(太谷县)~133.7毫米(阳高县)之间。汛前降水量评价为:大同市和朔州市降水偏多,临汾市和运城市降水属正常,其余各市降水均偏少。

1月,全省平均降水量0.3毫米,与历年同期相比少3.5毫米,比上年同期少2.9毫米。大同市和朔州市降水量显著偏少,其余各市降水均属异常偏少。

2月,全省平均降水量4.9毫米,与历年同期相比少0.1毫米,比上年同期少2.3毫米。大同市和朔州市异常偏多,长治市和晋城市偏少,忻州市和运城市异常偏少,其余各市降水均属显著偏少。

3月,全省降水显著偏少,全省平均降水量3.7毫米,与历年同期相比少11.4毫米,比上年同期少1.1毫米。其中,吕梁市降水偏少,大同市、朔州市和忻州市降水异常偏少,其余各市降水显著偏少。

4月,全省降水属正常,各县(市、区)降水量介于2.4毫米(偏关县)~44.6毫米(朔城区)之间。全省平均降水量21.7毫米,与历年同期相比少4.0毫米,比上年同期少6.3毫米。其中,阳泉市降水偏多,忻州市和吕梁市降水显著偏少,其余各市降水正常。

5月,全省降水正常,各县(市、区)降水量介于13.2毫米(盂县)~99.3毫米(阳高县)之间,全省平均降水量39.1毫米,与历年同期相比多1.2毫米,比上年同期少5.0毫米。其中,大同市降水异常偏多,朔州市降水显著偏多,阳泉市降水显著偏少,其余各市降水正常。

(二)汛期降水

汛期(6月至9月),山西省平均降水量381.1毫米,占年降水量的72.1%,比多年平均多34.2毫米,属正常年份,比上年同期多122.8毫米。整体呈现东多西少,中间多、南北少的趋势,低值区(小于200毫米)位于临汾市的中南部(尧都区、襄汾县)和运城市中部(闻喜县、夏县、临猗县和运城市区);高值区(大于600毫米)位于阳泉市东部(盂县、平定),晋中市的中部(昔阳县、寿阳县、和顺县三县交界处一带)及东南部(昔阳县东北部、东南部、和顺县东北部),长治市西北部(沁县西北部、沁源县东北部),临汾市北部(蒲县、汾西县交界一带),晋城市中部(高平市、沁水县和泽州县三县交汇处一带)及东南部(陵川县)。各县(市、区)降水量介于204.3毫米(永济市)~570.2毫米(昔阳县)之间。汛期降水量评价为:阳泉市和晋中市降水偏多,其余各市降水均正常。

6月,全省降水正常,各县(市、区)降水量介于36.4毫米(大同市矿区)~213.1毫米(壶关县)之间,全省平均降水量78.2毫米,与历年同期相比多18.0毫米,比上年同期多23.4毫米。其中,运城市降水偏多,长治市降水异常偏多,晋城市降水显著偏多,其余各市降水正常。

7月,全省降水异常偏多,各县(市、区)降水量介于76.2毫米(怀仁县)~380.6毫米(平定县)之间,全省平均降水量191.3毫米,与历年同期相比多69.4毫米,比上年同期多131.9毫米。其中,太原市、阳泉市、晋中市、吕梁市和晋城市降水异常偏多，大同市、忻州市、临汾市和长治市降水显著偏多，朔州市降水偏多，运城市降水正常。

8月，全省降水正常，各县（市、区）降水量介于6.9毫米（侯马市）~194.4毫米（偏关县）之间，全省平均降水量81.6毫米，与历年同期相比少28.0毫米，比上年同期多13.9毫米。其中，朔州市降水显著偏多，长治市和晋城市降水偏少，阳泉市、临汾市和运城市降水显著偏少，其余各市降水正常。

9月，全省降水显著偏少，各县（市、区）降水量介于7.1毫米（长治市城区）~69.2毫米（夏县）之间，全省平均降水量30.0毫米，与历年同期相比少32.0毫米，比上年同期少46.4毫米。其中，长治市降水异常偏少，朔州市、忻州市和阳泉市降水偏少，其余各市降水显著偏少。

（三）汛后降水

汛后（10月至12月），山西省平均降水量77.8毫米，占年降水量的14.7%，比多年平均多35.3毫米，属异常偏多年份，比上年同期多20.4毫米。各县（市、区）降水量介于45.1毫米（天镇县）~132.5毫米（曲沃县）之间。汛后降水量评价为：大同市、朔州市、忻州市、太原市和阳泉市降水异常偏多，晋中市、临汾市、长治市和晋城市降水显著偏多，吕梁市和运城市降水偏多。

10月，全省降水异常偏多，各县（市、区）降水量介于40.2毫米（太谷县）~98.1毫米（曲沃县）之间，全省平均降水量64.9毫米，与历年同期相比多32.7毫米，比上年同期多39.4毫米。其中，吕梁市和运城市降水显著偏多，其余各市降水异常偏多。

11月，全省降水正常，各县（市、区）降水量介于0.2毫米（翼城县）~25.0毫米（长治市郊区）之间，全省平均降水量8.0毫米，与历年同期相比少5.6毫米，比上年同期少22.6毫米。其中，忻州市、吕梁市和临汾市降水偏少，太原市、阳泉市和晋中市降水显著偏少，其余各市降水正常。

12月，全省降水正常，各县（市、区）降水量介于0毫米~16.7毫米（曲沃县）之间。全省平均降水量4.9毫米，与历年同期相比多1.3毫米，比上年同期多3.6毫米。其中，阳泉市、晋中市、长治市和晋城市降水正常，临汾市降水显著偏多，运城市降水偏多，吕梁市降水偏少，其余各市降水显著偏少。

（四）暴雨

2016年，山西省遭遇6轮强降雨过程，范围广，强度大，时间长。全省平均降雨量238毫米，比上年同期多108%，较近十年同期均值偏多34.9%。山西省日降水量大于50毫米（暴雨）的有2004站次，大于100毫米（大暴雨）的有381站次，大于250毫米（特大暴雨）的有24站次。日降水量达到暴雨级别的发生在汛期的共有1960站次（占总站次的97.8%），主要集中在五次强降水过程中，分别是7月8日至10日377站次，7月18日至7月21日947站次，7月24日78站次，8月13日至15日167站次，8月24日70站次，共计1609站次，占总站次的80.3%。

日降水量排在前五位的为：和顺县大雨门7月19日494.2毫米，平定县槐树铺398.4毫米、娘娘庙389.2毫米，和顺县柳科373.0毫米，昔阳县泉口366.8毫米。

在“7·08”“7·19”两场强降雨过程中，太原市6城区、吕梁临县、晋中昔阳等15县最大24小时降雨量突破历史极值，汾河、沁丹河、沿黄支流、子牙河、南运河五大水系出现洪水。

二、河道水情

（一）全年河道水情

2016年，山西省各水文站年均流量与多年均值相比，除永定河水系南洋河天镇，子牙河水系滹沱河上永兴、滹沱河济胜桥、清水河五台山、松溪河泉口，南运河水系榆社河榆社，沿黄支流东川河岢岚、南川河万年饱，汾河干流宁化堡、静乐、河岔、汾河二坝（二）、义棠、赵城，汾河支流昌源河盘陀、静升河灵石16个站偏多外，其余站点均偏少。永定河水系壶流河广灵、汾河水系冶峪沟董茹两个站点河道出现全年断流情况。

各主要河道水文站年平均流量与多年均值比较：桑干河固定桥站0.871立方米每秒，比多年均值4.59立方米每秒少3.72立方米每秒；唐河南水芦站0.794立方米每秒，比多年均值1.21立方米每秒少0.416立方米每秒；滹沱河界河铺站2.82立方米每秒，比多年均值4.85立方米每秒少2.03立方米每秒；滹沱河南庄站11.5立方米每秒，比多年均值15.1立方米每秒少3.60立方米每秒；松溪河泉口站4.47立方米每秒，比多年均值1.56立方米每秒多2.91立方米每秒；桃河阳泉站0.608立方米每秒，比多年均值1.20立方米每秒少0.592立方米每秒；浊漳河石梁站12.2立方米每秒，比多年均值13.6立方米每秒少1.40立方米每秒；偏关河偏关站0.011立方米每秒，比多年均值0.987立方米每秒少0.976立方米每秒；鄂河乡宁站0.004立方米每秒，比多年均值0.161立方米每秒少0.157立方米每秒；汾河静乐站11.7立方米每秒，比多年均值7.07立方米每秒多4.63立方米每秒；汾河兰村站9.54立方米每秒，比多年均值12.7立方米每秒少3.16立方米每秒；汾河义棠站25.3立方米每秒，比多年均值14.5立方米每秒多10.8立方米每秒；汾河柴庄站27.7立方米每秒，比多年均值28.1立方米每秒少0.400立方米每秒；潇河芦家庄站1.21立方米每秒，比多年均值3.44立方米每秒少2.23立方米每秒；沁河飞岭站3.86立方米每秒，比多年均值6.24立方米每秒少2.38立方米每秒。

（二）汛前河道水情

2016年，山西省部分站点出现河道断流的现象：永定河水系桑干河东榆林、桑干河新桥、南洋河天镇、御河孤山、壶流河广灵，子牙河水系滹沱河上永兴、滹沱河界河铺、牧马河豆罗桥、龙华河下社、桃河旧街、桃河阳泉，沿黄支流偏关河偏关、鄂河乡宁，汾河支流冶峪沟董茹、静升河灵石、洪安涧河东庄、续鲁峪大交（续），共17站。

2016年，汛前各主要河道水文站平均流量与多年同期平均比较：桑干河固定桥站0.511立方米每秒，比多年同期平均少2.58立方米每秒；唐河南水芦站0.702立方米每秒，比多年同期平均少0.458立方米每秒；滹沱河界河铺站0.647立方米每秒，比多年同期平均少1.69立方米每秒；滹沱河南庄站5.65立方米每秒，比多年同期平均少3.28立方米每秒；松溪河泉口站0.442立方米每秒，比多年同期平均少0.231立方米每秒；桃河阳泉站0.076立方米每秒，比多年同期平均少0.160立方米每秒；浊漳河石梁站4.93立方米每秒，比多年同期平均少0.690立方米每秒；偏关河偏关站0.027立方米每秒，比多年同期平均少0.359立方米每秒；汾河静乐站16.6立方米每秒，比多年同期平均多13.0立方米每秒；汾河兰村站11.8立方米每秒，比多年同期平均多0.400立方米每秒；汾河义棠站8.67立方米每秒，比多年同期平均多3.21立方米每秒；汾河柴庄站10.1立方米每秒，比多年同期平均少4.80立方米每秒；潇河芦家庄站0.793立方米每秒，比多年同期平均少0.507立方米每秒；沁河飞岭站0.457立方米每秒，比多年同期平均少1.96立方米每秒。

(三)汛期河道水情

1.汛期各主要河流控制站来水量。

山西省各主要河流控制站流域总面积为9.37万平方千米，其中，海河流域面积4.04万平方千米，占总控制面积的43.1%；黄河流域面积5.33万平方千米，占总控制面积的56.9%。2016年汛期，全省各控制站径流总量15.23亿立方米；海河流域各控制站汛期径流量6.40亿立方米，占汛期径流总量的42.0%；黄河流域各控制站汛期径流量8.83亿立方米，占汛期径流总量的58.0%。

2.汛期主要河道水文站平均流量。

2016年，各站汛期平均流量与多年同期平均相比，除永定河水系南洋河天镇，子牙河水系滹沱河上永兴、滹沱河济胜桥、清水河五台山、松溪河泉口，南运河水系榆社河榆社，沿黄支流北川河圪洞、南川河万年饱，汾河干流汾河二坝(二)、义棠、赵城、柴庄，汾河支流涧河娄烦、昌源河盘陀、静升河灵石，沁丹河水系沁河孔家坡16个站偏多以外，其余站点均偏少。部分站点出现河道断流的现象：永定河水系桑干河东榆林、桑干河新桥、御河孤山、壶流河广灵，子牙河水系滹沱河上永兴、滹沱河界河铺，沿黄支流偏关河偏关、鄂河乡宁，汾河支流冶峪沟董茹，共9站。

汛期各主要河道水文站平均流量与多年同期平均比较：桑干河固定桥站0.966立方米每秒，比多年同期平均少7.16立方米每秒；唐河南水芦站0.938立方米每秒，比多年同期平均少0.392立方米每秒；滹沱河界河铺站6.79立方米每秒，比多年同期平均少2.21立方米每秒；滹沱河南庄站20.0立方米每秒，比多年同期平均少5.10立方米每秒；松溪河泉口站11.1立方米每秒，比多年同期平均多7.92立方米每秒；桃河阳泉站1.60立方米每秒，比多年同期平均少1.36立方米每秒；浊漳河石梁站25.6立方米每秒，比多年同期平均少0.100立方米每秒；鄂河乡宁站0.013立方米每秒，比多年同期平均少0.385立方米每秒；汾河静乐站7.80立方米每秒，比多年同期平均少4.80立方米每秒；汾河兰村站7.91立方米每秒，比多年同期平均少11.3立方米每秒；汾河义棠站45.6立方米每秒，比多年同期平均多16.5立方米每秒；汾河柴庄站49.9立方米每秒，比多年同期平均多3.50立方米每秒；潇河芦家庄站1.95立方米每秒，比多年同期平均少5.24立方米每秒；沁河飞岭站10.1立方米每秒，比多年同期平均少1.30立方米每秒。

3.洪水。

受强降雨过程及局部暴雨的影响，山西省汾河水系、沁丹河水系、沿黄支流、南运河水系、子牙河水系和大清河水系均发生不同程度的洪水。

6月，受局部暴雨影响，13日唐河、23日石子河相继发生洪水。灵丘县唐河南水芦站13日22时50分洪峰流量60.0立方米每秒；长治市郊区石子河二贤庄站23日11时24分洪峰流量53.0立方米每秒。

7月，受8日5时至10日8时、19日2时至21日2时两次主要降雨过程影响，汾河水系、沁丹河水系、沿黄支流、子牙河水系和南运河水系均发生不同程度洪水。

(1)受8日5时至10日8时降雨影响，各站点洪峰流量为：

汾河水系。汾河干流，介休市义棠站9日10时78.5立方米每秒；洪洞县赵城站9日18时240立方米每秒；襄汾县柴庄站10日20时172立方米每秒。

2016年山西省气象资料统计情况

2016年，山西省年降水量较常年偏多，其中夏季降水明显偏多，且各地降水量时空分布不均，造成区域性、阶段性的洪涝和干旱灾害；各地年平均气温普遍偏高，12月气温为历史最高；年日照时数全省大部偏少。春季气温冷暖起伏变化大，造成部分地区出现寒潮和霜冻灾害。2016年，山西省年平均降水量为582毫米，较常年值（468.3毫米）偏多113.7毫米(偏多24.3%)。从历年降水量变化来看，2016年降水量为近10年最多。山西省平均日照时数为2321.0小时，较常年偏少126.8小时。

一、主要气象灾害及气候事件

1.暴雨。2016年，山西省暴雨天气频发，全年共有147站次降暴雨，为历史最多（次多为2013年134站次）。年内暴雨天气主要集中在6月至8月，7月出现暴雨站次最多(109站次)，为自1961年以来第二多(2013年为110站次)；其次为8月(23站次)。

从日出现暴雨的站数统计来看，

7月19日出现暴雨站数最多，为61站，比山西省以往历史上单日出现暴雨站数最多的2001年7月27日(49站）多12站。6月23日、7月9日、7月14日和7月20日降暴雨站数也相对较多，分别为10站、13站、10站和15站。年内最大日降水量出现在交口，7月9日降水量达176.8毫米。

2016年多次暴雨天气，给山西省工农业生产和人民生活造成危害。暴雨引发的洪水，造成部分农村基础设施受损，房屋倒塌、大棚温室垮塌，农田被淹、土壤过湿和作物倒伏，养殖业受灾等。暴雨造成山西省大部分地区出现严重的城乡内涝，太原市多处停电、公交改线、路面塌陷，给人民生活造成不便。

7月18日20时至7月19日20时，晋城市出现入汛以后的最强降雨过程，造成农作物受灾面积27万亩。其中，成灾面积13.65万亩、绝收2.1万亩；倒塌房屋525户、1077间，严重损坏房屋45户、230间，一般损坏房屋447户、1587间；水毁村村通公路11万余米，公路护坡塌方1.3万米，涵洞损毁14余处，9处桥梁损毁，猪头山水库坝底出现漏水情况；古郊乡水库塘坝损毁7处、315米。共造成直接经济损失4.39亿元。

7月18日至20日，太原市出现大范围暴雨到大暴雨，清徐县、尖草坪区、阳曲、小店等地受灾，清徐、尖草坪和阳曲县严重，三县(区)直接经济损失约29281.5万元。到7月21日早8时，全市农作物累计受灾面积16695.8公顷，受灾人口约17.5万人(累次)，紧急转移安置950人(集中安置361人)，倒塌房屋22间，严重损坏房屋156间，一般损坏房屋3924间。

7月18日至20日，受强降雨影响，阳泉市21座中小型水库、13座塘坝全部超汛线水位泄洪放水。全市12条主要河流，200千米堤坝发生1996年以来不遇的大洪水，南川河贵石沟段流量达到241立方米每秒，桃河、温河、南川河、阳胜河、苇泊河等多条主要河流河坝被冲毁53处、2780米，直接影响到沿岸群众的生命财产安全。山体滑坡、泥石流等地质灾害，造成客运、铁路、高速公路、国道、公路多处中断。截至7月20日18时，全市32个乡镇农作物受灾面积8.79万亩。其中，平定县5.2万亩、盂县3万亩、郊区5895亩。20个温室受灾。受损电力设施23处，通信设施41处，供水设施7处，供气设施11处，滑坡57处，房屋倒塌674间，涉及114户，紧急撤离疏散7734人。直接经济损失2.8亿元。

8月，全省共有23站次出现暴雨天气，大部分分布在北中部地区，其中受损较严重的是吕梁市临县，从8月13日上午开始，临县出现局地性强降水天气，截至8月16日15时，全县324个行政村受灾，受灾人口16264人，紧急转移安置1479人，农作物受灾面积6.06万亩，农作物成灾面积4.22万亩，农作物绝收面积1.5万亩。房屋倒塌200户279间，严重损坏房屋172户433间，一般损坏260户1048间。道路：毁损田间路2512处，728.5千米；乡村公路965处，185.7千米；县道24处，2228米；省道9处，914米；国道2处，61米；各类桥梁17座。水利工程：人畜饮水工程水塔损坏26处，水源井淤积429口，水源井毁损49口，水管损坏13376米，机电设备损坏16处；淤地坝受损161座，河坝毁损76处8029米，毁损各类水渠5600米。教育：校舍80间受损，教室15间受损。畜牧：牛圈舍倒塌8间死亡2头，猪圈舍倒塌8间死亡82头，羊圈舍倒塌20间死亡510只，鸡圈舍倒塌16间死亡27404只。电力：电杆倒塌57根，线路中断12处，线路损毁730米。造成直接经济损失11651万元。

2. 冰雹。2016年春季后期及夏初，山西省冰雹、短时强降水、雷暴大风等强对流天气频发，给农业生产和人民生活造成较大危害。山西省2016年共有89站次出现冰雹，明显少于常年，多于上年。2016年，冰雹天气主要出现在6、7、9三个月，4月、8月也有出现，出现站次较少。各月中，出现站次最多的是6月，为40站次，其次为7月的22站次和9月的17站次。从各月出现日数来看，6月出现最多，为13天，7月和9月次之，分别为11天和9天。2016年冰雹天气主要出现在夏季，一般伴随局地的强降水和大风天气。

6月3日至4日，受强对流天气影响，古交市、平定县、长治市郊区、潞城市、长治县、襄垣县、壶关县、长子县、武乡县、沁县、高平市、陵川县、介休市、和顺县、灵石县、永济市、临猗县、万荣县、平陆县、吉县、乡宁县、石楼县22个县(市、区)75个乡镇遭受风雹灾害。据初步统计，灾害造成28.46万人受灾，农作物受灾面积30.77万亩，直接经济损失1.77亿元。受灾最重的是万荣、临猗、吉县。6月4日17时至20时，万荣县8个乡镇遭受冰雹袭击，冰雹直径1厘米~2厘米，最大4厘米，持续5分钟至30分钟，小麦、苹果、桃、梨、葡萄等损失严重。

6月5日至10日，全省出现较强降水天气过程，部分地区伴有短时强降水、大风或冰雹等强对流天气，广灵县、灵丘县、潞城市、泽州县、朔州市朔城区、榆社县、闻喜县、绛县、芮城县、五寨县、偏关县、襄汾县、浮山县、吉县、隰县、永和县、吕梁市离石区、文水县、临县、柳林县、岚县、方山县、交口县23个县(市、区)59个乡镇遭受风雹、洪涝灾害。据初步统计，此阶段灾害造成13.02万人受灾、2人失踪(忻州市偏关县万家寨镇马道咀村人)，紧急生活救助3811人，农作物受灾面积27.6万亩。其中，绝收面积7.28万亩，倒塌房屋19间、损坏66间，直接经济损失1.72亿元。

6月12日至14日，长治市、大同市、晋中市、晋城市、阳泉市、忻州市、临汾市、吕梁市8市受强对流天气影响，出现短时强降水、冰雹或大风天气，致使44个县(市、区)168个乡镇遭受风雹灾害。初步统计，风雹灾害造成55.1万人受灾，紧急转移安置122人，紧急生活救助1180人，农作物受灾面积75.17万亩。其中，绝收面积5.2万亩，倒塌房屋144间、损坏1.83万间，直接经济损失3.85亿元。长治市受灾严重，冰雹导致大量露天车辆玻璃破损、车体被砸，居民太阳能设施损坏。

7月29日晚20时后，原平市遭受暴雨、冰雹、大风袭击，致使苏龙口、中阳、沿沟、崞阳、新原、大林、西镇7个乡镇受灾严重。经灾后统计，受灾人口56253人，农作物受灾面积16.967万亩，成灾面积16.06万亩，绝收9100亩。有123户164间房屋受损，直接经济损失达11548.6万元。

3.干旱。2016年，由于降水时空分布不均，山西省发生区域性、阶段性干旱。3月下旬，山西省出现几次降水过程，但降水分布不均，且气温回升、蒸发旺盛，导致旱象开始显现并逐步发展，4月上旬发展为干旱最严重时期；进入夏季，山西省北部旱情持续且有所发展，南部基本无旱；夏末秋初，北部旱情得到缓解，南部旱情发展，直至10月下旬，全省旱情基本解除。春、秋季由于气温偏高、降水偏少、降水分布不均等原因，导致旱情的持续发展。干旱持续期间虽有降水过程使局部旱情缓解，但给灌溉条件较差地区的农作物生长带来影响，给当地农业生产和人民生活造成损失。4月前期，山西省大部气温偏高降水偏少，北部和南部大部分地区发生气象干旱，局部地区为中旱。4月8日土壤墒情资料显示，中西部山区、南部运城和临汾南部存在中度、局部重度干旱，其余大部墒情适宜或有轻微干旱。冬小麦大部处于起身期，运城大部处于拔节期，部分地区墒情偏差对冬小麦起身拔节生长不利。7月末至8月上旬，大同市晴热少雨，日最高气温超过30℃日数达半月之久，其中8月上旬多地平均气温突破极值，土壤失墒迅速，大部分地区出现明显气象干旱，对需水关键期作物生长不利，广灵县10.5万亩，农作物因旱受灾，成灾面积9.91万亩。

4.霜冻。2016年春季，由于3月和4月山西省大部分地区气温偏高明显，经济林果和农作物生长期提前，5月份出现的霜冻天气给山西省农业生产带来较大危害。

5月13日早晨，五台、宁武、神池、五寨、岢岚、静乐、代县出现轻霜冻；15日早晨，宁武、神池、岢岚再次出现轻霜冻。13日、15日凌晨，五寨县境内出现低温冻害天气，据统计全县农作物主要以玉米、谷子受灾为主，受灾人口68665人，农作物玉米受灾面积57.85万亩，谷子受灾面积26.75万亩，直接经济损失3562.2万元。

5月3日至4日、7日、13日、15日、24日，吕梁岚县出现降温天气，地面最低均小于0℃，终霜冻出现在5月24日，其中最强一次出现在5月13日，最低气温为−1.9℃，该县经济林幼果和早播农作物受到影响。

5.大风。2016年，山西省有743站次出现大风天气，少于常年。2016年，山西省各月均有大风天气出现，6月份出现站次最多，共出现183站次，4月和5月次之，分别出现122站次和108站次。夏季多以局地性大风为主，春季多以区域性大风为主。

6.高温。2016年，山西省有458站次出现日最高气温≥35℃的天气，少于常年。日最高气温≥35℃以上天气基本出现在6月至8月份，6月份出现站次最多，达201站次，7月和8月分别出现108、142站次。7月出现天数最多，为20天，其次为6月和8月，分别出现14天和13天。

7.寒潮。2016年，山西省共出现6次较大范围的寒潮天气，从时间分布看，大范围寒潮天气基本出现在年初和入秋后，春季寒潮范围相对较小。其中最强寒潮出现在1月23日至24日，各地极端最低气温介于−11.4℃至−31.1℃之间，北中部大部分地区达到−20℃以下，南部运城等地也在−10℃以下。降温过程大宁(−21.7℃)、汾西(−20.6℃)超气温历史极低值，浮山(−19.2℃)平历史极低值；小店、平定、交口、灵石、霍州、古县、陵川等6站超过或平历史次低值。年内，最大范围的寒潮天气出现在2月12日，全省共有97站出现寒潮，寒潮过程最大24小时降温为12.9℃(偏关)，最低气温为−27.5℃(五寨)。从影响程度方面来看，春季寒潮虽然范围小且没有冬季气温低，但强烈降温使农作物及果树遭受冻害，因而较冬季寒潮危害更大。5月12日，31县市出现寒潮天气导致部分农作物和经济林幼果受冻。

二、气候影响

(一)气候对农作物的影响

2016年，山西省冬小麦生育期内降水分布不均，局部地区出现干旱，在产量形成的各关键期光、温、水匹配较好，灾害性天气影响较小，农业气象条件对其生长发育及产量形成较为有利。播种出苗期：上年9月中旬到10月中旬山西省中南部除吕梁和临汾局部外，大部墒情适宜，冬小麦播种正常，出苗情况普遍良好。入冬前期麦区出现三次大范围降雨(雪)天气过程，麦区墒情大部适宜，利于小麦根系发育及冬前分蘖形成，冬小麦大部壮苗入冬。冬期：冬小麦从上年11月下旬开始到12月中旬陆续进入越冬期。越冬期间，大部墒情适宜，2月中旬出现大范围雨雪天气过程，降水量较常年同期偏多1.5倍，冬小麦顺利越冬。起身拔节至抽穗灌浆期：冬小麦从上年2月下旬由南部开始起身、返青。期间降水较少，由于前期降水多，底墒较为充足，除运城和临汾部分地区存在旱情外，麦区大部墒情适宜，冬小麦返青顺利；从3月下旬开始拔节到5月上旬进入灌浆期间，麦区出现大范围降水过程，其中4月中旬出现春播期第一场好雨，大部表墒适宜，阶段性气温偏高导致部分麦区土壤失墒较快，出现旱情，但未对冬小麦生长造成明显不利影响；冬小麦群体普遍合理，生长健壮。成熟收获期：冬小麦5月底开始由南到北陆续进入成熟收获期。其中，5月中下旬，麦区大部气温偏低，降水偏多，对处于灌浆乳熟的冬小麦产量形成有利；5月末到6月上旬初，部分地区出现短时强降水、大风、冰雹等强对流天气，后期麦区大部天气晴好，冬小麦收获进行。

玉米。2016年,玉米生育期内光、温充足,大部墒情适宜,气象条件总体上对玉米产量较为有利。播种出苗期:山西省春玉米从4月中旬末开始播种,到5月下旬完成,播种期间大部地区出现春播好雨,墒情适宜。5月中下旬出现两次大范围降水过程,缓解前期旱情,加之播区底墒充足,利于春播作物苗期根系下扎,对玉米蹲苗比较有利。七叶拔节期:春玉米从5月上旬开始出苗至7月中旬进入拔节期,初期出现阶段性干旱,同时受气温偏低影响,春玉米拔节大部偏晚。5月中旬到6月上旬持续高温少雨,南部夏播区大部地区出现中度以上干旱,不利于夏播和出苗;进入6月山西省最后阵性降水较多但分布不均,其中在6月22日至23日,全省出现大范围降水,过程降水量在0.0毫米~87.5毫米之间,大部分地区旱情得以缓解或解除,为春玉米拔节及夏玉米苗期生长提供水分,满足玉米生长对水分的需求。抽雄吐丝期:7月中旬末开始,山西省春玉米从南到北陆续进入抽雄吐丝期,对水分需求提高。7月中旬(13日至17日、18日至20日)出现两次大范围、持续时间较长的降水过程,利于玉米抽雄吐丝,有效补充土壤底墒,对山西省春玉米抽雄吐丝较为有利。灌浆乳熟期:玉米8月份进入灌浆乳熟期。从7月下旬到8月上旬山西降水较少,气温偏高,部分地区出现干旱,对玉米灌浆较为不利;8月中旬北中部出现暴雨天气过程,干旱基本解除,但也造成部分地区作物受灾。成熟收获期:9月中旬玉米进入成熟收获期。山西大部地区气温偏高,降水少,对玉米成熟以及收获晾晒都较为有利。

(二)气候对水资源的影响

2016年,根据评价指数及所划分等级统计计算山西全省及各地市降水资源。全省降水资源量约为907.8亿立方米,较累年值偏多177.8立方米,较上年偏多221.6亿立方米。根据降水资源及丰枯标准,山西省2016年降水资源总量属异常丰水年份。从各地市降水资源总量分布看:2016年山西省各地降水资源大部为丰水年。全省11个地市中仅临汾和运城两个市属正常,其余地市均为丰水到异常丰水年。

与上年同期相比,11个地市降水资源均较上年增加,增加量介于2.8亿立方米至44.5亿立方米。其中,吕梁市增加最多,为44.5亿立方米;运城市增加较少,约2.8亿立方米。

(三)气候对人体舒适度的影响

2016年,根据舒适指数特点,不同季节采用不同的评定指数对山西省2016年度舒适度日数进行计算。春、秋季采用实感温度,夏季采用炎热指数,冬季采用风冷力指数。经统计计算山西省2016年全年及冬、春、夏、秋季的舒适日数,结果显示:2016年山西省舒适日数为143天,比累年均值偏多7天,较上年偏多5天。从各季节历年变化来看:2016年山西省冬、夏季舒适日数偏少,夏季偏少较多;春、秋季舒适日数偏多,秋季偏多较多。其中,夏季全省舒适日数为65天,较常年偏少约9天;冬季全省舒适日数为11天,较常年偏少约2天;春季全省舒适日数为31天,较常年偏多3天;秋季全省舒适日数为34天,较常年偏多9天。

(四)气候对交通的影响

2016年,影响山西省交通的天气事件主要有雾和霾,雨雪天气和局地强对流等,其中雾和霾天气出现较多,基本上各季都有出现。主要集中在春秋和冬季。3月18日至22日,受静稳天气影响,晋城市出现持续性的霾,空气质量较差,晋城市环保局3月18日启动全市重污染天气黄色预警,晋城市气象台16日至22日连续发布或变更霾黄色预警信号。4月12日、29日,晋城市大部分地区出现最小能见度小于1000米的雾,有两站次小于100米(高平最小能见度为50米,陵川最小能见度为93米),大雾天气造成的低能见度导致高速公路封闭。9月4日至5日,稷山、永济、盐湖、河津、新绛出现能见度小于50米的浓雾,造成高速公路封闭;21日上午9时许,京昆高速平阳段太原方向65千米+500米处,发生56辆车先后相撞的交通事故。12月,山西省各地市出现不同程度的雾霾天气,尤其是中南部地区。12月3日,运城市的闻喜、万荣、绛县;4日,永济、盐湖、万荣、闻喜、新绛、稷山;5日,稷山、新绛;21日,绛县出现能见度小于200米的雾。12月15日至19日,晋中市、长治市等地出现一次较长时间的霾天气过程,部分地区发布重污染红色预警。

年初和年末各地出现雨雪天气。2月10日至14日,全省大部地区出现降水(雪)天气过程。12月11日至13日、20日至22日和24日至26日均出现降水(雪)天气过程,其中24日至26日雨雪范围较大,三次雨雪过程均造成晋城市高速公路全线封闭。

夏、秋季部分地区出现的强降水等天气,局地雨量大,部分道路桥梁等交通设施被毁。晋中市7月8日至9日、18日至20日出现两次暴雨天气过程,造成部分路段交通积水、堵塞,公交车和各种车辆绕道行使。7月18日20时至7月19日20时,晋城市出现入汛以后的最强降雨过程,水毁村村通公路11万余米,公路护坡塌方1.3万米,涵洞损毁14余处,9处桥梁损毁,导致交通中断。7月18日至20日受强降雨影响,造成石太铁路客运专线、石太货运铁路两条铁路中断;太旧高速公路、太阳高速公路两条高速公路中断;307、207两条国道中断;省、市、县公路中断283处。8月12日、15日,忻州市部分乡镇分别遭受短时强降水、风雹和暴雨灾害袭击,道路冲毁310千米,冲毁乡村道路15千米,田间道路150千米。11月21日至23日,晋城市普降雨雪,气温骤降,48小时气温下降6.3℃至9.8℃,伴有4级左右偏北风。雨雪降温天气使道路湿滑、结冰,导致全市高速公路关闭。受雨雪天气影响,11月21日上午9时许,京昆高速平阳段太原方向65千米+500米处,发生多车先后相撞交通事故,造成17人死亡,37人受伤,56辆车辆受损。

（六）气候对植被的影响

根据遥感植被指数监测信息，2016年8月EOS/MODIS-TERRA卫星资料显示山西省大部地区植被长势较好，植被指数在0.3-0.5之间，植被长势最好地区主要集中在五台山、云中山、吕梁山、太岳山和太行山等山区，植被指数在0.5以上。从2016年8月与上年同期植被指数监测比较图可见：2016年山西省大部地区的植被长势与上年持平。大同市西部、云中山、吕梁山、太岳山、长治市和晋城市等地区植被长势好于上年同期，其余地区植被长势差于上年同期。

（七）气候对林果业影响

2016年，山西省对林果业影响的气候事件主要有局地强对流、连阴雨等，其中春季山西北部和中南部部分地区出现的冰雹天气，南部运城市受灾较为严重。4月27日下午至晚19时，运城市永济、临猗、芮城、新绛、绛县、稷山、闻喜等县、市遭遇冰雹、大风等强对流天气袭击，致使苹果、桃、山楂等被打伤、打落，其中永济市、新绛县受灾较为严重。此次强对流天气造成芮城县苹果4300亩，桃2900亩，葡萄、香椿、花椒等2100亩受灾；新绛县苹果8500亩，桃3万亩受灾。夏、秋季暴雨、局地强对流及阴雨天对中南部部分地区的林果和经济作物影响较大，其中6月3日晚23点30分左右，万荣县通化镇、万泉乡、荣河镇、解店镇、皇甫乡遭受冰雹袭击，冰雹造成苹果、杏、桃、梨等经济作物面积8200亩，直接经济损失约780万元。6月4、5日，运城市平陆县11个乡镇（区）195个村遭受冰雹、大风、暴雨袭击，造成苹果1.01万亩，桃树3800亩，西瓜0.02万亩，核桃0.02万亩受灾。6月13日19时至20时，石楼县境内出现大风雷雨天气，造成全县9个乡镇经济林受灾9.31万亩。7月18日至20日，尖草坪区出现暴雨，果树地0.15万亩，葡萄地0.18万亩被淹；清徐县葡果损失1.05万亩，经济损失1160万元；6月13日下午18时10分，晋城市陵川县平城镇、六泉乡等遭受冰雹强降雨袭击，六泉乡4000株核桃树果实被冰雹打落，平城镇1305亩果树果实被冰雹打落。同日，长治市潞城市出现强对流天气过程，造成辛安泉镇西瓜6亩，红薯1.95万亩，竹柳树6000棵，核桃树300棵受灾不同程度损害；合室乡450亩核桃树受灾。10月20日08时至28日08时，运城市出现连阴雨天气，持续8天，过程平均雨量达74.2毫米，对未收获的果类造成不利影响。

（八）气候对旅游的影响

2016年，山西省影响出行旅游的气象灾害主要有雨雪、雾和霾等，其中年初和中期出现的降雪、雾和霾天气，造成道路积冰，空气质量较差，对人们的出行及身体健康都有不利影响。2月，山西省适逢春节长假，全省出现两次降水过程，中旬降水的后期适逢春节假期返程高峰，积雪和道路结冰给春运和人们出行带来不便。夏季降水较多，气温也较为适宜，人们出行及长、短线旅游人数增多，但雷暴大风、短时强降水等强对流天气也对人们出行带来安全隐患。

（杨　柳）

2016年山西省地震资料统计情况

2016年，山西省发生M≥1.0级地震187次。其中，1.0级~1.9级地震149次，2.0级~2.9级地震30次，3.0级~3.9级地震5次，4.0级~4.9级地震3次，最大地震为3月12日运城市盐湖区4.4级地震。

一、地震活动特点

2016年，山西省1.0级以上地震次数较上年增加32次，地震活动频度有所增强。1999年11月1日大同阳高5.6级地震后，山西省一直处于5级以上地震平静期，尤其是2011年以来，连续4年未发生4.0级以上地震，2016年发生3次4.0级以上地震，地震强度增强。

二、四级以上地震烈度与震灾

2016年3月12日，运城市盐湖区4.4级地震震中烈度为Ⅵ度。Ⅵ度区面积约36平方千米，主要分布在盐湖区龙居镇的龙居村、美玉村、羊村一带。Ⅴ度区面积约506平方千米，涉及盐湖区、临猗县、永济市3个县市区。地震造成11人受轻伤，18个村庄及关铝热电厂受灾，部分老旧房屋出现不同程度的破坏，总经济损失达2069万元。

4月7日，忻州市原平市4.1级地震震中烈度为Ⅴ度，Ⅴ度区面积约210平方千米，主要分布在原平市苏龙口镇、东社镇、中阳乡及代县西南的部分山区，包括33个村庄。地震震中极个别老旧房（无人居住，均为土坯墙体）出现墙体倒塌、墙皮脱落等情况，无人员伤亡和房屋倒塌情况。

12月18日，太原市清徐县4.3级地震震中烈度为Ⅴ度，Ⅴ度区面积约96平方千米，主要分布在清徐县王答乡、西谷乡、清源镇、柳杜乡，太原市小店区北格镇、刘家堡乡，包括38个村庄。地震未造成人员伤亡和房屋破坏，仅有少量老旧房屋抹灰掉落或酥裂墙表皮局部掉落现象。

（和　炜）

缩略语

6S　就是整理（SEIRI）、整顿（SEITON）、清扫（SEISO）、清洁（SEIKETSU）、素养（SHITSUKE）、安全（SECURITY）六个项目，因均以“S”开头，简称6S。

ACS综合前置体统　中国人民银行结算业务使用。ACS即中央银行会计核算数据集中系统（Accounting Data Centralized System），是中国人民银行履行各项职能的核心系统，提供资金最终结算服务，是中国现代化支付系统运行的重要支撑。其业务范围涵盖中国人民银行对金融机构的存贷款、再贴现、准备金交存、资金清算、财政性交存、公开市场、质押融资、现金存取款、资金清算及人民银行内部资金核算等业务。综合前置系统是指在人民银行开户的机构，通过金融网间互联平台实现与人民银行核算数据集中系统的信息交互，以电子方式办理账务核对、交存款、同业对账、流动性查询以及业务回单接收等业务的信息化系统。

GMP　Good Manufacturing Practices的简称。含义是“生产质量管理规范”或“良好作业规范”“优良制造标准”。

P2P　P2P金融又叫P2P信贷，是互联网金融的一种。意思是:个人对个人（peer-to-peer lending）。P2P金融指个人与个人间的小额借贷交易，一般需要借助电子商务专业网络平台帮助借贷双方确立借贷关系并完成相关交易手续。借款者可自行发布借款信息，包括金额、利息、还款方式和时间，实现自助式借款；借出者根据借款人发布的信息，自行决定借出金额，实现自助式借贷。目前主要分为两种模式，基于电子商务的网络P2P金融和传统线下的P2P金融。

PPP模式　即政府和社会资本合作（Public-Private Partnership），是公共基础设施中的一种项目运作模式。在该模式下，鼓励私营企业、民营资本与政府进行合作，参与公共基础设施的建设。按照这个广义概念，PPP是指政府公共部门与私营部门合作过程中，让非公共部门所掌握的资源参与提供公共产品和服务，从而实现合作各方达到比预期单独行动更为有利的结果。

R&D　（research and development）指在科学技术领域，为增加知识总量（包括人类文化和社会知识的总量），以及运用这些知识去创造新的应用进行的系统的创造性的活动，包括基础研究、应用研究、试验发展三类活动。可译为“研究与开发”“研究与发展”或“研究与试验性发展”。

布鲁菌病（brucellosis，布病）　也称波状热，是布鲁菌引起的急性或慢性传染病，属自然疫源性疾病，临床上主要表现为病情轻重不一的发热、多汗、关节痛等。

城乡医保“六统一”　一是统一覆盖范围；二是统一筹资政策；三是统一保障待遇；四是统一医保目录；五是统一定点管理；六是统一基金管理。

“打非治违”　是指全国范围内集中开展打击非法违法生产经营建设、治理纠正违规违章行为专项行动，加强安全生产工作，突出以煤矿、非煤矿山、道路和水上交通、建筑施工、消防、危险化学品、烟花爆竹、民用爆炸物品、冶金等高危行业领域为重点，采取更加严厉、有效的措施，集中进行打击和整治。

打击“两非”专项活动　非法利用超声技术和其他手段进行非医学需要的胎儿性别鉴定；非法选择性别的人工终止妊娠。

“放管服”改革　放管服，就是简政放权、放管结合、优化服务的简称。

“凡提四必”“三个不上会”“两个不得”“五个不准”系列要求　2016年12月4日，中组部修订印发《党委（党组）讨论决定干部任免事项守则》，《守则》明确“凡提四必”和“三个不上会”“两个不得”“五个不准”的要求，严把干部选拔任用讨论决定关。“凡提四必”，即讨论决定前，对拟提拔或进一步使用人选的干部档案必审、个人有关事项报告必核、纪检监察机关意见必听、线索具体的信访举报必查，坚决防止“带病提拔”。“三个不上会”，即讨论决定时，没有按规定进行酝酿动议、民主推荐、组织考察的不上会，没有按规定核实清楚有关问题的不上会，没有按规定向上级报告或报告后未经批复同意的干部任免事项不上会。“两个不得”，即不得以个别征求意见、领导圈阅等形式代替党委（党组）会集体讨论决定干部任免，党委（党组）主要负责人不得凌驾于组织之上，反对和防止个人或者少数人专断。“五个不准”，即不准任人唯亲，不准突击提拔调整干部，不准临时动议决定干部，不准超职数配备、超机构规格提拔任用干部，不准泄露讨论决定情况，坚决防止和纠正选人用人上的不正之风。

“九有工程”　2016年3月开始，山西省监狱管理局在全系统实施“九有工程”建设，要求每个单位都要做到民警职工集中生活区有食堂、有澡堂、有理发室、有洗衣房、有洗车房、有警体中心、有职工书屋、有健康档案、有帮扶基金。

“镰刀弯”地区 包括东北冷凉区、北方农牧交错区、西北风沙干旱区、太行山沿线区及西南石漠化区，在地形版图中呈现由东北向华北-西南-西北镰刀弯状分布，是玉米结构调整的重点地区。该地区是典型的旱作农业区和畜牧业发展优势区，生态环境脆弱，玉米产量低而不稳。山西省主要涉及两处：连接晋蒙之间的农业种植区和草原生态区过渡地带的北方农牧交错区；位于五台山以南、伏牛山以北，包括山西东部和河北西部山区的太行山沿线区。

“粮改饲” 是农业部开展的农业改革，主要引导种植全株青贮玉米，同时也因地制宜，在适合种优质牧草的地区推广牧草，将单纯的粮仓变为“粮仓+奶罐+肉库”，将粮食、经济作物的二元结构调整为粮食、经济、饲料作物的三元结构。粮改饲主要是立足种养结合循环发展，引导种植优质饲草料，发展草食畜牧业，推动优化农业生产结构。

“两个建设”“两项机制” 2016年，山西省人力资源和社会保障厅调节仲裁管理处下发《2016年山西省劳动人事争议调解仲裁工作要点》对全省调解仲裁重点工作做出的安排和部署。“两个建设”指抓好基层调解组织建设，健全预防调解制度建设。“两项机制”指开展企业劳动争议预防调解示范机制，建立劳动人事争议预防调解协作联动机制。

“两个责任” 两个责任是指党的十八届三中全会提出的落实党风廉政建设责任制，党委负主体责任，纪委负监督责任，制定实施切实可行的责任追究制度。

“两加强，两遏制”回头看 又叫“两个加强、两个遏制”是银监会于2014年12月布置的“加强内部管控、加强外部监督，遏制违规经营、遏制违法犯罪”专项检查。

“两票制” 是指药品从药厂卖到一级经销商开一次发票，经销商卖到医院再开一次发票，以“两票”替代目前常见的七票、八票，减少流通环节的层层盘剥，并且每个品种的一级经销商不得超过2个。

“两清理一排查”专项运动 指山西省公安厅在全省范围集中开展危爆物品、寄递物流清理整顿矛盾纠纷排查化解专项行动。

“两四一聚三紧” 增强“四个意识”（政治意识、大局意识、核心意识、看齐意识）、联系“四个全面”（全面建成小康社会、全面深化改革、全面依法治国、全面从严治党）、聚焦全面从严治党、紧扣“六项纪律”（政治纪律、组织纪律、廉洁纪律、群众纪律、工作纪律、生活纪律）、紧盯“三大问题”（党的领导弱化、党的建设缺失、全面从严治党不力）、紧抓“三个重点”（重点人、重点事、重点问题）。

“两证整合” 将原来个体工商户登记时依次申请，分别由工商行政管理部门核发营业执照、税务部门核发税务登记证，改为一次申请、由工商行政管理部门核发一个加载统一社会信用代码的营业执照，该营业执照具有原营业执照和税务登记证的“双重”功能。

“两准则、四条例” “两准则”是指《关于新形势下党内政治生活的若干准则》《中国共产党廉洁自律准则》；“四条例”是指《中国共产党纪律处分条例》《中国共产党问责条例》《中国共产党党内监督条例》和《中国共产党巡视工作条例》。

“六个如何”“八个进一步” 是指山西省委书记骆惠宁在学习贯彻习近平总书记“七一”重要讲话精神暨全省“两优一先”表彰大会提出的“要学思结合，以思促学，结合山西省情，着力从6个方面深入思考”“要大力弘扬理论联系实际的学风，以习总书记系列重要讲话精神为指引，着力在8个方面进一步推动工作”两组重要内容。

“六个如何”是指“如何坚定不渝以习总书记系列重要讲话为指引，用发展着的马克思主义武装头脑、指导实践。”“如何始终保持对远大理想和奋斗目标的执著追求，不断提升党性修养、思想境界和道德水平。”“如何毫不动摇贯彻党的基本路线，确保我省与全国同步全面建成小康社会。”“如何更加有效推进改革开放和法治建设，为山西发展注入不竭动力、提供坚实保障。”“如何充分发挥广大群众积极性主动性创造性，把为全省人民造福事业推向前进。”“如何自觉坚持从严管党治党，以勇于担当精神推进党的建设新的伟大工程。”六个重要问题。

“八个进一步”是指“进一步把山西工作放在国际国内的大背景下来审视与谋划，统筹推进‘五位一体’总体布局，协调推进‘四个全面’战略布局，牢牢把握正确方向，忠实履行岗位职责，向着实现‘两个一百年’宏伟目标不断迈进。”“进一步践行新发展理念，增强定力、精准发力，全面推进供给侧结构性改革，有力有度有效落实好‘三去一降一补’重点任务，发挥投资的关键作用，做好煤与非煤两篇大文章，培育新的经济结构，爬坡过坎，走出一条资源型地区创新驱动、转型升级的新路，实现我省经济浴火重生、重振雄风。”“进一步树立以人民为中心的发展思想，越是经济下行压力大，越要注重保障和改善民生，坚决打赢脱贫攻坚战，不断提高基本公共服务水平，坚持总体安全观，绷紧安全生产这根弦，守住全社会系统安全稳定的底线，让广大群众有更多的获得感。”“进一步深入挖掘我省5000多年文明发展中孕育的优秀传统文化，在革命战争年代形成的红色文化，坚持社会主义先进文化的前进方向，大力践行社会主义核心价值观，加快建设文化强省，持续为社会进步提供丰润的文化滋养。”“进一步清醒认识加强生态文明建设的重要性和必要性，以对人民群众、对子孙后代高度负责的态度和责任，真正下决心把环境污染治理好、把生态环境建设好，努力走向社会主义生态文明新时代，为人民创造良好生产生活环境。”“进一步全面深化各领域改革，扩大对内对外开放，充分发挥转型综改试验区建设对全省经济社会体制改革的牵引作用，敢于向积存多年的顽瘴痼疾开刀，坚决清除妨碍社会生产力发展的体制机制障碍，推进治理体系和治理能力现代化。”“进一步树立宪法法律权威，弘扬宪法精神，引导各级领导干部自觉尊法学法守法用法，不断提高运用法治思维和法治方式深化改革、推动发展、维护稳定、管党治党的能力和水平，确保权力在法治轨道上行使，积极推进法治山西建设。”“进一步保持党的先进性和纯洁性、提高执政能力和拒腐防变能力，以自我革命的政治勇气，着力解决自身存在的突出问题，祛病疗伤、激浊扬清，确保我省各级党组织始终成为坚强的领导核心。”

“六进”活动 是指民族宗教和谐宣传工作“进机关、进企业、进社区、进乡镇、进学校、进场所”。

“六型机关” 学习型机关、廉洁型机关、服务型机关、创新型机关、法治型机关、效能型机关。

“六有”基层妇联组织 山西省委组织部和省妇联联合下发《关于加强党建带妇建 创建“六有”基层妇联组织的实施意见》。《意见》明确要求，在加强和改进党的群团工作的新形势下，通过3至5年的努力，力争实现全省80%以上的基层妇联组织基本达到“六有”：有立体化、多层面的基层组织网络；有专职精干、兼职热心、志愿者活跃的骨干队伍；有功能齐全、充满活力的工作阵地；有务实管用、健全完善的工作制度；有妇女群众喜闻乐见、特色鲜明的服务载体；有确保工作和活动顺利开展的专项经费。

农业“三项补贴”重大改革 是指农作物良种补贴，种粮农民直接补贴和农资综合补贴，合并为农业支持保护补贴，政策目标调整为支持耕地地力保护和粮食适度规模经营。

去IOE 是阿里巴巴造出的概念。其本意是，在阿里巴巴的IT架构中，去掉IBM的小型机、Oracle数据库、EMC存储设备，代之以自己在开源软件基础上开发的系统。

“三个建设”“一条防线”“四个安全” 均指山西省司法部对国家司法考试的安排部署。“三个建设”即抓好“一把手”责任建设、考区考点标准化建设、安全防范体系建设；“一条防线”即筑牢试卷安全保密；“四个安全”即考卷、考场、考试、人员安全。

“三领先” 是指广覆盖的适度领先、连续覆盖的相对领先、深度覆盖的绝对领先。“一确保”是在“三领先”的基础上，最终要确保客户感知。

“三医”联动改革 医保体制改革、卫生体制改革与药品流通体制改革联动，通俗的说即是：医疗、医保、医药改革联动，即“三医联动”。三医联动新定义——医保、医药、医疗。

“三重一大” 即重大问题决策、重要干部任免、重大项目投资决策、大额资金使用。“重大问题决策、重要干部任免、重大项目投资决策、大额资金使用，必须经集体讨论做出决定”的制度，简称“三重一大”制度。

“十排查、十整治” 是指煤矿防治水专项整治行动的内容。“十排查”是指将对未严格执行“预测预报、探掘分离、有掘必探、有采必探、先探后掘、先治后采”规定进行采掘作业的，未按规定设立专门的防治水机构、建立专门的探放水作业队伍、配齐专用探放水设备的，未制定并执行出现透水征兆停产撤人规定等十种情形进行集中排查。对存在以上情形之一的煤矿，一律责令停产停建整顿，并按规定给予处罚。“十整治”是指对建立并执行防治水相关制度，配备防治水机构和人员，加强防治水基础管理，矿井排水系统完好，开展水害普查，落实“探掘分离”管理制度，制定并落实水害防治措施，治理井下水害隐患，加强地表水害治理，强化应急处置措施等十项内容进行重点整治。

“双公示”工作 行政许可、行政处罚等信用信息自作出行政决定之日起7个工作日内上网公示，简称“双公示”工作。

“双随机、一公开” 即在监管过程中随机抽取检查对象，随机选派执法检查人员，抽查情况及查处结果及时向社会公开。“双随机、一公开”是国务院办公厅于2015年8月发布的《国务院办公厅关于推广随机抽查规范事中事后监管的通知》中要求在全国全面推行的一种监管模式。

商业贸易“一包、两转” 省商务厅出台“一包、两转”相关措施。一包即领导包干企业，两转即将外省企业代理出口的货物和出口到外省保税区的货物转回到山西省出口。

水资源管理“三条红线” 水资源开发利用控制红线；用水效率控制红线；水功能区限制污染红线。

“四不放过” 事故处理的“四不放过”原则是要求对安全生产工伤事故必须进行严肃认真的调查处理，接受教训，防止同类事故重复发生。

“四不两直” 国家安全生产监督管理总局建立的安全生产暗查暗访制度，是“不发通知、不打招呼、不听汇报、不用陪同接待、直奔基层、直插现场”的简称。

“四查四改四专项教育” 即是：一查监狱各级领导和民警对监狱面临的

复杂形势是否到位，二是查监狱民警管理监督和履职是否到位，三是查管理制度是否健全和落实到位，四是查执法是否严格依法，是否按照标准程序落实到位，对活动排查出的不足和问题进行彻底整改；开展政治意识、责任意识、管理意识和法治意识教育。

“四个着力” 十八大以来，中国共产党高度重视巡视制度的健全完善。制订“四个着力”增强巡视实效。是指要把着力转变经济发展方式作为实现经济又好又快发展的关键，不断提高经济发展的质量和效益；要把着力推进改革开放作为实现经济社会又好又快发展的强大动力，继续当好全国改革开放的排头兵；要把着力促进社会和谐作为经济社会发展的内在需要，切实解决好人民群众最关心、最直接、最现实的利益问题；要把着力加强党的领导作为推动经济社会发展的根本保证，毫不放松地抓好党的思想建设、组织建设、作风建设和制度建设。

“四讲四有” 是指“两学一做”学习教育要求广大党员“讲政治、有信念，讲规矩、有纪律，讲道德、有品行，讲奉献、有作为”，做“四讲四有”的合格党员。

“四进四信” “四进”即进支部、进社团、进网络、进团课，“四信”即牢固树立对党的科学理论的信仰、坚定走中国特色社会主义道路实现“中国梦”的信念、增强对党和政府的信任、增进对以习近平同志为总书记的党中央的信任。

“四统一原则” 指执法人员考试须遵循的原则，即统一考务规则、统一命题标准、统一考试时间、统一组织阅卷。

“四有两责” 2015年国家食药监总局提出“四有两责”要求，即食品药品监管有责、有岗、有人、有手段，切实履行监管职责和检验职责。

“四种形态” 2016年10月27日，中国共产党第十八届中央委员会第六次全体会议审议通过《中国共产党党内监督条例》，其中第七条对“四种形态”进行定义。第七条要求：党内监督必须把纪律挺在前面，运用监督执纪“四种形态”，经常开展批评和自我批评、约谈函询，让“红红脸、出出汗”成为常态；党纪轻处分、组织调整成为违纪处理的大多数；党纪重处分、重大职务调整的成为少数；严重违纪涉嫌违法立案审查的成为极少数。“四种形态”即第一条：经常开展批评和自我批评、约谈函询，让“红红脸、出出汗”成为常态；第二条：党纪轻处分、组织调整成为违纪处理的大多数；第三条：党纪重处分、重大职务调整的成为少数；第四条：严重违纪涉嫌违法立案审查的成为极少数。

“五个坚持” 是指2014年5月8日，习近平总书记在考察中办工作时提出“坚持绝对忠诚的政治品格、坚持高度自觉的大局意识、坚持极端负责的工作作风、坚持无怨无悔的奉献精神、坚持廉洁自律的道德操守”的“五个坚持”要求。“五个坚持”是党办干部的行为准则，对加强各级党办机关作风建设具有重要的指导意义。

“五个一”扶贫法 由市卫计委一名处级领导牵头，一个业务科室协调、联合一个基层医疗卫生机构，重点帮助一个贫困村，坚持一帮到底的扶贫工作新机制。

“五化建设” 指山西省公安厅在反恐怖斗争中开展的涉恐人员掌控动态化、重点目标管理等级化、社会面防控网格化、应急指挥扁平化、现场处置可视化。

“五缓两降三补贴” 2018年4月30日之前，凡参加山西省企业职工基本养老保险、失业保险的用人单位，基本养老保险单位缴费比例由20%降低至19%；失业保险单位缴费比例由1.5%降至1%。“五缓”，即经认定的困难企业，可申请缓缴五项社会保险费。“三补贴”，即使用失业保险基金给予困难企业社会保险补贴、岗位补贴和在岗职工培训补贴。

“五级五覆盖” 是安全生产监督管理总局提出的一种新的安全生产责任体系，主要是针对政府的，由原来的“三级五覆盖”拓展提升到“五级五覆盖”。“五级”为省级、市级、县级、乡级和行政村级；“五覆盖”为“党政同责”全覆盖、“一岗双责”全覆盖、“三个必须”（管行业必须管安全、管业务必须管安全、管生产经营必须管安全）全覆盖、政府主要负责人担任安委会主任全覆盖、各级安监部门向同级组织部门通报安全生产情况全覆盖。

“五小”竞赛 指工会系统在工业生产领域组织的“小发明、小创造、小革新、小设计、小建议”五个方面的创新竞赛。

“五要五不准” 粮食收购工作守则，为以下五点：要敞开收购，随时收购，不准折腾农民；要公平定等，准确计量，不准克扣农民；要依质论价，优质优价，不准坑害农民；要现款结算，不打白条，不准算计农民；要优质服务，排忧解难，不准怠慢农民。

“五证合一” 营业执照、组织机构代码证、税务登记证、社会保险登记证和统计登记证

“五账挂号” 是指省委巡视机构将对照问题清单，就报账、交账、转账、查账、销账等实行“五账挂号”，依据清单及编号开展工作，确保巡视期间发现的每一个问题线索都有迹可循、有账可查，督促限时查结。使巡视发现问题线索的处置率有制度保障。

“一长两员三库” 是指山西省在巡视工作中，建立由巡察组组长为“一长”，来自纪检、组织、审计、政法等12

个行业领域的巡察工作人员、专业人员为“两员”，组建巡察组组长库、巡察工作人员库、专业人员库“三库”，构建的巡察工作体系。

“一带三创” 2015年10月10日山西省委在全省农村基层党建工作会议上首次提出“一带三创”的概念，要求各级党组织要全面贯彻落实党要管党、从严治党的各项要求，把“一带三创”作为全面加强农村基层党组织建设的重要抓手、工作机制和有效方法。“一带”就是把以上率下作为基本工作方法，一级做给一级看，一级带着一级干，逐层逐级抓落实，形成大抓基层的鲜明导向；“三创”就是各地要结合本地实际，选好立足点、找准着力点，深入开展创建“五个好”村党组织、“五个好”乡镇党委、农村基层党组织建设先进县（市、区）“三级联创”活动，努力实现“乡村治，百姓安”。

“一带一路” “一带一路”(英文:The Belt and Road，缩写B&R)是“丝绸之路经济带”和“21世纪海上丝绸之路”的简称。2015年3月28日，国家发展改革委、外交部、商务部联合发布《推动共建丝绸之路经济带和21世纪海上丝绸之路的愿景与行动》。它将充分依靠中国与有关国家既有的双多边机制，借助既有的、行之有效的区域合作平台，一带一路旨在借用古代丝绸之路的历史符号，高举和平发展的旗帜，积极发展与沿线国家的经济合作伙伴关系，共同打造政治互信、经济融合、文化包容的利益共同体、命运共同体和责任共同体。

“一单两库一细则” 随机抽查事项清单，随机抽查对象库、执法检查人员名录库，随机抽查工作细则。

“一个指引、两手硬” 以习总书记系列讲话为指引。两手硬是持续推进党风廉政建设和反腐败斗争，着力构建良好政治生态。自觉践行新发展理念，多策破解经济下行压力，着力推动经济稳步向好。

“一卡一库一培训” 专项行动旨在把各项特色农业特惠补贴发放到建档立卡贫困户手中。“一卡”指农业产业扶贫项目需求摸底卡。组织有劳动能力的贫困户填报特色农业产业扶贫项目需求，分新型经营主体带动和自主发展两类，内容包括现有项目情况、拟发展项目、资金需求、申请理由等。“一库”指农业产业扶贫项目库。以县为单位设立农业产业扶贫项目库，包括新型经营主体产业扶贫项目、贫困户自主脱贫项目等类别。“一培训”指新型职业农民精准培训。以有劳动能力的贫困人口为对象，开展新型职业农民精准培训，提升劳动技能，促进特色农业产业扶贫。

“一片一书一卡” “一片”即由中组部干部监督局以衡阳破坏选举案和南充拉票贿选案为反面典型，摄制的专题警示教育片《镜鉴》；“一书”是指由中组部干部局编印的《严肃换届纪律文件汇编》；“一卡”是指由各县县委组织部制作《九个严禁 九个一律》明白卡。

“一上” 指各部门按照年度部门预算编制要求，根据本部门发展规划、年度工作目标和重点编制年度预算建议计划报送财政部门，同时报送人员、资产等基础数据和项目支出安排依据等情况。

“一网四系统” 即人防信息基础网络、人防预警报知系统、人防指挥控制系统、人防防护救援系统、人防综合保障系统。

“一张网” 实现省、市、县三级政务服务平台之间的互联互通和信息共享。

“银龄行动” 组织以东部地区为主的全国大中城市离退休老年知识分子以各种形式向西部地区或经济欠发达地区开展智力援助行动。简称“银龄行动”。广义地讲，一切以“老有所为”为主题内容的老年人活动和项目，都可以纳入“银龄行动”。

“政银企项目对接活动” 旨在充分发挥政府引导作用，促进优质企业与金融机构对接，扩大社会融资，服务实体经济，切实发挥好金融在服务实体经济中的重要支撑作用。对接活动主要包括三方面内容：一是企业融资对接。各市政府筛选优质项目，在山西省金融服务平台发布融资信息并与金融机构网络对接。二是金融创新产品推介。三是签订合作协议。

“猪蓝耳病” 曾称为“神秘猪病”“新猪病”“猪流行性流产和呼吸综合症”“猪繁殖与呼吸综合症”“蓝耳病”“猪瘟疫”等，我国将其列为二类传染病。

索 引

Index

说 明 (1)本索引以人名、地名、机构名称、活动名称、事件(事物)名称为主题词。(2)本索引按主题词汉语拼音字母顺序排列,主题词后面的数字和字母分别表示所在页码和分栏位置(abc 表示本页码左中右三栏)。(3)本索引主题词主要选自本年鉴正文部分,特载、大事记、附录以及图表、照片不在索引范围内。

H

J

K

L

M

N

P

Q

R

S

T

W

X

Y

Z

（编辑部）

省直单位撰稿人名单

刘　斌　朱颖杰	省委办公厅
李宏翔	省委组织部
王　正	省委宣传部
侯国柱	省委统战部
史竹涛	省委政法委
杨　帆	省委巡视办
吕继常	省台湾事务办
王小琴	省委机构编制办
阎鹏飞	省直属机关工委
杨子晋	省委党史办
孟国丽	省委党校
杨卫兵	省委信访局
马召钰	省委老干部局
秦　钟　王　磊　郭　强	省人大常委会
柴国文	省政府办公厅
王合龙	省政府参事室(文史馆)
岳耀传	省外事侨务办
刘世锋	省扶贫开发办
周志清	省政协
李　鹏	省纪委监察厅
王瑞成	省公安厅
杜　虹	省公安厅交管局
杨铁保	省司法厅
尹桂珍	省检察院
马云跃	省高级法院
田　庆	省监狱管理局
梁智腾　卫忠梅	省财政厅
董其文	省国税局
徐　鸿	省地税局
宁红伟	省审计厅
景向发	省政府法制办
王展波	省政府发展研究中心
欣　然	省地方志办
孔跃宏	省档案局
省军志办	省军区
武月兴	省武警总队
史永健	省人民防空办
赵雅琤	民革山西省委
梁俊娜	民盟山西省委
赵柱家	民进山西省委
张云鹏	民建山西省委
胡小龙	农工民主党山西省委
张全双	九三学社山西省委
冯学亮	省工商联
冯　千	省总工会
李　勋	共青团山西省委
谢元元	省妇女联合会
王继龙	省科学技术协会
樊丽红	省文学艺术界联合会
许小登	省作家协会
杜伟琴	省社会科学界联合会
庞　乐	省归国华侨联合会
唐　浩	省台湾同胞联谊会
侯晓俊	省红十字会
马润卯	省发展和改革委员会
匡德龙	省国有资产监督管理委员会
程广勇	省国土资源厅
靳国琦　王子维	省工商行政管理局
龙　颖	省能源监管办
宋慧勇　靳　君	省投资促进局
王冬洁	省质量技术监督局
关永革	省安全生产监督管理局
杨晓锋	省食品药品监督管理局
张羽非	审计署驻太原特派办
郭　帅	财政部驻山西监察专员办
张树伟	国家统计局山西调查总队
郭　瑞	省口岸办
宋　阳	太原海关
郑　罡	省检验检疫局
董晓玲　张奇科	省统计局
董晨阳	省经信委
王德善	省煤炭工业厅
李海涛	太原煤炭交易中心
龙　云	国网省电力公司
周继祥	省机械电子行业办
康建基	省冶金行业办
张　平	省化工行业办
刘永凤	省建筑材料工业行业办
赵登斌	省国防科技工业
康雁翔	省医药行业办
何运燕	省轻工业行业办
孙宝明	省纺织业行业管理办
王　彬	省食品工业协会
边　疆	省中小企业局

冯晓东	省城镇工业联社
马小波　武少东	省农业厅
闫维平	省农垦局
郑晓静	省畜牧兽医局
秦永红	省农业机械管理局
朱俊菲	省农科院
冀瑞平	省林业厅
梁述杰	省水利厅
米玉婷	省住房和城乡建设厅
闫淑铮	山西省黄河万家寨水务集团有限公司
王　颖　王　毅	省环保厅
师国梁　陈瑞丽	省交通运输厅
孙淑环	太原铁路局
郭　静	省民航机场集团公司
刘博军	省邮政管理局
孙久臣	省邮政公司
任小英	省无线电管理局
路　璐	省通信管理局
赵　苇	中国电信山西分公司
黄云霞	中国联通山西分公司
贺　硕	中国移动山西分公司
徐晨星	省商务厅
辛剑波	省粮食局
狄重阳　司昌平　韩景洲	省供销社
朱永胜	省烟草专卖局
邓俊伟	中国石化山西石油分公司
扈照轼	中国人民银行太原中心支行
刘　娟	省银监局
李　鹏	省保监局
张会玉	省证监局
席晓军	中国农业发展银行山西省分行
闫洁琼	中国工商银行山西省分行
田喜成	中国农业银行山西省分行
宁裕东	中国银行山西省分行
麻林楠	中国建设银行山西省分行
韩　雪	华夏银行山西省分行
王　晶	民生银行山西省分行
韩晓俊	晋商银行
李益友	省农村信用社联合社
杨宏东	邮政储蓄银行山西省分行
茹哲峰	中国人民财产保险股份有限公司山西分公司
周苗为	太平洋财产保险股份有限公司山西分公司
王平均	中国人寿保险股份有限公司山西分公司
刘志平	太平洋人寿保险股份有限公司山西分公司
李晓光	中国平安人寿保险股份有限公司山西分公司
张建伟	省教育厅
王　强	省科技厅
任玉荣	省测绘地理信息局
刘耀峰	省水文水资源勘测局
杨　柳	省气象局
和　炜	省地震局
霍春英	省社会科学院
陈燕萍	省文化厅
王　岳	三晋文化研究会
李德胜	省图书馆
王振华	省文物局
丁耿彪	省新闻出版广电局
郭成强	山西日报报业集团
张　茂	省出版传媒集团
任卫军	省旅游发展委员会
韩一平	省展览馆
张红霞	中国煤炭博物馆
田若微	省博物院
王　鹏	省卫生和计划生育委员会
王宏德	省体育局
马　骏　任婷婷	省人力资源和社会保障厅
李春伟	省民政厅
茅立新	省民族宗教事务局
闫　鹏	省老龄工作委员会
王秋妮	省残疾人联合会
武学亮	省慈善总会
郭　微	太原不锈钢产业园区
赵新政　李　茂　侯惠芳	晋中经济技术开发区
梁　青	临汾经济技术开发区
林广源	侯马经济开发区
张湘林	晋城经济开发区
许引弟　张苍山	绛县经济开发区
周　帆	运城经济开发区
杨建国	运城空港经济开发区
姚洪涛	风陵渡开发区
李立平	长治高新区
马牧歌	山西演艺(集团)有限责任公司
张晓晖　李红琴	晋能集团

市县(区)单位撰稿人名单

张艳民	太原市地方志办公室
尤　娟	小店区史志办公室
张国文	迎泽区地方志办公室
刘彩秀	杏花岭区地方志办公室
邢春连	尖草坪区地方志办公室
武超龙	万柏林区地方志办公室
方慧敏	晋源区地方志办公室
杨晓霆	清徐县地方志办公室
崔振刚	阳曲县地方志办公室
张宪平	娄烦县地方志办公室
赵志英	古交市地方志办公室
冯晋慧	大同市地方志办公室
徐雅丽	城区地方志办公室
武新田	矿区史志办公室
安　军　周丽娟	南郊区史志馆
贺雨顺	新荣区史志办公室
张　雯	阳高县史志研究室
高志英	天镇县史志办公室
姜成晋	广灵县地方志办公室
高晓彬　刘甫花	灵丘县地方志办公室
范颖莲	浑源县史志办公室
邵明仁	左云县史志办公室
吉广仁	大同县史志办公室
任佟苏　杨　文	阳泉市地方志办公室
王世钧	城区地方志办公室
孙燕平　李荷花　史润才	矿区地方志办公室
侯晋元　刘　晶	郊区地方志办公室
洪晓琴　费徐阳　郝窈窈　赵丹丹	平定县史志办公室
郭　玲	盂县史志办公室
曾晋芳	长治市地方志办公室
刘瑞林	城区史志办公室
姜玉罡	郊区地方志办公室
付小波　武俊英	长治县地方志办公室
万瑞星　黄旭琴　李　玲	襄垣县地方志办公室
段蓓蓓	屯留县地方志办公室
张国梅	平顺县地方志办公室
王利芳	黎城县地方志办公室
秦慧艳	壶关县史志办公室
王卫星	长子县史志办公室
魏春洲　曹小莉	武乡县史志办公室
王淑红	沁县史志办公室
宋江华	沁源县史志办公室
申俊良	潞城市地方志办公室
牛晋军	晋城市地方志办公室
杨　盼	城区地方志办公室
张丽霞	沁水县地方志办公室
王家胜	阳城县地方志办公室
焦国锋	陵川县志编委会办公室
张　静	泽州县史志办公室
郭丽娜	高平市地方志办公室
元雷花	朔州市地方志办公室
常凤霞　王雄一　弓　慧	朔城区地方志办公室
马　军　许卫东	平鲁区地方志办公室
侯志林　曹宝文	山阴县史志馆
安培兴	应县史志办公室
王晓东	右玉县地方志办公室
杨志雁	怀仁县史志办公室
王　虹	晋中市史志研究院
薛丽瑾	榆次区史志办公室
常彩萍	榆社县史志办公室
宋　丽	左权县史志办公室
张　燕　王　燕	和顺县史志办公室
刘利国	昔阳县史志办公室
李丽萍	寿阳县地方志办公室
杨　扬　王少静	太谷县党史县志办公室
岳丽霞	祁县地方志办公室
温小琴	平遥县史志办公室
郭红霞	灵石县史志办公室
王亚丽	介休市史志办公室
张　涛	运城市地方志办公室
何桂兰	盐湖区地方志办公室
程明清	临猗县地方志办公室
薛勇勤　张东宏	万荣县地方志办公室
樊香叶	闻喜县地方志办公室
张　维	稷山县地方志办公室
许　隽	新绛县地方志办公室
刘　超	绛县地方志办公室
王建民	垣曲县地方志办公室
许　毅	夏县地方志办公室
杨卯翠	平陆县地方志办公室

董莹芳	芮城县地方志办公室
牛玉芳	永济市地方志办公室
高创奇　柴　欣	河津市地方志办公室
赵力军　赵　芳	忻州市委史志办公室
张新华	忻府区地方志办公室
薄振宇	定襄县史志办公室
庞　婷	五台县史志办公室
高继东	代县史志办公室
冯占军	繁峙县地方志办公室
白瑞萍	宁武县委史志办公室
李青春	静乐县地方志办公室
杨向东	神池县史志办公室
朱和森	五寨县地方志办公室
贾润高	岢岚县史志办公室
白耀欢	河曲县史志办公室
武延飞	保德县史志办公室
王志刚	偏关县史志办公室
武会文	原平市史志办公室
李艳洁	临汾市地方志办公室
张洪亮	尧都区史志办公室
张淑霞	曲沃县史志办公室
乔　君	翼城县史志办公室
王建刚	襄汾县史志办公室
张甜甜	洪洞县地方志办公室
蔺燕艳	古县地方志办公室
尚晓玲	安泽县地方志办公室
李彤新　陈聪聪	浮山县地方志办公室
强培家	吉县地方志办公室
陈宁平	乡宁县地方志办公室
李宏伟	大宁县地方志办公室
张克强	隰县地方志办公室
李保成	永和县史志办公室
曹立华	蒲县地方志办公室
牛记明　赵鸿虎	汾西县史志办公室
赵香琴	侯马市地方志办公室
郭秀东	霍州市史志办公室
刘翠翠	吕梁市地方志办公室
任　凯	离石区史志办公室
吕金强	文水县史志办公室
李大斌　燕保平	交城县地方志办公室
牛小兵	兴县档案史志馆
张海红	临县地方志办公室
张景尧	柳林县地方志办公室
郑凤斌	石楼县地方志办公室
杨　莹	岚县地方志办公室
刘林林	方山县地方志办公室
李晓中	中阳县地方志办公室
武允明	交口县地方志办公室
张彩琴	孝义市地方志办公室
郭宇霞	汾阳市史志办公室

（编辑部）